AF145942

ERP-Software: Funktionalität und Konzepte

Siar Sarferaz

ERP-Software: Funktionalität und Konzepte

Basierend auf SAP S/4HANA

 Springer Vieweg

Siar Sarferaz
SAP SE
Walldorf, Deutschland

ISBN 978-3-658-40498-7   ISBN 978-3-658-40499-4   (eBook)
https://doi.org/10.1007/978-3-658-40499-4

Die Deutsche Nationalbibliothek verzeichnet diese Publikation in der Deutschen Nationalbibliografie;
detaillierte bibliografische Daten sind im Internet über http://dnb.d-nb.de abrufbar.

© Der/die Herausgeber bzw. der/die Autor(en), exklusiv lizenziert an Springer Fachmedien Wiesbaden GmbH,
ein Teil von Springer Nature 2023
Das Werk einschließlich aller seiner Teile ist urheberrechtlich geschützt. Jede Verwertung, die nicht
ausdrücklich vom Urheberrechtsgesetz zugelassen ist, bedarf der vorherigen Zustimmung des Verlags. Das
gilt insbesondere für Vervielfältigungen, Bearbeitungen, Mikroverfilmungen und die Einspeicherung und
Verarbeitung in elektronischen Systemen.
Die Wiedergabe von allgemein beschreibenden Bezeichnungen, Marken, Unternehmensnamen etc. in diesem
Werk bedeutet nicht, dass diese frei durch jedermann benutzt werden dürfen. Die Berechtigung zur Benutzung
unterliegt, auch ohne gesonderten Hinweis hierzu, den Regeln des Markenrechts. Die Rechte des jeweiligen
Zeicheninhabers sind zu beachten.
Der Verlag, die Autoren und die Herausgeber gehen davon aus, dass die Angaben und Informationen in
diesem Werk zum Zeitpunkt der Veröffentlichung vollständig und korrekt sind. Weder der Verlag, noch
die Autoren oder die Herausgeber übernehmen, ausdrücklich oder implizit, Gewähr für den Inhalt des
Werkes, etwaige Fehler oder Äußerungen. Der Verlag bleibt im Hinblick auf geografische Zuordnungen und
Gebietsbezeichnungen in veröffentlichten Karten und Institutionsadressen neutral.

Planung/Lektorat: Petra Steinmueller
Springer Vieweg ist ein Imprint der eingetragenen Gesellschaft Springer Fachmedien Wiesbaden GmbH und ist
ein Teil von Springer Nature.
Die Anschrift der Gesellschaft ist: Abraham-Lincoln-Str. 46, 65189 Wiesbaden, Germany

Vorwort

Im digitalen Zeitalter können Geschäftsprozesse nicht mehr manuell umgesetzt werden. Daher werden Enterprise Resource Planning Systeme (ERP) verwendet, um Geschäftsdaten und -prozesse zu verwalten. Ein ERP-System ist im Wesentlichen eine Softwarelösung für den Betrieb des gesamten Unternehmens auf der Grundlage automatisierter und integrierter Geschäftsprozesse. Die komplette Prozesskette von Forschung und Entwicklung über Fertigung, Marketing, Vertrieb, Logistik und Service wird digitalisiert. Durch das zentrale Datenmanagement wird eine abteilungsübergreifende Transparenz gewährleistet und ermöglicht es Unternehmen, wichtige Szenarien zu analysieren und die Effizienz ihrer Geschäftsprozesse zu steigern. Das führt zu Kosteneinsparungen und höherer Produktivität. ERP-Systeme bestehen aus zahlreichen Modulen, die bestimmte Geschäftsprozesse implementieren, z. B. Logistik oder Fertigung. Die Geschäftsdaten werden synchronisiert und zwischen den Modulen konsistent gehalten. Anwendungsdaten für den Geschäftsprozess Produktion wirken sich beispielsweise sofort auf die Bestandsführung aus. Dadurch werden Datenredundanzen und Prozessinkonsistenzen vermieden.

Ein weiterer wichtiger Vorteil ist die verbesserte Effizienz und Produktivität. ERP-Systeme stellen beispielsweise Anwendungen für Routinevorgänge wie das Qualitäts- und Cash Management oder die Vertriebsrealisierung bereit. Dadurch verkürzen sich die Zykluszeiten der übergeordneten Prozesse wie Auftragsabwicklung oder Einkauf. Darüber hinaus unterstützen ERP-Systeme Geschäftsentscheidungenmit Simulationsläufe oder Planungsfunktionen. Daher können Ressourcen wie Materialien oder Personal effektiv genutzt werden. Wertvoll sind auch die integrierten Analysen von Geschäftsprozessen, die durch kundenspezifische Berichte erweitert werden können.

Zusammenfassend lässt sich sagen, dass ERP-Systeme das digitale Fundament von Unternehmen bilden und die digitale Transformation des Tagesgeschäfts, die Entscheidungsfindung im Unternehmen und die Nachverfolgung von geschäftskritischen Daten ermöglichen. SAP stellt mit SAP S/4HANA die nächste Generation intelligenter und integrierter ERP-Systeme bereit. SAP S/4HANA basiert auf SAP HANA, einer In-Memory Datenbank, die neben der Transaktionsverarbeitung auch Analysefunktionen für die Auswertung und Überwachung von Key Performance Indicators (KPIs) in Echtzeit bietet.

Ziel dieses Buches ist es, den Funktionsumfang, das Datenmodell, die Lösungsarchitektur, die zugrunde liegenden Engineering-Konzepte und das Programmiermodell von SAP S/4HANA zu erläutern. Im ersten Teil lernt der Leser die Marktsicht von ERP-Lösungen und -Anbietern kennen. Der zweite Teil befasst sich mit den Geschäftsprozessen für Vertrieb, Marketing, Finanzwesen, Lieferketten, Fertigung, Services, Beschaffung und Personalwesen, die mit SAP S/4HANA abgedeckt werden. Im dritten Teil werden die zugrunde liegenden Konzepte von SAP S/4HANA beschrieben, z. B. In-Memory Speicher, Berichtswesen und Suche, künstliche Intelligenz, Prozess- und Datenintegration, Sicherheit und Compliance, Lebenszyklusmanagement, Performance und Skalierbarkeit, Konfiguration und Implementierung. Das Buch wird mit einem finalen Kapitel abgeschlossen, in dem erläutert wird, wie eine Appliance implementiert wird, um das SAP S/4HANA System zu erkunden. Bei dem Buch handelt es sich um die deutsche Übersetzung der englischen Ausgabe von (Sarferaz, 2022). Hierbei wurden auch KI-basierte Werkzeuge herangezogen.

Die Zielgruppe für das Buch sind Manager und Business-Analysten, die die Marktsituation und die zukünftigen ERP-Trends verstehen möchten, Endbenutzer und Prozessexperten, die die Geschäftsprozesse und die entsprechenden Systemfunktionalitäten von SAP S/4HANA verstehen möchten. Architekten und Entwickler, die die technischen Konzepte und Frameworks zur Erweiterung der SAP S/4HANA Funktionen kennenlernen müssen, Berater und Partner, die SAP S/4HANA einführen und konfigurieren müssen.

Oktober 2022   Dr. Siar Sarferaz

Haftungsausschluss

Diese Publikation enthält Verweise auf die Produkte der SAP SE oder eines SAP-Konzernunternehmens. Die in diesem Dokument genannten Produkte und Dienstleistungen von SAP sowie die dazugehörigen Logos sind Marken oder eingetragene Marken der SAP SE oder eines SAP-Konzernunternehmens. Für Screenshots von SAP-Produkt, die in dieser Publikation enthalten sind, sind Urheberrechte von SAP vorbehalten.

Alle anderen Namen von Produkten und Dienstleistungen sind Marken der jeweiligen Unternehmen. Die Angaben im Text sind unverbindlich und dienen lediglich zu Informationszwecken. Produkte können länderspezifische Unterschiede aufweisen.

SAP ist weder Autor noch Herausgeber dieser Publikation und nicht für deren Inhalte verantwortlich. Der SAP-Konzern übernimmt keine Haftung für Fehler oder Unvollständigkeiten in dieser Publikation. Der SAP-Konzern steht lediglich für Produkte und Dienstleistungen nach der Maßgabe ein, die in der Vereinbarung über die jeweiligen Produkte und Dienstleistungen ausdrücklich geregelt ist. Aus den in dieser Publikation enthaltenen Informationen ergibt sich keine weiterführende Haftung.

Inhaltsverzeichnis

Über den Autor

 **Dr. Siar Sarferaz** ist Chef Software Architekt bei SAP. In dieser Rolle treibt er die digitale Transformation voran, indem er die Architektur für die ERP-Lösung SAP S/4HANA definiert und die Automatisierung von Geschäftsprozessen in Unternehmen akzeleriert. Er ist z. B. der leitende Architekt für die Implementierung von Künstliche Intelligenz in SAP S/4HANA und verantwortet alle Konzepte betreffend der Integration von Intelligenz in Geschäftsprozesse. Im Kontext von ERP-Software verfügt er über mehr als 30 Patente. Darüber hinaus ist er Autor zahlreicher ERP-Bücher. Er begann seine Karriere als Methodenforscher bei Siemens, bevor er zu SAP wechselte, wo er nun seit mehr als 20 Jahren in verschiedenen Positionen tätig ist. Er studierte Informatik und Philosophie und promovierte in Informatik.

Teil I
Marktsicht

In diesem Teil wird die Marktperspektive von Enterprise Resource Planning (ERP) erläutert. Der ERP-Markt wächst stetig und unterscheidet sich je nach Art der Kunden und Bereitstellungsoptionen der Lösung. Während traditionelle Anbieter ihre Präsenz kontinuierlich ausbauen, kommen neue Start-up-Unternehmen auf den Markt, weil sich Technologien und Paradigmen ändern. Die Herausforderungen und Merkmale von ERP-Systemen werden in diesem Abschnitt beschrieben, da sie sich in den letzten Jahren andauernd weiterentwickelt haben. Weiterhin werden die künftigen ERP-Trends erläutert. Die Größe des ERP-Marktes variiert je nach Art der Kundenanwendungsfälle, wie in Abb. 1 dargestellt. Dienstleistungsorientierte Unternehmen benötigen hauptsächlich Finanz- und Beschaffungsfunktionen. Fertigungsunternehmen erwarten von ihren ERP-Systemen zusätzliche Funktionen für die Digitalisierung ihrer Fabriken. Generische Funktionen wie Personalwesen oder Reisekosten werden in der Regel in allen Unternehmensarten benötigt.

Im Allgemeinen führen Softwarearchitektur und technologische Innovationen dazu, geschäftlichen Nutzen zu schaffen und die Anforderungen der Kunden bestmöglich zu erfüllen. Solche Anforderungen haben sich im digitalen Zeitalter dramatisch verändert. Um die Architekturprobleme moderner ERP-Lösungen zu verstehen, ist es jedoch notwendig, zunächst zurückzuschauen, was die ERP-Software von SAP so erfolgreich gemacht hat. Bei der Erfüllung der Anforderungen eines sich ständig verändernden Marktes müssen diese Qualitäten der Vergangenheit durch eine ERP-Lösung erhalten bleiben. Und sie müssen zweifellos weiterentwickelt werden, um aufkommenden Herausforderungen zu begegnen und zukünftige Geschäftsprozesse zu ermöglichen. Die globale und lokalisierte Abdeckung von Geschäftsprozessen sowie Branchenvarianten sind eindeutig wichtige Faktoren für die Auswahl von SAP ERP Software. Es gibt jedoch Architektur- und Technologietreiber, die die Grundlage des Erfolgs der SAP bilden und dazu geführt haben, dass Tausende von Unternehmen ihre Systeme einführen.

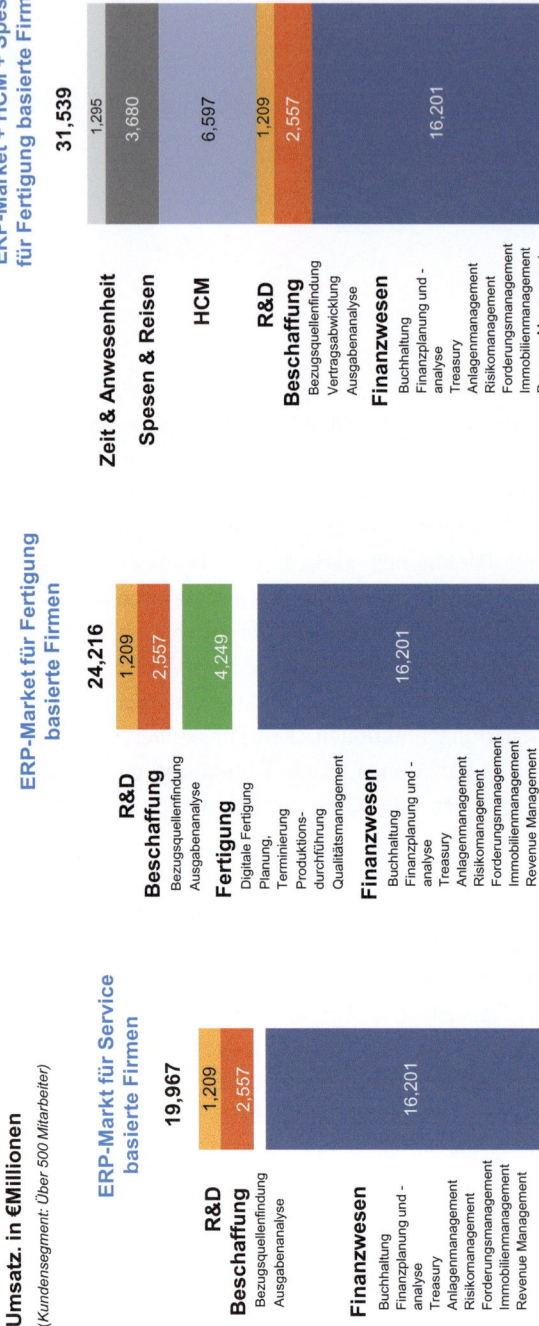

Abb. 1   ERP-Marktgröße variiert je nach Art des Kundenanwendungsfalls

Herausforderungen und Merkmale von ERP-Systemen

1

ERP-Systeme sind keine Neuerung des Softwaremarktes. Doch woher kommt der Bedarf an ERP-Systemen und wie haben sich die Systeme und ihre Anforderungen entwickelt? Dieses Kapitel führt den Leser auf eine Reise durch die Geschichte der ERP-Systeme und zeigt die Stärken und Schwächen der Systeme sowie wie Anbieter, insbesondere SAP als Marktführer, mit der ständigen Veränderung der Anforderungen umgehen.

1.1 Einführung

Dieses Kapitel bietet einen Überblick über ERP-Systeme sowie über Herausforderungen und wichtige Funktionen. ERP ist eine Abkürzung für das Enterprise Resource Planning System. Aber was genau ist ein ERP System? Enterprise Resource Planning ist ein Begriff, der mit einer Software mit mehreren Modulen verknüpft ist, um eine Vielzahl von Geschäftsprozessen zu verwalten und zu steuern, die Unternehmen unterstützen. Lagerverwaltung, Produktplanung, Einkauf, Bestandskontrolle, Fertigung, Kundenservice und Auftragsverfolgung können von ERP unterstützt werden. ERP umfasst auch Anwendungsmodule für das Finanzwesen und das Personalwesen. Die Implementierung eines ERP-Systems erfordert eine umfassende Umgestaltung von Geschäftsprozessen. Aufgrund des rasanten Fortschritts der Informationstechnologie und der anhaltenden Digitalisierung sowohl des privaten als auch des unternehmerischen Sektors steigt die Nachfrage nach hochentwickelten ERP-Systemen immer weiter. Gründe hierfür sind eine schnelle Lieferung von Waren und Erbringung von Dienstleistungen sowie eine einfache und sichere Abwicklung von Transaktionen über mehrere Instanzen hinweg. Dieses Kapitel beschreibt die Entwicklung von ERP-Systemen sowie die Änderungen

© Der/die Autor(en), exklusiv lizenziert an Springer Fachmedien Wiesbaden GmbH, ein Teil von Springer Nature 2023
S. Sarferaz, *ERP-Software: Funktionalität und Konzepte,*
https://doi.org/10.1007/978-3-658-40499-4_1

an Anforderungen und Funktionen. Im Bereich der Herausforderungen moderner ERP-Lösungen liegt der Schwerpunkt auf dem SAP ERP System, da SAP eigentlich der Erfinder von ERP-Lösungen und seit Jahrzehnten weltweit führender Anbieter ist.

1.2   ERP Evolution

ERP-Systeme lassen sich je nach Autor bis in die 1960er oder 1970er Jahre in der Literatur zurückverfolgen. Alles begann damals mit sogenannten MRP-Systemen. MRP ist eine Abkürzung für Material Resource Planning und repräsentiert Material-bedarfsplanungssysteme. Damals stand das verarbeitende Gewerbe im Mittelpunkt der Dispositionssysteme. Es wurde als System zur Berechnung der Materialien und Komponenten definiert, die zur Herstellung eines Produkts (Essex, 2020) erforder-lich sind. Das MRP-System wurde 1964 von Joseph Orlicky, einem damaligen IBM-Ingenieur, erfunden. MRP-Systeme weisen einige Mängel auf. Neben dem bereits erwähnten eingeschränkten Funktionsumfang der Systeme gibt es auch keine Möglichkeit, Feedback zum Produktionsplan zu geben, falls sich der Materialplan wegen Kapazitätsengpässen als nicht durchführbar erwiesen hat. Dadurch haben sich die Dispositionssysteme allmählich verbessert. Eines wurde schnell klar: Um ein funktionierendes und umfassendes System zu haben, ist ein ganzheitlicher Ansatz erforderlich, was bedeutet, dass auch andere Prozesse bis hin zur gesamten Organisation integriert werden müssen. Die kontinuierliche Entwicklung ging über mehrere Geschäftsprozesse hinweg, darunter die Integration zwischen der Produktionsdurch-führung und der Produktionsplanung, die unter anderem als Master Production Schedule (MPS) bezeichnet werden. Andere Ansätze, von der groben Kapazitätsplanung bis zur detaillierten Kapazitätsplanung, wurden entwickelt. Diese Grundsteine helfen gleich-zeitig auch bei der Finanzplanung. Diese und andere Verbesserungen führten zu einem fortschrittlicheren MRP-System, den MRP-II-Systemen. Die Ideen und Entwicklungen führten Anfang der 1970er Jahre zur Gründung zahlreiche Firmen, die sich auch mit Standardsoftware für Unternehmen beschäftigten. Die SAP war eines der Start-ups, die in Deutschland als *Systemanalyse Programmentwicklung* gegründet wurde (auf Englisch *System Analysis and Program Development*). Die Gründungsmitglieder waren alle Mit-arbeiter der IBM Corporation. Die Anfangsphase des Start-ups konzentrierte sich vor allem auf das Finanzwesen und die zentrale Verwaltung von Daten sowie auf die Echt-zeitverarbeitung. Die verschiedenen Systeme standen damals als Mainframe-Software auf großen Rechnern zur Verfügung. Backoffice-Prozesse wie das Personalwesen und das Rechnungswesen wurden nach und nach integriert. Bis in die 1980er Jahre wurde diese Entwicklung und Integration fortgesetzt, bis alle Geschäftsprozesse eines Unter-nehmens integriert waren. Dies war jedoch nur möglich, weil im Bereich der Computer-technik gleichzeitig enorme Fortschritte erzielt wurden: Sowohl Hardware als auch Software entwickelten sich rasant und stetig.

Gehen wir jedoch zurück zu den MRP-II-Systemen. MRP II steht für Manufacturing Resource Planning und wurde 1983 vom Management-Experten Oliver Wight (Wight, 1984) spezifiziert. Laut Wight ist MRP II eine umfassende markt- und ressourcenorientierte Planung von Absatz-, Produktions- und Lagerbeständen. Aber was bedeutet das und wie kam es dazu, dass mehrere Bereiche eines Unternehmens weiterentwickelt und miteinander verknüpft wurden? Jede Abteilung innerhalb eines Unternehmens hat ihre eigene Arbeitsweise. Zu Beginn der Einführung der Computertechnik versuchte jeder Bereich, seine eigenen Arbeitsmethoden über ein System abzubilden. Dadurch verfügte jeder Bereich über eine eigene Software und Datenbank, die auf seine spezifischen Arbeitsabläufe zugeschnitten war. Dies erschwerte jedoch die Arbeit, die in allen Unternehmensbereichen durchgeführt wurde, da die Aktivitäten der Fertigungsplanung und -steuerung eng mit anderen Funktionsbereichen wie Rechnungswesen und Finanzwesen, Marketing und Vertrieb, Produkt-/Prozessentwicklung und -design, Einkauf und Materialwirtschaft (Sridharan & LaForge, 2000) zusammenhängen. Der Versuch, verschiedene Bereiche eines Unternehmens miteinander zu integrieren basiert auf einer einheitlichen Datenbank und eines einzigen Systems, da ein doppeltes Datenmanagement häufig zu Inkonsistenzen und erhöhtem Zeitaufwand resultiert. Dies führt auch zu dem grundlegenden Konzept der Entwicklung und Entstehung der Materialbedarfsplanung II: Es gibt ein zentrales physisches System in einem Unternehmen, und es gibt keine Rechtfertigung für mehrere lokale Informationssysteme, die unterschiedliche Dimensionen des physischen Systems darstellen. Mit der Weiterentwicklung der Computertechnologie boten MRP-II-Systeme die Möglichkeit, neben einer unternehmensweiten Informationsbasis verschiedene Simulationen auf der Grundlage von Datensätzen durchzuführen. Simulationen ändern Datensätze in der Datenbank nicht, sondern arbeiten mit fiktiven Zahlen. Sie unterstützen das Unternehmen bei verschiedenen operativen Entscheidungen. Dies kann eine Vielzahl von Entscheidungen in verschiedenen Bereichen umfassen, z. B. die Prüfung einzelner Handelspositionen, Prognosen für Best- und Worst-Case-Szenarien und vieles mehr. Durch die Kombination dieser Funktionen wird das Unternehmen effizienter und kann Kunden besser bedienen. Auf der Grundlage der vorherigen Punkte lassen sich also drei Schlüsselmerkmale von MRP-II-Systemen ableiten: interfunktionale Koordination, geschlossene Regelkreisplanung (von MRP-Systemen zu MRP-II-Systemen) und Was-wäre-wenn-Analysefunktionen. Zusammenfassend lässt sich sagen, dass ein MRP-II-System ein Unternehmensplanungssystem ist, da es verschiedene Geschäftsprozesse aus verschiedenen Bereichen über ein zentrales Informationssystem miteinander verbindet. Das MRP-II-System weist jedoch einen großen Mangel auf: Alle genannten Punkte und das Grundkonzept des Systems beziehen sich immer auf die Produktion. Ein Unternehmen besteht dagegen aus anderen Sektoren, die nicht in direktem Zusammenhang mit der Produktion stehen. Darüber hinaus gibt es nicht nur produzierende Unternehmen auf dem Markt, sondern auch andere Wirtschaftssektoren, die unter diesen Bedingungen MRP-II-Systeme nicht einsetzen konnten. So entstand die nächste Evolutionsstufe: das ERP-System, das die Marktlücke überbrücken sollte.

ERP-Systeme erschienen erstmals in den 1990er Jahren. Laut (Essex, 2020) haben Analysten der Forschungsfirma Gartner die Notwendigkeit einer einheitlichen Namensgebung erkannt und deren Implementierung vorangetrieben. Sie wurden von Anbietern von Unternehmenssoftware wie SAP, PeopleSoft, Baan und anderen inspiriert. Obwohl die Begriffe MRP oder MRP II System nicht mehr häufig verwendet werden, gelten sie als Vorläufer von ERP-Systemen. Die verschiedenen Ideen und Gedanken werden heute noch in ERP-Systemen verwendet. In den meisten Systemen sind Dispositionspakete in der Regel in ERP-Systeme integriert. Aber was genau ist ein ERP-System? ERP-Systeme sind branchenübergreifende Systeme, die alle wichtigen Geschäftsprozesse in einer Vielzahl von Unternehmenstypen unterstützen. ERP-Systeme bilden damit nicht nur Produktionsprozesse ab, sondern auch alle anderen allgemeineren Geschäftsprozesse. Die Besonderheit, die hervorgehoben werden sollte, ist, dass ERP-Systeme für alle Branchen gedacht sind, da jedes Unternehmen, unabhängig von der Branche, zu der es gehört, Rechnungen schreiben und in irgendeiner Weise mit anderen Unternehmen interagieren muss. Gleichzeitig standen die ERP-Systeme vor den Trends der Globalisierung, der globalen Märkte, der internationalen Netzwerke und anderen, die neue Herausforderungen aufwerfen. Mit diesen neuen Herausforderungen wurde die Notwendigkeit mehrsprachiger Systeme erkannt, um dem sich weltweit wandelnden Marktumfeld und dem sich ändernden Wettbewerb gerecht zu werden. ERP-Systeme mussten mehrere Hindernisse überwinden: Entwicklung verteilter Systeme, angepasste Datensichten und Verarbeitungsfunktionen für verschiedene Rollen und Mitarbeiter. Konstruktion, Beschaffung und Einkauf, Materialwirtschaft, Fertigung, Personalwesen, Kostenrechnung, Finanzwesen, Marketing und Vertrieb waren typische Funktionen, die ein ERP-System im Jahr 2000 unterstützen musste. Mit der Einführung des Begriffs ERP begannen auch Softwareanbieter um zu denken. Es gab einen Wechsel von Großrechnern hin zu einer Server-Client-Architektur. Die zahlreichen Benutzungsoberflächen wurden schrittweise integriert, um die Arbeit zu erleichtern. SAP R/3 ermöglichte es auch, zum ersten Mal an der eigenen Workstation in Echtzeit mit der Software zu arbeiten. Weitere Funktionen, die zu diesem Zeitpunkt bekannt wurden, waren ein verteiltes relationales Datenbanksystem mit Abfrage- und Berichtsfunktionen, elektronischer Datenaustausch zur Kommunikation mit Lieferanten und Kunden, Entscheidungsunterstützung für Manager, eine grafische Benutzeroberfläche und Standardschnittstellen für die Anwendungsprogrammierung. Der Fortschritt der Computertechnik hielt jedoch im Jahr 2000 nicht an. In den folgenden zehn Jahren entwickelte sich ein neuer Trend auf dem Markt. Die Daten sollten jederzeit und von jedem Ort aus zugänglich und abrufbar sein. Cloud Computing ist ein Begriff, der in diesem Zusammenhang häufig vorkam. Cloud Computing und Internet ermöglichten es Unternehmen, in Echtzeit miteinander zu kommunizieren. Einige Unternehmen haben sich von herkömmlichen Desktop-Anwendungen hin zu browserbasierten Benutzungsoberflächen verlagert. Von den 2010er bis heute gab es zahlreiche neue Themen im Bereich der Computertechnologie, die ERP-Systemanbieter vor neue Herausforderungen gestellt haben. Dazu gehören Themen wie Künstliche Intelligenz und Maschinelles Lernen,

Blockchain, vorausschauende Analysen und andere neue Technologien, die die heraus-ragende Rechenleistung der Cloud und die Internetkonnektivität erfordern. Die Heraus-forderungen und Merkmale moderner ERP-Systeme sowie deren Bewältigung werden im folgenden Kapitel vorgestellt, das auf dem als SAP S/4HANA bezeichneten ERP-Produkt von SAP basiert.

1.3   Merkmale moderner ERP-Systeme

SAP war während des Übergangs von MRP-Systemen zu ERP-Systemen eines der oben genannten Start-ups. SAP ist nun Marktführer bei ERP-Systemen. Was sind die Merkmale von SAP Lösungen und wie wurden sie in den letzten Jahren umgesetzt? SAP S/4HANA ist die neueste Generation des ERP-Systems von SAP. Es ist die Weiter-entwicklung von SAP ERP zu einem vereinfachten Interaktionssystem, das die In-Memory-Funktionen von SAP HANA nutzt, z. B. integrierte Analysen, Simulationen, Prognosen, Entscheidungsunterstützung, Künstliche Intelligenz und Maschinelles Lernen in Verbindung mit mobilen Lösungen, sozialen Medien und Big Data. Ziel von SAP S/4HANA ist es, auf dem bisherigen Erfolg seiner ERP-Systeme aufzubauen und gleichzeitig die Funktionen und Prinzipien zu verbessern. In diesem Kapitel werden zunächst die erfolgreichen Funktionen von SAP ERP Lösung beschrieben. Diese werden dann durch die Funktionalität der SAP S/4HANA Lösung ergänzt. Der Verkaufserfolg der ERP-Lösung von SAP basierte damals auf die Anpassungsfähigkeit des Systems an kundenspezifische Geschäftsprozessanforderungen und die Stabilität des Systems. Die Architektur des sogenannten SAP R/3 Systems war 1992 ein entscheidender Faktor für den Unternehmenserfolg von SAP. Es war eine bahnbrechende dreistufige Archi-tektur, die Frontend, Anwendungsserver und Datenbank trennte und eine unabhängige Skalierbarkeit ermöglichte. Dank dieser architektonischen Innovation konnte sich SAP durch Leistung, Robustheit und Skalierbarkeit auf dem Markt behaupten. Mit der Zeit änderten sich jedoch die Kundenanforderungen, was für SAP und andere ERP-Anbieter neue Herausforderungen mit sich bringt. SAP hatte eine sehr klare Vorstellung davon, welche Funktionen für die Kunden von entscheidender Bedeutung waren. Sieben wichtige Merkmale moderner ERP-Systeme ergeben sich (Saueressig et al., 2021b): hohe Leistung und Skalierbarkeit, Benutzerfreundlichkeit, erweiterbare Architektur, ein-fache und standardisierte Implementierungen, intelligente ERP-Prozesse, Cloud und On-Premise Implementierungen sowie Sicherheit in Bezug auf Datenschutz, Compliance und Datenisolierung.

Die schnelle technologische Entwicklung ist für die hohe Leistung und den Wunsch nach Skalierbarkeit verantwortlich. Infolgedessen besteht die Anforderung nach hohen Geschwindigkeiten und einem hohen Grad an Anpassungsfähigkeit. Dies kann nur durch Systemskalierbarkeit erfüllt werden. Aber was genau ist Skalierbarkeit? Skalierbarkeit ist die Fähigkeit eines Softwaresystems, ein höheres Ladevolumen durch den Einsatz zusätz-licher Ressourcen zu bewältigen. Die Grundlage eines modernen ERP-Systems ist eine

zukunftssichere Architektur für eine stetig steigende Systemlast, da Unternehmen Kunden-
daten, Sensordaten, Geodaten, Marktfeeds und Feedbackdaten in noch nie dagewesenen
Mengen sammeln. Das digitale Zeitalter erfordert noch mehr Geschwindigkeit und
Anpassungsfähigkeit. In den letzten Jahrzehnten traten bei ERP-Implementierungen häufig
Probleme mit Batch-Ausführungsabhängigkeiten auf, was die Skalierbarkeit und die
Gesamtperformanz des Systems einschränkte. In-Memory-Datenbanksysteme ermöglichen
eine neue Generation von Geschäftsanwendungen, die Transaktionen, Analysen,
Maschinelles Lernen und vieles mehr kombinieren, ohne die herkömmlichen Komplexi-
täten von persistierten Aggregaten, Redundanzen, Inkonsistenzen oder Latenzen, die die
Standarddatenbanktechnologie erfordert. Die Eliminierung aggregierter Tabellen und
Indizes sowie die Verwendung von Insert-Only-Modellen schaffen den Grundstein für eine
deutlich kürzere Verarbeitungzeit und einen erhöhten parallelen Durchsatz und eine
höhere Skalierbarkeit in modernen ERP-Anwendungen. Die Möglichkeit, Online-Trans-
action-Processing- (OLTP) und Online-Analytical-Processing-Anwendungen (OLAP) auf
demselben In-Memory-Datenbanksystem ohne Replikation auszuführen, führt zu erheblichen Kosteneinsparungen und Produktivitätssteigerungen. Echtzeit Geschäftsprozesse,
Planung und Simulation verbessern auch die Genauigkeit, da Reporting und Analysen auf
Basis replizierter, potenziell veralteter Daten zu schlechten Entscheidungen führen können.
Aufgrund der Abschaffung anwendungsgesteuerter materialisierter Aggregate vermeidet
In-Memory-Computing herkömmlicher Batch-Programme und die Entwicklung vieler
innovativer neuer Geschäftsprozesse. Das Insert-Only-Paradigma von In-Memory-Daten-
banken ermöglicht sperrfreie, skalierbare Software mit deutlich erhöhtem Durchsatz. In-
Memory-Funktionen helfen dabei, große Teile der Anwendungslogik neu zu
implementieren und zu vereinfachen und gleichzeitig die Skalierbarkeit und die
funktionalen Anforderungen zu erfüllen, die von einem modernen ERP-System erwartet
werden. Die Bestandsführung ist ein Beispiel dafür, wie die oben genannten Probleme bei
der Skalierbarkeit von Batch-Prozessen mithilfe von In-Memory-Funktionen behoben
wurden. Die Bestandsführung in SAP ERP erfordert Datenbankaktualisierungen in der
aggregierten Tabelle für Lagermengeninformationen (Tabelle MARD). Aufgrund der
Architektur von SAP HANA als In-Memory-Datenbanksystem können diese
Aktualisierungen im vereinfachten SAP S/4HANA Datenmodell beseitigt werden. Es
wurden intensive Skalierbarkeitstests mit der Bestandsführung durchgeführt, um die Performanz und den Durchsatz von SAP Business Suite powered by SAP HANA und SAP
S/4HANA zu vergleichen. Die Tests ergaben einen deutlichen Anstieg des Durchsatzes, der
sich um den Faktor 25 erhöhte, wenn eine größere Anzahl von Materialbewegungen
parallel gebucht wurde. Dies ist eine wichtige Innovation, insbesondere für Unternehmen
in der Automobilindustrie, in denen Rückmeldeprozesse eine große Anzahl gemeinsamer
Teile in den Materialbelegen haben. Der Spaltenspeicher von In-Memory-Datenbanksystemen ermöglicht die Suche und Analyse von Daten ohne die Verwendung zusätzlicher
Indizes. Dies hat erhebliche Auswirkungen auf die Anwendungsarchitektur, da es eine Volltextsuche für Endbenutzer ermöglicht, ohne suchrelevante Daten in eine externe Instanz zu
replizieren. Dadurch wird das Datenvolumen in ERP-Systemen erheblich reduziert.

Der Wunsch nach benutzerfreundliche Oberflächen geht darauf zurück, dass die Computertechnologie inzwischen viele Aspekte des Privatlebens der Menschen infiltriert hat. Die Einstellung der Benutzer zu Unternehmensanwendungen hat sich durch das digitale Zeitalter verändert. Vor allem Mitglieder der Generation Y und Z erwarten, dass Unternehmensanwendungen visuell ansprechend sind, jederzeit von jedem Gerät aus zugänglich, einfach zu bedienen, reaktionsschnell und einfach anpassbar sind. Anwendungen, die nicht das gleiche Maß an Komfort bieten wie diese Benutzer von Anwendungen oder Websites, die für Endverbraucher geeignet sind, werden häufig abgelehnt und seltener verwendet. Daher geht es bei User Experience (UX) darum, die Anforderungen eines Benutzers so effizient und effektiv wie möglich zu erfüllen. ERP-Systeme sollten idealerweise intuitiv und einfach zu bedienen sein, ohne dass umfangreiche Schulungen erforderlich sind. Dies erfordert eine Neugestaltung, die auf eine intuitive Benutzererfahrung, verständliche Terminologie und kontextsensitive Benutzerhilfe ausgerichtet ist. Die wichtigsten Anforderungen an Anwendungen sind heute, dass sie visuell ansprechend, von jedem Gerät aus jederzeit zugänglich, einfach zu bedienen, reaktionsschnell und einfach personalisiert sind. Die Eigenschaften von erweiterbarer Architektur und einfachen und standardisierten Implementierungen sind untrennbar miteinander verknüpft. Viele Kunden haben die standardisierten Prozesse der Anwendung an ihre spezifischen Anforderungen angepasst. Es muss eine Möglichkeit geben, diese Flexibilität weiterhin bereitzustellen, ohne die Upgrade-Funktionen und Wartbarkeit zu gefährden. Wie bereits erwähnt, sind Begriffe wie Künstliche Intelligenz und Maschinelles Lernen, Blockchain, vorausschauende Analysen und andere neue Technologien auch in die Gesellschaft eingedrungen. Das haben die verschiedene ERP-Anbieter erkannt. Diese können jedoch die rasant fortschreitende computertechnische Entwicklung nutzen, um dem Nutzer völlig neue Möglichkeiten zu bieten. Die Integration dieser Technologien ist ein Fortschritt in der Automatisierung, was zu effizienterer Arbeit führen kann. Es ist wichtig, dass eine moderne ERP-Lösung die Integration und Konfiguration der Funktionen ermöglicht, die Unternehmen heute und in der Zukunft benötigen. Dies erfordert, dass das ERP-System auf einer erweiterbaren Architektur aufbaut, die durch flexible Integrationsfunktionen auf der Grundlage offener Standards einerseits und leistungsstarke In-App-Erweiterungsmechanismen andererseits erreicht wird. Um sicherzustellen, dass Upgrades keine Erweiterungen oder Konfigurationen überschreiben, muss die Systemarchitektur Standardquellcode, benutzerdefinierte Erweiterungen und Inhalte trennen. ERP-Produkte müssen natürlich standardisierte Implementierungspakete bereitstellen. Sie müssen jedoch auch Optionen zur Verfügung stellen, um das Produkt an die speziellen Anforderungen eines Unternehmens anzupassen, ohne die Upgradefähigkeit und langfristige Wartbarkeit zu gefährden. Softwarearchitekturen, insbesondere in der Cloud, sind verteilt und serviceorientiert. Obwohl Erweiterungen häufig verwendet werden, um das Standardsystem im Kontext einer ERP-Anwendung zu ändern, umfasst ein modernes ERP-System durch die Integration neuer Cloud-Services immer mehr Erweiterungsfunktionen. Dieser Ansatz wird als Side-by-Side-Erweiterbarkeit bezeichnet. Mit dieser Strategie werden die Systemarchitekturübergänge von weniger flexiblen, traditionellen, monolithischen Konzepten, die auf einem einzigen Stack entwickelt wurden, zu föderierten Services, die bessere Service Level Agreements (SLAs) ermöglichen, wie Skalierbarkeit, Verfügbarkeit und Resilienz, und maximale Anpassungsfähigkeit gewährleisten und gleichzeitig die Stabilität durch Trennung über APIs sicherstellen. Die Anpassung von UI- und Geschäftsszenarien durch Feld- und Prozesserweiterungen, Anpassungen oder Erweiterungen von Business Workflows sowie eine offene und flexible Integration mit Drittanbieterprodukten über standardisierte APIs sind wichtige Anforderungen sowohl für die In-App- als auch für die Side-by-Side-Erweiterbarkeit und müssen sich in der Softwarearchitektur widerspiegeln. Die meisten Unternehmen haben eine beträchtliche Menge an benutzerdefiniertem Code implementiert, um die ERP-Software zu erweitern, teilweise zu ersetzen oder sogar zu ändern. Darüber hinaus haben sie ihre Systeme stark angepasst. Dadurch lassen sich solche ERP-Systeme schwer auf das nächste Release upgraden. Dies hat dazu geführt, dass Unternehmen durch massive Modifikationen an Standardsoftware daran gehindert wurden, den nächsten Schritt in Richtung digitaler Transformation zu gehen. Dazu gehört die Reduzierung der Komplexität durch Standardisierung und Vereinfachung von Geschäftsprozessen. ERP-Anwendungen im digitalen Zeitalter erfordern die Bereitstellung vorkonfigurierter Pakete, die eine schnelle Implementierung ermöglichen. Dies erfordert ein Verständnis der Branchen, für die Konfigurationspakete entwickelt wurden. Die ERP-Konfiguration, insbesondere in der Public Cloud, muss die Anforderungen eines Unternehmens weitgehend sofort erfüllen. Dies erfordert die Verwendung von Self-Service-Implementierungswerkzeugen, mit denen die Implementierungskosten erheblich gesenkt werden können. Besonders wichtig sind Werkzeuge, die die Benutzer Schritt für Schritt durch den Implementierungsprozess führen, sowie standardisierte Datenmigrationstools. Die oben genannten Erweiterungsmöglichkeiten können verwendet werden, wenn die eigenen Prozessaufläufe einer Organisation aussichtsreicher sind. Der Wunsch, sowohl Cloud- als auch SaaS-Lösungen anzubieten, ist auf die unterschiedlichen Bedürfnisse der Kunden zurückzuführen. Es gibt mehrere Argumente für und gegen jede Option. Ein Grund, warum Unternehmen die Cloud nicht exklusiv nutzen wollen, ist, dass Nutzer die Sicherheit ihrer sensiblen Daten nicht einer Cloud anvertrauen wollen. Sie wollen die Kontrolle über die Daten behalten. Aber auch hybride Modelle sind eine Option. Hybride Modelle sind an dieser Stelle nicht ungewöhnlich. In Sachen Datenschutz und Sicherheit stellt die Nutzung der Cloud und damit des Internets eine neue Herausforderung dar. Insbesondere operative Prozesse arbeiten häufig mit Daten, die für das Unternehmen kritisch sein können, sodass der Zugriff auf diese Daten durch Dritte problematisch sein können. Daher ist und wird Sicherheit auch in Zukunft ein wichtiges Thema für ERP-Systeme sein. SAP S/4HANA versucht diese Anforderungen zu erfüllen und neue Funktionen hinzuzufügen. Doch was zeichnet SAP S/4HANA aus? SAP S/4HANA wurde entwickelt, um eine neue Generation von Geschäftsanwendungen zu ermöglichen, die Transaktionen, Analysen, Maschinelles Lernen und vieles mehr kombinieren, ohne die herkömmlichen Komplikationen von persistierten Aggregaten, Redundanzen, Inkonsistenzen oder Latenzen durch die Standarddatenbanktechnologie. Dazu bietet SAP

S/4HANA eine In-Memory-Plattform mit einem Insert-Only-Modell, das die Verarbeitungszeit verkürzt, den parallelen Durchsatz und die Skalierbarkeit erhöht und die Verarbeitung von Transaktionen in Echtzeit ermöglicht. Sechs Prinzipien führten zur Entwicklung von SAP S/4HANA (Saueressig et al., 2021b):

- Stabiler, aber flexibler digitaler Kern: Es wird ein stabiler Kern etabliert, der eine schnellere Softwarebereitstellung und eine einfachere Einführung von SAP-Softwareinnovationen sowie Änderungen an regulatorischer Software ermöglicht. Dies senkt die Kosten von Upgrade-Projekten, was zu niedrigeren Gesamtbetriebskosten führt. Dies bedeutet jedoch nicht, dass Flexibilität gefährdet ist. SAP S/4HANA soll dieselbe Erweiterbarkeit und Flexibilität bieten wie SAP ERP, jedoch mit deutlich höheren Stabilitätskontrakten, um die Upgrade-Fähigkeit bestmöglich zu unterstützen. Die neuen Konzepte der In-App-Erweiterbarkeit und der Side-by-Side-Erweiterbarkeit deckend diesen kritischen Bedarf ab. Diese Flexibilitätsmechanismen basieren auf einer Vielzahl öffentlich verfügbarer APIs und Objekte mit garantierten Stabilitätskontrakten.
- Vereinfachung mit dem Principle of One: Dies ist eines der Kernarchitekturprinzipien von SAP S/4HANA und beschreibt die Deprekation redundanter Frameworks, Datenmodelle, UIs und anderer SAP ERP Elemente. Mit diesem Grundsatz wird eine Vereinfachung erreicht und die Komplexität verringert. Ein wichtiger Schritt in diesem Bereich ist die Vereinfachung des Lösungsangebotes durch die Eliminierung von Komponenten. Dies wird durch Quarantäne und Deprekation erreicht. Die Anzahl der Tabellen, Datenelemente und Transaktionen in SAP S/4HANA wurde drastisch reduziert, indem redundante Funktionen entfernt wurden.
- Offen für Innovationen durch Serviceorientierung: Um Redundanzen zu vermeiden und sowohl Effizienz als auch Konsistenz zu erreichen, führt SAP S/4HANA ein virtuelles Datenmodell (VDM) ein. Dadurch können Querverweise zwischen Geschäftsprozessen und Analyseszenarien hergestellt werden. Die Benutzungsoberfläche und die Anwendungsintegration von SAP S/4HANA basieren auf einer serviceorientierten Architektur, die Web-Services nutzt, die auf offenen Standards basieren. Das VDM in SAP S/4HANA bietet eine solide Grundlage für RESTful UI-Services für SAP Fiori Apps und Integrations-APIs.
- Modularisierung in (Hybrid-)Integrationsszenarien: SAP S/4HANA zielt darauf ab, Benutzer so zu unterstützen, dass durchgängige Prozesse möglich sind. Dies wird durch die Integration einer Containertechnologie und eines logischen Datenmodells über alle Services hinweg erreicht. Diese SAP S/4HANA Modularisierung ist eine wichtige Voraussetzung für die Unterstützung hybrider Szenarien, in denen Unternehmen Teile ihrer SAP S/4HANA Funktionen in der Cloud und anderen Teilen On-Premise verwenden. Wie bereits erwähnt, werden hybride Implementierungen für viele ERP-Systemen in den nächsten Jahren die Realität sein. Unternehmen erhalten so die Flexibilität, sowohl auf die Digitalisierung als auch auf die Cloud-Migration mit öffentlichen, privaten und hybriden Ansätzen zu reagieren.

- Cloud First, aber nicht nur: Es gibt zahlreiche Unterscheidungen zwischen einer cloud-basierten SaaS-Lösung und einer On-Premise-Anwendung. Die Cloud-Architektur muss so konzipiert sein, dass sie von gemeinsam genutzten Ressourcen profitiert und Hochverfügbarkeit und elastische Skalierbarkeit ermöglicht. SAP S/4HANA Cloud ist eine reine SaaS-Lösung, die alle Aspekte einer modernen verteilten und serviceorientierten Cloud-Architektur umfasst. Jeder Kundenmandant verwendet denselben Software-Stack. Große Teile der Hardwareressourcen, Systemdaten und Codierung werden für mehrere Mandanten in Mehrmandanten-Clustern gemeinsam genutzt, um Skalierungseffekte zu erzielen. Die Lösung bietet eine vollständig dynamische Mandanten-Verwaltung, Zero Downtime für Wartungsereignisse und eine vollständige Automatisierung des Lebenszyklusmanagements.
- Semantische Kompatibilität zur Unterstützung der Evolution: SAP S/4HANA unterstützt die Marktanforderungen für hybride Bereitstellungsmodelle, indem homogene Datenmodelle und Integrationspunkte für On-Premise- und Cloud-Versionen bereitgestellt werden. Wenn ein Unternehmen die Migration zu einer modernen ERP-Lösung wie SAP S/4HANA plant, werden neue digitale Funktionen berücksichtigt. Die semantische Kompatibilität der Daten- und Prozessmodelle von SAP ERP und SAP S/4HANA ermöglicht Unternehmen den Übergang in einem angemessenen Zeitraum. Viele Erweiterungspunkte von SAP ERP sind mit diesem Kompatibilitätsmodell weiterhin verfügbar, wodurch der Übernahmeaufwand für benutzerdefiniertes Coding bei der Migration zu SAP S/4HANA reduziert wird.

Alle diese Funktionen werden in SAP S/4HANA kombiniert und implementiert, um Benutzern die bestmögliche ERP-Anwendungen zu bieten. Die genannten Merkmale sind in Abb. 1.1 zusammengefasst.

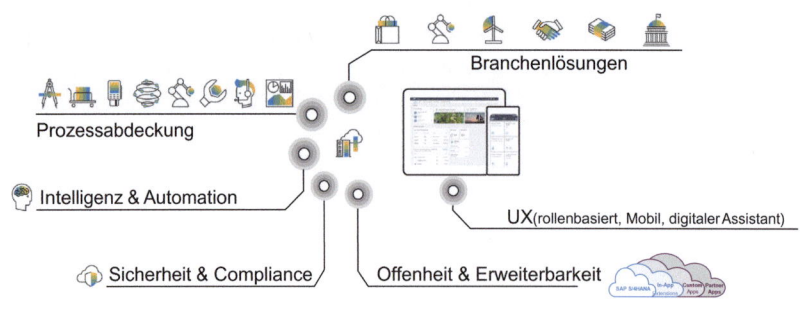

Abb. 1.1 Merkmale von SAP S/4HANA

1.4   Mehrwert für Unternehmen

Unternehmen stehen heute vor zahlreichen Herausforderungen mit ERP-Systemen, darunter mangelnde Integration, unzureichende Möglichkeiten sich schnell an veränderndes Geschäftsumfeld anzupassen, die Komplexität der Transformation von Geschäftsmodellen, die Datenkonvertierung und -migration sowie die Gesamtbetriebskosten (TCO). Darüber hinaus erforderte die COVID-19-Pandemie eine erhöhte Agilität, z. B. an das Finanzwesen, Produktion und Vertrieb, drastische Kostensenkungen, Kundennachfrageänderungen, das Management von Mitarbeitern im Homeoffice. Die Krise hat jedoch die Anforderungen an ERP-Transformationsprojekte verändert. Die Wertschöpfung muss jetzt schnell und inkrementell erfolgen. Die Installation oder der Betrieb eines ERP-Systems wirkt sich auf die Geschäftsprozesse im gesamten Unternehmen aus, was natürlich eine Reihe von Herausforderungen mit sich bringt. Lange Implementierungsprojekte können Unternehmen viel Geld kosten, nicht nur durch die Lizenzkosten, sondern auch durch die verlorene Zeit bis zur Wertschöpfung. Darüber hinaus können das Wissen und die Fähigkeiten eines Beratungs-Implementierungspartners erhebliche Auswirkungen auf den Projekterfolg haben. Diese Schwierigkeiten werden noch verschärft, wenn komplexe, multifunktionale Systeme eingeführt werden, die ein breites Spektrum an Aufgaben unternehmensweit integrieren müssen. Die meisten Unternehmen benötigen die ERP-Lösung, um ihre geschäftskritischen Prozesse von Anfang bis Ende zu digitalisieren. Diese Prozesse lassen sich in *Commodity-Prozesse* unterteilen, die durch Standardisierung und Automatisierung maximale Effizienz erzielen, sowie *Differenzierungsprozesse,* die Wettbewerbsvorteile schaffen und ein hohes Maß an Flexibilität bei der Anpassung und Erweiterung erfordern. Commodity- und Differenzierungsprozesse erstrecken sich über die Kernprozesse, wie z. B. Auftragsabwicklung, Personalwesen, Forschung- und Entwicklung, Beschaffung und Einkauf, und bieten einen sofortigen Nutzen. Die Auftragsabwicklung befasst sich mit der Akquise von Kunden bis zum Verkauf und Zahlung eines Produkts oder einer Dienstleistung. Die verschiedenen Phasen decken Aktivitäten ab, wie z. B. Kunden anwerben, Angebot erstellen, Produkt verkaufen, Produkt liefern, Rechnung erstellen und Zahlung entgegennehmen. Personalwesen wickelt alle Aspekte der Belegschaft ab, die an den Geschäftsabläufen beteiligt sind. Die Funktionen reichen von der Planung des Personalbedarfs über die Besetzung, die Einarbeitung, die Unterstützung während der Arbeit bis hin zu Reisen und Gehaltszahlung. Der Einkauf umfasst und unterstützt die Beschaffung und den Erwerb von Waren und Dienstleistungen und lässt sich in den Phasen Bezugsquellenfindung und Vertragsabschluss, Planung und Prognose, Einkauf und Lieferung sowie Rechnungsstellung und Zahlung einteilen. Forschung und Entwicklung befasst sich mit der Anforderungsanalyse, dem Entwurf von Produkten und Dienstleistungen sowie die Markteinführung. Für die Planung und Fertigung sowie den Lieferprozess und den kontinuierlichen Betrieb werden verschiedene Anwendungen kombiniert. Dieser Prozess ist ein Beispiel für die mögliche hybride Interaktion zwischen On-Premise und Cloud. Unternehmen benötigen zunehmend Lösungen, die sich mit bestimmten Szenarien oder Geschäftsproblemen befassen oder spezielle Prozesse unterstützen. Weiterhin ziehen sie es zunehmend vor, nur für das, was sie verwenden, zu bezahlen, anstatt vom Softwareanbieter komplette Produkte zu erwerben. Dies ist insbesondere in der Cloud möglich, da traditionelle Produktgrenzen verschwimmen und durch hochflexible Services ersetzt werden. ERP-Anbieter wechseln von einer umfassenden Lösung mit festem Umfang, die alle wichtigen Geschäftsprozesse eines Unternehmens abdeckt, zu einem kommerziellen Konzept, das Funktionen in vordefinierten Szenarios und durchgängigen Prozessen bündelt, die Unternehmen nach Bedarf nutzen können. Auch wenn dieser Ansatz technisch entkoppelt ist, bietet es für Unternehmen, die ERP-Lösungen einsetzen, immer noch den folgenden Vorteil: Von der User Experience (UX) bis hin zur Daten- und Prozessintegration sind diese Lösungen hochintegriert. Die Flexibilität wird erheblich erhöht, sodass diese Services schnell an die Anforderungen einer sich ändernden Geschäftsumgebung angepasst werden können. Die derzeitige Realität zeigt, dass jedes Unternehmen vom Schlimmsten ausgehen und nach dem Besten streben muss, einschließlich der Lösung technische Defizite und der Investition in eine Transformationsstrategie, die sich auf den Endverbraucher konzentriert. SAP reflektiert dieses Ethos durch die Einhaltung der Grundprinzipien der Migration zu SAP S/4HANA und der cloud-basierten digitalen Transformation. Unternehmen mussten wichtige operative Geschäftsprozesse schnell überarbeiten, und dieser Änderungsbedarf dürfte in Zukunft die neue Normalität sein. Geschäftsprozesse müssen ständig überprüft werden und auf automatisierte, flexible, analysegesteuerte, projekt- und branchenorientierte Anwendungen umgestellt werden. Die intelligenten ERP-Angebote von SAP können Unternehmen durch Echtzeiteinblicke, Echtzeitplanung, Prognosen, Simulationen und integrierte Analysefunktionen in diesem Kontext helfen. Der Mehrwert lässt sich in strategischen und operativen Nutzen unterteilen. Beide Elemente sind für Unternehmen von entscheidender Bedeutung, um die Vorteile der Implementierung eines neuen ERP-Softwaresystems voll auszuschöpfen. Im Vergleich zur Vergangenheit mit überwiegend monolithischer ERP-Systeme sind die IT-Umgebungen von heute oft auf Best-of-Breed-Strategien, verschiedene Technologie-Stacks und den Umstieg auf Cloud-Lösungen mehrerer Anbieter mit nicht abgestimmten Release-Plänen ausgerichtet. All diese Entwicklungen haben die Aufgabe von IT-Managern deutlich schwieriger gemacht. Gleichzeitig sind sie mit geringeren IT-Budgets konfrontiert, während die Anforderungen der Nutzer nach einer agilen Umsetzung neuer Anforderungen wachsen und der Umsetzungszeit verkürzt wird. Neue Regularien, Datenschutzgesetze und Bedrohungen der Cybersicherheit erschweren die Softwareentwicklung. Mit SAP S/4HANA Cloud werden diese IT-Betriebsaufgaben an SAP als Cloud-Serviceanbieter übertragen. Die Berechnung eines finanziellen Business Case ist der Ausgangspunkt für jedes ERP-Implementierungsprojekt. ERP-Anbieter und ihr Partnernetz stellen mehrere Tools, Ansätze und Vorlagen bereit, um dies abzuschließen und den Financial Business Case für Unternehmen so standardisiert und einfach zu gestalten. Die Standardisierung von Geschäftsprozessen wirkt sich nicht nur positiv auf den operativen Betrieb aus. Mit einer Lösung, die auf branchenspezifischen Best Practices und vorkonfigurierten Inhalten basiert, können Kunden ERP-Lösungen in der Cloud viel schneller als je zuvor in der On-Premise-Welt implementieren. Diese Standardisierung führt direkt zu niedrigeren Projektkosten, schnelleren Einführungen, geringeren Schulungsanforderungen, schlankeren Abläufen und niedrigeren Total Cost of Investments (TCIs). Die derzeit schnellste Implementierung von SAP S/4HANA Cloud als Beispiel war in 26 Tagen abgeschlossen. Die Cloud hat Unternehmen maßgeblich dabei geholfen, die Standardisierung voranzutreiben, die Implementierungszeiten für neue ERP-Lösungen zu verkürzen und die Chancen auf eine erfolgreiche ERP-Implementierung zu erhöhen. Außerdem sehen sie direkt die Auswirkungen von Abweichungen vom Standard, da die Integrations- und Erweiterungskosten den positiven Business Case des Umstiegs in die Cloud reduzieren können. Die einfache Verwendung der Software können Benutzern auch dabei helfen, Kompromisse in Bezug auf Funktionen anzunehmen, da Mitarbeiter, die mit der Software arbeiten, direkt neue Möglichkeiten und neue analytische Erkenntnisse zur Verfügung gestellt bekommen. Der hohe Grad der Standardisierung in allen Dimensionen – Prozessdefinitionen, Infrastruktur, Implementierung, Betrieb und Upgrades – führt zu Einsparungen bei den Gesamtbetriebskosten. Bei der ersten Berechnung der Gesamtbetriebskosten vergessen viele Unternehmen, die Kosten des laufenden Betriebs in ihre IT-Systeme zu integrieren. Wenn das interne IT-Team und mehrere Auftragnehmer ständig am ERP-System arbeiten, um den Betrieb aufrechtzuerhalten, wird dies häufig als regelmäßige Kosten betrachtet und in vielen Fällen nicht direkt einem System zugeordnet. Darüber hinaus werden die durch Systemupgrades, die Integration in langlaufende IT-Projekte und fehlende analytische Erkenntnisse entstehenden Kosten für die Produktivitätseinbußen von Nutzern selten berücksichtigt. Was die Upgrade-Kosten anbelangt, so nutzen viele Unternehmen, die die Anwendung SAP ERP noch verwenden, auf recht alten Releases der Lösung und scheuen sich vor einem Upgrade aufgrund der hohen Kosten und Betriebsunterbrechungen. Daher können ihre Nutzer die neuesten Innovationen der Software nicht konsumieren und sind möglicherweise nicht motiviert, mit Unternehmenssoftware aus den 1980er oder 90er Jahren zu arbeiten. Das Ergebnis sind nicht nur fehlende Produktivität, sondern auch Notlösungen in vielen Bereichen. Die Kosten für all diese spezifischen Lösungen werden direkt vom Unternehmen übernommen und in den meisten Fällen nicht dem ERP-System zugeordnet. Wenn sich das einige Jahre fortsetzt, wird ein potenzielles Upgrade oder eine Änderung der zugrunde liegenden ERP-Software immer schwieriger, was zu höheren Kosten führt und ein umfangreiches Änderungsmanagement erfordert. Obwohl ERP-Systeme, die ursprünglich implementiert wurden, um operative Prozesse in großem Maßstab zu verwalten und das Wachstum von Unternehmen zu unterstützen, sind sie aufgrund von Anpassungen und Modifikationen im Laufe der Zeit genau das Gegenteil geworden. Wie bereits erläutert, suchen viele Unternehmen aus verschiedenen Gründen nach Cloud-Lösungen. Ein Grund ist ein hoher Standardisierungsgrad, der wiederum Voraussetzung für eine hohe Automatisierung ist. Die SAP hat in den letzten Jahren

große Investitionen getätigt, um den Grad der Prozessautomatisierung in allen Geschäftsbereichen zu erhöhen, um Benutzer von Routineaufgaben zu befreien und ihnen die
Möglichkeit zu geben, ihren Fokus von der Transaktionsverarbeitung auf komplexe Entscheidungen und von rückwärtsgerichteten Analyseaufgaben hin zur Verwendung von
Prognose- und Simulationsfunktionen zu verlagern.

1.5   Fazit

Insgesamt sind ERP-Systeme sehr leistungsstark. Die rasante Entwicklung der
Computertechnologie drängt die Anbieter hingegen ständig an ihre Grenzen. Um
mit dem Wettbewerb Schritt zu halten, müssen sie kreativ sein und sich nicht auf das
Erreichte verlassen. Mit SAP S/4HANA hat SAP eine neue Generation von ERP-
Systemen auf den Markt gebracht. Im Gegensatz zu vielen anderen Systemen ist die
neue Generation jedoch bereits wesentlich anpassungsfähiger als die ursprünglichen
Dispositions- und ERP-Systeme. Dennoch ist es entscheidend, dass SAP sich nicht auf
ihren Lorbeeren ausruht und mit der Zeit Schritt hält. Maschinelles Lernen und Künstliche Intelligenz entwickeln sich ständig weiter. Es können auch neue Technologien
hervorgehen, was zusätzliche Maßnahmen und Innovationen von Anbietern von ERP-
Systemen erforderlich macht.

ERP-Marktanalyse

Das Kapitel beschreibt den ERP-Markt, wozu die Umsatzgröße, die Kundentypen und die Anbieteranalyse gehören. Je nach Cloud- und On-Premise-Bereitstellung können die Zahlen variieren. Darüber hinaus entwickeln sich auch verschiedene Geschäftsbereiche und Regionen divergierend. Das Kapitel beschäftigt sich auch mit den unterschiedlichen Marktanteilen der wichtigsten Wettbewerber auf dem ERP-Markt und versucht, eine Antwort darauf zu geben, warum diese Wettbewerber so groß wurden. Es wird auch einen Ausblick auf das künftige Wachstum auf dem ERP-Markt geben und wie die verschiedenen Wettbewerber versuchen, ihre Marktanteile zu erhöhen.

2.1 Einführung

Enterprise Resource Planning (ERP) ist eine Software zur Verwaltung von Geschäftsprozessen. Dadurch können Unternehmen ihre Ressourcen wie Personal, Materialien und andere Funktionen in einem System integrierter Anwendungen planen. Daher hat ein ERP-System verschiedene Anwendungen für unterschiedliche Aufgaben. Diese Anwendungen laufen zusammen als komplettes Produkt mit einer Datenbank, Benutzungsoberflächen und spezifischen Anwendungen, um alle Facetten eines Vorgangs wie Produktentwicklung, Fertigung, Vertrieb und Marketing abzudecken. Bei der Verwendung von ERP-Software werden viele Daten erzeugt. Diese Daten helfen Manager, um den Unternehmenserfolg zu bewerten. Daher wird ERP-Software auch verwendet, um automatisierte Berichte zu erstellen. Automatisierte Berichte vermeiden die manuelle Anordnung von Daten aus verschiedenen Quellen innerhalb des Unternehmens. Für viele Unternehmen sind ERP-Systeme geschäftskritisch, um ihre Prozesse zu verwalten. Die Unternehmensgröße kann sich von kleinen bis großen Unternehmen unterscheiden. Aus diesem Grund haben ERP-Systeme einen wachsenden Markt. ERP-Software kann

© Der/die Autor(en), exklusiv lizenziert an Springer Fachmedien Wiesbaden GmbH, ein Teil von Springer Nature 2023

S. Sarferaz, *ERP-Software: Funktionalität und Konzepte*,
https://doi.org/10.1007/978-3-658-40499-4_2

entweder On-Premise, in einer Cloud-Umgebung oder als hybride Lösung zwischen
Cloud und On-Premise verwendet werden. Aufgrund dieser unterschiedlichen Arten von
Lösungen gibt es verschiedene Arten von Marktvolumen für On-Premise- oder Cloud-
basierte ERP-Software. Auch das Marktwachstum und die Marktanteile unterscheiden sich
zwischen diesen Lösungen. Um ein besseres Verständnis der verschiedenen Wettbewerber
auf dem ERP-Markt zu erhalten, müssen die Werte für das Marktwachstum, die Marktanteile pro Wettbewerber und das Marktvolumen genauer betrachtet werden. Ein weiterer
Unterschied kann durch die Modultypen von ERP-Systemen abgeleitet werden. Um
zu verstehen, wie Wettbewerber auf dem ERP-Markt erfolgreich geworden sind, ist die
Historie der Wettbewerber ein wichtiger Faktor. Um auf dem Laufenden zu bleiben, gibt
es verschiedene Strategien, für die sich die Wettbewerber entscheiden könnten. Basierend
auf den verschiedenen Strategien kann ein Zukunftsausblick darauf gegeben werden, wie
sich der Markt in den nächsten Jahren verhalten könnte. Einer der Schlüsselfaktoren für
den Geschäftserfolg sind Daten. Um Kunden zufriedenzustellen, ist ein kundenorientierter
und datengestützter Ansatz für Wettbewerber von entscheidender Bedeutung. Darüber
hinaus werden Serviceangebote für Kunden wichtiger, da sie sich auf ihr Hauptgeschäft
konzentrieren möchten, das zumeist keine IT-Infrastruktur für ihre verwendete Software
bereitstellt. Daher müssen ERP-Softwareanbieter Cloud-Strategien anbieten. Im folgenden
Kapitel werden die verschiedenen genannten Themen näher betrachtet.

2.2   Marktvolumen

Das ERP-Marktvolumen lag 2018 bei 35,81 Mrd. Dollar. Für 2020 wurde eine
Marktgröße von 49 Mrd. USD (Reinbolt, 2021) erwartet. 2019 entfielen auf die zehn
wichtigsten Anbieter von ERP-Software fast 32,1 % des weltweiten ERP-Anwendungs-
marktes, der um fast 94 Mrd. USD an ERP-Lizenz-, Wartungs- und Subskriptions-
umsätzen gewachsen ist (Pang et al., 2020). 2018 führte die SAP den ERP-Markt mit
einem Marktanteil von fast 6,8 %. Oracle stand auf dem zweiten Platz, gefolgt von
Intuit, FIS Global und Fiserv (Pang et al., 2020).

Wie in Abb. 2.1 dargestellt lag in 2019 der ERP-Markt bei 53 Mrd. EUR. Die größten
Marktkonkurrenten nach Marktanteil sind SAP mit 10,8 %, Oracle mit 6,1 %, Sage mit
2,8 %, Microsoft mit 2,5 % und Infor mit 2,4 %. Zusammen hatten diese Unternehmen
fast einen Gesamtmarktanteil von einem Viertel des gesamten weltweiten ERP-Marktes.
Zusammen mit anderen großen Unternehmen liegt der Gesamtmarktanteil wieder bei über
30 % des gesamten Marktes. Im Vergleich zum weltweiten Marktanteil liegt die SAP mit
7,3 % nur auf dem zweiten Platz im nordamerikanischen Markt, wie in Abb. 2.2 gezeigt.
Führend auf dem nordamerikanischen Markt ist Oracle mit 8,7 %. Für Europa, Mittlere
Osten, Afrika (EMEA) hat die SAP mit 15,1 % den größten Marktanteil, gefolgt von
Sage mit 4,8 % und Datev mit 4,6 %. Oracle liegt mit 3,7 % nur auf dem vierten Platz.
Die Gesamtmarktgröße des EMEA-Marktes lag 2019 bei 18 Mrd. EUR. Für den Markt
Asien-Pazifik-Japan (APJ) und China hatte die SAP einen Marktanteil von 10,1 % an der

Abb. 2.1 Weltweiter ERP-Marktanteil

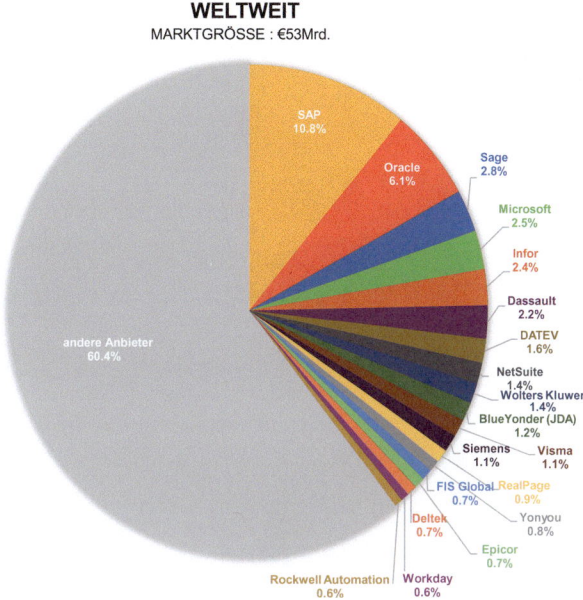

WELTWEIT
MARKTGRÖSSE : €53Mrd.

SAP
10.8%

Oracle
6.1%

Sage
2.8%

Microsoft
2.5%

Infor
2.4%

Dassault
2.2%

DATEV
1.6%

NetSuite
1.4%
Wolters Kluwer
1.4%

BlueYonder (JDA)
1.2%

andere Anbieter
60.4%

Siemens
1.1%

Visma
1.1%

FIS Global
0.7%

RealPage
0.9%

Yonyou
0.8%

Deltek
0.7%

Epicor
0.7%

Rockwell Automation
0.6%

Workday
0.6%

Gesamtmarktgröße von 9,4 Mrd. EUR. Auf dem zweiten Platz lag Yonyou mit 4,5 %, gefolgt von Oracle mit 4,2 % und MYOB mit 3,1 %. Für den lateinamerikanischen Markt (LA) war die SAP auch mit einem Marktanteil von 17,5 % führend, gefolgt von Totvs mit 13,2 % und Oracle mit 6,5 % der Gesamtmarktgröße von 2 Mrd. EUR. Nach diesen Zahlen sind SAP, Oracle, Sage und Microsoft die größten Anbieter auf dem ERP-Markt. Die Zahlen zeigen auch, dass auf verschiedenen Märkten unterschiedliche Anbieter die größten Ergebnisse haben. Für die meisten Märkte hat die SAP den größten Marktanteil.

2019 erzielte die SAP den höchsten Umsatz in den bedeutendsten ERP-Modulen im Vergleich zu den größten Wettbewerbern: Oracle, Sage, Microsoft, Inform, Salesforce, NetSuite und Workday. Der größte Umsatz lag im Finanzwesen mit 2217 Mio. EUR. Auf dem zweiten Platz steht Sage mit 986 Mio. EUR. Der dritte und vierte Platz sind Oracle und NetSuite. Der zweitgrößte Umsatz wurde durch die Lösung bezüglich Reisen und Spesen erzielt. Die SAP leitete diese Kategorie mit 1768 Mio. EUR, gefolgt von Oracle mit 86 Mio. EUR. Im Personalwesen erzielte die SAP einen Umsatz von 1048 Mio. EUR. In diesem Bereich ist Workday der größte Konkurrent mit 1042 Mio. EUR, gefolgt von Oracle mit 909 Mio. EUR. Der Umsatz der SAP im Bereich der Fertigung betrug 774 Mio. EUR, bei der Beschaffung 487 Mio. EUR und beim Vertriebsmanagement 394 Mio. EUR. Im Kundenmanagement führte Salesforce den Umsatz mit 860 Mio. EUR, gefolgt von Oracle mit 286 Mio. EUR. Mit 88 Mio. EUR lag die SAP nur auf dem vierten Platz. Im Jahresvergleich des Gesamtumsatzes zwischen 2018 und 2019 wuchs der ERP-Marktanteil der größten Anbieter. Die Unternehmen mit einem geringeren Marktanteil sind im Vergleich zu den großen Unternehmen am stärksten gewachsen.

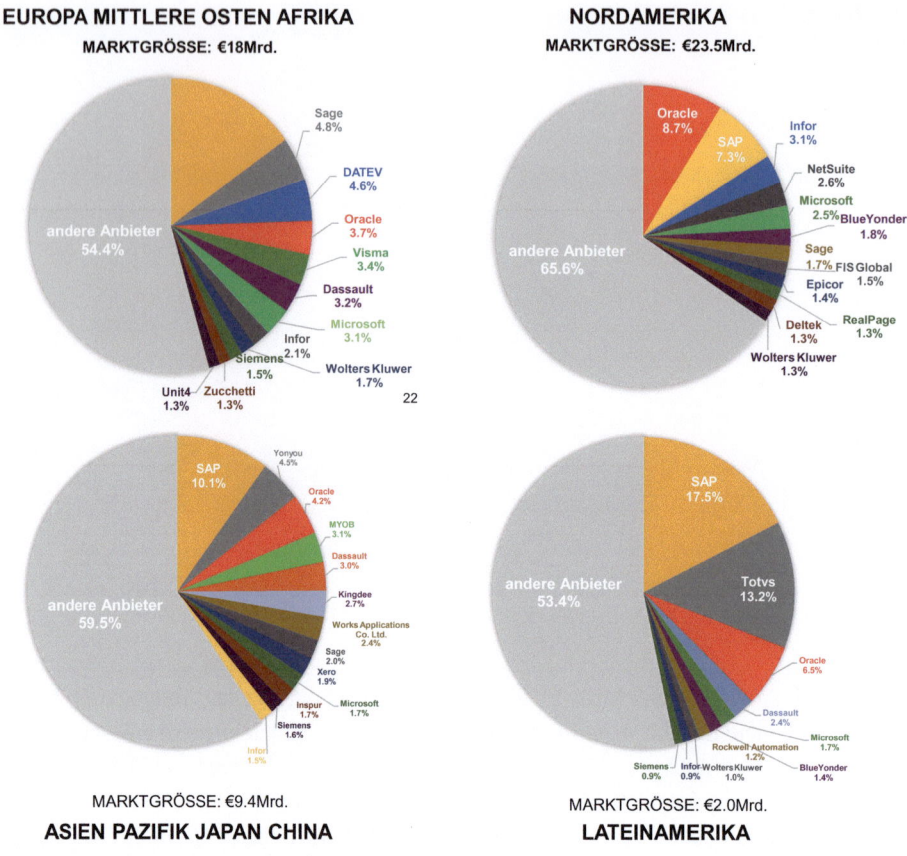

Abb. 2.2 Regionaler ERP-Marktanteil im Jahr 2019

So hat Workday beispielsweise einen geringen Marktanteil mit fast 1 % im Jahr 2019 im Vergleich zur SAP. Daher ist die Wachstumsrate fast 50 % hoch. Die SAP hat einen Marktanteil von über 10 % und von 2018 bis 2019 eine Wachstumsrate von etwas über 10 %. Die Wachstumsrate von Oracle liegt unter 10 % und hat einen Marktanteil von über 5 %. Infor schrumpfte von 2018 bis 2019 um rund 2 % mit einem Marktanteil von rund 2 %. Bei den Cloud-Umsätzen sehen die Zahlen etwas anders aus. Microsoft verzeichnete ein Wachstum von fast 55 % mit einem Marktanteil von mehr als 2 %. Auch Workday und die SAP haben mit über 45 % ein großes Wachstum verzeichnet. Der Unterschied ist der Marktanteil. Die SAP hat einen Marktanteil von ca. 6 % und Workday einen Marktanteil von ca. 1,5 %. Oracle hat mit über 6,5 % den höchsten Marktanteil an den Clouderlösen, daher war das Marktwachstum mit nur etwas über 20 % geringer. NetSuite, Sage und Salesforce liegen in einer anderen Wachstumsspanne zwischen 20 % und 25 %. Der Unterschied zwischen ihnen ist ihr Marktanteil, wo Sage im Vergleich

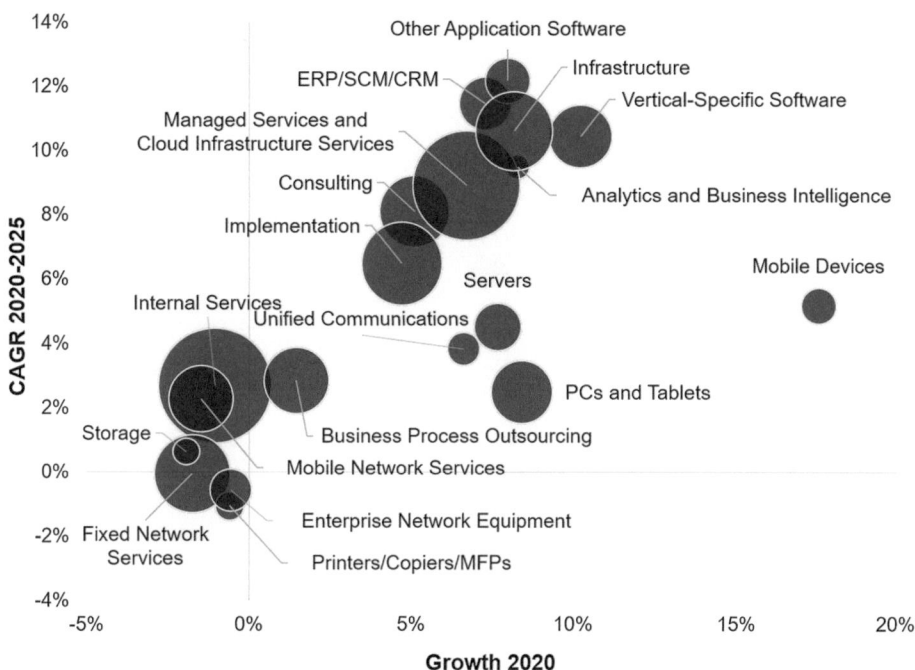

Abb. 2.3 Globale IT-Ausgaben nach Marktsegment (Gartner, 2021)

zu NetSuite den größten Marktanteil hat. NetSuite und Sage haben einen ähnlichen Marktanteil von über 3 %. Das geringste Wachstum und der geringste Marktanteil haben Infor. Infor schrumpfte ein wenig und hat nur einen Marktanteil von unter 2 %. Bisher konzentrierten sich die Untersuchungen auf die Erlöse aus ERP-Produktlizenzen. Dabei müssen aber auch die benachbarten Marktsegmente berücksichtigt werden. Es gibt zahlreiche Unternehmen mit hohem Marktvolumen rund um ERP-Systeme, wie in Abb. 2.3 dargestellt. Berücksichtigt werden müssen beispielsweise Implementierungs- und Beratungsunternehmen, Cloud-Betriebs- und Infrastrukturservices, Hardware für die On-Premise-Implementierung, Analyse- und Business-Intelligence-Plattformen für Data Warehousing und ergänzende Software von Drittanbietern.

2.3 Wettbewerber

Unternehmen wie Microsoft, Oracle oder SAP haben einen höheren Marktanteil als andere Anbieter bedingt durch ihre Historie und einige weitere Faktoren (siehe Abb. 2.4). Microsoft nutzte beispielsweise ihre Dynamics Produktangebote und vollständig integrierte Tools,

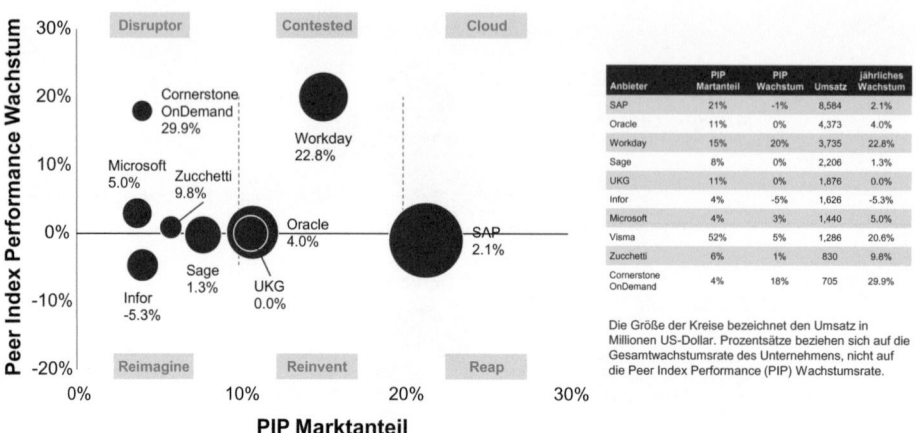

Abb. 2.4 ERP Top-Anbieter Weltweit (Gartner, 2021)

um auf dem ERP-Markt erfolgreich zu sein. Ein weiterer Aspekt sind Akquisitionen wie Great Plains (Davidson, 2020). Im Vergleich dazu ist SAP seit der Einführung des ersten ERP-Systems im Jahr 1972 (Davidson, 2020) führend bei der betriebswirtschaftlichen Software. Die SAP hat Kunden in über 180 Ländern und bietet ERP-Lösungen für fast jeden Anwendungsfall und jede Unternehmensgröße. Die Skalierbarkeit der Software ist ebenfalls von Vorteil. Oracle ist bekannt für den Verkauf von Datenbanken, Software, Cloud-Systemen und Unternehmenssoftwareprodukten. Sie wurde nach einigen Übernahmen Anfang der 2000er Jahre zu einem führenden ERP-Unternehmen. 2016 akquirierte Oracle die NetSuite, die ERP-Systemen für die Cloud bereitstellte.

Sage hat wie SAP eine lange Historie in ERP-Software ~~schon~~. Sie begann 1981, sich auf Software für kleine Unternehmen zu konzentrieren. ERP-Lösungen von Sage sind in hohem Maße modular und anpassbar (Abb. 2.5). Infor ist eines der führenden Unternehmen im Bereich Cloud Computing, nachdem es seine Produktlinie seit 2010 aggressiv modernisiert hat. Außerdem nutzten sie Akquisitionen, um ERP-Software für verschiedene Branchen bereitzustellen (Davidson, 2020). Um ihren Vorsprung auszubauen, verfolgen die Anbieter unterschiedliche Strategien. Diese Strategien lassen sich in Umsatzwachstum, Technologie und Branchenlösungen aufteilen. Oracle plant ein Umsatzwachstum durch die Migration seiner Legacy-Apps in die Cloud. Sie wollen auch Synergien mit ihrer Oracle Cloud Infrastructure und PaaS nutzen. Sie möchten Industrielösungen erwerben, um Kunden anderer Wettbewerber zu übernehmen. Ihre Technologiestrategie basiert auf ihrer Cloud-Infrastruktur und einer einheitlichen Cloud-Umgebung. Sie möchten eine Low- und No-Code-Entwicklung bereitstellen.

Eine weitere Technologie, die Oracle einsetzen möchte, sind Analytics und KI. Sie konzentrieren sich auf die Branchen Dienstleistungsbranche, öffentlicher Sektor, Finanzen, Öl und Gas, Gesundheitswesen und Fertigung. Workday dagegen möchte seinen Umsatz

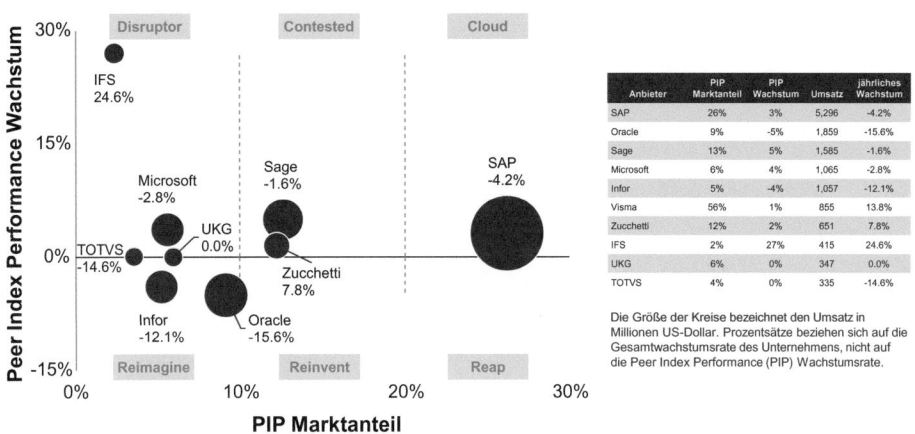

Abb. 2.5 Top-Anbieter für On-Premise ERP (Gartner, 2021)

erhöhen, indem sie Buchhaltungslösungen von SAP und Oracle in Workday Cloud migrieren. Außerdem baut Workday kontinuierlich sein ERP Produkt aus und expandiert stetig in diesem Segment. Workday plant den Einsatz von Technologien, die auf Analysen und Prognosen basieren, welche sie durch den Einsatz von KI ergänzen. Sie fokussieren sich auf die öffentliche Verwaltung, Hochschulen und Forschungseinrichtungen, Gesundheitswesen und Dienstleistungsbranche. Infor möchte seinen Umsatz steigern, indem sie ihre Bestandskunden auf ihre Cloud-Lösungen portieren (Abb. 2.6). Außerdem planen sie weitere Cloud-Lösungen zu akquirieren. Sie setzen verstärkt KI-Technologien ein und verbessern fortlaufend ihre Implementierungsmethodik, um die Einführungsprojekte zu beschleunigen. Infor konzentriert sich auf die Branchen Luft- und Raumfahrt, Automobilindustrie, Industriemaschinen, Mode, Lebensmittel und Getränke sowie den Vertrieb. Microsoft plant seine Produkte zu bündeln und Azure als Schlüsselkomponente ihrer Unternehmensstrategie zu positionieren. Auf der Azure-Plattform bieten sie Entwicklungswerkezuge und Hardware-Dienste an, welche von Programmieren verwendet werden können, um z. B. KI-basierte Applikationen zu implementieren. Sie konzentrieren sich auf den Einzelhandel, öffentliche Verwaltung, Telekommunikation, Biowissenschaften, Versorgungsindustrie, Versicherungen sowie Medien. Die Strategie der SAP basiert auch auf dem Cloud-Geschäft. Es ist geplant, Benutzer auf SAP S/4HANA zu migrieren und die zugrunde liegende IT-Infrastruktur zu cloudifizieren. Darüber hinaus plant SAP, sich mit Qualtrics (Hackmann, 2020) auf das Kundenfeedback zu konzentrieren.

Dies zeigt, dass alle Wettbewerber unterschiedliche Strategien verfolgen, um voranzukommen. Sie haben gemein, dass sie zukünftige Technologien wie KI und Cloud-Services nutzen möchten. KI und Cloud-Services ermöglichen ihren Kunden eine bessere Analyse von Daten, die eines der wichtigsten Aspekte in der Geschäftswelt sind. Im Allgemeinen liegt der Fokus auf einer sehr kundenorientierten und cloudbasierten Lösung.

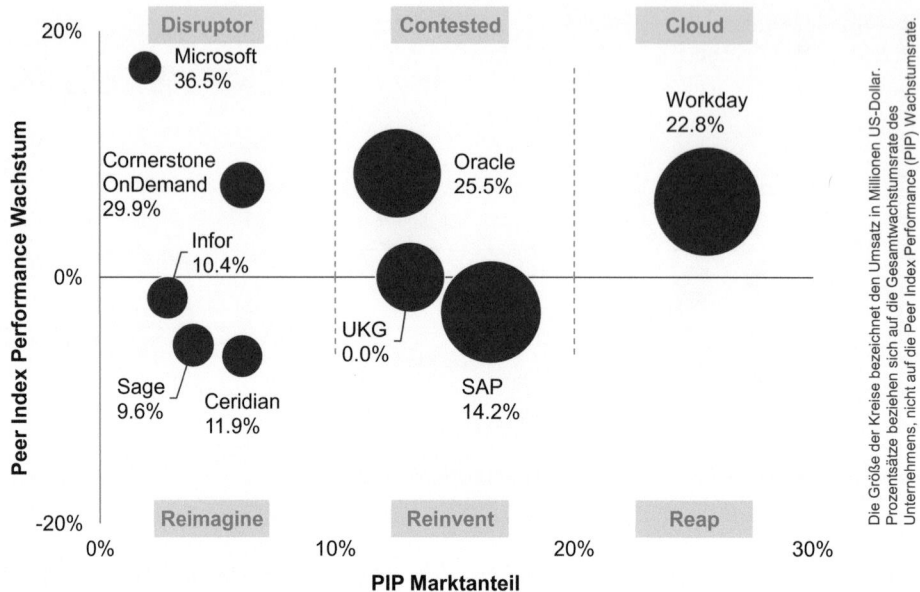

Abb. 2.6 Top-Anbieter für Cloud ERP (Gartner, 2021)

2.4   Marktprognose

Die Entwicklung der ERP-Software lässt sich in vier große Zeitfenster aufteilen.
Die ersten ERP-Systeme aus den 1980er bis 1990er Jahren hatten keinen Fokus
auf bestimmte Branchen. Die Architektur war fragmentiert, und die Integration war
komplex. Derzeit gibt es nur wenige Kunden, die diese Art von Systemen verwenden.
Die Zeit zwischen den 1990er und 2000er Jahren konzentrierte sich auf die Fertigungs-
und Vertriebsindustrie. Die Architektur war überwiegend monolithisch mit dem Beginn
einiger architektonischer Veränderungen. Die Integration kann als eng bezeichnet
werden. Viele Unternehmen nutzen diese Art von Systemen noch. Die postmodernen
ERP-Systeme aus den 2010er Jahren können als serviceorientiert und produktorientiert
bezeichnet werden. Systeme dieser Art verwenden verschiedene Arten von Architektur. Die unterschiedlichen Anwendungen sind größtenteils lose gekoppelt. Im Allgemeinen sind die ERP-Anbieter für diese Art von Systemen weiterhin sehr relevant. Für
die Zukunft wird erwartet, dass der Schwerpunkt auf mehreren Branchen liegen wird.
Die Strategie für diese Systeme basiert auf Modularisierung und Benutzerorientierung.
Es wird erwartet, dass die Architektur auf die Cloudtechnologie beruht. On-Premise
Systeme werden auch weiterhin verwendet, wenn valide Anwendungsfälle dafür vorliegen. Die Integration wird deutlich vereinfacht, selbst wenn spezifische Anforderungen
aus verschiedenen Prozesse berücksichtigt werden müssen. Generell wird der Cloud-
Markt für ERP wachsen. Aufgrund der Pandemie stagnierte das allgemeine Wachstum

vorübergehend. Die Pandemie hatte Auswirkungen auf die Verwendung von ERP-Systemen. Kunden nutzen ihre ERP-Lösung flexibler und fokuzieren vermehrt auf analysegesteuerte Ansätze. Es gibt auch aktuelle Trends wie KI und Cloud, die häufiger in ERP verwendet werden. Es ist davon auszugehen, dass das Wachstum des ERP-Cloud-Marktes nach der Covid-19-Pandemie im Jahresvergleich zunehmen wird. Das Wachstum des ERP-Cloud-Marktes sank von 2019 auf 2020 von 25,9 % auf 12,2 %. Auch in den Jahren 2020 bis 2021 gab es einen leichten Rückgang auf 10,3 % Wachstum in der Cloud. On-Premise Systeme weisen von 2019 bis 2020 einen noch größeren Wachstumsrückgang auf. Das Wachstum schrumpfte um etwa 15 % auf -9,9 %, wuchs aber von 2020 bis 2021 ein wenig auf etwa -6 %. Es wird erwartet, dass das On-Premise-Wachstum bis zum Jahr 2024 auf 0,2 % steigen wird. Für die Cloud wird ein Wachstum von 22,1 % für 2024 erwartet. Im Vergleich zu diesem Wachstum werden die On-Premise-Erlöse im Laufe der Jahre in absoluten Zahlen zurückgehen. Die Clouderlöse sollen linear von 15.815 Mio. EUR auf 33.947 Mio. EUR im Jahr 2024 wachsen. Dies bedeutet, dass die Umsatzerlöse von 2024 auf dem Cloud-Markt voraussichtlich mehr als doppelt so hoch sind wie der Umsatz im Jahr 2019. Es sollte auch erwähnt werden, dass prognostiziert wird, dass die Clouderlöse 2021 die On-Premise-Erlöse übersteigen werden. Das bedeutet, dass die Cloud ein zukünftiger Trend von ERP-Systemen ist. Wenn die Clouderlöse auf verschiedene Industrien aufgeteilt werden, gibt es ein großes Wachstum in den Bereichen Bankwesen, Verteidigung und Sicherheit, Gesundheitswesen, öffentlicher Sektor, Telekommunikation und Versorgungsunternehmen. Die Branchen, die von 2019 bis 2020 deutlich geschrumpft sind, sind Luft- und Raumfahrt, Hochschulen und Forschung, Sport und Unterhaltung sowie Reisen und Transport. Der Rückgang einiger dieser Branchen kann direkt zur Pandemie und den damit verbundenen Einschränkungen zurückgeführt werden. Sport und Unterhaltung sowie Reisen und Transport sind Branchen, die von den Einschränkungen der Pandemie stark betroffen waren. Daher kommt es hierbei zu einer Verringerung der Umsätze. Die Größe des ERP-Marktes wird durch verschiedene Trends beeinflusst. Die Marktgröße wächst, weil Unternehmen operative Effizienz und transparente Geschäftsprozesse benötigen. Ein Anstieg des Cloud-Marktes ist zu erwarten, weil Unternehmen, die ERP-Software einsetzen, ihre Kosten senken wollen. Mobile Geräte werden immer mehr Teil der Arbeitskultur. Dies führt dazu, dass Unternehmen in cloudvernetzte mobile Apps investieren. Mit mobilen Apps können Sie jederzeit und überall auf Informationen zugreifen. Zusammen mit Trends wie dem Internet der Dinge (IoT), künstlicher Intelligenz (KI) und Big Data führt dies zu einem großen Wachstum des ERP-Marktes (Valutes, 2020). Die zukünftigen Trends auf dem ERP-Markt sind in Abb. 2.7 dargestellt.

Weitere Faktoren, die das ERP-Marktwachstum beeinflussen, sind beispielsweise Engpässe in den Lieferketten und Digitalisierung. In der Vergangenheit nutzten viele Unternehmen Word- und Excel-Dateien, um ihr Geschäft zu verwalten. Oft wurden Dokumente als Papierakten aufbewahrt (Balaban, 2019). Heute beginnen Unternehmenseigentümer darüber nachzudenken, wie sie Daten effektiver nutzen können, um ihre Stärken und Schwächen besser zu erkennen und ihren Kunden bessere Services

Abb. 2.7 Trends, die sich auf
den ERP-Markt auswirken

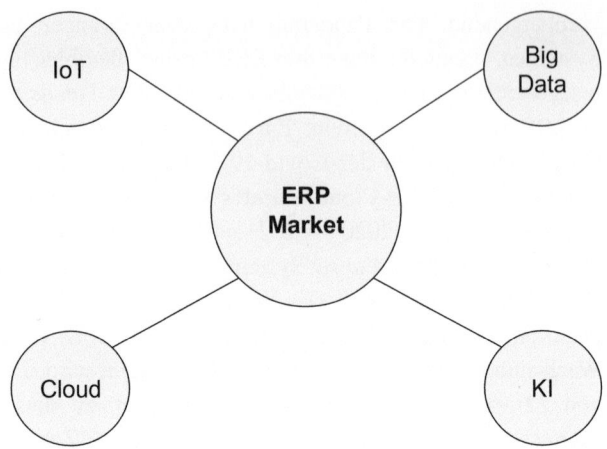

anzubieten (Balaban, 2019). Der Personalmangel hingegen beeinflusst die Nutzung der Automatisierung. Darüber hinaus versuchen Unternehmen, den Einsatz menschlicher Arbeitskräfte abzuschaffen und stattdessen Automatisierung und Standardisierung ihrer Prozesse zu nutzen.

Neue Technologien können eingesetzt werden, um zu vermeiden, dass qualifizierte Arbeitskräfte Routineaufgaben ausführen. ERP-Systeme können ihre Arbeitslast freisetzen und es diesen Mitarbeitern ermöglichen, sich auf wichtige Dinge wie die Lösung geschäftskritischer Probleme zu konzentrieren. Bei der künftigen Einführung von Technologien wie IoT, KI und Big Data wird die ERP-Markt weiter wachsen. Mit diesen Technologien werden viele Chancen für den ERP-Markt in asiatisch-pazifischen Ländern verknüpft. Kleine und mittelständische Unternehmen werden den ERP-Markt in Zukunft vergrößern. Im Prognosezeitraum bis 2026 wird erwartet, dass Nordamerika den größten Marktanteil halten wird. Dies wird auf die ständig wachsende Zahl neuer Unternehmen zurückgeführt. Es wird auch davon ausgegangen, dass diese Unternehmen aufgrund der geringeren Wartungs- und Hosting-Kosten auf cloudbasierte Lösungen umsteigen werden. Für den asiatisch-pazifischen Raum wird die größte Wachstumsrate auf dem ERP-Markt prognostiziert. Dies lässt sich auf die wachsende Zahl kleiner und mittlerer Unternehmen zurückführen, die ERP-Lösungen für eine effizientere Verwaltung ihrer Prozesse einsetzen (Valutes, 2020). Studien weisen darauf hin, dass es einen positiven Zusammenhang zwischen datengestützter Entscheidungsfindung und Geschäftsergebnissen gibt. Diese Korrelation gilt auch für durchgängige Analysen oder KI-basierte Ansätze. Doch nicht nur die Möglichkeit, mehr Daten zu generieren und effizienter zu analysieren als Wettbewerber, führt zu einem höheren Geschäftsergebnis. Für ein höheres Ergebnis ist es erforderlich, dass Unternehmen kontinuierlich aus den Daten lernen, sie reflektieren und sich besser als ihre Wettbewerber anpassen können. Der Prozess des kontinuierlichen Lernens und der Sammlung von Informationen aus verschiedenen Quellen, um mehr Wissen und Fähigkeiten zu erhalten, kann als Enterprise

Intelligence bezeichnet werden. Diese Enterprise Intelligence wird die Gewinner auf dem Markt in Zukunft bestimmen. Darüber hinaus ist es erforderlich, dass Mitarbeiter immer mehr Datenexpertise aufbauen müssen. Für einen besseren Ausfallschutz ist es wichtig, dass Prozesse in Unternehmen in Zukunft robuster werden, um zu verhindern, dass z. B. Pandemien große Auswirkungen auf das Unternehmen haben (Vesset, 2020). Einige Prognosen über die Zukunft der Enterprise Intelligence sagenvoraus, dass G2000-Unternehmen Cloud-Computing nutzen werden, um von KI- und Big-Data zu profitieren. Darüber hinaus werden die meisten dieser Unternehmen ihr Personal durch sozialwissenschaftliche Experten ergänzen. Damit wollen sie, dass ihre Data-Science- und Data-Engineering-Mitarbeiter Hand in Hand mit den sozialwissenschaftlichen Experten für bessere Empfehlungen in der Datenanalyse arbeiten. Bis 2026 werden voraussichtlich 25 % der G2000-Unternehmen in Schwarm-Intelligence-Lösungen investieren (Vesset, 2020).

2.5   Fazit

Das Verständnis der ERP-Systeme hat sich im Laufe der Jahre verändert. Darüber hinaus haben sich die Funktionen und Kundenanforderungen geändert. Im Allgemeinen wurde der Fokus kundenorientierter und serviceorientierter. Damit wuchs der ERP-Markt mit den Jahren. Das Wachstum lässt sich auch aufgrund der Bedürfnisse der Kunden erklären, ihre Geschäftsprozesse effizienter zu verwalten. Dies kann nur erreicht werden, wenn die gesammelten Daten analysiert werden. Es ist auch erforderlich, die Daten aus Prozessen innerhalb des Unternehmens zu sammeln. Die Verwendung von ERP-Systemen erleichtert es Kunden, mehr Kontrolle zu erlangen, da Daten in einem System gespeichert werden und die verschiedenen Datenquellen nicht manuell verdichtet werden müssen. Damit besteht auch in Zukunft Bedarf an ERP-Systemen. Darüber hinaus basiert die aktuelle ERP-Marktsituation auf einigen großen Akteuren wie Oracle, SAP, Microsoft und NetSuite. Diese Wettbewerber erarbeiteten sich ihre Position meist mit zwei Strategien. Die erste Strategie besteht darin, eigene ERP-Lösungen zu entwickeln, um den Markt zu dominieren. Der zweite Ansatz, um einen großen Anbieter auf dem ERP-Markt zu werden, sind Akquisitionen. Für Akquisitionen sind finanzielle Kapazitäten erforderlich, die es dem großen Marktteilnehmer erleichtern, Übernahmen zu tätigen. Die Nutzung von Synergien kann dazu beitragen, diesen Prozess zu beschleunigen und erfolgreicher zu machen. Dies könnte der Grund dafür sein, dass Unternehmen wie Oracle mit ihrem Wissen über Datenbanken und Informationstechnologie erfolgreich waren. Um ein kontinuierliches Wachstum zu erreichen, müssen die ERP-Softwareanbieter ihre Strategien an die Anforderungen ihrer Kunden anpassen. Das bedeutet, mehr Dienstleistungen anzubieten und die ERP-Software as a Service bereitzustellen. Dies ist eine große Veränderung, da viele Kunden der derzeit über On-Premise Systeme verfügen. Daher ist es notwendig, zukünftige Trends wie Cloud-Lösungen zu berücksichtigen, damit Kunden sich auf ihr Hauptgeschäft konzentrieren können, anstatt

ERP-Systeme zu betreiben. Außerdem können Cloud-Systeme (Public Cloud oder Private Cloud) die wachsende Datenmenge in der Zeit von Big Data besser bewältigen. Diese Daten werden aufgrund der Verwendung von IoT-Systemen und der Prozessüberwachung erzeugt. Die Pandemie zeigt, dass Kunden eine flexiblere Nutzung von ERP-Systemen wünschen. Es ist ein widerstandsfähiges Unternehmen erforderlich, das neue Funktionen und Technologien leicht anpassen kann.

Zukünftige ERP-Trends

In diesem Kapitel werden zukünftige Trends von ERP-Lösungen dargestellt. Kunden erwarten aufgrund der Pandemie ein flexibleres und analyseorientiertes Produkt. Kompossible Anwendungen, branchen- und szenario-basierte Anwendungen sind die Zukunft, da sie diese Anforderungen realisieren können. Cloud und Künstliche Intelligenz bleiben kurzfristig wichtige Technologietreiber, da sie bei der Umsetzung der aktuellen Trends helfen.

3.1 Einführung

ERP-Systeme sind seit mindestens den 1960er Jahren ein unverzichtbarer Bestandteil von Unternehmen. Von der Materialplanung bis hin zur Finanzwesen – ERP-Systeme bilden die digitale Grundlage für jedes erfolgreiche Unternehmen von heute. Die ERP-Systeme, die Unternehmen seit mehreren Jahrzehnten begleiten, durchlaufen dieselben Veränderungen wie die Unternehmen selbst. Vor allem die digitale Transformation in den letzten Jahren hat der Popularität der ERP-Systeme einen zusätzlichen Schub gegeben, der durch die COVID-Pandemie noch weiter gestärkt wurde. In naher Zukunft und bereits heute wird erwartet, dass ERP-Systeme die stetig wachsende Nachfrage nach Flexibilität erfüllen. Darüber hinaus erwarten Unternehmen, dass ihre IT die Daten des Unternehmens innerhalb der nächsten zwei Jahre vollständig nutzt und Automatisierung und KI-gestützte Prozesse anstrebt. Mit Blick auf die Zukunft erwarten Unternehmen eine stetig zunehmende Prozessmodularität, die Unternehmen maßgeschneiderte und branchenspezifische Anwendungen zur Verfügung stellt. Unternehmen erwarten, dass IT-Produkte modulare Services anbieten, die es ihnen ermöglichen, für das zu bezahlen, was sie brauchen, und Anwendungen schnell für bestimmte Zwecke zusammenzustellen. Neben diesen Trends sind ERP-Systeme auch anfällig für

© Der/die Autor(en), exklusiv lizenziert an Springer Fachmedien Wiesbaden GmbH, ein Teil von Springer Nature 2023
S. Sarferaz, *ERP-Software: Funktionalität und Konzepte*, https://doi.org/10.1007/978-3-658-40499-4_3

Veränderungen in den Branchen, in denen sie eingesetzt werden. Trends wie Industrie 4.0 und IoT werden neu definieren, wie Menschen über IT nicht nur als geschäftsunterstützend, sondern auch geschäftskritisch denken. Nichts veränderte das menschliche Verhalten in den letzten Jahren so radikal wie die Covid-19-Pandemie. Während einige der beobachteten Veränderungen in Jahren zuvor ein Trend waren, hat die Pandemie sie innerhalb weniger als eines Jahres deutlich beschleunigt. Vor allem der digitale Wandel erlebte mehr Aufmerksamkeit als jemals zuvor. Damit sind Unternehmen weltweit gezwungen, ihre Digitalisierungsmaßnahmen zu beschleunigen, um mit den sich rasch ändernden Anforderungen ihrer Kunden und den sich ständig wandelnden Umständen Schritt zu halten. Zwei Beispiele, die auf eine zunehmende Mobilität und Flexibilität der Menschen hindeuten, sind die Zunahme der Mobiltelefonnutzung in den letzten Jahren und die Zunahme von Menschen, die im Homeoffice arbeiten. Eine Umfrage aus dem Jahr 2020 zeigt (Gentner, 2020), dass 89 % der Menschen ein Smartphone besitzen, von denen 95 % ihr Gerät täglich nutzen. Während dies hauptsächlich für die private Nutzung bestimmt ist, ist der mobile Zugang zu Arbeitszwecken nicht zu vernachlässigen. Selbst in der Altersgruppe von über 65 Jahren besitzen 79 % ein Smartphone, was es zu einem unverzichtbaren Gerät zwischen Menschen und ihrer Arbeit macht. Eine höhere Flexibilität wird durch eine weitere Studie aus dem Jahr 2020 unterstützt (Bockstahler, 2020), die zeigt, dass die meisten Menschen aufgrund der Covid-19-Pandemie gezwungen sind, von zu Hause aus zu arbeiten, aber über 60 % der Befragten behaupten, dass ihre Flexibilität in Bezug auf räumliche und zeitliche Aspekte ihrer Arbeit in Zukunft zunehmen wird. Unterstützt wird dies durch die Erwartung von Führungskräften, die auch der Meinung sind, dass sich die Zukunft der Arbeit hin zu mehr Flexibilität entwickeln wird. Um auf diese rasanten Veränderungen und die Erhöhung der Flexibilität reagieren zu können, müssen Unternehmen auch schneller reagieren. Sie müssen ihre Prozesse und Entscheidungen straffen und Wege finden, um das Alte aufzugeben und das Neue einzuführen. Eine Konsequenz des Designs von Unternehmen für schnelles Handeln besteht darin, hohe Hierarchien aufzugeben und durch flache Strukturen zu ersetzen, die schnell entscheiden. Die Neugestaltung der Organisation für Schnelligkeit hat mehrere Konsequenzen (Smet, 2020):

- Schnellere Entscheidungsfindung: Unternehmen müssen auf langsame Entscheidungsprozesse verzichten und sie durch neuere und schnellere ersetzen. Wenn man Entscheidungen in nur einem Meeting mit wenigen Beteiligten trifft und sich auf den wesentlichen Teil beschränkt, wird es nicht Wochen dauern, um zu diskutieren und zu entscheiden.
- Mündiger Mitarbeiter: Indem das Mikromanagement reduziert und Verantwortung an den Mitarbeitern übertragen wird, können Unternehmen das wahre Potenzial ihrer Belegschaft ausschöpfen. Unternehmen arbeiten am besten, wenn jeder das tut, was er am besten kann, und Ziele und Verantwortlichkeiten präzise kommuniziert werden.
- Erhöhte Kollaboration: Indem sie anderen vertrauen und Partnerschaften bilden, können Unternehmen beiderseitige Vorteile nutzen. Die Fähigkeit, schnell mit

anderen Unternehmen zusammenzuarbeiten, um ein gemeinsames Ziel zu erreichen, ist entscheidend für das Überleben in einer schnellen Welt.

- Flache Hierarchien: Anstelle eines endlosen Genehmigungs- und Bürokratieprozesse müssen Unternehmen ihre Hierarchien flach und schlank gestalten, damit sie schnell auf neue Herausforderungen und Chancen reagieren können.
- Agile Teams: Reaktionsfähigkeit hängt nicht nur an den Hierarchien eines Unternehmens. Die Teams selbst müssen agil organisiert werden, jeweils mit konkreten Zielen. Erst dann können die Teams schnell reagieren, und ihr Erfolg lässt sich messen.
- Hybride Arbeit: Wie bereits erwähnt, sind die Tage, an denen alle Mitarbeiter am selben Ort arbeiten Tag vorbei. Unternehmen müssen sich sowohl an flexiblen Arbeitsplätzen als auch an flexiblen Arbeitszeiten orientieren. Dies erhöht die Mitarbeiterzufriedenheit und damit die Produktivität.
- Junger Talente: Während der Pandemie konnten Unternehmen beobachten, wer bereit war, Maßnahmen zu ergreifen und Verantwortung zu übernehmen. Führungskräfte konnten in sehr kurzer Zeit detaillierte Einblicke in die Arbeit ihrer Mitarbeiter erhalten. Wie erwartet, haben sich vor allem die jungen Mitarbeiter als hoch flexible erwiesen. Diese gilt es zukünftig mehr zu fördern und zu fordern.
- Anpassung und Lernen: Zusammen mit agilen Teams ist die Bedeutung von Mitarbeitern, die sich schnell anpassen können, immer wichtiger geworden. Anstelle von Experten, die sich per definitionem auf ihre Fachrichtungen beschränken, legen Führungskräfte mehr Wert auf Talente, die bei Bedarf in der Lage sind, völlig neue Herausforderungen zu bewältigen und sich schnell an neue Aufgaben anzupassen.
- Führung neu denken: Statt der typischen Führungspraktiken von Decide-Command-Control verlagert sich die Rolle der Führungskräfte darauf, ihren Teams die Möglichkeit zu geben, ihr Potenzial voll auszuschöpfen.

Um mit der sich ständig verändernden Welt Schritt zu halten, müssen nicht nur die Organisationsstrukturen angepasst werden, sondern auch die IT von Unternehmen. ERP-Systeme spielen eine wichtige Rolle bei der Betriebsführung von Unternehmen und müssen an der Gesamtstrategie ausgerichtet werden. Die Anpassung an radikale Flexibilität auf die oben beschriebene Art und Weise erfordert eine IT-Infrastruktur, die in der Lage ist, die Flexibilitätserwartungen des modernen Unternehmens zu erfüllen. Durch die Übertragung von Arbeitsressourcen in der Cloud können Unternehmen einen großen Teil ihrer Belegschaft schnell in abgelegene Standorte verlagern und gleichzeitig ein hohes Maß an Funktionsfähigkeit aufrechterhalten. Ein wesentlicher Bestandteil ist die Bereitstellung von SaaS, die von den Mitarbeitern überall aus zugänglich ist, und über eine starke Integration in HR-Prozessen verfügt. Unternehmen müssen in der Lage sein, mit monetären Maßnahmen schnell auf Herausforderungen und Chancen zu reagieren. Dazu gehört die Bewahrung der Liquidität durch eine aktive Überwachung der Cashflows und das Ergreifen von Maßnahmen, wenn plötzliche Umsatzänderungen erkannt werden. Durch den Einsatz hochentwickelter Lösungen für das

Cash- und Treasury-Management zusammen mit prädiktive Analysen können Unternehmen schnell auf diese Änderungen reagieren. Unternehmen müssen in der Lage sein, die Art und Weise, wie ihre Produkte erstellt, verpackt, beschafft und versendet werden, schnell anzupassen. Das erste Lockdown während der Pandemie 2020 führte dazu, dass kurz darauf Unternehmen ihre Produkte nicht mehr über herkömmliche Kanäle wie den Einzelhandel verkaufen konnten. Nur Unternehmen, die es schnell geschafft haben, ihre Produkte online zu verkaufen und direkt an den Verbraucher zu liefern, sahen in der Pandemie sogar ein Wachstumspotenzial. Dies erfordert jedoch eine enge Integration mit flexibler Bezugsquellenfindung und Materialwirtschaft, hochoperativem Lager- und Distributionsmanagement und funktionierender Abstimmung mit der gesamten Logistikkette des Unternehmens und seiner Lieferanten. Dies konnte nur durch geeignete IT-Systeme erreicht werden. Wie oben beschrieben, müssen Unternehmen in der Lage sein, auf plötzliche Änderungen in ihrem Unternehmen zu reagieren. Dies erfordert schnelles Handeln, um ihre Geschäftätigkeit aufrechtzuerhalten, und die Möglichkeit, Kosten schnell zu senken und sich gleichzeitig auf die Rückkehr von Mitarbeitern und den alten Geschäftsmodellen vorzubereiten. Die Implementierung organisatorischer Änderungen zur schnellen Gestaltung eines Unternehmens hat Auswirkungen auf das Personal- und Talentmanagement. Es wird erwartet, dass Unternehmen hohe Schwankungen bei der Mitarbeiterzahl verkraften müssen, um den Anforderungen der geschäftlichen Realität gerecht zu werden. Je nach den Projekten, die zu einem beliebigen Zeitpunkt durchgeführt werden, können Unternehmen ihren Talent- und Personalbedarf häufig ändern. Die Fähigkeit dazu muss eng mit dem Personalwesen, dem Talent- und dem Projektmanagement verknüpft sein. Unternehmen, die Maßnahmen sowohl in der Organisationsstruktur als auch in ihrer IT durchführen, um den Anforderungen radikaler Flexibilität gerecht zu werden, werden in sich schnell ändernden Zeiten immense Vorteile erzielen. Sie werden in der Lage sein, bestehende Kunden zu erhalten und die Bedürfnisse neuer Kunden schnell zu erfüllen. Durch die Gewinnung neuer Kunden und die Überwindung ihrer Konkurrenz bei Reaktionsfähigkeit und Anpassung an Nachfrageveränderungen sichern sie den langfristigen Erfolg. Unternehmen, die die Notwendigkeit einer radikalen Flexibilität nicht akzeptieren, werden dagegen ein wesentlich schwierigeres Projektmanagement und -abschluss beklagen, was zu einem potenziellen Verlust nicht nur von Kunden, sondern auch von Mitarbeitern und Talenten führt. Darüber hinaus riskieren Unternehmen unter finanzieller Rentabilität, ihren Marktanteil an ihre Wettbewerber zu verlieren. In den nächsten Abschnitten werden einige der wichtigsten ERP-Trends aufgeführt und erläutert.

3.2 Datenfabrik

Alle wichtigen Trends, die das Leben der Menschen in den letzten zwei Jahrzehnten erheblich verändert haben, hängen auf die eine oder andere Weise mit der Digitalisierung zusammen. Unternehmen, Unterhaltung und alles andere, was Menschen im Privat- und

Berufsleben tun, haben einen großen Wandel hin zur Nutzung digitaler Systeme durchlaufen, um die Effizienz zu steigern und Prozesse zu optimieren. Dieser digitalen Systeme führen automatisch dazu, dass die Fülle an Daten jedes Jahr zunimmt. 1965 prognostizierte Gordon Moore, Mitbegründer von Intel, dass sich die Anzahl der Transistoren innerhalb integrierte Schaltungen alle zwei Jahre verdoppeln wird (Moore, 1965). Während Moors Gesetz in diesem Zusammenhang als die Zunahme der Datenverarbeitungsleistung interpretiert werden kann, sind ähnliche Trends bei der Kapazität von Speichergeräten wie Festplatten zu beobachten, bei der Anzahl der Pixel auf einem Monitor und viele andere Entwicklungen der Computerhardware (van der Aalst, 2016). Die gesamte Datenmenge, das digitale Universum, das alle in einem Jahr erstellten, wird im Jahr 2020 auf etwa 40.000 Exabyte oder 40 Zettabyte geschätzt (Gantz, 2012). Ein unglaubliches Datenvolumen, für dessen Speicherung ca. 40 Mrd. gängige Festplatten mit einer Terabyte-Größe benötigt wird. Im Vergleich zu 2012 bedeutet diese Menge ein Wachstum um den Faktor 300. Analog zu immer schnelleren CPUs und größeren Speichermedien wird bei den Daten auch ein exponentielles Wachstum erwartet. Während die meisten Daten in unstrukturierter Form vorliegen, beginnen immer mehr Unternehmen, einen Mehrwert beim Extrahieren von Informationen aus den Daten zu erkennen. In diesem Zusammenhang lassen sich die Daten in drei Kategorien unterteilen (Gantz, 2012):

- Private Daten, die jeder auf seinem PC, Tablet und Telefon hat, wie Fotos und Textnachrichten. Diese Art von Daten ist in der Regel nicht für die weitere Verarbeitung durch Unternehmen zugänglich, da sie durch das Eigentum von Privatpersonen und durch physische Barrieren geschützt sind. Letzteres hat jedoch in den letzten Jahren durch die zunehmende Beliebtheit der Cloud-Speicher einen deutlichen Rückgang verzeichnet.
- Organisatorische Daten, die alle Daten umfassen, auf die ein Unternehmen direkt zugreifen kann, da sie vom Unternehmen selbst erzeugt werden. Dies kann eine Vielzahl verschiedener Daten umfassen, z. B. Roadmaps, White Papers und Mitarbeiterinformationen.
- Daten, die durch die Interaktion von Unternehmen und Kunden erstellt wurden, dürften für die Unternehmen am interessantesten sein, da sie potenzielle Informationen über Kundenbedürfnisse, Trends, kausale Beziehungen und Korrelationen zwischen Variablen enthalten. Die Verarbeitung dieser Daten ist zumindest eine Herausforderung. Datenschutzbestimmungen wie die Datenschutz-Grundverordnung (DSGVO) in der Europäischen Union verhindern, dass Unternehmen zu nicht prädestinierten Zwecken frei auf alle ihre gesammelten Daten zugreifen können. Während Datenvorschriften ein komplexes Thema sind, ist es ein wichtiger Faktor, den Unternehmen berücksichtigen müssen, wenn sie Nutzen aus ihren Daten ziehen möchten.

Während die meisten Daten weltweit unorganisiert sind und nach wie vor nicht analysiert sind, ist das oberste Ziel, nicht nur Daten an zu häufen, sondern aus bereits gesammelten Daten Mehrwert zu erzielen. Data Science fördert die Kundenzufriedenheit in modernen Systemen. Sie ermöglich z. B. Inhalte auf Netflix zu empfehlen, Produkte auf Amazon vorzuschlagen oder Wartungen von Industrieanlagen vorherzusagen. Unternehmen müssen ein umfassendes Verständnis ihrer gesammelten Daten erwerben, bevor sie Funktionen einführen können, die der Kunde verwenden soll. Genau hier kommt Data Science ins Spiel (Shah, 2019). Data Science kann als Anwendung wissenschaftlicher Methoden und Prinzipien bezeichnet werden, insbesondere im Bereich der Statistik bis hin zur Datensammlung, -analyse und -berichterstellung. Der Data-Science-Prozess kann in mehrere Phasen unterteilt werden:

1. Projektinitiierung und Definition der Problembeschreibung.
2. Datenbereitstellung, die für eine Lösung des in Schritt 1 definierten Problems erforderlich sind.
3. Datenaufbereitung und Qualitätsprüfung, um sicherzustellen, dass die gesammelten Daten dem definierten Zweck entsprechen. Data Science kann keine Erkenntnisse aus schlechten und qualitativ minderwertigen Daten gewinnen. Umgekehrt kann Data Science, wenn sie korrekt auf Daten mit ausreichender Qualität angewendet wird, Zusammenhänge und Einsichten gewähren, die vorher nicht möglich waren.
4. Datenmodellierung, d. h. Techniken und Operationen auf die Daten anzuwenden, um das Ziel der Datenanalyse zu erreichen und die gewünschten Erkenntnisse zu gewinnen.
5. Reporting und Kommunikation von Erkenntnisse sind notwendig, um den Mehrwert auch wirklich aus zu schöpfen. Dieser Schritt hängt stark von den Ergebnissen und Einblicken ab, die in Schritt 4 extrahiert wurden. Weiterhin spielt die Zielgruppe eine wichtige Rolle.

Das Ziel der Data Science lässt sich wie folgt zusammenfassen: Sie löst eine konkrete Problemstellung, indem Daten gesammelt und analysiert werden. Die Verwendung von Daten als Mittel zur Lösung von Problemen wird stetig wichtiger. Wie bereits erwähnt, nimmt die Menge der erzeugten und gespeicherten Daten exponentiell zu, was mehr Möglichkeiten für Data Science schafft, um Probleme zu lösen. Big Data wird oft als Gold des 21. Jahrhunderts bezeichnet (Lukic, 2015). Unternehmen, die dieser Denkweise früh eingeführt haben, sind heute sehr erfolgreich. Das prominenteste Beispiel ist wahrscheinlich Amazon, das schon früh erkannt hat, dass Data Science verwendet werden kann, um die Interaktion von Benutzern mit dem Web besser zu analysieren und so seine Geschäftsstrategien anzupassen. Da Entscheidungen des Managements möglichst auf fundierte Analysen beruhen sollten, spielt Data Science eine entscheidende Rolle bei der Bereitstellung solcher Informationen. Neben diesen strategischen Einsatzmöglichkeiten verfügt Data Science auch über Anwendungen, mit denen ein Unternehmen operative Abläufe optimiert. Das gilt nicht nur für die operativen Geschäftsprozesse (z. B. vorausschauende Wartung, automatisierte Anomalieerkennung) sondern auch für das operative Controlling (z. B. die Verbesserung der Wettbewerbsfähigkeit des

Unternehmens). Beide Bereiche können größtenteils von der Nutzung von Data Science profitieren. Die Verknüpfung von Data-Science-Prinzipien mit Daten, die in ERP-Systemen gesammelt werden, schafft einen Mehrwert, nicht nur aus der Perspektive der operativen Prozesse, sondern auch dadurch, dass Unternehmen das volle Potenzial ihrer Daten ausschöpfen können. Durch die Umwandlung von Daten in Wissen und Erkenntnisse können Unternehmen ein besseres Verständnis ihrer Kunden und ihrer Prozesse erzielen. Diese Erkenntnisse können verwendet werden, um Produkte besser an die Kundenanforderungen anzupassen, Prozesse zu optimieren und Informationen darüber zu erhalten, welche Faktoren zum Erfolg beitragen.

Die Daten, die Unternehmen im Rahmen ihres Tagesgeschäfts in ihren ERP-Systemen erzeugen, können dazu beitragen, die digitale Transformation voranzutreiben. Da ERP-Systeme tendenziell sehr viele Daten zum Marketing- und Vertriebsprozessen enthalten, ist davon auszugehen, dass aus diesen Daten viele Erkenntnisse abgeleitet werden können. Die Daten können verwendet werden, um konkrete Fragestellungen zu beantworten, wie z. B. wie viel Material wird voraussichtlich für das nächste Quartal benötigt? Oder welche Faktoren beeinflussen die Kaufentscheidungen unserer Kunden? Solche Analysen können mit klassischen statistischen Methoden wie Zeitreihenprognosen und Regressionsmodellen beantwortet werden. Mit demselben Daten können Unternehmen Finanzprozesse analysieren und wichtige Finanzereignisse vorhersagen, die im Vorfeld Gegenmaßnahmen erfordern. Mit dem Umstieg auf vernetzte Anlagen unter den Stichworten Industrie 4.0 und Internet der Dinge (IoT) gibt es eine stetig wachsende Menge an Echtzeit-Sensordaten. Dies ermöglicht einer Vielzahl neuer Services in Bezug auf die Instandhaltung und Automatisierung von Anlagen, sei es die automatisierte Anomalieerkennung oder die vorausschauende Wartung. Die Anwendung von Data Science auf diese Probleme erfordert nicht nur ein tiefgreifendes Verständnis der Data-Science-Methoden, sondern auch der zugrunde liegenden Anlagen und der betroffenen Maschinen. Mithilfe von Natural-Language-Processing- und Computer-Vision-Systemen können Unternehmen die Informationen, die sie benötigen, automatisch aus Dokumenten wie Rechnungen extrahieren. Dies könnte verwendet werden, um den Fakturierungsprozess zu optimieren. Ähnliche Techniken können verwendet werden, um Dokumente wie Tickets zu klassifizieren und sie automatisch einem zuständigen Mitarbeiter zuzuordnen. Mithilfe von Chatbots können Mitarbeiter, die nicht in der Abfrage von Datenbanken geschult sind, Informationen aus solchen Datenquellen destillieren, indem sie den Bot mit Abfragen von Analysetools verknüpfen. Wie die anderen Beispiele erfordert dies einen tiefes Wissen über die Interaktionsmuster der Benutzer mit Sprache und Dokumenten. Insbesondere können Berichte mit Drilldown-Funktionen erzeugt werden, um komplexe Sachverhalte auf verständlicherweise an das Management zu kommunizieren. Dies erleichtert nicht nur dem Management den Zugriff auf Informationen, sondern erhöht auch die Transparenz insgesamt. Zwar gibt es sowohl Data Science als auch ERP-Systeme schon lagen, aber die Synergien zwischen ihnen sind etwas Neues. Seit vielen Jahren wird Data Science auf ERP-Daten angewendet, beispielsweise bei der Verwendung von Regressionsmodellen, aber das Ausmaß, in dem es heute stattfindet, ist ein neuer Trend. Darüber hinaus hat die zunehmende Forschung, die sich mit der Anwendung von Algorithmen für maschinelles Lernen auf Data-Science-Probleme konzentriert, in den letzten Jahren enorme Fortschritte erzielt und bietet neue Lösungen für alte Probleme an. Insbesondere in den Bereichen Automatisierung und Verarbeitung natürlicher Sprache spielen Algorithmen für maschinelles Lernen eine große Rolle, um Systeme und Maschinen autonom zu handhaben und gleichzeitig einfacher mit Menschen zu kommunizieren. Die effektive Nutzung von Data Science bietet Unternehmen mehrere Vorteile. Durch die Verbesserung der operativen Effizienz und die Verringerung von Fehlern wird die Rendite der Investitionen gesteigert. Gleichzeitig können Unternehmen schneller auf erforderliche Änderungen bei Produkten und Dienstleistungen, Preisgestaltung oder Verfügbarkeit reagieren, um wettbewerbsfähig zu bleiben. Darüber hinaus ermöglicht Data Science Unternehmen, als Einheit zu arbeiten, indem sie es der obersten Führungsebene ermöglicht, relevantere Informationen in ihren Entscheidungsprozess einzubeziehen. Wenn die Vorteile von Data Science und die damit verbundenen Verbesserungen der Geschäftsprozesse nicht genutzt werden, sinkt die Kundenzufriedenheit potenziell. Wachsende Kundenanforderungen werden möglicherweise nicht vom eigenen Unternehmen erfüllt, sondern von Wettbewerbern, die dies nicht versäumt haben. Dies wiederum wird zu einem Verlust von Kunden und Marktanteilen führen. Weiterhin könnte eine Nichtverbesserung der Prozesse die Rentabilität eines Unternehmens im Vergleich zu seinen Wettbewerbern gefährden.

3.3   Autonomes ERP

Das oberste Ziel ist die Entwicklung eines autonomen ERP-Systems mit selbstgesteuerten Geschäftsprozessen und selbstdiagnostischen Abläufen. Um dieses Ziel zu erreichen, müssen die heutigen ERP-Systeme intelligenter werden. Typischerweise ist Intelligenz eine Qualität, die der Mensch sich selbst und anderen Lebewesen als die Fähigkeit zuordnet, Dinge zu lernen, zu verstehen und logisch zu denken. Aber was bedeutet der Begriff Intelligenz im Kontext von ERP-Systemen? Trotz langer Forschungs- und Diskussionshistorie gibt es keine universelle Definition von Intelligenz. Die Wissenschaftler haben verschiedene Modelle für mathematische, sprachliche, technische, musikalische und emotionale Intelligenz vorgeschlagen, aber keine davon hat eine breite Akzeptanz. Doch wie können ERP-Systeme intelligent werden, ohne zu wissen, was das bedeutet? Die Methode der Operationalisierung wird verwendet, um diese Frage aufzulösen und den Begriff Intelligenz messbar zu machen, indem verschiedene Automatisierungsstufen definiert werden, ähnlich wie Psychologen IQ-Werte definieren. Im Kontext von ERP-Systemen ist Intelligenz nicht nur ein Mittel zum Zweck. Vielmehr geht es darum, die Automatisierung hin zu einem autonomen ERP-System zu erhöhen, um die Gesamtbetriebskosten (TCO) zu senken, z. B. durch schnellere Prozesslaufzeiten oder einen optimierten Ressourcenverbrauch. Daraus ergibt sich folgende Gleichung: Je größer der Automatisierungsgrad eines Geschäftsprozesses oder Systems, desto größer der Grad der Intelligenz. ERP-Systeme dienen als zentrales Managementsystem für die Geschäftsprozesse eines Unternehmens. Das Verständnis der gemeinsamen Struktur all dieser Geschäftsprozesse ist für die Definition von Automatisierungsstufen unerlässlich. Wie in Abb. 3.1a dargestellt, müssen vier Dimensionen für die Automatisierung in einem Geschäftsprozess berücksichtigt werden (Sarferaz, 2020). Hierbei handelt es sich um einen Industriestandard, der für die Verwendung in ERP-Software angepasst wurde. Der Automatisierungsgrad jeder Dimension wird von 1 (niedrig) bis 5 (hoch) bewertet. Der Gesamtautomatisierungsgrad kann ermittelt werden, indem der Automatisierungsgrad für jede Dimension eines bestimmten Geschäftsprozesses oder Systems bestimmt wird. Dadurch können der aktuelle und der angestrebte Grad der Intelligenz ermittelt und ein Ausführungsplan zur Verbesserung der Intelligenz des Geschäftsprozesses definiert werden. Der Prozess der Dateneingabe in ERP-Systeme mithilfe von Geräten wie Tastatur, Scanner, Festplatte oder Sprache wird als *Datenerfassung* bezeichnet. Folgende Merkmale können zur Bestimmung der verschiedenen Automatisierungsgrade für die Datenerfassung verwendet werden: 1) Manuelle Eingabe durch Benutzer, 2) Manuelle Eingabe und Datenintegration, 3) Datenintegration und manuelle Eingabe in Ausnahmefällen, 4) Dialogorientierte KI und Datenintegration, 5) KI-basierte Datenextraktion und -integration (z. B. PDF-Dokument wird in strukturierte Daten umgewandelt und von einem robotergesteuerten Bot eingegeben).

Der Prozess, Daten zu untersuchen und zu interpretieren, um daraus sinnvolle Schlussfolgerungen zu ziehen, wird als *Informationsanalyse* bezeichnet. Folgende Merkmale können verwendet werden, um die verschiedenen Automatisierungsgrade für die Informationsanalyse zu ermitteln: 1) Beschreibend (was ist passiert), 2) Diagnostisch (warum ist es passiert), 3) Prognostisch (was wird passieren), 4) Präskriptiv (was sollten wir tun), 5) Kognitiv (autonome selbstlernende Analyse von Ereignissen). Der Prozess der Auswahl von verfügbaren Optionen unter Berücksichtigung der Folgen wird als *Entscheidungsfindung* bezeichnet. Folgende Merkmale können verwendet werden, um die verschiedenen Automatisierungsgrade für die Entscheidungsfindung zu bestimmen: 1) Der Benutzer trifft Entscheidungen manuell, 2) Der Benutzer verwendet Systemereignisse und Änderungen für die Entscheidung, 3) Das System stellt dem Benutzer relevante Informationen zum Treffen der Entscheidung zur Verfügung, 4) Das System wertet Entscheidungen aktiv aus und empfiehlt sie, 5) Das System trifft selbstständig Entscheidungen, die nachvollziehbar und revisionsfähig sind. Das Erzwingen von Anweisungen zum Erreichen eines bestimmten Ziels wird als *Aktionsausführung* bezeichnet. Die folgenden Merkmale können verwendet werden, um die verschiedenen Automatisierungsgrade für die Aktionsausführung zu bestimmen: 1) Der Benutzer führt Aktionen manuell aus, 2) Der Benutzer verwendet Systemereignisse und Änderungen zum Ausführen von Aktionen, 3) Das System stellt dem Benutzer relevante Informationen für die Durchführung von Aktionen zur Verfügung, 4) Das System wertet Aktionen aktiv aus und empfiehlt sie, 5) Das System führt selbstständig Aktionen aus, die nachvollziehbar und revisionsfähig sind.

Um einen Geschäftsprozess intelligenter zu gestalten, muss zunächst der aktuelle Automatisierungsgrad auf Basis der beschriebenen Methodik ermittelt werden. Dies ist die Grundlage, aus der Solution Manager die Ziel-Automatisierungsstufe basierend auf Geschäftsanforderungen bestimmen können. Die nächste Frage ist, wie der festgelegte Automatisierungsgrad pro Dimension erreicht werden kann. Um die angegebene Intelligenz für die dedizierten Dimensionen zu realisieren, gibt es nicht nur ein Tool, sondern eine Reihe von Konzepten und Technologien. Wie in Abb. 3.1b dargestellt, können Techniken jedoch klassifiziert werden, um verschiedene Automatisierungsstufen zu erreichen: manuell, regelbasiert und selbstlernend. Geschäftsprozesse können ohne Automatisierung manuell ausgeführt werden. Dazu können verschiedene regelbasierte Techniken eingesetzt werden, um Automatisierung und Intelligenz zu erhöhen. Beispiele für regelbasierte Technologie sind:

- Ein Java-Programm, welches Eingabe- oder Prozessvalidierungen durchführt und Fehlermeldungen mit Lösungsanweisungen für den Benutzer anzeigt.
- Ein Workflow für die Ausführung einzelner Aufgaben/Entscheidungen geht von einem Schritt zum nächsten, bis ein vordefinierter Prozess abgeschlossen ist.
- Ein Analyseszenario, das mit einem Key Performance Indicator (KPI) beginnt und den Benutzer über Trends informiert.

Regelbasierte Ansätze reichen jedoch nicht mehr aus, um die Automatisierung stufe 5 zu erreichen. Sie müssen um selbstlernende Techniken erweitert werden. Anstatt explizite Regeln zu programmieren, lernen diese Techniken aus Rohdaten. Einige Beispiele für diese Technologiekategorie sind Deep Learning für Bilderkennung, Conversational AI für die Verarbeitung natürlicher Sprache (NLP), Bots, um selbstständig Entscheidungen zu treffen und Aktionen auszuführen. Um ERP-Systeme intelligenter zu machen, müssen Geschäftsprozesse auf Stufe 4 und 5 gehoben werden, die auf ein autonomes ERP-System abzielen. Die meisten Geschäftsprozesse in ERP-Systemen befinden sich derzeit nicht auf diesen Stufen, sodass es ein weiter Weg bis zum autonomen ERP zurückgelegt werden müsste. Praktisch gesehen, ist ein autonomes ERP aufgrund technischer, rechtlicher und funktionaler Einschränkungen wahrscheinlich nie erreichbar. Aber schon die Zwischenschritte auf dem Weg zu einem autonomen ERP – um konkrete Anwendungsfälle auf Level 5 zu bringen – sind wertstiftend. Beispielsweise ist der Ausfall von Industrieanlage für die Unternehmen ein kritisches Problem. Der Zustand dieser Maschinen lässt sich vorhersagen, indem Sensordaten mit Geschäftsinformationen in ERP-Systemen kombiniert und künstliche Intelligenz Algorithmen angewendet werden. Wartungsterminierung und Logistikplanung für Ersatzteile und Instandhaltungsteams können so in einen proaktiven Geschäftsprozess umgewandelt werden. Ein zweites Beispiel ist die Validierung, ob ein Produkt genau gemäß seinen Spezifikationen und seiner Konfiguration hergestellt wurde, welche ein wichtiger Schritt bei der abschließenden Qualitätssicherung und Bereitschaftsprüfung für Produktlieferungen ist. Bilderkennungsalgorithmen helfen dabei, visuelle Produktqualitätsprüfungen durchzuführen. Dadurch

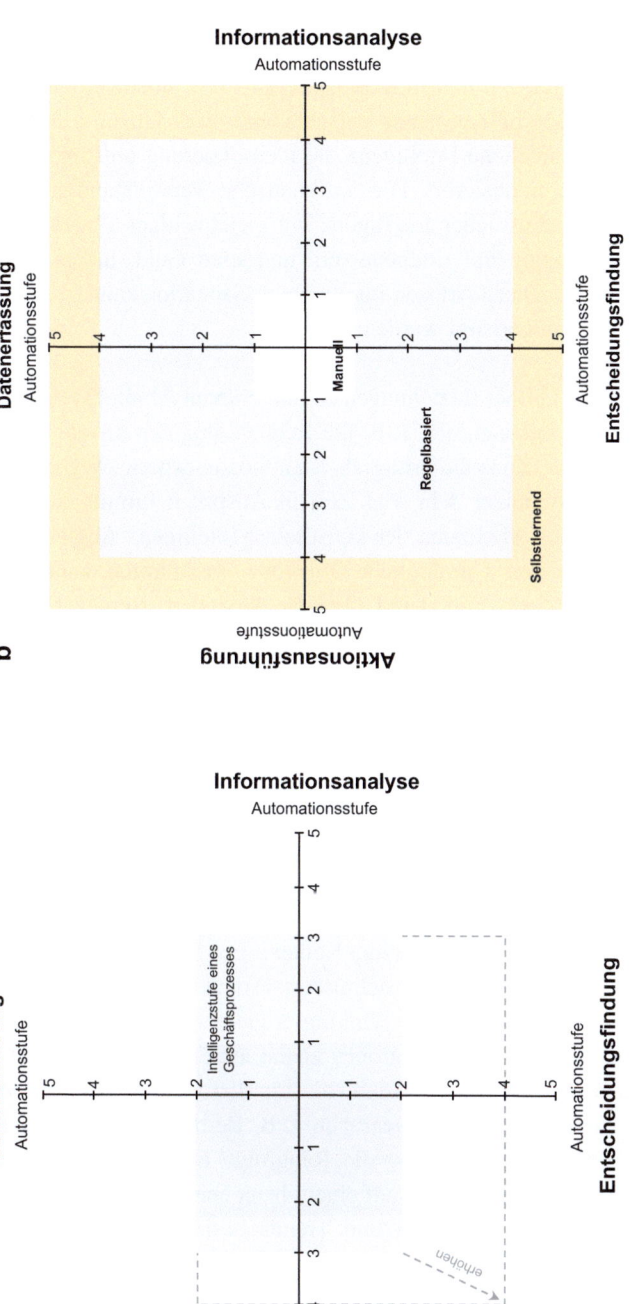

Abb. 3.1   a) Vier Dimensionen der Prozessautomatisierung, **b)** Kategorisierung von Techniken basierend auf Automatisierungsgrad

können die Genauigkeit und der Automatisierungsgrad der Qualitätsprozesse in der
Produktion erhöht werden, was zu weniger Retouren, höherer Kundenzufriedenheit und
höherer Rentabilität führt. Ein drittes Beispiel ist, dass hochwertige Stammdaten als
Grundlage für ERP-Geschäftsprozesse entscheidend sind. Um die Datenkonsistenz zu
gewährleisten, kann künstliche Intelligenz die Identifizierung und Implementierung von
Validierungsregeln automatisieren. Die automatische Vervollständigung von Attribut-
werten basierend auf künstlicher Intelligenz bei gleichzeitiger Pflege von Stammdaten
vereinfacht die Interaktion mit Endbenutzern und spart Geld, indem manuelle Aktivitäten reduziert werden. Diese Art von intelligenten Szenarios kann in die folgenden KI-
Anwendungsmuster kategorisiert werden:

- Übereinstimmung: Ordnet Beziehungen zu und erkennt Ähnlichkeiten und Anomalien
  in einem bestimmten Datensatz, z. B. die Reduzierung der Anzahl von Dubletten im
  System während der Konsolidierung als Stammdatenexperte. Während der manuelle
  Abgleich für die Benutzer sehr viel Zeit in Anspruch nimmt, können intelligente
  Systeme mithilfe von Methoden der künstlichen Intelligenz Abgleichentscheidungen
  erheblich beschleunigen. Um ähnliche Objekte zu verknüpfen, kann das System eine
  oder mehrere Strategien und deren Qualität darstellen. Benutzer müssen die Vorschläge nur genehmigen, ablehnen oder ändern, um ihre spezifischen Anforderungen
  zu erfüllen.
- Empfehlung: Unterbreitet basierend auf dem aktuellen Kontext Vorschläge für Datensätze oder Aktionen, z. B. möchte ein Materialbedarfsplaner mögliche Empfehlungen
  für die Lösung eines Materialunterdeckungsproblems vorgeschlagen bekommen.
  Intelligente Systeme können Benutzer unterstützen, indem sie relevante Inhalte
  empfehlen oder eine vom Benutzer bevorzugte Aktion oder Eingabe anbieten. Die
  häufigsten Empfehlungstypen sind Inhalt, Eingabe und Lösungsempfehlung.
- Ranking: Unterscheidet zwischen relevanten und weniger relevanten Datensätze desselben Typs in Bezug auf den aktuellen Kontext. Ein Einkäufer möchte beispielsweise
  die X besten Lieferanten für ein definiertes Produkt im Kontext einer bestimmten
  Bestellanforderung anzeigen. Das Ranking erleichtert Geschäftsbenutzern komplexe
  Entscheidungen, da die besten Optionen zuerst angezeigt werden. Elemente in einer
  Gruppe werden anhand von Kriterien, die für den Geschäftskontext des Benutzers
  relevant sind, in eine Rangfolge gebracht, z. B. Betrag, Priorität oder Punktzahl. Es
  werden zwei Arten unterschieden: die Rangfolge basiert auf einem vordefinierten
  Wert und die Rangfolge basierend auf einem berechneten KI-Punktzahl.
- Prognose: Sagt zukünftige Daten und Trends basierend auf Mustern, die in vergangenen Daten gefunden wurden, unter Berücksichtigung aller potenziell relevanten
  Informationen, voraus. Ein Stammdatenmanager möchte beispielsweise die Anzahl
  der Änderungsanträge schätzen, die das Team im kommenden Quartal bearbeiten
  muss, um die Arbeitslast besser zu organisieren. Intelligente Systeme, die auf
  Prognosemodellen basieren, senken die Kosten für Vorhersagen von Geschäftsergebnissen, Umweltfaktoren, Wettbewerberentwicklung und Marktbedingungen für

Unternehmen erheblich. Prognosemodelle werden entweder als metrisch oder als nicht parametrisch klassifiziert.

- Kategorisierung: Ordnet Datensätze vordefinierten Gruppen (Klassen) zu, z. B. möchte ein Dienstleister die Priorität eingehender Anfragen (hoch/mittel/niedrig) anhand ihres Inhalts klassifizieren, um den Kundenservice zu verbessern. Außerdem werden neue Gruppen (Cluster) in Datensätzen gefunden, z. B. die Segmentierung von Kunden für geeignete Produktangebote, gezieltes Marketing oder Betrugserkennung. Kategorisierung ist eine komplexe Aufgabe, bei der intelligente Systeme durch den Einsatz von selbstlernenden Algorithmen helfen können, die Automatisierung zu erhöhen.

- Dialogorientierte KI: Interagiert mit dem System über natürliche Sprache und ermöglicht das handfreie Paradigma, beispielsweise möchte ein Einkäufer eine Bestellung anlegen, indem er mit dem System spricht. Die Möglichkeit, mit einem digitalen Assistenten im Kontext von Geschäftsprozessen zu kommunizieren, ist ein wichtiger Aspekt der Benutzerfreundlichkeit für eine intelligente Anwendung. Die dialogorientierte KI-Technologie (Conversational AI (CAI)) erkennt gängige Muster in natürlicher Sprache, um mithilfe verschiedener Parameter nach Geschäftsentitäten zu fragen, eine bestimmte Geschäftsentität nach Name oder ID zu suchen, den Wert des Attributs einer bestimmten Geschäftsentität abzurufen und einfache neue Entitäten, einschließlich Einzelposten, anzulegen.

ERP-Systeme sollten für jedes Muster ein standardisiertes Framework für die Implementierung bereitstellen, damit diese KI-Anwendungsmuster von Entwicklungsteams als wiederverwendbare Bausteine angewendet werden können, um die Implementierung zu beschleunigen. Es sei erneut erwähnt, dass das autonome ERP eine Vision ist, die unter Umständen nie vollständig realisierbar ist. Die Zwischenschritte durch die Konsumierung von immer mehr Intelligenz in Geschäftsprozesse sind jedoch wertvoll, da der Automatisierungsgrad erhöht und die Gesamtbetriebskosten gesenkt werden. Es wird immer eine Symbiose zwischen Mensch und Maschine geben, wo die Maschine dem Nutzer helfen und seine Fähigkeiten erweitern wird.

3.4 Kompossibles ERP

Dieser Trend wird durch zwei Geschäftsanforderungen ausgelöst. Einerseits stehen Firmen vor der Herausforderung, schneller und flexibler auf Veränderungen im Unternehmen und seinem Umfeld reagieren zu müssen, um wettbewerbsfähig zu bleiben. Dies wurde durch die COVID-19-Pandemie besonders verdeutlicht. Aber auch die zunehmende Globalisierung, der damit einhergehende Anstieg der Konkurrenz und die Eindämmung des Klimawandels zwingen Unternehmen aus einer Vielzahl von Branchen zum ständigen Wandel. Andererseits erwarten die Benutzer personalisierte Anwendungen, die auf ihre Aktivitäten zugeschnitten sind. Lösungen mit monolithischer

Architektur, die überflüssige Programmfunktionen für die Tätigkeit des Benutzers enthalten, überfordern die Benutzer und führen zu einer schlechten Benutzerfreundlichkeit. Von der alltäglichen Nutzung von Smartphone-Apps sind Nutzer an den Einsatz modularer Anwendungen gewöhnt, die auf ihre Bedürfnisse zugeschnitten sind (Gaughan, 2020). Unternehmen müssen beide Anforderungen erfüllen, d. h. sie müssen schnell auf Veränderungen reagieren und ihren Mitarbeitern intuitiv verwendbare modulare Anwendungen bereitstellen. Dies wird durch paketierte Geschäftsfunktionen erreicht. Hierbei handelt es sich um modulare Bausteine von Anwendungen, die auf die Rollen der Mitarbeiter im Unternehmen zugeschnitten sind. Aus technischer Sicht können diese Bausteine mithilfe einer serviceorientierten Architektur implementiert werden, die aus Microservices besteht. Die modulare Bausteine greifen über Schnittstellen (Application Programming Interfaces (APIs)) auf Microservices zu. Die Bausteine müssen nicht immer auf genau einen Microservice zugreifen, sondern können auch mehrere Microservices umfassen (Iakimets, 2020). Die zentrale Frage ist, was genau ist nun der neue Aspekt in Bezug auf kompossibles ERP? Die Anforderung, Kunden die Möglichkeit zu geben, Geschäftsprozesse flexibel anzupassen und schrittweise zu implementieren, ist so alt wie die ersten ERP-Systeme. Neu ist nur die kontroverse Debatte, ob eine monolithische oder microservice-basierte Architektur für die Lösung dieser Anforderung besser geeignet ist. Im Folgenden werden die beiden Ansätze näher erläutert. Abb. 3.2 zeigt die grundlegende Architektur monolithischer und mikroserviceorientierter Anwendungen. In *monolithischen Anwendungen* wird das Datenbankschema von allen Modulen gemeinsam genutzt. Die Tabellensichtbarkeit wird durch Zugriffsberechtigungen zwischen Paketen gesteuert. Beim Einfügen oder Aktualisieren von Daten aus mehreren Modulen wird eine einzige Datenbanktransaktion verwendet, um die Gesamtdaten- und Prozesskonsistenz zu gewährleisten. Module kommunizieren über den Aufruf lokaler Schnittstellen. In den meisten Fällen wird ein Funktionsaufruf synchron im selben Prozesskontext bedient. Darüber hinaus können Module auf denselben Daten operieren (z. B. durch Zugriff auf dieselben Datenbanktabellen). Ein Upgrade einer einzelnen Komponente erfordert in der Regel ein Upgrade des gesamten Systems. Module bestehen aus mehreren Paketen, die dann zu größeren

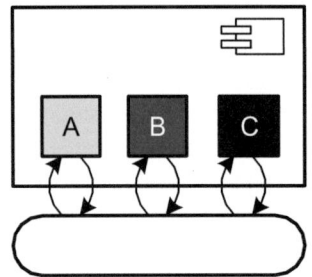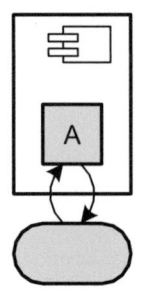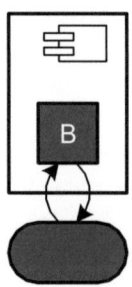

Abb. 3.2   a) Monolithische Anwendung, **b**) Microservice-Anwendung

Softwarekomponenten gebündelt werden. Softwarekomponenten haben bestimmte Versionsanforderungen in Bezug auf die anderen Softwarekomponenten, auf die sie basieren.

Microservice-Anwendungen bilden die Grundlage für den nativen Cloud-Ansatz. Obwohl Microservices dieselbe physische Datenbank/denselben physischen Speicher verwenden können, verwenden sie separate logische Schemata, was zu einer dezentralen Datenverwaltung führt. Dies bedeutet auch, dass Datenbanktransaktionen nicht für die Servicekoordination und -kommunikation verwendet werden können. Die Interaktion zwischen Microservices basiert auf REST-Schnittstellen. In der Regel ist keine ausgefeilte Middleware oder Mediator-Komponente beteiligt, und es gibt auch keine Geschäftsfunktionen (z. B. Datenkonvertierung oder Schlüssel-Mapping). Dies impliziert auch, dass Schnittstellen, die miteinander verknüpft sind, eine abgestimmte Signatur-Definition verwenden müssen. Eine auf Microservices basierende Lösung bietet Softwareanbietern (insbesondere in der Cloud) und ihren Kunden ein hohes Maß an Flexibilität bei der Konfiguration des Systems, z. B. die Verwendung ausgewählter Services oder das Ersetzen einer Service-Implementierung ohne Unterbrechung des Geschäftsbetriebs. In einigen Fällen sind Kunden bereit, ihre eigene Implementierung eines Service zu verwenden. Wenn das herkömmliche Customizing nicht ausreicht, um die erforderliche Flexibilität zu bieten, sind Service-Toolboxen sehr sinnvoll. Kunden müssen in diesem Fall ein hohes Maß an Freiheit haben, die Benutzerfreundlichkeit zu definieren oder neue Vertriebskanäle zu unterstützen. Voraussetzung dafür ist jedoch, dass die Schnittstellen und das Verhalten der jeweiligen Services stabil sind, unabhängig davon, wie sie implementiert sind. Für stark standardisierte Domänen, bei denen Vorschriften die Flexibilität einschränken, kann die Bereitstellung von Konfigurationsoptionen auf Modulebene einfacher und angemessener sein. Außerdem ist es weniger wahrscheinlich, dass die Kunden eine eigene Implementierung für komplexe Funktionen bereitstellen.

Zwar ist bereits nachgewiesen, dass ERP-Software auf der Grundlage des monolithischen Ansatzes implementiert werden kann, jedoch ist es eine offene Frage, ob die Microservice-Architektur für diese Aufgabe geeignet ist. Das Microservice-Konzept ist auf eine hohe Skalierbarkeit bestimmter Funktionen ausgerichtet. Dadurch sind die Services dieses Architekturmusters entkoppelt, unabhängig und klein. Microservices bieten die Elastizität, die für ein lastadaptives und kostengünstiges Betriebsmodell in Cloud-Anwendungen mit stark schwankenden und teilweise unvorhersehbaren Nutzungsprofilen erforderlich ist. Bei ERP-Systemen, die nicht für externe Szenarien wie Web-Shops verwendet werden, ist die Skalierbarkeit weniger problematisch. Skalierbarkeit ist für das gesamte Anwendungssystem wichtiger als für isolierte Funktionen, da diese Systeme komplexe und stark voneinander abhängige Geschäftsprozesse bedienen. Während die auf Microservices basierende Skalierbarkeit für Anwendungen wie Netflix, Spotify, Amazon Shopping-App oder Google Search definitiv erforderlich ist, ist dies bei ERP-Systemen in der Regel nicht der Fall. Die Nutzungsmuster in ERP-Systemen sind deterministisch und vorhersehbar. Die Hardwareanforderung für eine bestimmte

ERP-Installation ist im Voraus bekannt. Auch in sehr großen ERP-Installationen werden die meisten Transaktionen von 2–3 Personen genutzt, oft nicht einmal parallel. Anwendungen mit hohem CPU-, Arbeitsspeicher- und Festplattenspeicherbedarf sind im Voraus bekannt und werden entsprechend angemessen abgewickelt, z. B. durch Optimierung der zugrunde liegenden Implementierung oder Skalierung der Anwendung als Sidecar. Nahezu jede Geschäftsanwendung erfordert Daten- und Prozesskonsistenz in Bezug auf Atomizität, Konsistenz, Isolation und Dauerhaftigkeit (ACID). ACID-Transaktionen sind ein geeignetes und bewährtes Verfahren, um dies sicherzustellen, sodass sich Anwendungsentwickler sich darum nicht kümmern müssen. Im Wesentlichen müssen sie nur entscheiden, welche Vorgänge von einem einzigen Geschäft abgedeckt werden sollen. Da verschiedene Microservices unterschiedliche logische Datenbanken verwenden, kann sich eine Datenbanktransaktion nicht über Vorgänge erstrecken, die von verschiedenen Services ausgelöst werden. Wenn die Gesamtkonsistenz von Daten abhängt, die von separaten Microservices verwaltet werden, müssen Anwendungsentwickler die Datenintegrität auf andere Weise gewährleisten. In der Regel können solche Systeme nur eine bedingte Konsistenz gewährleisten, da Änderungen von einem Microservice erst zeitversetzt von einem anderen Microservice verarbeitet werden, der abhängige Daten verwaltet. Bedingte Konsistenz ist für einige Anwendungsdomänen (z. B. Streaming-Anwendungen wie Netflix, Spotify) geeignet, in der Regel jedoch nicht für ERP-Systeme. Beispielsweise können Finanzgeschäfte in ERP-Systemen aufgrund gesetzlicher Verpflichtungen nicht auf einer bedingten Konsistenz beruhen. Darüber hinaus erfordert ein Microservice-Ansatz ein gründliches Verständnis des Geschäftsbereichs, um die entsprechenden Service-Zuschnitt für Microservices zu definieren. Aus Sicht der Anwendungsarchitektur ist dies eine Herausforderung. Ein ungünstiger Schnitt von Services führt im Gegensatz zu eng integrierten Modulen zu einer Neuimplementierung mehrerer Services – und höchstwahrscheinlich zu inkompatiblen Schnittstellen. Selbst wenn Daten in erster Linie lokal von Services für Transaktionsszenarien verwaltet werden können, erfordern Analysen häufig eine ganzheitliche Sicht, in der Daten aus verschiedenen Services kombiniert werden. Alle für Analysen erforderlichen Daten müssten sich in einem einzigen Datenbankschema befinden, um eine gute Performance zu erzielen und einen flexiblen Drilldown in verschiedene Aspekte und Inhaltsebenen zu unterstützen. Ein gängiger Ansatz für mikroservicebasierte Systeme besteht darin, servicelokale Daten in ein einziges zentrales Schema für das Reporting zu replizieren. Die Replikation ist ein Lösungsansatz für das strategische Reporting, bei der die Aktualität weniger wichtig ist als der Zugriff auf historische Daten. Problematisch ist die Replikation jedoch beim operativen Reporting, das idealerweise auf den aktuellsten Anwendungsdaten basieren sollte. Nicht nur redundante Informationen machen das System komplexier, sondern es müssen auch Berechtigungen für die replizierten Daten definiert werden. Außerdem sind die Informationen aufgrund der Replikationsverzögerung leicht veraltet. Dies schließt z. B. Insight-to-Action-Szenarien aus, in denen der Benutzer Probleme bearbeiten, die anhand analytischer Daten identifiziert werden, und diese sofort mithilfe einer transaktionalen Anwendung zu beheben. Selbst kleine

Unterschiede zwischen analytischen und servicelokalen (transaktionalen) Daten können kritisch sein, wenn Benutzer häufig auf falsch-positive Probleme stoßen, die bereits von einem anderen Benutzer behoben wurden. Analytics ist nur ein Beispiel für übergreifende Themen im Kontext von ERP-Systemen, die mit Microservices deutlich komplexer zu lösen sind. Erweiterbarkeit, künstliche Intelligenz, Suche, semantische Datenschicht, Lokalisierung, Vertikalisierung, Gesetzeskonformität, Lebenszyklusmanagement, Konfiguration und Implementierung sind zusätzliche Querschnittsthemen, die für ein ERP-System unerlässlich, aber mit Microservices schwer zu realisieren sind. Datenschutz als Beispiel erfordert, dass personenbezogene Daten sofort gelöscht und gesperrt werden, wenn kein Zweck mehr besteht. Bereits in einem monolithischen System mit einer Datenbank ist dies sehr anspruchsvoll zu implementieren, in einem Microservice-orientierten wird die Implementierung aufgrund der verteilten logischen Datenbanken zu einer noch größeren Herausforderung. Tausende von Hintergrundjobs müssen ausgeführt werden, um das Ende des Verwendungszwecks für personenbezogene Daten zu ermitteln. Damit könnte die Skalierbarkeitsvorteile von Microservices bereits verspielt sein. Das Lebenszyklusmanagement als zweites Beispiel wird komplexer, z. B. müssen Versionierungsabhängigkeiten oder Upgrades von Tausenden von Microservices berücksichtigt und zuverlässig koordiniert werden. Erweiterbarkeit als drittes Beispiel erfordert umfassendere Konzepte für Microservices. Die Felderweiterbarkeit beispielsweise ist aufgrund der zentralen Persistenz und des einheitlichen Datenbankschemas einfach zu lösen mit monolithischen Systemen. Die Persistenz von Microservices ist voneinander unabhängig. Wenn also ein Kunde z. B. das Kundenauftragsobjekt um zusätzliche Felder erweitert, müssen diese konsistent und gleichzeitig an alle zugehörigen Microservices propagiert werden, was sehr schwer zu lösen ist.

Zusammenfassend lässt sich sagen, dass microservice-basierte Architektur gut für lose gekoppelte und stark skalierbare Anwendungen geeignet ist, während der monolithische Ansatz für eng gekoppelte und hochkonsistente Anwendungen besser passt. Die von ERP-Systemen abgedeckten Geschäftsprozesse sind stark voneinander abhängig und daher eng miteinander verknüpft. Eine Aktualisierung eines Statusfelds (z. B. Kundenauftragsstatus) hat bereits Auswirkungen auf zahlreiche Prozesse (z. B. Bedarfsplanung, Einkauf, Lagerverwaltung). Kunden erwarten, dass diese Art des Zusammenspiels zwischen den Geschäftsprozessen in Echtzeit mit garantierter Daten- und Prozesskonsistenz durchgeführt wird. Dasselbe gilt auch für die genannten übergreifenden Themen (z. B. Gesetzeskonformität, Lebenszyklusmanagement), die für ERP-Systeme von entscheidender Bedeutung sind. Die monolithische Architektur löst diese Anforderungen sehr gut. Die Schlussfolgerung ist jedoch, einen Ansatz zu verfolgen, sondern beide zu kombinieren. Für die Implementierung von ERP-Kernprozessen sollte der monolithische Ansatz angewendet werden, während bestimmte entkoppelte Anwendungen mit hohem Performanzbedarf auf Microservices basieren können, um die Vorteile der Skalierbarkeit zu nutzen. SAP S/4HANA verfolgt beispielsweise diesen kombinierten Ansatz und implementiert z. B. Deep-Learning-Anwendungsfälle mit hohem Bedarf an Skalierbarkeit basierend auf Microservices,

Docker- und Kubernetes-Technologie. Für die am Anfang dieses Abschnitts beschriebene Anforderung an die Anpassungsfähigkeit von Geschäftsprozessen und deren schrittweise Implementierung ist eine monolithische oder microservice-orientierte Debatte nicht relevant, sondern die Bereitstellung der erforderlichen Produktqualitäten. Monolithische ERP-Systeme können basierend auf dem betriebswirtschaftlichen Festlegung des Funktionsumfangs und der zugrunde liegenden Konfigurationsinfrastruktur schrittweise implementiert werden. Auf diese Weise können Geschäftsprozesse nach und nach implementiert und genutzt werden. SAP S/4HANA bietet beispielsweise verschiedene In-App- und Side-by-Side-Erweiterungstechniken und -Frameworks, um den Geschäftsprozess von der Datenbankebene bis auf die Benutzungsoberflächen zu erweitern. Darüber hinaus bietet SAP S/4HANA zahlreiche Konfigurationskonzepte, Werkzeuge und Inhalte, damit Kunden die Geschäftsprozesse an ihre branchen- und regionsspezifischen Anforderungen anpassen können, einschließlich der Möglichkeit der inkrementellen Implementierung.

3.5   Industrie 4.0

Bis vor kurzem wurden Lieferketten in erster Linie anhand von Effizienzkennzahlen bewertet. Heute entstehen neue Trends, die komplexe Herausforderungen mit sich bringen und die Lieferketten und Fertigung nicht nur in den Mittelpunkt des Geschäftserfolgs, sondern auch in die Differenzierungsstrategie eines Unternehmens stellen. Fertigungsunternehmen stehen vor einer Reihe von Herausforderungen. Auf volatilen Märkten müssen sie intelligentere Produkte erstellen und gleichzeitig eine hohe Qualität aufrechterhalten. Kunden erwarten maßgeschneiderte Produkte bis zur Losgröße 1. Produktlebenszyklen werden immer kürzer. Der Erhalt der Wettbewerbsfähigkeit erfordert eine schnellere Markteinführung. Das Geschäftsmodell verlagert sich vom Verkauf von Produkten hin zur Bereitstellung von Lösungen. Viele Unternehmen betrachten Industrie 4.0 als strategische Priorität, um diese Herausforderungen in Chancen umzuwandeln. Industrie 4.0, auch bekannt als Industrial Internet of Things (IIoT), beschäftigt sich mit der industriellen Transformation durch den Einsatz neuer digitaler Technologien, die die Erfassung und Analyse von Daten über Maschinen und Unternehmenssysteme hinweg ermöglicht. Dies erlaubt schnellere, flexiblere und effizientere Prozesse zur Herstellung hochwertigerer, individualisierter Waren zu geringeren Kosten. Diese Transformation steigert die Produktivität und Effizienz der Ressourcen, erhöht die Flexibilität und Reaktionsfähigkeit, beschleunigt die Markteinführung und ermöglicht die Anpassung an die Kundenanforderungen. Industrie 4.0 bezieht sich konkret auf die intelligente Vernetzung von Maschinen und Prozessen für die Industrie durch den Einsatz von Informations- und Kommunikationstechnologie. Die Digitalisierung der industriellen Produktionsumgebung in Fabriken, Werken und Lagern wird durch technologische Innovationen vorangetrieben, die nach der Internet- und Cloud-Revolution entstanden sind. Beispiel für solche technologische Innovationen sind, IoT-vernetzte Geräte,

Maschine-zu-Maschine-Kommunikation, verteilte Datenverarbeitung, neue Edge- und Cloud-Technologien wie Container, Microservices und ereignisgesteuerte Architektur, Zeitreihen und BPM. Die meisten großen und viele mittelständische Unternehmen haben Anwendungsfälle evaluiert, um den geschäftlichen Nutzen von Industrie 4.0 zu ermitteln. Laut einer aktuellen globalen McKinsey-Umfrage (McKinsey, 2019) unter Kunden aus der diskreten Fertigung erkennen 68 % die strategische Priorität an. Während 41 % noch Pilotprojekte durchführen, haben 29 % damit begonnen, sie in großem Maßstab einzusetzen. Unternehmen, die Industrie 4.0 in einführen, konzentrieren sich auf den geschäftlichen Nutzen statt auf die Technologie. Sie mobilisieren und schulen ihre Mitarbeiter für neue Technologien und wechseln zu einer integrierten IT-Infrastruktur und Automatisierungstechnologie. Und sie führen das Unternehmen durch datengestützte Prozesse und nicht durch transaktionale. Die Wertschöpfung aus Industrie 4.0 erfordert einen sektorspezifischen Ansatz, da sich die Geschäftsziele und -herausforderungen je nach Branche und sogar Unternehmen unterscheiden. Für Industrie 4.0 gibt es keinen einheitlichen Ansatz. Basierend auf der durchschnittlichen Losgröße und der Anzahl der Varianten pro Fabrik können drei unterschiedliche Cluster für die diskrete Fertigung identifiziert werden. *Projektfertigungsmodelle,* die in Branchen wie Schiffbau, High-End-Maschinen und Luft- und Raumfahrt üblich sind, streben eine hohe Effizienz bei der Fertigung bis hin zur Losgröße 1 an. *Die maßgeschneiderte* Produktion, die in Automotive, landwirtschaftlichen Geräten und industriellen Komponenten üblich ist, zielt darauf ab, angesichts erhöhter Produktabweichungen einen hohen Reihenfolgedurchsatz und eine konsistente Qualität zu gewährleisten. In der *Massenproduktion* wie Unterhaltungselektronik, gewerblicher Ausrüstung oder Halbleiterchips steigert die Vollautomatisierung die Produktivität, während sich verändernde Produktmischungen eine größere Flexibilität oder Anpassung der Fertigungslinien erfordern. In der Prozessfertigung wird die Losgröße in die Chargengröße konvertiert, und Varianten pro Fabrik sind die Anzahl der verschiedenen Formeln oder Rezepte pro Werk. Für die auftragsbasierte Spezialproduktion wird die Auslastung von Anlagen mit mehreren Produkten von entscheidender Bedeutung. Durch neue Technologien ist nun eine Anpassbarkeit möglich. Die Anpassung von Produkten an den individuellen Bedarf erfordert jedoch einen effizienten Einsatz von Fertigungsausrüstung. Hohe Durchsatzziele werden zunehmend mit Anforderungen an Compliance, Regulierung und Rückverfolgbarkeit in der Massenproduktion, chargenorientierten Branchen wie Feinchemikalien, Papier, Metallen, Baustoffen, Lebensmitteln oder Pharma kombiniert. Die Anlageneffizienz der kontinuierlichen Fließfertigung auf globaler Ebene fördert die Optimierung von Rohstoffen wie Petrochemie, Massenchemikalien und Erz im Bergbau. Die Zahl der IoT-Endpunkte stieg weltweit um etwa 20 % jährlich, von 3,96 Mrd. im Jahr 2018 auf 4,81 Mrd. im Jahr 2019 (Gartner, 2019). IoT-Endpunkte sind datenverarbeitende Geräte, die häufig auf Mikrocontrollern basieren und eine bestimmte Aufgabe ausführen oder über bestimmte Funktionen als Teil eines Prozesses oder Produkts verfügen. Viele dieser Endpunkte liefern Daten, die für Unternehmen oft von großem Nutzen sind, da sie für

bessere Entscheidungen und die Automatisierung von Prozessen verwendet werden
können. Der Wert dieser Daten kommt nur in Kombination mit einem ERP-System zum
Verarbeiten der Daten zum Tragen. Die Rolle von ERP-Systemen besteht hier darin, als
Daten-Hub für die Weitergabe von IoT-Daten an andere Systeme zu fungieren. Zusätz-
lich übernimmt das ERP-System die Rolle eines Interpreters und fügt semantische
Informationen hinzu, um diese Daten interpretierbar zu machen. Die Rolle des ERP-
Systems ist besonders für Unternehmen der industriellen Fertigung von zentraler
Bedeutung, die ihre Produktionsprozesse durch das IoT optimieren. Idealerweise sind die
IoT-Daten so umfangreich und das ERP-System so gut angepasst, dass das ERP-System
der digitale Schatten der Wertschöpfungskette ist. Das bedeutet, dass es ein digitales
Abbild der Wertschöpfungskette darstellt. Das ERP-Systems, als ein digitaler Schatten,
führt zur optimalen Auslastung der Ressourcen (Bitkom, 2016). Die wichtigste Erkennt-
nis ist, dass das Industrial Internet of Things (IIoT) zwar ERP-Innovationen fördert, eine
intelligente Fabrik jedoch nur durch die Kombination von IIoT mit anderen Technologien innerhalb von ERP-Systemen entsteht. IoT-Endpunkte stellen die Daten bereit, die
jedoch nur dann optimal genutzt werden können, wenn sie im ERP-System mit Unterstützung von Data-Science-Methoden und -Algorithmen verarbeitet werden. Teile der
ausgewerteten Daten verbleiben im ERP-System und werden dort z. B. von Managern
für Entscheidungen verwendet. Ein weiterer Teil der Daten wird an IoT-Endpunkte
zurückübertragen, z. B. zur Steuerung von Maschinen. Auf diese Weise können Endpunkte Aufgaben ausführen, die über das Internet gesteuert werden. Das eröffnet völlig
neue Möglichkeiten im Bereich ERP: Viele Geschäftsprozesse lassen sich durch das
Zusammenspiel von IoT-Endpunkten und dem ERP-System direkt ausführen, Maschinen
ersetzen damit zunehmend den Menschen als Schnittstelle zum ERP-System. Eine
weitere Teil der Daten werden an Augmented Reality und Virtual-Reality-Brillen übertragen. Diese können verwendet werden, um Mitarbeiter bei Aufgaben zu unterstützen,
die noch nicht vollständig automatisiert werden können. Beispielsweise können Service-
vorfälle, die durch Daten von Sensoren auf einer Maschine erkannt werden, Technikern
über ihre Augmented-Reality-Brille gemeldet werden. Die Techniker können über die
Augmented-Reality-Brille direkt zur Maschine navigiert werden. Eine weitere
Innovation im Kontext von Industrie 4.0 sind digitale Zwillinge. Hierbei handelt es sich
um Computermodelle, die das Verhalten physischer Anlagen in Echtzeit darstellen. Dazu
konsumieren sie Daten aus dem ERP-System, geben aber auch wichtige Informationen
an das ERP-System zurück. Die Anwendung digitaler Zwillinge auf der Grundlage von
ERP-Systemen bietet enormen Mehrwert, da Betriebsanleitungen, Diagramme, Serviceanweisungen und -datensätze, Leistungsaufzeichnungen und Schadensbilder nahezu in
Echtzeit im gesamten Netzwerk gepflegt und aktualisiert werden können, was manuellen
Aufwand und Fehler reduziert. Unternehmen können anhand dieser Daten Funktionen
aufbauen, um zukünftige Zustände auf der Grundlage historischer Daten vorherzusagen,
das Verhalten oder die Performance zu ändern, indem sie Variablen anpassen und mögliche Ergebnisse simulieren, indem sie mehrere Variablen anpassen, um das beste Ergebnis zu ermitteln, bevor sie das physische System anweisen. Wie in Abb. 3.3 dargestellt,

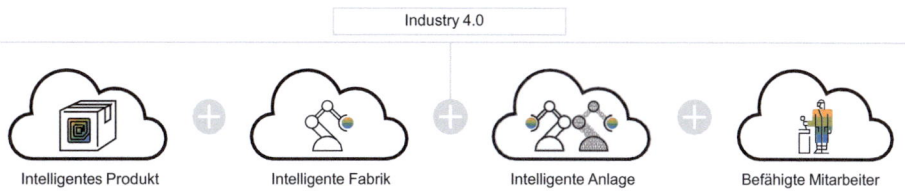

Abb. 3.3 Leitmotive von Industrie 4.0

treiben vier Leitmotive Industrie 4.0 voran, die jeweils einen Mehrwert für das Unternehmen schaffen. Intelligente Produkte sind so konzipiert und konfiguriert, dass sie genau auf die Anforderungen ihrer Kunden zugeschnitten sind. Intelligente Anlagen werden dynamisch gepflegt und mit allen Prozessen verknüpft. Intelligente Fabriken nutzen Daten und Intelligenz, um autonom zu arbeiten und maßgeschneiderte Produkte in großem Maßstab bereitzustellen. Mitarbeiter, die kompetent sind, verfügen über alle Werkzeuge und Informationen, die sie benötigen, um ihre Arbeit zu verrichten.

SAP S/4HANA Manufacturing für Fertigungstechnik und Fertigungsprozesse als Beispiel unterstützt das intelligente Produkt. SAP S/4HANA Extended Warehouse Management und SAP S/4HANA Quality Management erleichtern beispielsweise das Leitmotiv Intelligent Factory. SAP S/4HANA Asset Management beispielsweise hilft mit den intelligenten Anlagen. Mit SAP S/4HANA Environment Health Safety zum Beispiel wird eine Lösung für den Leitmotiv befähigte Mitarbeiter zur Verfügung gestellt. IoT hat nicht nur Vorteile, sondern bringt auch einige Bedenken in Bezug auf die Sicherheit hervor. Die meisten IoT-Datenschutz- und Sicherheitsfehler treten im Verbraucherbereich auf. Die IoT-Konsumenten können Druck auf Anbieter ausüben, dass alle bewährte Verfahren für die Sicherheit umgesetzt werden. Umweltfaktoren und physikalische Einschränkungen müssen ebenfalls berücksichtigt werden, je nachdem, wo die verbundenen Geräte eingesetzt werden. Angesichts der Konnektivität von Equipment zu Cloud-Systemen muss die gesamte Kommunikation und der Zugriff durch Ende-zu-Ende-Verschlüsselung ordnungsgemäß gesichert werden. Moderne Sicherheitspraktiken verwenden einen risikobasierten Ansatz, bei dem sowohl die einfache Handhabung als auch die Auswirkungen von Sicherheitsproblemen betrachtet werden. Die Verwendung von Standards in der intelligenten Fertigung ist in einem fragmentierten Markt von entscheidender Bedeutung. Es ist schwierig, bestehende Maschinen und Anlagen in das Zeitalter der vernetzten Produktion zu überführen. Der Erfolg von Industrie 4.0 hängt von offenen Standards ab. Sie ermöglichen niedrigere Integrationskosten, schnellere Akzeptanz und Skalierung und sind die einzige Möglichkeit, eine nahtlose Interoperabilität zwischen mehreren Anbietern zu ermöglichen. Während technische Standards auf niedrigerer Ebene heutzutage in Fabriken weit verbreitet sind, haben die meisten Anbieter noch keine übergeordneten Standards implementieren müssen, die Semantik, Datenmodelle, Datenmanagementprinzipien und Teileklassifizierungsregeln beschreiben. In der Vergangenheit war das Ökosystem stark fragmentiert, wobei die

Akteure teilweise mehrere Rollen innerhalb der Fabrik spielten. Die Weiterentwicklung von Industrie 4.0 erfordert eine enge Zusammenarbeit zwischen den Akteuren des Partnernetzes. Angesichts der aktuellen Marktfragmentierung, der Komplexität des Produktionsbereichs und der Erwartungen an die Digitalisierung kann niemand allein das schaffen. SAP koordiniert mit SAP S/4HANA ein starkes Partnernetz mit Partnern mit komplementären Stärken verschiedener Dimensionen und liefert Industrie-4.0 relevante Lösungen für die Eigentümer und Betreiber von Fertigungsstandorten, Werken und Fabriken in Zusammenarbeit mit Partnern.

3.6   Two-Tier ERP

Die Entwicklung einer umfassenden Unternehmenssoftwarestrategie, die einem großen globalen Unternehmen dienen soll, hat immer ein gewisses Maß an Kompromiss erfordert. Die für den Betrieb der Firmenzentrale erforderliche Software und Technologie war nicht immer die beste Wahl für die Tochtergesellschaften und anderen kleineren Betriebseinheiten innerhalb des Unternehmens. In vielen Fällen wurde Software, die in der Konzernzentrale verwendet wurde, als zu statisch und teuer erachtet, um in einer Tochtergesellschaft effektiv zu sein. Die Autonomie, die vielen Tochtergesellschaften gewährt wurde, führte dazu, dass diese ihre eigenen Entscheidungen treffen konnten, anstatt ihnen eine Lösung vorzuschreiben, die als unpraktisch angesehen werden könnte. Viele Unternehmen setzten daher auf eine zweistufige ERP-Strategie, die ein einheitliches Unternehmenssystem von einem Anbieter in der Firmenzentrale und eine ERP-Strategie mit mehreren Alternativen für Tochtergesellschaften unterstützte. So wurde effektiv eine zweistufige Umgebung mit mehreren Lieferanten geschaffen, wie in Abb. 3.4a dargestellt. Eine große Anzahl mittelständischer ERP-Anbieter stieß auf dem Markt und schuf weitgehend effektive Produkte, die in Tochtergesellschaften problemlos implementiert werden konnten. Diese Systeme könnten eine gewisse Konnektivität zum Hauptsitz bereitstellen, vor allem, um Finanz-, Bestands- und andere grundlegende operative Daten im gesamten Unternehmen zu konsolidieren. Dieses Modell hat viele Jahre lang gut funktioniert, aber seine inhärenten Einschränkungen werden allmählich sichtbar, da sich die globale Geschäftswelt in einer nie dagewesenen Geschwindigkeit hin zu vollständig digitalen Echtzeitvorgängen verändert. Zweistufige Architekturen, die auf die Integration verschiedener Anbietersysteme angewiesen sind, sind zu Hindernissen für Innovation, Kosteneindämmung und betriebliche Effizienz geworden, anstatt die strukturelle Flexibilität des globalen Unternehmens zu unterstützen. Dies ist zunehmend der Fall, da sich die Tochtergesellschaften weiterentwickeln mussten, um ein höheres Funktions- und Innovationsniveau bereit zu stellen. Das ist der Status quo in der betriebswirtschaftlichen Software, welches die Unternehmen bis vor kurzem akzeptieren mussten. Der Status quo wird jedoch im SAP-Partnernetz infrage gestellt, und Unternehmen, die SAP in ihrem Hauptsitz betreiben, haben nun die Möglichkeit, zu evaluieren, ob der Betrieb eines SAP-fremden ERP-Systems in

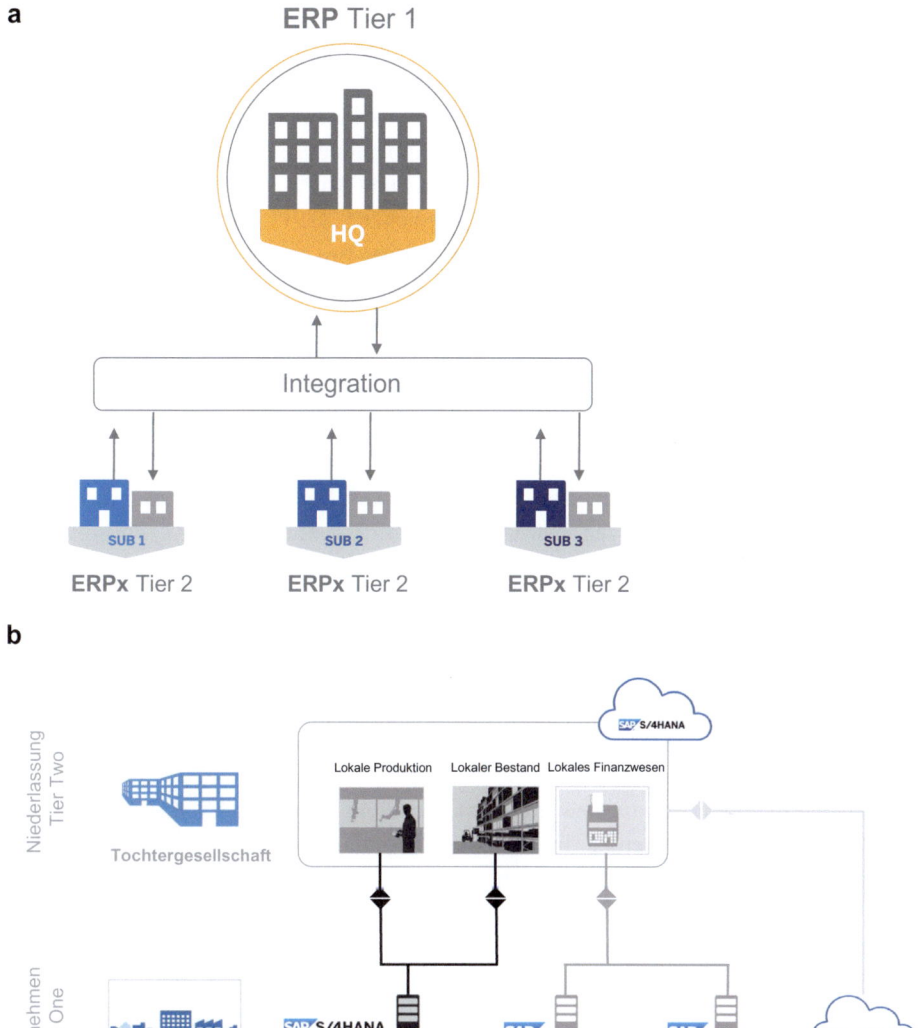

Abb. 3.4   a) Zweistufiges ERP, **b)** SAP S/4HANA Cloud und On-Premise für das Szenario Hauptsitz/Tochtergesellschaft

ihren Tochtergesellschaften die beste strategische Wahl ist. Diese neue Chance wird durch die kontinuierliche Entwicklung von SAP S/4HANA ermöglicht, die nun sowohl On-Premise als auch in der Cloud verfügbar ist. Dadurch können Unternehmen eine konsistente Code und Datenmodell nutzen, die sich von einem voll funktionsfähigen System der Firmenzentrale, in dem SAP S/4HANA On-Premise ausgeführt wird, bis hin zu einer flexiblen und adaptiven Tochterlösung, die auch auf SAP S/4HANA basiert und in der Public Cloud ausgeführt wird, erstreckt. Mit der Verfügbarkeit der PaaS-Lösung von SAP erweitert die SAP Business Technology Platform dieses Modell noch weiter, indem sie eine Plattform für zusätzliche Funktionen bereitstellt, die nicht in SAP S/4HANA enthalten sind, wie z. B. die direkte Anbindung an andere SAP Cloud Lösung wie SAP Ariba, SAP SuccessFactors, SAP Hybris und SAP Concur sowie eine Plattform für die Entwicklung neuer Funktionen. Die Möglichkeit, dieselbe Produktfamilie mit den gemeinsamen Datenstrukturen, Schnittstellen und der Erweiterbarkeitsplattform in einer zweistufigen Implementierung zu verwenden, ermöglicht eine hohe operative Integration zwischen der Zentrale und der Tochtergesellschaften, ohne die Autonomie und lokalen Anforderungen zu beeinträchtigen, die viele Tochtergesellschaften schätzen. Die zwei-stufige ERP wird die Integration und Orchestrierung zwischen der Zentrale und den Tochtergesellschaften in einem Umfang ermöglichen, die weit über das hinausgeht, was bisher in Betracht gezogen wurde.

Abb. 3.4b zeigt ein Beispiel für ein zweistufiges ERP, bei dem die Fertigungs-werke ihre lokale Finanzwesen betreiben und zurück zum Hauptsitz konsolidieren, während der Produktions- und Bestandsprozess nur lokal ausgeführt wird. Dieser Ansatz würde auch für Lagerverwaltungs- oder Einkaufsprozesse gelten. Daher müssen hybride Szenarien, in denen Unternehmen Teile ihrer Funktionalität in der Cloud und andere Teile On-Premise betreiben, durch ERP-Lösungen unterstützt werden. Hybride Implementierungen werden die Realität für die Integration vieler ERP-Implementierungen für die nächsten Jahre sein und Unternehmen die Flexibilität bieten, sowohl auf die Digitalisierung als auch auf die Cloud-Migration mit öffentlichen, privaten und hybriden Ansätzen zu reagieren. Herkömmliche Einschränkungen in Beleg-flüssen und Workflows werden in diesen Anwendungsbereichen aufgelöst, um jede Transaktion innerhalb eines Anwendungsbereichs integriert bereit zu stellen. Work-flows im digitalen Zeitalter müssen auf die Rolle des Benutzers zugeschnitten sein und durchgängige Prozesse über Komponenten hinweg umfassen. Dies ermöglicht schnelle Prozessänderungen, die im digitalen Zeitalter erforderlich sind. Im Fall von Public-Cloud-ERP ist das System einschließlich der zugrunde liegenden Hardware und Software, die über das Internet bereitgestellt werden, Eigentum eines Drittanbieters von Cloud-Services. In einer Public Cloud nutzen Kunden dieselbe Hardware, den-selben Speicher und dieselben Netzwerkgeräte wie andere Cloud-Tenants. Ein Private-Cloud-ERP ist eine Sammlung von Cloud-Hardware- und Softwareressourcen, die nur von einer Organisation verwendet werden. Die Private Cloud kann sich physisch im Rechenzentrum des Kunden befinden oder von einem Drittanbieter gehostet werden. In einer Private Cloud werden die Services und die Infrastruktur jedoch immer in einem privaten Netzwerk angeschlossen, und die Hardware und Software sind ausschließlich dem Unternehmen des Kunden gewidmet. Das On-Premise-ERP-System wird auf den Servern eines Unternehmens implementiert, durch eine interne Firewall geschützt und vom Kunden betrieben. Entscheidend für die Aktivierung eines zweistufigen

ERP-Systems ist die semantische Kompatibilität zwischen den beteiligten Private-, Public- und On-Premise-ERP-Systemen. Dies beginnt mit einem harmonisierten Datenmodell, das Geschäftssemantik für die externe Verwendung, Analyse, Suche und Erweiterbarkeit zur Verfügung stellt. Die semantische Kompatibilität gilt auch für die Geschäftsprozesse, die die verschiedenen Bereitstellungsoptionen betreffen. Diese wird erreicht, indem dieselbe Quellcode verwendet wird wie z. B. SAP ERP und SAP S/4HANA (Public, Private und On-Premise). Eine Tochtergesellschaft kann je nach Geschäftsmodell eine separate Instanz der Cloud-Lösung betreiben oder eine Remote-Verbindung zu einer unternehmensweiten Instanz in der Konzernzentrale herstellen. Darüber hinaus können sowohl der Hauptsitz als auch die Tochtergesellschaften bei Bedarf neue Funktionen hinzufügen, die Ergänzungen für wichtiger Geschäftsprozesse in Bereichen wie Finanzwesen, Personalwesen, Talentmanagement, Zeitarbeit, Abrechnung von Zeit und Aufwand, Kundeninteraktion und Beschaffung darstellen. Zweistufige und mehrstufige ERP-Lösungen sind eine wichtige Präzisierung des Konzepts, das lokale Tochtergesellschaften die Möglichkeit erhalten müssen, das ERP-System zu betreiben, das in ihrer Umgebung passend ist, oder dass ein kostengünstiges ERP-System eines Drittanbieters ausreicht, um die Anforderungen der Tochtergesellschaft zu erfüllen. Die strategische Entscheidung, die bei der Entwicklung von Unternehmen und Technologie wirklich wichtig ist, ist das Ändern, Anpassen oder Implementieren neuer Geschäftsprozesse, die auf Software basieren, unabhängig davon, ob es sich um unternehmensweite Prozesse oder um spezifische lokale oder branchenspezifische Prozesse handelt. Das ist weit entscheidender als das Argument, dass die lokale Autonomie vollständig erhalten bleiben muss. Diese neue Definition erfordert, dass die lokalen Tochtergesellschaften die neuen Möglichkeiten nutzen, die in der Cloud verfügbar sind, und gleichzeitig dieselbe Plattform und Software mit einem einzigen Anbieter verwenden, um die Geschäftskontinuität im gesamten Unternehmen integriert sicherzustellen. Die Fähigkeit, Prozesse, Daten und Analysen unternehmensweit zu nutzen, ohne die Interoperabilität von Teilsystemen aufrechterhalten zu müssen, die erforderlich wäre, um der Komplexität eines n-stufigen Systems mit mehreren Anbietern gerecht zu werden, definiert diese Kontinuität. SAP S/4HANA löst die Herausforderungen an zwei- und n-stufige Unternehmenssoftwaresysteme, indem sie die Funktionalität, das Quellcode, das Datenmodell semantisch kompatible bereitstellt. Dieses neue Modell zweistufiger Funktionen bringt eine Reihe neuer Chancen mit sich. Die aus der Implementierung in einer Stufe gewonnenen Kenntnisse können genutzt werden, um die Implementierung in einer anderen Schicht zu beschleunigen. Attribute, die in einer Stufe angelegt wurden, wie z. B. Stammdaten, unternehmensweite KPIs und Geschäftsprozesse, können einfach auf die andere übertragen werden. Sobald die Konfiguration einer bestimmten Stufe abgeschlossen ist, kann sie als Vorlage verwendet werden, um schnell andere Tochtergesellschaften zu übernehmen. Die semantische Kompatibilität der Daten- und Prozessmodelle von SAP ERP und SAP S/4HANA sowie von SAP-S/4HANA-On-Premise- und Cloud-Implementierungen

ermöglicht Unternehmen den Übergang in der Cloud in einem angemessenen Zeitraum. Viele Erweiterungspunkte von SAP ERP sind mit diesem Kompatibilitätsmodell
weiterhin verfügbar, wodurch der Übernahmeaufwand für benutzerdefiniertes Coding bei
der Migration zu SAP S/4HANA reduziert wird.

3.7   Fazit

Die ERP-Welt verändert sich aufgrund des technologischen Fortschritts und der sich
ändernden Geschäftsanforderungen rasant. ERP-Systeme werden modularisiert. Aus
betriebswirtschaftlicher Sicht werden ERP-Systeme immer spezifischere branchen- und
szenariobasierte Anwendungen abdecken. Bei der Umsetzung ist es notwendig, sich
frühzeitig auf allen Ebenen zu engagieren und künftig nachhaltigere und gezieltere
Schulungen anzubieten. Die Marktreife verschiedener innovativer Technologien wie
der Blockchain, des Internets der Dinge sowie der virtuellen und erweiterten Realität treiben andere Trends voran. Industrie 4.0 ermöglicht es Fabriken und Unternehmen, intelligenter zu werden. Aufgrund der steigenden Anzahl von Cyberangriffen
und strengeren Datenschutzbestimmungen müssen ERP-Systeme auf allen Ebenen
von der Architektur bis hin zu den Benutzeroberflächen sicherer werden. Nicht nur die
Eigenschaften eines ERP-Systems selbst, sondern auch der Implementierungsprozess
bestimmen den Erfolg, den ein Unternehmen aus dem ERP-System erzielt. Aus diesem
Grund und aufgrund von häufigen Budgetüberschreitungen, Zeitüberschreitungen
und Implementierungsfehlern werden sich Unternehmen auch um Verbesserungen der
Implementierung bemühen. Die Implementierung bezieht sich hier auf den gesamten
Prozess von der Entscheidung, ein ERP-System ein zu führen, zu ersetzen oder zu
aktualisieren, bis hin zu dem Punkt, an dem das Unternehmen das System verwendet.

Dieser Teil behandelt den Funktionsumfang von SAP S/4HANA. Alle Unternehmen durchlaufen Geschäftsprozesse, um Produkte und Services zu entwickeln, Bedarf zu generieren, Bedarf zu decken, das Unternehmen zu planen und zu verwalten. Diese Geschäftsprozesse werden in diesem Teil beschrieben und auf die Funktionalität von SAP S/4HANA abgebildet. Die Anwendungsfunktionalität und -architektur werden entlang der SAP S/4HANA Module für Vertrieb und Marketing, Finanzwesen, Fertigung, Logistik, Service, Forschung und Entwicklung/Konstruktion, Beschaffung, Anlagenmanagement und Personalwesen entwickelt. Die wichtigsten Stammdatenentitäten und Branchenlösungen werden ebenfalls behandelt. SAP S/4HANA bietet eine umfassende Funktionalität und deckt die gesamten Geschäftsprozesse von Unternehmen ab, wie in der nächsten Abb. 1 dargestellt.

Der Prozess *Von der Idee bis zur Markteinführung* unterstützt die Ideenfindung, Anforderungsanalyse und das Design von Produkten und Dienstleistungen. Das Ergebnis wird im Kontext von dem Prozess *Von der Bezugsquellfindung bis zur Zahlung* verwendet, um Lieferanten zu beauftragen, die erforderlichen Materialien und Services zu beschaffen und die anfallenden Rechnungen zu bezahlen. Der Prozess *Von der Planung bis zur Auftragserfüllung* umfasst den Eingang und die Prüfung von Waren, die Herstellung von Produkten bzw. die Bereitstellung von Dienstleistungen.

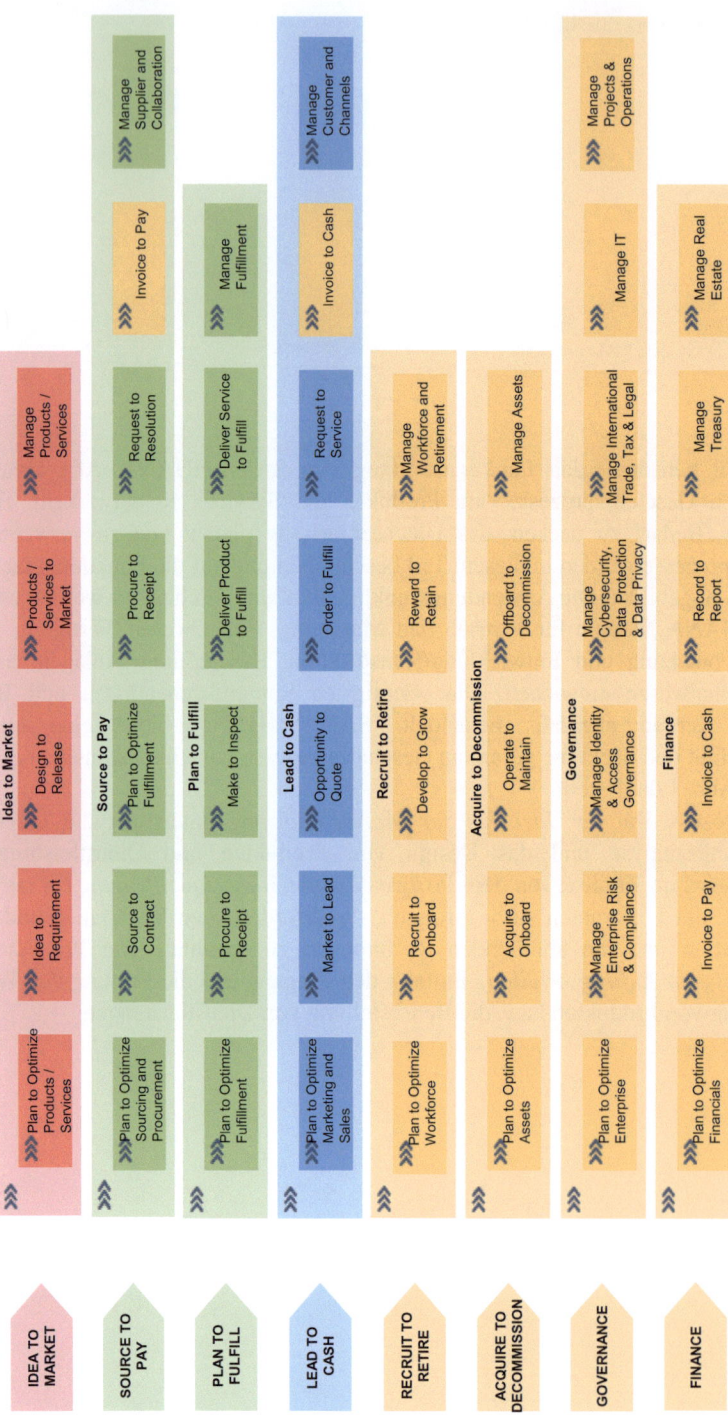

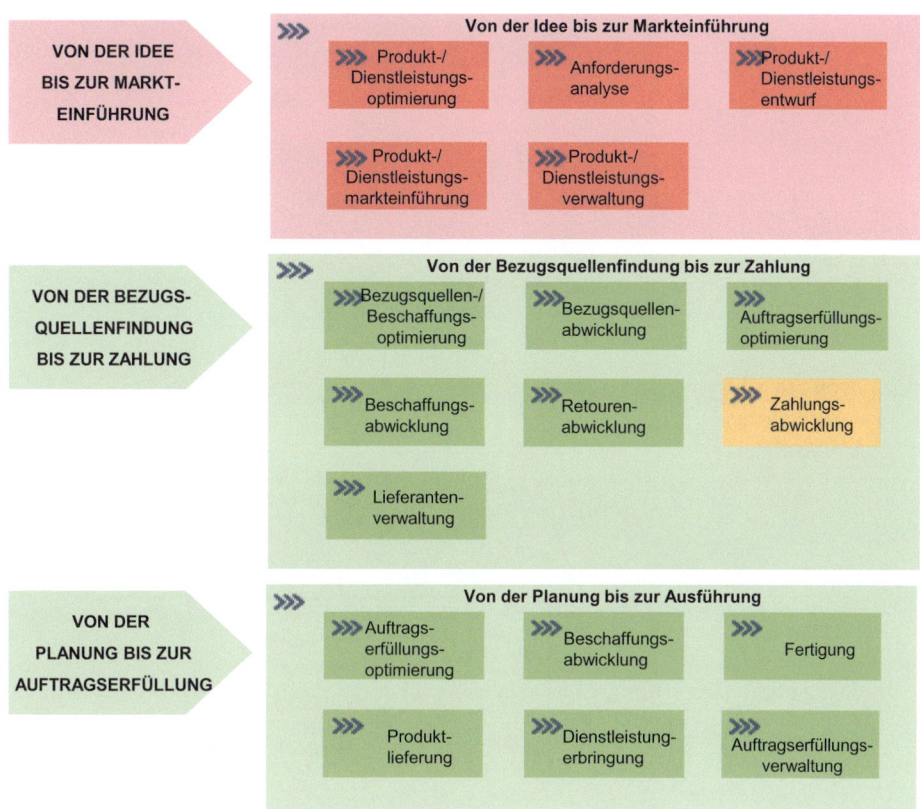

Abb. 1   Geschäftsprozesse in SAP S/4HANA

Marketingaktivitäten für die Generierung von Kaufinteressenten, die Übertragung von Absatzmöglichkeiten in Angebote und Aufträge werden mit dem Prozess *Vom Auftrag bis zum Zahlungseingang* sichergestellt. Zusätzlich zu diesen Kernprozessen sind unterstützende Prozesse erforderlich, um ein Unternehmen zu führen. *Von der Rekrutierung bis zum Ruhestand* deckt den gesamten Lebenszyklus von Mitarbeitern, angefangen beim Recruiting und Onboarding über die Entwicklung und Vergütung bis hin zum Ruhestand ab. *Vom Erwerb bis zur Stilllegung* unterstützt die Planung, Akquisition, den Betrieb und die Stilllegung von Anlagen wie z. B. Fertigungsmaschinen. Unternehmen müssen Risiken und Compliance, Identität- und Zugriffssteuerung, Cybersicherheit und Datenschutz, IT-Infrastruktur, Handels- und Steuerbestimmungen abwickeln. Diese werden durch den unterstützenden Prozess *Unternehmensführung* sichergestellt. *Das Finanzwesen* umfasst die Rechnungs- und die Zahlungsabwicklung sowie die Verwaltung von Treasury und Immobilien.

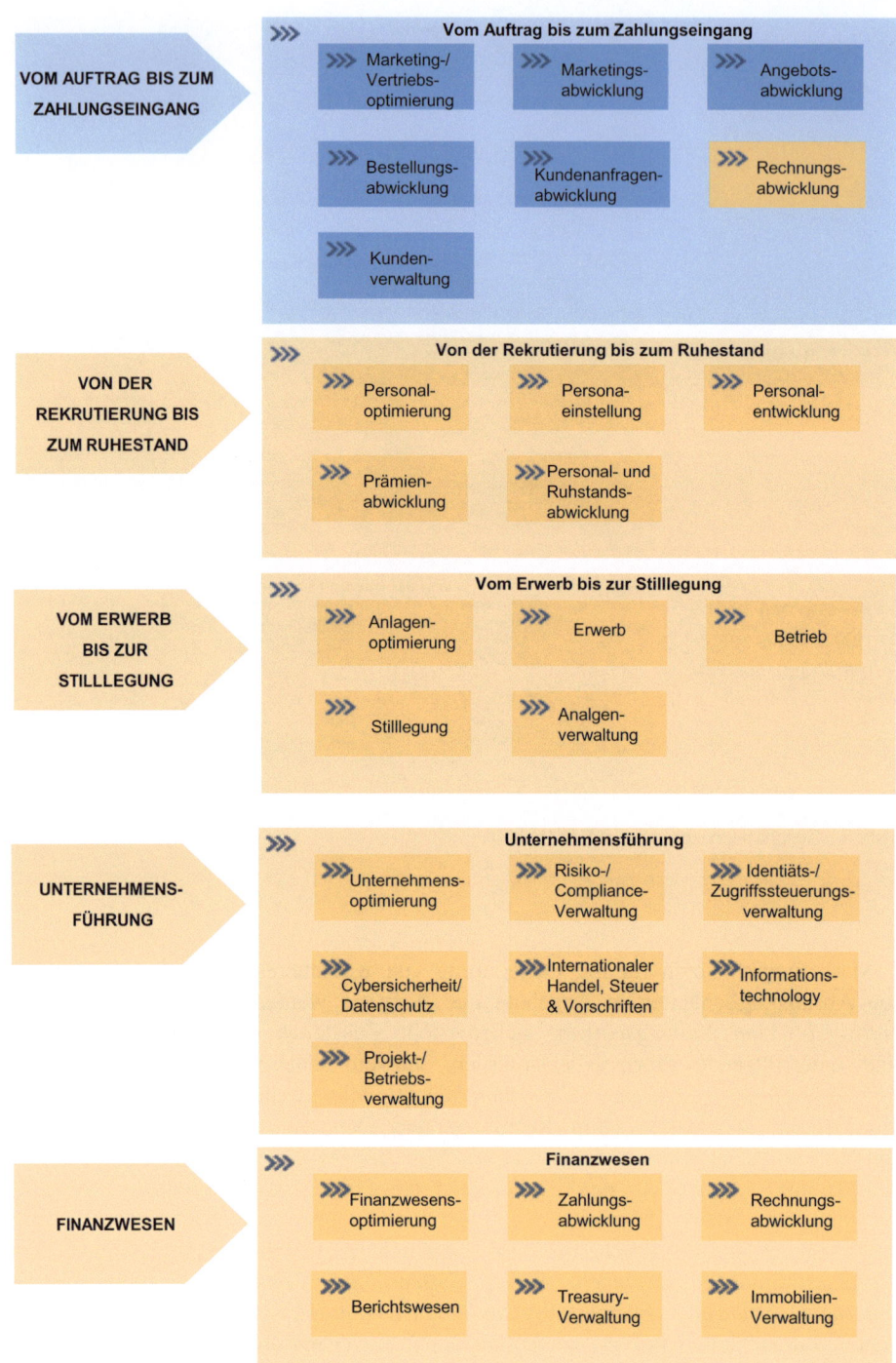

Abb. 1 (Fortsetzung)

Die beschriebenen Kern- und unterstützenden Prozesse werden basierend auf Anwendungsmodulen in SAP S/4HANA implementiert, wie in der Abb. 2 dargestellt. Die Anwendungsarchitektur basiert auf verschiedenen Softwareschichten. Als Datenbanksystem wird SAP HANA zum Speichern von Konfigurations-, Bewegungs- und Stammdaten verwendet. Die semantische Schicht *Virtuelles Datenmodell* wird für den einheitlichen und vereinfachten Zugriff auf die Anwendungsdaten bereitgestellt. Die Softwaremodule auf dem Anwendungsserver bieten wiederverwendbare Funktionen zur Realisierung der Geschäftsprozesse. Es gibt kein bijektives Mapping zwischen den Anwendungsmodulen und den Kern-/unterstützenden Prozessen. In der Regel sind Funktionen mehrerer Softwaremodule erforderlich, um einen Kern-/ unterstützende Prozess zu realisieren. Darüber hinaus werden Erweiterungskomponenten für die Implementierung verwendet, wie z. B. SAP Ariba, SAP Fieldglass, SAP Integrated Business Planning, SAP Concur und SAP SuccessFactors. *R&D und Konstruktion* implementiert wesentliche Teile des Kernprozesses *Von der Idee bis zur Markteinführung*. Die Softwarekomponenten *Beschaffung, Logistik* und *Fertigung* decken die Kernprozesse *Von der Bezugsquellenfindung bis zur Zahlung* und *Vonder Planung bis zur Auftragserfüllung* ab. Der Kernprozess *Vom Auftrag bis zum Zahlungseingang* wird hauptsächlich durch *Vertrieb* und *Kundenservice* abgedeckt. *Von der Rekrutierung bis zum Ruhestand* wird mit den Softwaremodulen *Personalwesen* und *SAP SuccessFactors* verwaltet. Der Prozess *Vom Erwerb bis zur Stilllegung* wird in erster Linie mit dem Module *Anlagenmanagement* realisiert. Der unterstützende Prozess *Finanzwesen* wird hauptsächlich mit der Komponente *Finanzwesen* abgewickelt. Für den Prozess *Unternehmensführung* werden verschiedene technische Funktionen der SAP-S/4HANA-Plattform verwendet, z. B. *SAP Identity & Access Management, SAP Information Lifecycle Management, SAP Process Control* oder *SAP Risk Management*.

Wie in Abb. 2 dargestellt wird zusätzlich zu den Kernmodulen *Branchenlösungen* bereitgestellt. Auf diese Weise wird die Kernfunktionalität um branchenspezifische Lösungen für ca. 25 Industrien erweitert. Abgedeckt werden Branchen wie Einzelhandel und Mode, Bankwesen, Versicherungen, Öl- und Gasindustrie, Versorgungsindustrie, Abfallwirtschaft, Automobilindustrie, öffentlicher Sektor, Verteidigung oder Dienstleistungsbranche.

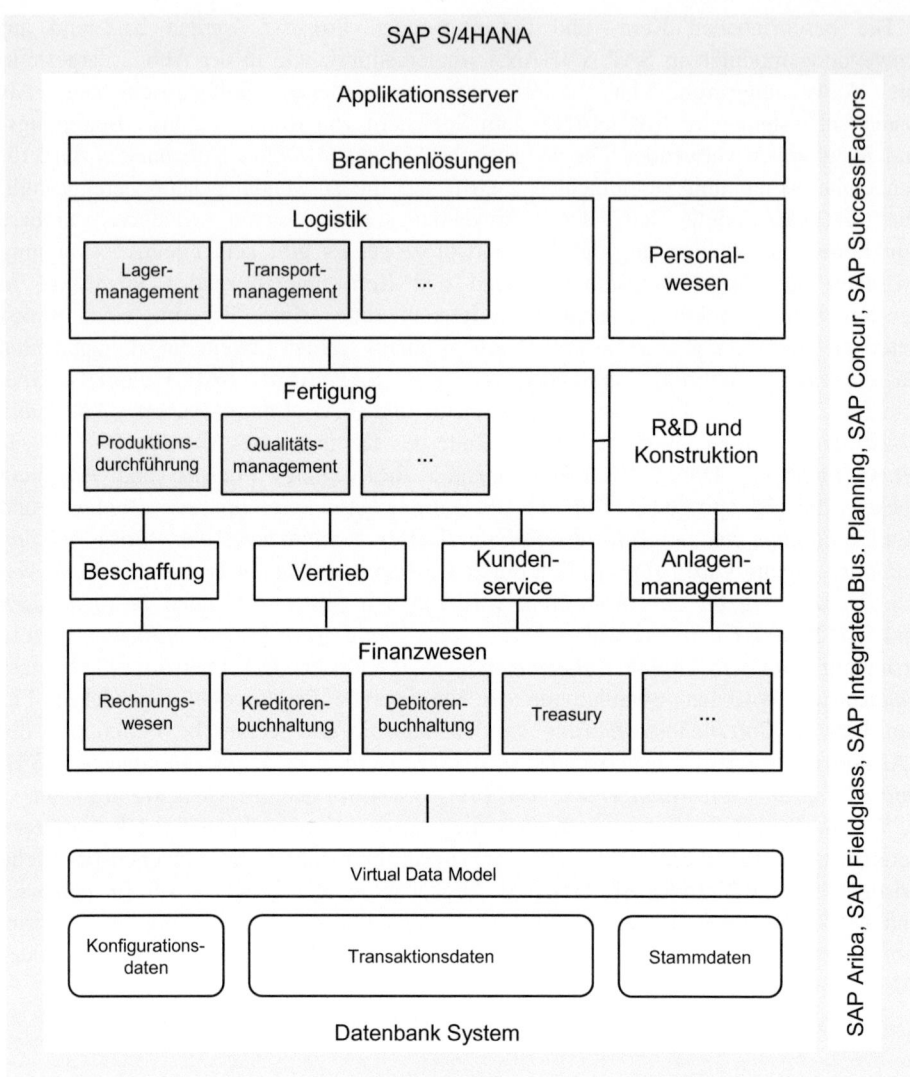

Abb. 2 Anwendungsarchitektur von SAP S/4HANA

Fachabteilungen und Unternehmensdomänen

4

Das Kapitel beschäftigt sich mit den Fachabteilungen der Unternehmensbereiche Produkt & Dienstleistung, Kunde, Lieferung und Unternehmen. Die grundlegende Organisationsstruktur von Unternehmen und deren Verwaltung durch SAP S/4HANA werden erläutert. Zunächst werden wichtige Terminologien wie Wertschöpfungskette, Fachabteilungen, Domänen und Prozesse erläutert. Darauf basierend wird der technische Begriff Organisationsform definiert und einige Organisationsformen wie die Spartenorganisation oder die Matrixorganisation dargestellt.

4.1 Betriebswirtschaftliche Anforderung

Wertschöpfungskette und Domänen

Die Wertschöpfungskette beschreibt die Gesamtmenge der Prozesse eines Unternehmens. Die Wertschöpfungskette kann für eine erste Analyse verwendet werden, um strategische Wettbewerbsvorteile zu identifizieren. Im Kontext der Wertschöpfungskette werden alle miteinander zusammenhängenden Aktivitäten zur Bereitstellung von Produkten oder Dienstleistungen als Komponenten in einer komplexen Kette betrachtet. Jede Komponente der Wertschöpfungskette verursacht Kosten und trägt zum Wert des Endprodukts bei. Daher ist es erforderlich, jede Komponente der Kette zu analysieren. Die Aktivitäten eines Unternehmens sind in zwei Kategorien unterteilt: die primären Aktivitäten und die unterstützenden Aktivitäten. Die primären Aktivitäten leisten einen unmittelbaren wertschöpfenden Beitrag zur Generierung eines Produkts oder einer Dienstleistung. Die Unterstützungsmaßnahmen tragen zur Effizienz und Wirksamkeit der primären Tätigkeiten bei. Die Hauptaufgaben umfassen Eingangslogistik, Fertigung, Ausgangslogistik, Marketing, Vertrieb und Service, während die unterstützende

© Der/die Autor(en), exklusiv lizenziert an Springer Fachmedien Wiesbaden GmbH, ein Teil von Springer Nature 2023
S. Sarferaz, *ERP-Software: Funktionalität und Konzepte*,
https://doi.org/10.1007/978-3-658-40499-4_4

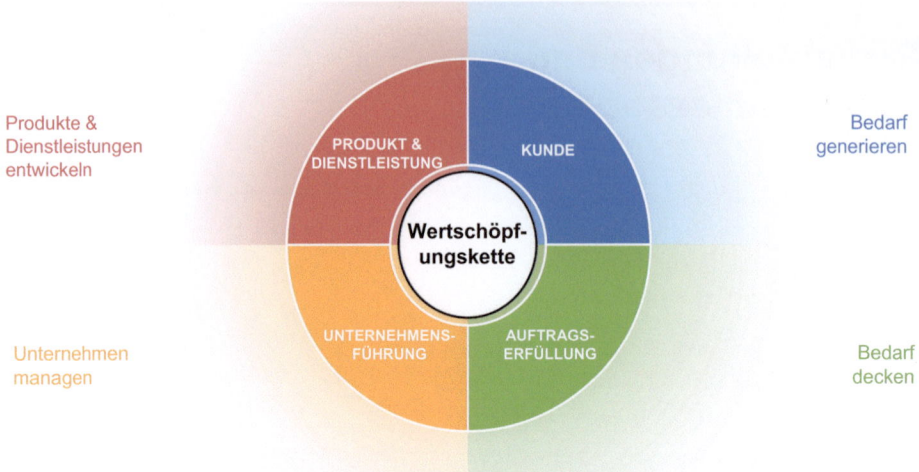

Abb. 4.1 Unternehmensdomänen

Aktivitäten Beschaffung, IT, Personalwirtschaft und Unternehmensinfrastruktur umfassen. Wie in Abb. 4.1 dargestellt, ist die Wertschöpfungskette in vier verschiedene Unternehmensdomänen unterteilt: Produkt & Dienstleistung, Kunde, Auftragserfüllung und Unternehmensführung.

Die auf den Bereich Produkte und Dienstleistungen abgestimmten Fachabteilungen sind für die Entwicklung von Produkten und Dienstleistungen verantwortlich. Im Gegensatz dazu sind die Fachabteilungen für die Kundendomäne für die Generierung von Bedarf und Nachfrage verantwortlich. Die Abteilungen der Domäne Auftragserfüllung sorgen dafür, dass der Kundenbedarf und -nachfrage abgedeckt werden. Die Fachabteilungen, die der Domäne Unternehmensführung zugeordnet sind, sind für die Planung und Verwaltung des Unternehmens zuständig.

Fachabteilungen und Prozesse

In diesem Abschnitt werden beispielhaft Fachabteilungen, die den Unternehmensdomänen zugeordnet sind, und die zugehörigen Prozesse der Abteilungen erläutert. Die der Domäne Unternehmensführung zugeordnet Fachabteilungen umfassen das Finanzwesen, die indirekte Beschaffung, das Anlagenmanagement, das Personalwesen, die Unternehmensstrategie und den Unternehmensbetrieb. Die Finanzabteilung ist für Buchhaltung, Jahresabschlüsse, Treasury-Management sowie Risiko- und Compliance-Management verantwortlich. Die indirekte Beschaffung hat das Ziel, die Produktkosten zu reduzieren und die Bedarfsplanung zu optimieren. Die Personalabteilung konzentriert sich auf die Auswahl, Einstellung und Motivation von Mitarbeitern und ist für Schulungen und Vergütungen zuständig. Zu den Abteilungen der Kundendomäne gehören Marketing, Vertrieb, Kundenservice und Omnichannel-Commerce. Das Marketing ist verantwortlich für Marktforschung, Werbung, Öffentlichkeitsarbeit, Messen, Firmenimage, Produktflyer und andere Aktivitäten. Ziel des Marketings ist es, Marke und Marktanteil zu stärken. Die Vertriebsabteilung ist für die Neukundenakquisition, den Prozess von der Anfrage bis zum Verkauf, zuständig und definiert eine Verkaufsstrategie, um die Kunden von den Unternehmensprodukten und seinen Dienstleistungen zu überzeugen. Die der Domäne Auftragserfüllung zugeordnete Fachabteilungen umfassen Supply-Chain-Planung, Bezugsquellenfindung und Beschaffung, Fertigung und Kundenservice. Die Fertigungsabteilung umfasst die Geschäftsprozesse Produktionsplanung und Produktionsdurchführung. Der Geschäftsprozess Produktionsplanung selbst beinhaltet Aspekte, wie z. B. Stücklisten, Produktionsanforderungen, Produktionsaufträge, Produktionsplan oder Produktionsbestand. Der Geschäftsprozess Produktionsausführung umfasst Teilgeschäftsprozesse, wie z. B. das Übertragen von Material in den Produktionsbereich, den Einsatz von Maschinen oder der Transport von Materialen an das Lager. Die Logistikplanung als eine der beiden Hauptfunktionen von Supply Chain Management umfasst Absatzplanung, Beschaffungsplanung, Produktionsplanung und Distributionsplanung. Die andere Hauptfunktion des Supply Chain Management, die als Logistikausführung bezeichnet wird, bezieht sich auf die Auftragsabwicklung, die von der Transport- und Produktionsabwicklung bis zur Lagerverwaltung. Die Domäne Produkte & Dienstleistungen umfasst die Abteilungen Produktmanagement und Forschung & Entwicklung. Das Produktmanagement hat das Ziel, das Produktportfolio durch die Einführung neuer Produkte und die Optimierung des Sortiments zu verbessern, während Forschung und Entwicklung für die Analyse und den Entwurf von Produkten und Dienstleistungen verantwortlich ist. Die Abb. 4.2 veranschaulicht die Zuordnung von Fachabteilungen zu Unternehmensdomänen:

Organisationsformen

Es gibt zahlreiche externe und interne Anforderungen an Organisationsformen von Unternehmen, die erfüllt werden müssen. Die externen Voraussetzungen umfassen eine Markt- und Wettbewerbsorientierung, Flexibilität und Innovationsfähigkeit. Die internen Anforderungen beinhalten Effizienz in Bezug auf Führungsprozesse, Serviceprozesse, Personalressourcen und Materialressourcen. Im Rahmen von Organisationsformen kann hinsichtlich der Organisationsstruktur und der Prozessorganisation unterschieden werden.

Organisationsstruktur

Die Organisationsstruktur bildet die statische, hierarchische Struktur eines Unternehmens ab und ergibt sich aus der Bereitstellung von Produkten oder Dienstleistungen

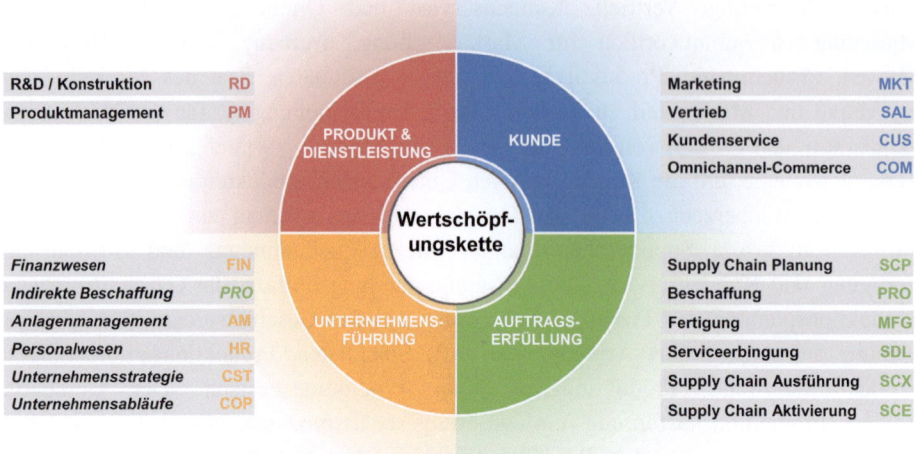

Abb. 4.2 Zuordnung von Fachabteilungen zu Unternehmensdomänen

in einzelne Teilaufgaben. Darüber hinaus legt die Organisationsstruktur Aufgaben-bereiche und das Anlegen von Planstellen fest. Eine Planstelle ist die kleinste Organisationseinheit eines Unternehmens und führt mehrere Teilaufgaben aus, die einen bestimmten Aufgabenkomplex bilden. Darüber hinaus fasst sie Positionen in größeren Einheiten zusammen, z. B. Sparten oder Fachabteilungen. Die Organisations-struktur wird in einem Organisationsdiagramm dargestellt. Die Organisationsstruktur ist in eindimensionale und mehrdimensionale Ausprägungen unterteilt. Im klassischen Organisationsdiagramm stellt die obere Ebene die Unternehmensmanagement dar, während die unterste Ebene die operativen Einheiten zeigt. Darüber hinaus ist es mög-lich, in jeder dieser Organisationsformen Stabsstellen einzurichten, um die Unter-nehmensführung zu entlasten. Instanzen für eindimensionale Organisationsstrukturen sind die funktionale und spartenbezogene Organisation, während die Matrixorganisation den mehrdimensionalen Organisationsstrukturen zugeordnet ist. Diese Organisations-formen werden in den nachfolgenden Abschnitten erläutert.

Funktionale Organisation

Die Typen von Kontrakten, Instruktionen und Benachrichtigungen wird durch die Auf-gaben in der funktionalen Organisation bestimmt. Die funktionale Organisation bildet die Ausgangsform eines Industrieunternehmens ab. Sie wurde insbesondere bei Ver-käufermärkten eingesetzt und ist nach wie vor in Unternehmen mit geringer Produkt-diversifizierung weit verbreitet. Die Entscheidung die funktionale Organisation anzuwenden, beruht oft auf das Wachstum des Unternehmens, da eine einzige Managementebene für die Abwicklung nicht mehr ausreicht. Dies hat zur Folge, dass in kleineren Unternehmen auf der Ebene unterhalb der Unternehmensleitung eine technische und eine kaufmännische Fachabteilung mit einem klar definierten Verantwortungsbereich entstehen. Falls das Unternehmen noch weiter wächst, werden weitere Hierarchieebenen eingefügt, und die funktionale Struktur bleibt in der dritten und der darunterliegenden Ebene erhalten. Für den Erfolg dieser Organisationsform gibt es mehrere Voraussetzungen. Eine Bedingung ist beispielsweise, dass die Funktionen die Kernkompetenzen des Unternehmens abbilden. Außerdem darf es keine großen Unterschiede zwischen den Kundensegmenten geben. Darüber hinaus dürfen die Absatzmärkte nur kleine Disparitäten wie die Länder, die Sprachen und die kulturellen Aspekte aufweisen. Außerdem müssen die Produkte weitgehend homogen sein. Die funktionale Organisation hat einige Vorteile, wie z. B. klare fachliche Zuständigkeiten, die einfache Steuerung der Fachabteilungen und die leichte Rekrutierung durch die funktionale Ausrichtung zahlreicher Berufe. Zu den Nachteilen dieser Organisationsform gehören eine fehlender Überblick über alle Abteilungen, Machtkämpfe, eine mangelnde Gewinnorientierung, eingeschränkte Karrieremöglichkeiten und ein hoher Kommunikations- und Koordinationsbedarf. Die Abb. 4.3 zeigt eine funktionale Organisation mit Verwaltung, Fertigung, Forschung und Entwicklung, Beschaffung und Marketing als Funktionen auf der zweiten Ebene:

Spartenorganisation

Die Spartenorganisation bildet relative autonome Abteilungen, die auch als Geschäftseinheiten und Sparten bezeichnet werden. Diese Sparten werden insbesondere nach Produkten, Produktkategorien, Märkten, Problemgebieten oder geographischen Erwägungen eingerichtet. Es ist auch möglich, die Sparten kundenbezogen zu bilden. Voraussetzung dafür ist die Unterscheidbarkeit zwischen Kundensegmenten wie Geschäfts- und Privatkunden. Die Leiter der Sparten führen die Geschäfte in eigener Verantwortung. Deshalb übernehmen die Sparten die Verantwortung für ihren Bereich, gemessen an ihrem Gewinn. Damit werden die Sparten auch als Profitcenter bezeichnet. Die erbrachten Leistungen zwischen den Sparten werden durch Transferbuchungen ausgeglichen. Es ist auch möglich, die Sparten als Kostenstellen oder Investitionszentren

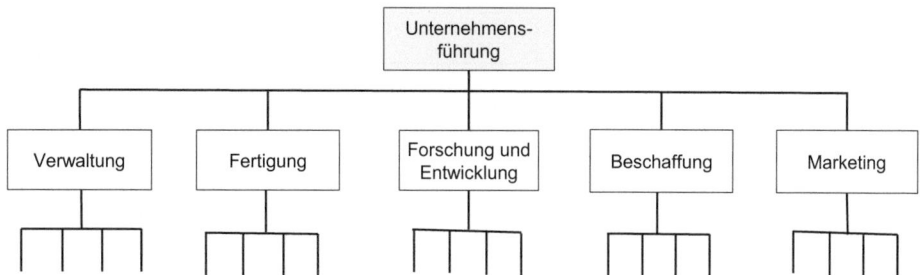

Abb. 4.3 Funktionale Organisation

einzurichten, abhängig von der Flexibilität bei der Entscheidungsfindung. Sparten, die als Kostenstellen betrachtet werden, haben nur Entscheidungsbefugnis in Bezug auf das vordefinierte Kostenbudget, wohingegen die Manager von Investitionszentren über die Verwendung von Gewinnen bestimmen dürfen. Die Geschäftsbereiche enthalten die wichtigsten Funktionen einer wirtschaftlich unabhängigen Einheit, z. B. den Verkauf, die Produktion und die Buchhaltung. Das bedeutet, dass sie wieder in Funktionsbereiche unterteilt werden. Es ist möglich, die Spartenorganisation als einzeiliges System oder als Linien- und Stabsorganisation aufzubauen. Voraussetzung für den Erfolg der Spartenorganisation sind eine ausreichende Unternehmensgröße und eine ausreichende Heterogenität der Produktsegmente. Darüber hinaus müssen die Produktsparten unterschiedlich sein, damit die Abteilungen nicht miteinander konkurrieren müssen. Die Vorteile einer Spartenorganisation variieren von einer ganzheitlichen Aufgaben- und Verantwortlichkeitsdelegation und einer besseren Entscheidungsfindung innerhalb der Sparten bis hin zur erhöhte Flexibilität auf Veränderungen im Umfeld zu reagieren. Nachteilig ist jedoch, dass aufgrund von kurzfristigen und lokalen Gewinnorientierung, einer suboptimalen Entscheidungen getroffen werden, wie z. B. ungünstige Ressourcenzuweisung. Die Abb. 4.4 zeigt ein Beispiel für eine Spartenorganisation mit den Produktbereichen Herren-, Damen und Kinderbekleidung in der zweiten Hierarchieebene:

Matrixorganisation

Im Gegensatz zur funktionalen und spartenbezogenen Organisation gehört die Matrixorganisation zu den mehrdimensionalen Organisationsformen. Das bedeutet, dass in der Matrixorganisation die Organisationseinheiten der zweiten Hierarchieebene mit gleichzeitiger Anwendung von zwei Dimensionen gebildet werden. Die Matrixorganisation ist also eine mehrdimensionale Multilinienorganisation. Typisch ist es, die Matrix-Dimensionen horizontal nach Funktionen und vertikal nach Objekten (z. B. Produkte) zu bilden, wobei jedoch auch anderer Gestaltungsmuster möglich sind. Die Matrix-Dimensionen sind der Unternehmensleitung direkt untergeordnet und sind befugt, Richtlinien zu erlassen. Die Matrix-Schnittstellen sind für die eigentliche

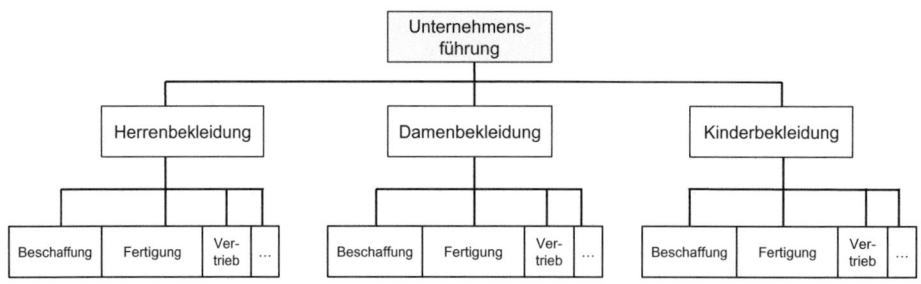

Abb. 4.4   Spartenorganisation

Aufgabenausführung als Organisationseinheiten verantwortlich. Die Matrix-Schnitt-stellen können Managementeinheiten sein, denen andere Organisationseinheiten oder Ausführungseinheiten zugeordnet sind. Zu jeder Matrix-Schnittstelle gibt es zwei über-geordnete Matrixeinheiten. Daher führt dies zu Kompetenzkonflikten, weshalb eine gleichberechtigte Koordinierung angestrebt wird. Die Matrix-Schnittstellen müssen nicht aus Organisationseinheiten bestehen. Es ist möglich, dass diese Matrix-Schnittstellen Problembereiche betreffen, die gemeinsam gelöst werden müssen.

Die Vorteile der Matrixorganisation variieren von kurzen Kommunikationswegen und einer flexiblen Anpassung der Organisation an Anforderungen aus dem Markt bis hin zu vielfältigen Möglichkeiten in Bezug auf die Personalentwicklung. Zu den Nachteilen gehören das Risiko zu vieler Kompromisse eingehen zu müssen, die Notwendigkeit einer intensiven Kommunikation und ein hoher Bedarf an qualifizierten Führungskräften. Die Matrixorganisation wird in der Abb. 4.5 exemplarisch dargestellt.

Prozessorganisation

Die Prozessorganisation gliedert das Unternehmen im Vergleich zur Organisations-struktur aus einer anderen Perspektive. Die Prozessorganisation berücksichtigt die dynamischen, zeitlich-logischen Prozesse eines Unternehmens. Die Ergebnisse von Unternehmen werden basierend auf Prozessen generiert. Aus diesem Grund ist es erforderlich, die Prozesse eines Unternehmens klar zu definieren. Geeignete Methoden zur Modellierung von Prozessen sind ereignisgesteuerte Prozessketten oder das Geschäftsprozessmodell und die entsprechende Notation.

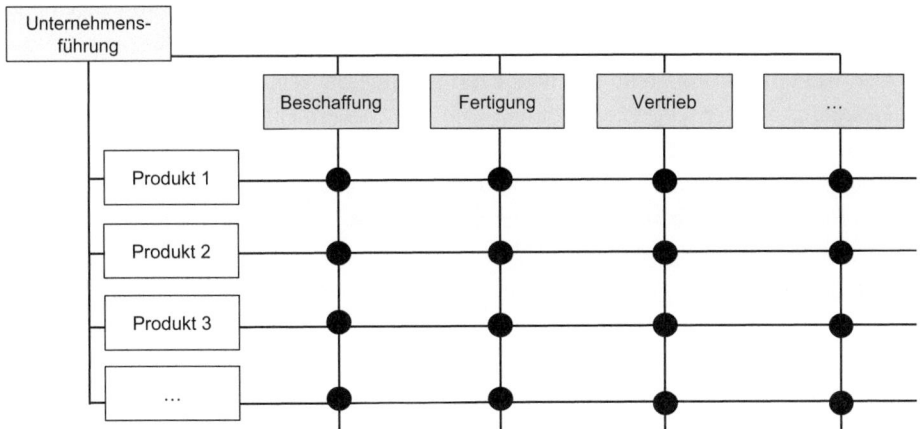

Abb. 4.5 Matrixorganisation

4.2   Technische Umsetzung

Organisationsformen und -strukturen werden technisch mit dem SAP S/4HANA Organisationsmanagement implementiert, das in diesem Abschnitt beschrieben wird. Das Organisationsmanagement verwaltet die Stammdaten für den Kunden bzw. die Organisationsstruktur, indem es Personalanforderungen identifiziert, neue Stellen anlegt, Zuständigkeiten zuordnet und die Mitarbeiterleistung und -vergütung verwaltet. Das Organisationsmanagement ist eine Komponente innerhalb des Moduls SAP S/4HANA Human Capital Management (HCM) und hilft, zeitnahe und korrekte Berichte zu erstellen, einschließlich Organisationsplänen, hierarchischen Strukturen und der der Mitarbeiterstellen, was für jedes Unternehmen von entscheidender Bedeutung ist. Das Organisationsmanagement bildet die Beziehungen zwischen der Belegschaft anhand bestimmter Objekte ab, z. B. Organisationseinheiten, Planstellen, Stellen und Kostenstellen. Das bedeutet, dass Organisationshierarchien in Datenstrukturen umgewandelt werden, indem definiert wird, welche Aufgabe von welchem Mitarbeiter, in welcher Abteilung und welchem Geschäftsbereich unter wem ausgeführt wird. Es muss berücksichtigt werden, dass der erste Schritt bei der Implementierung von SAP S/4HANA Anwendungen die Definition der spezifischen Organisationsstrukturen des Unternehmens im SAP S/4HANA System umfasst. Im ersten Schritt werden die Organisationen und Prozesse im Unternehmen analysiert und anschließend den SAP S/4HANA Strukturen zugeordnet. Organisationseinheiten, die für die Funktionen des Rechnungswesens, der Logistik und des Personalwesen bereitgestellt werden, umfassen Folgendes:

- Der **Mandant** als oberstes Element aller Organisationseinheiten stellt das Unternehmen oder den Konzern der Firmenzentrale dar.
- Der **Kostenrechnungskreis** enthält einen oder mehrere Buchungskreise und bildet interne Geschäftsvorfälle ab.
- Der **Buchungskreis** stellt die nationale Steuergesetzsicht des Unternehmens, den Geschäftskalender, die Hauswährung und die Steuermeldeanforderungen dar. Der Buchungskreis im SAP S/4HANA System ist eine legale, unabhängige Buchhaltungseinheit, die die zentrale Organisationseinheit des Finanzwesens darstellt.
- Der **Personalbereich** stellt eine Untergliederung des Unternehmens dar und ist nach personellen Gesichtspunkten gegliedert.
- Der **Personalteilbereich** ist definiert als eine Organisationseinheit, die einen bestimmten Bereich des Unternehmens darstellt, der nach bestimmten personellen Gesichtspunkten organisiert ist. Das bedeutet, dass eine Gruppe von Personen unter ähnlichen Beschäftigungsbedingungen innerhalb eines Personalteilbereichs arbeitet.
- Die **Verkaufsorganisation,** die für den Vertrieb von Produkten und Dienstleistungen zuständig ist, ist eine organisatorische, logistische Einheit, die das Unternehmen auf der Grundlage seiner Verkaufsanforderungen strukturiert.

- Die **Sparte** beschreibt eine Organisationseinheit, die für Verkäufe oder Gewinne aus verkaufsfähigen Materialien oder Dienstleistungen verantwortlich ist. Artikel werden eindeutig einer Sparte zugeordnet, wobei Sparten Verkaufsorganisationen zugeordnet werden.
- Das **Werk** beschreibt einen Ort, an dem entweder Materialien produziert oder Waren und Dienstleistungen bereitgestellt werden.
- Der **Lagerort** ist eine organisatorische Einheit, die zwischen mehreren Arten von Beständen in einem Unternehmen unterscheidet und Lager darstellt.

Die Abb. 4.6 zeigt, wie die Struktur eines Unternehmens in SAP S/4HANA abgebildet wird.

Objekte im SAP S/4HANA Organisationsmanagement

Das Organisationsmanagement befasst sich mit Objekten, d. h. es verwendet ein objektorientiertes Datenmodell zur Abbildung organisatorischer Strukturen, wobei jedes einzelne Objekt in der Organisationsstruktur Bestandteile der Organisation darstellt, denen eigene Zuständigkeiten und Aufgaben zugeordnet sind. Es ist erforderlich, die Komponenten entlang der Objekte zu pflegen, um die hierarchische Struktur ab zu bilden. Es wird zwischen mehreren Objekttypen unterschieden, z. B. Organisationseinheit, Stelle, Planstelle, Kostenstelle, Aufgabe, Aufgabengruppe und legale Einheit. Jeder Objekttyp hat einen eindeutigen Objektschlüssel.

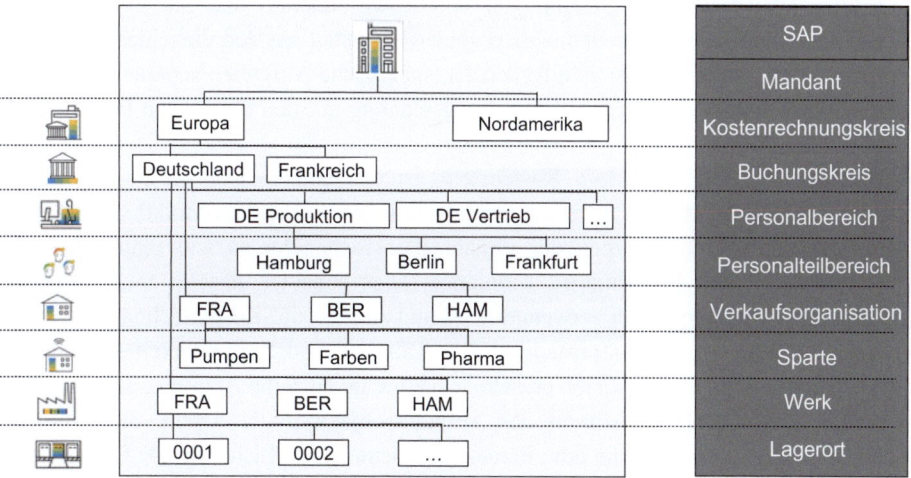

Abb. 4.6 Beispielhafte Unternehmensstruktur

Der folgende Abschnitt beschreibt die wichtigsten von SAP ausgelieferten Objekte:

- **Organisationseinheit:** Die Organisationseinheit wird auch als Org. bezeichnet. Eine Einheit ist ein Objekttyp, der sich auf eine Abteilung oder eine Gruppe von Mitarbeitern bezieht und wird durch den Objektschlüssel „O" gekennzeichnet. Die Organisationseinheit ist ein wichtiger Objekttyp für die Organisationsstruktur, da sie die Planstellen enthält. Ein Beispiel für eine Organisationseinheit ist die Buchhaltung.
- **Planstelle:** Die Planstelle als Objekttyp bezieht sich auf einer Berufsbezeichnung (z. B. Mechaniker) und wird durch den Objektschlüssel „S" beschrieben. Sie spielt eine wichtige Rolle bei der Strukturierung des Organisationsmanagements aufgrund der Zuordnung von Berufsbezeichnung zu Einzelpersonen. Das Objekt Planstelle wird auch für die Integration von Organisationsmanagement und Personaladministration verwendet.
- **Person:** Der Objekttyp Person bezieht sich auf Mitarbeiter im Organisationsmanagement. Dies bedeutet, dass er den Namen der Person angibt, die eine bestimmte Planstelle innehat, z. B. die Person Johnson, die den Planstellenmechaniker innehat. Beim Anlegen eines Objekttyps Person im SAP S/4HANA Organisationsmanagement wird der Benutzer automatisch zur Personaladministration umgeleitet.
- **Stelle:** Der Objekttyp Stelle konkretisiert die generischen Aufgaben, die von mehreren Planstellen derselben Ebene ausgeführt werden. Beispielsweise gibt es mehrere Planstellen auf der Managementebene eines Unternehmens, z. B. Personalleiter, Finanzmanager und Betriebsleiter, und jeder dieser Planstellen sind Aufgaben zugeordnet. Es sei darauf hingewiesen, dass einige dieser Aufgaben in den verschiedenen Positionen häufig vorkommen, da sie alle auf derselben Hierarchieebene des Unternehmens liegen. Es besteht die Möglichkeit, allgemeine Aufgaben auf Vorgesetztenebene wie das Genehmigen von Abwesenheiten und die Erstellung von Beurteilungen unter einer Stelle zu gruppieren, anstatt sie den einzelnen Planstellen zuzuordnen. Außerdem ist es erforderlich, spezifische Aufgaben separat zuzuordnen. Beispielsweise ist die Aufgabe Einstellungsplanung nur den Planstellen Personalleiter zugeordnet.
- **Kostenstelle:** Der Objekttyp Kostenstelle ist das einzige externe Objekt in SAP S/4HANA HCM, d. h. es hat seine Datenbank in einem anderen Modul von SAP und ist mit anderen Objekttypen des Organisationsmanagements wie Planstellen oder Organisation über Beziehungen verbunden. Dies bedeutet, dass es nicht direkt im Organisationsmanagement verwendet wird und zum Modul Kostenrechnung gehört.
- **Aufgabe:** Eine Aufgabe repräsentiert eine Tätigkeit und Zuständigkeit eines einzelnen Mitarbeiters. Eine Aufgabe bezieht sich auf eine einzelne Aktivität, die ausgeführt werden muss. Daher bestimmt das Aufgabenobjekttyp die Arbeit, die von einer Person ausgeführt wird, die eine Planstelle innehat. Eine Liste aller Aufgaben ist im Aufgabenkatalog verfügbar.
- **Aufgabengruppe:** Das Objekt Aufgabengruppe bezieht sich auf eine Reihe von Aktivitäten oder Aufgaben, die nacheinander ausgeführt werden müssen. Eine

Aufgabengruppe wird angelegt, indem Beziehungen zwischen verschiedenen Aufgaben angelegt werden.

*   **Legale Einheit:** Das Objekt Legale Einheit im Organisationsmanagement stellt einen Buchungskreis dar, der die Grundlage für die Kategorisierung innerhalb eines Mandanten darstellt. Diese Buchungskreise werden in der Finanzbuchhaltung bereitgestellt. Es sei erwähnt, dass jeder dieser Buchungskreise über eine Organisationsstruktur verfügt. Es ist möglich, die Organisationsstruktur mit einer Legale Einheit zu verbinden, indem das Werkzeug Allgemeine Strukturen verwendet wird.

Darüber hinaus ist es möglich, neben den von SAP ausgelieferten Objekten weitere benutzerdefinierte Objekte zu definieren.

Beziehungen im SAP S/4HANA Organisationsmanagement

Beziehungen verbinden die Objekte miteinander und sind auf den darunterliegenden Objekttyp angewiesen. Es gibt von SAP definierte Verknüpfungen für die von SAP ausgelieferten Objekte, die die Strukturgenauigkeit in der Aufbauorganisation sicherstellen. Eine Beziehungstyp kann zwischen mehreren Objekttypen vorkommen. Darüber werden verschiedene Typen von Beziehungen unterschieden. Hierzu gehören die hierarchischen, lateral und unilaterale Beziehungen. Eine hierarchische Beziehung bildet eine Verknüpfung des Managers mit einer untergeordneten Planstelle. In einer lateralen Beziehung besteht die Beziehung zwischen Planstellen auf derselben Ebene, z. B. Qualitätsanalyst und Qualitätsprüfer. Unilaterale Beziehungen sind Verknüpfungen mit nur einer Richtung, z. B. ist eine Kostenstelle einer Planstelle zugeordnet. Die bereits erwähnten von SAP ausgelieferten Beziehungen bestehen aus Codes, die zwei Komponenten enthalten: die Richtung der Beziehungen, die allen Beziehungen gemeinsam sind, und einem eindeutigen Code für jede Beziehung. Die Standardsyntax einer Beziehung ist *A/B 000*. Die wichtigsten Beziehungen zu Organisationseinheiten sind *A/B 002 Org. Einh. zu Org. Unit Relationship, A/B 003 Org. Beziehung Einheit zu Planstelle* und *A/B 011 Org. Unit to Cost Center* ein. Organisationseinheiten spielen eine entscheidende Rolle bei der Bildung der Organisationsstruktur eines Unternehmens. Planstellen sind Organisationseinheiten zugeordnet und sind spezifischere Einheiten als Jobs. Die wichtigsten Beziehungen in Bezug auf Planstellen sind *A/B 003 Org. Einh. Zu Planstelle* und *A/B 012 Planstelle leitet Org. Einheit*. Stellen, die eine Planstelle definieren, da es sich um allgemeine Tätigkeiten handelt und einem Manager oder einer Sekretärin zugeordnet werden, haben eine Beziehung zu einer Planstelle, die *A/B 007* lautet. Personen bilden in der Regel die Mitarbeiter in einem Unternehmen ab, welche eine Planstelle innehaben, weshalb die wichtigste Verknüpfung zu einem Personenobjekttyp die hierarchische Beziehung *A/B 008 Person zu Planstelle* ist. Eine Aufgabe muss für eine bestimmte Stelle oder Planstelle ausgeführt werden. Die wichtigste Verknüpfung ist die Beziehung *A/B 007 Aufgabe zu Stelle*. Kostenstellen haben entweder

Beziehungen zu Organisationseinheiten oder mit Positionen. Die wichtigste Beziehung zu einem Kostenstellenobjekt ist *A/B 011 Planstelle zu Kostenstelle*. Die Buchstaben A und B weisen auf die Richtung der Beziehung hin, wobei A verwendet wird, wenn jemand für einen anderen verantwortlich ist und B angibt, dass jemand jemandem unterstellt ist. Das bedeutet, dass A eine passive Beziehung darstellt und B eine aktive Beziehung repräsentiert.

Aufbauorganisation im SAP S/4HANA Organisationsmanagement

Die Aufbauorganisation im SAP S/4HANA Organisationsmanagement stellt die aufgabenbezogene Struktur eines Unternehmens dar und besteht aus verschiedenen Objekten und Beziehungen zwischen diesen Objekten. Die Aufbauorganisation verwendet Planvarianten für Planungszwecke. Die Planvariante unterstützt das Anlegen von der Aufbauorganisation und der Organisationsstruktur. Ein Unternehmen kann mehrere Organisationsstrukturen benötigt, z. B. durch die Übernahme eines anderen Unternehmens. Daher ist es möglich, Planvariantenstatus zu verwenden, die die folgenden Status umfassen: AKTIV, GEPLANT, SUBMITTED, REJECTED und APPROVED. Allerdings kann immer nur eine Aufbauorganisation aktiv sein.

4.3   Fazit

In allen Unternehmen gibt es vier Unternehmensdomänen, denen Fachabteilungen zugeordnet sind:

- *Produkte & Dienstleistungen* für die Entwicklung von Produkten und Dienstleistungen. Die Fachabteilungen Konstruktion und Produktmanagement sind dieser Unternehmensdomäne zugeordnet.
- *Kunde,* um Bedarf zu generieren. Die Fachabteilungen Marketing, Vertrieb, Kundenservice und Omnichannel-Commerce sind für dieser Unternehmensdomäne verantwortlich.
- *Auftragserfüllung* zur Deckung des Bedarfs. Die Fachabteilungen Logistik, Bezugsquellenfindung und Beschaffung, Fertigung, Serviceerbringung, Produktionsplanung und -ausführung sind dieser Unternehmensdomäne zugeordnet.
- *Unternehmensführung,* um das Unternehmen zu planen und zu verwalten. Die Fachabteilungen Finanzen, indirekte Beschaffung, Anlagenmanagement, Personalwesen, Unternehmensstrategie und -abläufe sind für dieser Unternehmensdomäne verantwortlich.

Für die Implementierung der Organisations- und Prozessstrukturen stellt SAP S/4HANA die Lösung Organisationsmanagement bereit. Dieses Modul bietet alle erforderlichen

Funktionen für den Entwurf, die Pflege und den Betrieb von Organisationsstrukturen. Die Komponente interagiert mit zusätzlichen SAP S/4HANA Lösungen, um zusätzliche Funktionen bereit zu stellen.

Stammdaten des Geschäftspartners

5

Dieses Kapitel enthält eine detaillierte Erläuterung der Geschäftspartner-Stammdaten, die für die meisten Geschäftsvorfälle von Unternehmen relevant sind. Die Herausforderungen, die Struktur, die zugrunde liegenden Konzepte und die Art und Weise, wie SAP S/4HANA mit dem Geschäftspartnerstamm umgeht, werden erläutert.

5.1 Betriebswirtschaftliche Anforderung

Stammdaten sind Informationen, die für einen längeren Zeitraum angelegt werden. Die Informationen, die als Stammdaten gepflegt werden, sind an alle täglichen Geschäftsvorgänge beteiligt. Bei Stammdaten handelt es sich um Business-Objekte, die nur gelegentlich geändert werden. Stammdaten sind ein wichtiger Bestandteil jedes ERP-Systems, stellen aber auch zahlreiche Herausforderungen wie Fusionen und Übernahmen, Veräußerungen, Unternehmensumstrukturierungen, die Optimierung von Geschäftsprozessen und die Konsolidierung von IT-Landschaften dar (Abb. 5.1). Je nachdem wie diese Herausforderungen gelöst werden, können die Auswirkungen auf das gesamte Unternehmen unterschiedlich sein. Typischerweise sind Implikationen auf das Finanzwesen, die Unternehmens-IT, den Vertrieb und die Logistik zu erwarten. Dazu gehören beispielsweise die Effektivität des Vertriebs, die Effizienz der Logistik, die Entscheidungsfindung in der Beschaffung, die optimierte Auslastung von Anlagen und die Kontinuität des Finanzwesens. Die Stammdatenverwaltung stellt sicher, dass trotz der Geschäftsdynamik vollständige und konsistente Stammdaten für das gesamte Unternehmen zur Verfügung stehen. Die Stammdaten-Governance stellt sich, dass die Qualitätsstandards des Unternehmens erfüllt werden. Sie wickelt den gesamten Stammdaten-Lebenszyklus vom Anlegen über das Ändern und Löschen ab. Für Geschäftsprozesse im Kontext von ERP-Systemen sind die wichtigsten Stammdaten

© Der/die Autor(en), exklusiv lizenziert an Springer Fachmedien Wiesbaden GmbH, ein Teil von Springer Nature 2023
S. Sarferaz, *ERP-Software: Funktionalität und Konzepte*,
https://doi.org/10.1007/978-3-658-40499-4_5

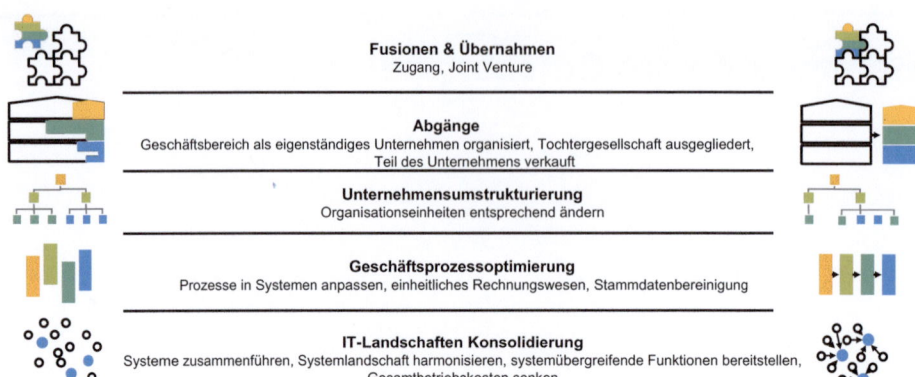

Abb. 5.1 Strukturelle Herausforderungen von Stammdaten

Geschäftspartner, Produkt und Stückliste, die in diesem und den folgenden Kapiteln erläutert werden.

5.2 Technische Umsetzung

Stammdaten in SAP S/4HANA werden zentral gepflegt und von allen Geschäftsprozessen wiederverwendet. Dies gilt auch für die Stammdaten des Geschäftspartners im Hinblick auf verschiedene Geschäftsvorfälle. Dies ist insbesondere dann erforderlich, wenn ein Geschäftspartner mehrere Rollen hat, z. B. Auftraggeber und Warenempfänger. Rollen werden verwendet, um einen Geschäftspartner aus betriebswirtschaftlicher Sicht zu klassifizieren. Geschäftsvorfälle bilden die Grundlage für die Definition von Geschäftspartnerrollen. Die Attribute für die Geschäftspartnerrolle werden entsprechend den Anforderungen des jeweiligen Geschäftsvorgangs festgelegt. Ein Geschäftspartner kann zahlreichen Rollen haben und im Laufe der Zeit weitere Geschäftspartnerrollen annehmen. Allgemeine Daten für einen Geschäftspartner, die von seiner Rolle unabhängig sind, werden einmal gepflegt, um Redundanzen zu vermeiden. Beim Anlegen eines Geschäftspartners muss ein Geschäftspartnertyp ausgewählt werden. Basierend auf dem Geschäftspartnertyp müssen bestimmte Felder mit Daten gefüllt werden. Es stehen drei Geschäftspartnertypen zur Verfügung:

- Der Typ **Person** bezeichnet eine natürliche Person. Diese Privatperson hat eine definierte Rolle in der Organisation, in der diese Person beschäftigt ist. Dies kann z. B. ein Ansprechpartner für ein bestimmtes Projekt sein. Für einen Geschäftspartner vom Typ Person werden personenbezogene Daten erfasst. Zu diesen Informationen gehören Vorname, Nachname, Anrede, Geschlecht, Adresse, Geburtsdatum und Sprache.

- Der Typ **Organisation** bezeichnet eine Person/ein Rechtsträger oder einen Teil eines Rechtsträgers, z. B. eine Abteilung, mit der Geschäftsbeziehungen bestehen. Dies könnte z. B. ein Unternehmen sein. Für einen Geschäftspartner vom Typ Organisation werden Attribute gepflegt, die eine Organisation relevant sind. Dazu gehören Organisationsname, Organisationstitel, Rechtsträger und Branche.
- Der Typ **Gruppe** ermöglicht die Abbildung einer komplexeren Struktur eines Geschäftspartners. Dabei kann es sich z. B. um ein Ehepaar oder ein Joint Venture handeln. Für einen Geschäftspartner vom Typ Gruppe werden Attribute wie Adresse, zwei Namen oder die Partnergruppenart (Ehe, Wohngemeinschaft) gepflegt.

Der Geschäftspartner ist eines der wichtigsten Business-Objekte im SAP S/4HANA System, da Stammdaten für Kunden und Lieferanten basierend auf diesem Artefakt gepflegt werden. In SAP ERP wurden die Stammdaten von Kunden und Lieferanten anders gepflegt, aber durch eine Erweiterung des Geschäftspartnermodells funktionieren sie weiterhin mit SAP S/4HANA. Somit können alle Abteilungen eines Unternehmens mit denselben Geschäftspartnern und letztendlich im selben System arbeiten. Die Anpassung vom SAP ERP Kunden-/Lieferantendatenmodell zum SAP S/4HANA Geschäftspartnermodell führte zu Änderungen in den Geschäftspartner-Stammdaten, resultiert aber auch in Vorteilen. Mit SAP S/4HANA ist es möglich, mehrere Adressen für einen Geschäftspartner zu pflegen. Dies ist beispielsweise erforderlich, um unterschiedliche Adressen für den Versand und für die Fakturierung einzugeben. Um einen Geschäftspartner als Kunden und Lieferanten anzeigen zu können, bietet das SAP S/4HANA Geschäftspartnermodell Benutzern die Möglichkeit, verschiedene Benutzerrollen zu pflegen. Dies führt dazu, dass ein Geschäftspartner gleichzeitig als Lieferant, Kunde und/oder andere Rollen agieren kann (Abb. 5.2). Da eine einzelne Person als Geschäftspartner deklariert werden kann, können Business-to-Consumer-Prozesse unterstützt werden, was in der früheren SAP ERP mit dem Debitoren-/Kreditorendatenmodell nicht möglich war.

Abb. 5.2 Lieferant und Kunde als Geschäftspartner

Teile der Geschäftspartnerdaten sind zeitabhängig, da sie nur für einen bestimmten Zeitraum gültig sind. Dies ist der Fall bei Rollen, in denen Beziehungen zwischen Geschäftspartnern mit den Attributen *gültig_von* und *gültig_bis* gepflegt werden. So wird z. B. ein Lieferant nach einem bestimmten Zeitraum nicht weiter als gültig betrachtet. Ähnlich wie bei Geschäftspartnerrollen kann der Gültigkeitszeitraum auch für Adressen definiert werden. Beispielsweise kann eine Adresse eines Geschäftspartners nach einem bestimmten Datum nicht mehr für Versand und Fakturierung verwendet werden. Bankverbindungen können auch zeitliche Zeitabhängigkeiten aufweisen, z. B. ein Bankkonto eines Unternehmens von einem bestimmten Datum ist nicht mehr aktiv. Dies gilt auch für Zahlungskarten, deren Gültigkeitszeitraum ablaufen kann.

Eine Beziehung verbindet zwei Geschäftspartner und wird durch Geschäftspartner-Beziehungstypen definiert. Beispielsweise können ein Geschäftspartner vom Typ Person und ein Geschäftspartner vom Typ Organisation mit einer Geschäftspartnerbeziehung verknüpft werden, um einen Ansprechpartner für diese Organisation zu definieren. Dazu muss die Ansprechpartnerbeziehung mit dem Beziehungstyp *Ist Ansprechpartner für* angelegt werden. Um eine Beziehung zwischen Geschäftspartnern anzulegen, muss der Geschäftspartnerbeziehung ein Geschäftspartner-Beziehungstyp zugeordnet werden. Der Geschäftspartner-Beziehungstyp stellt die Eigenschaften der Geschäftspartnerbeziehung dar. Attribute wie die Unternehmensadresse können einer Beziehung zugeordnet werden, um eine redundante Datenspeicherung zu vermeiden. Die Beziehung kann auch zeitabhängig sein, um ein Start- und Enddatum für die Beziehung zu definieren. So kann die Historie angezeigt werden, in denen bestimmte Geschäftspartner Ansprechpartner für ein Unternehmen waren. Es werden die grundlegenden Geschäftspartner-Beziehungstypen *Gehört zu einem Wohngemeinschaftsvertrag, Hat den Mitarbeiter, Hat den zuständigen Mitarbeiter, Ist Anteilseigner von, Ist Kontaktpartner von, Ist identisch mit, ist verheiratet mit* und *wird ersetzt durch* ausgeliefert.

Datenmodell

Das Datenmodell für die Geschäftspartner-Stammdaten ist in Abb. 5.3 dargestellt. Alle Relationen der Geschäftspartnertabelle *(BUT000)* zu anderen Tabellen werden dargestellt. Diese enthält die Bankinformationen der Geschäftspartner (Tabelle *BUT0BK*), die Zahlungskarten der Geschäftspartner (Tabelle *BUT0CC*), die Rollen der Geschäftspartner (Tabelle *BUT100*), die mit ihrer Zeitabhängigkeit im letzten Abschnitt erläutert wurden, und die Geschäftspartneradressen (Tabelle *BUT020*) mit ihren jeweiligen zeitabhängigen Adressverwendungen (Tabelle *BUT021_FS*). Geschäftspartner-Identifikationsdaten (Tabelle *BUT0ID*) sind personenbezogene Daten, die z. B. für einen Mitarbeiter, Informationen wie Sozialversicherungsnummer, Führerscheinnummer oder Passnummer betreffen. Die Adressinformationen, die in der Tabelle *ADRC* gepflegt werden, können in drei Kategorien unterteilt werden: eine Organisations-/Unternehmensadresse, eine Privatadresse (z. B. eines Mitarbeiters) oder eine Ansprechpartneradresse (z. B. die Arbeitsplatzadresse dieses Ansprechpartners).

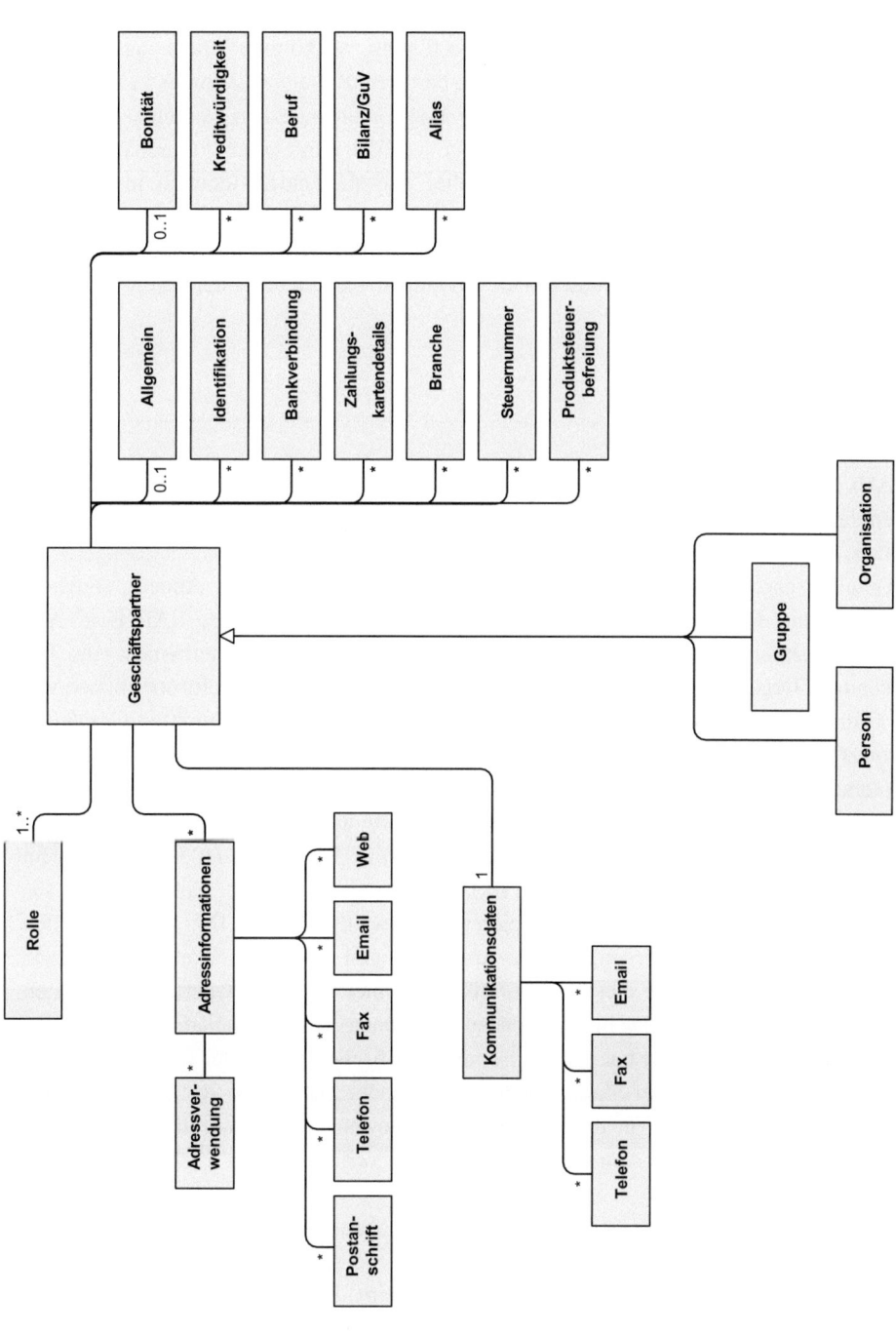

Abb. 5.3 Datenmodell des Geschäftspartners

Das Datenmodell der Geschäftspartnerbeziehung ist in Abb. 5.4 dargestellt. Wie bereits erwähnt, können Geschäftspartner über Beziehungen verknüpft werden. Es stehen vordefinierte Beziehungstypen zur Verfügung, es können jedoch auch eigene Beziehungstypen angelegt werden. Geschäftspartnerbeziehungen können zeitabhängig sein und in Form von Listen, Hierarchien oder Netzplänen angezeigt werden.

Der Customer-Vendor-Integration-Mapper (CVI) integriert Geschäftspartner, die Kunden und/oder Lieferanten sind, in ihre entsprechenden Tabellen in der SAP HANA Datenbank. In der SAP S/4HANA stellen die Frontend-Komponenten der SAP Fiori Apps den Geschäftspartnern die in der SAP HANA Datenbank gespeicherten Informationen bereit. Diese Frontend-Anwendungen dienen der Interaktion von Endbenutzern mit dem System.

Fiori-Anwendungen

In Abb. 5.5 werden die wichtigsten Apps zur Verwaltung von Geschäftspartnerstammdaten dargestellt. Es stehen auch SAP GUI Transaktionen für Geschäftspartner zur Verfügung, die weitaus mehr Funktionen bereitstellen.

Geschäftspartnerstammdaten verwalten umfasst das Anlegen, Ändern, Suchen, Anzeigen und Kopieren von Geschäftspartner-Stammdaten. Mit der SAP Fiori App *Geschäftspartner-Stammdaten anlegen* kann eine neue Geschäftspartnerinstanz vom Typ Person oder Organisation angelegt werden. In diesem Kontext können Informationen wie die Grunddaten, Rollen oder die Adresse gepflegt werden. Mit der Funktion *Geschäftspartnerstammdaten bearbeiten* können die Daten eines bereits angelegten Geschäftspartners geändert werden. Ein Datensatz kann auf der Listen-Report-Seite ausgewählt und im Änderungsmodus angezeigt werden, um Werte an zu passen. Das *Kopieren von Geschäftspartner-Stammdaten* erleichtert das effiziente Anlegen neuer Einträge, indem vorhandene Geschäftspartner als Kopiervorlagen verwendet werden. Ein Datensatz aus der Listen-Report-Seite kann zum Kopieren ausgewählt werden. Die vorausgefüllten Werte können geändert werden, um die Anforderungen der neuen Stammdateninstanz zu erfüllen. Zusätzlich zu diesen Kernfunktionen bietet Geschäftspartnerstammdaten verwalten weitere technische Funktionen und Optionen. Die *rollenbasierte Navigation* ermöglicht es dem Benutzer beispielsweise, die spezifische App bei der Bearbeitung oder Pflege von Geschäftspartner-Stammdaten zu verwenden. Wenn die Rolle *FLCU01* für den Kunden oder *FLVN01* für den Lieferanten ausgewählt wird, kann der Benutzer zur entsprechenden SAP Fiori App *Kundenstammdaten verwalten* oder Lieferantenstammdaten verwalten navigieren.

Die Anwendung *Kundenstammdaten verwalten* ähnelt der bereits erläuterten SAP Fiori App Geschäftspartnerstammdaten verwalten. Sie stellt das Anlegen, Bearbeiten und Kopieren von Kundenstammdaten sicher. Beim Anlegen und Bearbeiten sind *Kundenstammdaten kopieren* im Vergleich zu *Geschäftspartner-Stammdaten kopieren* mehr Optionen verfügbar. Beim Kopieren von Kundenstammdaten können alle Felder

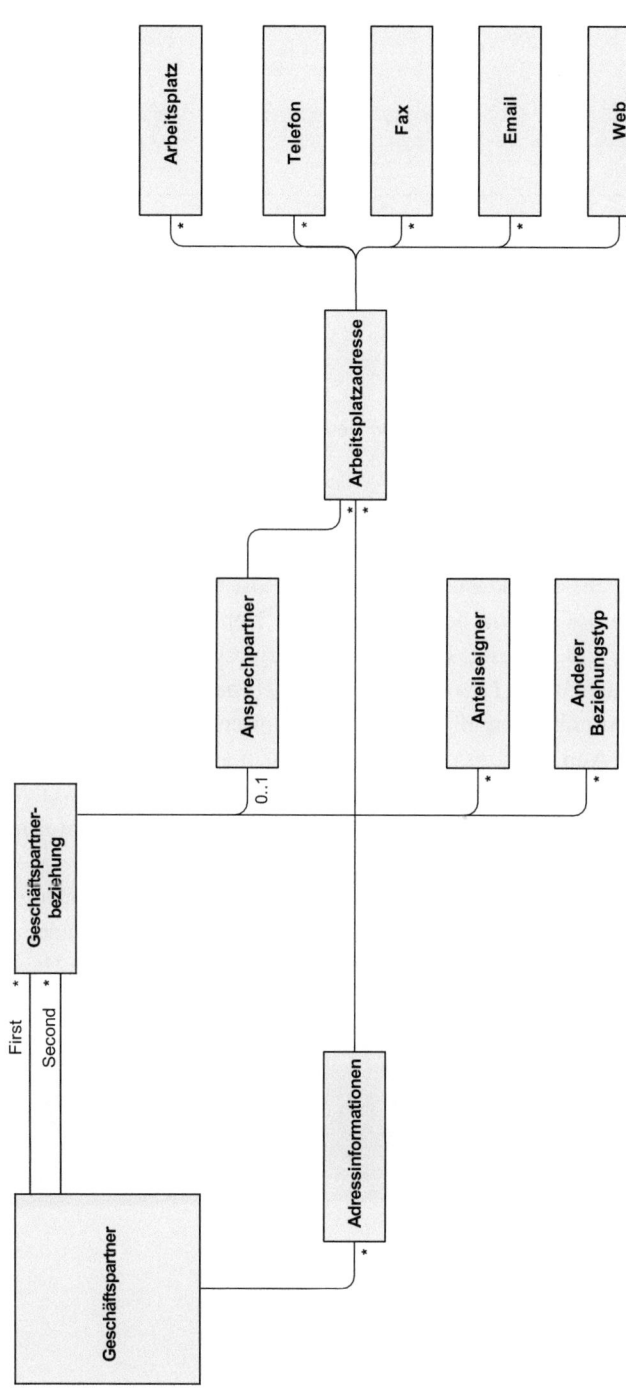

Abb. 5.4 Datenmodell der Geschäftspartnerbeziehung

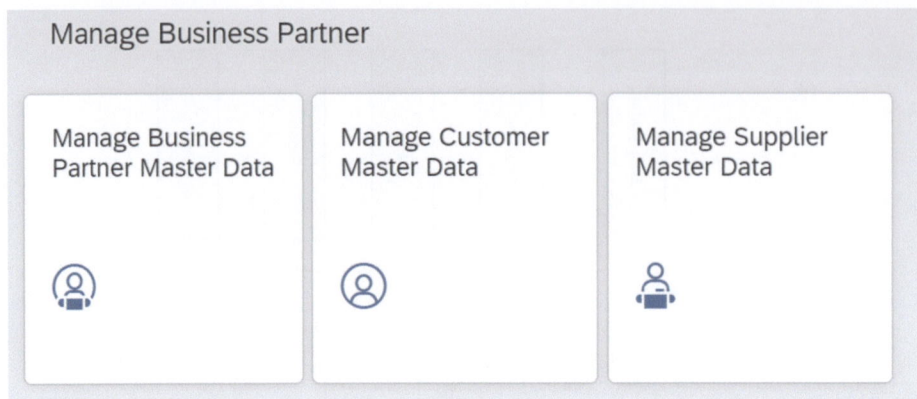

Abb. 5.5 SAP Fiori Apps zum Verwalten von Geschäftspartnern

eines bereits vorhandenen Datensatzes kopiert werden *(Alle kopieren)* oder nur voraus-gewählte Felder *(Mit Vorauswahl kopieren)*. Diese Option kann in einem Dialogfenster durch Klicken auf die Drucktaste Kopieren ausgelöst werden. Darüber hinaus ermög-licht das *Kopieren auf Facette* dem Benutzer das Kopieren von Kundeninformationen auf Facettenebene, z. B. Adresse, Bankkonten, Vertriebsbereich oder Buchungskreis. Das Löschen auf Facettenebene *(Löschen auf Facettenebene)* ist ebenfalls möglich. Zusätz-lich zu diesen Kernfunktionen gibt es weitere technische Funktionen und Optionen, die von der SAP Fiori App *Kundenstammdaten verwalten* angeboten werden. Dazu gehören z. B. Zeitabhängigkeit für die Definition von Gültigkeiten, Adressverwendung zum Ver-walten verschiedener Adressen eines bestimmten Kunden oder Anlagen zum Hinzufügen entsprechender Anhänge zu Kunden.

SAP Fiori App *Lieferantenstammdaten verwalten* funktioniert analog zu Kunden-stammdaten verwalten. Die Kernfunktionen sind dieselben, nur sie handeln von der Ver-waltung von Lieferantenstammdaten. Das bedeutet, dass die folgenden Hauptfunktionen, technischen Funktionen und Optionen dieselben sind wie in *Kundenstammdaten ver-walten* nur mit Lieferantendaten:

- Lieferantenstammdaten anlegen
- Lieferantenstammdaten bearbeiten
- Lieferantenstammdaten kopieren
  - Alle kopieren
  - Mit Vorauswahl kopieren
  - Auf Facette kopieren
- Auf Facette löschen
- Zeitabhängigkeit
- Adressverwendung
- Anlagen

Datenschutz

Die Geschäftspartner-Stammdaten enthalten personenbezogene Informationen wie Name, Postanschrift, Telefonnummer oder E-Mail-Adresse. Hierbei handelt es sich um Informationen, die Personen identifizieren, um sie direkt ansprechbar oder kontaktierbar zu machen. Daher muss die Datenschutz-Grundverordnung (DSGVO) für diese Daten sichergestellt werden. Die Hauptanforderungen bestehen hierbei darin, personenbezogene Daten nur für bestimmte Geschäftszwecke (z. B. Auftragserfüllung) zu verwenden und personenbezogene Daten zu löschen, sobald sie für den jeweiligen Zweck nicht mehr benötigt werden (z. B. nach Ablauf der zwei jährigen Garantie). Häufig können personenbezogene Daten aufgrund von anderen Vorschriften nicht gelöscht werden (z. B. müssen Rechnungsbelege 10 Jahre für Prüfzwecke aufbewahrt werden). Wenn gesetzliche Aufbewahrungszeiträume vorliegen, müssen personenbezogene Daten gesperrt werden, sobald der Geschäftszweck der Daten abläuft. Sperrung bedeutet, den Zugriff auf personenbezogene Daten zu beschränken und zu verhindern, damit sie nicht mehr verwendet werden können. Nur wenige privilegierte Benutzer können weiteren Zugriff auf die personenbezogenen Daten haben, z. B. Datenschutzbeauftragte oder Auditoren. Vor diesem rechtlichen Hintergrund muss SAP ihre Kunden in die Lage versetzen, ein gesetzeskonformes Information Lifecycle Management auf effiziente und flexible Weise einzurichten. Hierfür ist das SAP Information Lifecycle Management (ILM) ein wichtiger Baustein, um SAP-Kunden bei der Einhaltung der verschiedenen Gesetze und Vorschriften für die Aufbewahrung von Informationen zu unterstützen. SAP ILM umfasst die Verwaltung der Geschäftsdaten eines Unternehmens während seines gesamten Lebenszyklus – vom Zeitpunkt der Erstellung im Anwendungssystem über die langfristige Speicherung in einem Ablagesystem bis hin zur endgültigen Vernichtung am Ende seines Lebenszyklus. Historisch gesehen stellte die Geschäftspartnerkomponente die Datenarchivierung für das Datenvolumenmanagement und einen Löschreport zu Testzwecken bereit. Um Kunden die Einhaltung gesetzlicher Anforderungen bezüglich der Lösung personenbezogener Daten zu ermöglichen, wurde zusätzlich ein umfassendes Löschungsszenario für Geschäftspartner basierend auf dem SAP ILM Framework bereitgestellt. Geschäftsdaten werden in der Datenbank von SAP S/4HANA Systemen gespeichert. Geschäftsdaten beziehen sich auf die Business-Objekte wie Geschäftspartner, Kundenauftrag, Artikel, Kontrakt, Bestellung, Material, Zahlung, Bankkonto oder Darlehensvertrag. Business-Objekte stellen eine spezifische Sicht von klar definiertem und umrissenem Geschäftsvorfalls dar. Sie können z. B. in Stammdaten wie Geschäftspartner, Artikel oder Material und Bewegungsdaten klassifiziert werden. Business-Objekte können andere Business-Objekte verwenden. Beispielsweise bezieht sich ein Kundenauftrag auf einen Geschäftspartner als Kunde, eine Kundenauftragsposition auf einen Artikel, ein Bankkonto auf einen Geschäftspartner als Kontoinhaber und ein Zahlungsauftrag auf ein Empfängerkonto. Beim Sperren, Archivieren und Löschen von personenbezogener Daten müssen die Abhängigkeiten zwischen dem

Geschäftspartner berücksichtigt werden. Beispielsweise kann ein Geschäftspartner nur dann gesperrt oder archiviert werden, wenn der Geschäftspartner nicht mehr benötigen, weil das Geschäft mit dem Geschäftspartner und die Residenzzeit bereits beendet sind.

Wenn die Aufbewahrungszeit berücksichtigt werden muss, müssen personenbezogene Daten gesperrt werden, sobald kein Geschäftszweck mehr vorliegt, sodass normaler Benutzer keinen Zugriff mehr darauf haben. Für das Sperren von Geschäftspartnern war ein neuer Vorbereitungsprozess erforderlich. Dieser Prozess soll das Ende des Verwendungszwecks (End of Purpose – EoP) prüfen. Hierbei wird analysiert, ob das Geschäft abgeschlossen ist und die Residenzzeit abgelaufen ist. Weiterhin soll der Vorbereitungsprozess das Sperren durchführen und den zurückgegebenen Beginn des Aufbewahrungszeitraums (Start of Retention Time – SoRT) für Geschäftspartner mit abgeschlossenem Zweck sichern. Für die Prüfung der Beendigung des Verwendungszwecks ist ein neues Ereignis erforderlich. Dazu muss eine entsprechende Schnittstelle bereitgestellt und von den Anwendungen implementiert werden. Anwendungskomponenten müssen ihre spezifische Zweckerfüllungsprüfung in der entsprechenden Customizing-Tabelle registrieren. Daher wird der verarbeitete Geschäftspartnersatz nur dann für die Sperrung, Löschung oder Archivierung herangezogen, wenn alle registrierten Anwendungskomponenten die Prüfung erfolgreich durchlaufen. Bei der Prüfung der Zweckerfüllung müssen nicht nur im lokalen System installierte Anwendungen berücksichtigt werden, sondern für Szenarien mit mehreren Systemen müssen Anwendungsprüfungen in Remote-Systemen durchgeführt werden. Wenn kein Geschäftszweck mehr vorliegt, muss der entsprechende Geschäftspartner sowohl lokal als auch in Remote-Systemen gesperrt werden. Dabei mussten neue Berechtigungsrollen bereitgestellt werden (z. B. für Datenschutzbeauftragte). Wenn der Geschäftszweck beendet ist, muss der Zugriff auf Geschäftspartnerdaten sowohl in der Datenbank als auch im Archiv eingeschränkt (gesperrt) werden. Zum Beheben von Fehlersituationen muss auch das Entsperren unterstützt werden. Das Entsperren soll jedoch nur berechtigten Benutzern erlaubt sein. Möglicherweise ist eine Sperrung nicht in allen Ländern erforderlich. Daher ist das Sperren durch das Customizing optional (z. B. Residenzzeit und Aufbewahrungszeit mit dem identischen Wert konfigurieren). Das Ende des Aufbewahrungszeitraums (End of Retention Time – EoRT) für einen Geschäftspartner hängt von den Aufbewahrungsfristen der Anwendungen ab, die sich auf einen bestimmten Geschäftspartner beziehen. Daher ist die Speicherung des Beginns des Aufbewahrungszeitraums (SoRT) aus der Anwendungssicht erforderlich.

Für die Löschung archivierter Geschäftspartnerdaten nach dem Aufbewahrungszeitraum ist ebenfalls eine entsprechende Funktionalität nötig. Daher wurde der vorhandene Archivierungsprozess des Geschäftspartners um SAP ILM erweitert, um gesperrte Geschäftspartner zu berücksichtigen und Aufbewahrungszeiten zu beachten. Der Archievierungsprozess muss Informationen zum Beginn des Aufbewahrungszeitraums (SoRT) aus allen relevanten Anwendungen evaluieren. SoRT-Informationen sind Teil der archivierten Daten. Außerdem bedarf es eine Funktionalität in Bezug auf die Löschung von Geschäftspartnerdaten in der Datenbank nach dem Aufbewahrungszeitraum.

Demzufolge wurde der vorhandene Löschprozess für Geschäftspartner um SAP ILM erweitert, um gesperrte Geschäftspartner zu berücksichtigen und Aufbewahrungszeiten zu beachten. Der Inhalt der Vernichtungsbelege kann den Kundenanforderungen angepasst werden. In diesem Kontext müssen ein oder mehrere SAP ILM Objekte für den Geschäftspartner bereitgestellt werden. Diese Objekte bilden die Grundlage für die Definition und Auswertung von Verweil- und Aufbewahrungszeitregeln. Es muss sichergestellt werden, dass Verweil- und Aufbewahrungszeitregeln für den Geschäftspartner aus Anwendungssicht gepflegt werden. Diese Regeln werden zwar von Kunden definiert, dennoch wurden Beispielregeln im Rahmen der Anwendungsdokumentation zur Verfügung gestellt. Anwendungen, die Geschäftspartnerdaten in ihren Prozessen verwenden, müssen das Datenlöschungsszenario für Geschäftspartner aufgrund ihrer Abhängigkeiten unterstützen. Die Prüfung bezüglich der Beendigung des Verwendungszwecks und der Beginn des Aufbewahrungszeitraums sind geschäftsprozessspezifisch und variieren von Anwendung zu Anwendung. Daher müssen Anwendungskomponenten die Prüfung für ihre Verwendung von Geschäftspartner bereitstellen. Sie müssen auch Geschäftspartner vorsehen, die nach der Residenzzeit gesperrt wurden. Außerdem sollten die Anwendungen ihre vorhandenen Geschäftspartnerprüfungen *ARCH1* und *DELE1* hinsichtlich der erläuterten Löschung und Sperrung analysieren. Es ist auch erforderlich, die SAP ILM Aktivierung für die abhängigen Business-Objekte zu prüfen, die von Anwendungen im Hinblick auf die Aufbewahrungsfristen gepflegt werden. Die Behandlung von Verweilzeiträumen und das Sperren können auch für abhängige Business-Objekte erforderlich sein.

5.3   Erweiterbarkeit und Integration

Der Geschäftspartner kann aus Datenmodell- und funktionaler Sicht erweitert werden. Auf diese Weise können spezifische Anforderungen des Kunden erfüllt werden. Dazu muss der Standarderweiterungsmechanismus von SAP S/4HANA angewendet werden. Der Geschäftspartner kann durch Hinzufügen von Attributen erweitert werden, um kundenspezifische Auswertungen zu ermöglichen oder zusätzliche Informationen einzugeben. Es ist auch erlaubt, die Rollen von Geschäftspartnern zu erweitern. Weiterhin können bestimmte Prüfungen für Geschäftspartnerfelder als Erweiterung durchgeführt werden. Beispielsweise kann eine Prüfung hinzugefügt werden, um sicher zu stellen, dass ein Nachname mindestens drei Buchstaben enthalten muss. Schließlich können auch Beziehungen durch das Einbinden von Attributen erweitert werden. Die folgenden Geschäftskontexte können verwendet werden, um sofort einsatzbereite SAP S/4HANA Geschäftspartner-Stammdaten zu erweitern:

- Geschäftspartnermodell mit *BP_CUSTVEND1*
- Kundenmodell mit *CUSTOMER_GENERAL*
- Buchungskreismodell des Kunden mit *CUST_COMPANYCODE*

- Kundenvertriebsbereichsmodell mit *CUST_SALES*
- Lieferantenmodell mit *SUPPLIER_GENERAL*
- Modell für Lieferantenbuchungskreis mit *SUP_COMPANY*
- Lieferanteneinkaufsorganisationsmodell mit *SUP_PURORG*

Geschäftspartner-Stammdaten können in und aus einem externen System wie SAP ERP repliziert werden, das mit dem SAP S/4HANA System verbunden ist. Es werden verschiedene Kommunikationsprotokolle unterstützt. SOAP APIs ermöglichen die asynchrone Replikation von Geschäftspartner-Stammdaten mit dem Datenreplikations-Framework (DRF). OData APIs ermöglichen synchrone Anlege-, Lese-, Aktualisierungs- und Löschoperationen (CRUD-Operationen). IDoc APIs erlauben das Kommunikationsformat für ältere SAP ERP Versionen, um die Abwärtskompatibilität zu gewährleisten.

5.4   Fazit

Stammdaten spielen in SAP S/4HANA eine zentrale Rolle, da diese die Grundlage für alle Geschäftsprozesse bilden. Um Datenredundanzen zu vermeiden und eine hohe Konsistenz zu erreichen, werden Stammdaten zentral verarbeitet und von allen Transaktionen wiederverwendet. Kernstammdaten sind Geschäftspartner, Produkte und Stücklisten. Der Geschäftspartner repräsentiert eine Organisation (Unternehmen, Tochtergesellschaft), Person oder Gruppe von Personen oder Organisationen, an der das Unternehmen ein geschäftliches Interesse hat. Mit Geschäftspartner-Stammdaten können verschiedene Geschäftsbeziehungsszenarien abgebildet werden (z. B. kann ein Geschäftspartner des Typs Person ein Ansprechpartner für eine Geschäftspartnertyp Organisation sein). Das Geschäftspartner-Datenmodell in SAP S4/HANA hat sich aus dem Kunden-/Lieferantendatenmodell des klassischen SAP ERP entwickelt. Diese Entwicklung bietet eine Reihe von Vorteilen, z. B. die Möglichkeit der erweiterten Pflege von Zeitabhängigkeiten und Benutzerrollen.

Stammdaten des Produkts

6

Das Kapitel behandelt die Produktstammdaten, die die Grundlage für Unternehmen bilden, um Services und Lösungen anzubieten. Die Herausforderungen, die Struktur, die zugrunde liegenden Konzepte und die Art und Weise, wie SAP S/4HANA mit dem Produktstamm umgeht, werden erläutert. Stammdaten bestehen aus einem einheitlichen und konsistenten Satz von Identifikatoren und erweiterten Attributen, um Kernentitäten zu beschreiben und Geschäftsprozessen in SAP S/4HANA als zentrale Datenquelle zu bedienen.

6.1 Betriebswirtschaftliche Anforderung

Im Kontext von ERP-Systemen werden zwischen Stamm-, Bewegungs- und Konfigurationsdaten unterschieden. Stammdaten beziehen sich auf die Merkmale eines Objekts und bleiben über einen längeren Zeitraum unverändert. Sie enthalten Informationen, die immer wieder benötigt werden. Produkt ist ein Beispiel für Stammdaten. Während Stammdaten statisch sind, sind Bewegungsdaten dynamisch und beziehen sich auf alle ausgeführten Transaktionen. Üblicherweise sind Bewegungsdaten auf einen bestimmten Zeitraum beschränkt und ändern sich häufig. Beispiele hierfür sind Daten, die in täglichen Geschäftsprozessen entstehen, wie z. B. Änderungen in Bestellungen oder Rechnungen. Schließlich entsprechen die Konfigurationsdaten den technischen Informationen zur Steuerung und Anpassung von Geschäftsprozessen. Diese werden während der Implementierungsphase von ERP-Systemen gepflegt. Beispiele für Konfigurationsdaten sind Einstellungen für Organisationsstrukturen oder die Definition des Geschäftsjahres für das Finanzwesen.

© Der/die Autor(en), exklusiv lizenziert an Springer Fachmedien Wiesbaden GmbH, ein Teil von Springer Nature 2023
S. Sarferaz, *ERP-Software: Funktionalität und Konzepte*,
https://doi.org/10.1007/978-3-658-40499-4_6

Stammdaten sind die wichtige Datenobjekte, die für die Unternehmensprozesse elementar sind. Zu den Hauptmerkmalen von Stammdaten gehören lange Gültigkeits- und Zeitstatistiken. Stammdaten sind sowohl in der Betriebswirtschaft als auch in der Informationstechnologie von entscheidender Bedeutung. Sie enthalten die wesentlichen Informationen zu den relevanten Objekten von Geschäftsprozessen. Es handelt sich also um Daten, die eine Schlüsselrolle spielen und langfristig benötigt werden. Die Einzelobjekte der Stammdaten werden auch Stammsätze genannt, die in der Regel in der Datenbank des ERP-Systems gespeichert werden. Eines der wichtigsten Merkmale von Stammdaten ist deren lange Gültigkeit, welche sich jedoch in der Regel nicht auf Zeitpläne beziehen. Typischerweise ändern sich die Daten im Laufe der Zeit kaum. Unternehmen verwenden ihre Stammdaten häufig in mehreren Unternehmensbereichen. Sie sind in Teilstammsätze unterteilt und werden gleichzeitig z. B. im Rechnungswesen, im Vertrieb, in der Disposition, in der Konstruktion und im Einkauf verwendet. Bei Stammdaten liegt der Fokus auf Korrektheit und konsistenter Pflege, da sie als Basisinformationen für Bewegungsdaten und viele Geschäftsprozesse dienen. Daher ist die korrekte Datenpflege unerlässlich, um die dauerhafte Konsistenz der Daten sicherzustellen. Außerdem bilden Stammdaten die Grundlage für analytische Auswertungen. Sie wird für viele analytische Prozesse verwendet und ist für Online Analytical Processing (OLAP) unerlässlich.

6.2   Technische Umsetzung

Die Produktstammdaten sind ein wichtiger Bestandteil in SAP S/4HANA. Sie ist die zentrale Informationsquelle für alle Materialien, die eine Organisation beschafft, produziert und auf Lager hält. Insbesondere beinhaltet er viele Informationen über den Zweck eines Materials in einem Prozess. Beispielsweise kann ermittelt werden, wie ein Material in verschiedenen Prozessen wie Beschaffung, Planung, Lagerung oder Buchhaltung verwendet wird. In Bezug auf den Beschaffungsprozess enthalten die Produktstammdaten Informationen über die zuständige Einkäufergruppe, die zum Anlegen einer Bestellung in späteren Phasen verwendet wird. Darüber hinaus kann sie Informationen betreffend der Über- und Unterlieferungstoleranzen oder die Bestellmengeneinheit eines bestimmten Materials enthalten. Der Materialstamm verfügt auch über zusätzliche Funktionen, die ursprünglich für die Implementierung in bestimmten SAP-Lösungen bereitgestellt worden waren, z. B. SAP Retail oder SAP Supply Chain Management (SAP SCM). Der Retail-Artikelstamm bietet mehrere handelsspezifische Sichten und die Möglichkeit, verschiedene Arten von Artikeln, Lots und Anzeigesichten zu pflegen. Prozesse wie Extended Warehouse Management (EWM) und Advanced Planning and Optimization (APO) einschließlich Absatzplanung oder Produktionsplanung werden von SAP Supply Chain Management unterstützt. SAP S/4HANA basiert auf das *Principle of One,* das die Optimierung von Prozessen durch Vereinfachung und Vereinheitlichung von Frameworks und Konzepten unterstützt. Das bedeutet zum Beispiel, dass es nur eine Lösung für jeden Geschäftsprozess gibt. Daher werden die verschiedenen Funktionen des Material- und Produktstamms in SAP S4/HANA verdichtet. Beispielsweise gibt es in der SAP Fiori App *Produktstammdaten verwalten* verschiedene Artikelarten, z. B. Einzelartikel, Sammelartikel und strukturierte Artikel, die einfach gepflegt werden können. Es werden verschiedene unterstützende Funktionen angeboten, z. B. Varianten- matrix zur Konfiguration von Sammelartikelvarianten oder Stücklistenintegration. Durch die vereinfachte Benutzeroberfläche nimmt die Komplexität des Datenmodells zu. Da Produktstammdaten typischerweise nicht in einem einzigen Schritt vollständig definiert werden, können *Entwürfe* (draft writting) angelegt werden. Das bedeutet, dass die ein- gegebenen Feldwerte lokal persistiert werden. Die gepflegten Daten gehen bei einer Sperrung nicht verloren.

Abb. 6.1 zeigt das Produktstammdatenmodell in SAP S/4HANA (Saueressig et al., 2021b). Zunächst ist das Business-Objekt als baumartige Struktur organisiert. Daher ist der Wurzelknoten des Datenmodells Produkt.

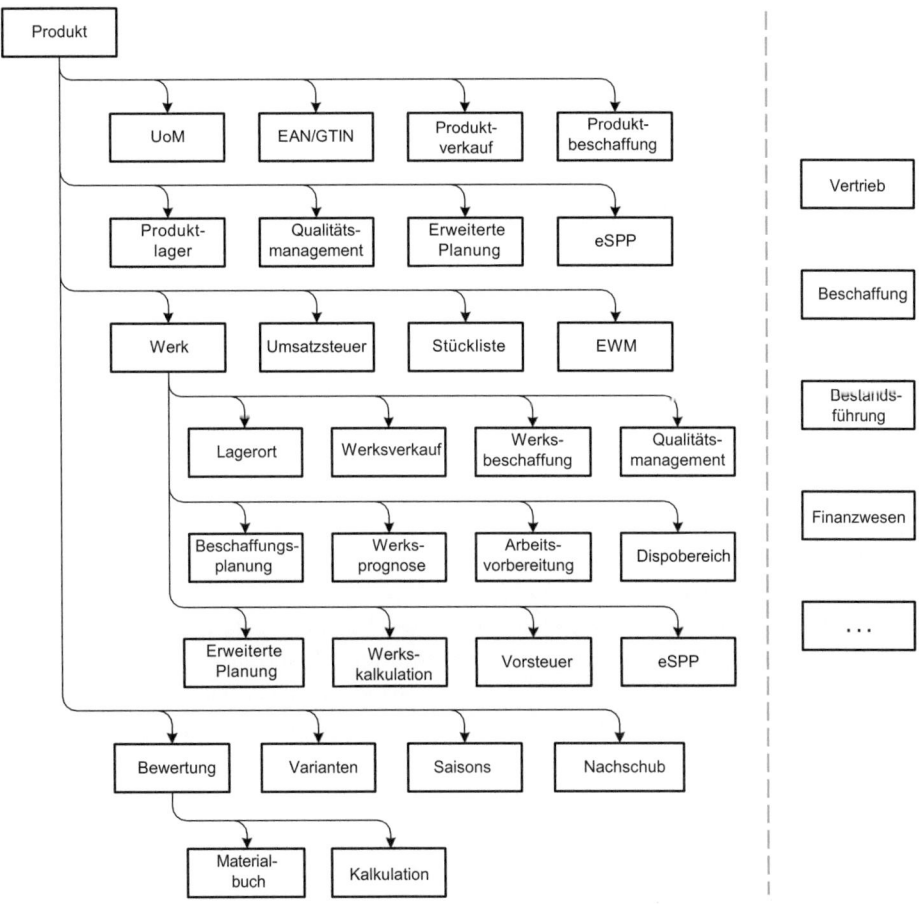

Abb. 6.1 Produktstammdatenmodell in SAP S/4HANA

Das allgemeine Verhalten des Produkts wird durch grundlegende Attribute auf Wurzel-knotenebene definiert, sodass der Produktstamm bereits in Geschäftsprozessen verwendet werden kann. Diese grundlegenden Attribute bestehen aus dem Produkttyp (wirkt sich auf die Facetten und Felder der Benutzungsoberfläche aus), der Basismengeneinheit, ihren Dimensionen, Verpackungsdaten, der Gefahrenklassifizierung aus Umwelt-, Gesundheits- und Sicherheitsperspektiven. Für jedes Produkt können mehrere Mengeneinheiten (Units of Measure (UoM)) definiert werden. Anstelle von Basismengeneinheiten gibt es auch die Möglichkeit, alternative Mengeneinheiten zu verwenden, die für die Verwendung in verschiedenen Prozessen definiert sind. Der Einkauf könnte beispielsweise eine andere Mengeneinheit (Bestellmengeneinheit) als die Verkaufsmengeneinheit verwenden. Die Mengeneinheit, in der Produkte aus einem Lager ausgegeben werden (Ausgabemengen-einheit), kann sich von der Mengeneinheit unterscheiden, in der Produkte in der Lagerver-waltung (Lagermengeneinheit) verwaltet werden. Um den Bestand verwalten zu können, wird eine Umrechnung der in Lagermengeneinheit eingegebenen Mengen in die Basis-mengeneinheit durchgeführt. Es gibt viele Möglichkeiten, eine Mengeneinheit abhängig von den zugrunde liegenden Anforderungen zu definieren. Wenn z. B. ein Produkt normalerweise mit Stück als Basismengeneinheit verwaltet wird, die verschiedenen Stücke jedoch in einem Karton gelagert werden, kann es sinnvoller sein, eine Lager-mengeneinheit zu definieren, die für Zwecke der Lagerverwaltung besser geeignet ist. Die Europäische Artikelnummer (EAN) oder Global Trade Item Number (GTIN) ist eine ein-deutige Nummer zur Identifizierung von Produkten, die sich auf eine Mengeneinheit oder eine Verpackungsart beziehen. Für jede für ein Produkt definierte Mengeneinheit können eine oder mehrere eindeutige Nummern (EAN oder GTIN) zugeordnet werden. Es gibt viele nachgelagerte Funktionen in SAP S/4HANA, auf die sich die Elemente des Produkt-stammdatenmodells auswirken. Da die Erörterung aller nachgelagerten Funktionen in SAP S/4HANA zu viel wäre, werden im Folgenden einige wichtige Bereiche kurz besprochen.

Finanzwesen

Für strategische Entscheidungsprozesse ist es wichtig, dass die Daten zur Produkt-bestandsbewertung im Finanzbuchhaltungssystem des Unternehmens korrekt erfasst werden. Es gibt einen *Bewertungskreis,* in der Regel ein Werk, in dem das Produkt auf Organisationsebene bewertet wird. Mehrere Attribute bestimmen, wie der Bestand bewertet wird, einschließlich des Preissteuerungskennzeichens. Dies ist ein Attribut, das steuert, ob die Bestandsbewertung mit dem Standardpreis oder dem gleitenden Durchschnittspreis erfolgt. Aufgrund von Warenbewegungen und der Erfassung von Rechnungen ändert sich der gleitende Durchschnittspreis. Die Berechnung ist mög-lich, indem der Wert des Produkts durch die Menge des Produkts im Bestand dividiert wird. Dieser Vorgang wird vom System automatisch nach jeder Warenbewegung oder Rechnungserfassung ausgeführt. Darüber hinaus wird das Buchen der Bestands-werte von Produkten derselben Produktart auf verschiedene Sachkonten mithilfe von

Bewertungsklassen erleichtert. Die Entscheidung über das Bewertungsverfahren ist eine Funktion des Rechnungswesens. Diese Auswertungsklasse dient lediglich dazu, den Bestandswert an das entsprechende Sachkonto weiterzuleiten. Die Struktur des Hauptbuchs wird vom Buchhalter oder Finanzcontroller definiert.

Vertrieb

Im Vertrieb definieren die Produktstammdaten die Struktur der für ein Produkt zuständigen Vertriebsbereiche. Sie wirkt sich auf Vertriebsfunktionen wie die Preisberechnung aus, indem sie Klassifizierungen für länderspezifische Steuern definiert und Gruppierungsbegriffe wie Preisgruppe oder Bonusgruppe angibt. Darüber hinaus werden auch Mengenvorgaben wie die Mindestbestellmenge definiert. Weiterhin können Attribute, die für den Verkaufssektor relevant sind, sowohl für das gesamte Produkt als auch für einen bestimmten Vertriebsbereich gepflegt werden, der als Kombination aus Verkaufsorganisation, Vertriebsweg und Sparte definiert ist. Der Vertriebsweg definiert die Kanäle, über die Produkte oder Services den Kunden erreichen, z. B. Großhandel, Einzelhandel oder Direktverkauf. Im Gegensatz dazu definiert die Verkaufsorganisation die Organisationseinheit, die für den Verkauf bestimmter Produkte zuständig ist. Schließlich ist eine Sparte ein Konzept, das auf die Gruppierung ähnlicher Produkte abzielt. Wenn eine Verkaufsorganisation beispielsweise Elektroautos und Verbrenner über den Einzelhandels- und über den Großhandelsvertriebsweg verkauft, kann es sinnvoll sein, die Sparten Elektroauto und Verbrenner weiter aufzuteilen.

Einkauf

Im Einkaufsbereich werden Informationen gespeichert, die die Beschaffungsprozesse unterstützen. Zum Beispiel die Einkäufergruppe, die auf Werksebene verfügbar ist und den zuständigen Einkäufer für die Beschaffung eines Produkts oder einer Klasse von Produkten identifiziert. Ein weiteres wichtiges Attribut ist der Einkaufswerteschlüssel, der auf Produktebene definiert wird. Um die Kommunikation mit dem Lieferanten zu automatisieren, definiert dieser Schlüssel auch andere Attribute wie Erinnerungstage, Toleranzgrenzen oder Auftragsbestätigungspflicht des beschafften Produkts. Es werden zahlreiche Funktionen bereitgestellt, um sicherzustellen, dass Produktstammdaten adäquat über mehrere SAP S/4HANA Module und Systeme verwendet werden können.

Produkthierarchie

Unternehmen, die eine Vielzahl von Produkten in Verkaufsprozessen anbieten, organisieren Produkte häufig in Produkthierarchien, sodass sie auf mehreren Ebenen

strukturiert werden können. Produkthierarchien spielen unter anderem eine wichtige
Rolle im Verkauf. Eine Produkthierarchie kann beispielsweise in der Preispflege und
-berechnung verwendet werden, indem ein Feld in der Preiskonditionstabelle hinzugefügt wird, um die Gültigkeit eines Rabattpreises zu definieren. Der Wert dieses Felds
wird für die Preisfindungsanwendung in allen relevanten Belegen wie Kundenaufträgen oder Fakturen herangezogen. In SAP S/4HANA wurden Hierarchien komplett
neu aufgebaut und nicht als Teil des Produktdatenmodells gespeichert. Stattdessen
gibt es Hierarchielaufzeittabellen, die Informationen über Produktzuordnungen zu
einer Hierarchie speichern. In der Regel gibt es in der Neuimplementierung keine Einschränkungen bezüglich der Anzahl der Hierarchieebenen. In Abb. 6.2 wird die SAP
Fiori App *Produkthierarchien verwalten* dargestellt, um die Produkthierarchie in SAP
S/4HANA zu visualisieren. Auf der linken Seite werden die Produkthierarchie-ID und
die Hierarchieversionsinformationen angezeigt. Darüber hinaus werden die Gültigkeits-
beginn- und Gültigkeitsenddaten angezeigt. Informationen zu Produkthierarchien sind
kein Attribut im Produktdatenmodell. Weiterhin wird sie in der Anwendung als Baumstruktur angezeigt (siehe rechte Seite von Abb. 6.2). In der Regel werden Produkte den
Blättern in der Baumstruktur zugeordnet.

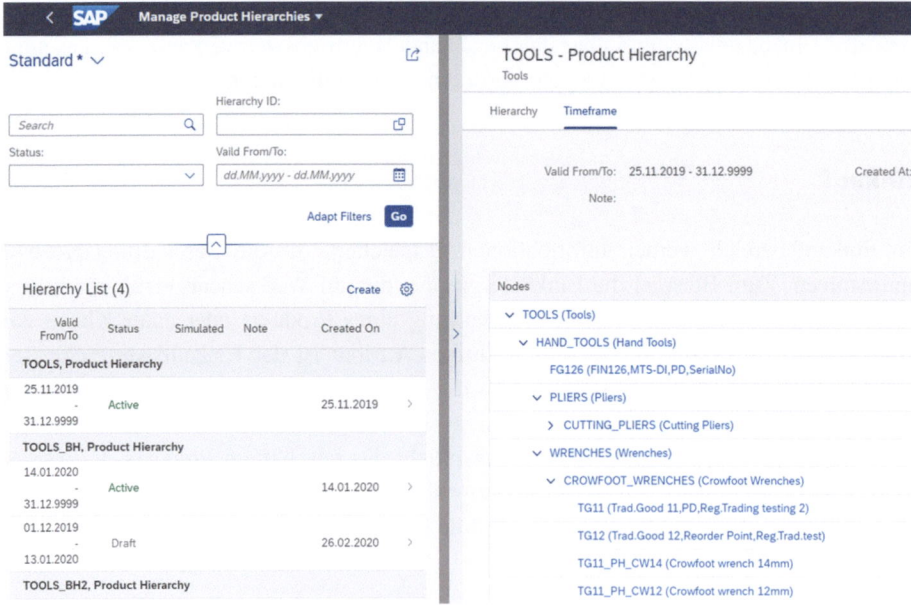

Abb. 6.2 Visualisierung von Produkthierarchien

Datenmigration

Die Migration von Daten ist eine der ersten Aktivitäten, die Unternehmen im Rahmen der Einführung von SAP S/4HANA durchführen. Damit ein Unternehmen den komplexen Datenmigrationsprozess in Bezug auf Produktstammdaten effizient abwickeln kann, wurden neue Migrationsobjekte bereitgestellt. In Bezug auf die Produktstammdaten sind zwei Migrationsobjekte sowohl On-Premise als auch in der Cloud verfügbar. Das erste Migrationsobjekt wird verwendet, um neue Produkte in SAP S/4HANA anzulegen. Während das zweite Migrationsobjekt genutzt wird, um vorhandene Produkte um neue Organisationsdaten zu erweitern. Die Migrationsobjekte unterstützen alle Geschäftskontexte in der Erweiterbarkeits-Registry von SAP S/4HANA. Daher wird die Felderweiterbarkeit bei der Migration für verschiedene Komponenten wie Produktgrunddaten, Werk und Lokation unterstützt.

Produktstammdaten zwischen mehreren Systemen replizieren

Produktstammdaten können zwischen mehreren Systemen repliziert werden. Daher wurde ein asynchroner SOAP-Service bereitgestellt, der auf dem Datenreplikations-Framework (DRF) basiert. Hierbei wird festgelegt, welches Business-Objekt in welches Zielsystem repliziert wird. Durch die Implementierung des Outbound-Interfaces kann der SOAP-Service im Rahmen des Push-Mechanismus des Datenreplikations-Framework verwenden werden. Ein wichtiger Aspekt sind Filterobjekte und Filter für die Datenreplikation. Ein Filterobjekt definiert die Auswahlkriterien, die zur Ermittlung der zu replizierenden Datenobjekte herangezogen werden. Ein Filter führt im Wesentlichen ein Abgleich der Objektmenge mit den gepflegten Filterkriterien durch. Es gibt zwei verschiedene Arten von Filtern. Explizite Filter werden direkt vom Benutzer konfiguriert. Der Benutzer kann einfache oder komplexe Filter definieren. Ein einfacher Filter wird für Attribute einer einzelnen Entität definiert. Komplexe Filter muss von codierten Funktionsbausteinen oder Methoden ausgewertet werden, z. B. in der Warengruppenhierarchie. Über entsprechende Schnittstellen wird die semantische Interpretation komplexer Filter codiert. Bei der zweiten Filterart handelt es sich um Segmentfilter, welche die Anzahl der Objekte nicht einschränken. Sie werden vielmehr verwendet, um Segmente von Business-Objekten von der Replikation auszuschließen.

Produktstamm pflegen

Mit der SAP Fiori App *Produktstamm pflegen* können Stammdaten für Produkte und Einzelartikel, Sammelartikel und strukturierte Artikel effektiv und schnell gesucht, angezeigt, bearbeitet, anlegt und kopiert werden. Die Applikation garantiert, dass die angezeigten Stammdaten immer konsistent sind. Darüber hinaus kann sie auch

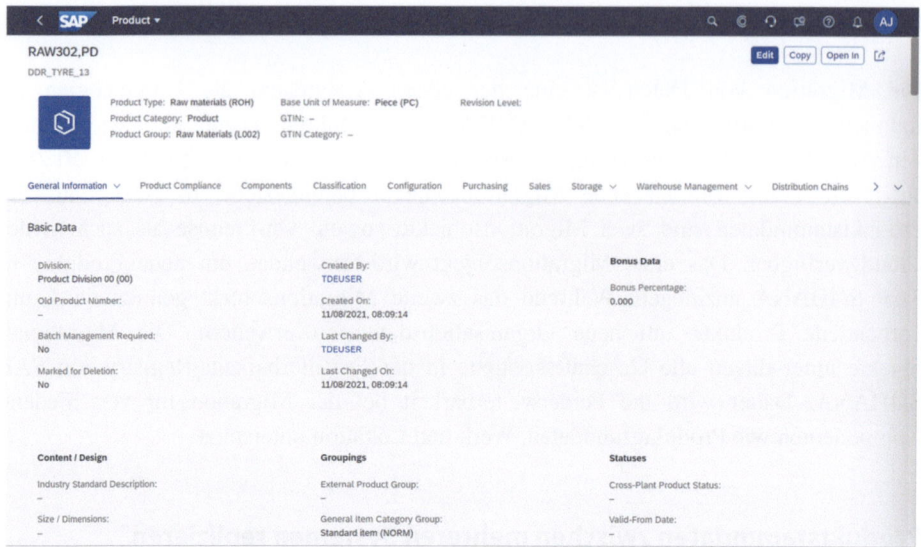

Abb. 6.3   Produktstammpflege

verwendet werden, um ein Produkt zum Löschen vorzumerken. Zum Anlegen des Produktstamms wird dem neuen Datensatz standardmäßig die Branche M (Mechanik) zugeordnet. Beim Bearbeiten können vorhandene Datensätze, die zu einer beliebigen Branche gehören, aktualisiert werden. Zu den Hauptfunktionen der Applikation gehören die automatische Berechnung der Umsatzsteuer, die Handhabung von Anlagen und Referenzen, die Integration von Bestandsänderungen und die Erweiterung von Lagerverwaltung, Klassifizierung und Variantenmatrix. Zusätzliche Funktionen sind beispielsweise Compliance und Abonnementabwicklung, Just in Time Management, Ersatzteilplanung und die Unterstützung des Material-Ledgers. Abb. 6.3 zeigt einige der Kernfunktionen dieser SAP Fiori App.

Erweiterbarkeit des Produktstamms

In vielen Szenarien müssen Unternehmen, die SAP S/4HANA implementieren, benutzerdefinierte Felder zum Produktdatenmodell hinzufügen, die durchgängig unterstützt werden müssen. In der SAP S/4HANA Extensibility-Registry gibt es die Möglichkeit, Geschäftskontexte für Produktstammdaten für allgemeine Produkt-, Werks-, Lager- und Lokationsdaten zu erweitern. Daher bieten die entsprechenden Datenbanktabellen und das ABAP Data Dictionary (DDIC) ein *Erweiterungs-Include,* das einen stabilen Anker für Felderweiterungen bereitstellt. Diese Aktivität wird typischerweise von einem Anwendungsexperten ausgeführt, der über zusätzliche Berechtigungen zum Anpassen von Artefakten wie UIs oder Schnittstellen verfügt. Der Anwendungsexperte kann auf das SAP S/4HANA Fiori Launchpad zugreifen, um benutzerdefinierte Felder zu den Geschäftskontexten hinzuzufügen. Diese werden automatisch auf der Benutzungsoberfläche berücksichtigt, da die Datenbanktabellen, OData-Services, Datenmigrationsobjekte vom System erweitert werden.

Self-Service-Konfiguration

In SAP S/4HANA werden Stammdaten funktionsbereichs- und modulübergreifend verwendet. Daher müssen Stammdaten konfigurierbar sein. Aus diesem Grund bietet SAP S/4HANA verschiedene zentrale Konfigurationsoptionen. Zunächst können Attribute der Europäischen Artikelnummern (EAN) konfiguriert werden. Es können z. B. das Nummernkreisobjekt, die Intervallvergabe und die EAN-Länge eingestellt werden. Zweitens besteht die Möglichkeit, Bewertungsklassen zu definieren, die verschiedene Produkte mit derselben Kontenfindung gruppieren. Wenn ein Benutzer beispielsweise ein Produkt anlegt, muss er seine Bewertungsklasse in den Buchhaltungsdaten eingeben. Anschließend prüft das System anhand der eingegebenen Werte, ob die Bewertungsklasse für die Produktart zulässig ist. Drittens ist es erlaubt, das Format für Produkt-IDs und spezifische Attribute von Produktarten zu konfigurieren. Hinsichtlich des Formats von Produkt-IDs können die Länge mit einem maximalen Wert von 40 Ziffern und das Anzeige-Template kundenspezifisch definiert werden. Bezüglich der Produktarten gibt es verschiedene Konfigurationsalternativen bei der Zuordnung eines angelegten Stammsatzes zu einer Produktart. Beispielsweise können die Fachbereiche (z. B. Einkauf oder Buchhaltung) oder die Preissteuerung (z. B. Standardpreis oder gleitender Durchschnittspreis) konfiguriert werden. Die genannten Optionen stellen nur ein Bruchteil der Konfigurationsfunktionalität von SAP S/4HANA da.

6.3   SAP Master Data Governance

Stammdaten müssen in mehreren Modulen in einem ERP-System verwendet werden. Daher müssen Stammdaten konsistent verwaltet werden, um sicherzustellen, dass keine Fehler auftreten, wenn sie Module übergreifend verwendet werden. Das Stammdatenmanagement (MDM) ist ein Prozess, der einen einheitlichen Datensatz für verschiedene Entitäten (z. B. Geschäftspartner, Produkte oder Stücklisten) und für verschiedenen Systemen verwaltet. MDM hilft Unternehmen, die Datenqualität zu verbessern, indem es die Genauigkeit und Konsistenz von Identifikatoren und anderen wichtigen Datenelementen unternehmensweit sicherstellt. Viele Unternehmen haben keine harmonisierte Sicht auf ihre Kunden, da die Kundendaten von System zu System unterschiedlich gepflegt sind. MDM-Lösungen helfen Organisationen, ihre Stammdaten zu vereinheitlichen, indem sie Daten aus mehreren Quellsystemen in einem Standardformat konsolidieren. Doppelte Kundendatensätze werden eliminiert, sodass Datenanalysten,

Führungskräfte und operative Mitarbeiter ein Gesamtbild der einzelnen Kunden erhalten, ohne Informationen aus verschiedenen Quellen zusammenzuführen. Darüber hinaus ermöglicht MDM ein effektives Stammdatenmanagement für Business-Intelligence und Analyseanwendungen. Um Stammdaten unternehmensweit in SAP S/4HANA zu konsolidieren und zu verwalten, wurde die Anwendung SAP Master Data Governance implementiert. Sie bietet eine harmonisierte und konsistente Sicht auf Stammdaten über verschiedene Domänen hinweg. SAP Master Data Governance ist eine erweiterte Anwendung für die Stammdatenverwaltung, die vorkonfigurierte, domänenspezifische Stammdaten-Governance zur Überwachung und Behebung möglicher Datenquali-tätsprobleme bietet. Die Lösung ermöglicht zusätzlich das zentrale Anlegen, Ändern, Verteilen und Konsolidieren von Stammdaten in der gesamten Unternehmenssystem-landschaft.

SAP Master Data Governance bietet folgende Hauptfunktionen:

• Zentrale Governance
  SAP Master Data Governance ermöglicht eine zentrale Überwachung, Konformität und Transparenz von Stammdaten. Gleichzeitig bietet SAP Master Data Governance eine konsistente Definition, Berechtigungsprüfung und Replikation von Stamm-datenentitäten, wodurch fehleranfällige manuelle Stammdatenpflege über mehrere Systeme hinweg vermieden werden. Die Lösung unterstützt durch die Konsolidierung dezentraler Stammdaten das Anlegen von Datensätzen und das Schlüssel-Mapping zwischen Dubletten.
• Datenqualitätsmanagement
  SAP Master Data Governance ermöglicht die Analyse der Prozessqualität, die Ver-waltung und Überwachung der Datenqualität und optional die Integration mit Platt-formen wie SAP HANA Smart Data Quality oder SAP Business Technology Platform Data Enrichment.
• Integration und Wiederverwendung
  Schließlich ermöglicht SAP Master Data Governance die native Datenintegration in SAP-Systemen oder Fremdprodukten. Hierbei können Datenmodelle, bereits vor-handene Geschäftslogik oder Konfigurationen für die Datenvalidierung wiederver-wendet werden.

SAP Master Data Governance ist in SAP S/4HANA enthalten und gestattet die durch-gängige Integration von Stammdaten in heterogenen Landschaften. Abb. 6.4 zeigt ver-schiedene Szenarien, in denen Stammdaten integrierbar sind, aber es gibt noch viele weitere Integrationsbeispiele. Stammdaten können in SAP S/4HANA (z. B. durch die Bereitstellung von Stammdaten-Governance für Central Finance), in Enterprise Resource Planning (z. B. Verwendung von Materialstammdaten im Einkauf), im Produktkatalog und im eCommerce (z. B. Synchronisierung von Produktstammdaten mit Produkt-katalog- und E-Commerce-Lösungen), in Business Analytics (z. B. Export des zentralen

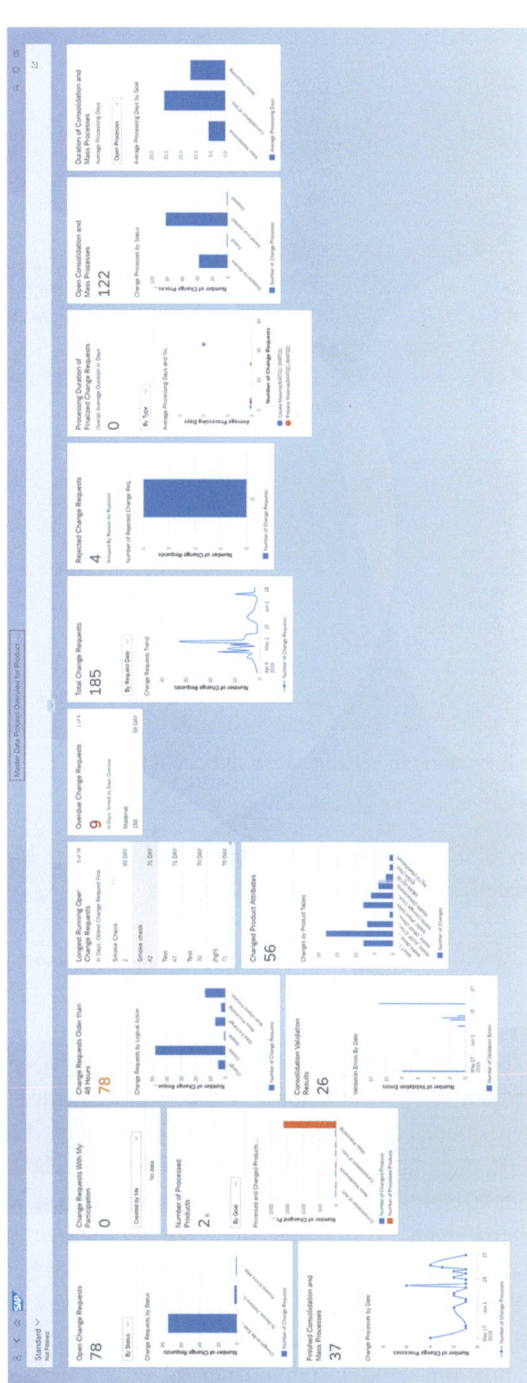

Abb. 6.4   SAP Master Data Governance – Produktübersicht

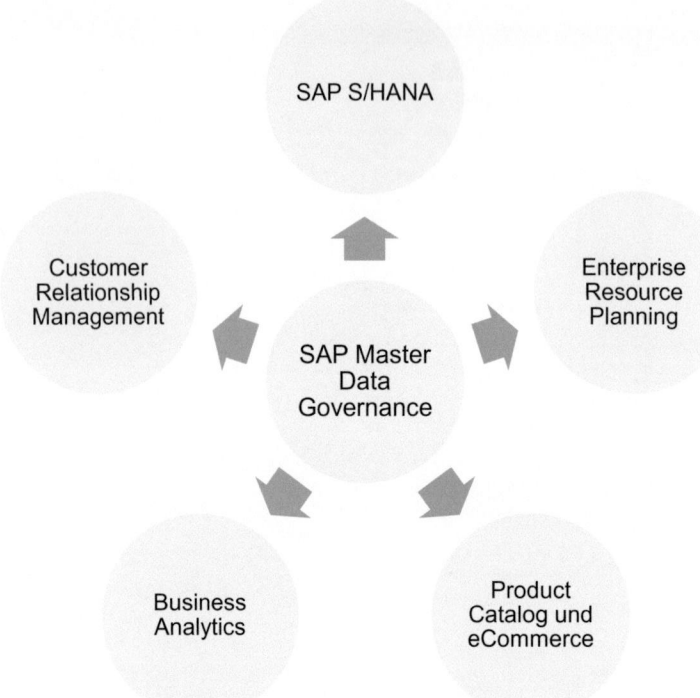

Abb. 6.5   Durchgängige Integration in heterogenen Landschaften

Schlüssel-Mappings in SAP BI) oder in Customer Relationship Management (z. B. Abgleich von Kundendaten) verwendet werden (Abb. 6.5).

6.4   Fazit

Stammdaten sind ein wesentlicher Bestandteil jedes ERP-Systems, da sie ein einheitlicher und konsistenter Satz von Identifikatoren und erweiterten Attributen sind, die die Kernentitäten des Unternehmens darstellen, einschließlich Kunden, Lieferanten, Standorte, Hierarchien oder Kontenpläne. In SAP S/4HANA ist eine der zentralen Stammdatenentitäten der Produktstamm. Diese besteht aus verschiedenen Materialdaten, die für produzierende Unternehmen unerlässlich sind. Sie ist die zentrale Informationsquelle für alle Materialien, die eine Organisation beschafft, produziert und auf Lager hält. Bezüglich des Produktstamms gibt es ein implementiertes Datenmodell, das mehrere nachgelagerte Funktionen wie Finanzwesen, Verkauf und Einkauf beeinflusst. Um verschiedene Module mit Produktstammdaten adäquat unterstützen zu können, werden unterschiedliche Funktionen bereitgestellt, z. B. Datenmigration, Verfahren zur

Replikation von Produktstammdaten zwischen mehreren Systemen, spezifische Self-Service-Konfigurationen in verschiedenen Geschäftsbereichen oder Produktstamm-erweiterbarkeit zum Hinzufügen neuer Felder. SAP Master Data Governance wurde implementiert, um Stammdaten unternehmensweit in SAP S/4HANA zu konsolidieren und zu verwalten. Sie bietet eine harmonisierte, konsistente Sicht auf Stammdaten über verschiedene Domänen hinweg. Die Hauptvorteile von SAP Master Data Governance sind die Konsolidierung, zentrale Governance, Datenqualität Management, Integration und Wiederverwendung von Stammdateninhalten. Die Lösung SAP Master Data Governance ermöglicht somit eine durchgängige Integration von Stammdaten in heterogenen Landschaften.

Stammdaten der Stückliste 7

Das Kapitel konzentriert sich auf die Stücklistenstammdaten, bei denen es sich im Wesentlichen um die Liste der Rohstoffe für die Montage von Produkten handelt. Die Herausforderungen, die Struktur, die zugrunde liegenden Konzepte und die Art und Weise, wie SAP S/4HANA mit dem Stücklistenstamm umgeht, werden erläutert. Insbesondere werden der Strukturtyp der Stückliste, das SAP-Klassensystem und die Variantenkonfiguration erklärt.

7.1 Betriebswirtschaftliche Anforderung

Viele Unternehmen nutzen ERP-Anwendungen (Enterprise Resource Planning), um ihre Geschäftsprozesse abzuwickeln. Dafür ist es wichtig, dass ein solches System alle Kerngeschäftsprozesse und -funktionen der heutigen Unternehmen unterstützt. Die Kernaufgabe von ERP-Systemen besteht darin, die Ressourcen eines Unternehmens wie Material, Geld oder Personen zu verwalten. Dazu gehören verschiedene Komponenten wie Beschaffung, Vertrieb, Service, Anlagenmanagement, Fertigung, Forschung und Entwicklung, Logistik, Personalwesen, Finanzwesen und verschiedene Branchenerweiterungen. Ziel dieser Komponenten ist es, den zugrunde liegenden Geschäftsprozess zu implementieren. Insbesondere müssen alle diese Geschäftsprozesse Zugriff auf die erforderlichen Stammdaten haben. Daher werden alle benötigten Stammdaten in SAP HANA gespeichert, der zugrunde liegenden In-Memory-Datenbank von SAP S/4HANA. Aus Sicht des Kunden ist die Stammdatenverwaltung von entscheidender Bedeutung, da viele Geschäftsprozesse auf Stammdaten basieren. Die Kunden fordern eine Integration über die SAP-Produkte hinweg sowie die flexible Integration mit Nicht-SAP-Produkten. Darüber hinaus wünschen sie sich eine sofort einsatzbereite Lösung und eine hohe Erweiterbarkeit und Anpassungsfähigkeit. Das Stammdatenmanagement

© Der/die Autor(en), exklusiv lizenziert an Springer Fachmedien Wiesbaden GmbH, ein Teil von Springer Nature 2023
S. Sarferaz, *ERP-Software: Funktionalität und Konzepte*,
https://doi.org/10.1007/978-3-658-40499-4_7

spielt hierbei eine immer wichtigere Rolle und bildet die Grundlage eines intelligenten Unternehmens. Um Unternehmen dabei zu unterstützen, ihre Wertschöpfungskette zu optimieren, die Kunden besser zu verstehen und zu bedienen und sich an die globalisierende Welt anzupassen, ist es wichtig, ihnen den Zugriff auf vertrauenswürdige und konsistente Stammdaten zu ermöglichen. Einerseits gibt es den Prozess der Stammdatenintegration, bei dem es um die anwendungsübergreifende Synchronisierung von Stammdaten geht. Sie unterstützt viele Domänen, bietet aber auch die Integration mit Anwendungen von Drittanbietern. Andererseits gewährleistet der Prozess der Stammdatenverwaltung eine hohe Qualität für harmonisierte Stammdaten im gesamten Unternehmen. Dies wird in der Regel nur auf ausgewählte, relevante Bereiche angewendet, da die Investition sowohl in Kosten als auch in Zeit relativ hoch ist. Typische Ansätze für das Stammdatenmanagement sind Konsolidierung, zentrale Governance und Datenqualitätsmanagement. Das bedeutet, dass Stammdaten aus dezentralen Quellen konsolidiert werden und diese Daten zentral verwaltet und an die relevanten Teile der Systemlandschaft verteilt werden. Mit der zentralen Governance und Konsolidierung können fehleranfällige manuelle Pflegeprozesse eliminiert werden, um konsistente Stammdaten in mehreren Systemen zu erreichen. Darüber hinaus liefern diese Funktionen eine konsistente Definition, Berechtigungsprüfung und Replikation von Stammdaten-Entitäten. Die Konsolidierung kann verwendet werden, um hochwertige und duplizierte Stammdaten vorzubereiten. Im Gegensatz dazu wird die zentrale Governance eingesetzt, um die Qualität der Daten zu erhöhen.

In der Regel verlassen sich Unternehmen auf die Hilfe von Stakeholdern, um ihre Kunden zu bedienen. Beispiele für Stakeholder sind Vertriebspartner, Lieferanten oder Mitarbeiter. Alle liefern unterschiedliche Beiträge für das Unternehmen, die dann in eine direkt an den Verbraucher gerichtete Service umgewandelt werden. Dieser Transformationsprozess hängt sehr stark von mehreren Datentypen ab. Die Kerndaten eines Unternehmens werden als Stammdaten bezeichnet, die in mehrere Kategorien fallen können. Zwei der wichtigsten sind Produktstammdaten und Geschäftspartner-Stammdaten. Produktstammdaten beschreiben verschiedene Aspekte von Produkten, die von der Organisation gekauft, verkauft und produziert werden. Geschäftspartnerdaten hingegen erfassen Informationen über Entitäten, die für das Geschäft relevant sind. Neben diesen beiden Typen gibt es auch einen Stammdatentyp, der beschreibt, wie Produkte charakterisiert, zusammengesetzt, produziert und konfiguriert werden: Stückliste (Bill of Materials (BOM)). Dieser Typ von Stammdaten wird in den nächsten Abschnitten näher betrachtet.

7.2 Technische Umsetzung

Ein Unternehmen hat die Wahl, ein Produkt intern herzustellen oder das Produkt von einem externen Lieferanten zu kaufen. Diese Situation wird als Make-or-Buy-Entscheidung bezeichnet. Unternehmen entscheiden in der Regel anhand quantitativer

Analysen, ob Kaufen oder Selbstbauen die geeignete Wahl. Wenn das Unternehmen entscheidet, ein Produkt selbst zu produzieren, werden alle Rohstoffe und Baugruppen, die zum Anlegen des Endprodukts verwendet werden, in einer Stückliste aufgeführt.

Ein Produkt kann mehrere Varianten haben. Aus diesem Grund kann dasselbe Produkt mehrere Stücklisten aufweisen. Ein Grund dafür ist, dass es verschiedene Phasen des Produktlebenszyklus gibt. In der ersten Phase strukturieren beispielsweise die Konstrukteure ein Produkt auf eine bestimmte Weise, im zweiten benötigt das Fertigungsteam eine andere Struktur des Produkts, damit es besser in die Fabriklinie passt. Dadurch werden eine Konstruktionsstückliste und eine Produktstückliste erstellt. Hinzu kommt, dass es häufig verschiedene alternative Möglichkeiten gibt, dasselbe Produkt herzustellen. Der offensichtlichste Grund ist ein anderer Produktionsstandort, der zu einer unterschiedlichen Verfügbarkeit von Material, Maschinen und Knowhow führt. Zum besseren Verständnis zeigt Abb. 7.1 ein vereinfachtes konzeptionelles Modell der Stückliste (Saueressig et al., 2021b). Nur Produkte, die vom Unternehmen selbst produziert werden, verfügen über eine Stückliste. Diese Stückliste besteht aus

Abb. 7.1 Datenmodell der Stückliste

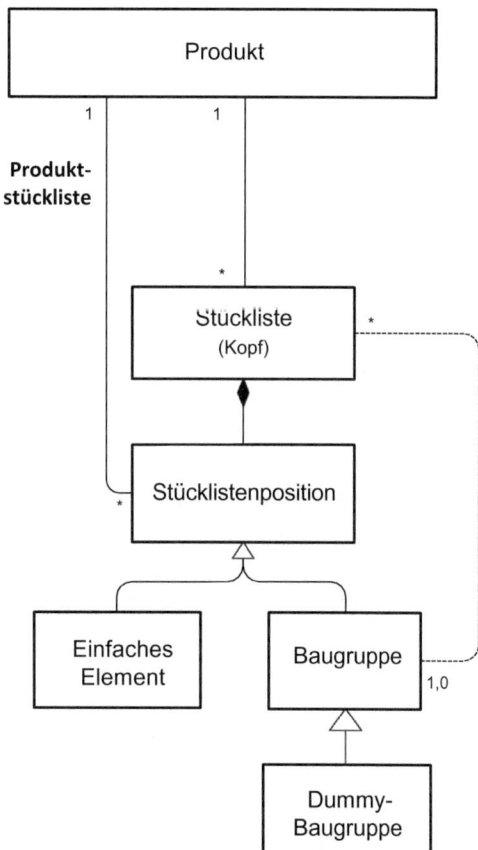

zwei Teilen: dem Stücklistenkopf und der Positionsliste. Der Stücklistenkopf enthält verschiedene Eigenschaften der Stückliste, z. B. die Zuordnung zu einem Werk oder den Gültigkeitszeitraum der Stückliste. Jedem Stücklistenkopf ist eine Liste von Stücklistenpositionen zugeordnet.

Eine Stücklistenposition enthält die Produkt-ID, die Komponentenbeschreibung sowie die Menge und die Mengeneinheiten. Außerdem ist eine Stücklistenposition entweder ein einfaches Element, bei dem es sich um ein Rohmaterial handelt, oder ein Teil, das von Lieferanten eingekauft wurde, oder eine Baugruppe, bei der es sich um ein produziertes Produkt handelt. Das bedeutet, dass eine Baugruppe über eigene Stücklisten verfügt. Wenn ein Benutzer die komplette hierarchische Struktur eines Produkts wünscht, muss der Benutzer die Baugruppen rekursiv durch eigene Stücklisten ersetzen, den sogenannten Stücklistenauflösungsprozess. Manchmal ist es erforderlich, Dummy-Baugruppen zu haben. Diese Baugruppen befinden sich nicht physisch auf Lager, sondern sind nur im Fertigungsprozess vorhanden.

Strukturtypen von Stücklisten

Nach der allgemeinen Übersicht über die Stückliste werden die beiden Hauptstrukturtypen näher betrachtet. Eine davon ist die einstufige Stückliste, die andere wird als mehrstufige Stückliste bezeichnet. Eine einstufige Stückliste ist eine einfache und flache Liste von Positionen für ein Produkt und stellt den einfacheren Typ von beidem dar. Stücklisten dieses Typs listen jede Komponente nur einmal auf und geben die erforderliche Anzahl von Teilen für die Fertigung des Produkts an. Außerdem besteht sie nur aus einer Ebene von untergeordneten Elementen, z. B. Stücklistenpositionen oder Baugruppen. Ein Vorteil dieser Typ ist, dass sie sehr einfach zu erstellen ist. Er wird aber für komplexe Artikel nicht empfohlen, da einstufige Stücklisten keine Informationen über die Beziehung zwischen übergeordneten und untergeordneten Komponenten aufweisen. Wenn ein Produkt ausfällt, ist es schwierig, das richtige Teil zu finden, das ausgetauscht oder repariert werden muss. Mehrstufige Stücklisten sind komplexere Stücklisten als einstufige Stücklisten. Dieser Typ von Stücklistenstruktur bietet mehr Details und Spezifität für die übergeordneten und untergeordneten Teile im Produkt. Wie bei den einstufigen Stücklisten wird die Gesamtzahl der erforderlichen Komponenten auch in mehrstufigen Stücklisten angezeigt. Über die mehrstufige Struktur hinaus werden alle Positionen des Produkts angezeigt, die in Beziehungen zwischen über- und untergeordneten Elementen stehen. Abb. 7.2 zeigt ein Beispiel für beide Typen.

Arten von Stücklisten

Neben den verschiedenen Strukturtypen von Stücklisten gibt es auch verschiedene Arten von Stücklisten, abhängig vom Lebenszyklus des Produkts. Jede Art von Stückliste

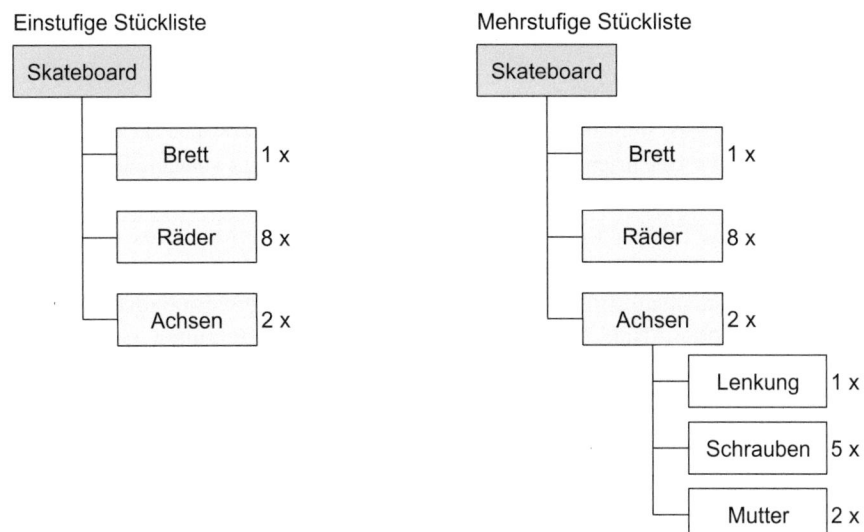

Abb. 7.2 Einstufige und mehrstufige Stücklistenstruktur

beschreibt das Produkt mit einer anderen Struktur und einem anderen Detaillierungsgrad. Es kann zwischen Konstruktions-, Verkaufs- und Fertigungsstücklisten unterschieden werden. Eine Konstruktionsstückliste (K-STL) wird von der Konstruktionsabteilung mithilfe von CAD-Werkzeugen (Computer-Aided Design) oder Electronic Design Automation (EDA) entwickelt. Eine Konstruktionsstückliste definiert alle Rohstoffe und Baugruppen und beschreibt die Produktstruktur aus funktionaler Sicht. Normalerweise hat ein Produkt mehrere Konstruktionsstücklisten, da das Design eines Produkts mehrmals geprüft und verbessert wird, bevor es produziert wird. Ein Verkaufsbeleg kann eine Stückliste enthalten. Diese Stücklisten werden als Verkaufsstücklisten (V-STL) bezeichnet und stellen das Fertigerzeugnis und seine einzelnen Komponenten dar. Eine Verkaufsstückliste definiert ein Produkt in der Verkaufsphase. Eine Fertigungsstückliste (F-STL) beschreibt eine strukturierte Liste aller Rohstoffe oder Baugruppen, die für die Herstellung eines versandbaren Fertigerzeugnisses erforderlich sind. Die Fertigungsstückliste enthält Informationen über die einzelnen Bestandteile sowie Informationen über Bestandteile, die vor der Montage bearbeitet werden müssen, sowie Informationen über die Beziehung zwischen verschiedenen Bestandteile. Alle Informationen in der Fertigungsstückliste werden mit allen geschäftsrelevanten Systemen, wie Beschaffung und Fertigung, geteilt. Zusammenfassend lässt sich sagen, dass je nach Lebenszyklus eines Produkts drei verschiedene Arten von Stücklisten identifiziert werden können. Jede Art hat verschiedene Felder der Anwendung. Der nächste Abschnitt behandelt das Klassensystem der Stammdaten sowie wichtige Aspekte der Variantenkonfiguration.

Klassensystem

Nachdem die Stückliste im Rahmen der Stammdaten detailliert beschrieben wurde, soll nun das Klassensystem eingeführt werden. Nicht alle Merkmale werden durch die Produktstammdaten beschrieben, sodass verschiedene Produkte verschiedene Merkmale haben können. Mithilfe eines Klassifizierungssystems ist es möglich, Merkmale von Produkten zu definieren und die Produkte mit denselben Merkmalen zu klassifizieren. Bei Verwendung des Klassifizierungssystems sind keine Änderungen an der Software oder der Datenbankstruktur erforderlich. Darüber hinaus ermöglicht das Klassifizierungssystem dem Unternehmen, die Merkmale eines Produkts einzuschränken. Solche Einschränkungen werden als Merkmalsabhängigkeiten bezeichnet. Beispielsweise haben Bohrer die Merkmale Länge, Durchmesser und Materialart. Um sie zu beschreiben, wird eine Klasse angelegt. Wenn das Unternehmen über einen neuen Bohrer verfügt, der als Produkt hinzugefügt werden kann, ordnet sie ihn der Bohrer-Klasse zu und gibt das Objekt mit den korrekten Merkmalen an. Wenn eines der Merkmale eines Bohrers eine Abhängigkeit hat, z. B. die Länge auf 16 mm begrenzt ist, muss diese Einschränkung eingehalten werden, da alle Abhängigkeiten berücksichtigt werden müssen. Dieses Klassifizierungssystem wird nicht nur für Produktstammdatensätze, sondern auch für Stücklistensätze oder andere Dokumente verwendet. Das Klassensystem wird für die Pflege der Stammdaten verwendet, da es für die Zuordnung einzelner Produkte, Stücklisten oder anderer Dokumente zu Klassen verwendet wird.

Variantenkonfiguration

Das oben beschriebene Stücklistenmodell berücksichtigt nicht die Möglichkeit, dass ein Produkt verschiedene Variationen hat, die auf mehreren Konfigurationen basieren. Als Kunde eines Automobilunternehmens ist es beispielsweise möglich, das Auto selbst zu konfigurieren. Beliebte Eigenschaften zur Auswahl sind Farbe, Motortyp, Leistung, Sitzmaterial oder Fahrassistenten. Für solche konfigurierbaren Produkte, z. B. ein Auto oder Fahrrad, wird eine Variantenkonfiguration verwendet. Das System legt eine konkrete Instanz dieses Produkts mit der resultierenden Stückliste und dem Arbeitsplan basierend auf den ausgewählten Konfigurationswerten an. Der Arbeitsplan liefert wichtige Informationen für den Fertigungsprozess. In SAP S/4HANA gibt es zwei verschiedene Variantenkonfiguratoren, mit denen Produkte in verschiedenen Varianten konfiguriert werden können: der erweiterte Variantenkonfigurator (Advanced Variant Configurator (AVC)) und der herkömmliche Variantenkonfigurator. Die AVC basiert auf einer neuen Configuration Engine, die zusammen mit dem Fraunhofer-Institut Kaiserslautern entwickelt wurde. Es wird mit einer SAP Fiori-basierten Benutzungsoberfläche und zahlreiche anderen Funktionen ausgeliefert. Die AVC kann sowohl in SAP S/4HANA On-Premise als auch in SAP S/4HANA Cloud verwendet werden. Im Gegensatz dazu kann der herkömmliche Konfigurator nur in SAP S/4HANA On-Premise genutzt werden.

Die Variantenkonfiguration verwendet Stammdaten, die auf folgenden Elementen basieren:

• Variantenklassen	• Beziehungswissen
• Stücklisten, Maximalstückliste, Arbeitspläne	• Benutzeroberfläche/Gruppierung
• Konfigurationsprofile	

Zum besseren Verständnis werden diese Elemente in den nächsten Unterkapiteln beschrieben.

Variantenklassen

Das Klassensystem wird von der Variantenkonfiguration verwendet, um die Konfigurationsparameter und ihre zulässigen Werte zu definieren. Eine Klasse, die für Varianten reserviert ist, hat eine bestimmte Klassenart und wird Variantenklasse genannt. Variantenklassen haben Konfigurationsparameter als Merkmale, die während des Konfigurationsprozesses ausgewählt werden. Jedes konfigurierbare Produkt ist mit einer bestimmten Variantenklasse verknüpft. Sehen wir uns eine bestimmte Variantenklasse an:

Variantenklasse Auto Merkmal	Merkmalswert
Antriebsart	Elektrik, Benzin, Diesel
Version	Standard, Premium, Sport

Wenn ein Kunde ein Auto bestellen möchte, muss er entscheiden, welcher Motortyp und welche Version der Kunde bevorzugt. Der Kunde kann nicht zwei verschiedene Antriebsarten in einer Konfiguration auswählen. Eine fertige Konfiguration enthält die ausgewählten Werte der Variantenklassenmerkmale.

Stückliste/Maximalstückliste

Da Produkte unterschiedlich konfiguriert werden können, besteht jede Konfiguration aus verschiedenen Teilen. Um diese unterschiedlichen Variantenstrukturen eines Produkts einfacher zu handhaben, kann das Unternehmen entweder Maximalstücklisten oder Stücklisten mit Klassenpositionen anlegen. Eine Maximalstückliste enthält alle auswählbaren Positionen eines Variantenklassenmerkmals. Alle Positionen eines Merkmals haben eine Auswahlbedingung, die sich gegenseitig ausschließt. Betrachtet man das Fahrzeugbeispiel oben, hat eine Superstückliste eines Autos drei Werte für die möglichen Motoren: Elektromotor, Benziner und Diesel. Die Auswahl eines Motortyps schließt die anderen beiden aus. Wenn beispielsweise ein Auto mit einem Elektromotor konfiguriert ist, ist keine weitere Auswahl des Motortyps möglich. Dasselbe gilt für die verschiedenen Versionen eines Autos. Die zweite Möglichkeit, konfigurierbare Produkte in Stücklisten zu verarbeiten, ist die Verwendung von Klassenpositionen. Maximalstücklisten enthalten alle auswählbaren Positionen, während eine Stückliste konfigurierbare

Platzhalter für variable Komponenten enthalten kann. Das bedeutet, dass eine Stückliste für verschiedene Motortypen nur eine Position enthält, die sich auf eine Motorvariantenklasse bezieht. Die Motorvariantenklasse wird bei einer Stücklistenauflösung durch ein konkretes Produkt dieser Klasse ersetzt.

Variantenkonfigurationsprofile sowie Benutzeroberfläche und Gruppierung

Die Benutzeroberfläche und der Prozess der interaktiven Konfiguration können über das Variantenkonfigurationsprofil gesteuert werden. Sie stellt dafür verschiedene Einstellungen zur Verfügung. Darüber hinaus enthält das Variantenkonfigurationsprofil Beziehungen, die die Konsistenz und automatische Ableitung von Werten unterstützen. Die Benutzeroberfläche und die Gruppierung unterstützen den Benutzer bei der Handhabung komplexer Konfigurationsmodelle mit vielen Merkmalen, indem sie befähigt werden, einzelne Benutzeroberflächen oder Merkmalsgruppen anzulegen.

Beziehungswissen

Der Variantenkonfigurator verwendet Beziehungswissen. Dies stellt die Konsistenz der Konfigurationen sicher, steuert, ob ein ausgewählter Wert eines Merkmals eine andere Auswahl verletzt, und bestimmt die tatsächliche Struktur des Produkts basierend auf den ausgewählten Werten der Konfiguration. Das Beziehungswissen ist für komplexe Konfigurationsprodukte wie ein Auto sehr nützlich und wichtig. Je höher die Anzahl der verschiedenen Variationen eines Produkts ist, desto größer ist die Komplexität, was ein größeres Risiko birgt, dass die endgültige Konfiguration gültig ist. Um dieser Kausalität entgegenzuwirken, wird das Beziehungswissen verwendet. Die Variantenkonfiguration besteht aus vielen verschiedenen Teilen, die miteinander in Beziehung stehen. Es ist ein wichtiger Bestandteil der Daten-Governance und sollte sorgfältig gepflegt werden.

Fiori Anwendungen

In SAP S/4HANA sind zahlreiche Anwendungen verfügbar, um versionsgesteuerte Stücklisten zu verwalten und anzulegen und zusätzliche Funktionen für die Konvertierung von Konstruktionsstücklisten in Fertigungsstücklisten zu verwenden, z. B. Stücklisten anzeigen, Planungsstücklisten mit Positionen für Langzeitkomponenten oder Montagestücklisten für serialisierte Materialien anzulegen. Um einen Eindruck von diesen Funktionen zu vermitteln, werden in diesem Abschnitt zwei beispielhafte SAP Fiori Apps beschrieben.

Stückliste pflegen erleichtert die Anzeige und Verwaltung aller Stücklisten (Abb. 7.3 und 7.4). Mithilfe der verfügbaren Filter können die Benutzer vorhandene Stücklisten suchen und anzeigen, einen Drilldown auf den erforderlichen Detaillierungsgrad durchführen und die notwendigen Aktionen ausführen, z. B. Stücklisten kopieren oder löschen oder Änderungsmappen zu Stücklisten zuordnen. Die Anwendung unter-

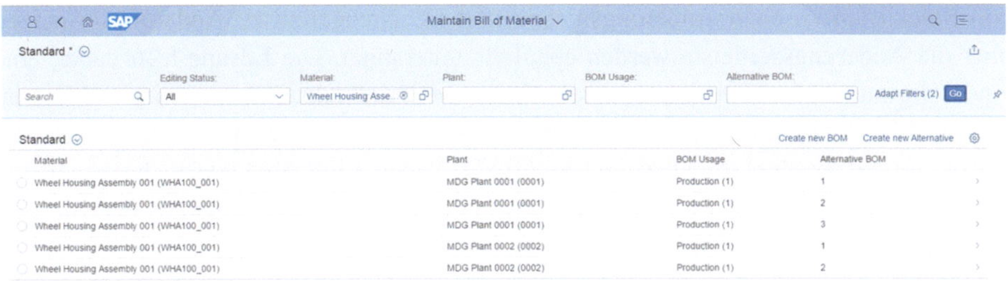

Abb. 7.3 Stückliste pflegen

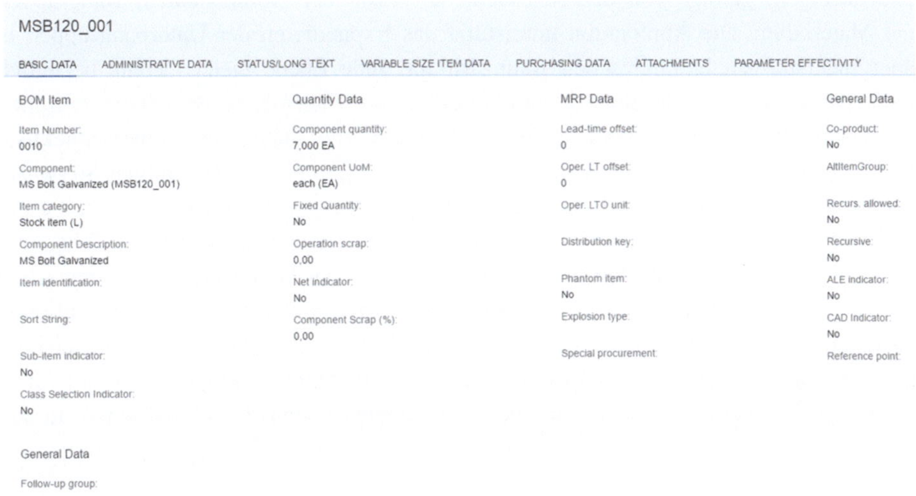

Abb. 7.4 Stückliste Detailsicht

stützt dem Benutzer beim Anlegen neuer Stücklisten, unabhängig davon, ob es sich um klassische, versionsbasierte oder alternative Stücklisten handelt. Darüber hinaus fügt es die relevanten Komponenten zusammen mit den erforderlichen Daten, einschließlich Anlagen. Stücklisten können anhand verschiedener Filterkriterien wie Material, Werk, Stücklistenverwendung und Stücklistenalternative gesucht werden. Die Übertragung von Konstruktionsstücklisten (K-STLs) in Fertigungsstücklisten (F-STLs) wird ebenfalls unterstützt. Es ist möglich, Stücklisten für konfigurierbare Materialien anzulegen und Beziehungswissen mit der klassischen Anwendung zu pflegen. Weiterhin stellt die Anwendung sicher, dass die Benutzer vorläufige Entscheidungen treffen, während sie an einer Stückliste arbeiten, und Änderungen als Entwurf sichern. Das Zuordnen von Stücklisten zu einer Änderungsmappe und die Navigation zu Änderungsinstanzen über die Änderungszeitleiste werden ebenfalls unterstützt. Die Lösung hilft dabei, eine Änderungsnummer anzulegen und sie einem Material zuzuordnen. An ein Material können Dokumente oder Dateien angehängt werden. Die Anwendung unterstützt das Anlegen einer Versionsstückliste mit Gültigkeitsänderungen für Objekte basierend auf den Parametergültigkeitsarten für Fertigung und Vorgänge. Die Software und die entsprechenden Versionen können in einer Stückliste definiert werden. Zur Berechnung von Stücklisten kann ein internationales Einheitensystem verwendet werden. Die Übergabe von Stücklistenkomponenten an SAP Asset Intelligence Network wird unterstützt. Um die Gültigkeit zu erhöhen, wird automatisch eine Änderungsnummer angelegt.

Mit *Mehrstufige Stückliste verwalten* (Abb. 7.5) können die Benutzer die hierarchische Baumstruktur einer mehrstufigen Stückliste anzeigen und pflegen. Mit der Anwendung können die Benutzer den Stücklistenkopf der mehrstufigen Stückliste anzeigen, gefolgt von der geschachtelten Liste der Komponenten, Baugruppen und Materialien. Die Applikation unterstützt das Expandieren der Unterbaugruppen in einer mehrstufigen hierarchischen Baumstruktur. Jede Ebene bietet Details bezüglich der Verwendung in der Produktion und betreffend der Eltern-Kind-Beziehung zwischen den Unterbaugruppen. Die Anwendung ermöglicht die Suche nach einer Stückliste über Eingaben in den Schlüsselfeldern. Unterbaugruppen einer mehrstufigen Stückliste werden in einer hierarchischen Baumstruktur angezeigt. Darüber hinaus können die mit den Unterbaugruppen verknüpften Änderungsnummern angezeigt werden. Mit oder ohne Änderungsnummern können mehrere Stücklistenpositionen in der hierarchischen Baumstruktur geändert werden. Insbesondere können vorhandene Stücklistenpositionen einzelnen oder mehreren Komponenten hinzugefügt werden. Der Entwurfsmechanismus wird unterstützt, sodass einzelne oder mehrere Unterbaugruppen im Entwurfsstatus gelöscht werden können. Varianten der Tabellensichten für Stücklistenpositionen

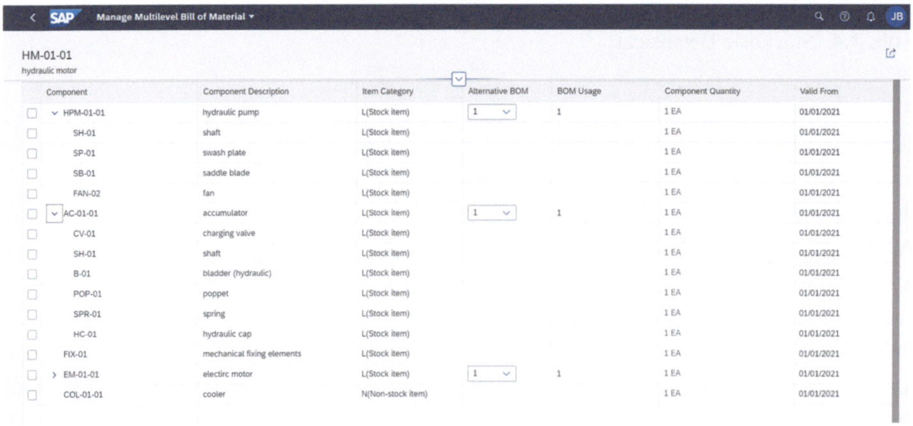

Abb. 7.5 Mehrstufige Stückliste verwalten

können angelegt werden, um persönliche Einstellungen und Favoriten zu sichern. Die Spalten der Tabellensicht der Stücklistenposition können sortiert, gefiltert und fixiert werden. Die Unterbaugruppen werden in derselben Verwendung wie die Wurzelstückliste angezeigt. Wenn keine Stückliste für diese Verwendung vorhanden ist, wählt das System standardmäßig die Mindestverwendung aus. Es besteht die Möglichkeit, zwischen mehreren Alternativen zu wechseln, um die Unterbaugruppen anzuzeigen. Die Anwendung unterstützt verschiedene Geräte wie Desktops, Tablets und Smartphones.

Die Übersicht der Variantenkonfiguration (Abb. 7.6) ermöglich die Anzeige alle Variantenkonfigurationen. Die Navigation zu geänderten oder gesperrten Variantenkonfigurationsobjekten, kürzlich geändertem Beziehungswissen, aktuellen Konfigurationssimulationen und Favoritenkonfigurationen wird von der Übersichtsseite unterstützt.

Die Hauptkacheln der Anwendung besteht aus *gesperrte Kundenauftragspositionen* und *gesperrte/geänderte Varianten*. Wenn die Benutzer zu gesperrten oder geänderten Variantenkonfigurationsobjekten navigieren, wird ein Listenreport bereitgestellt. In der Liste werden die Einzelposten angezeigt, von wo aus die entsprechende App für die Pflege der Positionen gestartet werden kann. Die Navigation zu verschiedenen Variantenkonfigurationsobjekten wird ebenfalls unterstützt, z. B. zu Merkmalen, Klassen, Einschränkungen, Beziehungswissen oder Profilen. Mit Quick Links wird die Navigation zu weiteren Anwendungen bereitgestellt, z. B. Konfigurationsmodelle simulieren, Modellierung der Variantenkonfiguration, Klassen verwalten oder Merkmale verwalten. Auf diese Weise wird die Suche nach konfigurierbaren Produkten und konfigurierten Objekten und das Starten einer Konfigurationssimulation erleichtert. Darüber hinaus wird auch das Suchen und Öffnen zuvor angelegter und gesicherter Simulationen unterstützt. Mit der Simulation können die Benutzer das Konfigurationsmodell testen und

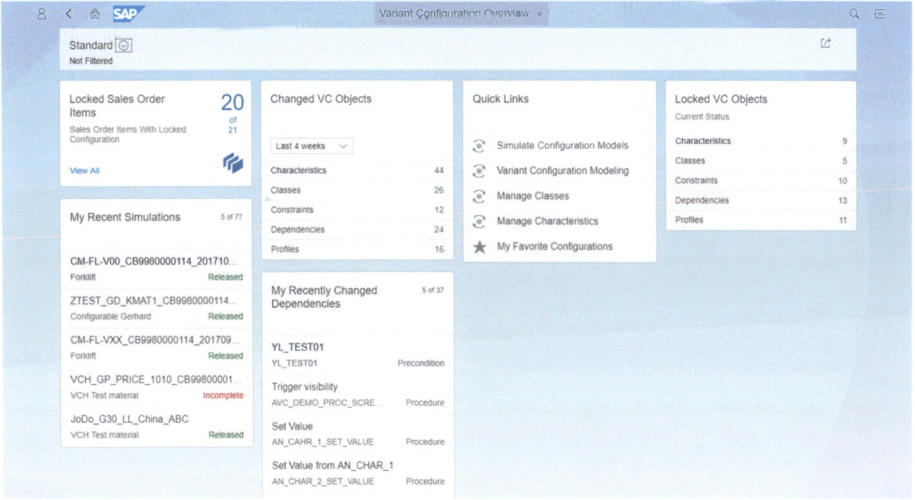

Abb. 7.6 Übersicht Variantenkonfiguration

analysieren, indem sie Objekte basierend auf den integrierten Merkmalsbewertungen konfigurieren und so prüfen, ob das Beziehungswissen ordnungsgemäß funktioniert. Insbesondere ist die Simulation für einstufige und mehrstufige Konfigurationen aktiviert.

7.3   Fazit

Stammdaten sind ein wesentlicher Bestandteil von SAP S/4HANA. Dieses Kapitel gab einen Überblick über Stammdaten und insbesondere über Stücklisten. Stücklisten können in verschiedenen Phasen des Produktlebenszyklus verwendet werden und unterschiedliche Strukturtypen haben. Zusätzlich zu den Standardstücklisten kann das Konfigurationssystem verwendet werden, um Stücklisten mit vordefinierten Merkmalen zu konfigurieren und verschiedene Varianten von Stücklisten anzulegen. Die einzelnen Elemente der technischen Umsetzung wurden erläutert, um das Konfigurationssystem besser zu verstehen. Wie in der Einführung erwähnt, müssen die Kernfunktionen eines Unternehmens auf die erforderlichen Daten zugreifen und die Datenqualität sicherstellen. Mit SAP S/4HANA kann der Kunde Prozesse anwenden, um konsistente und harmonisierte Stammdaten zu erhalten und diese Daten in der Systemlandschaft im gesamten Unternehmen zu verteilen.

Geschäftsprozess „Von der Idee bis zur Markteinführung" 8

Das Kapitel beschreibt den Geschäftsprozess *Von der Idee bis zur Markteinführung* bestehend aus den Teilprozessen Optimierung, Anforderungsanalyse, Entwurf und Markteinführung von Produkten/Dienstleistungen. Darüber hinaus werden die Anwendungsfunktionen von SAP S/4HANA zur Realisierung dieser Geschäftsprozesse erläutert.

8.1 Betriebswirtschaftliche Anforderung

Der Prozess *Von der Idee bis zur Markteinführung* ist in Abb. 8.1 und 8.2 dargestellt und wird in den nächsten Abschnitten näher erläutert.

Der Prozess *Von der Idee bis zur Markteinführung* lässt sich in fünf einzelne Prozesse unterteilen. Er beginnt mit der Optimierung von Produkten und Dienstleistungen, der sich auf das Portfoliomanagement konzentriert, um eine geeignete Produkt-/ Dienstleistungsstrategie zu definieren, das Portfolio zu erstellen, die Investitionen zu planen und zu überwachen. Ideen für Produkte/Dienstleistungen werden validiert, und die entsprechenden Entwicklungsanforderungen werden daraus abgeleitet. Diese Anforderungen werden in ein konkreter Entwurf für Produkte/Dienstleistungen über-führt. In diesem Kontext werden Prototypen implementiert und Abhängigkeiten identifiziert. Basierend auf dem detaillierten Entwurf wird die Auftragserfüllung von Produkten/Dienstleistungen vorbereitet. Darüber hinaus wird die Markteinführung einschließlich der Preise definiert. Unterstützende Aufgaben wie die Verwaltung von geistigem Eigentum, Compliance-Anforderungen oder die Pflege von Produkt-/Dienst-leistungsdaten stehen ebenfalls im Fokus dieses Geschäftsprozesses. Es sind umfassende Lösungen und Funktionen für die Ideenfindung, das Portfoliomanagement und das Projektmanagement erforderlich. Diese können als Crowdsourcing-Tool zum Sammeln

© Der/die Autor(en), exklusiv lizenziert an Springer Fachmedien Wiesbaden GmbH, ein Teil von Springer Nature 2023
S. Sarferaz, *ERP-Software: Funktionalität und Konzepte*,
https://doi.org/10.1007/978-3-658-40499-4_8

Abb. 8.1   Prozess Von der Idee bis zur Markteinführung

Abb. 8.2   Prozess Von der Idee bis zur Markteinführung

und Bewerten von Ideen verwendet werden, um die richtigen Ideen auf der Grundlage von Kundenwünsche, technischer Realisierbarkeit und Marktrealisierbarkeit umzusetzen. Basierend auf der Unternehmensstrategie können Innovationsmanager das Fuzzy-Frontend verwalten, indem sie Kampagnen anlegen, um die Einreichung von Ideen anzufordern. Dies kann zu einer konzentrierten Zusammenarbeit führen, um Ideen zu verbessern, sie zu bewerten, bevor sie Konzepte werden und für Implementierungen als Projekte oder Änderungen in einem Produkt oder Dienstleistung ausgewählt werden. Der Prozess der Ideenfindung kann so beschleunigt werden. Die Rezeptentwicklung dient als Grundlage für die Produktentwicklung in der Prozessindustrie wie Nahrungsmittel, Getränke, Chemikalien, Life Sciences und Konsumgüter. Dieser integrierte Prozess muss die gesamte Produktentwicklung abdecken, angefangen bei der Ideenfindung, Anforderungen und Testversionen bis zur Übergabe an die Produktentwicklung, einschließlich Fertigung und Logistik. Die Spezifikationsverwaltung ermöglicht das Anlegen und Pflegen von Spezifikationen, die Stoffe, Verpackungen und ihre Eigenschaften darstellen. Rezeptentwickler erstellen optimierte Formeln auf der Grundlage vorhandener Spezifikationen für die folgenden Aktivitäten:

- Berechnungen durchführen, z. B. Nährwert, Kosten, Zusammensetzung und Verlustberechnung eines Produkts ermitteln.
- Prozesse definieren, welche als Abfolge von chemischer, physikalischer oder biologischer Aktivitäten, zu einem Produkt oder Zwischenprodukt führen.
- Produktkonformität sicherstellen, indem Compliance-Prüfungen unter Verwendung quantitativer oder qualitativer Vorgaben durchgeführt werden, z. B. durch die Identifizierung verbotener Stoffe und Inhaltsstoffschwellenwerte.
- Rezepte an die Fertigung übergeben und Planungsrezepten für die Produktion entwickeln.

Unternehmen der diskreten Fertigung verwenden in der Produktentwicklung häufig verschiedene Lösungen wie mechanische und elektronische CAD-Systeme (Computer Aided Design (CAD)). Das Basisszenario für CAD umfasst das Anlegen und Verwalten von Stammdaten aus der CAD-Struktur.

Optimierung von Produkten und Dienstleistungen

Die *Optimierung von Produkten und Dienstleistungen* (Abb. 8.3) deckt das Portfoliomanagement ab. Das Portfoliomanagement ist für folgende Aufgaben zuständig:

1. Portfolioelemente sammeln und beschreiben
2. Portfolioelemente charakterisieren und auswerten

Abb. 8.3   Produkt-/Dienstleistungsoptimierung

3. Portfolioelemente vergleichen und entscheiden
4. Portfolioelemente überwachen

Diese Aufgaben werden mithilfe verschiedener Metriken ausgeführt und verglichen. Die Umsetzung der einzelnen Elemente erfolgt später in der Projektausführung. Das Portfoliomanagement für die Verwaltung der Produkt- und Dienstleistungsstrategien und des entsprechenden Portfolios sowie für die Planung und Überwachung der Portfolioinvestitionen zuständig.

Anforderungsanalyse

Der Prozess der *Anforderungsanalyse* (Abb. 8.4) umfasst das *Ideenmanagement* und das *Entwurfsmanagement* für Produkte und Dienstleistungen. Der Schwerpunkt des Ideenmanagements liegt auf der systematischen Erfassung neuer Ideen für Produkte und Dienstleistungen inklusive mögliche Variationen. Systematisch erfasst, werden auch neuer Ideen für vorhandene Produkte und Dienstleistungen, um diese zu verbessern oder anzupassen. Das Ideenmanagement umfasst nicht nur die Erfassung, sondern auch die Bewertung der Realisierbarkeit von Ideen. Für die Bewertung sind zahlreiche Kriterien erforderlich, z. B. Kosten- und Wettbewerbsanalyse. Es ist wichtig, zuerst zu recherchieren, ob wirklich neue Ideen vorliegen, bevor die entsprechenden Konzepte definiert werden. Anschließend werden die neuen Ideen und Anforderungen analysiert. Nach Abschluss des Ideenfindungsprozesses kann das Entwurfsmanagement beginnen, das die Umsetzung der Anforderungen konzeptionell vorbereitet. Hierbei ist es erforderlich, das Geschäftsprozesssegment zu berücksichtigen, das die Gruppe der

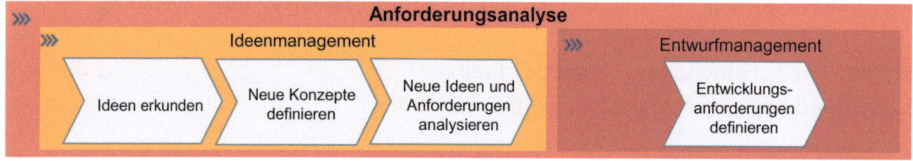

Abb. 8.4   Anforderungsanalyse

Geschäftsaktivitäten und Geschäftsfunktionen darstellt. Diese repräsentieren einen definierten Wert oder Ergebnis für einen Stakeholder ab.

Entwurf von Produkten und Dienstleistungen

Der Prozess *Entwurf von Produkten und Dienstleistung* (Abb. 8.5) ist in drei Teilprozesse unterteilt. Diese bestehen aus dem *Entwurfsmanagement,* welches bereits teilweise im vorherigen Abschnitt beschrieben wurde, *Bezugsquelleabwicklung* und *Produktionsmanagement.*

Mit dem Abschluss der Anforderungsanalyse kann die Konzept- und Detaillierungsphase beginnen. Es wird eine Ausgangsstruktur angelegt, die ständig verbessert und angepasst wird. Es ist möglich, eine separate Struktur anzulegen oder die funktionale und konzeptionelle Struktur zu kombinieren. Um eine Validierung durchzuführen, ist ein Prototyp erforderlich, auf dessen Grundlage der Produkt oder die Dienstleistung geprüft wird. Die entwickelten Produkte oder Dienstleistungen sind in der Regel sehr komplex und müssen strenge Qualitäts- und Effizienzstandards erfüllen. Jede Störung oder jeder Fehler muss dokumentiert und korrigiert werden, um erfolgreich zu sein. Es ist wichtig, jeder Mangel zu identifizieren, da sie sonst am Ende zusätzliche Kosten verursachen und sich negativ auf die Qualität des Produkts oder der Dienstleistung auswirken würde. Die Validierung des Produkts oder der Dienstleistung hängt von den zuvor definierten Anforderungen und Zielen ab. Alle bis dahin gewonnen Erkenntnisse müssen in die Verbesserung des Produkts oder Dienstleistung einfließen. In jedem Entwicklungsschritt muss eine Validierung durchgeführt werden. Ziel der Evaluierung ist es, sicherzustellen, dass alle Qualitätsstandards erreicht sind. Das Budget für den Einsatz der Mitarbeiter und andere Kosten sollten regelmäßig überwacht werden. Die Produktvalidierung ist eine Kombination aus mehreren Komponenten. Diese umfasst die Dokumentenverwaltung, das Qualitätsmanagement, das Prozessmanagement, das Produktmanagement und die operative Instandhaltung. Sie zeigt, dass die Vorabplanung für die Validierung sehr wichtig ist und dass die Qualität während des gesamten Prozesses regelmäßig geprüft werden muss. Abschließend

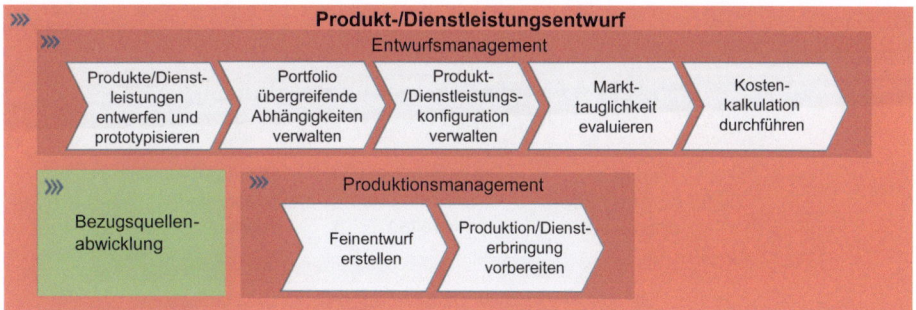

Abb. 8.5 Design to Release

müssen Dienstleistungen und Produkte entworfen und prototypisiert, die portfolioüber-greifenden Abhängigkeiten und Konfigurationen verwaltet, ein Testmarkt für überarbeitete oder neue Produkte gefunden und die Lebenszyklus durchgeführt und überwacht werden.

Das Produktionsmanagement umfasst den detaillierten Entwurf eines Produkts oder einer Dienstleistung und die Vorbereitung auf die tatsächliche Produktion oder die Erbringung einer Dienstleistung. Bei diesem Prozess handelt es sich um die Integration der Entwicklung mit der Fertigung. Die Stücklisten während einer Produktion müssen systematisch überwacht und gesteuert werden. Die Stückliste ist eine Liste aller in einem Produkt erforderlichen Materialien zusammen mit den benötigten Mengen. Die systematische Verwaltung der Stückliste ist die Grundlage für die Implementierung anderer Konzepte wie digitale Fabriken und Industrie 4.0. Digitale Fabriken verknüpfen die Produktentwicklung, -planung und -produktion. Hierbei werden die Daten aus der Produktion und Entwicklung für die Fertigung integriert. Außerdem werden Werkzeuge zur Modellierung und zur Simulation und Visualisierung eingesetzt. Das Ziel ist es, digital zu arbeiten und die Produkte dreidimensional zu konstruieren. Industrie 4.0 bietet nicht nur die Werkzeuge und Methoden, sondern unterstützt die Fabriken in Echtzeit.

Markteinführung von Produkten und Dienstleistungen

Nachdem das Produkt oder die Dienstleistung entworfen wurde, kann der Markteintritt geplant werden. Das bedeutet, dass die Markteinführung definiert, die Preise entwickelt und Metriken für das Messen von Kundenzufriedenheit angegeben werden. Diese Aspekte werden im Prozess *Markteinführung von Produkten und Dienstleistungen* (Abb. 8.6) betrachtet, welcher den Markteintritt und dessen Vorbereitung begleitet.

Verwaltung von Produkten und Dienstleistungen

Der Prozess *Verwaltung von Produkten und Dienstleistungen* (Abb. 8.7) besteht aus den Teilprozessen *Lebenszyklusmanagement, Produktkonformitätsmanagement* und *Entwicklungskooperation.*

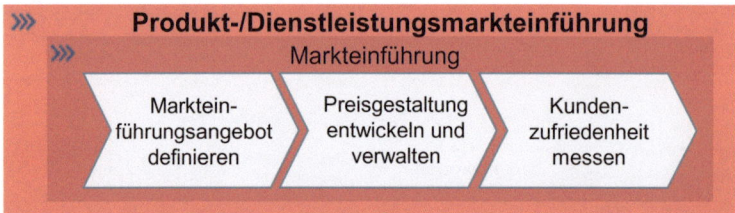

Abb. 8.6   Produkt-/Dienstleistungsmarkteinführung

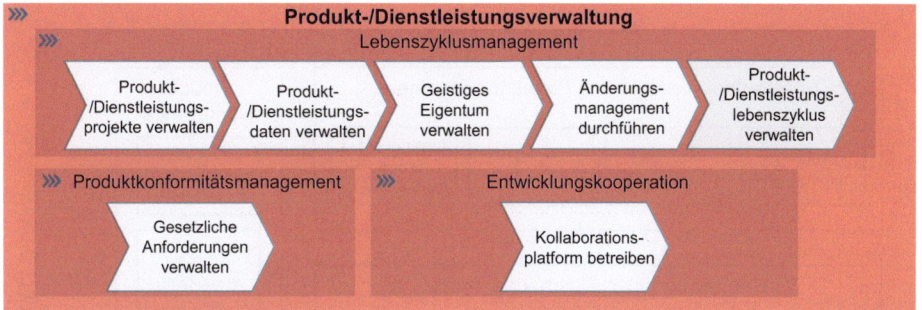

Abb. 8.7 Produkt-/Dienstleistungsverwaltung

Das Lebenszyklusmanagement umfasst die Verwaltung der Projekte, der Daten, des geistigen Eigentums, der Performanz und der Änderungen, die im Rahmen der Entwicklung von Produkten und Dienstleistungen anfallen. Die Produktkonformitätsmanagement deckt die gesetzlichen Anforderungen ab und stellt ihre Einhaltung sicher. Der Teilprozess Entwicklungskooperation sorgt für den Betrieb der Kollaborationsplattform für Produkte oder Dienstleistungen. Das Einrichten einer ordnungsgemäßen Projektstruktur durch den Projektmanager oder einen kaufmännischen Projektleiter dient als Grundlage für alle projektbezogenen Planungs-, Ausführungs- und Überwachungsaktivitäten. Der Prozess zum Anlegen von Projekten umfasst die Strukturierung einfacher Projekte, die einzelne Kontierungsobjekte enthalten, bis hin zu komplexen Projekten, die je nach Bedarf eine Hierarchie von Arbeitspaketen enthalten können. Die frühzeitige Kostenplanung für ein Projekt erfordert in der Regel einen erheblichen Aufwand. Da das Fachwissen auf persönlichen Erfahrungen oder strategischen Erwägungen beruht, ist es häufig ungenau.

8.2 Technische Umsetzung

Der Geschäftsprozess *Von der Idee bis zur Markteinführung* wird im Wesentlichen von SAP S/4HANA R&D/Engineering und SAP Enterprise Product Development (EDP) implementiert, wie in Abb. 8.8 dargestellt. Während SAP S/4HANA R&D/Engineering die Kernfunktionen abdeckt, enthält SAP EDP erweiterte Funktionen für die Konstruktion, Visualisierung, Zusammenarbeit, vernetzte Produkte und Partneranwendungen. Das *erweiterte Enterprise Portfolio- und Projektmanagement* erhöht die Effizienz und Automatisierung, indem für Produkte und Projekte Einblicke in Kosten, Zeit, Umfang, Ressourcen und Qualitätsleistung gewährt werden. *Produkt Lifecycle Management* verarbeitet Produktinformationen ganzheitlich und effizient über den gesamten Lebenszyklus hinweg und gewährleistet durchgängige Transparenz von Anforderungen über den Entwurf der Fertigung bis hin zu Dienstleistungen in der Prozess- und Fertigungsindustrie.

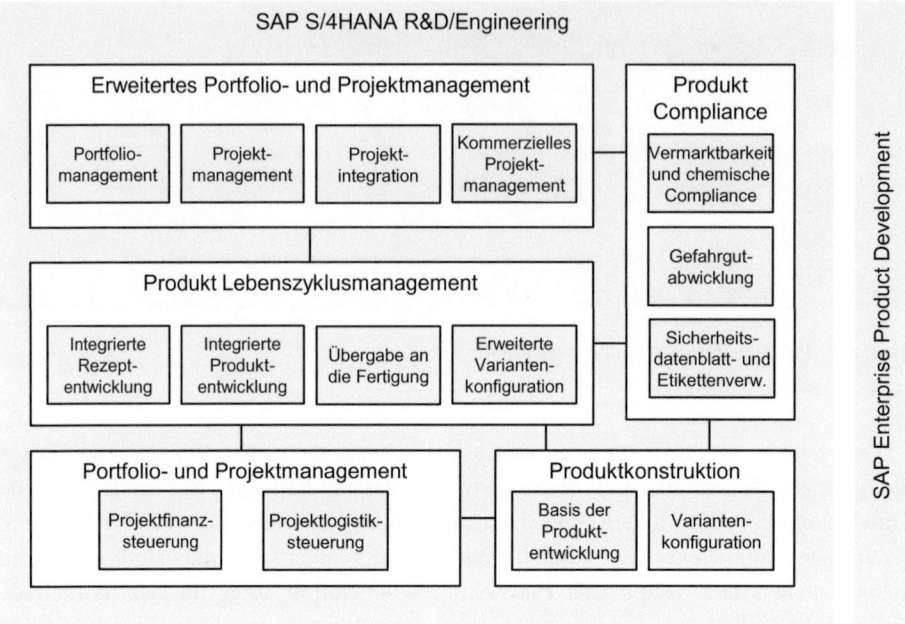

Abb. 8.8   SAP S/4HANA R&D/Engineering – Funktionale Architektur

Die *Produkt Compliance* stellt die Konformität von Produkten und Chemikalien sicher, um die Genehmigung auf Vermarktung, Verkauf und Versand von Produkten zu erhalten. Darüber hinaus bietet sie einen sicheren und regelkonformen Transport von Gefahrstoffen. Die *Produktkonstruktion* bietet eine Rundumsicht auf alle relevanten Aspekte in der frühen Phase des Produktlebens, von der ersten Produktidee über den Entwurf bis hin zur Übergabe an die Fertigung. *Portfolio und Projektmanagement* ermöglicht einen Einblick in Kosten, Zeit, Umfang, Ressourcen und Qualitätsleistung von Produkten und Projekten.

Portfolio- und Projektmanagement

Dieses Modul ist Teil der R&D/Engineering Lösung in SAP S/4HANA. Das Portfolio- und Projektmanagement ist in der Projektfinanz- und der Projektlogistiksteuerung unterteilt. Die Projektfinanzsteuerung dient der Planung und Überwachung von Kosten und Budgets. Sie unterstützt die Nachverfolgung von Kosten, die eng mit Kerngeschäftsprozessen integriert sind. Mit dieser Funktion ist es möglich, Projektstrukturpläne (PSP) zu definieren, die als Grundlage für die hierarchische Projektbuchhaltung dienen. Mit der Kosten- und Budgetverfolgung können unnötige Kosten vermieden und das Projekt erfolgreich durchgeführt werden. Diese Lösung umfasst zahlreiche Hauptfunktionen,

z. B. die Definition von Meilensteinen oder die Pflege von Standard- und Gruppen-PSP. Darüber hinaus werden geänderte Projekte, Netzpläne und Projektversionen unterstützt. Abb. 8.9 stellt beispielhaft die SAP Fiori App für die Anzeige des Projektfortschritts dar.

Die Projektlogistiksteuerung ist mit der vorherigen Funktion Projektfinanzsteuerung integriert. Sie ermöglicht die Definition von Projektstrukturen, die aus Projektstrukturplänen und Netzplanstrukturen bestehen. Darüber hinaus unterstütz sie die Planung und Terminierung von Projektaktivitäten, die Steuerung aller Beschaffungsprozesse, die in den Kerngeschäftsprozess integriert sind, sowie die Gewährung einen von Einblicken in alle logistikbezogenen Ausführungsaspekte eines Projekts. Jeder Schritt ist auf eine einfache Handhabung ausgelegt. Die Funktionalität umfasst z. B. die Pflege von Standardnetzen und operativen Netzplänen, die Definition von Netzplanterminplänen, die Zuordnung von Materialien zum Projekt und die Gruppierung von Bedarfen.

Produktkonstruktion

Dieses Modul ist in zwei Teile gegliedert: die Basis der Produktentwicklung und die Variantenkonfiguration. Die Basis der Produktentwicklung stellt eine Produktinnovationsplattform als Grundlage für den gesamten Entwicklungsprozess bereit. Es ist möglich, Innovationen zu integrieren und zu verwalten, den Produktentwurf zu optimieren, Stammdaten und Produktstrukturen zu initiieren und das Änderungs- und Konfigurationsmanagement zu integrieren. Das eingebettete Softwaremanagement kann für eine einheitliche Produktmodellierung verwendet werden. Die Basis der Produktentwicklung enthält auch die Stückliste, welche aller in einem Produkt benötigten Materialien mit den erforderlichen Mengen beinhaltet. Die Verwaltung der Stückliste

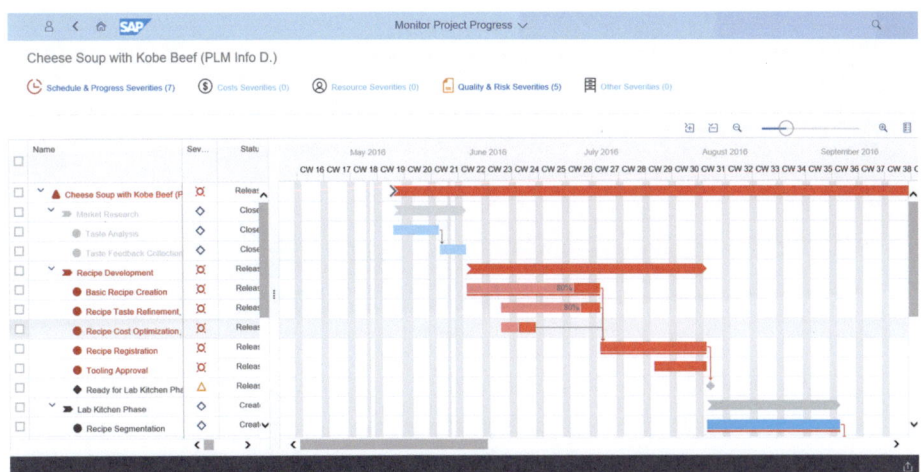

Abb. 8.9   SAP S/4HANA R&D/Engineering – Projektfortschritt überwachen

bildet die Grundlage für die Implementierung anderer Konzepte wie digitale Fabriken und Industrie 4.0. Im Allgemeinen deckt die Basis der Produktentwicklung die Stücklistenabwicklung, die Produktstrukturverwaltung, die Entwicklung eingebetteter Systeme, den Änderungsdienst, die Klassifizierung, die Dokumentenverwaltung, den Anhangsdienst und die Variantenkonfiguration (Abb. 8.10) ab.

Die Variantenkonfiguration ist Teil des Produkt Lebenszyklusmanagement (PLM) und wird auch als Produktkonfiguration bezeichnet, da sie es Kunden ermöglicht, ihr eigenes Modell eines Produkts anzulegen. Die Benutzer der Variantenkonfiguration definieren alle Regeln und Designs des Produkts selbst. Gleichzeitig werden ein geeigneter Arbeitsplan und eine Stückliste für die Produktion angelegt. Die Software bietet auch andere Funktionen, wie z. B. die Preisberechnung. Mithilfe der Variantenkonfiguration kann der Kunde das Produkt spezifizieren und sicherstellen, dass das Produkt auf die gewünschte Weise gefertigt wird. Die Konfiguration ermöglicht nicht nur bestimmte Produkte, sondern unterstützt auch nahtlose Verkaufs- und Fertigungsprozesse.

Produkt-Compliance

Dieses Modul umfasst drei Teillösungen: Vermarktbarkeit und chemische Compliance von Produkten, Gefahrgutabwicklung, Sicherheitsdatenblatt-Verwaltung und Gefahrenetikettendaten. Die Vermarktbarkeit und chemische Compliance von Produkten unterstützt bei der Verwaltung von Material- und Inhaltsstoffinformationen sowie bei der Erfüllung gesetzlicher und kundenspezifischer Anforderungen. Sie sammelt Compliance-Daten von Lieferanten und Kunden und stellt Konformitätsinformationen der Öffentlichkeit zur

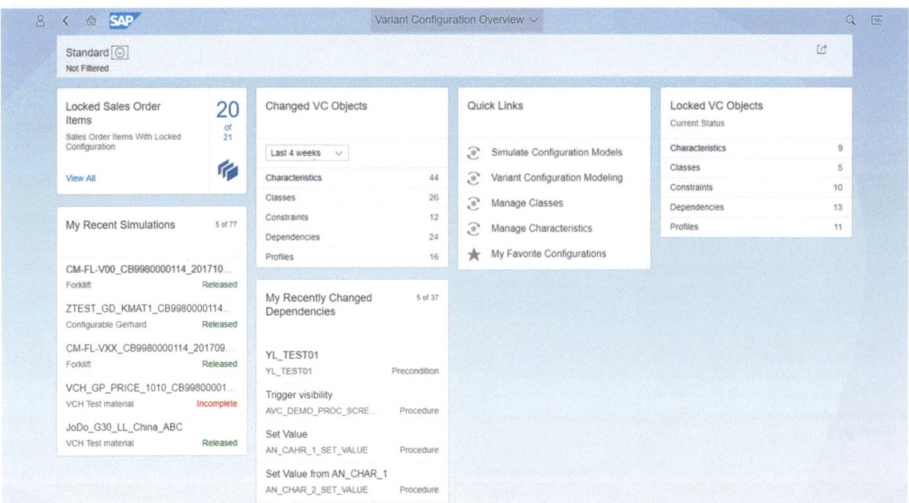

Abb. 8.10   SAP S/4HANA R&D/Engineering – Übersicht der Variantenkonfiguration

Verfügung. Darüber hinaus stellt diese Anwendung automatisch Mengen regulierter Stoffe sicher und bewertet und verifiziert Produkte und Materialien für verschiedene Compliance-Anforderungen, einschließlich erforderlicher Registrierungen. Diese Lösung umfasst Funktionen (Abb. 8.11 und 8.12), wie z. B. die Verwaltung von Compliance-

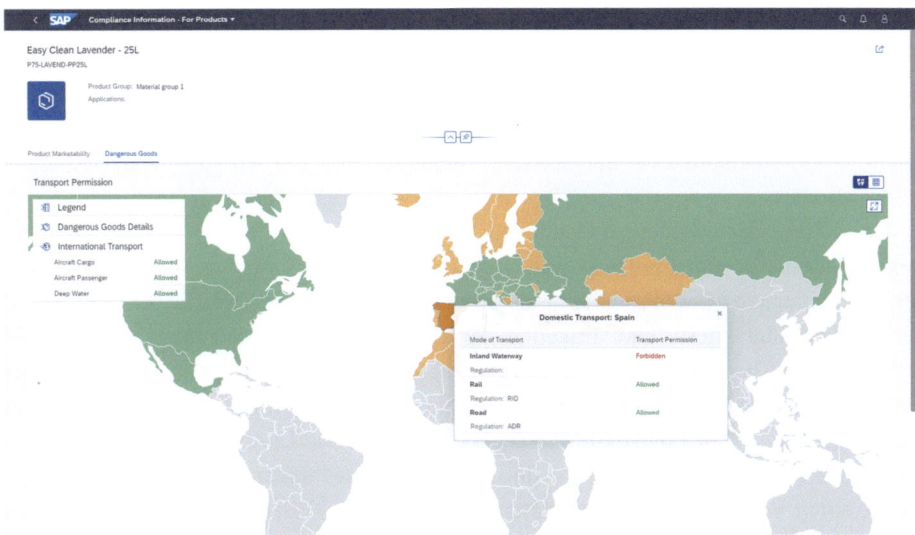

Abb. 8.11   SAP S/4HANA R&D/Engineering – Compliance-Informationen für Produkte

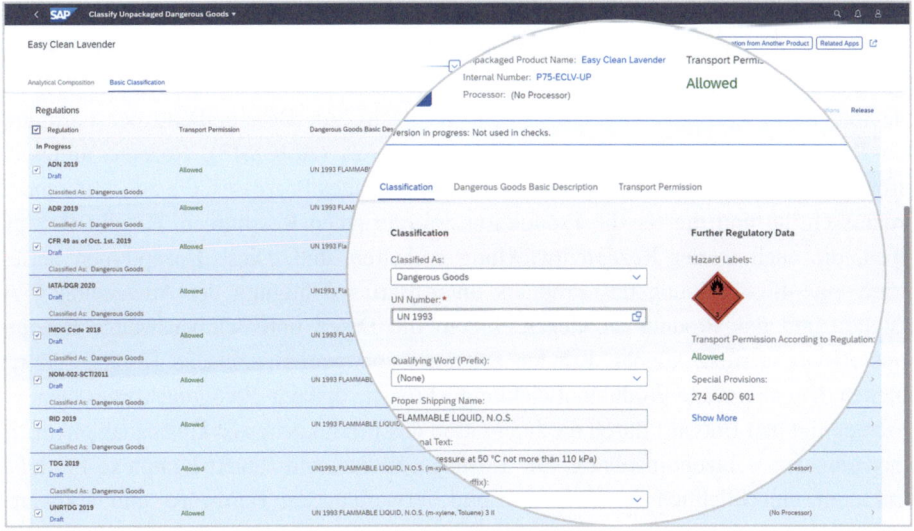

Abb. 8.12   SAP S/4HANA R&D/Engineering – Klassifizierung von Gefahrgut

Anforderungen, die Verwaltung von Compliance-Bewertungsprozessen, in Geschäfts-prozesse eingebettete Compliance-Kontrollen, den Compliance-Explorer und die Überwachung sowie die Verwaltung und Veröffentlichung von Konformitätsdokumenten.

Die Gefahrgutabwicklung verarbeitet Gefahrgutinformationen zentral für alle Produkte, Regionen und Verkehrsträger. Sie automatisiert die Gefahrgutklassifizierung (GG-Klassifizierung) und nutzt aufgewiesene Inhalte für Gefahrgutvorschriften. Darüber hinaus stellt die Anwendung durch integrierte Gefahrgutprüfungen sicher, dass alle Transporte GG-konform sind, indem sie angemessene Verpackungen und Transportwege bereitstellt und die Erstellung von Gefahrgutpapieren automatisiert. Die Lösung umfasst Funktionen, wie z. B. die Gefahrgutklassifizierung, die Gefahrgutabwicklung, das in wichtige Geschäftsprozesse eingebettete Gefahrgut und die Ausgabe von Gefahrgut-informationen.

Das Ziel der Sicherheitsdatenblatt-Verwaltung und der Gefahrenetikettdaten besteht darin, substanzbezogene und gesetzliche Informationen zentral zu verwalten, die Komponenten- und Produktklassifizierung zu optimieren und die Erstellung von Sicherheitsdatenblättern und Etiketten zu automatisieren. Außerdem berücksichtigt sie gesetzliche Vorschriften, um den Aufwand zu reduzieren, die laufende Compliance sicherzustellen und den Etikettendruck und den Versand von Sicherheitsdatenblättern zu automatisieren, die in Logistikprozesse integriert sind. Die Lösung umfasst Funktionen, wie z. B. das Datenmanagement für Sicherheitsdatenblätter und Gefahrzettel, die Generierung von Sicherheitsdatenblättern mithilfe von Vorlagen, die Veröffentlichung von Sicherheitsdatenblättern und Gefahrzettel, die in Geschäftsprozesse eingebettet sind.

Produkt Lebenszyklusmanagement

Dieses Modul besteht aus der integrierten Rezeptentwicklung, der integrierten Produkt-entwicklung, der Übergabe an die Fertigung und der erweiterten Variantenkonfiguration. Die integrierte Rezeptentwicklung ist ein Werkzeug zur Beschreibung der Fertigung von Produkten oder der Ausführung eines Prozesses (Abb. 8.13). Rezepte umfassen Informationen über die Produkte und Komponenten eines Prozesses, die auszuführenden Prozessschritte und die für die Produktion erforderlichen Ressourcen. Es gibt Rezept-typen, die auch in der Rezeptentwicklung enthalten sind. Diese Rezepttypen helfen dabei, eine Beschreibung des Produkts unter Berücksichtigung der Anweisungen zu erstellen und das Produkt anzulegen. Indem die Daten unternehmensweiter Rezepte konkretisiert werden, können Kunden standort- und werksspezifische Rezepte daraus ableiten. Die integrierte Produktentwicklung ist für die diskrete Fertigung vorgesehen. Es beschleunigt den Entwurf durch die Integration des Produktlebenszyklusmanagements in einer einzigen Echtzeitumgebung. Die Lösung validiert und steuert komplexe Produkt-strukturen, einschließlich der Definition und Verwaltung der Hardware- und Software-kompatibilität.

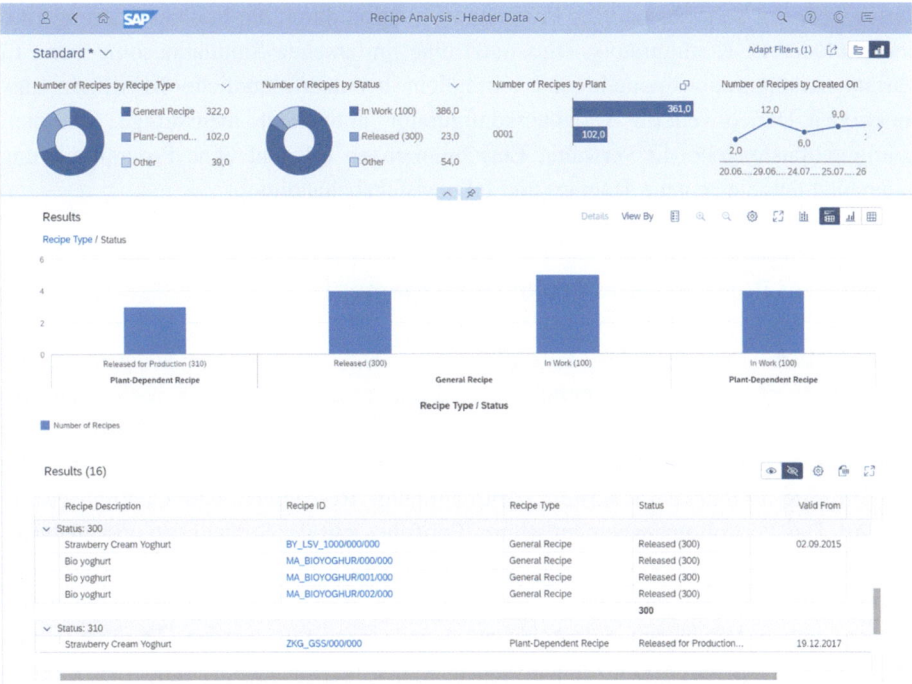

Abb. 8.13   SAP S/4HANA R&D/Engineering – Rezeptanalyse

Es legt individualisierte Produkte an, indem es Variantenproduktstrukturen in der gesamten Logistikkette definiert und wiederverwendet. Darüber hinaus unterscheidet die Anwendung das Produkt von der Konkurrenz und verbessert ihre Zuverlässigkeit, indem sie mit Kunden und Endbenutzern zusammenarbeitet und operatives Feedback in Echtzeit in die Produktentwicklungsprozesse einbindet. Die integrierte Produktentwicklung umfasst die Evolution eingebetteter Systeme, visuelle Exemplar-Planner, visuelle Anlagen-Planner, visuelle Fertigungs-Planner, Zugriffskontrollverwaltung, Änderungswesen und Aktenverwaltung. Die Übergabe von der Produktkonstruktion an die Fertigungstechnik durch einer integrierten Echtzeitlösung wird ebenfalls unterstützt. Sie minimiert die Produktkosten durch ein systematische Analyse der produkt- und ressourcenbezogenen Stammdaten. Die Lösung erhöht die Flexibilität durch die Implementierung von Fertigungsverfahren, die auf Werksressourcen und -funktionen basieren. Die durchgängige Visualisierung hilft, Fehler zu beheben und die Qualität zu verbessern. Für die erweiterte Variantenkonfiguration ist es wichtig, schnell zu reagieren und die Anforderungen des Kunden zu erfüllen. Die Variantenkonfiguration ermöglicht einen einfacheren und schnelleren Informationsaustausch innerhalb des Unternehmens bis hin zur Lieferung an den Kunden. Sie verbessert die

Performanz des Vertriebs und der Produktkonstruktion durch die Implementierung eines neuen modernen Konfigurators. Dies nutzt eine umfassende Simulationsumgebung für Variantenkonfigurationsmodelle und ermöglicht benutzerfreundliche Klassifizierungs-funktionen. Der erweiterte Variantenkonfigurator unterstützt mehrstufige Varianten-konfigurationsmodelle. Er verwaltet Einschränkungen effizient ohne Programmierung, unterstützt durch eine neue Tracing- und Inkonsistenzbehandlung.

Erweitertes Portfolio- und Projektmanagement

Dieses Modul umfasst das Portfoliomanagement, das Projektmanagement, die Projektintegration und das kommerzielles Projektmanagement. Sie basiert auf das Portfolio- und Projektmanagement und erweitert dieses. Das erweitertes Portfolio- und Projektmanagement erhöht die Effizienz und Automatisierung, indem es für Produkte und Projekte Einblicke in Kosten, Zeit, Umfang, Ressourcen und Qualitätsleistung gewährt. Das Portfoliomanagement stimmt Portfolios mit der Strategie ab und analysiert gleichzeitig Risiken in Echtzeit. Die Lösung ermöglicht die Investition in die richtigen Projekte und ermittelt diejenigen, die den größten geschäftlichen Nutzen generieren können, indem Vorschläge sofort bewertet und eingestuft werden. Darüber hinaus erhält die Lösung durch Echtzeitanalysen und -überwachung einen schnellen Einblick in die Performanz des gesamten Projektportfolios. Das Projektmanagement erlaubt die Planung, Durchführung und Überwachung von Projekten in Echtzeit, um Abweichungen bei Zeitplan, Kosten und Umfang zu minimieren (Abb. 8.14). So sind Echtzeitein-blicke in Projektkosten, -zeit, -umfang und -qualität möglich. Die Lösung verwaltet die Ressourcen, den Zeitplan und die finanzielle Aufwendungen für jede Projektphase

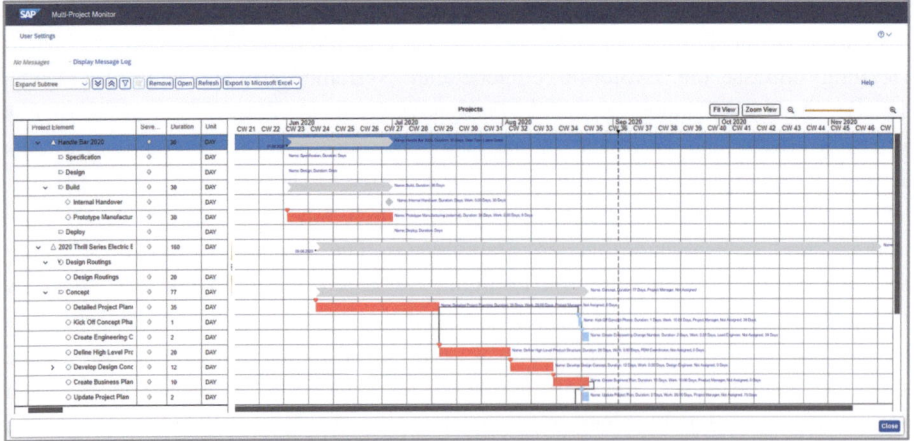

Abb. 8.14   SAP S/4HANA R&D/Engineering – Projektüberwachung

von der Projektinitiierung bis zum Abschluss. Sie minimiert Verzögerungen und verhindert Geschäftsunterbrechungen, indem sie den Fortschritt von Projekten in Echtzeit überwacht. Die Projektintegration optimiert und automatisiert einen bidirektionalen Austausch von Projektinformationen mit externen Projektplanungswerkzeugen. Die Komponente koordiniert den Austausch mithilfe von Geschäftsregeln, die die Reihenfolge beim Anlegen und Ändern von Projektelementen definieren – dynamisch, basierend auf Projekttypen und weiteren Kriterien. Die Anwendung tauscht Instandhaltungsaufträge mit externen Projektplanungswerkzeugen für die vollständige Instandhaltungsabwicklung aus, von der Planung und Terminierung bis hin zur Ausführung und Fortschrittsverfolgung. Kommerzielles Projektmanagement deckt mehrere Prozesse in einem durchgängigen Szenario ab, das den Verkauf, die Planung, die Durchführung, die Überwachung und das Controlling von Projekten umfasst. Unternehmen, die Projekte verkaufen (z. B. in der Dienstleistungs- oder Bauwirtschaft), können so ihre Kerngeschäftsprozesse professionalisieren und über Backoffice-Funktionen hinaus erweitern.

8.3   Fazit

Der Prozess *Von der Idee bis zur Markteinführung* ist ein Kerngeschäftsprozess in Unternehmen zur Entwicklung von Produkten und Dienstleistungen. Es beginnt mit der Definition der Produkt- und Dienstleistungsstrategie, dem Portfoliomanagement und der Planung der Investitionen und setzt sich bis zur Anforderungsanalyse und zum Entwurf fort. In SAP S/4HANA wird dieser Geschäftsprozess hauptsächlich von der Komponente SAP S/4HANA R&D/Engineering abgebildet. Diese Lösung bietet Funktionen für Portfolio- und Projektmanagement, Produktkonstruktion und Compliance, deckt aber auch das gesamte Produkt Lebenszyklusmanagement ab. Die SAP S/4HANA Module sind tief integriert und interagieren miteinander, sodass auch zusätzliche Komponenten zur Abwicklung dieses durchgängigen Prozesses beitragen.

Geschäftsprozess „Von der Bezugsquellenfindung bis zur Zahlung"

9

Das Kapitel beschreibt den Geschäftsprozess *Von der Bezugsquellenfindung bis zur Zahlung* bestehend aus den Teilprozessen Optimierung der Bezugsquellenfindung und Beschaffung, Bezugsquellenabwicklung, Beschaffungsabwicklung, Retourenabwicklung, Zahlungsabwicklung und Lieferantenverwaltung. Darüber hinaus werden die Anwendungsfunktionen von SAP S/4HANA zur Realisierung dieses Geschäftsprozesses erläutert.

9.1 Betriebswirtschaftliche Anforderung

Der Prozess *Von der Bezugsquellenfindung bis zur Zahlung* ist in Abb. 9.1 und 9.2 dargestellt und wird in den nächsten Abschnitten näher erläutert. Bezugsquellenfindung und Beschaffung sind vitale Funktionen in den Unternehmen. Im Allgemeinen findet ein Beschaffungsprozess statt, wenn eine Organisation eine Ware oder Dienstleistung von einer anderen Organisation oder Einzelperson kauft. Diese Beschaffungsaktivitäten werden entweder als direkt oder indirekt klassifiziert. Die Direktbeschaffung umfasst den Einkauf von Materialien und Dienstleistungen, die zur Produktion oder Lieferung eines Produkts beitragen, während die indirekte oder unterstützende Beschaffung die Beschaffung von Materialien und Dienstleistungen beinhaltet, um das Unternehmen am Laufen zu halten. *Von der Bezugsquellenfindung bis zur Zahlung* bezieht sich auf einen durchgängigen Prozess zur Abwicklung von Einkauf, Bestellung und Bezahlung von Waren oder Dienstleistungen.

Der Prozess beginnt mit der Analyse des Ausgabenprofils und der Klärung der Einkaufsanforderungen. Auf der Grundlage dieser Informationen werden Einkaufsquoten für Waren und Dienstleistungen definiert und Beschaffungskontrakte ausgehandelt. Bestellanforderungen werden Bezugsquellen zugeordnet, und Bestellungen werden

© Der/die Autor(en), exklusiv lizenziert an Springer Fachmedien Wiesbaden GmbH, ein Teil von Springer Nature 2023
S. Sarferaz, *ERP-Software: Funktionalität und Konzepte*,
https://doi.org/10.1007/978-3-658-40499-4_9

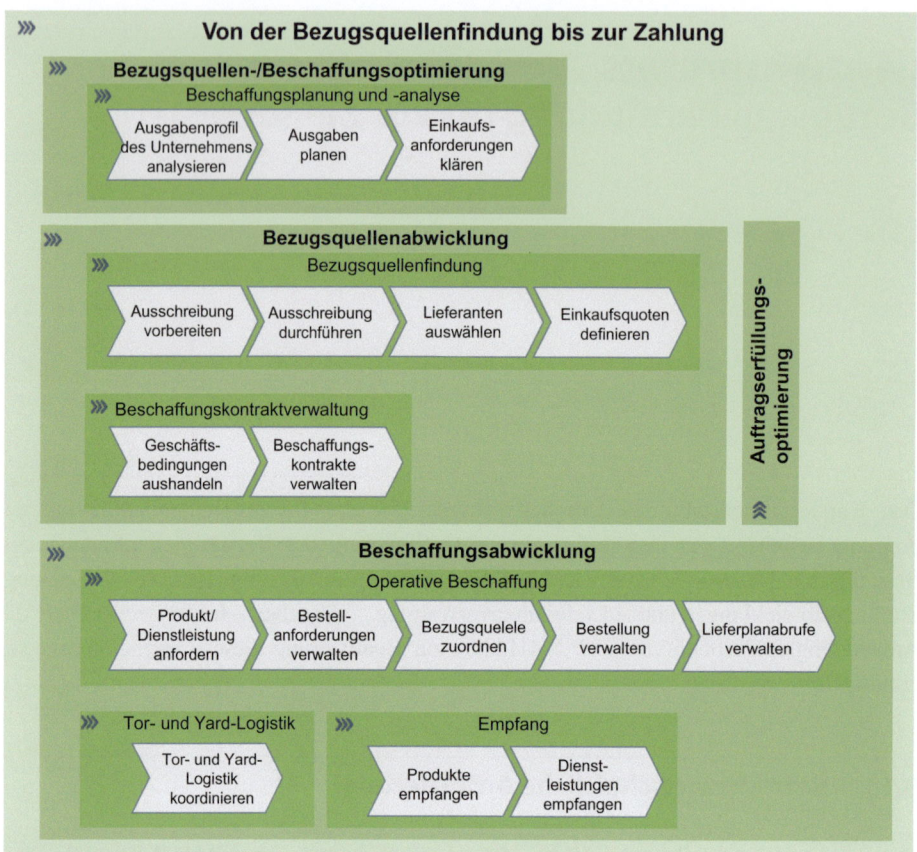

Abb. 9.1   Prozess *Von der Bezugsquellenfindung bis zur Zahlung*

angelegt. Der Eingang von Waren wird durch die Koordination von Tor- und Yard-Logistik vorbereitet.

Der Prozess deckt auch das Lieferantenreklamations- und Retourenmanagement ab. Außerdem werden Lieferantenrechnungen verarbeitet und in der Kreditorenbuchhaltung berücksichtigt. Unterstützende Aufgaben wie die Zertifizierung und Prüfung von Lieferanten, die Verwaltung von Lieferantenkatalogen oder die Bewertung der Lieferantenleistung werden ebenfalls inkludiert.

Optimierung der Bezugsquellenfindung und der Beschaffung

In der Regel identifiziert und analysiert eine Organisation die Anforderungen, bevor sie eine Ware oder Dienstleistung kauft. Bei der Beschaffung werden die Anforderungen

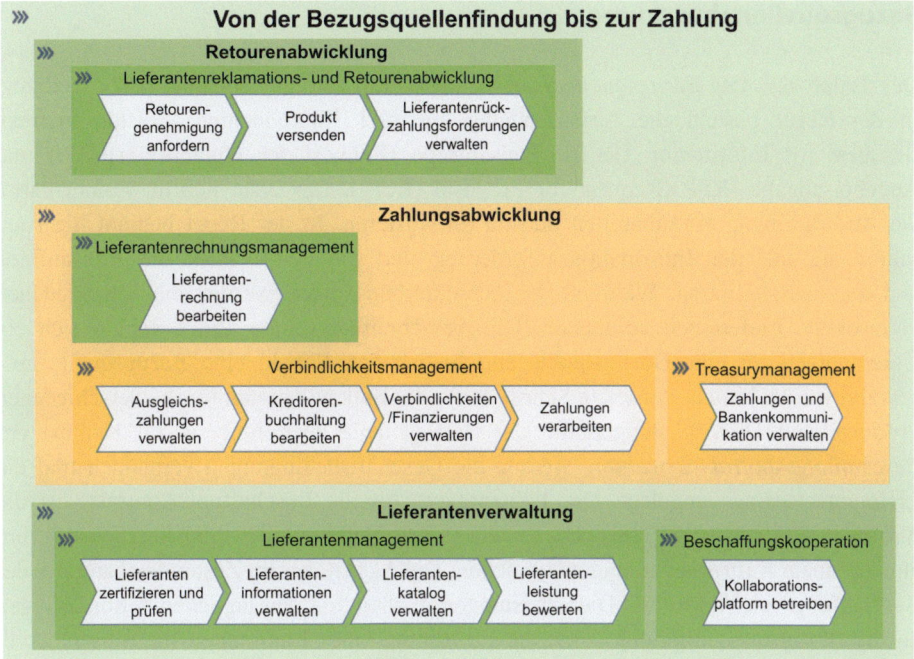

Abb. 9.2 Prozess *Von der Bezugsquellenfindung bis zur Zahlung*

Abb. 9.3 Bezugsquellen-/
Beschaffungsoptimierung

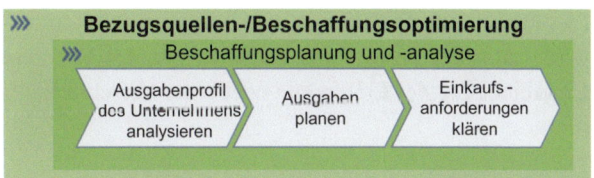

der Organisation mit einem Lieferanten abgeglichen, der die erforderlichen Waren oder Dienstleistungen bereitstellen kann. Die wesentlichen Schritte im Beschaffungsprozess sind das Identifizieren und Verstehen der Anforderungen, das Einschränken des Bieterpools auf die rentabelsten Lieferanten, das Anfordern von Informationen und Angeboten von Lieferanten, das Erteilen des Zuschlags an den Lieferanten mit dem besten Angebot und der Übergang zum Beschaffungsprozess durch das Anlegen einer Bestellung oder eines Kontrakts. Der erste Teilprozess behandelt die Analyse der allgemeinen Einkaufsstrategien eines Unternehmens (Abb. 9.3). So wird das Ausgabenprofil des Unternehmens untersucht, Ausgaben geplant und der Einkaufsbedarf geklärt. Ziel ist es, sich einen Überblick über die erforderlichen Einkäufe zu verschaffen.

Bezugsquellenabwicklung

Der Teilprozess der *Bezugsquellenfindung* (Abb. 9.4) erfolgt über eine Ausschreibung. In der Regel besteht die Ausschreibung aus drei Komponenten: Leistungsanfrage (Request for Information (RFI)), Preisanfrage (Request for Quotation (RFQ)) und Angebotsabgabe (RFP (Request for Proposal (RFP)). Der erste Schritt besteht darin, die Ausschreibung vorzubereiten und zu initialisieren. In der Regel beginnt die Ausschreibung mit der Informationsanforderung und durchläuft dann die Preisanfrage und die Ausschreibung. Während der Ausschreibungsphase werden die verschiedenen potenziellen Lieferanten verglichen. Die Ausschreibungsphase endet, sobald sich ein Unternehmen für eine Bezugsquelle entschieden hat. Sobald eine Bezugsquelle ausgewählt wurde, besteht der letzte Schritt darin, die Einkaufsquoten für die verschiedenen Produkte und Dienstleistungen mit der Bezugsquelle zu definieren. Im Kontext der *Beschaffungskontraktverwaltung* werden die Geschäftsbedingungen verhandelt und die Lieferantenverträge angelegt. Der Folgeprozess für die Beschaffungskontrakte ist die *Auftragserfüllungsoptimierung*. Dieser Prozess begleitet die wichtigsten Schritte, um eine optimale Auftragserfüllung zu erreichen. Die Aktivitäten im Zusammenhang mit der Beschaffung von Waren und Dienstleistungen reichen von den täglichen Anforderungen an die Bezugsquellenfindung, z. B. die Ermittlung eines Lieferanten für Büromaterial, bis hin zu strategischen Beschaffungsaktivitäten wie das Prognostizieren des Bedarfs in einer zentralen Ausgabenkategorie für das Unternehmen und das Aushandeln der besten Preise mit einem optimalen Lieferantenmix. Bei der Bezugsquellenfindung geht es nicht immer nur um den Preis. Ein Lieferant kann den besten Preis anbieten, aber wenn der Lieferant diesen Preis nicht einhalten kann oder durch externe Faktoren infrage gestellt wird, kann der beste Preis ein inakzeptables Kompromiss sein, was zu einer großen Unterbrechung der Lieferkette oder einer Verschlechterung der Qualität des Endprodukts führt.

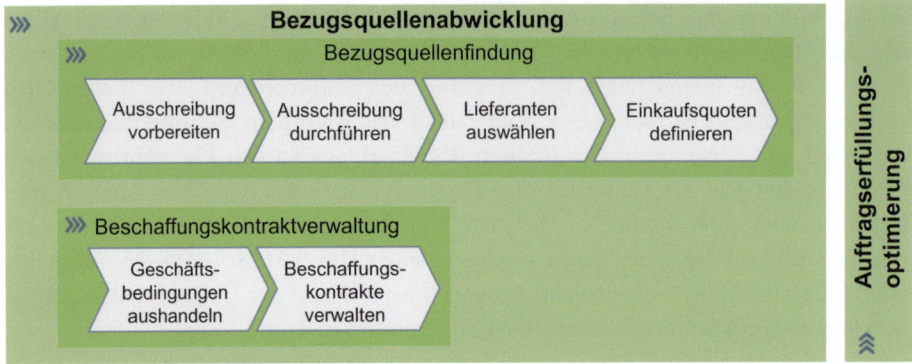

Abb. 9.4 Bezugsquellenabwicklung

Beschaffungsabwicklung

Die Beschaffung fängt in der Regel dort an, wo die Bezugsquellenfindung aufgehört hat, und legt Bestellanforderungen an und gibt Bestellungen für Waren oder Dienstleistungen an den Lieferanten aus, der während des Bezugsquellenfindung als Bezugsquelle identifiziert wurde. Im Allgemeinen beschreibt *Beschaffungsabwicklung* (Abb. 9.5) den Prozess von der Beschaffung bis zum Wareneingang. Der erste Schritt ist die *operative Beschaffung*. Ziel ist es, zu ermitteln, welche Produkte oder Dienstleistungen für die Fertigung benötigt werden. Auf der Grundlage dieser Informationen werden den erforderlichen Produkten und Dienstleistungen geeignete Lieferanten zugeordnet. Sobald eine Bezugsquelle ausgewählt wurde, besteht die nächste Aufgabe darin, entsprechende Aufträge anzulegen und den Lieferplan freizugeben. *Tor- und Yard-Logistik* umfasst die Koordination der Ladebuchten und des Verkehrs auf dem Werksgelände. Der letzte Teilprozess der Warenbewegung ist der *Empfang* der bestellten Waren. Der Wareneingang von Produkten und Dienstleistungen unterscheidet sich. Während Dienstleistungen verbraucht werden, werden Produkte im Lager aufbewahrt. Je nach Produktionsstrategie des Unternehmens und den Kapazitäten können eingehende Waren auch sofort verarbeitet werden. In vielen Branchen besteht ein wachsender Trend darin, von herkömmlichen Geschäftsmodellen, die auf der Herstellung und dem Verkauf von Waren basieren, zum Bündeln verschiedener Angebote zu wechseln, in denen Waren, Garantien, kontinuierliche Wartung und Lizenzen zu einem allgemeinen Serviceangebot zusammengefasst werden. Ein typisches Beispiel ist das Leasen von Fahrzeugen zusammen mit einem Serviceplan und Reparaturen. Dadurch verändern Dienstleistungen immer mehr das Geschäftsmodell der Unternehmen. Mitarbeiter sind die Haupttreiber der operativen Beschaffung. Ein Mitarbeiter erkennt einen Bedarf und gibt ihn in das System ein, um eine Bestellung aufzugeben. Lagerbestand, Verbrauchsmaterialien und Fremdleistungen sind die drei wichtigsten Beschaffungsarten in der operativen Beschaffung. Die Lagerbeschaffung wird in der Regel für Direktbeschaffungsaktivitäten verwendet und umfasst den Einkauf von Lager-

Abb. 9.5   Beschaffungsabwicklung

positionen und deren Aufbewahrung im Bestand für die Verarbeitung und Verteilung. Ein Verbrauchsmaterial ist häufig ein Artikel, der regelmäßig verbraucht und aufgefüllt wird, aber nicht als Bestand im System verwaltet wird. Stifte, Papier, Kaffee für die Büroküche und andere Verbrauchsmaterialien können vom Büroleiter oder direkt von einem Mitarbeiter bestellt werden. Bei dieser Art des indirekten Einkaufs handelt es sich in der Regel um einen niedrigen Wert und ein hohes Volumen. Aufgrund des hohen Volumens wirkt sich dies erheblich auf die Gesamtausgaben eines Unternehmens aus. Ausgaben für Verbrauchsmaterial sind außerdem gut geeignet für die Abwicklung der Beschaffung mithilfe von Self-Service-Prozessen, der es Einkäufern ermöglicht, sich auf strategische Ausgaben im Unternehmen zu konzentrieren und dem anfordernden Mitarbeiter die Möglichkeit zu geben, genau das auszuwählen, was er benötigt, ohne die regulären Genehmigungs- und Ausgabenprozesse des Unternehmens zu durchlaufen. Einkaufsdienstleistungen wie Gebäudeinstandhaltung, Beratung oder andere Aufgaben, die von externen Personen erbracht werden, fallen in den Bereich der Fremdleistungs-beschaffung. Externe Dienstleistungen werden von Einzelpersonen oder Gruppen erbracht, die keine Mitarbeiter des Unternehmens sind, sondern nur an diesem spezifischen Arbeitsumfang beteiligt sind. Fremdleistungen können sowohl in direkten als auch in indirekten Beschaffungsvorgängen enthalten sein.

Retourenabwicklung

Bei der Beschaffung von Produkten oder Dienstleistungen können Fehler auftreten. Somit befasst sich die *Retourenabwicklung* (Abb. 9.6) mit der Verarbeitung von Reklamationen und Retouren. Waren oder Dienstleistungen, die die Erwartungen nicht erfüllen, führen zu Reklamationsansprüchen. Sobald die Reklamationsanträge erfasst und mit dem Lieferanten geklärt wurden, wird der Retourprozess angestoßen. In den meisten Fällen muss der Warenlieferant den Rücktransport koordinieren und bezahlte Rechnungen wieder gutschreiben. Reklamationen stehen im Fokus von Analysen, um Lücken zu erkennen und die Prozesse und Produkte kontinuierlich zu verbessern.

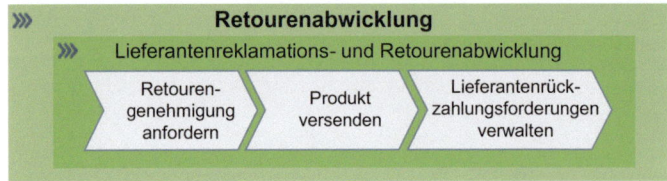

Abb. 9.6   Retourenabwicklung

Zahlungsabwicklung

Der Geschäftsprozess wird mit der Zahlung abgeschlossen, die den Empfang und die Verarbeitung von Rechnungen umfasst (Abb. 9.7). Während Zahlungen in der Regel am Ende eines Beschaffungsprozesses ausgelöst werden, gibt es auch Ausnahmen, sodass eine einheitliche Reihenfolge nicht immer gegeben ist. Die Rechnungsabwicklung wird über den Geschäftsprozess *Finanzwesen* abgewickelt. Dies ist für die Beschaffung von Waren unerlässlich, da es sich um die Zahlung der Rechnungen handelt. Eine Lieferantenrechnung ist ein Zahlungsbeleg von einem Lieferanten für gelieferte Materialien oder erbrachte Dienstleistungen. Die Zahlungsabwicklung umfasst die Verarbeitung von Lieferantenrechnungen, bei denen es um den Eingang der Rechnung und der Bezahlung geht. Basierend auf der Kreditorenbuchhaltung werden die Finanzabrechnungen einbezogen und Finanzierungsverbindlichkeiten initiiert, die die Zahlungen ausführen. Die Finanzabrechnungen werden als Hauptelement innerhalb des Prozesses betrachtet. Ausgehend von den Finanzabrechnungen werden die Kreditoren verarbeitet. Ein weiteres Element der Abrechnung ist die Begleichung der offenen Verbindlichkeiten. Aufgrund der Integration in den Prozess der Warenbeschaffung sind hier die Verbindlichkeiten gegenüber den verschiedenen Lieferanten abzurechnen. Der Schwerpunkt von Treasury Management liegt auf der Kommunikation mit Banken, um die Zahlungen zu verarbeiten. Treasury Management bietet Unterstützung bei Treasury-Prozessen wie Cash- und Liquiditätsmanagement, Fremdfinanzierungs- und Investitionsmanagement und Devisenrisikomanagement.

Lieferantenverwaltung

Der Prozess *Lieferantenverwaltung* ist in zwei Teilprozesse unterteilt (Abb. 9.8). Das Ziel des *Lieferantenmanagements* ist es, die vorhandenen Lieferanten zu organisieren und zu analysieren. Daher besteht der erste Schritt darin, die vorhandenen Lieferanten

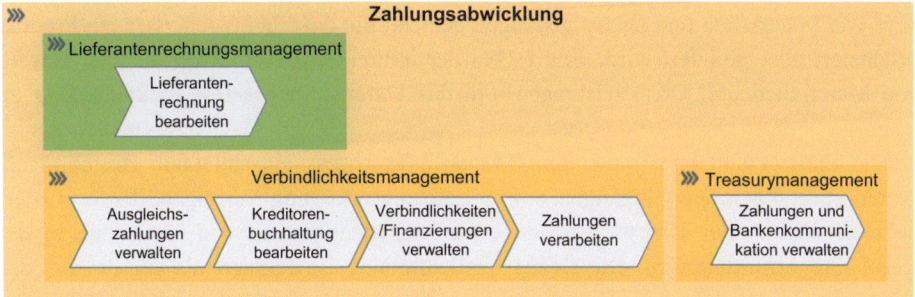

Abb. 9.7 Zu zahlende Rechnung

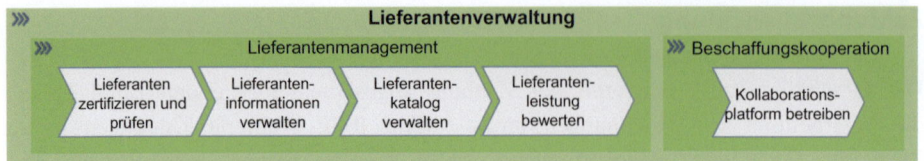

Abb. 9.8 Lieferantenverwaltung

basierend auf internen Kriterien zu zertifizieren und zu validieren. Ein solcher Ansatz ermöglicht eine bessere Klassifizierung der bestehenden Lieferanten. Anschließend werden die Lieferanteninformationen verwaltet, die z. B. Stammdaten, aber auch verschiedene Ausschreibungsbelege abdecken. Eine aktuelle und umfassende Auflistung aller relevanten Informationen ist unerlässlich, um den richtigen Lieferanten auswählen zu können. Lieferanten werden in einem Katalog klassifiziert. Für die Lieferantenauswahl kann dieser Katalog mit allen wichtigen Informationen verwendet werden. Ein letzter Schritt, der in Verbindung mit den Lieferanten durchgeführt wird, ist die Bewertung der Leistung/Performanz. Hierbei kann das Unternehmen basierend auf den vorherigen Lieferungen entscheiden, welche Bezugsquelle für einen neuen Auftrag ausgewählt werden sollte. Der Zugriff auf Lieferantennetzwerke basierend auf Plattformen ist für die Zusammenarbeit mit Lieferanten unerlässlich.

9.2   Technische Umsetzung

Der Geschäftsprozess *Von der Bezugsquellenfindung bis zur Zahlung* wird im Wesentlichen von SAP S/4HANA Sourcing & Procurement implementiert, wie in Abb. 9.9 dargestellt. Während SAP S/4HANA Sourcing & Procurement die Kernfunktionen abdeckt, enthält SAP Ariba und SAP Fieldglass erweiterte Funktionen, wie z. B. Guided-Buying-Funktion und Kataloge. Für praktisch jedes Unternehmen ist der Prozess der Bezugsquellenfindung und Beschaffung von entscheidender Bedeutung. Bei der Beschaffung geht es um den Einkauf von Waren oder Dienstleistungen von anderen Organisationen oder Einzelpersonen. Während sich die Direktbeschaffung auf den Einkauf von Materialien und Dienstleistungen bezieht, die dazu beitragen, dass ein Produkt produziert oder geliefert wird, geht es bei der indirekten Beschaffung um den Erwerb von Materialien und Dienstleistungen, um das Unternehmen selbst funktionsfähig zu halten.

Die Einkaufsabteilung muss den Beschaffungsprozess einschließlich Bestellungen, Waren- und Rechnungseingängen sowie Leistungserfassung verfolgen. Bevor Unternehmen Waren oder Dienstleistungen erwerben, identifizieren und klären sie in der Regel ihre Anforderungen. Die Bezugsquellenfindung ist definiert als der Prozess des Abgleichs der Produkt- und Dienstleistungsanforderungen mit potenziellen Lieferanten für die Bereitstellung. Dazu müssen die Anforderungen im Detail analysiert und der

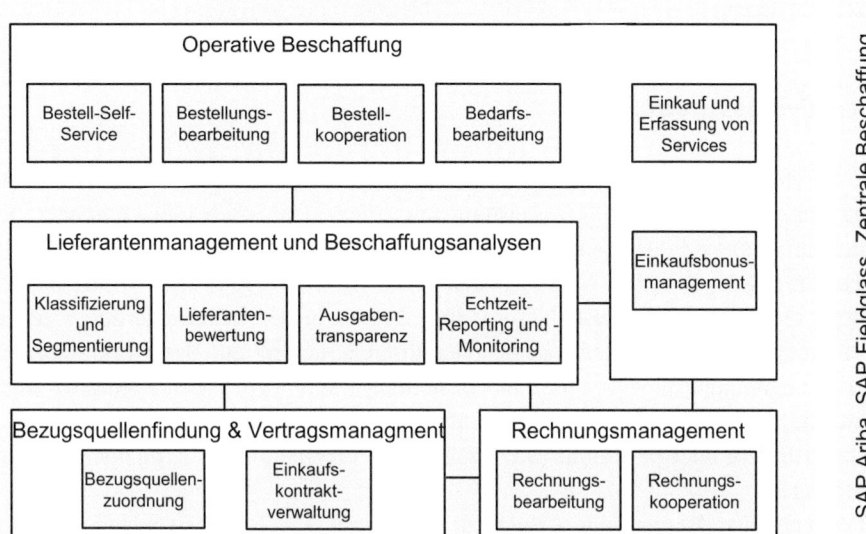

Abb. 9.9 SAP S/4HANA Sourcing & Procurement – Funktionale Architektur

Bieterpool auf die geeignetsten Lieferanten reduziert werden. Darüber hinaus müssen Informationen und Angebote von Lieferanten angefordert werden. Der Prozess deckt ebenfalls ab, dass die Einkaufsorganisation dem Lieferanten den Zuschlag mit dem besten Angebot erteilt und dann zum Beschaffungsprozess übergeht, indem eine Bestellung oder einen Kontrakt angelegt wird. Durch die Integration automatisierter oder manueller Funktionen optimiert die *operative Beschaffung* den Einkaufsprozess. Die Analysevisualisierung, die in transaktionale Anwendungen eingebettet ist, unterstützt die Entscheidungsfindung. Weiterhin ermittelt die Lösung die Istkosten von produktbasierten Einkaufsvereinbarungen mit Lieferanten. *Bezugsquellenfindung und Vertragsmanagement* stellt die Lieferung zugesagter Mengen und Werte sicher. Sie ermittelt, verhandelt und beauftragt die qualifiziertesten und zuverlässigsten Bezugsquellen und Lieferanten. Das *Rechnungsmanagement* bietet der Kreditorenbuchhaltung präzise Rechnungen mit elektronischer Rechnungsstellung und automatisierter Prüfung. Die Lösung verbessert den Lebenszyklus der Rechnungsbearbeitung durch mehr Transparenz und Geschwindigkeit. *Lieferantenmanagement und Beschaffungsanalysen* erhöhen die Transparenz, um den richtigen Lieferantenmix zu ermitteln, die Geschäftsziele am besten zu erreichen und das gesamte Lieferrisiko zu reduzieren. Sie bietet nahezu in Echtzeit Einblicke in Unternehmensausgaben, Lieferanten und Marktinformationen. Die *zentrale Beschaffung* integriert das SAP S/4HANA Hub-System mit mehreren SAP ERP und SAP S/4HANA Backend-Systemen mit dem Ziel die Beschaffung im Unternehmen zu zentralisieren.

Operative Beschaffung

Eine Bestellanforderung ist eine Aufforderung zur Beschaffung einer bestimmten Menge eines Materials oder einer Dienstleistung mit einem definierten Lieferzeitpunkt. Eine Bestellanforderung bildet den Ausgangspunkt im Einkauf und kann manuell in SAP S/4HANA angelegt werden. Allerdings kann auch ein Bedarf aus einem Materialbedarfs-planung (MRP) zu einer Bestellanforderung führen. In der Regel unterliegen Bestell-anforderungen einer Freigabestrategie oder lösen basierend auf der Workflow-Engine einen Genehmigungsprozess aus. Eine Bestellung (Abb. 9.10) ist eine Anforderung an einen externen Lieferanten, eine bestimmte Materialmenge zu einem festgelegten Zeit-punkt zu liefern oder bestimmte Dienstleistungen innerhalb eines expliziten Zeitraums zu erbringen.

Die operative Beschaffung erfolgt in der Regel auf Mitarbeiterebene. Ein Mit-arbeiter identifiziert einen Bedarf und legt einen Auftrag an. Lagerbestand,

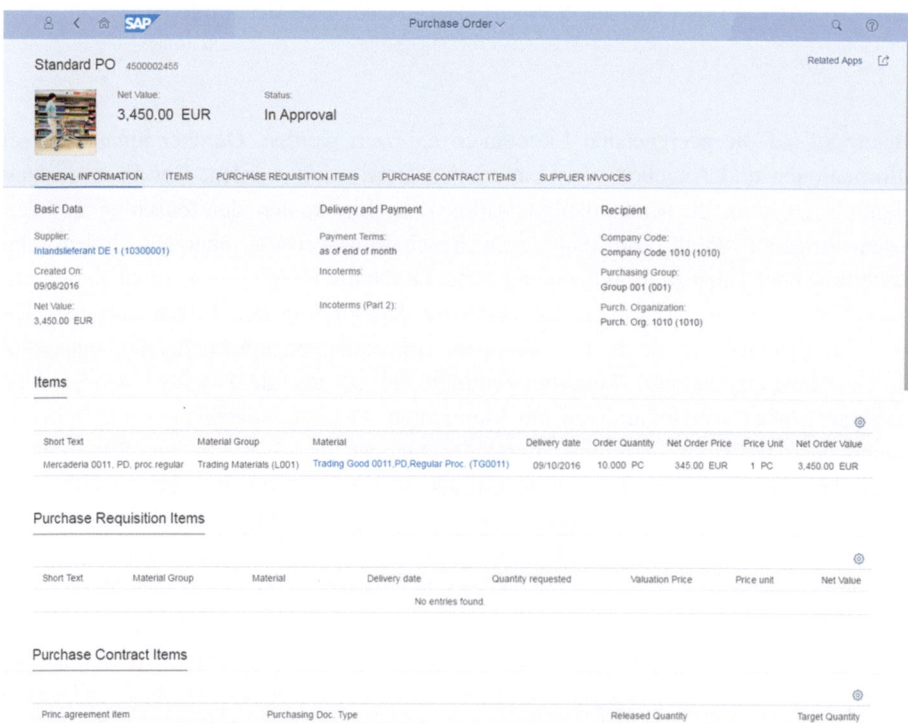

Abb. 9.10   SAP S/4HANA Sourcing & Procurement – Bestellung

Verbrauchsmaterialien und Fremdleistungen sind die wichtigsten Beschaffungsarten. Der Lagerbestand ist für Direktbeschaffungsaktivitäten vorgesehen und umfasst den Einkauf von Bestandspositionen und deren Aufnahme in den Bestand für die Verteilung. Bei der Beschaffung von Verbrauchsmaterial handelt es sich um indirekte Positionen, die kontinuierlich verbraucht und aufgefüllt, aber nicht im Bestand verarbeitet werden. Einkaufsservices, wie z. B. Immobilieninstandhaltung oder Beratung, werden durch die Kategorie der Dienstleistungsbeschaffung abgedeckt. Externe Dienstleistungen werden von Personen oder Organisationen erbracht, die in der Regel nicht im Unternehmen beschäftigt sind. Die Self-Services in SAP S/4HANA für die Bestellanforderung bietet eine benutzerfreundliche und katalogübergreifende Suche, die es Mitarbeitern ermöglicht, Beschaffungsprozesse und -richtlinien zu übernehmen. Sie unterstützt einen erweiterten Workflow zum Abschließen von Bestellanforderungen, einschließlich der SAP Fiori App basierte Workflow-Eingang und des Benachrichtigungs-Centers. Bestellungsbearbeitung und Kollaboration ermöglichen die indirekte und direkte Beschaffung mithilfe der Integration mit anderen Geschäftsbereichen. Die Lösung stellt analytische Apps zur Überwachung des Status von Bestellungen bereit (Abb. 9.11).

Eine umfassende Integration von Geschäftsprozessen in das Business Network wird ebenfalls unterstützt. Erweiterungen des flexiblen Workflows, z. B. das Beibehalten von Bestellterminen oder das Hinzufügen von Steuerdaten in der gesamten Anwendung. Dadurch wird eine erhöhte Transparenz durch Berücksichtigung von Fehlmengen sichergestellt. Die Anforderungsbearbeitung ermöglicht die Steuerung der Automatisierung und ggf. des manuellen Eingriffs. Darüber hinaus wird die Entscheidungsfindung durch analytische Visualisierungen unterstützt, die in transaktionale Anwendungen eingebettet sind. Einkauf und Erfassung von Dienstleistungen bietet eine harmonisierte Benutzererfahrung sowohl für Waren- als auch für den Einkaufsprozess von Dienstleistungen.

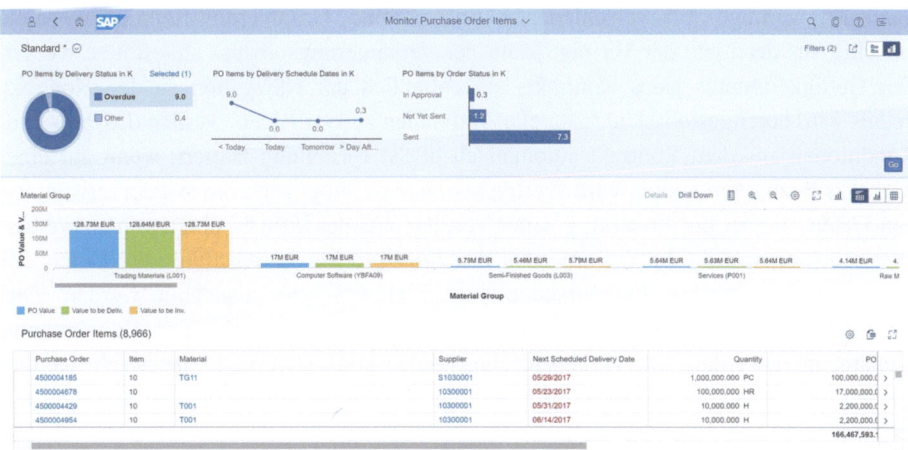

Abb. 9.11 SAP S/4HANA Sourcing & Procurement – Überwachung von Bestellungen

Sie hilft bei der Begrenzung der Anzahl von Bestellpositionen, um ungeplante Leistungen und Datensatzdetails über die SAP Fiori App für Leistungserfassung zu steuern. Das Einkaufsbonusmanagement wickelt den Lebenszyklus von Einkaufsboni ab, von der Planung über die Nachverfolgung bis hin zur Abrechnung und Analyse von Bonusabsprachen.

Bezugsquellenfindung und Vertragsmanagement

Bei der Beschaffung von Waren und Dienstleistungen geht es darum, den optimalen Lieferanten zu finden, aber auch strategischere Aktivitäten für die Prognose des Bedarfs in einer zentralen Ausgabenkategorie für das Unternehmen abzudecken. Dazu gehört auch, die besten Preise mit dem besten Lieferantenmix auszuhandeln. Selbst wenn Lieferanten den besten Preis anbieten, werden sie jedoch aufgrund von Qualitätslücken oder verspäteten Lieferzeitpunkten möglicherweise nicht ausgewählt. Elementar für den Beschaffungsprozess ist also die Bezugsquellenzuordnung. In der Praxis wird dies von SAP S/4HANA und SAP Ariba unterstützt. SAP Ariba ist ein Business-to-Business-Marktplatz, mit dem neue potenzielle Lieferanten ermittelt werden können. SAP ermöglicht die nahtlose Integration von SAP Ariba und SAP S/4HANA. Neben der Integration bietet SAP S/4HANA auch verschiedene analytische Apps, um Ausschreibungen zu überwachen oder Lieferangebote zu vergleichen. Durch die Interaktion der Kernfunktionen von SAP S/4HANA und der integrierten SAP Ariba Lösung kann der Benutzer die vollständige Bezugsquellenfindung durchführen. Einkaufskontraktverwaltung stellt analytische Apps bereit, mit denen der Benutzer den Status von Kontrakten und Vereinbarungen verwalten kann. Ein Einkaufskontrakt ist ein Rahmenvertrag zwischen dem Lieferanten und dem Unternehmen, der spezielle Materialien oder Dienstleistungen beschafft. In SAP S/4HANA wird eine Übersicht über alle vorhandenen Verträge mit verschiedenen Sortier- und Gruppierungsfunktionen bereitgestellt. Aus der Liste der Verträge kann der Verlängerungsprozess angestoßen werden. Der Gültigkeitsstatus jedes Kontrakts einschließlich der Navigation zu den Kontraktdetails wird bereitgestellt. Um manuelle Aktivitäten zu vermeiden, werden die Preise und Konditionen aus dem Kontrakt automatisch in die Bestellung kopiert, wenn auf einen Kontrakt Bezug genommen wird. Vertragsvorlagen ermöglichen die Wiederverwendung von Daten, die bei der Erstellung neuer Verträge aus der Vorlage übernommen werden. Dies reduziert sowohl die Zeit als auch den Aufwand für das Ausfüllen der Daten. Mit dem Workflow können Einkaufskontrakte genehmigt oder abgelehnt werden. Dies kann basierend auf einer automatischen, einstufigen oder mehrstufigen Genehmigung implementiert werden. Mit Vorhersagealgorithmen können Verträge überwacht werden, um Vertragsverhandlungen richtzeitig zu planen. Darüber hinaus werden Vorlagen und Massenänderungen angeboten, um die Effizienz bei der Verwaltung einer großen Anzahl von Verträgen zu erhöhen. Ungeplante Dienstleistungen werden mit Bezug zu Einkaufskontrakten gespeichert, um den Prozess zu vereinfachen.

Rechnungsmanagement

Lieferantenrechnungen werden angelegt, nachdem die Rechnung vom Lieferanten eingegangen ist. Sie können mit oder ohne Bezug zu einer Bestellung angelegt werden.
Bei Referenzen kann der entsprechende Lieferschein oder das entsprechende Leistungs-
erfassungsblatt verwendet werden. Um sicherzustellen, dass die Lieferantenrechnung
korrekt ist, werden die Rechnungsprüfungen durchgeführt. Die Lieferantenrechnung
kann vor dem Buchen des Belegs simuliert werden, um die Kontobewegungen anzuzeigen. Außerdem kann ein Sachbearbeiter den Rechnungsbeleg vorerfassen, während
ein anderer Sachbearbeiter den Prozess abschließt und bucht. Wenn die Kürzung einer
Rechnung beim Anlegen einer Rechnung aktiviert wird, wird die Ausgabeverwaltung
automatisch angestoßen, um den Lieferanten zu informieren. Die Ausgabe (z. B. Mail,
Brief) kann auch basierend auf einem regelmäßigen Job eingeplant werden. Es ist auch
möglich, eine Lieferantenrechnung auf eine Position einer Bestellung zu buchen, die
ein Wertlimit entweder für ungeplante Materialien oder für ungeplante Dienstleistungen
definiert. In solchen Fällen muss der Rechnungsbetrag direkt gegen das Wertlimit geprüft
werden. Lieferantenrechnungen können durchsucht werden, und die Ergebnisse werden
als Arbeitsvorrat für Lieferantenrechnungen verwendet, der die Anzeige der Detail-
daten ermöglicht, z. B. das Anzeigen einer Liste gesperrter Lieferantenrechnungen
für die spätere Freigabe. Rechnungen können manuell freigegeben werden, indem die
gesperrten Rechnungen mithilfe verschiedener Filter ausgewählt werden. Es wird jedoch
auch die automatische Freigabe von Rechnungen unterstützt. Dabei wird für jeden
Sperrgrund geprüft, ob er noch gültig ist. Lieferantenrechnungen, die einem Sachbearbeiter zugeordnet sind, können per Workflow ausgeführt werden. Der Sachbearbeiter
genehmigt das entsprechende Workflow-Eintrag oder lehnt ihn ab. Falls erforderlich,
werden Workflow-Einträge zur weiteren Bearbeitung an einen anderen Mitarbeiter
weitergeleitet. Rechnungskooperation ermöglicht das Hochladen von Anlagen betreffend
Lieferantenrechnungen und erlaubt eine vollständig automatisierte Implementierung
ohne Benutzerinteraktion. Die Lösung unterstützt bei der Verwaltung von Lieferantenrechnungen und Zahlungssperren. Das Hochladen gescannter Rechnungskopien für die
manuelle Rechnungsbearbeitung mit optionaler Integration in die optische Zeichen-
erkennung über OpenText wird ebenfalls bereitgestellt. Eine native Integration in SAP
Business Network ist möglich. Hierbei handelt es sich um ein Cloud-basiertes Angebot
für die Zusammenarbeit mit Logistikpartnern. So werden isolierte Lieferketten in einem
homogenen, kooperativen und intelligenten Netzwerk verwaltet, das barrierefrei ist und
Daten zentralisiert.

Lieferantenmanagement und Beschaffungsanalysen

Die Klassifizierung und Segmentierung von Lieferanten ist ein fortlaufender Prozess,
bei dem Lieferanten in regelmäßigen Abständen bewertet und klassifiziert und

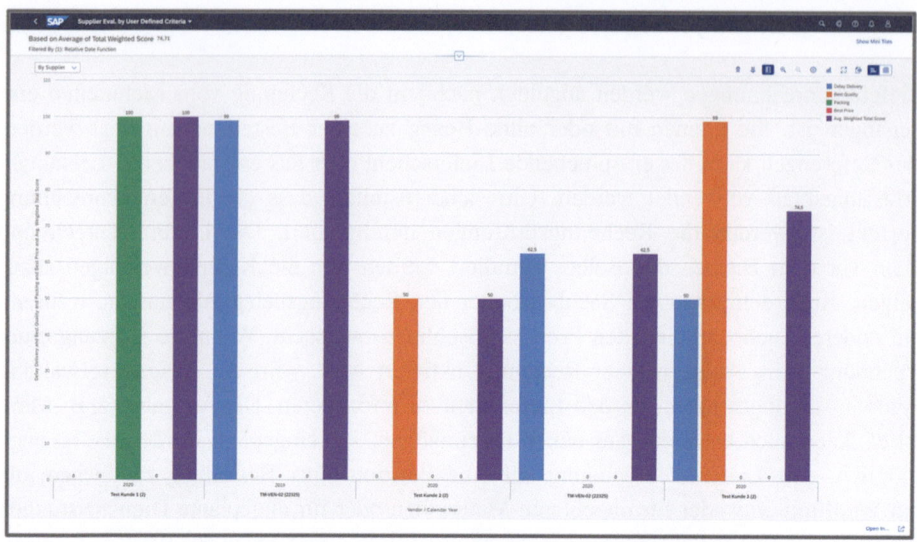

Abb. 9.12   SAP S/4HANA Sourcing & Procurement – Lieferantenbewertung

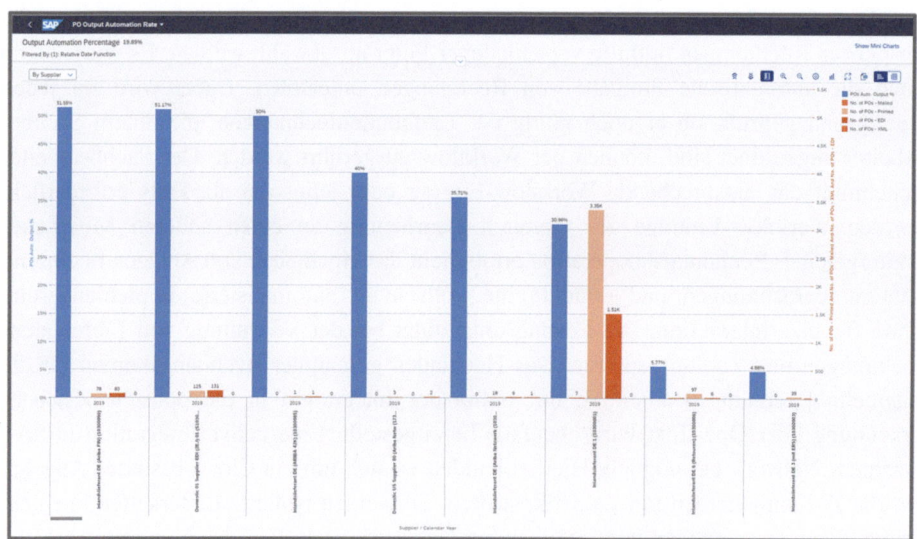

Abb. 9.13   SAP S/4HANA Sourcing & Procurement – Automatisierungsrate

Segmenten mit unterschiedlicher Bedeutung zugeordnet werden (Abb. 9.12, 9.13). Einkäufer können sich dann besonders auf die Lieferanten konzentrieren, die strategisch wichtig und geschäftskritisch sind, sodass sie ihre Geschäftsbeziehungen aufbauen und pflegen können. Mit Einkaufskategorien können Käufer Lieferanten basierend auf bestimmten Typen von Waren und Dienstleistungen verwalten, z. B. Hardware und Software oder Installation und Prüfung. Die Kategorien ermöglichen die Überwachung des Lieferantenpools und die Optimierung des Einkaufsprozesses. Einkaufskategorien sind ebenfalls ein wichtiges Strukturierungselement im Lieferantenbewertungsprozess. Sie ermöglichen es Einkäufern, die Bewertungen aller Lieferanten in derselben Einkaufskategorie zu vergleichen.

Für jeden Lieferanten wird eine zentrale Übersicht über die Stammdaten bereitgestellt, z. B. Adressdetails, Ansprechpartner, Bank- und Steuerdaten. Im Kontext der Lieferantenbewertung werden entsprechende Anfragen an den Personen gesendet, die den Sachverhalt beurteilen. Hierbei werden sie aufgefordert werden, Fragebogen zu einem Lieferanten auszufüllen.

Die Fragen und Antwortoptionen werden initial angelegt und dann in einen oder mehrere Fragebogen aufgenommen. Die Fragebogen können in Bewertungsvorlagen aufgenommen werden, die zum Senden von Bewertungsanfragen verwendet werden. Fragen können auch im Fragenkatalog angelegt werden. Zur besseren Übersicht können Abschnitte verwendet werden, um die Fragen zu strukturieren. Es können Bewertungspunkte angezeigt werden, die das Gesamtergebnis einer Lieferantenbewertung anzeigen. Klassifizierung und Segmentierung bieten mehr Flexibilität bei der Lieferantenbewertung, indem individuelle Lieferantenbewertungskriterien wie Gewichtung und Punktzahl definiert werden. Die Lösung erlaubt eine Echtzeitanalyse der Punktzahl, um mögliche Aktivitäten zur Qualitätsverbesserung mit dem Lieferanten zu besprechen. Echtzeit-Reporting der Lieferantenbewertung werden automatisch aus Bewegungsdaten generiert. Darüber hinaus werden Aktivitäten mit Lieferanten oder interne Mitarbeiterbefragungen bearbeitet, um eine zusätzliche Perspektive auf Lieferantenbewertungen zu erhalten. Solche Echtzeitberichte und -überwachung erhöhen die Transparenz in Bezug auf die Automatisierungsrate, z. B. wie viele Dokumente manuell anstatt automatisch verarbeitet wurden.

Die Lösung stellt einen mehrdimensionalen Echtzeit-Ausgabenbericht bereit, der wie eine Pivot-Tabelle bearbeitet werden kann und Drilldown-Funktionen enthält. KPI-Kacheln werden bereitgestellt, damit Ausnahmesituationen auf einen Blick identifiziert und für die Ursachenanalyse aufgerissen werden können (Abb. 9.14). Mit entsprechenden Insight-to-Action-Funktionen können Probleme mit den zugrunde liegenden Transaktionsanwendungen sofort gelöst werden.

Zentrale Beschaffung

Diese Lösung ermöglicht die Integration des SAP S/4HANA Hub-Systems mit mehreren SAP ERP und SAP S/4HANA Backend-Systemen. Kontraktverwaltungs-, Einkaufs- und Anforderungsprozesse können mit dem Hub-System zentralisiert werden (Abb. 9.15, 9.16). Optional können SAP Ariba Lösungen genutzt werden. Mit der Hierarchie für

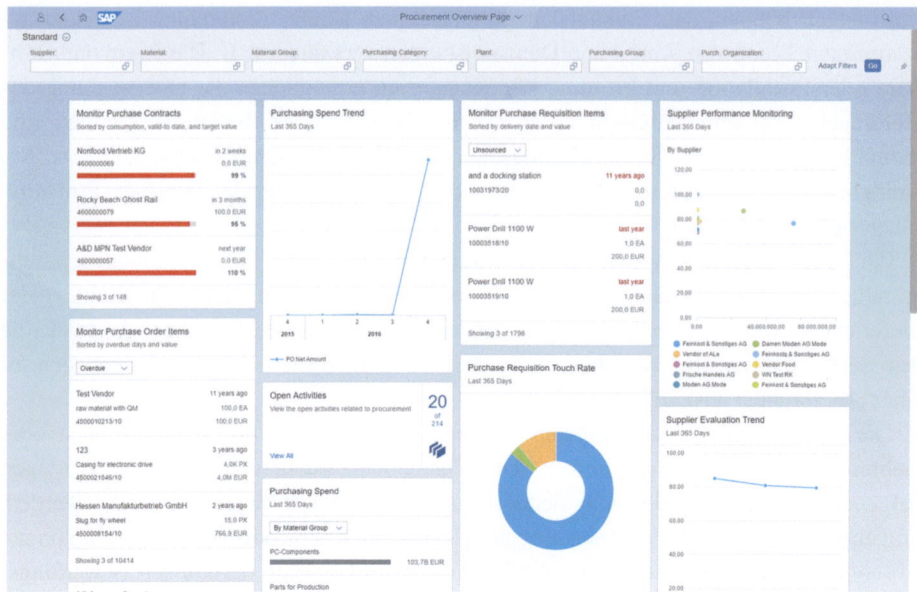

Abb. 9.14   SAP S/4HANA Sourcing & Procurement – Beschaffungsanalysen

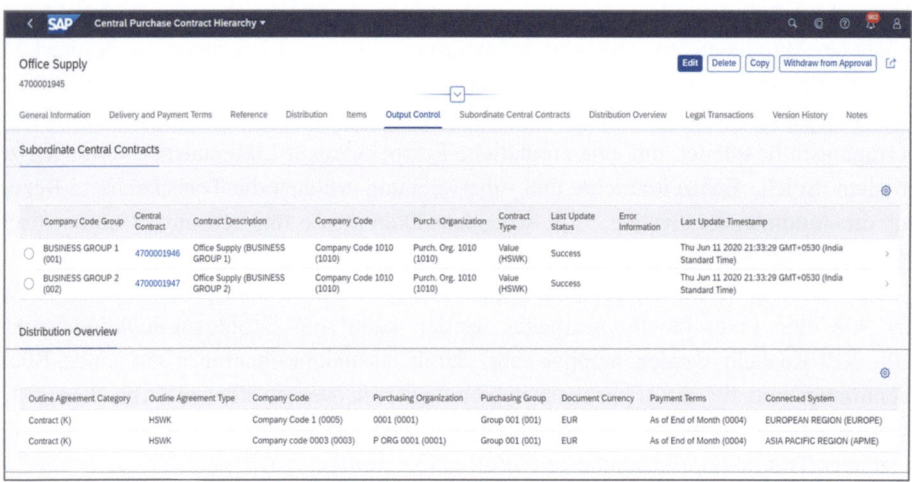

Abb. 9.15   Zentrale Beschaffung in SAP S/4HANA – Kontrakthierarchie

zentrale Einkaufskontrakte können große Unternehmen Anforderungen über mehrere Anwendungsgruppen hinweg standardisieren.

Das aktualisierte Orderbuch im angebundenen Backend-System wird nach der Verteilung des zentralen Einkaufskontrakts bereitgestellt. Das zentrale Bedarfsmanagement

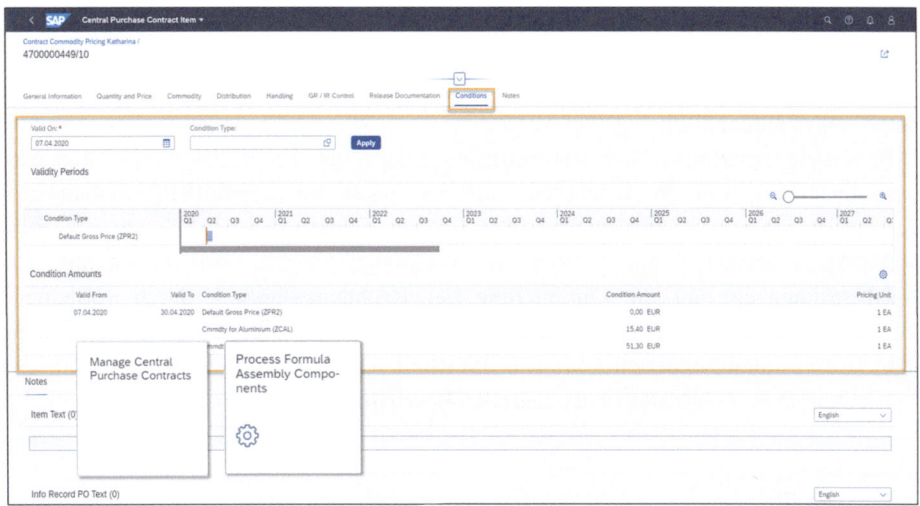

Abb. 9.16   Zentrale Beschaffung in SAP S/4HANA – Kontrakt

ermöglicht Mitarbeitern ein einheitliches Einkaufserlebnis, mit dem sie Self-Service-Anforderungen in SAP S/4HANA bedienen können. Positionen für Materialien oder Dienstleistungen können angelegt werden, die aus externen Katalogen und aus einer integrierten inhaltsübergreifenden Suche basierend auf SAP S/4HANA extrahiert werden. Darüber hinaus können Freitextpositionen angelegt werden, wenn keines der Materialien im angebundenen System oder die in das Hub-System extrahierten Materialien den Anforderungen entsprechen. Mit diesem Szenario kann der Benutzer auch die bestellten Waren oder Dienstleistungen im Hub-System bestätigen. Die zentrale Bezugsquellenfindung erleichtert Einkäufern, einen Überblick über alle Einkaufsbedarfe in verschiedenen Werken des Unternehmens zu erhalten und zentral für alle Werke zu beschaffen. Dies führt zu einem optimierten Beschaffungsprozess und erhöht die Gesamteinsparungen. Einkäufer können alle Bestellanforderungen in den angebundenen Systemen und Bezugsquellen für diese Bestellanforderungen zentral prüfen. Die zentrale Bezugsquellenfindung ermöglicht das Anlegen zentraler Ausschreibungen, deren Veröffentlichung und nach Abschluss des Ausschreibungsprozesses und das Bereitstellen von Lieferantenangeboten. Zentrale Einkaufskontrakte erleichtern das Anlegen von zentralen Verträgen, die langfristige Vereinbarungen zwischen Organisationen und Lieferanten über die Lieferung von Materialien oder die Erbringung von Dienstleistungen innerhalb eines bestimmten Zeitraums gemäß vordefinierten Geschäftsbedingungen abdecken. Mit der Lösung können Einkäufer aus verschiedenen Teilen eines Unternehmens an verschiedenen Standorten von den ausgehandelten Geschäftsbedingungen profitieren. Der zentrale Einkauf bietet einen zentralen Zugriffspunkt zum Anzeigen und Verwalten von Einkaufsbelegen. Beispiele für solche Belege sind Bestellanforderungen und Bestellungen. SAP S/4HANA unterstützt die Integration mit Fremdbeschaffungssystemen (z. B. SAP Ariba Sourcing). Wenn ein externes Beschaffungssystem integriert ist und die entsprechenden Funktionen unterstützt, können zentrale Lieferantenangebote und Folgebelege wie zentrale Einkaufskontrakte oder Bestellungen automatisch angelegt werden.

Erweiterte Funktionen mit Rohstoffmanagement für die Beschaffungs- und Verkaufsabwicklung werden angeboten, um die erweiterte Rohstoff-Preisfindung für Beschaffungsbelege zu ermöglichen. Die Lösung ermöglicht das Anlegen von Rohstoffverkaufskontrakten mit Preisen für Marktangebote, die Automatisierung von Preisberechnungen und die Optimierung der Rechnungsstellung durch vorläufiger, Differenz- und Schlussrechnungen. Mit der Einführung der neuen Rohstoff-Preisfindung können Anwendungsexperten komplexe Preisfindungsformeln, Rohstoff-Gewichte und Preiskonditionen problemlos in der zentralen Beschaffung anwenden.

9.3   Fazit

Der Prozess *Von der Bezugsquellenfindung bis zur Zahlung* ist ein Kerngeschäftsprozess in Unternehmen zur Beschaffung von Materialien und Waren, die zur Herstellung von Produkten oder zur Erbringung von Dienstleistungen benötigt werden. Dafür müssen zuerst die entsprechenden Lieferanten identifiziert werden. Der Prozess beginnt mit der Planung und Optimierung der Bezugsquellenfindung und Beschaffung und setzt sich mit den Lieferanten der Bezugsquellenfindung und des Vertragswesens fort. Der Empfang und die Bezahlung von Produkten und Dienstleistungen sind ebenfalls abgedeckt. In SAP S/4HANA wird dieser Geschäftsprozess hauptsächlich von der Komponente SAP S/4HANA Sourcing & Procurement abgebildet. Diese Lösung bietet Funktionen für Lieferantenmanagement- und Beschaffungsanalysen, deckt aber auch die operative Beschaffung und das Rechnungsmanagement ab. Darüber hinaus werden auch Bezugsquellenfindung und Kontraktverwaltung von der Lösung unterstützt. Die SAP S/4HANA Module sind tief integriert und interagieren miteinander, sodass auch zusätzliche Komponenten zur Abwicklung dieses durchgängigen Prozesses beitragen.

Geschäftsprozess „Von der Planung bis zur Auftragserfüllung"

Das Kapitel beschreibt den Geschäftsprozess *Von der Planung bis zur Auftragserfüllung* bestehend aus den Teilprozessen Optimierung der Auftragserfüllung, Fertigung, Produktlieferung, Dienstleistungserbringung und Auftragserfüllungsverwaltung. Darüber hinaus werden die Anwendungsfunktionen von SAP S/4HANA zur Realisierung dieses Geschäftsprozesses erläutert.

10.1 Betriebswirtschaftliche Anforderung

Der Prozess *Von der Planung bis zur Auftragserfüllung* ist in Abb. 10.1 und 10.2 dargestellt und wird in den nächsten Abschnitten näher erläutert. Die Planung und Optimierung jedes Produktionsschritts ist für jede Produkt- oder Dienstleistungseinführung von wichtiger Bedeutung. Eine erfolgreiche Planung ist entscheidend für die Reduktion der Materialkosten und Arbeitsaufwände. Bevor ein Produkt oder eine Dienstleistung eingeführt wird, muss die gesamte Logistikkette analysiert werden, angefangen von der Optimierung der Auftragserfüllung bis zur Fertigung und Lieferung von Produkten bzw. Erbringung von Dienstleistungen. Die Logistikkette umfasst aber auch Aspekte wie z. B. das Lager- und Transportmanagement.

Was die Fertigung anbetrifft, so werden verschiedene Typen unterschieden, was den Prozessablauf beeinflusst:

- Die *diskrete Fertigung* wird häufig bei Unternehmen verwendet, die Fertigungsaufträge abwickeln. Bei diesem Fertigungstyp werden Produkte montiert oder nachbearbeitet und in der Regel über mehrere Arbeitsplatzvorgänge hinweg hergestellt. Die Fertigung beginnt mit einem Fertigungsauftrag, der angelegt wird, um den Bedarf basierend auf Prognosen im Lager (make-to-stock) oder Kundenaufträgen

© Der/die Autor(en), exklusiv lizenziert an Springer Fachmedien Wiesbaden GmbH, ein Teil von Springer Nature 2023
S. Sarferaz, *ERP-Software: Funktionalität und Konzepte*,
https://doi.org/10.1007/978-3-658-40499-4_10

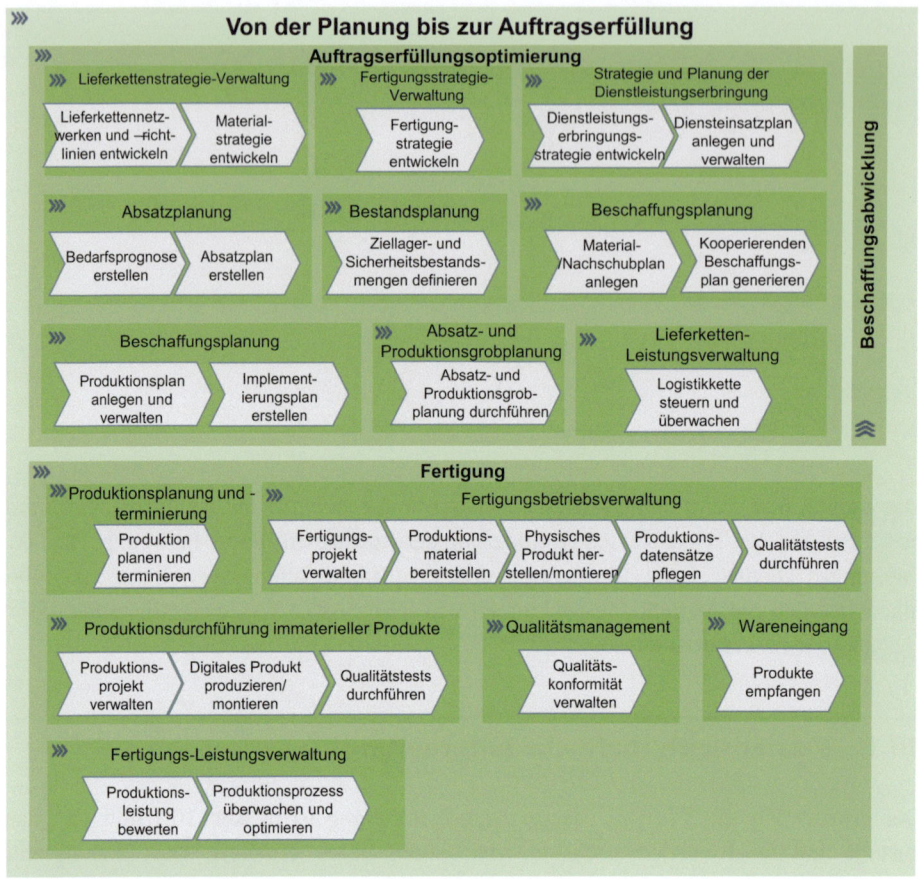

Abb. 10.1 Prozess *Von der Planung bis zur Auftragserfüllung*

(make-to-order) zu decken. Der Fertigungsauftrag erfasst alle direkten und indirekten Materialien, Arbeit und Gemeinkosten sowie Terminierungsdaten, um eine Gesamtheitliche Sicht des tatsächlichen Zeitbedarfs, des Materialverbrauchs und der Fertigungskosten bereit zu stellen.

- Die *Prozessfertigung* ist ein gängiges Fertigungsverfahren, das in der chemischen Industrie, in der Konsumgüterindustrie (Lebensmittel/Getränke und häusliche Pflegeprodukte) und in der pharmazeutischen Industrie verwendet wird. Die Prozessfertigung integriert verschiedene Phasen der Produktion, angefangen mit Mischen von Eingangsmaterialien bis hin zur tatsächlichen Produktion und zum Abfüllen des Fertigerzeugnisses in Tanks oder Containern für den Transport. Diese Art der Fertigung berücksichtigt auch Materialien, die über Pipelines in den Prozess eingespeist werden und somit eine Vielzahl von Prozessmöglichkeiten abdecken. Die Prozessfertigung erfolgt in der Regel in Phasen und verteilt auf Ressourcen. Es ist

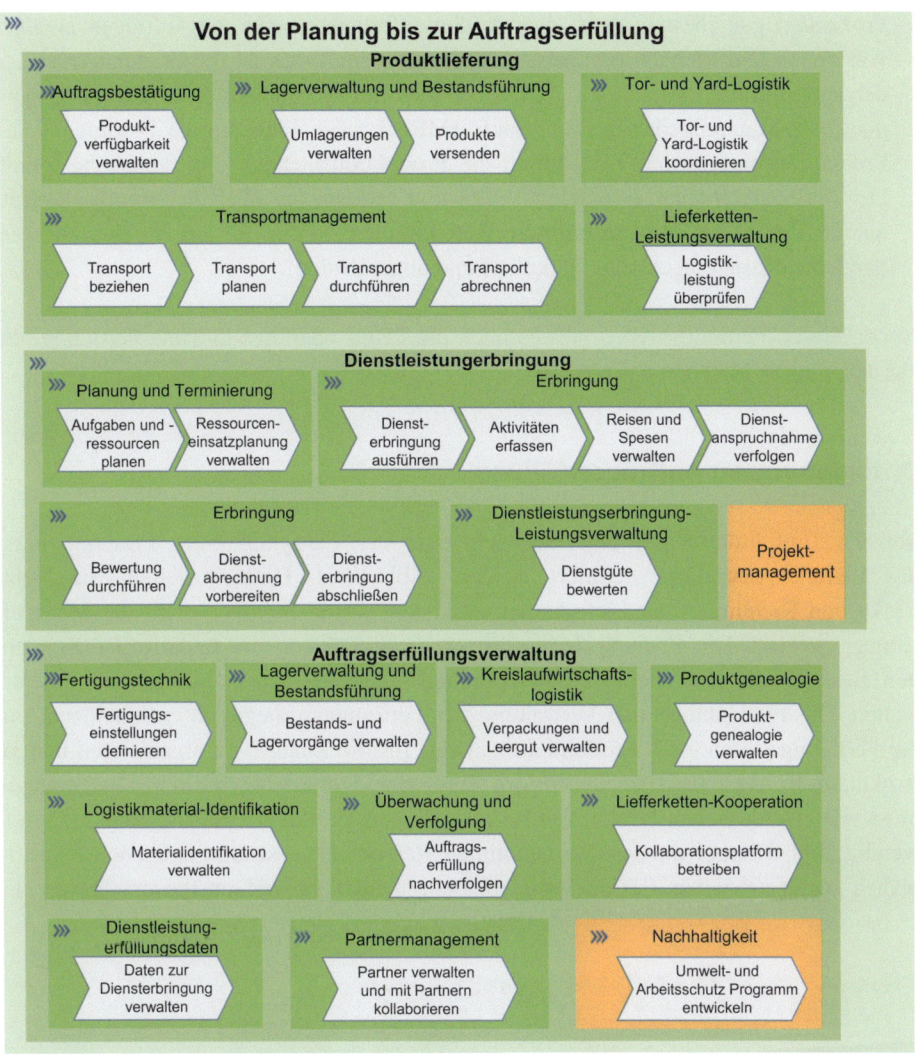

Abb. 10.2 Prozess *Von der Planung bis zur Auftragserfüllung*

jedoch nicht immer möglich, eine Phase von einer anderen zu unterscheiden. Die meisten Branchen verwenden chargenpflichtige Fertigung, die von einem Prozessauftrag gesteuert wird. Prozessaufträge spielen, wie Fertigungsaufträge in der diskreten Fertigung, eine wichtige Rolle in der Prozessfertigung, da sie beispielsweise eine einheitliche Sicht auf alle Aspekte der Fertigung bereitstellen.

• Bei *der Serienfertigung* handelt es sich um einen Produktionstypus, bei dem ähnliche Produkte wiederholt und kontinuierlich an definierten Arbeitsplätzen produziert werden. Der Hauptunterschied zwischen Serienfertigung, diskreter Fertigung und

Prozessfertigung besteht darin, dass die Serienfertigung nicht von Aufträgen, sondern von Zeiten und Mengen gesteuert wird. Bei diesem Typus ist die Produktionsmenge der hergestellten Produkte eine entscheidende Größe. Planaufträge sind das Ergebnis eines Materialbedarfsplanungslaufs (MRP-Laufs). Planaufträge bestimmen den Produktionsplan, welcher wiederum die Produktionsmengen und -zeiten bestimmt. Der Materialverbrauch erfolgt typischerweise retrospektiv über die periodische Entnahme. Abhängig vom gefertigten Material werden die mit der Produktion verbundenen Kosten regelmäßig kalkuliert und abgerechnet.

Neben diesen Fertigungstypen gibt es noch die Lean- oder Just-in-Time-Fertigung, die auf der Kanban-Methode basieren.

Optimierung der Auftragserfüllung

Vor der Einführung einer Dienstleistung oder der Fertigung eines Produkts muss das Lieferkettenstrategie definiert werden (Abb. 10.3). Hierbei werden die Netzwerke und Richtlinien der Lieferketten entwickelt. Darüber hinaus wird die Materialstrategie geklärt. Die Planung der Logistikkette hilft dabei, die Bedarfe der Kunden, den Bestand und die operativen Risiken und Chancen zu antizipieren und zu verwalten. Die Entwicklung und Verwaltung der Fertigungsstrategie ist entscheidend, um die Fertigungsstufen eines Produktlebenszyklus für die Zukunft zu organisieren und zu strukturieren. Auch für Dienstleistungen muss eine Strategie entwickelt. Die Strategie muss alle erforderlichen Ressourcen berücksichtigen, die für die Auftragserfüllung notwendig sind. Hierbei müssen die benötigten Ressourcen geschätzt und Diensteinsatzplänen angelegt werden. Bei der Absatzplanung handelt es sich um Prozessschritte, die

Abb. 10.3 Auftragserfüllungsoptimierung

sich auf die Bedarfssteuerung, statistische Prognosen und die Lebenszyklusplanung beziehen. Sie ist integraler Bestandteil des Absatz- und Produktionsplanungsprozesses aller Organisationen, einschließlich der Entwicklung einer Baseline-Bedarfsprognose und der Generierung eines integrierten Absatzplans. Mit der Bestandsplanung können Organisationen den optimalen Bestand von Produkten in einer bestimmten Lokation planen. Es wird geprüft, ob der Bestand an einer Lokation gelagert oder abgebaut werden sollt. Weiterhin wird die optimale Bestellmenge in Verbindung mit dem Sicherheitsbestand für jedes Lokationsprodukt berechnet. Dadurch reduziert das Unternehmen die Lagerhaltungskosten und senkt die Bestellkosten. Die Hauptaufgabe der Beschaffungsplanung besteht darin, den Bedarf und die Zugänge innerhalb der Logistikkette auszugleichen. Dazu gehören die Erstellung eines Nachschubplans für die Materialien, die Erzeugung eines kollaborativen Beschaffungsplans, die Erstellung und Verwaltung des Produktionsplans und das Anlegen des Implementierungsplans. Mit einer effektiven Beschaffungsplanung sind Unternehmen in der Lage, Lagerbestände und die Ressourcenauslastung zu optimieren und die Kundenzufriedenheit durch die termingerechte Lieferung von Aufträgen zu erhöhen.

Die Absatz- und Produktionsgrobplanung ist eine vielseitige Prognose- und Planungsaktivität, die es ermöglicht, Absatz-, Produktions- und andere Logistikkettenziele basierend auf historischen, aktuellen und projizierten zukünftigen Daten festzulegen. Die Grobplanung kann auch verwendet werden, um die Mengen an Kapazitäten und anderen Ressourcen zu ermitteln, die zur Erfüllung dieser Ziele erforderlich sind. Die Absatz- und Produktionsgrobplanung kann zur Optimierung und Konsolidierung der Absatz- und Produktionsabläufe eines Unternehmens eingesetzt werden und ist besonders für die langfristige und mittelfristige Planung geeignet. Die Überwachung und Steuerung von Lieferketten hilft Unternehmen, ihre Logistik angesichts komplexer und sich schnell verändernder Marktbedingungen effektiver und reaktionsfähiger zu gestalten. Durch die Fokussierung auf die richtigen Prozesskennzahlen können Unternehmen die Leistung verfolgen, Engpässe identifizieren und Chancen erkennen. Sie ermöglicht sowohl das abteilungsbezogene als auch das organisatorische Performanz-Management. Somit wird eine durchgängige Transparenz der Lieferketten bereitgestellt.

Fertigung

Die Materialbedarfsplanung stellt die Verfügbarkeit von Materialien sicher und führt eine grundlegende Produktionsplanung durch (Abb. 10.4). Es müssen ausreichend Zugänge geplant werden, um Bedarfe zu decken, die aus Kundenaufträgen, Umlagerungsaufträgen oder aus der Produktion resultieren können. Ziel ist es, sicherzustellen, dass sowohl der Kunden- als auch der Produktionsbedarf rechtzeitig bedient werden, um Störungen durch fehlende Teile zu vermeiden. Die Verwaltung des Fertigungsbetriebs (Abb. 10.4) hat das Ziel, das Fertigungsprojekt ordnungsgemäß abzuwickeln. Dazu gehören die Bereitstellung von Produktionsmaterialien, die Montage physischer

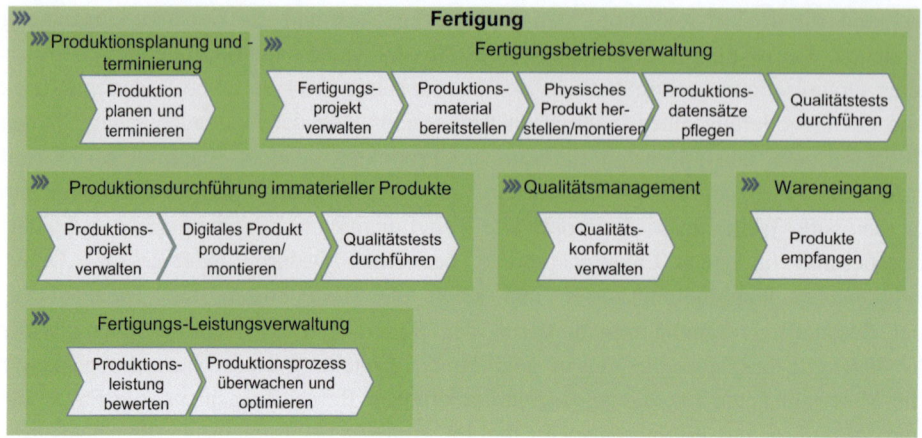

Abb. 10.4 Fertigung

Produkte, die Pflege von Produktionsdaten und die Durchführung von Qualitäts-prüfungen.

Die Produktionsdurchführung immaterieller Produkte konzentriert sich auf nicht körperliche Vermögensgegenstände, wie z. B. Dienstleistungen oder Patentrechte. Hier-bei werden die Produktionsprojekte verwaltet, digitale Produkte implementiert und Qualitätstests durchgeführt. Produktionsmaterialien werden hier nicht benötigt und daher auch nicht bereitgestellt. Das Qualitätsmanagement stellt sicher, dass aller definierten die Qualitätsziele betreffend der Produkte, Prozesse und Dienstleistungen erreicht werden. In frühen Phasen des Produktdesigns und der Produktentwicklung ist es wichtig, in jedem Prozess geeignete Qualitätsplanungsstrategien zu implementieren. Der Warenein-gang wickelt den Empfang von Produkten im Lager ab. In diesem Kontext werden z. B. Prüfungen hinsichtlich des Inhalts von Behandlungseinheiten mit den erwarteten und tatsächlich eingegangenen Produktmengen durchgeführt. Im Rahmen des Performanz-Managements wird die Produktionsleistung bewertet und der Produktionsprozess über-wacht und optimiert.

Produktlieferung

Kunden haben hohe Erwartungen, wenn es um Bestellzusagen geht. Sie wollen ihre Produkte so schnell und zuverlässig wie möglich erhalten. Kunden sind nicht mehr bereit, etwas zu kaufen, ohne den genauen Liefertermin zu kennen. Die Prüfung von Produktverfügbarkeit ist ein wesentlicher Schritt im Rahmen der Auftragsbestätigung (Abb. 10.5). Viele Unternehmen betreiben Produktionsstätten in verschiedenen Regionen. Daher muss entschieden werden, welche Lokation die Kundenanfrage bearbeiten soll. Für nicht vorrätige Produkte müssen Alternativen bereitgestellt werden.

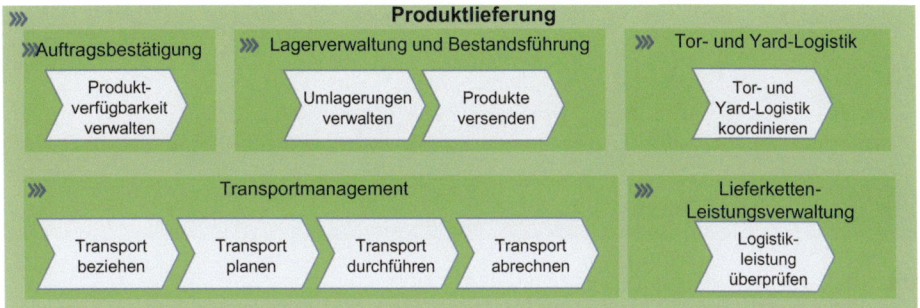

Abb. 10.5 Produktlieferung

All diese Faktoren müssen bei der Auftragszusage berücksichtigt werden, um das Risiko zu eliminieren, dass das Lieferversprechen nicht eingehalten werden kann. Die Bestandsführung befasst sich mit der Erfassung und Verfolgung von Materialien und deren verfügbare Mengen. Dazu gehören die Planung, Erfassung und Dokumentation von Bestandsbewegungen wie Wareneingängen, Warenausgängen, Umlagerungen und Umbuchungen sowie die Durchführung der Inventur. Während die Bestandsführung die Bestände nach Menge und Wert verwaltet, spiegelt die Lagerverwaltung die spezielle Struktur eines Lagers wider und überwacht die Zuordnung der Lagerplätze und alle Transportvorgänge wie Versand im Lager. Auf diese Weise verwalten Unternehmen ihren Materialfluss mithilfe erweiterter Einlagerungs- und Kommissionierungsstrategien. Es ist wichtig, Produkte und Dienstleistungen schneller auf den Markt zu bringen und den Kundenservice zu verbessern, indem potenzielle Probleme erkannt, vermieden und gelöst werden. Tor- und Yard-Logistik koordiniert Gate-In- und Gate-out-Prozesse, um die Ausführung zu beschleunigen und den Durchsatz zu erhöhen. Das Transportmanagement senkt Kosten und verbessert den Service durch optimierte Transportprozesse. Es unterstützt den gesamten Lebenszyklus von inländische und internationale Fracht. Darüber hinaus wird der Transportbedarf durch die Planung, Optimierung, Ausschreibung und Abrechnung von Fracht erfüllt, Spediteure gebucht, Speditionsaufträge verwaltet und internationale Handels- und Gefahrgutvorschriften eingehalten. Performanz- Management ist wichtig, um die Logistikleistung zu überprüfen und zu überwachen. Eine schlechte Performanz kann zu zusätzlichen Kosten und einer langsamen Lieferung führen. Dies kann durch die kontinuierliche Analyse der Mängel und der entsprechenden Korrekturmaßnahmen vermieden werden.

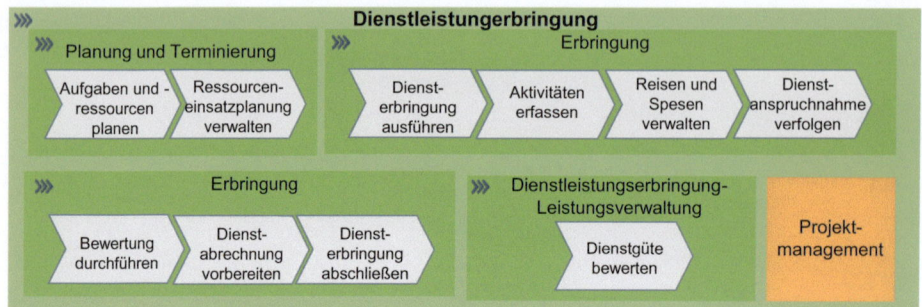

Abb. 10.6 Dienstleistungserbringung

Dienstleistungserbringung

Die Planung und -terminierung ist erforderlich, um Dienstleistungen optimiert durchzuführen (Abb. 10.6). Hierzu müssen die notwendigen Aufgaben und die erforderlichen Ressourcen geplant werden. Darüber hinaus muss die Ressourceneinsatzplanung verwaltet werden, um eine funktionierende Logistikkette mit möglichst wenigen Ausfallzeiten zu gewährleisten. Die Dienstleistungserbringung umfasst z. B. die Aufzeichnung von Aktivitäten, die Verwaltung von Reisekosten und Spesen, die Inanspruchnahme von Diensten, die Durchführung von Bewertung, die Vorbereitung der Abrechnung und den Abschluss der Dienstleistungserbringung. Der Schwerpunkt des Performanz-Managements liegt auf der Prüfung und der Bewertung der erbrachten Leistungen. Eine schlechte Performanz deutet auf unnötige Zusatzkosten und eine langsame Lieferung hin. Diese können durch die stetige Analyse der Schwachpunkte korrigiert werden.

Auftragserfüllungsverwaltung

Bevor mit der Fertigung eines Produkts begonnen werden kann, muss festgelegt werden, wie genau diese erfolgen soll. Die Fertigungstechnik (Abb. 10.7) hilft dabei, die Fertigung eines Produkts zu entwickeln und die Fertigungseinstellungen für eine reibungslose Produktion zu definieren. Durch den Fokus auf Bestandsführung, Eingangs- und Ausgangsverarbeitung, Warenbewegung, Inventur und Berichtswesen verbessert die Lagerführung die Bestandstransparenz und -steuerung. Der Prozess optimiert die Materialflusssteuerung, das Yard- und Arbeitsmanagement, die logistischen Zusatzleistungen, das Kitting und das Cross-Docking. Die Bestandsführung ordnet den physischen Bestand in Echtzeit zu, indem alle Umschlagstransaktionen protokolliert werden, sodass Bestandsaktualisierungen zu jedem beliebigen Zeitpunkt möglich sind. Bei jeder Warenbewegung werden nicht nur Bestandsmengen und -werte aktualisiert, sondern auch die zugehörigen Sachkonten für die Finanzbuchhaltung werden über die automatische Kontenfindung fortgeschrieben. Auf diese Weise kann

Abb. 10.7 Auftragserfüllungsverwaltung

ein Dispositionsverantwortlicher die aktuelle Bestandssituation für ein bestimmtes Material anzeigen und Sonderbestandsformulare verwalten. Mit der Lagerverwaltung werden Lagervorgänge gesteuert, um auf den ständig ändernden Bedarf reagieren zu können. Zirkuläre Geschäftsmodelle verwenden alles wieder und reduzieren Abfall auf das Minimum. Nachhaltigkeit, insbesondere die Kreislaufwirtschaft, trägt zur erhöhten Rentabilität bei. Diese Praktiken werden durch die zunehmende Urbanisierung und die Präferenzen der Verbraucher für Produkte, Dienstleistungen und Marken, die ein Bekenntnis zur Nachhaltigkeit zeigen, immer verbreiteter. Die Verwaltung von Verpackungen und Leergut ist daher ein wichtiger Aspekt der Kreislaufwirtschaftslogistik. Eine Produktgenealogie ist unerlässlich, einschließlich der Vorwärts- und Rückverfolgbarkeit des Produkts vom Hauptmaterial bis zu seinen Bestandteilen. Anhand der Informationen, die zu Produkten angezeigt werden, kann nachvollzogen werden, was in bestimmten Prozessschritten passiert ist. Diese Daten können z. B. ein Protokoll der Probleme sowie die vom Werker ausgeführten Aktionen beinhalten. Mithilfe der Produktgenealogie können Qualitätsprobleme im Fertigungsprozess identifizieren werden, z. B. ob Komponenten fehlen oder defekt waren. Die Materialidentifikation wird mittels dynamischer Methoden verwaltet. Dazu gehören die Vollständigkeitsprüfung, die Warenausgangsbuchung, die automatische Übernahme der Daten aus der Materialidentifikation in das Chargenprotokoll und die Prüfung der Kommissionierung. Die Rückverfolgbarkeit ist wichtig, um Einblicke in die Verfügbarkeit von Materialien und Produkten zu erhalten, um Risiken in der Logistik zu reduzieren und Kosten zu optimieren. Die Rückverfolgbarkeit ist eine Kernfunktion, um Waren effizient zu orchestrieren und Risiken zu mindern. Die Rückverfolgbarkeit der gesamten Logistikkette umfasst Einblicke in die Produkterstellung und die Bewegung von Waren und Anlagen über Unternehmens- und Systemgrenzen hinweg. Hierbei wird eine durchgängige

Prozesstransparenz und Statusüberwachung für alle Arten von Logistik- und Ausführungsprozessen sowie serialisierte Objektverfolgung gewährleistet. Die Lieferkette verändert sich durch technologische Fortschritte, verbesserte Prozesse, alternative Ressourcen und die Einführung innovativer Geschäftsmodelle dramatisch. Es gibt unterschiedliche Stakeholder auf verschiedenen Ebenen, die für mehrere Aufgaben zuständig sind. Mitarbeiter aus verschiedenen Geschäftsbereichen und Organisationen, die möglicherweise nicht über ähnliche Arbeitsstile oder Arbeitsumgebungen verfügen, müssen mit verschiedenen modernen Methoden zusammenarbeiten, um ein gemeinsames Ziel mit hoher Genauigkeit und Geschwindigkeit zu erreichen. Wenn alle Stakeholder effektiv in einem Netzwerk zusammenarbeiten, profitiert die Organisation auf vielfältige Weise. Dies ist das Ziel des Prozesses bezüglich der Kooperation in Lieferketten. Im Rahmen des Performanz-Managements werden Daten gesammelt, um den Gesamtprozess auf zu zeichnen und zu analysieren. Dies führt zu einer großen Datenmenge, die es zu verwalten gilt. Hierbei unterstütz das Datenmanagement für die Auftragserfüllung, um die Leistungsdaten effizient zu organisieren und zu analysieren. Der Schwerpunkt des Partnermanagements liegt auf der Optimierung der Partnerbeziehung. Partner sind Personen oder Unternehmen, die mit den Wiederverkäufern, Maklern, Dienstleistern, Distributoren oder anderen Entitäten verknüpft sind, mit denen eine Organisation zusammenarbeitet. Diese Kollaborationen können nützlich sein, um Ideen auszutauschen und neue Inhalte zu liefern. Der Prozess der Nachhaltigkeit entwickelt Umwelt- und Arbeitsschutz Programme und setzt diese um. Durch die laufende Analyse operativer Daten und die Bereitstellung relevanter Informationen werden die Arbeitskräfte einbezogen und Gefahren identifiziert und Maßnahmen ergriffen, bevor sie sich negativ auf die Sicherheit auswirken. Außerdem verbessert es die Performanz, da es das Risikomanagement durch integrierte Geschäftsprozesse, gemeinsame Daten und Workflows in den täglichen Betrieb einbindet.

10.2   Technische Umsetzung – Logistik

Der Geschäftsprozess *Von der Planung bis zur Auftragserfüllung* wird im Wesentlichen von SAP S/4HANA Supply Chain und SAP S/4HANA Manufacturing implementiert. In diesem Abschnitt werden die Funktionen von SAP S/4HANA Supply Chain erläutert, wie in Abb. 10.8 dargestellt. Während SAP S/4HANA Supply Chain die Kernfunktionen abdeckt, gibt es verschiedene Erweiterungsmodule wie SAP Warehouse Insights, SAP Integrated Planning oder SAP Global Batch Traceability.

Die *Logistikmaterial-Identifikation* verwaltet Chargen, Serialnummern und Handling Units, um die Effizienz zu steigern und die Compliance bei Versand- und Lagervorgängen zu verbessern. Die *Auftragsbestätigung* unterstützt, dass beim Erstellen von Aufträgen das voraussichtliche Lieferdatum geschätzt und der Bestand geändert wird.

Die *Logistikmaterial-Identifikation* verwaltet Chargen, Serialnummern und Handling Units, um die Effizienz zu steigern und die Compliance bei Versand- und

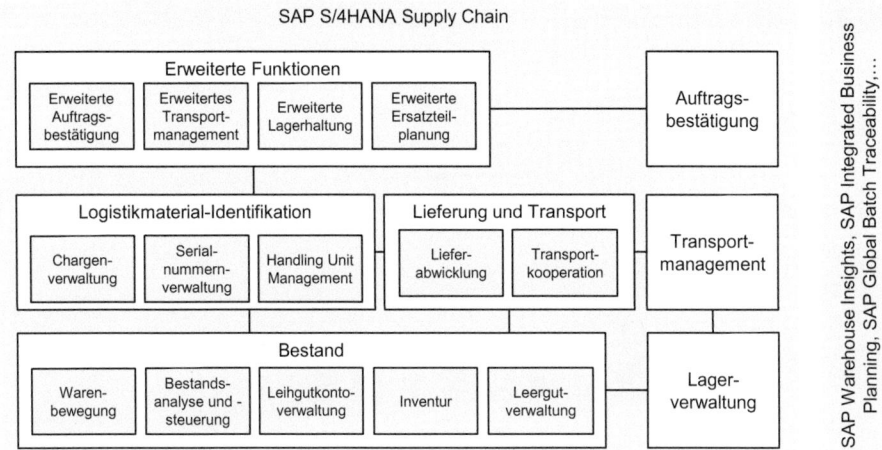

Abb. 10.8 SAP S/4HANA Supply Chain – funktionale Architektur

Lagervorgängen zu verbessern. Die *Auftragsbestätigung* unterstützt, dass beim Erstellen von Aufträgen das voraussichtliche Lieferdatum geschätzt und der Bestand geändert wird. *Lieferung und Transport* koordinieren alle Lieferbedarfe und führen alle erforderlichen Transporte aus, sodass die Produkte zur richtigen Zeit an den richtigen Ort geliefert werden. Die Komponente *Lagerverwaltung* steuert, organisiert und überwacht alle Lagerprozesse, welche aller verändernden Maßnahmen im Lager umfassen. *Bestand* überwacht die nicht kapitalisierten Vermögenswerte, d. h. den Inventar. Die Bestandsmengen werden verfolgt und gesteuert, um einen optimierten Materialfluss über alle Logistikvorgänge und Warenbewegung hinweg sicher zu stellen.

Erweiterte Auftragsbestätigung berücksichtigt die relevanten Bestände automatisch in Echtzeit, während gleichzeitig die geschäftlichen Prioritäten und Rentabilitätsziele des Unternehmens beachtet werden. *Erweitertes Transportmanagement* erhöht die Transporteffizienz durch ganzheitliche Verwaltung aller ein- und ausgehenden Fracht. Die *erweiterte Lagerhaltung* optimiert die Auftragsabwicklung mithilfe von Funktionen wie Cross-Docking, Personaleinsatzplanung, Lagerungsdisposition, Bestandsoptimierung, Unterstützung der Transitlagerung und Anbindung an Geräte zur Lagerautomatisierung. Die *erweiterte Ersatzteilplanung* berechnet den Ersatzteilbestand auf der Grundlage von Teilevolumen, -geschwindigkeit und -segmenten genau über Distributionsnetzwerke hinweg.

Bestand

Eine gute Lagerhaltung hilft bei der effizienten Aufbewahrung und Handhabung von Waren und Materialien (Abb. 10.9, 10.10). Sie verbessert die Anlagenauslastung,

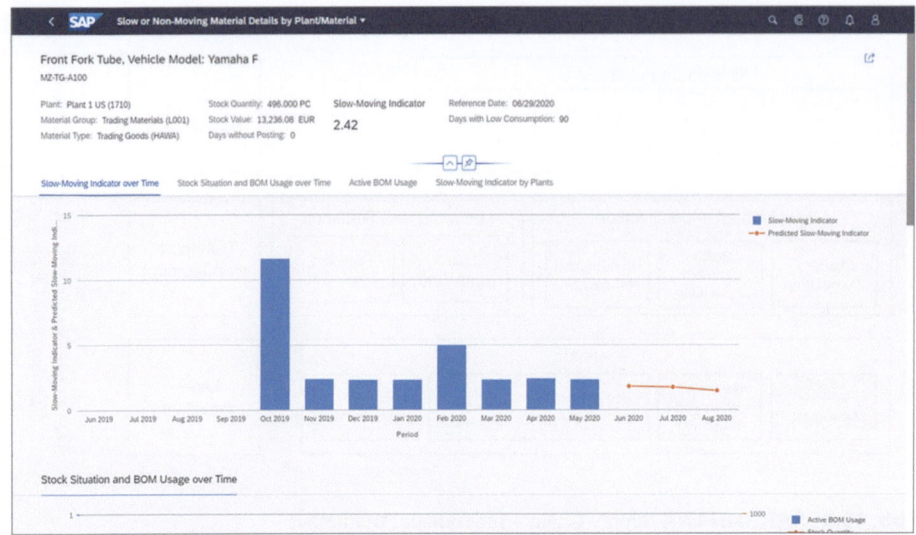

Abb. 10.9   SAP S/4HANA Supply Chain – Analyse des Lagerumschlags

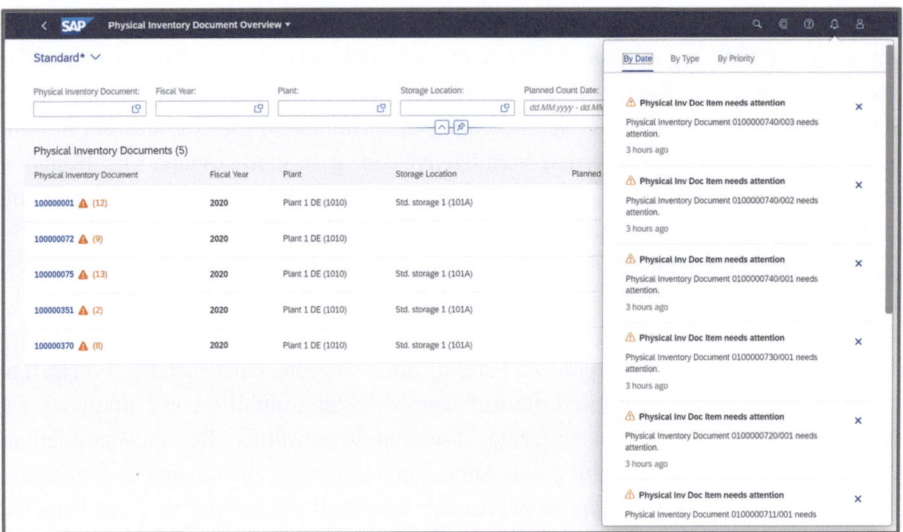

Abb. 10.10   SAP S/4HANA Supply Chain – Übersicht über Inventurbelege

erhöht den Durchsatz und unterstützt die termingerechte Auftragserfüllung mit maximaler Lagertransparenz. Die Warenbewegung verwendet vereinfachte Warenausgangsbuchungen für die Umlagerung und Verschrottung. Die Echtzeitverarbeitung großer Datenmengen erfolgt mithilfe von Sensordaten. Die Lösung profitiert von der

Eliminierung von Sperrobjekten und der Material-Ledger-Bewertung. Die Bestands-
analyse und -steuerung ermöglicht das Berichtswesen durch den Einsatz modernster
analytischer Apps, die die Vorteile des vereinfachten Datenmodells einschließlich einer
40-stelligen Materialnummer ausschöpfen. Sie optimiert Bestände und Materialflüsse auf
der Grundlage von Echtzeitinformationen.

Die Leihgutkontoverwaltung verfolgt den Versand und Empfang von
Leihgutmaterialien an und von Geschäftspartnern. Sie bietet einen Überblick über die
Materialverteilung und reduziert das Gesamtmaterialvolumen durch die Integration von
Logistikinformationen in eine einheitliche Datenbasis. Die Inventur erlaubt ein Echtzeit-
Reporting zu Lagerbeständen. Sie erfasst die physischen Mengen der Lagerbestände und
anderer Bestandsarten. Darüber hinaus ermöglicht die Lösung schnellere und effizientere
Bestandsanpassungen. Die Leergutverwaltung verfolgt das Leergut, sammelt detaillierte
Daten und erfasst Transaktionen mit hohem Volumen für Leergutretouren und ver-
bundene Pfandwerte präzise.

Lagerverwaltung

Die Lagerverwaltung ermöglicht Echtzeittransparenz bei der Verwaltung und
Bearbeitung von Materialbewegungen, die für optimierte Lagervorgänge essential sind.
Die Lagerverwaltung unterstützt den gesamten Prozess, beginnend mit der Gliederung
des Lagers durch die Definition physischer Strukturen, einzelner Lagertypen und das
Anlegen von Lagerplätzen. Das gesamte Lager kann bis auf Lagerplatzebene im System
abgebildet werden. Auf diese Weise erhalten die Benutzer einen Überblick über die
Gesamtmenge jedes Produkts im Lager. Darüber hinaus ist es jederzeit möglich, genau
zu ermitteln, wo sich ein bestimmtes Produkt im Lagerkomplex befindet. Die Produktmengen können in verschiedenen Bestandskategorien auf folgenden Ebenen verwaltet
werden: Auf Lagerplatzebene, in Zwischenlagerplätzen, auf Ressourcen, in Handling
Units oder in geschachtelten Handling Units. Eine Handling Unit ist eine physische
Einheit, die aus Packmitteln und den darin enthaltenen Waren besteht. Es handelt sich
immer um eine Mischung aus Produkten und Packmitteln. Alle in den Produktpositionen
enthaltenen Informationen werden in den Handling Units abgebildet und sind immer
zugänglich.

Die Eingangsverarbeitung ermöglicht den Empfang von Produkten, die von
Lieferanten, der Produktion, anderen Unternehmensteilen und Kundenretouren,
einschließlich ungeplanter Retouren, stammen können. Die Lagerkapazität und der
Materialfluss können mithilfe von Einlagerungsstrategien optimiert werden. Auf diese
Weise können geeignete Lagerplätze nach eingehenden Produkten durchsucht werden,
indem automatisch die erforderlichen Lagerplätze für die eingehenden Produkte ermittelt
werden. Mit der Ausgangsverarbeitung können Produkte kommissioniert (Abb. 10.11)
und aus dem Lager versendet werden, z. B. um bestellte Produkte an externe Kunden

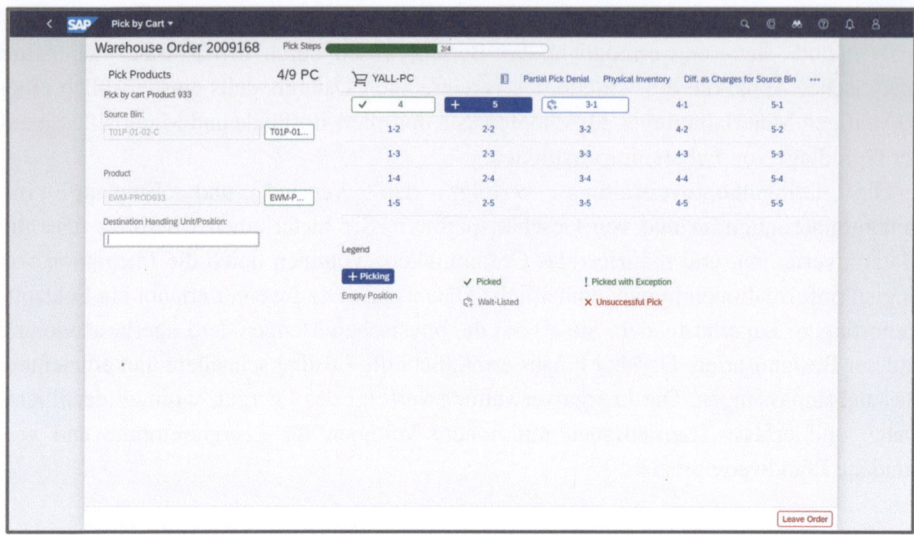

Abb. 10.11   SAP S/4HANA Supply Chain – Kommissionierung

oder interne Kunden wie andere Werke zu senden, Produkte an die Produktion zu verschicken oder Produkte an Lieferanten zurückzusenden.

Logistikmaterial-Identifikation

Die Chargenverwaltung verbessert die Produktqualität, stellt eine durchgängige Rückverfolgbarkeit sicher und reduziert Kunden- und rechtliche Risiken. Die Lösung ermöglicht das Anlegen von Chargenstammsätzen und die Zuordnung bestimmter Chargennummern, die Klassifizierung von Chargen und die Zuordnung von Merkmalen, das Anlegen eines Chargenlebenszyklus zur automatischen Einhaltung gesetzlicher Anforderungen und die Verfolgung von Chargen. Die Serialnummernverwaltung identifiziert und unterscheidet einzelne Positionen eines Materials oder Equipments. Sie ermöglicht das Anlegen spezifischer Serialnummernprofile für Materialien, das Anlegen von Serialnummern-Stammsätzen, um wichtige Daten zum serialisierten Material zu enthalten und einzelne Positionen zu identifizieren, die in der Bestandsführung, in der Inventur und im Equipment verfolgt werden sollen. Das Handling Unit Management bildet verpackungsbasierte Logistikstrukturen ab und verfolgt die Bewegungen ganzer Handling Units und nicht jedes einzelne Material. Die Lösung verwaltet segmentierungsrelevante Materialien in Handling Units von Kartons zu Containern. Es verwendet das Einheitenmanagement in eingehenden und ausgehenden Geschäftsprozessen, Warenbewegungen und Umbuchungen, um die Rückverfolgbarkeit von Produkten zu verbessern. Zusätzlich erweitert die Anwendung die vorhandene Verpackungsfunktion in der Versand- und Lagerabwicklung.

Lieferung und Transport

Die Lieferabwicklung ermittelt automatisch Transportbedarfe aus allen Quellen (Kunden-auftrag, Bestellung, Umlagerungsbestellung) und bestätigt diese. Sie nutzt die elektronische Kollaboration, um den Prozess zu beschleunigen und Redundanzen und menschliche Fehler zu vermeiden. Der Wareneingang ist die letzte Aktivität, die Organisationen durch-laufen, bevor sie Waren erhalten. Der wesentliche Vorteil der software-technischen Abbildung des Wareneingangsprozesses durch den Anlieferungsjob besteht darin, dass viele Prozesse im Voraus ausgeführt werden können, noch bevor die eigentliche Waren-eingangsbuchung stattfindet. Alle erforderlichen Informationen sind vorab verfügbar, da der Lieferant die Anlieferung im Voraus ankündigt. So wird ein effektiver und effizienter Anlieferungsprozess sichergestellt, um die Lagerung und Verpackung von Waren zu planen. Anlieferungen werden aus einem Bestellbeleg abgeleitet oder sind Teil eines zweistufigen Umlagerungsprozesses. Der Warenausgangsschritt für Auslieferungen ist der letzte Schritt, der abgeschlossen wird, bevor Unternehmen Waren an Kunden senden. Ein effektiver und effizienter Auslieferungsprozess ermöglicht die Planung von Kommissionierung, Verpackung und Versand von Auslieferungen (Abb. 10.12, 10.13).

Transportmanagement

Diese Lösung unterstützt die gesamte Transportkette und ermöglicht die Verwaltung der Transportbedarfe durch Planung, Ausschreibung und Abrechnung von Fracht-prozessen. Darüber hinaus ermöglicht sie die Buchung von Frachtführern gemäß den

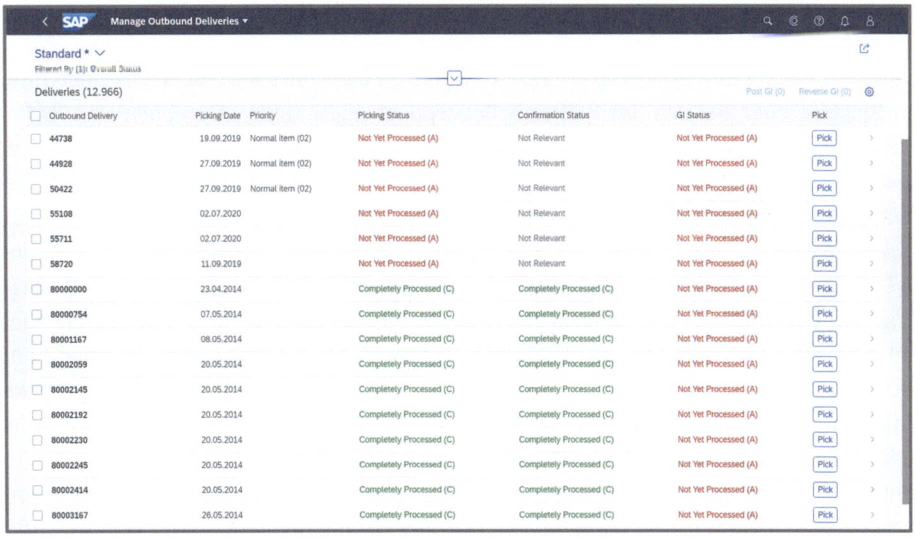

Abb. 10.12   SAP S/4HANA Supply Chain – Auslieferungen verwalten

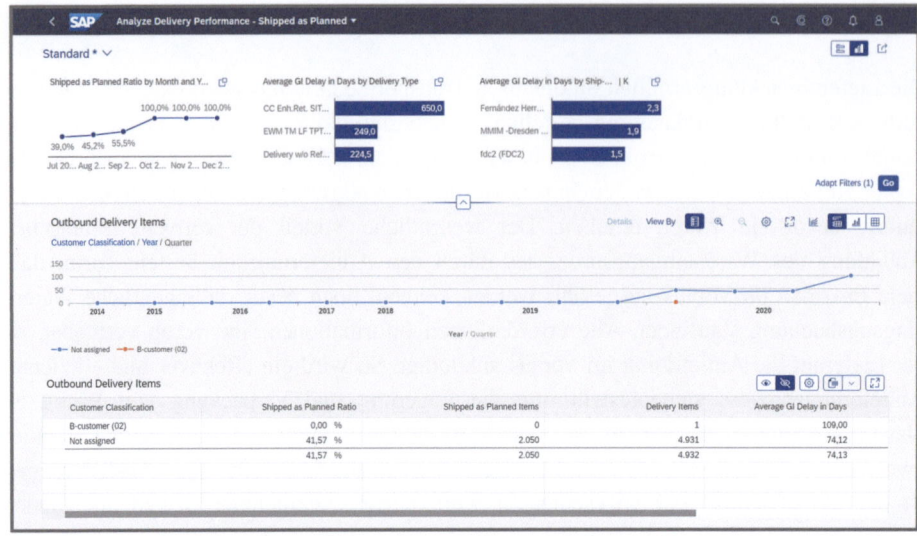

Abb. 10.13   SAP S/4HANA Supply Chain – Liefertreue analysieren

Anforderungen an Gefahrgüter. Transportmanagement wird für Inlands- und internationale Transporte für die Verladerindustrie, aber auch für das eingehende und ausgehende Frachtmanagement verwendet. Es ermöglicht das Anlegen und Verwenden zentraler Stammdaten wie Geschäftspartner und Produkte für transportbezogene Prozesse, aber auch für das Einrichten von Transportnetzen. Frachtvereinbarungen können verwendet werden, bei denen es sich um Verträge zwischen Geschäftspartnern handelt, die ihre Zusage, Geschäfte miteinander auf vereinbarte Weise zu tätigen, detailliert beschreiben. Darüber hinaus können Kosten für den Transport von Waren zwischen Lokationen basierend auf den Tarifpreisen berechnet werden, die in einer Tarifpreistabelle oder lokalen Tarifpreistabelle gepflegt sind. Beim Berechnen von Transportkosten basiert dies auf Stammdaten wie Vereinbarungen, Berechnungsschemas, lokalen Berechnungsschemas, Tarifpreistabellen und lokalen Tarifpreistabellen. Transportation Management führt An- oder Auslieferungen durch, um Frachteinheiten anzulegen. Weiterhin ermöglicht die Logistikintegration eine kontinuierliche Reaktion auf Änderungen an Originalbelegen, die im System auftreten. Mit dem vereinfachten Frachtauftragsmanagement können die Benutzer Frachtaufträge und Frachtbuchungen anlegen und bearbeiten, die Informationen enthalten, die für die Transportplanung und -ausführung erforderlich sind, z. B. Quell- und Ziellokationen, Termine und Produktinformationen sowie verwendete Ressourcen. Mit der Ausschreibung können Frachtanfragen an einen oder mehrere Spediteure gesendet werden. Dies kann manuell oder automatisch durch die Nutzung des direkten Ausschreibungsprozesses erfolgen. Basierend auf der Planung werden Frachteinheiten auf der Grundlage von An- oder Auslieferungen manuell oder automatisch erstellt, je nachdem, welche Einstellungen konfiguriert sind. Mit Frachtabrechnung können die Benutzer die Prüfung einer Rechnung, die von einem Lieferanten oder Spediteur empfangen wurde, gegen einen Frachtabrechnungsbeleg anstoßen.

Auftragsbestätigung

Vertriebsmitarbeiter im Innendienst und Sachbearbeiter für die Auftragserfüllung benötigen Mechanismen zur Konfiguration, Ausführung und Überwachung von Verfügbarkeitsprüfungen und zur Optimierung der Verteilung von Zugängen. Dies ist insbesondere dann wichtig, wenn die Verfügbarkeit von Materialien, die zur Abdeckung von Bedarfen benötigt werden, begrenzt ist. Benutzer können die Verfügbarkeitsprüfung (Available to Promise (ATP)) verwenden. Mit dieser Funktion können Benutzer basierend auf einer bestimmten Prüfregel und der aktuellen Bestandssituation für das angegebene Material ermitteln, an welchem Datum und in welcher Menge ein Kundenauftragsbedarf bestätigt werden kann. Die Verfügbarkeitsprüfung berücksichtigt konkurrierende Bedarfe unterschiedlicher Arten und deren jeweilige Bestätigungssituation. Die Verfügbarkeitsprüfung kann beim Anlegen und Ändern von Aufträgen und bei der Neuterminierung ausgeführt werden.

Erweiterte Funktionen

Die erweiterte Ersatzteilplanung bietet spezielle Planungsfunktionen für Ersatzteile sowie Transparenz in der gesamten Logistikkette, vom Zeitpunkt des Bedarfs bis zur Lieferung des Produkts. Sie ermöglicht die Prognose, Bestandsplanung, Beschaffung und großmaßstäbliche Verteilung von Ersatzteilen an Kunden. Diese Funktionen stellen sicher, dass die festgelegten Service-Level gepflegt werden können. Daher ist es ideal für verteilzentrierte Unternehmen, die große Mengen an Ersatzteillieferungen an mehrere Bestandsaufbaulokationen ausgeben. Die erweiterte Lagerhaltung bietet Werkzeuge zur optimalen Auftragserfüllung durch die Nutzung von Funktionen wie Cross-Docking, Personaleinsatzplanung, Lagerungsdisposition, Bestandsoptimierung und Unterstützung für die Transitlagerung sowie die Anbindung an Geräte zur Lagerautomatisierung.

Das erweiterte Transportmanagement (Abb. 10.14) unterstützt die gesamte Transportkette. Durch die Planung, Optimierung, Ausschreibung, Fremdvergabe und Abrechnung von Frachtprozessen kann der Benutzer Transportbedarfe verwalten. Darüber hinaus können Frachtführer gemäß den Anforderungen des internationalen Handels und der Gefahrgütern gebucht werden. Mit der erweiterten Auftragsbestätigung können Unternehmen Aufträge schnell und präzise erfüllen, indem sie den relevanten Bestand automatisch in Echtzeit berücksichtigen und gleichzeitig die geschäftlichen Prioritäten und Rentabilitätsziele des Unternehmens schützen. *Fertigungsberichtswesen* stellt zahlreiche Reporting- und Analyse-Funktionalität zur Verfügung.

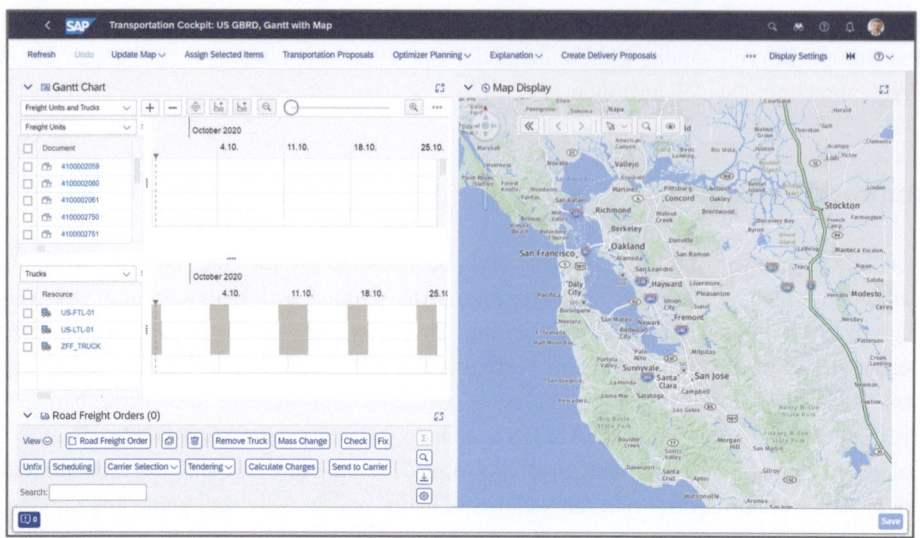

Abb. 10.14   SAP S/4HANA Supply Chain – Transportation Cockpit

10.3   Lösungsfunktionen – Fertigung

Die zweite Komponente, die bei der Implementierung des Geschäftsprozesses *Von der Planung bis zur Auftragserfüllung* herangezogen wird, ist SAP S/4HANA Manufacturing. In diesem Abschnitt werden die Funktionen von SAP S/4HANA Manufacturing erläutert, wie in Abb. 10.15 dargestellt. Während SAP S/4HANA Manufacturing die Kernfunktionen abdeckt, gibt es verschiedene Erweiterungs-module wie SAP Digital Manufacturing Cloud, SAP Integrated Planning oder SAP Manufacturing Suite.

Die *Produktionsplanung* ermöglicht die Planung von Produkten und Komponenten, um die interne und externe Beschaffung mithilfe der Materialressourcenplanung (MRP) in Echtzeit zu initiieren, um eine bessere Performanz und aktuellere Planungs-ergebnisse zu erzielen. Die *Fertigungstechnik* entwirft Produkte und verwaltet die Änderungen während des gesamten Lebenszyklus, einschließlich Stammdaten wie Materialien, Arbeitspläne, Stücklisten, Rezepte und Arbeitsplätze. *Fertigungsvorgänge* steuern Abläufe der Fabrikation für die diskrete Fertigung, die Prozess- und die Serien-fertigung mit vollständiger Integration in die Logistik und das Finanzwesen. Das *Quali-tätsmanagement* prüft Produktionsprozesse und Wareneingänge. Sie verwaltet Prüflose und vermisst die Nutzung, um die Produktionsleistung zu verbessern. Die *erweiterte Produktionsplanung und -terminierung* erweitert die Kernfunktionen mit der visuellen Plantafel. Die Lösung automatisiert die verbrauchsbasierte Wiederbeschaffung mit der bedarfsorientierten Materialbedarfsplanung und nutzt Simulationsfunktionen mit voraus-schauender Materialbedarfsplanung. *Fertigungstechnik und Fertigungsprozesse* erweitert

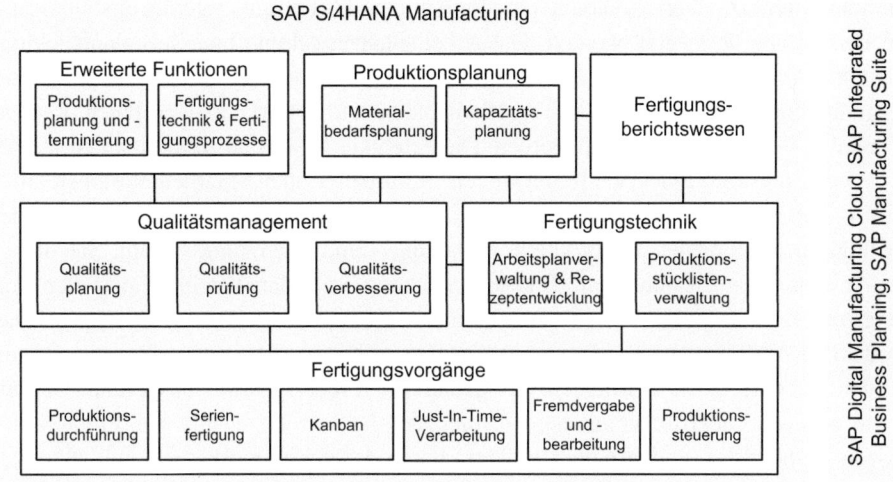

Abb. 10.15 SAP S/4HANA Manufacturing – funktionale Architektur

die Produktionsprozesse. Sie überbrückt die Lücke zwischen Produktkonstruktion und Fertigungsvorgängen, indem der Produktentwurf in einen Produktionsentwurf umgewandelt wird, der als Grundlage für die Verwaltung von Produktionsaufträgen und die Ausführung des Fertigungsbereichs dient.

Fertigungstechnik

Während der Produktkonstruktion werden Produkte entworfen und entwickelt. Neue Produkte oder Produktlinien werden definiert, um die aktuelle Prozesstechnologie zu nutzen und die Qualität und Zuverlässigkeit zu verbessern. Bestehende Produkte können aufgrund sich verändernder Markt- oder Kundenanforderungen geändert werden. Als Ergebnis dieser Produktphase werden Zeichnungen und eine Liste aller für die Fertigung des Produkts erforderlichen Teile bereitgestellt. Bei dieser Liste handelt es sich um die Stückliste. Die Produktionsstücklistenverwaltung strukturiert Produkte, um Komponenten und Baugruppen zu überwachen, und definiert separate Stücklisten für verschiedene Bereiche (z. B. Konstruktion, Produktion, Vertrieb und Services). Die Lösung ermittelt die gültige Stücklistenversion für das entsprechende Datum, die zugehörige Fertigungsversion und den definierten Zweck. Mit der Auswertungsfunktion können alle Komponenten (Baugruppen und Einzelteile) eines Produkts ermittelt und pro Dispositionsstufe angezeigt werden. Das Reporting hilft herauszufinden, wo ein Objekt (z. B. Material) verwendet wird und welche Menge benötigt wird. Während der Verfahrenstechnikphase werden Fertigungsanlagen und Produktionsanlagen entworfen und kontinuierlich verbessert. So können die Funktionen des Fertigungsgeräts modelliert und die Performanz überwacht werden. Die Arbeitsplanverwaltung und Rezeptentwicklung plant die Vorgänge während der Fertigung. Vorgänge bilden die Grundlage für die Terminierung, Kapazitätsbedarfen für Arbeitsplätze und den Materialverbrauch. Rezepte definieren, wie Produkte erzeugt werden. Die Artefakte Arbeitsplätze/Ressourcen werden verwendet, um Maschinen, Fertigungslinien, Mitarbeiter oder Mitarbeitergruppen abzubilden. Neben Stückliste und Arbeitsplan gehören die Arbeitsplätze/Ressourcen zu den wichtigsten Stammdaten im Produktionsplanungs- und -steuerungssystem. Sie dienen der Terminierung, Kalkulation, Kapazitätsplanung und der Vereinfachung der Vorgangspflege. Arbeitsplan/Rezepte beschreiben die Abläufe, die zur Fertigung eines Produkts ausgeführt werden müssen. Außerdem enthalten Arbeitspläne/Rezepte Details zu den Arbeitsplätzen/Ressourcen, an denen die Prozessschritte ausgeführt werden, sowie zu den Stücklistenkomponenten, die benötigt werden. Damit der Produktionsprozess reibungslos und effizient abläuft, muss der Fertigungsbereich mit aktuellen Informationen versorgt werden. Dazu muss festgelegt werden, wie der Fertigungsprozess ausgeführt werden soll und welche Daten während der Produktion gesammelt werden müssen. Durch den Vergleich dieser Daten mit den vorhandenen können kontinuierlich Verbesserungen am Prozess vorgenommen werden.

Produktionsplanung

Die Produktionsplanung hat das Ziel, Produkte und Komponenten zu planen, um die interne und externe Beschaffung zu initiieren. Hierbei müssen zwei Aspekte berücksichtigt werden: Materialbedarf und Kapazität. Basierend auf der Stücklistenauflösung müssen Unternehmen Rohmaterialien planen. Darüber hinaus müssen Vorschläge für die interne und externe Beschaffung basierend auf Mengen und Terminanforderungen angelegt werden. Um die Kapazität zu planen, muss der Produktionsplaner die Produktionsbedarfe mit dem Kapazitätsangebot der entsprechenden Arbeitsplätze und Schichtkalender ausgleichen. Die Materialbedarfsplanung stellt die Materialverfügbarkeit sicher und führt eine grundlegende Produktionsplanung durch (Abb. 10.16, 10.17). In der Regel wird dies vom Disponenten durchgeführt, der die Materialunterdeckung überwacht und auftretende Probleme sofort behebt. Weiterhin gewährleistet sie, dass ausreichend Zugänge zur Deckung des Bedarfs geplant wurden. Ziel ist es, sowohl Kunden- als auch Produktionsanforderungen zeitnah zu erfüllen. Der aktuelle Bestand und Bedarf kann überwacht und angepasst werden. Materialunterdeckungen können festgestellt werden, aber auch ungedeckte Bedarfe und Probleme in Bezug auf Prozess- oder Fertigungsaufträge. Werkzeuge zur automatisierten Lösung von Problemen und deren Kommunikation an Lieferanten werden ebenfalls bereitgestellt. Planaufträge können in Fertigungs- oder Prozessaufträge umgesetzt werden. Dies kann manuell oder automatisch auf der Grundlage von Jobs erfolgen. Die Materialbedarfsplanung (MRP) erleichtert die Deckung des Bedarfs durch Zugangselemente, ohne die

Abb. 10.16   SAP S/4HANA Manufacturing – Materialdeckung verwalten

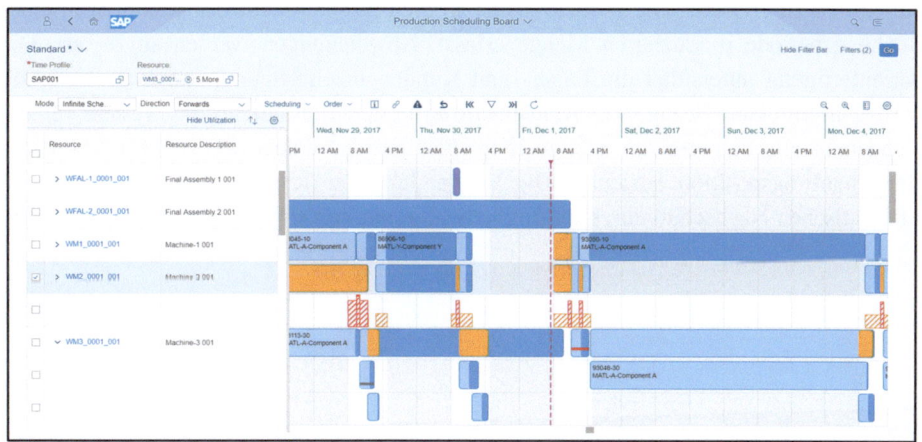

Abb. 10.17   SAP S/4HANA Manufacturing – Fertigungsplantafel

verfügbare Kapazität zu berücksichtigen. Es ist die Aufgabe der Kapazitätsplanung, die MRR-Planer dabei zu unterstützen, den Produktionsplan so zu ändern, dass die Kapazitätsrestriktionen berücksichtigt werden, während die Bedarfe rechtzeitig und mengenmäßig befriedigt werden. Mit der Materialbedarfsplanung können Benutzer prüfen, wann und wie viel Kapazität für einen Arbeitsplatz, der als Kapazitätsdefinition bezeichnet wird, verfügbar ist. Diese kann z. B. durch Reduzierung der Arbeitszeit oder durch Einbeziehung zusätzlicher Arbeitszeiten verwaltet werden. Mit MRP kann auch die Kapazitätsbelastung von Arbeitsplätzen überprüft werden. Die verfügbaren und erforderlichen Kapazitäten können verglichen werden, sodass die Probleme identifiziert und gelöst werden.

Fertigungsvorgänge

Die Produktionsdurchführung bündelt die Ausführung, Steuerung, Überwachung und Rückmeldung des Fertigungsprozesses mit Echtzeitdaten aus dem Fertigungsbereich, Auftragsfertigern und Lieferanten. Dazu muss der Werker Planaufträge übertragen, Fertigungsaufträge freigeben, Vorgänge rückmelden und den Arbeitsfortschritt verfolgen. Freigegebene Fertigungs-/Prozessaufträge (Abb. 10.18, 10.19) können angezeigt werden, indem der Zugriff auf alle für die Fertigung des Produkts erforderlichen Informationen, einschließlich Terminen, Zeiten und Mengen, ermöglicht wird. Die Abwicklung der Serienfertigung kann durch Massenverarbeitung und optimierte Finanzkontrollen in periodischen Aktionen vereinfacht werden. In der Serienfertigung kann der Materialfluss viel detaillierter geplant und überwacht werden. Mit Planaufträgen werden Materialfluss und Produktkosten modelliert, geplant und angestoßen, um die Kosten zu erfassen. Die Produktkosten werden basierend auf der gesamten in einer Buchungsperiode produzierten Menge erfasst. Abweichungen werden aggregiert. Die Serienfertigung unterstützt die Lager- und Kundeneinzelfertigung. Die Lagerfertigung wird ohne direkten Bezug zum Kundenauftrag gesteuert, während das System für die Kundeneinzelfertigung einen oder mehrere Planaufträge anlegt, die sich direkt auf die Kundenauftragsposition beziehen. Die Verwendung der Kanban-Inventur erlaubt den automatischen Nachschub durch die Implementierung von selbststeuernde Regelkreisen.

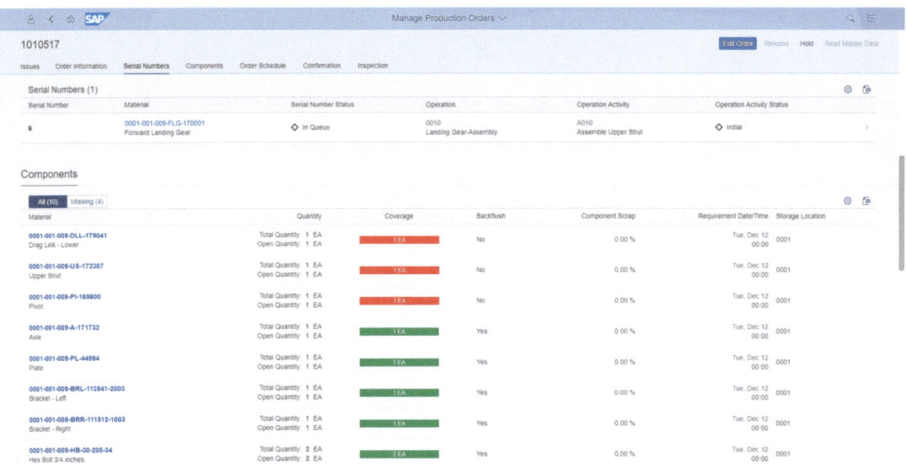

Abb. 10.18 SAP S/4HANA Manufacturing – Fertigungsaufträge bearbeiten

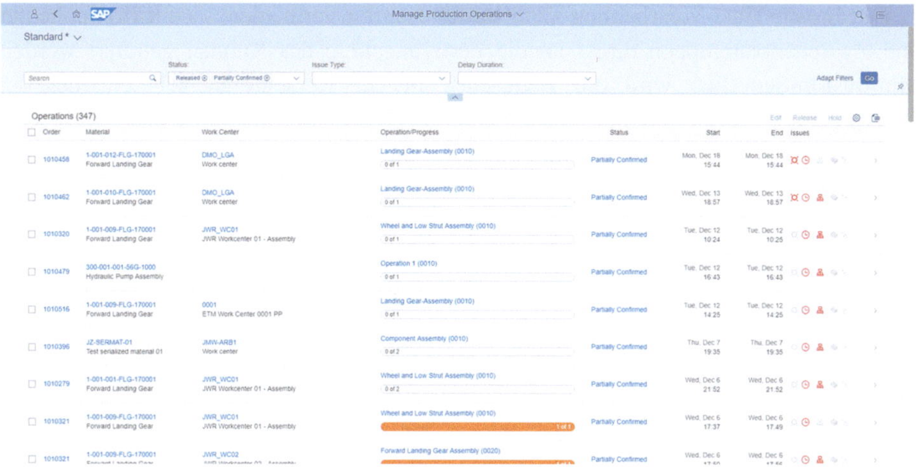

Abb. 10.19 SAP S/4HANA Manufacturing – Fertigungsvorgänge bearbeiten

Dies kann z. B. durch Leerplätze erreicht werden, die den Beschaffungsprozess auslösen. Kanban ist eine Methode zur Steuerung der Produktion und des Materialflusses
basierend auf dem physischen Materialbestand in der Produktion. Die Grundidee besteht
darin, regelmäßig benötigtes Material in kleinen Mengen in der Produktion verfügbar zu
halten. So wird der Nachschub oder die Produktion eines Materials nur dann angestoßen,
wenn eine bestimmte Menge des Materials verbraucht wurde. Der Kanban-Ansatz
stellt sicher, dass der Fertigungsprozess sich selbst steuert und der manuelle Buchungs-
aufwand auf ein Minimum reduziert wird. Dies führt zu kürzeren Durchlaufzeiten und
geringeren Lagerbeständen. Die Produktionssteuerung stellt zentrale Cockpits bereit, um
Engpässe zu minimieren und Risiken zu mindern. Daher müssen Werker die gesamte
Produktion im Fertigungsbereich steuern, um Materialien, Stücklisten, Rezepte, Arbeitspläne, Komponenten, Arbeitsplätze und Ressourcen bis hin zu den Fertigerzeugnissen zu
handhaben. Mit dieser Funktionalität können Benutzer den Fertigungsprozess verwalten
und steuern. Sie wird in der Regel vom Fertigungssteuerer ausgeführt, der für die Einplanung von Fertigungsvorgängen auf einzelnen Maschinen verantwortlich ist. Diese
Person entscheidet auch über Maßnahmen zur Minderung von Maschinenausfällen oder
fehlenden Komponenten. Die Fremdvergabe kann verwendet werden, um die Produktion
über die Subunternehmen auszulagern. Um diese verwenden zu können, müssen
Firmen dem externen Subunternehmen Komponenten gemäß der Stücklistenstruktur
bereitstellen. Darüber hinaus müssen Unternehmen den Komponentenbestand und den
Arbeitsfortschritt am Standort des externen Subunternehmens verwalten und verfolgen.
Mit der Fremdbearbeitung können Unternehmen Produktionsvorgänge an Drittanbieter
oder andere Produktionseinheiten im Rahmen ihrer Kooperationen auslagern. Das
Inkludieren von externe Vorgänge in Arbeitsplänen und Fertigungsaufträgen unterstützen
diesen Prozess.

Die Just-in-Time-Verarbeitung kann Bestandspuffer vermeiden, indem Komponenten und Zwischenbaugruppen direkt an die Fertigungslinie des Kunden geliefert werden. Mit Just-in-Sequence wird die Baugruppe in der Reihenfolge geliefert, die den angeforderten Spezifikationen entspricht. Die Just-In-Time-Ausgangsverarbeitung ermöglicht den direkten Nachschub von Materialien, die für die Fertigung erforderlich sind, in der exakten Menge und zu genau der erforderlichen Zeit. Die Just-In-Time-Eingangsverarbeitung erleichtert die Fertigung und Lieferung von Materialien in der genauen Menge, zur genauen Zeit und sogar in der vom Kunden festgelegten Reihenfolge. Dazu werden Lieferpläne mit integrierten Vertriebs- und Produktionsplanung verwendet.

Qualitätsmanagement

Qualitätsmanagement bietet Werkzeuge zur Prüfung von Fertigungsprozessen und Produkten. Die Lösung verwaltet Prüflose und verwendet Nutzungsvermessung, um die Produktionsleistung zu verbessern. Qualitätsmanagement umfasst Planung, Prüfung und Verbesserung der Qualität. Die Planungsphase ist wichtig, um die Qualität von Produkten, Prozessen und Dienstleistungen logisch und organisatorisch vor zu breiten. Daher werden Produktionslenkungspläne verwendet, um eine integrierte Prüfplanung für Wareneingangsprüfungen und der Produktion durchzuführen. Produktlenkungspläne können in Verbindung mit der Fehler- und Wirkungsanalyse verwendet werden, um eine integrierte Prüfplanung für den Wareneingang und Produktion durchzuführen. Der Produktlenkungsplan bildet die Überwachung von Produkten und Prozessen ab. Sie umfasst Aufgaben, die für jede Phase des Prozesses ausgeführt werden. Qualitätsbezogene Stammdaten wie z. B. Spezifikationen müssen als Qualitätsinfosätze definiert werden. Es werden Prüflose verwendet, um Qualitätsprüfung durchzuführen und abgeschlossene Prüfungen zu erfassen. Hierzu gehört beispielsweise die Fehlererfassung zur Dokumentation einzelner Fehlerpositionen, Probenverwaltung zur Abwicklung von Proben, Kalibrierprüfung für Prüfmittel und Qualitätszeugnisse für Eingangs- und Ausgangsprozesse. Die Prüfplanungsfunktionen werden verwendet, um Prüfkriterien zu definieren, z. B. zu prüfendes Material, wie die Prüfung erfolgen soll, zu prüfende Merkmale, erforderliches Prüfmittel, Arbeitsplatz und Prüfvorgaben. Qualitätsmeldungen und Ursachenanalysen ermöglichen die Erfassung und Bearbeitung von Qualitätsproblemen und Reklamationen sowie die Durchführung des Problemlösungsprozesses einschließlich Ursachenanalyse. Korrektur- und Vorbeugungsmaßnahmen können ausgelöst werden, um ein Problem zu lösen und wiederkehrende Mängel zu verhindern. Mit dem Qualitätsmängel-Management können Fehler erfasst und bearbeitet werden. Bei der Qualitätsverbesserung liegt der Schwerpunkt auf der Optimierung der Qualität von Produkten und Prozessen. Dies kann durch Qualitätsmeldungen erreicht werden, um Problemlösungsprozesse und Ursachenanalysen sowie Korrektur- und Vorbeugungsmaßnahmen durchzuführen, um Fehler zu lösen und ein erneutes Auftreten zu verhindern. Qualitätsanalysen und Qualitätsauswertungen werden auf der Grundlage von Prüfergebnissen oder Problemdaten bereitgestellt. Das Auditmanagement unterstützt die Benutzer bei der Ermittlung, Auswertung und Dokumentation von Qualitätsmängeln.

Fertigungsberichtswesen

Diese übergreifende Funktion hilft bei der Analyse von Fertigungsdaten für Prozessverbesserungen, Entscheidungsunterstützung, Reporting und Dokumentation. Die Lösung stellt Benachrichtigung für die ausnahmebasierte Verarbeitung bereit. Echtzeit-Warnungen, die auf Produktionsengpässen wie Zeit- oder Komponentenverzögerungen oder Ressourcenengpässen beruhen, können verwendet werden, um Fehlmengen und Ausschüsse zu reduzieren.

Erweiterte Produktionsplanung und -terminierung

Diese erweiterte Lösung hat den Zweck, Beschaffungsvorschläge für die Eigenfertigung oder Fremdbeschaffung anzulegen, um Produktanforderungen zu decken und die Ressourcenbelegung und die Auftragstermine im Detail zu optimieren und zu planen. Hier muss die Verfügbarkeit von Ressourcen und Komponenten berücksichtigt werden (Abb. 10.20). Die Komponente wird verwendet, um kritische Produkte zu planen, z. B. Produkte mit langen Wiederbeschaffungszeiten oder Produkte, die basierend auf begrenzten Ressourcen produziert werden. Die erweiterte Produktionsplanung und -terminierung wird genutzt, um ausführbare Produktionspläne zu erstellen und Durchlaufzeiten zu verkürzen, die Liefertermintreue zu erhöhen und den Durchsatz von Produkten zu erhöhen und die Bestandskosten durch eine bessere Koordination von Ressourcen, Produktion und Beschaffung zu senken (Abb. 10.21).

Erweiterte Fertigungstechnik und Fertigungsprozesse

Diese erweiterte Lösung bietet Werkzeuge für die Handhabung hochentwickelter und komplexer Produkte. Durch die Umwandlung des Produktentwurfs in den Produktionsentwurf wird die Lücke zwischen Produktkonstruktion und Fertigungsvorgängen geschlossen. Dies ist für die Herstellung hochentwickelter Produkte, die kontinuierlichen Entwurfsänderungen unterliegen, von entscheidender Bedeutung. Darüber hinaus kann der Fertigungsprozess sehr detailliert modelliert werden, einschließlich ausführlicher Arbeitsanweisungen für Werker. Mithilfe der Planung von Stücklisten und Planungsrouten ist es auch möglich, die Produktionsplanung gleichzeitig mit der Fertigungstechnik durchzuführen.

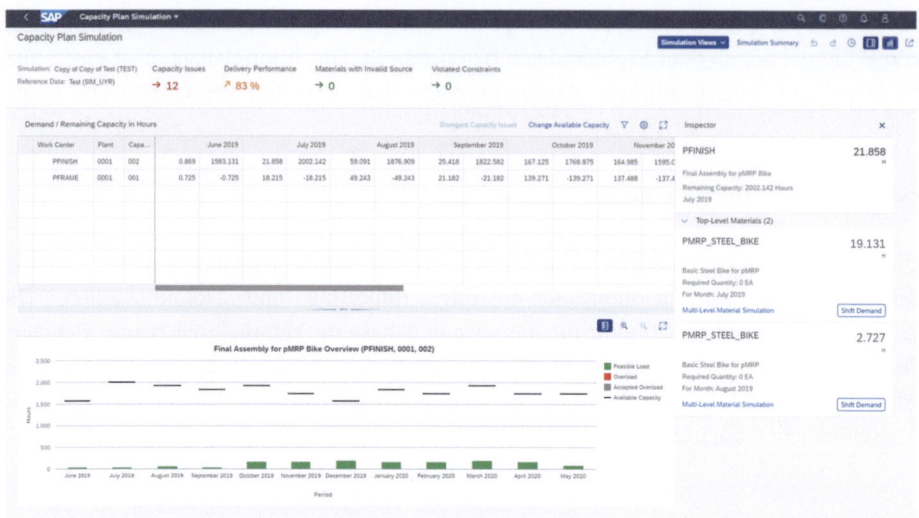

Abb. 10.20   SAP S/4HANA Manufacturing – Kapazitätsplansimulation

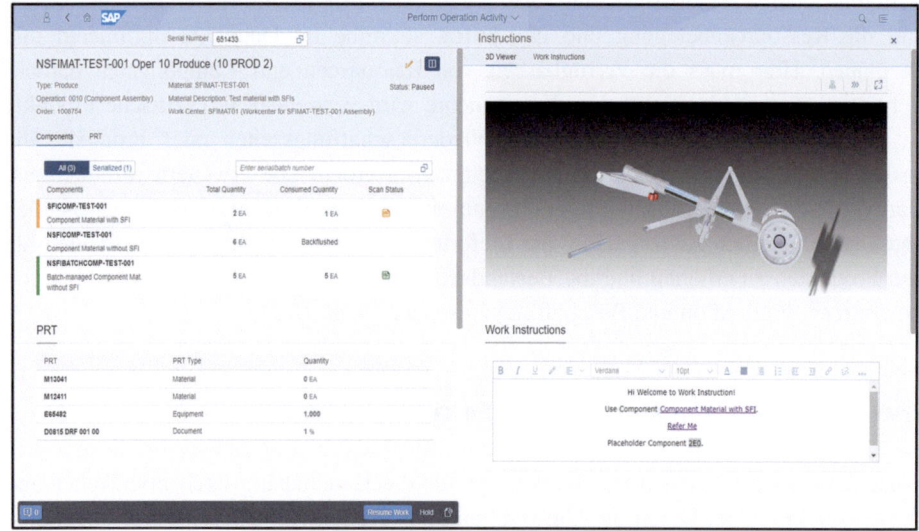

Abb. 10.21   SAP S/4HANA Manufacturing – Vorgangsaktivität durchführen

10.4   Fazit

Der Geschäftsprozess *Von der Planung bis zur Auftragserfüllung* deckt die Herstellung von Produkten oder die Erbringung von Dienstleistungen ab. Dazu müssen die Logistikkette und die Fertigungsstrategie definiert und die Bedarfs- und Bestands-planung abgeschlossen werden. Produkte werden gefertigt und nach strengen Quali-tätsprüfungen freigegeben. Nach der Lieferung von Produkten bzw. der Erbringung von Dienstleistungen werden entsprechende Rechnungen gestellt. In SAP S/4HANA wird dieser Geschäftsprozess hauptsächlich von den Komponenten SAP S/4HANA Supply Chain und Manufacturing implementiert. SAP S/4HANA Supply Chain unterstützt unter anderem die Identifizierung von Logistikmaterialien, Auftragsbestätigung, Lieferung und Transport, Bestandsführung und Lagerverwaltung. SAP S/4HANA Manufacturing ermöglicht beispielsweise die Produktionsplanung, das Qualitätsmanagement, die Fertigungstechnik und -vorgänge. Die SAP S/4HANA Module sind tief integriert und interagieren miteinander, sodass auch zusätzliche Komponenten zur Abwicklung dieses durchgängigen Prozesses beitragen.

Geschäftsprozess „Vom Auftrag bis zum Zahlungseingang"

11

Das Kapitel beschreibt den Geschäftsprozess *Vom Auftrag bis zum Zahlungseingang* bestehend aus den Teilprozessen Optimierung von Marketing und Vertrieb, Kundenverwaltung, Marketing-, Angebots-, Bestellungs-, Kundenanfragen- und Rechnungsabwicklung. Darüber hinaus werden die Anwendungsfunktionen von SAP S/4HANA zur Realisierung dieses Geschäftsprozesses erläutert.

11.1 Betriebswirtschaftliche Anforderung

Der Prozess *Vom Auftrag bis zum Zahlungseingang* ist in Abb. 11.1, 11.2 und 11.3 dargestellt und wird in den nächsten Abschnitten näher erläutert. Dieser Geschäftsprozess beginnt mit dem Marketing und endet mit der Einnahmenerhebung. Zunächst müssen Strategie und Budget für das Marketing definiert werden. Umsatzprognosen und messbare Ziele müssen entwickelt werden. Im Rahmen der Marketingsabwicklung müssen die relevanten Kundenprofile, Verkaufspreise und Werbemaßnahmen festgelegt werden. Die Vertriebsabwicklung befasst sich mit Kaufinteressenten (Leads) und Absatzmöglichkeiten (Opportunities), Verkaufsstellen, Angebote und Omnichannel-Präsenz. Die Bestellungsabwicklung verarbeitet Kundenverträge und Kundenaufträge. Für gelieferte Produkte und erbrachte Dienstleistungen werden unterstützende Prozesse für die Verwaltung von Kundenreklamationen, die Bearbeitung von Retouren, die Abwicklung von Garantieanträgen und Rückrufe bereitgestellt.

Im letzten Schritt erfolgt die Fakturierung an den Kunden, und die Prozessierung der Debitorenbuchhaltung für das Cash Management. Häufig beginnt der Verkaufsprozess mit einer Kundenanfrage, z. B. einer Anfrage nach einem Angebot oder einer Verkaufsinformation, ohne dass der Kunde einer unmittelbaren Kaufverpflichtung unterliegt. Eine Anfrage kann sich auf Produkte oder Dienstleistungen, Geschäftsbedingungen und

© Der/die Autor(en), exklusiv lizenziert an Springer Fachmedien Wiesbaden GmbH, ein Teil von Springer Nature 2023

S. Sarferaz, *ERP-Software: Funktionalität und Konzepte*, https://doi.org/10.1007/978-3-658-40499-4_11

Abb. 11.1   Prozess Vom Auftrag bis zum Zahlungseingang

gegebenenfalls Liefertermine beziehen. Der Vertriebsbereich, der die Anfrage annimmt, ist für die weitere Bearbeitung zuständig. Anhand von Kundenanfragen können alle wichtigen verkaufsbezogenen Informationen verwalten werden, die während der Kundenauftragsabwicklung anfallen.

Kunden haben die Möglichkeit, die Anfrage zu ändern oder zu stornieren. Im Idealfall gehen Kunden jedoch von einer Anfrage zu einem Kauf über. In diesem Fall muss der Kunde ein offizielles Angebot anfordern oder die Produkte direkt kaufen. Ein Angebot ist ein formaler Satz von Geschäftsbedingungen, den das angebotene Unternehmen dem Kunden zur Verfügung stellt. Der Hauptunterschied besteht darin, dass ein Angebot in einem neuen Kundenauftrag referenziert werden kann. Ein Angebot ist ein rechtlich verbindliches Angebot an den Kunden, ein Produkt zu bestimmten Bedingungen zu liefern oder eine Dienstleistung zu erbringen. Dieses Angebot ist für das Unternehmen nur für eine begrenzte Zeit rechtsverbindlich.

Abb. 11.2 Prozess Vom Auftrag bis zum Zahlungseingang

Optimierung von Marketing und Vertrieb

Im Teilprozess Marketing-/Vertriebsoptimierung (Abb. 11.4) besteht der erste Schritt darin, eine geeignete Marketingstrategie zu entwickeln und die entsprechenden Marketingbudgets festzulegen. Es wird außerdem empfohlen, ein passendes Kundentreueprogramm zu entwerfen und zu verwalten. Kundenservice und -planung helfen bei der Entwicklung einer Kundenbetreuungs- und Kundenservicestrategie, um die Kundenzufriedenheit zu erhöhen. Die Vertriebsplanung und das Performanz-Management unterstützen die Erstellung einer Absatzprognose. Anschließend können das Gesamtverkaufsbudget, Verkaufsziele und Kennzahlen festgelegt werden. Außerdem werden Verkaufsprovisionen berechnet und verwaltet.

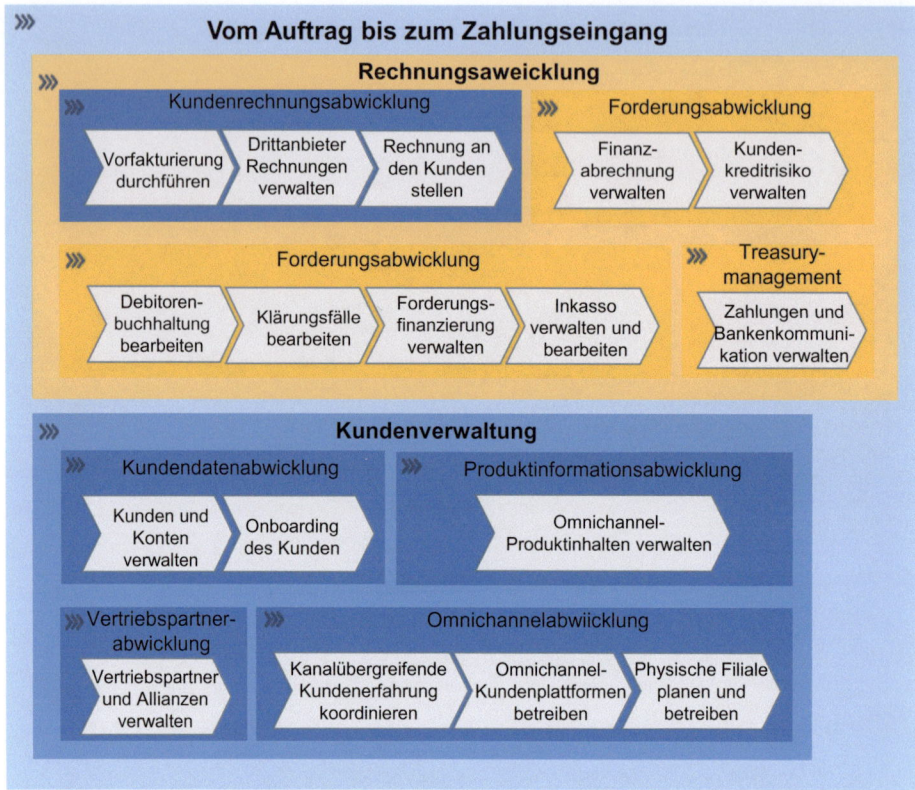

Abb. 11.3   Prozess Vom Auftrag bis zum Zahlungseingang

Abb. 11.4   Marketing-/Vertiebsoptimierung

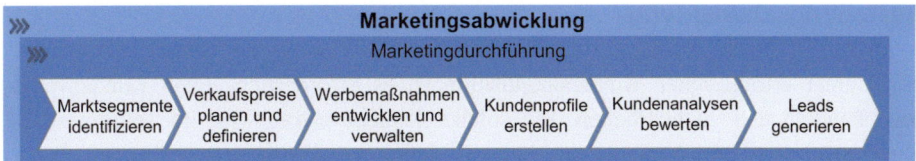

Abb. 11.5 Marketingsabwicklung

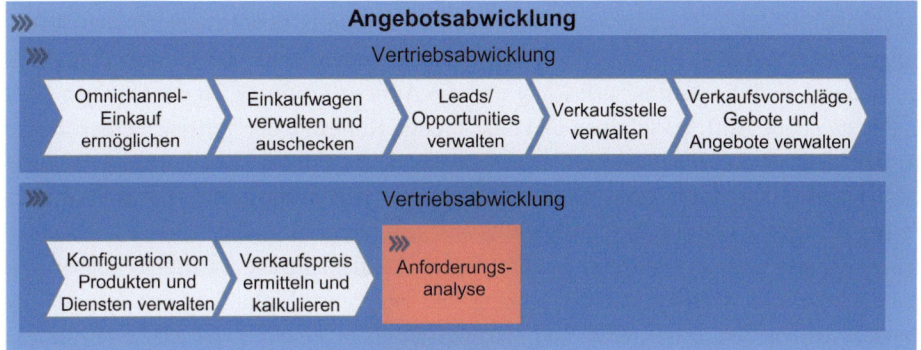

Abb. 11.6 Angebotsabwicklung

Marketingsabwicklung

Unter Marketingdurchführung werden die Hauptschritte für die Implementierung des Marketingprozesses beschrieben (Abb. 11.5). Die Marktsegmente werden identifiziert, und die Verkaufspreise werden geplant und definiert. Gleichzeitig werden Werbemaßnahmen entwickelt und überwacht. Es werden Kundenprofile erstellt, um eine geeignete Zielgruppe zu erreichen. Auf dieser Grundlage werden Kundenanalysen durchgeführt und bewertet. Die Ergebnisse der Analysen werden verwendet, um Interessenten zu identifizieren, die ein spezielles Produkt oder eine bestimmte Dienstleistung kaufen möchten.

Angebotsabwicklung

Im Rahmen der Vertriebsabwicklung werden verschiedene Kanäle, wie das Internet oder lokale Shops, bereitgestellt und für den Verkauf verwendet (Abb. 11.6). Darüber hinaus werden die Warenkörbe und die Kaufabwicklung per Self-Service ermöglicht. Weiterhin werden Kaufinteressenten (Leads) und Absatzmöglichkeiten (Opportunities) sowie die Verkaufsstellen verwaltet. Außerdem müssen Verkaufsvorschläge, Angebote geprüft werden. Dabei muss die Konfiguration der Produkte und Dienstleistungen angepasst und überarbeitet werden. Ebenfalls werden Verkaufspreise ermittelt werden.

Bestellungsabwicklung

Nach einer erfolgreichen Kundenakquisition ist es erforderlich, einen Kundenvertrag auszuhandeln und zu bearbeiten. Ein solcher Kundenvertrag wird im Teilprozess des Kundenauftrags- und Vertragsmanagements definiert und im entsprechenden System gespeichert (Abb. 11.7). Auf diese Weise werden Kundenverträge und -aufträge verwaltet, und der Erfüllungsprozess wird entsprechend koordiniert, um die Kundenansprüche zu gewährleisten. Sobald ein Kundenauftrag angelegt ist, werden die Produktionsprozesse angestoßen. Ein Auftrag mit spezifischen Anforderungen kann zu Änderungen des Produkt- oder Dienstleistungsentwurfs führen, welche sich auf die Folgeprozesse auswirken kann. Die Hauptzuständigkeiten eines Vertriebsmitarbeiters im Innendienst sind die Auftragserfassung und die Auftragserfüllung. In der heutigen Welt, in der steigende Auftragsvolumen und eine strenge Kontrolle der Vertriebsbetriebskosten entscheidend zu den Margen eines Unternehmens beitragen, sind Effizienz und Effektivität zentrale Bestandteile eines modernen Auftrags- und Vertragsmanagementprozesses. Anders als vor 20 Jahren kann der Verantwortliche nicht alle eingehenden Kundenaufträge manuell erfassen und den Status offener Kundenaufträge verfolgen. Daher sind die automatische Kundenauftragserfassung, die integrierte Einhaltung von Export- und Produktvorschriften, das Kredit- und Finanzrisikomanagement sowie ausnahmebasierte Arbeitsmodelle von entscheidender Bedeutung. Verträge können dabei helfen, mehr Produkte und Dienstleistungen zu verkaufen und gleichzeitig sicherzustellen, dass vereinbarte Bedingungen und Service-Level-Agreements (SLAs) bei der Erfüllung effizient verwaltet und systematisch berücksichtigt werden.

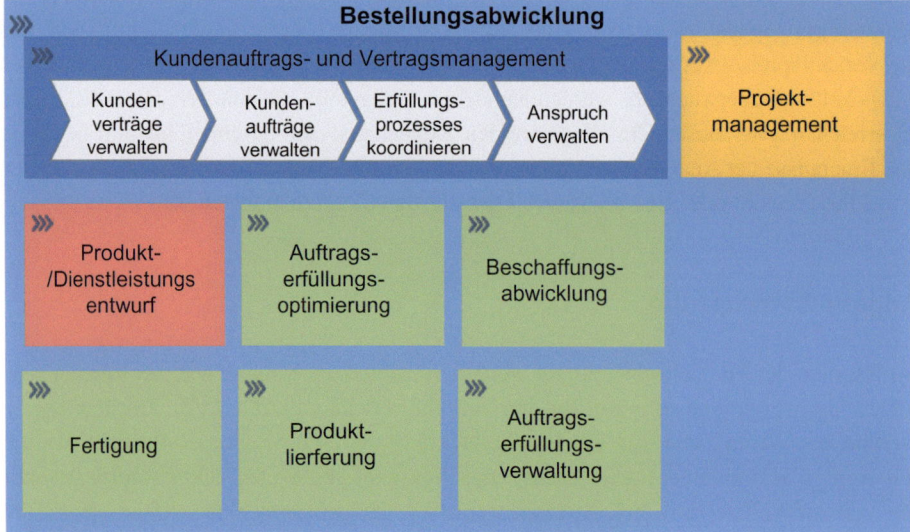

Abb. 11.7 Bestellungsabwicklung

Kundenanfragenabwicklung

Oft liegt der Fokus des Markenaufbaus und der Treue auf der Entwicklung exzellenter Produkte. Es ist aber auch von Vorteil, hervorragenden Dienstleistungen anzubieten. Der Hauptfokus der Unternehmen lag in der Vergangenheit jedoch auf den Produkten, die sie verkaufen. Die Dienstleistungen wurden häufig als nachrangig behandelt, was den Begriff *After-Sales-Service* prägte. Gute Kundenservice diente in erster Linie dazu, den Ruf und den Preis des Produkts zu steigern, wobei der Kundenservice selbst als Kostentreiber betrachtet wurde. Da Kunden eine durchgängige Lösung und nicht nur Produkte verlangen, wird der Service zu einem integralen Bestandteil des Gesamtangebots und zu einem Gewinnfaktor. Außerdem können sich Unternehmen im heutigen Wettbewerbsumfeld nicht allein auf reaktive *Breakfix-Services* verlassen, die immer teurer und unrentabler sind als ein effektives Servicegeschäft. Serviceverträge, die nicht nur reaktive, sondern auch Vorhersageszenarios berücksichtigen, in Kombination mit Serviceangeboten, die als rentabler Teil des Unternehmensportfolios konzipiert, geplant und verwaltet werden, sichern Unternehmen ihren Kundenstamm. Unternehmen verändern die Art und Weise, wie die Serviceabteilung in ihre Organisationen integriert ist, um diese Veränderungen voranzutreiben. Der Service wechselt von einer lokalen Kostenstelle zu einem zentralen Geschäftsangebot und muss als solches geplant, verwaltet und kontrolliert werden. Der Übergang von einem rein kostenorientierten zu einem geschäftsorientierten Serviceansatz vollzieht sich derzeit, verbunden mit einer zunehmenden Umstellung auf den *Lösungsvertrieb*. Hierbei ist der Service ist nur eine Komponente der Gesamtlösung, die jedoch durch Abonnements, Verträge und Projekte die Rentabilität steigert. Alle Supportaktivitäten, die nach der Bereitstellung materieller oder immaterieller Produkte für Kunden erforderlich sind, stehen im Fokus von Kundenservice und Support (Abb. 11.8). Solche Kundenservices können über verschiedene Kanäle wie Internet oder Telefonhotline angeboten werden. In diesem Prozess werden Kundenserviceprobleme und -anfragen sowie Kundenreklamationen verwaltet. Solche Reklamationen können zu Retouren führen, die auch im Rahmen dieses Prozesses abgewickelt werden. Ein weitreichender und wichtiger Punkt in diesem Kontext ist die Verarbeitung von Garantieanträgen. Außerdem müssen Rückrufe und Rückforderungen von Kunden während des Servicevorgangs bearbeitet werden. Die meisten Unternehmen benötigen nicht nur einen ordnungsgemäßen Verkaufsprozess, sondern auch einen zuverlässigen After-Sales-Prozess, der die Bearbeitung von Reklamationen, Reparaturen und Retouren umfasst. Der Retourenprozess sollte von hoher Qualität sein und eine transparente Abwicklung, ein effizientes Management und einen sofortigen Rückerstattungsprozess ermöglichen. Der Verkauf zurückgegebener, aufgearbeiteter oder recycelter Produkte gewinnt an Bedeutung und ebnet den Weg für eine Kreislaufwirtschaft. Sachbearbeiter für Retouren und Rückerstattungen stehen bei der Verwaltung dieser komplexen Prozesse vor täglichen Herausforderungen. Die beschleunigte Retourenabwicklung im Verkauf wird zur Verwaltung von Einkäufer- und

Abb. 11.8 Kundenanfragenabwicklung

Lieferantenretouren verwendet und bietet eine Reihe erweiterter Funktionen für die Retourenabwicklung. Einer der wichtigsten Aspekte, um die Kundentreue zu steigern, ist die Kundenzufriedenheit. Dies hat zur Folge, dass Retouren in der heutigen Welt immer wichtiger geworden sind, weil sie für die Zufriedenheit des Kunden erfolgsentscheidend sind. Retouren müssen sehr effizient abgeschlossen werden, da sie kostspielig und zeitaufwendig sein können.

Rechnungsabwicklung

Der Prozess der Rechnungsabwicklung (Abb. 11.9) folgt auf eine abgeschlossene Kundenlieferung, einer erfolgreich erbrachten Dienstleistung oder im Allgemeinen auf die Erfüllung eines Kundenvertrags, sodass die Abrechnung folgen kann. Die Vorbereitung der Vorfakturierung der Rechnung wird durch diesen Schritt abgedeckt. Die Verwaltung von Fremdunternehmen wird mitberücksichtigt, wenn Subunternehmer involviert sind. Letztendlich wird die Rechnung an den Kunden verschickt. Die Forderungsabwicklung führt den Finanzausgleich aus, steuert das Kreditrisiko des Kunden und verarbeitet die Debitorenbuchhaltung. Zudem werden auch Streitigkeiten beigelegt. Darüber hinaus wird die Forderungsfinanzierung abgewickelt, und bei Bedarf das Inkasso berarbeitet. Treasury Management deckt Zahlungen und die Kommunikation mit der Bank ab. Dazu gehören z. B. Überweisungen. Fakturen sind rechtsgültige Rechnungen, die für den Kauf von Waren oder Dienstleistungen angelegt und per E-Mail, Telefax oder Brief an Kunden gesendet werden. Diese Belege dienen auch als Schnittstellen zur Finanzbuchhaltung und als Grundlage für Finanzbuchungen. Sachbearbeiter in der Rechnungsbearbeitung spielen eine wichtige Rolle, da sie für den gesamten Abrechnungsprozess zuständig sind. Diese Personen arbeiten eng mit Vertriebsmitarbeitern im Innendienst, Versandspezialisten und Debitorenbuchhaltern

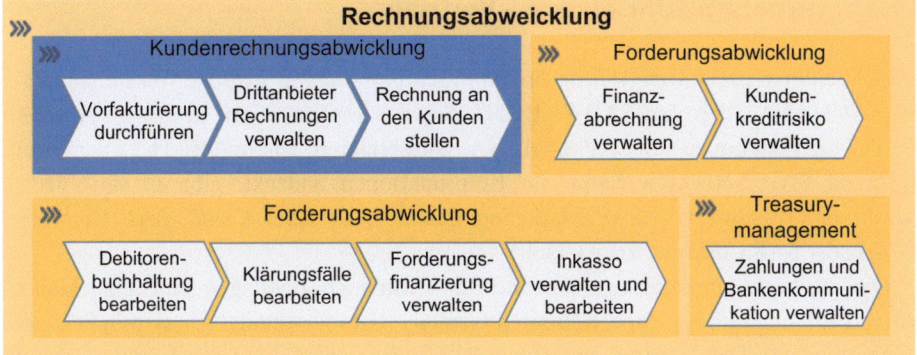

Abb. 11.9 Rechnungsabwicklung

zusammen, um sicherzustellen, dass Fakturen rechtzeitig angelegt werden und Kunden sie zeitnahe bezahlen.

Kundenverwaltung

Das Kundendatenabwicklung verarbeitet alle Informationen zu Kunden (Abb. 11.10) und ist zuständig für das Onboarding von Kunden. Wenn mehrere Verkaufskanäle vorgesehen sind, muss der Produktinhalt mehrfach bereitgestellt werden, was im Fokus des Produkt- informationsabwicklung steht. Der Umgang mit Vertriebspartnern und Allianzen ist das Hauptziel des Vertriebspartnerabwicklung. Im Teilprozess des Omnichannelabwicklung wird die kanalübergreifende Kundenerfahrung koordiniert. Darüber hinaus unterstützt sie den Betrieb von Omnichannel-Kundenplattformen und physische Filialen.

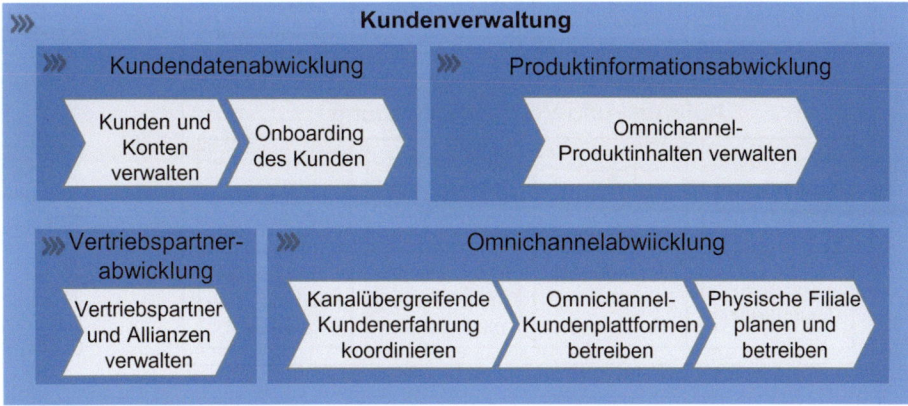

Abb. 11.10 Kundenverwaltung

11.2   Technische Umsetzung – Vertrieb

Der Geschäftsprozess *Vom Auftrag bis zum Zahlungseingang* wird im Wesentlichen von SAP S/4HANA Sales und SAP S/4HANA Service implementiert. In diesem Abschnitt werden die Funktionen von SAP S/4HANA Sales erläutert, wie in Abb. 11.11 dargestellt. Während SAP S/4HANA Sales die Kernfunktionen abdeckt, gibt es verschiedene Erweiterungsmodule wie SAP Marketing Cloud, SAP Sales Cloud, SAP Commerce Cloud oder SAP Customer Data Cloud.

Die *Vertriebsunterstützung* verwaltet die Kundenbeziehungen mit eingebetteten Vorverkaufsfunktionen für Kaufinteressenten (Leads) und Absatzmöglichkeiten (Opportunities). Die *Auftrags- und Vertragsverwaltung* umfassten den Lebenszyklus der Vertriebsstammdaten, einschließlich der Preisfindung im gesamten Unternehmen. Sie verarbeitet Verkaufsbelege präzise und zeitnah. Die Lösung berechnet KPIs in Echtzeit zur Unterstützung der Entscheidungsfindung. Die *Vertriebsleistungsverwaltung* realisiert strategische Unternehmensziele mit einem effektiven monetären und nicht-monetären Provisionsmanagement. SAP S/4HANA Sales umfasst eine Vielzahl von Vertriebsprozessen, die eine flexible betriebswirtschaftliche Konfiguration für die Integration mit Beschaffung, Logistik und Finanzwesen bieten. In der Regel beginnt der Verkaufsprozess mit einer Kundenanfrage, gefolgt von einem Angebot, das als Referenz zum

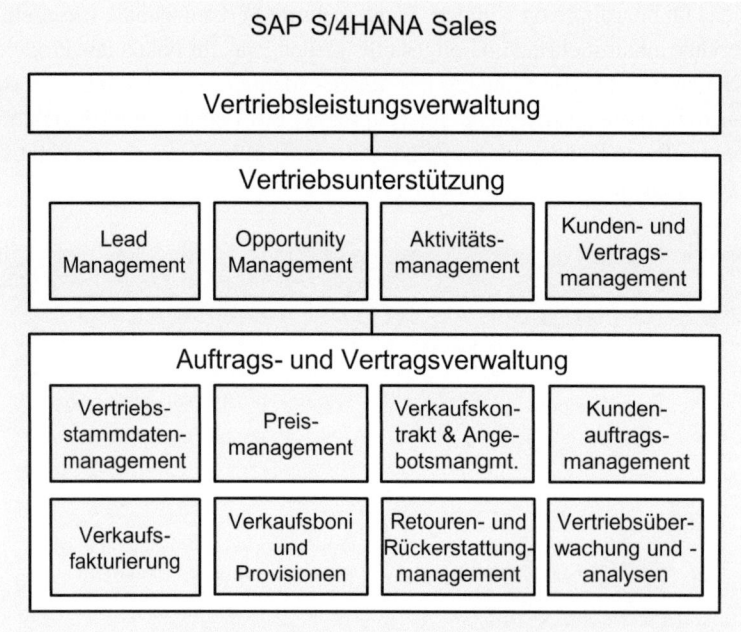

Abb. 11.11   SAP S/4HANA Sales – funktionale Architektur

Anlegen eines Kundenauftrags verwendet wird. Alternativ kann der Kundenauftrag basierend auf langfristigen Vereinbarungen wie Verkaufskontrakten oder Lieferplänen angelegt werden. Verkaufskontrakte geben im Wesentlichen an, welche Produkte in festgelegten Mengen oder für einen bestimmten Wert innerhalb eines vorgeschriebenen Zeitraums geliefert werden. Lieferpläne definieren die regelmäßige Lieferung von Produkten in einer bestimmten Menge. Der letzte Schritt im Verkaufsprozess ist die Fakturierung, bei der Rechnungen zur Zahlung an Kunden gesendet werden. Fakturen werden in die Finanzbuchhaltung gebucht, sodass umfassende Buchungsbelege angelegt werden.

Auftrags- und Vertragsmanagement

Das Stammdatenmanagement ermöglicht den Verarbeitung von Vertriebsdaten und den Zugriff auf dem zentralen Geschäftspartners. Vertriebsstammdaten werden anhand von harmonisierte SAP Fiori Benutzeroberflächen angelegt, geändert oder angezeigt. Eine kundenspezifische Materialdefinition wird verwendet, wenn Kundenprodukte Identifikationen haben, die von der Nummer abweichen, die das Unternehmen verwendet. Durch die Pflege von Materialfindungssätzen wird die automatische Ersetzung einer in Verkaufsbelegen eingegebenen Produktnummer durch eine Zielproduktnummer vorgenommen. Materiallistungssätze und Ausschlusssätze können gepflegt werden, um festzulegen, welche Produkte Kunden kaufen können. Die Preisverwaltung steuert die Definition der Preisstammdaten und führt die Preisberechnung durch. Mit dieser Funktion wird der Preisfindungsprozess in Geschäftsbelegen eingerichtet. Dies umfasst die Ermittlung von Preisstammdaten und die Berechnung von Nettowerten. Die Lösung ermöglicht die Berechnung und Anpassung genauer Preise basierend auf den

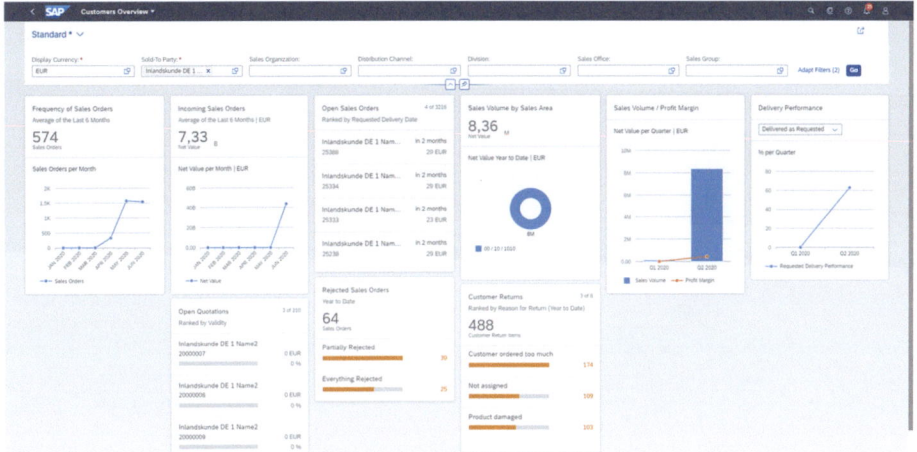

Abb. 11.12   SAP S/4HANA Sales – Kundenübersicht

Preisstammdaten und der Konfiguration der Preisfindung. Das Verkaufskontrakt- und Angebotsmanagement unterstützt Vertragstypen wie Verkaufskontrakte, Konditions-kontrakte für das Abrechnungsmanagement, lieferplan-basierte Kontrakte oder Handels-kontrakte. Es ist auch möglich, vorausschauende Analysen in Echtzeit zu verwenden, um Verkaufsverträge und Verkaufsangebote effektiv zu verwalten. Mit dieser Anwendung können Benutzer ein Angebot für Kunden anlegen, ändern oder anzeigen. Der Prozess wird angestoßen, wenn eine Anfrage von Kunden eingeht. Als Antwort auf die Anfrage des Kunden wird ein Angebot erstellt, das dann von den Kunden entweder angenommen oder abgelehnt wird. Dieser Schritt stellt sicher, dass der Geschäftspartnern die geforderte Produktmenge zu einem definierten Zeitpunkt und Preis erhält. Bei Annahme wird das Angebot in einen Kundenauftrag übernommen. Zusätzlich können ablaufende, abgelaufene, erledigte und unvollständige Angebote aufgelistet werden. Das Kunden-auftragsmanagement bietet eine 360-Grad-Sicht auf die Kundenauftragsabwicklung (Abb. 11.13). Die Komponente maximiert die Auftragsrate mit geringem Bearbeitungs-aufwand und nutzt die ausnahmebasierte Auftragsverwaltung. Außerdem können Benutzer mit integrierten Prognosen Lieferverzögerungen vermeiden. Die Lösung optimiert Verkaufsprozesse mit Workflows (Abb. 11.12).

Die Anwendung erlaubt die Ausführung von Geschäftsvorgängen basierend auf Ver-kaufsbelegen wie Anfrage, Angebot und Kundenauftrag, die im System hinterlegt sind. Im Rahmen des Kundenauftragsmanagements wird ein Verkaufsbeleg auf der Grund-lage von Kundenanforderungen erfasst. Beim Anlegen oder Ändern von Verkaufsbelegen bestätigt das System Termine und Mengen. Die Verkaufsbelege können angezeigt und geändert werden. Wenn ein Verkaufsbeleg bearbeitet wird, führt SAP S/4HANA Sales automatisch Grundfunktionen wie Preisfindung, Verfügbarkeitsprüfung, Bedarfsüber-gabe an die Disposition, Versandterminierung, Versandstellen- und Routenfindung, Kreditlimitprüfung aus. Verkaufsfakturierung deckt manuelle und automatisierte

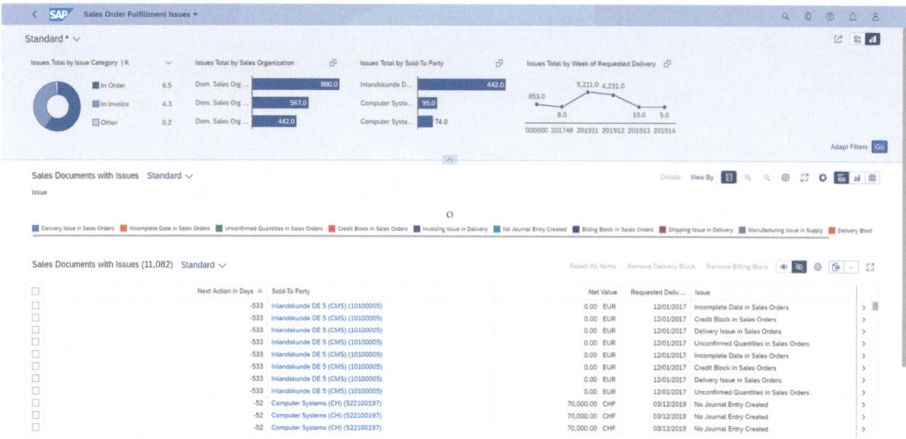

Abb. 11.13 SAP S/4HANA Sales – Analyse der Kundenauftragserfüllung

Abrechnungs- und Fakturierungsszenarien ab. Externe Fakturadaten können mit Verkaufsbelegen in einer Rechnung kombiniert werden. Fakturen können angelegt, an die Finanzbuchhaltung übermittelt und über verschiedene Kanäle ausgegeben werden. Es können jedoch auch fakturabezogene Belege wie Rechnungslisten, vorläufige Fakturen und Fakturaanforderungen angelegt und bearbeitet werden. Zu den wichtigsten Funktionen gehören die Abwicklung von Lastschriften und Gutschriften, die Bearbeitung von Fakturen und Rechnungslisten, die Genehmigung vorläufiger Fakturen und die Verarbeitung von Rechnungskorrekturen. Die Lösung wird verwendet, um Fakturadaten aus verkauften Produkten, Dienstleistungen und Projekten in einer einzigen Kundenrechnung zu kombinieren. Mit Verkaufsboni, Provisionen und Leistungsanreizen können Unternehmen umsatzbasierte Verkaufsszenarien abwickeln. Mithilfe der Retouren- und Rückerstattungsmanagement können die Service- und Supportkosten für Kunden gesenkt werden, indem Retourprozesse optimiert werden. Die Lösung erleichtert die Nachverfolgung, unterstützt Serviceorganisationen bei der schnelleren Bearbeitung von Anfragen und senkt die Betriebskosten. Die Erfassung und Abwicklung aller Reklamationen und Retouren wird vereinheitlicht. Diese lösen logistische Folgeaktionen wie die Inspektion retournierter Produkte, die Lösung von Problemen sowie das Forderungs- und Rückerstattungsmanagement aus. Garantien werden digital erfasst, um den Herstellern, Importeuren oder Lieferanten die Abwicklung von Garantieanträgen zu vereinfachen. Schadensfälle werden automatisch bearbeitet und im Falle von Ablehnungen in die manuelle Bearbeitung weitergeleitet. Mit Vertriebsüberwachung und -analysen können Benutzer zentrale Verkaufsgeschäftsprozesse, von Angeboten und Verträgen bis hin zu Kundenaufträgen, einschließlich ihrer Erfüllung und Rechnungsstellung, überwachen und analysieren (Abb. 11.13).

Vertriebsziele für verschiedene Dimensionen können angelegt, geändert, freigegeben und angezeigt werden. Es kann analysiert werden, inwieweit Vertriebsziele erreicht werden, und so Einblicke in die aktuelle Vertriebsperformanz zu gewähren. Verkaufsangebote können anhand flexibler Kombinationen von Dimensionen analysiert werden. Die Lösung ermöglicht es, sich auf Angebote mit den höchsten Nettowerten und den wahrscheinlichsten Umwandlungsraten zu konzentrieren. Ein Drilldown auf die Umwandlungsraten von Angeboten nach ausgewählten Kriterien wird ebenfalls unterstützt. Modellierungsbasierte Vorhersagen können bei der Angebotsumwandlung gemäß ausgewählten Kriterien durchgeführt werden. Benutzer können prognostizieren, in welchem Umfang Angebote in Kundenaufträge umgewandelt werden, indem die tatsächlichen und prognostizierten Ergebnisse verglichen werden.

Vertriebsunterstützung

Diese Lösung unterstützt den gesamten Lebenszyklus des Vorverkaufsprozesses (Presales) vom Anlegen von Leads bis hin zu Opportunities. Ziel des Lead Managements ist es, in der Anfangsphase potenzielle Verkaufsinformationen zu sammeln, um ein

Vertriebspipeline zu erzeugen. Die Anwendung unterstützt das Unternehmen, mehr Geschäfte zu betreiben, indem sie den Vorverkaufsprozess automatisiert und eine Verknüpfung zwischen Kaufinteressenten und Verkauf herstellt. Das Opportunity Management hingegen erfasst die erkannten Verkaufsmöglichkeiten und verfolgt den Fortschritt über den gesamten Verkaufszyklus hinweg. Die Lösung ermöglicht die Steuerung der Verkaufschancen, indem sie die Interessenten, die angeforderten Produkte oder Dienstleistungen, das Budget, den potenziellen Umsatz und die geschätzte Auftragswahrscheinlichkeit berücksichtigt. Das Aktivitätsmanagement unterstützt die Benutzer bei der Planung, Verfolgung und Organisation von Vertriebsaktivitäten während des gesamten Lebenszyklus der Kundenbeziehung (Abb. 11.14). Sie erfasst alle Aktivitäten der Mitarbeiter des Unternehmens. Dazu gehören das Vereinbaren von Terminen und das Anlegen von Aufgaben. Das Kunden- und Vertragsmanagement bietet Vertriebsmitarbeitern eine ganzheitliche Sicht auf jeden Kunden. Sie verwaltet und bietet einfachen Zugriff auf Kunden und Ansprechpartner.

Vertriebsleistungsverwaltung

Mithilfe der Vertriebsleistungsverwaltung können Vertriebsmitarbeiter motiviert werden (Abb. 11.15). Mit überzeugenden Anreiz- und Vergütungsrichtlinien kann so der Umsatz gesteigert werden. Die Vertriebsperformanz des Unternehmens kann mit der Komponente Provisionsmanagement und der entsprechende Implementierung variabler Vergütungsprogramme verbessert werden. Unternehmen können Programme für

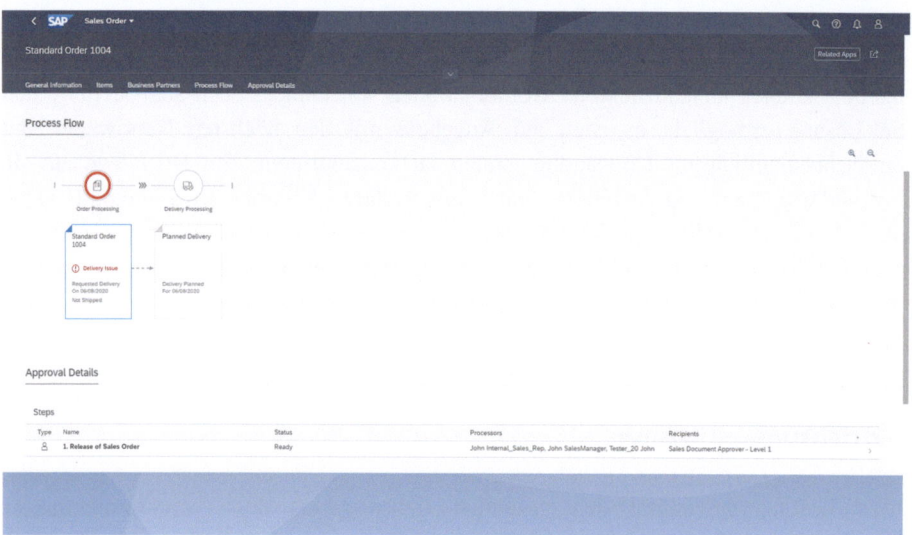

Abb. 11.14   SAP S/4HANA Sales – Vorgangshistorie für Kundenaufträge

Mitarbeiter und Partner verwalten, einen präzisen, strategisch abgestimmten Anreiz- und Vergütungsplan aufbauen und pflegen, damit das Unternehmen Leistungsträger binden und die Unternehmensziele erreichen kann. Darüber hinaus können branchenspezifische Best Practices wiederverwendet werden, um Aufwände zu reduzieren.

11.3   Technische Umsetzung – Kundenservice

Die zweite Komponente, die bei der Implementierung des Geschäftsprozesses *Vom Auftrag bis zum Zahlungseingang* herangezogen wird, ist SAP S/4HANA Service. In diesem Abschnitt werden die Funktionen von SAP S/4HANA Service erläutert, wie in Abb. 11.16 dargestellt. Während SAP S/4HANA Service die Kernfunktionen abdeckt, gibt es verschiedene Erweiterungsmodule wie SAP Field Service Management oder SAP Asset Intelligence Network.

SAP S/4HANA Service ist für den gesamten Lebenszyklus des Servicemanagements verantwortlich. *Service-Stammdaten und -Vereinbarungsverwaltung* ist für die Kunden-daten, die Servicehistorie und der kaufmännischen Vereinbarungen zuständig. Sie plant Wartungsleistungen auf der Grundlage der verfügbaren relevanten Informationen. Die Lösung überwacht die Abläufe des Servicegeschäfts, indem sie die Serviceprozesse ganzheitlich betrachtet. *Service-Betrieb und -Prozesse* ist für die Kundenanfragen und Reklamationen verantwortlich. Die Komponente kombiniert Services und Produkte als ein einheitliches Lösungspaket. Das Modul erbringt Services effizient und effektiv mit allen erforderlichen Material- und Personalressourcen. Im Umfang ist auch die zeitnahe Fakturierung von Kunden gemäß vertraglicher Vereinbarungen enthalten. Die *Ersatz-teilverwaltung* erhöht die Effizienz in der Teileabwicklung, Planung, Beschaffung und

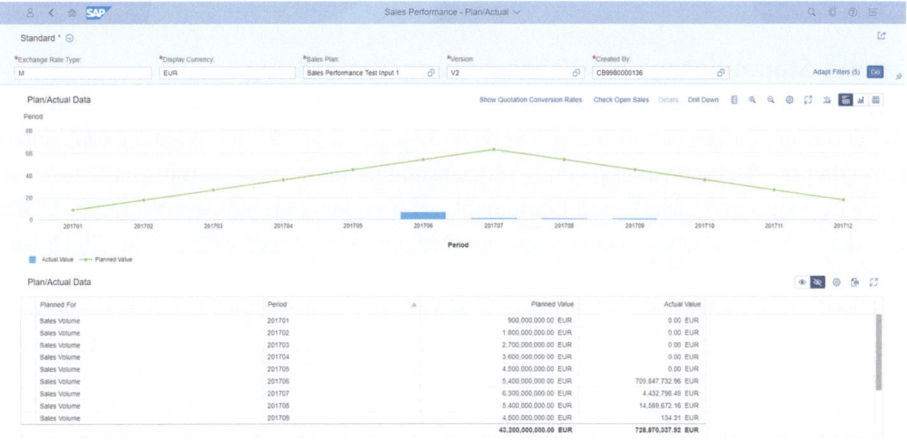

Abb. 11.15   SAP S/4HANA Sales – Vertriebsperformanz

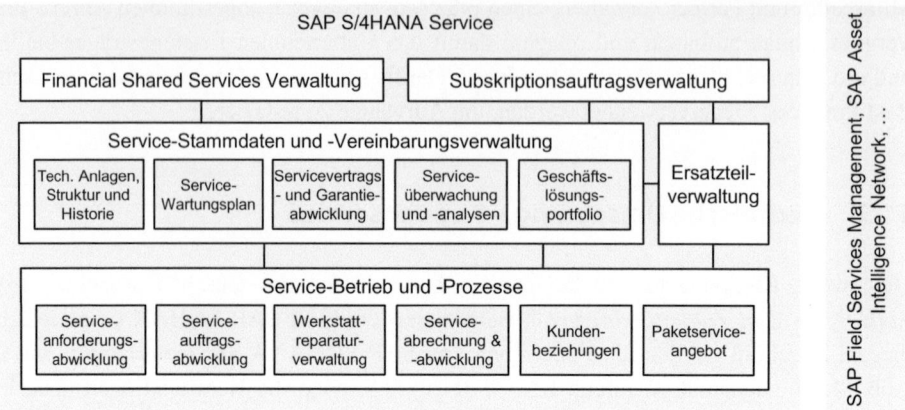

Abb. 11.16   SAP S/4HANA Service – Funktionale Architektur

Lagerhaltung durch die Integration zur Materialwirtschafts- und Finanzwesen. Die *Subskriptionsauftragsverwaltung* erweitert kommerzielle Serviceangebote um die Abonnementverwaltung.

Für Unternehmen mit Niederlassungen an zahlreichen geografischen Standorten ermöglicht die Implementierung *Financial Shared Service Verwaltung* die Integration und Vereinheitlichung von Standardgeschäftsabläufen, die im gesamten Unternehmen üblich sind. Servicerückmeldungen dokumentieren und protokollieren die Ausführung von Serviceaufträgen. Bei einer Werkstattreparatur wird der Service in einem internen Service-Center bereitgestellt. Für die regelmäßige Ausführung von Serviceleistungen werden Serviceverträge vereinbart. Solche Verträge erleichtern die Bündelung einmaliger und periodischer Services, einschließlich des Verkaufs physischer Positionen.

Service-Stammdaten und -Vereinbarungsverwaltung

Mit der Komponente *Technischen Anlagen, Struktur und Historie* können Callcenter-, Außendienst-, Depotreparatur- und Vertriebsmitarbeitern genaue Informationen zum Kundenstandort und installierten Equipment zur Verfügung gestellt werden (Abb. 11.17). Mit der Lösung können Wartungspläne, Messpunkte, Arbeitspläne und Stücklisten gepflegt und durchgeführt werden. Mit dem *Servicewartungsplan* können Benutzer Servicezusagen und wichtige Wartungsereignisse wie Stillstände und Anlagenrevisionen terminieren, um präventive Serviceaktivitäten vor zu sehen (Abb. 11.18). *Servicevertrags- und Garantieabwicklung* behandeln spezielle Vereinbarungen bezüglich des Leistungsumfangs und des Preises in einem zentralen Repository. Die Komponente stößt der automatischen Turnusabrechnung an. Verträge sind langfristige Servicevereinbarungen zwischen Unternehmen und ihren Kunden. Sie definieren Inhalt und

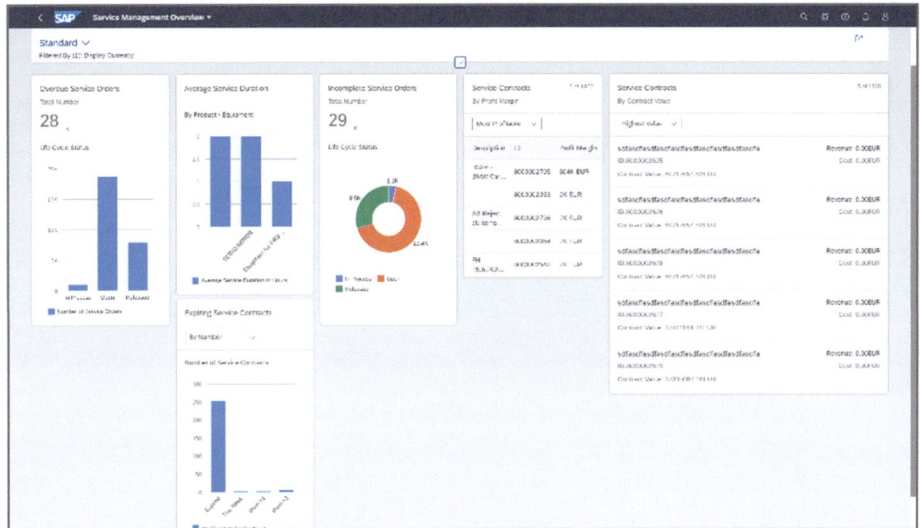

Abb. 11.17   SAP S/4HANA Service – Servicemanagement

Umfang der Services, die innerhalb bestimmter Toleranzgrenzen für bestimmte Parameter garantiert werden, z. B. innerhalb eines vordefinierten Zeitraums. Serviceverträge enthalten detaillierte Informationen über Routing-Aufgaben für Geräte, Preise
für Routineaufgaben, Objekte, für die Serviceleistungen in Anspruch genommen
werden können, und Bedingungen, unter denen der Vertrag gekündigt werden kann.
Periodische Fakturierungspläne können verwendet werden, um individuelle Termine für
die Fakturierung von Serviceverträgen unabhängig von der Bereitstellung der Serviceleistung einzuplanen. In der Regel haben periodische Fakturierungspläne ein Start- und
ein Enddatum. Festbeträge werden in regelmäßigen Abständen abgerechnet, z. B. eine
wiederkehrende jährliche Wartungsgebühr. Garantien geben den Umfang der Serviceleistungen an, die Organisationen bei Schäden oder Problemen ausführen. Dieser Prozess
stellt die Bearbeitung von Servicelieferungen mit automatischen Prüfungen auf Garantie-
vereinbarungen sicher. Mithilfe von *Serviceüberwachung und -analysen* und *Geschäftslösungsportfolio* können Vorgänge und Geschäftsergebnisse von Servicegeschäften
überwacht werden, indem die Serviceleistung und -rentabilität mithilfe operativer
Berichte und Dashboards ganzheitlich erfasst und gemessen werden. Geschäftslösungsportfolio fassen Serviceverträge, Serviceaufträge und Subskriptionsverträg zu einer
Gesamtprodukt zusammen. Wenn eine externe Referenz zu einem Angebot hinzugefügt
wird, legt das Geschäftslösungsportfolio mithilfe von APIs automatisch die relevanten
Servicevertrags-, Serviceauftrags-, Kundenauftrags- und Subskriptionsauftragspositionen
an. Weiterhin können Key Performance Indicators (KPIs) von Servicevorgängen
berechnet und dargestellt werden. Dies umfasst z. B. KPIs, die sich auf das Servicever-
tragsmanagement und den Serviceausführungsprozess beziehen.

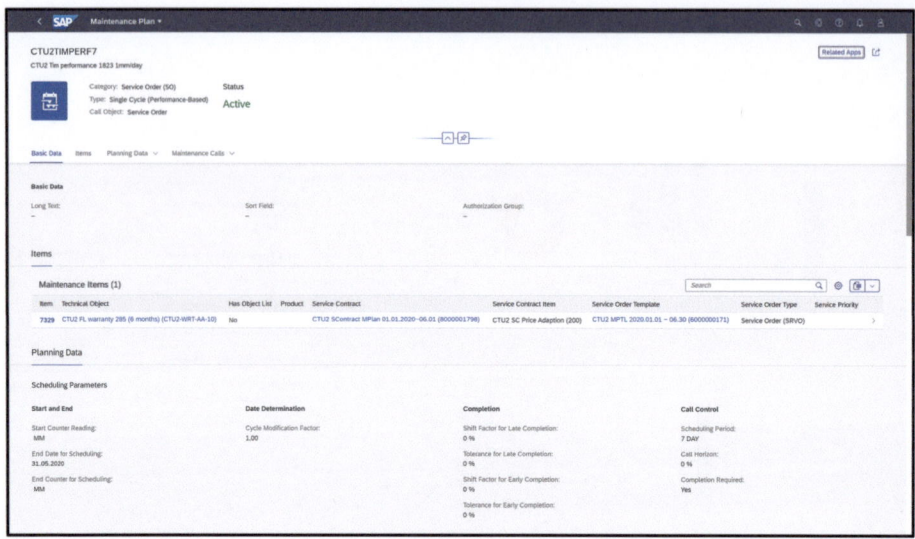

Abb. 11.18   SAP S/4HANA Service – Wartungsplan

Service-Betrieb und -Prozesse

Mit dem Serviceanfrageabwicklung kann der Benutzer Serviceanfragen anlegen und kann gleichzeitig alle vergangene Aktivitäten und Vereinbarungen verfolgen (Abb. 11.19). Der Servicemitarbeiter, der regelmäßig in Kontakt mit den Kunden steht, hat somit eine holistische Sicht auf Kunden, installiertes Equipment und Servicehistorie. Weiterhin wird das Anlegen von Angeboten für Kombinationen verschiedener Arten von Produkten, z. B. materielle Produkte und Serviceleistungen, unterstützt. Solche Produktkombinationen werden als Produktpakete modelliert.

Die Serviceauftragsabwicklung ist zuständig, dass Außendienstteams Zugriff auf aktuelle Informationen zur Servicehistorie und Equipmentkonfiguration zu gewähren, um Instandhaltungsarbeiten im Rahmen der Serviceauftragsabwicklung fachkundig durchführen zu können. Die Lösung verwaltet den gesamten Lebenszyklus, vom Anlegen von Serviceauftragsangeboten bis hin zum Bearbeiten von Serviceaufträgen und Servicerückmeldungen. Beispielsweise können Kundenserviceaufträge mit technischen Details, Preisen und Serviceanfragen angelegt werden. Darüber hinaus kann die Ausführung von Serviceleistungen geplant werden, einschließlich der erforderlichen Ersatzteile, und Folgeprozesse wie die Überwachung und Rückmeldung von Serviceleistungen. Serviceauftragsvorlagen können verwendet werden, um wiederverwendbare servicebezogene Daten zu definieren, die den Zeitaufwand zum Anlegen eines Servicevorgangs minimieren. Mit Servicerückmeldungen können Arbeitszeiten, Ersatzteile und Aufwände gemeldet werden, die bei der Ausführung eines Services verbraucht wurden.

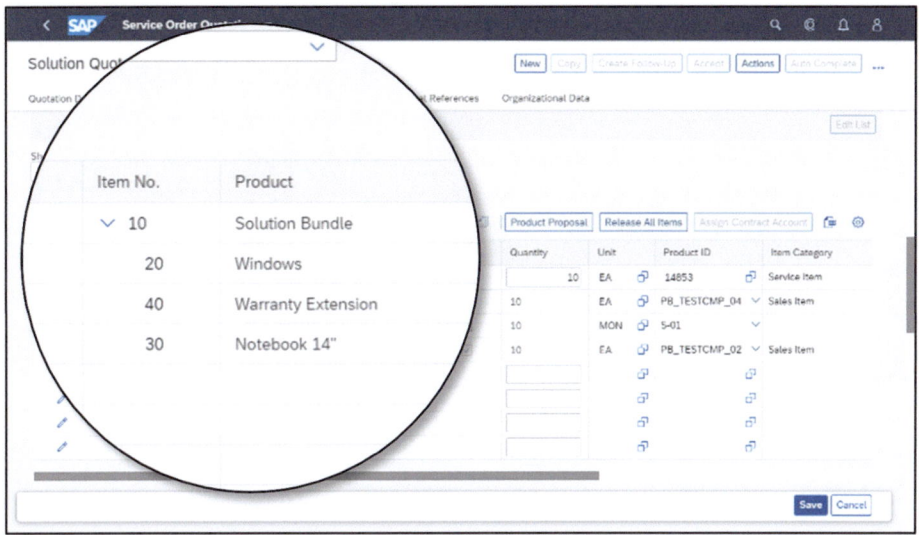

Abb. 11.19   SAP S/4HANA Service – Kundenangebot

Wenn etwas nicht erwartungsgemäß funktioniert, können Meldungen angelegt werden, um Störungen an den Service Desk zu kommunizieren. Die Werkstattreparaturverwaltung umfasst Prozesse zur Reparatur von Equipment und Komponententeilen vom Sammeln bis zum erneuten Versand (Abb. 11.20). Die Planung und Durchführung von Werkstattreparaturen ist effektiver, da der Reparaturprozess über verschiedene Geschäftsbereiche hinweg integriert wird, um die Transparenz und Effizienz zu erhöhen. Der Service wird intern in Reparaturzentren ausgeführt. Der Werkstattreparaturprozess umfasst Kernreparatur- und Wartungsaktivitäten wie Vorprüfung, Angebotsbearbeitung, Planung, Reparatur und Fakturierung von Produkten. Die Lösung erleichtert das Anlegen von Werkstattreparaturen und das anschließende Hinzufügen von Reparaturobjekten, das Bearbeiten und Versenden von Reparaturangeboten sowie das Erfassen, ob der Kunde das Reparaturangebot angenommen oder abgelehnt hat. Darüber hinaus können Benutzer eine Reparatur einplanen und den Servicemitarbeiter hinzufügen, der die Reparatur durchführen soll. Außerdem wird das Anstoßen des Fakturierungsprozesses für die Reparatur unterstützt. Serviceabrechnung und -abwicklung ermöglicht die Bereitstellung von Services – von einfachen bis hin zu komplexesten Services, über Planung, Terminierung, Teilebereitstellung, Servicearbeiten und Fakturierung. Auf diese Weise können die Kosten durch tiefe Integration in Logistik und Finanzwesen gesenkt werden. Die Komponente Kundenbeziehungen unterstützt die Interaktion mit Kunden über diverse Kanäle im Rahmen von Problemlösungen. Das Module Paketserviceangebote bündeln Servicepositionen automatisch und führt die Folgeprozesse bis hin zur Abrechnung durch (Abb. 11.20).

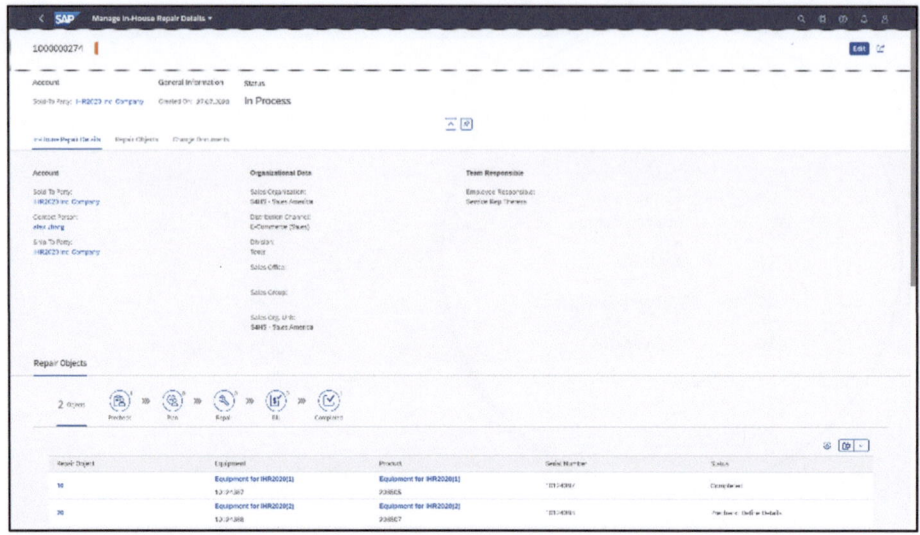

Abb. 11.20   SAP S/4HANA Service – Werkstattreparatur

Ersatzteilverwaltung

Mit dem Ersatzteilverwaltung kann der Ersatzteilbestand nach Verwendung und Verfügbarkeit optimiert werden. Darüber hinaus unterstützt die Lösung bei der Teileabwicklung, Planung, Beschaffung und Lagerhaltung, da sie die Integration mit
zentralen Materialwirtschafts- und Finanzwesen sowie die Unterstützung von Sprach-
und Lokalisierungsanforderungen sicherstellt. Die Komponente deckt alle Aspekte
des Ersatzteilmanagements ab, einschließlich Planung, Ausführung, Erfüllung,
Kollaborationen und Analysen.

Subskriptionsauftragsverwaltung und Financial Shared Services Verwaltung

Mit dieser Komponente können Kunden ihre Geschäftslösungen als Kombination aus
Produkten und Abonnements für Services anbieten. Dabei kann es sich um wiederkehrende, nutzungsabhängige und einmalige Gebühren handeln, die auf dem verbrauch-
basiertes Preismodell beruhen. Die Lösung verwaltet alle an den Geschäftsvorgängen
beteiligten Parteien und alle Daten zu Subskriptionsprodukten. Es verarbeitet Produkte
und Produktpakete, die aus verschiedenen Kombinationen aus Produkten und Abonnements bestehen. Es werden Geschäftsprozesse unterstützt, die für die vollständige
Ausführung von Kundenaufträgen erforderlich sind. Änderungsprozesse für vorhandene Verträge und eine Vielzahl von Kundenbetreuungsfunktionen, die das Vertragsmanagement verwenden, werden ebenfalls bereitgestellt. Dazu gehören z. B.

Änderungen und Aktualisierungen von Subskriptionsverträgen. Die ausgehandelten Konditionen werden als Partnervereinbarungen umgesetzt. Die Komponente definiert eine vertragliche Vereinbarung mit Bestandteilen für zukünftige Einzelverträge. Dazu gehört beispielsweise, welche Produkte für welchen Preise bestellt werden können, die Adresse, an die die Rechnung gesendet wird, und die Bedingungen, die erfüllt sein müssen, um für ein Rabatt infrage zu kommen. Die Massenfunktion kann verwendet werden, um das Anlegen oder Verarbeiten einer vorausgewählten Anzahl von Subskriptionsaufträgen und -verträgen zu planen und eine performante Ausführung sicherzustellen, den Fortschritt zu verfolgen und die Überwachung der Ergebnisse sowie die weitere Verarbeitung der neuen oder geänderten Entitäten zu unterstützen.

Financial Shared Services Verwaltung umfasst Servicefunktionen, die nativ in durchgängige Prozesse integriert sind, um Synergien zu generieren und einer einheitliche Arbeitsumgebung bereit zu stellen. Die Lösung unterstützt effiziente, skalierbare Abläufe durch die Vereinfachung und Automatisierung der abteilungsübergreifenden Ausführung wichtiger Finanzprozesse. Sie steigert die Qualität und Compliance durch die Bereitstellung standardisierter, konsistenter und wiederholbarer Services in verschiedenen Unternehmenssystemen. Darüber hinaus werden die Betriebskosten gesenkt, indem manuelle Prozesse durch die automatisierte Verarbeitung von Finanzgeschäften ersetzt werden.

11.4 Fazit

Der Geschäftsprozess *Vom Auftrag bis zum Zahlungseingang* ist ein Kerngeschäftsprozess in Unternehmen zum Umsetzen von Absatzmöglichkeiten zu Angeboten, von Kundenaufträgen zu Verträgen und von Rechnungen zur Zahlungsabwicklung. Der Prozess beginnt mit der Entwicklung einer Strategie für Marketing und Vertrieb, die die Planung von Budgets umfasst. Es werden Marktsegmente identifiziert, Preise definiert und Vertriebsaktivitäten durchgeführt, die am Ende Opportunities in Angebote umwandeln. Kundenaufträge werden entsprechend orchestriert und erfüllt. Reklamationen, Retouren und Garantieanträge werden bearbeitet. Für die gelieferten Produkte oder erbrachten Services werden Rechnungen angelegt und zur Zahlung an die Kunden gesendet. In SAP S/4HANA wird dieser Geschäftsprozess hauptsächlich von den Komponenten SAP S/4HANA Sales und SAP S/4HANA Services abgedeckt. Der Schwerpunkt von SAP S/4HANA Sales liegt auf der Verwaltung von Aufträgen und Verträgen, der Unterstützung der Vertriebsmitarbeiter und der Umsetzung des Vertriebsperformanz-Management. SAP S/4HANA Service verarbeitet Servicevorgänge, das Ersatzteilmanagement und die zugrunde liegenden Stammdaten und Vereinbarungen. Die Lösung wird mit Funktionen für Financial Shared Services und die Subskriptionsauftragsverwaltung aufgerundet. Die SAP S/4HANA Module sind tief integriert und interagieren miteinander, sodass auch zusätzliche Komponenten zur Abwicklung dieses durchgängigen Prozesses beitragen.

Geschäftsprozess „Von der Rekrutierung bis zum Ruhestand"

12

Das Kapitel beschreibt den Geschäftsprozess *Von der Rekrutierung bis zum Ruhestand* bestehend aus den Teilprozessen Optimieren des Personalwesens, Personaleinstellung, Personalentwicklung, Prämienabwicklung, Personalverwaltung, Zeitwirtschaft, Reisen- und Spesenabwicklung, Gehaltsabrechnung und Zahlungsabwicklung. Darüber hinaus werden die Anwendungsfunktionen von SAP S/4HANA zur Realisierung dieses Geschäftsprozesses erläutert.

12.1 Betriebswirtschaftliche Anforderung

Der Prozess *Von der Rekrutierung bis zum Ruhestand* ist in Abb. 12.1 und 12.2 dargestellt und wird in den nächsten Abschnitten näher erläutert. Der Prozess unterstützt den Mitarbeiter von der Anwerbung und dem Onboarding bis zur Pensionierung. Der Geschäftsprozess ist in fünf Teilprozesse unterteilt. *Optimierung des Personalwesens* umfasst sich das Finanz-, Strategie- und Organisationsmanagement der Belegschaft. Die Gesamtheit der Mitarbeiter wird als Belegschaft bezeichnet. Der Teilprozess *Personaleinstellung* ist für die Rekrutierung neuer Talente zuständig, angefangen von der Werbung für das Unternehmen über die Bewerbungsgespräche bis hin zum Onboarding neuer Mitarbeiter. *Personalentwicklung* befasst sich mit dem Teilprozess, in dem die Mitarbeiter Ziele setzen und Fähigkeiten erlernen oder verbessern. Diese Fähigkeiten helfen den Mitarbeitern bei der persönlichen Karriereentwicklung und beim Wachstum des Unternehmens.

Prämienabwicklung definiert Richtlinien und Strategien, um die Mitarbeiter im Unternehmen fair und konsistent zu belohnen. Wenn Mitarbeiter für herausragende Arbeit belohnt werden, fühlen sie sich geschätzt und können die Produktivität steigert. *Personalverwaltung* bietet unterstützende Prozesse während der Beschäftigungsphase.

© Der/die Autor(en), exklusiv lizenziert an Springer Fachmedien Wiesbaden GmbH, ein Teil von Springer Nature 2023
S. Sarferaz, *ERP-Software: Funktionalität und Konzepte*,
https://doi.org/10.1007/978-3-658-40499-4_12

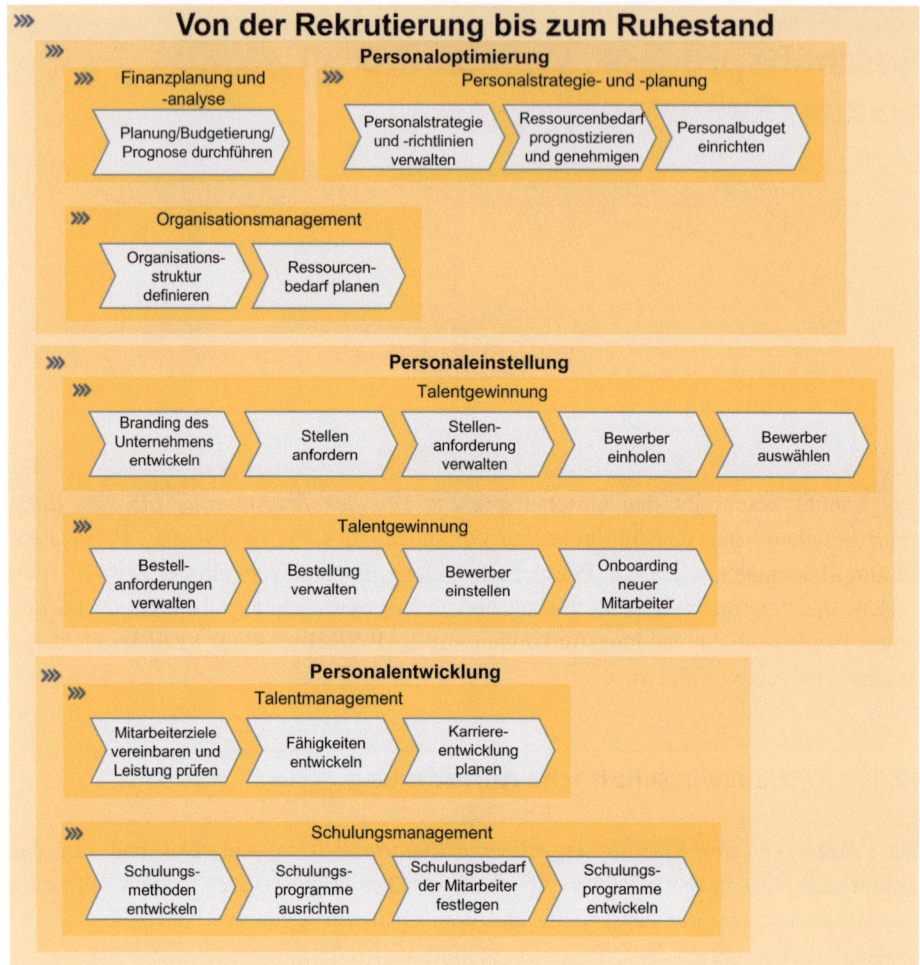

Abb. 12.1   Prozess *von der rekrutierung bis zum ruhestand*

Dazu gehört beispielsweise die Basisinformationen über alle Mitarbeiter, ihre Verträge und die Zeitwirtschaft der Mitarbeiter einschließlich der Abwesenheiten sowie die Reisekosten und der Abrechnungsprozess.

Optimierung des Personalwesens

Dieser Teilprozess beginnt mit der Planung und Analyse der Anforderungen an Finanz- und Personalwesen (Abb. 12.3). Dazu werden Ziele definiert und die notwendigen Ressourcen prognostiziert. Personalstrategie- und -planung umfasst die Definition der

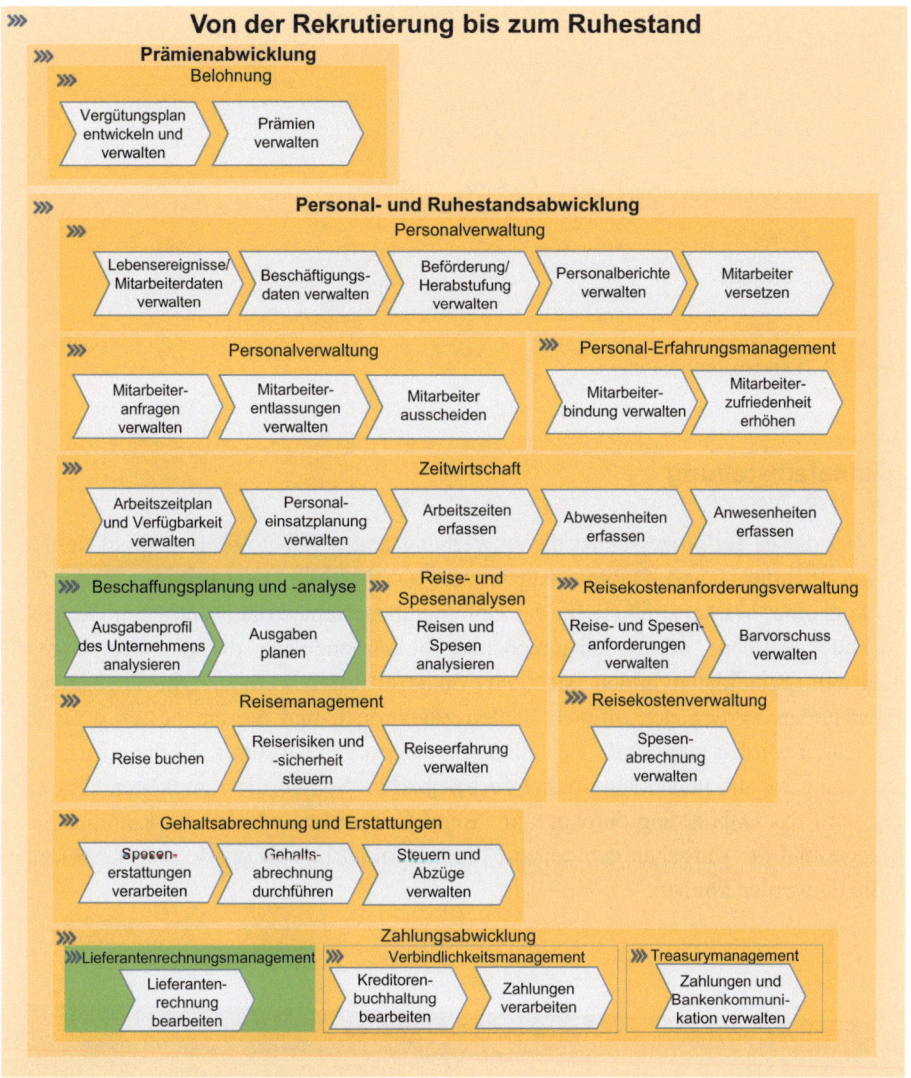

Abb. 12.2 Prozess *Von der Rekrutierung bis zum Ruhestand*

Personalstrategie, die die Richtung für die Belegschaft festlegt, um die festgelegten Ziele zu erreichen. Darüber hinaus werden Richtlinien für die gesamte Belegschaft erarbeitet und beschrieben. Bevor das Personalbudget festgelegt werden kann, müssen die prognostizierten personellen und finanziellen Ressourcen vom Management genehmigt werden. Das Organisationsmanagement definiert die Struktur der Organisation und die in diesem Kontext erforderlichen Mitarbeiter. Dazu gehört auch, wie viele Ressourcen mit welchen Fähigkeiten benötigt werden, um die spezifizierten Ziele zu erreichen.

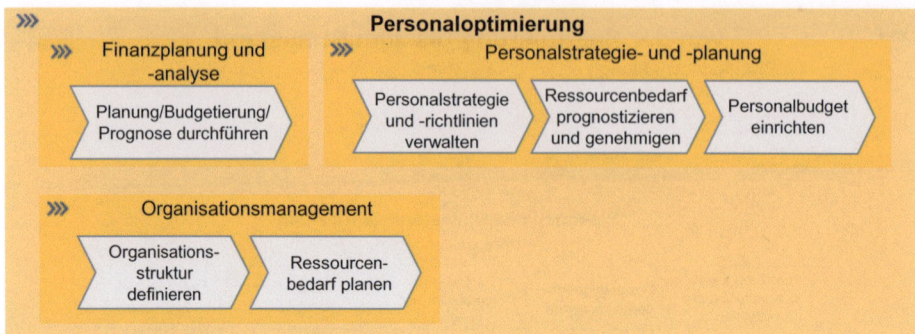

Abb. 12.3 Personaloptimierung

Personaleinstellung

Das Ziel dieses Teilprozesses ist die Anwerbung neuer Talente basierend auf dem vorherigen Planungs- und Optimierungsprozess (Abb. 12.4). Es beginnt mit der Entwicklung einer Markenstrategie für das Unternehmen. Sobald die beantragten Planstellen genehmigt wurden, werden entsprechende Stellen angelegt, die die Grundlage für potenzielle Kandidaten bilden, sich auf Vakanzen zu bewerben. Die eingegangenen Bewerbungen werden den offenen Stellen zugeordnet, und die am besten geeigneten Kandidaten werden eingestellt. Bestellungen werden genutzt, um z. B. die erforderliche Ausrüstung für die neuen Mitarbeiter zu beschaffen. Sobald die Kandidaten eingestellt sind, wird das Onboarding durchgeführt. Beim Onboarding werden die Richtlinien, die Strategie und die Aufgaben den neuen Mitarbeitern erklärt, damit sie möglichst schnell produktiv werden können.

Abb. 12.4 Personaleinstellung

Abb. 12.5 Personalentwicklung

Personalentwicklung

Bei diesem Prozess geht es um Wachstumsziele des Unternehmens und der Ent-
wicklungsbedarf der Mitarbeiter (Abb. 12.5). Hierbei wird Entwicklung der Mitarbeiter
geplant, wobei ein bestmögliches Gleichgewicht zwischen individuellen Entwicklungs-
zielen und Unternehmens- und Abteilungszielen erreicht werden muss. Es sollte ein
Dialog zwischen Mitarbeiter und Führungskraft stattfinden, um jeden Mitarbeiter dabei
zu unterstützen, sich kurz-, mittel- und langfristig weiterzuentwickeln, damit die Person
seine Stärken und Fähigkeiten bestmöglich für das Unternehmen einsetzen kann. Der
Mitarbeiter ist verantwortlich für die eigene Entwicklung, während der Manager aktiv
unterstützt und den notwendigen Freiraum dafür bereitstellt. Hierbei handelt es sich
um einen iterativen Prozess, der darin besteht, neue Entwicklungsziele festzulegen oder
den bestehenden Entwicklungsplan anzupassen, den Status der aktuellen Entwicklung
zu überprüfen und zu reflektieren, die erreichten Entwicklungsziele zu prüfen und zu
archivieren. Alle Mitarbeiter müssen – unabhängig von ihrer Rolle – sowohl für das
aktuelle als auch für den langfristigen Erfolg in ihre Entwicklung investieren. Bei der
Mitarbeiterentwicklung geht es nicht nur um den Rollenwechsel, sondern auch um einen
bewussten Kompetenzaufbau, der zu der angestrebten Ausrichtung passt. Es gibt verschiedene Methoden, um die Mitarbeiter weiter zu bilden, z. B. virtuelle Klassenräume
oder das Training am Arbeitsplatz. Daher müssen die geeigneten Methoden für den Mitarbeiter identifiziert und mit den Lernprogrammen und Kompetenzen des Mitarbeiters
abgestimmt werden. Dazu müssen Lernprogramme entwickelt und verwaltet werden.

Prämienabwicklung

Häufig besteht das Jahreszielgehalt aus dem Grundgehalt, das die Mitarbeiter jeden
Monat erhalten, und variablen Anteil bzw. Bonus. In einigen Rollen wird der Bonus

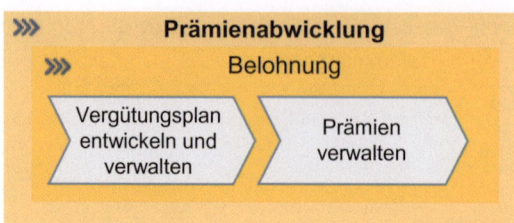

Abb. 12.6 Prämienabwicklung

jährlich ausgezahlt, in anderen werden Zulagen häufiger gezahlt, z. B. vierteljährlich. Für herausragende Leistungen einer Abteilung oder eines einzelnen Mitarbeiters werden Zulagen gezahlt. Sie wird verwendet, um leistungsstarke Mitarbeiter zu belohnen. Zum Beispiel könnte der Vertriebsmitarbeiter belohnt werden, welcher den höchsten Umsatz erreicht hat. Ziel dieses Teilprozesses (Abb. 12.6) ist es, sich auf die Mitarbeiter zu konzentrieren und sie durch Belohnung als Belegschaft zu halten. Neben der direkten finanziellen Vergütung können Unternehmen auch ein klar definiertes Leistungspaket anbieten, um Mitarbeiter dazu zu inspirieren, optimal zu arbeiten und eine gesunde Work-Life-Balance aufrechtzuerhalten. Mit den zusätzlichen Arbeitgeberleistungen sollen Gesundheit und Produktivität verbessert und die Mitarbeiter langfristig an dem Unternehmen binden. Die Arbeitgeberleistungen können sich je nach Land unterscheiden und umfassen lokale gesetzliche Leistungen und Anforderungen, z. B. Sportein-richtungen oder Gesundheitsprüfungen. Diese Vorteile müssen kontinuierlich verwaltet und weiterentwickelt werden.

Personalverwaltung

Im Rahmen dieses Prozesses werden Beschäftigungs- und Mitarbeiterdaten verwaltet (Abb. 12.7). Dazu gehören administrative Informationen wie Name, Adresse oder Alter

Abb. 12.7 Personalverwaltung

des Mitarbeiters, aber auch Vertragsdaten als Vollzeitjob, Gehalt oder befristeter Vertrag. Entsprechend der definierten Karriereentwicklung und erreichten Ziele können Mitarbeiter in die nächste Karrierestufe befördert oder im schlimmsten Fall auch abgestuft werden. Die Leitprinzipien für Beförderungen müssen den Mitarbeitern und Managern transparent mitgeteilt werden. Um die Prozesse zu verbessern und die Bedürfnisse der Mitarbeiter besser zu erfüllen, werden regelmäßig Berichte und Analysen von den Personalabteilungen durchgeführt. In einer globalisierten Welt werden oft Teams verlegt und neu organisiert. Dies kann auch zu einer physischen Verlagerung von Mitarbeitern in andere Regionen führen. Der Umzugsprozess deckt Aspekte wie die Anpassung von Arbeitsverträgen, die Zahlung von Umzugskosten oder die Änderung von Rentenbeiträgen ab. Im Arbeitsalltag haben Mitarbeiter zahlreiche Anfragen zur Abrechnung, zu Verträgen oder Überstunden. Solche Anfragen müssen von der Personalabteilung systematisch bearbeitet werden. Beispielsweise könnte eine Ticketing-Lösung eingesetzt werden, um Anfragen effizient und effektiv bearbeiten zu können. Eine weitere wichtige Facette ist das Offboarding von Mitarbeitern. Es gibt verschiedene Gründe, die die Beendigung des Arbeitsverhältnisses auslösen, z. B. Arbeitgeberwechsel, Ruhestand oder befristete Arbeitsverhältnisse. Schließlich wird die Mitarbeiterbindung, einschließlich der Verbesserung des Mitarbeiterzufriedenheit, von diesem Teilprozess abgedeckt.

Zeitwirtschaft

Dieser Teilprozess ermöglicht es Mitarbeitern, ihre Arbeits- und Abwesenheitszeiten zu erfassen (Abb. 12.8). Diese Informationen sind wichtig für die Finanz- und Personalplanung, aber auch für das Personalabrechnungs- und Arbeitsrecht. Unterschiedliche Arbeitsmodelle und Verfügbarkeit müssen unterstützt werden, z. B. Teilzeitjobs. Dies gilt auch für Variabilität bei der Personaleinsatzplanung, z. B. Nacht- oder Wochenendschichten. Um eine genaue Analyse und Planung zu ermöglichen, werden die Arbeitszeiten in der Regel auf Aktivitätsebene erfasst. Beispielsweise kann ein Softwareentwickler Arbeitszeiten für den Entwurf, die Implementierung und die Tests erfassen. Auch Abwesenheitszeiten aufgrund von Urlaub oder Krankheit müssen dokumentiert werden.

Abb. 12.8 Zeitwirtschaft

Abb. 12.9 Reisen- und Spesenabwicklung

Reisen- und Spesenabwicklung

Eine genaue Planung und Analyse des Ausgabenprofils des Unternehmens ist die Voraussetzung für den Reise- und Spesenabwicklung (Abb. 12.9). Mitarbeiter müssen reisen, um Kunden und Lieferanten zu besuchen, an Konferenzen und Schulungen teilzunehmen und mit Teams an anderen Lokationen zusammenzuarbeiten. Daher muss ein entsprechender Reise- und Spesenprozess etabliert werden. Dies beginnt mit der Analyse des Reisebedarfs, wie z. B. Hotel- und Flugbuchungen, und schließt mit der Abwicklung der Ausgaben ab. Typischerweise ist eine Reisebuchungslösung erforderlich, die die Reiserichtlinien des Unternehmens widerspiegeln kann, z. B. Bahnreisen, die aufgrund des CO_2-Fußabdrucks und des Umweltschutzes im Vergleich zu Flügen bevorzugt werden sollen. Es gibt Ausgaben, die vom Unternehmen im Voraus gezahlt werden, z. B. Hotelunterkünfte. Es gibt aber auch unvorhersehbare Kosten wie Taxigebühren. In der Regel werden diese vom Mitarbeiter bezahlt und müssen später als Spesen eingereicht und über des Erstattungsprozesses zurückgefordert werden.

Gehaltsabrechnung und Zahlungsabwicklung

Wie im Reisekostenabwicklung erläutert, werden unvorhersehbare Ausgaben in der Regel vom Mitarbeiter bezahlt und zurückgefordert. Dazu müssen die Rechnungen eingereicht und basierend auf dem Erstattungsprozess beglichen werden (Abb. 12.10). Das Einreichen und Verarbeiten von Spesenrechnungen ist in der Regel automatisiert, da die entsprechenden Lösungen die unstrukturierten Belege in Datensätze übertragen können. Neben den Aufwendungen muss das Monatsgehalt an den Mitarbeiter gezahlt werden, was ebenfalls durch Abrechnungsprozess sichergestellt wird. Während des Abrechnungslaufs müssen Steuern und gesetzliche Abzüge berücksichtigt werden. Beispielsweise müssen Kirchensteuer, Lohnsteuer, Krankenversicherung und Rentenversicherung zurückgehalten und direkt an den entsprechenden Stellten überführt werden. Bei Bedarf

Abb. 12.10 Gehaltsabrechnung und Zahlungsabwicklung

müssen Rechnungen und Verbindlichkeiten an Lieferanten verwaltet und verarbeitet werden. Treasury Management führt die tatsächlichen Zahlungen durch. Hierbei wird die Kommunikation mit der Bank verwaltet, sodass z. B. die Gehälter auf dem Bankkonto des Mitarbeiters überwiesen werden.

12.2   Technische Umsetzung

Der Geschäftsprozess *Von der Rekrutierung bis zum Ruhestand* wird im Wesentlichen von SAP S/4HANA Human Resources implementiert, wie in Abb. 12.11 dargestellt. Während SAP S/4HANA Human Resources die Kernfunktionen abdeckt, enthalten SAP SuccessFactors und SAP Concur erweiterte Funktionen, z. B. für Performanz-Management, Reisekostenverwaltung. Die Integration von SAP SuccessFactors bietet verschiedene Vorteile. Erstens ermöglicht sie die Verknüpfung von Personalstrategien mit Geschäftsstrategien. Sie senkt die Personalkosten pro Vollzeitäquivalent und sorgt für eine verbesserte Einbindung von Talenten im gesamten Unternehmen.

Software für das Personalwesen ist die strategische und kohärente Lösung für die Verwaltung von Mitarbeitern, die für eine Organisation arbeiten. Das Personalwesens unterstützt Unternehmen strategische Ziele zu erreichen, indem Mitarbeiter gewonnen, weiterentwickelt und effektiv verwaltet werden. SAP S/4HANA Human Resources digitalisiert das Personalwesen in Schlüsselbereichen. Das Talentmanagement unterstützt die Mitarbeiter in jeder Phase ihres Beschäftigungsverhältnisses – von der Einstellung über die Einarbeitung bis hin zur Entwicklung und Bindung. Es hilft, die richtigen Mitarbeiter zu finden, ihre Talente bestmöglich einzusetzen, die Mitarbeiterziele an den Unternehmenszielen auszurichten, die Wirkung von Schulungen zu maximieren und Leistungsträger zu binden. *Personalmanagement* automatisiert und integriert wichtige Personalprozesse wie Mitarbeiterverwaltung, Organisationsmanagement, Zeit-management, Arbeitgeberleistungsverwaltung, Personalabrechnung und gesetzliches Berichtswesen. SAP S/4HANA Human Resources standardisiert und konsolidiert alle

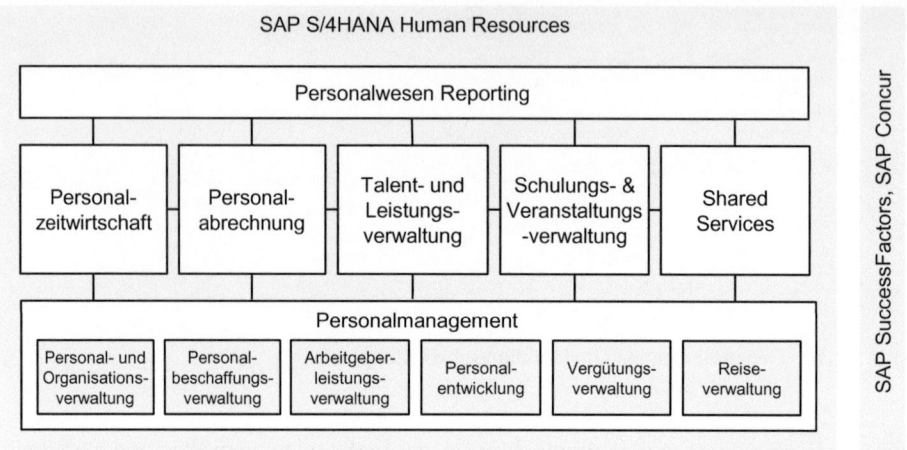

Abb. 12.11 SAP S/4HANA HR – Funktionale Architektur

personalbezogenen Prozesse und Daten auf einer Plattform und stellt gleichzeitig die Einhaltung länderspezifischer Vorschriften und Gesetze sicher. Durch die Personaleinsatzplanung werden die richtigen Mitarbeiter mit den richtigen Qualifikationen zur richtigen Zeit in die richtigen Planstellen versetzt. Sie ermöglicht die Bildung von Projektteams auf der Grundlage von Qualifikationen und Verfügbarkeit, die Verfolgung des Projektfortschritts und die Analyse der Ergebnisse für die strategische Entscheidungsfindung. SAP S/4HANA Human Resources unterstützt die Zuordnung von Mitarbeitern zu geeigneten Jobs, Projekten und Teams sowie die optimale Einplanung.

Personalmanagement

Die Personalmanagement behandelt die administrativen Aktivitäten, die sich auf Mitarbeiterstammdaten beziehen, z. B. persönliche Daten, Adressdaten, Bankverbindungen oder Arbeitsverträge. Mitarbeiterstammdaten weisen mehrere länderspezifische Besonderheiten auf und müssen den gesetzlichen Anforderungen entsprechen. Beispiele sind Steuerdetails, Sozialversicherungsvorschriften und die Rentenansprüche. Die Anwendungen Arbeitgeberleistungsverwaltung und Vergütungsverwaltung basieren auf die administrativen Personaldaten. Infotypen sind die Informationseinheiten für die Personaldaten. Ein Infotyp definiert die Datenstruktur für semantisch zusammengehörige Daten, die gemeinsam in der Datenbank gespeichert und auch auf der Benutzungsoberfläche angezeigt werden. Jeder Infotyp hat eine eigene Datenbanktabellenstruktur, in der alle Instanzen des Infotyps als Sätze abgelegt sind. In der Personalmanagement sind Daten in der Regel nur für einen bestimmten Zeitraum gültig. Die Bankverbindung des Mitarbeiters ist z. B. vom 1. März 2022 bis zum 30. Oktober 2022 gültig. Daher unterstützen Infotypen die zeitabhängige Speicherung von Daten. Wenn Daten aktualisiert werden, werden alte Daten intern über eine datumsabhängige Gültigkeit des Satzes zeitlich abgegrenzt. Personalmaßnahmen erleichtern grundlegende Personalvorgänge in der Stammdatenverwaltung, wie z. B. das Einstellen von Mitarbeitern oder das Durchführen organisatorischer Wechsel. Jede Personalmaßnahme gibt die Datenarten an, die in Bezug auf die Maßnahme eingegeben werden müssen. Die Schnellerfassung von Personalmaßnahmen kann für bestimmte Personalmaßnahmen verwendet werden, um die Datenerfassung zu beschleunigen. Wenn die Schnellerfassung verwendet wird, wird eine Sicht angezeigt, die nur die Eingabefelder anzeigt, in die Daten für die ausgewählte Personalmaßnahme eingegeben werden müssen.

Das Organisationsmanagement wird verwendet, um eine Aufbauorganisation zu erstellen, die die funktionale Struktur eines Unternehmens beschreibt. Sie umfasst Organisationseinheit, Planstelle, Aufgabe, Stelle usw. Das Organisationsmanagement wird beispielsweise verwendet, um den Personalbestand auszuwerten, Berichtsstrukturen zu identifizieren und Bearbeiter zu Workflow-Aufgaben zuzuordnen. Das Organisationsmanagement ist also bidirektional mit dem Personalmanagement integriert, sodass die Änderungen an Personaldaten (z. B. Planstellenänderung) korrekt in der Aufbauorganisation widergespiegelt werden und umgekehrt. Das Berechtigungskonzept verwendet auch das Organisationsmanagement. Die Zugriffsrechte vieler Objekte in SAP S/4HANA Human Resources hängen von der Organisationsstruktur des Unternehmens ab. Beispielsweise darf ein Manager nur auf Daten von Mitarbeitern zugreifen, die dem Manager unterstellt sind. Es ist möglich, Berechtigungsprofile basierend auf der Planstelle des Benutzers zu definieren und die entsprechende Berechtigungsrolle und das Berechtigungsprofil zu generieren. Zur Definition der planstellenbezogenen Berechtigungsprofile stehen Infotypen zur Verfügung. Das Organisationsmanagement bietet Managern und Sachbearbeiter einen Überblick über das Budget und die Organisationsstruktur. Auf der Grundlage dieser Daten kann die Kostenplanung durchgeführt und Planstellen angelegt werden. Die Komponente Organisationsmanagement umfasst verschiedene benutzergruppenspezifische Modi und Sichten zur Bearbeitung von Aufbauorganisationen. Die Organisations- und Besetzungssicht unterstützt eine vereinfachte Benutzungsoberfläche zum Anlegen und Bearbeiten von Aufbauorganisationen. Die allgemeine Struktursicht erleichtert die Bearbeitung von Aufbauorganisationen mit beliebiger Struktur einschließlich selbstdefinierter Objekttypen. Die Matrixsicht ermöglicht das Anlegen und Bearbeiten von Matrixstrukturen.

Mit dem Personalbeschaffungsverwaltung können Bewerber und Kandidaten nach Stellenangeboten suchen, sich selbst in einem Talentpool registrieren und ihre Stellenbewerbungen online zur Verfügung stellen. Die Komponente unterstützt somit das gesamte Personalbeschaffungsverfahren, vom Anlegen von Bewerberdaten bis hin zur Besetzung vakanter Planstellen. Personalbeschaffer können Stellenanforderungen und auch externe Stellenbörsen über Schnittstellen veröffentlichen. Die Funktionen für die Analyse von Bewerbern und das Reporting unterstützen Personalbeschaffer dabei, Bewerbungen systematisch zu bearbeiten und die Effektivität der Personalbeschaffungsabteilung und des Personalbeschaffungsprozesses zu überwachen. Bewerber, die für eine bestimmte Vakanz nicht geeignet sind, können im Bewerberpool hinterlegt werden, wo sie für zukünftige Vakanzen in Betracht gezogen werden können. Diese Komponente ermöglicht die Definition eines Personalbeschaffungsverfahrens, das die Anforderungen des Unternehmens erfüllt. Aufgaben können verteilt und verschiedenen am Personalbeschaffungsprozess beteiligten Personen zugeordnet werden. Die Personalbeschaffungsverwaltung unterstützt bei der Aufteilung und Zuordnung von administrativen und entscheidungsrelevanten Aufgabenbereichen. Aufgaben können parallel über die Massenverarbeitung ausgeführt werden. Die Komponente unterstützt dynamische Maßnahmen, um die Automatisierung vieler Prozesse zu ermöglichen. Bei der Erfassung von Bewerberdaten erzeugt das System z. B. eine Empfangsbestätigung in Form eines Bewerbervorgangs und ein Schreiben, mit dem der Eingang der Bewerbung bestätigt wird. Dadurch werden die administrativen Aufgaben der Personalabteilung für die Bewerberkorrespondenz reduziert.

Die Arbeitgeberleistungsverwaltung stellt Services für Abfragen bereit, die sich auf die verschiedenen Arbeitgeberleistungspläne beziehen, z. B. Krankenversicherungs-, Vermögensbildungs-, Aktienerwerbs- und Vorsorgepläne. Leistungen und Vergünstigungen sind entscheidend für die Gesamtvergütung, die Arbeitgeber anbieten, um die besten Talente zu gewinnen und zu halten. Diese Komponente bietet Arbeitgebern ein flexibles Werkzeug, um maßgeschneiderte Leistungspakete für ihre Mitarbeiter zu erstellen und zu verwalten. Es unterstützt Konfigurationsfunktionen, um eine Vielzahl von Vergünstigungen zu bieten und auch komplexe Plandefinitionen zu berücksichtigen. Durch die Optimierung der Verwaltungsaktivitäten, z. B. die Bearbeitung von Anfragen durch Mitarbeiter-Self-Services, um den Papierbedarf zu minimieren, trägt diese Lösung zu Kosteneinsparungen bei. Berichtsfunktionen unterstützen Mitarbeiter und Führungskräfte beim direkten Zugriff auf strukturierte Vergünstigungsdaten, um sie bei ihren Analyseaufgaben zu unterstützen. Zahlreiche Aktivitäten können mit der Komponente digitalisiert werden, z. B. Mitarbeiter für Arbeitgeberleistungspläne anmelden und abmelden, fortlaufende Zulässigkeit für Pläne überwachen, Versicherungsnachweise anzeigen, Informationen zu aktuellen Anmeldungen für Arbeitgeberleistungen anzeigen, Anmelde- und Bestätigungsformulare drucken, Daten elektronisch an Plananbieter übertragen und Pensionspläne verwalten.

Die Personalentwicklung befasst sich mit den Aktivitäten im Zusammenhang mit der Mitarbeiterentwicklung, z. B. der Erfassung des Potenzials und der Qualifikationen von Mitarbeitern, der Laufbahn- und Nachfolgeplanung sowie der Erstellung von Entwicklungsplänen. Die Personalentwicklung basiert ebenfalls auf Infotypen. Die Komponente ermöglicht die Planung und Umsetzung spezifischer Personal- und Weiterbildungsmaßnahmen zur Förderung der beruflichen Entwicklung der Mitarbeiter. Außerdem wird sichergestellt, dass die Qualifikationsanforderungen des Personals erfüllt und geplant werden. Durch die Entwicklung von Qualifikationspotenzialen wird sichergestellt, dass die Mitarbeiter in Funktionsbereichen jetzt und in Zukunft den erforderlichen Standards entsprechen. Laufbahn- und Nachfolgeplanungsszenarien sind ebenfalls eine Funktion der Personalentwicklung. Dazu können Maßnahmen zur

Vermittlung von Qualifikationen gehören, damit die Mitarbeiter an technologischen Fortschritten festhalten und mit ihnen Schritt halten können. Mit der Lösung werden Qualifikationskataloge strukturiert und verwaltet. So können auf der Grundlage des Qualifikationskatalogs und der Organisationsstruktur Profile angelegt werden, mit denen Objektmerkmale verwaltet, ausgewertet und verglichen werden können. Die Komponente unterstützt bei der Planung, Durchführung und Auswertung von Beurteilungen. Beurteilungen helfen bei der Planung und Überwachung einzelner Personalentwicklungs-initiativen. In der Laufbahnplanung können mögliche Karriereziele identifiziert und Karrierepläne für Mitarbeiter erarbeitet werden. Solche Entwicklungspläne dienen auch der Verwaltung kurz- und langfristiger Personalentwicklungsmaßnahmen.

Die Vergütungsverwaltung erleichtert Unternehmen die Implementierung neuartiger Prämienstrategien wie leistungs- und kompetenzbasierte Bezahlung, variable Ver-gütungspläne und langfristige Prämienprogramme. Sie ermöglicht auch die Analyse und den Vergleich von Vergütungspaketen mithilfe interner und externer Gehaltsdaten, um die Wettbewerbsfähigkeit des Marktes sicherzustellen. Die Vergütungsverwaltung ver-arbeitet Prozesse in Bezug auf Vergütungsrichtlinien, Planung, Zulässigkeit, Vergütungs-runden, Gewährung von Gehaltserhöhungen und Boni. Funktionen im Zusammenhang mit Unternehmensbeteiligungen wie Eigenkapital und Aktienkauf werden unterstützt. Die Budgetierung verwaltet Funktionen zum Anlegen und Überwachen von Budgets auf der Grundlage von Organisationsstrukturen. Die Lösung ermöglicht die Differenzierung zwischen Vergütungsstrategien und denen von Wettbewerbern bei gleichzeitiger Wahrung von Flexibilität, Kontrolle und Kosteneffizienz. Es stellt eine Reihe von Werk-zeugen für die strategische Vergütungsplanung bereit, die die Unternehmenskultur und Zahlungsstrategien widerspiegeln, und erlaubt Vorgesetzten die Arbeit in einem flexiblen Framework für die Budgetkontrolle. Die Komponente erleichtert die Kontrolle der Ausgaben und bietet wettbewerbsfähige und motivierende Vergütungen, sei es feste Bezahlung, variable Bezahlung, Aktienoptionen oder Leistungserhöhungen. Die Kern-funktionen umfassen die Möglichkeit, zentrale und dezentrale Budgets zu erstellen, Vergütungsanpassungen auf Managerebene zu planen und zu verwalten, Vergütungs-anpassungen innerhalb des Budgets zu planen und zu verwalten, die Stellenbewertung durchzuführen, Gehaltsgruppen und Gehaltsstrukturen zu definieren und den internen Wert von Stellen und Planstellen innerhalb der Organisation zu ermitteln. Die Reise-verwaltung umfasst alle Prozesse zur Abwicklung von Dienstreisen. Die Funktion ist in Abrechnungs-, Steuer- und Zahlungsprozesse integriert. Sie umfasst den gesamten Prozess zum Beantragen, Planen und Buchen von Reisen, zum Anlegen von Spesen-abrechnungen und zum Übertragen von Spesen in andere Funktionsbereiche. Der Reiseantrag umfasst die Rahmendaten, die erforderlichen Reisedienstleistungen, die Kostenvoranschläge und die Genehmigung durch den Manager. Die Reiseplanung bietet Zugriff auf Buchungsservices (z. B. Flug, Hotel, Mietwagen, Bahn), wendet Reisericht-linien für Abfragen und Buchungen an, richtet kundenspezifische Hotelkataloge ein, berücksichtigt Vereinbarungen mit Reisedienstleistern und speichert die persönlichen

Präferenzen der Reisenden. Die Reisekostenabrechnung unterstützt das Anlegen von allgemeinen Daten für die Reisekostenabrechnung, die Abrechnung von Reisekosten, die Auszahlung von Spesen über die Finanzbuchhaltung und die Personalabrechnung.

Personalzeitwirtschaft

Diese Komponente unterstützt alle Prozesse im Zusammenhang mit der Planung, Erfassung und Bewertung von interner und externer Arbeit sowie Abwesenheitsdaten. Personalzeiten können zentral von einem Sachbearbeiter oder von jedem Mitarbeiter selbst erfasst werden. Die für die Zeitwirtschaft erforderlichen Stammdaten werden in Infotypen abgelegt. Beispiele sind Abwesenheiten (Infotyp 2001) und Kontingente (Infotyp 2006). Für den entkoppelten Zugriff auf Zeitinfotypen wurde eine zusätzliche Business-Logik-Schicht, die Business-Logik-Prozessorschicht, eingeführt. Der digitaler Arbeitszeiterfassungsbogen ermöglicht eine effiziente Zeiterfassung und -verwaltung. Mitarbeiter können Zeiteinträge anlegen und aktualisieren, in die sie Arbeitszeiten und Abwesenheiten eingeben können (Abb. 12.12). Dabei kann es sich auch um ein Aufgaben-, Projekt- oder Nicht-Projektzeitprotokoll handeln. Manager haben die Möglichkeit, Zeiteinträge der Mitarbeiter zu genehmigen, zu prüfen und abzulehnen (Abb. 12.13). Die Zeiterfassung dient der Pflege der Arbeitszeit. Für die Zeiterfassung stehen verschiedene Formate zur Verfügung, z. B. Stunden. Diese können in Wochen-, Monats- und Jahreskalendern angezeigt werden. Mit der Zeitberechnung können Zeitelemente für Abrechnungspläne und Schichten definiert und verwaltet werden. Basierend

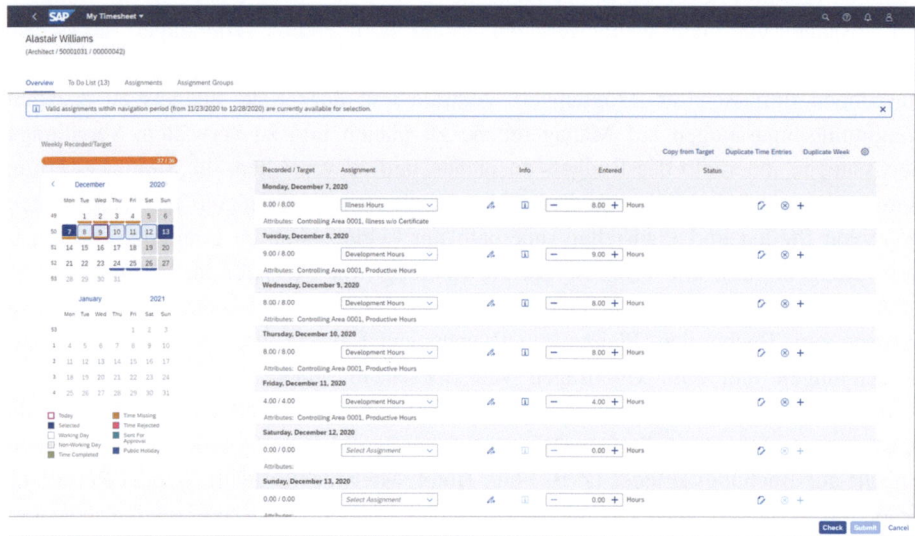

Abb. 12.12   SAP S/4HANA HR – Zeiterfassung

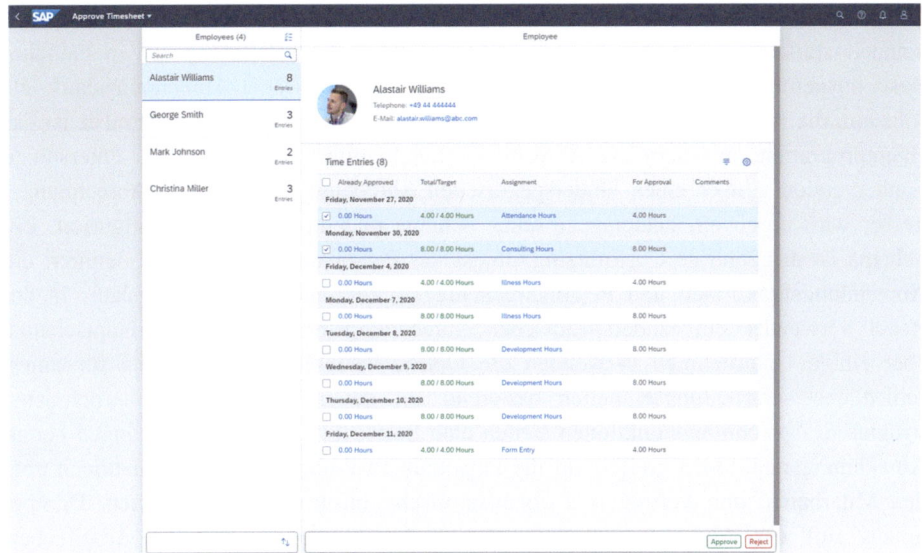

Abb. 12.13   SAP S/4HANA HR – Genehmigung von Arbeitszeiten

auf diesen Informationen können Arbeitszeitpläne angelegt werden. Eine Integration in die Personalabrechnung ist vorhanden. Das Abwesenheitsmanagement definiert Arbeitskalender und Urlaubstage für die Mitarbeiter. Es bietet Self-Services für Mitarbeiter und Manager an. Die Mitarbeiter können An- und Abwesenheiten anlegen, die vom Manager genehmigt werden.

Personalabrechnung

Die Komponente unterstützt alle Prozesse im Zusammenhang mit der Vergütung von Mitarbeitern. Basierend auf den Zeiterfassungen und dem Arbeitsvertrag des Mitarbeiters berechnet die Personalabrechnung das Brutto- und Nettoentgelt, das die einzelnen Be- und Abzüge umfasst, die während einer Abrechnungsperiode berechnet werden. Das Abrechnungsergebnis wird in der Regel an SAP S/4HANA Finance übertragen, das die Kosten bucht und die Zahlung an den Mitarbeiter auslöst, z. B. per Scheck oder Überweisung. Sachbearbeiter für die Abrechnung können Abrechnungsläufe mit der HR-Prozess-Workbench konfigurieren. Die HR-Prozess-Workbench ist ein Framework zum Entwerfen einer Prozessvorlage für die Ausführung von Abrechnungsläufen und zum Initiieren von Folgeaktivitäten wie das Buchen der Ergebnisse in die Finanzbuchhaltung und das Bereitstellen von Entgeltnachweisen für den Mitarbeiter. Der Sachbearbeiter wählt eine Prozessvorlage aus, die die Reihenfolge der Aktivitäten (z. B. Personalabrechnungsbuchung und Vorbereitung von Überweisungsbelegen) festlegt, die vor und nach den Abrechnungsläufen ausgeführt werden sollen. Sachbearbeiter für die Abrechnung können Abrechnungsläufe mithilfe der HR-Prozess-Workbench manuell starten und überwachen. Da Abrechnungsläufe regelmäßig auf monatlicher Basis ausgeführt werden, plant der Administrator in der Regel Abrechnungsläufe als Jobs ein, die zu einem bestimmten Zeitpunkt beginnen. Der Abrechnungstreiber ist das Hauptprogramm, mit dem die Abrechnung durchgeführt wird. Für jede unterstützte Länderversion gibt es einen länderspezifischen Abrechnungstreiber. Der Abrechnungstreiber wird durch ein länderspezifisches Schema und durch Regeln konfiguriert. Ein Schema ist das zentrale Customizing-Objekt der Personalabrechnung und definiert die Abrechnungsfunktionen und Personalrechenregeln für einen Abrechnungslauf. In der Regel verwendet ein länderspezifischer Abrechnungstreiber nur ein Hauptschema, aber einige Unternehmen verwenden die Option verschiedener Schemata für unterschiedliche Verarbeitungseinheiten basierend auf geografischen und Unternehmensstrukturen. Abrechnungsfunktionen stellen eine Logik für Personalabrechnungen bereit. Abrechnungsfunktionen greifen auf die Personalverwaltung zu, um Informationen über den Mitarbeiter, den Vertrag und organisatorische Informationen abzurufen. Darüber hinaus ruft der Abrechnungstreiber Abrechnungsfunktionen auf, um Arbeitgeberleistungen, Steuern sowie Netto- und Bruttobeträge zu berechnen. Beispielsweise gibt es eine Abrechnungsfunktion, die die Zeitdaten der Mitarbeiter berücksichtigt, die sich aus dem Zeitauswertungstreiber ergeben. Die Personalrechenregeln legen fest, welche Abrechnungsoperationen der Abrechnungstreiber unter welchen Bedingungen ausführt. Die Regeln enthalten die grundlegendste Logik, die in der Abrechnung verwendet wird. Abrechnungsvorgänge sind die grundlegenden Operationen, die eine kleinstmögliche Granularität von Operationen wie mathematische Operanden bieten. Abrechnungsoperationen werden verwendet, um die Lohnarten zu manipulieren, die im Grunde die Platzhalter für die Speicherung von Sätzen, Beträgen und Zahlen sind. Die Eigenschaften einer Lohnart legen fest, wie die Verarbeitung von Beträgen und Sätzen während eines Abrechnungslaufs erfolgt. Ein Beispiel für eine Abrechnungsoperation ist, die Anzahl der Arbeitsstunden mit einem Stundensatz zu multiplizieren und das Ergebnis in den Betrag einer Lohnart abzuspeichern. Die Abrechnungsergebnisse werden dem Mitarbeiter mithilfe von Lohnzettelformularen mitgeteilt. Diese Formulare werden mit dem HR-Formular-Tool als Smart Forms oder Adobe Forms definiert. Außerdem kann das HR-Formular-Tool verwendet werden, um Formulare für das gesetzliche Meldewesen zu definieren.

Talent- und Leistungsverwaltung

Diese Komponente ermöglicht die flexible Entwicklung und Förderung von Talenten in Unternehmen. Sie unterstützt die Einstellung von Personal, die Weiterbildung und Entwicklung von Talenten, die Identifizierung und Bildung zukünftiger Managementpersönlichkeiten sowie die Ausrichtung der Mitarbeiter an den Unternehmenszielen und der Vergütung.

Performanz-Management unterstützt Unternehmen dabei, Ziele für das gesamte Unternehmen, einzelne Abteilungen und Mitarbeiter selbst zu definieren und zu überwachen. Ziele können mithilfe von Kennzahlen und geeignetem Benchmarking überwacht werden. Das Performanz-Management unterstützt die Zielvereinbarung und die Gestaltung von Beurteilungen, die formalisierte und standardisierte Beurteilungen ermöglichen. Alle Standardphasen eines Beurteilungsprozesses, wie z. B. Planungsmeeting, Review und Beurteilung, können abgebildet werden. Im Performanz-Management ist es beispielsweise möglich, Performanz- und Potenzialbeurteilungen, 360°-Bewertungen, Zielbeurteilungen, Zeugnisse oder Checklisten abzubilden. Der Ablauf des Beurteilungsprozesses kann durch Workflows unterstützt werden. Der Beurteilungskatalog erleichtert das Anlegen von wiederverwendbaren Beurteilungsformularen. Beurteilungsdokumente können zentral oder einzeln generiert werden. Zielvereinbarungen können diesen Beurteilungsdokumenten entweder manuell oder automatisch hinzugefügt werden. Die Übergabe von Qualifikationen an die Personalentwicklung oder die Übergabe von Bewertungsergebnissen an das Vergütungsmanagement können automatisiert werden. Das Talentmanagement wird verwendet, um die Kernprozesse wie Nachfolgeplanung oder Talententwicklung für die Mitarbeiter durchzuführen. Sachbearbeiter und Führungskräfte können eine objektive Beurteilung für den Mitarbeiter abgeben. Ziel des Qualifikationsmanagements ist die Maximierung des Nutzens der Mitarbeiter und der Bedürfnisse des Unternehmens. Es hilft bei der Planung und Messung des persönlichen Trainings. Qualifizierte Mitarbeiter haben eine höhere Zufriedenheit im Job. Das Nachfolgemanagement hilft, proaktiv Mitarbeiter als Nachfolger für Manager zu identifizieren und deren Karrierelaufbahn rechtzeitig zu entwickeln. Laufbahnen sind Wege für die Mitarbeiterentwicklung. Sie stellt sicher, dass das Unternehmen über eine Sammlung qualifizierter Personen verfügt. Der Prozess der Mitarbeitereinschätzung wird unterstützt. Je nachdem, welche Schritte konfiguriert werden, können Manager das Potenzial oder die Kompetenzen von Mitarbeitern bewerten oder den Mitarbeiter als Talent für eine Talentgruppe nominieren. Mit der Funktion Talentkonferenzen kann der Talentmanagement-Experte Besprechungen zur Abstimmungen von Talenten vorbereiten, durchführen und nachbereiten.

Schulungs- und Veranstaltungsverwaltung

Diese Lösung bietet eine Vielzahl leistungsstarker Funktionen zur einfachen und effizienten Planung und Verwaltung aller Arten von Geschäftsereignissen, von Schulungsveranstaltungen bis hin zu Tagungen. Sie bietet flexible Analyse- und Beurteilungsfunktionen. Das Veranstaltungsverwaltung ist die Grundlage für die Erweiterung und Aktualisierung der Fähigkeiten und Kenntnisse der Mitarbeiter. Die Integration mit der Personalentwicklung ermöglicht die direkte Umwandlung von Weiterbildungsvorschlägen in Buchungen für Mitarbeiter mit Qualifikationsdefiziten oder -bedarfen. Durch die Integration in das SAP Knowledge Warehouse wird der direkte Zugriff auf eine Vielzahl von Schulungsunterlagen ermöglicht, z. B. Online-Schulungen zum Selbststudium. Die Veranstaltungsverwaltung umfasst eine Vielzahl von Funktionen wie Veranstaltungsvorbereitung, Aufbau hierarchisch strukturierter Veranstaltungskataloge, Berechnung von Veranstaltungskosten und Preisvorschlag, Buchung von Einzel- und Gruppenteilnehmern, Abrechnung, Beurteilung von Teil-nehmern und Veranstaltungen, Reporting für alle veranstaltungsbezogenen Daten. Die Komponente dient als Administrationsbereich für die Organisation, Veröffentlichung und Buchung von Klassenraumtrainings. Das Trainingsmanagement umfasst das Trainings-angebot, das die Trainingsplanung und die Erstellung eines Trainingskatalogs sowie die Trainingsadministration mit Buchungsvorgängen umfasst. Das Referentenportal ist die Benutzungsoberfläche für Referenten und Tutoren. Referenten können auf ihre Kurse zugreifen, um die Trainingsteilnehmer zu verwalten. Sie können Beurteilungen durch-führen, um Feedback von den Teilnehmern zu erhalten. Erreichte Qualifikationen können Teilnehmern zugeordnet werden und werden dann in den entsprechenden Infotypen gespeichert. Alle angebotenen Klassenraum- und E-Learning-Trainings werden den Teil-nehmern innerhalb des Lernportals präsentiert. Das Lernportal enthält Funktionen zum Durchsuchen von Trainingsinhalten und zum Buchen von Trainings. Es enthält auch einen Content-Player zum Abspielen von E-Learning-Inhalten. Der Content-Player lädt die E-Learning-Inhalte aus dem Content-Management-System, wenn ein Teilnehmer ihn in seinem Web-Browser startet. Der separate Offline-Player kann verwendet werden, um offline zu lernen und den Fortschritt des Lerners mit dem zentralen Lernportal online zu synchronisieren.

Shared Services

Die Komponente standardisiert und automatisiert Shared-Services-Prozesse und Self-Services für Mitarbeiter und Manager. Im gesamten Unternehmen können einheitliche Prozesse und Services implementiert werden, um die Durchlaufzeiten von Vorgängen zu verkürzen und einen kontinuierlichen hohen Servicegrad sicherzustellen. Self-Services spielen eine wichtige Rolle bei der Interaktion zwischen den Mitarbeitern eines Unter-nehmens. Die Self-Service-Lösung ermöglicht das Anlegen und den Betrieb von Mitarbeiter Self-Services und Manager Self-Services. Beispiele für Mitarbeiter Self-Services sind Funktionen bezüglich der Mitarbeiterdaten (Abb. 12.14), des Urlaubs- und Zeitmanagement, der Arbeitgeberleistungen (Abb. 12.15) und der Vergütung sowie des Reisemanagements. Beispiele für Manager Self-Services sind Mitarbeiter-verwaltung, Vergütungs- und Budgetplanung sowie Projektplanung. Um Manager bei der Entscheidungsfindung zu unterstützen, stehen Self-Services für den Zugriff auf Informationen zu Geburtstagen, Feiertagen und Terminen des Teams zur Verfügung. Manager haben Zugriff auf grafische Unterstützung und erhalten Informationen zu

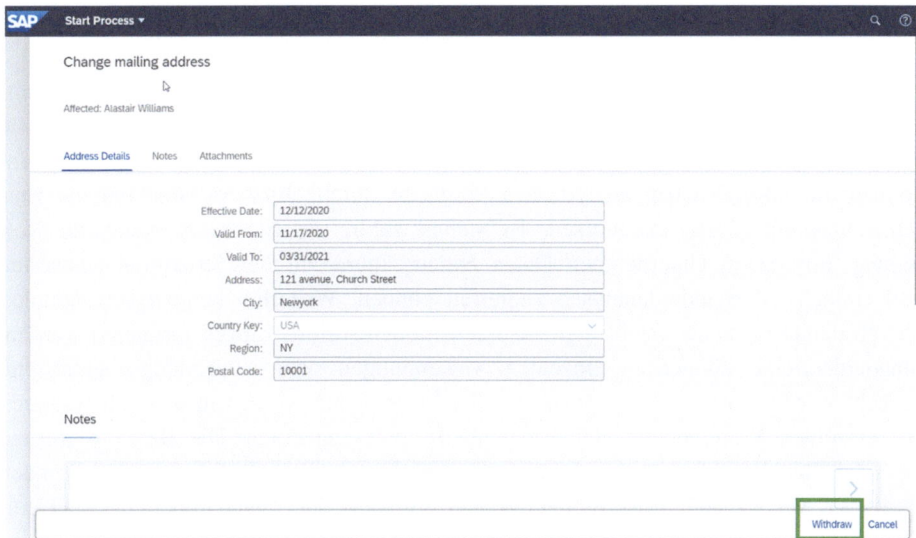

Abb. 12.14   SAP S/4HANA Human Resources – Adressänderung

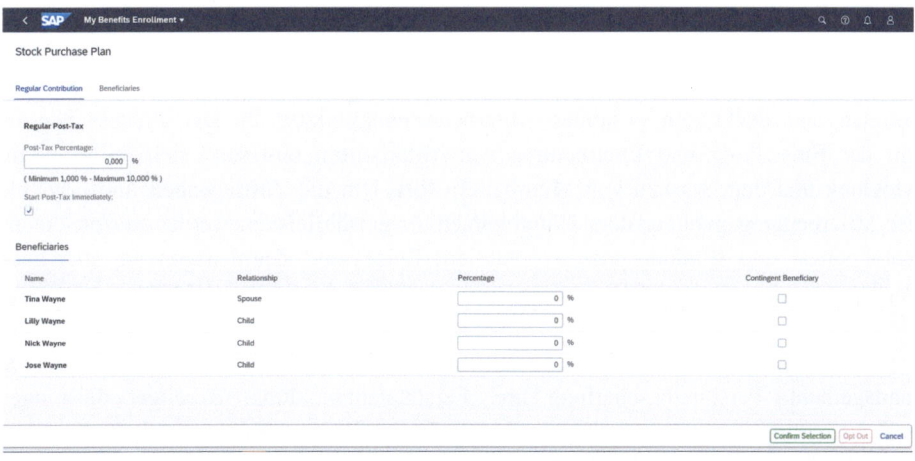

Abb. 12.15   SAP S/4HANA Human Resources – Anmeldung für Arbeitgeberleistungen

Recruiting, Talentmanagement, Planung, Projekten, Organisation und Berichten. Mit dem Mitarbeiter Self-Service können Mitarbeiter personenbezogene Daten anpassen. Der Mitarbeiter kann eigene Buchungen anlegen, anzeigen und stornieren. Darüber hinaus können Self-Services für das Qualifikationsmanagement verwendet werden.

Personalwesen Reporting

Um die Prozesse und die Dienstleistungen zu verbessern, sind vollständige und Echtzeit-analysen für das Personalwesen erforderlich, was den Schwerpunkt dieser Komponente bildet. Da SAP S/4HANA Human Resources alle relevanten Mitarbeiterdaten enthält, können die erforderlichen analytischen Vorgänge durchgeführt werden, um die Ent-scheidungsfindung zu unterstützen. Es stehen zahlreiche Standardberichte zur Ver-fügung, mit denen Unternehmen Daten entlang hierarchischer Strukturen auswerten und einfach auf Standardanalysen zugreifen können. Weiterhin können anwendungs-übergreifende Berichte erstellt und entsprechend den Anforderungen formatiert werden. Standardberichte können in einzelnen Anwendungen oder anwendungsübergreifend gesucht werden. Anwendungsspezifische Analyseberichte werden in den Infosystemen der einzelnen Komponenten der Personalwirtschaft angeboten. Die Berichte werden nach Inhalten im Infosystem gebündelt. Personalbeschaffungsberichte sind z. B. nach Bewerber, Vakanz oder Ausschreibungsdaten gruppiert. Die Standardberichte sind ein-satzbereit und decken Bereiche wie Personalmanagement, Zeitwirtschaft, Personalab-rechnung, Trainings- und Veranstaltungsverwaltung oder Organisationsmanagement ab.

12.3   Fazit

Von der Rekrutierung bis zum Ruhestand ist ein zentraler Geschäftsprozess in Unter-nehmen und deckt den gesamten Mitarbeiterlebenszyklus ab. Der Prozess beginnt mit der Einstellung und Einarbeitung von Mitarbeitern und setzt sich mit der Ent-wicklung und dem Ausbau von Mitarbeitern fort. Um die Zufriedenheit und Loyalität der Mitarbeiter gegenüber dem Unternehmen zu gewährleisten, werden entsprechende Belohnungs- und Bindungsprozesse etabliert. Reise- und Zeitmanagement, aber auch Personalabrechnung und Offboarding sind enthalten. In SAP S/4HANA wird dieser Geschäftsprozess hauptsächlich von der Komponente SAP S/4HANA Human Resources abgedeckt. Diese Lösung bietet Funktionen für Personalverwaltung, Organisations-management, Personalbeschaffung und Personalentwicklung, Arbeitgeberleistungen und Vergütungsverwaltung, aber auch für Zeit-, Reise-, Talent- und Performanz-Management. Die SAP S/4HANA Module sind tief integriert und interagieren mit-einander, sodass auch zusätzliche Komponenten zur Abwicklung dieses durchgängigen Prozesses beitragen.

Geschäftsprozess „Vom Erwerb bis zur Stilllegung"

13

Das Kapitel beschreibt den Geschäftsprozess *Vom Erwerb bis zur Stilllegung* bestehend aus den Teilprozessen Optimierung der Anlagen, Erwerb, Betrieb, Stilllegung und Anlagenverwaltung. Darüber hinaus werden die Anwendungsfunktionen von SAP S/4HANA zur Realisierung dieses Geschäftsprozesses erläutert.

13.1 Betriebswirtschaftliche Anforderung

Der Prozess *Vom Erwerb bis zur Stilllegung* ist in Abb. 13.1 und 13.2 dargestellt und wird in den nächsten Abschnitten näher erläutert.

Der Prozess deckt den gesamten Lebenszyklus einer Anlage von der Anschaffung bis zur Stilllegung ab. Bei Unternehmen im Fertigungsgeschäft kann es sich bei einer Anlage um eine Maschine handeln, die für die Produktion verwendet wird, während eine Anlage für eine dienstleistungsorientierte Firma auch ein Firmenwagen oder sogar eine Kaffeemaschine sein kann. Von der Akquisition über die Verwaltung des Lebenszyklus durch Wartung bis hin zur Stilllegung der Anlage kann durch digitale Prozesse unterstützt werden. Der Geschäftsprozess *Vom Erwerb bis zur Stilllegung* besteht aus vier Teilprozessen, die partiell parallel ausgeführt werden. Bei der Anlagenoptimierung geht es um die Definition der Anlagenstrategie einschließlich Instandhaltungsaspekten. Erwerb bezieht sich auf die Beschaffung von Anlagen und deren Montage. Betrieb befasst sich mit der Planung und Ausführung der Anlagenwartung. Das Ende der Nutzungsdauer von Anlage wird durch Stilllegung abgedeckt. In diesem Zusammenhang wird die Anlage gemäß der Ausstiegsstrategie veräußert oder entsorgt. Die Anlagenverwaltung mindert Risiken und gewährleistet die Umweltsicherheit. Hierbei werden die Anlagen zu möglichst geringen Kosten genutzt und gleichzeitig für sie einen sicheren Betrieb garantiert. Der Geschäftsprozess ist nahtlose in andere Bereiche wie Finanzwesen,

© Der/die Autor(en), exklusiv lizenziert an Springer Fachmedien Wiesbaden GmbH, ein Teil von Springer Nature 2023

S. Sarferaz, *ERP-Software: Funktionalität und Konzepte*, https://doi.org/10.1007/978-3-658-40499-4_13

Abb. 13.1 Prozess *Vom Erwerb bis zur Stilllegung*

Abb. 13.2 Prozess *Vom Erwerb bis zur Stilllegung*

Bezugsquellenfindung, Beschaffung oder Personaleinsatzplanung integriert. Die Verfügbarkeit von Ressourcen wie Technikern, Ersatzteilen und Werkzeugen zur richtigen Zeit und am richtigen Ort ist ebenso wichtig wie eine ordnungsgemäße Finanzplanung und Kostenabrechnung. Unternehmen, die für den Geschäftsbetrieb auf physische Anlagen angewiesen sind, verbessern stetig das Instandhaltungsmanagement, um die Rentabilität und Produktivität zu steigern und ihre ökologische und soziale Ziele zu erreichen. Anlagen werden immer intelligenter. Sie sind miteinander verbunden und können bei der Beantwortung von Fragen helfen, z. B. wann sind Wartungsarbeiten erforderlich und was ist notwendig, um potenzielle Ausfälle zu vermeiden? Dies ermöglicht ein breiteres Spektrum an Wartungsstrategien, von reaktiven bis hin zu präskriptiven, und erfordert einen umfassenden Ansatz sowie klar definierte Wartungsprogramme. Hierdurch kommt zu einer Verschiebung der Rollen von Organisationen, die an der Instandhaltung von Anlagen mit beteiligt sind. Neue anlagenbasierte Geschäftsmodelle erfordern einen kooperativen Ansatz mit einem zentralen Datenpool zwischen Geschäftspartnern. Hersteller und externe Dienstleister erweitern ihr Geschäft durch die Bereitstellung von Überwachungs- und Wartungs-as-a-Service-Modellen.

Optimierung der Anlagen

Um die Instandhaltungsprozesse und die Anlagenleistung zu verbessern, sollten Unternehmen die Effektivität ihrer Instandhaltungsprogramme kontinuierlich bewerten und verbessern, um einen sicheren, zuverlässigen und effizienten Anlagenbetrieb zu ermöglichen. Ingenieure bewerten das Risiko der Anlagen mithilfe von Best-Practice-Methoden wie der zuverlässigkeitsorientierten Instandhaltung, um die besten Wartungs- und Servicestrategien zu ermitteln, die die Wartungskosten minimieren und das Ausfallrisiko für kritische Anlagen verringern. Durch die Umwandlung in datengesteuerte Prozesse verfeinert und erweitert das Analagenperformanz-Management der nächsten Generation solche langjährigen Methoden in diesem Bereich. Bevor der tatsächliche Lebenszyklus der Anlage beginnt, wird der Teilprozess Analgenoptimierung ausgelöst (Abb. 13.3). In diesem Teilprozess wird die Akquisition der Anlage sowie die allgemeine Akquisitionsstrategie geplant. Dies lässt sich weiter in zwei Teile einteilen: die Anlagenstrategie und -planung sowie die Anlagenwartungsstrategie. Die Strategie für den Erwerb neuer Anlagen wird festgelegt. Anforderungen aus anderen Prozessen wie dem Governance-Prozess sind ebenfalls wichtig. Es wird entschieden, ob eine Anlage als Eigentum erworben oder angemietet werden soll. Hierbei müssen die finanziellen Implikationen berücksichtigt werden. Abschließend muss ein Anlageninvestitionsplan angelegt werden. Für die Wartungsstrategie muss die Anlagenwartungsrichtlinie

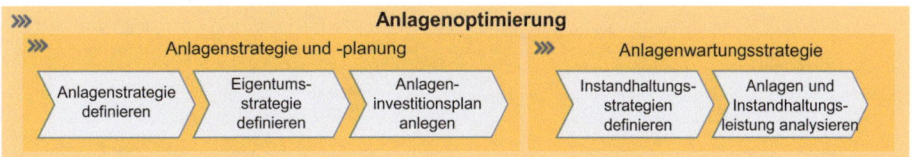

Abb. 13.3 Anlagenoptimierung

definiert werden. Weiterhin müssen die Anlagen sowie die Instandhaltungsleistung analysiert werden. Die Wartungsstrategien für Anlagen werden von Sicherheitstechnikern definiert. Dazu führen sie eine Bewertung des Vermögenswertrisikos und der Kritikalität durch, um die entsprechenden Schadenskategorien abzuleiten. Sie entscheiden und wählen zwischen den typischen Instandhaltungsstrategien, die auf detaillierten Kenntnissen der potenziellen Ausfallmuster der Anlage basieren: reaktive Instandhaltung (auch bekannt als *Run to Failure*), zeit-, nutzungs- oder zustandsabhängige Instandhaltung oder präskriptive Instandhaltung. Die empfohlene Wartungsstrategie umfasst mehr als nur spezielle Reparaturarbeiten, um die Anlage betriebsbereit zu halten. Empfehlungen können auch die Definition von Inspektionsanforderungen oder Designänderungen umfassen, um die Wahrscheinlichkeit möglicher Ausfälle zu verringern. Ein Sicherheitstechniker kann eine Wartungsstrategie überarbeiten, um bessere Geschäftsergebnisse zu erzielen. Der Instandhaltungsplaner kann die empfohlenen Strategien und Maßnahmen des Sicherheitstechnikers überprüfen und nachvollziehen. Der Planer kann diese Definitionen in einem kooperativen Prozess verwenden und implementieren.

Erwerb

Der nächste Schritt im Lebenszyklus einer Anlage ist der Erwerb (Abb. 13.4). Der Teilprozess umfasst den Anlagenzugang, den Bau und die Inbetriebnahme der Anlage. Zunächst muss die Anlage erworben oder gemietet werden. Diese Entscheidung muss mit den Finanzprozessen abgestimmt sein, da sie den Cashflow und die allgemeine Liquidität des Unternehmens beeinflusst. Weiterhin müssen Fachabteilungen mit Schwerpunkt auf funktionalen und nicht-funktionalen Qualitäten einbezogen sein. Manchmal müssen Anlagen vom Unternehmen selbst konstruiert werden. Unter Umständen kann dies für ein Unternehmen sinnvoll sein, da es durch den Aufbau eigener Anlagen zu kalkulatorischen Einspareffekten kommen kann. Voraussetzung ist, dass die erforderlichen Fähigkeiten und Materialien intern verfügbar sind. In der

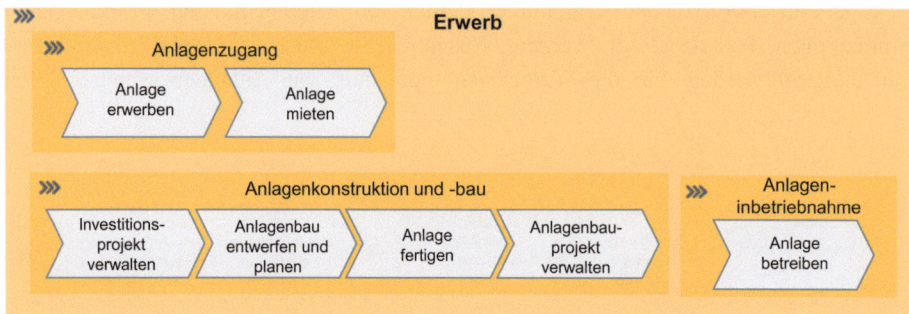

Abb. 13.4 Erwerb

Regel müssen erworbene oder gemietete Anlagen montiert werden. Für dieses Projekt müssen Investitionen getätigt werden. Darüber hinaus muss der Anlagenbau entworfen und geplant werden. Das Projekt zur Montage der Anlage muss erfolgreich abgewickelt werden, bevor die Anlage im Rahmen der Inbetriebnahme produktiv genutzt werden kann.

Betrieb

Einer der wichtigsten und wahrscheinlich am längsten laufenden Teilprozesse beginnt direkt nach dem Erwerb der Anlage. Der Teilprozess Betrieb besteht aus zwei Abschnitten (Abb. 13.5). Dies sind die Instandhaltungsplanung und die Ausführung des Anlagenwartung. Bei der Planung der Anlageninstandhaltung müssen mehrere Schritte durchgeführt werden. Zunächst müssen die Wartungspläne und -regeln definiert werden. Dies hängt auch stark von der Anlage selbst ab, da verschiedene Anlagen unterschiedliche Wartungsintervalle benötigen. Die Anlage wird kontinuierlich überwacht werden und auf mögliche Ereignisse entsprechend reagiert. Die Instandhaltungsmaßnahmen für Anlagen und die zugeordneten Ressourcen müssen periodisch geplant werden. Die Anlageninstandhaltung wird von qualifiziertem Personal durchgeführt und die Anlage aufgearbeitet werden. Diese repetitive Tätigkeit wird solange durchgeführt, bis die Anlage stillgelegt wird. Die Ausführung der Anlagenwartung umfasst durchgängige Prozesse in mehrere Phasen. Die folgenden Phasen werden in einem branchenspezifischen Best-Practices-Szenario abgedeckt:

- Initiierung durch Erstellung einer Arbeitsanforderung
- Prüfung und Genehmigung des Arbeitsantrags
- Übergabe an die detaillierte Arbeitsumfangsplanung
- Auftragsgenehmigung und -freigabe mit anschließender Terminierung und Einplanung
- Arbeitsausführung
- Arbeitsrückmeldung und -abschluss

Die vorausschauende Wartung für Anlagen wird herangezogen, wodurch kostspielige planmäßige Reparaturen oder Notfallreparaturen und Ausfallzeiten vermieden werden.

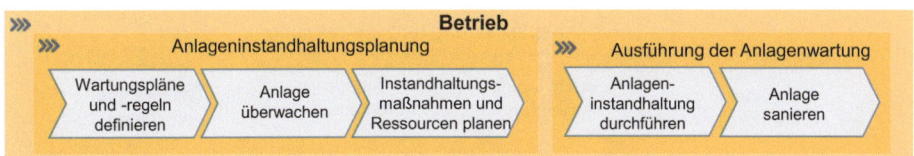

Abb. 13.5 Betrieb

Ein Instandhaltungsplaner kann den Arbeitsumfang und die Zeit, die für Maßnahmen wie Inspektionen und Instandhaltungsarbeiten erforderlich sind, mithilfe von Wartungsplänen und Arbeitsplänen im Voraus planen. Abgesehen von einem einheitlichen Ansatz mit herkömmlichen zeit- oder leistungsabhängigen Wartungsplänen werden zustandsabhängige und vorausschauende oder präskriptive Wartungen angewendet. Dadurch können Unternehmen zu einem wesentlich individuelleren Instandhaltungsprogramm mit optimierten Zeitfenstern und Arbeitsumfängen wechseln, um die Anlagenleistung und -verfügbarkeit zu verbessern.

Stilllegung

Der Teilprozess Stilllegung markiert das Ende des Anlagenlebenszyklus (Abb. 13.6). Wenn die Anlage nicht mehr benötigt wird oder ersetzt werden muss, wird dieser Teilprozess ausgeführt. Der Teilprozess beinhaltet die Anlagenstilllegung und deren Entsorgung. Zunächst muss eine Ausstiegsstrategie entwickelt werden. Als Nächstes müssen die Produktivanlagen stillgelegt werden. Danach muss die Anlage verkauft oder entsorgt werden. Im letzteren Fall müssen die Abfälle sowie alle Gefahrgüter ordnungsgemäß entsorgt werden.

Anlagenverwaltung

Der Teilprozess Anlagenverwaltung (Abb. 13.7) ist der einzige Prozess, der aus Lebenszyklussicht der Anlage parallel zu den anderen Prozessen ausgeführt wird. Eine der Aufgaben in diesem Teilprozess ist die Verwaltung der Anlageninformationen. Hierbei geht es um die Bearbeitung der Anlagenstammdaten, die konsistent gepflegt und dauerhaft auf dem neuesten Stand gehalten werden müssen. Eine weitere kontinuierliche Aufgabe besteht darin, die Risiken von Anlagen zu prüfen und zu verwalten. Dieser Prozess umfasst das Identifizieren, Bewerten und Steuern von Bedrohungen in Bezug auf Anlagen. Basierend auf dem Risikomanagementplan werden bei Bedarf Gegenmaßnahmen durchgeführt. Durch die systematische Berücksichtigung potenzieller Risiken, bevor sie eintreten, kann ein Unternehmen Geld sparen und sein Vermögen

Abb. 13.6 Stilllegung

Abb. 13.7 Anlagen verwalten

schützen. Eine weitere sehr wichtige Aufgabe sind die Nachhaltigkeitsmaßnahmen. Hierbei geht es um die Abwicklung von Umwelt-, Gesundheit- und Sicherheitsmaßnahmen rund um die Anlage. Dadurch wird die Sicherheit des täglichen Betriebs verbessert, die Aufmerksamkeit der Belegschaft wird erhöht, um Gefahren zu erkennen und zu reagieren, bevor sie die Sicherheit beeinträchtigen. Durch die Sicherstellung der Betriebskontinuität wird die Anlagenintegrität geschützt, und die Produktion wird optimiert, indem ungeplante Ausfallzeiten durch proaktive Erkennung und Minderung von Sicherheitsproblemen reduziert werden. Die Anlagenkooperation befasst sich mit Plattformen für die Zusammenarbeit. Dieser Aspekt ist wichtig, da eine Änderung der Zuständigkeiten von Organisationen erkennbar ist, die am Anlagenbetrieb und an der Instandhaltung beteiligt sind:

- Der Betreiber wartet die Anlagen nicht immer. Bei Überwachungs- und Wartungs-as-a-Service-Modellen bieten Hersteller oder Dritte an, Anlagen zu überwachen und zu warten.
- Die Prozesse für die interne Wartung durch einen Betreiber und den Kundenservice durch einen Lieferanten werden zusammengeführt. Drittanbieter sind zunehmend für die Erhaltung komplexer Vermögenswerte verantwortlich.

Diese Markttrends erhöhen die Nachfrage nach kooperativen Geschäftsmodellen und Netzwerkkonzepten. Die sichere und standardisierte gemeinsame Nutzung von Anlagendaten ist entscheidend für die Unterstützung von Mitarbeitern im Instandhaltungs- und Servicegeschäft.

13.2 Technische Umsetzung

Der Geschäftsprozess *Vom Erwerb bis zur Stilllegung* wird im Wesentlichen von SAP S/4HANA Asset Management implementiert, wie in Abb. 13.8 dargestellt. Während SAP S/4HANA Asset Management die Kernfunktionen abdeckt, enthalten SAP Intelligent Asset Management und SAP Geographical Enablement Framework erweiterte Funktionen für vorausschauende Anlagenanalysen, mobile Verwaltung oder Geolokation.

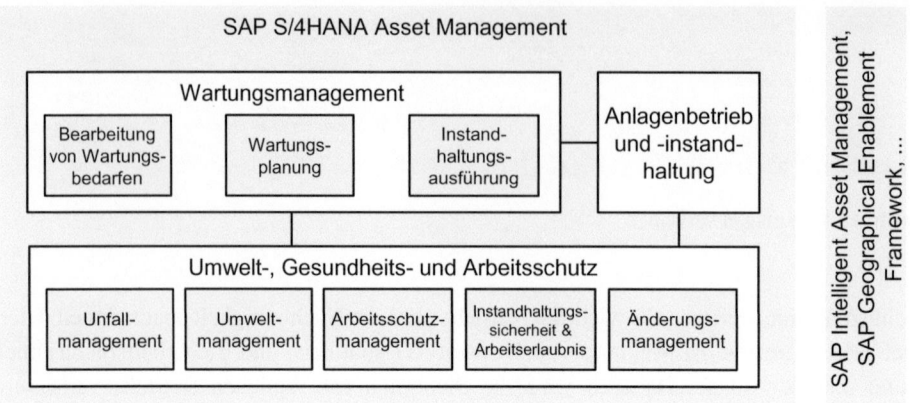

Abb. 13.8 SAP S/4HANA Asset Management – Funktionale Architektur

Mit dem *Wartungsmanagement* kann ein ganzheitlicher Ansatz, einschließlich Planung, Ausführung, Verbesserung und Zusammenarbeit, zur Verfügung gestellt. Darüber hinaus erleichtert die Komponente die Integration von Materialwirtschafts- und Instandhaltungsfunktionen, um eine ganzheitliche Lösung für das Wartungs- management an zu bieten. Auch die Kostenverfolgung und die Durchführung von Schadensanalysen werden unterstützt. Anlagenbetrieb und -instandhaltung erweitert die Kernplanungsfunktionen um Funktionen für die Feinplanung und Ressourcen- disposition. *Umwelt-, Gesundheits- und Arbeitsschutz* gewährleistet Sicherheit und Geschäftskontinuität. Die Lösung mindert Arbeitsschutzrisiken durch das Ausführen von Gefährdungsbeurteilungen, das Anlegen von Sicherheitsanweisungen und das Ver- walten von Ereignissen. Intelligentes Anlagenmanagement ist das neueste Offerte im Bereich Anlagenmanagement. Es nutzt die neuesten Technologietrends (z. B. Künstliche Intelligenz), um das intelligente Anlagenmanagementsystem zu implementieren. Die Lösung ermöglicht Echtzeiteinblicke auf strategischer, taktischer und operativer Ebene. Mit vernetzten Anlagen werden Informationen aus operativen Systemen kombiniert, indem das Internet der Dinge für erhöhte Transparenz verwendet wird. Die Komponente nutzt Vorhersagen, Optimierungen und Simulationen, um Entscheidungen zu treffen, die Zuverlässigkeit zu verbessern und Ausfälle zu reduzieren. Durch die tiefe Integration des gesamten Lebenszyklus von Anlagen können Anlageninformationen gemeinsam genutzt, auf eine einheitliche Datenbasis zugegriffen und die Zusammenarbeit in einem cloud- basierten Geschäftsnetzwerk mit integrierten Prozessen ermöglicht werden.

Wartungsmanagement

Die Instandhaltungsstammdaten bilden die Grundlage für verschiedene Prozesse der Anlagenmanagementlösung. Die Hauptfunktionen sind die hierarchische und horizontale Strukturierung technischer Objekte, das Anlegen von Stammsätzen für Technische Plätze und Equipments, aber auch das Anlegen von Instandhaltungsstücklisten. Darüber hinaus werden das Lesen von Messpunkten und Zählern und das Anlegen von Messbelegen, der Zugriff auf kontextsensitive Informationen und die Bearbeitung von Stammdaten im Information Center unterstützt. Weiterhin werden technische Objekte in den Stammdaten visualisiert und im Asset Viewer angezeigt. Mit dieser Funktionen können Anlagen-stammdaten systematisch und konsistent gepflegt werden. Mit der Instandhaltungs-bedarfsbearbeitung können Benutzer jede Art von Arbeitsanforderung anlegen und bearbeiten, von klassischen korrektiven bis hin zu zustandsbasierten, vorausschauenden oder präskriptiven Wartungsmethoden. Es können auch Instandhaltungsarbeiten angefordert und mobile Endgeräte oder ein Desktop zur Beschreibung der technischen Störungen verwendet werden. Dieser Prozess kann auch mit SAP Intelligent Asset Management erweitert werden, mit dem Meldungs- und Auftragsdaten synchronisiert werden können. Mit der Wartungsplanung kann die Instandhaltung geplant werden, der passende Techniker gefunden werden und geeignete Werkzeuge für die Durchführung der Instandhaltungsaktivitäten ermittelt werden. Außerdem wird eine vollständige Sicht auf den Anlagenstatus, die Instandhaltungskosten und die Ausfallursachen bereit-gestellt (Abb. 13.9). Die Instandhaltungskosten können durch den effizienten Einsatz von Personal, Material, Equipment und Zeitplänen gesenkt werden.

Eine weitere Funktion ist die Klassifizierung von Wartungsplänen zur besseren Suche und Analyse und Überwachung der Instandhaltungskosten. Vorgänge können in Vor-, Haupt- und Nacharbeiten unterteilt werden. Die wichtigsten Funktionen dieser Lösung sind die Planung komplexer Wartungszyklen mit Strategien, die Bearbeitung von Wartungsplänen und die Planung wiederkehrender Instandhaltungsarbeiten mit Arbeitsplänen. Darüber hinaus wird die Durchführung von Rundgängen, der Zugriff auf kontextsensitive Informationen, die Bearbeitung von Wartungsplänen und -positionen aus einem persönlichen Arbeitsvorrat unterstützt. Die Lösung erleichtert die Aus-wahl von Ersatzteilen und die Anzeige visueller Arbeitsanleitungen in Arbeitsplänen sowie die Darstellung von Beziehungen zwischen Instandhaltungsobjekten im Asset Viewer. Nachdem die Wartung eingeplant wurde, muss sie durchgeführt werden. Mit der Instandhaltungsausführung können geplante oder Notfallwartungen durchgeführt und der Zugriff auf relevante Informationen auf jedem Gerät ermöglicht werden. Mit-arbeiter können zugeordnete Arbeitsaufträge (Abb. 13.10) remote aufrufen, übertragen, abschließen und verwalten und Echtzeiteinblicke in die Anlagenleistung erhalten, um zeitnahe, relevante Entscheidungen zu treffen.

Benutzer können auch laufende Wartungsaktivitäten überprüfen und mehrmals am Tag neu terminieren. Zu den Hauptfunktionen gehören die Meldung von Störungen und die Ausführung von Instandhaltungsarbeiten mithilfe von Instandhaltungsaufträgen,

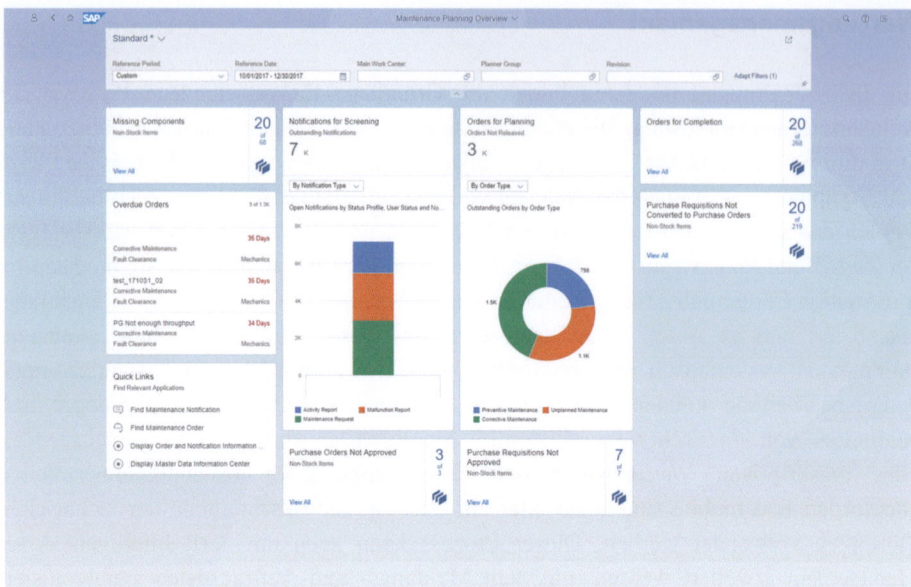

Abb. 13.9   SAP S/4HANA Asset Management – Instandhaltungsplanungsübersicht

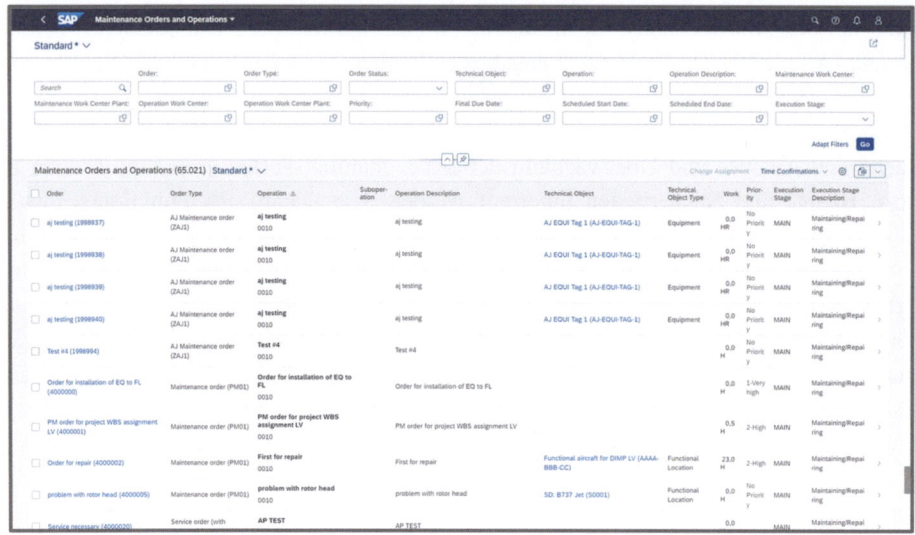

Abb. 13.10   SAP S/4HANA Asset Management – Instandhaltungsauftrag

aber auch die Bearbeitung und Rückmeldung von Instandhaltungsaufgaben. Weiterhin wird der Zugriff auf kontextsensitive Informationen und die Bearbeitung von
Instandhaltungsbelegen im Information Center für Aufträge und Meldungen ermöglicht. Die Auswahl von Ersatzteilen und die Anzeige visueller Arbeitsanleitungen

in Instandhaltungsaufträgen sowie die Anzeige von Beziehungen zwischen Instandhaltungsobjekten im Asset Viewer werden ebenfalls unterstützt.

Anlagenbetrieb und – instandhaltung

Die Wartungsterminierung ermöglicht es Benutzern, übermäßige Ausfallzeiten zu
reduzieren und Kosten zu senken, indem die richtigen Systeme und Prozesse zur
Verfügung gestellt werden. Dabei werden die Verfügbarkeitsfenster für Wartung,
Arbeitsplatzkapazität und Wartungspläne berücksichtigt. Die Lösung integriert die
Ressourceneinsatzplanung. Das bedeutet, dass Einblicke in den Wartungsaufwand
gewonnen und verfügbare Kapazitäten für aktuelle und bevorstehende Wartungsaktivitäten gesteuert werden können. Darüber hinaus erleichtert die Komponente das frühzeitige Erkennen kritischer Planungssituationen und das Ergreifen von Maßnahmen
zur Verbesserung planungsrelevanter KPIs. Der Instandhaltungsauftrag kann effizient
basierend auf der Arbeitsplatzauslastung geplant werden, um sicherzustellen, dass alle
Instandhaltungsaufgaben abgeschlossen werden können. Alternativ kann die Arbeitsplatzkapazität schnell angepasst werden. Status für Terminpläne können zugeordnet und
die Arbeitsplatzkapazität optimiert werden (Abb. 13.11).

Instandhaltungsaufträge werden in Arbeitsplätzen visualisiert, um Transparenz
darüber zu erhalten, was zu welchem Zeitpunkt zu tun ist. Die Lösung ermöglicht es,
Terminpläne einzurichten, zu teilen und zu überwachen sowie Feedback zu einem Zeitplan zu geben und die eigene Arbeit entsprechend zu planen. Die Anwendung stellt ein

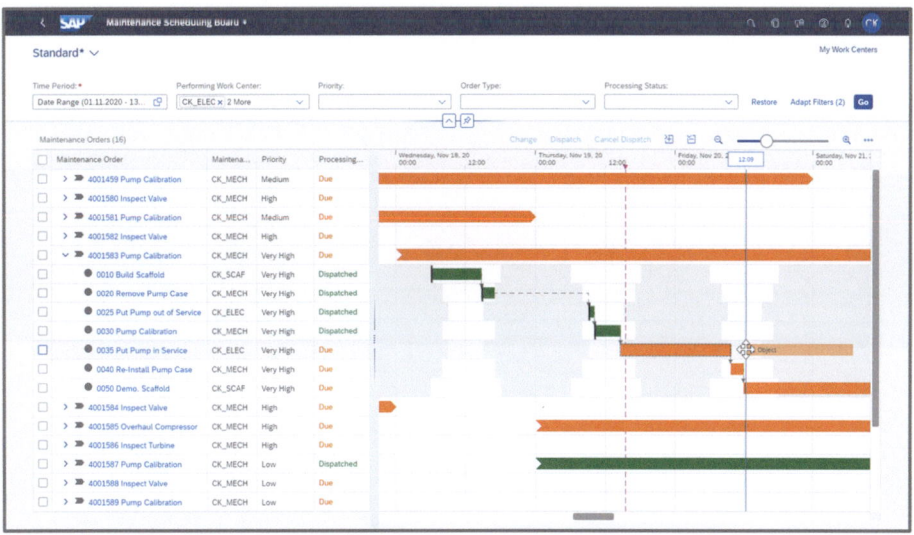

Abb. 13.11   SAP S/4HANA Asset Management – Instandhaltungsplantafel

Dashboard für die Überwachung von Kennzahlen bereit, z. B. Arbeitsplatzauslastung, Anzahl und Priorität von Instandhaltungsaufträgen, die für die Arbeit benötigt werden. Außerdem wird der schnelle Zugriff auf die aktuell relevanten Terminpläne unterstützt. Mit dem Auslastungsdiagramm können Benutzer die aktuelle Arbeitsplatzauslastung nach bestimmten Attributen visualisieren, z. B. um die durch Wartungspläne verursachte Auslastung mithilfe des Bearbeitungsstatusattributs anzuzeigen. Es gibt mehrere Möglichkeiten, die Auslastung von Arbeitsplätzen zu verwalten. Auftragsvorgänge können eingeplant werden, um die geplanten Termine und den Arbeitsplatz rückzumelden. Wenn ein Arbeitsplatz überlastet ist, ist es möglich, die Arbeitsplatzauslastung auszugleichen, indem Auftragsvorgänge auf ein anderes Datum oder einen anderen Arbeitsplatz verschoben werden. Außerdem kann die verfügbare Arbeitsplatzkapazität für eine bestimmte Zielwoche angepasst werden. Die Terminierung von Instandhaltungsauftragsvorgängen (Abb. 13.12) umfasst in der Regel mehrere Schritte. Zunächst werden eine oder mehrere Terminplansimulationen für die Zielwoche angelegt. Sobald der Terminplan optimal ist, können die terminierten Auftragsvorgänge eingeplant und der endgültige Terminplan fixiert werden. Wenn die Zielwoche begonnen hat, kann die Ausführung des Terminplans nachverfolgt werden. Einer verantwortlichen Person können ein oder mehrere Instandhaltungsauftragsvorgänge zugeordnet werden. Vorhandene Zuordnungen können geändert oder sogar gelöscht werden. Mit dem Multi-Resource-Management können Prozesse zur Definition und Erfüllung von Projektressourcenbedarfen optimiert und automatisiert werden. Außerdem bietet sie Funktionen zum Verfolgen, Zuordnen und Einplanen von Ressourcen, Sammeln von Einsatzgenehmigungen und Generieren relevanter Berichte wie Bedarfsübersicht und Ressourcenauslastungsberichte. Dies führt zu einer schnelleren Projektbesetzung, einer besseren Ressourcenauslastung, genaueren Bedarfsprognosen und höheren Projektmargen.

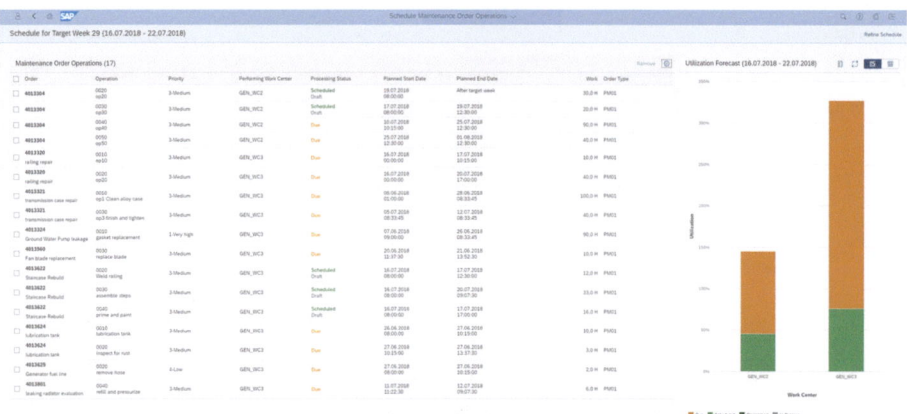

Abb. 13.12   SAP S/4HANA Asset Management – Instandhaltungsauftragsvorgänge

Umwelt-, Gesundheits- und Arbeitsschutz

Die Lösung unterstützt die Verwaltung von Geschäftsprozessen, die sich auf dem Schutz der Umwelt und der Gesundheit von Personen beziehen. Sie ermöglicht die Planung der erforderlichen Aktivitäten zur Verwaltung der Konformität des Unternehmens mit emissionsbezogenen Umweltvorschriften (Abb. 13.13). Darüber hinaus ermöglicht die Lösung die Erfassung und Verarbeitung von Ereignissen, Sicherheitsbeobachtungen und Unfällen. Sie hilft dabei, die Daten internen und externen Stakeholdern zu melden, um gesetzliche, behördliche und unternehmensinterne Meldepflichten zu erfüllen. Mit Komponente können Gefährdungen im Unternehmen beurteilen und verwalten (Abb. 13.14). Sie kann die erforderlichen Maßnahmen ergreifen, um das Risiko auf ein akzeptables Niveau zu reduzieren und schädliche Auswirkungen auf die Gesundheit und Sicherheit von Arbeitnehmern und der Umwelt zu verhindern.

Mit dem Unfallmanagement können Ereignisse, Unfälle und Beobachtungen erfasst werden. Transparenz und Standardisierungen können mit Vorlagen, Aufgabenverfolgung und analytischer automatisierter Berichterstellung erstellt werden. Die Verletzungs-, Krankheits- und Unfallraten können so gesenkt werden. Umwelt- und Arbeitsschutz bedingte Strafen und Bußgelder sowie ungeplante Ausfallzeiten können mit der Lösung reduziert werden. Die Komponente verwaltet notwendige Untersuchungen und Folge-aktivitäten. Rollenbasierte Analysen liefern Einblicke in die Ursachen von Vorfällen. Der Prozess des Unfallmanagements umfasst die folgenden Schritte:

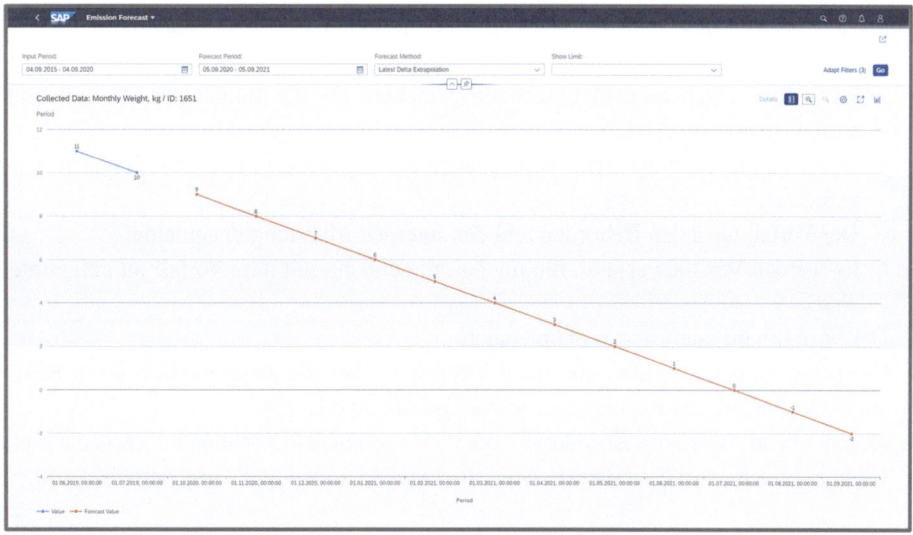

Abb. 13.13 SAP S/4HANA Asset Management – Emissionsprognose

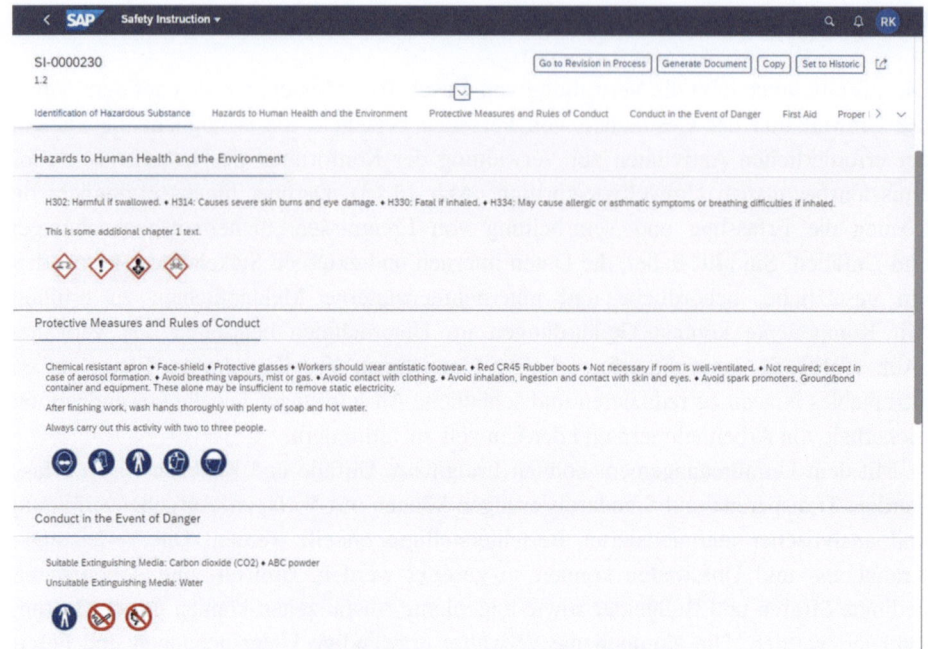

Abb. 13.14   SAP S/4HANA Asset Management – Sicherheitshinweise

1. Ein Vorfall wird gemeldet, indem ein Vorfalldatensatz angelegt wird.
2. Der Vorfall wird prozessiert und die formale Meldung durchgeführt. Folgende Aktivitäten werden in diesem Schritt ausgeführt:
   a. Anfragen werden gesendet, um weitere Details zum Vorfall zu erhalten.
   b. Die finanziellen Auswirkungen des Vorfalls werden analysiert.
   c. Es werden Umweltverschmutzungen gemeldet, die im Rahmen des Vorfalls aufgetreten sind.
   d. Das Equipment wird dem Vorfalldatensatz zugeordnet, und der Schaden wird gemeldet.
   e. Der Vorfall wird den Behörden und den internen Abteilungen gemeldet.
   f. Es werden Verstöße erfasst, die im Zusammenhang mit dem Vorfall an aufgetreten sind.
3. Der Vorfall wird analysiert und untersucht.
4. Reporting wird verwendet, um einen Überblick über die Zusammenhänge in Bezug auf Verletzungen und Krankheiten sowie Vorfälle zu erhalten.
5. Abschließend werden Korrektur- oder Vorbeugungsmaßnahmen implementiert. Darüber hinaus wird der korrekte Abschluss von Aktionen und Aufgaben überprüft.

Das Umweltmanagement ermöglicht die Prognose von Emissionsdaten auf der Grundlage vergangener Emissionsdaten mithilfe von Algorithmen für vorausschauendes Lernen und statistischen Methoden (Abb. 13.13). Treibhausgasemissionen sowie andere Emissionen aus Luft oder Wasser können so verwaltet werden, dass gesetzliche Anforderungen erfüllt und gleichzeitig proaktive Datentransparenz und -überwachung gefördert werden. Dies ermöglicht es, das Risiko von Verstößen gegen Umweltvorschriften und von Strafen zu verringern. Die Anwendungskomponente ermöglicht es Unternehmen, emissionsbezogene Umweltvorschriften einzuhalten. Die Lösung unterstützt die Prozesse der Verwaltung von Konformitätsszenarien und gewährleistet deren Einhaltung. Diese Prozesse stellen sicher, dass eine Strategie für die Verwaltung umweltbezogener Daten aus Datensammlung, Probenahme, Berechnung und Aggregation von Emissionen in den täglichen Geschäftsabläufen in Unternehmen entwickelt und integriert wird. Die Komponente unterstützt die zentrale Verwaltung allgemeiner und equipmentbezogener Sicherheitsanweisungen, verhindert Ereignisse und reduziert Risiken. Dies liegt an einem standardisierten, kostengünstigen Ansatz für das Management operativer Risiken. Die Lösung hilft dabei, die Exposition am Arbeitsplatz und die damit verbundenen gesundheitlichen Auswirkungen zu minimieren. Die Komponente verwaltet den Arbeitsschutz, die Überwachung durch die Planung und Durchführung von Arbeitsplatzmesskampagnen und zugehörigen Messungen. Instandhaltungssicherheit und Arbeitserlaubniserleichtert unterstützt die Steuerung von Instandhaltungsarbeiten durch klare Sicherheitsanweisungen und Genehmigungen. Es verknüpft Gesundheits- und Arbeitsschutz-Informationen mit technischen Equipments und Instandhaltungsmaßnahmen. Die Komponente stellt flexible Genehmigungsebenen sicher, die nativ in den Arbeitsauftragsprozess integriert sind, und automatisiert den Genehmigungsprozess und erzwingt vollständig prüfbare Verfahren, die ein konsistentes Verhalten fördern. Änderungsmanagement hilft bei der Optimierung von Änderungsanträgen. Die Lösung automatisiert die Einbeziehung der richtigen Personen, um Risiken zu mindern, die durch Änderungen an Equipment, Stoffen, Betriebsbedingungen und Verfahren verursacht werden. Sie verwaltet operative Änderungen mit gründlicher Prüfung, Risikominderung und Dokumentationsgenehmigung.

13.3 Fazit

Der gesamte Lebenszyklus einer Anlage wird mit dem Prozess *Vom Erwerb bis zur Stilllegung* abgewickelt. Darüber hinaus werden fortlaufende Aufgaben außerhalb des Anlagenlebenszyklus abgedeckt. Zuerst wird eine Akquisitionsstrategie geplant, dann wird die Anlage erworben und in Betrieb genommen. Während der Lebensdauer der Anlage wird eine Wartungsstrategie definiert und ausgeführt. Mit dem Ende der Nutzungsdauer der Anlage wird sie stillgelegt und entsorgt. Während des Lebenszyklus aller Anlagen in einem Unternehmen werden sie hinsichtlich ihrer Stammdaten, ihres Risikomanagements sowie ihrer Auswirkungen auf Gesundheit, Umwelt und Sicherheit unterstützt. In SAP S/4HANA wird dieser Geschäftsprozess hauptsächlich von der Komponente SAP S/4HANA Asset Management abgebildet. Diese Lösung bietet Funktionen für das Wartungsmanagement, den Anlagenbetrieb, den Umwelt-, Gesundheits- und Arbeitsschutz. Die SAP S/4HANA Module sind tief integriert und interagieren miteinander, sodass auch zusätzliche Komponenten zur Abwicklung dieses durchgängigen Prozesses beitragen.

Geschäftsprozess „Unternehmensführung"

14

Das Kapitel beschreibt den Geschäftsprozess *Unternehmensführung* bestehend aus den Teilprozessen Optimierung des Unternehmens, Risiko- und Compliance-Verwaltung, Identitäts- und Zugriffssteuerungsverwaltung, Cybersicherheit und Datenschutz, Informationstechnology, Projekt- und Betriebsverwaltung, Internationaler Handel, Steuer und Vorschriften. Darüber hinaus werden die Anwendungsfunktionen von SAP S/4HANA zur Realisierung dieses Geschäftsprozesse erläutert.

14.1   Betriebswirtschaftliche Anforderung

Der Prozess *Unternehmensführung* ist in Abb. 14.1 und 14.2 dargestellt und wird in den nächsten Abschnitten näher erläutert. Der Prozess *Unternehmensführung* besteht aus sieben Teilprozessen und verwaltet verschiedene Bereiche des Unternehmens. Compliance- und Risikomanagement gehen Hand in Hand. Das Risikomanagement befasst sich in erster Linie mit wirtschaftlichen Entwicklungen und Risiken, die es frühzeitig zu erkennen und zu steuern gilt. Beim Compliance-Management geht es darum, Verstößen gegen den Kodex vorzubeugen. Compliance-Management erweitert die Perspektive des Risikomanagements. Identitäts- und Zugriffssteuerung regelt den Lebenszyklus von Identitäten und deren Beziehungen zu Ressourcen, die sich in Unternehmensnetzwerk oder denen der Partner, Lieferanten oder Kunden befinden.

Cybersicherheit betrifft alle Bereiche der Informations- und Kommunikationstechnologie und es liegt in der Verantwortung des Managements, ein effektives Sicherheitsmanagement zu organisieren. Nicht nur technische Maßnahmen sind wichtig, sondern auch die Auswahl und Überwachung der Arbeitskräfte. Sie können Informationen von verschiedenen Organisationen erhalten. Datenschutz bedeutet vor allem den Schutz personenbezogener Daten vor Missbrauch und Datenverarbeitung. Dies umfasst auch

© Der/die Autor(en), exklusiv lizenziert an Springer Fachmedien Wiesbaden GmbH, ein Teil von Springer Nature 2023
S. Sarferaz, *ERP-Software: Funktionalität und Konzepte,*
https://doi.org/10.1007/978-3-658-40499-4_14

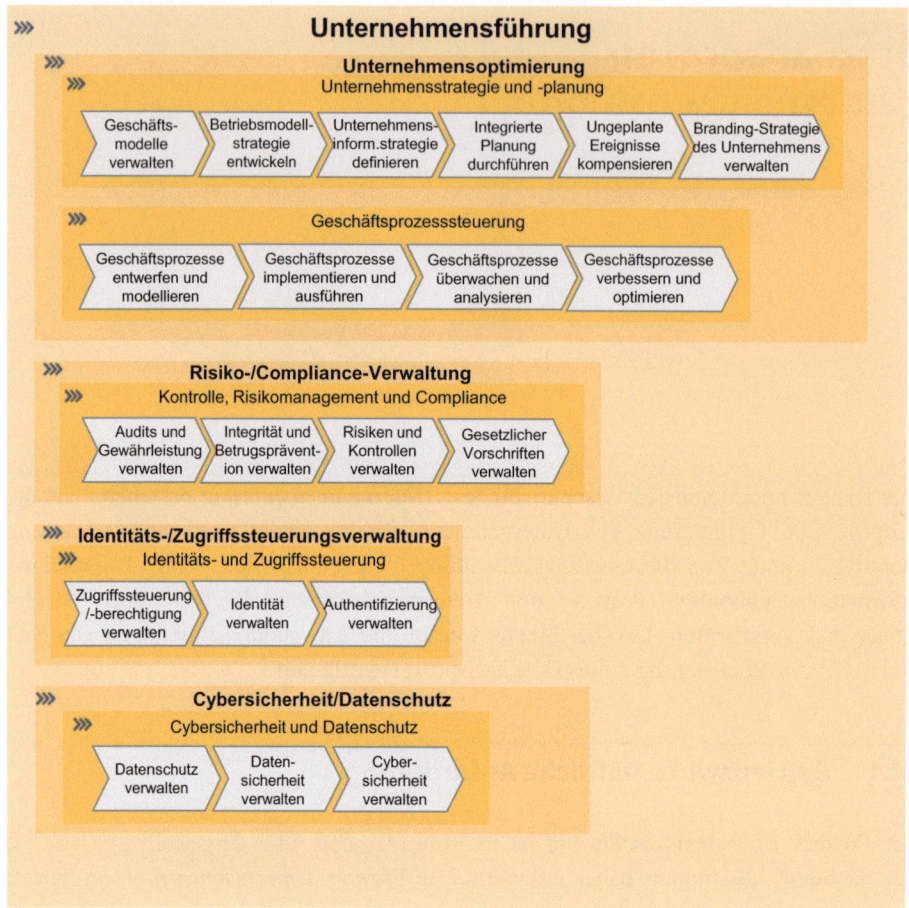

Abb. 14.1   Prozess *Unternehmensführung*

den Schutz von Persönlichkeits- und Persönlichkeitsrechten sowie das Recht, informierte Entscheidungen zu treffen.

Neben Cybersicherheit und Datenschutz befasst sich der Geschäftsprozesses *Unternehmensführung* mit dem internationalen Handel, die Steuer- und Vorschriften sowie die Informationstechnology. Darüber hinaus müssen die Projekte und Abläufe des Unternehmens verwaltet werden. Neben diesen Verwaltungsaufgaben besteht ein weiteres Ziel des Prozesses in der Optimierung des Unternehmens, dem ersten Teilprozess der *Unternehmensführung*.

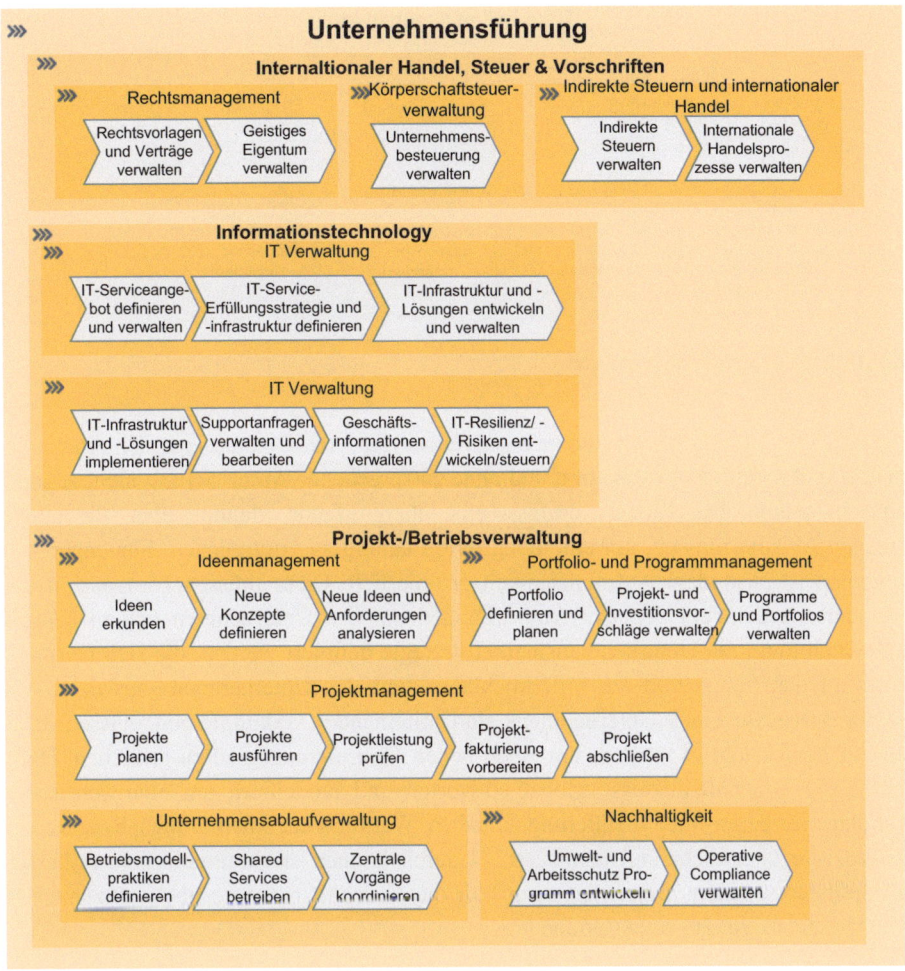

Abb. 14.2   Prozess *Unternehmensführung*

Optimierung des Unternehmens

Dieser Prozess (Abb. 14.2) beginnt mit der Verwaltung der Geschäftsmodelle, da diese stets neugedacht und überarbeitet werden müssen. Ein gutes Beispiel dafür ist das Geschäftsmodell von Amazon: Als Amazon gegründet wurde, verkauften sie nur Bücher. Heute bietet Amazon praktisch alles, von Produkten bis hin zu Dienstleistungen. Ihr Geschäftsmodell änderte sich somit vom reinen Verkauf von Büchern hin zu Dienstleistungen. Daher ist es wichtig, das Geschäftsmodell immer zu optimieren und anzupassen. Weiterhin muss sichergestellt werden, dass eine entsprechende Betriebsmodellstrategie entwickelt wird. Darüber hinaus ist es wichtig, eine Strategie für den

Abb. 14.2 Unternehmensoptimierung

Umgang mit Geschäftsinformationen zu entwerfen, da Daten eines Unternehmens sensibel und rechtlich relevant sind und ohne entsprechende Autorisierung nicht zugänglich sein sollten. Der Prozess umfasst eine übergreifende Planung über alle durchgängigen Abläufe hinweg, um eine integrierte Planung zu ermöglichen. Für ungeplante Ereignisse ist besondere Aufmerksamkeit erforderlich. Diese müssen kompensiert und gemindert werden, um negative Auswirkungen auf das Unternehmen vor zu beugen. Schließlich muss die Unternehmensmarkenstrategie definiert werden, die sich beispielsweise auf das Image und die Öffentlichkeitsarbeit des Unternehmens auswirkt. Alle Geschäftsprozesse eines Unternehmens sind miteinander verknüpft und müssen daher inhärent berücksichtigt werden, um einen hohen Optimierungsgrad zu erreichen. Dafür werden die Geschäftsprozesse global entworfen und modelliert, um eine konsistente Grundlage für deren Implementierung zu haben. Während der Ausführungsphase werden die Prozesse überwacht und analysiert. Dadurch können sie kontinuierlich verbessert und optimiert werden. Dies trägt dazu bei, die Geschäftsprozesse noch effizienter zu gestalten und Engpässe zu beseitigen.

Risiko- und Compliance-Verwaltung

Risikomanagement als Instrument der Risikosteuerung umfasst alle Regelungen und organisatorischen Maßnahmen, um Risikofaktoren planmäßig und systematisch zu identifizieren, zu analysieren und zu bewerten. Ziel ist es, durch die Etablierung eines Frühwarnsystems das Fortschreiten unternehmensgefährdender Entwicklungen frühzeitig zu erkennen, daraus Maßnahmen zur Risikosteuerung abzuleiten und somit hinreichend großer Wahrscheinlichkeit die Nachhaltigkeit des Unternehmens sicherzustellen. Risiken müssen minimiert und kontrolliert, Leistung und Effizienz verbessert werden. Zentrale Elemente des Risikomanagementsystems sind einerseits die vom Management entwickelte und aus der Unternehmensstrategie abgeleitete Risikostrategie und andererseits der Risikomanagementprozess. Dies reicht von der Risikoidentifikation und -bewertung bis hin zum Risikomanagement. Die Ergebnisse der Risikoidentifikation, -analyse und -bewertung fließen in die Risikoüberwachung und -berichterstattung ein. Der gesamte Prozess muss strukturiert überwacht und gesteuert werden, was sich in einem weiteren zentralen Element, der Risikoüberwachung, niederschlägt. Sie dient die Nachhaltigkeit des Systems sicherstellen. Das Risikomanagementsystem ist somit ein Element, das die wirtschaftliche Entwicklung eines Unternehmens steuert und liegt daher in der Verantwortung der Unternehmensleitung. Compliance bedeutet grundsätzlich die Einhaltung der Regeln, d. h. gesetzliche Vorschriften und unternehmensinterne Richtlinien. Compliance beschränkt sich nicht auf die Einhaltung einfacher Vorgaben, sondern umfasst auch organisatorische Maßnahmen. Es ist erforderlich, die Grundsätze und Maßnahmen eines Unternehmens gegenüber den vom gesetzlichen Vertreter festgelegten Zielen zu verstehen, um das Compliance-Verhalten des gesetzlichen Vertreters und der Mitarbeiter des Unternehmens sicherzustellen, d. h. bestimmte Regeln einhalten und so schwerwiegende Verstöße verhindern. Daher ist es wichtig, die Einhaltung gesetzlicher Standards und organisatorischer Regeln sicherzustellen und eine Wertekultur zu respektieren, die sich an den vom gesetzlichen Vertreter festgelegten Zielen orientiert. Abweichendes Verhalten sollte idealerweise durch Abschreckung verhindert, aber auch geahndet werden, wenn es auftritt. Ein Compliance-Managementsystem kann sich auf bestimmte Geschäftsbereiche, Betriebsabläufe, Länder oder Rechtsgebiete wie das Wettbewerbsrecht beziehen. Haftungs- und finanzielle Risiken sollen minimiert und Image- oder Reputationsschäden durch negative Berichterstattung vermieden werden. Nicht nur bei Handelspartnern und Märkten, sondern auch bei Investoren und der Öffentlichkeit kann ein Compliance-Managementsystem dazu beitragen, Vertrauen in ein Unternehmen aufzubauen. Sie ist ein angemessenes Maß guter Corporate Governance. Auf diese Weise ist ein Unternehmen in der Lage, Risiko-, Kontroll- und Zuverlässigkeitsaufgaben effektiv zu handhaben. Um Risiken zu reduzieren und Compliance sicherzustellen, müssen Audits und Zusicherungen durchgeführt werden (Abb. 14.4). Die Integrität des Unternehmens muss gewahrt werden, und Maßnahmen zur Betrugsprävention müssen umgesetzt werden. Für globale Unternehmen mit Standorten in verschiedenen Ländern kann dies aufgrund kultureller und mentaler Unterschiede eine Herausforderung darstellen. Darüber hinaus muss das Unternehmen Risiken verwalten und steuern, indem es entsprechende Risikopläne und Minderungsverfahren entwickelt. Schließlich muss die

Abb. 14.3 Risiko- und Compliance-Verwaltung

Einhaltung gesetzlicher Vorschriften durch die Definition adäquater Aktionspläne und Ausführungsprozesse erfolgen.

Identitäts- und Zugriffssteuerungsverwaltung

Die Identitätsverwaltung stellt sicher, dass alle Mitarbeiter das haben, was sie brauchen, um ihre Arbeit bestmöglich zu erledigen. Mitarbeiter sind vom ersten bis zum letzten Tag Teil des Unternehmens. Sie haben nicht nur ihr eigenes Benutzerkonto, sondern auch die Geräte, die sie täglich verwenden, und Zugriff auf Ihr Netzwerk, Laufwerke, Dateien und mehr. Jeder Mitarbeiter durchläuft im Unternehmen einen Lebenszyklus. Diese beginnt mit dem Tag der Einstellung und endet mit dem Ausscheiden aus dem Unternehmen. Im besten Fall wächst ein Mitarbeiter im Laufe seines Berufslebens, übernimmt mehr Verantwortung, wechselt die Position oder das Team. Dazu gehören manchmal Feiertage und Abwesenheiten. Die Zugriffsverwaltung, auch Berechtigungsverwaltung genannt, befasst sich mit den Zugriffsrechten jedes Mitarbeiters auf unternehmensbezogene Daten und Ressourcen. Mit der Unterstützung der Berechtigungsverwaltung erhalten Mitarbeiter alle Zugriffsrechte, die sie zum Arbeiten benötigen – aber nur die, die sie wirklich benötigen. Auch bei einem Abteilungswechsel, neuen Aufgabenbereich oder nach Ausscheiden aus dem Unternehmen müssen alle Zugriffsrechte umgehend aktualisiert werden. Andernfalls treten Sicherheitslücken auf, die interne und externe Angriffe möglich machen. Das wichtigste Ziel des Zugriffssteuerung ist, dass alle Ressourcen und Zugriffe sicher und regelkonform bereitgestellt werden. Es ist wichtig, dass alle Mitarbeiter die erforderlichen Berechtigungen haben, um produktiv zu sein, aber gleichzeitig keine Kompromisse bei der Unternehmensdatensicherheit eingehen müssen.

Dieser Teilprozess (Abb. 14.5) ist für den technischen Zugriff auf kritische Infrastruktur und Systeme zuständig. Dieser Teilprozess verarbeitet, welcher Mitarbeiter über die Authentifizierung auf welche Informationen im Unternehmen zugreifen kann. So wird sichergestellt, dass die Mitarbeiter nur das verarbeiten, was sie wissen müssen, und keinen Zugriff auf alles haben. Dies kann eine Sicherheitsschwachstelle verhindern. Das gesamte Lebenszyklusmanagement von Identitäten muss von der Bereitstellung bis zur Stilllegung abgedeckt werden. Für diese Richtlinien müssen Authentifizierungsmechanismen und entsprechende Implementierungsstrategien definiert werden. Dies gilt auch für das Thema Berechtigungen in Bezug auf Daten, Prozesse und Systeme.

Abb. 14.5 Identitäts- und Zugriffssteuerungsverwaltung

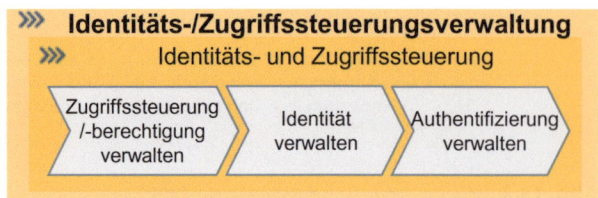

Neben der Informationsidentität und der Zugriffssteuerung müssen auch zusätzliche Vermögenswerte wie Gebäude berücksichtigt werden.

Cybersicherheit und Datenschutz

Dieser Teilprozess (Abb. 14.6) behandelt Cybersicherheit, Datenschutz und Datenschutz, die ebenfalls Schlüsselaspekte des Governance-Prozesses sind. Es gibt immer mehr Anforderungen an Datenschutz und -sicherheit wie die Datenschutz-Grundverordnung (DSGVO) und den Consumer Privacy Act von Kalifornien, die in Unternehmen zur Einhaltung gesetzlicher Vorschriften in Betracht gezogen werden müssen. Darüber hinaus sind Geschäftsdaten sehr sensibel und wertvoll und daher im Fokus der Cybersicherheit. Cybersicherheit bezeichnet alle Aspekte der Sicherheit in der Informations- und Kommunikationstechnik. Das Einsatzgebiet der klassischen Computersicherheit wird auf den gesamten Cyberspace erweitert. Dies umfasst alle mit dem Internet und gleichwertigen Netzwerken verbundenen Informationstechnologien sowie daraus gewonnene Kommunikationen, Anwendungen, Prozesse und verarbeitete Informationen. Wichtig für die Cybersicherheit ist eine hohe Solidarität und Loyalität gegenüber den Mitarbeitern und deren Interesse an ihrer Arbeit. Dies wird durch finanzielle Kompensation sowie die Anerkennung durch die Mitarbeiterführung unterstützt. Das ist besonders wichtig für Computer und IT-Experten, da sie den größten Schaden anrichten können. Daher sollten gerade in diesem Bereich die Mitarbeiter und mögliche Vertragspartner, wie z. B. Cloud-Dienstleister, sorgfältig ausgewählt werden. Mitarbeiter müssen über mögliche Gefahren und Risiken im IT-Bereich und die Gegenmaßnahmen informiert werden. Sie müssen davon überzeugt sein, dass sie auch in ihrem sozialen Verhalten gegenüber dem Unternehmen diskret sind. Industriespionage, die auch Auswirkungen auf die Cybersicherheit hat, wird häufig durch soziale Kontakte bewerkstelligt, und dies ist keineswegs ausschließlich der Fiktion vorbehalten. Erfolgreiche Sicherheitsangriffe können zu enormen finanziellen Schäden führen und die öffentliche Kreditwürdigkeit von Unternehmen beeinträchtigen. Daher müssen Datenschutzmaßnahmen implementiert werden, um die Einhaltung gesetzlicher Vorschriften zu gewährleisten. Datenschutzverfahren müssen angewendet werden, um Geschäftsdaten vor unbefugtem Zugriff

Abb. 14.6 Cybersicherheit und Datenschutz

und Cybersicherheitsmechanismen zu schützen, um das Unternehmen vor Sicherheits-schwachstellen ab zu sichern. Beim Datenschutz geht es um den Schutz der Privat-sphäre jedes Menschen. Der Datenschutz garantiert allen Bürgerinnen und Bürgern das Recht auf informierte Entscheidungen und schützt sie vor Missbrauch ihrer Daten. Für den Umgang mit personenbezogenen Daten gibt es Regelungen in den Datenschutz-gesetzen der Länder. Im Gegensatz zum Datenschutz befasst sich die Datensicherheit mit dem Schutz von Daten, unabhängig davon, ob es sich um Personen handelt oder nicht. Daher umfasst der Begriff Datensicherheit auch Daten ohne Personenbezug sowohl digital als auch analog. Datensicherheit muss Sicherheitsrisiken bekämpfen und Daten vor Manipulation, Verlust oder unberechtigtem Zugriff schützen. Hier stellt sich nicht die Frage, ob Daten erhoben und verarbeitet werden dürfen, sondern welche Maßnahmen ergriffen werden sollten, um sie zu schützen.

Internationaler Handel, Steuer und Vorschriften

Eine weitere Aufgabe des Geschäftsprozesses ist die Abwicklung des internationalen Handels, der Steuern und der Vorschriften (Abb. 14.7). Dadurch wird sichergestellt, dass das Unternehmen die internationalen Regularien anwendet. Im Rahmen der Rechts-management werden Vorlagen und Verträge definiert und zur Wiederverwendung bereitgestellt. Beispielsweise müssen Verkaufskontrakte vorab entworfen werden. Unter-nehmen erfinden neue Produkte und Dienstleistungen, um sich einen Wettbewerbsvorteil zu verschaffen. Das zugrunde liegende geistige Eigentum muss während des gesamten Lebenszyklus geschützt und behandelt werden. Firmen müssen auf ihre Gewinne Körperschaftsteuer entrichten. Dies deckt das zu versteuernde Einkommen des Unter-nehmens ab, das den Erlös abzüglich der Kosten enthält. Um sich mit Steuerhinter-ziehungsgesetzen konform zu sein, muss die Unternehmensbesteuerung systematisch gesteuert werden. Dies gilt auch für indirekte Steuern, die in der Regel von einem Hersteller oder Einzelhändler erhoben und an die Regierung gezahlt werden. Beim internationalen Handel geht es um den Austausch von Waren und Dienstleistungen zwischen Ländern. Der weltweite Handel bietet Verbrauchern und Ländern die Möglich-keit, Zugang zu Waren und Dienstleistungen zu erhalten, die in ihren eigenen Ländern nicht verfügbar sind. Der internationale Handel unterliegt zusätzlichen Vorschriften und Prozessen, die für das Unternehmen verwaltet werden müssen.

Abb. 14.7 Internationaler Handel, Steuer und Vorschriften

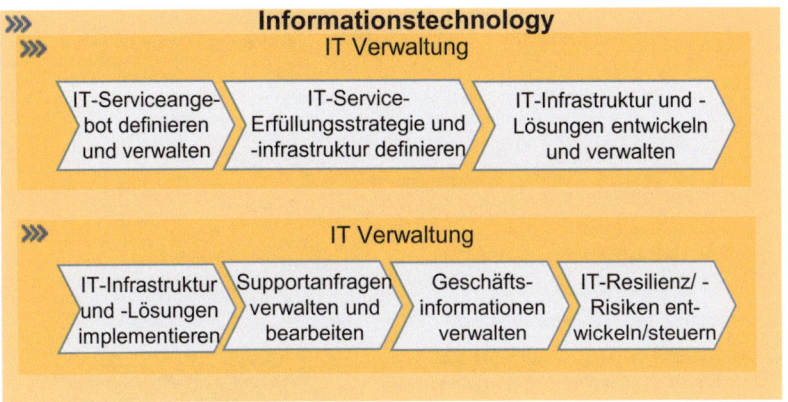

Abb. 14.8 Informationstechnology

Informationstechnology

Der Teilprozess (Abb. 14.8) Informationstechnology (IT) beginnt mit der Definition und Verwaltung der verschiedenen IT-Serviceangebote auf der Grundlage der Unternehmens-anforderungen. Der Bedarf an IT-Services hängt von der Branche ab, auf die sich das Unternehmen konzentriert. Um die IT-Anforderungen mit entsprechenden Services zu erfüllen, müssen die Erfüllungsstrategie und das Infrastrukturkonzept definiert werden. Diese bilden die Grundlage für die Entwicklung und Verwaltung der IT-Infrastruktur und Softwarelösungen. Da Unternehmen den gesamten Lebenszyklus von Produkten oder Dienstleistungen abdecken müssen, setzen sie in der Regel Enterprise Resources Planning Systeme (ERP-Systeme) ein. Die Auswahl und Implementierung von ERP-Systemen erfordert eine eingehende Analyse und Unterstützung von Beratern. Bei der Verwendung von IT-Lösungen können Probleme und Fehler auftreten. Die Benutzer müssen in der Lage sein, diese zu melden und Hilfe zur Behebung der Probleme zu erhalten. Dazu muss IT-Support eingerichtet werden, der die Anforderungen der Benutzer verwaltet und erfüllt. Unternehmen verarbeiten eine große Anzahl von Dokumenten. Diese müssen angelegt, aktualisiert, gelöscht, ausgetauscht, archiviert, geschützt und klassifiziert werden. Daher müssen entsprechende Strategien und Ver-fahren für den Umgang mit Geschäftsinformationen bereitgestellt werden. Schließlich ist es wichtig, die Resilienz und das Risiko der IT zu steuern, um sicherzustellen, dass die IT-Services hochverfügbar sind und die Risiken minimiert werden.

Projekt- und Betriebsverwaltung

Der Teilprozess Projekte und Vorgänge verwalten besteht aus fünf verschiedenen Prozessen (Abb. 14.9). Der erste ist das Ideenmanagement. Ein Unternehmen hat in

Abb. 14.9 Projekt- und Betriebsverwaltung

der Regel viele Mitarbeiter. Jeder dieser Mitarbeiter hat seine eigenen Gedanken und Ideen. Diese Ideen können für das Unternehmen wertvoll sein. Das Ideenmanagement erleichtert das Einreichen von Ideen durch Mitarbeiter. Diese Ideen werden von einem zentralen Ausschuss gruppiert und priorisiert, der auch über die Umsetzung entscheidet. Mit Ideenfindung werden Mitarbeiter an der Verbesserung von Produkten, Dienstleistungen und Prozessen beteiligt. Dies erhöht die Motivation der Mitarbeiter, da ihre Ideen als relevant betrachtet werden. Wichtig ist auch, die Mitarbeiter, deren Ideen umgesetzt werden, zu belohnen. Dadurch werden die Akzeptanz des Ideenmanagements und die Motivation der Mitarbeiter, Ideen einzureichen, erhöht. Das Portfolio- und Programmmanagement ist für Unternehmen von entscheidender Bedeutung, da sie mit verschiedenen Produkten und Dienstleistungen umgehen müssen. Daher muss das Portfolio gemäß der Produkt- oder Dienstleistungsstrategie des Unternehmens definiert und geplant werden. Die Portfoliodefinition ist bereits eine komplexe Aufgabe mit zahlreichen beteiligten Stakeholdern und Zielen, sodass möglicherweise ein Programm eingerichtet werden muss, damit es erfolgreich ausgeführt werden kann. Programme bestehen aus mehreren parallel laufenden Projekten, die koordiniert und synchronisiert werden müssen. In Unternehmen, in denen Programme zur Ausführung eingerichtet werden müssen, gibt es viele Aufgaben. Daher muss eine standardisierte Methodik entwickelt werden, um die Programme zu harmonisieren, vergleichbar und effektiver zu machen. Das Portfolio- und Programmmanagement erfordert eine kontinuierliche Überwachung und Steuerung, um die vordefinierten Ziele zu erreichen, aber auch, um die zugrunde liegenden Prozesse zu verbessern. Wie bereits erwähnt, umfassen Programme mehrere Projekte. Die tägliche Arbeit in Unternehmen wird häufig auf der Grundlage von Projekten organisiert, z. B. Analyse von Marktchancen, Definition von Portfolios oder Entwurf von Produkten. Daher muss die Verwaltung von Projekten in Unternehmen hinsichtlich der Methoden und Werkzeuge für die Planung, Ausführung und den

Abschluss von Projekten optimiert werden. Dies hilft insbesondere bei der Überprüfung von Projekten und beim Reporting ihrer Performanz. Oft werden Projekte externe Mitgliedern zugeordnet. Daher muss die Projektfakturierung berücksichtigt werden. Dies kann auch bei Projektmitgliedern aus verschiedenen Kostenstellen des Unternehmens der Fall sein. Im Rahmen des Unternehmensablaufverwaltung werden die Geschäftsmodellpraktiken definiert. Unternehmen können entscheiden, ob Vorgänge an Shared Services ausgelagert oder intern abgewickelt werden. In der Regel wird eine hybride Strategie angewendet, die beide Optionen kombiniert. Die Vorgänge werden verteilt und müssen zentral koordiniert werden. Der letzte Teilprozess des Prozesses Projekt- und Betriebsverwaltung behandelt das Thema Nachhaltigkeit. Bei der Nachhaltigkeit von Unternehmen geht es nicht nur darum, die Umwelt zu schützen, sondern auch das Image und das Branding zu verbessern. Ein nachhaltiges Unternehmen trägt auch dazu bei, Vorschriften einzuhalten und Geldstrafen zu vermeiden. Daher ist es wichtig, ein funktionales EHS-Programm zu entwickeln und zu verwalten. EHS steht für Environment, Health, and Safety und bezieht sich auf Gesetze, Regeln, Vorschriften, Berufe, Programme und Maßnahmen am Arbeitsplatz, die auf den Schutz der Mitarbeiter und der Umwelt abzielen.

14.2   Technische Umsetzung

Der Geschäftsprozess *Unternehmensführung* wird von mehreren SAP S/4HANA Modulen implementiert, z. B. werden Portfolio-, Programm- und Projektmanagement mit der Komponente Enterprise Portfolio and Project Management von SAP S/4HANA R&D/Engineering umgesetzt. Die zentralen Teilprozesse der *Unternehmensführung* können mit den Lösungen von SAP Governance Risk und Compliance (GRC) implementiert werden, wie in Abb. 14.10 dargestellt. Dieses Modul wird durch Sparten-, Branchen- und Partnererweiterungen ergänzt.

SAP GRC kann zusammen mit SAP S/4HANA implementiert werden, um die Betriebskosten für IT-Abteilungen zu senken. Daher ist keine Datenreplikation für die Massendatenanalyse oder Plug-Ins für die Extraktion und Übertragung der erforderlichen Daten erforderlich. SAP GRC ist direkt in die SAP S/4HANA Prozesse eingebettet. Unternehmen, die beides verwenden, können daher ein präventives Compliance-Management in Echtzeit durchführen. Die SAP GRC Lösung umfasst verschiedene Public Cloud-, In-Memory- und On-Premise Komponenten. Diese unterschiedlichen technischen Funktionen hängen vom Geschäftsszenario und Anwendungsfall ab. Die technische Grundlage der Cloud-basierten Lösungen ist die SAP Business Technology Platform (SAP BTP). Zu den Cloud-Lösungen gehören SAP Cloud Identity Access Governance, die den Zugriff in der Cloud steuert, das SAP Watch List Screening, das die Einhaltung der Geschäftspartnerkonformität überprüft, und die SAP Privacy Governance, die den heutigen Datenschutzanforderungen gerecht wird. In-Memory-Funktionen werden verwendet, wenn große Datenmengen analysiert und aus

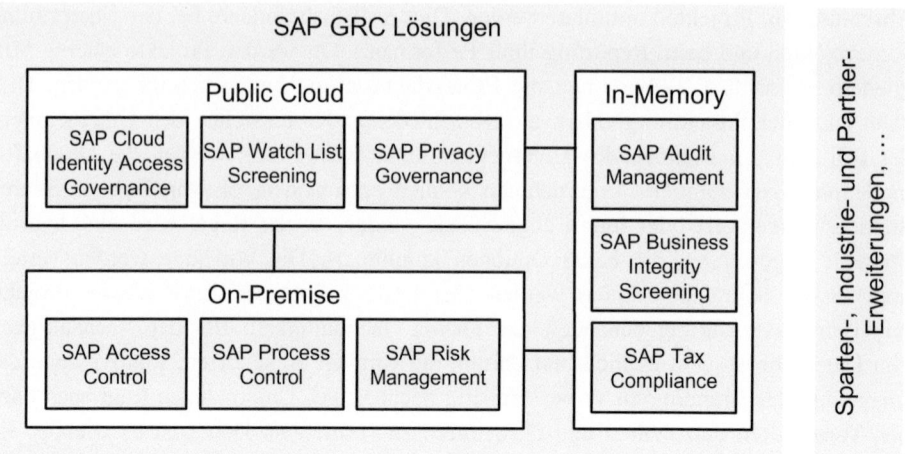

Abb. 14.10   SAP GRC Lösung – Funktionale Architecture

SAP S/4HANA extrahiert werden müssen. Es gibt drei Lösungen, die auf In-Memory basieren: SAP Audit Management, das Audits ganzheitlich abdeckt, SAP Business Integrity Screening, das eine effiziente Betrugsaufdeckung implementiert, und SAP Tax Compliance, das das Einhalten von Steuervorschriften unterstützt. On-Premise Lösungen basieren auf der SAP ABAP Plattform und werden hauptsächlich für die Optimierung vorhandener manuelle und automatisierter GRC-Prozesse und -Workflows verwendet. Es gibt drei verschiedene Lösungen in diesem Kontext: SAP Access Control zur Verwaltung von Zugriffsrisiken, SAP Process Control zur Gewährleistung effektiver Kontrollen und fortlaufender Compliance sowie SAP Risk Management zur Verwaltung von Unternehmensrisiken.

SAP Cloud Identity Access Governance

Die Lösung SAP Cloud Identity Access Governance vereinfacht und verwaltet die Identitäts- und Zugriffsverwaltung in der Cloud. Mit der Lösung SAP Cloud Identity Access Governance können Unternehmen sicherstellen, dass Benutzer den erforderlichen Zugriff so nahtlos und effektiv wie möglich erhalten, um die Zugriffsverwaltung und Compliance-Herausforderungen für SAP S/4HANA zu meistern. Der *Access Analysis Service* (Abb. 14.11) hilft dabei, das Zugriffsrisiko flexibel und erweiterbar zu analysieren und während der Schwachstellenbehebung Empfehlungen zu erhalten. Darüber hinaus kann der Zugriff mit Echtzeitvisualisierungen optimiert werden. Der *Access Certification Service* ermöglicht die Prüfung und Zertifizierung des Zugriffs für On-Premise- und Cloud-Anwendungen. Dies geschieht periodisch, um Änderungen im

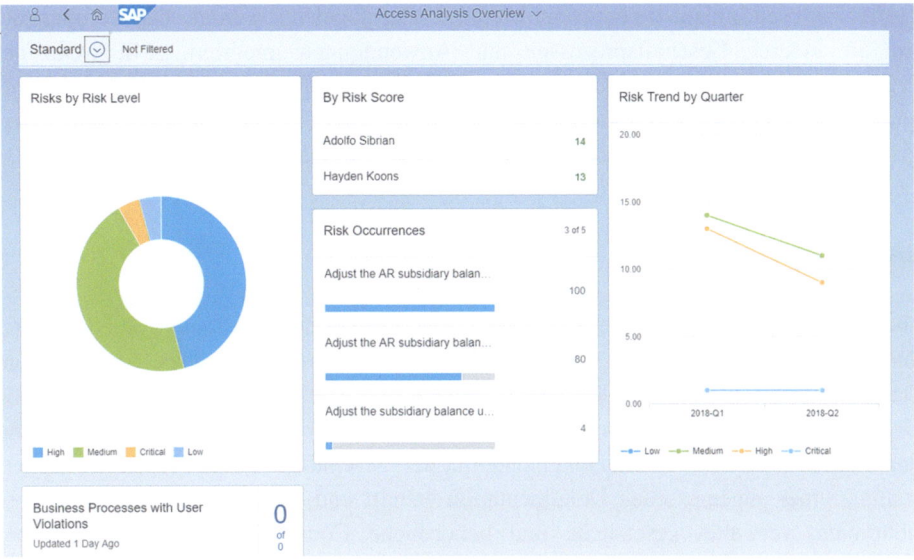

Abb. 14.11   SAP Cloud Identity Access Governance – Zugriffsanalyseübersicht

individuellen Nutzungsverhalten zu erkennen und Personen daran zu hindern, unnötige Zugriffsrechte zu haben. Der *Access Request Service* ermöglicht das Anlegen von Zugriffsanfragen für Anwendungen. Dadurch wird Benutzern nur der Zugriff gewährt, den sie benötigen, um ihre Aufgaben auszuführen, und somit Sicherheitsverletzungen zu verhindern. Der *Privileged Access Management Service* verarbeitet Anfragen für den Notfallzugriff auf Systeme und Anwendungen. Außerdem werden sensible oder administrative Transaktionen sowie die mit diesen Berechtigungen ausgeführten Vorgänge gekennzeichnet und überwacht. Basierend auf selbstlernenden Algorithmen werden verdächtige Aktivitäten sofort gekennzeichnet, indem Anomalien und Verhaltensänderungen identifiziert werden. Schließlich übernimmt der *Role Design Service* die Benutzerrollen der Prozesse. Der Service umfasst das Anlegen und Optimieren sowie die Pflege dieser Rollen. Dies vereinfacht die Rollenverwaltung und den Prozess der Zugriffszuordnung mit der auf maschinellem Lernen basierenden Rollenübernahme.

SAP Watch List Screening

Mit SAP Watch List Screening können Unternehmen die Konformität von Geschäftspartnern überprüfen, indem sie die Namen und Adressen dieser Geschäftspartner mit Sanktionslisten abgleicht. Dadurch wird die Einhaltung von Richtlinien, Vorschriften und Gesetzen sichergestellt. Mit SAP Watch List Screening können anbieterdefinierte Sanktionslisten hochgeladen werden, um Namens- und Adressinformationen anhand der Sanktionsliste zu prüfen. Die Lösung ermöglicht es, die bei der Prüfung gefundenen

Treffer zu lösen, indem sie entweder bestätigt oder abgelehnt werden. Die Komponente ist mit anderen Geschäftsprozessen und Anwendungen integriert, z. B. wenn der Prüfungsservice innerhalb des Trade-Compliance-Belegs in SAP S/4HANA aufgerufen wird. Um die Zusammenarbeit zu ermöglichen, werden die Entscheidungen der Prüfungsspezialisten für weitere Aktionen zur Verfügung gestellt.

SAP Privacy Governance

Diese Lösung ermöglicht die Einhaltung von Datenschutzbestimmungen. Sie bietet dem Datenschutzbeauftragten einen zentralen Einstiegspunkt für alles, was mit dem Datenschutz zu tun hat. SAP Privacy Governance übernimmt die ordnungsgemäße Dokumentation der Organisationsstruktur, einschließlich der Organisationshierarchie und der Einheiten ebenso wie die Dokumentation der Geschäftsprozesse. Neben der Sicherstellung einer angemessenen Dokumentation erstellt und verteilt es die Organisationsrichtlinien, verwaltet gesetzliche und behördliche Compliance-Anforderungen über die Regulierungsregistrierung sowie die Anfragen betroffener Personen für den Zugriff auf ihre Daten. Die Anwendung hilft dabei, auch die Konformität sicherzustellen und Risiken zu reduzieren, indem die Aktivitäten kontrolliert werden. SAP Privacy Governance verfügt über ein zusätzliches Risiko-Framework, mit dem potenzielle Risiken für das Unternehmen dokumentiert und bewertet werden können. Darüber hinaus speichert es Informationen über die Verarbeitung personenbezogener Daten und hebt dabei potenzielle Risiken hervor. Die Lösung dokumentiert spezifische Gesetze und Vorschriften, die für die Einhaltung der Datenschutzgesetze des Unternehmens relevant sind, und erstellt und verbreitet Richtlinien zum Datenschutz und zur Sicherheit. Mit diesem Modul können Unternehmen Verzeichnisse von Umfragen zu Verarbeitungstätigkeiten anlegen, Umfragen veröffentlichen, um Informationen zu Verarbeitungstätigkeiten zu sammeln, Umfrageergebnisse verwenden, um zu bewerten, ob eine Datenschutz-Folgenabschätzung erforderlich ist. Die Anwendung unterstützt die Kritikalität datenschutzrelevanter Prozesse mit Datenschutz-Folgenabschätzungen und ermöglicht eine schlanke Risikobewertung, um Risiken im Zusammenhang mit Datenschutz-relevanten Prozessen zu bewerten und zu überwachen. Schließlich erleichtert die Lösung die Verwaltung automatisierter Prozeduren und die Überwachung ihrer Abläufe.

SAP Audit Management

Mithilfe von SAP Audit Management können interne Revisionsverfahren automatisiert und verbessert werden. Der Prüfungsprozess ist in fünf Phasen unterteilt: Planung, Vorbereitung, Ausführung, Reporting und Nachbereitung.

Zu diesen fünf Phasen gehören Aufgaben wie das Erstellen von Prüfungsplänen, das Vorbereiten von Prüfungen, das Analysieren, Dokumentieren und Kommunizieren von

Ergebnissen, das Bilden eines Prüfungsurteils und das Überwachen des Fortschritts. Zur Planung von Audits werden entsprechende Prüfungspläne für einen Planungszeitraum angelegt und den richtigen Ressourcen zugeordnet. Stammdaten wie Risiken und Dimensionen werden verwendet, um einen risikobasierten Prüfungsplan zu erstellen. Eine Übersicht über die Risikodeckung wird durch Prüfungsobjekte und Prüfungen bereitgestellt. Zur Vorbereitung von Prüfungen werden Prüfprogramme manuell, mithilfe vordefinierter Vorlagen oder durch Kopieren aus vorherigen Prüfungen angelegt. Massen-Upload-Tools können zum einfachen Hochladen von Prüfprogrammen verwendet werden. Testprozeduren, Fragebögen und automatische Aufdeckungsaufgaben sind ebenfalls verfügbar. Optional können Prüfungsankündigungen generiert und an die Stakeholder verteilt werden. Zum Ausführen von Prüfungen werden Arbeitspakete online oder offline mit Adobe-Formularen verarbeitet. Arbeitspapiere werden verwaltet, Prüfungsarbeiten werden dokumentiert, Prüfungsergebnisse werden angelegt, und auf Prüfungsnachweisen basierende Aktionspläne werden vorgeschlagen. Prüfberichte können vorbereitet, geprüft, genehmigt und ausgegeben werden. Vordefinierte Berichtsvorlagen in mehreren Formaten helfen bei der Online-Generierung von Auditberichten. Folgeaktivitäten mit geprüften Bereichen werden unterstützt, sodass der Status von Prüfungsergebnissen und Aktionsplänen überwacht werden kann (Abb. 14.12). Vergangene Aktionspläne können angezeigt werden, um zu entscheiden, ob weitere Aktionen erforderlich sind (Abb. 14.13).

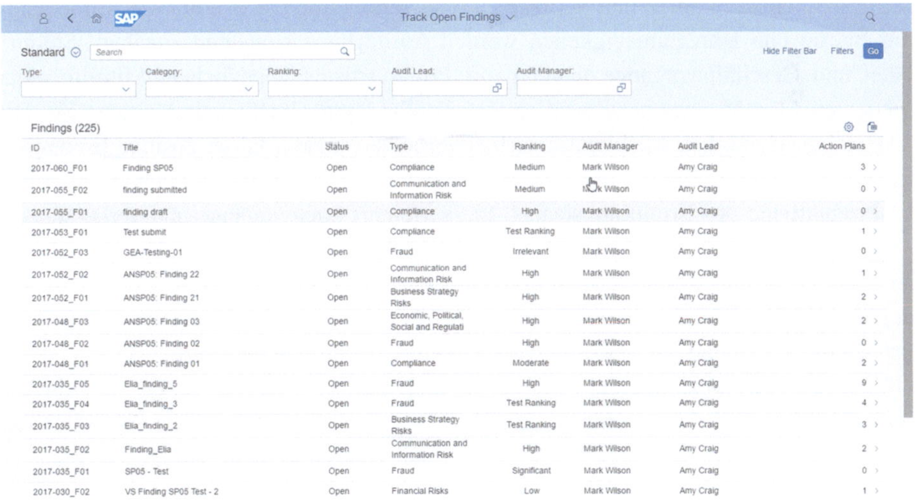

Abb. 14.12 SAP Audit Management – Offene Prüfungsergebnisse überwachen

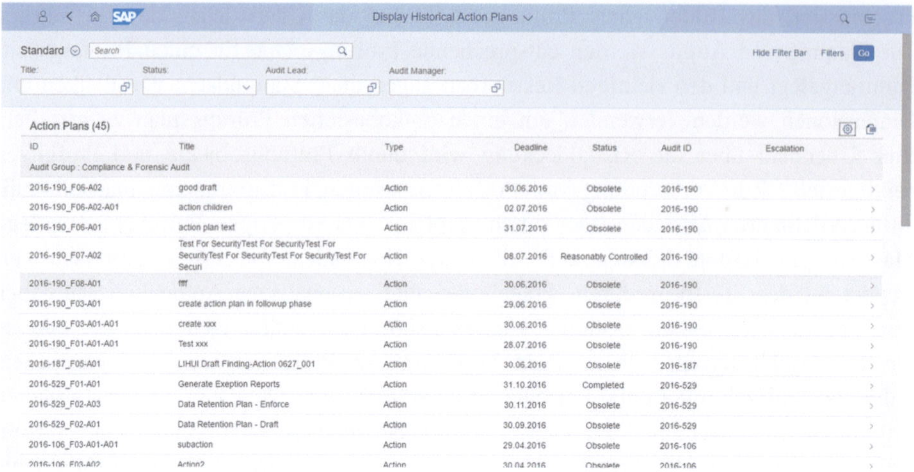

  8   <   ⌂   **SAP**   Display Historical Action Plans ∨   Q   ☰

Standard ⊙   Search   Q   Hide Filter Bar   Filters   Go

Title: Status: Audit Lead: Audit Manager:

Action Plans (45)

ID	Title	Type	Deadline	Status	Audit ID	Escalation	
Audit Group : Compliance & Forensic Audit							
2016-190_F06-A02	good draft	Action	30.06.2016	Obsolete	2016-190		>
2016-190_F06-A02-A01	action children	Action	02.07.2016	Obsolete	2016-190		>
2016-190_F06-A01	action plan text	Action	31.07.2016	Obsolete	2016-190		>
2016-190_F07-A02	Test For SecurityTest For SecurityTest For SecurityTest For SecurityTest For SecurityTest For Secur	Action	08.07.2016	Reasonably Controlled	2016-190		>
2016-190_F08-A01	fff	Action	30.06.2016	Obsolete	2016-190		>
2016-190_F03-A01	create action plan in followup phase	Action	29.06.2016	Obsolete	2016-190		>
2016-190_F03-A01-A01	create xxx	Action	30.06.2016	Obsolete	2016-190		>
2016-190_F01-A01-A01	Test xxx	Action	28.07.2016	Obsolete	2016-190		>
2016-187_F05-A01	LIHUI Draft Finding-Action 0627_001	Action	30.06.2016	Obsolete	2016-187		>
2016-529_F01-A01	Generate Exeption Reports	Action	31.10.2016	Completed	2016-529		>
2016-529_F02-A03	Data Retention Plan - Enforce	Action	30.11.2016	Obsolete	2016-529		>
2016-529_F02-A01	Data Retention Plan - Draft	Action	30.09.2016	Obsolete	2016-529		>
2016-106_F03-A01-A01	subaction	Action	29.04.2016	Obsolete	2016-106		>
2016-106_F03-A02	Action2	Action	30.04.2016	Obsolete	2016-106		>

Abb. 14.13   SAP Audit Management – Vergangene Aktionspläne anzeigen

SAP Business Integrity Screening

Diese Lösung implementiert eine effektive Betrugserkennung, die Betrug in Big-Data-Umgebungen nicht nur aufspürt, sondern durch Aufdeckung, Untersuchung und Analyse von Unregelmäßigkeiten in Daten verhindert (Abb. 14.14). Sie hilft Unternehmen, Betrugsrisiken zu mindern und Verluste zu reduzieren (Abb. 14.15). Für die Aufdeckung von Betrug und Unregelmäßigkeiten werden Aufdeckungsstrategien angelegt. Stammdaten und Geschäftsvorgänge werden mit Prüfungslisten abgeglichen. Mithilfe eines effizienten Alert-Managements werden festgestellte Unregelmäßigkeiten untersucht. Die Erkennungsgenauigkeit wird kontinuierlich verbessert, indem falsch positive Ergebnisse mit Echtzeit-Kalibrierungs- und Simulationsfunktionen minimiert werden. Dies erhöht die Produktivität des Ermittlungsteams. Sie verfeinert Suchvorgänge und verbessert die Genauigkeit der Betrugsaufdeckung, auch bei sehr großen Datenmengen. Die Lösung verwendet deterministische Regeln und Vorhersagealgorithmen, um allgemeine Muster zu identifizieren. Die Anzahl der Falsch-Positiven wird durch Was-wäre-wenn-Analysen historischer Daten und die Bewertung der effektivsten Ansätze reduziert.

Eine schnelle Anpassung auf sich ständig ändernde Muster, wird durch maschinelles Lernen unterstütz. Unternehmen können Strategien mit mehreren Regeln verwenden, um Risiko-Scores zu berechnen und Analysen von Betrugsszenarien zu optimieren. Die Reporting wird unterstützt, um zu vergleichen, welche Ansätze bei der Betrugsbekämpfung am effektivsten sind und bessere Entscheidungen treffen. Es stehen Reporting-Werkzeuge zur Verfügung, mit denen Unternehmen eine Vielzahl von Key Performance Indicators (KPIs) für Alerts anzeigen können. Die Untersuchungsübersicht kann verwendet werden, um sich auf ausstehende Aktivitäten für die Auffälligkeiten

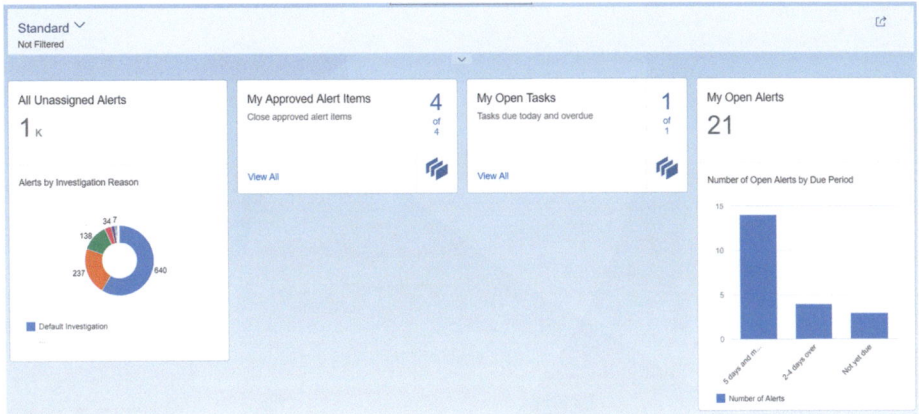

Abb. 14.14   SAP Business Integrity Screening – Untersuchungsübersicht

Abb. 14.15   SAP Business Integrity Screening – Ad-hoc-Prüfung

zu konzentrieren. Die Integration mit anderen Produkten wird unterstützt, z. B. mit
Zahlungsvorschlägen in SAP S/4HANA.

SAP Tax Compliance

Die letzte der drei In-Memory-basierten Lösungen ist die SAP Tax Compliance. Es stellt
sicher, dass das Unternehmen die Steuervorschriften einhält, um Bußgelder und andere
Strafen zu vermeiden.

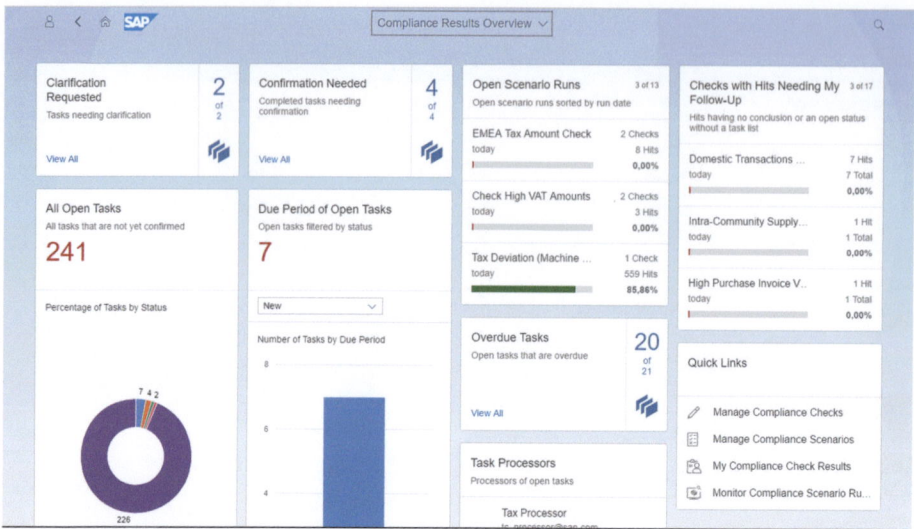

Abb. 14.16   SAP Tax Compliance – Compliance Ergebnisübersicht

Um dies zu ermöglichen, hilft die Lösung dabei, Steuer-Compliance-Probleme zu finden und zu lösen. Die Applikation unterstützt Unternehmen dabei, Transparenz und Einblicke in Compliance- oder Risikoprobleme zu gewinnen und diese schnell zu lösen (Abb. 14.16). Sie automatisiert die Erkennung von Compliance-Problemen und dokumentiert Aktivitäten zur Lösung der Punkte. Die Anwendung verwaltet unternehmensweit Compliance-Prüfungen für SAP- und Nicht-SAP-Datenquellen. Compliance-Prüfungen sind in Compliance-Szenarios organisiert (Abb. 14.17), um sie zusammen auszuführen. Compliance-Szenarien können im Simulationsmodus ausgeführt werden, um sie zu testen und auszuwerten.

Die Jobeinplanung wird jedoch unterstützt, um Compliance-Szenarioläufe automatisch zu wiederholen. Selbstlernende Algorithmen werden verwendet, um Compliance-Probleme zu finden und mithilfe von maschinellem Lernen für die Entscheidungsfindung sowie Aufgaben und Aufgabenlisten zu mindern. Der Workflow wird zur Bearbeitung von Aufgaben verwendet, die auf der Grundlage von Aufgabenvorlagen angelegt werden können. Es stehen Reporting-Funktionen zur Verfügung, um die Anzahl der Treffer im Zeitverlauf für verschiedene Prüfungen und Szenarios zu analysieren und diese mit der zugrunde liegenden Beträgen zu verknüpfen.

SAP Access Control

SAP Access Control hilft bei der Verwaltung des Zugriffsrisikos, indem es den Zugriff kontrolliert und Betrug verhindert. Auf diese Weise minimieren Unternehmen den Zeit- und Kostenaufwand für die Einhaltung von Vorschriften. Die Hauptfunktionen

Abb. 14.17   SAP Tax Compliance – Compliance Szenario

von SAP Access Control sind die Überwachung von Berechtigungen wie Notfallzugriff und Transaktionsverwendung, die Zertifizierung von Berechtigungen, um
zu prüfen, ob Zugriffszuordnungen noch erforderlich sind, die Integration mit verbundenen Systemen, die Analyse von Risiken sowie die automatische Zugriffsverwaltung und die Pflege von Rollen. Um Risiken umfassend zu analysieren, kann ein
vordefinierter Regelsatz verwendet werden, um eine systemübergreifende Analyse für
Unternehmensanwendungen in Echtzeit durchzuführen. Bei Bedarf können Maßnahmen
ergriffen werden, um Zugriffsrisiken zu beheben und zu mindern. Zur Verwaltung des
Zugriffs per Self Service werden automatisierte Zugriffsanforderungen bereitgestellt,
die auf einem Workflow-gesteuerten Genehmigungsprozess basieren. Rollen können
betriebswirtschaftlich definiert und konfiguriert werden und sind auf Geschäftsprozesse
abgestimmt. Die fortlaufende Analyse und Optimierung von Benutzerrollen wird unterstützt. Die Zertifizierung von Rolleninhalten und die Zuordnung zu Benutzern werden
erleichtert, einschließlich automatisierter periodischer Prüfungen des Benutzerzugriffs.
Systemische Überwachungsberechtigungen werden unterstützt, um Notfallzugriff zu verwalten, Details zur Benutzer- und Rollentransaktionsverwendung zu prüfen, proaktive
Benachrichtigungen über die Verwendung widersprüchlicher oder sensibler Aktionen zu
erhalten und Dashboards anzupassen.

SAP Process Control

SAP Process Control ist eine Lösung für die Konformitäts- und Richtlinienverwaltung,
mit der Organisationen ihre internen Kontrollmechanismen verwalten und überwachen
können. Falls Probleme identifiziert werden, können diese behoben. Die Lösung stellt

effektive Kontrollen und laufende Compliance sicher, indem zentrale Geschäfts-
prozessrisiken identifiziert und priorisiert werden. Darüber hinaus hilft sie bei der Verwaltung des gesamten Richtlinienlebenszyklus. Weitere Schlüsselfunktionen der Lösung
SAP Process Control sind das einheitliche Repository für Compliance-, Kontroll- und
Richtlinieninformationen, die eingebetteten Kontrollen zur Stärkung von Geschäftsprozessen sowie verbesserte Compliance- und Kontrollprozesse. Dies ermöglicht
geringere Compliance-Kosten, verbessert die Transparenz des Managements und das
Vertrauen in Compliance Prozesse. Die Lösung bietet ein einheitliches Repository
für Compliance-, Kontroll- und Richtlinieninformationen. Auf diese Weise wird eine
funktionsübergreifende Standardisierung sichergestellt, die Konsistenz im gesamten
Unternehmen gefördert und mehrere gesetzliche Richtlinien und Compliance-Verfahren
mit einer einzigen Lösung verwaltet. Die Komponente optimiert die Planung von
Kontrollbewertungs- und Testaktivitäten und stimmt interne Kontrollen und Richtlinien mit Geschäftszielen und Risiken ab. Wichtige Geschäftsprozesse werden in
Echtzeit überwacht und analysiert. So werden umfassende Online- und Offline-Kontroll-
auswertungen mit flexiblen Workflows und konfigurierbaren Formularen durchgeführt.
Es werden Tools und Umfragen für die Zusammenarbeit bereitgestellt. Problemmanagement und Zertifizierungen mit Workflows sind standardisiert.

SAP Risk Management

Die Lösung erleichtert das unternehmensweite Risikomanagement. Das Modul verfügt über vier Hauptfunktionen. Erstens ist es wichtig, eine Risikostrategie und einen
Risikoplan zu entwickeln. Dazu gehören die Identifizierung risikorelevanter Geschäfts-
aktivitäten, die Zuordnung von Risikobereitschaft, Risikoverantwortlichen und
Zuständigkeiten sowie die Definition eines KRI-Frameworks (Key Risk Indicator)
für die automatisierte Risikoüberwachung. Als Nächstes geht es um die Risikoidenti-
fizierung, bei der potenzielle Ursachen und Folgen von Risiken dokumentiert werden.
Bei der Risikoanalyse geht es um die Eintrittswahrscheinlichkeit und die potenziellen
Auswirkungen eines identifizierten Risikos, indem eine quantitative und qualitative
Risikoanalyse durchgeführt wird. Abschließend wird ein Bericht mit einer Analyse
der Risikosituation des Unternehmens erstellt. SAP Risk Management enthält Unter-
nehmensrisiko-Inhalte und Werkzeuge für branchenspezifisches operatives Risikomanagement. Es steht eine grafische Sicht zum Anlegen und Analysieren von Risiken
zur Verfügung. Die Datenüberwachung steuert und verwaltet Daten aus internen und
externen Systemen in Echtzeit. Starter Kits umfassen eine Bibliothek mit Standard-
geschäftskontrollen, grundlegenden Vorschriften, direkten Entitätsebenenkontrollen,
Unternehmensrisiken, Risikotreibern und Schäden. KRIs werden nach Risikotreibern, Risikokategorien und Branchen klassifiziert. SAP Risk Management nutzt die

verschiedenen Work Center, in denen alle Aktivitäten ausgeführt werden können. Work Center ermöglichen den einfachen Zugriff auf Anwendungsaktivitäten und enthalten Menügruppen und Links zu weiteren Prozessen.

14.3   Fazit

Unternehmensführung ist der zentrale Geschäftsprozess, um die Unternehmensstrategie zu definieren und die Abläufe des Unternehmens zu orchestrieren. Unternehmensführung verwaltet Risiken und Compliance, Identität und Zugriff, Cybersicherheit und Datenschutz. Der Umgang mit internationalem Handel, Steuern und Recht steht ebenfalls im Mittelpunkt des Prozesses. Der gesamte IT-Lebenszyklus, angefangen bei der Entwicklung der IT-Strategie bis zur Erfüllung und Umsetzung, wird durch dieser Geschäftsprozess abgedeckt. Auch die Prozesse und Methoden für Ideenfindung, Portfolio, Programm und Projektmanagement werden im Rahmen der Unternehmensführung abgedeckt. In SAP S/4HANA wird dieser Geschäftsprozess hauptsächlich von SAP GRC implementiert. Diese Komponente steuert Zugriffs- und Unternehmensrisiken, stellt Prozesskontrollen und Compliance sicher, behandelt Datenschutzprobleme und ermöglicht die Betrugserkennung. Die SAP S/4HANA Module sind tief integriert und interagieren miteinander, sodass auch zusätzliche Komponenten zur Abwicklung dieses durchgängigen Prozesses beitragen.

Geschäftsprozess „Finanzwesen"

Das Kapitel beschreibt den Geschäftsprozess *Finanzwesen* bestehend aus den Teilprozessen Optimierung, Zahlungsabwicklung, Rechnungsabwicklung, Berichtswesen, Treasury- und Immobilien-Verwaltung. Darüber hinaus werden die Anwendungsfunktionen von SAP S/4HANA zur Realisierung dieser Geschäftsprozesse erläutert.

15.1 Betriebswirtschaftliche Anforderung

Der Prozess *Finanzwesen* wird in Abb. 15.1 und 15.2 dargestellt und wird in den nächsten Abschnitten näher erläutert.

Der Finanzprozess hat eine unterstützende Funktion in jeder Wertschöpfungskette und verwaltet die Finanzen im Unternehmen. Der Prozess beginnt mit der Planung und Analyse, die die Budgetierung und Prognose zur Optimierung des Finanzwesens abdeckt. Der Prozess umfasst auch das interne Rechnungswesen, die darauf abzielt, die Qualität der Informationen zu verbessern, die dem Management über die Kennzahlen des Geschäftsbetriebs zur Verfügung gestellt werden, z. B. die Kosten und Umsatzerlöse von Waren und Dienstleistungen. Der Prozess der Zahlungsabwicklung deckt den gesamten Lebenszyklus von Lieferantenrechnungen vom Eingang bis zur Zahlung ab. Rechnungsabwicklung verarbeitet Kundenrechnungen und stellt sicher, dass sie bezahlt werden. Der Finanzabschlussprozess umfasst das Prüfen und Reduzieren von Kontensalden vor Abschluss des Buchhaltungszyklus. Es beginnt mit der Erfassung des Buchungsbelegs für alle Transaktionen, die zur Prüfstufe führen. Der Finanzabschluss und die Finanzbuchhaltung werden im Rahmen des Prozesses Berichtswesen durchgeführt. Die Abwicklung von Zahlungen und die Kommunikation mit Banken werden vom Treasury-Verwaltung abgedeckt. Unternehmen verfügen über verschiedene Immobilien wie Büroräume oder Werke, die erworben und betrieben werden müssen. Diese Facetten werden

© Der/die Autor(en), exklusiv lizenziert an Springer Fachmedien Wiesbaden GmbH, ein Teil von Springer Nature 2023
S. Sarferaz, *ERP-Software: Funktionalität und Konzepte*,
https://doi.org/10.1007/978-3-658-40499-4_15

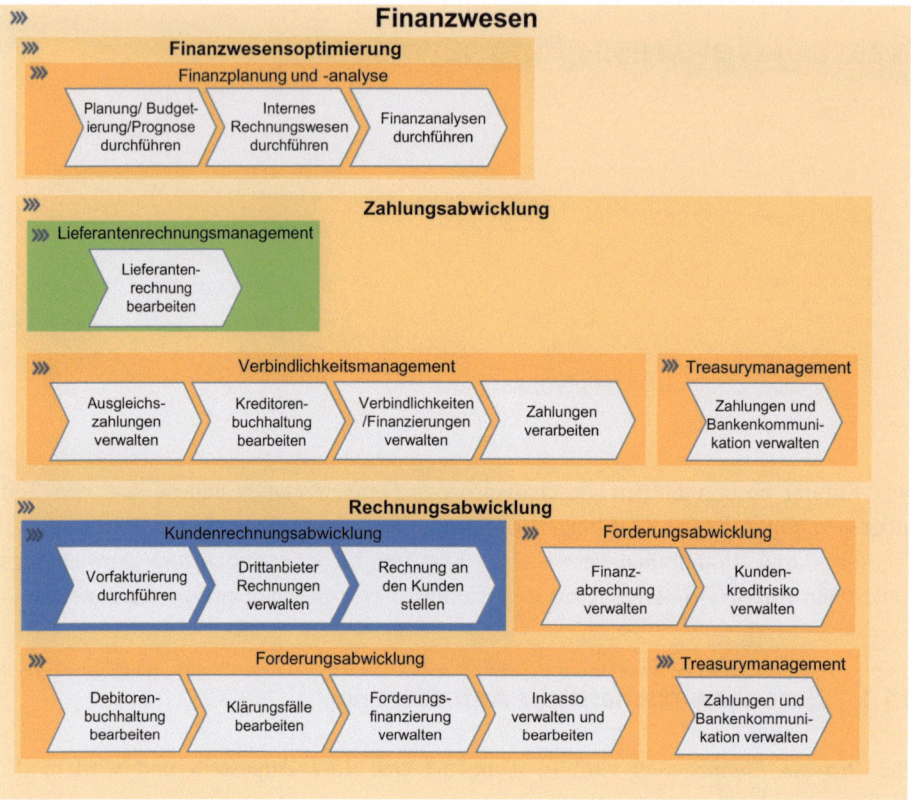

Abb. 15.1 Prozess *Finanzwesen*

vom Immobilien-Verwaltung verarbeitet. Die Prozesse Zahlungs- und Rechnungsabwicklung decken lieferanten- und kundenbezogene Finanzprozesse ab. Die Zahlungsabwicklung, auch bekannt als Verbindlichkeitsmanagement, ist die Finanzkomponente
des Beschaffungsprozesses, der von den Lieferantenbeziehungen über den eigentlichen Einkauf bis hin zur Zahlung reicht. Die Rechnungsabwicklung, auch bekannt
als Forderungsmanagement, umfasst alle Finanzbuchhaltungsvorgänge, die sich auf die
Debitorenbuchhaltung beziehen, z. B. die Fakturierung von Kunden und die Verwaltung
von Klärungsfällen, Inkasso und Kundenkreditrisiko. Die Forderungsmanager müssen
ständig einen Ausgleich finden zwischen der Notwendigkeit, die Außenstandsdauer
der Forderungen und der Ausbuchung uneinbringlicher Forderungen zu reduzieren
und gleichzeitig einen hervorragenden Kundenservice zu bieten. Um Margenziele zu
erreichen, müssen diese Manager sicherstellen, dass Barmittel zur Verfügung stehen, um
Geschäftsabläufe und neue Wachstumschancen kostengünstig zu finanzieren.

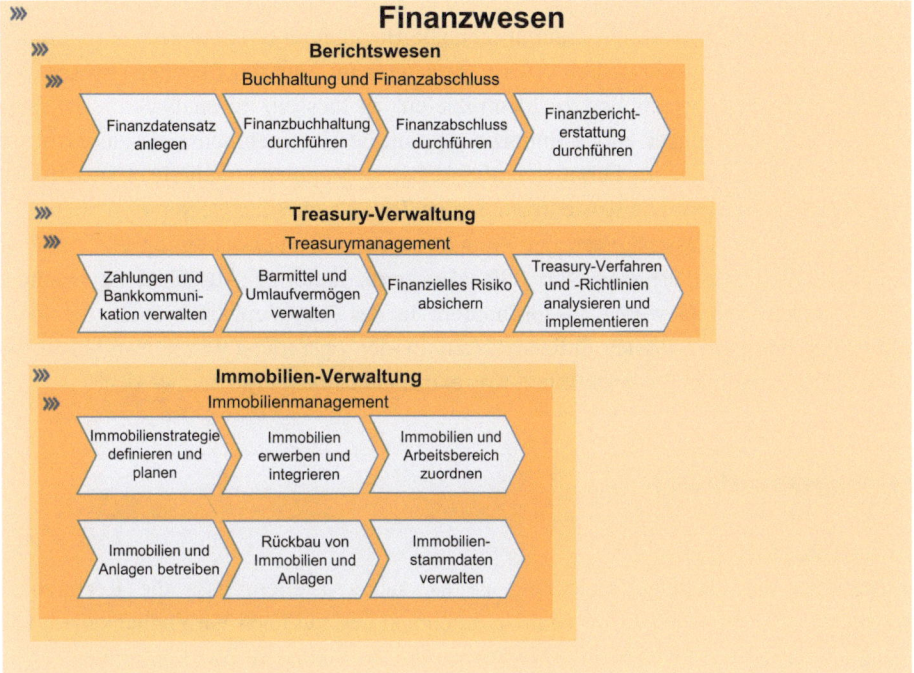

Abb. 15.2   Prozess *Finanzwesen*

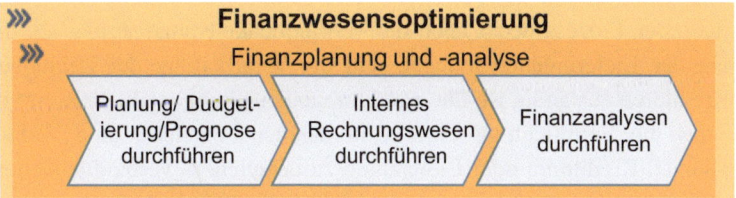

Abb. 15.3   Finanzwesensoptimierung

Optimierung des Finanzwesens

(Siehe Abb. 15.3).

Der erste Teilprozess im Finanzwesen ist die Finanzwesensoptimierung. Der Teilprozess kann in die Phasen Planung und Analyse unterteilt werden. Die Planungsphase definiert, welche Key Performance Indicators (KPIs) in der operativen Phase erfasst werden sollen und für welchen Zeitraum ein Budget und eine Prognose durchgeführt werden soll. Um einen Leitfaden für die operative Phase zu erstellen, werden das Budget für alle Abteilungen geplant und Ausgaben und Einnahmen prognostiziert.

In der operativen Phase verfügt jede Abteilung über ihr Budget und sollte ihre Bücher verfolgen, indem sie über eine ordnungsgemäße Buchhaltungsverwaltung verfügen. Die Einnahmen und Ausgaben sollten erfasst werden. Beim internen Rechnungswesen geht es darum, Finanzinformationen zu identifizieren, zu messen, zu analysieren, zu interpretieren und an Manager zu kommunizieren, um die Unternehmensziele zu verfolgen. Auf diese Weise werden Führungskräfte dabei unterstützt, fundierte Geschäftsentscheidungen zu treffen. Die Kostenrechnung ist Teil des internen Rechnungswesens, der darauf abzielt, die Gesamtkosten der Produktion unter Berücksichtigung der variablen und fixen Kosten zu erfassen. Sie hilft Managern, unnötige Ausgaben zu erkennen und zu senken und Gewinne auszuschöpfen. In der Analysephase werden die Pläne schließlich mit den erfassten Informationen in der operativen Phase verglichen. So können Abweichungen festgestellt und Korrekturmaßnahmen ergriffen werden.

Zahlungsabwicklung

(Siehe Abb. 15.4).

Das Ziel der Zahlungsabwicklung ist es, sicherzustellen, dass die Rechnungen bezahlt werden. Sie verfolgt die vom Unternehmen geschuldeten Verbindlichkeiten. Das Lieferantenrechnungsmanagement verarbeitet die Rechnungen von Lieferanten, nachdem eine Dienstleistung erbracht oder ein Produkt geliefert wurde. Die Verwaltung von Verbindlichkeiten ist für die Überwachung der monetären Vermögenswerte verantwortlich. Der Prozess beginnt mit der Verwaltung von Finanzabrechnungen und fährt mit der Bearbeitung der Kreditorenbuchhaltung fort, sodass das Unternehmen einen Finanzüberblick hat. Der Prozess deckt auch die Verbindlichkeitsfinanzierung ab, die für die Verrechnung der Lieferantenrechnungen und die Verarbeitung der Zahlungen an die richtigen Kreditoren zuständig ist. Die Kreditorenbuchhaltung stellt ein Konto im Hauptbuch dar, das die Verpflichtung eines Unternehmens darstellt, eine Verbindlichkeit gegenüber seinen Kreditoren oder Lieferanten zu begleichen. Verbindlichkeiten sind im

Abb. 15.4 Zahlungsabwicklung

Wesentlichen Beträge, die auf erhaltene Waren oder Dienstleistungen von Lieferanten zurückzuführen sind, die noch nicht ausgeglichen wurden. Die Summe der ausstehenden Verbindlichkeiten gegenüber Lieferanten wird in der Bilanz des Unternehmens als Verbindlichkeitssaldo ausgewiesen. Die Erhöhung oder Abnahme der Summe der Verbindlichkeiten aus der Vorperiode wird in der Kapitalflussrechnung widergespiegelt. Bei der Verbindlichkeitsfinanzierung handelt es sich um eine Kreditform, bei der Unternehmen Geld von einem Lieferanten leihen, um Produkte und Waren vom Lieferanten zu kaufen. Für Unternehmen, die zusätzliches Umlaufvermögen benötigen, ist das eine adäquate Lösung. Mit dieser Art der Finanzierung müssen Unternehmen nicht auf ihre Anlagen oder Ressourcen zurückgreifen, um zusätzlichen Bestand zu kaufen. Das Treasurymanagement wickelt die Zahlungen und die Kommunikation mit Banken ab. Ziel ist es, die Liquidität eines Unternehmens zu optimieren und gleichzeitig sein finanzielles, operatives und Reputationsrisiko zu mindern.

Rechnungsabwicklung

(Siehe Abb. 15.5).

Dieser Prozess ähnelt dem Prozess der Rechnungsabwicklung mit dem Unterschied, dass der Kunde Verbindlichkeiten gegenüber dem Unternehmen hat. Die Kundenrechnungsabwicklung führt die Vorfakturierung von Abrechnungsinhalten durch. Darüber hinaus werden Rechnungen Dritter bearbeitet und bei Bedarf in die Rechnung aufgenommen, die an den Kunden gesendet wird. Die Forderungsabwicklung stellt sicher, dass Zahlungen ordnungsgemäß eingehen. Dieser Teilprozess beginnt mit der Verarbeitung von Finanzabrechnung und fährt mit der Verwaltung des Kundenkreditrisikos fort. Forderungen und Klärungsfälle werden bearbeitet. Die Forderungsfinanzierung und Inkassobearbeitung werden durchgefuhrt. Die Debitorenbuchhaltung stellt den Geldsaldo dar, der von Kunden für erhaltene Waren oder Dienstleistungen bezahlt werden muss. Forderungen werden in der Bilanz als Umlaufvermögen erfasst,

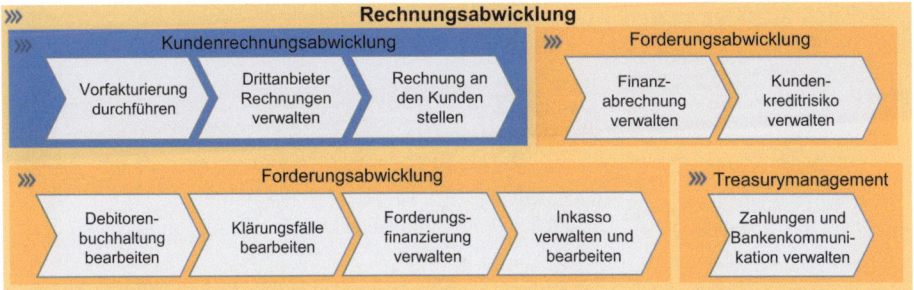

Abb. 15.5 Rechnungsabwicklung

wobei der Betrag berücksichtigt wird, der von Kunden für Kreditkäufe geschuldet wird. Die Debitorenbuchhaltung ist vergleichbar mit der Kreditorenbuchhaltung, aber statt des zu zahlenden Geldes steht das zu schuldende Geld im Fokus. Die Debitoren-buchhaltung kann mit der Umschlagsquote oder der Days Sales Outstanding (DSO) analysiert werden, um zu ermitteln, wann das Geld tatsächlich eingehen wird. Forderungsfinanzierung ist relevant, wenn Kunden Finanzmittel erhalten, die auf aus-gestellten Rechnungen basieren. Diese Rechnungen sind für gekaufte Waren oder Dienstleistungen fällig, die Zahlung ist jedoch noch nicht eingegangen. Das Treasury-Management wickelt die Bankinteraktionen ab und schließt den Zahlungsprozess ab.

Berichtswesen

(Siehe Abb. 15.6).

Der Teilprozess besteht aus dem Anlegen eines Finanzdatensatzes, dem Durchführen der Finanzbuchhaltung, dem Finanzabschluss und der Finanzberichterstattung. Dieser Prozess generiert Informationen, die vom Management verwendet werden können, um den Zustand des Unternehmens zu überprüfen. Die Finanzbuchhaltung ist ein Unterteil des Rechnungswesens, die die Vielzahl der Transaktionen, die aus Geschäftsvorfällen resultieren, über einen bestimmten Zeitraum aufzeichnet, zusammenfasst und ausweist. Diese Transaktionen werden in den Finanzberichten, der Bilanz, der Gewinn- und Ver-lustrechnung und der Kapitalflussrechnung zusammengefasst, in denen die operative Performanz des Unternehmens über einen definierten Zeitraum erfasst wird. Die Finanzbuchhaltung verwendet mehrere etablierte Rechnungslegungsvorschriften. Die relevanten Rechnungslegungsvorschriften unterliegen den gesetzlichen Anforderungen des Unternehmens. Beispielsweise müssen Unternehmen mit Sitz in den Vereinigten Staaten von Amerika die Finanzbuchhaltung nach den Grundsätzen ordnungsmäßiger Buchführung (GAAP) durchführen. Die Grundsätze ordnungsmäßiger Buchführung (GAAP) stellt Investoren, Gläubigern, Aufsichtsbehörden und Finanzbehörden konsistente Informationen zur Verfügung. Der Finanzabschluss ist ein periodischer Prozess im internen Rechnungswesen. Buchhaltungsteams passen Kontensalden am

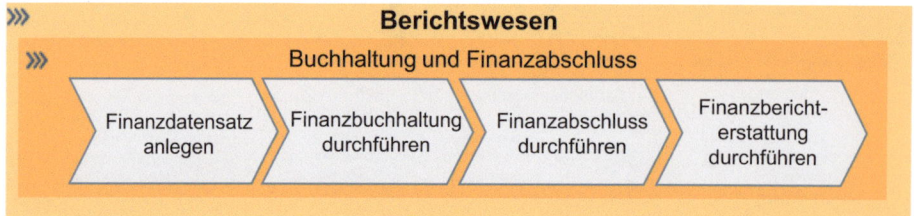

Abb. 15.6 Berichtswesen

Ende einer festgelegten Periode (z. B. jährlich oder vierteljährlich) an, um Finanzberichte für das Unternehmen zu erstellen. Ziel ist es, das Management, Investoren, Kreditgeber und Aufsichtsbehörden über die finanzielle Situation des Unternehmens zu informieren. Der Abschluss der Bücher umfasst die Konsolidierung von Transaktionen aus verschiedenen Konten, die Überprüfung der Daten, um deren Richtigkeit zu bestätigen und Unregelmäßigkeiten und Anomalien zu identifizieren. Es ist von entscheidender Bedeutung, dass die Summe aller Schulden am Ende gleich der Summe aller Kredite ist. Der Hauptbuchhalter, der Abschlussspezialist, der Business-Analyst und der Konsolidierungsexperte sind die vier Hauptrollen, die die Genauigkeit und Transparenz der Buchhaltung sicherstellen.

Treasury-Verwaltung

(Siehe Abb. 15.7).

Jedes Unternehmen verfügt über Bankkonten, die eingehende und ausgehende Cashflows aufgrund von Zahlungen abwickeln. Diese müssen überwacht und verwaltet werden. In kleinen Unternehmen kümmert sich die Buchhaltung oder gar das Management selbst darum. Je größer jedoch ein Unternehmen ist, desto größer und komplexer ist der Zahlungsverkehr in der Regel. Um sie effizient zu verwalten, ist häufig eine Vollzeitposition oder sogar mehrere erforderlich: ein Finanzverwalter oder eine Treasury-Abteilung wird eingestellt oder eingerichtet. Das Hauptziel des Treasury-Managements ist es, die Liquidität des Unternehmens so zu steuern, dass es jederzeit zahlungsfähig bleibt. Neben dem Cash- oder Liquiditätsmanagement sind die Aufgaben der Treasury-Verwaltung auch das Risikomanagement im Bereich der Unternehmensfinanzierung sowie das Anlagenmanagement und die Kapitalbeschaffung. Treasury-Verwaltung ist eine Unterteil des Finanzmanagements in vielen Unternehmen. Während sich das Finanzmanagement auf die Verwaltung finanzieller Ressourcen konzentriert, damit die Umsatzziele erreicht werden, konzentriert sich die Treasury-Verwaltung darauf, die Liquidität jederzeit sicherzustellen. Das Finanzmanagement definiert den Finanzplan, der die Strategien zum Erreichen der finanziellen Ziele des Unternehmens enthält. Die Treasury-Verwaltung stellt sicher, dass die für die kurz- bis mittelfristigen

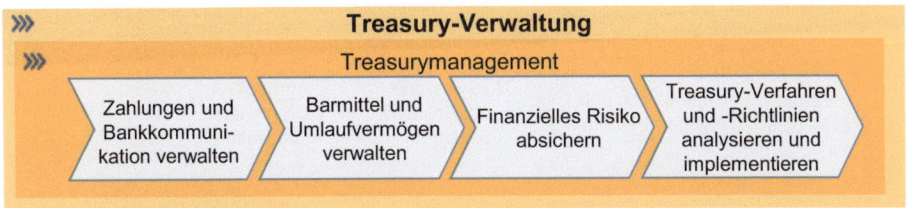

Abb. 15.7 Treasury-Verwaltung

Ziele definierten Strategien umgesetzt werden. Wie bereits erwähnt, befasst sich die Treasury-Verwaltung mit der Liquidität oder dem Cash Management. Sie erfasst und steuert die Cashflows liquider Mittel und wird für die interne und externe Finanzierung des Unternehmens verwendet. Ziel ist die Sicherstellung der Solvenz. Das Management finanzieller Risiken von Unternehmen steht auch im Fokus der Treasury-Verwaltung. Für den Erfolg eines Unternehmens ist es wichtig, dass Zahlungsströme so verwaltet werden, dass es zu keinem Zeitpunkt zu einem Fehlbetrag kommt, der dazu führen könnte, dass das Unternehmen in Zahlungsverzug gerät. Um diese Finanzströme effizient zu verwalten, ist Treasury erforderlich. Sie führt diese Aufgabe im Rahmen des Liquiditätsmanagements aus. Auf diese Weise stellt ein Unternehmen sicher, dass das Umlaufvermögen optimal genutzt wird, um die langfristigen finanziellen Ziele (Umsatzsteigerung, Kostensenkung usw.) zu erreichen.

Immobilien-Verwaltung

(Siehe Abb. 15.8).

Dieser Prozess hat einen Teilprozess Immobilienmanagement, der für die Verwaltung der Immobilien des Unternehmens zuständig ist. Der Prozess zur Verwaltung von Immobilien beginnt mit der Definition und Planung einer Immobilienstrategie und fährt mit dem Erwerb und Onboarding von Immobilien fort. Der Schwerpunkt des Immobilienmanagements liegt auf der gewinnorientierten und wertmäßigen Beschaffung, Verwaltung und Vermarktung von Immobilien in Organisationen, die keine Immobilien als Kerngeschäft haben. Häufig werden diese Immobilien auch als Unternehmensimmobilien bezeichnet. Nach der Zuordnung der Immobilie und des Arbeitsbereichs wird der Betriebsprozess angestoßen, der beispielsweise die Bezahlung von Mieten und die Durchführung regelmäßiger Inspektionen und Wartungsarbeiten abdeckt. Sobald die Immobilie nicht mehr benötigt wird, werden sie ausgemustert.

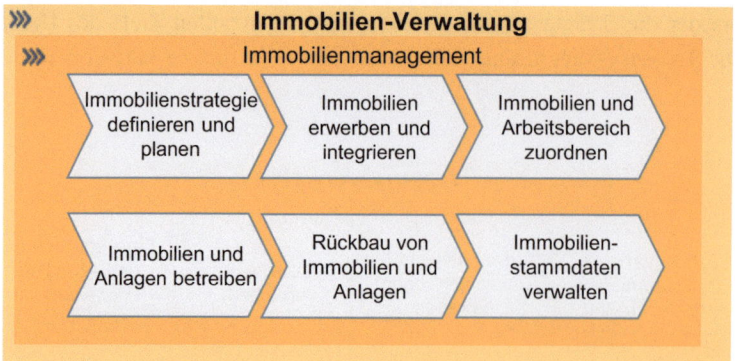

Abb. 15.8 Immobilien-Verwaltung

Die Verwaltung der Immobilienstammdaten ist eine wesentliche Aufgabe und wird ebenfalls berücksichtigt.

15.2 Technische Umsetzung

Der Geschäftsprozess *Finanzwesen* wird im Wesentlichen von SAP S/4HANA Finance implementiert, wie in Abb. 15.9 dargestellt. Während SAP S/4HANA Finance die Kernfunktionen abdeckt, enthalten SAP Digital Payments, SAP Multi-Bank Connectivity und SAP Cash Application erweiterte Funktionen.

Die Komponente *Finanzvorgänge* verarbeitet Ausgangs- und Eingangsrechnungen und reagiert auf schwankende Marktdynamiken. Das Module gleicht die Notwendigkeit aus, die Forderungslaufzeit und die Ausbuchung uneinbringlicher Forderungen zu reduzieren und gleichzeitig einen optimalen Kundenservice zu gewährleisten und die Kosten durch automatisierte Ausnahmebehandlung, Validierung und Weiterleitung von Rechnungen zu senken. *Buchhaltung und Finanzabschluss* vereinfacht die Konzernbuchhaltung und den Finanzabschluss, schließt Bücher ab, erstellt Bilanzen und verwaltet sie nach International Financial Reporting Standards (IFRS) sowie nach lokalen gesetzlichen Vorschriften. Erweiterte Buchhaltung und Finanzabschlüsse sorgen für schnellere, vorschriftenkonforme Finanzabschlüsse mit weniger Kosten und weniger Aufwand und einem hohen Grad an Automatisierung. Das *Treasurymanagement* verbessert die Verwaltung aller Aktivitäten, die mit Barmitteln, Zahlungen, Liquidität, Risiken und Compliance verbunden sind, indem Umlaufvermögen, Risikomanagement und Compliance vereinfacht werden. Das *Immobilienmanagement* führt Aktivitäten von der Portfolioanalyse und Investitionsverfolgung bis hin zur Objektqualifizierung, Leasing,

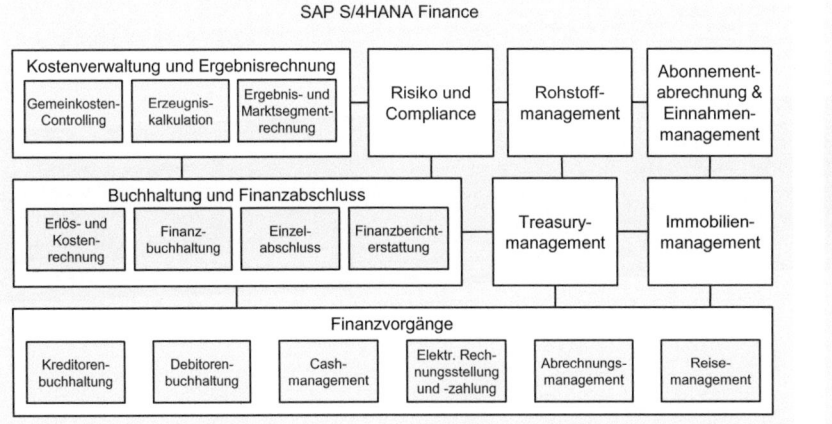

Abb. 15.9 SAP S/4HANA Finance – Funktionale Architektur

Mietabwicklung sowie Wartungs- und Reparaturserviceaufträgen aus. *Kostenverwaltung und Ergebnisrechnung* erfassen, ordnen Kosten nach Projekt, Auftrag, Kostenstelle oder Geschäftsprozess zu und analysieren sie. Sie bewertet die Rentabilität von Märkten, Verkaufskanälen, Produkten und Segmenten. *Risiko und Compliance* verwaltet Risiken, Kontrollen und gesetzliche Anforderungen in Geschäftsabläufen, insbesondere Import- und Export-Compliance sowie Freihandelsabkommen. *Rohstoffmanagement* identifiziert und qualifiziert finanzielle Risiken im Zusammenhang mit der Volatilität von Rohstoffpreisen im Verkauf und in der Beschaffung und mindert sie, indem es sie mit Rohstoff-Derivaten absichert. *Abonnementabrechnung und Einnahmenmanagement* nutzt flexible Modelle für die subskriptions- und nutzungsbasierte Fakturierung, die Partnerumsatzbeteiligung, das Forderungsmanagement und die Zahlungsabwicklung sowie das Kredit- und Inkassomanagement.

Finanzvorgänge

Die Komponente wickelt eingehende und ausgehende Zahlungen in Echtzeit ab. Sie bietet einen Überblick über den Finanzstatus einer Organisation, indem sie alle Finanzvorgänge im Unternehmen verfolgt. Die Finanzinformationen sind in verschiedene Bereiche unterteilt, die sich jeweils mit ihrem eigenen Thema befassen. In der Kreditorenbuchhaltung (Abb. 15.10) wird die Erfassung und Verwaltung der Daten vereinfacht. Das Geld, das ein Unternehmen seinen Gläubigern schuldet, wird als Verbindlichkeit in der Bilanz des Unternehmens ausgewiesen. Diese Funktion bietet einen

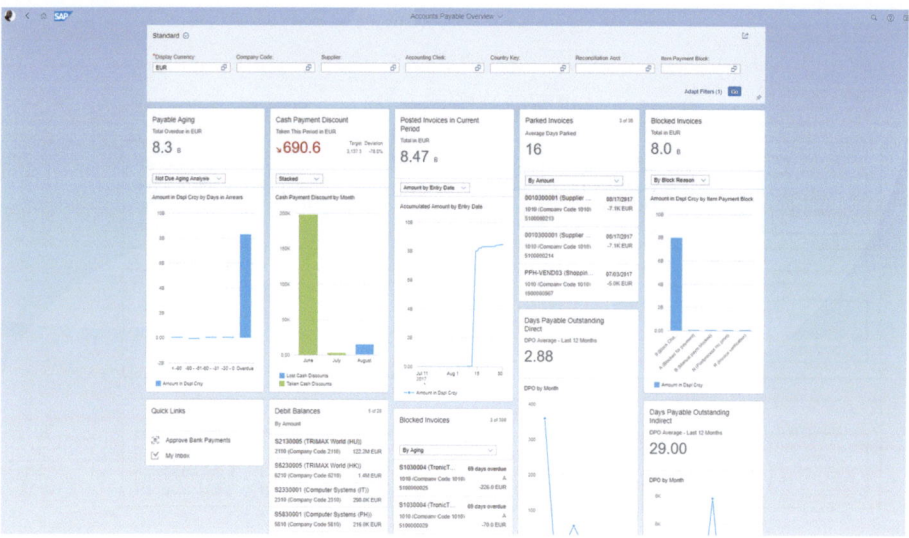

Abb. 15.10   SAP S/4HANA Finance – Kreditorenbuchhaltung

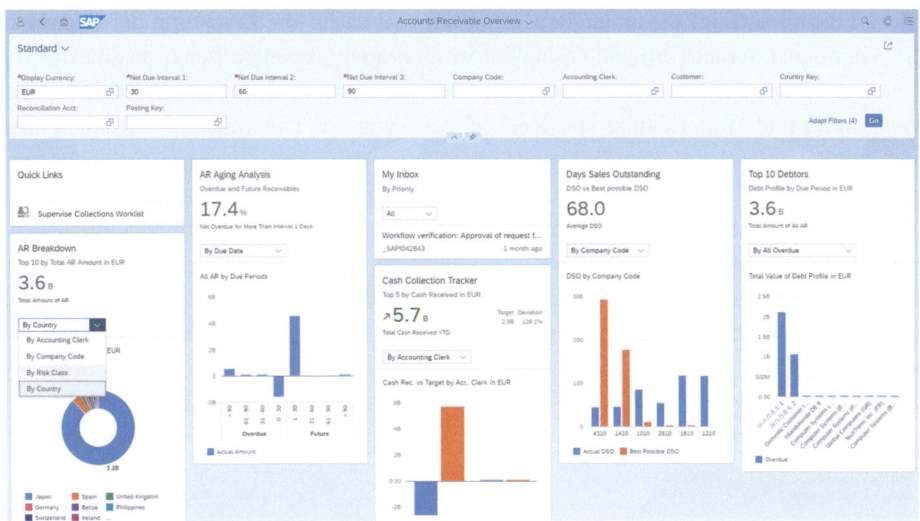

Abb. 15.11   SAP S/4HANA Finance – Debitorenbuchhaltung

einfachen Überblick über das geschuldete Geld und die Fälligkeitsdaten, die bei der Verwaltung hilfreich sind.

Bei der Debitorenbuchhaltung (Abb. 15.11) handelt es sich um Geld, das einem Unternehmen von seinen Kunden für gelieferte Waren oder erbrachte Dienstleistungen geschuldet wird. In der Debitorenbuchhaltung wird die Verwaltung von Konten, die dem Unternehmen Geld schulden, durch die Automatisierung von Rechnungsabwicklungsprozessen erleichtert, die aufgrund von Änderungen im Hauptbuch automatisch für Konten ausgelöst werden können. Mit dieser Lösung können Unternehmen in Echtzeit Einblicke in den Umsatz gewinnen. Bei Problemen reagiert das System und benachrichtigt den Verantwortlichen. Mit dem Cash Management kann das Unternehmen alles steuern, was die zentrale Verwaltung von Barmitteln und Liquidität anbetrifft, indem es den Cashflow in Echtzeit überwacht, um sicherzustellen, dass das Unternehmen über ausreichende Liquidität verfügt.

In der digitalisierten Welt von heute ist eine elektronische Rechnungseinreichung und -zahlung obligatorisch. Diese Funktion bietet eine elektronische Rechnung und die Möglichkeit, online zu bezahlen. Die Funktionalität unterstützt Unternehmen auch bei der Erstellung elektronischer Rechnungen für ihre Kunden gemäß den Formatrichtlinien des Unternehmens. Die Lösung verbessert den Service, indem sie Kunden ein Zahlungsportal und E-Billing ermöglicht. Die Komponente umfasst die Einreichung von Rechnungen im Internet und bietet Kunden die Möglichkeit, ihre Rechnungen online zu bezahlen. Das Abrechnungsmanagement umfasst komplexe, umfangreiche Finanzzahlungsprozesse, die Unternehmen Geschäftspartnern anbieten. Das Reisemanagement verwaltet alle Prozesse im Zusammenhang mit Dienstreisen und Reisekosten.

Diese Lösung verfolgt die angefallenen Spesen und ist für die Erstattung der Kosten an die Mitarbeiter verantwortlich. Zusätzlich werden noch erweitere Funktionalität für die Finanzvorgänge bereitgestellt. Durch die Automatisierung der Ausnahmebehandlung, Validierung und Weiterleitung von Rechnungen kann das Unternehmen Kosten senken und einen effektiven Kundenservice gewährleisten. Das Forderungsmanagement umfasst die Fakturierung an Kunden und die Verwaltung von Klärungsfällen, Inkasso und Kundenkreditrisiken. Heute müssen Forderungsmanager die Notwendigkeit, die Forderungslaufzeit und die Ausbuchung uneinbringlicher Forderungen zu verkürzen, ständig ausgleichen. SAP S/4HANA Finance bietet automatisierte, integrierte und kooperative Prozesse für das Forderungsmanagement. Eine optimierte Verwaltung der Verbindlichkeiten, geringere Kosten und eine bessere Kontrolle über die Fakturierung und die Integration elektronischer Belege in den Kreditorenprozess ermöglichen, dass eine hohe Zusammenarbeit beim Austausch und der Archivierung von Belegen gewährleistet wird.

Buchhaltung und Finanzabschluss

Um die Bücher des Unternehmens konform zu halten, stellt SAP S/4HANA Finance das Modul Buchhaltung und Finanzabschluss bereit. Das durch dieser Funktion angelegte Hauptbuch bildet die Grundlage für die Finanzen des Unternehmens. Auf der Basis dieses Hauptbuchs (Abb. 15.12) werden Einblicke in das gesetzliche Reporting und die Managementprofitabilität bereitgestellt. Die Lösung unterstützt das Unternehmen, indem alle Finanzdaten zentral abgespeichert werden, sodass Reporting und Rechnungswesen ordnungsgemäß ausgeführt werden können.

Die Erlös- und Kostenrechnung verfolgt den eingehenden und ausgehenden Cashflow auf detaillierter Ebene (Abb. 15.13). Das Unternehmen kann die Genauigkeit erhöhen, indem es Änderungen in der Kostenrechnung kontinuierlich berücksichtigt. Durch die Automatisierung der Erlös- und Kostenrealisierung können Unternehmen die Auditkosten, die Anzahl der Tage bis zum Jahresabschluss und die gesamten Finanzkosten reduzieren. Das umfassende Journal, das Hauptbuch von SAP S/4HANA, ist das Herzstück des Finanzwesens als zentraler Datenpool, der die Grundlage für sofortige Einblicke in das gesetzliche Reporting und die Managementprofitabilität auf detaillierter Ebene bietet. Die Finanzbuchhaltung ermöglicht ein Echtzeit-Reporting. Diese Funktion optimiert Finanzprozesse, die detaillierte Informationen bereitstellen. Sie ermöglicht Finanzberichte und Self-Service-Analysen in Echtzeit direkt aus hochgranularen operativen Daten, die die Verwaltung von Anlagen und den Abschluss der Bücher am Ende des Jahres unterstützen.

Aufgrund der Vereinfachung des Datenmodells ist der Vermögensarbeitsvorrat als zentraler Einstiegspunkt enthalten. Die Lösung verbessert die Erweiterbarkeit für die Verwaltung von Anlagen und unterstützt den Jahresabschluss für mehrere Hauptbücher und Buchungskreise. Am Ende des Jahres kann der Teilprozess Einzelabschluss die

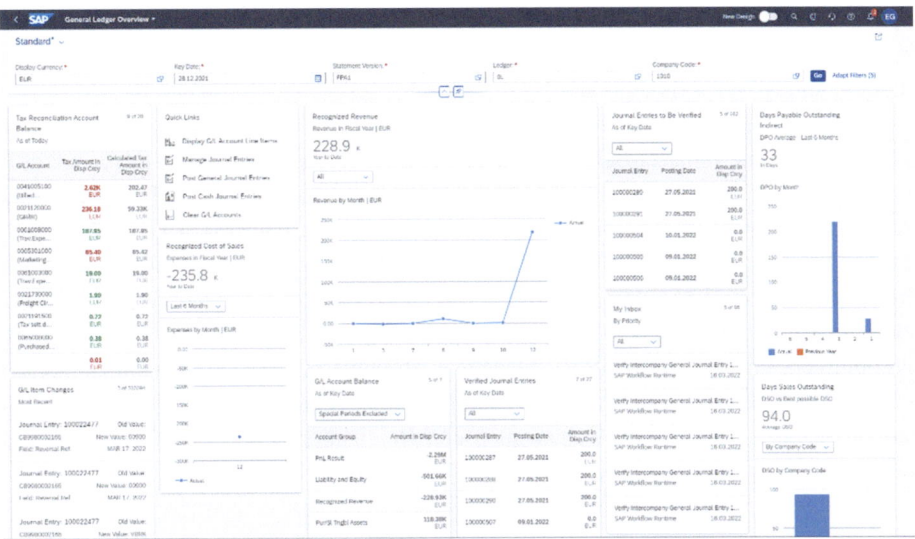

Abb. 15.12   SAP S/4HANA Finance – Hauptbuch

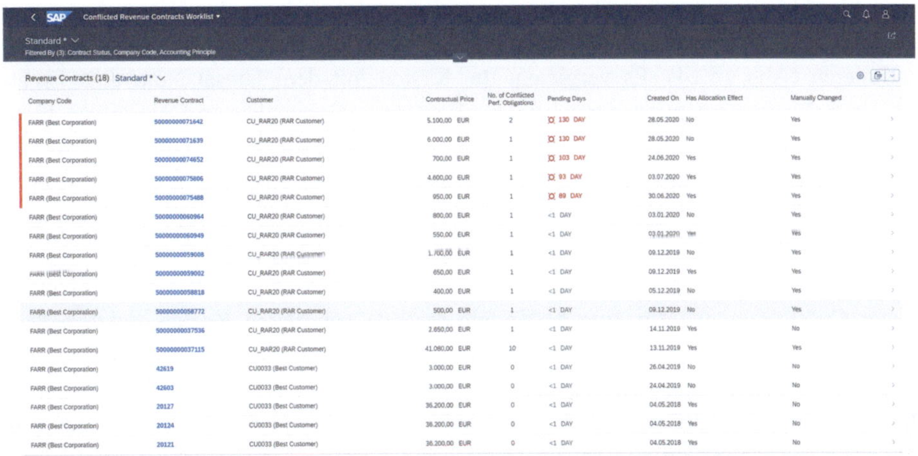

Abb. 15.13   SAP S/4HANA Finance – Konfliktbearbeitung der Erlösverträge

Bücher effizient abschließen und eine Bilanz/GuV gemäß dem bevorzugten Richtlinien erstellen, das den internationalen Rechnungslegungsstandards entspricht. Die Finanzberichterstattung stellt Informationen bereit, die den Finanzstatus einer Organisation für Management, Investoren und Behörden offenlegen. Die Informationen helfen Managern, fundierte Entscheidungen zu treffen und das Unternehmen bei Prüfungen und Compliance zu unterstützen. Die Lösung erweitert die Erlösbuchhaltung und das Berichtswesen um zusätzliche Wertschöpfungsszenarios und optimiert die Integration mit dem umfassenden Belegjournal.

Erweiterte Funktionalität bietet Finanzeinblicke und -kontrolle durch schnellere, vorschriftenkonforme Finanzabschlüsse mit geringerem Kosten- und Arbeitsaufwand, z. B. pünktlicher Rechnungsabschluss und Erstellung von Abschlüssen auf Entitäts- und Unternehmensebene für International Financial Reporting Standards GAAP oder andere lokale Vorgaben. Auf der Grundlage von Buchhaltungsdaten und Logistikdaten stehen Prozesse wie zentrale Steuern, zentraler Abschluss und Prognoseanalyse auf Konzernebene in einem einheitlichen Datenpool zur Verfügung. Das Financial Closing Cockpit optimiert und koordiniert den gesamten Abschlussprozess. Unternehmen können auch ihre Finanzfunktionen in einem zentralen und separaten SAP S/4HANA System zentralisieren und dabei die Mechanismen und Replikationen der SAP Central Finance nutzen.

Kostenverwaltung und Ergebnisrechnung

Diese Lösung verfolgt die Kosten und die Rentabilität einer Dienstleistung oder eines Produkts. Mit der Übersicht über Kosten und Rentabilität kann das Unternehmen sein Produktportfolio anpassen oder die Kosten für die Produkte oder Dienstleistungen optimieren (Abb. 15.14). Es vergleicht die Kosten mit dem Umsatz, um eine Ergebnis- und Marktsegmentrechnung zu erstellen. Das Gemeinkosten-Controlling bietet eine hohe Transparenz und Einblicke in den Gemeinkostenverrechnungsprozess mit der Geschwindigkeit des umfassenden Journals. Für Kostenstellen und Profit-Center sind Margenanalysen verfügbar. Gemeinkostenumlage, Verteilung und Top-Down-Distribution für Ist-Daten werden unterstützt.

Um die Gesamtausgaben im Unternehmen zu verfolgen, berechnet das Gemeinkosten-Controlling alle für eine bestimmte Periode benötigten Kosten. Anschließend verwendet es den Plan und vergleicht ihn mit den Ist-Ausgaben in der Periode. SAP S/4HANA Finance stellt dem Benutzer Informationen in Diagrammen zur Verfügung, die Ausreißer hervorheben. Durch Hervorhebung dieser Abweichungen kann ein Mitarbeiter schnell reagieren und Schäden im Unternehmen verhindern oder den Grund für die Unstimmigkeit beseitigen. Die Erzeugniskalkulation ermöglicht die Erstellung von Finanzberichten auf Konzernebene, d. h. die Kosten, die durch die Herstellung eines einzelnen Produkts oder der Bereitstellung einer einzelnen Dienstleistung entstehen, können kalkuliert werden. Dies geschieht ohne Extraktions-, Transformations- und Ladeprozesse, um eine kontinuierliche Buchhaltung zu ermöglichen. Die Ergebnis- und Marktsegmentrechnung bietet einen Überblick über die Profitabilität von Produkten einschließlich der Risiken und Kosten. Die zentrale Speicherung der Unternehmensdaten erleichtert die Analyse der Rentabilität in Echtzeit. Diese Lösung unterstützt Unternehmen bei der Erstellung des Produktportfolios des Unternehmens. Sie reduziert

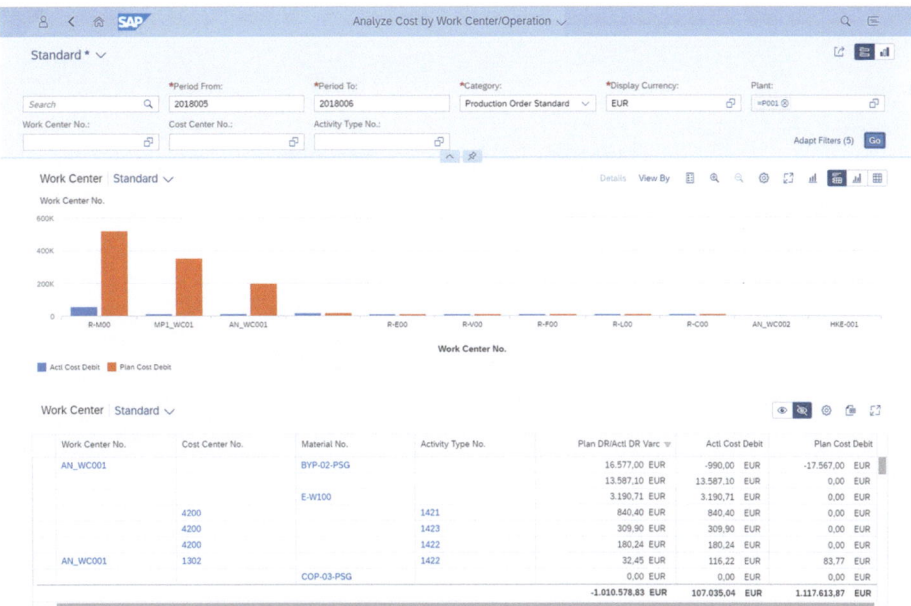

Abb. 15.14 SAP S/4HANA Finance – Kostenanalyse

Risiken und Kosten durch Finanzberichte in Echtzeit und mehrdimensionale Datenanalysen für Rechnungslegungsstandards. Für das betriebswirtschaftliche Reporting, z. B. Kapitalflussrechnung (Abb. 15.15), wird semantisches Tagging verwendet.

Treasurymanagement

Das Treasurymanagement ist für das Cash Management und die Kommunikation mit Banken zuständig. Die Lösung ermöglicht das Cash-, Liquiditäts- und Risikomanagement sowie eine integrierte Finanzberichterstattung. Durch die Vereinfachung des Umlaufvermögens, des Risikomanagements und der Compliance wird die Abwicklung aller Aktivitäten im Zusammenhang mit Barmitteln, Zahlungen, Liquidität, Risiken und Compliance verbessert (Abb. 15.16). Das Treasurymanagement bietet eine vollständige Transparenz und Kontrolle über zusammengehörige Aktivitäten und automatisiert kritische Prozesse, um die Risiken dieser Aktivitäten besser zu verstehen und zu mindern. Die Kontrolle über diese komplexen Anforderungen sorgt für angemessene Liquidität, um Wachstum und Innovation zu fördern und gleichzeitig zu verhindern, dass Unternehmen den wachsenden finanziellen Risiken ausgesetzt sind. Die Komponente umfasst Zahlungen und Bankkommunikation, Cash- und Liquiditätsmanagement, Fremdfinanzierungs- und Investitionsmanagement sowie Finanzrisikomanagement. Das Modul bietet erweiterte Reporting-Funktionen, eine erweiterte

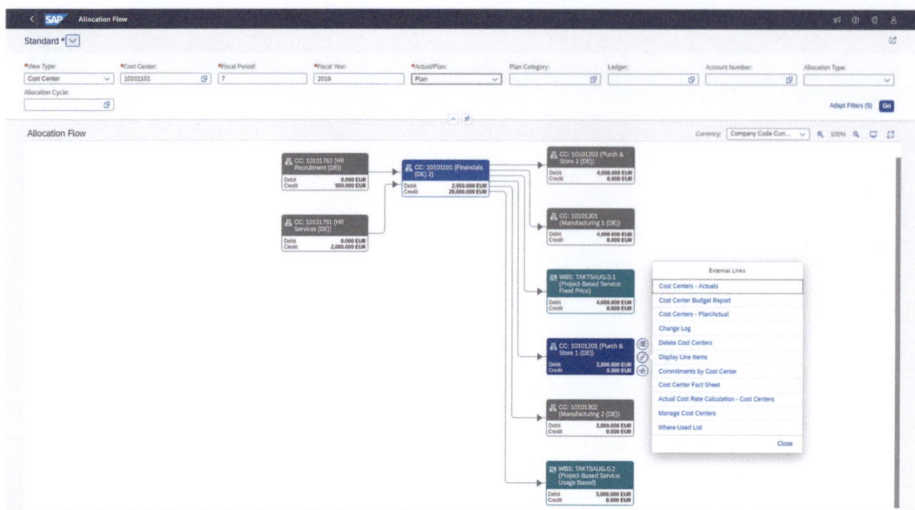

Abb. 15.15 SAP S/4HANA Finance – Verrechnungsfluss

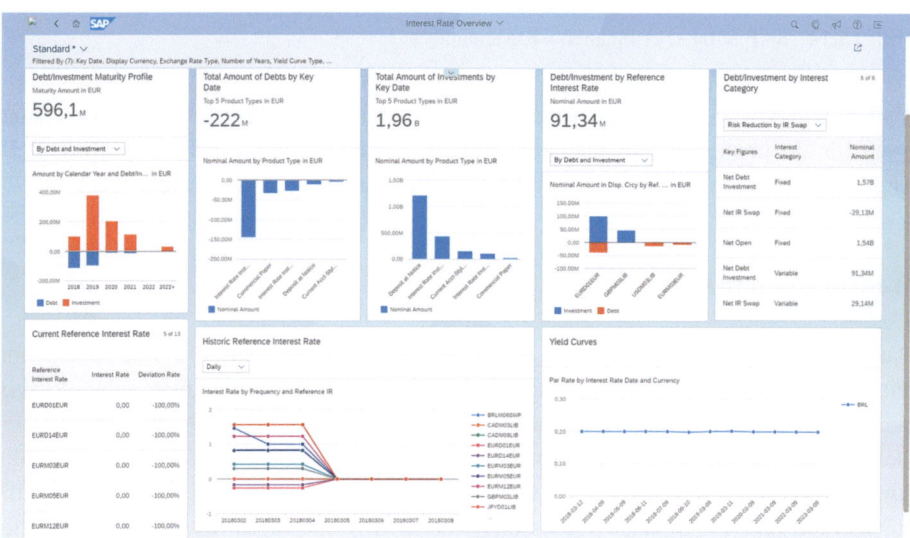

Abb. 15.16 SAP S/4HANA Finance – Zinsatzübersicht

Abdeckung der Gesetzgebung im Devisen-Hedge-Management und in der Buchhaltung
nach GAAP. Mit Treasurymanagement können Unternehmen den tatsächlichen und den
prognostizierten Tagesfinanzstatus prüfen, um die Entscheidung über die Barmittel-
zuordnung zu erleichtern. Die Lösung unterstützt das Anzeigen, Anlegen und Ändern
von Daten zu Banken, die Unternehmen, ihre Kunden und ihre Lieferanten für Trans-

aktionen verwenden. Die Stammdaten der Unternehmens- oder Geschäftsbankkonten können sowohl zentral als auch als Hausbankkonten verwaltet werden. Darüber hinaus können zukünftige Liquiditätsentwicklungen prognostiziert werden.

Immobilienmanagement

Die Lösung vereinfacht alle Prozesse über den gesamten Immobilienlebenszyklus hinweg. Dazu gehören Investitionen und Konstruktion, Vertrieb und Marketing, Miet- und Flächenmanagement, aber auch Wartung und Reparatur. Sie führt Aktivitäten von der Portfolioanalyse und Investitionsverfolgung bis hin zur Qualifizierung von Immobilien (Abb. 15.17), Leasing, Miete und Wartungs- und Reparaturserviceaufträgen aus. Die Immobilienobjektverwaltung bietet eine duale Betrachtungsweise auf die Stammdaten mit einer architektonischen Sicht und einer Nutzungssicht. Darüber hinaus werden alle Arten von Immobilienobjekten angelegt und verwaltet, einschließlich Wirtschaftseinheit, Grundstück, Gebäude, Mieteinheit, Mietfläche und Mietraumobjekte. Die Vertragsverwaltungsfunktion verarbeitet alle Verträge, die mit dem Immobilienportfolio verknüpft sind, einschließlich Anmiet-, Miet-, Kunden- und Lieferantenverträgen. Weiterhin werden Mietobjekte aus verschiedenen Wirtschaftseinheiten, Gebäuden oder Buchungskreisen Verträgen zugeordnet. Die Flächenoptimierung bietet Konten für außergewöhnliche architektonische Strukturen, Nutzungsüberlegungen und technische Einrichtungen. Außerdem können Flächen flexibel definiert und gemietet werden, um sie aus einem größeren verfügbaren Platz zu extrahieren, die Immobilienobjekte visuell über den Datenaustausch mit externen Grafiksystemen darzustellen. Mit der kreditorischen Sicht auf Anmietprozesse kann beispielsweise der Finanzstrom zum Vermieter gesteuert,

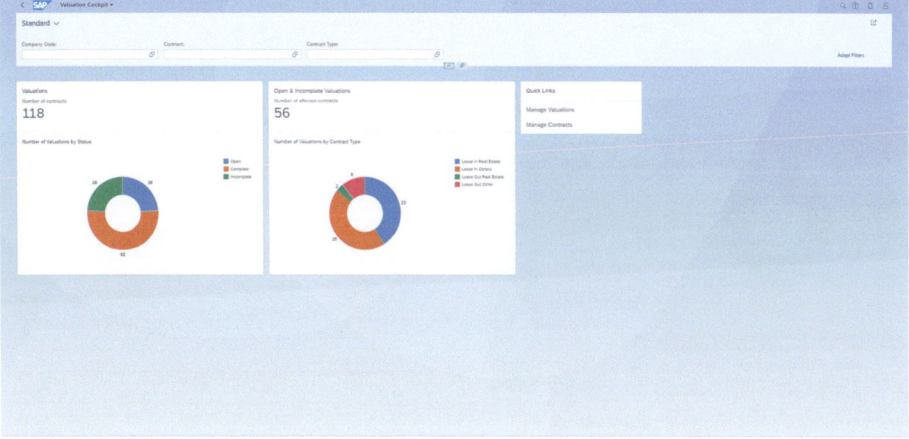

Abb. 15.17 SAP S/4HANA Finance – Bewertungsmanagement

aber auch die Aufwandsbuchung organisiert werden. Es werden verschiedene zentrale Geschäftsprozesse unterstützt, z. B. integrierte Anlagenmanagementbuchungen und -berichte, Immobiliencontrolling, Planung von Gebäudeneuentwicklungen, Instandhaltung und Modernisierungsprojekte.

Risiko und Compliance

Diese Lösung unterstützt Unternehmen bei der Verwaltung von Risiken, Kontrollen und gesetzlichen Anforderungen in Geschäftsabläufen. Um Risiken zu minimieren und Compliance zu prüfen, werden alle eingehenden oder ausgehenden Zahlungen basierend auf Unternehmensrisiken und Konformität geprüft (Abb. 15.18). Wenn Probleme auftreten, benachrichtigt die Lösung den Verantwortlichen automatisch, was die Reaktionszeit verkürzt. Die Lösung stellt die Informationen bereit, die für eine schnelle und datenbasierte Entscheidung zur Minimierung des Risikos erforderlich sind. Mit dem Module können Compliance-Richtlinien eingehalten und Risiken identifiziert werden. Beispielsweise verfolgt das Akkreditiv die Kreditwürdigkeit von Kunden und sperrt den Versand von Produkten, wenn die Kreditwürdigkeit nicht den Unternehmensrichtlinien entspricht. Das International Trade Management stellt Informationen und Muster für die gesetzliche Kontrolle und Compliance auf dem internationalen Markt bereit. Die Lösung verbessert die Performanz und senkt die Kosten und den Aufwand für die Verwaltung für Governance. Ziel ist es, Prozesse zu optimieren und zu automatisieren, Risikoereignisse zu antizipieren und zu verwalten, Compliance-Verstöße zu reduzieren

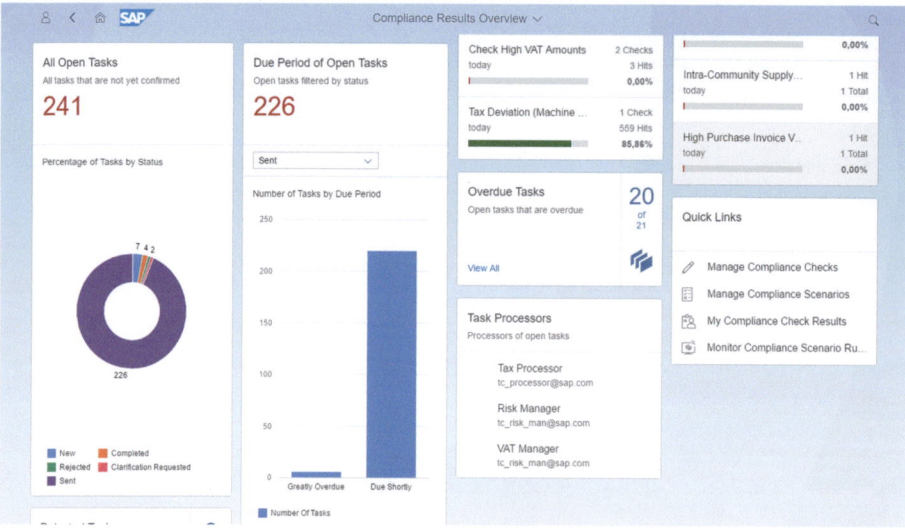

Abb. 15.18 SAP S/4HANA Finance – Compliance Resultate

und Governance-, Risiko- und Compliance-Programme auf wertschöpfende Geschäftsaktivitäten auszuweiten. Die Klassifizierung für International Trade ermöglicht die Einordnung von Produkten mithilfe von statistischen Warennummern, Servicecodes und Zolltarifnummern sowie die Produkttarifierung mithilfe von Kontrollklassen und -gruppierungen für die gesetzliche Prüfungen. Die International Trade Compliance verwaltet Genehmigungen gemäß der gesetzlichen Kontrolle für Export- und Importprozesse und überprüft gesetzliche Vorschriften für Import und Export. Außerdem verarbeitet es gesperrte Prüfungsbelege der Behörden, Embargos von Ländern/Regionen, Intrastat-Meldungen und deren Stammdaten.

Rohstoffmanagement

Die Komponente ist verantwortlich für die Identifizierung und Qualifizierung finanzieller Risiken im Zusammenhang mit der Volatilität von Rohstoffpreisen im Verkauf und in der Beschaffung. Die Lösung hilft, Lieferanten, Ressourcen und die Preisentwicklung zu verfolgen. Auf diese Weise kann das Unternehmen besser über eine Beschaffungsstrategie für seine Ressourcen entscheiden oder das Risiko mindern, indem es sie mit Rohstoff-Derivaten absichert (Abb. 15.19). Darüber hinaus kann der Wechselkurs für erbrachte Dienstleistungen in einem anderen Land mit einer anderen Währung überwacht werden. Das Modul unterstützt Materialverwaltungskontrakte von der Rohstoffpreisfindung bis hin zur Risikoanalyse und führt Markabfragen durch, einschließlich Bestandslogistikbelegen und Finanzderivaten. Die Rohstoffbeschaffung erleichtert die Erfassung, Bearbeitung und Verwaltung von Einkaufskontrakten, Bestellungen,

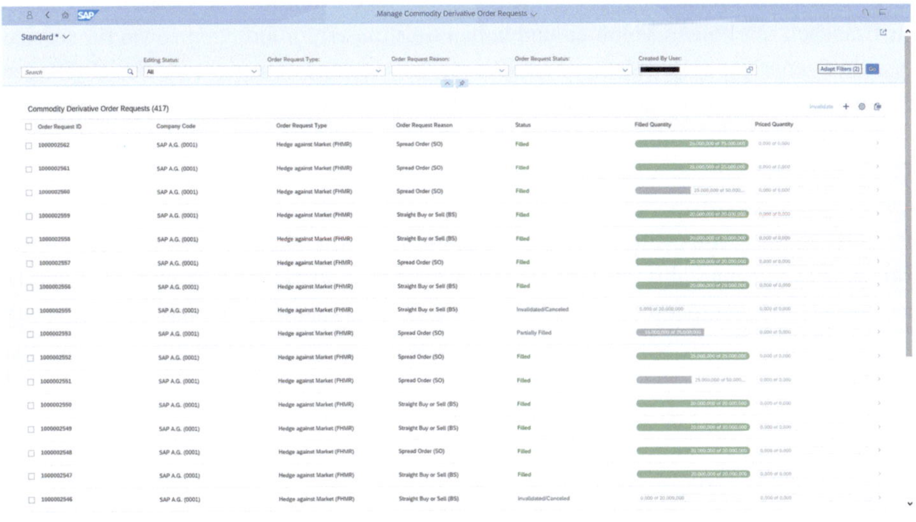

Abb. 15.19 SAP S/4HANA Finance – Rohstoffderivate

Wareneingängen und Rechnungen für Commodities aller Branchen. Es führt eine einfach zu verwendende formelbasierte Rohstoffpreisfindung auch für zukünftige Termine durch und verwendet die Marktdatenverwaltung basierend auf Kontraktspezifikationen für Derivate. Außerdem hilft die Rohstoffbeschaffung bei der Eingabe und Zuordnung von Preisfixierungen und der Durchführung von Periodenendbewertungen. Das Rohstoff-Risikomanagement behandelt Rohstoff-Futures, -Forwards, -Swaps, handelbare Optionen und OTC-Optionen (OTC – Over the Counter) und verarbeitet die entsprechenden Stamm- und Marktdaten. In der Praxis werden Optionskontrakte hauptsächlich an Terminbörsen gehandelt. Das bedeutet, dass Käufer und Verkäufer einer Option nicht direkt miteinander interagieren. Als Alternative zu dieser indirekten, kommerziellen Ausführung hat sich der direkte Handel etabliert, der auch als OTC-Handel bezeichnet wird. OTC-Optionen sind Kontrakte, die ausschließlich im direkten Handel verarbeitet werden. Risikoanalysen helfen bei der Bewertung von Preisrisiken für Rohstoff-Derivate und Logistikpositionen. Die Informationen zum Preisrisiko werden aus den Belegflüssen, Rohstoff-Derivaten und Logistikvorgängen abgeleitet. Rohstoffvertrieb ermöglicht das Erfassen, Bearbeiten und Verwalten von Verkaufsbelegen, Lieferungen und Fakturen für Commodities aller Branchen. Es verwendet die Marktdatenverwaltung basierend auf Kontraktspezifikationen für Derivate, ordnet Preisfixierungen zu und führt Periodenendbewertungen durch.

Abonnementabrechnung und Einnahmenmanagement

Mit dieser Funktion können Organisationen flexible Zahlungsmodelle verwenden, um Abonnements und nutzungsabhängige Fakturierung einzubeziehen. Abonnementabrechnung und Einnahmenmanagement ist das Nebenbuch in SAP S/4HANA Finance für Branchen mit hohem Volumen und hohen Leistungsanforderungen sowie für servicebasierte Szenarien, z. B. Telekommunikation, Versorgungsindustrie und Versicherungen. Es bietet viele flexible und kreative Modelle, die Abonnement- und nutzungsbasierte Fakturierung, Partnerumsatzbeteiligung, Forderungsmanagement und Zahlungsabwicklung sowie Kredit- und Inkassomanagement umfassen. Wichtige Funktionen sind Abonnementgeschäftsmodelle mit wiederkehrenden und einmaligen Gebühren, Rating und Abrechnung von Millionen von Nutzungstransaktionen, die aus mehreren Plattformen zusammengeführt werden, volumenbasierte Rabatte und Zuschläge, Umsatzverteilung und Partnerabrechnung. Die Subskriptionsauftragsverwaltung unterstützt Kunden bei der Bereitstellung ihrer Geschäftslösungen als Kombination aus Produkten und Dienstleistungen. Sie ermöglicht es den Kunden, ihre Produkte als Service mit verbrauchsbasierten Preismodellen anzubieten. Konvergente Fakturierung kombiniert Informationen aus zahlreichen Abrechnungsströmen sowie bewertete Ereignisse. Sie ermöglicht es Dienstleistern, Gebühren in einer einzigen Rechnung zu konsolidieren und eine vollständige Sicht auf den Kunden anzubieten. Anbieter sind in der Lage, Partnerschaften mit Dritten aufzunehmen und neue Services anzubieten, indem sie

angeben, welche Partei für eine bestimmte Gebühr verantwortlich ist. Darüber hinaus
können sie anspruchsvolle Regeln für Rabatte auf Rechnungsebene verarbeiten. Durch
die deutliche Optimierung komplexer Abrechnungsprozesse können Anbieter Kunden
eine einzige konsolidierte Rechnung anbieten und gleichzeitig bessere, personalisierte
Services bereitstellen. Vertragskontokorrent ermöglicht die Zuordnung einzelner Aus-
gleichsstrategien, die Automatisierung der Zahlungsabstimmung und das Anlegen von
Berichten, die auf Rechnungslegungsvorschriften abgestimmt sind. Aufgrund der automatisierten Zahlungsabwicklung wird die Außenstandsdauer der Forderungen verkürzt.
Das Kredit- und Inkassomanagement bietet eine Kreditwürdigkeitsprüfung für Neu- und
Bestandskunden auf der Grundlage historischer Kundendaten, die mit externen Rating-
agenturen verbunden sind. Sie automatisiert Routineaufgaben im Inkassoprozess für
Massenvolumen von Kunden, z. B. die Berechnung von Zinszahlungen. Forderungs-
strategien können mithilfe der Champion-Challenger-Analyse kontinuierlich optimiert
werden. Durch die Bereitstellung eines Überblicks über die Kredit- und Forderungs-
Historie von Neu- und Bestandskunden können die Außenstandsdauer der Forderungen
und das Risiko einer Nichtzahlung reduziert und gleichzeitig treue Kunden gehalten
werden. Mit der Kundenbetreuung im Finanzwesen können Kundenservicemitarbeiter
Finanzanfragen von Kunden effizient und konsistent verwalten.

15.3   Fazit

Das Finanzwesen ist ein unterstützender Geschäftsprozess in der Wertschöpfungskette, der Finanzinformationen aus den anderen Kernprozessen verwaltet. Der Prozess
beginnt mit der Durchführung von Planung, Budgetierung und Prognose. Zu zahlende
Lieferantenrechnungen werden basierend auf der Kreditorenbuchhaltung verarbeitet.
Kundenrechnungen werden mit dem Prozess der Rechnungsabwicklung fundierend
auf der Debitorenbuchhaltung abgewickelt. Buchführung und Finanzabschluss sind
ebenfalls Bestandteil dieses unterstützenden Prozesses. Das Treasurymanagement
deckt Zahlungen und Bankkommunikation ab, während das Immobilienmanagement
den gesamten Lebenszyklus von Immobilien abdeckt. In SAP S/4HANA wird dieser
Geschäftsprozess hauptsächlich von der Komponente SAP S/4HANA Finance
abgebildet. SAP S/4HANA Finance bietet Funktionen für Finanzvorgänge, Unternehmensrisiken und Compliance, Kostenmanagement und Rentabilitätsanalyse, Buchhaltung und Finanzabschluss, Immobilienmanagement und Treasury-Management. Die
SAP S/4HANA Module sind tief integriert und interagieren mit-einander, sodass auch
zusätzliche Komponenten zur Abwicklung dieses durchgängigen Prozesses beitragen.

Industrielösungen

16

Das Kapitel behandelt die vertikalisierungsspezifischen Funktionen von SAP S/4HANA. Abgedeckt sind die Branchen für Verbraucher, Fertigungsindustrie, Energie und natürliche Ressourcen, Serviceindustrie, Finanzdienstleistungen und öffentlicher Dienst. Es wird das Switch Framework erläutert, welches zur Realisierung der Branchenlösungen dient.

16.1 Funktionsumfang

SAP S/4HANA bietet mehr als 25 Industrielösungen, die maßgeschneiderte branchenspezifische Geschäftsprozesse bereitstellen. Diese Lösungen lassen sich in Verbraucherindustrie, Finanzdienstleistungen, Energie und natürliche Ressourcen, Serviceindustrie, öffentlicher Sektor und Fertigungsindustrie einteilen. Wie in Abb. 16.1 dargestellt, basieren die Industrielösungen auf die SAP S/4HAN Kernmodule wie R&D/Konstruktion, Beschaffung, Logistik, Fertigung, Vertrieb, Kundenservice, Finanzwesen und Anlagenmanagement.

Eine zentrale Frage ist, wie diese verschiedenen Branchenlösungen isoliert sind, während sie die Kernfunktionen von SAP S/4HANA erweitern? Das zugrunde liegende Konzept hierfür ist das Switch Framework, welches das Einfügen von Schaltern im Code bzw. in den Branchenfunktionen ermöglicht und so das Problem löst. Auf diese Weise können Kunden Industrielösungen gemäß ihrem Geschäftsfeld explizit aktivieren. In den nächsten Abschnitten werden einige der Branchenlösungen kurz erläutert, um einen Eindruck von ihrer Funktionalität zu vermitteln.

© Der/die Autor(en), exklusiv lizenziert an Springer Fachmedien Wiesbaden GmbH, ein Teil von Springer Nature 2023
S. Sarferaz, *ERP-Software: Funktionalität und Konzepte,*
https://doi.org/10.1007/978-3-658-40499-4_16

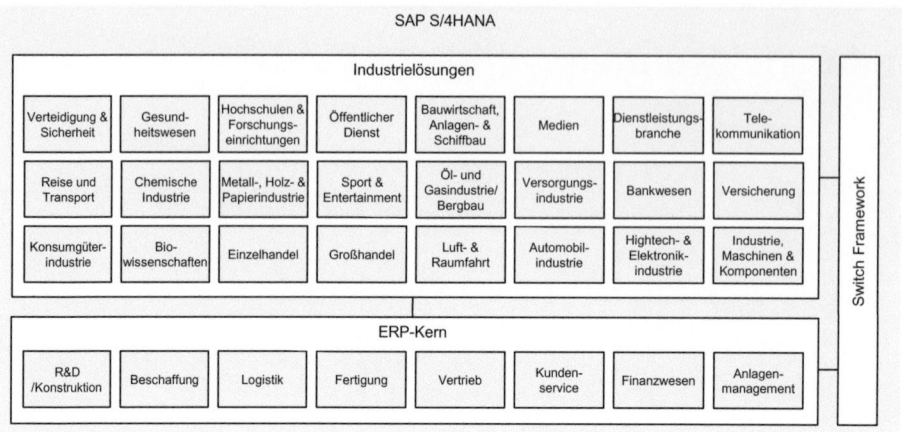

Abb. 16.1   SAP S/4HANA – Industrielösungen

16.2   Verbraucherindustrie

Diese Kategorie umfasst die Branchenlösungen für Konsumgüter, Biowissenschaften, Landwirtschaft, Einzelhandel und Großhandel.

Konsumgüterindustrie

Die heutigen Verbraucher sind anspruchsvoll, spontan und versiert. Wie können Konsumgüterunternehmen darauf reagieren und gleichzeitig rentabel bleiben? Die Antwort ist alle Aspekte der Geschäftstätigkeit auf den Endkun den, also den Ver-braucher, auszurichten, was der Fokus dieser Branchenlösung ist. Beispielsweise wird mit der Direktbelieferung die Verteilung von Konsumgütern an Einzelhandelsgeschäfte und Handelsketten unterstützt. Hersteller und Lieferanten können alle Phasen des Ver-kaufsprozesses zentral anzeigen und koordinieren. Diese Branchenlösung bietet viele Funktionen für die Routenplanung, -ausführung und -überwachung an.

Einzelhandel

Aktuelle Trends im Einzelhandel sind Online-Handel, neue und innovative Einkaufs-möglichkeiten und nachhaltige Unternehmen. Kunden benötigen ein reibungsloses Ein-kaufserlebnis ohne Unterbrechung, das auf der anderen Seite so personalisiert wie möglich ist. Um diese hohen Erwartungen zu erfüllen, müssen Unternehmen intelligente und effiziente digitale Lösungen nutzen. Die optimale Stammdatenverwaltung ist daher einer der Schlüsselbestandteile der Branchenlösung. Die zugehörige Funktionalität ermöglicht es Unternehmen, Produkte mit allen zugehörigen Produktstammdaten und Kontextinformationen zu verwalten, sie kompakt anzuzeigen und von dort aus zu verwandten Business-Objekten zu navigieren. Darüber hinaus können Produkte prozess- und produktübergreifend zusammengefasst werden und die hierbei ausgewählten Kriterien entsprechend schnell angepasst werden. Produkthierarchien können verwendet werden, um zu analysieren, wie Kunden ein Produkt im Sortiment finden können, das sie kaufen möchten. Die Saisonabwicklung kann jährliche Perioden als zeitabhängiges Merkmal für Produkte verwenden. Mit dem Sortimentsmanagement können Unternehmen Sortimente anlegen und ihnen Gültigkeitszeiträume zuordnen. Diese Informationen können mit Lokationsdaten kombiniert werden, um die richtigen Produkte zum richtigen Zeitpunkt an eine Filiale zu liefern. Auch die Einkaufsoptimierung ist ein wichtiger Bestandteil des Moduls. Die Branchenlösung unterstützt die Bestellplanung und -abwicklung sowie die Sammelauftragsverwaltung, wenn mehrere Bestellungen aus verschiedenen Filialen kombiniert und Frischeprodukte verwaltet werden. Um Zeit zu sparen, leitet die Branchenlösung Lagerbestände und Abverkaufszahlen an Lieferanten und Hersteller weiter, damit diese ihre Materialbedarfe und die Nachschubplanung optimieren können. Ebenso unterstützt die Industrielösung die Beschaffung der für Nachschubprozesse benötigte Stamm- und Bewegungsdaten und bietet Auftragsvorschläge an, die als Grundlage für die Bestellung bei externen oder internen Lieferanten genutzt werden können. Bei der Nachfragevorhersage mittels Verteilungskurven wird definiert in welchem Verhältnis verschiedene Varianten eines Produktes nachgefragt werden. Dadurch sind Nachbestellungen einfacher und präziser. Die nächste Tabelle fasst die von SAP S/4HANA unterstützen Branchenlösungen für die Verbraucherindustrie zusammen.

Industrielösung	Funktionsumfang
Landwirtschaft	• Verwaltung landwirtschaftlicher Kontrakte (Abb.16.2) • Durchgängiger Prozess für Verkauf und Einkauf von Drittanbietern • Vertragstoleranzen, flexible Preisfindung, Erlösrealisierung
Konsumgüterindustrie	• Direktbelieferung für die direkte Verteilung • Zusammenstellung von Routen basierend auf Frachtaufträgen • Verbuchung und Routenüberwachung (Abb.16.3)
Biowissenschaften	• Arzneimittelformulen und Rezeptentwicklung • Management der klinischen Versuche • Strategische Bezugsquellenfindung und Beschaffung
Einzelhandel	• Sortimentsmanagement, Warenkauf, lieferantenverwalteter Bestand, Nachschubplanung, Bedarfsprognose, Bestandsführung • Einzelhandel für die Warenwirtschaft, Filiallayout und Handelspreisverwaltung, Werbungsmanagement • Bedarfs- und Bestandssegmentierung, Bestandszuteilung, Kundenauftragsmanagement und -abwicklung • Fertigung
Großhandel	• Kooperation bei bedarfsseitigen Prognosen • Rechnungsautomatisierung, Lageroptimierung • Geschäftsnetzwerk für Logistik

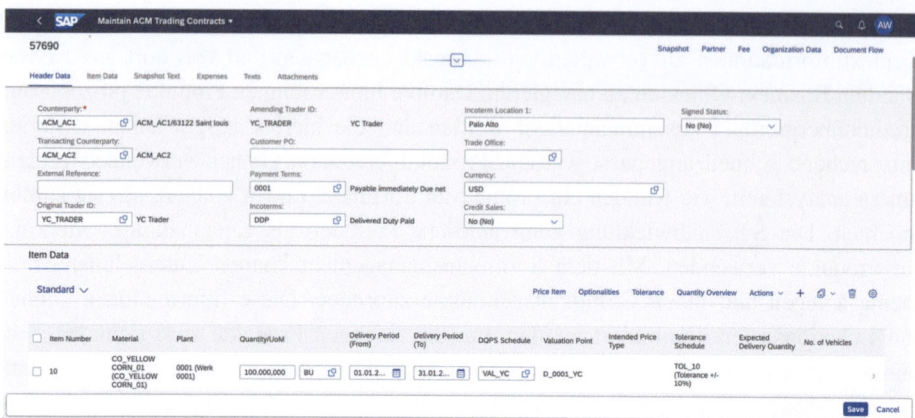

Abb. 16.2 Landwirtschaft – Handelsvertrag

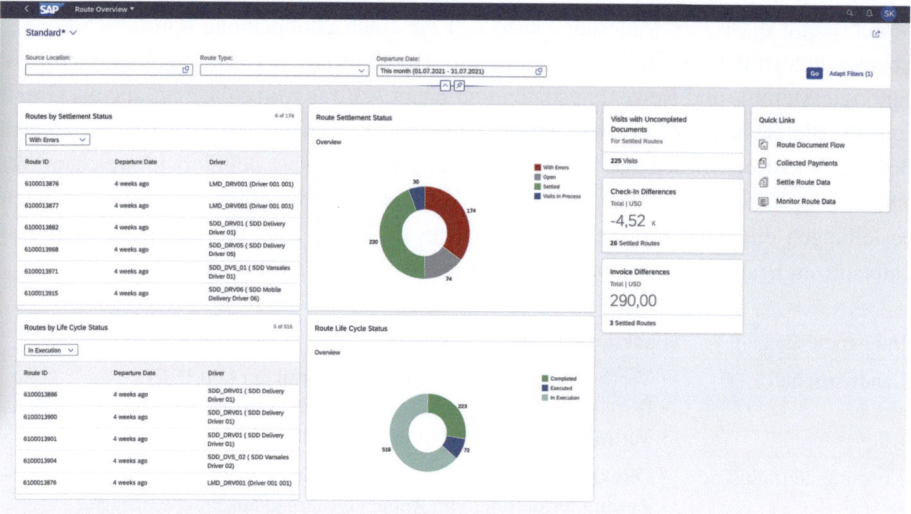

Abb. 16.3 Konsumgüterindustrie – Routenübersicht

16.3 Fertigungsindustrie

Diese Kategorie deckt die Branchenlösungen für Luft- und Raumfahrt, Automobil-industrie, Hightech- und Elektronikindustrie, Reise und Transport sowie Industrie Maschinen und Komponenten ab.

Automobilindustrie

Die Automobilindustrie hat derzeit zwei Ziele, die sie bewegt: Zum einen ist es wichtig, dass das traditionelle Geschäft profitabel bleibt und weiterwächst. Zum anderen ist wichtig, dass innovative Ideen und Lösungen hinsichtlich der neuen Welt der Mobilität gefunden und umgesetzt werden. Die andere wichtige Idee ist die Schaffung innovativer Lösungen auf dem Weg zu neuer Mobilität. Die Branchenlösung für die Automobilindustrie fokussiert sich auf den Groß- und Einzelhandel mit Fahrzeugen. Sie unterstützt den Verkauf von Fahrzeugen, die im Lager sind, indem nach gewünschten Konfigurationen gesucht werden kann und die Ergebnisse reserviert werden können. Außerdem unterstützt sie Lieferbelege und die Inzahlungnahme sowie den Rückkauf gebrauchter Fahrzeuge. Zusätzlich können ebenfalls Fahrzeuge bestellt werden, die noch gar nicht hergestellt wurden. Die Konfiguration wird dann an den Hersteller weitergeleitet. Fahrzeugbestellungen des Händlers für das Lager werden auch mit Empfang der Lieferantenrechnung und Buchung unterstützt. Des Weiteren bietet die Industrielösung ein Webportal, über das Händler Fahrzeuge suchen und bestellen und den Status einsehen können. Ersatzteile können auch darüber bestellt und zurückgegeben werden. Die Verwaltung von Garantieansprüchen und die dazugehörige Rücksendung sowie Rückrufe von Herstellern können hier ebenfalls verwaltet werden. Die nächste Tabelle fasst die von SAP S/4HANA unterstützen Branchenlösungen für die Fertigungsindustrie zusammen.

Industrielösung	Funktionsumfang
Luft- und Raumfahrt	• Bedarfszusammenfassung, Bedarfsverursachernachweis, Verteilung • Transfer/Borrow-Loan-Payback • Aufwandsbezogene Fakturierung und Auftragseingang • Projektfortschritt • Bestandsführung, Erstbereitstellung • Wartungsplanung und Bestandsberechnung
Automobilindustrie	• Erweitertes Konfigurationsmanagement • Verpackungslogistik, Just-In-Time-Eingang und -Ausgang (Abb. 16.4) • Planung, Verfolgung und Ausführung • Materialaustauschbarkeit, Produktionsrückmeldung • Gutschriftsverfahren, Lieferantenarbeitsplatz
Bauwirtschaft, Anlagen- und Schiffbau	• Verwaltung von Leistungsverzeichnissen, Equipment und Werkzeugen • Anlagenbau • Immobilienverkauf
Hightech- und Elektronikindustrie	• Softwarelizenz und Management von installiertee Software • Erweiterungen für Vertragsmanagement und Fakturierung • Konditionstechniken im Distributor-Reseller-Management, • Hersteller- und Lieferantenabwicklung • Distributor- und Wiederverkäuferabwicklung

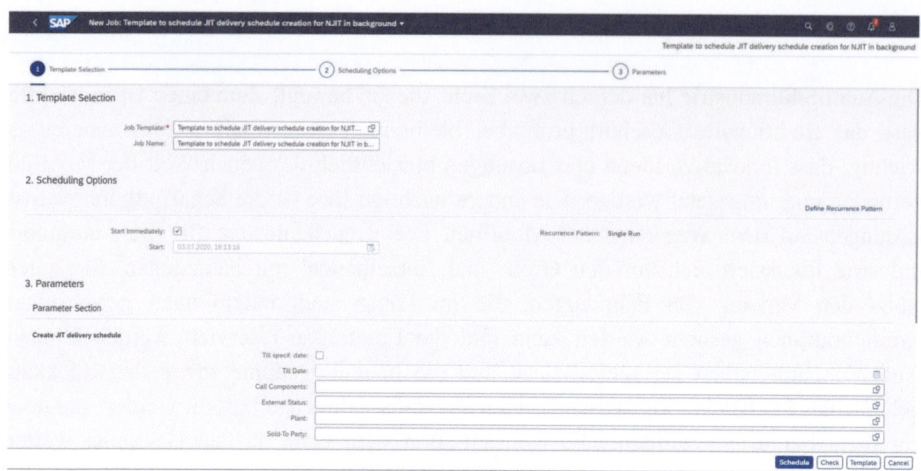

Abb. 16.4 Automobilindustrie – Feinabrufterminierung

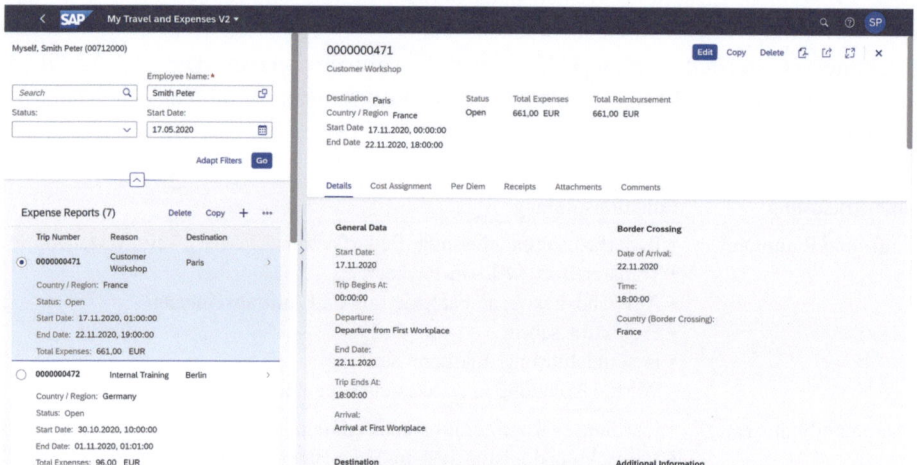

Abb. 16.5 Reisen und Transport – Spesenabrechnung

Industrielösung	Funktionsumfang
Industrie Maschinen und Komponenten	• Produktdesign mit 3D-Visualisierung und Variantenkonfiguration • Vorausschauende Materialbedarfsplanung • Anlagennetzwerke und vorausschauende Services
Reise und Transport	• Fahrgastreisen und Freizeit • Frachttransport- und Logistikdienstleistungen • Fakturierungs- und Einnahmenmanagement (Abb.16.5)

16.4 Energie- und natürliche Ressourcen

Diese Kategorie umfasst die Branchenlösungen für chemische Industrie, Metall-, Holz- und Papierindustrie, Bergbau, Öl- und Gasindustrie und Versorgungsindustrie.

Öl- und Gasindustrie

Kunden aus der Öl- und Gasindustrie haben einige Anforderungen, an IT-Systeme, die andere Branchen nicht haben. Entlang der gesamten Wertschöpfungskette, also schon bei der Förderung aber auch beim Weiterverkauf müssen Vorschriften eingehalten und Zollgebühren und Steuern gezahlt werden. Die Branchenlösung unterstützt die Verwaltung aller dieser Anforderungen. Mit volumetrischen Berichten kann die Einhaltung der Vorschriften nachgewiesen werden. Steuern können bei Warenbewegungen, Kaufverträgen, Bestellungen und dem Warenein- und -ausgang automatisch berechnet werden. Des Weiteren werden in der Öl- und Gasindustrie Volumen, Masse, Energie, Dichte und Heizwert als Einheiten verwendet. Die Industrielösung bietet Funktionen für die Mengenumrechnung und die Speicherung der Werte, abhängig von Umgebungsbedingungen wie Druck und Temperatur. Zusätzlich können mit dem Silo- und Tankmanagement Materialbestände in Silos regelmäßig abgelesen werden. Für Preise bietet die Industrielösung einige Erweiterungen wie die Speicherung von fünf Dezimalstellen, Vertragspreisen, die Generierung von Kundenpreislisten und die zeitabhängige Preisgestaltung. Ladeinformationen können über eine Schnittstelle an externe Systeme weitergeleitet werden. Außerdem sind Erweiterung für die Verwaltung von Schecks und die Zusammenfassung von Gütern zu Chargen Teil der Branchenlösung.

Versorgungsindustrie

In der Versorgungswirtschaft findet der Handel anders statt als aus anderen Branchen gewöhnt. Kunden erhalten durchgehend eine Leistung. Diese wird gemessen und anhand dieser Daten und einem Produkt mit einem Satz einzuzahlender Betrag berechnet. Diese Berechnung kann regelmäßig oder ereignisbasiert ausgeführt werden. Mit der Industrielösung können Produkte mit den zugehörigen Merkmalen definiert werden und Zeitpläne für die Abrechnung angelegt werden. Außerdem kann eine Berechnung simuliert werden, damit sie geprüft werden kann. Nebenkosten werden auf den gesamten Lieferzeitraum verteilt. Typischerweise stellen Anbieter netzbezogene Dienste wie die Netznutzung für andere Marktteilnehmer bereit. Der Lieferant sendet den Nutzern dann Netznutzungsrechnungen. In der Lieferantensicht können auf Rechnungen bezogene Beschwerden angelegt werden und Zahlungshinweise eingesehen werden. In der Händleransicht können elektronische Rechnungen erstellt werden, Reklamationsbenachrichtigungen bearbeitet und eingehende Zahlungen entsprechend gebucht und

Zahlungshinweise zugeordnet werden. Außerdem wird der Datenaustausch in beiden
Ansichten protokolliert und kann überwacht werden. Messungen können diskrete Daten
oder äquidistante Zeitreihenwerte erzeugen. Diese werden von der Weiterverarbeitung
zunächst validiert. Für die periodischen Zählerablesungsaufträge werden Zeitpläne
erstellt und ausgegeben. Außerdem werden Funktionen zum Hochladen und Eingeben
von Messdaten angeboten. Das Geräte-Management ermöglicht die Verwaltung der
Beschaffung, Lagerung und Lagerbewegung sowie die Installation, den Austausch und
die Entfernung von Zählern und anderen Geräten beim Kunden. Das Trennungs- und
Wiederverbindungsmanagement ist auch Teil der Industrielösung und ermöglicht die
Durchführung von automatischen oder manuellen Trennungen und Wiederverbindungen
auf Kundenwunsch oder bei anderen Ereignissen wie beispielsweise einer versäumten
Zahlung. Des Weiteren bietet die Branchenlösung eine Webanwendungsvorlage für
Self-Services an. Kunden können ihr Online-Konto sowie alle persönlichen Daten und
Kontaktinformationen, Versorgungsaufträge und Zahlungen verwalten. Rechnungen
und Verbrauch können eingesehen werden und es gibt Möglichkeiten mit dem Versorgungsunternehmen zu kommunizieren. Über eine Co- Browsing Funktionalität
können Kundendienstmitarbeiter Kunden helfen, indem sie das gleiche sehen, wie ein
Kunde auf seinem Bildschirm und ihm dadurch besseren Support leisten. Darüber hinaus
existieren Funktionen für Regelungen und Anforderungen, die in bestimmten Ländern
und Regionen gelten. Die nächste Tabelle fasst die von SAP S/4HANA unterstützen
Branchenlösungen für Energie- und natürliche Ressourcen zusammen.

Industrielösung	Funktionsumfang
Chemische Industrie	• Eingebettetes Probenmanagement einschließlich Sicherheit und Produktservicequalität, Berichtswesen (Abb.16.6) • Szenariosimulation für Annahmen, Risiken oder Geschäftsereignisse • Physische Vermögenswerte und Einhaltung gesetzlicher Vorschriften
Metall-, Holz- und Papierindustrie	• Ursprungschargenverwaltung und Merkmalsschnellerfassung • Trommelrechnung und merkmalsbasiertes Verpacken in Auslieferungen Klassifizierung von Einkaufsinfosätzen und Schneidumlagerungen, Stückchargen und Setzen des Endlieferungskennzeichens • Lieferungsbezogene Aufmachungsänderung, Packmittelpositionen in Lieferung • Erweiterungen in der Produktionsplanung und -steuerung • NE-Metallabwicklung
Bergbau	• Pflege und Optimierung aller Bergbauprozesse • Sammeln von Daten zu allen Bergbauprozessen • Lang- und kurzfristige Produktionsziele planen Kosten der gesamten Logistikkette verwalten Verwaltung von Verteilungsprozessen
Öl- und Gasindustrie	• Produktions- und Erlösrechnung • Upstream Operations Management • Felddatenerfassung für vorgelagerte Allokationen • Nachgelagert

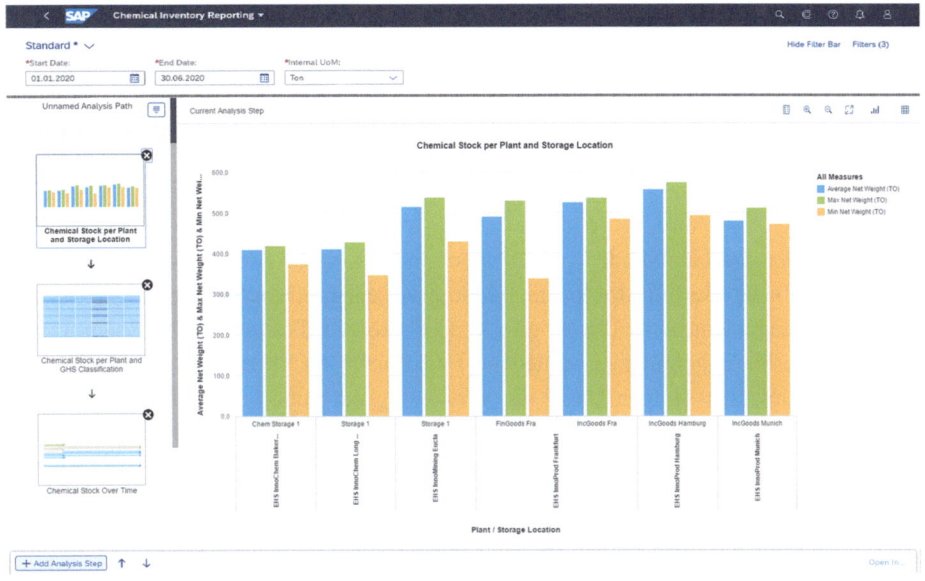

Abb. 16.6   Chemische Industrie – Bestands-Reporting für Chemikalien

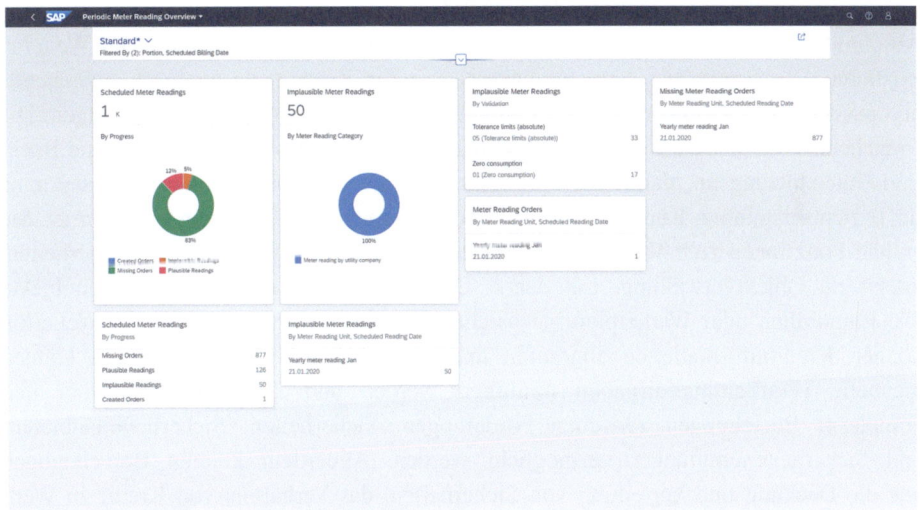

Abb. 16.7   Versorgungsindustrie – Turnusablesung

Industrielösung	Funktionsumfang
Versorgungsindustrie	• Geräteverwaltung • Energiedaten-Management • Vertragsabrechnung und Fakturierung • Kundenservice und Arbeitsmanagement • Unternehmensübergreifender Datenaustausch und Ablesung (Abb.16.7)

16.5   Finanzdienstleistungen

Diese Kategorie deckt die Branchenlösungen für Bankwesen und Versicherung ab.

Bankwesen

Die wichtigsten Geschäftsfelder von Banken sind Einlagen, Kredite und Sicherheiten. Für alle drei bietet die Industrielösung Module mit entsprechenden Funktionen an. Das Einlagen-Management bietet die Möglichkeit Girokonten, Festgelder und Sparguthaben zu verwalten. Dazu gehören verschiedene Funktionen zur Unterstützung des Lebenszyklus von Einlagenverträgen sowie die Verwaltung der Stammdaten. Des Weiteren ist es möglich Verbindlichkeiten und Forderungen zu überwachen, Geschäftsvorgänge wie die Erstellung von Lastschriften und Schecks zu verwalten. Eingehende und ausgehende Zahlungen und Daueraufträge können mit der Branchenlösung ebenfalls verwaltet werden. Zum Kredit-Management gehört die Verwaltung von strukturierten Krediten, wie Privatkundenkrediten als auch komplexen Krediten wie Hypothekarkredite. Hier bietet die Industrielösung ebenfalls Unterstützung des Lebenszyklus von Darlehensverträgen und bei der Verwaltung von Stammdaten. Zahlungsströme können verarbeitet werden und verschiedene Geschäftsvorgänge wie Auszahlung, Verzicht, Abschreibung, Kreditnehmerwechsel oder Auszahlung verwaltet werden. Des Weiteren existieren Funktionen für Abrechnungsprozesse für Kredite als auch für eingehende und ausgehende Zahlungen wie Rückzahlungen, Zinszahlungen und Auszahlungen. Die Branchenlösung bietet im Bereich des Sicherheiten-Managements eine Front- und Back-End-Unterstützung an, damit die Anwendung in die betriebliche Transaktionssysteme für Berichtserstellung, Kunden-, Risiko-, und Dokumentenmanagement integriert ist. Sie enthält Funktionen zum Verwalten und Überwachen der Verwendung von Sicherheiten, integrierte Objektverwaltung, mit denen Daten für verschiedene Sicherheitenobjekte wie Immobilien oder Wertpapiere gespeichert und bewertet werden können. Weiterhin können Kreditinformationen abgerufen und herangezogen werden. Dadurch können manuelle Verarbeitungsaufgaben minimiert werden und Zuordnung einfacher und komplexer Beziehungen zwischen Forderungen, Sicherheiten, Sicherheitenanbietern und Sicherheitenempfängern ermöglicht werden. Außerdem können Berechnungen wie die Deckung und Verteilung von Sicherheiten, das Verhältnis von Kredit zu Wert, die Berechnung freier Sicherheiten und die Unterdeckung von Sicherheiten durchgeführt werden. Des Weiteren können mit dem Modul zur Rückstellung für uneinbringliche Forderungen Wertminderungen für bilanzielle und außerbilanzielle Transaktionen erstellt, gebucht und verwaltet werden. Es können Vorschläge für eine einzelne Risikovorsorg erstellt werden, die vom Kreditsachbearbeiter angepasst werden können. Die Komponente enthält Schnittstellen, mit denen sowohl SAP-Systeme als auch Nicht-SAP-Systeme als Datenquelle verwenden werden können. Wenn die Risikovorsorge gebucht wird, überträgt das System sofort alle bilanzrelevanten Daten in die Finanzbuchhaltung. Darüber hinaus existieren Funktionen für Regularien und Anforderungen, die in bestimmten Ländern und Regionen gelten.

Versicherung

Die Branchenlösung für Versicherungen enthält Module für alle wichtigen betriebswirtschaftlichen Prozesse. Das Policen-Management ermöglicht es Versicherungsverträge zu verwalten und enthält viele Funktionen entlang des Lebenszyklus eines Vertrags. Dazu zählen die Erstellung einer Anwendung über die Ausgabe von Richtlinien und die laufende Vertragspflege bis hin zur Vertragsauflösung. Dieses Modul wird für Lebens-, Schadens-, Unfall- und KFZ-Versicherungen bereitgestellt. Im Bereich des Schadensmanagement bildet die Industrielösung den gesamten Anspruchslebenszyklus ab, um den gesamten Schadenprozess von der ersten Schadensmeldung über die Schadensanpassung bis hin zur Finanzberichterstattung zu automatisieren und zu verwalten. Dieses Modul existiert für noch mehr Arten von Versicherungen. Zu den eben genannten kommen Hausrat-, Haftpflicht-, Kranken- und Pflegeversicherungen sowie Versicherungen für Arbeiter Entschädigungen hinzu. Mit den Funktionen ist es möglich über verschiedene Kanäle eingegangene Verlustmeldungen aufzuzeichnen und Ansprüche zu erstellen. Daraufhin können relevante Informationen erfasst werden und Ansprüche bewertet werden. Auch für den nächsten Schritt, die Abrechnung und Zahlung, bietet die Branchenlösung Funktionalität an. Mit diesen können Inkasso- und Auszahlungsaufgaben in verschiedenen Geschäftsbereichen zentral ausgeführt werden, was eine genauere Zahlungsabwicklung ermöglicht und die Kreditkontrolle verbessert. Funktionen rund um die Sammlungen und Auszahlungen für Rückversicherer ermöglichen eine Integration in die Hauptbuchsysteme, sodass nahezu unterbrechungsfreie Geschäftsprozesse gewährleistet werden können. Die Automatisierung von Rückversicherungsgeschäftsprozessen erlaubt die Transaktionskosten zu senken, was zu einer verbesserten Kundenzufriedenheit führt. Die Buchhaltung offener Posten, die Zahlungsabwicklung, die Verarbeitung eingehender Zahlungen, die Korrespondenz und das Mahnwesen kann ebenfalls mit der Branchenlösung durchgeführt werden. Des Weiteren können das Broker-Buchhaltungs- und Mitversicherungsgeschäft abgebildet werden und die Integration in betriebliche Versicherungssysteme und Back-Office-Anwendungen wie das Hauptbuch ermöglicht werden. Die Komponente bietet im Bereich der Vergütungsvorgänge ebenfalls einige Funktionen. Zum Beispiel können Vertriebsstrukturen reproduziert und flexible Anreizsysteme eingerichtet werden. Standardvereinbarungen können als Grundlage für die Erstellung individueller Kontrakte und die Abwicklung von Provisionsfällen verwendet werden. Mit der Vergütungsplanung können konsistente Pläne erstellt werden. Weiterhin kann die Strategie des Unternehmens auf bestimmte Vertriebsziele aufgeteilt und Planänderungen können kaskadiert werden. Neue Organisationen können problemlos in die Vertriebszusammensetzung integriert und die Vergütung für den Verkauf neu gestalteter Produkte angepasst werden. Kundensegmenten können Außendienstleistern zugewiesen, Geschäftsportfoliobeziehungen verwalten und die Zuordnungen von einem Außendienstleister zum anderen übertragen werden. Mitarbeiter können über die neuesten Regeln und Vorschriften auf dem Laufenden gehalten werden, indem die Qualifikation der Vertriebsmitarbeiter überprüft wird und die Anmeldeinformationen der Vertriebsmitarbeiter mit der Vergütung verknüpft werden. Interne und externe Vertriebsziele können sich an der Gesamtstrategie des Unternehmens ausrichten und die Vergütung der Vertriebsmitarbeiter kann für die Erreichung dieser Ziele automatisiert werden. Die gesetzliche Berichterstattung, die Versicherungen zu leisten haben, wird ebenfalls durch die Branchenlösung unterstützt. Das erfolgt durch die vierteljährliche Berichterstattung und das Reporting über Prämienreservefonds. Außerdem ist sichergestellt, dass Meldungen für Kapitalanlagen gemäß den gesetzlichen Anforderungen erstellt und an die BaFin gesendet werden. Erforderliche Berichte in bestimmten Layouts oder elektronischen Formaten werden bereitgestellt, in denen Risiken und Portfoliodaten korrekt an nationale und internationale Behörden aufgezeichnet werden. Formulare oder elektronische Formate werden aus den Nebenbüchern erstellt und gesetzliche Berichte können mit relevanten Daten zu Berichtslayouts für länderspezifische oder internationale Versionen vorkonfiguriert werden. Die Versicherungsprodukt-Engine besteht aus einer Entwurfsumgebung für die Produktmodellierung und einer Laufzeitumgebung für den Produktbetrieb. Darüber hinaus existieren Funktionen für Regelungen und Anforderungen, die in bestimmten Ländern und Regionen gelten. Die nächste Tabelle fasst die von SAP S/4HANA unterstützen Branchenlösungen für die Finanzdienstleistungen zusammen.

Industrielösung	Funktionsumfang
Bankwesen	• Einlagen- und Darlehensverwaltung (Abb.16.8) • Sicherheitenverwaltung • Rückstellung für uneinbringliche Forderungen
Versicherung	• Inkasso und Exkasso • Policen- und Schadenmanagement (Abb.16.9) • Anreiz- und Vertriebsverwaltung

16.6 Öffentlicher Sektor

Diese Kategorie umfasst die Branchenlösungen für Verteidigung und Sicherheit, Gesundheitswesen, Hochschulen und Forschung sowie für den öffentlichen Dienst.

Verteidigung und Sicherheit

Die interne und externe Sicherheitsbranche hat einige spezielle Anforderungen, die von der zugehörigen Branchenlösung abgedeckt werden. Eine wichtige Aufgabe innerhalb

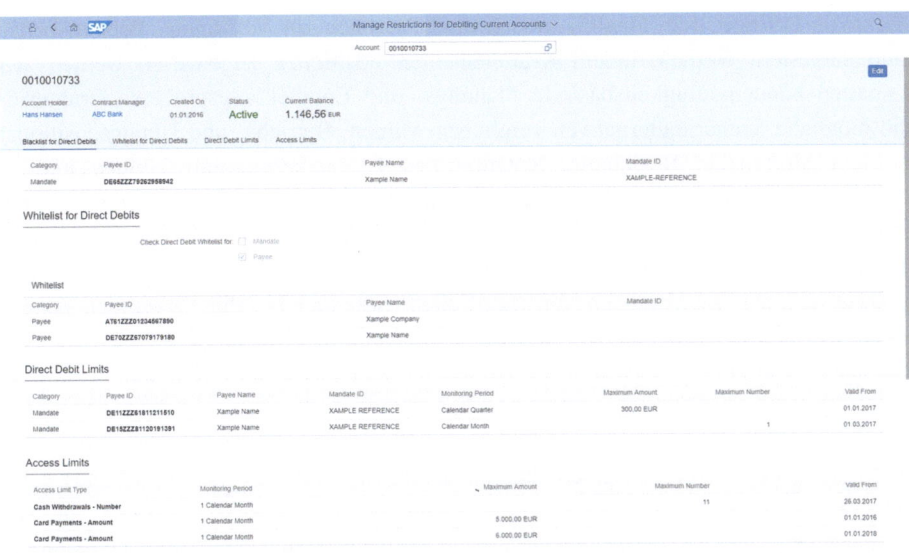

Abb. 16.8   Bankwesen – Einschränkungen für Belastungen verwalten

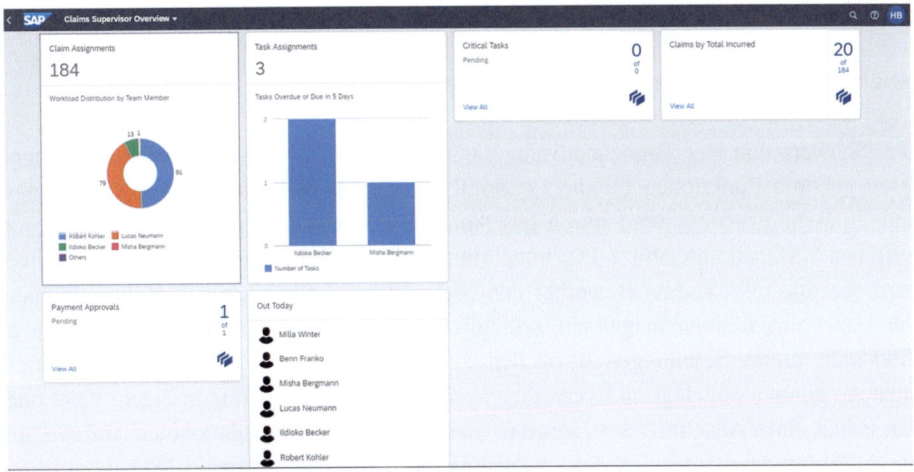

Abb. 16.9   Versicherung – Übersicht Schadenmanager

der Branche ist die Planung von Einsätzen. Dazu gehört das Anlegen aller verfügbaren Streitkräftestrukturen, Organisationseinheiten, Materialplanungsobjekte und Personal. Durch die Verwendung hierarchischer Beziehungen können diese angezeigt und Referenzstrukturen als Vorlagen verwendet werden. Es können auch Verteidigungsfunktionen definiert werden. Bei der Planung des Personals stehen als zusätzliche

Merkmale Position, Job, Qualifikationen, und Personen zur Verfügung. Personalbedarf kann dargestellt werden, indem Kraftelementen Positionen zugewiesen werden. Mit Szenarien können fähigkeitsbasierte Planungs- und Entwicklungsprozesse strukturiert und mögliche Szenarioalternativen verglichen werden. Betriebs- und Übungspositionen mit den Merkmalen Beziehung, Rotation und Einsatzbereitschaft können mit der Branchenlösung ebenfalls definiert und verwaltet werden. Innerhalb der militärischen Lieferkette ist das Management von Verteidigungsausrüstung eine wichtige Aufgabe, die ebenfalls die Unterstützung durch IT-Systeme benötigt.

Dazu gehören der Vergleich von materiellem Soll und Ist, die Verwaltung persönlicher und funktioneller Ausstattung, die Planung von Rückstellungen für Nichtverbrauchsmaterial und die Identifizierung von Materialien über die Herstellerteilenummer. Außerdem kann die Wartung geplant und kritische Statuskennzeichen definiert werden. Die Branchenlösung unterstützt auch bei der Planung und Durchführung komplexer Beschaffung von Verbrauchsgütern und defensiven Materialien. Darüber hinaus bietet das Modul Unterstützung bei der Durchführung der Nachschubbeschaffung von Verbrauchsgütern und defensiven Materialien. Die Branchenlösung unterstützt auch die Definition von Standorten für Explosivstoffe und aller zugehörigen Merkmale, um Explosivstoffe sicher zu lagern. Weiterhin können Informationen wie das Nettoexplosivstoffgewicht für alle Standorte des Explosivstoffs und der Verträglichkeitsstatus erfasst werden.

Hochschulen und Forschungseinrichtungen

Der Schwerpunkt der Branchenlösung liegt auf einem Studenteninformationssystem. Dazu gehören Funktionen für die Lehrkräfte sowie für die Schüler. Der Bewerbungs- und Zulassungsprozess wird durch das Anlegen und Bearbeiten von Formularen mithilfe von Vorlagen unterstützt. Die Integration von Zulassungsprozessen in Self-Services wird bereitgestellt, sodass Bewerber den Status ihrer Bewerbungen verfolgen können. Für das Curriculumsmanagement ermöglichen Kurs- oder Studiengangskataloge es Studenten, online Schulungen zu buchen, zu ändern oder zu stornieren. Anforderungskataloge können angelegt und verwaltet werden, um die Aufnahme in einem Kurs oder den Erhalt eines Abschlusses zu steuern. Studenten können Simulationen ausführen, um die Anforderungen für einen Kurs zu validieren. Mit einer zentralen Notenverwaltung können Studenten Prüfungsnoten überprüfen und bei Bedarf Anfragen zur Notenänderung stellen. Außerdem können sie ihren akademischen Fortschritt überwachen und ihren Studienabschlussstatus bewerten. Administratoren, Berater und Lehrkräfte können außerdem den Fortschritt der Studierenden anzeigen und bessere Entscheidungen treffen, Supportangebote vorbereiten und den Abschlussprozess begleiten. Die Studentenverwaltung kann auch verwendet werden, um Studentendaten effizient zu pflegen und zu verarbeiten sowie alle Arten von Anträgen für die Hochschule und Studenten zu organisieren, z. B. Beurlaubung oder Teilzeitstudium.

Öffentlicher Dienst

Die Branchenlösung für den öffentlichen Dienst enthält viele Funktionen für die Bereiche Haushaltsmanagement, Fördermittel, Steuern und Sozialleistungen.

Für das Fondsmanagement bietet die Branchenlösung Funktionen für Budgetpflege, Bewirtschaftung, Budgetabschluss und Finanzberichterstattung. Ziel der Haushaltsführung ist die Verwaltung und Überwachung öffentlicher Mittel. Budgets können auf andere Projekte und Abteilungen übertragen werden, und Änderungen können über den gesamten Budgetzyklus hinweg nachverfolgt und überwacht werden. Genehmigte Budgets können in das System hochgeladen werden, und es können Regeln für die Anpassung einer Budgeterhöhung basierend auf Einnahmen definiert werden. Sie enthält außerdem Überwachungsfunktionen für die Budgetübersicht, den Vergleich von Budgetversionen und budgeterhöhenden Einnahmen. Die Bewirtschaftung konzentriert sich auf die Integration von operativen Prozessen und Buchhaltungsprozessen mit dem gepflegten Budget. Die Branchenlösung ermöglicht parallele Budgetkontrollen in Echtzeit, die auf mehreren Ebenen ausgeführt werden können. Dies hilft bei der Überwachung und Steuerung von Fonds und senkt gleichzeitig die Beschaffungs- und Betriebskosten. Teile des verfügbaren Budgets können für erwartete Einnahmen oder Ausgaben vorgemerkt werden. Ein separates zahlungsbasiertes Ledger und ein budgetäres Ledger für die Erstellung von Finanzberichten für das Meldewesen sind ebenfalls verfügbar. Es stehen auch Berichte für die Bewirtschaftung, eine Übersicht über die Budgetverfügbarkeit, operative Vorgänge, die sich auf die Bewirtschaftung auswirken, ein Vergleich von Geschäftsjahren, Obligo- und Isteinzelposten, der Vergleich von Budgetzeilen mit Obligo- und/oder Isteinzelposten und das Mittelvormerkungsjournal zur Verfügung. Der Budgetabschluss und die Finanzberichterstattung enthalten die Planung, Standardisierung, Einplanung und Überwachung von Finanz- und Budgetabschlüssen. Offene verbleibende Obligos, verfügtes Budget und Restbudget am Ende des Geschäftsjahres können verwaltet werden. Haushaltsbuchhaltungsdaten können mit dem externen und internen Rechnungswesen abgestimmt werden. Hier sind auch Berichte verfügbar, die die Überwachung des Obligovortrags, des zahlungsbasierten Berichtswesens und des zahlungsbasierten Reportings unterstützen.

Das Fördermittelmanagement gliedert sich in die Bereiche Fördermittelgebermanagement, Budgetverwaltung, Förderungsfakturierung, Forderungen und Abschluss. Das Fördermittelgebermanagement umfasst Funktionen zur Definition von Stammdaten des Fördermittelgebers, zur Dokumentation der Kommunikation mit dem Zuwendungsgeber und aller Budgetvereinbarungen. Die verfügbaren Mittel können durch die Freigabe von Budget in Tranchen während des gesamten Geschäftsjahres oder die Lebensdauer der Förderung basierend auf den vom Fördermittelgeber definierten Regeln gesteuert werden. Es können Berichte zu allen Attributen eines bestimmten Fördermittelgebers oder einer Reihe von Fördermittelgebern und Förderungsvereinbarungen angelegt werden, und das Fördermittelmanagement bewahrt alle Informationen basierend auf der

Perspektive des Fördermittelgebers auf. Dies sind die Währung, der Zeitraum und die Geschäftsjahre des Zuwendungsgebers. Bei der Budgetverwaltung geht es um die Pflege und Überwachung von Förderungsbudgets. Die Branchenlösung bietet die Möglichkeit, Förderungsbudgetdaten nach Bedarf zu erfassen und zu aktualisieren, die Verwendung verfügbarer Mittel zu steuern und Regeln zu definieren, wann und wie eine Budgeterhöhung zulässig ist. Sie bietet außerdem Berichte für eine Budgetübersicht, einen Vergleich von Budgetversionen und eine Übersicht über budgeterhöhende Einnahmen. Die Fakturierung und die Forderung von Förderungen enthalten Fakturierungsmethoden für den Zuwendungsgeber, um eine ordnungsgemäße Buchhaltung und zeitnahe Erstattung sicherzustellen sowie viele Prozesse, einschließlich Fakturierung und Forderungen, zu dokumentieren und zu automatisieren. Sie unterstützt die manuelle, ressourcenbezogene, Meilensteinfakturierung und periodische Fakturierung. Berichte zu fakturierbaren Beträgen basierend auf dem Status (offen, teilweise oder vollständig fakturiert) für eine Förderung, eine Gruppe von Förderungen, einen Fördermittelgeber oder eine Gruppe von Fördermittelgebern sind verfügbar. Der Abschluss enthält Funktionen zum Anlegen benutzerdefinierter Abschlussregeln, die die Richtlinien und Anforderungen des Fördermittelgebers erfüllen. Dadurch wird sichergestellt, dass der Fördermittelempfänger alle Programme und Projekte gemäß den Vorgaben des Fördermittelgebers ordnungsgemäß abschließt. Außerdem können Gemeinkosten oder indirekte Kosten berechnet und Budgetreste übertragen werden. Es werden Berichte zu allen Förderungen angeboten. Das Inkasso und Exkasso im öffentlichen Sektor wird verwendet, um Steuern, Gebühren und staatliche Leistungen von oder für Steuerpflichtige wie Geschäftspartner, Bürger und Studenten zu verwalten. Das Vertragskontokorrent verwaltet die Geschäftspartner, deren Konten und Vertragsgegenstände sowie die zugehörigen Geschäftsvorfälle. Auch die Verarbeitung und Verwaltung von Massendaten wird von der Branchenlösung unterstützt. Mit der Steueridentifikations- und Rückläuferverarbeitung können Behörden den komplexen und langwierigen Lebenszyklus der Steuer- und Einnahmenverwaltung verarbeiten. Dazu gehören Schlüsselprozesse wie Registrierung, Kontenpflege, Abgabe von Steuererklärungen und Bearbeitung von Überweisungen, Abrechnung, Korrespondenz- und Kontaktverwaltung, Prüfung und Compliance. Mit den Funktionen der Branchenlösung können Einnahmearten definiert, die Registrierung der Steuerpflichtigkeit aktiviert, die Steuererklärung und die Registrierungserfassung verwendet werden. Darüber hinaus werden automatische und manuelle formularbasierte Steuermeldungsprozesse implementiert, Steuerobjekte verarbeitet und die Fakturierung verwaltet.

Mit dem Vorgangsbearbeitungssystem können Ermittlungsprozesse von Anfang bis Ende abwickelt werden. Sie ermöglicht das Einrichten und Ausführen von Funktionen und Prozessen für Vorgänge, Maßnahmen, Ereignisse, Personen und Organisationen, Sachen, Orte, Dokumente einschließlich all ihrer Beziehungen. Das Sozialdienst-Management unterstützt Sozialdienstleister dabei, von ihren Kunden Leistungsanträge zu erhalten, die Zulässigkeit eines Antragstellers zu ermitteln und die Leistungsansprüche zu berechnen. Zulässigkeits- und Anspruchsregeln können ohne Codierung implementiert werden. Diese werden verwendet, um den Entscheidungsprozess zu automatisieren. Die Branchenlösung bietet Funktionen für die Fallbearbeitung, die Abwicklung von Vorteils- und Abzugsentscheidungen, die Verwaltung von Verbindlichkeiten, die Zahlungsabwicklung, die Verarbeitung von Geschäftsregeln sowie die Aktivitäts-, Geschäftspartner- und Dokumentenverwaltung. Multichannel Foundation ist eine bürgerorientierte Lösung, die es Organisationen des öffentlichen Sektors ermöglicht, mit ihren Bürgern über eine Reihe standardisierter und wiederverwendbarer Services zu interagieren. So können Benutzer Online-Konten, Bürgerdetails, Zahlungen und externe Benutzer verwalten. Darüber hinaus können Prozessformulare angelegt, Abrechnungsinformationen abgerufen und die Kommunikation angezeigt werden. Außerdem enthält die Branchenlösung länder- und regionsspezifische Funktionen. Die nächste Tabelle fasst die von SAP S/4HANA unterstützen Branchenlösungen für den öffentlichen Sektor zusammen.

Industrielösung	Funktionsumfang
Innere und äußere Sicherheit	• Materialplanung und Vorgänge (Abb.16.10) • Militärische Lieferkette • Explosivstoffmanagement • Unterstützung des Flugbetriebs • Vorgangsbearbeitungssystem
Gesundheitswesen	• Patientenmanagement • Ambulanzfallmanagement • Klinische Systeme
Hochschulen und Forschungs-einrichtungen	• Student Lebenszyklus Management • Planung von Studienangeboten • Verwaltung von Gebühren und Finanzhilfen
Öffentlicher Dienst	• Öffentliche Verwaltung (Abb.16.11) • Inkasso und Auszahlung • Steuer-, Einnahmen- und Sozialdienstleistungsmanagement • Multichannel Foundation für den öffentlichen Sektor

16.7 Serviceindustrie

Diese Kategorie umfasst die Branchenlösungen für Bauwirtschaft, Anlagen- und Schiffbau, Dienstleistungsbranche, Medien, Telekommunikation, Sport und Entertainment.

Dienstleistungsbranche

Die Branchenlösung besteht aus drei Teilen: Projekt und Aufträge, Ressourcenmanagement und Servicemanagement. Mit Projekten und Aufträge können Benutzer Projekte anlegen, indem sie Verkaufsbelege wie Angebote, Verträge oder Kunden-

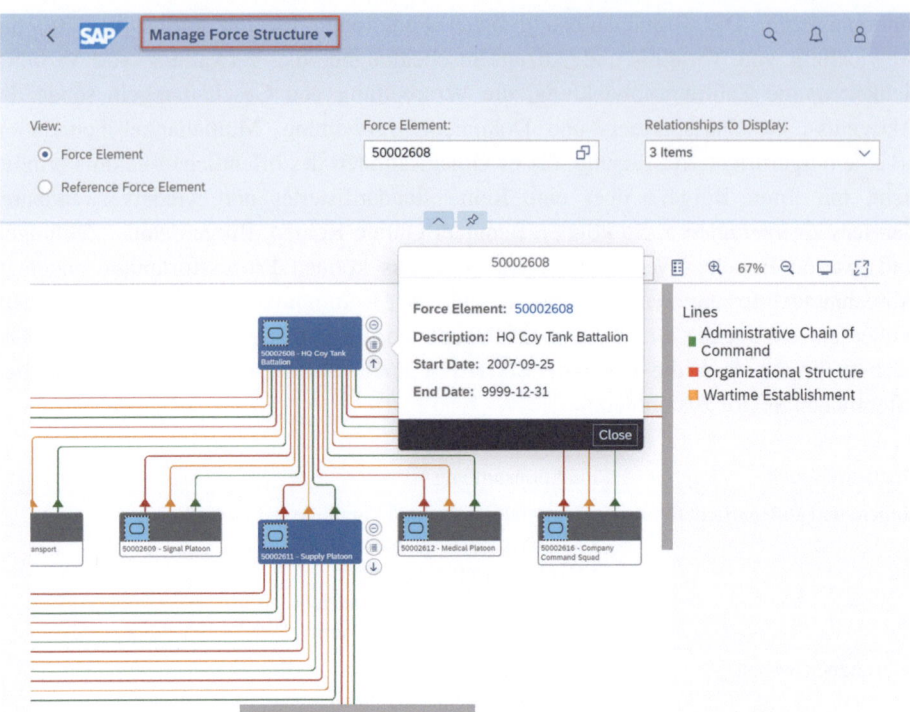

Abb. 16.10 Verteidigung und Sicherheit – Verwaltung der Organisationsstruktur

aufträge anlegen. Projekte können auch mit dem Projektstrukturplan angelegt werden. Das Ressourcenmanagement bietet eine Reihe von Werkzeugen und Reports, um Verknüpfungen zwischen Mitarbeitern und Business-Objekten herzustellen und somit Prozesse und Workflows an die Größe des Unternehmens und das Spektrum der Services anzupassen. Diese Tools können auch verwendet werden, um Mitarbeiterzuordnungen sowohl zu Kundenprojekten als auch zu internen Projekten zu verwalten. Mit der Lean-Stuffing-Funktion können die richtigen Mitarbeiter für Projekte leicht identifiziert, ausgewählte Mitarbeiter Einsätzen zugeordnet, die Mitarbeiterzuordnungen überwacht und Zeiterfassungen validiert werden. Zuverlässige Berichte und Prognosen zur Mitarbeiterauslastung können abgerufen und integrierte Funktionen für die servicespezifische Fakturierung und das Finanzwesen verwendet werden. Mit der erweiterten Zeiterfassung können Daten für Mitarbeiterzuordnungen aus der Personaldisposition angezeigt und verwendet werden, um automatische Eingabeprüfungen während der Zeiterfassung durchzuführen und Service-Attribute zu integrieren, um die Datensatzstruktur zu erweitern. Außerdem können Mitarbeiter ihre Zeit planen und gleichzeitig ihre Verfügbarkeit dokumentieren. Dies verbessert die Einschätzung der Mitarbeiterzusagen, erhöht die Transparenz der Mitarbeiterauslastung und verbessert die Zuverlässigkeit

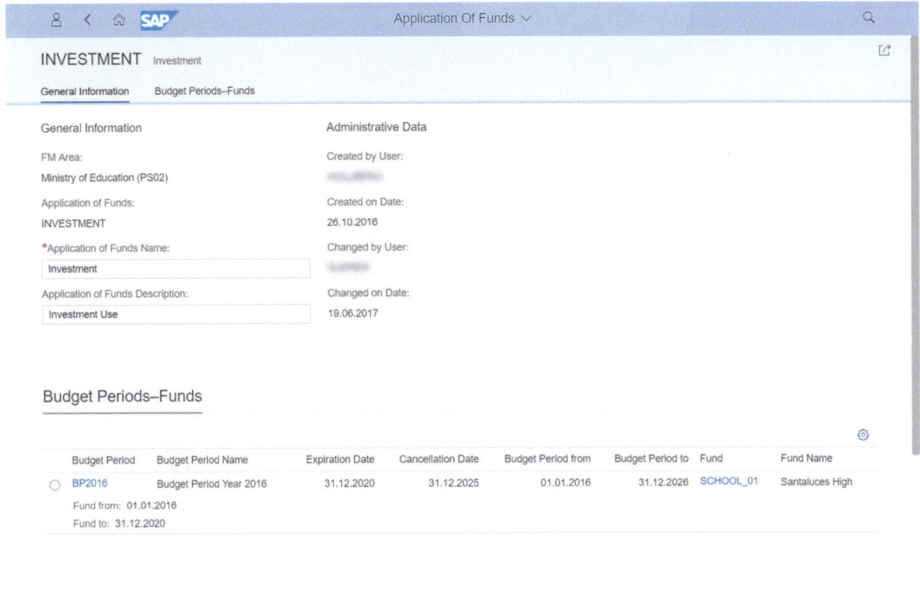

Abb. 16.11   Öffentlicher Dienst – Haushaltsmanagement

der Geschäftsprognose. Im Servicemanagement können zusätzliche Attribute verwendet werden, die eine flexible Definition und Erfassung verschiedener Anforderungen an Serviceanbieter ermöglichen. Diese Parameter stehen dann während des gesamten kaufmännischen Serviceprozesses zur Verfügung und können selektiv in einzelnen Prozessschritten verwendet werden, insbesondere zur Steuerung von Prozessen in der aufwandsbezogenen Fakturierung. Leistungsperioden können verwendet werden, um erweiterte Funktionen für die Fakturierung von Services hinzuzufügen. Bei der aufwandsbezogenen Fakturierung konsolidiert das System Arbeit und Kosten, die einem Projekt zugeordnet sind, und berücksichtigt diese Werte bei der Rechnungserstellung. Mit Power-Listen kann die Personaldisposition mit bestimmten Prozessen kombiniert oder zum Aufrufen von Aktionen basierend auf den Informationen verwendet werden, die für die Anzeige ausgewählt wurden. Power-Listen können auch für Besetzungszuordnungen, Verkaufsbelege und Lastschriftsanforderungen verwendet werden. Die nächste Tabelle fasst die von SAP S/4HANA unterstützen Branchenlösungen für die Serviceindustrie zusammen.

Industrielösung	Funktionsumfang
Bauwirtschaft, Anlagen- und Schiffbau	• Bauvorbereitung • Baulogistikkette • Projektdurchführung und Anlagenmanagement

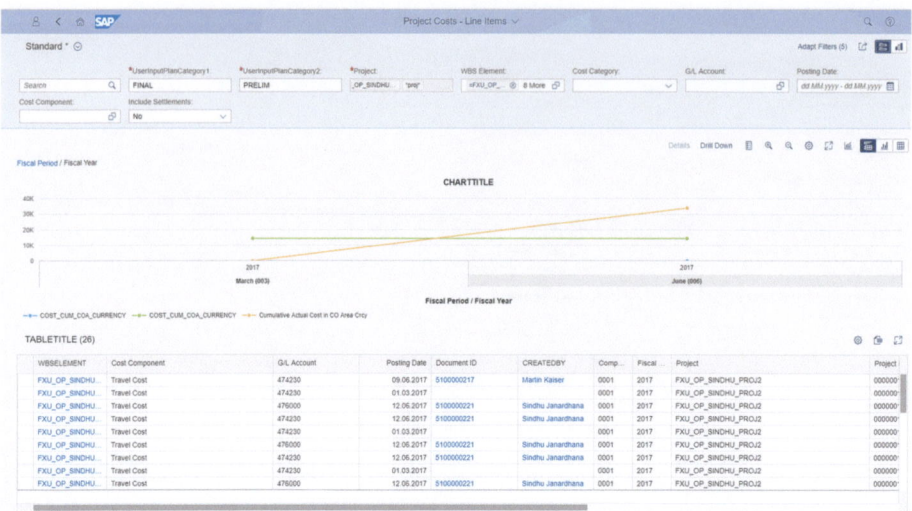

Abb. 16.12   Dienstleistungsbranche – Projektkosten

Industrielösung	Funktionsumfang
Medien	• Medienvertrieb, Self-Services • Werbe- und Kampagnenmanagement • Title Lebenszyklus Management, Kundendienst
Dienstleistungsbranche	• Projekte und Engagement (Abb.16.12) • Ressourcenmanagement (Abb.16.13) • Servicemanagement
Telekommunikation	• Vertragskontokorrent • Verwaltung von Telekommunikationsdienst- leistungen • Anreiz- und Vertriebsverwaltung
Sport und Entertainment	• Fanmanagement • Spielstätte und Geschäftsbetrieb • Teamperformanz

16.8   Technische Umsetzung

Das Switch Framework bildet die Grundlage für die Implementierung der Branchen-
lösungen in SAP S/4HANA. Er ermöglicht es Benutzern, die Sichtbarkeit von
Repository-Objekten oder deren Komponenten extern über Schalter zu steuern.
Da das Switch Framework in die ABAP Workbench integriert ist und bereits alle
Branchenlösungen enthält, müssen die Industrielösungen nicht mehr installiert werden,
bevor sie aktiviert werden können. Mit Schaltern können Erweiterungen in SAP
S/4HANA im nicht operativen Modus installiert werden, ohne das Systemverhalten

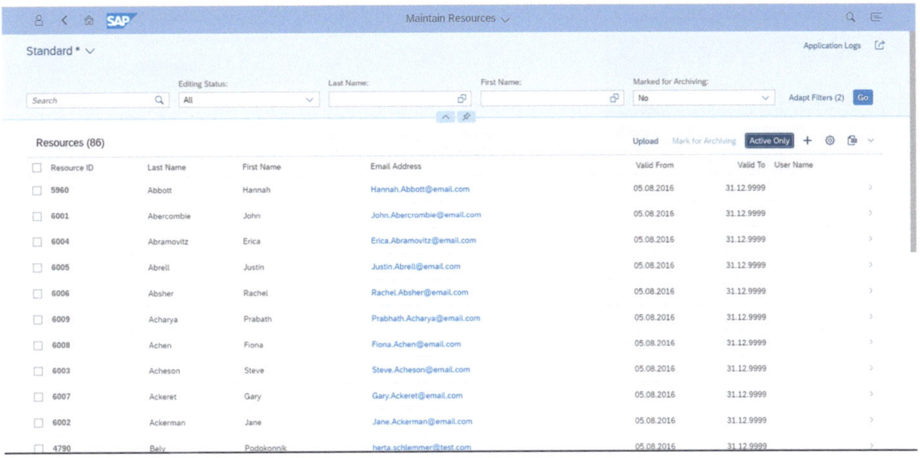

Abb. 16.13   Dienstleistungsbranche – Ressourcenverwaltung

zu beeinflussen. Erst wenn die Schalter aktiviert sind, werden die entsprechenden Erweiterungen wirksam. Dieser Ansatz kann verwendet werden, um sich gegenseitig ausschließende Erweiterungen in dasselbe SAP S/4HANA System zu importieren, sofern danach nur eine davon eingeschaltet ist. In der Regel kann nur eine Branchenlösung im selben System wirksam sein, aber mit der Schaltertechnologie können sie in einem nicht operativen Zustand im selben System installiert werden. Ein weiteres Merkmal des Switch Frameworks ist die gute Performanz, da in den meisten Fällen Erweiterungen vom ABAP-Compiler verarbeitet werden, der entsprechenden Code generiert und so die Interpretation von Metadaten zur Laufzeit vermeidet. Ein Schalter bestimmt, ob ein zugehöriges schaltbares Entwicklungsobjekt wirksam oder inaktiv ist. Schalter sind Repository-Objekte. Der Unterschied zwischen einem Schalter und einem Feld in einer Customizing-Tabelle besteht darin, dass ein Schalter definieren kann, welche Teile des Quelltexts kompiliert werden – nicht operativer Code wird nicht kompiliert und ist daher nicht verfügbar. Ein Schalter legt fest,

- ob Data-Dictionary-Objekte (DDIC-Objekte) wie Typen in SAP S/4HANA verfügbar sind,
- ob ein Entwicklungsobjekt, z. B. eine Erweiterungsimplementierung, effektiv ist und im System verwendet werden kann,
- die Sichtbarkeit von Pflege-Views innerhalb des Viewclusters und von Viewfeldern,
- die Sichtbarkeit von Dynpro-Feldern und welche Module in der Ablauflogik der Benutzungsoberfläche aufgerufen werden.

Es gibt verschiedene Arten von Entwicklungsobjekten, die geschaltet werden können, aber die Möglichkeiten, sie zur Design-Zeit so zu deklarieren, unterscheiden sich leicht:

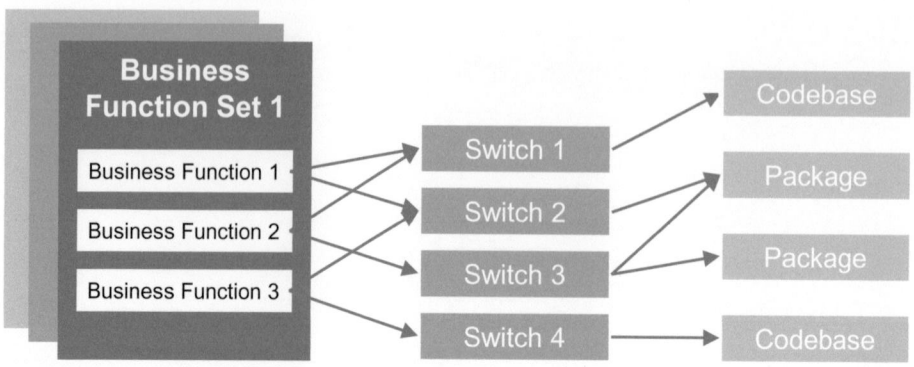

Abb. 16.14 Switch Framework

Die meisten Objekttypen, z. B. alle Erweiterungsimplementierungen für ABAP, werden indirekt einem Schalter zugeordnet, indem ihr Paket mit einem Schalter verknüpft wird, wie in Abb. 16.14 dargestellt. Einige Entwicklungsobjekte gehören nicht zu einem Paket; sie können je nach Objekttyp mit einem oder mehreren Schaltern verknüpft werden. Darüber hinaus können schaltbare Oberflächenelemente angegeben werden, ob sie sichtbar sein sollen, wenn der Schalter eingeschaltet ist, oder ob sie ausgeblendet sind. Obwohl Bereichsmenüs zu Paketen gehören, wird deren Paketschalter nicht verwendet, sondern es können Schalter pro Knoten definiert werden. Dadurch wird die Granularität des Schalters erhöht, und die Schalterdefinition ist auf das Customizing abgestimmt, das dasselbe Hierarchietool verwendet. Ein Paket kann genau einem Schalter zugeordnet sein, ein Schalter dagegen mehreren Paketen. Alle schaltbaren Repository-Objekte sind vom Schalterstatus des Pakets betroffen. Pakete können geschachtelt werden. Der Zustand eines schaltbaren Objekts hängt von der Schalterzuordnung seines Pakets ab; wenn keines vorhanden ist, dann von der Zuordnung seines Superpakets. Daher übersteuert ein Unterpaketschalter einen Superpaketschalter. Nicht alle Entwicklungsentitäten können gleich geschaltet werden. Während es einfach ist, einen Quelltextabschnitt zu kompilieren oder nicht zu kompilieren, müssen Tabellendefinitionen und andere DDIC-Strukturen mit Bedacht geschaltet werden. Daher bieten Schalter drei Zustände:

- AUS: Alle zugehörigen Objekte sind ausgeschaltet. Das System verhält sich so, als wären die Objekte nicht vorhanden.
- STANDBY (eingeschaltet, aber nicht wirksam): Alle deklarativen Repository-Objekte wie DDIC-Strukturen, Tabellen und statische Quelltext-Erweiterungen, die nur deklarative Anweisungen enthalten können, sind eingeschaltet. Alle anderen Repository-Objekte sind ausgeschaltet. Standby hat systemweite Konsequenzen.
- AN: Alle zugehörigen Objekte sind eingeschaltet. Sie sind im System wie nicht geschaltete Objekte verfügbar. Diese Aktivierung kann mandanten- oder benutzerspezifisch erfolgen.

Ein Schalter hat zu einem bestimmten Zeitpunkt einen von drei Zuständen: AN, STANDBY oder AUS. Einfach gesagt ist ein Objekt im System nicht sichtbar, wenn der Schalter ausgeschaltet ist, nur zur Entwicklungszeit sichtbar, wenn der Schalter STANDBY ist, und zur Laufzeit sichtbar, wenn der Schalter eingeschaltet ist. Mit Ausnahme von DDIC-Schaltern und Business Configuration Sets können Schalterstatus mandantenspezifisch sein. Ein Anwendungsfall für den Standby-Schalterzustand ist, wenn eine Branchenlösung einige Datentypen einer Branchenerweiterung benötigt, ohne dass der Quelltext aktiviert werden muss. Wenn ein schaltbares Objekt keinem Schalter zugeordnet ist, z. B. weil weder sein Paket noch Superpakete einem Schalter zugeordnet sind, gilt es als eingeschaltet. Da es viele Schalter geben kann, die als Gruppe geschaltet werden müssen, um eine neue Funktionalität zu ermöglichen, ist es nicht möglich, den Zustand eines Schalters direkt zu ändern. Stattdessen wurde das Konzept der Business Functions eingeführt, das eine bestimmte Business Function einer Reihe von technischen Schaltern zuordnet.

Zu beachten ist, dass die Menge von Schaltern, die verschiedenen Business Functions zugeordnet sind, nicht disjunkt sind. Derselbe Schalter kann mehreren Business Functions zugeordnet werden. Auch wenn eine Business Function ausgeschaltet ist, können einige der zugeordneten Schalter eingeschaltet sein, wenn sie auch von anderen Business Functions gesteuert werden. Dies kann zu überraschenden Ergebnissen führen, wenn die Schalter und die Schalterzuordnung nicht sorgfältig entworfen wurden. Schalter sind Business Functions entweder als Aktivierungsschalter oder als STANDBY-Schalter zugeordnet. Aus Administratorsicht sind Business Functions die feingranularen Einheiten, die ein- oder ausgeschaltet werden können, wodurch sich der Status zugeordneter Schalter ändert. Anfangs haben alle Schalter den Status OFF. Wenn eine Business Function auf ON gesetzt ist, werden Aktivierungsschalter auf ON und STANDBY-Schalter auf STANDBY geschaltet. Wenn eine Business Function ausgeschaltet ist, muss das Framework alle zugeordneten Business Functions prüfen. Wenn einer davon aktiviert ist, wird der Schalter nicht deaktiviert. Die Standby-Schalterzuordnung ist erforderlich, wenn Pakete mit gemischtem Inhalt – z. B. Datentyp-Definitionen und ausführbarer Code – von mehreren Business Functions benötigt werden und einige von ihnen nur die Datentyp-Definitionen benötigen.

Eine Business Function ist eine betriebswirtschaftlich abgeschlossene Funktion, die sich auf eine Menge von Schaltern bezieht. Ein Schalter kann mehreren Business Functions zugeordnet werden. Durch die Aktivierung einer Business Function werden je nach Definition der Business Function alle zugeordneten Schalter ein- bzw. ausgeschaltet. Business Functions können für reversibel erklärt werden, wenn ihre Schalter keine Auswirkungen auf das Data Dictionary haben. Nur reversible Business Functions können wieder ausgeschaltet werden. Dies wird jedoch in Produktivsystemen nicht empfohlen. Bei der Zuordnung von Schaltern zu Business Functions kann ausgewählt werden, ob ein Schalter beim Aktivieren der Business Function eingeschaltet oder auf STANDBY geschaltet werden soll. Eine Business Function kann von einer anderen Business Function als Voraussetzung definiert werden oder in Verbindung mit einer

anderen Business Function nicht zulässig sein. Diese Abhängigkeiten können von Entwicklern definiert werden und werden geprüft, bevor Business Functions ein- oder ausgeschaltet werden. Ein Business Function Set ist eine Gruppe von Business Functions,
die in der Regel einer Branchenlösung entspricht. Eine Business Function kann Bestandteil mehrerer Business Function Sets sein. Business Function Sets werden verwendet, um
Business Functions zu bündeln, die in einer Branchenlösung zusammenarbeiten sollen.
Business Function Sets können geschachtelt werden, um z. B. eine Branchenlösung in
eine andere einzubinden. Daher können sie *einfügbar* sein, d. h. sie strukturieren nur
Business Function Sets, und sie können *auswählbar* sein, d. h. sie können eingeschaltet
werden. Ein Business Function Set kann mithilfe des Switch Framework Customizings
ausgewählt werden. Dies stellt eine Auswahl an branchenspezifischen Business
Functions bereit, die aktiviert werden können. Die Auswahl des Business Function
Sets kann nur in ein Set geändert werden, das auch die bereits eingeschalteten Industrie
Business Functions enthält.

16.9   Fazit

SAP S/4HANA bietet eine Vielzahl von Branchenlösungen, die die ERP-Kernfunktionen
erweitern. Einige dieser Industrielösungen werden sehr häufig verwendet, während
andere sehr spezifisch sind und spezielle Geschäftsprozesse abwickeln. Darüber hinaus
enthalten die Branchenlösungen Funktionen, die speziell für Länder und Regionen
mit speziellen Vorschriften oder Herausforderungen entwickelt wurden. Das Switch
Framework ermöglicht die Implementierung von Branchenlösungen, sodass diese mit
minimalem Aufwand aktiviert und verwendet werden können. Das Switch Framework
bietet einen strukturierten Ansatz für die nicht operative Installation von Software
in SAP S/4HANA mit der Option, sie später zu aktivieren. Das Coding ist in SAP
S/4HANA vorhanden, wird jedoch nicht ausgeführt. Das Switch Framework erlaubt die
Installation von Erweiterungen, ohne sie zu aktivieren.

Teil III
Konzeptionelle Sicht

Dieser Teil beschreibt die konzeptionelle Grundlage von SAP S/4HANA Anwendungen. Es werden die Technologiekomponenten und das Programmiermodell vorgestellt, die die Basis von SAP S/4HANA bilden, sowohl On-Premise als auch in der Cloud. Der Abschnitt beginnt mit den Produktqualitäten, die von ERP-Produkten erwartet werden, und erläutert, wie sie basierend auf der SAP S/4HANA Architektur implementiert werden (Abb. 1). Vom Datenbanksystem zu dem Applikationsserver und der Benutzeroberfläche werden die entsprechenden Konzepte erläutert, indem die Anforderungen definiert und die technische Umsetzung erklärt wird.

SAP S/4HANA kann On-Premise, in der Public und Private Cloud eingesetzt werden. Sie verfügt jedoch über eine Codezeile für diese verschiedenen Optionen. Daher sind die Konzepte prinzipiell identisch und werden in den nächsten Kapiteln erläutert, auch wenn es in der Übergangszeit geringfügige Unterschiede geben könnte. In der Regel werden neue Funktionen zuerst für die Public Cloud entwickelt und später für On Premise und Private Cloud zur Verfügung gestellt (Abb. 2).

Eines der wichtigsten Merkmale von SAP S/4HANA Cloud besteht darin, die Funktionalität schnell zu erweitern, um den Umfang zu erfüllen, den Großkunden benötigen. Was wäre also eine bessere Basis für ein Software-as-a-Service ERP als das klassische On-Premise SAP ERP? Allein SAP ERP verfügt über 80 Millionen Zeilen Code – die gesamte SAP Business Suite hat mehr als 300 Mio. – und unterstützt 25 Industrielösungen, Globalisierung und Lokalisierung für alle Länder und alle betriebswirtschaftlichen Prozesse, die SAP zum Erfolg geführt haben. Als funktionale Basis für ein Software-as-a-Service ERP ist dies eine wertvolle Grundlage. Es ist alles da und muss einfach aktiviert werden. Daher begann der Weg zu SAP S/4HANA Cloud mit SAP ERP und wurde mit S/4HANA On-Premise fortgesetzt. SAP begann mit der Neugestaltung und dem Refactoring von SAP ERP, um von den nativen Funktionen von SAP HANA zu profitieren – beispielsweise die kombinierte Transaktions- und

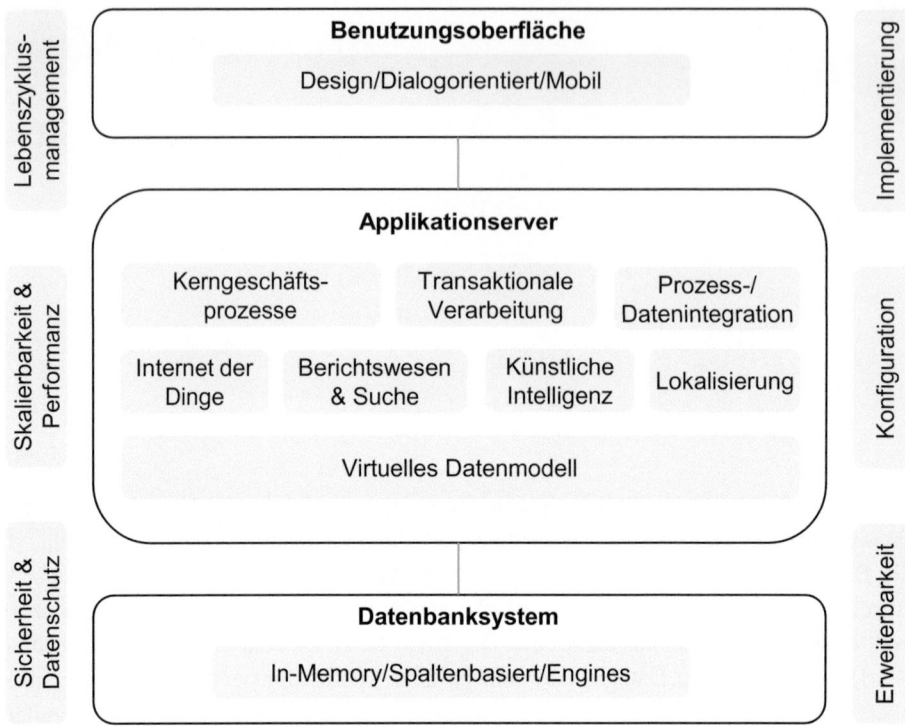

Abb. 1 Architektur und Konzepte von SAP S/4HANA

Analyseverarbeitung in einer SAP HANA Instanz und die Beseitigung von persistierten Aggregaten und Indextabellen. Um diese Reise fortzuführen, verzweigte SAP im Jahr 2015 in eine neue Produktcodelinie, die auch völlig neue Prozesse in einem SAP HANA optimierten Modell ermöglichte. Beispiel: Echtzeit-Bestandsführung in der Materialwirtschaft, die nun ohne persistierte Aggregate erstellt wird, die den Durchsatz drastisch erhöht. Es ist wichtig, dass SAP mit dieser neuen Codelinie die semantische Kompatibilität gewährleistet hat. Das bedeutet, dass das Datenmodell mit SAP ERP semantische kompatibel bleibt, sodass insbesondere Integrationsschnittstellen wie BAPIs und IDocs weitgehend miteinander verträglich sind. Nur eine Ausnahme bilden sogenannte *Deprekationen,* die SAP auf einer sogenannten Simplification List verwaltet.

Was genau ist nun SAP S/4HANA Cloud? SAP S/4HANA Cloud ist ein vollständiges Software-as-a-Service ERP mit Finanzwesen, Vertrieb, Beschaffung, Logistik, das immer mehr Funktionen aus dem früheren SAP ERP abdeckt. Dieser Funktionsumfang ist eine Teilmenge von SAP S/4HANA On-Premise. SAP S/4HANA On-Premise und Cloud haben dieselbe Codebasis – was aber natürlich nicht bedeutet, dass die Produkte identisch sind –, aber sie sind hochkompatibel, was besonders für Hybrid-Installationen wichtig ist. Der Umfang von SAP S/4HANA Cloud kann schnell wachsen,

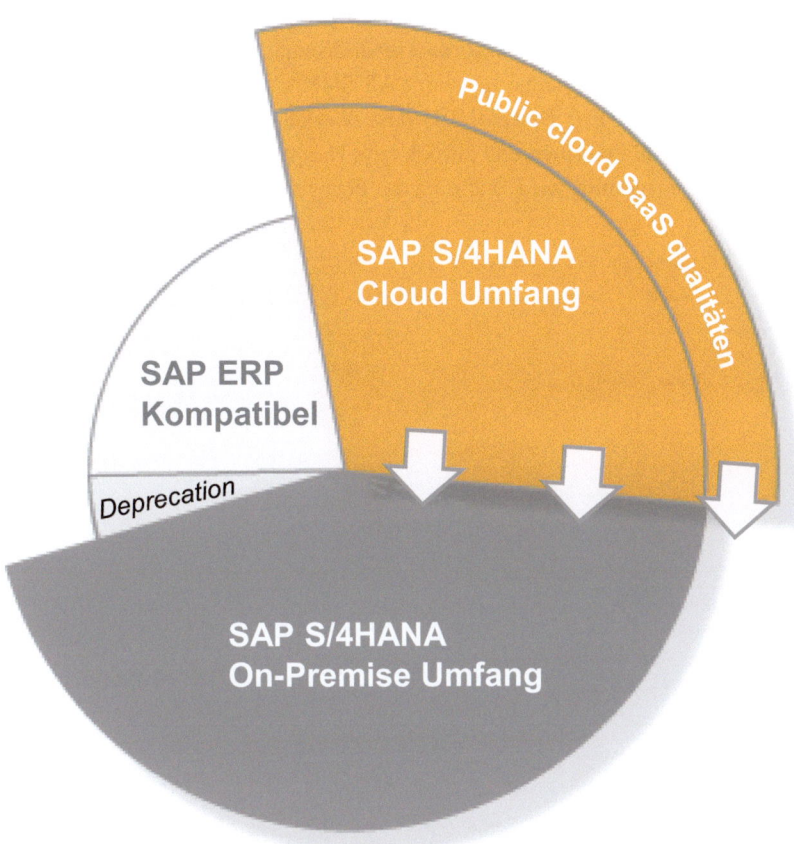

Abb. 2   Eine Codezeile für On-Premise und Cloud

da Funktionen bereits im Quellcode verfügbar sind. Sie müssen bloß *cloudifiziert* werden. Das bedeutet, dass die Geschäftsprozesse auf eine effiziente Software-as-a-Service-Implementierung (SaaS) umgestellt werden. Die Software und die Anwendungsarchitektur müssen auf Cloud-Skalierbarkeit, Mehrmandantenfähigkeit, geführte Konfiguration, Cloud-Erweiterbarkeit und -Integration vorbereitet werden. Daher wird ein großer Teil der Entwicklungsaktivitäten in Public Cloud Qualitäten investiert, um SAP S/4HANA Cloud zu einem SaaS-Angebot zu machen.

Die meisten Kunden beginnen ihre Cloud-Transformation mit ihren standard und nicht differenzierenden Geschäftsprozessen wie Personalwesen, Reise Management oder Finanzwesen. Folglich verfügen Kunden über temporäre hybride Landschaften, die eine sehr gute Integration zwischen On-Premise-Systemen und ihren Cloud-Lösungen, wie z. B. SAP SuccessFactors, SAP Ariba, SAP Fieldglass und SAP Concur fordern. Da SAP S/4HANA On-Premise und Cloud dieselbe Codelinie haben, kann SAP eine native Integration zwischen Cloud- und On-Premise-Anwendungen anbieten. Die APIs sind identisch und die Geschäftsprozesse sind semantisch kompatibel. Daher werden insbesondere 2-Tier ERP Szenarien von SAP S/4HANA On-Premise nach SAP S/4HANA Cloud unterstützt. Ein Beispiel ist, dass Werke ihre lokale Finanzabteilung in SAP S/4HANA Cloud betreiben und zurück zum Hauptsitz konsolidieren, wo SAP S/4HANA On-Premise ausgeführt wird, während der Fertigungsprozess nur lokal verarbeitet wird.

ERP-Produktqualitäten Kundensicht

17

Dieses Kapitel behandelt die Qualitäten, die ein ERP-System aus Sicht eines Kunden bieten muss. Die qualitativen Merkmale, die ein ERP-System sinnvoll machen und den Anwendern die gewünschten Vorteile bieten, werden detailliert beschrieben. Dazu werden die Qualitäten gruppiert und nacheinander erklärt.

17.1   Von den Verbrauchern erwartete ERP-Eigenschaften

Unternehmen implementieren ERP-Systeme, um z. B. ihre Geschäftsprozesse zu integrieren, Schnittstellen zu minimieren, die Skalierbarkeit zu verbessern, Mehrsprachigkeit zu ermöglichen, das System zur Verringerung der Komplexität zu zentralisieren, einheitliche Datenstrukturen und -prozesse zu entwickeln und Sicherheit zu gewährleisten. Darüber hinaus möchten sie ihre Produktivität, die Serviceerbringung, die Zusammenarbeit im Geschäftsnetzwerk und die Transparenz deutlich verbessern. Somit haben Kunden eine klare Erwartung in Bezug auf Qualitätsattribute und den Wert von ERP-Systemen. Abb. 17.1 fasst die wichtigsten Qualitäten zusammen, die Kunden von ERP-Systemen erwarten. Diese werden in den nächsten Abschnitten ausführlich erläutert. Wichtig ist, dass diese Qualitäten miteinander in Beziehung stehen. Beispielsweise wird eine längere Antwortzeit häufig durch Datenredundanz erreicht, während Datenredundanz zu einer komplexeren Lösung für gesetzliche Compliance-Anforderungen wie den Datenschutz führt. Daher müssen die Qualitäten ausgewogen und als Ganzes ausbalanciert werden. Dies ist die Aufgabe der Architekten, die die Lösungskonzepte entwerfen und so die Umsetzung der Qualitäten ermöglichen.

© Der/die Autor(en), exklusiv lizenziert an Springer Fachmedien Wiesbaden GmbH, ein
Teil von Springer Nature 2023
S. Sarferaz, *ERP-Software: Funktionalität und Konzepte,*
https://doi.org/10.1007/978-3-658-40499-4_17

Datenisolierung

Isolation der Kundendaten

Datenspeicherort

Mandantenflexibilität

Funktionstrennung

Stilllegung

Sicherheit

Gesetzeskonformität

Web-/Internetsicherheit

Sicherung

Notfallwiederherstellung

Haftung des Anbieters

Gesamtbetriebskosten

Subskriptionsmodell

Bezahlung pro Service

Keine IT-Kosten

Schnelle Wertschöpfung
/Vorkonfiguration

Performanz

Antwortzeit

Durchgängige
Verarbeitungszeit

Wahrgenommene
Performanz

Keine Ausfallzeit

Serviceorientiert

Immer verfügbar

Web- & Self-Services

Eingebetteter/Online-
Support

Resilienz

Innovation

Kontinuierliche Innovation

Kundenbeteiligung

Standardisierung

Best Practices

Konsistenz

Web-/Internetstandard

Flexibilität

Festlegung des
Lösungsumfangs

Konfiguration

Personalisierung

UI-Anpassung/Branding

Erweiterbarkeit

Durchgängige
Erweiterbarkeit

Branchenvertikalisierung

Integration

Offenheit bzgl.Standards

Abb. 17.1   Vom Kunden erwartete ERP-Qualitäten

Datenisolierung

Isolation der Kundendaten

Kundendaten gehören ausschließlich dem Kunden. Sie müssen von den Daten anderer
Kunden getrennt werden. Es sollten Techniken vorhanden sein, um die Daten- und Netz-
werkisolierung für die Kundenservices sicherzustellen. Um die Gesamtbetriebskosten
(TCO) speziell für die Cloud zu senken, werden Netzwerkressourcen und gemeinsame
Daten auf eine Mindestanzahl von Applikationsservern und Datenbanken reduziert.

Die Konzentration von Daten und Ressourcen birgt neue Risiken, wie die gemeinsame Nutzung der zugrunde liegenden Infrastruktur mit unbekannten und nicht vertrauenswürdigen Mandants. Um diese Risiken zu mindern, sollte ein Cloud-Infrastrukturanbieter oder eine Software-as-a-Service (SaaS) Lösung starke Garantien für die Datenisolierung bieten. Unabhängig von der Lösung sollte ein Kunde stets der einzige Eigentümer seiner Daten sein.

Datenspeicherort

Diese Anforderung bezieht sich auf den physischen oder geografischen Standort der Daten oder Informationen einer Organisation. Die Datenresidenz, z. B. Datenhoheit, bezieht sich auf die gesetzlichen oder behördlichen Anforderungen an Datenbanken in dem Land oder der Region, in dem/der sie sich befinden. Laut EUDP müssen Cloud-Systeme und -Services für europäische Kunden beispielsweise von einem Team betrieben werden, das sich in der EU befindet. Darüber hinaus müssen Rechenzentren und Datenspeicherorte auf Anfrage vollständig transparent sein. Cloud-Computing, mit dem Unternehmen gehostete Services über das Internet bereitstellen können, kann Bedenken hinsichtlich der Datenresidenz aufwerfen. Nutzer von Cloud-Computing sind sich häufig nicht bewusst, wo sich ihre Daten befinden, da Cloud-Anbieter Daten global über mehrere Rechenzentren hinweg speichern. Daher müssen Konsumenten von Cloud-Service verstehen, wo sich die Rechenzentren ihres Cloud-Anbieters auf der ganzen Welt befinden und wie unterschiedliche Richtlinien für den Datenspeicherort für jeden Standort sichergestellt werden.

Mandantenflexibilität

Reorganisationen führen zur Konsolidierung oder Aufteilung von IT-Systemen und damit zum Verschieben, Splitten oder Zusammenführen der Anwendungsdaten von Cloud-Services. Außerdem sollte das Verschieben eines Mandants von einem Rechenzentrum in ein anderes unterstützt werden. Oft sind die Geschäfte von Tochtergesellschaften oder Tochterunternehmen die ersten, die auf die Cloud umsteigen. Das wird als 2-Tier ERP Modell bezeichnet. Wenn das Unternehmen wächst, sind Veränderungen unvermeidlich, sei es eine Neuorganisation, die Übernahme eines anderen Unternehmens oder eine Fusion mit einem Wettbewerber. Insbesondere das Verschieben juristischer Geschäftseinheiten in ein anderes geografisches Gebiet erfordert eine gewisse Flexibilität bei der Übertragung von Daten von einem Rechenzentrum in ein anderes.

Funktionstrennung

Die Funktionstrennung ist eine interne Kontrolle, die sicherstellt, dass mindestens zwei Personen für die einzelnen Teile einer Aufgabe verantwortlich sind, um Fehler und Betrug zu verhindern. Sensible Daten müssen gemäß der Benutzerrolle und der Verantwortlichkeiten verarbeitet werden. Daher sind unterschiedliche Berechtigungen erforderlich. Eine Anwendung, die mit mehr Berechtigungen als für die Aufgabe erforderlich ausgeführt wird, kann von Angreifern missbraucht werden, um unberechtigten Zugriff auf Daten und Systemressourcen zu erhalten, die außerhalb der direkten Kontrolle der Anwendung liegen. Neben dem Datenschutz hilft die Einhaltung von Minimalberechtigungen dabei, Daten zu klassifizieren und den Zugriff darauf zu steuern. Das Prinzip ist, dass kein Einzelner die Befugnis erhält, zwei widersprüchliche Aufgaben zu erfüllen. Die Anforderung ist umso wichtiger, wenn bestimmte Verwaltungsaufgaben an Dritte delegiert werden, sei es durch vollständiges Outsourcing oder durch die Beauftragung von Drittanbietern.

Stilllegung

Hierbei handelt es sich um einen automatisierten formaleren Prozess zum Entfernen oder Deaktivieren von Services. In diesem Kontext sollte ein Datenrückgabekonzept mit einem entsprechenden Self-Service bereitgestellt werden. Nach Vertragsende muss die Möglichkeit bestehen, die Daten zurückzugeben und zu vernichten, was eine gesetzliche Anforderung ist. Der Kunde kann den Export seiner eigenen Daten auf ein geeignetes Medium und ein geeignetes Datenformat wie CSV oder ein anderes Standardformat anfordern.

Sicherheit

Gesetzeskonformität

Konformität mit den erwarteten Standards für Sicherheit, Prävention von Verstößen, Datenschutz und Betrieb im Cloud-Computing ist erforderlich. Kunden sollten Zugriff auf diese geprüften Berichte, Zertifizierungen und Audits haben. Es gibt Standards aus Gremien wie der ISO oder der Cloud Security Alliance, die für praktisch alle Kunden auf der ganzen Welt gelten. Es folgen Vorschriften und Standards, die auf regionalen oder nationalen Anforderungen oder Datenschutzgesetzen basieren. Und schließlich die Vorschriften, die für verschiedene Branchen eingeführt wurden. Die Kostenvorteile für Cloud-Dienstleister resultieren aus der Möglichkeit, mehrere Kunden auf gemeinsame Ressourcen zu skalieren. Die Einhaltung von Vorschriften kann dadurch schwierig sein, da häufig Verschlüsselung, Auditing und Datentrennung erforderlich sind, was die Hardwareanforderungen erhöht und die gemeinsame Nutzung von Ressourcen einschränkt. Die Cloud-Compliance erfordert eine wechselseitige Partnerschaft zwischen dem Kunden, dem die Daten gehören, sowie die rechtlichen Verpflichtungen für den Umgang mit den Daten und dem Cloud-Anbieter, der als Datenverarbeiter fungiert und die Daten auch gemäß den Gesetzen handhaben muss.

Web-/Internetsicherheit

Es müssen modernste Websicherheitsstandards erfüllt werden, z. B. XSS, CSRF, SQL-Injection, URL-Manipulation, gefälschte Anforderungen und Formulare, Cookie-Sichtbarkeit und -Diebstahl, Session-Hijacking, Remote-Systemausführung,

Datei-Upload-Missbrauch, Denial-of-Service, Phishing oder Malware. Malware-Prävention mit definierten Service-Level-Agreements (SLAs) sollten verfügbar sein. Das gilt auch für schnelles Security-Patching. Webserver öffnen per Design Ports zwischen dem internen Netzwerk und dem Internet. Die bei der Wartung und Upgrades getroffene Vorsichtsmaßnahmen schränkt die Art der Informationen ein, die durch Ports geleitet werden können, und legt so den Grad der Websicherheit fest.

Sicherung

Jede Komponente muss die Möglichkeit einer Online-Sicherung für alle Geschäftsanwendungsdaten gewährleisten. Online-Sicherung bedeutet, dass die Komponente nicht heruntergefahren wird. Um das Risiko von Datenverlusten zu minimieren, müssen Kunden ihre Geschäftsdaten regelmäßig sichern.

Notfallwiederherstellung

Es besteht die Möglichkeit, Daten nach einem Verlust wiederherzustellen. Die Wiederherstellung aus der Sicherung muss auch über verteilte Landschaften und Rechenzentren hinweg möglich sein. Dazu gehört, dass replizierte Daten vor Ort besonders behandelt werden müssen, z. B. müssen die Daten konsistent gehalten werden. Sicherung und Wiederherstellung dürfen keine Nichtverfügbarkeit während des Prozesses der Datenwiederherstellung implizieren. Nach einem Absturz einer Komponente innerhalb eines Szenarios muss es möglich sein, den konsistenten Zustand des gesamten Szenarios wiederherzustellen. Dies setzt voraus, dass neben dem Konzept der Komponentensicherung auch Informationen über Datenabhängigkeiten zwischen Komponenten und notwendige Schritte enthalten sind, um für das gesamte Szenario in einen konsistenten Zustand zu kommen.

Haftung des Anbieters

Für alle Dienste des Anbieters müssen Sicherheits- und Datenschutzrisiken identifiziert und transparent verwaltet werden, um einen sicheren Service-Lebenszyklus zu erreichen, der Kunden schützt und Haftungsrisiken verhindert. Sowohl Konsumer als auch Anbieter sollten sich auf eine gemeinsame organisatorische Schnittstelle einschließlich SLAs einigen und implementieren, um angenommene oder eingetretene Informationssicherheitsvorfälle zu besprechen und zu lösen. Die Haftung bleibt ein Eckpfeiler bei der weiteren Expansion des Cloud-Computing in alle Geschäftsfelder. Für ein Unternehmen, das plant, seine Daten und die Verarbeitung in die Cloud zu verlagern, sind zwei Faktoren entscheidend: Risiken und Mehrwert. Es muss ein angemessenes Gleichgewicht zwischen den Rechten und Verbindlichkeiten zwischen den Parteien und der Diversifizierung der Risiken durch Cloud-Versicherungen erreicht werden. Darüber hinaus werden mit den jeweiligen Verpflichtungen der Cloud-Anbieter neue Ansätze zum Schutz der Rechte an geistigem Eigentum in der digitalen Welt entwickelt.

Gesamtbetriebskosten

Subskriptionsmodell

Bei einem Abonnementlizenzmodell zahlen Kunden monatlich oder jährlich eine Benutzergebühr, die es ihnen ermöglicht, die Software während der Abonnementlaufzeit zu verwenden. Der Kunde besitzt die Software nicht, sondern sie wird gemietet. Die Subskriptionszahlung umfasst Softwarelizenzen, Zugriff auf Support-Services und neue Versionen der Software, sobald sie freigegeben werden. Das subskriptionsbasierte Preismodell gilt für alle Servicemodelle (IaaS, PaaS, SaaS). Die herkömmlichen Preismodelle gelten in der Cloud nicht, z. B. unbefristete Nutzungsrechte oder Anwendungspakete. Kunden sind nicht mehr Eigentümer der Software, sondern nutzen Services. Es ist ein systematisches Preisgestaltungs-Framework erforderlich, mit dem ein Kunde oder eine Organisation die IT-Services eines Anbieters für einen bestimmten Zeitraum zu einem festgelegten Preis erwerben oder abonnieren kann. Abonnenten verpflichten sich in der Regel monatlich oder jährlich für die Services.

Bezahlung pro Service

Hierbei handelt es sich um ein Modell, bei dem der Kunde mit einem *Nullkonto* beginnt, bereitgestellte Cloud-Ressourcen bei Bedarf und basierend auf dem tatsächlichen Verbrauch (Pay-As-You-Go) in Rechnung gestellt wird. Um die digitale Transformation des Kunden zu unterstützen und mehr Flexibilität und schnellen Zugriff auf neue Produktfunktionen zu erlauben, bieten Anbieter ein neues nutzungsbasiertes Geschäftsmodell (Pay-Per-Use) für Cloud-Services an.

Keine IT-Kosten

Bei dieser Anforderung geht es um die Bezahlung von Dienstleistungen anstelle von Hardware, Software, Strom und um die Unterstützung, um diese Elemente sicher, stabil und ordnungsgemäß zu betreiben. Zusätzliche Kosten für die Einrichtung, Wartung oder das Upgrade des Standard-Stacks (SaaS-Modell) oder der zugrunde liegenden Plattform (PaaS) oder Infrastruktur (IaaS) werden nicht berücksichtigt. Upgrades sind in den monatlichen Gebühren enthalten. Daher sind keine Administrationsarbeiten und keine IT-Kenntnisse erforderlich. Der Einsatz von Cloud-Computing macht On-Premise-Server überflüssig. Kunden müssen nicht mehr viel Geld im Voraus für die Hardware und Software ausgeben, die für den Betrieb ihres Netzwerks erforderlich ist. In den meisten Cloud-Umgebungen sind diese Kosten sowie die Aufwände für die Netzwerkwartung in einer monatlichen Pauschalgebühr enthalten. Wenn für den Server und die Applikationen ein Upgrade durchgeführt werden muss, liegt es außerdem in der Verantwortung des Cloud-Anbieters, dies ohne zusätzliche Kosten für den Benutzer zu tun.

Schnelle Wertschöpfung/Vorkonfiguration

Die Cloud-basierte Bereitstellung ist die Alternative zum kundenspezifische Betrieb von ERP-Systemen. In vielen Unternehmen treiben die Geschäftsbereiche die Diskussionen mit dem Umstiegswunsch auf eine Cloud-Lösung. Die herkömmliche interne IT-Abteilung kann durch die Akzeptanz von Buy-and-Go Cloud-Services schnell hinter sich gelassen werden, zumal die Wartung, das Patching und das Upgrade alles vom Cloud-Anbieter übernommen werden. Unternehmen wollen Cloud-Lösungen in sehr kurzer Zeit in Betrieb nehmen, da die Dienste normalerweise sofort einsatzbereit sind. Daher geht es bei dieser Anforderung um eine schnelle Verfügbarkeit, eine zeitnahe Bereitstellung von Produktivsystemen, einen schnellen Produktivstart, vorkonfigurierte Inhalte, Best-Practice-Prozesse, sofort einsatzbereite Services, geführte Konfiguration, nahtlose Datenintegration, einfach zu bedienende Oberflächen, geringer Schulungsaufwand, Konvertierung/Migration von Altsystemen und Online-Tutorials.

Performanz

Antwortzeit

Einzelne Transaktionen, die häufig mit Backend kommunizieren, sollten akzeptable Antwortzeiten haben, auch wenn das System unter Last ist. Es sollte ein geeigneter Test für die Performanz vorhanden sein, um Engpässe zu identifizieren. Außerdem sollten die Antwortzeiten in der Produktion aufgezeichnet werden. Das ist eine gute Praxis, weil niemand alle Situationen in einem synthetischen Umfeld vorhersehen und testen kann. Gute Antwortzeiten sind besonders wichtig, wenn Benutzer interaktiv arbeiten müssen.

Durchgängige Verarbeitungszeit

Bei dieser Qualität geht es um eine optimierte End-to-End Verarbeitungszeit von Business-Services. Dies ist die Zeit, um eine Aufgabe von der Anmeldezeit bis zum Ende eines Prozesses einschließlich der Netzwerklatenz aus zu führen. Die wichtigsten Indikatoren für die Performanz sind Antwortzeit und Durchsatz. Gute Antwortzeiten sind entscheidend, wenn Benutzer direkt mit dem System interagieren müssen. Beispielsweise verlieren Web-Shops Kunden, wenn ihre Benutzer den Shop als zu langsam empfinden. Außerdem ist die Netzwerklatenz der wichtigste Faktor für schlechte Antwortzeiten bei der Verwendung von Wide Area Networks (WAN), da Latenzzeiten die End-to-End Antwortzeit erheblich erhöhen.

Wahrgenommene Performance

Diese Anforderung bezieht sich darauf, wie schnell eine Softwarefunktion wahrgenommen wird, um eine Aufgabe zu erfüllen. Dies ist die Gesamtzeit für eine Reaktion des Systems unter Berücksichtigung der Qualität des Ergebnisses. Menschen warten nicht gern. Daher müssen die aktiven und passiven Phasen einer Person, die eine Website oder Anwendung nutzt, berücksichtigt werden. In der aktiven Phase bemerken die Benutzer nicht, dass sie gerade warten. In der passiven Phase gehen die Hirnaktivitäten zurück, sodass die Benutzer sich langweilen und das Warten wahrnehmen. Wenn die tatsächliche Performanz aufgrund physischer Einschränkungen nicht gesteigert werden kann, sollten Techniken verwendet werden, um die Benutzererfahrung zu optimieren und die wahrgenommene Performanz zu steigern.

Keine Ausfallzeit

Zero Downtime beschreibt eine Qualität ohne wahrgenommene Serviceausfallzeiten aus der Sicht des Endbenutzers. Insbesondere Updates oder Patches werden für den Benutzer transparent, ohne dass die Anwendung in einen Wartungsmodus verschoben wird. Die Anwendung kann jederzeit von den Benutzern verwendet werden. Jeder ungeplante Ausfall der Anwendung kann zu Frustration der Benutzer führen. Bei geschäftskritischen Anwendungen kann jeder Ausfall sogar zu finanziellen Verlusten führen.

Serviceorientiert

Immer verfügbar

Services müssen immer zugänglich und verfügbar sein, idealerweise auch auf jedem Gerät. Wenn ein Service fehlschlägt, müssen die verbleibenden Services weiter ausgeführt werden. Wenn eine Verfügbarkeitszone fehlschlägt, muss in eine andere umgeleitet werden. Außerdem muss das Kundenservicecenter jederzeit kontaktierbar sein. Kunden haben eine hohe Nachfrage nach Geschäftskontinuität und benötigen eine hohe Verfügbarkeit der Recheninfrastruktur. Dazu gehört auch die Antwortzeit auf Benutzeranfragen. Vor allem in der Cloud erwarten sie rund um die Uhr Zugriff auf die Geschäftsdaten und -anwendungen, unabhängig vom Gerät oder Standort. Auch die Nutzung mobiler Endgeräte für Geschäftsanwendungen nimmt zu, was die Bedeutung der Anforderung verdeutlicht.

Web-Services

Für alle Anwendungen und Services, auch für jede Art von Verwaltungs- oder Hilfsservices wie Ausgabeverwaltung, Business Workflows, Benutzermanagement, muss ein Standardwebzugriff bereitgestellt werden. Das SaaS-Verteilungsmodell stellt Anwendungen über das Internet bereit, auf die über einen Webbrowser zugegriffen wird, während die Software und die Daten auf den Servern gespeichert werden. Web-Services werden manchmal als Anwendungsservices bezeichnet. Webdienste werden vom Webserver eines Unternehmens für Benutzer oder andere verbundene Programme zur Verfügung gestellt.

Self-Services

Bei dieser Anforderung handelt es sich um ein System, das es Endbenutzern ermöglicht, Anwendungen und Services in einer Cloud-Computing Umgebung ohne direkten Eingriff einer IT-Organisation oder eines Dienstleisters einzurichten und zu starten. Selbst-Provisionierung durch Benutzer gilt für Public-, Private- und Hybrid-Cloud-Szenarien.

Beispiele für Self-Services sind das Zurücksetzen von Kennwörtern, das Ändern persönlicher Daten oder das Anlegen von Störungsmeldungen. Endbenutzer möchten in der Lage sein, die Rechenressourcen bei Bedarf für fast jede Art von Arbeitslast zu erhöhen. Auf diese Weise müssen IT-Administratoren keine Ressourcen auf herkömmliche Weise bereitstellen und verwalten. Außerdem ist die Cloud-Umgebung ein geschlossenes Partnernetz, in dem der Zugriff sehr eingeschränkt ist und auf wenige Anwendungsfälle und Parameter beschränkt sein sollte, die ein Key-User verwalten können sollte.

Eingebetteter/Online-Support

In vielen Unternehmen treiben die Fachabteilungen den Umstieg auf eine Cloud-Lösung voran. Da der technische Support mit Cloud-Software vom Anbieter abgewickelt wird, können Fachabteilungen ihre begrenzten Ressourcen umverteilen, um ihr Geschäft auszubauen. Anwendungen müssen so konzipiert werden, dass technisch unversierte Benutzer sie bedienen können. Daher bezieht sich diese Anforderung auf die Aktivierung von Anwendungen ohne technische Kenntnisse, mit intuitives Design und hohe Benutzerfreundlichkeit. Die Anwendung sollte die Möglichkeit bieten, mit dem Anbieter in Bezug auf technische Probleme oder Inkonsistenzen mit der Software zu interagieren. Außerdem sollte die Anwendung wesentliche Kontextinformationen sammeln, um unnötige Interaktionen mit dem Support zur Klärung von Problemen zu vermeiden. Für die meisten Vorfälle, die Alerts verursachen, sollten automatisierte Gegenmaßnahmen getroffen werden. Dies erfordert vom System, jederzeit Informationen über seine Umgebung zu sammeln und das Verhalten entsprechend anzupassen. Kontextbezogenes Computing, auch als kontextsensitives Computing bezeichnet, verwendet Software und Hardware, um Daten automatisch zu sammeln und zu analysieren, um Lösungen zu empfehlen.

Resilienz

Anwendungen sollten so konzipiert werden, dass sie Latenzen, unzureichende Antwortzeiten und Serviceausfälle nachgelagerter Systeme zuverlässig handhaben. Die Anwendungen sollten fehlertolerant und resistent gegenüber temporären Problemen sein, z. B. Latenz (Zeitüberschreitung, keine Aktivität, Netzwerkverzögerungen), Spitzen, Ausfälle, asynchrone Unterbrechungen von Schnittstellenaufrufen. Die Nichtverfügbarkeit der Anwendung führt zu unzufriedenen Benutzern. Bei geschäftskritischen Anwendungen kann jeder Ausfall sogar zu finanziellen Verlusten führen. Unternehmensanwendungen werden auf verteilte Weise implementiert, was zu erhöhten Risiken führen kann, z. B. Probleme bei der Netzwerkkommunikation, verlorene Nachrichten, lang andauernde API-Aufrufe oder sogar Ausfall abhängiger Systeme. Resilienz mindert diese kritischen Situationen. Ziel ist es, ein zuverlässiges System aus unzuverlässigen Komponenten zu implementieren.

Innovation

Kontinuierliche und schnelle Innovation

Bei dieser Anforderung geht es um die häufige Bereitstellung neuer Funktionen, einen kurzen Release-Zyklus, eine schnelle Einführung von Innovationen und eine überschaubare Vorlaufzeit. Die technologische Innovation wird stetig vorangetrieben. Herkömmliche IT-Prozesse sind eine schlechte Lösung für die heutige Geschwindigkeit. Der Erfolg der Cloud und Software-as-a-Service (SaaS) spiegelt die Nachfrage der Nutzer nach schnellen Innovationen wider. Die Rechenkapazität wird nun von Geschäftsanforderungen gesteuert, die mit häufigen Softwareanpassungen in jeder Woche oder sogar über den Tag versorgt werden müssen. Aber das heutige Geschäftsumfeld erfordert mehr als nur Schnelligkeit. Innovation – die Fähigkeit, neue Angebote zu entwickeln, ihre potenzielle Marktakzeptanz zu bewerten und dann die erfolgreichen Angebote einzuführen – ist ebenso wichtig. Auch in diesem Fall ist Cloud-Computing weitaus besser geeignet als der herkömmliche On-Premise-Ansatz. Da Cloud-Services sofort verfügbar sind, ist es einfach, ein neues Angebot auszuprobieren. Unternehmen können schnell Feedback von Benutzern erhalten, anstatt Monate darauf zu warten, bis eine Lösung auf dem Markt getestet wird.

Kundenbeteiligung

Diese Qualität konzentriert sich auf die frühzeitige Einbindung von Kunden und Stakeholdern, Online-Feedback, die eingebettete Beteiligung am Ideenfindungsprozess, Design Thinking, agile Entwicklung und Innovationsplattform. Die Entwicklung aussagekräftiger und nutzbarer Software, die die Anforderungen der Endanwender erfüllt, ist das Ziel jedes Stakeholders. Mit Cloud-Computing ist die Möglichkeit, Entscheidungen in der Softwareentwicklung zu beeinflussen und Innovationen frühzeitig einzuführen, viel höher. Durch den Betrieb der Software, das Überwachen der Aktivitäten der Nutzer und das Teilen von Ressourcen ist es einfach, die Lösung für sofortiges Feedback zu öffnen. Cloud-Services werden von vielen gemeinsam genutzt, sodass jede Inkonsistenz oder jedes Fehlverhalten des Systems unmittelbare Auswirkungen auf alle Konsumenten hat.

Standardisierung

Best Practices

Standardfunktionen sollten verfügbar sein und die Anforderungen der Kunden von Anfang bis Ende erfüllen. Vordefinierte Best-Practice-Inhalte, Geschäftsprozesse und Standardcodelisten sollen bereitgestellt werden. Branchen- und länderspezifische bewährte Geschäftsverfahren, die Einhaltung gesetzlicher Vorschriften müssen sofort einsatzbereit sein. Die Anwendung sollte den Standards und gesetzlichen Anforderungen entsprechen. Kunden möchten den Aufwand für Standardgeschäftsprozesse reduzieren und sich auf Kernkompetenzen und differenzierende Aufgaben konzentrieren.

Konsistenz

Der Kunde erwartet eine Harmonisierung bezüglich der Benutzererfahrung, der Geschäftsprozesse, der Datenintegration und Domain-Model-Angleichung über alle Services hinweg, da er nicht den technischen Hintergrund hat und die Aufwände leisten möchte, um durch Heterogenität verursachte Inkonsistenzen zu bewältigen. Daher werden Ansätze wie Principle of One erwartet, die Vermeidung von redundanten Frameworks sicherstellen.

Web-/Internetstandards

Die Anforderung betrifft modernste Internetstandards wie Routing, Caching, Web-Protokolle für Anwendungs-Exits, zustandslose Architektur, Browserunterstützung, Geräteunterstützung, Web-Tools, Geschäftsbezahlungsstandards. Unternehmens-anwendungen speichern Daten über das Internet und greifen darauf zu. Insbesondere im SaaS-Modell installieren und betreiben Anbieter Anwendungen, während Benutzer die Software über Webschnittstellen nutzen. Der Kunde erwartet, dass alle Arten von Web-Standards erfüllt werden.

Flexibilität

Festlegung des Lösungsumfangs

Bei der Festlegung des Lösungsumfangs werden die erforderlichen Szenarien, Geschäftsprozesse und Funktionen vom Kunden kontrolliert ausgewählt. ERP-Systeme sind sehr leistungsstark, was neue Herausforderungen bei der Ermittlung und Implementierung mit sich bringt. Um diese Herausforderungen zu bewältigen, werden fortschrittliche Techniken bereitgestellt, die Kunden bei der Auswahl geeigneter Services unterstützen. Insbesondere in einem verbrauchsbasierten Geschäftsmodell ist es wichtig, nur die Services zu aktivieren, die angefordert werden.

Konfiguration

Diese Qualität bezieht sich auf Konfigurationsoptionen, das Branding-Tool und den Theme-Designer. Viele Unternehmen müssen ähnliche Prozesse unterstützen. Trotz dieser Gemeinsamkeiten müssen jedoch auch lokale Variationen und Anpassungen an die Bedürfnisse der Kunden ermöglicht werden. Daher muss eine Lösung bereitgestellt werden, um Anwendungen einzeln zu konfigurieren und Gemeinsamkeiten zu teilen.

Personalisierung

Hierbei geht es um die Möglichkeit der lokalen Einstellungen und der Favoriten-behandlung. Benutzer können beim Konsumieren solcher Services anspruchsvoller werden, da sie einer Vielzahl von Anwendungen ausgesetzt sind. Personalisierung auf die eigenen Bedürfnisse ist in Geschäftsanwendungen wichtig, genauso wie in Web- und/ oder mobilen Anwendungen.

UI-Anpassung/Branding

Die UI-Einführung beschreibt den Prozess der Übernahme von Benutzeroberflächen oder anderen Ressourcen, die vom ERP-Anbieter sofort einsatzbereit bereitgestellt werden. Branding ist die Aktivität, mit der Anwendungen mit einer bestimmten Farbe oder einem bestimmten Layout verbunden werden, um den Benutzern die Handhabung zu erleichtern. Es müssen Funktionen für die UI-Einführung und das Branding bereitgestellt werden.

Erweiterbarkeit

Durchgängige Erweiterbarkeit

Diese Qualität konzentriert sich auf die Erweiterbarkeit von Standardservices und -prozessen in allen Schichten (Tabellenerweiterung für UI-Felderweiterung) sowie auf die Erweiterbarkeit der entsprechenden APIs. Dadurch werden vertikale Erweiterungen von Prozessen oder Services ermöglicht. Partner, die Services erweitern, benötigen möglicherweise eine zusätzliche Erweiterungsschicht für ihre Kunden. Jede Erweiterung sollte unabhängig von jeder anderen Erweiterung sein und vor Upgrades und Updates sicher sein.

Branchenvertikalisierung

Diese Qualität ermöglicht die Erweiterung der Kernfunktionen mit branchenspezifischen Lösungen (vertikaler Markt). Industriekunden stellen ERP-Anbieter vor Herausforderungen, wenn es um branchenspezifische Aspekte geht. One-Size-Fits-All Software bietet zunehmend modulare vertikalisierte Ansätze. In den letzten Jahren hat sich ein klarer Trend entwickelt, der darauf abzielte, horizontale Lösungen durch maßgeschneiderte Lösungen zu ersetzen, die auf bestimmte Branchen ausgerichtet sind – vom Gesundheitswesen bis zum Einzelhandel. Während es in der Vergangenheit eine klare Zuordnung eines Kundengeschäfts zu einer Branchenlösung gab, investieren Unternehmen heute in verschiedene Branchen wie Oil & Gas, Fertigung und Großhandel.

Integration

Diese Qualität umfasst Ankerpunkte, Integrationsplattformen, vorkonfigurierte Integration und Kommunikationsvereinbarungen. Traditionell war die Daten- und Prozessintegration eine exklusive Aufgabe von IT-Spezialisten, die die Systeme miteinander verbunden haben. Die Werkzeuge zum Erstellen von Integrationslösungen sind komplex und erfordern häufig einen Programmierkenntnisse. Darüber hinaus benötigen sie eine steile Lernkurve und sind kostspielig zu pflegen. Geschäftsanwender benötigen jedoch heutzutage eine vorkonfigurierte Integration oder möchten dieselben Aufgaben einfach mit Integrationswerkzeugen erledigen. Darüber hinaus ist eine Robustheit der öffentlichen APIs im Hinblick auf nicht inkompatible Änderungen erforderlich. Da Anwendungen, die APIs verwenden, bei API-Änderungen brechen würden, implizieren APIs auch einen Stabilitätsvertrag. Der Vertrag gewährleistet, dass sich das API im Laufe der Zeit nur kompatibel ändert, sodass die konsumierende Anwendung stets weiterfunktioniert.

Offenheit bezüglich Standards
Diese Anforderung betrifft die Bereitstellung öffentlicher APIs, API-Verwaltung, offene Cloud-Entwicklungsumgebung und Erweiterungsplattform sowie die Unterstützung von Standardprogrammiersprachen (z. B. JAVA, JS). Kunden und Partner wünschen sich eine Erweiterungsinfrastruktur für Integration, Portabilität, Interoperabilität und Innovation. Sie wünschen sich auch die Möglichkeit, Dienste von verschiedenen Anbietern zu kombinieren. Damit andere Lösungen integriert werden können, sollte die Anwendung öffentliche APIs über Standard-Webschnittstellen bereitstellen, z. B. REST. Es sollte eine Dokumentation geben, in der alle APIs aufgeführt und ihre Verwendung erläutert werden.

17.2   Fazit

Letztendlich ist es das Ziel von ERP-Anbietern, Mehrwert für seine Kunden zu schaffen. Daher spielt die Kundenzufriedenheit hinsichtlich der Nutzung von ERP-Systemen eine wichtige Rolle. Kunden sind zufrieden, wenn ihre Erwartungen an ein Produkt oder eine Serviceleistung erfüllt oder übertroffen wurden. Die individuellen Qualitätsmerkmale eines ERP-Systems basieren daher auf den Wünschen und Anforderungen der Kunden. Diese Merkmale bestimmen die Qualität und den Geschäftserfolg der Anbieter und Kunden. Über die Zeit ändern sich die Kundenbedürfnisse. Damit müssen auch die Qualitätsmerkmale angepasst und von den jeweiligen Anbietern integriert werden.

ERP-Produktqualitäten Anbietersicht

18

Das Kapitel beschreibt die vom Anbieter erwarteten ERP-Produktqualitäten, die durch die SAP S/4HANA Architektur sichergestellt werden. Abgedeckte Eigenschaften sind betriebliche Effizienz, Cloud-Infrastruktur, Betrieb und Überwachung, Agilität und Kommerzialisierung. Die Qualitäten werden in Gruppen zusammengefasst und nacheinander erläutert.

18.1 Vom Anbieter erwartete ERP-Eigenschaften

ERP-Systeme werden als Management-Informationssysteme betrachtet, die die Geschäftsprozesse eines Unternehmens optimieren. Die Bereitstellung von ERP-Software, die die funktionalen Anforderungen eines Unternehmens mit einem akzeptablen Qualitätsniveau erfüllt, ist eine Herausforderung. Cloud-Computing kann dabei helfen, einige dieser Herausforderungen zu meistern. Cloud-Anbieter entwickeln nicht nur Anwendungen, sondern führen sie auch im Rahmen des Software-as-a-Service (SaaS) Paradigmas aus. Kunden können die Software einfach über einen Browser als Service nutzen. Daher müssen IT-Abteilungen auf Kundenseite das ERP-System nicht mehr bereitstellen und betreiben. Der Anbieter von Cloud-Services ist der Eigentümer der IT-Umgebung. Die Hauptaufgabe besteht darin, die im Vertrag angegebenen Services zu erbringen. Darüber hinaus ist es äußerst wichtig, die Services effektiv und effizient bereitzustellen und zu betreiben. Das gesamte Geschäft in der Cloud wird durch das Ziel gesteuert, niedrige Gesamtbetriebskosten zu erreichen und kontinuierliche Innovationen bereitzustellen. Dies ist ein fortlaufender Prozess, da sich die Anforderung an der Funktionalität und dem Systembetrieb ständig ändert. Eine Plattform ist immer für die aktuellen Verwendungen und Bedürfnisse konzipiert. Zusätzliche Funktionen, unterschiedliche Verwendungen, kommende Technologien, die Notwendigkeit,

© Der/die Autor(en), exklusiv lizenziert an Springer Fachmedien Wiesbaden GmbH, ein Teil von Springer Nature 2023

S. Sarferaz, *ERP-Software: Funktionalität und Konzepte*, https://doi.org/10.1007/978-3-658-40499-4_18

Cloud-Infrastruktur

Design des Cloud-
Betriebs

Rechenzentrums-
verwaltung

Infrastrukturunabhängig

Bereitstellungs-
werkzeuge

Globale Verfügbarkeit

Dev-Ops-Organisation

Betriebseffizienz

Automatisierung des
Softwarelebenszyklus

Ressourcenteilung

Verwaltung von Inhalten

Vereinfachung

Skalierbarkeit

Elastizität

Testautomatisierung

Kontinuierliche TCO-
Verbesserungen

Betrieb & Überwachung

Betriebstools

Infrastruktur-Monitoring

Anwendungsverwaltung

Serviceüberwachung

Produktnutzungsanalyse

Nachverfolgung von
Kundenaktivitäten/Turn-
Out-Management

Cloud-KPIs

Agilität

Agile Software

Cloud-
Erweiterbarkeitsplattform

Unterstützung des
Partnernetzes

Kommerzialisierung

Cloud-Lizenzmodelle

Partner-Lizenzmodell

Kundentreueprogramm

Abb. 18.1   Vom Anbieter erwartete ERP-Qualitäten

neue Unternehmen und Märkte abzudecken, erfordern, dass eine technische und organisatorische Umgebung notwendig ist, die eine kontinuierliche Anpassung und Refactoring der IT und Services ermöglicht. Somit haben Kunden eine klare Erwartung an Anbieter von ERP-Systemen. Abb. 18.1 fasst die wichtigsten Anforderungen bezüglich der Anbieter von ERP-Systemen zusammen. Diese werden in den nächsten Abschnitten ausführlich erläutert. Es sei erwähnt, dass im Falle von Private Cloud der Kunde die Rolle des Anbieters übernimmt und für den Betrieb verantwortlich ist.

Cloud-Infrastruktur

Design des Cloud-Betriebs

Cloud-Computing ist ein umfangreiches, verteiltes Datenverarbeitungs-Paradigma, das von Größenvorteilen getrieben wird, in dem ein Pool abstrahierter, virtualisierter, dynamisch skalierbarer, verwalteter Rechenleistung, Speicher, Plattformen und Services auf Abruf für externe Kunden über das Internet bereitgestellt wird. Unternehmen, Dienstleister und andere Organisationen migrieren alle auf virtuelle Rechenzentren oder Cloud-Architekturen, was auf die Agilität, Effizienz und Kostenkontrolle durch Technologien wie Virtualisierung und Cloud-Computing zurückzuführen ist. Die Einführung dieser neuen Architekturen stellt jedoch traditionelle Managementwerkzeuge und -prozesse infrage, um den effektiven Betrieb des Rechenzentrums sicherzustellen. Die Notwendigkeit, den Betrieb von Rechenzentren zu verbessern, führt zum neuen Konzept des Cloud Operations Center. Daher muss das IT-System so konzipiert werden, dass es SaaS-Qualitäten unterstützt, und es ist eine Entscheidung über Plattform und Architektur erforderlich.

Rechenzentrumsverwaltung

Bisher konzentrierten sich die Strategien für Rechenzentren darauf, Anwendungen am Laufen zu halten, nachhaltiges und kontrolliertes Wachstum zu ermöglichen und dies auf sichere und fehlertolerante Weise durch zu führen. Heutzutage spielen nicht nur die typischen Standort-, Macht-, Steuer-, Outsourcing- und Beschäftigungsaspekte eine Rolle, sondern auch neue Faktoren wie Cloud-Betrieb, grüne Umweltinitiativen und gesetzliche Anforderungen. Es müssen auch legale Richtlinien berücksichtigt werden, wie das chinesische Cybersicherheitsgesetz oder die europäische DSGVO, die den Datenzugriff auf bestimmte Bereiche beschränken. Obwohl die meisten ERP-Systeme nur einen begrenzten Einfluss auf das Netzwerk zwischen dem Webbrowser des Kunden und des Internets haben, sollten Rechenzentren immer nach einem intelligenten Algorithmus ausgewählt werden, um Latenzeffekte zu minimieren. Weitere Aspekte dieser Qualität sind die Rechenzentrumsinfrastruktur, die Computing- und Nicht-Computing-Prozesse sowie die Outsourcing-Strategie.

Infrastrukturunabhängig

Cloud-Entwicklungs- und Hosting-Umgebungen sollten unabhängig von der Infrastruktur oder Plattform sein. Anwendungs- und Daten-Portabilität sind ein grundlegendes Ziel für Cloud-Computing. Cloud-Infrastrukturen und -Plattformen unterstützen Geschäftsanwendungen unabhängig von Typ, Alter, Eigentum und Standort. Der Umstieg auf eine andere Cloud-Infrastruktur oder einen anderen Plattformanbieter soll mit minimalem Risiko, kurzen Verzögerungen und ohne Datenverlust möglich sein. Unabhängig davon, wie, wann oder wo sie implementiert wurden, sollten Anwendungen mit Standard-Services arbeiten. Virtualisierung und Containerisierung sind grundlegende Technologien, die Cloud-Computing unterstützen. Diese Softwarewerkzeuge trennen Rechenumgebungen von physischen Infrastrukturen, sodass mehrere Betriebssysteme ausgeführt werden können. Darüber hinaus können sie auch unabhängig von der zugrunde liegenden Infrastruktur sein.

Bereitstellungswerkzeuge

Cloud-Provisionierung ist ein wichtiger Aspekt des Cloud-Computing-Modells, das beschreibt, wie ein Kunde Cloud-Services und -Ressourcen von einem Cloud-Anbieter erhält. Der Prozess der Cloud-Provisionierung kann auf eine von drei Arten ausgeführt werden. Die drei Modelle sind erweiterte Provisionierung, dynamische Provisionierung und eigene Provisionierung. Mit der erweiterten Provisionierung schließt der Kunde einen formalen Servicevertrag mit dem Cloud-Anbieter ab. Der Anbieter bereitet dann die vereinbarten Ressourcen oder Services vor und stellt sie dem Kunden bereit. Der Kunde erhält eine einmalige Gebühr oder wird monatlich abgerechnet. Die dynamische Provisionierung ermöglicht eine flexible Bereitstellung von Cloud-Ressourcen, um den schwankenden Anforderungen eines Kunden gerecht zu werden. Hierbei werden die Systemressourcen hoch skaliert, um Nutzungsspitzen zu berücksichtigen, und herunter skaliert, wenn der Bedarf abnimmt. Der Kunde wird in Rechnung gestellt, wie oft er den Service in Anspruch nimmt (nutzungsabhängig). Bei der eigenen Provisionierung kauf der Kunde Ressourcen vom Cloud-Anbieter über eine Webschnittstelle oder ein Portal, auch bekannt als Cloud-Self-Service. Weitere Aspekte für diese Qualität sind Werkzeuge und Services für die Bereitstellung von Software auf der angegebenen Infrastruktur, das App-Center-Angebot, die Funktions- und Content-Aktivierung.

Globale Verfügbarkeit

Unternehmen, die ihre Präsenz global ausbauen möchten, wenden sich zunehmend der Cloud zu. Um die Latenz zu minimieren, müssen Instanzen in der Nähe der Zugriffspunkte angeboten werden. Manchmal müssen jedoch regionale Fehler oder DNS-Defekte berücksichtigt werden, weshalb es möglich sein sollte, schnell eine neue Instanz einzurichten. Zu den Vorteilen von Cloud-Computing gehört die globale Skalierung in einer bestimmten Infrastruktur oder über Rechenzentren hinweg. Daher müssen die Services auf die angegebene Infrastruktur skaliert werden, und das Rechenzentrum sollte verteilt werden, um die Latenz zu verringern. Weitere Aspekte für diese Qualität sind Lastausgleich, keine Annahmen über die IP-Adressen, geografische Redundanz, keine speziellen Knoten, automatischer Cluster-Join.

Dev-Ops-Organisation

DevOps ist eine Reihe kultureller Philosophien, Praktiken und Tools, die die Fähigkeit eines Unternehmens verbessern, Anwendungen und Services in hoher Geschwindigkeit bereitzustellen, indem es Produkte schneller entwickelt und verbessert als herkömmliche Prozesse für die Softwareentwicklung und das Infrastrukturmanagement. Entwicklungs- und Betriebsteams sind in einem DevOps-Modell nicht mehr getrennt. Entwicklung und Betrieb sollten entweder in einer einzigen Organisation zusammengefasst oder eng koordiniert werden, um eine frequentierte Abstimmung zu gewährleisten. Diese schnelle Taktung ermöglicht es Unternehmen, ihre Kunden besser zu bedienen und sich auf dem Markt zu behaupten. Die Software beginnt mit der Wertschöpfung, sobald sie von den Endbenutzern erfolgreich genutzt wurde. Softwareanbieter müssen daher einen hohen

Arbeitsfluss von der Idee bis zur Entwicklung und Nutzung neuer Versionen sicherstellen. Die Teams sollten sich auf wenige Funktionen konzentrieren und diese so schnell
wie möglich freigeben, um Feedback zu erhalten.

Betriebseffizienz

Automatisierung des Softwarelebenszyklus

In der klassischen On-Premise-Welt hat der Kunde die Flexibilität, Aktualisierungen in
einem selbstdefinierten Zeitraum anzuwenden. Cloud-Computing bietet die Möglichkeit für schnellere Innovationszyklen, indem Patches oder neue Funktionen häufiger
freigegeben werden, manchmal sogar mehrmals täglich, da der Anbieter die Software betreibt und sie jederzeit aktualisieren kann. Dies erfordert eine hohe Automatisierung des Update-Prozesses, insbesondere, weil ein wesentlicher Bestandteil
der Aktualisierung darin besteht, vorher sicherzustellen, dass der neue Quelltext die
erforderliche Qualität erfüllt. Bei häufigen Updates ist dies nur mit einem hohen Automatisierungsgrad möglich. Softwarelebenszyklusprozesse müssen aus Aufwands-
und Kostensicht idealerweise keine Ausfallzeiten verursachen. Die kontinuierliche
Serviceerbringung muss ohne manuelle Tätigkeiten durchgeführt werden. Software-
Lösungen für die Verwaltung des Lebenszykluses ist erforderlich, um einen hohen
Automatisierungsgrad sicherzustellen, z. B. eine Build-Pipeline, um Upgrades, Patches
und Migrationen unabhängig von verbundenen zugrunde liegenden Produkten zu unterstützen.

Ressourcenteilung

Die gemeinsame Nutzung von Ressourcen führt zu erheblichen wirtschaftlichen
Effizienzsteigerungen. Es ermöglicht Entwicklungsteams, Code einmal zu schreiben,
Funktionen in einer Codebasis ohne Duplizierung zu implementieren und mehrere
Kunden zu bedienen. Durch die gemeinsame Nutzung einer einzigen Codebasis können
Cloud-Apps und -Daten viel schneller gepatcht und aktualisiert werden. Ein Cloud-
Anbieter kann zwischen mehreren Ebenen der Ressourcenfreigabe wählen, von der
gemeinsamen Nutzung derselben Hardware mithilfe virtueller Maschinen bis hin zur
gemeinsamen Nutzung desselben Prozesses durch kluge Programmierung. Dafür ist eine
Systemarchitektur erforderlich, die es Anbietern ermöglicht, Rechenressourcen in einer
öffentlichen oder privaten Cloud gemeinsam zu nutzen.

Verwaltung von Inhalten

Die Konfigurationsdaten müssen von den Anwendungs- und Systemdaten getrennt
werden. Die Kodierung und der Inhalt sollten jedoch ähnliche Prozesse und Infrastrukturen verwenden. Die Umstellung vom Support für die Erstaktivierung auf einen
vollständigen Produktlebenszyklus, einschließlich Einführung, Wartung, Erweiterung,
Upgrade und möglicherweise Deaktivierung, ist eine fundamentale Änderung, die ein

Umdenken der grundlegenden Prinzipien der Konfigurationsbereitstellung erfordert. Im Cloud-Computing ist es entscheidend, die betriebswirtschaftliche Konfiguration für Entwicklung, Partnerentwicklung, Cloud-Betrieb und Kunden so nahtlos und reibungslos wie möglich zu gestalten. Die schnelle und einfache Einrichtung von Kundensystemen ist nur auf der Grundlage hochwertiger Inhalte und eines hohen Automatisierungsgrads möglich. Da es keine Berater gibt, die eingreifen können und über das Wissen verfügen, Fehler zu kompensieren, müssen alle Standardinhalte sofort einsatzbereit sein.

Vereinfachung

Die IT-Branche als Ganzes ist gezwungen, einfach zu denken. IT-Abteilungen möchten ihren Fokus von den täglichen Aufgaben am Technologiemanagement verlagern und sich auf die Bereitstellung der Innovationen konzentrieren, die Technologie ermöglicht. Unternehmen möchten die Komplexität ihres aktuellen Netzwerks und Rechenzentrums verringern und von der Flexibilität und Effizienz der Cloud profitieren. Für Cloud-Anbieter ist die Vereinfachung eine Voraussetzung für den Betrieb einer effizienten Cloud-Umgebung. Weitere Aspekte dieser Qualität sind geringere Komplexität von Datenmodellen, Vermeidung von redundanten Frameworks, Standardwerkzeuge, Harmonisierung, intuitive Benutzererfahrung und geringer Datenspeicherbedarf. Unternehmen haben in der Regel eine große Menge an benutzerdefiniertem Code erstellt, der die ERP-Software erweitert und teilweise ersetzt oder sogar modifiziert. Dies führt zu einer IT-Landschaft mit einem ERP-System, für das ein Upgrade auf das nächste Release schwierig ist. Die massiven Anpassungen der Standardsoftware haben die Unternehmen daher daran gehindert, den nächsten Schritt in Richtung digitaler Transformation zu gehen. Im digitalen Zeitalter ist aber eine Standardisierung erforderlich, und obwohl Unternehmen versuchen, Individualisierung wo immer möglich zu vermeiden, verlangen sie dennoch ein hohes Maß an Flexibilität. Dazu gehört die Reduzierung der Komplexität durch Standardisierung und Vereinfachung von Geschäftsprozessen. ERP-Anwendungen der digitalen Zeit erfordern die Bereitstellung vorkonfigurierter Pakete, die schnelle Implementierungen ermöglichen.

Skalierbarkeit

Anwendungen müssen horizontal skaliert werden, indem sie weitere Instanzen eines Service hinzufügen (Scale-Out) oder vertikal, indem sie vorhandenen Instanzen virtuelle CPUs oder Speicher hinzufügen (Scale-Up). Traditionell waren Unternehmen an physische Einschränkungen wie Festplatten- und Arbeitsspeicher gebunden, was die Skalierbarkeit erschwerte. Die klassischen IT-Systeme wurden für die aktuelle Situation und die Kundenbedürfnisse optimiert. In der Cloud gibt es nur eine definierte Installation des Systems. Beim Cloud-Computing werden diese Einschränkungen durch eine Infrastruktur ersetzt, die sich nach oben oder unten skalieren und an die Anforderungen eines Unternehmens anpassen kann. Ein skalierbares System ist ein System, in dem die Arbeitslast, die das System verarbeiten kann, proportional zur Anzahl der ihm zur Verfügung gestellten Ressourcen wächst, d. h. seine Kapazität wird mit verfügbaren

Ressourcen skaliert. Weitere Aspekte dieser Qualität sind die automatische Skalierung, Skalierbarkeit oder Kapazität auf Abruf ohne signifikante Servicebeeinträchtigung.

Elastizität

Hierbei geht es um die Möglichkeit, unabhängig von der aktuellen Auslastung den gleichen Servicegrad bereitzustellen. Dazu muss das System sich dynamisch an tatsächliche Arbeitslaständerungen anpassen und hohe Frequenzen, Spitzen, niedrige Aktivitäten und keine Aktivitäten berücksichtigen. Die Plattform/Infrastruktur selbst unterstützt den Elastikcharakter des Cloud-Computings, bei der Ressourcen-Erweiterungen eng mit der tatsächlichen Nachfrage ausbalanciert werden, wodurch die Gesamtauslastung erhöht und die Kosten gesenkt werden. Elastizität ist auch in der Cloud-Umgebung wichtig, in der die Ressourcen nach Nutzung bezahlt werden. Die Elastizität erfordert in der Regel ein skalierbares System, ansonsten haben die zusätzlichen Ressourcen wenig Wirkung. Elastizität ist die Fähigkeit, die Ressourcen dynamisch anzupassen, die für den Umgang mit Lasten erforderlich sind, und mehr Ressourcen hinzuzufügt, wenn die Last steigt und mit sinkendem Bedarf unnötiger Ressourcen entfernt. Wenn also die Auslastung zunimmt, müssen mehr Ressourcen hinzugefügt werden, um die ungenutzte Kapazität so klein wie möglich zu halten, während bei sinkendem Bedarf die Ressourcen eingeschränkt werden müssen, um die verschwendete Kapazität so klein wie möglich zu halten. Um die Auswirkungen unerwarteter Spitzen zu vermeiden, muss die Skalierung möglichst nahe am tatsächlichen Bedarf liegen, wobei die verschwendete Kapazität so klein wie möglich gehalten werden muss.

Testautomatisierung

Automatisierte Tests verwenden spezialisierte Software, um Tests auszuführen, die in Form von Quellcode hinterlegt sind. Im Gegensatz zum manuellen Testen sind alle Testschritte automatisiert. Die Tests werden zusammen mit dem Anwendungscode gespeichert. Die Tests bestehen in der Regel aus drei Phasen: Die Testumgebung wird aufgebaut, eine oder mehrere Aktionen werden ausgelöst und schließlich wird das tatsächliche Ergebnis mit dem erwarteten verglichen. Alles kann lokal oder vollständig automatisiert in einer Build-Pipeline ausgeführt werden. Die Software sollte getestet werden, bevor sie für Kunden freigegeben wird. Dies gilt sowohl für neu hinzugefügte als auch für vorhandene Funktionen. Die Überprüfung der funktionalen Korrektheit ist wichtig für die Zufriedenheit der Konsumenten. Die manuelle Ausführung dieser Tests ist eine repetitive, fehleranfällige und teure Aufgabe. Insbesondere wenn Software häufig ausgeliefert wird, wie es in der Cloud üblich ist, können alle Tests nicht mehrmals täglich manuell ausgeführt werden. Darüber hinaus könnte der Mensch bei der Ausführung der Test-Suite einen Schritt verpassen oder nicht erfolgreiche Testabläufe übersehen. Schließlich benötigt die wiederholende Aufgabe viel Personal, sodass es günstiger ist, die Ausführung der Tests zu automatisieren. Bei Regressionstests handelt es sich um eine Art von Softwaretest, der darauf abzielt, neue Softwarefehler oder Regressionen in vorhandenen funktionalen und nicht funktionalen Teilen eines Systems nach Neuentwicklungen, Patches oder Konfigurationsänderungen zu finden. Der Entwickler ist für das Schreiben von Tests für implementierte Funktionen verantwortlich. Es gibt mehrere Arten von Tests und für jeden Typ gibt es verschiedene Werkzeuge: Modultests beziehen sich auf das Testen einzelne kleine Einheiten wie Klassen. Abhängigkeiten werden in der Regel so erprobt, in dem sie simuliert werden, sodass nur die zu testende Einheit betrachtet wird. Für Modultests müssen möglichst große Anzahl von Tests bereitgestellt werden. Integrationstests beziehen sich auf das Testen der Verbindung mehrerer Module und ihre Abhängigkeiten. Weiterhin wird der typische Benutzerfluss mithilfe der Simulation der gesamten Anwendung getestet.

Kontinuierliche TCO-Verbesserungen

Neue Technologien, verbesserte Betriebstechniken und veränderte Geschäftsabläufe erfordern einen kontinuierlichen Verbesserungsprozess im Cloud-Betrieb, um Agilität, Flexibilität, Skalierbarkeit, Effizienz und niedrige Gesamtbetriebskosten aufrechtzuerhalten. Da die IT-Infrastruktur hinter den Cloud-Services für die Kunden unsichtbar ist, müssen Änderungen und Migrationen ausgeblendet werden, ohne den laufenden Betrieb zu unterbrechen. Gleichzeitig bietet dies auch die Möglichkeit, das System kontinuierlich anzupassen und zu verbessern. Infrastruktur, Betrieb und Entwicklung sollten stetig überarbeitet werden, um die Gesamtbetriebskosten niedrig zu halten. Es gibt keinen finalen Endzustand.

Betrieb und Überwachung

Betriebstools

Continuous Integration and Continuous Delivery (CI/CD) ist eine Sammlung von Techniken, Prozessen und Werkzeugen zur Verbesserung der Softwareentwicklung und -auslieferung. CI/CD folgt einer kontinuierlichen Integration und setzt den Feedback-Zyklus in der Softwareentwicklung und -auslieferung fort. In der CI/CD-Pipeline wird der Code automatisch getestet, um eventuelle Bugs frühzeitig zu finden. Nach der Validierung wird der Code automatisch in ein Repository hochgeladen. Der CD-Prozess umfasst das Zusammenführen von Codeänderungen, detaillierte Tests, Code-Freigaben und die Bereitstellung produktiver Builds der Software. Das Ziel von CD ist es, immer eine möglichst aktuelle Codebasis zu haben. Daher ist es wichtig, die kontinuierliche Integration mit der kontinuierlichen Auslieferung in die CI/CD-Pipeline zu integrieren. Entscheidend ist es, sicherzustellen, dass neuer Code mit minimalem Aufwand ausgerollt werden kann. Daher sind für die Unterstützung der CI/CD-Verarbeitung Betriebswerkzeuge erforderlich. Darüber hinaus sind Tools notwendig, um Kosten und Software-Nutzung zu verwalten, und letztendlich die Cloud zu optimieren. Weitere Aspekte dieser Qualität sind Protokollierung, Auditing und Ausnahmebehandlung.

Infrastruktur-Monitoring

Bei Architekturen für die Cloud-Implementierung gibt es keinen Ansatz, welcher eine Cloud zu 100 % zuverlässig macht. Tatsache ist, dass die Ausführung eines hochgradig skalierbaren, automatisierten und effizienten Service viel Arbeit bedeutet. Die Wahrscheinlichkeit für Fehlersituationen ist sehr hoch. Daher ist ein Instrument erforderlich, um die gesamte Infrastruktur kontinuierlich zu überwachen. Solche Werkzeuge müssen die Systemverfügbarkeit, Ausfälle oder Verbindungsprobleme monitoren. Es ist ein stetiges Feedback aus dem operativen Betrieb erforderlich, um die Funktionsfähigkeit zu verbessern.

Anwendungsverwaltung

Softwareentwicklung und -bereitstellung in der Cloud unterscheiden sich von der traditionellen Welt. In der Cloud wird neu entwickelter Code im Prinzip auf einmal an alle Kunden ausgeliefert, was sich sofort auf alle Instanzen auswirkt. Außerdem müssen das geänderte Verhalten und die neuen Funktionen unter Umständen in verschiedenen Zeitzonen oder Geolokationen freigegeben werden. Daher müssen der Anwendung nicht nur die Ressourcenstandorte bekannt sein, sondern die Anwendung muss auch wissen, welche Instanz der Ressourcen basierend auf Faktoren wie Geolokation verwendet werden soll und welche sie möglicherweise nicht verwenden sollte, weil Prozesse der Eventual-Consistency noch nicht abgeschlossen wurden. Daher sind angepasste Konzepte für die Bereitstellung von Cloud-Anwendungen, Upgrades, die Aktivierung neuer Funktionen und die Softwareperformanz notwendig. Dies umfasst auch den Neustart und die Wiederherstellung asynchroner Schnittstellen. Darüber hinaus muss die Anwendung mit minimalen Ressourcen arbeiten und weiterhin den in einer bestimmten Situation erforderlichen Servicegrad bereitstellen.

Serviceüberwachung

Die Beobachtbarkeit ist wichtig, um einen Überblick über die aktiven Services zu erhalten und um sofort auf Fehler oder Inkonsistenzen reagieren zu können. Bei Multi-Tenant-Lösungen ist das Debugging in der Produktion schwierig und der tatsächliche Zustand der Anwendung ist transient. Daher ist es erforderlich, dass Anwendungen umfassende Protokollinformationen schreiben, nicht nur, um Produktstandards (z. B. Audit-Protokolle) zu erfüllen, sondern um Fehlerzustände der Anwendung nachträglich einfach zu analysieren. Weiterhin ist die Rückverfolgbarkeit zwischen Services sowie zwischen Services und Endbenutzern (z. B. basierend auf Korrelations-IDs) eine absolute Notwendigkeit. Zusätzlich sollten Anwendungen zur Laufzeit leicht überwacht werden können, um andere Fehlerquellen wie langsame Netzwerke oder nicht reagierende nachgelagerte Systeme zu erkennen. Jeder Service sollte überwacht werden, um seine Performanz zu überprüfen und Korrekturmaßnahmen im Falle eines Ausfalls zu ermöglichen. Die Service-Level-Agreement (SLA) dient in der Regel als bilateraler Vertrag zwischen zwei Parteien, in dem die Anforderungen, die Servicequalität, die Verantwortlichkeiten und die Verpflichtungen festgelegt werden. SLA kann eine Vielzahl von Service-Performanz-Metriken mit entsprechenden Service-Level-Zielen enthalten. Daher müssen die Werte der zugehörigen Metriken während der Nutzung gemessen werden, um zu überprüfen, ob die angegebenen Service-Level-Ziele erreicht werden oder nicht. Service- und Ressourcenverbrauch müssen nach Bedarf gemessen und überwacht werden, um eine dynamische Skalierung zu unterstützen.

Produktnutzungsanalyse

Der Anbieter muss wissen, ob die bereitgestellten Innovationen Auswirkungen auf die Kundenseite haben und ob der Investitionsaufwand gerechtfertigt ist. Die Analyse und Auswertung dieser Nutzungsdaten ermöglicht es Entscheidungsträgern für Produkte und Portfolios, den Fußabdruck auf dem Markt besser zu definieren und die Produktfunktionen kontinuierlich zu verbessern. Durch die Möglichkeit, sich auf die richtigen Einsatzszenarien und Produkte zu konzentrieren, kann sich die Entwicklungskapazität auf die Bereiche konzentrieren, die für die Kunden von größerer Relevanz und größerem Nutzen sind. Anreichern von Produkt-Scorecards mit allgemeinen Nutzungsmetriken ist daher erforderlich. Die Feature Toggles Technik wird verwendet, um Funktionen mit einigen Kunden auszuprobieren und zu validieren, bevor sie der Allgemeinheit freigegeben werden.

Nachverfolgung von Kundenaktivitäten

Ziel ist es, ein unterschiedliches Nutzungsverhalten der Kunden zu identifizieren und unnötige Aktivitäten zu reduzieren. Die Telemetrie wird für die Überwachung einer verbrauchsbasierten Kommerzialisierung (Pay-per-Use) benötigt. Der Service-/Ressourcenverbrauch muss gemessen werden, auf dessen Grundlage dann die Abrechnung abgewickelt werden kann. Weitere Aspekte dieser Qualität sind Vertragsmanagement, Abwicklung von Ansprüchen, die Kontrolle der Services gemäß der Lizenz- und Vertragsbestimmungen.

Cloud-KPIs

Key Performance Indicators (KPIs) sind ausgewählte Kennzahlen aus Berichten, die durch bestimmte Selektionen eingeschränkt wurden und für die Referenz- und Zielwerte sowie Schwellenwerte definiert werden können. KPIs werden häufig verwendet, um eine bestimmte Kennzahl für den Fortschritt bei der Erreichung eines Ziels oder einer Zielsetzung zu messen. Der KPI-Wert wird häufig mit einem Referenzwert verglichen, um Verbesserungspotenziale zu ermitteln. Obwohl Cloud-Services einen Großteil der zugrunde liegenden IT-Infrastruktur abstrahieren und automatisieren, benötigen die Benutzer dennoch eine objektive Methode, um die Serviceleistung und die Auswirkungen auf ihr Unternehmen zu messen. Um diese Art der Messung durchzuführen, müssen Benutzer Cloud-Performanz-Metriken definieren. Cloud-KPI-Reporting und vorhersage Analysen bieten SaaS-Teams eine automatisierte Lösung zur Konsolidierung geschäftsübergreifender Daten, zur Entwicklung präziser Kennzahlen und zur Bereitstellung von detaillierten Einblicken. KPIs sind notwendig, um Service-Instanzen zu verfolgen sowie den Betriebsstatus, den Ressourcenverbrauch und manuelle Aktivitäten anzuzeigen und zu optimieren. Weitere Aspekte dieser Qualität sind eingebettete Kennzahlen, Monitoring und Funktionen für die Visualisierung wie Dashboards.

Agilität

Agile Software

Die monolithische Architektur basiert auf grobgranulare Services und voneinander abhängigen Komponenten. Eine monolithische Bereitstellung eines Systems führt zum Single-Point-Of-Failure. Wenn die Anwendung aus irgendeinem Grund fehlschlägt, kann die gesamte Gruppe von Services ausfallen. Daher kann eine monolithische Architektur ein erhebliches Hindernis für die Wettbewerbsfähigkeit des Unternehmens darstellen und Skalierbarkeit, Flexibilität und andere Anforderungen wie schnelle Entwicklung, kurze Markteinführungszeit und Zusammenarbeit mit großen Teams erschweren. Flexibilität wird von Microservices gut unterstützt. Microservices stellen ein neues Architekturparadigma dar, das Unternehmensanwendungen agil und skalierbar macht. Ein wichtiger Faktor für die Implementierung von Microservices ist die Cloud. Skalierbarkeit und Agilität sind jedoch nicht die einzigen Qualitäten, die von ERP-Systemen erwartet werden. Hohe Prozesskonsistenz, Compliance und Erweiterbarkeit sind Qualitäten, die mit einem monolithischen Ansatz besser zu erreichen sind.

Cloud-Erweiterbarkeitsplattform

Um die Standardisierung der Implementierung der Geschäftsprozesse möglichst hochzuhalten, ist es von entscheidender Bedeutung, den ERP-Kern stabil zu halten. Daher ist eine eigene Plattform erforderlich, um Optionen für die Erweiterung der Cloud-Services und Geschäftsprozesse bereitzustellen, um Flexibilität und Innovation zu verbessern. Eine solche Erweiterbarkeitsplattform ist für die Implementierung großer neuer Module erforderlich, während die In-App-Erweiterbarkeit verwendet wird, um den ERP-Kern zu erweitern. In-App-Erweiterbarkeit bedeutet, dass die Erweiterungen innerhalb der Kernanwendung mit vordefinierten Erweiterungspunkten implementiert werden. Sowohl der Kernel als auch die Erweiterung laufen auf demselben Server und verwenden dieselbe Datenbankinstanz.

Unterstützung des Partnernetzes

Während der ERP-Kern stark standardisiert ist und stabil gehalten werden muss, ist es notwendig, durch die Zusammenarbeit mit Partnern funktionale Lücken zu füllen und die Innovationsgeschwindigkeit in der Cloud zu beschleunigen. Heute gibt es Produkt- und Technologieanbieter mit einer hochkooperativen und komplex orchestrierte Community. Das Ergebnis ist eine Win–Win-Situation für alle Beteiligten und eine zentrale Anlaufstelle für Kunden, die durch ein einziges Service-Level-Agreement (SLA) und einen zentralen Support unterstützt wird. Der Trend des Partnernetzes im Cloud-Computing hat das seit langem verwendete Konzept der vollständigen vertikalen Integration aus einem Unternehmen obsolet gemacht. Daher ist es erforderlich, Partnern die Möglichkeit zu geben, Services und Lösungen zu erweitern und zu betreiben. Demzufolge muss das Lebenszyklusmanagement Software-Abhängigkeiten, das Programmiermodell der Partner, die Organisationsstruktur und das erweitere Berechtigungskonzept berücksichtigen.

Kommerzialisierung

Cloud-Lizenzmodelle

Wenn man von Cloud-Anwendungen spricht, ist typischerweise Software as a Service (SaaS) gemeint. Es gibt jedoch drei Haupttypen von Cloud-Service-Modellen: Software as a Service (SaaS), Platform as a Service (PaaS), Infrastructure as a Service (IaaS). Aufgrund der Cloud erwarten Kunden, dass sie monatlich zahlen und jederzeit kündigen können, wenn sie mit der Lösung nicht zufrieden sind. Diese Erwartungen führten zu den wiederkehrenden Arten von Lizenzierungsmodellen. Monatliche und jährliche Abonnementlizenzen sind nun Standard in der Cloud. Dank technischer Fortschritte konnten Anbieter die Nutzung ihrer Software und Services genau verfolgen und so den Weg für eine neue Lizenzart namens Pay-As-You-Go ebnen. Das bedeutet, dass der Kunde nur für die genutzte Lösung bezahlt. Die Nutzung kann auf viele Arten gemessen werden, z. B. Service-Verbrauch, Online-Zeit, Größe der Datenbank, Anzahl der verwendeten APIs oder die Anzahl der Abfragen. Pay-by-Instance Nutzungsrechte sind eine Lizenzart, die mehr für Cloud-Services wie IaaS und PaaS gilt. Neben dem Umstieg von On-Premise auf die Cloud findet in der Lizenzierung von Netzwerktechnologien selbst eine Umstellung weg von Node-Locked hin zu Pooled statt. Diese Umstellung ist erforderlich, da neue virtualisierte Bereitstellungsmodelle flexiblere Lizenzierung erfordern, die eine schnelle Umverteilung und Wiederverwendung von Berechtigungen ermöglichen. In diesem Szenario bezahlt der Kunde für jeden Server oder jede Serverinstanz, die der Anbieter zur Verfügung stellt. Try-Before-You-Buy Programme eignen sich ideal für die Einführung zusätzlicher Funktionen für neue und bestehende Kunden. Außerdem hilft es, sich vom SaaS-Modell abzuheben, den Wert der Software zu steigern und besser planbare Finanzströme bereitzustellen. Die Verlagerung von Lizenzen für Anwendungen und Betriebssysteme von einer virtuellen Umgebung in eine andere ist ebenfalls Teil der Cloud-Lizenzverwaltung.

Partner-Lizenzmodell

In Cloud werden Rechenkapazität, Netzwerk und Software als Vermessungsdienste betrachtet. Basierend auf den bereitgestellten Services werden in der Cloud drei Arten von Servicemodellen definiert: Software as a Service (SaaS), Infrastructure as a Service (IaaS) und Platform as a Service (PaaS). In der Regel handelt es sich bei monatlichen und jährlichen Subskriptionslizenzen um den Standardansatz in der Cloud.

Für Partnererweiterungen sind neue OEM- oder VAR-Lizenzverträge (VAR – Value Added Reseller, OEM – Original Equipment Manufacturer) für Cloud-Services erforderlich, einschließlich Partnernutzungsrechte für Cloud-Services, Compliance-Verpflichtungen und Service-Level-Vereinbarungen. OEM steht für Originalteilehersteller und wird von einem Unternehmen verwendet, das Komponenten von anderen Anbietern entnimmt, um ein neues Produkt zu bauen, das dann unter seiner eigenen Marke verkauft wird. Ein Systemhaus kauft ein Produkt von einem Hersteller, erhöht den Mehrwert für dieses Produkt (z. B. Hinzufügen einer Dienstleistung) und verkauft das Produkt dann unter seiner eigenen Marke. Ein VAR-Vertrag definiert den rechtlichen Rahmen für diesen Prozess.

Kundenbetreuerprogramm

Cloud-Dienstleister erhalten nicht nur aus erster Hand Informationen darüber, was ihre Kunden kaufen, sondern auch darüber, welche Anwendungen aktiv genutzt werden, von welchem Nutzertyp, wann und wie lange. Wenn der Anbieter in der Lage ist, Kundendaten über Produktnutzung zu analysieren, kann der Anbieter Treueprogramme nutzen, um Up- und Cross-Selling zu erhöhen. Cloud-basierte Treueprogramme ermöglichen es Anbietern, herauszufinden, was ihre Kunden wollen, und sind eine hervorragende Möglichkeit, Kunden wieder zu erreichen. Neben Programmen zur Kundenbindung sollten auch interne Programme zur Einbindung von Benutzern angeboten werden.

18.2 Fazit

ERP-Software muss bestimmte Softwarequalitäten erfüllen. Diese sind in Kunden- und Anbieterkategorien unterteilt. In diesem Kapitel ging es um die Qualitäten, die von ERP-Anbietern für die Cloud-Bereitstellung erwartet werden. Die Eigenschaften wurden in den Klustern Cloud-Infrastruktur, Betriebseffizienz, Betrieb und Überwachung, Agilität und Kommerzialisierung zusammengefasst und erklärt. Ziel dieser Qualitäten ist es, die Gesamtbetriebskosten zu senken und gleichzeitig kontinuierliche Innovationen zu ermöglichen. Es gibt also widersprüchliche Ziele, die entsprechend ausgewogen werden müssen. Im Falle von Private Cloud übernimmt der Kunde die Rolle und damit die Pflichten des Anbieters.

In-Memory Persistenz

19

Das Kapitel erläutert das In-Memory-Datenbanksystem SAP HANA, das zum Speichern von Anwendungsdaten von SAP S/4HANA verwendet wird. Insbesondere werden die Vorteile, Architektur, zugrunde liegende In-Memory-Konzepte, Plattformfunktionen und die Anwendungsarten von In-Memory-Datenbanksystemen erklärt.

19.1 Betriebswirtschaftliche Anforderung

In den letzten Jahren gab es aufgrund der In-Memory-Technologie eine Revolution in Datenmanagementsystemen. Der Hauptgrund dafür ist, dass die Preise pro Megabyte Hauptspeicher enorm gesunken sind, während die Parallelverarbeitungsfähigkeit durch Mehrkernprozessoren drastisch gestiegen ist. Zum Beispiel lag der Preis für 1 MB Hauptspeicher 2010 bei 0,01 US$, was gegenuber dem Preis von 1960, der mehr als 10.00000 US$ betrug, enorm gefallen ist. Die Idee hinter In-Memory-Datenbanksystemen ist es, den kompletten Datenbestand dauerhaft im Hauptspeicher zu halten und so einen schnelleren Zugriff auf die Daten zu ermöglichen. Abb. 19.1 stellt eine Speicherhierarchie in Form einer Pyramide dar. Sie veranschaulicht, dass je langsamer das Speichermedium, desto niedriger die Kosten und desto größer ist seine Latenz. Beim Zugriff auf Daten auf Festplattenebene müssen bis zum CPU-Register vier Schichten überwunden werden, was viel Zeit in Anspruch nimmt. Beispiel: Das Lesen von 1 MB Daten aus dem Hauptspeicher dauert 250.000 ns im Vergleich zu 30,000.000 ns für die Festplatte.

In den letzten 30 Jahren hat sich die Performance der CPUs enorm entwickelt. Dies ist auf die hohe Anzahl von Transistoren zurückzuführen, die in CPUs integriert sind und erhöhte Taktgeschwindigkeiten ermöglichen. Durch die effizienten Produktionsprozesse sind CPUs deutlich billiger geworden. Seit der Erfindung des ersten

© Der/die Autor(en), exklusiv lizenziert an Springer Fachmedien Wiesbaden GmbH, ein Teil von Springer Nature 2023
S. Sarferaz, *ERP-Software: Funktionalität und Konzepte*,
https://doi.org/10.1007/978-3-658-40499-4_19

Abb. 19.1 Ablagehierarchie

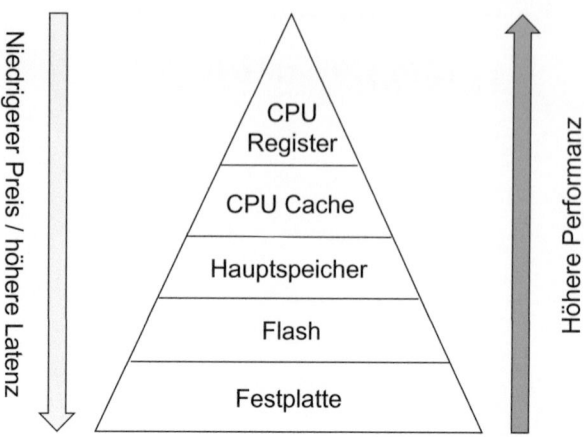

Multicore-Prozessors IBM POWER4 hat sich die CPU-Entwicklungsindustrie so geändert, dass sie sich nicht mehr auf die Erhöhung der Taktfrequenz, sondern auf die Erhöhung der Anzahl der Kerne in CPUs konzentriert. Während beispielsweise im Jahr 2001 die maximale Anzahl der Kerne auf rund 10 beschränkt war, waren im Jahr 2016 bereits mehr als 1000 Kerne möglich. Multi-Core-Prozessoren unterstützen die In-Memory-Datenverwaltung durch die Parallelverarbeitung bei der logischen Datenbankpartitionierung. Die im Datenbanksystem gespeicherten Anwendungsdaten werden in einzelne voneinander unabhängige Teilmengen von Daten partitioniert. Diese Teilmengen von Daten werden verschiedenen CPU-Kernen zugeordnet, um eine parallele Verarbeitung und eine Steigerung der Performanz zu ermöglichen. Aufgrund der hohen Performanz von In-Memory-Datenbanksystemen können Funktionen wie Analysen, Planung, Prognosen oder Simulationen mit Transaktionsdaten ausgeführt werden, die aus ERP-Geschäftsprozessen resultieren. Folglich bieten diese Funktionen einen Mehrwert für die Geschäftsprozesse und ermöglichen es, sie von Grund auf neu zu überdenken. Dies ist der Grund dafür, dass SAP HANA das zugrunde liegende In-Memory-Datenbanksystem für SAP S/4HANA ist.

19.2   Technische Umsetzung

SAP HANA ist eine Datenmanagementplattform, auf der SAP S/4HANA basiert. Kernstück dieser Datenmanagementplattform ist SAP HANA, ein In-Memory-Datenbankmanagementsystem, das die Funktionen der aktuellen Hardware vollständig nutzt, um die Anwendungsperformanz zu steigern, die Betriebskosten zu senken und neue Szenarien und Anwendungen zu ermöglichen, die zuvor nicht denkbar waren. Die SAP HANA ist ein hybrides Datenbankmanagementsystem, das mehrere Paradigmen in einem System kombiniert. Es umfasst ein vollständiges relationales Datenbankmanagementsystem, in dem einzelne Tabellen spalten- oder zeilenbasiert im

Arbeitsspeicher und auf der Festplatte gespeichert werden können. Sie unterstützt SQL, transaktionale Isolation, Wiederherstellung und Hochverfügbarkeit. Diese Funktionen werden z. B. um Reporting, Textanalyse und Suche, georäumliche Daten, Zeitreihen, Streaming und räumliche Verarbeitung erweitert. SAP HANA kann alle Arten von Daten, die für moderne Geschäftsanwendungen erforderlich sind, innerhalb desselben Datenbankmanagementsystems kombinieren und analysieren. Dies ermöglicht es Entwicklern, neue Arten von Anwendungen zu erstellen, und reduziert die Komplexität und die Kosten, da keine separaten Systeme für Analyseverarbeitung, Suche, Geodatenvorgänge, Spatialanalysen oder Planung und Simulationen erforderlich sind.

In-Memory Konzepte

Die SAP HANA Datenbank ist für Anwendungen mit hoher Performanz konzipiert. Sie nutzt den Hauptspeicher und die Verarbeitungsleistung moderner Hardware voll aus. Alle relevanten Daten werden im Hauptspeicher gehalten, sodass Leseoperationen im Hauptspeicher ausgeführt werden können. SAP HANA ist außerdem so konzipiert, dass CPUs mit mehreren Kernen durch Parallelisierung der Ausführung vollständig genutzt werden können. Untersuchungen haben gezeigt, dass bei spaltenbasierten In-Memory-Datenspeichern Performanz-Verbesserungen bis zum Faktor 1000 in bestimmten Szenarien möglich sind. Mit hoher Performanz für Lese- und Schreibvorgänge unterstützt die SAP HANA Datenbank sowohl transaktionale als auch analytische Anwendungsfälle. SAP HANA Systeme können auf mehrere Server verteilt werden, um sowohl hinsichtlich des Datenvolumens als auch der konkurrierenden Anfragen eine gute Skalierbarkeit zu erreichen. Abb. 19.2 fasst die Hauptkonzepte von In-Memory-Datenbanksystemen von SAP HANA zusammen.

In der Vergangenheit waren Datenbankmanagementsysteme darauf ausgelegt, die Performanz auf Hardware mit begrenztem Hauptspeicher und langsamer Festplatten-E/A als Hauptengpass zu optimieren. Der Fokus lag auf der Verbesserung des Plattenzugriffs, z. B. wurde die Anzahl der Plattenseiten, die in den Hauptspeicher eingelesen wurden, beim Verarbeiten einer Abfrage reduziert. Die Computerarchitekturen von heute haben sich geändert. Bei Mehrkernprozessoren ist eine Parallelverarbeitung mit beschleunigter Interaktion zwischen Prozessorkernen möglich. Sehr große Hauptspeicherkonfigurationen sind nun kommerziell verfügbar und erschwinglich. Server-Setups mit Hunderten von Kernen und mehreren Terabyte Hauptspeicher sind Realität. Moderne Computerarchitekturen schaffen neue Möglichkeiten, aber auch neue Herausforderungen. Mit allen relevanten Daten im Speicher ist der Plattenzugriff kein einschränkender Faktor mehr für die Performanz. Mit zunehmender Anzahl der Kerne werden CPUs in die Lage versetzt, weitaus mehr Daten pro Zeiteinheit zu verarbeiten. Das bedeutet, dass der Performanz-Engpass nun zwischen dem CPU-Cache und dem Hauptspeicher liegt.

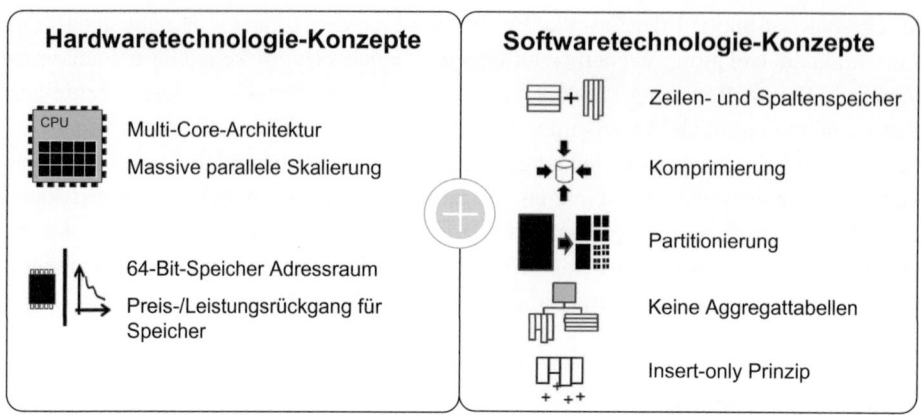

Abb. 19.2 In-Memory-Konzepte von SAP HANA

Tabelle

Land	Produkt	Umsatz
US	Alpha	3000
US	Beta	1250
JP	Alpha	700
UK	Alpha	450

Zeilenspeicher

	US
Zeile 1	Alpha
	3000
	US
Zeile 2	Beta
	1250
	JP
Zeile 3	Alpha
	700
	UK
Zeile 4	Alpha
	450

Spaltenspeicher

	US
	US
Land	JP
	UK
	Alpha
	Beta
Produkt	Alpha
	Alpha
	3000
	1250
Umsatz	700
	450

Abb. 19.3 Tabellendarstellung in zeilen- und spaltenorientierter Speicherung

Zeilen- und Spaltenspeicher

Aus konzeptioneller Sicht basiert eine Datenbanktabelle auf einer zweidimensionalen Datenstruktur, die aus Zellen besteht, die in Zeilen und Spalten angeordnet sind. Der Speicher ist jedoch als lineare Folge strukturiert. Um eine Tabelle im linearen Speicher zu speichern, stehen zwei Optionen zur Verfügung, wie in Abb. 19.3 dargestellt. Ein Zeilenspeicher speichert eine Folge von Datensätzen, die die Felder einer Zeile enthält. Anders verhält es sich in einem Spaltenspeicher, in dem die Daten einer Spalte an aufeinanderfolgenden Lokationen gespeichert werden.

SAP HANA unterstützt zwei Arten von Tabellen, die Daten entweder spalten- oder zeilenweise speichern. Eine vorhandene Tabelle kann von spaltenorientiertem zu zeilenbasiertem Speicher und umgekehrt geändert werden.

Spaltenbasierte Tabellen werden angewendet, wenn

- für einzelne oder wenige Spalten die Berechnungen ausgeführt werden
- basierend auf den Werten wird einiger Spalten die Tabelle durchsucht
- die Tabelle eine große Anzahl von Spalten hat
- spaltenbezogene Operationen (z. B. Aggregat oder Scan) erforderlich sind, und die Tabelle eine große Anzahl von Zeilen enthält
- die Mehrzahl der Spalten nur aus einigen eindeutigen Werten im Vergleich zur Anzahl der Zeilen besteht, sodass hohe Komprimierungsraten realisiert werden können.

Zeilenbasierte Tabellen werden angewendet, wenn

- es nur ein einziger Datensatz auf einmal verarbeitet werden darf, z. B. viele Aktualisierungen oder Selektionen von Einzelsätzen
- die Anwendung auf den vollständigen Datensatz zugreifen muss
- die Komprimierungsrate niedrig ist, da die Spalten hauptsächlich eindeutige Werte enthalten
- schnellsuche oder Aggregationen nicht erforderlich sind
- die Anzahl der Zeilen niedrig ist, z. B. Konfigurationstabellen.

Um eine schnelle Suche, Ad-hoc-Reporting, dynamische Aggregationen und hohe Komprimierung zu gewährleisten, werden Bewegungsdaten in der Regel in Spaltentabellen gespeichert. Stammdaten werden in der Regel auch im Spaltenspeicher abgelegt. Stammdaten werden häufig durchsucht und haben häufig Spalten mit wenigen eindeutigen Werten. Stammdaten werden typischerweise mit Bewegungsdaten für analytische Abfragen und Aggregationen verknüpft. In SAP HANA wird dies am effizientesten mithilfe der analytischen Verarbeitungsfunktionen des Spaltenspeichers durchgeführt. Der Zeilenspeicher wird z. B. für Metadaten, für Systemtabellen des Anwendungsservers und für Konfigurationsdaten verwendet. Darüber hinaus können Anwendungsentwickler entscheiden, Geschäftsdaten in den Zeilenspeicher ab zu legen, wenn die oben genannten Kriterien erfüllt sind.

Komprimierung

Das Ziel, alle relevanten Daten im Hauptspeicher zu halten, kann durch Komprimierung der Daten erreicht werden. Aufgrund des spaltenorientierten Speichers können hohe Komprimierungsraten erzielt werden, ohne dass anspruchsvolle Algorithmen angewendet werden müssen. Es gibt eine Datenfragmentierung gemäß Design, da jede Spalte Datensätze mit identischem Datentyp enthält, sodass Standardkomprimierungsverfahren wie Längenkodierung oder Cluster-Kodierung problemlos angewendet werden können.

Dies ist besonders effizient für SAP S/4HANA, da die meisten Spalten wenige unterschiedliche Einträge im Vergleich zur Anzahl der Zeilen umfassen. Beispiele für diesen Umstand sind Ländercodes oder Fremdschlüssel. Aufgrund dieses Redundanzgrads wird eine effektive Komprimierung für Spaltendaten ermöglicht. Im Gegensatz dazu enthält der zeilenbasierte Speicher Daten aus verschiedenen Spalten, was zu einer geringeren Datenfragmentierung und entsprechenden Komprimierungsraten führt. Typischerweise kann mit einem spaltenorientierten Komprimierungsfaktor von 5–10 im Vergleich zu herkömmlichen Zeilenspeicher-Datenbanksystemen realisiert werden. Dies ist jedoch nicht immer möglich und hängt von den Merkmalen der Daten ab. Die spaltenbasierte Speicherung ist besonders effizient, um Spalten zu speichern, die nur einen eindeutigen Wert enthalten. Eine solche Spalte kann nur durch wenige Metadaten und den Einzelwert gespeichert werden. Wie bereits erwähnt, werden spaltenorientierte Daten dicht zusammenhängend in Blöcken hintereinander gespeichert. Daher ist es nicht erforderlich, komplexe Algorithmen anzuwenden, um die Daten zuerst zu finden, dann den Datentyp zu identifizieren und dann die Daten zu komprimieren. Somit können die Daten auf einmal und ohne komplexe Algorithmen komprimiert werden, was eine enorme Reduzierung der Datengröße zur Folge hat.

Partitionierung

Die Spaltenspeicherung erlaubt die parallele Ausführung auf der Grundlage mehrerer Prozessorkerne. Ein Vorteil des spaltenbasierten Ansatzes besteht darin, dass die Daten in einem Spaltenspeicher bereits per Definition vertikal partitioniert sind. Das bedeutet, dass Operationen auf verschiedenen Spalten problemlos parallel verarbeitet werden können. Wenn mehrere Spalten gesucht oder aggregiert werden, kann jede dieser Operationen einem anderen Prozessorkern zugeordnet werden. Außerdem können Operationen auf einer einzelnen Spalte parallelisiert werden, indem sie in viele Portionen zerlegt werden, von denen jede von einem anderen Prozessorkern verarbeitet wird, wie in Abb. 19.4 dargestellt. Operationen für einzelne Spalten (z. B. Suchen oder Aggregationen) können als Schleifen über ein Array ausgeführt werden, das in Speicherbereichen mit spaltenbezogener Datenorganisation gespeichert ist. Dieser Prozess hat eine hohe Spartial-Lokalität und nutzt die CPU-Caches gut. Dieser Vorgang ist bei zeilenorientiertem Speicher langsamer, da Daten aus derselben Spalte über den Speicher verteilt werden und die CPU durch CPU-Cache-Fehlzugriffe verlangsamt wird.

Angenommen, eine zeilenbasierte Tabelle wird verwendet, um die Summe aller Umsatzbeträge zu aggregieren. Die Datenübertragung vom Hauptspeicher zum CPU-Cache erfolgt immer in Blöcken fester Größe, die als *Cache-Zeilen* bezeichnet werden, z. B. 64 Byte. Bei zeilenorientierter Datenorganisation darf jede Cache-Zeile nur einen Umsatzwert enthalten (gespeichert in 4 Byte), während die restlichen Bytes für die anderen Felder des Datensatzes verwendet werden. Jeder für die Aggregation benötigte Wert erfordert einen neuen Zugriff auf den Hauptspeicher. Dies zeigt, dass bei einer zeilenbasierten Datenorganisation der Vorgang durch Cache-Fehlzugriffe verlangsamt wird, was dazu führt, dass die CPU wartet, bis die erforderlichen Daten verfügbar sind.

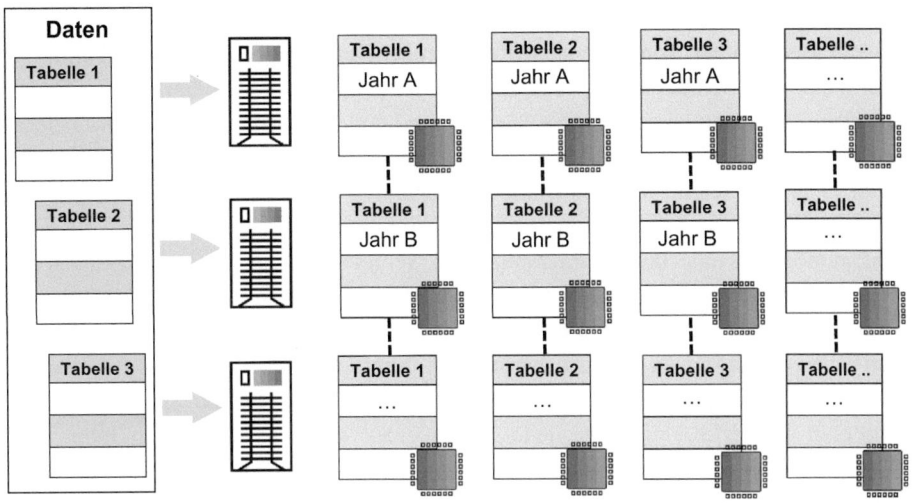

Abb. 19.4 Partitionierung zwecks Parallelisierung

Da alle Umsatzwerte im sequenziellen Speicher mit spaltenorientierter Speicherung gespeichert werden, enthält die Cache-Zeile 16 Werte, die alle für die Operation erforderlich sind. Da Spalten im zusammenhängenden Speicher gespeichert werden, kann Daten-Prefetching verwendet werden, um die Anzahl der Cache-Fehlzugriffe noch weiter zu reduzieren. Wie bereits erwähnt, ermöglicht eine spaltenorientierte Datenorganisation eine hocheffiziente Datenkomprimierung. Dies spart nicht nur Speicher, sondern verbessert auch die Performanz. Komprimierte Daten können schneller in den CPU-Cache geladen werden. Da die Datenübertragung zwischen Speicher und CPU-Cache der limitierende Faktor ist, überwiegt die Performanz-Steigerung die zusätzliche Rechenzeit, die für die Dekomprimierung benötigt wird. Wenn die Komprimierung bekannt ist, können Operationen wie Scans und Aggregationen beschleunigt werden. Aufgrund einer guten Komprimierungsrate ist die Berechnung der Summe der Werte in einer Spalte viel schneller, wenn die Spalte längenkodiert ist und viele Zusätze desselben Werts durch eine einzelne Multiplikation ersetzt werden können.

Keine Aggregattabellen

Materialisierte Aggregate werden verwendet, um die Leseperformanz in herkömmlichen Geschäftsanwendungen zu verbessern. Zusätzliche Tabellen werden von den Anwendungsentwicklern definiert, in denen die Anwendung die Ergebnisse von Aggregaten (z. B. Summen), die aus anderen Tabellen berechnet werden, redundant speichert. Materialisierte Aggregate werden in vorgegebenen Intervallen oder nach jedem Schreibvorgang auf den aggregierten Daten berechnet und gespeichert. Anstatt die materialisierten Aggregate jedes Mal zu berechnen, greifen Lesevorgänge einfach auf sie zu. Mit Scangeschwindigkeiten von mehreren Megabyte pro Millisekunde pro CPU-Kern ermöglicht der In-Memory-Spaltenspeicher von SAP HANA eine performante Berechnung von Aggregaten für große Datenmengen. Dadurch entfällt in vielen Fällen die Notwendigkeit materialisierter Aggregate aufzubewahren. Finanzanwendungen können beispielsweise Summen und Salden aus den Buchhaltungsbelegen berechnen, wenn sie abgefragt werden, anstatt sie als materialisierte Werte zu pflegen. Es gibt mehrere Vorteile, materialisierte Aggregate zu eliminieren. Sie vereinfacht das Datenmodell und die Aggregationslogik, was die Entwicklung und Pflege effizienter macht, ermöglicht eine höhere Parallelität, da Schreibvorgänge keine Exklusivsperren für die Aktualisierung aggregierter Werte erfordern, und gewährleistet, dass aggregierte Werte immer aktuell sind, während materialisierte Aggregate nur in vorgegebenen Intervallen erneuert werden. In vielen Fällen entfällt durch die spaltenbezogene Speicherung die Notwendigkeit zusätzlicher Indexstrukturen. Das Speichern von Daten in Spalten funktioniert bereits so, als hätte jede Spalte einen eigenen integrierten Index: Die Spaltensuchgeschwindigkeit und die Komprimierungsmechanismen des In-Memory-Spaltenspeichers ermöglichen bereits sehr performante Lesevorgänge. In der Regel sind keine zusätzlichen Indexstrukturen erforderlich. Das Entfernen von Indizes reduziert die Speichergröße, kann die Schreibperformanz verbessern und reduziert den Entwicklungsaufwand. Dies bedeutet jedoch nicht, dass Indizes in SAP HANA überhaupt nicht verwendet werden. Primärschlüsselfelder haben immer einen Index und es ist möglich, bei Bedarf zusätzliche Indizes anzulegen. Darüber hinaus werden Volltextindizes verwendet, um die Volltextsuche zu unterstützen.

Insert-Only Paradigma

SAP HANA unterstützt Historientabellen, die Abfragen für historische Daten ermöglichen, die auch als zeitbasierte Abfragen bezeichnet werden. Anwendungen können diese Funktion beispielsweise für zeitbasierte Berichte und Analysen verwenden. Vorhandene Datensätze werden nicht physisch durch Schreibvorgänge in Historientabellen überschrieben. Stattdessen fügen Schreiboperationen immer neue Versionen des Datensatzes in die Datenbank ein. Die Ist-Daten beziehen sich immer auf die neuesten Versionen in Historientabellen. Alle anderen Versionen desselben Datenobjekts enthalten historische Daten. Jede Zeile in einer Historientabelle hat zeitstempelartige Systemattribute, die den Zeitraum angeben, in dem der Datensatz in dieser Zeile die aktuelle Version war. Historische Daten werden in der Regel durch die Ausführung einer Abfrage gegen eine historische Sicht der Datenbank gelesen (SELECT ... AS OF *time*). Alternativ können Benutzer eine Datenbanksitzung in den Historienmodus setzen, sodass alle nachfolgenden Abfragen gegen die historische Sicht verarbeitet werden. In der Literatur werden Daten mit zeitbasierter Gültigkeit oder Sichtbarkeit als zeitliche Daten bezeichnet. SQL:2011 deckt die Unterstützung temporaler Daten ab, basierend auf der Zuordnung von Zeiträumen zu Tabellenzeilen. Der Standard unterscheidet zwei Ebenen der Unterstützung temporaler Daten, die als systemversionsgeführt und als anwendungsverwaltet charakterisiert werden können. Bei temporalen Daten, die vom System versioniert werden, werden die Zeitstempel automatisch eingegeben und geben den Transaktionszeitpunkt an, zu dem die Daten aktuell waren. Neue Versionen werden bei Aktualisierungen automatisch vom System angelegt. Die Historientabellen in SAP HANA entsprechen temporären Daten mit Systemversion in SQL. Das SQL:2011-Konzept der Anwendungszeiträume ist anders. Hier gibt der Zeitraum den Gültigkeitszeitraum auf Anwendungsebene an. Beispielsweise kann die geplante Zuordnung eines Mitarbeiters zu einer neuen Abteilung heute mit einem Gültigkeitszeitraum, der drei Wochen in der Zukunft beginnt, in die Datenbank geschrieben werden. In diesem Fall sind zwei Versionen desselben Mitarbeiterdatensatzes vorhanden, die beide in Bezug auf die Transaktionszeit aktuell sind, aber unterschiedliche Gültigkeitszeiträume auf Anwendungsebene haben. SQL:2011 enthält mehrere Erweiterungen für die Verwendung von Gültigkeitszeiträumen auf Anwendungsebene in SQL-Anweisungen.

Datenbankarchitektur

Herkömmliche Datenbanken von Online-Transaktionsverarbeitungssystemen nutzen die aktuelle Hardware nicht effizient. Es wurde bereits 1999 dargestellt, dass bei einem speicherresidenten traditionellen Datenbankmanagementsystem die CPU die Hälfte der Ausführungszeit verliert, z. B. beim Warten, bis die Daten aus dem Speicher in den CPU-Cache geladen werden. Ein leistungsfähiges Datenmanagementsystem für moderne Hardware muss folgende Merkmale aufweisen:

- In-Memory-Datenbank: Die Daten müssen im Hauptspeicher gehalten werden, damit Lesevorgänge ohne Festplatten-E/A ausgeführt werden können. Der Festplattenspeicher wird noch benötigt, um Änderungen dauerhaft durchzuführen.
- Cache-fähige Speicherorganisation, Optimierung und Ausführung: Designgemäß muss die Anzahl der CPU-Cache-Fehlzugriffe minimiert und CPU-Stalls vermieden werden. Eine Implementierungsoption ist die Verwendung der spaltenbasierten Speicherung im Speicher. Such- oder Operationen, die auf eine Spalte angewendet werden, werden in der Regel als Schleifen auf Daten implementiert, die in zusammenhängenden Speicherarrays gespeichert sind. Dies führt zu einer hohen Spatial-Lokalität von Daten und Anweisungen, sodass die Operationen ohne kostspielige zufällige Speicherzugriffe vollständig im CPU-Cache ausgeführt werden können.
- Unterstützung der parallelen Ausführung: In den letzten Jahren wurden CPUs nicht schneller, da die Taktfrequenz bereits sehr hoch ist. Stattdessen wurde die Anzahl der Prozessorkerne erhöht. Die Software muss Mehrkernprozessoren nutzen, indem sie eine parallele Ausführung und Architekturen ermöglicht, die gut an die Anzahl der Kerne angepasst sind. Für Datenmanagementsysteme bedeutet dies, dass es möglich sein muss, Daten in Abschnitte zu partitionieren, für die die Berechnungen parallel ausgeführt werden können. Um Skalierbarkeit zu gewährleisten, muss eine sequentielle Verarbeitung, die beispielsweise durch Sperren erzwungen wird, nach Möglichkeit vermieden werden.

Die Hauptkomponenten von SAP HANA sind in Abb. 19.5 dargestellt.

Die Server für SAP HANA sind von SAP zertifiziert. Wie bereits erwähnt, kennt SAP HANA die neuen Hardwaretechnologien und verwendet ausdrücklich erweiterte Architekturelemente, z. B. Speichern von Daten in den verschiedenen Typen von CPU-Caches. Aus diesem Grund ist es wichtig sicherzustellen, dass nur CPUs der neuesten Technologie und Typen verwendet werden. Außerdem ist für die Gesamtverarbeitung ein festgelegtes Verhältnis von Speichergröße zu CPUs wichtig. Mit dem Zertifizierungsansatz beseitigt SAP alle potenziellen Probleme mit nicht geeigneter Hardware. Gleichzeitig ist die SAP-Zertifizierung offen für alle Hersteller. Mit den erweiterten Funktionen von SAP HANA im Bereich Parallelisierung und Clustering ist es möglich, High-End-Systeme mit Commodity-Hardware zu erstellen. Für High-End-Business-Systeme ist es also nicht mehr erforderlich, die teuren High-End-Unix-Server zu erwerben. SAP HANA nutzt die Standardkomponenten, um eine Plattform zu entwickeln, die hohe Leistung, Skalierbarkeit und moderne Hochverfügbarkeits- und Recovery-Funktionen bietet.

Auf der Datenbankschicht sind die bereits erläuterten Funktionen für zeilenbasierte Spaltenspeicherung und parallele Ausführung implementiert. Die SAP HANA Architektur basiert auf einer parallelen Verwendung vollständig unabhängiger Services/Prozesse. Diese Prozesse haben keine Abhängigkeiten, da SAP HANA einen

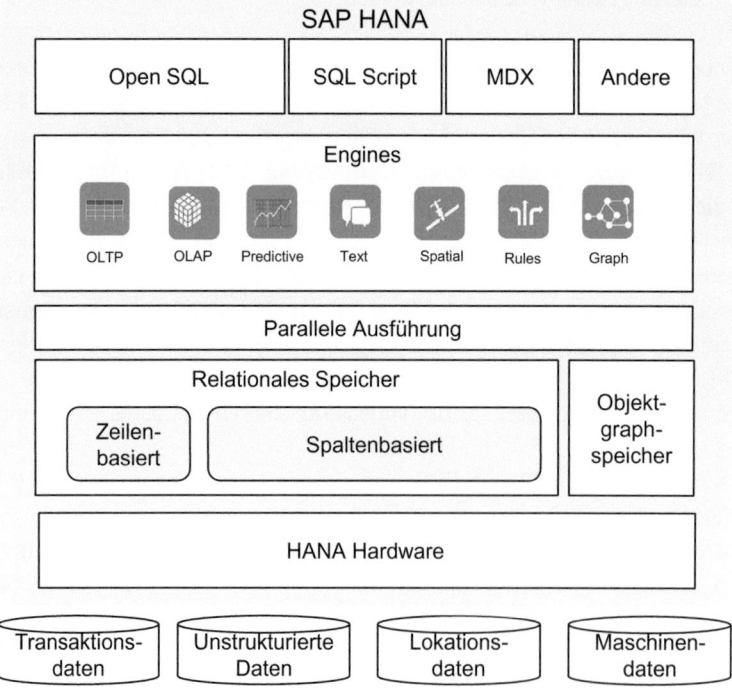

Abb. 19.5 SAP HANA Architektur

sogenannten *Shared-Nothing-Ansatz* verwendet. Mit diesem Ansatz ist eine Skalierung im Vergleich zu herkömmlichen Datenbanken sehr effizient möglich. Die wichtigste Komponente in der Schicht ist der Index-Server. Der Index-Server umfasst die In-Memory-Datenspeicher und die erforderlichen Engines für die Verarbeitung der Daten. Der Name-Server besitzt die Informationen über die Topologie eines SAP HANA Systems. Bei einem verteilten System hat der Name-Server die Information, wo die Komponenten laufen und welche Daten sich auf welchem Server befinden. In einem System mit mehreren Datenbank-Containern hat der Name Server die Informationen über vorhandene Datenbank-Container und hostet die Systemdatenbank. Neben der Bereitstellung von Datenbankservices bietet SAP HANA auch die Möglichkeit, Code direkt in der Plattform auszuführen. Es gibt sogenannte *Engines,* die von SAP ausgeliefert werden. Das Prinzip besteht darin, datenintensive Operationen in der Nähe der Daten auszuführen. Vor SAP HANA wurden Berechnungen in der Regel auf Anwendungsserverebene durchgeführt. Dies bedeutet, dass große Datenmengen an den Anwendungsserver übertragen werden müssen, auf dem die Analyse und Berechnung stattfindet. Und oft wird am Ende eine sehr kleine Ergebnismenge erzeugt. Mit SAP HANA werden datenintensive Berechnungen direkt in der SAP HANA Plattform ausgeführt, auf der sich die Daten befinden. Dadurch wird die Datenbewegung erheblich reduziert und die Performanz gesteigert. SAP HANA gibt dann nur die Ergebnismenge an den Anwendungsserver zurück. Es gibt bereits eine Reihe solcher SAP HANA Engines, darunter Textanalysen, vorausschauende Analysen, Planung oder Reporting. Es ist auch möglich, benutzerdefinierten Code anzulegen und ihn in die SAP HANA Plattform zu übertragen. SAP S/4HANA Anwendungen sind eine Kombination aus Geschäftslogik auf Anwendungsserverebene und wiederverwendbaren Engines sowie Codefragmenten, die direkt auf der SAP HANA Plattform ausgeführt werden. SAP HANA bietet eine breite Palette offener Standardschnittstellen für Anwendungen. Ausgehend von Open SQL oder ODATA/JDBC/ODBC/JSON für den Datenzugriff gibt es Schnittstellen für.Net-Verbindungen, für die Java- und für die Web-Welt. Das bedeutet, dass SAP HANA nicht nur eine Plattform für SAP-Anwendungen ist. Es ist einfach, jede Art von Drittanbieter- oder Individualanwendungen in SAP HANA zu integrieren. Diese Anwendungen profitieren sofort von den SAP HANA Funktionen und können im Laufe der Zeit optimiert werden, um SAP HANA noch besser zu nutzen, z. B. durch Verlagerung von Code auf die Plattform.

Echtzeitanalysen

Der größte Vorteil der In-Memory-Datenbank SAP HANA besteht darin, dass sowohl Online Transactional (OLTP) als auch Online Analytical Processing (OLAP) im selben System kombiniert werden können. Dadurch werden Redundanzen von Daten vermieden und Echtzeitanalysen bereitgestellt. Dieser Ansatz wird als hybrides Paradigma bezeichnet, das es ermöglicht, Daten effizient in derselben Datenbank zu analysieren.

Daher ist es nicht mehr erforderlich, zwischen transaktionalen und analytischen Systemen zu trennen, sodass Verarbeitungsleistung, Zeit und Kosten optimiert werden. Diese Integration von OLTP und OLAP in einem Server ermöglicht es, Anwendungen zu entwickeln, die schnelle und innovative Lösungen für Geschäftsprozesse in Unternehmen bereitstellen können. Abb. 19.6 zeigt den Unterschied zwischen den herkömmlichen Analyselösungen und dem hybriden Transaktions-/Analytics-Processing-Paradigma (HTAP).

Die traditionelle Trennung von OLTP- und OLAP-Systemen führt zu einer komplexen, teuren und wartungsintensiven Analyseverarbeitung. OLAP-Systeme werden durch Extraktions-, Transformations- und Ladeprozesse (ETL) aus OLTP-Systemen mit den relevanten Daten gefüllt. ETL-Prozesse sind fehleranfällig und teuer für die Entwicklung und den Betrieb. Die Extraktion der Daten aus einem OLTP-System belastet das OLTP-System erheblich, was sich negativ auf die Performanz der transaktionalen Prozesse auswirkt. Die Transformation der Daten muss konsistente Ergebnisse gewährleisten, insbesondere beim Zusammenführen von Daten aus verschiedenen Quellen. Normalerweise sind die in die OLAP-Systeme geladenen Daten bereits nicht mehr aktuell, da sie möglicherweise schon in der OLTP-Quelle aktualisiert wurden. Daher ist das Analyseergebnis entsprechend ungenau. Es gibt bestimmte Anwendungsfälle für Analysen, bei denen die Antwortzeit der OLAP-Systeme nicht ausreicht. Daher müssen die Daten für solche Szenarios basierend auf ETL-Prozessen in sogenannten *Akzelatoren* repliziert werden, um die erforderliche analytische Performanz zu erreichen. Somit werden die Anwendungsdaten dreimal kopiert, was zu erhöhten Hardware- und Softwarekosten führt. Außerdem sind die Daten nicht auf dem neuesten Stand, was zu schlechten analytischen Schlussfolgerungen führt. Diese Herausforderungen können durch die Verwendung von SAP HANA mit der Kombination von OLTP und OLAP gelöst werden. Dies reduziert den Aufwand für die Erstellung von ETL-Prozessen und ermöglicht Analysen in Echtzeit. Darüber hinaus werden die zugrunde liegenden Analysedaten nicht mehr aggregiert, was z. B. einen detaillierten und nahtlosen Drilldown ermöglicht. SAP S/4HANA nutzt die hybride Transaktions-/Analyseverarbeitung (HTAP), um systematisch Analysefunktionen in Geschäftsprozesse einzubinden.

Abb. 19.6 Herkömmliche Analysen im Vergleich zu In-Memory-Analysen

Anwendungsentwicklung

Die SAP HANA Datenbank bietet mehrere Programmier- und Modellierungsoptionen
für die Ausführung von Anwendungslogik direkt auf die Daten. Dies ist erforderlich,
um die Parallelisierungs- und Optimierungsfunktionen von SAP HANA vollständig
zu nutzen und die Datenmenge zu reduzieren, die zwischen der Datenbank und dem
Anwendungsserver ausgetauscht werden muss. SAP HANA unterstützt beispielsweise Prozeduren, benutzerdefinierte Skalarfunktionen, tabellenwertige Funktionen und
Calculation Views, die das Standardansichtskonzept von SQL erweitern. SAP HANA
verfügt über mehrere Bibliotheken und integrierte Funktionen, z. B. für Währungs-
umrechnung, Finanzmathematik und vorausschauende Analysen. Warum es aber einfacher und schneller, neue Anwendungen auf SAP HANA zu entwickeln? Erstens
ermöglichen die hybriden Funktionen für die transaktionale analytische Verarbeitung
von SAP HANA die Entwicklung einer neuen Klasse von Anwendungen, die intelligente
Funktionen in die Geschäftsprozesse integrieren. Diese Anwendungen können komplexe
Workloads mit In-Memory-Geschwindigkeit ausführen und den Benutzern Antworten
in Sekundenbruchteilen liefern, unabhängig davon, wo sie sich befinden und welches
Gerät sie verwenden. Um die Performanz weiter zu verbessern, kann die SAP HANA
Plattform genutzt werden, um von der schnellen Kommunikation zwischen Prozessen
zu profitieren und zu vermeiden, dass Daten zwischen einer Datenbank und einem
Anwendungsserver über ein unabhängiges Netzwerk übertragen werden. Die SAP
HANA Unterstützung für offene Standards, APIs und Protokolle sowie die Möglichkeit,
eine beliebige Programmiersprache zu verwenden, erlaubt es, vorhandene Fähigkeiten
zu nutzen. Insbesondere stellt SAP HANA eine Vielzahl von Sprachen für Anwendungsentwicklung für die client- und serverseitige Anwendungen bereit. Für die clientseitige
Entwicklung kann jede Sprache gewählt werden, die mit Standardschnittstellen arbeitet,
z. B. JDBC (Java Database Connectivity), ODBC (Open Database Connectivity) und
RESTful Web-Services. Für die serverseitige Entwicklung können SQLScript, JavaScript
oder C++ genutzt werden. Darüber hinaus werden mehrdimensionale Abfrageausdrücke
unterstützt, z. B. ODBO (Object Linking and Embedding Database for Online Analytical
Processing) oder MDX (Multidimensional Expressions). Entwickler profitieren von
integrierten Werkzeugen und Integrationen, um Anwendungen über den gesamten
Lebenszyklus zu implementieren, Versionskontrollen durchzuführen, zu bündeln, zu
transportieren und zu installieren. Mit der SAP HANA Unterstützung für CDS (Core
Data Services) und OData ist es einfacher, vorhandene SAP-Anwendungen zu erweitern
und Cloud-Microservices einfach einzubinden. SAP HANA wird mit einer Fülle von
paketierten Komponenten ausgeliefert, die wiederverwendet werden können, um sowohl
die Produktivität der Entwickler als auch die App-Performanz zu verbessern, z. B. AFL,
PAL oder AFM. Diese Komponenten sind für die Ausführung innerhalb der Datenbank
optimiert und liefern automatisch eine bessere Performanz. Die Application Function
Library (AFL) liefert einsatzbereite Prozeduren, die direkt aus SQLScript aufgerufen

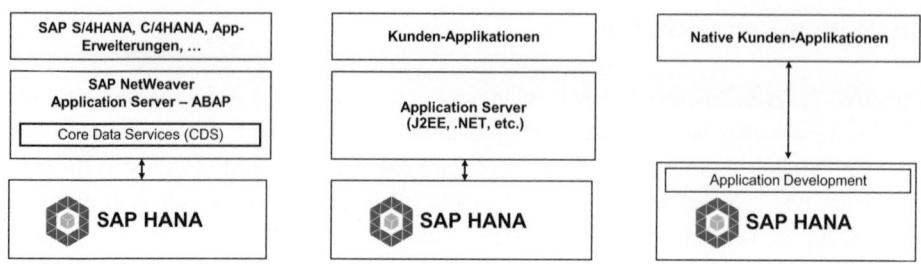

Abb. 19.7 Mögliche Anwendungsarchitektur

werden können. Alle AFL-Funktionen werden direkt auf den Daten ausgeführt, um die Anwendungsperformanz zu verbessern. Predictive Analytics Library (PAL) enthält mehr als 100 Algorithmen, mit denen Data Mining und Prognoseszenarien in Anwendungen eingebettet werden können. Der Application Function Modeler (AFM) ist ein grafischer Editor in SAP HANA Studio, mit dem Benutzer eine Verbindung zu PAL herstellen und Visualisierungs- und Drag&Drop-Funktionen verwenden können, um den Entwicklungsaufwand zu reduzieren. Algorithmen und Geschäftslogik können mithilfe von C++- oder R-Skripten genutzt werden. Abb. 19.7 zeigt mögliche Alternativen der Anwendungsarchitektur mit SAP HANA.

SAP HANA erlaubt die Verwendung der Laufzeitumgebung, die den Anforderungen der Anwendungen besser gerecht wird. Wenn Entwickler SAP-Anwendungen erweitern, können sie native Konstrukte (z. CDS-Views) und Datenmodelle sowie die vollständige ABAP-Umgebung nutzen – On Premise und in der Cloud. Dieser Ansatz wurde für die Implementierung von SAP S/4HANA gewählt. Wenn Entwickler in Java oder in einer. Net-Umgebung entwickeln, können sie jeden beliebigen Drittanbieter-Anwendungsserver über Standardschnittstellen (z. ODBC, JDBS) nutzen. Entwickler können auch den SAP HANA Anwendungsserver verwenden und von der prozessübergreifenden Kommunikation zu profitieren und Datenaustausch zu vermeiden.

19.3 Fazit

SAP HANA ist das zugrunde liegende Datenbanksystem für SAP S/4HANA. Hierbei handelt es sich um ein In-Memory- und spaltenbasiertes Datenbankmanagementsystem. Die In-Memory-Technologie wird aufgrund der Preiserosion von Hauptspeicher und des Anstiegs der CPU-Kerne ermöglicht. Dadurch können Anwendungsdaten für eine schnelle Ausführung von Datenbankoperationen im Speicher gehalten werden. Aufgrund der Spaltenorientierung werden Partitionierung und Komprimierung verbessert, was zu einer zusätzlichen Leistungssteigerung führt. Folglich wird auch die analytische Verarbeitung optimiert, was die Kombination von Analyse- und Bewegungsdaten erleichtert.

Daher sind Echtzeit-Analysefunktionen in transaktionale Anwendungen von SAP S/4HANA integriert. Dies ist eine dramatische Innovation im Vergleich zum herkömmlichen Paradigma, bei dem Transaktionsdaten für Analysen in Data Warehouses repliziert werden müssen. Durch den hybriden Ansatz werden Hardware-, Software- und Betriebskosten gesenkt und genauere Analysen für die Entscheidungsfindung bereitgestellt.

Virtuelles Datenmodell

20

Das Kapitel erläutert das virtuelle Datenmodell (VDM), bei dem es sich um eine semantische Schicht für den Zugriff auf Anwendungsdaten von SAP S/4HANA handelt. So wird das kryptische und komplexe Datenmodell für Anwendungsentwickler und verschiedene Frameworks auf verständliche und wiederverwendbare Weise gekapselt und exponiert. VDM besteht aus Core-Data-Services-Views (CDS-Views). Anwendungsdaten, die in Datenbanktabellen abstrakt gespeichert sind, werden auf geschäftsorientierte Weise exponiert. Dies erleichtert das Verständnis und die Nutzung der benötigten Geschäftsdaten. Endbenutzer können über freigegebene CDS-Views auf die benötigten Daten zugreifen. Sie können benutzerdefinierte Views definieren, die auf vorhandenen, von SAP ausgelieferten Views basieren. Mit VDM wird ein verständliches, umfassendes und ausführbares Datenmodell bereitgestellt, das in analytischen und transaktionalen Anwendungen und externen Schnittstellen verwendet werden kann.

20.1 Betriebswirtschaftliche Anforderung

Das Datenmodell von ERP-Systemen ist historisch gewachsen und deckt zehntausende Tabellen mit komplexen Beziehungsnetzwerken und kryptischen Feldnamen ab. Daher ist es schwierig, das Datenmodell zu erkunden und von Entwicklern, Kunden und Partnern zu nutzen. Dies führt zu hohem Aufwand bei der Implementierung von Geschäftsprozessen und erfordert sehr spezialisiertes Wissen. Um diese Herausforderung zu lösen, ist eine entsprechende semantische Schicht auf dem Datenmodell notwendig, um die Komplexität auszublenden und einen für den Menschen verständlichen und effizienten Zugriff auf die Geschäftsdaten zu ermöglichen. Heutzutage erwarten sogar Endbenutzer, dass sie die benötigten Daten selbst abfragen, etwa in einem Self-Service Reporting-System. In ERP-Systemen ist dies jedoch aufgrund von Datenmodell-Hürden

© Der/die Autor(en), exklusiv lizenziert an Springer Fachmedien Wiesbaden GmbH, ein Teil von Springer Nature 2023
S. Sarferaz, *ERP-Software: Funktionalität und Konzepte,*
https://doi.org/10.1007/978-3-658-40499-4_20

bei der Suche nach Daten, der Bereitstellung angemessener Abfrageantwortzeiten und des Verständnisses der Strukturen schwierig zu erreichen. Das Entwerfen eines virtuellen Datenmodells löst diese Probleme und gibt auch Endbenutzern Zugriff auf die Daten, die sie benötigen.

20.2   Technische Umsetzung

Das virtuelle Datenmodell (VDM) stellt das semantische Datenmodell der Geschäftsanwendungen in SAP S/4HANA dar. Ziel ist es, die Komplexität zu reduzieren und Geschäftsdaten so bereitzustellen, dass Entwickler und Endbenutzer sie einfacher verstehen und nutzen können. Sie abstrahiert Daten aus den zugrunde liegenden Datenbanktabellen und exponiert sie basierend auf der Geschäftssemantik. Um dies sicherzustellen, müssen zwei Voraussetzungen erfüllt sein:

- Datenbank-Views müssen mehr als SQL unterstützen. Dinge wie das Nachschlagen des letzten Datensatzes, das Pivotieren der Daten, das Aufteilen von Daten, um sie anders zu verarbeiten, und Datenqualitätsprüfungen können nicht in einer einzigen SQL-Abfrage durchgeführt werden.
- Die Views müssen die Daten in Sekundenbruchteilen zurückgeben. Das System wird nicht verwendet, wenn keine gute Performanz gegeben ist.

SAP-Kunden und -Partner können auf freigegebenen VDM-Views entwickeln. VDM stellt das Datenmodell und die Quelle für beispielsweise transaktionale und analytische Anwendungen, externe Schnittstellen, Suchszenarien oder UI-Darstellungen dar. Vorteile des VDM sind ein geschäftsorientiertes, verständliches und semantisch reichhaltiges, wiederverwendbares und stabiles Datenmodell.

Core Data Services (CDS)

Das virtuelle Datenmodell wird mithilfe von Core Data Services (CDS) implementiert. CDS unterstützt Entwickler bei der Erstellung semantisch reichhaltiger Datenmodelle. Sie verwendet und erweitert SQL und ermöglicht die Definition und Nutzung dieser Datenmodelle in Anwendungen. Produktivität, Konsumierbarkeit, Performanz und Interoperabilität werden verbessert. CDS besteht aus eine Familie domänenspezifischer Sprachen und Services zum Definieren und Konsumieren solcher semantisch angereicherten Datenmodelle:

- Data Definition Language (DDL) zum Definieren und Abrufen semantisch reicher Domänendatenmodelle. Er erweitert native SQL-Mittel für eine höhere Produktivität.

- Query Language (QL) für die Nutzung von CDS-Entitäten über Embedded SQL. Sie wird zum Lesen von Daten verwendet.
- Date Control Language (DCL) definiert Berechtigungen für CDS-Views und steuert den Zugriff auf Daten. Sie ist in klassische Berechtigungskonzepte integriert.
- Data Manipulation Language (DML) wird zum Schreiben von Daten verwendet.

CDS-Datenmodelle werden auf Datenbankebene und nicht auf Anwendungsebene definiert und konsumiert. CDS bietet Funktionen, die über herkömmliche Datenmodellierungstools hinausgehen. Sie unterstützen die SQL-konforme Definition von Views, sodass Entwickler SQL-Funktionen wie JOIN, UNION und WHERE-Klausel verwenden können. Beziehungen zwischen Views können als Assoziationen modelliert werden. Aliase können verwendet werden, um Tabellen mit einem verständlichen Namen umzubenennen. CDS-Views unterstützen auch die Verwendung von Annotationen zur Definition von Metadaten. Eine Annotation kann beispielsweise festlegen, dass ein Feld vom Typ DateTime die Uhrzeit enthält, zu der die Daten angelegt oder zuletzt aktualisiert wurden. Weitere im VDM verwendete CDS-Funktionen sind Parameter, View-Erweiterungen, Bereitstellung von OData-Services und Verhaltensdefinitionen. Annotationen des virtuellen Datenmodells ermöglichen die Klassifizierung von CDS-Entitäten im Hinblick auf ihre zulässigen Wiederverwendungsoptionen und bereitgestellten Inhalte. Diese Klassifizierung wird nur für die SAP-interne Strukturierung und Interpretation der CDS-Entitäten verwendet. Sie soll beispielsweise von View-Browsern und anderen Frameworks interpretiert werden, die auf dem virtuellen Datenmodell basieren. Die Wiedervermietung von CDS-Entitäten für Kunden und Partner wird durch eine zusätzliche dedizierte interne Klassifizierung der Entitäten gesteuert.

CDS sind vollständig in ABAP, der proprietären Programmiersprache von SAP, integriert. Sie sind in ABAP SQL eingebettet, was zu einer besseren Verständlichkeit von SQL-Anweisungen führt. CDS-Views sind auch mit dem ABAP Data Dictionary (DDIC) integriert. Das ABAP DDIC enthält alle Metadaten zu den Daten im SAP-System einschließlich verschiedener Sichten. Vorhandene ABAP-Berechtigungen können verwendet werden, und das ABAP-Transportsystem wird genutzt. Abb. 20.1 zeigt die Integration von ABAP Applikationsservers und der SAP S/4HANA Datenbank bei Verwendung des empfohlenen Top-Down-Ansatzes. Entwickler können in ihrer ABAP-Umgebung arbeiten und weiterhin die Leistungsfähigkeit von SAP S/4HANA nutzen.

Der Top-Down-Ansatz verwendet die *Code-Pushdown-Technik*. Code-Pushdown bedeutet, dass Berechnungen auf dem Datenbanksystem anstatt auf dem Anwendungsserver durchgeführt werden. Sie verlagert nur Berechnungen, für die es sinnvoll ist. Um beispielsweise den Betrag aller Positionen von Rechnungen zu ermitteln, könnte eine Aggregationsfunktion (hier: SUM()) auf der Datenbank verwendet werden, anstatt die Summe in einer Schleife auf dem Anwendungsserver zu berechnen. Dies führt zu einem schnellen Datenabruf und einer besseren Performanz und Reaktionszeit der Anwendung selbst. Das klassische SAP ERP unterstützte verschiedene Datenbanksysteme, für die eine entsprechende Datenzugriffsabstraktion erforderlich war. Daher wurden

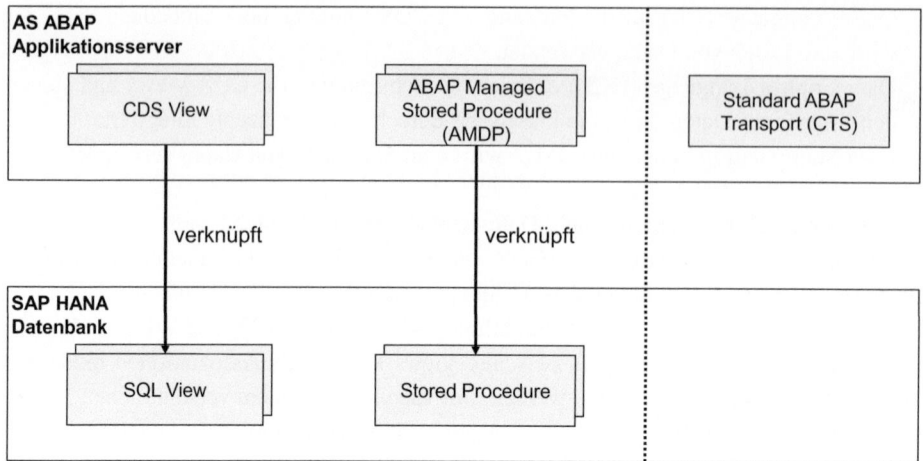

Abb. 20.1 Top-Down-Ansatz

Geschäftsdaten zuerst von der Datenbank an den Anwendungsserver übertragen und für die relevanten Datensätze Operationen in einer Schleife ausgeführt. Daher wurden in der Regel mehr Daten zwischen Datenbank und Anwendungsserver ausgetauscht. Außerdem wurden datenintensive Operationen auf dem Anwendungsserver statt auf der Datenbank ausgeführt, was für die Performanz nicht optimal ist. Da SAP S/4HANA nur SAP HANA als Datenbank unterstützt, könnte eine dramatische Optimierung erzielt werden. Für jede auf ABAP-Ebene definierte CDS-View wird eine entsprechende SQL-View auf SAP HANA generiert. Alle SQL-Anweisungen, die auf die CDS-Views angewendet werden, werden an die SQL-View übergeben und auf Datenbankebene ausgeführt, um eine bestmögliche Performanz zu erzielen. Während beispielsweise Berechtigungsprüfungen in der Vergangenheit auf dem Anwendungsserver durchgeführt wurden, werden sie mit SAP S/4HANA an das Datenbanksystem übertragen, indem die SQL-Anweisungen automatisch um eine WHERE-Klausel erweitert werden. Inzwischen sind zehntausende CDS-Views in SAP S/4HANA verfügbar, da alle Geschäftsprozesse das VDM für den Zugriff auf Anwendungsdaten verwenden. Folglich wurde die Performanz all dieser Geschäftsprozesse systematisch verbessert, da alle Datenzugriffe auf SAP HANA verlagert werden. CDS-Views können mit SQL-Anweisungen definiert, aber auch mit SQLScript kodiert werden. Hierfür werden ABAP Managed Stored Procedures (AMDPs) verwendet. AMDPs sind ABAP-Klassen, die SQLScript-Code anstelle von ABAP enthalten. Während der Laufzeit wird der SQLScript-Quelltext für eine optimale Performanz an SAP HANA übergeben. Wenn die Logik der CDS-View zu komplex ist, um von SQL-Anweisungen ausgedrückt zu werden, wird der skriptgesteuerte Ansatz angewendet. Aus Konsumption-Perspektive gibt es keinen Unterschied zwischen CDS-Views, die auf SQL bzw. SQLScript basieren.

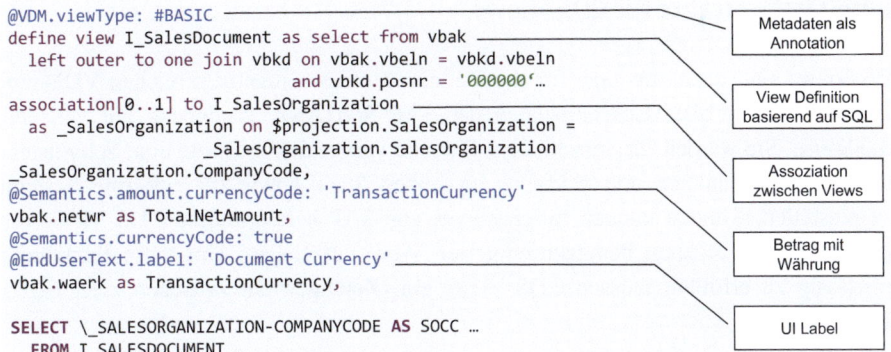

```
@VDM.viewType: #BASIC
define view I_SalesDocument as select from vbak
  left outer to one join vbkd on vbak.vbeln = vbkd.vbeln
                        and vbkd.posnr = '000000'…
association[0..1] to I_SalesOrganization
  as _SalesOrganization on $projection.SalesOrganization =
                        _SalesOrganization.SalesOrganization
_SalesOrganization.CompanyCode,
@Semantics.amount.currencyCode: 'TransactionCurrency'
vbak.netwr as TotalNetAmount,
@Semantics.currencyCode: true
@EndUserText.label: 'Document Currency'
vbak.waerk as TransactionCurrency,

SELECT \_SALESORGANIZATION-COMPANYCODE AS SOCC …
  FROM I_SALESDOCUMENT …
```

| Metadaten als Annotation |
| View Definition basierend auf SQL |
| Assoziation zwischen Views |
| Betrag mit Währung |
| UI Label |

Abb. 20.2 Beispiel für ein CDS-View

CDS-Views sind der wichtigste CDS-Entitätstyp. Es gibt freigegebene CDS-Views, die zur Wiederverwendung in VDM breitgestellt sind. Kunden können auch benutzerdefinierte CDS-Views definieren. Sie können beispielsweise als Datenquelle in ABAP-Select-Anweisungen verwendet werden. Abb. 20.2 zeigt ein Beispiel für eine CDS-View für Verkaufsbelege.

Berechtigungen für CDS-Views

CDS-Views, die sensible oder datenschutzrelevante Daten exponieren, müssen geschützt werden. Der Zugriff auf CDS-Views kann eingeschränkt werden und wird durch Rollen ausgedrückt. Mit Data Control Language (DCL) können Berechtigungen definiert und Rollen zugeordnet werden. Eine CDS-Rolle wird auf eine oder mehrere CDS-Views angewendet. Zugriffsbedingungen werden mit dem Schlüsselwort *WHERE* spezifiziert und dienen als Filter für die entsprechende CDS-View. Die Zugriffseinschränkungen werden automatisch auf ABAP-SQL-Selects und ihre geschützten CDS-Views angewendet. Wenn eine einzelne CDS-View mehrere Regeln hat, werden die Zugriffseinschränkungen standardmäßig mit einem logischen ODER kombiniert. Er kann auch explizit als ersetzende DLCs oder als Kombinationsmodus AND definiert werden. Das bedeutet, dass die Ergebnisse der Abfrage einer CDS-View durch die Verwendung der DCL so eingeschränkt werden können, dass nur Benutzer mit einer entsprechenden Rolle die zurückgegebenen Daten lesen können. Es ist zu beachten, dass die CDS-Zugriffskontrolle nur funktioniert, wenn ein Programm direkt auf die geschützte CDS-View zugreift.

Stabilitätskontrakte für CDS-Views

CDS-Views sind die Grundlage für die Definition eines semantisch reichen VDM und die Bereitstellung aller Geschäftsdaten der SAP S/4HANA Datenbank auf verständliche Weise. Sie werden für verschiedene Zwecke verwendet, z. B. um eine Schnittstelle zwischen Anwendungen und Add-Ons im selben Stack sowie für entfernte Systeme bereitzustellen. Kunden können freigegebene, von SAP bereitgestellte CDS-Views verwenden, um die eigenen benutzerdefinierten Views anzulegen. Um diese Funktionen zuverlässig zu erfüllen, müssen CDS-Views ein Gleichgewicht zwischen zwei Eigenschaften finden:

- Flexibilität: CDS-Views müssen ein gewisses Maß an Flexibilität für die Weiterentwicklung bieten.
- Stabilität: Semantische und technische Funktionen sollten so stabil gehalten werden, dass CDS-Views nicht nach jedem Upgrade angepasst werden müssen.

Freigegebene CDS-Views für das SAP S/4HANA View-Modell bieten eine stabile Basis für Kundenerweiterungsszenarien, z. B. das Anlegen von benutzerdefinierten Views oder analytischen Abfragen. Sie müssen bestimmte Stabilitätskriterien unterstützen, um sicherzustellen, dass kundendefinierte Objekte beim Upgrade des SAP S/4HANA Systems nicht negativ betroffen sind. SAP hat drei Stabilitätsverträge eingeführt, um sicherzustellen, dass freigegebene CDS-Views ihre Aufgaben zuverlässig erfüllen. Jeder Kontrakt gilt für bestimmte Verwendungsszenarien von CDS-Views.

Felderweiterungskontrakt (C0)

Der Vertrag für die Erweiterbarkeit von Feldern stellt sicher, dass Änderungen an einer CDS-View die Felderweiterungen nicht unterbrechen. Anwendungsexperten können mit der App Benutzerdefinierte Felder und Logik eigene Feld hinzufügen. Endverbraucher können kundenspezifische Felder wie reguläre Felder verwenden. Nur CDS-Views, die von SAP als erweiterbar definiert wurden, sind für die Felderweiterung in der App verfügbar. Die Anker der Erweiterung sind Elemente, die für die Erweiterbarkeit von Feldern stabil gehalten werden. C0 wird nicht über den API-Status einer CDS-View ausgedrückt. Stattdessen wird sie durch die Freigabe einer CDS-View in der Erweiterbarkeits-Registry definiert.

Systeminterner Kontrakt (C1)

CDS-Views können entweder für die systeminterne Verwendung oder für die Remote-API Verwendung freigegeben werden. Die Mehrzahl der freigegebenen CDS-Views folgt dem Stabilitätskontrakt C1 zur internen Verwendung. Ziel des Kontrakts ist es, ausreichende Stabilität zu gewährleisten, sodass benutzerdefinierte CDS-Views nach einem Upgrade auf die nächste Softwareversion weiterhin funktionieren, z. B. von SAP S/4HANA 1809 auf SAP S/4HANA 1909. Nur SAP-Views, die für den C1-Kontrakt freigegeben sind, sind in den Werkzeugen für Kundenerweiterungen verfügbar. Solche CDS-Views haben folgende Eigenschaften:

- Für die systeminterne Verwendung freigegebene CDS-Views beginnen mit dem Präfix I_ (Interface-Views) oder C_ (Consumption-Views). Nicht alle diese Schnittstellen und Consumption-Views folgen dem C1-Vertrag.
- Feldlängenerweiterungen sind zulässig und müssen von Konsumenten toleriert werden.
- Sie sind in mehreren Werkzeugen verfügbar, z. B. Benutzerdefinierte CDS-Views, Benutzerdefinierte Felder und Logik und Benutzerdefinierte Business-Objekte.

Die wichtigsten Stabilitätskriterien für C1-freigegebene CDS-Views sind:

- Kein Löschen von Feldern
- Keine Umbenennung von Feldern
- Eingeschränkte Änderungen der Datentypisierung von Feldern
- Semantische Stabilität der View-Verarbeitung und Felder
- Stabilität ausgewählter View-Annotationen, die für die Datenverarbeitung relevant sind

Remote-API Kontrakt (C2)

Auf einige CDS-Views muss über Remote-APIs zugegriffen werden. Externe Services wie OData ermöglichen diesen Remote-Zugriff. SAP gibt solche CDS-Views für den C2-Kontrakt frei. Die Views sind in den Anwendungswerkzeugen nicht verfügbar. Eine Feldlängenerweiterung ist nicht möglich. Dadurch bleiben mehr Elemente stabil als der Kontrakt C1 zur internen Verwendung. Der Hauptanwendungsfall von Remote-API Views besteht darin, dass sie grundlegende Datenbankfunktionen (Aktualisieren, Abrufen, Löschen) in Szenarien ausführen, in denen Anwendungen mit einem externen Client interagieren. Nach der Freigabe einer solchen View sind inkompatible Änderungen verboten. Gegebenenfalls müssen neue View-Versionen angelegt und freigegeben werden.

Namenskonventionen des virtuellen Datenmodells

Das VDM basiert auf einer Reihe allgemeiner Namensregeln. Die folgenden Regeln garantieren konsistente und selbsterklärende Namen:

- Namen sollten präzise sein und ein Subjekt eindeutig identifizieren. Beispielsweise sollte ein Kundenauftragsbeleg den Namen SalesOrder und nicht ID oder Order haben.
- Namen erfassen die Geschäftssemantik eines Subjekts.

- Unterschiedliche Subjekte müssen unterschiedliche Namen haben. Wenn zwei Felder denselben Namen verwenden, bedeutet dies, dass ihre zugrunde liegenden Wertelisten übereinstimmen.
- Namen werden aus englischen Begriffen in Camel-Schreibweise mit einem Großbuchstaben als Anfangsbuchstabe definiert. Unterstriche werden nur in vordefinierten Fällen verwendet. Abkürzungen sollten möglichst vermieden werden. Sie können verwendet werden, um innerhalb einer bestimmten Zeichenbeschränkung zu bleiben. Beispielsweise kann Query als Qry abgekürzt werden.

Diese Namensregeln gelten für alle CDS-Entitäten und deren Teile, z. B. Feldnamen, Assoziationen, Parameter oder CDS-Views. Das Basismuster für VDM-View-Namen ist <VDM-Präfix> <semantischer Name> <?Suffix>. VDM-Präfixe stellen den VDM-View-Typ dar, der im nächsten Abschnitt beschrieben wird. Beispiele sind I_ für eine Interface-View, C_ für eine Consumption-View und A_ für Remote-API-Views. Der semantische Name beschreibt die betriebswirtschaftliche Semantik eines einzelnen Datensatzes, der von der View zurückgegeben wird. Suffixe sind optional. Beispiele für VDM-View-Namen sind I_Customer oder I_TaxCodeText für Interface-Views und C_SupplierEvaluation oder C_GoodsMovementQuery Query für Consumption-Views.

Struktur des virtuellen Datenmodells

VDM-Views folgen einem geschichteten Ansatz und sind in einer hierarchischen Struktur organisiert. Obere Schichten selektieren Felder bzw. definieren Assoziationen zu denselben oder niedrigeren Schichten. Untere Schichten können keine Zuordnungen zu höheren Schichten auswählen oder definieren. VDM-Views werden entsprechende Schichten über die spezielle CDS-Annotation @VDM.viewType zugeordnet. Abb. 20.3 zeigt die Schichten der VDM-Views. Es gibt zwei Schichten: die Interface-View-Schicht einschließlich Composite- und Basic-Views sowie die Consumption-View-Schicht einschließlich Consumption-Views und externe API-Views. Die Interface-View-Schicht stellt Views zur Wiederverwendung bereit. Consumption-Views und externe API-Views basieren auf den unteren Schichten und werden für einen bestimmten Zweck erstellt. In den folgenden Abschnitten werden die verschiedenen Sichten des VDM beschrieben.

Basic-Views

Basic-Views sind die unterste Ebene der VDM-View-Hierarchie und werden auf den Datenbanktabellen definiert. Sie sind die einzigen Views, die direkt auf die Datenbanktabellen zugreifen, was sie zur wichtigsten Komponente des VDM macht. Basic-Views haben folgende Hauptzwecke:

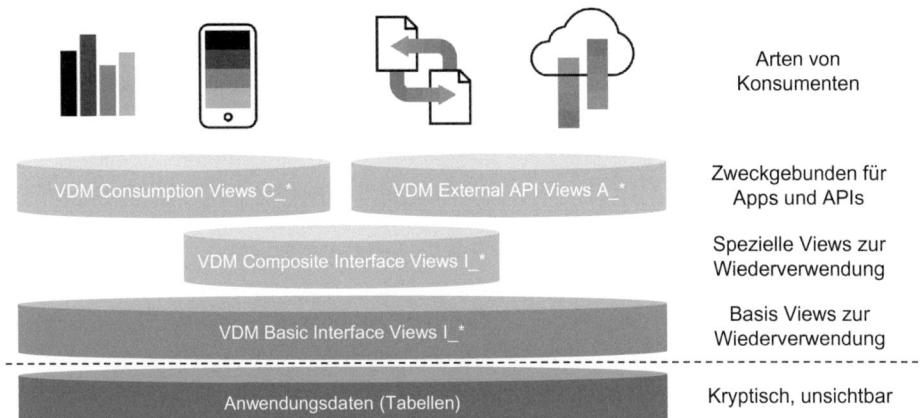

Abb. 20.3 Schichten von VDM-Views

- Alle anderen Sichten basieren auf ihnen. Basic-Views dienen als wiederverwendbare Bausteine für andere VDM-Views. Das bedeutet, dass andere Views nicht direkt auf die Datenbanktabellen zugreifen dürfen.
- Intransparente, schwer verständliche Namen von Tabellenfeldern in der Datenbankschicht werden im Hinblick auf die betriebswirtschaftliche Semantik umbenannt. Das Ergebnis sind transparentere und verständlichere Feldnamen.
- Basic-Views ermöglichen eine Abstraktion von den Datenbanktabellen in semantisch höhere Schichten.

Composite-Views

Composite-Views bieten zusätzlich zu den Basic-Views weitere Funktionen. Sie dienen in erster Linie als wiederverwendbare Bausteine für andere Views. Sie können auch definiert werden, um eine bestimmte Verbrauchsdomäne zu unterstützen. Beispielsweise können analytische Cube-Views definiert werden, die Datenquellen für die Verwendung in mehreren analytischen Abfragen konsolidieren.

Transaktionale Views

Transaktionale Views sind spezielle Composite-Views. Sie definieren das Datenmodell eines Business-Objekts und unterstützen die Definition seiner transaktionalen Verarbeitungsaspekte. Transaktionale Views können Elemente enthalten, die die transaktionale Verarbeitungslogik unterstützen, z. B. zusätzliche Felder, die Benutzereingaben transient speichern. Die Views werden nur im Kontext der transaktionalen Verarbeitung verwendet.

Consumption-Views

Reguläre Basic-Views werden unabhängig von einem bestimmten Zweck definiert, sodass sie jeden Anwendungsfall unterstützen. Auf der anderen Seite sind Consumption-Views absichtlich für einen bestimmten Zweck konzipiert. Es wird erwartet, dass sie direkt in einem bestimmten Verwendungsszenario verwendet werden. Beispielsweise kann eine Consumption-View genau die Daten und Metadaten bereitstellen, die für ein bestimmtes Element der Benutzungsoberfläche benötigt werden.

Eingeschränkte Reuse-Views

Die beschriebenen Basic- und Composite-Views sind standardmäßig Teil der Interface-Schicht mit dem Präfix I_, d. h. sie können von jeder SAP-Anwendung verwendet werden. Sie können auch von SAP-Kunden und -Partnern verwendet werden, sobald sie freigegeben sind. Manchmal definieren Entwicklungsteams Basic- und Composite-Views, die nur in ihren eigenen Anwendungen verwendet werden sollen. In solchen Fällen wird eine eingeschränkte Wiederverwendungssicht mit dem Präfix R_ definiert. Solche Views können nicht von anderen Entwicklungsteams aus anderen Anwendungen verwendet werden. Beispiele sind Views, die für die transaktionale Verarbeitung aktiviert sind und interne Funktionen und Operationen eines Business-Objekts exponieren.

Remote-API Views

Remote-API Views können extern verwendet werden und stellen die Funktionen eines einzelnen Business-Objekt-Modells dar. Das systeminterne VDM-Modell, das sich im Laufe der Zeit weiterentwickeln kann, wird von seinen externen Konsumenten entkoppelt. Es wird eine stabile Schnittstelle etabliert. Um die Verwendung der Remote-API Views zu ermöglichen, werden OData-Services definiert. Die OData-Services werden veröffentlicht und können von Remote-Anwendungen verwendet werden.

Verwendungsszenarien

Die am häufigsten verwendeten Konsumierungsszenarios, die von CDS-Entitäten unterstützt werden, sind Analysen, SAP Fiori UI-Anwendungen, Enterprise Search und Remote-APIs. Die folgenden Abbildungen (Abb. 20.4 und 20.5) zeigen zwei typische VDM-View-Stacks für Anwendungen, die für die analytische und transaktionale Verarbeitung definiert sind. Anwendungsfallspezifische Views werden zusätzlich zu wiederverwendbaren Basic- und Composite-Views definiert. Das Datenmodell und die Funktionen werden jeweils an die individuellen Anwendungsanforderungen angepasst.

Analytische Anwendungen

Analytische Anwendungen basieren auf Cube-Views und einem Netzwerk verknüpfter Views. Sie dienen der Überwachung und Analyse von Daten. In der VDM-Hierarchie in Abb. 20.4 befinden sich eine oder mehrere analytische Query-Views, die die vorgesehene

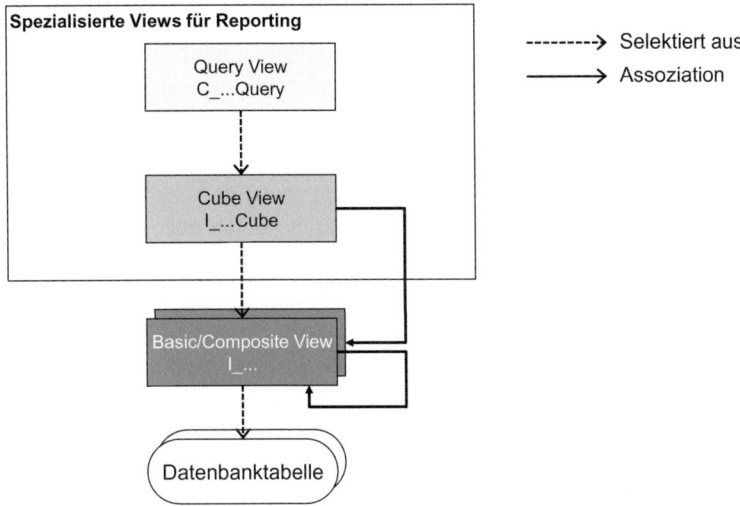

Abb. 20.4 View-Hierarchie für analytische Anwendungen

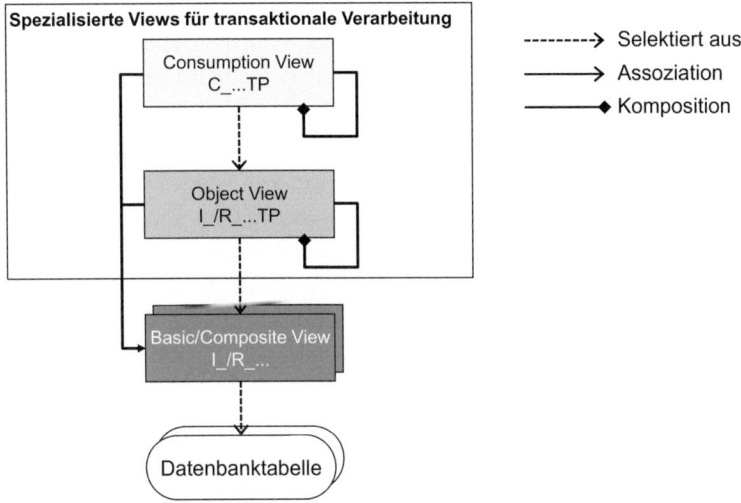

Abb. 20.5 View-Hierarchie für transaktionale Anwendungen

Funktion aus der zugrunde liegenden Cube-View projizieren. Die Cube-View ist mit Dimensions-Views verknüpft. Diese Dimensions-Views sind mit anderen Dimensions- und Text-Views innerhalb ihrer eigenen Schicht verknüpft. Die Basic-Views selektieren Daten aus Datenbanktabellen. Die analytischen Query-Views werden nicht in der Datenbank ausgeführt, sondern für Selektionen aus dem Cube.

Transaktionale Anwendungen

Anwendungen, die für die Transaktionsverarbeitung definiert sind, stellen ein zweites Verwendungsszenario dar. Das Modell in Abb. 20.5 basiert auf transaktionalen Views. Die transaktionalen Views sind über kompositorische Assoziationen miteinander verbunden und stellen ein Business-Objekt dar. Die Consumption-View erweitert das Datenmodell mit Annotationen, um die UI-Anwendung zu rendern, die auf der View basiert. Die unteren Schichten der VDM-Hierarchie wählen Daten aus den Datenbanktabellen aus und stellen sie höheren Schichten zur Verfügung. Es wird empfohlen, transaktionale Anwendungen mit dem ABAP-RESTful-Anwendungsprogrammiermodell zu entwickeln.

20.3   Fazit

Mit der Einführung des VDM können Endbenutzer die benötigten Daten in ERP-Systemen selbst abfragen. Es hat den Charakter eines Self-Service Szenarios. VDM stellt Daten aus Datenbanktabellen auf geschäftsorientierte Weise bereit, um deren Verständnis und Nutzung zu erleichtern. Sie besteht aus CDS-Views, auf Open SQL basieren. Das semantisch angereicherte Datenmodell erleichtert das Verständnis des Modells. Durch Namenskonventionen ist sie deklarativ und dem konzeptionellen Denken nahe. Ein weiterer Hauptvorteil des VDMs ist die Wiederverwendbarkeit. Einmal erstellt und freigegeben, können VDMs von vielen verschiedenen Anwendungen verwendet werden. Da die CDS-Views auf der Anwendungsschicht definiert werden, kann die vorhandene ABAP-Sicherheit zum Schutz von CDS-Views genutzt werden. Durch das Pushdown von Code und das Ausführen vieler Berechnungen auf dem Datenbankserver wird die Performanz der Anwendungen deutlich verbessert. VDM stellt ein Datenmodell für Anwendungen bereit, das geschäftsorientiert, verständlich, wiederverwendbar, stabil und in der Datenbank ausgeführt wird. Sie verwendet bekannte Geschäftsterminologie, dokumentiert Beziehungen zwischen Entitäten und reichert die Entitäten zum besseren Verständnis mit zusätzlicher Geschäftssemantik an.

Transaktionales Programmiermodell

Das Kapitel erläutert das transaktionale Programmierungsmodell von SAP S/4HANA, das die Implementierung von Geschäftsanwendungen ermöglicht. Insbesondere werden die Datenmodellierung und das Verhalten, die Bereitstellung von Business-Services, die Service-Nutzung und die Laufzeittypen von Business-Objekten erklärt. Transaktionen sind ein zentraler Bestandteil jedes ERP-Systems und bilden die Grundlage für die Implementierung von Geschäftsprozessen.

21.1 Betriebswirtschaftliche Anforderung

Jedes System, das Informationen speichert, muss den Zugriff auf Daten verwalten. Insbesondere bei Systemen, die viele konkurrierende Aktionen verarbeiten, besteht die Gefahr von Dateninkonsistenzen, wenn mehrere Benutzer oder Systeme gleichzeitig auf dieselben Daten zugreifen. Bei ERP-Systemen werden häufig die Daten von vielen Benutzern gleichzeitig geändert. Schreibvorgänge können sich gegenseitig überschreiben und somit inkonsistente Daten verursachen. Dies ist insbesondere dann problematisch, wenn mehr als ein Datensatz geändert wird. Daher können ungültige Beziehungen zwischen verschiedenen Daten verursacht werden. Um solche Szenarien zu verhindern und die Datenintegrität zu gewährleisten, werden Transaktionen eingeführt. Neben Systemereignissen wie Systemausfällen oder Stromausfällen kann ein Schreibvorgang in einer Reihe von Szenarien fehlschlagen:

- Dirty Reads: Ein Dataset wird gelesen, während ein anderer Benutzer oder System in den gleichen Datenbestand schreibt. Wenn der Lesevorgang erfolgt, nachdem das Datenset geändert wurde, der Schreibvorgang jedoch fehlschlägt, verbleibt das Datenset in einem ungültigen Status und kann nicht zurückgesetzt werden. Sobald

© Der/die Autor(en), exklusiv lizenziert an Springer Fachmedien Wiesbaden GmbH, ein Teil von Springer Nature 2023
S. Sarferaz, *ERP-Software: Funktionalität und Konzepte*,
https://doi.org/10.1007/978-3-658-40499-4_21

die Operation die zuvor gelesenen Daten schreiben muss, wird der ungültige Zustand wieder gespeichert. Das System hat keine Möglichkeit, das maliziöse Schreiben rückgängig zu machen, und die Datenbank verbleibt in einem fehlerhaften Zustand.

- Nicht wiederholbarer Lesevorgang: Ein weiteres Problem kann auftreten, wenn eine Operation in ihrer Ausführungszeit mehrmals denselben Datenbestand lesen muss. Wenn eine andere Operation zwischen den Leseoperationen schreibt, greifen die nachfolgenden Lesevorgänge auf die geänderten Daten zu, obwohl die unveränderten Daten erwartet werden. Dies führt zu undefiniertem Verhalten, kann zu inkonsistenten Daten führen und erschwert die Reproduktion von Fehlern während der Entwicklung.
- Dummy-Lesezugriffe: Das Problem beschreibt ein Szenario wie den nicht wiederholbaren Lesevorgang. In diesem Fall wird die Datenaggregation auf mehreren Datensets durchgeführt. Beim ersten Laden der Daten werden alle Entitäten zurückgegeben. Wenn eine andere Operation einen Datensatz hinzufügt oder löscht, ist die Aggregation möglicherweise ungültig. Wenn dieselbe Anforderung wiederholt wird, können einige Einträge fehlen oder zum ersten Mal angezeigt werden. In ERP-Systemen kann dies ebenfalls sehr wichtig sein, da Analysen häufig auf solchen Aggregationen basieren und regelmäßig neue Datensätze hinzugefügt werden.

Daher ist ein robuster Ansatz für die Verwaltung gleichzeitiger Datenbankzugriffe erforderlich, um alle Arten von Problemen zu vermeiden und die Datenbankintegrität sowie die Datenbankgültigkeit zu gewährleisten. Eine mögliche und am häufigste verwendete Methode ist die Verwendung von Transaktionen. Das Programmiermodell für transaktionale Anwendungen muss diese Anomalien berücksichtigen und auflösen. Darüber hinaus muss es eine effiziente Implementierung von Geschäftsanwendungen ermöglichen – vom Datenbankdesign bis hin zur Entwicklung der Geschäftslogik und der Benutzungsoberflächen.

21.2 Technische Umsetzung

Eine Transaktion beschreibt ein abgeschlossener Vorgang, der die Datenbank von einem konsistenten Zustand in einen neuen konsistenten Zustand überführt. Eine Transaktion besteht aus mehreren atomaren Schritten, die ein Vorgang darstellen. Da Transaktionen nicht aufgeteilt werden können, können sie als vollständige Arbeitseinheit entweder erfolgreich ausgeführt werden oder als Ganzes fehlschlagen. Ein Vorgang kann auf keinen Fall nur teilweise abgeschlossen werden. Transaktionen werden in erster Linie in Datenbanksystemen verwendet, um sicherzustellen, dass die gesicherten Daten immer in einem gültigen Zustand sind, da partielle Schreibzugriffe auf die Datenbank nicht möglich sind. Wenn ein ungültiger Schreibvorgang erkannt wird, muss die gesamte Transaktion abgebrochen werden und kann zu einem späteren Zeitpunkt erneut ausgeführt werden. Transaktionen entsprechen den vier Säulen des *ACID-Prinzips:*

- Atomizität: Alle Änderungen, die durch eine Transaktion in einen Datenbestand eingeführt werden, sind atomar. Entweder erfolgen alle Änderungen auf einmal oder gar keine. Änderungen können beliebige Operationen sein, die mit dem Datensatz arbeiten, z. B. die Daten lesen, ändern oder schreiben.
- Konsistenz: Die Datenbank befindet sich immer in einem konsistenten Zustand. Jede Transaktion beginnt mit einer konsistenten Datenbank. Nach der Verarbeitung der Transaktion befindet sich die Datenbank wieder in einem konsistenten Zustand. Wenn ein Fehler auftritt, werden die gespeicherten Inhalte nicht geändert, um keine Integritätsregel zu verletzen.
- Isolation: Die Ausführung der Transaktionen ist nicht festgelegt, und die Transaktionen können parallel ausgeführt werden. Die Ausführung jeder Transaktion ist von anderen Transaktionen isoliert. Jede Transaktion sieht nur die Daten zu Beginn dieser Transaktion sowie ihre eigenen Änderungen.
- Dauerhaftigkeit: Wenn eine Transaktion erfolgreich ausgeführt wird und die Datenbank wieder in einem konsistenten Zustand ist, werden die Änderungen dauerhaft persistiert. Auch bei einem Stromausfall oder einem Systemabsturz bleiben die Änderungen gespeichert.

Obwohl Transaktionen Vorteile haben, z. B. dass mehrere Benutzer gleichzeitig auf Daten zugreifen und diese ändern können, gibt es auch einige Nachteile. In erster Linie können die Einrichtungs- und Verwaltungskosten eines Transaktionssystems eine hohe Last auf Entwicklungs- und Rechenressourcen erfordern. Wie von Jim Grav und Andreas Reuter beschrieben, stellt ein Transaktionsverarbeitungssystem Werkzeuge zur Verfügung, mit denen Anwendungsprogrammierung, Ausführung und Verwaltung komplexer, verteilter Anwendungen vereinfacht oder automatisiert werden können, mit einer Datenbank, die einen realen Zustand darstellt (Jim Gray, 1999, S. 10). SAP S/4HANA soll die Implementierung solcher Funktionen vereinfachen und den Entwicklungsfortschritt beschleunigen. Als solches umfasst SAP S/4HANA ein Transaktionsmodell als Teil des RESTful-Programmiermodells (RAP). Das Programmiermodell folgt dem ACID-Prinzip (SAP SE, 2011). Im nächsten Kapitel werden die technischen Aspekte des transaktionalen Programmiermodells von SAP S/4HANA näher betrachtet.

Programmiermodell

SAP S/4HANA basiert auf einer Architektur, die darauf aufbaut, Transaktionen zu unterstützen und darauf aufzubauen. Alle Geschäftslogik und Schnittstellen sind über die ABAP-RESTful-Programmierung (RAP) mit dem transaktionalen Programmiermodell verknüpft. Mit sich ändernden Anforderungen und Technologien haben sich die Programmiermodelle des ABAP Applikationsservers im Laufe der Zeit geändert. Abb. 21.1 zeigt einen historischen Überblick über die Programmiermodelle. Bei diesen Iterationen ändert sich auch die Art und Weise, wie die Datenintegrität gehandhabt wird.

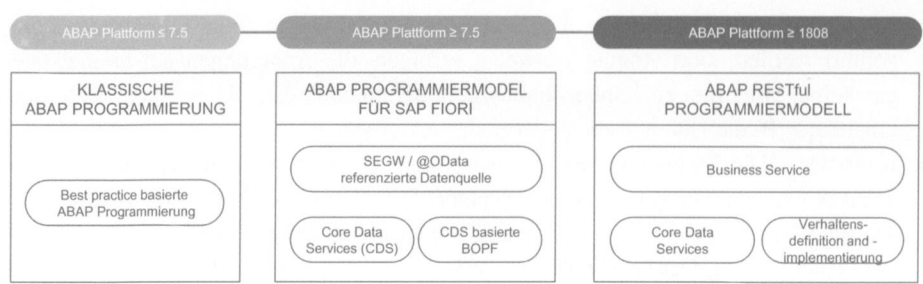

Abb. 21.1 Historische Entwicklung des transaktionalen Programmiermodells

Klassisches Programmiermodell

Das klassische ABAP-Programmiermodell wurde in den Releases 7.5 und früher verwendet. Entwickler haben ein Basisdatenmodell erstellt. Die Datenintegrität wurde durch Fremdschlüsseldefinitionen sichergestellt, die andere Datenteile referenzierten.

Mit SAP NetWeaver 7.4 wurde eine wesentliche Änderung eingeführt: die Core Data Services (CDS). CDS-Views und die Beziehungen zwischen ihnen können über das Datenbankmodell definiert werden. CDS-Views waren jedoch schreibgeschützt, und die daraus resultierenden Entwicklungsfähigkeiten waren eingeschränkt. Transaktionale Operationen konnten nicht verwendet werden.

ABAB-Programmiermodell für SAP Fiori

Ab Release 7.5 ist das neue ABAP-Programmiermodell verfügbar. Erstmals unterstützt das Modell transaktionale Anwendungen. Spezielle Annotationen können Verbindungen zwischen CDS und dem Business Object Processing Framework (BOPF) definieren, die intern eine Unterstützung für transaktionsorientiertes Verhalten ermöglichen. Zusätzliche Validierungen und Aktionen können in ABAP implementiert werden. CDS-Views können über die SAP Gateway implementiert und als OData-Services bereitgestellt werden. Da es sich jedoch sowohl bei CDS als auch beim BOPF um Modell-Frameworks handelt, war zusätzlicher Entwicklungsaufwand erforderlich, da beide gleichzeitig gepflegt werden mussten. Darüber hinaus haben sich die Frameworks hinsichtlich Entwicklererfahrung und Fehlerbehandlung sehr unterschiedlich verhalten, was die Entwicklung transaktionaler Anwendungen zusätzlich erschwerte.

ABAP-RESTful-Programmiermodell

Mit dem Release 1808 der ABAP-Umgebung wird das neue RESTful-Programmiermodell (RAP) eingeführt. Das Programmiermodell zielt darauf ab, die oben genannten Probleme zu lösen. Das RAP-Modell verwendet die CDS-Views, und transaktionale Services können über die Verhaltensdefinitionen hinzugefügt werden. Die Logik, die das Datenmodell definiert, sowie das Verhalten werden als Business-Services bereitgestellt und können von verschiedenen Anwendungen und Services wie SAP Fiori verwendet werden.

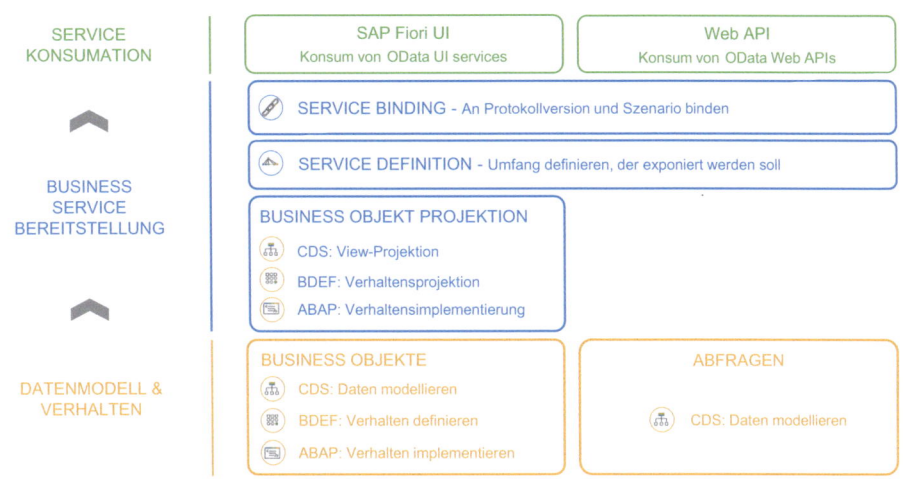

Abb. 21.2   RESTful-Programmiermodell

Seit der Einführung dieses Programmiermodells dient es als Grundlage für SAP S/4HANA. Ziel dieses Modells ist es, die Architektur in mehrere Schichten zu trennen. Beispielsweise ist die Benutzungsoberfläche von der Anwendungslogik getrennt, die wiederum von der Datenbank getrennt ist. Abb. 21.2 fasst diese Schichten zusammen.

Zunächst wird ein Business-Objekt durch die bereits erwähnten CDS-Views und sein Verhalten definiert. Das Datenmodell wird durch Entitäten und deren Struktur festgelegt. CDS-Entitäten, die Business-Objekt-Knoten definieren, werden als transaktionale Views bezeichnet. Darüber hinaus können Relationen durch Kompositionen und Assoziationen ausgedrückt werden, um transaktionalen Zugriff zu ermöglichen. Die Verhaltens- definition stellt das transaktionale Verhalten dar, indem alle Operationen deklariert werden, auf die über das Business-Objekt zugegriffen werden kann. Solche Operationen umfassen Anlege-, Aktualisierungs- und Löschaktionen sowie andere anwendungs- spezifische Aktionen. Die Verhaltensdefinition definiert auch Sperren, Berechtigung, Funktionskontrolle für deklarierte Operationen und ETag-Behandlung für HTTP- Konsumierung. ETags oder Entitäts-Tags sind Teil des HTTP-Protokolls und helfen bei der Ermittlung von Änderungen an einer Ressource, z. B. in Caching-Szenarien, um redundante Datenübertragungen zu minimieren. Zusätzlich zu dieser Schicht können Business-Objekt-Projektionen und -Services definiert werden, die von SAP Fiori- und Remote-Anwendungen verwendet werden. Im nächsten Abschnitt wird ausführlich erläutert, wie das RESTful-Programmiermodell verwendet wird und wie das Trans- aktionsprogrammierungsmodell herangezogen wird, um die Datenintegrität zu gewähr- leisten.

Transaktionsmodell

Das Transaktionsmodell als Teil des virtuellen Datenmodells (VDM) dient als Grundlage für alle von SAP S/4HANA unterstützten Prozesse. Alle Operationen, die mit Daten hantieren, werden über das Online Transaction Processing (OLTP) und das transaktionales Programmierungsmodell abgewickelt. Ziel dieses Ansatzes ist die transparente Handhabung von Transaktionen ohne Unterbrechungen und ohne Beeinträchtigung der Benutzerfreundlichkeit. In SAP S/4HANA definiert eine Transaktion Änderungen zwischen mehreren Status. Transaktionen haben einen Puffer und einen zweistufigen Lebenszyklus, in dem die Phasen oder Logical Units of Work (LUW) durch die ABAP-Laufzeit verwaltet werden. Der transaktionale Puffer speichert den aktuellen Zustand und alle Änderungen (Abb. 21.3).

Der Lebenszyklus ist in zwei Phasen unterteilt, die jeweils einen speziellen Zweck haben. Diese Phasen sind:

- Interaktionsphase: Die Informationen, die in mindestens einer Entität eines oder mehrerer Business-Objekte enthalten sind, werden geändert. Diese Phase kann über einen Benutzer oder einen Service über OData-APIs aufgerufen werden.
- Sicherungsphase: Die geänderten Business-Objekte werden verarbeitet, um einen dauerhaften, persistierten Zustand innerhalb der Datenbank zu erreichen. Infolgedessen wird eine weitere Anwendungslogik ausgeführt, um sicherzustellen, dass die Datenkonsistenz geprüft wird, bevor die Änderungen endgültig in der Datenbank festgeschrieben werden.

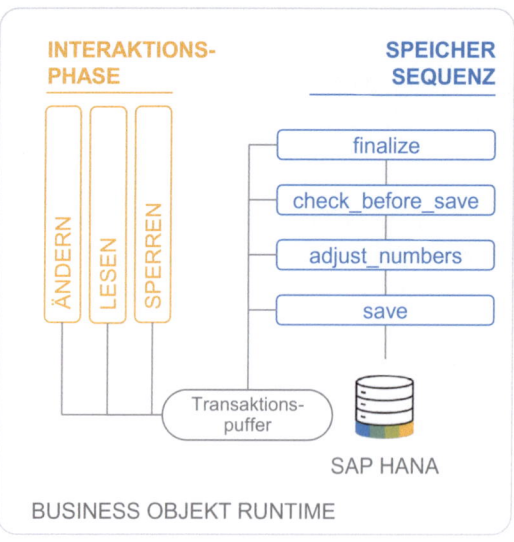

Abb. 21.3 Transaktionslebenszyklus

Intern werden die Phasen wiederum in Subphasen unterteilt, die von der Laufzeit gesteuert werden. Die Laufzeit folgt einer Reihenfolge für die Verarbeitung aller Entitäten, aus denen sich die Transaktion zusammensetzt.

Die Interaktionsphase

Die Interaktionsphase markiert den Beginn eines Vorgangs. Sobald der Benutzer eine Sicht öffnet, beginnt die Interaktionsphase. Die Phase folgt einer Reihe strukturierter Schritte, die nacheinander ausgeführt und von der Laufzeit gesteuert werden. Nur wenn der vorherige Schritt erfolgreich abgeschlossen wurde, wird der nächste Schritt gestartet. Wenn ein Fehler auftritt, wird der gesamte Sicherungsvorgang abgebrochen, und es werden keine Daten geändert. Wie der Name schon sagt, ist die Interaktionsphase die letzte Möglichkeit, in der Daten von einer Anwendung geändert werden können, bevor sie in die Datenbank geschrieben und persistiert werden. Abb. 21.4 zeigt diese Schritte und ihre Ausführungsreihenfolge.°

Berechtigungsprüfung

Die Laufzeit prüft, ob der ändernde Benutzer über die erforderlichen Rollen und Berechtigungen für den Zugriff auf diese Daten oder diese Vorgänge verfügt. Ein Beispiel für diese Prüfungen ist der Vergleich der Rolle des aktuellen Benutzers mit den durch die Data Control Language (DCL) der aktuellen View definierten Rollen.

Funktionskontrolle

Die Funktionskontrolle überwacht, welche Operationen (Anlegen, Aktualisieren, Löschen, Aktionen, Funktionen) für ein bestimmtes Business-Objekt aktiviert sind. Während dieses Schritts prüft die Laufzeit, ob die Daten und die aufgerufenen Aktionen aktiviert sind. Dazu werden statische Attribute geprüft, die festlegen, ob eine Operation oder ein Feld allgemein verfügbar ist. Beispielsweise kann es vorkommen, dass interne Vorgänge nicht von anderen Aktionen aufgerufen werden dürfen und Felder schreibgeschützt sind. Die globale Funktionskontrolle legt fest, ob eine Operation unabhängig von Instanzen aktiviert oder deaktiviert wird. Die instanzbasierte Funktionskontrolle hingegen definiert die Zugriffe durch die Instanzen selbst.

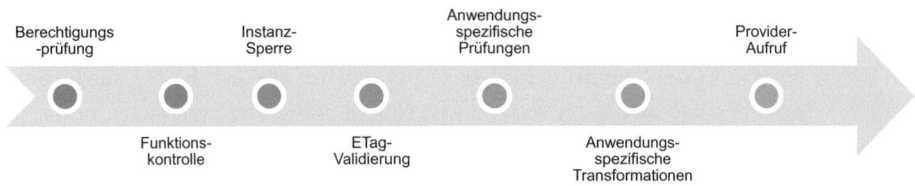

Abb. 21.4 Interaktionsphasen

Instanz-Sperre

Die Entität wird gesperrt, um weitere, möglicherweise widersprüchliche Schreibvorgänge zu verhindern. Entitäten können als *master* oder *dependent* definiert werden. In diesem Fall sperrt die Master-Entität die gesamte Komposition, auch wenn auf eine abhängige Entität zugegriffen wird.

ETag-Validierung

Dieser Schritt prüft, ob das ETag mit dem aktuell gespeicherten ETag übereinstimmt. Das ETag oder Entitäts-Tag ist Teil des HTTP-Protokolls und dient zur Ermittlung, ob eine Ressource geändert wurde. Daher wird dieser Schritt nur ausgeführt, wenn die Operation über einen HTTP-Request aufgerufen wurde. Wenn Daten in der Zwischenzeit geändert wurden, wird das Entitäts-Tag geändert und das eingehende ETag stimmt nicht mehr überein. In diesem Fall kann nicht automatisch gesichert werden und die Daten müssen zusammengeführt werden.

Anwendungsspezifische Prüfungen

Jede Anwendung kann zusätzliche Prüfungen hinzufügen. Eine Anwendung kann beispielsweise zusätzliche Berechtigungsprüfungen oder zusätzliche Logikprüfungen bereitstellen.

Anwendungsspezifische Transformationen

Wenn alle vorherigen Schritte erfolgreich abgeschlossen werden konnten, können zusätzliche Datentransformationen und Ergänzungen angewendet werden. Dieser Schritt wird nur für Projektionen ausgeführt.

Provider-Aufruf

Schließlich kann als letzter Schritt vor dem Sichern der Daten der Provider aufgerufen werden. Der Provider kann abhängig von seiner Implementierung und seinem Typ unterschiedliche Aktionen ausführen. Diese Operationen können weitere Prüfungen umfassen, z. B. Berechtigungen für eine bestimmte Instanz oder, wenn die instanzbasierte Funktionskontrolle den Zugriff auf die Instanzaktion erlaubt. Darüber hinaus kann der Provider weitere Aktionen, Validierungen und Ermittlungen aufrufen.

Die Sicherungsphase

Wenn alle Datenänderungen abgeschlossen sind, kann die Transaktion finalisiert werden. Dazu wird ein Commit ausgeführt. Die Sicherungsphase besteht aus fünf Schritten nach einer *Speichersequenz,* die sich auf das Sichern der geänderten Daten sowie das Prüfen der Daten auf Gültigkeit konzentriert. Jeder Schritt wird von der RAP-Laufzeit ausgeführt. Wie bei der Interaktionsphase wird jede Entität pro Schritt verarbeitet, bevor der nächste Schritt gestartet werden kann. Nur wenn ein kostbarer Schritt erfolgreich war, kann der nächste Schritt gestartet werden. Andernfalls bricht die Transaktion ab, um die Datenbankintegrität zu schützen (Abb. 21.5).

Abb. 21.5 Speichersequenz

Finalisieren

Die Sicherungsphase beginnt mit dem Finalisieren. In diesem Schritt führt jede Entität Validierungen und Ermittlungen aus. Anwendungsspezifische Logik kann ausgeführt werden, um die Validierung zu erweitern. Ziel dieses Schritts ist es, eine Entität zu verarbeiten, um ihren finalen Status zu erreichen, der in der Datenbank gespeichert werden kann.

Vor dem Sichern prüfen

Die Prüfung vor dem Sichern validiert die Konsistenz. Es prüft, ob der Endzustand in der Datenbank gespeichert werden kann. Die Finalisierung und diese Prüfung vor dem Sichern weisen das gleiche Verhalten auf, wenn ein Fehler erkannt wird. Wenn das Sichern nicht über einen HTTP-Request, sondern über die Benutzeroberfläche aufgerufen wurde, wird das Sichern abgelehnt, und der Benutzer kehrt zur Interaktionsphase zurück. Dadurch kann der Benutzer ungültige Eingaben korrigieren, bevor er das Sichern erneut aufruft.

Nummern ziehen

Das Ziehen von Nummern passt die Nummerierung von Entitäten an, insbesondere, wenn lückenlose oder eher späte Nummerierungen aktiviert sind. Dies ist aus rechtlichen Gründen erforderlich.

Sichern

Der Sicherungsschritt überwacht das Schreiben in die zugrunde liegende Datenbank.

Bereinigung

Wenn alle Entitäten gesichert werden konnten, ist der Vorgang fast abgeschlossen. Im letzten Bereinigungsschritt wird der interne Zustand bereinigt. Dies beinhaltet das Zurücksetzen interner Zustände sowie das Löschen des transaktionalen Puffers, der die nun gesicherten Entitäten enthielt. Daher wird die Konsistenz mehrmals über alle Phasen des Vorgangslebenszyklus hinweg geprüft. Es ist wichtig, darauf hinzuweisen, was passiert, wenn in der Sicherungsphase ein inkonsistenter Zustand erkannt wird. Bei einem solchen Ereignis verhindert SAP S/4HANA Schreibvorgänge als Teil der Sicherungsphase, sodass sichergestellt ist, dass die Datenbank immer konsistent ist. Die Transaktion kehrt dann zur Interaktionsphase zurück, sodass Änderungen vorgenommen werden können. Wenn eine Transaktion nicht aus einer Benutzereingabe stammt, wird die Anfrage als fehlerhaft betrachtet und abgelehnt. Auch wenn eine Störung vorliegt,

wird die Konsistenz nach dem Schreiben der Daten in die Datenbank nicht beeinträchtigt. In diesem Fall wird ein Transaktions-Rollback ausgeführt, wodurch ein gültiger
Datenbankzustand wiederhergestellt wird.

Anwendungsentwicklung

Die Entwicklung auf der SAP S/4HANA Plattform kann in verschiedenen Formen
erfolgen, die sich erheblich unterscheiden. Generell kann die Entwicklung in Form von
zwei Ansätzen erfolgen: Green Field oder Brown Field.

Green Field
Green Field oder verwaltete Deployments stellen die optimale Nutzung der Plattform
dar. Diese zeichnen sich durch einen Neuanfang aus. Neuimplementierungen können
alle Funktionen optimal nutzen. Eine dieser Funktionen ist der verwaltete Provider. Verwaltete Provider können viele Schritte beim Sichern und Prüfen von Daten übernehmen.
Standard-CRUD-Operationen (Create, Read, Update, Delete) funktionieren ohne Eingriff des Entwicklers sofort einsatzbereit und beschleunigen so die Entwicklung. Wenn
zu irgendeinem Zeitpunkt zusätzliche Business-Objekt-spezifische Funktionen oder
Geschäftslogik benötigt werden, kann die Standardimplementierung geändert werden,
um solche Anpassungen zu unterstützen.

Brown Field
Brown Field oder nicht verwaltete Deployments hingegen sind Anwendungsfälle,
in denen einige Teile bereits vorhanden sind. Dies ist in der Regel der Fall, wenn von
älteren Versionen migriert wird. Nicht verwaltete Provider müssen alle Schritte der Interaktionsphase sowie in der Sicherungsphase implementieren. Um die Verwendung von
bereits vorhandenem Code zu unterstützen und die Abwärtskompatibilität zu ermöglichen, werden Adapter eingeführt. Diese Adapter können verwendet werden, um diese
Funktionen in die neue Laufzeit zu integrieren. Daher sind die Entwickler in nicht verwalteten Deployments derzeit noch für die Business-Objekt-Laufzeit und die CRUD-
Operationen zuständig.

Abb. 21.6 zeigt die Reihenfolge der Umsetzung. Ausgangspunkt ist das Datenmodell,
das vom CDS definiert wird. Als Nächstes fügt der Entwickler ein Verhalten hinzu,
indem er entweder die erforderlichen Operationen in einem nicht verwalteten Provider
manuell hinzufügt oder Validierungen verwendet, die von einer verwalteten Umgebung
angeboten werden. Zu diesem Zeitpunkt stehen das Sperr- und das Berechtigungsobjekt zur Verwendung zur Verfügung, z. B. in der Interaktionsphase einer Transaktion.
Darüber hinaus können die nun vorhandenen Funktionen durch das Anlegen von Modul-
und Integrationstests validiert werden. Im nächsten Schritt werden die entsprechenden
Projektionen sowohl für das Datenmodell als auch für das Verhalten hinzugefügt. Die
Service-Definition wird ergänzt, um anzugeben, welche Entitäten exponiert werden, und

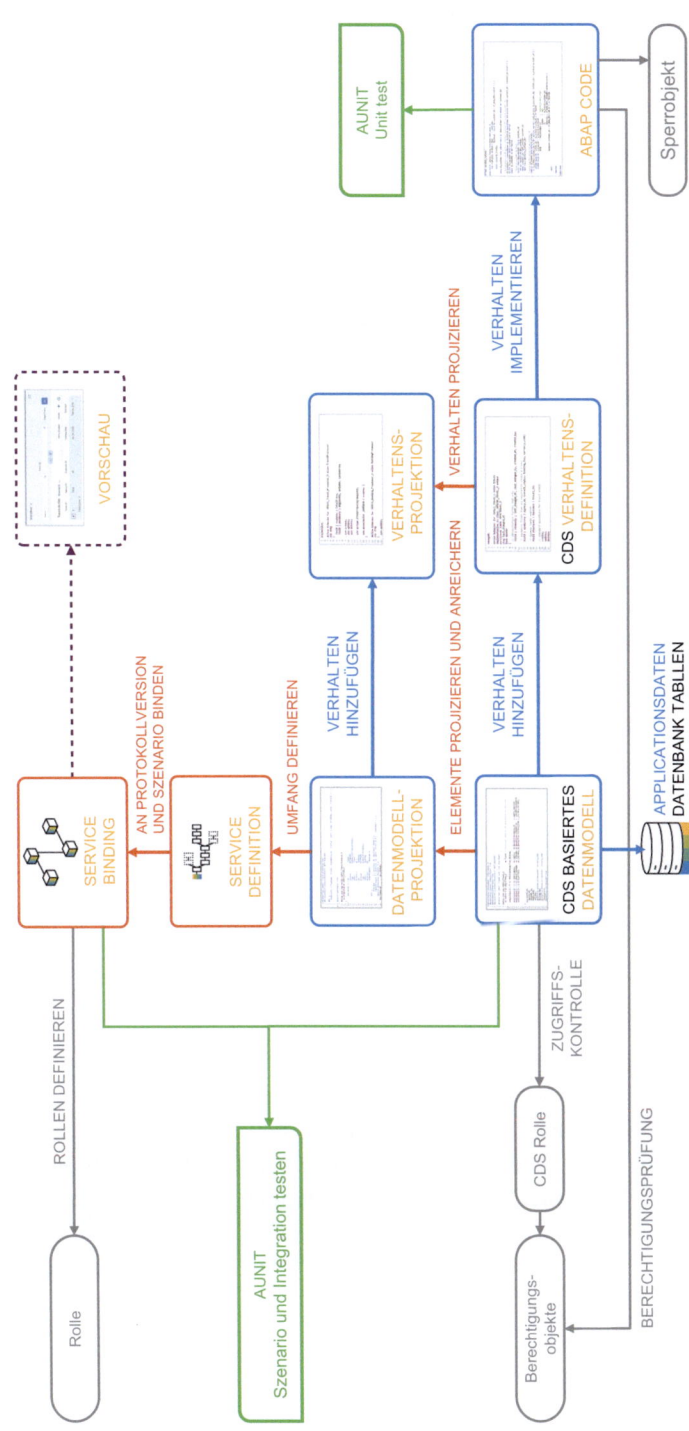

Abb. 21.6 Entwicklungsschritte

schließlich wird das Service-Binding angelegt. Dadurch werden auch die erforderlichen Rollen definiert, die zu Beginn der Interaktionsphase validiert werden.

Es ist auch wichtig, darauf hinzuweisen, dass die Entwicklung beschleunigt wird, da ABAP bereits viele Validatoren implementiert, die einsatzbereit sind. Insbesondere in verwalteten Umgebungen können Validatoren implementiert werden, indem nur wenige Zeilen deklarativ geschrieben werden. Die Umgebung kann dann alle notwendigen Implementierungen alleine generieren.

Beispiel

In diesem Abschnitt wird ein Beispiel erläutert, um die Verwendung dieser Modelle zu demonstrieren. Dieses Beispiel enthält Code-Ausschnitte einer Anwendung, die Reisepläne modelliert. Die wesentlichen Teile, die sich im neuen Programmiermodell ändern, sind die CDS-Verhaltensdefinition sowie die CDS-Verhaltensprojektion. In diesem Beispiel wird ein einfacher Service definiert:

```
define service ZMH_Travel_SD {
  expose ZMH_C_Travel as Travel
}
```

Dieser Service exponiert eine Projektion einer Reiseentität:

```
define root view entity ZMH_C_Travel
  as projection on ZMH_I_Travel
{
  Key travel_id as Travel_ID,
```

Die Projektion folgt einer Interface-View:

```
define root view ZMH_I_Travel
  as select from zmh_travel as Travel
{
  Key travel_id,
```

Mit diesen Grundlagen besteht der nächste Schritt darin, die fehlende CDS-Verhaltensdefinition anzulegen. In diesem Beispiel wird der verwaltete Ansatz (Green Field) verwendet. Weitere Eigenschaften, die angegeben werden, sind der Name der Klasse, der Verhaltensname, der Name, in den die Datenbank schreiben soll, und das Sperrverhalten. Die Sperre wird für den Master aktiviert, wenn Änderungen vorgenommen werden.

```
managed implementation in class zmh_bp_i_travel unique;
define behavior for ZMH_I_Travel alias travel
persistent table zmh_travel
lock master
{
```

Wenn ein Entwickler Operationen hinzufügen möchte, kann er angeben, welche Operation das Verhalten haben soll. In diesem Szenario werden die Operationen create, update und delete angegeben.

```
managed implementation in class z_bp_travel unique;
define behavior for Z_I_Travel alias travel
persistent table z_travel
lock master
{
  create;
  update;
  delete;
```

Um die fehlende Projektion hinzuzufügen und diese Operationen in OData-Services sowie auf der Benutzungsoberfläche verwenden zu können, wird eine neue Projektion für die View-Entität angelegt:

```
projection;

define behavior for ZMH_C_TRAVEL
{
  use create;
  use update;
  use delete
```

Wie die Verhaltensdefinition können Operationen einfach durch ihre Deklaration zur Verfügung gestellt werden.

Im Rahmen des Transaktionslebenszyklus werden zusätzliche Validierungen, Aktionen, Funktionskontrollen und andere Aspekte geprüft. Diese können auf sehr ähnliche Weise hinzugefügt werden. Auch hier wird deklariert, welche Validierungen und Aktionen in der Verhaltensdefinition enthalten sind.

```
managed implementation in class z_bp_travel unique;
define behavior for Z_I_Travel alias travel
persistent table z_travel
lock master
{
  create;
  update;
  delete;

  validation validateDates on save { field Begin_Date, End_Date; }

  action ( features : instance ) setBeginDate result [1] $self
```

Hier wird eine Validierung für die Felder *Begin_Date* und *End_Date* deklariert, die ausgeführt werden, wenn das Business-Objekt gesichert wird. Zusätzlich wird eine Aktion definiert, um das Beginn-Datum festlegen zu können.

Die zugrunde liegende Implementierung dieser Aktionen und Validierungen muss in der ABAP-Sprache definiert werden. Da es sich hierbei um anwendungsspezifische Standardcoding handelt, wird die Implementierung dieser Validierungen nicht näher erläutert. Wichtig ist jedoch, dass Validierungen hinzugefügt werden können, indem sie einfach in der Verhaltensdefinition deklariert werden, und die Ausführung dieser Validierungen wird automatisch von der Laufzeit verwaltet.

Wie die CRUD-Operationen kann die neu angelegte Aktion dann durch die Verhaltensprojektion exponiert werden:

```
projection;

define behavior for ZMH_C_TRAVEL
{
  use create;
  use update;
  use delete

  use action setBeginDate;
```

SAP S/4HANA macht es daher extrem einfach, die beschriebenen Modelle deklarativ zu integrieren. Dies reduziert den Entwicklungsaufwand, erhöht die Entwicklungsproduktivität und stellt die Harmonisierung der Anwendungen sicher.

21.3 Fazit

In diesem Kapitel wurden das ABAP-RESTful-Programmiermodell und sein integriertes transaktionales Programmiermodell erläutert. Zunächst wurden die Herausforderungen beschrieben, die in ERP-Systemen auftreten können, insbesondere durch konkurrierende Schreibvorgänge. Als Methode zur Vermeidung von Dateninkonsistenzen wurden Transaktionen beschrieben. Zum besseren Verständnis einer Transaktion wurden der Anwendungsfall von Transaktionen und wie sie dazu beitragen sicherzustellen, dass sich eine Datenbank immer in einem gültigen Zustand befindet, dargestellt. Mit ABAP 7.51 wurde ein teilweise neues und verbessertes Programmiermodell eingeführt. Dieses Kapitel konzentriert sich auf das SAP S/4HANA System und wie es Transaktionen im gesamten Datenmanagement verwendet, um sicherzustellen, dass sich die Daten nie in einem ungültigen Zustand befinden. Zu diesem Zweck wurde erklärt, wie das System die Datenintegrität durch verschiedene Methoden erzwingt, z. B. den Zwei-Phasen-Lebenszyklus und spezielle Schritte im Speichersequenz, die prüft, ob Daten bereit zum Sichern sind. Schließlich wurde dargestellt, wie Entwickler das transaktionale Programmiermodell in ihren Softwarelösungen einsetzen können. Dazu wurde der verwaltete und der nicht verwaltete Ansatz für die Implementierung von Providern erläutert und die Unterschiede zwischen den verschiedenen Arten hervorgehoben. Die verwaltete Implementierung wurde schließlich in einem Beispiel verwendet, das die Verwendung in einer realen Anwendung demonstrierte.

Berichtswesen

22

Das Kapitel erläutert die Konzepte und Werkzeuge der integrierten Analysefunktionen von SAP S/4HANA. Aufgrund der Verwendung der In-Memory Datenbanktechnologie werden transaktionale und analytische Vorgänge kombiniert und ermöglichen die native Integration von Berichtswesen in die Anwendungen. Darüber hinaus werden der Anwendungsfall und der Lösungsansatz für Data Warehousing erklärt.

22.1 Betriebswirtschaftliche Anforderung

Eine ERP-Lösung sammelt mit jedem Geschäftsvorgang Daten. Diese Daten werden im Laufe der Zeit zu einer wertvollen Ressource, die für Entscheidungsfindung, Unternehmensplanung oder Simulation verwendet werden kann. Außerdem können die gesammelten Daten genutzt werden, um Geschäftsprozesse zu automatisieren, die zuvor durch manuelle Interaktionsschritte ausgeführt wurden. Mit integrierten Analysefunktionen (embedded analytics) können Transaktionsdaten für Echtzeit-Reporting, -Planung und -Simulation verwendet werden, ohne dass die Daten in Data Lakes repliziert werden. Im Kontext von ERP-Systemen können die analytischen Anwendungsfälle in den folgenden Clustern gruppiert werden:

- **Operatives Reporting:** Die operativen Anwendungsfälle unterstützen die täglichen Geschäftsentscheidungen. Beim operativen Reporting geht es darum, Sachbearbeiter im Unternehmen in die Lage zu versetzen, ihre tägliche Arbeit auszuführen, indem detaillierte Echtzeitinformationen zu Geschäftsprozessen bereitgestellt werden. Der Schwerpunkt des Anwendungsfalls liegt auf der Erfassung von Bewegungsdaten, um die operative Effizienz zu steigern. Das operative Reporting deckt alle Geschäftsprozesse innerhalb eines Unternehmens ab (z. B. Finanzwesen, Materialwirtschaft,

© Der/die Autor(en), exklusiv lizenziert an Springer Fachmedien Wiesbaden GmbH, ein Teil von Springer Nature 2023
S. Sarferaz, *ERP-Software: Funktionalität und Konzepte*,
https://doi.org/10.1007/978-3-658-40499-4_22

Verkauf oder Einkauf) und unterliegt ständigen Ergänzungen, Aktualisierungen und Löschungen. Operative Berichte werden von Mitarbeitern verwendet, die für die Verbesserung der Abläufe verantwortlich sind. Diesen Personen wird aufgabenorientierte Informationen zu einzelnen Geschäftsprozessen auf sehr detaillierter Ebene angeboten, die für die operative Ausführung erforderlich ist. Die Berichte beziehen sich in der Regel auf Daten aus einer Geschäftsanwendung wie eine einzelne ERP-Implementierung, die Finanzprozesse in Nordamerika abdeckt. Berichte decken im Vergleich zu anderen Anwendungsfällen einen kürzeren Zeitrahmen ab. Beispiele für das Operatives Reporting sind die Liste der offenen Aufträge, die Materialbestandskosten und die Ausbildungskosten in einem Profitcenter.

- **Taktisches Reporting:** Fachleute mit wenig oder gar keiner technischen Erfahrung führen taktische Analysen durch. Sie möchten analytische Anwendungen verwenden, um einen Drilldown durch multidimensionale Objekte durchzuführen, und verlassen sich auf Datenexperten, um häufig verwendete Datenobjekte für ihre Arbeit zu erstellen. Dieser Anwendungsfall kann die Kombination von Daten aus mehreren operativen Systemen erfordern, die nicht im operativen ERP-System persistiert werden, da sie für die Online-Verarbeitung nicht benötigt werden. Der Anwendungsfall umfasst historische Daten und Strukturen, bereitet die Daten für die mehrdimensionale Verwendung vor und konsolidiert sie. Kurz gesagt, diese Berichte stellen operative Daten in einen Geschäftskontext für Endnutzer. Es kann auch komplexe Datenanalysen oder sogar vorausschauende Analysen, einschließlich früherer Trends, erfordern. Taktische Analysen sollen eine schnelle Reaktion auf eine Vielzahl kurzfristiger Umstände ermöglichen und bedürfen nicht zwingend Echtzeitdaten. Die relevanten Daten sind über einen bestimmten Zeitraum hinweg stabil, sodass die Ergebnisse in allen Berichten aus verschiedenen Perspektiven für die Analysedauer konsistent sind. Beispiele für taktisches Reporting sind Forderungslaufzeit, Management des Umlaufvermögens und Liquiditätsvorschau.

- **Strategisches Reporting:** Strategische Analysen dienen hauptsächlich dem Management, das vorkonsolidierte und aggregierte Daten benötigt, wie sie bereits für taktisches Reporting bereitgestellt werden. Häufig sind keine detaillierten Informationen erforderlich, außer wenn eine Ursachenanalyse notwendig ist. Im strategischen Reporting werden KPIs zusammengefasst und strukturiert, um strategische Entscheidungen zu unterstützen. Es umfasst immer eine historische Sicht, beschäftigt sich mit längeren Zeiträumen und kombiniert Daten im gesamten Unternehmen, um einen ganzheitlichen Überblick über die Unternehmenssituation zu bieten. Beispiele für strategisches Reporting sind die Produktivität nach Fertigungseinheit und die Entwicklung des Marktanteils für verschiedene Produktlinien.

Darüber hinaus müssen **Planung und Simulation** für alle drei erläuterten Anwendungsfalltypen unterstützt werden. Innerhalb des Planungszyklus eines Unternehmens gibt es einen operativen, taktischen und strategischen Plan. Planung und Simulation decken die Notwendigkeit ab, die Zukunft eines Unternehmens vorherzusehen. Sie behandelt keine tatsächlichen Geschäftsvorfälle, sondern prognostiziert die Vorgänge der Zukunft. Die Grundvoraussetzung für die Unternehmensplanung ist das manuelle oder automatische Anlegen von Plandaten. Planer müssen die Informationen pflegen und die Ziele des Unternehmens sowie das allgemeine Geschäftsumfeld verstehen, um sicherzustellen, dass der entwickelte Geschäftsplan erreichbar ist und das Unternehmen zu einem erfolgreichen Ergebnis bewegt. Pläne aus verschiedenen Bereichen stehen in engem Zusammenhang, z. B. bildet ein Absatzplan die Grundlage für einen Produktionsplan. Aufgrund dieser Abhängigkeit folgt die Erstellung der Pläne für verschiedene Bereiche in der Regel einem strengen Zeitplan im Unternehmen. Daher ist eine Unterstützung für die Steuerung und Überwachung des gesamten Planungsprozesses über die verschiedenen Planungsbereiche hinweg erforderlich. Das Reagieren auf Änderungen im Kontext eines Geschäftsplans erfordert eine schnelle Generierung von Ergebnissen, eine rapide Neuplanung und Neubudgetierung, eine koordinierte und effiziente Implementierung des neuen Budgets in hochkomplexen Organisationen. Die Plandaten müssen von den Istdaten getrennt werden. Für die analytische Verarbeitung müssen sie jedoch genauso zugänglich sein wie Istdaten, insbesondere um Ist-/Planvergleiche zu ermöglichen. Einer der wichtigsten Vorgänge in der Planung ist die Verteilung. Diese Operation wird verwendet, um Werte von einer groben Aggregationsebene auf eine detaillierte Aggregationsebene zu verteilen, z. B. geplante Umsatzerlöse für Europa auf Länder zu verteilen. Ziel von Softwareprodukten in diesem Bereich ist es, die Planungs-, Konsolidierungs- und Simulationsfrequenz, Genauigkeit und Effektivität zu verbessern, um Planungszyklen und -kosten zu reduzieren.

22.2 Technische Umsetzung

Transaktionen, die von Benutzern in einem System ausgeführt werden, werden von OLTP-Engines (Online Transaction Processing) verarbeitet. Daher sind Verfügbarkeit und Performanz von OLTP wichtige Erfolgsfaktoren für ERP-Systeme. In der Regel verarbeiten OLTP-Engines nicht große Datenmengen, sondern eine große Anzahl von Transaktionen. Online Analytical Processing (OLAP) ist ein Begriff, der im Zusammenhang mit der Durchführung analytischer Operationen verwendet wird. OLAP konzentriert sich auf die Analyse von Daten, die aus OLTP-Prozessen resultieren. Beispielsweise werden die Daten aggregiert, gefiltert oder KPIs berechnet, um Erkenntnisse zu gewinnen und Entscheidungen zu treffen. Umgekehrt bedeutet dies, dass sehr große Datenmengen einschließlich historischer Daten verarbeitet werden. Daher unterscheiden sich die Anforderungen an OLAP-Anwendungen grundlegend von OLTP-Szenarien. Extrahieren, Transformieren und Laden (ETL) ist ein Prozess zum Replizieren von Daten aus einer oder mehreren OLTP-Datenquellen in ein OLAP-Zielsystem. Die Daten werden aus den verschiedenen Datenquellen extrahiert, in das richtige Format transformiert und in die Zieldatenquellen geladen. Wie in Abb. 22.1 dargestellt, müssen im herkömmlichen Berichtswesen die Daten zunächst einen definierten Prozess

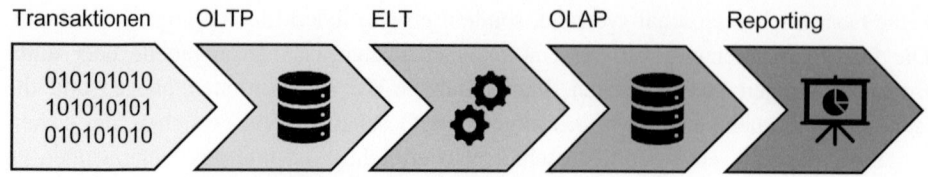

Abb. 22.1 Herkömmliches Berichtswesen

durchlaufen, um sinnvoll analysiert zu werden. Im ersten Schritt werden Daten, die aus Transaktionen resultieren, mit OLTP verarbeitet und gespeichert. Nachdem die Daten von einer ETL-Lösung verarbeitet wurden, werden die Daten für OLAP vorbereitet, sodass Analysen durchgeführt werden können. Diese herkömmliche Analyseverarbeitung ist ineffizient und ineffektiv. Die Daten müssen mehrfach repliziert werden, was hohe Hardware- und Verarbeitungskosten verursacht. Darüber hinaus sind die Daten für Analysen aufgrund der durch den ETL-Prozess verursachten Latenz in der Regel veraltet, da im Quellsystem möglicherweise Aktualisierungen oder neue Datensätze verfügbar sind. Analysen, die auf veralteten Informationen basieren, können zu falschen Schlussfolgerungen führen, was zu zusätzlichen Kosten für Unternehmen führen kann.

Der Analytics-Ansatz von SAP S/4HANA behebt diese Probleme. SAP S/4HANA basiert auf der In-Memory-Datenbank SAP HANA und kombiniert OLTP und OLAP in einem System. Wie in Abb. 22.2 dargestellt, werden unnötige Replikationen vermieden, da OLTP und OLAP dieselbe Online-Datenbank verwenden. Daher sind die Daten für Berichtswesen immer aktuell, sodass ein präzises Reporting in Echtzeit gewährleistet ist. Dies ist eine bahnbrechende Innovation und ermöglicht es speziell, Analysefunktionen direkt in transaktionale Prozesse einzubinden.

Analytics-Architektur

In diesem Abschnitt wird die Lösungsarchitektur für die Implementierung operativer, taktischer und strategischer Analyseanwendungsfälle erläutert. Die Architektur basiert auf den folgenden zentralen Geschäftszielen:

- Niedrigere Gesamtbetriebskosten: Mit den In-Memory Datenmanagementkonzepten von SAP HANA werden die erforderlichen Analysefunktionen direkt in die operativen Systeme integriert. SAP S/4HANA wird weniger komplex und einfacher

Abb. 22.2 In-Memory-basiertes Berichtswesen

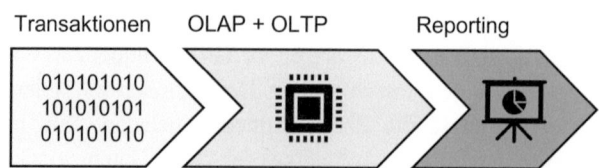

zu warten, was zu geringeren Hardwarewartungs- und IT-Ressourcenanforderungen führt.

- Innovative Anwendungen: SAP HANA kombiniert Transaktionen mit großem Volumen mit Analysen im operativen System. Planung, Prognose, Preisoptimierung und andere Prozesse können mit neuen Anwendungen in SAP S/4HANA, die im klassischen SAP ERP nicht möglich waren, erheblich verbessert und unterstützt werden.
- Bessere und schnellere Entscheidungen: Die In-Memory Technologie von SAP S/4HANA ermöglicht einen schnellen und einfachen Zugriff auf Informationen, die Entscheidungsträger benötigen, und bietet ihnen neue Möglichkeiten, sich mit dem Unternehmen auseinanderzusetzen. Simulation, Was-wäre-wenn-Analysen und Planung können interaktiv auf operativen Daten durchgeführt werden. Relevante Informationen sind sofort zugänglich, und die Abhängigkeit von IT-Ressourcen wird reduziert. Die unternehmensübergreifende Zusammenarbeit wird vereinfacht und gefördert. Dies führt zu einem viel dynamischeren Managementstil, bei dem Probleme sofort gelöst werden können.

Die nächste Abbildung fasst die Architektur des Berichtswesens von SAP S/4HANA zusammen. Je mehr Daten während eines einzelnen Vorgangs verarbeitet werden, desto näher sollte sie in der Datenbank ausgeführt werden. Mengenbasierte Verarbeitungsvorgänge wie Aggregationen sollten in der Datenbank ausgeführt werden, während Einzelsatzoperationen Teil der nächsten Schicht sein sollten. Daher wird für das Reporting in SAP S/4HANA systematisch das Pushdown-Paradigma auf SAP HANA angewendet. So werden Performanz-intensive Operationen direkt auf den Daten ausgeführt, was zu einem optimalen Durchsatz führt.

Häufig wird das Business-Objekt-Modell mehrfach für verschiedene Zwecke definiert, da kleinere Metadaten hinzugefügt werden müssen. Beispielsweise benötigen Technologielösungen für die Integration, Benutzungsoberflächen, Berichtswesen oder Transaktionen unnötigerweise eigene Business-Objekt-Modelle. Dies erhöht die Gesamtentwicklungskosten, da dieselben Inhalte mehrmals bereitgestellt werden müssen. Aufgrund der inkompatiblen Metamodelle müssen übergreifenden Themen wie UI-Integration, Erweiterbarkeit oder Berechtigung mehrfach gelöst werden. Dies führt zu hohen Gesamtbetriebskosten und einem hohen Einführungsaufwand bei Kunden. Um diese Nachteile zu überwinden, wird in SAP S/4HANA das Business-Objekt-Modell anhand des virtuellen Datenmodell (VDM) einmal definiert und in verschiedenen Kontexten durch spezifische Erweiterungen wiederverwendet.

Dies vereinfacht die Architektur des Berichtswesens (Abb. 22.3) in SAP S/4HANA, vermeidet redundante Datenmodellierung und ermöglicht die einheitliche Lösung übergreifender Probleme. Operatives Reporting und zum Teil auch das taktische Reporting können basierend auf den integrierten Analysefunktionen von SAP S/4HANA implementiert werden (Embedded Analytics), während für strategisches Reporting Data Warehousing erforderlich ist (Side-by-Side Analytics). Insbesondere für das

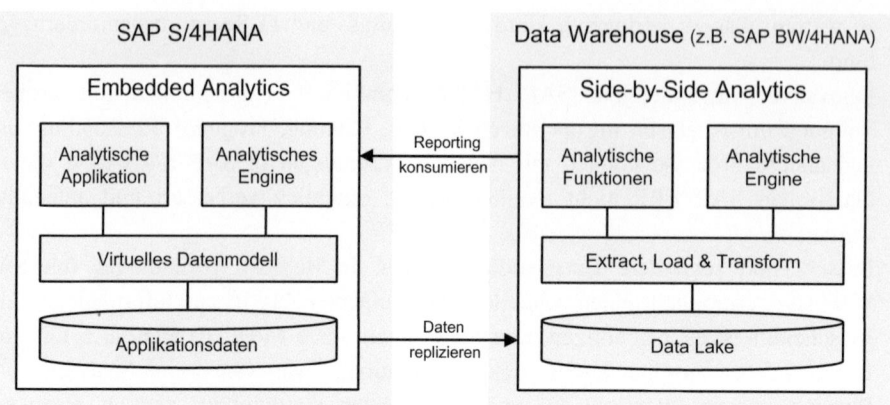

Abb. 22.3 Architektur des Berichtswesens

strategische Reporting sind historische und systemübergreifende Daten notwendig, die
in der Regel in Data Warehouse Lösungen wie SAP BW/4HANA gespeichert werden.
Für Embedded Analytics wird im Wesentlichen das virtuelle Datenmodell verwendet,
um auf die Anwendungsdaten zuzugreifen, sie mit der Analytische Engine zu verarbeiten und Analysefunktionen für die Integration in Geschäftsanwendungen bereitzustellen. Eine Datenreplikation ist nicht erforderlich. Die Daten sind immer aktuell und
stellen Echtzeitanalysen sicher. Darüber hinaus können Analysefunktionen nativ in
transaktionale Prozesse integriert werden. Das bedeutet, Analysen für die richtige Person
zur richtigen Zeit und am richtigen Ort bereitzustellen. Für Side-by-Side Analytics
müssen Anwendungsdaten basierend auf ETL-Prozessen in die Data Warehouse
Lösungen repliziert und für Analysen zur Verfügung gestellt werden. Die Reporting-
Funktionen müssen in SAP S/4HANA Anwendungen mit Remote-APIs oder mit
generischen Business-Intelligence-Clients (BI-Clients) integriert werden. So weit wie
möglich werden offene Standards verwendet und proprietäre Technologien vermieden.
Offene Standards senken die Gesamtkosten und steigern die Investitionsrendite durch
Interoperabilität, Neutralität der Anbieter, effiziente Nutzung vorhandener Ressourcen,
geringeres und überschaubares Risiko, Robustheit und Dauerhaftigkeit sowie mehr
verfügbare Fähigkeiten. Im Kontext vom Berichtswesen in SAP S/4HANA sind SQL,
ODATA, INA und MDX die wichtigsten offenen Standards, die in Bezug auf den Zugriff
auf Daten oder die Integration in Design-/Laufzeitwerkzeuge berücksichtigt werden.

Embedded Analytics

Wie bereits erwähnt, zielt Embedded Analytics darauf ab, die Anwendungsfälle für
operatives und teilweise taktisches Reporting zu lösen. Wie in Abb. 22.4 dargestellt,
basiert Embedded Analytics auf dem virtuellen Datenmodell (VDM) und der Analytische

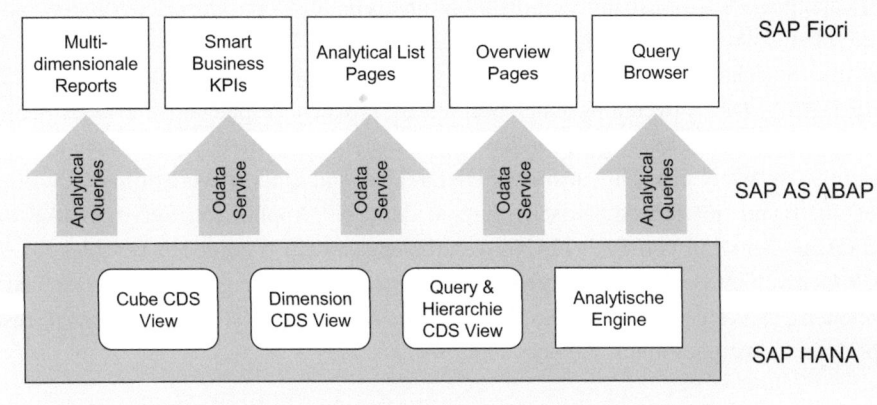

Abb. 22.4 Embedded Analytics

Engine. Reporting-Funktionen werden hierbei in transaktionale Anwendungen eingebettet, die eine bessere Entscheidungsfindung ermöglichen. In der Vergangenheit gab es eine eher strikte Trennung zwischen operatives, taktisches und strategisches Reporting, bei der es um die Prozessoptimierung in einem *Ex-post-Fakto-Modus* ging: Die Geschäftsprozesse der Vergangenheit wurden konsolidiert analysiert, und das Ergebnis dieser Analyse wurde in die Geschäftsprozesse zurückgespeist (z. B. über Planung und Zieleinstellung). Obwohl diese Prozesse weiterhin nützlich sind, müssen die integrierten Analysefunktionen mit SAP Fiori diese Trennung auf der Ebene der Aufgaben und Aktivitäten des Endbenutzers überwinden. Dieser Paradigmenwechsel erfolgt mit Insight-to-Action: Anstatt Erkenntnisse im Kontext eines bestimmten Geschäftsvorgangs oder -prozesses zu sammeln, werden diese zunächst in einer aussagekräftigen Weise bereitgestellt. Anhand dieser Erkenntnisse entscheidet der Endbenutzer, welche Aktionen dann durchgeführt werden sollen, und führt diese sofort und nahtlos aus. Mit diesem Arbeitsmodell können Endbenutzer auf ungeplante oder systematische Änderungen im Unternehmen reagieren und Aufgaben angemessen (neu) priorisieren. Um dieses Ziel zu erreichen, werden dem Endbenutzer KPIs, Analyseergebnisse und analytische Anwendungen in einer komfortable Weise angeboten (z. B. auf der Startseite, manchmal sogar mit aktiven Aktualisierungen). Die möglichen Aktionen werden über ein Kontextmenü bereitgestellt. Insight-to-Action impliziert also per Definition eine nahtlose UI-Navigation von Reporting zu den relevanten Geschäftsvorgängen und muss in der Regel in Echtzeit erfolgen, um die Auswirkungen einer Aktion sofort zu zeigen.

Das Analysemodell basiert auf VDM und wird vollständig in Core Data Service Views (CDS-Views) modelliert. Die Architektur nutzt sowohl SAP HANA als auch die Analytische Engine. Embedded Analytics erlaubt mehrdimensionales Reporting mit erweiterten Funktionen, wie z. B. Variablen, eingeschränkte Kennzahlen,

Formelaggregation, Ausnahmeaggregation und Hierarchien. Die Reporting-Funktion wird über InA- und OData-Protokolle bereitgestellt. Embedded Analytics bestehen aus drei Schichten. Die unterste Schicht enthält die Datenbank selbst, in diesem Fall SAP HANA. Die Anwendungsdaten werden in Tabellen gespeichert und über die vordefinierten CDS-Views des virtuellen Datenmodells exponiert. Die bekannten Analyseartefakte wie Cubs, Dimensionen, Hierarchien und Querys werden als CDS-Views modelliert und mit der Analytische Engine des SAP Application Server ABAP bzw. der OLAP-Funktion von SAP HANA verarbeitet. Abb. 22.5 zeigt ein Beispiel für eine CDS Query-View. Um Analyseergebnisse im Frontend anzuzeigen, stehen verschiedene Optionen zur Verfügung, z. B. Dashboards oder Analytical List Pages, die im nächsten Abschnitt teilweise erläutert werden.

Reporting-Frameworks

Es gibt mehrere Frontend-Lösungen zum Anzeigen von Analyseergebnissen, aber auch zum Durchsuchen von CDS Query-Views, die in SAP S/4HANA verfügbar sind. Diese können im Kontext von Embedded und Side-by-Side Analytics verwendet werden. Einige der wichtigsten Frameworks werden in diesem Abschnitt beispielhaft erläutert.

Multidimensionale Reports

Benutzer können Daten auf verschiedene Arten untersuchen. Eine Möglichkeit, die Daten zu analysieren, sind mehrdimensionale Berichte (Abb. 22.6). Dieser Ansatz ermöglicht das Slice-and-Dice, Sortieren und Filtern der Daten. Drilldowns werden unterstützt, um Daten nach unterschiedlichen Detaillierungsgraden zu organisieren, wobei jede Ebene detaillierter als die vorherige ist. Mit mehrdimensionalen Berichten

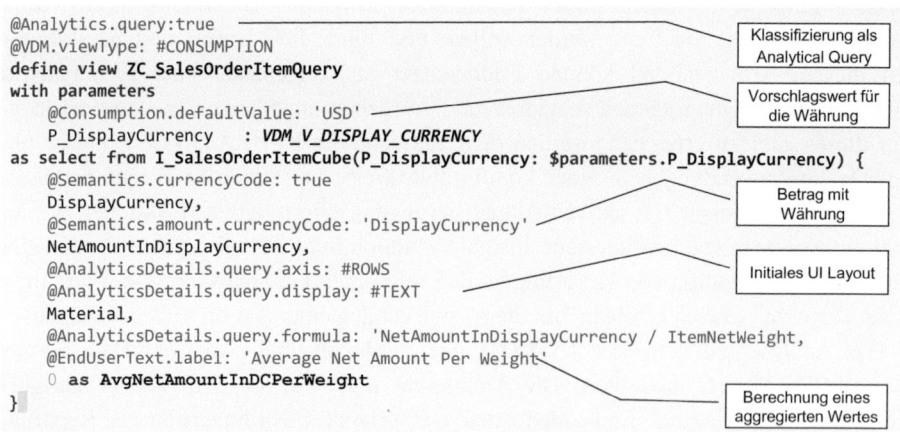

```
@Analytics.query:true                                            Klassifizierung als
@VDM.viewType: #CONSUMPTION                                      Analytical Query
define view ZC_SalesOrderItemQuery
with parameters                                                  Vorschlagswert für
    @Consumption.defaultValue: 'USD'                             die Währung
    P_DisplayCurrency  : VDM_V_DISPLAY_CURRENCY
as select from I_SalesOrderItemCube(P_DisplayCurrency: $parameters.P_DisplayCurrency) {
    @Semantics.currencyCode: true
    DisplayCurrency,                                             Betrag mit
    @Semantics.amount.currencyCode: 'DisplayCurrency'           Währung
    NetAmountInDisplayCurrency,
    @AnalyticsDetails.query.axis: #ROWS                         Initiales UI Layout
    @AnalyticsDetails.query.display: #TEXT
    Material,
    @AnalyticsDetails.query.formula: 'NetAmountInDisplayCurrency / ItemNetWeight,
    @EndUserText.label: 'Average Net Amount Per Weight'
    0 as AvgNetAmountInDCPerWeight
}                                                                Berechnung eines
                                                                 aggregierten Wertes
```

Abb. 22.5 Beispiel für ein CDS Query-View

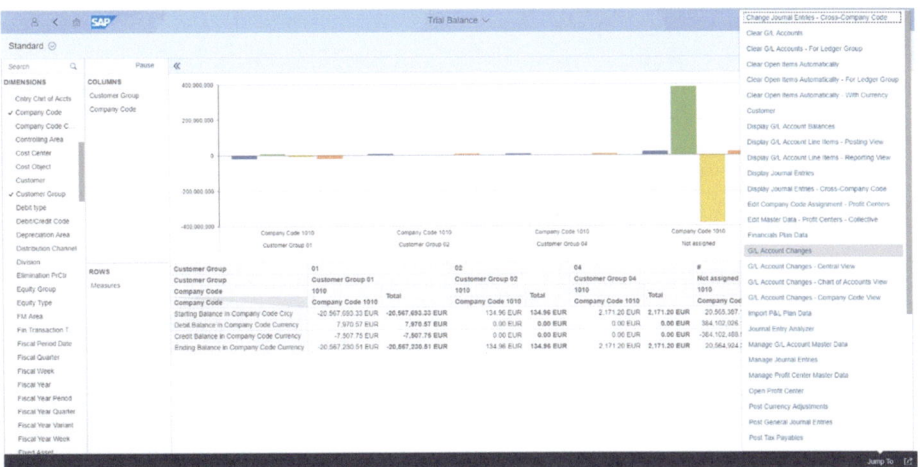

Abb. 22.6 Mehrdimensionales Reporting

wird das Austauschen von Zeilen und Spalten erleichtert. Diagramme und Tabellen
können in personalisierten Sichten angezeigt werden. Schließlich ist die Navigation zu
anderen SAP Fiori Apps möglich.

Smart Business KPIs

Dieses Framework ermöglicht die Bereitstellung von Key Performance Indicators
(KPIs). Im SAP Fiori Launchpad werden quantitative Informationen zu KPIs angeboten.
Auf diese Weise kann der Endbenutzer sofort reagieren, wenn sich ein KPI in eine
ungeplante Richtung verschiebt. Wenn Benutzer auf die KPI-Kacheln klicken, wird
der Drilldown zu verschiedenen Details durch die Auswahl von Dimensionen ergänzt.
Solche KPI-Details können personalisiert und für die regelmäßige Verwendung als neue
SAP Fiori Kacheln gesichert werden. KPI-Details sind das Standardnavigationsziel von
KPI-Kacheln. Dieses Verhalten kann jedoch neu konfiguriert werden, sodass das SAP
Analysis Path Framework (APF) oder andere SAP Fiori Apps widergespiegelt werden.
SAP Analysis Path Framework ist ein Werkzeug zum einfachen Erstellen und Erweitern
interaktiver analytischer Fiori-Anwendungen. APF-basierte Anwendungen erleichtern
es Anwendungsbenutzern, Daten rekursiv zu analysieren, indem sie Analysepfade auf-
bauen, die eine Abfolge von Analyseschritten abdecken. Die in einem Schritt eines Ana-
lysepfads getroffene Auswahl wird in allen nachfolgenden Analyseschritten wirksam
(Abb. 22.7).

Analytical List Pages

Die beiden Ansätze für das Berichtswesen in den vorherigen Abschnitten sind darauf
ausgelegt, einzelne Kennzahlen für einen bestimmten Anwendungsfall zu generieren.
Die Analytical List Page wird verwendet, wenn nur die Übersicht und nicht die

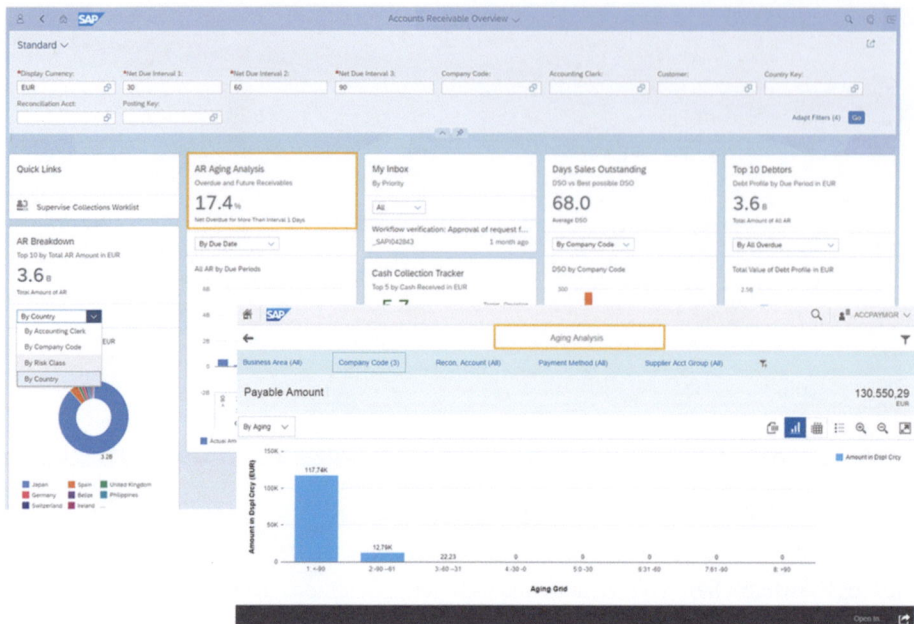

Abb. 22.7 Smart Business KPIs mit Drilldown zu KPI-Details

Detailinformationen benötigt werden (Abb. 22.8). Ein Mitarbeiter kann beispielsweise alle offenen Forderungen anzeigen, die noch keinem Bearbeiter zugeordnet
wurden. Analytical List Pages bietet Filter, um sich auf die wichtigsten Bereiche
zu konzentrieren. Der Benutzer kann zwischen komplexen, visuellen und kontext-
abhängigen Filtern wechseln. Personalisierte Diagrammbereiche werden für eine
schnelle Übersicht und einen Drilldown angeboten. Darüber hinaus wird der Detail-
bereich für operative Informationen unterstützt. Die Navigation zu anderen Fiori-
Anwendungen, die semantisch mit den Daten verknüpft sind, wird erleichtert.
Personalisierte Sichten können konfiguriert werden. Analytical List Pages eignen sich
ideal für Insight-to-Action-Szenarien.

Overview Pages

Mit Übersichtsseiten (Abb. 22.9) können die wichtigsten Informationen auf einen Blick
dargestellt werden, anstatt viele verschiedene Transaktionen zu öffnen. Sie kombinieren
Analyse- und Transaktionsinformationen und ermöglichen integrierte Analysen.
Detailliertere Informationen erhalten die Benutzer, indem sie auf die Karten klicken.
Jede Karte stellt im Wesentlichen einen Geschäftsvorgang dar, bei dem analytische
Daten der Ausgangspunkt für die Untersuchungen des Endbenutzers sind, dem konkrete
Transaktionsaktivitäten folgen. Die gesamte Seite kann vollständig personalisiert
werden. Beispielsweise ist es möglich, einzelne Kacheln oder Karten auszublenden. Die
Navigation wird zu anderen Fiori-Anwendungen unterstützt, die semantisch mit den
Daten verknüpft sind.

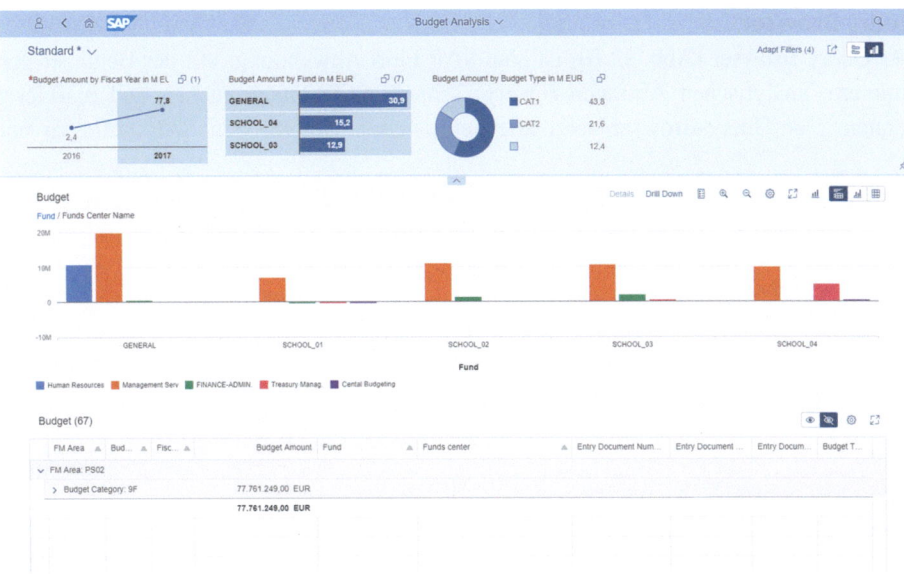

Abb. 22.8 Analytical List Pages

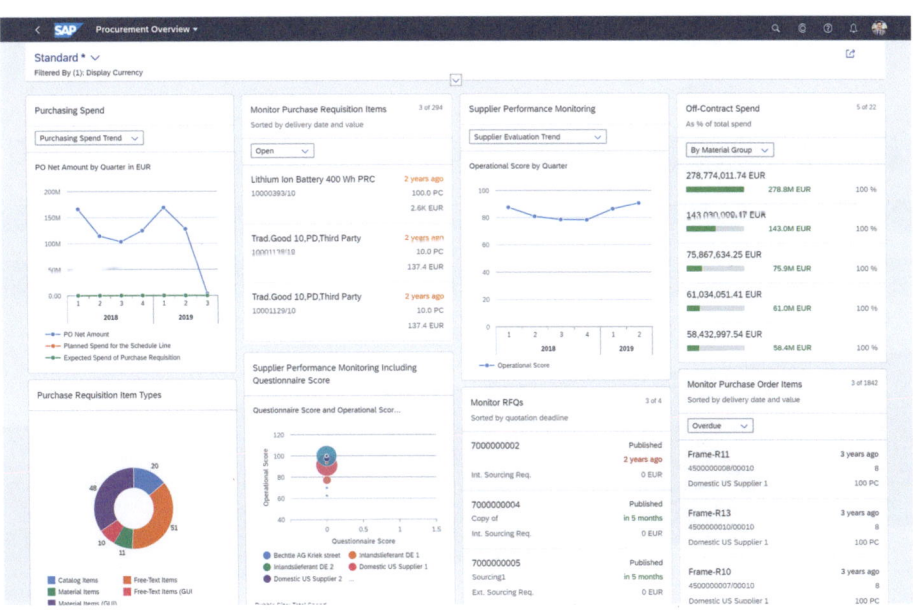

Abb. 22.9 Übersichtsseite

Query Browser

Der Query-Browser (Abb. 22.10) ist eine SAP Fiori Anwendung, mit der Benutzer vordefinierte analytischen Abfragen (Query) schnell und einfach suchen und markieren können. Der Query-Browser zeigt alle autorisierten analytischen SAP-Abfragen und

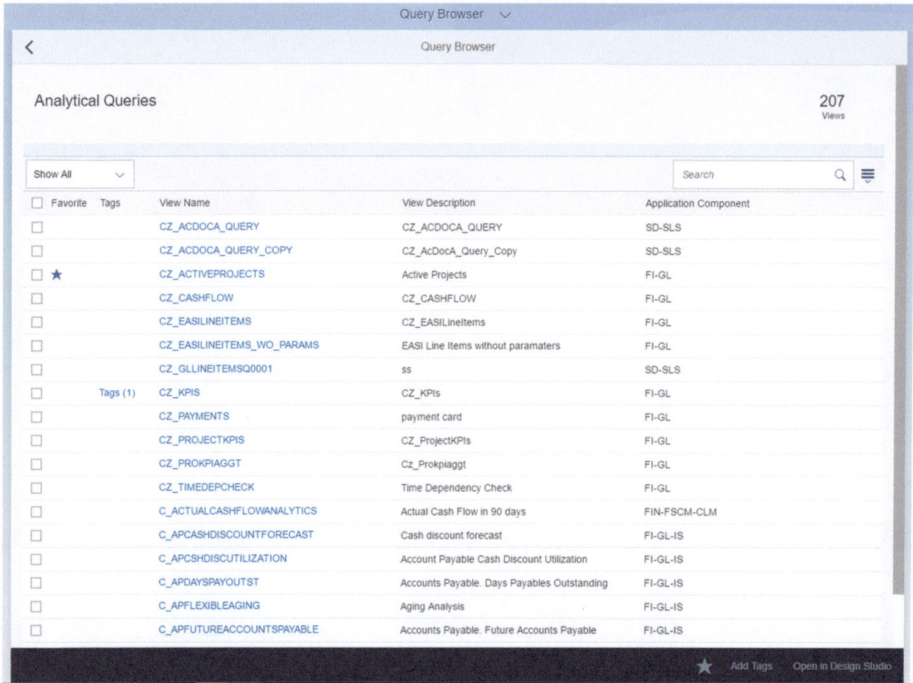

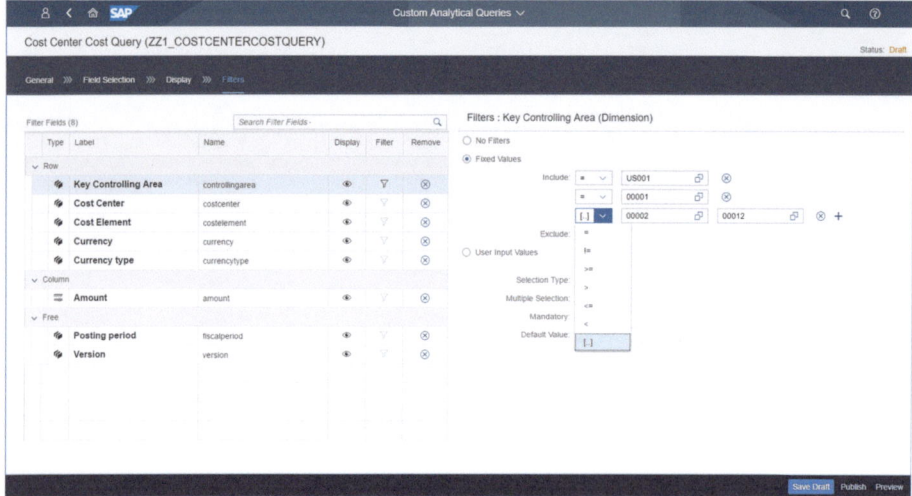

Abb. 22.10   Query-Browser und benutzerdefinierte Abfragen

Kundenabfragen an, auf die der Benutzer Zugriff hat. Die Abfragen können entweder direkt ausgeführt oder in Design Studio geöffnet werden. Die zweite Option bietet mehr Funktionen, z. B. zusätzliche Konfigurationsoptionen für Dimensionen, Zeilen oder Spalten. Für Suchabfragen werden Informationen zu Views, Tabellen, View-Beschreibungen, View-Spaltennamen, Annotationen oder Tags verwendet. Diese Suchoptionen können miteinander kombiniert werden. Mithilfe von Filteroptionen können Benutzer die Sichten sortieren oder filtern. Die Sortierung von Abfragen basiert auf den CDS-View-Namen und den zugrunde liegenden Anwendungskomponenten im System. Die Filterung der Abfragen basiert auf den Benutzer-Tags und der entsprechenden Anwendungskomponente. Die Liste der Anwendungskomponenten wird als Hierarchie dargestellt.

Analytische SAP Fiori Apps

Es gibt vordefinierte analytische SAP Fiori Anwendungen, die direkt verwendet werden können. Diese Anwendungen werden basierend auf SAP Fiori Floorplans und UI5-Controls implementiert. Hierbei handelt es sich um individuelle und anwendungsfall-spezifische analytische Anwendungen (Abb. 22.11). In der Regel wird dieser Ansatz für die Entwicklung hochspezifischer Anwendungsfälle angewendet, bei denen die bereits erläuterten generischen Frameworks nicht ausreichen. Daher sind Break-Out-Lösungen erforderlich, um die anspruchsvollen Funktionen zu erfüllen, die für das Szenario notwendig sind.

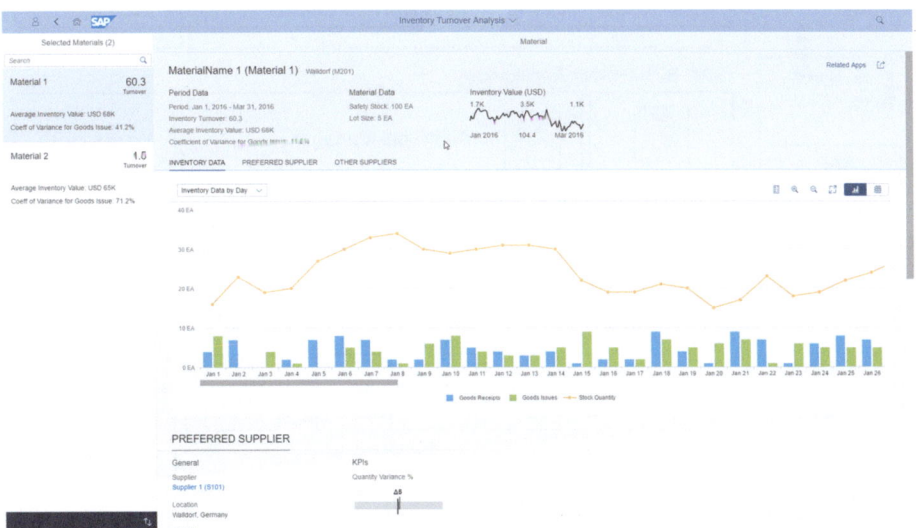

Abb. 22.11 Analytische SAP Fiori App

Data Warehousing

Operatives Reporting stellt die meisten analytischen Anwendungen dar und kann auf der Grundlage von Embedded Analytics implementiert werden. Teilweise ist dies auch bei taktischem Reporting der Fall. Sobald jedoch historische Daten für Analysen benötigt werden, ist eine Data Warehouse Lösung erforderlich. Dies liegt daran, dass die historischen Daten für einen begrenzten Zeitraum in der operativen Datenbank von SAP S/4HANA gespeichert werden, aber definitiv nicht für mehrere Jahre. Die Aufbewahrung historischer Daten für lange Zeiträume in der operativen Datenbank würde zu einem hohen Datenvolumen führen. Daher würden sehr bald Hardwarebeschränkungen erreicht. Außerdem sind Performanz-Nachteile zu erwarten, da bei jeder Datenbankoperation große Datenmengen verarbeitet werden müssen. Für das strategische Reporting müssen auch systemübergreifende Analysen berücksichtigt werden, die auch nicht im Fokus von Embedded Analytics stehen. Daher werden für das strategische und teilweise taktische Reporting häufig Data Warehouse Lösungen wie SAP BW/4HANA verwendet, da sie historische und systemübergreifende Analysen ermöglichen. Die Abb. 22.12 veranschaulicht die Architektur von SAP BW/4HANA. SAP BW/4HANA bietet eine vollständige Sicht auf das Geschäft, um die unterschiedlichen Anforderungen von Endanwendern, IT-Fachleuten und der Geschäftsleitung zu erfüllen. Es kombiniert die

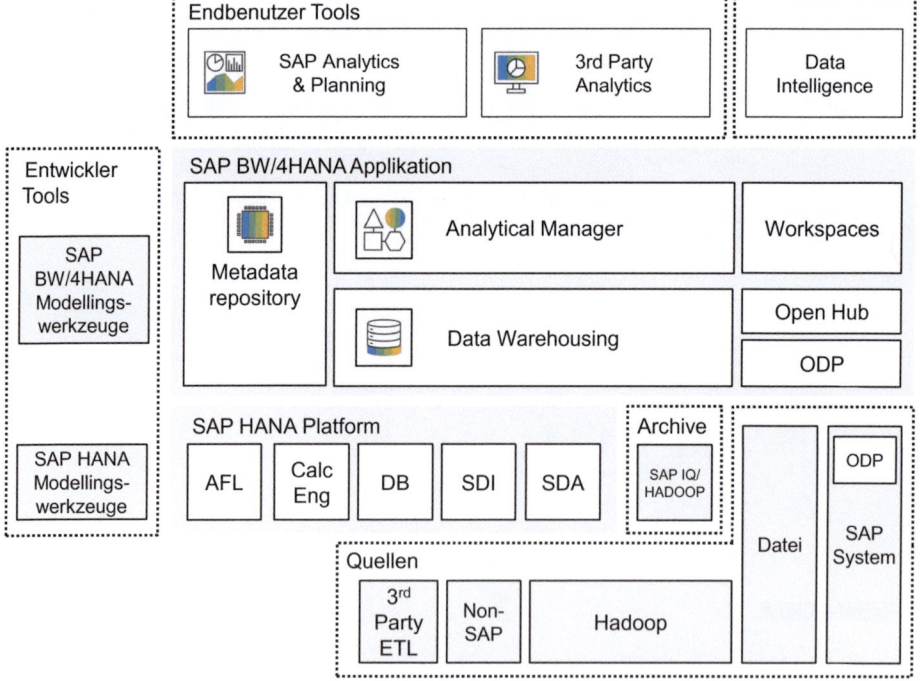

Abb. 22.12   Architektur von SAP BW/4HANA

Business-Warehouse-Infrastruktur, eine Reihe von Modellierungswerkzeugen, Planung und Simulationen sowie Data Warehousing Funktionen. Diese Lösung konsolidiert Daten im gesamten Unternehmen und bietet ein standardisiertes Datenmodell für Analysen. Für diese gemeinsame Semantik werden die Daten harmonisiert, sodass eine konsistente und kohärente Sicht auf die Daten bereitgestellt wird. SAP BW/4HANA stellt zwar eine einzige, umfassende Quelle mit aktuellen und historischen Informationen bereit, behält jedoch eine Kopie der Quelldaten bei, um eine Unabhängigkeit der Quelle sicherzustellen.

SAP BW/4HANA erzielt durch den Pushdown von Vorgängen/Berechnungen in SAP HANA eine erhebliche Leistungssteigerung. Die OLAP-Engine führt komplexe Abfrageberechnungen durch, z. B. eine Ausnahmeaggregation. Planungsfunktionen (z. B. Disaggregation) und Datenmanagement (z. B. Transformationslogik) werden ebenfalls verlagert, um eine optimale Performanz zu erzielen. Die Modellierungswerkzeuge basieren auf Eclipse, sodass für alle Entwicklungsaufgaben eine einheitliche Benutzungsoberfläche zur Verfügung steht. Nach SAP Fiori Designmustern wird mit dem Web Cockpit ein zentraler Einstiegspunkt für alle Administrationsaufgaben angeboten. Auf diese Weise wird eine durchgängige Benutzererfahrung gewährleistet. Eigene Anwendungen und Gruppen können hinzugefügt werden, die den Benutzerkontext und Berechtigungen berücksichtigen. SAP BW/4HANA vereinfacht die Datenintegration durch umfassenden Zugriff auf externe Systeme. Die Anzahl der Quellsystemtypen wird von 10 auf 4 reduziert, um die Gesamtbetriebskosten zu verbessern. Die Echtzeitreplikation von Daten wird mit SAP HANA SDI oder SAP ODP SLT unterstützt. Außerdem kann virtuell auf die Daten zugegriffen werden, um Replikate zu vermeiden. Für das Laden von Daten steht die optimierte Verarbeitung in SAP HANA zur Verfügung. Auf dem Weg vom Quellsystem zu SAP BW4/HANA werden Daten in ein einheitliches Format transformiert und bereinigt. Die Data Warehousing Komponente ist für die Datenreplikation, -transformation und speicherung auf dem SAP BW4/HANA Server zuständig. Daten werden in relationalen Tabellen gespeichert, die aus den Datenmodellen generiert wurden. Die Datenmodelle sind im Metadaten-Repository abgelegt. Um die Archivierung und das Data Aging abzudecken, können auch Daten in einem Nearline-Storage-System gespeichert werden. Der Analytical Manager ist verantwortlich für das Lesen und Verarbeiten der Daten, einschließlich Aggregation und Berechnung. Weiterhin enthält diese auch eine Planning Engine, die das Zurückschreiben geänderter Daten ermöglicht. Mit verschiedenen Frontend-Werkzeugen wie Analysis Office, Design Studio und dem EPM-Client (Enterprise Performance Management) kann der Endbenutzer auf die Daten zugreifen und diese analysieren. Das Datenmodell besteht aus InfoProvider und InfoObjects. Die Hauptbausteine des Datenmodells sind die InfoObjects, die in Kennzahlen (Zahlen oder Kennzahlen, z. B. Umsatz, verkaufte Menge), Merkmale (Auswertungsgruppen wie Buchungskreis, Produkt, Kundengruppe) und Einheiten (Währungen und Mengeneinheiten) unterteilt sind. Merkmale sind Business-Objekten sehr ähnlich und können daher eine Verknüpfung zu einem Business-Objekt haben. Die InfoObjects sind nur in einem globalen Umfang vorhanden, d. h. ihre

Eigenschaften werden von allen Objekten gemeinsam genutzt, die aus InfoObjects wie InfoProvider und InfoSources bestehen. Die wichtigste Entität ist der InfoProvider, der eine Abstraktion für ein Objekt ist, das analytische Daten enthält. Der InfoProvider ist eine der folgenden konkreten Entitäten:

- Das DataStore-Objekt ist ein zentrales Persistenzobjekt in SAP BW/4HANA. Sie wird für das Reporting und die Ermittlung von Deltainformationen verwendet.
- Das Merkmal bezieht sich auf Stammdaten mit ihren Attributen und Textbeschreibungen.
- CompositeProvider stellt eine Union oder einen Join mehrerer InfoProvider dar.
- Open ODS View ermöglicht es dem Benutzer, Datenmodelle für Objekte wie Datenbanktabellen, Datenbank-Views oder SAP BW/HANA DataSources für den Direktzugriff zu definieren. Diese Datenmodelle ermöglichen eine flexible Integration externer Daten, ohne dass InfoObjects angelegt werden müssen. Ein Open ODS View kann ein Merkmal sein.

Alle Frontend-Werkzeuge basieren auf Queries, die immer auf genau einem InfoProvider definiert sind. Die Query und der Query-View definieren einen View (häufig eine Teilmenge/Projektion) der im InfoProvider verfügbaren Daten. Darüber hinaus werden auch einige visuelle Eigenschaften definiert, z. B. welche InfoObjects in den Spalten/Zeilen angezeigt werden oder ob Hierarchien für die Visualisierung verwendet werden. Basierend auf einer oder mehreren Queries/Query Views werden dann Anwendungen entweder für das Web (Web-basiertes Frontend) oder für MS Office (Office-basiertes Frontend) erstellt. Es ist auch möglich, eine Query-View in ein analytisches Web-Dynpro-Pattern einzubetten. In der Data Warehouse Schicht wird die Modellierung verwendet, um Daten aus verschiedenen Quellen in den InfoProvider zu transformieren und zusammenzuführen. Der Inbound-Layer wird immer als DataSource modelliert. Die Daten werden dann über Transformationen einem oder mehreren physischen InfoProvidern zugeordnet. Da das Warehouse mit verschiedenen Detaillierungsgraden modelliert werden kann, ist es auch möglich, Transformationen zwischen InfoProvidern zu modellieren (z. B. von einem DataStore-Objekt in ein anderes DataStore-Objekt). DataStore-Objekte sind Kandidaten für ein Information Lifecycle Management. Optional können sie einen Datenarchivierungsprozess besitzen, der ein Partitionierungsschema für die Datenverschiebung in ein Archivierungsobjekt (nur für die Offline-Verwendung), ein Nearline-Objekt (aktiviert für direkten Query-Zugriff) oder die Kombination aus beidem definiert.

Neben dem statischen Datenmodell gibt es weitere Entitäten für die Modellierung des dynamischen Verhaltens des SAP BW/4HANA Systems. Das wichtigste Objekt ist die Prozesskette, die die Einplanung und Ausführung mehrerer Prozesstypen steuert (Abb. 22.13). Einige sehr prominente Prozesstypen sind Datentransferprozesse (DTP), die Administration von InfoProvidern und das Ausführen einer Planungssequenz. SAP

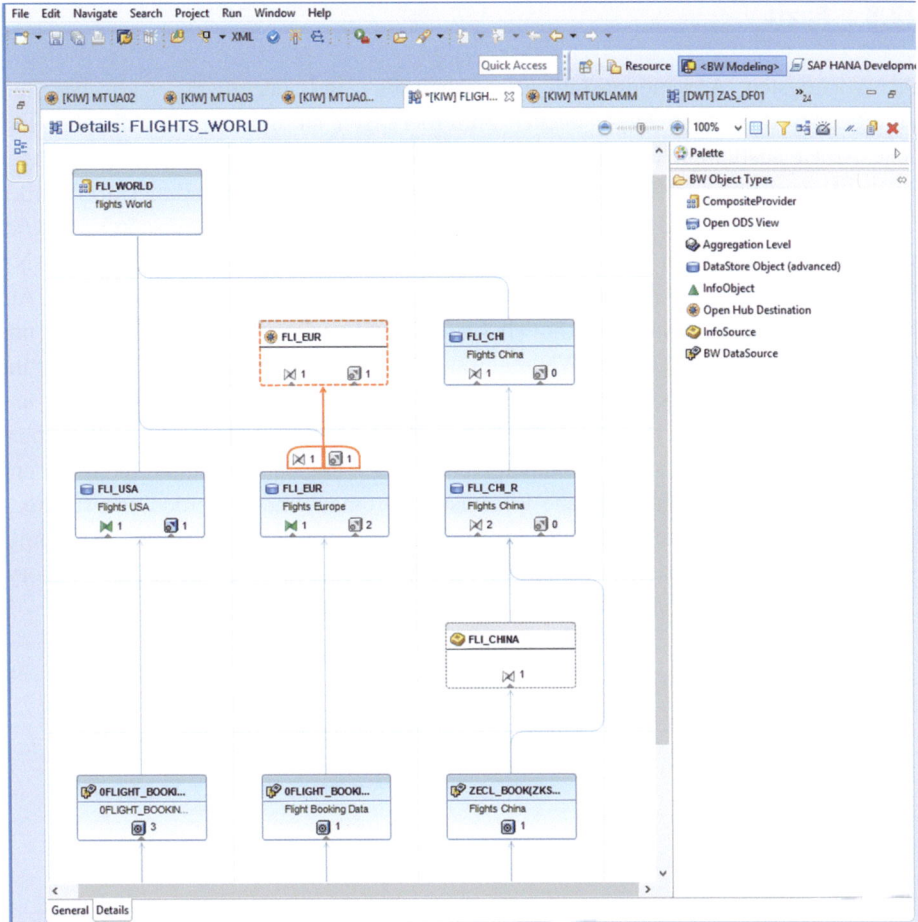

Abb. 22.13   SAP BW/4HANA – Datenflussmodellierung

BW/4HANA Business Content ist eines der größten Differenzierungsmerkmale. Ein einfaches Business Content Beispiel ist die Entwicklung von Rechnungen und Zahlungen im Zeitverlauf oder die Analyse der Auftragsliefertreue. Die Entwicklung und Pflege komplexer Analysemodelle für Finanzwesen, Beschaffung, Personalwesen und Logistikkette, die die Daten aus den richtigen Feldern beziehen und diese dann Datenstrukturen für Analysen zuordnen, ist sehr schwierig und zeitaufwendig. SAP BW/4HANA löst dies mit dem Bereitgestellten von Business Content, die sofort verwendet werden können.

22.3   Fazit

Die wichtigsten Anwendungsfälle für Analysen sind operatives, taktisches und strategisches Reporting. Diese decken Anforderungen an Benutzer ab, die ihre tägliche Arbeit ausführen, und an leitende Angestellte, die strategische Entscheidungen für das Unternehmen treffen. Für die Implementierung dieser Anwendungsfälle werden Embedded Analytics und Data Warehouse Techniken angewendet. Embedded Analytics basiert auf der Plattform von SAP S/4HANA. In-Memory Konzepte von SAP HANA werden verwendet, um Analysen und die Transaktionsverarbeitung zu kombinieren. Auf diese Weise werden Analysefunktionen für die richtige Person am richtigen Ort und zur richtigen Zeit bereitgestellt. Während operatives und teilweise taktisches Reporting mit Embedded Analytics gut abgedeckt ist, ist Data Warehousing für historisches und systemübergreifendes Reporting erforderlich. Mit SAP BW4/HANA als Data Warehouse Lösung können Daten aus dem gesamten Unternehmen und darüber hinaus integriert und anschließend in praktische, zeitnahe Informationen umgewandelt werden, um fundierte Entscheidungen, gezielte Maßnahmen und solide Geschäftsergebnisse zu ermöglichen. Dieses Produkt basiert ebenfalls auf SAP HANA und nutzt intensiv In-Memory-Computing und den Pushdown-Ansatz.

Enterprise Suche

23

Das Kapitel erläutert die Anwendungsfälle, Architektur und Frameworks für Enterprise Suche in SAP S/4HANA. Es werden insbesondere verschiedene Suchtypen wie In-App-Suche und Wertehilfe, Suchmodelle und Konnektoren, Konfiguration und Verwaltung von Suchmodellen erklärt. Der Pushdown von Suchanfragen an SAP HANA wird ebenfalls kurz beschrieben, da sich dies auf die Antwortzeit der Suchmaschine auswirkt.

23.1 Betriebswirtschaftliche Anforderung

Insbesondere in ERP-Software ist es wichtig, eine effektive Navigation und damit eine gute Benutzererfahrung zu gewährleisten. Eine Möglichkeit für eine effektive Navigation ist die Bereitstellung einer leistungsstarken Suche. Bei ERP-Systemen sollten Benutzer einen schnellen Überblick über Business-Objekte erhalten. Außerdem soll die Suchfunktion ihnen dabei helfen, durch Business-Objekte im gesamten Unternehmensnetzwerk zu navigieren. Den Benutzern soll eine Freitextsuche für die Angabe von Suchanfragen zur Verfügung gestellt werden. Die Suchergebnisse sollten entsprechend ihrer Relevanzeinstufung aufgelistet werden. Die am besten geeigneten Ergebnisse müssen oben in der Liste aufgeführt werden. Im Kontext von ERP-Lösungen müssen die Suchfunktionen auf die Berechtigungen von Benutzern beschränkt sein. So sollen z. B. nur die Kundenaufträge in der Ergebnisliste der Suchabfrage aufgeführt werden, für die der Benutzer über die entsprechenden Berechtigungen verfügt. Zusätzlich zu diesen anwendungsübergreifenden Suchfunktionen sind auch In-App-Suchfunktionen erforderlich. Daher soll in einer Geschäftsanwendung und dem zugrunde liegenden eingeschränkten Geschäftskontext die Suche nach Entitäten unterstützt werden. In der Regel

© Der/die Autor(en), exklusiv lizenziert an Springer Fachmedien Wiesbaden GmbH, ein Teil von Springer Nature 2023
S. Sarferaz, *ERP-Software: Funktionalität und Konzepte,*
https://doi.org/10.1007/978-3-658-40499-4_23

enthalten ERP-Benutzungsoberflächen Codelisten, aus denen Benutzer die relevanten Codes auswählen müssen. Die Suche soll Wertehilfen für die Suche nach solchen Code-listen erleichtern und die Benutzererfahrung vereinfachen.

23.2   Technische Umsetzung

Die Suchfunktion ist ein integraler Bestandteil von SAP S/4HANA. Es gibt drei Arten von Anwendungen, von denen jede auf unterschiedliche Anwendungsanforderungen abzielt. Der erste Typ, Enterprise Suche, bietet eine Freitextsuche für alle Instanzen von beliebigen Business-Objekttypen. Darüber hinaus bietet sie diese Freitextsuche für SAP Fiori Apps, die in SAP S/4HANA verfügbar sind. Es ist wichtig, darauf hin-zuweisen, dass der Suchumfang für jeden Benutzer auf die Objekte und Anwendungen beschränkt ist, die den Rollen des Benutzers zugeordnet sind. Auf diese Enterprise Suche kann über das Suchfeld oben auf der Seite im SAP Fiori Launchpad zugegriffen werden. Die Enterprise Suche ermöglicht es Anwendungsbenutzern, sich schnell einen Überblick über Business-Objekte zu verschaffen und durch das gesamte Unternehmens-netzwerk zu navigieren. Sie enthält *Facetten,* in denen Benutzer die Suchergebnismenge eingrenzen und mehrere Filter auswählen können, die auf bestimmte diskrete Attribute der Daten angewendet werden können. Weiterhin bietet sie eine kurze statistische Über-sicht darüber, wie Daten über die Ergebnismenge verteilt sind. Schließlich können alle diese Informationen als Liste, Balkendiagramm oder als Kreisdiagramm angezeigt werden. Abb. 23.1 zeigt die Ergebnisse der Suche nach *Produkten* in SAP S/4HANA mit Enterprise Suche.

Die Enterprise Suche bietet auch *eine Fuzzy-Suche.* Dies liefert Suchergebnisse, die auf ähnlichen Suchzeichenketten basieren, und hilft bei Tippfehlern. Außerdem kann der Schwellenwert für Genauigkeit entsprechend den Anforderungen des Benutzers geändert werden. Weiterhin ist die Vorschlagsfunktion verfügbar. Sie zeigt eine Vorschlagsliste an, wenn der Benutzer eine Mindestanzahl von Zeichen eingibt. Dies verbessert die Such-erfahrung.

Neben der Enterprise Suche, die eine anwendungsübergreifende Suche ermög-licht, bietet SAP S/4HANA die In-App-Suche, mit der der Benutzer innerhalb einer bestimmten Anwendung suchen kann. Diese Suche ist in eine einzelne SAP Fiori App integriert und bietet kontextspezifische Fuzzy-Suche. Er kann über spezielle Suchfelder in den SAP Fiori Apps gefunden werden. Es verfügt über Wertehilfedialoge und Type-Ahead-Eingabesteuerelemente. Außerdem stellt SAP S/4HANA eine Wertehilfesuche bereit, die verwendet wird, um eine Eingabehilfe für Felder innerhalb der Anwendung anzubieten. Schließlich können unterschiedliche Rollen verschiedenen Benutzern zugeordnet werden, sodass die Suchergebnisse basierend auf diesen zugeordneten Rollen geändert werden können.

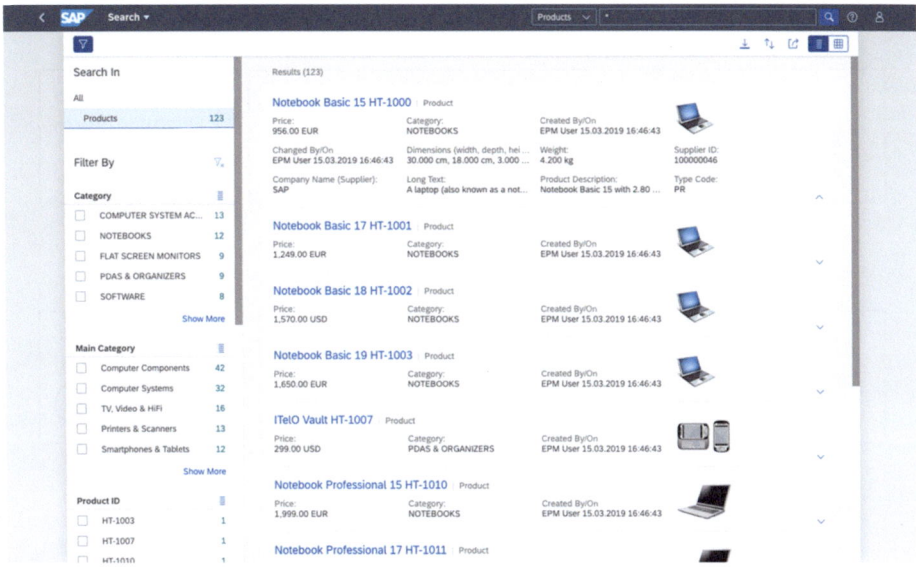

Abb. 23.1   Enterprise Suche in SAP S/4HANA

Sucharchitektur

Die Sucharchitektur hat SAP HANA als unterste Schicht. SAP HANA besteht aus zwei Hauptblöcken, wobei einer die eigentliche Datenbank und der andere die XS-Engine ist, die als Anwendungsserver fungiert. Zusätzlich zu SAP HANA gibt es den ABAP-Stack, der auch als Anwendungsserver dient. Die oberste Ebene ist der Client, der alle Services konsumiert. Der Client ist typischerweise ein Browser, kann aber auch Microsoft Excel sein. Die gesamte Sucharchitektur basiert auf dem virtuellen Datenmodell (VDM). Abb. 23.2 stellt die Architektur für die Suche in SAP S/4HANA dar.

Das Enterprise Search Framework kann in zwei Komponenten unterteilt werden, einer in SAP HANA und einer in der ABAP-Plattform. Das SAP HANA Enterprise Search Framework stellt die zentralen Enterprise Suchfunktionen über eine Reihe von Datenbankprozeduren bereit. Die zweite Komponente des Enterprise Search Frameworks ist die ABAP-Plattform. Die Enterprise Search Framework in ABAP exponiert ihre Suche über ein ABAP-API und über einen InA-Service. InA (Information Access) ist ein proprietäres Protokoll, das alle für die Suche und Analyse erforderlichen Funktionen umfasst. Während der InA-Service ausschließlich von der Fiori-Suche verwendet wird, basieren alle ABAP-Anwendungen auf dem ABAP-API. Darüber hinaus ist das ABAP Enterprise Search Framework für die Integration mit der SAP Fiori App Suche und auf der anderen Seite für die Verarbeitung von Core Data Services Modellen (CDS-Modellen) für die Enterprise Suche verantwortlich. Außerdem ist das SADL-Framework (Service Adaption Definition Language) die Infrastruktur für die modellbasierte

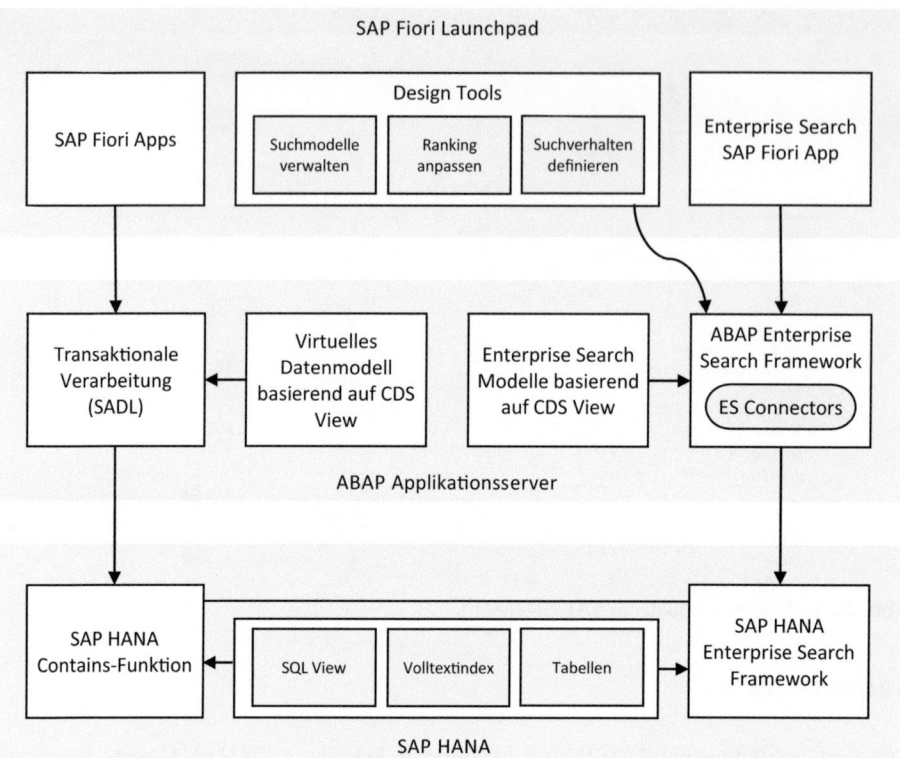

Abb. 23.2 Architektur von Enterprise Suche

Verarbeitung von OData-Services auf der ABAP-Plattform. Dies wird durch spezielle Annotationen der Domäne *@Search* gesteuert, die sich in den VDM Consumption-Views definiert wird. Die CDS-Modelle für die Suche sind spezielle CDS-Views, die mit *@Enterprise-Search.enabled: true* annotiert sind. Technisch gesehen sind die Suchmodelle keine VDM-Views und können ohne die VDM-Regeln angelegt werden. In SAP S/4HANA basieren sie jedoch normalerweise auf der VDM-Basisschicht und verwenden daher dieselben Geschäftsmodelle wie andere VDM-Entitäten. Mehrere Sätze von Laufzeitmetadaten, sogenannte Suchkonnektoren, werden vom Framework während der Aktivierung eines CDS-Modells für die Suche generiert. Während der Laufzeit sind diese Konnektoren die wichtigsten Artefakte, die die Ausführung der Suchabfragen steuern. Im Client-Teil gibt es Bibliotheken für Firefly und sInA (simplified InA). Firefly konzentriert sich auf die analytischen Szenarien und sorgt für Plattformunabhängigkeit. sInA fokussiert sich auf die Suche. Nichtsdestotrotz kann Firefly Suchanfragen verarbeiten und sInA kann auch analytische Anfragen handeln. Beide Bibliotheken kommunizieren über InA mit dem Server.

Suchmodelle Und Suchkonnektoren

Die Enterprise Search basiert auf vordefinierten Suchmodellen. Ein Suchmodell enthält alle Informationen, die für eine erfolgreiche Suche erforderlich sind. Einige dieser Informationen sind hier aufgeführt:

- Anfragefelder definieren, in welchen Spalten der Suchbegriff gefunden werden könnte
- Freie Sucheanfragefelder geben an, welche Spalten bei einer freien Suche berücksichtigt werden sollen
- Relevanz der Anfragefelder für die freie Suche legt fest, wie relevant ein Treffer in jeder Spalte ist
- Facetted Suchanfragefelder geben an, welche Spalten für eine Facettensuche relevant sind
- Erweiterte Suchanfragefelder definieren, welche Spalten für die erweiterte Suche aktiviert werden sollen
- Felder für die automatische Vervollständigung entscheiden, welche Spalten im Kontext der automatischen Vervollständigung berücksichtigt werden sollen
- Antwortfelder definieren, welche Spalten Teil des Suchergebnisses sein sollen
- Title-Antwortfelder geben an, welche Spalten für den Titel eines Suchtreffers relevant sind
- Berechtigungsprüfungen legen fest, welche Berechtigungen für den Zugriff auf die Daten erforderlich sind
- Boosts entscheiden, welche Treffer hochgestuft werden sollen
- Feldsemantik gibt an, welche geeignete Suchkonfiguration verwendet wird

Suchkonnektoren sind erforderlich, um eine Suche auszuführen. Diese Suchanbindungen basieren auf den Suchmodellen, und ohne die Konnektoren ist keine Suche möglich. Ein Suchmodell ist ein Designzeit-Konstrukt, das von einem Domänenexperten entwickelt wurde, wobei ein Suchkonnektor ein Laufzeit-Konstrukt ist, das von einem Administrator angelegt und aktiviert wird. Ein Suchmodell ist unabhängig vom konkreten System. Es kann in einem System angelegt und dann an andere Systeme ausgeliefert werden. Ein Suchkonnektor ist an ein konkretes System gebunden und kann nicht ausgeliefert oder in ein anderes System transportiert werden. Eine Übersicht über diese Beziehung ist in Abb. 23.3 dargestellt.

Diese Art von Suchmodellen und -konnektoren stellen den klassischen Suchansatz dar. Klassische Suchmodelle können mit der Modellierung für Suche und Analyse (Transaktion ESH_MODELER) angelegt werden. Basierend auf diesen Suchmodellen können die klassischen Suchkonnektoren angelegt werden. Diese können über das Administrations-Cockpit für Konnektoren (Transaktion ESH_COCKPIT) oder über die Suchaufgabenliste (Transaktion SAP_ESH_CREATE_INDEX_SC) angelegt werden.

Abb. 23.3 Beziehung
zwischen Suchmodell und
Such-Connector

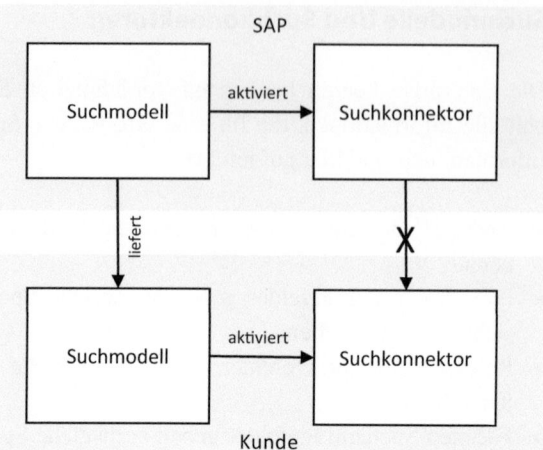

Es ist wichtig, darauf hinzuweisen, dass klassische Suchmodelle und Konnektoren in
der Vergangenheit relevant waren. Inzwischen werden CDS-basierte Suchmodelle und
-konnektoren in SAP S/4HANA verwendet. Klassische Suchmodelle werden weiterhin
in SAP S/4HANA On-Premise genutzt. CDS-basierte Suchmodelle sind die zukünftige
Ausrichtung, und ihre Verwendung ist sowohl in der Cloud als auch in On-Premise möglich.

Wie bereits erwähnt, handelt es sich bei CDS-basierten Suchmodellen um gewöhnliche ABAP CDS-Views mit einigen speziellen Annotationen (z. B. @Enterprise-Search.
enabled: true). Derzeit gibt es drei Möglichkeiten, ein CDS-basiertes Suchmodell zu
erstellen. Diese Modelle können zunächst mit dem Assistenten für Modellmigration
angelegt werden. Hierbei handelt es sich um eine halbautomatische Konvertierung
klassischer Suchmodelle. Zweitens können die Suchmodelle mit der Benutzeroberfläche gepflegt werden. Hier wird der Benutzer durch das Anlegen eines CDS-basierten
Suchmodells geführt. Schließlich können sie mit den ABAP Development Tools (ADT)
angelegt werden, einem Standardwerkzeug zur Pflege normaler CDS-Views. Aufgrund
von Einschränkungen wird diese Option jedoch nicht empfohlen. CDS-basierte Suchkonnektoren werden automatisch angelegt, wenn eine CDS-View für die Suche aktiviert
wird. Die Suchaufgabenliste (Transaktion SAP_ESH_CREATE_INDEX_SC) oder das
Administrations-Cockpit für Konnektoren (Transaktion ESH_COCKPIT) sind dafür
nicht erforderlich.

Verwaltung Von Suchmodellen

SAP S/4HANA stellt mehrere Apps bereit, mit denen Kunden einzelne Suchmodelle
verwalten und anpassen können, um die spezifischen Anforderungen der einzelnen Organisationen zu erfüllen. Die wichtigsten Apps werden in diesem Abschnitt

behandelt. Mit der App *Suchmodelle anzeigen* erhält der Benutzer eine Übersicht über die im System verfügbaren Modelle (Abb. 23.4). Zusätzlich werden ihr Status und die Berechtigung für jedes Modell angezeigt. Hier kann der Benutzer die Modelle auch aktivieren und deaktivieren.

Die App *Suchmodelle verwalten* bietet zahlreiche Funktionen zum Anpassen einzelner Modelle. Hier kann der Benutzer z. B. das Aussehen von Feldern in den Suchergebnissen ändern. Außerdem kann der Benutzer die Gewichtungsfaktoren der Felder für Rankings bearbeiten und Felder aus dem Suchumfang ausschließen. Die folgenden beiden Funktionen können für die Benutzer von besonderem Interesse sein. Erstens gibt es die Möglichkeit, benutzerdefinierte Felder aufzunehmen. Die Erweiterbarkeit benutzerdefinierter Felder der Suchmodelle funktioniert standardisiert, wenn der Benutzer das Erweiterungstool *Benutzerdefinierte Felder* verwenden. Eine Anpassung der Sucheinstellungen auf diesen Feldern ist jedoch nur über den *Enterprise Search Modeler* möglich. Zweitens gibt es die Möglichkeit, die Suchmodelle anzupassen. Ein Anwendungsexperte kann die Felder des Modells anpassen, das für Suchanfragen und deren Erscheinungsbild auf der Benutzungsoberfläche der Enterprise Suche verwendet wird. Darüber hinaus können suchbezogene Einstellungen eines Modells und Rangfolgen der Felder geändert werden. Wie oben erwähnt, ist es möglich, Rangfolgen anzupassen, sodass Benutzer den Modellen benutzerdefinierte Ranking-Faktoren zuordnen oder die vom Entwickler des Modells definierten Faktoren verfeinern können. Benutzer können beispielsweise die Relevanz neu angelegter Objekte oder von Objekten, die in einer bestimmten Region angelegt wurden, erhöhen. Um diese Änderungen vorzunehmen, verfügt SAP S/4HANA über eine spezielle Anwendung *Ranking anpassen* (Abb. 23.5). Mit dieser Anwendung ist es auch möglich, den Einfluss dieser Faktoren in Echtzeit zu überwachen.

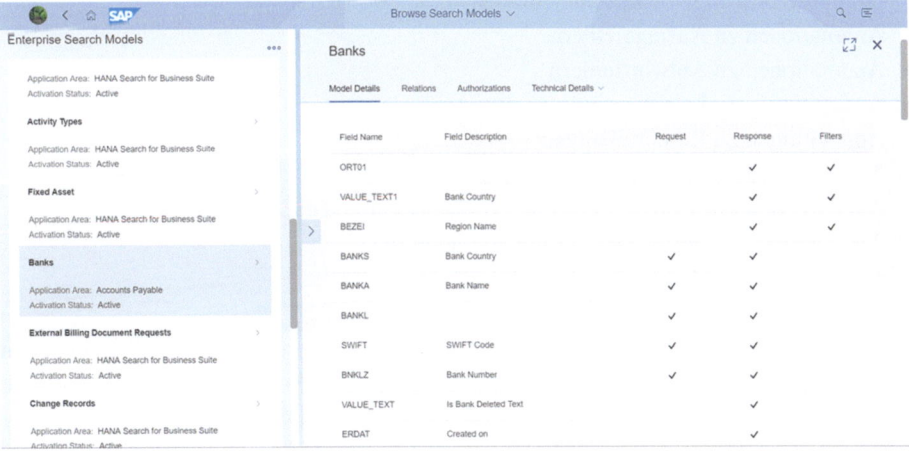

Abb. 23.4 Suchmodelle anzeigen und verwalten

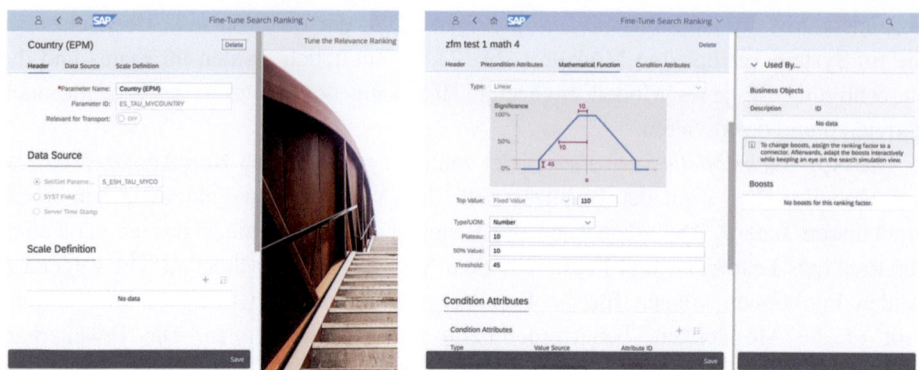

Abb. 23.5   Such-Ranking anpassen

Annotationen Von Suchmodellen

Core Data Services (CDS) bedeutet hier an erster Stelle SQL-Views, die mit Data Definition Language (DDL) und Data Manipulation Language (DML) spezifiziert und von SAP HANA ausgeführt werden. Die SQL-Views werden durch Metadaten, genannt Annotationen, ergänzt, um das Verhalten von Frameworks zu beeinflussen. Dies gilt auch für die Such-Frameworks. Mit CDS als SAP HANA Entität wird die Suchkonfiguration so nah wie möglich am Suchmodell formuliert. Außerdem kann und soll die ABAP-Konfiguration der Enterprise Suche dem CDS-Format zugeordnet werden. Ein CDS-basiertes Suchmodell ist also nur eine gewöhnliche ABAP CDS-View mit einigen speziellen Annotationen. Diese speziellen Annotationen können das Suchverhalten beeinflussen und lassen sich in folgende Kategorien einteilen:

- Grundlegende/allgemeine Annotationen
- Annotationen zu Anfragefeldern
- Annotationen zu Antwortfeldern
- Annotationen zu Feldgruppen
- Annotationen zu Beschreibungen
- Annotationen in Bezug auf die Navigation
- Annotationen in Bezug auf Zeit- und Sprachabhängigkeit
- Annotationen zu Volltextindizes und Suchoptionen
- Annotationen zu Ranking und Boosting

Mit diesen Annotationen ist es sehr einfach, ein CDS-basiertes Suchmodell zu erstellen. Die Annotationen müssen nur der entsprechenden CDS-View hinzugefügt werden. Hier ist nicht jede CDS-View notwendigerweise eine CDS-View für die Suche. Das Annotieren von *@Search* in jeder CDS-View für die Suche ist obligatorisch, da dies von SADL, OData und Smart Controls in UI5 genutzt wird. Das Annotieren von beliebigen

CDS-Views mit *@EnterpriseSearch* ist nicht sinnvoll, da die Views stark denormalisiert werden müssen. Es kann vorkommen, dass eine CDS-View, die die Objektstruktur für eine Transaktion darstellt, auf diese Weise invalidiert wird. Daher wird es immer eine separate, dedizierte CDS-View für die Suche oberhalb der eigentlichen Objekt CDS-View geben. Für CDS sind auch Vererbungsregeln definiert. Views für die Suche sind vollständig an diesem Mechanismus gebunden. Annotationen auf View-Ebene werden nie geerbt, während Annotationen auf Elementebene immer vererbt werden. Die Vererbung kann durch die Annotation *@Metadata.ignorePropagatedAnnotations* vollständig abgeschaltet werden.

Außerdem können Views erweitert und ihnen Felder hinzugefügt werden. Darüber hinaus können Metadatenerweiterungen (MDE) definiert werden, die die View nicht strukturell ändern, sondern nur die Annotation von Domänen ändern, die für diesen Mechanismus freigegeben wurden. Damit eine View durch MDE erweitert werden kann, muss sie die View-Ebenen Annotation *@Metadata.allowExtensions* enthalten. Zusätzlich enthalten CDS-Prüfungen Validierungen für die Enterprise Suche. Fehler aus diesen Validierungen werden als Warnungen angezeigt. Die Aktivierung mit der Generierung der ABAP Dictionary-View muss erfolgreich sein. Es gibt mehrere Validierungsebenen:

- Bei der Aktivierung in ABAP Development Tools (ADT) wird eine Teilmenge (performance-induziert) von Prüfungen für das aktuelle Dokument (View, View-Erweiterung, MDX) durchgeführt. Fehler werden als Warnungen gemeldet. Wenn ein Fehler auftritt, wird kein Suchkonnektor generiert.
- Schlägt keiner davon fehl, wird die eigentliche Aktivierung der Enterprise Suche ausgelöst. Hier werden die vollständigen Definitionen über der gesamten View-Hierarchie hinweg berücksichtigt und vollständig geprüft. Jeder hier festgestellte Fehler führt zu einem Abbruch der Aktivierung. Es wird kein Suchkonnektor angelegt.
- Wenn kein Fehler gefunden wird, wird ein Suchkonnektor generiert. Zu beachten ist, dass die Fehler bisher nicht im Enterprise Search Cockpit gemeldet werden, da für sie kein Konnektor verfügbar ist.
- Das System führt einige Suchen auf dem neuen Konnektor durch. Wenn einer dieser Fehler auftritt, erhält der Konnektor bei der Vorbereitung den Status *Fehler*. Das im Enterprise Search Cockpit angezeigte Jobprotokoll zeigt alle Informationen an. Der Grund für die Statusänderung ist, den Konnektor aus dem Suchumfang zu entfernen, da sonst jede Suche in *alle* zu Fehlern führen würde.
- Auf einzelnen Aufträgen oder bei der Freigabe eines Transportauftrags werden ABAP Test Cockpit Prüfungen (ATC) durchgeführt. Sie umfassen alle Validierungen.
- Beim Import einer CDS-View für die Suche in ein System löst Enterprise Suche die Aktivierung aus. Jeder Validierungsfehler wird im Transportimportprotokoll gemeldet.

Unten wird ein Beispiel mit einer CDS-View für die Suche von Studenten illustriert. Es wird davon ausgegangen, dass bereits eine kleine CDS-View für Studenten vorhanden

ist. Wenn die Annotationen wie folgt hinzugefügt werden, handelt es sich um ein CDS-
basiertes Suchmodell.

```
@AbapCatalog.sqlViewName: 'Student'
@Search.searchable: true
@EnterpriseSearch.enabled: true
@UI.headerInfo.typeNamePlural: 'Student'
@ObjectModel.semanticKey: ['MatrikelNumber']
@UI.headerInfo.title: {Wert: 'NameOfStudent'}
Definieren Sie die View STUDENT.
als Auswahl aus STUDENT
{
    @EndUserText.label: 'Student'
    @UI.identity: { position: 1 }
    _STUDENT.fieldval as NameOfStudent,
    @EndUserText.label: 'Training'
     @UI.identity: { position: 2 }
    _COURSE.fieldval als KURS,
    @Search.defaultSearchElement: true
    @Search.ranking: #HIGH
    matnr als MatrikelNumber
}
```

Mit *@Search.searchable: true* wird angegeben, dass dies für Suchszenarien relevant
ist. Mit *@EnterpriseSearch.enabled: true* wird ein Suchkonnektor angefordert, und
mit *@UI.headerInfo.typeNamePlural* wird der Name im Dropdown-Menü definiert. *@
ObjectModel.semanticKey* definiert den Schlüssel aus der Suchperspektive, während *@
UI.headerInfo.title* das Titelantwortfeld definiert. *@EndUserText.label* und *@UI.identity*
definieren die Antwortfelder, die an erster und zweiter Stelle angezeigt werden.
Schließlich setzen *@Search.defaultSearchElement* und *@Search.ranking* das Anfrage-
feld für die freie Suche auf hohe Relevanz.

Konfiguration Der Standardsuche

Die Suche in der Anwendung ist eine integrierte Funktion, für die keine spezielle
Konfiguration erforderlich ist. Die Enterprise Suche bietet jedoch zahlreiche Möglichkeiten, ihr Verhalten an spezielle Anforderungen anzupassen. Die Suchabfragen jedes
Benutzers werden auf die Suchmodelle ausgeführt. Dies gilt natürlich nur für die Suchmodelle, für die der Benutzer eine Berechtigung hat. Diese Gruppe von Modellen wird
als Suchumfang bezeichnet. Der Suchumfang kann weiter auf ein bestimmtes Suchmodell mit einer Dropdown-Liste eingeschränkt werden, die sich in der Nähe des Such-
eingabefelds befindet. Diese Liste enthält zwei Einträge, die eine besondere Bedeutung
haben. *Alle* bedeutet, dass der gesamte Satz der Modelle für den Benutzer verfügbar
ist. *Apps* schränkt die Suche dagegen nur auf SAP Fiori Apps ein, auf die ein Benutzer
Zugriff hat.

Die leistungsfähigsten Funktionen von Enterprise Suche werden jedoch deutlich, wenn der Benutzer im *gesamten Umfang* sucht. Wenn der Benutzer einen Suchbegriff, einen Teilsuchbegriff, eine ID oder eine Wortkombination eingibt, erhält der Benutzer automatisch einen Überblick über passende Business-Objekte und Anwendungen in den Systemen. Diese Ergebnisse werden nach der Relevanz des Benutzers sortiert. Aus diesem Grund verwenden die viele SAP S/4HANA Benutzer die Enterprise Suche als Einstiegspunkt in das System. Die Suche im gesamten System hat jedoch seine Nachteile in Bezug auf den Ressourcenverbrauch. Dies ist insbesondere im zuvor genannten Einstiegspunktszenario der Fall, bei dem Benutzer häufig daran interessiert sind, eine bestimmte Anwendung zu finden, aber oft unnötige Rechenressourcen verschwinden, indem sie in allen Suchmodellen suchen. Darüber hinaus können Benutzer Suchmodelle im *gesamten Umfang* verwenden, anstatt den Suchumfang nur auf die Anwendungen (mit *Apps*) zu beschränken, die sie suchen möchten. Aufgrund dieses Problems gibt es Enterprise Suche spezifische Einstellungen im SAP Fiori Launchpad, um den Standardumfang der Enterprise Suche zu steuern. Es gibt zwei Möglichkeiten. Eine Option macht *Apps* zum Standardoption für alle Anwendungen. Hier muss der Benutzer explizit *alle* auswählen, wenn dies erforderlich ist. Die andere Option besteht darin, den *gesamten Umfang* aus der Enterprise Suche zu entfernen. Hier können Benutzer nur in bestimmten Modellen wie Apps suchen.

Personalisierung

Wie bereits erwähnt, gibt die Enterprise Suche die Suchergebnisse nach der Relevanz für den Benutzer sortiert zurück. Wenn das Enterprise Search Framework die Berechtigung hat, Daten zum Benutzerverhalten in den Suchszenarios zu sammeln und zu analysieren, kann die Relevanzberechnung erheblich verbessert werden. Standardmäßig ist die Datensammlung jedoch als Opt-in-Option konfiguriert. Um die Datensammlung zu ermöglichen, kann jeder Benutzer in den SAP Fiori Launchpad Einstellungen die Option aktivieren. Außerdem kann der Systemadministrator mit der App *Personalisierte Suche konfigurieren* die Standardeinstellungen für das Opt-out ändern (Abb. 23.6). In diesem Fall kann jeder Benutzer die Datensammlung immer noch deaktivieren. Es wird von SAP dringend empfohlen, die Sammlung von Benutzerdaten zu aktivieren, um genauere Suchergebnisse zu erhalten. Es ist wichtig darauf hinzuweisen, dass keine Daten an SAP übertragen werden.

23.3 Fazit

Dieses Kapitel bietet einen Überblick über die Enterprise Suche in SAP S/4HANA. Zunächst wurden alle Suchtypen vorgestellt und verglichen. Nach der Einführung wurde die Enterprise Suche erklärt, die die wichtigste Suchart für den Benutzer ist.

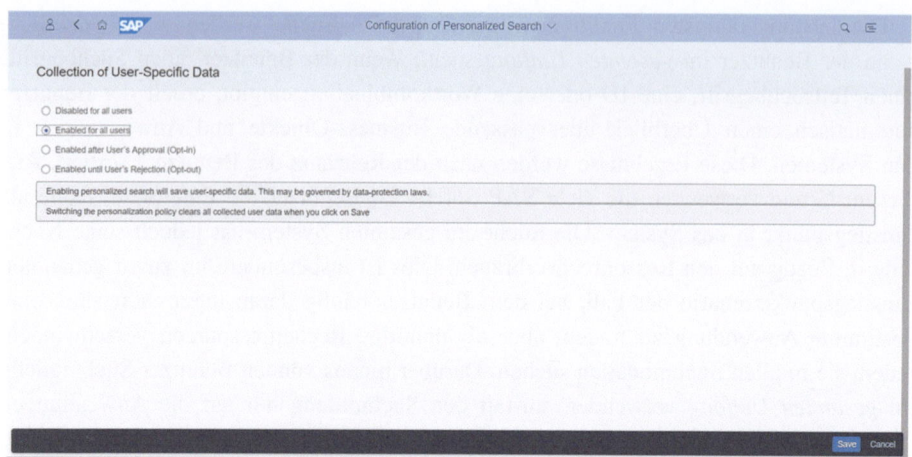

Abb. 23.6 Konfiguration der personalisierten Suche

Zum allgemeinen Verständnis wurde die Sucharchitektur vorgestellt und eine kurze Erläuterung der Suchmodelle und Konnektoren bereitgestellt. In den letzten Abschnitten wurde beschrieben, wie ein Benutzer die Suchmodelle verwalten und konfigurieren kann, damit die Suche effektiver und für den Benutzer relevanter werden kann.

Künstliche Intelligenz

Das Kapitel erläutert das Thema Künstliche Intelligenz (KI), bei dem Algorithmen aus Daten lernen, anstatt explizit vom Menschen auf der Grundlage von Regeln programmiert zu werden. Auf diese Weise werden intelligente Funktionen in Geschäftsprozesse integriert, und der Automatisierungsgrad wird in SAP S/4HANA hinsichtlich eines autonomen ERP-Systems erhöht. Im ersten Teil werden die Grundkonzepte dieser Technik beschrieben. Im folgenden Abschnitt liegt der Schwerpunkt auf der Frage, wie Künstliche Intelligenz einen Mehrwert für Geschäftsprozesse schafft und die Historie der Automatisierung in verschiedenen Branchen kurz analysiert. Abschließend wird die Implementierung von Künstlicher Intelligenz in SAP S/4HANA erklärt.

24.1 Betriebswirtschaftliche Anforderung

In allen Branchen wird es stets Veränderungen geben, die auch die Art und Weise, wie Menschen arbeiten, beeinflussen werden. Im 18 Jahrhundert wurde zum Beispiel die industrielle Revolution in England eingeleitet. Die Herstellungsprozesse der Textilindustrie begannen langsam durch mechanische Maschinen ergänz zu werden. Diese Maschinen verbesserten sich rasch und expandierten auf andere Industriezweige, insbesondere nachdem Kohle als neuer Energiequelle genutzt wurde. Dies führte zu massiven wirtschaftlichen und Produktivitätszuwächsen in den Industrieländern. Später in den 1960er Jahren wurde die Effizienz durch die Implementierung der ersten Automatisierungen von repetitiven Produktionsprozessen noch einmal verbessert. Ende der 90er Jahre geraten fast alle Geschäftsprozesse im Fokus der laufenden Digitalisierung und Automatisierung. Zur Jahrtausendwende wurde klar: Die Zukunft jedes Unternehmens liegt in der Nutzung der Informationstechnologie, insbesondere der Künstliche

© Der/die Autor(en), exklusiv lizenziert an Springer Fachmedien Wiesbaden GmbH, ein Teil von Springer Nature 2023
S. Sarferaz, *ERP-Software: Funktionalität und Konzepte*,
https://doi.org/10.1007/978-3-658-40499-4_24

Intelligenz. Die innovativsten Akteure haben die Chance, massive Vorteile gegenüber ihren Wettbewerbern zu erlangen, indem sie diese neuen Technologien frühzeitig in ihre Wertschöpfungsketten einbetten. Heutzutage wird angenommen, dass rund 70 % aller Unternehmen Technologien der Künstliche Intelligenz in ihre Geschäftsprozesse integrieren oder zumindest in Erwägung ziehen, um die Produktivität ihrer Mitarbeiter zu steigern oder sogar vollständig zu automatisieren. Als logische Konsequenz wächst der Markt für Anwendungen der Künstliche Intelligenz für Unternehmen stetig.

Der Begriff Künstliche Intelligenz ist schwer zu definieren. Einer der Gründe dafür ist, dass der Begriff *Intelligenz* selbst nicht eindeutig definiert ist. Intelligenz ist ein Merkmal, das der Mensch sich selbst und anderen Lebewesen zuordnet. Intelligenz beschreibt die Fähigkeit, Dinge zu lernen, zu verstehen und logisch zu denken. Darauf aufbauend ist Künstliche Intelligenz die Disziplin, die versucht, intelligente Computersysteme und Programme zu erforschen und zu entwickeln. Ein System kann *als intelligent* bezeichnet werden, wenn es in der Lage ist, Aufgaben auszuführen, die andernfalls die Verwendung menschlicher Kognition erfordern würden. Künstliche Intelligenz ist ein Oberbegriff, der viele verschiedene Bereiche und Teildisziplinen abdeckt.

Was ist maschinelles Lernen?

Maschinelles Lernen (ML) ist eine Teildisziplin der Künstlichen Intelligenz, die sich auf die Entwicklung von Anwendungen und Systemen konzentriert, die aus Daten lernen und sich ständig verbessern, ohne dass sie dazu explizit aufgefordert werden. Diese Lösungen verwenden selbstlernende Algorithmen, die mithilfe ihrer statistischen Eigenschaften automatisch an bestimmte Daten angepasst werden können, um Vorhersagen oder Entscheidungen auf der Grundlage neuer unbekannter Daten zu treffen. Im ersten Schritt bei der Entwicklung einer solchen Lösung werden die Daten entsprechend dem Anwendungsfall ausgewählt und vorbereitet. Der zweite Schritt besteht darin, Algorithmen zu selektieren und zu trainieren, um die beste Alternative zu finden und ein Modell anzulegen. Im letzten Schritt wird das erstellte Modell verwendet, um Prognosen für neue Daten zu erstellen. Je mehr das Modell verwendet wird, desto genauer wird es, da es größere Datenmengen sammelt.

Arten des maschinellen Lernens

Die Methoden des maschinellen Lernens können in drei verschiedene Kategorien unterteilt werden. Um die richtige Methode zu wählen, sollten der Anwendungsfall und die bereitgestellten Daten analysiert werden.

Überwachtes Lernen

Die Technik des überwachten Lernens wird verwendet, wenn die bereitgestellten Datensätze bereits bekannte Bezeichner enthalten, die vom System ermittelt werden können. Dies ist eine der am häufigsten verwendeten Praxis, da sie eine der einfachsten Methode zum Verstehen und Auswerten ist. Um ein solches Modell zu trainieren, muss die bereitgestellten Datensätze in Trainings- und Testdaten aufgeteilt werden. Die optimale Parametrisierung des Algorithmus wird anhand der Trainingsdaten ermittelt. Die Qualität des erstellten Modells kann durch Vorhersagen für die Testdaten und anschließendem Vergleich der Ergebnisse mit den tatsächlichen Werten ermittelt werden. Abb. 24.1 zeigt den Prozess der Erstellung und Verwendung eines überwachten Modells. Die Herausforderung bei dieser Methode des maschinellen Lernens ist das Sammeln von etikettierte Daten. Gute etikettierte Datensätze können sehr teuer zu produzieren sein. Darüber hinaus besteht bei überwachten Lernen das Risiko einer Überanpassung des Datensatzes, was bedeutet, dass das Modell perfekt an seine Trainingsdaten angepasst ist, aber immer noch keine guten Vorhersagen für neue Daten treffen kann.

Unüberwachtes Lernen

Unüberwachtes Lernen wird verwendet, wenn die bereitgestellten Datensätze unetikettiert (unlabeld) sind. Mithilfe dieser Methode kann ein Data Scientist relevante Informationen zu diesen unverarbeiteten Datensätzen sammeln. Diese Methode analysiert die statistischen Eigenschaften der Daten unter Verwendung verschiedener Algorithmen und Parametern. Der Analyseprozess wird als Clustering bezeichnet und dient dazu, versteckte Informationen in den Daten zu finden, die für den Menschen nicht direkt sichtbar sind. Das Problem dieser Methode besteht darin, dass die Ergebnisse schwer nachvollziehbar sein können. Sie können auch nicht ausgewertet werden, da die bereitgestellten Datensätze keine Etiketten enthalten. Tatsächlich gibt es beim unüberwachten maschinellen Lernen kein Richtig oder Falsch. Jede Ausgabe kann einige

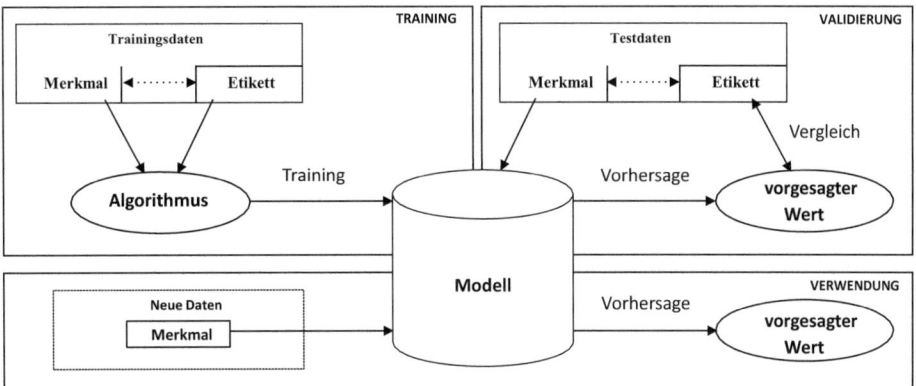

Abb. 24.1 Training und Verwendung eines überwachten Modells

neue Eigenschaften des Datensets anzeigen. Der wichtigste Teil dieses Prozesses besteht darin, die Ergebnisse entsprechend dem Anwendungsfall auszuwählen und zu interpretieren. Um ein sinnvolles Clustering zu erreichen, benötigt der Data Scientist grundlegende Kenntnisse des Anwendungsfalls. Die Ergebnisse einer solchen Clusterbildung können als Etiketten für eine zukünftige Weiterentwicklung des überwachten Modells verwendet werden. Abb. 24.2 zeigt das ideale Ergebnis eines Clustering-Prozesses.

Bestärkendes Lernen

Bestärkendes Lernen bedeutet, ein Modell zu trainieren, welches Entscheidungen auf der Grundlage der in einer kontrollierten Umgebung gesammelten Erfahrungen trifft. Die Maschine steht vor einer spielähnlichen Situation, in der sie verschiedene Ansätze ausprobieren muss, um ein Problem zu lösen, und basierend auf Rückmeldungen aus der Umgebung das Optimum auswählen muss. Grundlage eines bestärkten Lernsystems ist seine Belohnungsfunktion, die als Regelwerk für das Spiel angesehen werden kann. Der Designer des Systems muss diese Regeln definieren, damit die Maschine die Rückmeldung als Belohnung oder Strafe verstehen kann. Die Maschine verwendet dann Versuchs- und Fehlerheuristiken, um ihre Belohnungsfunktion zu maximieren, wie in Abb. 24.3 dargestellt. Die große Herausforderung des bestärkenden Lernens ist der Aufbau der kontrollierten Umwelt. Für einfache Aufgaben wie das Schachspielen kann dies leicht erledigt werden, aber das wird sehr komplex mit fortschrittlicheren Tätigkeiten wie dem autonomen Fahren.

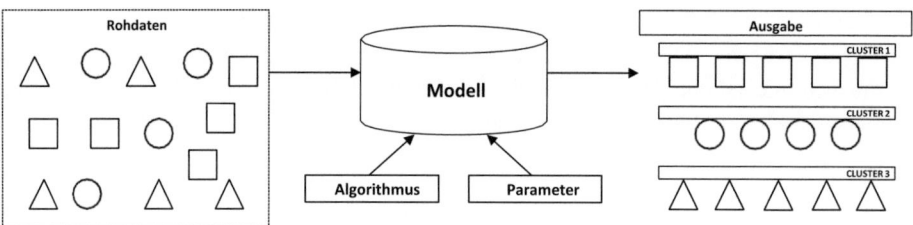

Abb. 24.2 Erstellung eines unüberwachten Modells

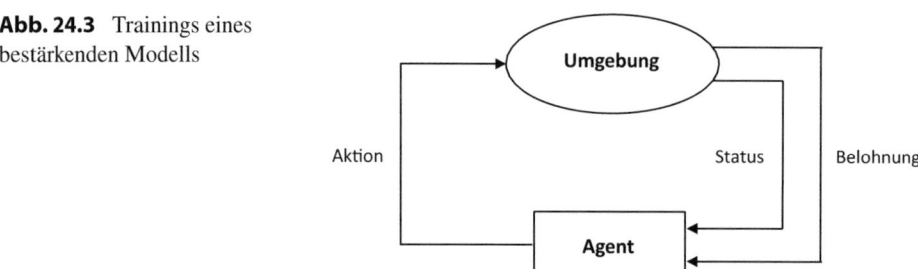

Abb. 24.3 Trainings eines
bestärkenden Modells

24.2 Technische Umsetzung

Mit den KI-fähigen Funktionen von SAP S/4HANA können Unternehmen Vorteile auf mehreren Ebenen erzielen: SAP S/4HANA hilft Unternehmen aus unterschiedlichen Branchen, ihre Geschäftsflexibilität zu erhöhen, die steigenden Erwartungen der modernen Verbraucher zu erfüllen, neue Produkte zu liefern und gleichzeitig ihre Ressourcen effizient zu verwalten.

Innovationsbereiche

Abb. 24.4 zeigt die vier zentralen Innovationsbereiche, die SAP S/4HANA verwendet, um intelligente Unternehmen zu ermöglichen.

In SAP S/4HANA Portfolio werden verschiedene intelligente Technologien angeboten, wie in Abb. 24.4 dargestellt. Die Conversational AI ist ein digitaler Assistent, der dabei hilft, Aufgaben schneller zu erledigen. Der Assistent ist kontextsensitiv und kann verschiedene relevante Business-Objekte in den Anwendungen erkennen, mit denen der Benutzer gerade arbeitet. Benutzer können neue Objekte hinzufügen und anlegen sowie auf ein vorhandenes Objekt verweisen, indem sie mit der Conversational AI sprechen. Der Assistent kann sowohl auf mobilen Geräten als auch auf Desktop-Rechner verwendet werden. Dies ermöglicht einen nahtlosen digitalen Assistenten. Zu den Funktionen von Conversational AI gehören die Verarbeitung natürlicher Sprache, kontextbezogene Chats, das Bearbeiten von Transaktionen sowie der übergreifende Zugriff auf Anwendungen. Robotic Process Automation (RPA) ist eine Technologie, die Software-Bots verwendet, um verschiedene Aufgaben auszuführen, z. B. Interaktion mit Benutzungsoberflächen oder API-Aufrufe. Die robotergesteuerte Prozessautomatisierung von SAP S/4HANA geht einen Schritt weiter und ermöglicht die Einbindung von maschinellem Lernen in vorhandene Bots. Es gibt zwei verschiedene Arten von Bots: unbeaufsichtigt und beaufsichtigt. Die unbeaufsichtigten Bots funktionieren vollständig

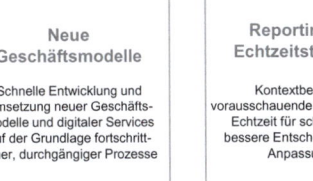

User Experience im digitalen Zeitalter

Digitaler Assistent und Interaktion in natürlicher Sprache für höhere Produktivität, Benutzerzufriedenheit und Proaktivität

Intelligente Technologien

Künstliche Intelligenz, Internet der Dinge und robotergesteuerte Prozessautomatisierung eliminieren mehr als die Hälfte der manuellen Aufgaben

Neue Geschäftsmodelle

Schnelle Entwicklung und Umsetzung neuer Geschäftsmodelle und digitaler Services auf der Grundlage fortschrittlicher, durchgängiger Prozesse

Reporting und Echtzeitsteuerung

Kontextbezogene, vorausschauende Erkenntnisse in Echtzeit für schnellere und bessere Entscheidungen und Anpassungen

Abb. 24.4 Die wichtigsten Säulen von SAP S/4HANA für Intelligenz

automatisiert, ohne dass das Eingreifen des Menschen erforderlich ist. Sie können mit anderen Anwendungen zusammenarbeiten. Die beaufsichtigten Bots erledigen teilweise automatisierte Aufgaben und unterstützen meist einen menschlichen Mitarbeiter. Die robotergesteuerte Prozessautomatisierungslösung von SAP S/4HANA besteht aus drei Komponenten: Studio, Factory und Desktop Agent. Diese Komponenten führen den Benutzer durch den Prozess der Entwicklung, des Debuggings und der Überwachung der einzelnen Bots, um Bots bereitzustellen, die für jede Geschäftsanforderung geeignet sind. Ein Geschäftsprozess läuft nicht immer von Anfang bis Ende reibungslos. Die Situation Handling als Technologie versucht, solche unerwarteten Situationen zu erkennen und die Probleme in den Geschäftsprozessen zu finden. Wenn diese Technologie verwendet wird, werden im Hintergrund ständig Analysedaten gesammelt. Dies ermöglicht ein echtes Verständnis jedes Geschäftsprozesses und eine effizientere Problemerkennung durch die Integration von Technologien für maschinelles Lernen in den Prozess. Das Ziel des Situation Handlings ist es, ein Problem zu erkennen, bevor es eintritt und Kosten verursacht. Wenn etwas Unerwartetes auftritt, erhält die zuständige Benutzergruppe eine Benachrichtigung per E-Mail oder über das SAP Fiori Launchpad. Die Benutzer können sofort handeln und verhindern, dass das Problem auftritt. Situation Handling bietet kontinuierliche Verbesserungsprozesse, sowohl für von Menschen unterstützte als auch für automatisierte Geschäftsprozesse, und kann die Produktivität langfristig steigern. SAP S/4HANA bietet eine eigene Implementierung verschiedener Algorithmen für maschinelles Lernen, die den meisten Anforderungen von Unternehme gerecht werden. Ein Ziel ist es, eine bessere Performanz zu erreichen, indem die Algorithmen und die Verfügbarkeit der Daten durch den Einsatz der schnelleren In-Memory Datenbank optimiert werden. Das maschinelle Lernen in SAP S/4HANA umfasst verschiedene Funktionen, die das gesamte Spektrum der Technologie abdecken – von der Nutzung intelligenter Services über das Trainieren eigener Modelle für maschinelles Lernen bis hin zur produktiven Implementierung und Verwendung. Die wichtigsten Anwendungsfälle, die von Algorithmen für maschinelles Lernen abgedeckt werden, sind Rangfolgen, Kategorisierungen und Prognosen und können einfach implementiert werden, ohne viel Speicher und CPU-Zeit in Anspruch genommen wird. Komplexere Aufgaben wie Bilderkennung, Stimmungsanalyse und Verarbeitung natürlicher Sprache erfordern die Verwendung von Deep-Learning-Algorithmen, die auf neuronalen Netzwerken basieren. Diese Modelle benötigen GPUs und große Menge von Trainingsdaten. Daher werden sie auf der SAP Business Technology Platform (SAP BTP) implementiert, um zu vermeiden, dass die transaktionalen Prozesse im SAP S/4HANA System Nachteile durch ressourcenintensiven ML-Jobs haben. Schließlich definiert das Internet der Dinge (IoT) ein Netzwerk physischer Objekte, die mit Sensoren ausgestattet sind, um Daten aus ihrer Umgebung zu messen und zu übertragen. SAP S/4HANA hilft dabei, diese Rohdaten in betriebswirtschaftlichen Informationen für die Geschäftsprozesse umzuwandeln.

Intelligente Geschäftsprozesse

Wie bereits erwähnt, gibt es auch nach einem Jahrtausend Forschung und Debatte keine allgemeingültige Definition für Intelligenz. Wissenschaftlern haben verschiedene Intelligenz-Modelle für verschiedene Bereiche entwickelt und untersucht, die von Mathematik, Linguistik und Technologie bis hin zu Musik und menschlichen Emotionen reichen, aber keiner von ihnen wird allgemein akzeptiert. Wie kann man also ein intelligentes ERP, SAP S/4HANA, entwerfen, ohne zu wissen, was *Intelligenz* im Kontext von ERP bedeutet? Um dies zu lösen, wird die Methode der Operationalisierung verwendet, um den Begriff für ERP-Systeme messbar zu machen, indem verschiedene Automatisierungsstufen definiert werden – ähnlich wie in der Psychologie menschliche Intelligenz auf IQ-Werten zurückgeführt wird. Mit dieser Methode wird die Intelligenz von SAP S/4HANA nicht zum Ziel, sondern das Mittel, Automatisierung in Autonomie umzuwandeln, um die Gesamtbetriebskosten und den Return on Investment zu verbessern und die Geschäftsprozesse zu optimieren. Das bedeutet, je höher der Automatisierungsgrad eines Geschäftsprozesses oder Systems, desto höher der Intelligenz-Level. Der Automatisierungsansatz basiert auf dem impliziten Verständnis, dass Automatisierung mehr ist als die Einführung eines einzigen Werkzeugs. Vielmehr handelt es sich um eine Kombination aus intelligenten Konzepten und Technologien, die es Unternehmen ermöglichen, sich durch Differenzierung im Wettbewerb zu behaupten. Kernstück dieses Modells ist SAP S/4HANA, das als zentrales System für organisatorische Prozesse im gesamten Unternehmen fungiert. Zunächst müssen jedoch Automatisierungsstufen auf der Grundlage eines klaren Verständnisses der typischen Struktur jedes Geschäftsprozesses definiert werden. Jeder Geschäftsprozess hat vier Dimensionen der Automatisierung und damit der Intelligenz: Datenerfassung, Informationsanalyse, Entscheidungsfindung und Aktionsausführung.

Der Automatisierungsgrad jeder Dimension wird mit einem Intervall zwischen 1 (niedrig) und 5 (hoch) gemessen, wie in Abb. 24.5a dargestellt. Durch die Bestimmung des Automatisierungsgrads jeder Dimension für einen bestimmten Geschäftsprozess kann der Gesamtniveau der Geschäftsautomatisierung ermittelt werden. Dieser Automatisierungsgrad soll eins-zu-eins dem Intelligenzgrad entsprechen. Somit wird der Intelligenzgrad auf dem messbaren Automatisierungsgrad quantifizierbar zurückgeführt. Mit diesem Ansatz können der aktuelle und der angestrebte Intelligenzgrad für SAP S/4HANA ermittelt werden. Anschließend kann für jede Dimension ein Ausführungsplan definiert werden, um Geschäftsprozesse intelligenter zu machen:

Dimension 1: Datenerfassung
Der Prozess der Dateneingabe in SAP S/4HANA wird häufig mit Tastatur, Scanner oder Spracheingabe durchgeführt. Die Automatisierung dieser Dimension reicht von niedrig bis hoch:

1. Manuelle Eingabe durch den Benutzer
2. Manuelle Eingabe und Datenintegration
3. Datenintegration und manuelle Eingabe in Ausnahmefällen
4. Dialogorientierte künstliche Intelligenz und Datenintegration
5. KI-basierte Datenextraktion und -integration, z. B. Umwandlung eines PDF-Dokuments in strukturierte Daten durch einen Bot

Dimension 2: Informationsanalyse

Die Automatisierung der Informationsanalyse erfordert einen systematischeren Ansatz für die Auswertung und Interpretation von Daten in aussagekräftige Erkenntnisse, basierend auf einer Skala von (von niedrig bis hoch):

1. Beschreibend und detailliert, was in der Vergangenheit passiert ist
2. Diagnostisch, die erläutert, warum ein bestimmtes Ereignis aufgetreten ist

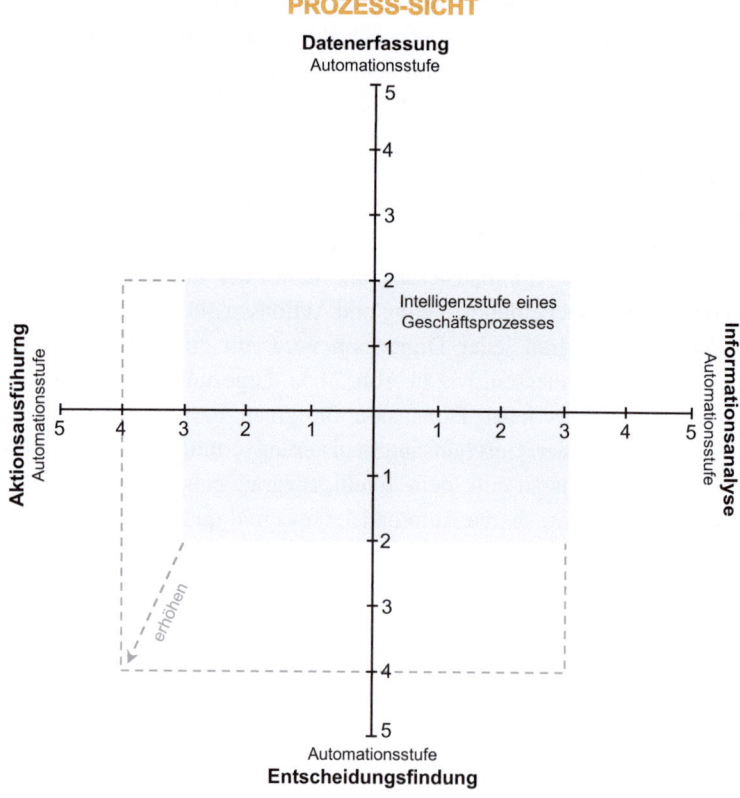

Abb. 24.5 **a** Vier Dimensionen der Prozessautomatisierung/-intelligenz, **b** Kategorisierung von Techniken basierend auf Automatisierungsgrad

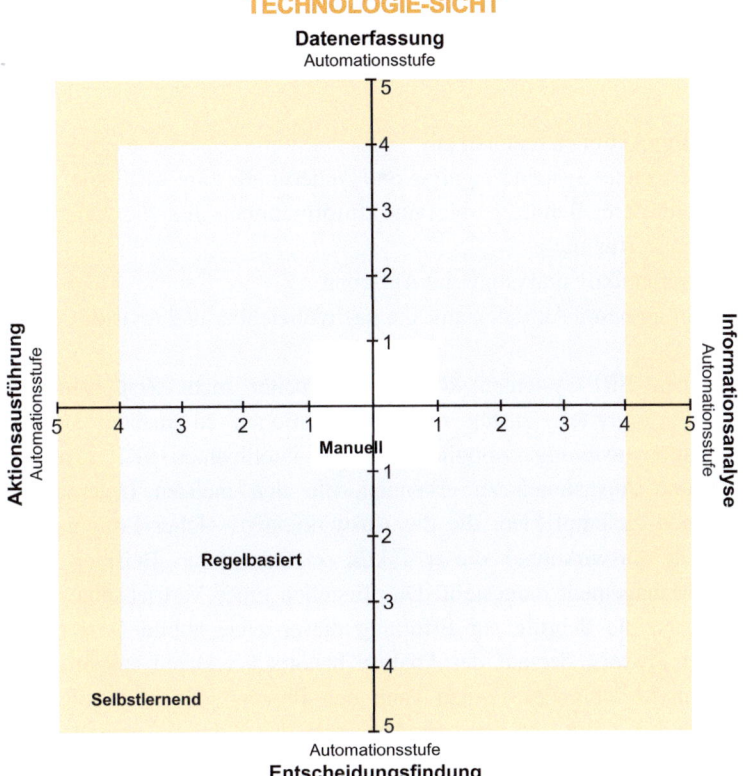

Abb. 24.5   (Fortsetzung)

3. Prognostisch, was als Nächstes geschieht
4. Präskriptiv, Empfehlung für die nächsten Schritte
5. Kognitiv, autonome selbstlernende Analyse von Ereignissen

Dimension 3: Entscheidungsfindung
Die Auswahl aus den verfügbaren Optionen erfordert eine Übersicht über die Aus-
wirkungen jeder Option. Die folgenden Qualitäten können verwendet werden, um den
Automatisierungsgrad (von niedrig zu hoch) zu ermitteln:

1. Benutzer trifft Entscheidungen manuell
2. Benutzer verwendet Systemereignisse und Änderungen für Entscheidung
3. System stellt dem Benutzer relevante Informationen für die Entscheidung zur Verfügung
4. System bewertet aktiv und empfiehlt Entscheidungen
5. System trifft autonom Entscheidungen, die nachvollziehbar und revisionsfähig sind

Dimension 4: Aktionsausführung

Die Automatisierung der Erzwingung von Anweisungen zum Erreichen eines bestimmten Ziels folgt einer Reihe von Qualitäten für die Aktionsausführung (von niedrig bis hoch):

1. Benutzer führt Aktionen manuell aus
2. Benutzer verwendet Systemereignisse und Änderungen zum Ausführen von Aktionen
3. System stellt dem Benutzer relevante Informationen für die Durchführung von Aktionen zur Verfügung
4. System bewertet aktiv und empfiehlt Aktionen
5. System führt autonom Aktionen aus, die nachvollziehbar und revisionsfähig sind

Mit intelligenten ERP-Systemen können Mitarbeiter mehr Zeit damit verbringen, Maßnahmen zu ergreifen, anstatt nach Informationen zu suchen. Der Ansatz für intelligente Automatisierung ermöglicht es dem intelligenten ERP, kritische Herausforderungen und Ausnahmen zu erkennen, die den meisten Unternehmen fehlen, und Maßnahmen zu empfehlen, die die Auswirkungen solcher Ereignisse lösen oder minimieren. Die Auswirkungen dieser Taktik sei anhand des Beispiels für das Sales Performance Management dargestellt. Das Erstellen eines Vertriebsplans, der Umsatzziele festlegt und die Schritte zur Erfüllung dieser Ziele abbildet, ist traditionell ein sehr manueller Prozess, der auf der Analyse historischer Daten basiert, um Erlöse zu prognostizieren. Maschinelles Lernen kann den Prozess jedoch erheblich verbessern, indem vorhergesagt wird, wie sich der Absatz in der Zukunft entwickeln könnte und wie Ressourcen genutzt werden sollten. Solch ein Vertriebsplanung verringert den manuellen Aufwand und bietet gleichzeitig bessere Einblicke, um den tatsächlichen Umsatz zu steigern. Um einen Geschäftsprozess intelligenter zu machen, wird zunächst der aktuelle Automatisierungsgrad ermittelt. Dieser Schritt ist die Grundlage, von der die angestrebte Automatisierungsgrad von Solution Managern basierend auf Kundenanforderungen abgeleitet werden kann. Verschiedene Konzepte und Technologien können angewendet werden, um die angestrebte Automatisierungs- bzw. Intelligenzgrad für die vordefinierten Dimensionen zu erreichen. Wie in Abb. 24.5b dargestellt, können Technologien hinsichtlich der Implementierung von verschiedenen Automatisierungsstufen kategorisiert werden. Auf der einfachsten Ebene können Geschäftsprozesse manuell ohne jegliche Automatisierung ausgeführt werden. Dann können im Laufe der Zeit regelbasierte Techniken angewendet werden, um den Automatisierungsgrad in Bezug auf steigende Intelligenz zu erhöhen. Beispielsweise kann das ABAP-Reporting Eingabe- und Prozessvalidierungen automatisch durchführen und dem Benutzer Fehlermeldungen mit Lösungsanweisungen anzeigen. Es kann auch einen Workflow für einzelne Aufgaben und Entscheidungen von einem Schritt zum anderen auslösen, bis ein vordefinierter Prozess abgeschlossen ist. Zu dieser regelbasierten Technologie gehört auch das Berichtswesen mit Erkenntnissen und Empfehlung für Gegenmaßnahmen. Mit dieser Funktion können Benutzer eine Ursachenanalyse durchführen, Korrekturmaßnahmen vornehmen.

Wenn es darum geht, den höchsten Automatisierungs- bzw. Intelligenzgrad (Level 5) zu erreichen, reichen regelbasierte Ansätze nicht mehr aus, sie müssen auf maschinellen Lernen ausgeweitet werden. Diese Technologie hilft, Geschäftsdaten zu verstehen und verborgene Einblicke und Beziehungen zu entdecken, indem sie aus Daten lernt, anstatt explizite Regeln zu programmieren. Mögliche Anwendungsfälle sind Deep Learning für Bilderkennung, dialogorientierte Künstliche Intelligenz für die Verarbeitung natürlicher Sprache und intelligente Bots oder Anwendungen, die auf Modelle für maschinelles Lernen basieren, die autonome Entscheidungen und Aktionen unterstützen. Daher liegt der Schwerpunkt des nächsten Abschnitts auf maschinellem Lernen, insbesondere da die Techniken neue konzeptionelle Überlegungen erfordern.

Architektur des maschinellen Lernens

Abhängig von den Anforderungen eines bestimmten KI-Anwendungsfalls muss der Implementierungsansatz für maschinelles Lernen (ML) ausgewählt werden. Einerseits gibt es das Embedded ML, das im SAP S/4HANA Backend ausgeführt wird. Andererseits gibt es das Side-by-Side ML, das die SAP Business Technology Platform (SAP BTP) verwendet. Abb. 24.6 zeigt die Architektur für maschinelles Lernen in SAP S/4HANA. Einfache Anwendungsfälle wie Trends und Prognosen erfordern statistische Algorithmen für ihre Implementierung, z. B. Regression, Klassifizierung oder Zeitreihenanalyse. Für das Trainieren solcher Algorithmen werden wenig Daten, CPU und Speicher benötigt. Daher können diese Kategorien von ML-Szenarien in der SAP S/4HANA Plattform basierend auf dem Embedded ML Ansatz implementiert werden. SAP HANA als zugrunde liegende Datenbank von SAP S/4HANA bietet über 100

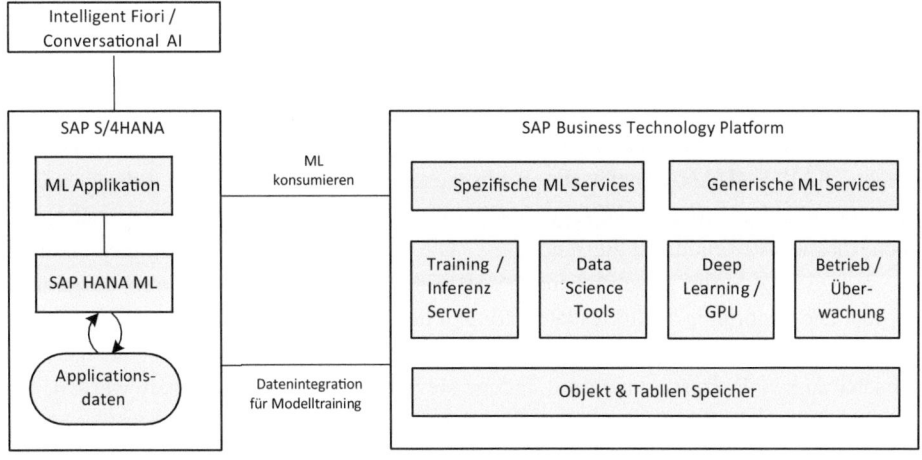

Abb. 24.6 Architektur für maschinelles Lernen in SAP S/4HANA

Algorithmen für maschinelles Lernen, die in diesem Kontext verwendet werden können. Die Anwendungsdaten von SAP S/4HANA sind bereits in SAP HANA gespeichert. Daher können für eine bestimmte Fragestellung des maschinellen Lernens die geeigneten Algorithmen mit diesen Anwendungsdaten trainiert und für die Inferenz bereitgestellt werden. So kann maschinelles Lernen tief in die Geschäftsprozesse und Benutzungsoberflächen integriert werden. Der relevante Algorithmus und die erforderlichen Trainingsdaten werden im Rahmen der Data Science Exploration ermittelt, welche typischerweise vor der Implementierung einer Anwendung für maschinelles Lernen durchgeführt wird.

Es gibt jedoch auch komplexere Szenarien für maschinelles Lernen, z. B. Bilderkennung oder Verarbeitung natürlicher Sprache. Solche Szenarien erfordern in der Regel komplexe Algorithmen wie neuronales Netzwerk und Deep Learning. Diese Kategorie selbstlernender Algorithmen erfordert hohe Daten, GPU und riesige Arbeitsspeichervolumina für das Training. Durch den hohen Verbrauch von Systemressourcen würde die Verarbeitung der transaktionallen Prozesse in SAP S/4HANA leiden, weshalb diese Arten von Szenarien auf die SAP Business Technology Platform ausgelagert wird (genannt Side-By-Side ML). Hier wird eine skalierbare und verteilte Infrastruktur für Training und Inferenz bereitgestellt. Darüber hinaus werden progressive Data-Science-Tools, Deep-Learning Umgebung, GPU-Hardware und wiederverwendbare ML-Business-Services angeboten. Für Side-by-Side ML Daher werden die erforderlichen Anwendungsdaten in SAP Business Technology Platform repliziert, das Modell trainiert und ein API-Endpunkt für Inferenz bereitgestellt. Dieser API-Endpunkt wird remote von der SAP S/4HANA Anwendung aufgerufen, um maschinelles Lernen in die Geschäftsprozesse bzw. Benutzungsoberflächen einzubinden. Neben komplexe Algorithmen und einem hohen Ressourcenbedarf sind externe Daten ein drittes Entscheidungskriterium für die Implementierung eines Side-by-Side ML Szenarios.

Embedded ML

Dieser Implementierungsansatz basiert auf CDS-Views und nutzt die Plattformfunktionen des SAP S/4HANA Systems. Die Prozessierung der ML-Algorithmen kann aufgrund des hohen Datenvolumens sehr zeitaufwendig sein. Ihre Performanz erhöht sich, jedoch wenn die Algorithmen direkt auf den Anwendungsdaten prozessiert werden. SAP S/4HANA bietet die Bibliotheken *Predictive Analytics Library (PAL)* und *Automated Predictive Library (APL)* an, die Algorithmen für statistische und stochastische Anwendungsfälle enthalten. Die bereitgestellten Algorithmen können aus den in SQLScript geschriebenen SAP HANA Datenbankprozeduren aufgerufen werden. Die benötigten Trainingsdaten können über SQL-Views gelesen werden, die aus ABAP-CDS-Views generiert wurden. Die trainierten Modelle werden in die betriebswirtschaftlichen Prozesse integriert, indem sie mit CDS-Views verschalt werden, die auf ABAP-Klassen basieren. Diese Views können mit anderen CDS-Views kombiniert und den Konsumenten zur Verfügung gestellt werden. Durch diese Art der Entwicklung von maschinellen Lernens werden viele bereits implementierte Konzepte für CDS-Views wie Berechtigung, Erweiterbarkeit und UI-Integration wiederverwendet, was eine sehr einfache, aber mächtige Systemarchitektur ermöglicht. Die ermittelten Inferenzergebnisse werden dem richtigen Benutzer zum richtigen Zeitpunkt und am richtigen Ort angezeigt und werden somit allen Benutzer von SAP S/4HANA zugänglich gemacht. Die Abb. 24.7 veranschaulicht die Architektur für Embedded ML.

Side-by-Side ML

Das Side-by-Side Konzept für maschinelles Lernen nutzt die SAP Business Technology Platform zum Speichern und Verwalten der Modelldaten. Hierbei werden typischerweise die Trainingsdaten aus SAP S/4HANA extrahiert und auf SAP Business Technology Platform abgelegt. Mit Side-by-Side ML können komplexe Modelle mit hohe Ressourcenanforderung trainiert und verwendet werden, ohne die Performanz der SAP S/4HANA Transaktionen zu beeinträchtigen. Die Verarbeitungslogik basiert auf einer Pipeline-Engine, die es erlaubt, neue Szenarien grafisch zu programmieren. Diese Engine koordiniert einen komplexen Datenfluss über mehrere Pipelines und basiert auf einer skalierbaren Kubernetes-Umgebung. Für Data Scientists werden Werkzeug bereitgestellt, um Daten mithilfe von Jupyter Notebook und Python zu analysieren und

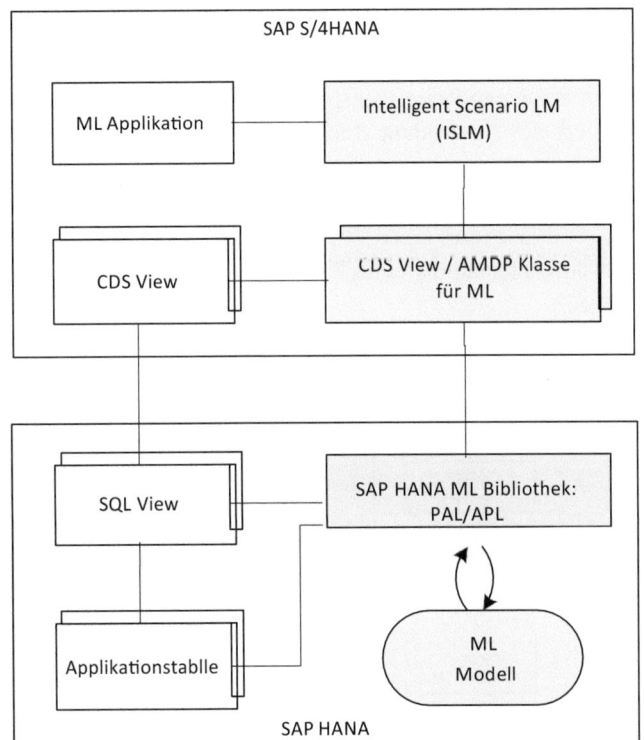

Abb. 24.7 Embedded ML

Modelle zu entwickeln. Die SAP Business Technology Platform stellt eine GPU-Infra-struktur für das Training und die Verwaltung der komplexen Deep-Learning-Modelle bereit. Für die Implementierung von Side-by-Side ML muss jede Anwendung ihre eigenen Szenarien und Pipelines definieren. Die SAP Business Technology Platform organisiert jeden Anwendungsfall mit Artefakten. Ein Artefakt enthält alles, was für die erforderliche Implementierung eines Anwendungsfalls erforderlich ist. Sie bestehen aus mehreren Pipelines, die Trainings- und Inferenzprozesse implementieren. Diese Pipe-lines können als sequenzielle oder parallele Aufgaben ausgeführt werden. Die bereit-gestellten Inferenzergebnisse können über REST-APIs in SAP S/4HANA Anwendungen bereitgestellt werden, sodass sie in Geschäftsprozesse und Benutzeroberflächen integriert werden können. Die Abb. 24.8 stellt die Architektur für Side-by-Side ML dar.

Beispielanwendung

Die ML-Anwendungen in SAP S/4HANA folgen dem erläuterten Embedded und Side-by-Side ML Programmiermodell. Zur Veranschaulichung wird in diesem Abschnitt eine Beispielanwendung kurz beschrieben. *SAP Predict Arrival of Stock in Transit* (Abb. 24.9) basiert auf der Embedded ML Architektur und prognostiziert Lieferver-zögerungen. Für Unternehmen, die Waren aus ihren Werken verschicken und empfangen, ist es wichtig, den Lieferstatus der Materialien auf dem Transportweg zu verfolgen, um bei Verspätungen Gegenmaßnahmen ergreifen zu können. Die Anwendung SAP Predict Arrival of Stock in Transit bietet einen Überblick über die offenen Transporte, sodass der Benutzer im Unternehmen jeden Transportauftrag verfolgen kann. Mit maschinellem Lernen prognostiziert die Anwendung Liefertermine für jede Warenbewegung, damit Benutzer bei Lieferverzögerungen rechtzeitig reagieren können. Die wichtigsten Funktionen der Anwendungen sind:

- Vorhersage des Ankunftsdatums eines Transports und Gliederung des Status in ver-schiedene Klassen

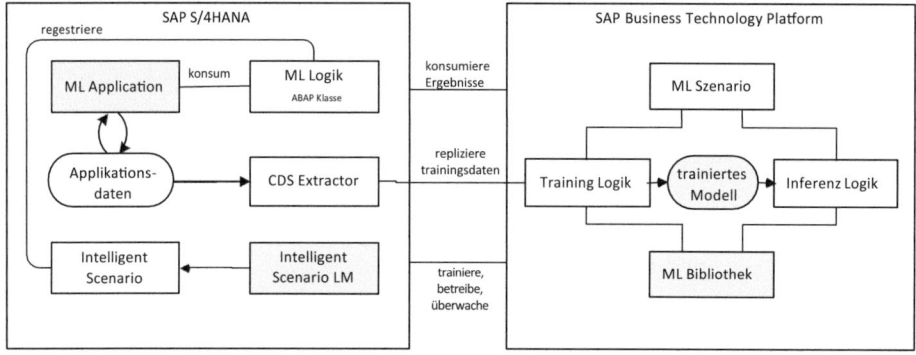

Abb. 24.8   Side-by-Side ML

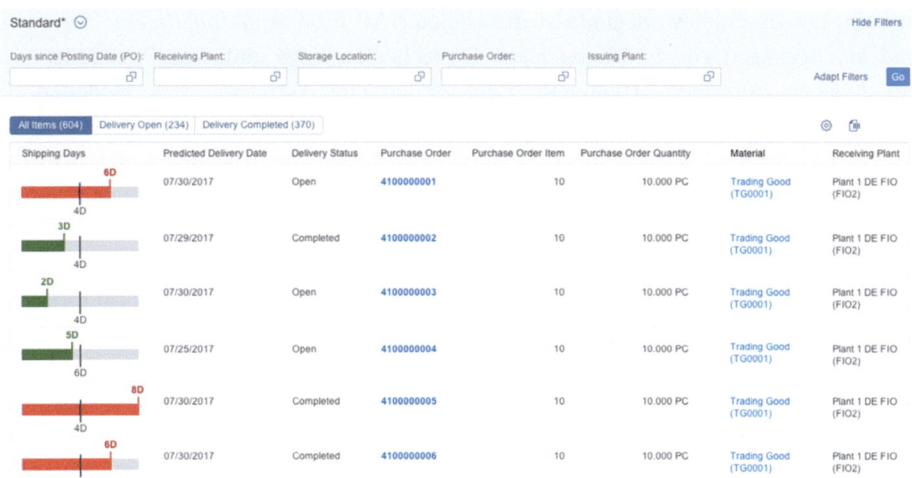

Abb. 24.9 SAP Predict Arrival of Stock in Transit

- Definition der Vorhersagemodelle, Training und Ausführung der Szenarios
- Ein vorkonfigurierter Satz von KPIs ermöglicht Analysen von SAP S/4HANA Daten mit Drilldown-Funktionen.
- Frühzeitige und effiziente Transparenz von Umlagerungsbestellungen
- Integrationsfunktionen mit SAP S/4HANA für Echtzeiteinblicke in Fertigungs- szenarien mit vorausschauenden Analysen

Somit optimiert und automatisiert maschinelles Lernen den Geschäftsprozess der Verfolgung von Transitbeständen. Insgesamt wird eine zuverlässigere Planung und Terminierung der Prozesse für Ware in Transit ermöglicht. Eine verbesserte Benutzer- oberfläche, die Prognosen visualisiert und die Benutzerzufriedenheit verbessert.

Lebenszyklusmanagement

Ein *Intelligent Scenario* ist ein Entwicklungsartefakt, welches sich auf eine ABAP- Darstellung eines Anwendungsfalls für maschinelles Lernen bezieht und einen definierten Lebenszyklus von seiner Planung bis zu seiner endgültigen Verwendung durchläuft. SAP Intelligent Scenario Lifecycle Management (ISLM) ist ein Framework, das Benutzern dabei hilft, verschiedene Szenarios für maschinelles Lernen zu ver- wenden. Es kann als ein Werkzeug betrachtet werden, das für die standardisierte Implementierung und den Betrieb von Anwendungsfällen für maschinelles Lernen verwendet werden kann. SAP Intelligent Scenario Lifecycle Management kann für die Entwicklung und den Betrieb von Embedded und Side-by-Side ML verwendet werden. Dieses Framework umfasst die beiden SAP Fiori Apps *Intelligente Szenarios* und *Intelligentes Szenario Management*. Diese beiden Apps umfassen Funktionen wie das Anlegen, Anzeigen, Trainieren, Bereitstellen und Aktivieren von Modellen für maschinelles Lernen. Einer der operativen Vorteile dieses Frameworks besteht darin, dass es Entwicklern und Administratoren einen zentralen Zugriffspunkt bietet, über den sie bestehende Szenarien für das Unternehmen anlegen und verwalten können. Darüber hinaus wird ein standardisierter Prozess für die Verwaltung jedes Szenarios bereitgestellt. Ein wesentlicher Vorteil besteht in der Flexibilität des Frameworks und den Orchestrierungsfunktionen. Wie bereits erwähnt kann SAP Intelligent Scenario Lifecycle Management beide ML-Architekturen verarbeiten, die sowohl in On-Premise- als auch in Cloud-Umgebungen ausgeführt werden können.

Intelligentes Szenario anlegen

Das Anlegen eines neuen Szenarios erfordert einige Voraussetzungen. Um ein neues Szenario anzulegen, benötigt der Benutzer zunächst die Berechtigungsrolle *Analytics Specialist*. Beim Anlegen eines Embedded ML Szenarios ist es wichtig, dass die Gültigkeit des Anwendungsfalls geprüft wurde und dass ausreichend Daten im Trainingsdatenset vorhanden sind. Bei der Verwendung des Side-by-Side-Ansatzes muss der Entwickler sicherstellen, dass das richtige ABAP-Paket im System vorhanden ist. Der Entwickler muss auch prüfen, ob die ABAP-Klasse, die die Logik für maschinelles Lernen enthält, das Interface IF_ISLM_INTELLIGENT_SCENARIO korrekt implementiert. Nachdem alle Voraussetzungen abgearbeitet sind, ist die Vorgehensweise sehr einfach. Das Anlegen eines neuen Szenarios erfolgt, indem die App *Intelligente Szenarios* auf dem SAP Fiori Launchpad geöffnet und die Drucktaste zum Anlegen gewählt wird (Abb. 24.10). Der Entwickler wird über Dialogfenstern durch den Prozess geführt, in denen er nach erforderlichen Eingaben wie Name, Beschreibung und weiterer Konfiguration gefragt wird.

Intelligentes Szenario verwalten

Die Verwaltung eines Szenarios für maschinelles Lernen erfolgt durch Öffnen der Anwendung SAP Intelligent Scenario Management (Abb. 24.11) auf dem SAP Fiori Launchpad. Auf der Startseite der Anwendung findet der Benutzer eine Liste aller verfügbaren Szenarien. Damit ein Szenario in dieser Liste angezeigt wird, muss es vom Ersteller oder einer berechtigten Person publiziert werden. Um ein bestimmtes Szenario zu finden, kann nach Typ oder Erstellungsdatum gefiltert werden oder nach einem Schlüsselwort gesucht werden. Nachdem ein Szenario ausgewählt ist, wird eine Liste mit seinen verschiedenen Versionen angezeigt. Jede Version kann individuell trainiert, deployt, aktiviert oder deaktiviert werden. Für jede dieser Aktionen gibt es einen spezifischen Workflow. Einer der wichtigsten Vorteile von SAP Intelligent Scenario Management besteht darin, dass jeder seiner Workflows ausschließlich durch Interaktion mit der grafischen Oberfläche ausgeführt werden kann, sodass kein spezifisches Programmierwissen erforderlich ist.

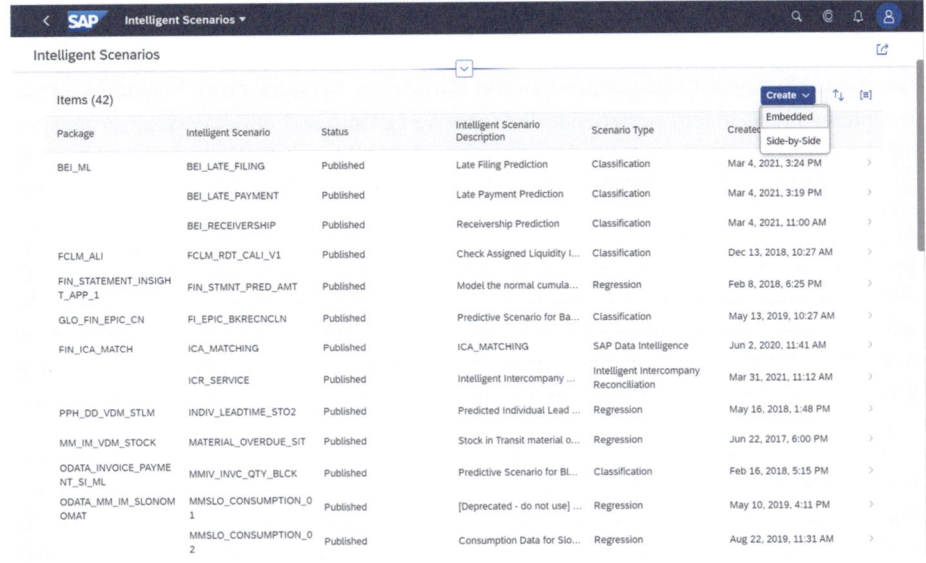

Abb. 24.10   SAP Intelligent Scenarios App

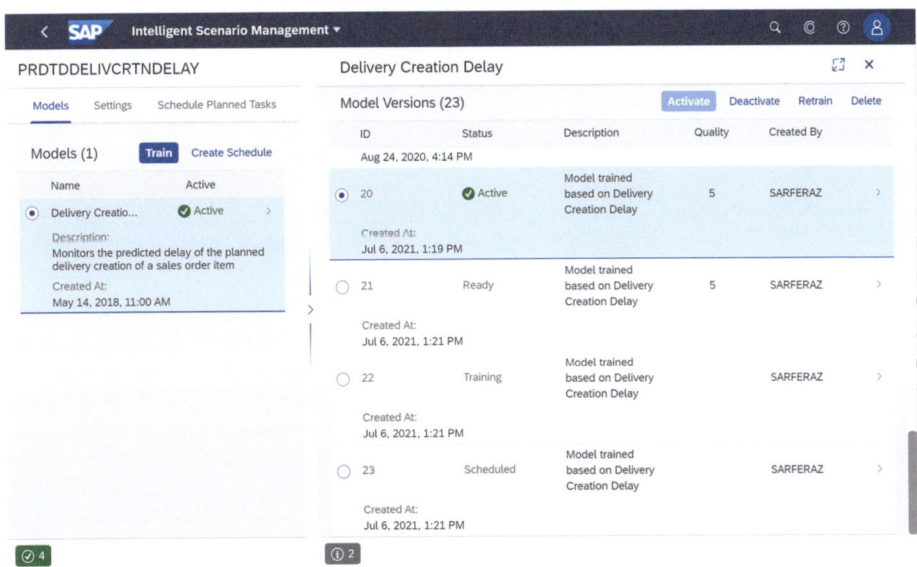

Abb. 24.11   SAP Intelligent Scenario Management App

Fazit

Wie in diesem Kapitel erläutert, bieten die KI-fähigen Services einen echten Mehrwert
für Unternehmen, indem bestehende Prozesse verbessert und der Automatisierungsgrad
erhöht wird. SAP S/4HANA verfügt über eine Vielzahl von Funktionen mit mehreren
Anpassungsmöglichkeiten, sodass die meisten Anwendungsfälle standardmäßig genutzt
werden und keine komplexen Programmierkenntnisse erfordern. Wenn diese Standardfunktionen nicht ausreichen, bieten die verschiedenen integrierten Bibliotheken für
Künstliche Intelligenz von SAP S/4HANA eine einsatzbereite Technologie, die den
Anforderungen jedes Programmierers und Datenwissenschaftlers entspricht und umfangreiche Projektimplementierungen ermöglicht. Die Implementierung von KI-Funktionali-
tät in SAP S/4HANA basiert auf Embedded ML oder Side-by-Side ML Architektur je
nach den vorliegenden Anforderungen bezüglich Hardware, Algorithmen und Daten.

Das Internet der Dinge (Internet of Things (IoT)) definiert ein Verbund physischer Objekte, die Daten über das Netzwerk sammeln und austauschen können. Diese Objekte sind mit eingebetteten Sensoren ausgestattet, die Daten aus ihrer Umgebung und aus Transmittern messen, die die Verbindung zur Cloud-Plattform ermöglichen. Das IoT auf Basis von SAP S/4HANA hilft dem Benutzer, die von verschiedenen Objekten gesammelten Rohdaten in wertvolle Informationen für das Unternehmen umzuwandeln. Diese Informationen helfen dabei, die Transparenz und Effizienz verschiedener Prozesse wie Lieferkette, Produktion oder Kundenzufriedenheit zu verbessern. Sie können auch zur Senkung der Wartungskosten beitragen, indem sie die Geräte ständig überwachen und Probleme frühzeitig erkennen. Damit wird die Grundlage für Industrie 4.0 geschaffen. Die SAP S/4HANA Plattform unterstützt die Kunden und bietet eine umfassende Lösung, die IoT-Prozesse abdeckt, von der Verbindung der Geräte über die Datenaufnahme bis hin zu Datentransport, Speicherung und Interpretation.

25.1 Betriebswirtschaftliche Anforderung

Fertigungsunternehmen müssen die Produktivität steigern, individualisierte und qualitativ hochwertige Produkte herstellen, das sich ständig ändernde Umfeld trotzen und die unterschiedliche Kundennachfrage erfüllen. Für viele Unternehmen ist Industrie 4.0 die Antwort darauf, diese Herausforderungen in Chancen zu verwandeln. Industrie 4.0 bzw. das industrielle Internet der Dinge (Internet of Things (IoT)) bezeichnet die industrielle Transformation mithilfe neuer digitaler Technologien, die das Sammeln und Analysieren von Daten über Maschinen und Unternehmenssysteme hinweg erlaubt und so effiziente Prozesse zur Herstellung hochwertiger Waren ermöglicht. Dazu gehören technologische Innovationen wie IoT, Edge und Cloud

© Der/die Autor(en), exklusiv lizenziert an Springer Fachmedien Wiesbaden GmbH, ein Teil von Springer Nature 2023
S. Sarferaz, *ERP-Software: Funktionalität und Konzepte,*
https://doi.org/10.1007/978-3-658-40499-4_25

Computing, Künstliche Intelligenz, Sensoren und Roboter. Industrie 4.0 verändert also die Produktion in der Fertigungs- und der Prozessindustrie radikal in Richtung autonome Produktion. Die menschliche Arbeit in der Produktion wird verändert, indem die Mitarbeiter maßgeschneiderte Informationen auf der Grundlage intelligenter Geräte erhalten. Softwarelösungen in der Produktion werden von der Transaktionsausführung in datengesteuerte Geschäftsprozesse umgewandelt. Sensoren, Geräte, Maschinen und ERP-Software werden miteinander verbunden.

Anwendungsmodule werden zwischen Cloud und Edge verteilt. Edge Computing ermöglicht die Verarbeitung von Anwendungsmodulen am Produktionsstandort, um Zuverlässigkeit zu gewährleisten und Latenzzeiten von Geschäftsfunktionen zu vermeiden. Aufgrund der hohen Vernetzung muss die Lösungsarchitektur daher sicher, interoperabel, portabel, offen, modular, erschwinglich und erweiterbar sein. Häufig betrachten Unternehmen Industrie 4.0 als Fertigungs-, Faktor- oder Distribution-Center-orientierten Ansatz. Das ist richtig, aber nicht die ganze Wahrheit. Unternehmen können Industrie 4.0 optimal nutzen, indem sie sie ganzheitlich im gesamten Organisation nutzen. ERP-Systeme wie SAP S/4HANA haben das Potenzial, den Wert von Industrie 4.0 zu erschließen, indem die intelligente Fertigung mit durchgängigen Geschäftsprozessen in der gesamten Logistikkette kombiniert wird. Industrie 4.0 erfordert einen branchenspezifischen Ansatz, da die Herausforderungen variieren und es keine Einheitslösung gibt. Die Abb. 25.1 zeigt die Leitmotive von Industrie 4.0 und stellt auch Anwendungsfallbeispiele bereit (SAP Industry 4.0 Strategy, 2021).

Industrie 4.0 basiert auf vier Leitmotive, die dem Unternehmen einen deutlichen Mehrwert bieten. *Intelligente Produkte* werden hergestellt und konfiguriert, um die Anforderungen der Kunden zu erfüllen. *Intelligente Anlagen* werden dynamisch allen Prozessen zugeordnet. *Intelligente Fabriken* basieren auf Daten und maschinellem

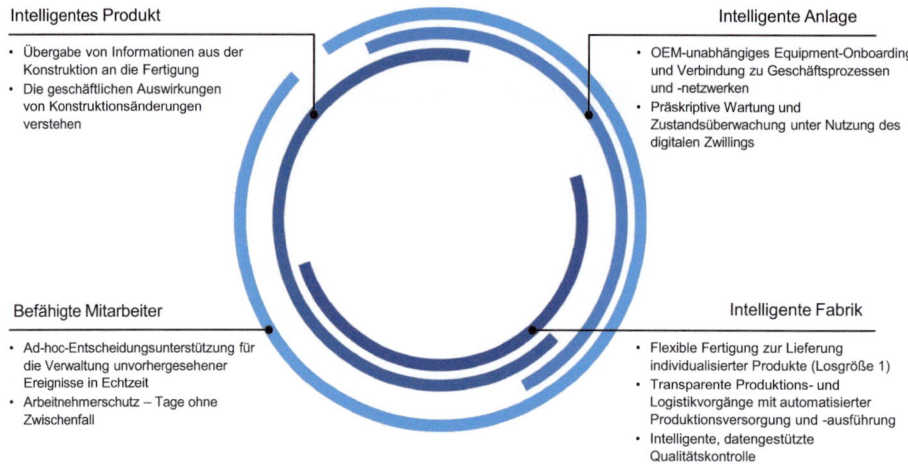

Abb. 25.1 Leitmotive und Anwendungsfallbeispiele für Industrie 4.0

Lernen, um den Grad der autonomen Verarbeitung zu erhöhen und hochgradig konfigurierbare Produkte in großem Maßstab bereitzustellen. Dank der Verfügbarkeit aller Werkzeuge und Informationen, die sie für ihre optimale Arbeit benötigen, können *befähigte Mitarbeiter* effizient Entscheidungen treffen und Maßnahmen ergreifen. Der digitale Zwilling ist der gemeinsame Faden für Industrie 4.0. Die Grundidee besteht darin, eine digitale Darstellung einer Anlage oder Systemmerkmale bereitzustellen, wenn sie entworfen, hergestellt und betrieben werden. Dies führt zu einem enormen Wert, da alle Informationen konsistent gepflegt und aktualisiert werden, z. B. Betriebsanleitungen, Diagramme, Serviceanweisungen und -aufzeichnungen, Leistungsdatensätze und Schadensbilder. Auf diese Weise wird eine nahezu Echtzeitverarbeitung im gesamten Netzwerk ermöglicht und manuelle Aufgaben reduziert. Mit diesen Daten können Unternehmen Funktionen implementieren, die Prognosen für zukünftige Zustände von historischen Daten liefern, Verhaltens- oder Performanz-KPIs übernehmen, indem sie Variablen ändern, und Was-wäre-wenn-Simulationen durchführen, indem sie Variablen anpassen, bevor sie das physische System konfigurieren.

Diese Industrie 4.0 Leitmotive aus Abb. 25.1 werden basierend auf SAP-S/4HANA Modulen wie *R&D/Engineering, Manufacturing, Supply Chain, Asset Management* und *Environmental Health & Safety* implementiert. Einige Lösungsfunktionen dieser SAP S/4HANA Module und ihre Plattformschichten sind in Abb. 25.2 dargestellt. Aus konzeptioneller Sicht ist IoT im Hinblick auf die Integration von Sensordaten in Geschäftsprozesse der neue Aspekt für SAP S/4HANA. Daher wird dies in den nächsten Abschnitten näher erläutert.

25.2 Technische Umsetzung

In diesem Abschnitt werden die Konzepte zur Implementierung von IoT-Anwendungen erklärt. Für die IoT-Anwendungen werden die Szenarien und Architektur beschrieben.

IoT-Anwendungen

In (ISO IEC JTC 1 IoT, 2015) wird das Internet der Dinge definiert als eine Infrastruktur miteinander verbundener Objekte, Personen, Systeme und Informationsressourcen zusammen mit intelligenten Services, die es ihnen ermöglicht, Informationen der physischen und virtuellen Welt zu verarbeiten und zu reagieren. Darauf aufbauend kann eine IoT-Anwendung als Software beschrieben werden, die intelligente Services und Algorithmen bereitstellt, in der Regel in Kombination mit Benutzungsoberflächen für die Verarbeitung von Informationen aus den vernetzten Objekten, Personen, Systemen und Informationsressourcen zur Unterstützung von Organisationen und Menschen bei der Lösung eines relevanten Geschäftsproblems. Sie basiert in der Regel auf Technologiekomponenten, die der Anwendung generische Funktionen bereitstellen. Daher umfasst

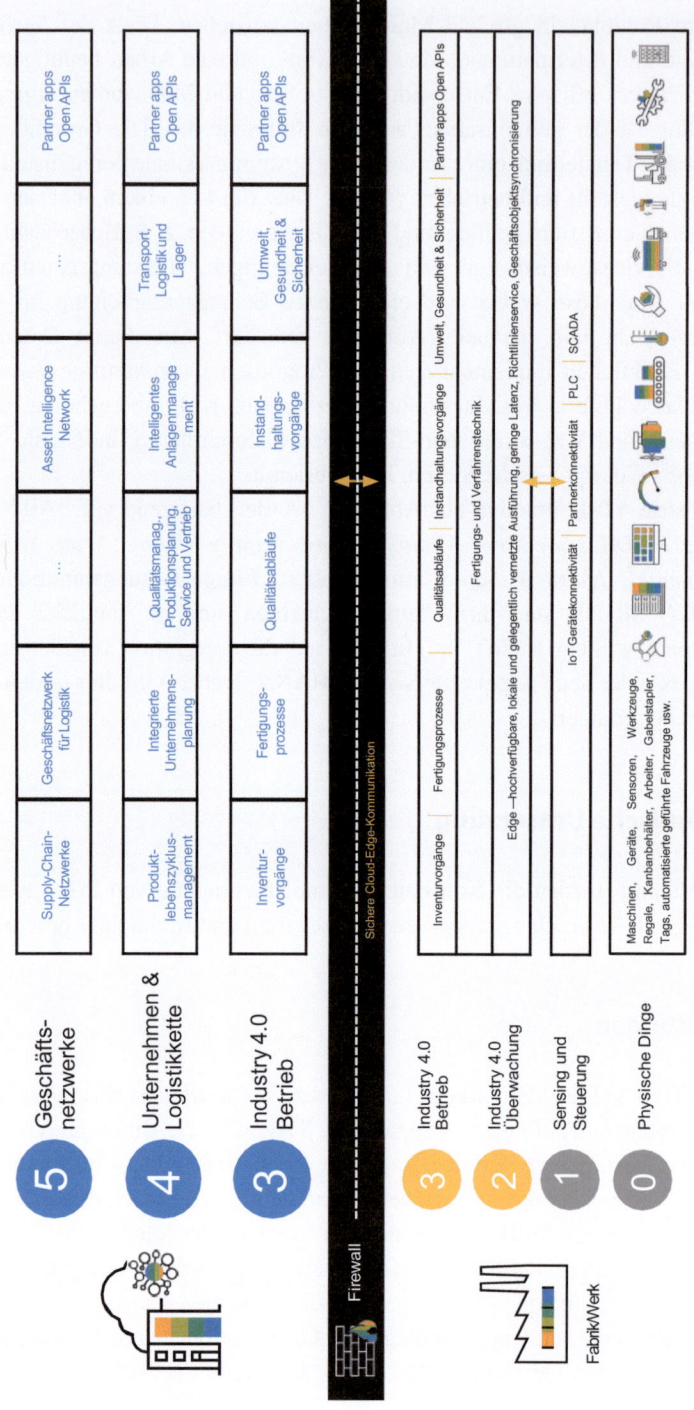

Abb. 25.2 Lösungskomponenten für Industrie 4.0

eine IoT-Anwendung viele technische Artefakte und interagiert mit vielen verschiedenen Softwarekomponenten. Aus diesem Grund ist nicht immer sofort ersichtlich, was eigentlich zu einer Anwendung gehört. Die Granularität einer IoT-Anwendung wird durch die Wahrnehmung des Kunden definiert: Es handelt sich um eine Reihe von Services, Benutzungsoberflächen und Softwarekomponenten, die ein bestimmtes Geschäftsproblem adressieren und für die Kunden grundsätzlich die Wahl haben, dieses Paket als Ganzes oder gar nicht zu verwenden. Einzelne Benutzer dürfen jedoch nur mit Teilen der Anwendung arbeiten.

IoT-Szenarien

Aufgrund des generischen Charakters von Dingen und der wachsenden technischen Möglichkeiten sind die von IoT-Anwendungen angesprochenen Domänen sehr vielfältig – das ist der Grund für das enorme Potenzial des IoT. Um Lesern, die wenig Erfahrung mit dem Thema haben, eine Vorstellung von dieser Vielfalt zu vermitteln, werden im Folgenden einige Szenarien aufgeführt:

- Sensordaten für Maschinen überwachen, mögliche Schäden erkennen und vorhersagen, sodass Teile vor dem Ausfall ausgetauscht werden können
- Verwalten von beweglichen Anlagen (z. B. Gabelstapler, Autos), indem deren Standort, Betriebszustand verfolgt werden
- Optimieren des eingehenden und internen Verkehrs für Logistikzentren, z. B. Häfen, Werke, Produktionsstandorte
- Bereitstellen einer durchgängigen Transparenz über den gesamten Fertigungsprozess, der Teil von Industrie 4.0 ist
- Gewähren von Zugriff auf die Qualität von bearbeiteten Teilen während der Fertigung, die ebenfalls Teil von Industrie 4.0 ist
- Erhöhen der Sicherheit kritischer Prozesse durch Überwachung wichtiger Parameter des Menschen, z. B. Puls in Kombination mit anderen Sensordaten wie Beschleunigung

Datenverarbeitungsschema von IoT-Anwendungen

Die meisten IoT-Anwendungen basieren auf der folgenden Verarbeitung von Daten (Abb. 25.3):

1. Sensoren, die Teil eines Objekts (Things) sind oder mit diesem verbunden sind, z. B. Fahrzeug, Maschine. Die emittierten Daten stellen Messungen von physikalischer Parameter dar, z. B. Kraft, Energie, Geschwindigkeit, Beschleunigung oder Frequenz.

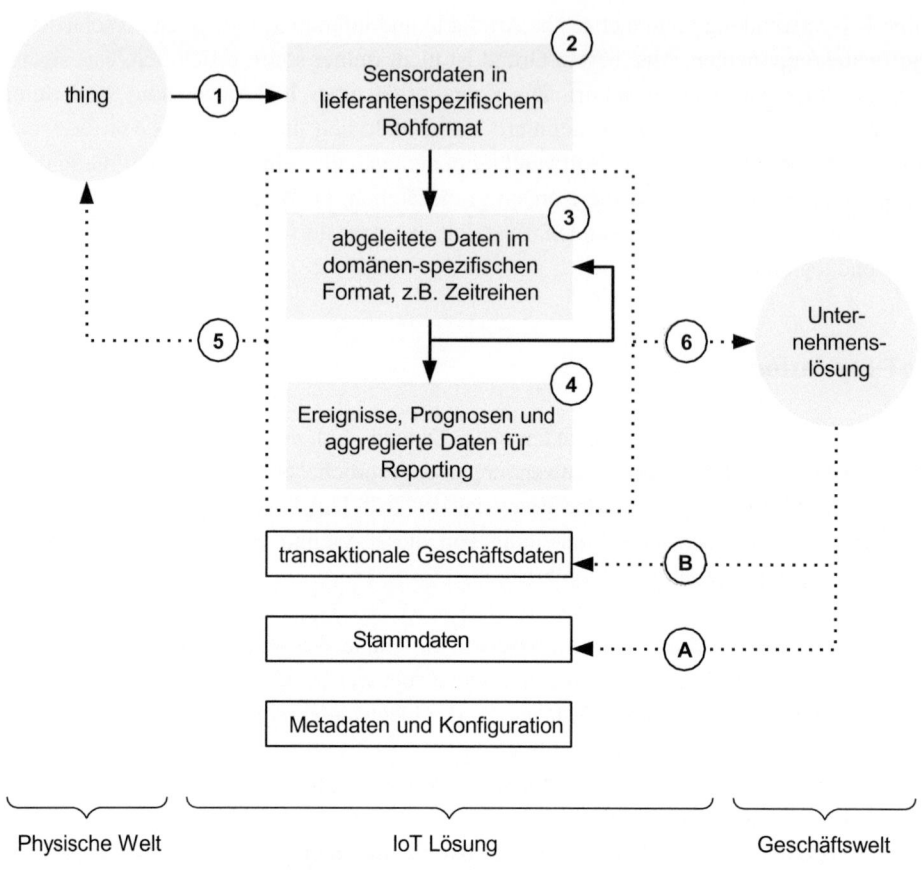

Abb. 25.3 Typische Datenverarbeitung einer IoT-Lösung

2. Die Sensordaten werden in einem Rohformat an die IoT-Lösung (d. h. das System, auf dem die Anwendung läuft) übertragen, das vom Hersteller der Sensoren oder den Komponenten definiert wird, die für die Vorverarbeitung der Daten verwendet werden. Diese Informationen werden unverändert im IoT-Anwendungssystem gespeichert. Darüber hinaus werden Informationen zu relevanten Ereignissen, z. B. diagnostische Fehlercodes, Ein-/Ausschaltvorgänge für Fahrzeuge, Ausfälle und erkannte Probleme, ebenfalls an die IoT-Lösung gesendet.

3. Durch die Verarbeitung der Sensordaten werden Informationen in einem domänen-spezifischen Format überführt und auch im IoT-Anwendungssystem gespeichert. In den meisten Fällen handelt es sich bei diesen abgeleiteten Daten um Zeitreihen. Die Verarbeitung von Sensordaten erfolgt in der Regel in mehreren Schritten, in denen der Inhalt geparst und fehlerhafte Informationen korrigiert oder entfernt werden. Außerdem können zusätzliche Merkmale wie Mittelwert auf der Grundlage eines gleitenden Durchschnitts berechnet und erneut als Zeitreihen gespeichert

werden. Die Abdeckung dieses Prozesses ist eine Schlüsselfunktion der meisten IoT-Anwendungen und wird häufig als Datenaufnahme bezeichnet. In einigen Fällen hat SAP keinen Zugriff auf die Spezifikation des Rohdatenformats oder auf die Daten selbst und ist daher von Software von Drittanbietern abhängig, z. B. vom Hersteller des Sensors oder der Steuereinheit, die die Daten erstellt/verarbeitet, um sie zum ersten Mal zu prozessieren.

4. Die automatisierte Verarbeitung von z. B. Zeitreihen führt zu geschäftsrelevanten Informationen. Dabei kann es sich um die Erkennung kritischer Ereignisse, Prognosen für die Zukunft, die Vorhersage künftiger Werte und in den meisten Fällen aggregierte Daten mit Schwerpunkt auf Analysen handeln. Hierbei werden oft maschinelles Lernen oder mathematische Modelle genutzt. Das Ziel besteht darin, Geschäftsbenutzern die relevantesten Informationen in sehr komprimierter Form zur Verfügung zu stellen, die sie benötigen, um zu verstehen, ob und welche Maßnahmen erforderlich sind.

5. In einigen Fällen sendet die IoT-Anwendung automatisch Informationen an das Thing zurück, z. B. um dessen Verhalten zu beeinflussen.

6. Basierend auf den ermittelten Ereignissen können Prozesse in einem ERP-System wie SAP S/4HANA ausgelöst werden, in das die IoT-Lösung integriert ist. Darüber hinaus können weitere Informationen, z. B. aggregierte Daten, in das ERP-System übertragen werden.

In all diesen Schritten können Metadaten von Algorithmen zur Interpretation von Daten aus den verschiedenen Quellen verwendet werden. Ebenso können Konfigurationsdaten zur Steuerung des Verhaltens der an der Datenverarbeitung beteiligten Algorithmen genutzt werden. Beschreibungen von Geräten und Sensoren, z. B. Modell- oder Typinformationen, können unter den Stammdaten zusammengefasst werden. Informationen zu Kunden fallen ebenfalls unter diese Kategorie. Transaktionale Geschäftsdaten können mit Zeitreihen und/oder aggregierten Daten kombiniert werden, um die zugehörige Perspektive, z. B. Kosten, zu berücksichtigen. Sowohl die erforderlichen Stammdaten (Abb. 25.3, A) als auch die Bewegungsdaten (Abb. 25.3, B) stammen häufig aus Geschäftslösungen wie SAP S/4HANA, zumindest in Teilen. Speziell müssen Stammdaten im IoT-Anwendungssystem angereichert werden, um alle IoT-spezifischen Aspekte abzudecken. Es ist sehr gut möglich, dass ein Teil der Verarbeitung in der Nähe der Dinge stattfindet, z. B. in einer sogenannten Edge-Komponente, und dass andere Schritte in einer zentralen Komponente ausgeführt werden. Es hängt von den konkreten Anwendungsfällen und der Menge der Daten ab, die an eine zentrale Komponente übergeben werden können, in welchem Umfang die Verarbeitung in dezentralen Komponenten erforderlich ist.

Architektur von IoT-Anwendungen

Things sind über die Gerätekonnektivität mit der Plattform verbunden, wie in Abb. 25.4 dargestellt. Sie empfängt alle Sensordaten und übergibt sie an die Komponente für den Nachrichtenaustausch. Komponenten, die diese eingehenden Daten verwenden, werden basierend auf einem Publish-and-Subscribe-Modell mit dem Message-Broker verbunden. Der Großteil der Verarbeitung von Sensordaten basiert auf Schritten, die auf Micro-Batches ausgeführt werden, die ein Streaming-Framework vom Message-Broker sammelt. Die Latenz für diese Schritte kann bis etwa eine Sekunde dauern. Für Anwendungsfälle, in denen eine schnellere Antwortzeit erforderlich ist, können Echtzeitverarbeitungsschritte mit dem Message-Broker für die einmalige Stream-Verarbeitung verbunden werden (Marz & Warren, 2015). In den meisten Fällen lösen diese Schritte Ereignisse aus, die von Anwendungsservices konsumiert und an bestimmte

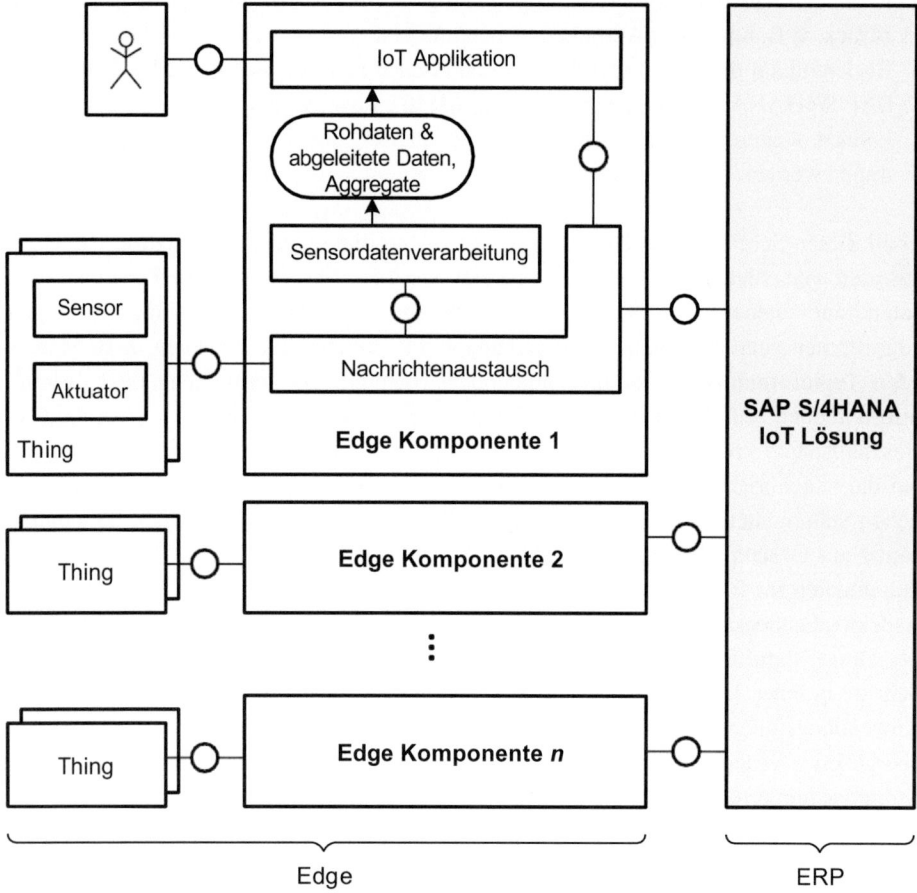

Abb. 25.4 Architektur für IoT-Lösungen

Anwendungen weitergeleitet werden. Nur in seltenen Fällen sollte die Echtzeitverarbeitung zu Aktualisierungen von Aggregaten führen, da dies die Komplexität der konsistenten Zusammenführung dieser Ergebnisse mit dem Ergebnis der Mikro-Batch-Verarbeitung erhöht. Bei Bedarf kann die Zeitspanne für Streaming-Chargen auf einen längeren Zeitraum (z. B. 3 min) gesetzt werden. Die Micro-Batch-Verarbeitung von Sensordaten deckt die folgenden Aufgaben ab:

1. Alle Sensordaten werden direkt als Rohdaten (d. h. Stammdatensätze) gespeichert.
2. Sätze abgeleiteter Daten und Zeitreihen werden angelegt oder aktualisiert.
3. Aggregierte Informationen werden aktualisiert.

Es werden verschiedene Speichertechnologien genutzt, um Aggregate, abgeleitete Daten/ Zeitreihen und Rohdaten aufzubewahren. Es sollte jedoch eine Datenverarbeitungs- und Abfrage-Schicht geben, die einen einheitlichen Zugriff auf all diese Speichertechnologien bietet. Benutzer haben Zugriff auf Analysen, um aggregierte Informationen zu prüfen. Die Anwendungsservices bilden die Grundlage für alle IoT-Anwendungen. Sowohl die serverseitigen Funktionen von IoT-Anwendungen als auch die Anwendungsservices werden als Microservices implementiert, die in einer dedizierten Laufzeitumgebung gehostet werden.

In vielen Fällen können Sensordaten nicht direkt an ein zentrales IoT-System gesendet werden. In Produktionsumgebungen sind beispielsweise Computer Numeric Control (CNC)-Maschinen in der Regel nicht mit dem Internet verbunden, sondern Teil eines Local Area Network (LAN) im Produktionsbereich. Häufig unterstützen diese Rechner HTTP nicht als Kommunikationsprotokoll. Aus diesem Grund ist es häufig erforderlich, Gateways zu verwenden, die zwischen Protokollen überbrücken und eine sichere Verbindung zwischen den Komponenten im lokalen Netzwerk und dem Internet bereitstellen. Dies ist jedoch nicht das einzige Motiv für zusätzliche Rechenleistung am Edge (d. h. in der Nähe der Dinge). Wie bereits erwähnt, ist in vielen Fällen das Datenvolumen, das die gesamte Gruppe von Sensoren ausgibt, zu hoch oder wird zu häufig produziert, um sie alle an das zentrale IoT-System zu übertragen. Ebenso kann die machbare Zeitspanne für die Reaktion auf kritische Ereignisse so kurz sein und erfordert lokale Aktionen, sodass ein vollständiger Roundtrip über das Zentralsystem keine Option ist. In solchen Szenarien muss eine umfangreiche Verarbeitung für Edge-Komponenten durchgeführt werden, um die folgenden Aufgaben abzudecken:

a) Filterung der Teilmenge der Daten, die in das zentrale IoT-System übertragen werden sollen
b) Erkennung kritischer Situationen, die (lokale) Aktionen erfordern

Eine lokale Aktion kann auch bedeuten, dass die Edge-Komponente Informationen an das Thing zurücksendet, z. B. Befehle an Aktuatoren, die Teil eines Fahrzeugs oder einer Maschine sind. Ein Aktuator arbeitet in umgekehrter Richtung eines Sensors. Es nimmt einen elektrischen Input auf und verwandelt ihn in körperliche Wirkung. Ein Elektro-motor ist ein Beispiel für einen Aktuator. Um die oben beschriebenen Aufgaben auszu-führen, müssen zumindest Teile der Sensordaten lokal gespeichert werden. Inwieweit historische Daten in Edge-Komponenten gehalten werden können, hängt von der Systemgröße und den hier realisierbaren Technologiekomponenten ab.

Die Gerätekonnektivität ist der Kommunikationsendpunkt für alle verbundenen Geräte auf der Seite der IoT-Lösung. Es muss jedes Gerät sicher identifizieren und alle eingehenden Nachrichten mit einem Sensor sowie einem Thing und damit auch mit einem Kunden in Beziehung setzen. Dies ist erforderlich, da die nachfolgenden Verarbeitungsschritte in diesem Kontext ausgeführt werden. Alle empfangenen Nachrichten werden mit Metadaten angereichert und dann an den Message-Broker übergeben. Um eine sichere Datenübertragung zwischen den Geräten und der IoT-Lösung zu gewährleisten, die die Hauptaufgabe der Gerätekonnektivität ist, ist die Unterstützung bestehender und sich entwickelnder Standards von entscheidender Bedeutung. Standards eliminieren herstellerspezifische Spezifika und tragen so zur Vereinfachung der kommunikationsbezogenen Komponenten bei. Die meisten Standards definieren auch einen Sicherheitsmethoden. In dieser Hinsicht ist die Unified Architecture der OPC Foundation (OPC UA) einer der relevantesten Standards. Eng mit der Gerätekonnektivität verbunden ist die Verwaltung von Geräten. Dies stellt die Funktionen bereit, die die automatisierte Softwareverwaltung (z. B. zentrale Software-bereitstellung für Geräte) für einige Geräte und Edge-Komponenten umfassen.

Die Datenintegration bezieht sich auf die Aufnahme und Erstverarbeitung neuer Rohdaten für die Aktualisierung abgeleiteter Daten und Aggregate. Da jeder Sensor-typ während der Datenaufnahme eine spezifische Behandlung erfordert, muss die Implementierung äußerst flexibel sein und Konfigurationsdaten verwenden, damit sie angepasst werden können, ohne dass Kunden spezifischen Code bereitstellen müssen. Die komplette Verarbeitung muss auf kleinen Funktionsbausteinen basieren, die Kunden bei Bedarf problemlos neu anordnen können. Um dies zu ermöglichen, muss ein Framework bereitgestellt werden, mit dem Benutzer komplexe Datenverarbeitungs-abläufe aus elementaren algorithmischen Schritten zusammenstellen können, die dann nacheinander für jede Charge ausgeführt werden, die vom entsprechenden Sensor-typ stammt. Verarbeitungsergebnisse, z. B. Zeitreihen, werden zentral gespeichert. Zwischenergebnisse eines Elementarschritts sind die Eingabe für den nächsten Schritt in der Ausführungskette. Das Konzept der Definition einer sensortypspezifischen Kombination aus Verarbeitungsschritten und der Ausführung solcher Schritte auf Chargen, die von einem Streaming-Framework erzeugt werden, wird unter dem Begriff Daten-Pipeline zusammengefasst. Der Sensortyp in Kombination mit Konfigurations-daten beeinflusst das spezifische Verhalten jedes Aufnahmeschritts sowie die Reihen-folge der Schritte als Teil der Daten-Pipeline. Ein Sonderfall eines Aufnahmeschritts ist das direkte Speichern eingehender Messages als Rohdaten.

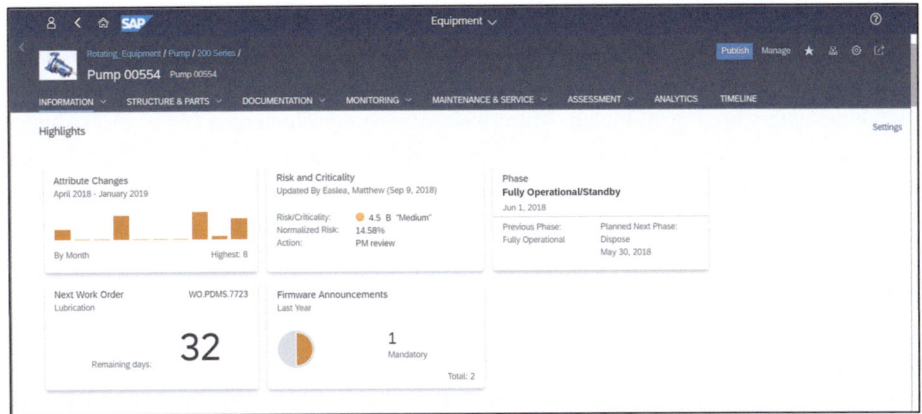

Abb. 25.5 SAP Predictive Asset Insights – Equipmentübersicht

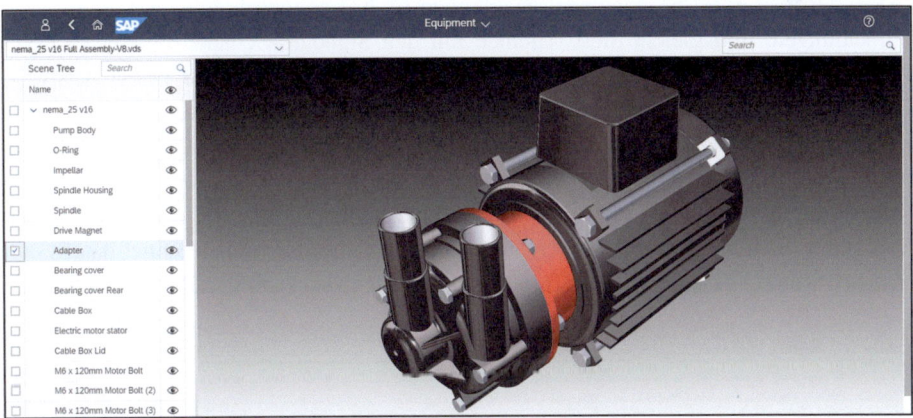

Abb. 25.6 SAP Predictive Asset Insights – Equipmentdetails

Beispiel einer IoT-Anwendung

Zur Veranschaulichung einer IoT-Anwendung wird in diesem Abschnitt als Beispiel die Applikation *SAP Predictive Asset Insights* erläutert, das Teil von SAP S/4HANA Asset Management ist. Diese Lösung wird von Fachkräften für die Betriebssicherheit verwendet, um den Zustand ihrer Anlagen zu bewerten, vorherzusagen und zu optimieren (Abb. 25.5 und 25.6).

Die Anwendung syndiziert operative Technologiedaten (Sensordaten) und Informationstechnologiedaten (Instandhaltungsdaten), um digitale Einblicke für Industrieanlagen zu erstellen. Heutzutage müssen Wartungs- und Betriebssicherheits-Experten Abläufe automatisieren und Wartungs- und Serviceprozesse optimieren.

Mit SAP Predictive Asset Insights können Kunden durch fortschrittliche Analysen, das Internet der Dinge (IoT), auf maschinellem Lernen basierende Modelle und auf Konstruktionsphysik basierende Modelle Anlagenstörung vorhersagen, um Entscheidungsunterstützung zu bieten. Mit erweiterten Analyselösungen (Abb. 25.7) können Experten schnell die wichtigsten Schadenssituationen aufdecken, Leitindikatoren und Schwellenwerte verstehen und das Datenumfeld des Equipments erfassen. Echtzeit Simulationen generieren Einblicke aus virtuellen Sensoren, die auf einer Multiphysik-Engineering-Simulation fundieren, die auf Live-IoT-Sensoren und virtuellen Sensoren basiert.

Erweiterbare Vorhersagemodelle für maschinelles Lernen (ML) werden angewendet, um Fehlerwahrscheinlichkeiten zu ermitteln und Anomalien zu erkennen. IoT und ML helfen bei der Überwachung (Abb. 25.8) des Zustands von Equipment mithilfe einer erweiterten Alerting-Regel-Engine, die auf Echtzeit-Sensordaten, Schwellwerten für Vibrationen und Signalen aus maschinellem Lernen und virtuellen Sensoren basiert. SAP Predictive Asset Insights extrahiert Themen aus den historischen Textdaten in den SAP Enterprise Asset Management Meldungen (d. h. Langbeschreibungstexte aus Ausfallmeldungen) und gleicht diese Themen mit den Standard-Schadensbildern aus ISO-Standards ab (z. B. ISO 14224) oder aus der FMEA (Failure Mode Effect Analysis). Das System stellt auch einen optionalen Schritt bereit, in dem Anwendungsexperten wie Ingenieure für Zuverlässigkeit den Abgleich mit maschinellem Lernen überprüfen und Feedback geben können.

Mit diesem Feedback ordnet das System dann kontinuierlich alle Meldungen einem bestimmten Schadensbild zu. Basierend auf diesen Zuordnungen berechnet das System Metriken wie MTTF (Mean Time To Failure), MTTR (Mean Time to Repair) und MTBF

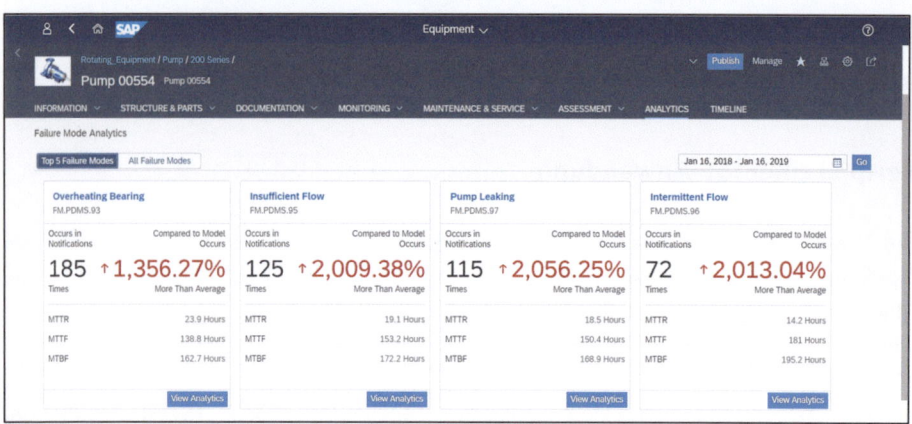

Abb. 25.7   SAP Predictive Asset Insights – Berichtswesen

(Mean Time between Failures) nach verschiedenen Schadensbildern. Dazu verwendet es

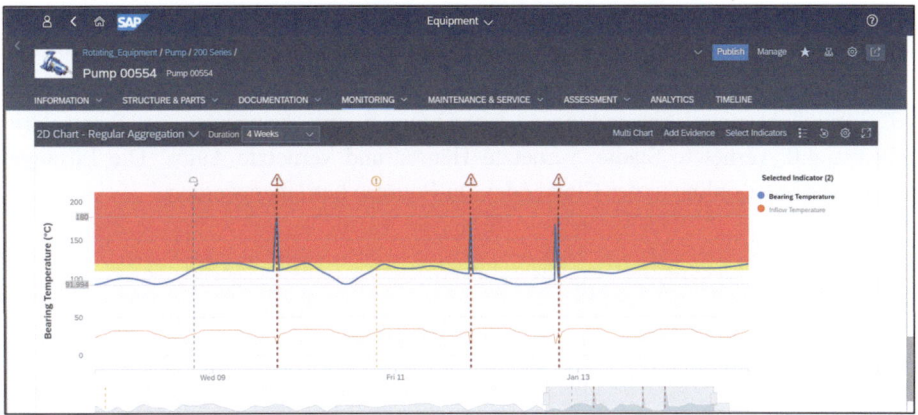

Abb. 25.8 SAP Predictive Asset Insights – Überwachung

die Ist-Termine in den Meldungen sowie die Schlüsselwörter nach Schadensbildern, um Einblicke in die Häufigkeiten sowie mögliche Ursachen dieser Schadensbilder zu geben. Leitindikatoren sind Indikatoren aus Sensormessungen wie Temperatur oder Druck, deren spezifische Bedingungen (z. B. Temperatur > 90 Grad F und Druck < 50 PSI) mit Ausfällen eines Equipments oder Equipment-Modells korreliert sind. Die systematische Ermittlung dieser spezifischen Leitindikatoren und -bedingungen auf Basis von ML kann Kunden dabei helfen, ohne vorkonfigurierte Modelle oder Data-Science-Ressourcen schnell zustandsabhängige Wartungsregeln zu ermitteln. Datenfunktionen ermöglichen die Vorbereitung von Daten für maschinelles Lernen, z. B. Aggregationsperioden, neue Funktionen, Nullwerte. Das Anlegen neuer Datensätze oder das Kopieren vorhandener Daten ist ebenfalls aktiviert. Werkzeuge zum Konfigurieren, Trainieren und Scoring von Modellen stehen zur Verfügung. Die Lösung erleichtert die Implementierung benutzerdefinierter Algorithmen oder die Durchführung von maschinellem Lernen außerhalb des Systems. Schließlich wird die Simulation virtueller Sensoren unterstützt. Ein virtueller Sensor ist ein Gerät, das an einer bestimmten Lokation auf dem Produkt platziert werden kann und eine kontinuierliche Messung des physischen Zustands an diesem Standort ermöglicht. Virtuelle Sensoren sind aufgrund physischer Einschränkungen, nicht messbarer Mengen, Lebenszykluskosten und Sensorkalibrierung erforderlich.

Fazit

Das Internet der Dinge (IoT) verbindet die digitale und die physische Welt miteinander, indem es verschiedene Konzepte und technische Komponenten zusammenbringt. Dies ist möglich, da inzwischen Alltagsgegenstände und Maschinen Sensoren haben, die über das Netzwerk miteinander kommunizieren können und so neue Modelle für Geschäfts-prozesse, Zusammenarbeit, Miniaturisierung von Geräten und Mobilfunk erlauben. Das Internet der Dinge verbindet Menschen, Prozesse, Daten und Maschinen miteinander. IoT ermöglicht neue Anwendungen, Unternehmen und Konzepte wie Smart Grid, Industrie 4.0, vernetzte Städte, vernetzte Häuser und vernetzte Autos. Die Lösungen können entweder online in der Cloud oder On-Premise betrieben werden.

Prozessintegration

26

Softwareanwendungen und insbesondere ERP-Lösungen agieren in einer vernetzten Welt. Geschäftsprozesse zu integrieren, die mehrere Softwareanwendungen umfassen und zu verschiedenen Organisationen gehören, ist eine der grundlegenden Anforderung an ERP-Systemen. Das Kapitel erläutert die Prozessintegrationskonzepte und -frameworks von SAP S/4HANA. Insbesondere werden die Anwendungsfälle für die Prozessintegration, die unterschiedlichen Konnektivitätstypen, API-Technologien wie OData und REST, die Exploration und Verwendung von APIs, das Monitoring und die Fehlerbehandlung erklärt.

26.1 Betriebswirtschaftliche Anforderung

Integration wird zu einem Schlüsselelement für die digitale Transformation von Unternehmen. Für die Integration heterogener Komponenten und Systeme gibt es verschiedene Integrationsdomänen und Szenarien. Ebenso *sprechen* die zu verknüpfenden Systeme typischerweise unterschiedliche Kommunikationsprotokolle und speichern ihre Daten in unterschiedlichen Formaten und Strukturen. Mit der Einführung von Cloud-, Mobile- und IoT-Szenarien in Kundenlandschaften wird der Integrationsumfang stetig erweitert, und Kunden werden aufgefordert, ihre Integrationsarchitektur zu erweitern, um diese neuen Integrationsbereiche effektiv zu nutzen und die vielfältigen Möglichkeiten dieser Domänen zu nutzen. Mit der steigenden Nachfrage nach Cloud-Technologie und der damit einhergehenden Einführung von Innovationen erweitern und integrieren Kunden zunehmend ihre bestehenden On-Premise Anwendungen in die Cloud. Kunden, die bereits Cloud-Lösungen im Einsatz haben, erwarten daher, dass die On-Premise- und Cloud-Lösungen von SAP sowohl eine Integration untereinander als auch mit Nicht-SAP-Anwendungen ermöglichen. Dasselbe gilt natürlich auch für

© Der/die Autor(en), exklusiv lizenziert an Springer Fachmedien Wiesbaden GmbH, ein Teil von Springer Nature 2023

S. Sarferaz, *ERP-Software: Funktionalität und Konzepte*, https://doi.org/10.1007/978-3-658-40499-4_26

die Integration zwischen Geschäftspartnern und Unternehmensnetzwerken, zwischen Unternehmen und Behörden sowie benutzerorientierte Anwendungen wie mobile Apps mit Anwendungen in der Cloud oder On-Premise, um eine Omnichannel-Benutzererfahrung zu gewährleisten. Um diese wachsenden Integrationsanforderungen zu erfüllen, benötigen Kunden und Partner eine Cloud-Integrationsplattform mit Konsistenz und Flexibilität, die prozess-, daten-, benutzer- und IoT-bezogene Integrationsszenarien abdeckt. Eine solche Plattform reduziert den Implementierungsaufwand, verbessert die Kontrolle und Kompatibilität und führt zu einer höheren Robustheit, insbesondere, wenn Upgrades durchgeführt werden. Es gibt zwei Hauptanwendungsfälle für die Prozessintegration:

- Application to Application Integration (A2A): Integration von Systemen innerhalb eines Unternehmens, sodass Anwendungen verschiedener Anbieter nahtlos miteinander verbunden werden können und interne Unternehmensprozesse unterstützt werden. Die Integration wird durch den Austausch von Nachrichten gewährleistet und verwendet offene Standards für die Interoperabilität.
- Business to Business Integration (B2B): Integration von Systemen über Unternehmensgrenzen hinweg, um unternehmensübergreifende Prozesse zu ermöglichen. Solche Integrationen müssen mit weit verbreiteten Industriestandards wie Odette und EDIFACT (Electronic Data Interchange for Administration Commerce and Transport) übereinstimmen.

Robuste, zuverlässige und skalierbare Kommunikation ist das Fundament für die Remote-Kopplung von Prozessen. Ein bekanntes Muster, das dies unterstützt, ist der asynchrone Nachrichtenaustausch. Sie entkoppelt Kommunikationspartner, indem sie die Notwendigkeit einer durchgängigen Verfügbarkeit von Beteiligten eliminiert und ermöglicht die Fehlerbehandlung an den Stellen, an denen das Problem auftritt und am besten gelöst werden kann. Für die beteiligten Plattformen ist eine lokale Prozessintegrationslösung erforderlich. Sie umfasst funktionale Komponenten für Adressierung, Überwachung und Fehlerbehandlung, Datentransformation (Struktur-, Werte- und Schlüssel-Mapping), Integrationskonfiguration, Service-Laufzeit und Dateiaustausch. Ziel der Nachrichtenüberwachung ist es, die Verbindung zwischen technischem und betriebswirtschaftlichem Monitoring sicherzustellen, damit ein Benutzer das vollständige Bild mit allen beteiligten Informationen sehen kann. Alle Teile, auf die sie sich beziehen – technische, anwendungsspezifische oder geschäftsprozessbezogene Überwachung – müssen die Überwachungsinformationen im lokalen System speichern und relevante Überwachungsinformationen systemübergreifend bereitstellen. Bei asynchroner Kommunikation erfolgt keine direkte Antwort, sodass die Verantwortung für Fehlerüberwachung und -behandlung von der Senderseite auf die Empfängerseite übergeht. Dieses Konzept heißt Forward Error Handling (FEH). Um eine effektive Fehleranalyse durchführen zu können, muss das Fehler-Monitoring gut mit anderen Überwachungs-Werkzeugen wie dem technischen Nachrichten-Monitoring oder dem Anwendungs-Monitoring

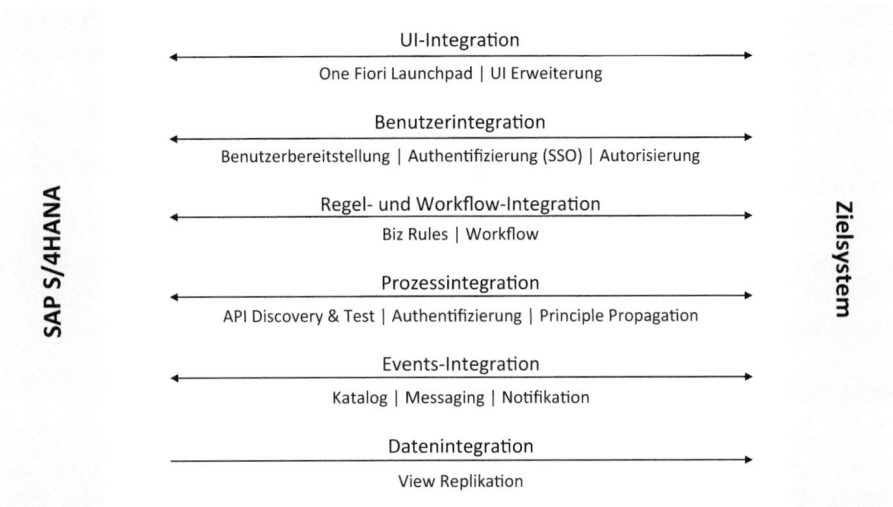

Abb. 26.1 Integrationsebenen

integriert sein. Die Fehlerbehandlung muss benutzerrollenorientiert sein, damit die Fehler effektiv durch den richtigen Verantwortlichen behoben werden können. Die Qualitys of Service (QoS) sind eine Reihe von Merkmalen, die das Verhalten der Kommunikation definiert, wie z. B. garantierte Versendung, Erkennung von duplizierte Nachrichten und Versendung der Nachrichten in der richtigen Reihenfolge. Die sendende Anwendung ist in erster Linie für die Sicherstellung dieser Qualitäten verantwortlich, in der vermittelte Kommunikation ist jedoch die Integrations-Middleware im Auftrag des Senders dafür zuständig. Wenn z. B. bei der asynchronen Nachrichten-Zustellung der Empfänger nicht verfügbar ist, um die Nachricht zu empfangen, versucht die Integrations-Middleware, die Nachricht-Übertragung zu wiederholen, um eine garantierte Zustellung sicherzustellen. Wie in Abb. 26.1 dargestellt, gibt es verschiedene Ebenen der Integration, beginnend mit der Integration von der Benutzungsoberfläche bis zur Datenintegration. Der Fokus dieses Kapitels liegt auf die Prozessintegration.

26.2 Technische Umsetzung

Architekten, die die Integrationsstrategie in der Systemlandschaft ihres Unternehmens definieren, versuchen in der Regel, die optimale Methode zu finden, um die Integration team-, projekt- und hersteller-übergreifend zu ermöglichen. Für sie ist es wichtig, nach der am besten geeigneten Integrationstechnologie zu suchen, um neue Integrationsbereiche anzugehen. Ziel der SAP S/4HANA Integrationsstrategie ist es, die Integration zwischen SAP-Anwendungen zu vereinfachen, indem ihre Prozesse und zugehörigen

Datenmodelle, einschließlich der Veröffentlichung von APIs, aufeinander abgestimmt werden. Weiterhin sollen neue Integrationsszenarien, wie z. B. Cloud mit On-Premise, bereitgestellt und stetig ausgebaut werden.

Kommunikationsmuster

Zur Integration von Prozessen können zwei verschiedene Muster verwendet werden, wie in Abb. 26.2 dargestellt. Die erste wird als *Punkt-zu-Punkt* und die zweite als *vermittelte Kommunikation* bezeichnet.

Punkt-zu-Punkt Integration

Bei der Punkt-zu-Punkt Integration sind die verschiedenen Anwendungen direkt miteinander verbunden, sodass sie Daten austauschen können. Die Integrationslogik definiert, wie Anwendungen miteinander verbunden werden. Die Logik ist innerhalb jeder verbundenen Anwendung an ihren Endpunkten fest verdrahtet. Bei der Punkt-zu-Punkt Integration können die verbundenen Anwendungen ein eigenes Datenmodell und eigene Datenbanken haben. Dies bietet mehr Flexibilität als die Datenbankintegration. Die Vernetzung zwischen den Anwendungen mit unterschiedlichen Datenmodellen wird durch die Bereitstellung von benutzerdefinierten Schnittstellen und benutzerdefiniertem Mapping für jede angeschlossene Anwendung erreicht. ERP-Systeme wie SAP S/4HANA basieren auf leistungsfähigen Technologieplattformen, die in der Regel verschiedene API-Technologien für diese Art der Kommunikation unterstützen. SAP S/4HANA bietet für diesen Konnektivitätstyp die direkte Verbindung, bei der es sich um einen Konnektivitätoption handelt, die für die Integration von SAP-Lösungen verwendet wird. Diese Option wird auch für den SAP Cloud Connector genutzt, der für die Integration von SAP S/4HANA Cloud mit On-Premsie SAP-Anwendungen zuständig ist und die Verbindung mit VPNs sichert. Der Vorteil der Punkt-zu-Punkt Kommunikation sind niedrige Gesamtentwicklungskosten (TCD) aufgrund ihrer Einfachheit und der geringeren Gesamtbetriebskosten (TCO), da

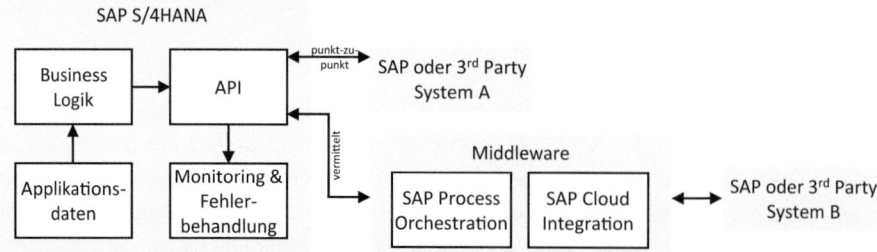

Abb. 26.2 Kommunikationsmuster für die Prozessintegration

keine zusätzlichen Middleware-Lösungen erforderlich sind. Es gibt jedoch auch Einschränkungen für diese Art der Kommunikation. Wenn viele Anwendungen miteinander verbunden sind, führen die zahlreichen kundendefinierten Schnittstellen und benutzerdefinierten Mappings zu einer schwer beherrschbaren Integrationslandschaft. Darüber hinaus nimmt die Komplexität einer solchen Landschaft zu, wenn entweder eine vorhandene Anwendung mit einer neueren Version aktualisiert oder der Landschaft eine neue Anwendung hinzugefügt wird. Mehrere Mappings werden für dieselbe Schnittstelle entwickelt, und es ist schwierig, eine solche Integration zu skalieren. Ein weiteres zusätzliches Problem bei der Punkt-zu-Punkt Integration besteht darin, dass jede Änderung, die für die Konnektivität zu Endpunkten erforderlich ist, schwierig zu verwalten ist und fehleranfällig ist, da die Integrationslogik auf die verbundenen Systeme verteilt wird. Außerdem kann dieser Ansatz sehr leicht außer Kontrolle geraten, da die Anzahl der Verbindungen zum Quadrat der Anzahl der Systeme zunimmt. Somit können Monitoring und Fehlerbehandlung komplex sein. Eine einfache und effektive Änderung kann erreicht werden, wenn verschiedene Systeme mit einer zentralisierten Konnektivitätslösung verbunden sind und keine direkte Verbindung besteht. Dies ermöglicht die Erstellung einer zentralen Integrationslogik. Die vermittelte Integration bietet Lösungen für die Probleme der Punkt-zu-Punkt Integration.

Vermittelte Integration
Bei der vermittelten Integration werden die zu verbindenden Systeme an einer zentralen Middleware angeschlossen. Die Middleware führt die Integrationslogik aus und ist für den Datenaustausch zwischen den kommunizierenden Systemen verantwortlich. Dadurch wird das Problem der verteilten Integrationslogik behoben. Ein weiterer Vorteil der vermittelten Integration ist die Verfügbarkeit von Konnektivitäts-Endpunkten und Schnittstellen in einem zentralen Repository. Dies ermöglicht eine bessere Kontrolle über Änderungen der Integration. Die vermittelte Integration bietet eine überschaubarere, skalierbare Integrationslandschaft, da jede zusätzliche Anwendung mit der Middleware verbunden werden kann, ohne die vorhandenen Integrationen zu beeinträchtigen. Durch die Kopplung der Systeme über eine zentrale Instanz sind alle integrationsrelevanten Informationen an einem zentralen Punkt leicht zugänglich. Außerdem bleibt die Anzahl der Verbindungen im Gegensatz zum Punkt-zu-Punkt Ansatz überschaubar. Für diese Konnektivitätsoption bietet SAP die SAP Cloud Integration an, die die bevorzugte cloudbasierte Middleware für die Prozessintegration ist, die mit vorkonfiguriertem Integrationsinhalte (iFlows) verfügbar ist und Erweiterungsmöglichkeiten bietet. Die Lösung wird auf der SAP Business Technology Platform von SAP betrieben, die Überwachung erfolgt jedoch durch den Kunden. Darüber hinaus bietet SAP die SAP Process Orchestration an, bei der es sich um eine On-Premise Middleware, die aber auch für hypride On-Premise zur Cloud Integration verwendet werden kann. Diese Lösung wird vollständig vom Kunden betrieben. Der Nachteil der vermittelten Kommunikation ist die Erhöhung der Gesamtbetriebskosten, da eine zusätzliche Middleware implementiert und betrieben werden muss. Für die Integration muss in der Regel eine Zuordnung zwischen

Quell- und Ziel-API bereitgestellt werden. Daher muss im Falle der vermittelten Konnektivität Integrationsinhalte entwickelt und auf dem Middleware-Produkt installiert werden. Aspekte wie Lebenszyklusmanagement, Erweiterbarkeit, Performanz oder Sicherheit werden so komplexer, da ein zusätzlicher Technologie-Stack vorhanden ist. Die Implementierung einer Anwendung darf typischerweise die Komplexität der Landschaft aufgrund technischer Einschränkungen nicht erhöhen. Dies wäre der Fall, wenn das Programmiermodell der Integration das Vorhandensein eines Middlewares voraussetzt. Andererseits ermöglicht ein Punkt-zu-Punkt Programmiermodell dem Kunden eine spätere Verwendung eines Middleware-Produkts zwecks Skalierung und zentrale Administration. Daher sollte die Punkt-zu-Punkt Kommunikation als im ersten Schritt in Betracht gezogen werden. Die vermittelte Integration muss durch Bereitstellung von Integrationsinhalte unterstützt werden. Für SAP S/4HANA stehen zahlreiche APIs zur Verfügung, die für die Punkt-zu-Punkt Integration und die vermittelte Integration verwendet werden können. Diese APIs und die zugrunde liegenden Protokolle werden im nächsten Abschnitt erläutert.

Programmierschnittstellen

Verschiedene Arten von Application Programming Interfaces (APIs) können verwendet werden, um SAP S/4HANA mit anderen SAP-Produkten, SAP Business Technology Platform und Fremdsystemen zu verbinden. Der Modus für die Nachrichtenzustellung von APIs wie synchroner und asynchroner Versendung definiert das Verhalten von Sender und Empfänger während des Nachrichtenaustauschs:

- Synchrone Zustellung: Im synchronen Zustellungsmodus sendet der Sender eine Anfrage-Nachricht an den Empfänger und erwartet vom Empfänger eine sofortige Antwort-Nachricht. Der synchrone Zustellungsmodus wird verwendet, wenn die sofortige Fortsetzung weiterer Aktivitäten des Senders von der Verarbeitung der Anfrage-Nachricht durch den Empfänger abhängig ist. Beispielsweise hängt ein Produktionsplanungsprozess vom Lieferstatus des bestellten Rohstoffs ab. Daher fragt die Produktionsplanung den Transportstatus synchron ab.
- Asynchroner Zustellungsmodus: Im asynchronen Zustellungsmodus wartet der Sender beim Senden einer Anfrage-Nachricht nicht sofort auf eine Antwort-Nachricht des Empfängers. Der asynchrone Zustellungsmodus wird verwendet, wenn die Verarbeitung der Nachricht durch den Empfänger vom Sender entkoppelt werden kann. Durch diese Entkopplung kann der Sender sofort fortfahren und muss nicht auf eine Antwort warten. Beispielsweise sendet der Lieferant eine Benachrichtigung über den Vorabversand an den Kunden. Der Lieferant kann mit der Bearbeitung des nächsten Auftrags fortfahren, ohne auf eine Antwort des Kunden zu warten.

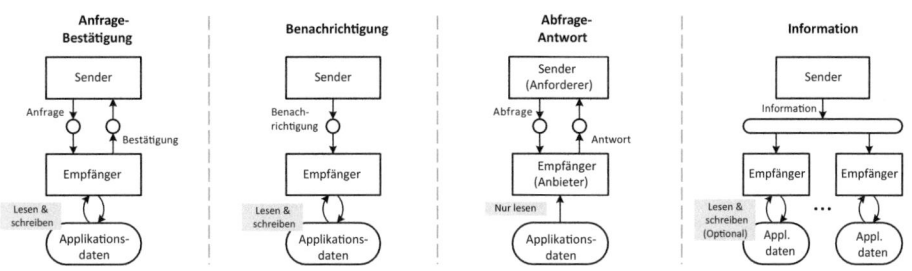

Abb. 26.3 API-Choreographien

Wie in Abb. 26.3 dargestellt, gibt es verschiedene Choreografien der einzelnen Interaktion zwischen den kommunizierenden Partnern im Kontext von SAP S/4HANA.

Abfrage-Bestätigung wird für die bidirektionale Kommunikation verwendet. In
dieser Choreographie schickt die sendende Anwendung eine Anfrage-Nachricht an
die empfangende Anwendung. Die empfangende Anwendung führt die angeforderte
Geschäftsaktion aus und gibt eine Bestätigungsmeldung an die sendende Anwendung
zurück. Die Choreographie der *Benachrichtigung* ist eine unidirektionale asynchrone
Kommunikation. Hier schickt die sendende Anwendung eine Benachrichtigungsmeldung an die empfangende Anwendung. Die Benachrichtigungsmeldung führt
zu Datenänderungen in der empfangenden Anwendung. Im Gegensatz zur Abfrage-
Bestätigung schickt die empfangende Anwendung keine Antwort an die sendende
Anwendung. *Abfrage-Antwort* ist ein Muster zur Datenbereitstellung. In diesem Muster
fordert die anfordernde Anwendung einige Daten von der Anbieter-Anwendung in
schreibgeschützter Form an, die durch eine Abfrage angegeben werden. Die Anbieter-
Anwendung stellt die Daten als Antwort bereit. Das Abfrage-Antwort Pattern kann
entweder synchron oder asynchron sein. Die Choreographie der *Information* ist
ein weiteres Datenbereitstellungsmuster, bei dem die sendende Anwendung die
empfangende Anwendung über einige Änderungen informiert. Der Unterschied zum
Benachrichtigungs-Pattern besteht darin, dass die Informationsnachricht in der Regel an
die Liste der subskribierten Empfänger gesendet wird und die Empfänger die Möglichkeit haben, sofortige Maßnahmen in Bezug auf die empfangenen Informationen zu
ergreifen. In den folgenden Abschnitten werden die verschiedenen API-Typen von SAP
S/4HANA beschrieben.

OData-Services

OData (Open Data Protocol) basiert auf dem OASIS-Standard, der eine Reihe von
Best Practices für die Erstellung und Nutzung von RESTful-APIs definiert. Daher ist
sie so konzipiert, dass sie die CRUD-Operationen (Create, Read, Update, Delete) über
HTTP(s) bereitstellt. OData-APIs sind ressourcenorientierte APIs, mit denen Datenmodelle mit Entitäten, die durch Navigationsbeziehungen verknüpft sind, abgefragt und
geändert werden können. OData lenkt den Fokus beim Anlegen von RESTful-APIs fast

ausschließlich auf der Geschäftslogik, indem z. B. die Definition von Statuscodes oder Response-Headern erleichtert wird. Die in SAP S/4HANA angebotenen OData-Services sind derzeit nur synchrone Services, in denen das Ergebnis der Operation sofort im Body der HTTP-Response zurückgegeben wird. SAP arbeitet jedoch an der Option, dass asynchrone OData-Services auch in Zukunft verwendet werden können. OData ist das bevorzugte Protokoll für die Verwendung mit benutzerdefinierten SAP Fiori oder SAP BTP Anwendungen.

SOAP-Services

SOAP (Simple Object Access Protocol) ist ein Netzwerkprotokoll zum Austausch von Informationen in verteilten Umgebungen, das auf XML basiert, um Daten darzustellen, und auf Internetprotokollen, um die Nachrichten zu übertragen. Web Services Description Language (WSDL) wird als Beschreibungssprache für SOAP-basierte Interfaces verwendet und legt die Operationen sowie die Schemata für Ein- und Ausgabedaten fest. SOAP-Services können in der ABAP-Umgebung im Enterprise Services Repository oder im Backend-Repository des ABAP Application Servers definiert werden. Bei benutzerdefinierten Services gibt es auch die Möglichkeit, SOAP-Services aus vorhandenen ABAP-Funktionsgruppen und BAPIs zu generieren. Die in SAP S/4HANA angebotenen SOAP-Services werden normalerweise für die asynchrone Kommunikation verwendet, die in der Regel gerichtet sind oder keine sofortige Antwort benötigen. Es ist auch möglich, synchrone SOAP-Services zu verwenden. Sie werden jedoch nur in Ausnahmefällen genutzt.

Remote Function Call

Remote Function Call (RFC) ist die Standard-SAP-Schnittstelle für die Kommunikation zwischen SAP-Systemen und wird für die Kommunikation zwischen Anwendungen verschiedener Systeme im SAP-Umfeld verwendet. Dazu gehören Verbindungen innerhalb von SAP-Systemen sowie Verbindungen zwischen SAP-Systemen und Fremdsystemen. RFC ist der herkömmliche Mechanismus für Remote-Kommunikation, der auch über WebSocket ausgeführt werden kann, anstatt den remote-fähigen ABAP-Funktionsbaustein aufzurufen. Es gibt viele verschiedene Arten von RFCs, die jeweils unterschiedliche Merkmale aufweisen und für einen bestimmten Zweck verwendet werden. Die wichtigsten sind jedoch die synchronen, transaktionalen (asynchronen) und queued (auch asynchrone) RFCs.

BAPIs

Business Application Programming Interfaces (BAPIs) sind eine standardisierte Programmierschnittstelle für SAP Business Objekte, die im Business Object Repository (BOR) aufgelistet sind und für die Ausführung bestimmter betriebswirtschaftlicher Aufgaben verwendet werden. Technisch werden BAPIs als RFCs implementiert und in der Regel als synchrone RFCs aufgerufen. BAPIs verfügen über standardmäßige Geschäftsschnittstellen, die externen Anwendungen den Zugriff auf SAP-Prozesse, -Funktionen und -Daten ermöglichen. Client-Programme, die BAPIs für den Zugriff auf SAP Business Objekte verwenden, können entweder Teil desselben SAP-Systems, eines Fremdsystems, eines HTTP-Gateways oder eines anderen SAP-Systems sein.

IDoc

Ein Intermediate Document (IDoc) ist ein SAP-Standarddokumentformat für den asynchronen Nachrichtenaustausch zwischen SAP- und Nicht-SAP-Anwendungen. IDocs standardisieren die ausgetauschten Daten unabhängig von der verwendeten Datentransfermethode. Die Übertragung von IDocs ist über transaktionale RFCs, über HTTP unter Verwendung einer XML-Kodierung oder über SOAP über HTTP möglich. Die IDoc-Schnittstelle setzt sich aus der Definition der Datenstruktur und der Verarbeitungslogik für diese Datenstruktur zusammen. Darüber hinaus kann die Ausnahmebehandlung in SAP Business Workflows mit IDocs definiert werden, ohne dass die Daten bereits als SAP-Anwendungsbelege vorhanden sein müssen.

API-Strategie für SAP S/4HANA

Die aktuelle SAP-Strategie besteht darin, sich auf SOAP- und OData-APIs für die Neuentwicklung zu konzentrieren. Die herkömmlichen Schnittstellen wie RFC, BAPI und IDoc werden jedoch auch in SAP S/4HANA unterstützt. OData-Services ersetzen BAPIs für synchrone Operationen auf Ressourcen und SOAP-Services ersetzen IDocs für asynchrone Nachrichten. Diese Strategie wird bereits für SAP S/4HANA Cloud angewendet. Es ist daher nicht geplant, neue BAPIs, RFCs und IDocs für die Cloud zu implementieren. Damit SAP-Kunden jedoch vorhandene und implementierte Integrationsszenarios nutzen können, hat SAP einen kontrollierten Satz von Szenarien mit herkömmlichen Schnittstellentechnologien (IDoc, BAPI, RFC) für SAP S/4HANA Cloud freigegeben. In diesen Szenarien ermöglicht der SAP Cloud Connector die RFC-Kommunikation zwischen Cloud- und On-Premise-Systemen in beide Richtungen.

SAP API Business Hub

Die öffentlichen APIs und verschiedene andere Inhaltstypen, wie CDS-Views, werden im SAP-Verzeichnis SAP API Business Hub (Abb. 26.4) publiziert. Daher werden APIs, die nicht öffentlich sind, hier nicht aufgeführt. Im Kontext der SAP S/4HANA Integrationstechnologie bedeutet dies, dass alle aufgeführten APIs im SAP API Business Hub über einen Kompatibilitätsvertrag verfügen und nicht geändert oder entfernt werden können. Darüber hinaus ist es für Entwickler möglich, die APIs über eine API-Sandbox aus zu probieren. Um die APIs aus dem SAP Business Hub nutzen zu können, müssen die Entwickler Kommunikationsszenarios und -vereinbarungen anlegen.

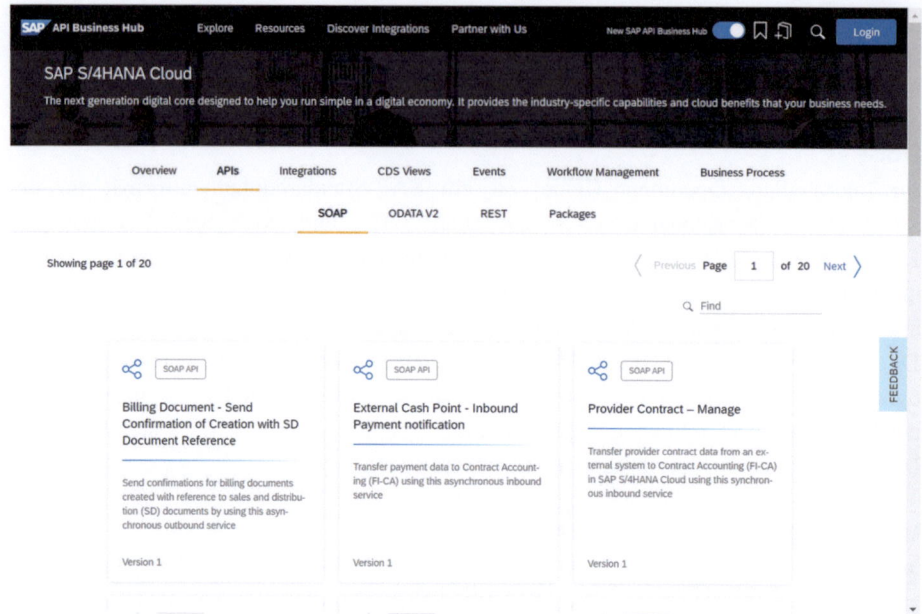

Abb. 26.4 SAP API Business Hub – https://api.sap.com

SAP Application Interface Framework

SAP Application Interface Framework ist ein leistungsstarkes Framework für die Implementierung, Überwachung, Fehlerbehandlung und Verarbeitung von Schnittstellen in ABAP-basierten Systemen. SAP stellt die erforderlichen Schnittstellenkonfigurationen im SAP Application Interface Framework für alle asynchronen APIs in SAP S/4HANA Cloud bereit. Daher sind diese APIs für die Fehlerbehandlung und das Monitoring bereits in das SAP Application Interface Framework integriert. Für SAP S/4HANA On-Premise ist dies nur für eine begrenzte Anzahl von Anwendungen der Fall. Es ist jedoch möglich, die zu überwachenden Schnittstellen zu konfigurieren, und Entwickler können ihre eigenen Schnittstellen implementieren. Die Implementierung der Schnittstellen erfolgt hauptsächlich über Customizing-Menüs. Da verschiedene Schnittstellentechnologien mit unterschiedlichen Werkzeugen für die Überwachung und Fehlerbehandlung ausgeliefert werden, kann es sein, dass sie schwer zu verstehen sind. SAP Application Interface Framework vereinfacht diesen Prozess und bietet ein einheitliches Monitoring, Alerting und Fehlerbehandlung. Die Komponenten können wiederverwendet (z. B. Prüfungen oder Mappings), unabhängig voneinander implementiert und getestet werden. Darüber hinaus unterstützt sie Varianten von Schnittstellen (z. B. Ausnahmen), die auch unabhängig voneinander getestet werden können. SOAP-Service, IDoc und RFC sind die unterstützten Technologien für asynchrone eingehende und ausgehende Aufrufe. Als zusätzliche Schnittstellentechnologie für ausgehende Anrufe wird OData unterstützt. Für synchrone OData-Aufrufe wird nur die Fehlerüberwachung bereitgestellt.

Prozessablauf mit dem SAP Application Interface Framework

Die Abb. 26.5 zeigt die konzeptionelle Architektur von SAP Application Interface Framework. Eingehende Aufrufe werden von der entsprechenden Integrationsschnitt-stellenlaufzeit des ABAP Application Servers verarbeitet. Der erste Schritt besteht darin, dass die Schnittstellenlaufzeit den Aufruf bei der Monitoring-Komponente des Frameworks registriert, vorausgesetzt, das SAP Application Interface Framework ist für die Verwendung für eine bestimmte Schnittstellenlaufzeit konfiguriert. Dadurch wird das Framework über den Aufruf informiert und kann ihn in der Monitoring-Anwendung anzeigen. Als Nächstes ruft die Schnittstellenlaufzeit die eigentliche anwendungsspezi-fische Anfrage-Verarbeitung auf und die Anwendung verarbeitet die Anfrage-Nachricht und zeichnet den Fortschritt und Fehler im Anwendungsprotokoll auf. Wenn die Ver-arbeitung abgeschlossen oder fehlgeschlagen ist, wird die Steuerung an die Schnitt-stellenlaufzeit zurückgegeben. Im Fehlerfall protokolliert die Schnittstellenlaufzeit die Fehlerinformationen. Anschließend ruft die Schnittstellenlaufzeit das SAP Application Interface Framework erneut auf, um es über den Status des Aufrufs zu informieren. Danach aktualisiert das Framework den Status in seinen internen Monitoring-Daten und schreibt im Fehlerfall weitere Protokollmeldungen. Zusätzliche Konfigurationen des Monitorings zum Auslösen von Alerts, um den Benutzer über Fehler zu informieren, sind ebenfalls möglich. Die Benutzer können die Details zu Fehlern lesen und den Status des Aufrufs sehen. Benutzer können versuchen, Fehler auf betriebswirtschaft-licher Ebene zu beheben, z. B. indem sie fehlende Daten eingeben. Die asynchronen

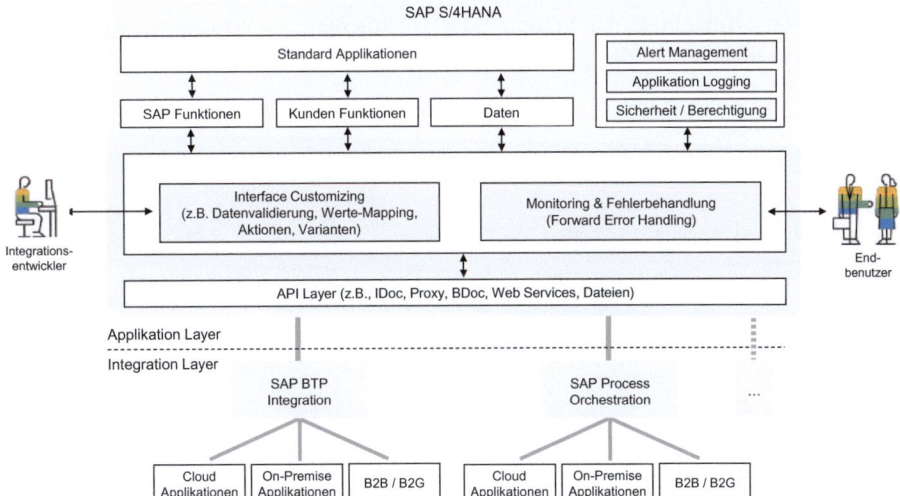

Abb. 26.5 SAP Application Interface Framework – Architektur

Messages und ihre Payloads werden in Queues abgelegt, sodass sie bearbeitet und anschließend in die Schnittstellenlaufzeit zurückgeschrieben werden können. Nachdem das Problem behoben wurde, notifiziert das SAP Application Interface Framework die Laufzeit, die Nachricht in der Warteschlange erneut zu verarbeiten. Der Prozess für ausgehende Anfragen ist derselbe wie für eingehende Nachrichten. Das Monitoring von SAP Application Interface Framework wird vor und nach dem Senden von Nachrichten und Anforderungen benachrichtigt. Im Fehlerfall können Benutzer dann versuchen, das Problem zu beheben und die erneute Verarbeitung der Nachricht oder Anforderung zu initiieren. Neben den Überwachungs- und Fehlerbehandlungsfunktionen des SAP Application Interface Framework ist es möglich, die Verarbeitung von Nachrichten abzufangen. Auch dies kann für jede Schnittstelle angegeben werden. Wie in Abb. 26.6 dargestellt, ruft die Schnittstellenlaufzeit nicht direkt die anwendungsspezifische Aufrufprozessierung auf, sondern die Verarbeitung des SAP Application Interface Framework. Dadurch kann das Framework Prüfungen und Mappings basierend auf der schnittstellenspezifischen Konfiguration (z. B. Werte-Mapping) durchführen. Bei ausgehenden Nachrichten ruft die Schnittstellenlaufzeit die SAP Application Interface Framework Verarbeitung vor dem Senden der Anforderung auf, damit Mappings und Prüfungen angewendet werden können.

Integrations-Middleware

Zusätzlich zur Integration von SAP S/4HANA Anwendungen, die auf direkter Kommunikation zwischen ihnen über abgestimmte APIs basieren, gibt es Szenarien, in denen dedizierte Integrations-Middleware bevorzugt wird, um die Kommunikation zu vermitteln. Der Einsatz der Middleware ist insbesondere dann sinnvoll, wenn z. B. Produkte von Drittanbietern integriert oder Nachrichten an verschiedene Empfängersysteme weitergeleitet werden sollen.

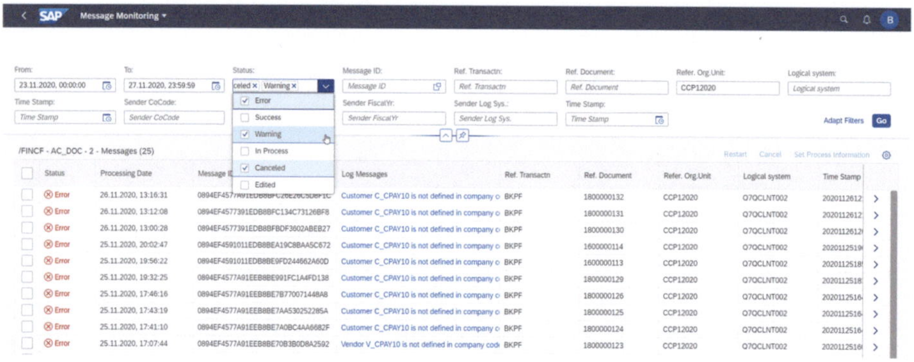

Abb. 26.6 SAP Application Interface Framework – Nachrichten-Monitoring

SAP Cloud Integration Service

Die Middleware, die SAP für die Cloud bereitstellt, ist der SAP Cloud Integration Service, der als Teil der SAP Business Technology Platform verfügbar ist. Hierbei handelt es sich um einen mehrmandantenfähigen Service, der auf der SAP Business Technology Platform ausgeführt wird und sowohl für die Cloud-to-Cloud Integration als auch für die Cloud- und On-Premise Konnektivität verwendet werden kann. Nachrichten von Sendern werden vom SAP Cloud Integration Service verarbeitet und an Empfänger weitergeleitet. Sowohl Sender als auch Empfänger sind über Adapter verbunden, die die von den Sendern verwendeten Kommunikationsprotokolle implementieren. Die eingehenden Daten aus dem externen Protokoll des Senders werden vom Sender-Adapter in ein internes Nachrichtenformat konvertiert. Dieses Nachrichtenformat kann dann für die weitere Verarbeitung verwendet werden. Die endgültigen ausgehenden Nachrichten werden dann von einem Empfänger-Adapter aus dem internen Format in das Protokoll des Empfängers konvertiert. Neben den bereits von SAP Cloud Integration Service angebotenen Adaptern für verschiedene Protokolle wie SOAP, OData, HTTP/REST ist es möglich, eine Vielzahl von Drittanbieter-APIs mit der Open-Connectors-Funktion in SAP Cloud Integration Suite zu integrieren. So wird der Zugriff auf eine einheitlicher Weise mit standardisierter Authentifizierung, Fehlerbehandlung, Paginierung und Datenstrukturen für Drittanbieter-APIs aus vielen Cloud-Services bereitgestellt. Das Routing und die Verarbeitung von Messages wird durch Integrationsprozesse beschrieben, die auch als iFlows bezeichnet und von der Verarbeitungslaufzeit des SAP Cloud Integration Service ausgeführt werden. Die Beschreibung von iFlows umfasst die Art und Weise, wie Nachrichten von Sendern verarbeitet und an Empfänger verteilt und mithilfe des BPMN-Standards (Business Process Model and Notation) visuell modelliert werden. Zu diesem Zweck werden Design-Werkzeuge in die webbasierte Benutzungsoberfläche des SAP Cloud Integration Service integriert. Vordefinierter Integrationsinhalt von SAP wird im SAP API Business Hub veröffentlicht und steht für die Verwendung im Kunden-System auf der Web-Benutzungsoberfläche von SAP Cloud Integration Service zur Verfügung. In anderen Szenarios kann der angebotene Integrationsinhalt von SAP als Ausgangspunkt für das Einrichten einer benutzerdefinierten Integration mit SAP Cloud Integration Service verwendet werden.

SAP Process Orchestration

Für On-Premise Kunden steht die Middleware SAP Process Orchestration Technology zur Verfügung. SAP Process Orchestration unterstützt verschiedene Installationsoptionen. Die Advanced Adapter Engine Extended unterstützt die Konnektivität über Adapter für verschiedene Protokolle, das Routing von Messages auf der Grundlage von Regeln und das Mapping von Message-Strukturen und -Werten. Für die Modellierung und Konfiguration von Integrationsinhalten bietet er auch das Enterprise Services Repository und das Integration Directory. SAP Process Orchestration umfasst eine erweiterte Adapter Engine zusammen mit der Komponente SAP Business Rules Management und Software SAP Business Process Management. Die Implementierung

der Anwendungsintegration unterteilt sich in drei Phasen: der Design-Zeit, der
Konfigurationszeit und der Laufzeit. Die Design-Zeit umfasst die Modellierung der
Kommunikation zwischen Anwendungen auf abstrakter Ebene – unabhängig von den
Details einer bestimmten Systemlandschaft. Später während der Konfigurationszeit wird
das Kommunikationsmodell so angepasst, dass es in einer bestimmten Systemlandschaft ausgeführt wird. Das gleiche Modell kann beispielsweise unabhängig von der
physischen Umgebung der beteiligten IT-Systeme verwendet werden. Schließlich führt
die Laufzeit das konfigurierte Kommunikationsmodell aus. Die Architektur von SAP
Process Orchestration besteht aus separaten Komponenten, die die Integrationsaufgaben
in jeder dieser Phasen ausführen:

- Design-Zeit: Enterprise Services Repository (ES Repository)
- Konfigurationszeit: Integration Directory
- Laufzeit: Advanced Adapter Engine und Integration Engine

Ein Integrationsexperte verwendet das ES Repository, um Kommunikationsmodelle zu
definieren und zu verwalten. SAP liefert auch vordefinierten Inhalte für SAP S/4HANA
im ES Repository aus, um Kunden eine sofort einsatzbereite Anwendungsintegration zu
ermöglichen (Abb. 26.7).

SAP-Partner und -Kunden können vorhandene bzw. eigene Inhalte im ES Repository
erweitern bzw. anlegen. Die Kommunikation zwischen Anwendungen wird durch
Nachrichten repräsentiert. Dies kann z. B. ein Angebot oder ein Kundenauftrag sein.
Jede Nachricht hat eine Struktur, die von den Kommunikationspartnern definiert wird.
Die Struktur wird als Nachrichtentyp im ES Repository dargestellt. Anwendungen
nehmen an der Integration entweder als Sender oder Empfänger von Nachrichten teil.
Die IT-Systemlandschaft eines Kunden ist nicht statisch. Die bestehenden IT-Systeme
werden aufgrund sich ändernder geschäftlicher Anforderungen ersetzt oder aktualisiert
oder in ein anderes Netzwerk verlagert. Beispielsweise kann die Verbesserung der Performanz einer Anwendung für die Auftragsbearbeitung ein Upgrade der Hardware des
IT-Systems erfordern. Solche Änderungen können zu Änderungen an der vorhandenen
konfigurierten Kommunikation des Kunden führen. SAP Process Orchestration schützt
die vorhandene Konfiguration, indem zwischen einem technischen System und einem
logischen System unterschieden wird. Ein technisches System ist die physische Server-
oder einzelne Betriebssysteminstallation. Ein logisches System stellt einen Partner in
der Kommunikation dar. Während der Konfigurationszeit bezieht sich das Integration
Directory auf die logischen Systeme als kommunizierende Partner und nicht auf die
technischen Systeme. Dies ermöglicht die Durchführung von Änderungen in technischen
Systemen wie das Ändern der Serveradresse, ohne die Konfiguration zu beeinträchtigen.
Das System Landscape Directory (SLD) bietet ein Repository zur Definition von
technischen und logischen Systemen. Die Integration Engine und die Advanced Adapter
Engine verwenden SLD-Informationen während der Nachrichten-Verarbeitung. Die
Integration Engine ist für den Austausch von Nachrichten zwischen kommunizierenden

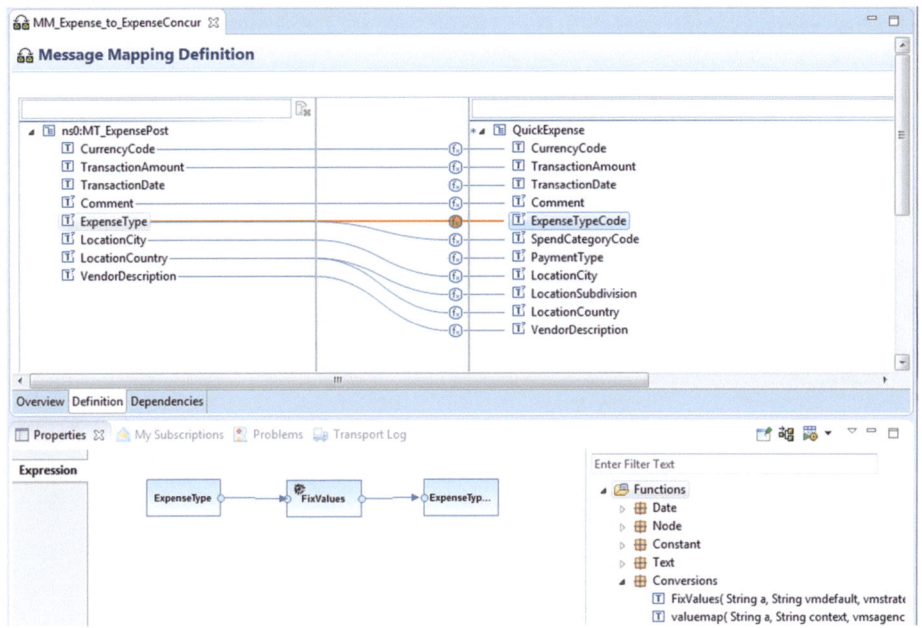

Abb. 26.7   SAP Process Orchestration – Message Mapping

Anwendungen über den Integrationsinhalten aus dem ES Repository und Konfigurations-objekten aus dem Integration Directory verantwortlich. Die Integration Engine führt mehrere Services aus, um die eingehende Nachricht zu verarbeiten. Diese Services verwenden Konfigurationsobjekte wie Empfängerermittlung, Schnittstellenbestimmung und Integrationsinhalte wie Mapping-Objekte. Die Services werden als Pipeline-Services bezeichnet und in einer geeigneten Reihenfolge, der sogenannten Pipeline, ausgeführt. Wie in Abb. 26.8 illustriert, stellt SAP Process Orchestration detaillierte Monitoring-Funktionalität zur Verfügung.

26.3   Fazit

Die Prozessintegration unterstützt die Verknüpfung von Geschäftsprozessen zwischen zwei oder mehreren Anwendungen. Ein Geschäftsprozess in einer Anwendung initiiert einen unterstützenden Geschäftsprozess in einer anderen Anwendung. Im Gegensatz zur Stammdatensynchronisation erfordert die Prozessintegration in der Regel keine Erstdatenübernahme. Beispiele für die Prozessintegration sind ein Dienstleistungs-beschaffungsprozess in SAP S/4HANA, der einen Prozess für externe Mitarbeiter in SAP Ariba initiiert. SAP S/4HANA unterstützt die Punkt-zu-Punkt Integration und die vermittelte Integration. Darüber hinaus stellt SAP S/4HANA entsprechende APIs bereit,

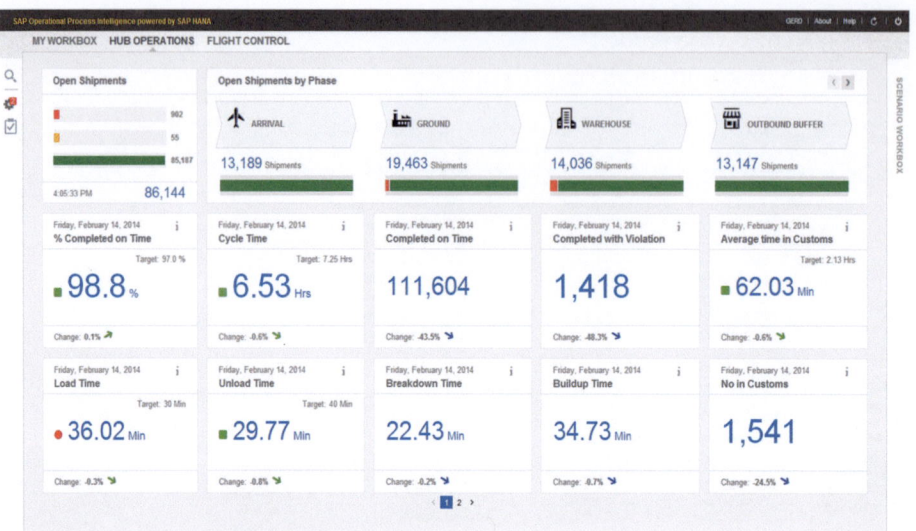

Abb. 26.8   SAP Process Orchestration – Monitoring

die eine synchrone und asynchrone Kommunikation gewährleisten. Für APIs werden verschiedene Techniken und Protokolle unterstützt, z. B. OData, SOAP oder RFC. Die Standardisierung für die Implementierung und den Betrieb von APIs wird mit SAP Application Interface Framework sichergestellt. Für die vermittelte Integration werden SAP Cloud Integration Service und SAP Process Orchestration als zentrale Middleware bereitgestellt.

Datenintegration

27

Das Kapitel erläutert die Konzepte und Frameworks der Datenintegration von SAP S/4HANA. Insbesondere werden die Anwendungsfälle für die Datenintegration, die Daten-Push- und Daten-Pull-Muster, das Datenreplikations-Framework (DRF), die CDS-basierte Datenextraktion und die Datentransformation in Data Warehouse Systeme erklärt.

27.1 Betriebswirtschaftliche Anforderung

Anwendungsdaten werden typischerweise als Bewegungsdaten kategorisiert, wenn sie ein einzelnes Geschäftsereignis beschreiben, oder als Stammdaten bezeichnet, wenn sie in mehreren Geschäftsereignissen referenziert werden. Die Datenintegration unterstützt die Synchronisierung von Bewegungs- und Stammdaten, die dem Quellsystem gehören, aber auch im Zielsystem benötigt werden, um Analysen, maschinelles Lernen oder die Implementierung von Geschäftsprozessen zu ermöglichen. Dies umfasst sowohl die Erstdatenübernahme aus der Quelle in das Zielsystem als auch die Verwaltung von Änderungen, die nach dieser Erstdatenübernahme auftreten. Beispiele sind die Synchronisierung von Mitarbeiterdaten zwischen SAP S/4HANA und SAP SuccessFactors. In der Regel ist eine eingeplante Übertragung von Daten aus der Quell- in die Zielanwendung erforderlich, eine Übertragung der Änderungen (Delta) in Echtzeit muss jedoch auch unterstützt werden. Die Möglichkeit der Übertragung von Massendaten ist notwendig, als auch der Transfer eines einzelnen Objekts beispielsweise für die Delta-Synchronisation in Echtzeit sollte unterstützt werden. Die Daten müssen abgeglichen, zugeordnet oder transformiert werden, bevor sie aufgrund von Unterschieden in den Datenmodellen in der Zielanwendung gespeichert werden. Die wichtigsten Anforderungen an die Datenintegration sind:

© Der/die Autor(en), exklusiv lizenziert an Springer Fachmedien Wiesbaden GmbH, ein Teil von Springer Nature 2023
S. Sarferaz, *ERP-Software: Funktionalität und Konzepte*,
https://doi.org/10.1007/978-3-658-40499-4_27

- Die Datenextraktionslösung soll die Erstdatenübernahme unterstützen: Die Erst-
datenübernahme ist der erste Schritt, wenn eine externe Anwendung Massendaten aus
SAP S/4HANA benötigt. Bei einer Erstdatenübernahme wird ein größerer Teil der
Instanzen initial von einer Quelle in ein Ziel gleichzeitig repliziert. Hierfür ist in der
Regel die Paketierung erforderlich, damit die Daten portionsweise übertragen werden
können.

- Die Datenextraktionslösung soll die Deltadatenübernahme unterstützen: Wenn die
Gesamtgröße einer Datenquelle (Anzahl der Zeilen × Zeilenbreite) klein ist, kann der
Datenkonsument Änderungen an der Datenquelle durch ein vollständiges Neuladen
der Quelle nachverfolgen. Dies wird jedoch nur für Konfigurationsdaten (z. B. Codelisten oder Ähnliches) empfohlen, die selten geändert werden. Bei anderen Datenkate-
gorien ist dieser Ansatz bedingt durch die regelmäßigen Änderungen im Allgemeinen
nicht durchführbar. Um solche Datenquellen zu replizieren, ist eine Deltabehandlung
erforderlich, die die Erstdatenübernahme durch Replikation durchführt und danach
nur die Änderungen überträgt, die seit der letzten Datenreplikation aufgetreten sind.

- Die Datenextraktionslösung soll die Resynchronisation unterstützen: Die langlaufende Datenextraktion stellt läuft tendenziell nicht synchron. Das bedeutet, dass
die Datenquelle andere Daten als das Replikat enthält, der Synchronisationsprozess
jedoch keinen Fehler anzeigt. Gründe hierfür sind unter anderem: Verlorene Updates
im Synchronisationsprozess, Löschen auf Empfängerseite, Quellobjekte, die nicht im
Umfang enthalten sind, wenn Quellobjektfilter verwendet werden. Daher muss eine
Neusynchronisation der replizierten Daten unterstützt werden, entweder durch vollständiges Neuladen der Daten oder durch Vergleichen und Auflösen der Unterschiede
zwischen Quelle und Empfänger. Der zweite Ansatz erfordert mehr Komplexität, aber
bei großen Datenmengen ist ein vollständiges Neuladen nicht immer möglich.

Weitere Anforderungen an die Datenintegration sind Schlüssel-/Werte-Mapping, Trans-
formationsvorgänge, Staging-Bereich, Datenkonsistenz, Berechtigung und Datenschutz,
Erweiterbarkeit und Performanz, Monitoring und Fehlerbehandlung.

27.2 Technische Umsetzung

Datenintegration bedeutet, dass SAP S/4HANA Daten über einen generischen
Mechanismus für verschiedene Zwecke wie Berichtswesen, maschinelles Lernen oder
die Implementierung transaktionaler Anwendungen übertragen werden. Die Datenintegration selbst löst keine Geschäftsprozessschritte aus. Es werden verschiedene
Orchestrierungsmuster und Technologien für die Datenintegration bereitgestellt, die in
diesem Abschnitt erläutert werden.

Orchestrierungsmuster

Bei einer *verbrauchergesteuerten Datenreplikation* wählt der Datenkonsument die Datenquellen eines Datenanbieters aus, die der Konsument benötigt. Die zugrunde liegende Technologie repliziert dann die Daten der verschiedenen Quellen an den Datenkonsumenten und erfüllt die ausgewählten Qualitäten. Aus betriebswirtschaftlicher Sicht weiß der Datenanbieter nicht, wer die Daten anfordert und für welchen Zweck. Im Gegensatz dazu gibt es eine *anbietergesteuerte Datenreplikation*. Hier kennt der Datenanbieter den Zweck der Datenreplikation, definiert die Qualitäten und ist dafür verantwortlich. Die Stammdatenreplikation aus SAP S/4HANA in andere Anwendungen ist ein typischer Vertreter einer solchen anbietergesteuerten Datenreplikation. Die technische Datenintegration kann basierend auf verschiedenen Mustern implementiert werden. Die wichtigsten Muster der Datenintegration im Kontext von SAP S/4HANA werden in Abb. 27.1 dargestellt. Es gibt zwei Hauptansätze, um Daten aus dem Quell- in das Zielsystem zu replizieren. Mit der Methode des Daten-Push sendet das Quellsystem alle relevanten Daten oder Änderungen über APIs an das Zielsystem. Die Quellsysteme als Datenlieferant überwachen die Daten und senden die geänderten Werte als Datenempfänger an das Zielsystem, wenn es Änderungen feststellt. Der Empfänger agiert passiv und wartet auf neue Werte. In SAP S/4HANA basiert das Datenreplikations-Framework (DRF) auf dem Push-Modell.

Im Vergleich dazu wird beim Daten-Pull in regelmäßigen Abständen vom Zielsystem geprüft, ob neue Datensätze vorliegen, um die relevanten Daten aus dem Quellsystem abzurufen. Eine spezifische Logik identifiziert Änderungen im Quellsystem, zieht sie heraus und überträgt sie an das Zielsystem. In SAP S/4HANA basiert die CDS-Datenextraktion auf dem Daten-Pull. Das Pull-Modell wird typischerweise mit einem speziellen Protokoll implementiert, das z. B. für den initialen Handshake und die Paket-Übertragung Verfahren bereitstellt. Daher muss das Zielsystem auch dieses Protokoll implementieren, was eine engere Kopplung und zusätzlichen Entwicklungsaufwand zur Folge hat. Außerdem muss das Quellsystem einen Port öffnen, damit das Zielsystem Daten wiederholt abrufen kann. Für die Einrichtung von SAP S/4HANA Systemen ist dies ein Sicherheitsrisiko, das zusätzliche Schutzmaßnahmen erfordert. Darüber hinaus kann die Performanz der transaktionalen Prozesse in SAP S/4HANA beeinträchtigt werden, wenn viele Zielsysteme und eine große Anzahl von Datenquellen an

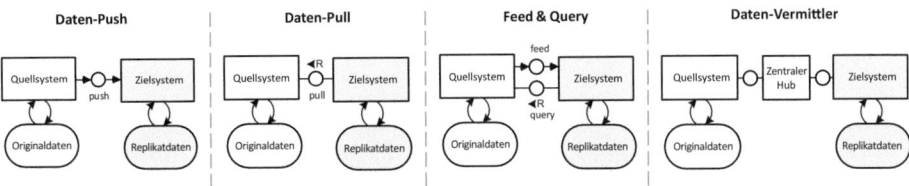

Abb. 27.1 Datenintegrationsmuster

der Replikation beteiligt sind. Das Push-Modell entkoppelt Quell- und Zielsystem sehr gut. Die Verantwortung für den Datentransfer wird jedoch hauptsächlich in das Quellsystem verschoben. Die Push- und Pull-Methode kann auch kombiniert werden, z. B. im Feed- und Query-Modell. In diesem Muster werden Änderungen (wie Mitarbeiter-ID, Name und E-Mail-Adresse) zunächst als Benachrichtigung von der Quell- in die Zielanwendung übertragen. Diese minimalen Attribute werden als Feed bezeichnet. Bei Bedarf kann auch ein zusätzlicher optionaler Änderungs-Feed vorhanden sein, der eine entsprechende vollständige Objektrepräsentation bereitstellt. Die Destination ruft zusätzliche Daten ab, um ihr lokales Replikat der Anwendungsdaten gemäß der Benachrichtigung zu aktualisieren. Bei Bedarf kann auch eine Abfrage (Query) verwendet werden, um beispielsweise die betriebswirtschaftliche Ausführung fortzusetzen oder dem Endbenutzer auf Benutzungsoberflächen anzuzeigen. Während der empfohlene Ansatz darin besteht, mithilfe von APIs zusätzliche Daten aus der Anwendungsschicht abzurufen, können Datenintegrationswerkzeuge auch verwendet werden, um die Übertragung von Anwendungsdaten aus einem API in ein lokales Schema zu implementieren. Wenn Daten repliziert werden, kann die Erstdatenübernahme der Daten durchgeführt werden, indem die Daten aus dem Quellsystem abgerufen werden. Um die nach der Erstdatenübernahme übertragenen Daten zu minimieren, sollten nur geänderte Daten übertragen werden. Dies wird durch einen entsprechenden Protokollmechanismus (z. B. OData-Delta-Token) ermöglicht. Das Pattern der Daten-Vermittler wird für Szenarien angewendet, die erweiterte Datentransformationsoptionen erfordern, die nicht als integrierte Funktionen in der Datenbereitstellung von SAP S/4HANA verfügbar sind. Datenkonsolidierung, Governance und Qualität sind auch Hauptgründe für die Implementierung des vermittelten Musters, das auf einem zentralen Hub basiert. SAP Master Data Governance ist ein Beispiel für dieses Muster. Der zentrale Hub unterstützt in der Regel Push- und Pull-Funktionen.

Klassifizierung der Technologien

Die Technologien der Datenintegration können nach Organisationsebene und Persistenzbehandlung klassifiziert werden. Die Organisationsebene berücksichtigt, ob Technologien daten- oder anwendungsorientiert sind. Je mehr Anwendungslogik und Code in einer bestimmten Technologie implementiert werden können oder müssen, desto anwendungsorientierter ist sie. Wenn hingegen Datenstrukturen und Aspekte der Datenspeicherung das Setup der Datenintegration dominieren, wird eine Technologie als datenorientiert eingestuft. Es gibt folgende Ebenen:

- Manuelle Integration und gemeinsame Benutzungsoberfläche: Benutzer arbeiten mit allen relevanten Informationen, die auf alle Quellsysteme oder Webseitenschnittstellen zugreifen. Es ist keine einheitliche Sicht auf die Daten vorhanden.

- Anwendungsorientierte und -orchestrierte Integration: Die Integrationslogik wird von Anwendungen in eine Middleware oder einem zentralen Hub verschoben. Obwohl die Integrationslogik nicht in den Anwendungen entwickelt wird, besteht weiterhin die Anforderung, dass die Anwendungen teilweise zur Datenintegration beitragen.
- Datenorientierte Integration: Die Integration wird durch den Einsatz datenorientierter Technologien erreicht. Dazu gehören Middleware wie KAFKA, RabbitMQ, Solace und andere. Eine weitere wichtige Gruppe ist die Replikationstechnologien, z. B. SAP HANA SDI, SAP LT Replication Server, SAP Replication Server und MobiLink.
- Virtuelle Integration und einheitlicher Datenzugriff: Dieser Ansatz erfordert keine Datenreplikation für die Quellsysteme. Er definiert eine Reihe von Datenbank-Views, um dem Kunden die einheitliche Sicht remote bereitzustellen und darauf zuzugreifen. Die Daten werden nicht verschoben, sondern während der Laufzeit remote/virtuell aufgerufen.
- Integration physischer Daten und gemeinsame Datenspeicherung: Ein eigenständiges System speichert eine Kopie der Daten aus den Quellsystemen, um sie unabhängig vom Originalsystem zu speichern und zu verwalten. Technologien, die dem ETL-Modell (Extract-Transform-Load) folgen, sind Teil dieser Gruppe.

Betreffend der Persistenz kann die Datenintegration in die kopierende und nicht-kopierende Paradigmen gruppiert werden. Folgende Fälle können unterschieden werden:

- Nicht-Kopierend: Es erfolgt keine Kopie der Daten. Jede Abfrage wird anhand von Live-Daten ausgewertet. Nur das Ergebnis der Abfrageauswertung wird an den Konsumenten zurückgesendet.
- Übergangskopierend: Middle-Broker speichern typischerweise Daten im Payload-Teil einer Nachricht temporär, um die angeforderte Quality-of-Service zu gewährleisten. Bei Replikationstechnologien werden die geänderten Daten in Schattenkopien gehalten.
- Kopierend: Daten werden kopiert und in einer anderen logischen Struktur abgelegt. Dies kann innerhalb derselben Datenbank geschehen, z. B. in Data Marts.
- Verschiebend: Im Gegensatz zu Kopierend wird bei diesem Verfahren, die Original-daten im Ursprungssystem nach erfolgreichem Abschluss des Kopiervorgangs gelöscht.

Aus diesen Anwendungsfällen lassen sich die folgenden Technologiegruppen für die Datenintegration ableiten: Anwendung-zu-Anwendung, Orchestration, Stream Processing, Nachrichten-Broker, Replikation, Offline-Online, Virtualisierung, Extract-Transform-Load, Migrationen und Konvertierungen.

Datenreplikations-Framework

Das SAP Data Replication Framework (DRF) prozessiert Änderungsereignisse von lokalen Business-Objekten, um über die Replikation der spezifischen Business-Objekt-Instanzen in ein oder mehrere Zielsysteme zu entscheiden. Das Framework wird für die Datenintegration auf Geschäftsebene verwendet und ist eine Lösung für das Daten-Push-Muster. Lokale Änderungsereignisse werden registriert und mit den entsprechenden Ausgangsschnittstellen verbunden. Diese wird verwendet, um ein Replikationsmodell zu definieren und die Filterbedingungen zu prüfen. Die Anwendung informiert das DRF über alle Änderungen an Business-Objekten. Das DRF sendet immer eine vollständige Business-Objekt-Instanz über den angegebenen Ausgang. Dies ist der Ereignisauslöser für die Verteilung der Anwendungsdaten mit dem Service SAP Master Data Integration.

Abb. 27.2 zeigt die Architektur des DRF nach einem Änderungsereignis eins Business-Objekts in SAP S/4HANA. Kunden können den gesamten Datenreplikations-prozess in das spezifische Zielsystem verwalten, in dem festgelegt ist, welche Business-Objekte über welche Schnittstelle und zu welchem Zeitpunkt repliziert werden sollen. Mit der Option Datenreplikation ausführen (Transaktion DRFOUT) kann die gesamte Datenreplikation gesteuert werden, einschließlich der initialen Datenreplikation, der Deltadatenreplikation oder der einmaligen Datenreplikation. Das DRF wird für die Anwendungsintegration auf Geschäftsebene verwendet. Wie bereits erwähnt, können Kunden die Datenreplikation mithilfe eines Push-Mechanismus verwalten und ent-scheiden, welche Business-Objekte über welche Schnittstelle an welches Zielsystem zu welchem Zeitpunkt gesendet werden. Anwendungen müssen Ausgangsschnittstellen wie SOAP Web Service oder ALE IDoc bereitstellen, um DRF verwenden zu können. In der Designphase verbindet die Anwendung ihre Schnittstellen mit DRF. Anschließend kann während der Konfigurationsphase das Replikationsmodell angelegt werden. Das gesamte Framework wird durch das Schlüssel- und das Werte-Mapping-Framework

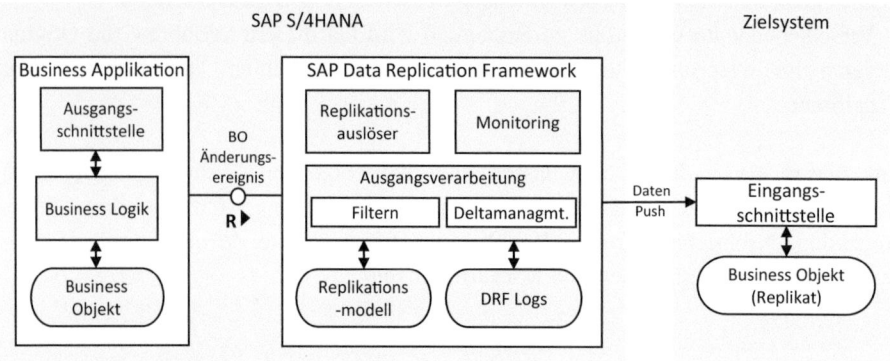

Abb. 27.2   SAP Data Replication Framework – Architektur

vervollständigt. Daher unterstützt es auch heterogene Identifikatoren und Codelisten. Das DRF bietet zahlreiche Funktionen für die Datenintegration. Zunächst ist es möglich, alle relevanten Datenaustauschtechnologien (Web-Services, ALE, RFC, Dateiübertragung) und alle wesentlichen Übertragungsmodi (initial, delta, manuell, direkt) an das DRF anzubinden. Eine leistungsstarke Datenfilterung erlaubt es Kunden, Objekte mithilfe konfigurierbarer Parameter auszuwählen, Filter für Business-Objekte wiederzuverwenden und spezielle Systemfilter zu verwenden, um veraltete Kopien im Zielsystem zu vermeiden. Das DRF unterstützt die Delta-Analyse und bietet Funktionen zur Nachverfolgung und Überwachung. Die vorab ausgelieferten Integrationsinhalte können vom Kunden erweitert werden und unterstützen Massendaten. Die in Abb. 27.2 dargestellte Ausgangsschnittstelle muss das ABAP-Interface *IF_DRF_OUTBOUND* implementieren. Die Methoden dieses Interfaces sind in der folgenden Tabelle aufgeführt. Die wichtigste Methode ist *SEND_MESSAGE,* die Daten aus SAP S/4HANA in das Zielsystem überträgt.

Interface-Methode	Beschreibung
INITIALISIEREN	Methode der Outbound-Implementierung initialisieren
ANALYZE_CHANGES_ BY_CHG_POINTER	Änderungsanalyse durch ALE-Änderungszeiger
ANALYZE_CHANGES_ BY_MDG_CP	Änderungsanalyse durch MDG-Änderungszeiger
MAP_DATA2MESSAGE	Mapping interner Daten auf die Nachrichtenstruktur
SEND_MESSAGE	Verarbeitete Nachricht senden
ENRICH_FILTERKRITERIEN	Filterkriterien anreichern
ANALYZE_CHANGES_BY_OTHERS	Änderungsanalyse nach anderen Parametern als Änderungszeigern
ANALYZE_CHANGES_ BY_MDG_CP	Änderungsanalyse durch MDG-Änderungszeiger
BUILD_PARALLELPACKAGE	Parallelpaket für Message-Verarbeitung aufbauen
READ_COMPLETE_DATA	Vollständige Daten lesen
APPLY_NODE_INST_ FILTER_MULTI	Knoteninstanzfilter auf mehrere relevante Objekte anwenden
APPLY_NODE_INST_ FILTER_SINGLE	Knoteninstanzfilter auf einzelnes relevantes Objekt anwenden
FINALISIEREN	Finalize-Methode für Outbound-Implementierung

Bevor mit der Replikation begonnen werden kann, muss al Vorbedingung muss das DRF konfiguriert werden. Dazu gehören:

1. Konfiguration der Datenreplikation
2. Definition von Filterkriterien (für die Verwendung externer Datenreplikationsfilter)
3. Definition der notwendigen Berechtigungen

Das Customizing des Replikationsmodells legt fest, welche Daten gesendet werden sollen. Dadurch können Kunden angeben, welche Outbound-Implementierungen und Filterobjekte aus dem Bereich der verfügbaren Services angewendet werden sollen. Diese Customizing-Aktivitäten sind unabhängig von der Zielanwendung. Das DRF liefert zusammen mit der Viewpflege entsprechende Tabelleneinträge, die als Elemente in der Anwendungskonfiguration verwendet werden können. Außerdem werden den ausgelieferten Einträgen entsprechende Klassen für Filterobjekte, Filter und Service-Implementierungen zugeordnet.

CDS-basierte Datenextraktion

Das virtuelle Datenmodell (VDM) ist ein ausführbares, strukturiertes Modell einer SAP HANA Datenbank-View, das zur Laufzeit direkten Zugriff auf die Daten der Geschäfts-anwendung in SAP S/4HANA bietet. Alle vorhandenen Tabellen können in ein ver-ständliches, standardisiertes und ausführbares Datenmodell umgewandelt werden, das die Geschäftsdaten bereitstellt. Das VDM besteht aus CDS-Views. Core Data Services (CDS) werden verwendet, um semantisch reichhaltige Datenmodelle zu erstellen. Diese Datenmodelle können auf dem Datenbankserver verwendet werden und unterstützen konzeptuelle Modellierungs- und Beziehungsdefinitionen, integrierte Funktionen und Erweiterungen. CDS ist eine Ergänzung von SQL, mit der semantisch reichhaltige Datenbanktabellen oder Views und benutzerdefinierte Typen in der Datenbank definiert werden können. CDS-Views werden vom Data Dictionary der ABAP Platform ver-waltet und im Datenbanksystem ausgeführt. Diese Views werden in ABAP-SELECT-Anweisungen als Datenquelle verwendet und geben nur Daten zurück, für deren Zugriff der aktive Benutzer berechtigt ist.

Die CDS-basierte Datenextraktion ist eine technische Option für SAP S/4HANA On-Premise und Cloud in Bezug auf die Datenintegration. Es repliziert Daten aus SAP S/4HANA in Zielsysteme wie SAP BW4/HANA, SAP Data Intelligence oder Lösungen von Drittanbietern. Die CDS-Datenextraktion basiert auf dem Daten-Pull-Muster. Für verschiedene Datenintegrationsszenarios stellt CDS unterschiedliche Kanäle für eine Datenextraktion bereit. Die Delta-Extraktion kann mithilfe der Datenextraktion und der Delta-Elementannotationen von CDS-Views durchgeführt werden. Um diese

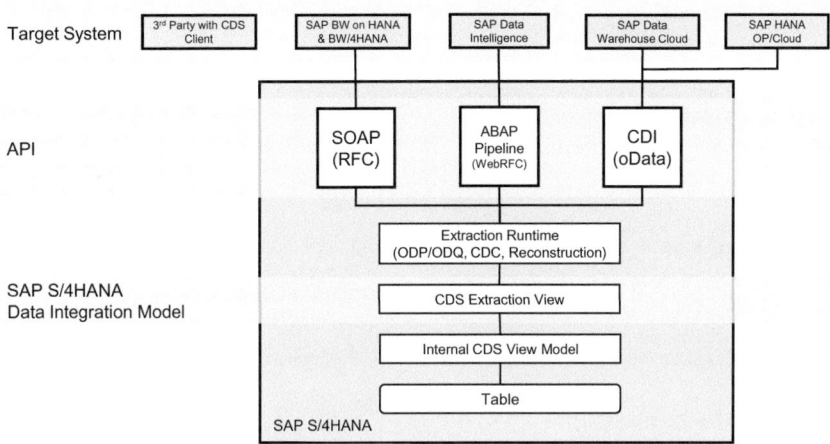

Abb. 27.3 CDS-basierte Datenextraktion – Architektur

Annotationen zu definieren, ist ein Löschelement oder ein *Pseudo-Löschelement* wie ein Zeitstempel erforderlich. Die Abb. 27.3 und 27.4 zeigen die Architektur und ein Beispiel für CDS-basierte Datenextraktion.

In der Regel sind CDS-Views Projektionen auf Datenbanktabellen. Die Verbindung zwischen View, Tabelle, Tabellenelementen und Tabellenschlüsselfeldern wird modelliert und kann vom zugrunde liegenden Extraktions-Framework wiederverwendet werden. Die bei der Aktivierung der ABAP-CDS-Views generierten SQL-Views werden verwendet, um den Zugriff auf die Daten für die Extraktion zu lesen. Der Ansatz unterstützt die vollständige Extraktion und die Delta-Extraktion aus SAP S/4HANA mit den folgenden unterschiedlichen API-Protokollen:

- Der Operational Data Provider (ODP) bietet die Datenextraktion mit den entsprechenden APIs und Extraktions-Queues an. SAP BW4/HANA verwendet die Methode zur Replikation von Anwendungsdaten für das Data Warehousing.
- Cloud Data Integration (CDI) basiert auf offenen Standards und unterstützt die Datenextraktion über OData-Services. Diese Methode kann von einem beliebigen Zielsystem verwendet werden, das das CDI-Protokoll implementiert.
- Der Operator ABAP-CDS-Reader repliziert die Anwendungsdaten in SAP Data Intelligence und extrahiert anschließend die Daten aus der ABAP Pipeline Engine im SAP S/4HANA System.

Um CDS-Views für die Datenextraktion zu befähigen, müssen Annotationen angegeben werden. Die wesentlichen Annotationen sind unten aufgeführt und erklärt:

```
 1 @EndUserText.label: 'Sales Organization Data Extraction'
 2 @VDM.viewType: #CONSUMPTION
 3 @Analytics.dataCategory: #DIMENSION
 4 @AccessControl.authorizationCheck:#CHECK
 5 @AbapCatalog.sqlViewName: 'SDSALESORGDX'
 6 @Analytics.dataExtraction:{
 7                                enabled: true,
 8                                delta.byElement: {
 9                                    name: 'ChangedDate',
10                                    maxDelayInSeconds: 300}}
11 define view C_SalesOrganization_DEX
12   as select from I_SalesOrganization
13
14 association [0..1] to I_Currency as _SalesOrganizationCurrency
15   on $projection.SalesOrganizationCurrency = _SalesOrganizationCurrency.Currency
16 association [0..1] to I_Currency as _Currency
17   on $projection.currency              = _Currency.Currency
18 {
19       @ObjectModel.text.association: '_Text'
20   key SalesOrganization,
21
22       @ObjectModel.foreignKey.association: '_SalesOrganizationCurrency'
23       SalesOrganizationCurrency,
24       @ObjectModel.foreignKey.association: '_IntercompanyBillingCustomer'
25       IntercompanyBillingCustomer,
26
27      //Company
28       @ObjectModel.foreignKey.association: '_CompanyCode'
29       CompanyCode,
30       _CompanyCode.Country,
31       _CompanyCode.Currency,
32       _CompanyCode.FiscalYearVariant,
33
34       //Associations
35       _Text,
36       _CompanyCode,
37       _IntercompanyBillingCustomer,
38       _SalesOrganizationCurrency,
39       _Currency,
40
41       //Delta
42       ChangedDate
43 }
44 where CompanyCode = _CompanyCode.CompanyCode
```

Abb. 27.4 CDS-basierte Datenextraktion – Beispiel

```
Annotation Analytics {
    dataExtraction : {
        enabled : boolean default true;
        Delta : {
            byElement : {
                name : RefToElement;
                    @MetadataExtension.usageAllowed : true
                    maxDelayInSeconds : Integer default
                    1800;
                    detectDeletedRecords: boolescher
                    Standardwert true;
                    MetadataExtension.usageAllowed : true
                    ignoreDeletionAfterDays : Integer;
            }
            changeDataCapture : {
                nodes : array of {
                        role : String(20) enum {MAIN;
                    COMPOSITION; LEFT_OUTER_JOIN, INNER_JOIN;};
                    // nur eine der nächsten 3 Annotationen darf
                       verwendet werden
                        association : associationRef;
                        entity : entityRef;
                        table : String(30);
                    // wird nur verwendet, wenn die Assoziation
                       nicht angegeben ist
                        viewElement : array of elementRef;
                    // wird nur verwendet, wenn die Assoziation
                       nicht angegeben ist
                        logElement : array of elementRef;
                        filter : array of {
                            element : elementRef;
                            type : String(10) enum { EQ;
                        NOT_EQ; GT; GE;
                                        LT; LE;
                                        BETWEEN;}
                                        Standard-EQ;
                            value : String(45);
                            highValue : String(45);
                            }
                    }
                }
            }
        }
    }
```

- dataExtraction.enabled – Über dieses Kennzeichen kann der Anwendungsentwickler diejenigen Entitäten markieren, die für die Datenreplikation geeignet sind (z. B. ist es für Massendaten erforderlich, Delta-Funktionen bereitzustellen). Diese Annotation ist für Consumption-Views nicht sinnvoll, da in diesem Kontext bedingt durch SQL-Joins, Prozeduren und Aggregationen die Beziehung zu den Primärdaten verloren gehen. Es wird erwartet, dass eine Anwendung bewusst eine CDS-Views für die Datenbereitstellung entwirft, die für eine konsistente und redundantenfreie Replikation geeignet sind.
- dataExtraction.delta.byElement – Der Anwendungsentwickler kann die generische Delta-Extraktion durch diese Annotation aktivieren.

- dataExtraction.delta.byElement.name – Dies ist das Element, das bei der generischen Delta-Extraktion zum Filtern verwendet werden soll. Dieses Element kann entweder ein Datum (ABAP-Typ DATS) oder ein UTC-Zeitstempel sein.
- dataExtraction.delta.byElement.maxDelayInSeconds – Es gibt immer eine Zeitverzögerung zwischen der Verwendung eines UTC-Zeitstempels und dem Datenbank-Commit. Die Annotation definiert die maximale Verzögerung in Sekunden. Der Standardwert ist 1800 s.
- dataExtraction.delta.byElement.detectDeletedRecords – Durch dieser Annotation merkt sich das System alle Schlüsselkombinationen der View, die im Deltamodus extrahiert wurden. Wenn eine Schlüsselkombination in der View nicht mehr vorhanden ist, wird automatisch ein Lösch-Image in den extrahierten Daten generiert.
- dataExtraction.delta.byElement.ignoreDeletionAfterDays – Diese Annotation ist nur zusammen mit dataExtraction.delta.byElement.detectDeletedRecords sinnvoll. Die Extraktion ignoriert gelöschte Datensätze, wenn sie älter als die angegebene Anzahl von Tagen sind. Der Hauptzweck für diese Annotation ist die Archivierung. Beispiel: Wenn Datensätze nach zwei Jahren archiviert werden müssen, sollte dieser Wert kleiner als 700 sein. In diesem Fall wird die Löschung in den Datenbanktabellen ignoriert, wenn der Datensatz nur 700 Tage beträgt.
- dataExtraction.delta.changeDataCapture.nodes – Diese Annotation definiert die Liste der Tabellen, die protokolliert werden sollen. Details zu den Attributen werden über die Annotation @Analytics.dataExtraction.delta.changeDataCapture.nodes spezifiziert, welche die Liste der Tabellen erfasst, die protokolliert werden sollen:
  - .role Mögliche Werte:
    #MAIN Der Schlüssel der Extraktions-View entspricht genau dem Schlüssel der Protokolltabelle.
    #COMPOSITION Es gibt einen Knoten mit der Rolle #MAIN, und der Schlüssel der Protokolltabelle ist Teil des Schlüssels der Extraktions-View.
    #LEFT_OUTER_JOIN Es gibt einen Left-Outer-Join, aber nicht alle Anforderungen der Rolle #COMPOSITION sind erfüllt
    #INNER_JOIN Es gibt einen Inner Join zu einer anderen Tabelle. Einträge können aufgrund von Updates in den Feldern der Join-Bedingung in der Extraktionssicht verschwinden.
  - .association Name der Assoziation zur CDS-Projektion auf der zu protokollierenden Tabelle.
  - .entity Name der CDS-Projektionsview auf der zu protokollierenden Tabelle
  - .table Name der zu protokollierenden Tabelle
  - .viewElement View-Elemente der Join-Bedingung zwischen der eigentlichen CDS-View und der CDS-Projektions-View oder der Protokolltabelle
  - .logElement Elemente oder Felder in der Protokolltabelle der CDS-Projektions-View der Join-Bedingung. Beide Arrays, *viewElement* und *logElement,* müssen dieselbe Anzahl von Elementen enthalten. Außerdem muss das Array *logElement*

genau alle Schlüsselelemente der Protokolltabelle ohne das Client-Element enthalten.

- .filter Filter für Protokolltabelle
  .element Name des Elements in der Protokolltabelle oder View
  .type Mögliche Werte sind: #EQ, #NOT_EQ, #GT, #GE, #LT, #LE, #BETWEEN
  .value Filterwert
  .highValue wird nur in Kombination mit dem Typ #BETWEEN verwendet

Die Deltabehandlung für die CDS-Datenextraktion basiert auf der Aufzeichnung von Datenänderungen, wie in Abb. 27.5 dargestellt. Dieser Ansatz verwendet Datenbanktrigger, die für alle Datenbanktabellen angelegt werden, die sich auf Extraktions-Views beziehen. Diese Trigger werden von der Engine für die Aufzeichnung von Datenänderungen implementiert und hängen vom Zeitstempelfeld ab, um zu ermitteln, was sich seit einem bestimmten Zeitpunkt geändert hat. Die entsprechenden Änderungsinformationen werden in die Protokollierungstabellen geschrieben. Für diese Funktion müssen die CDS-Extraktions-Views entsprechend annotiert werden. Das Framework zur Aufzeichnung von Datenänderungen stellt Informationen über die spezifischen

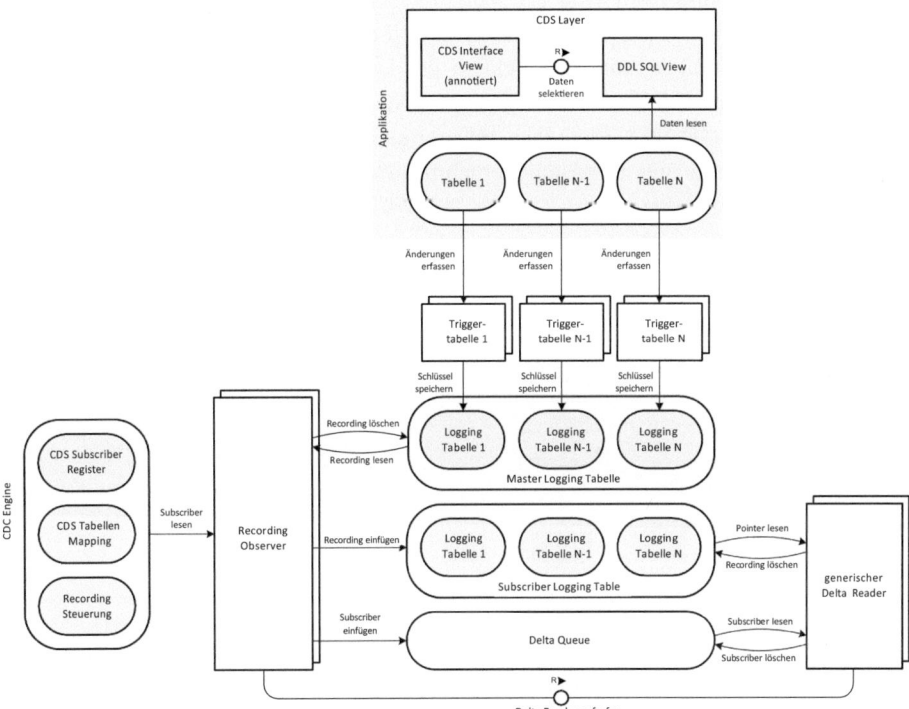

Abb. 27.5 Change Data Capture – Änderungsdatenerfassung

Zuordnungen zwischen Tabellen und Views bereit und kann dies sogar automatisch für einfache Fälle vornehmen. In regelmäßigen Zeiträumen wird der Job für Datenänderungen ausgeführt, und die Protokolltabellen entsprechend gefüllt. Die Engine für das Aufzeichnen von Datenänderungen verwendet sie, um zu ermitteln, ob es Änderungen gab und was geändert wurde. Die extrahierten Daten werden über das CDS-View aus dem ODP-Framework in die Queues geschrieben.

Data Warehouse Replikation

Die Replikation von Anwendungsdaten aus SAP S/4HANA in Data Warehouse Lösungen ist ebenfalls ein sehr häufiger Anwendungsfall. Abb. 27.6 fasst die wichtigsten Methoden zum Extrahieren von Daten aus SAP S/4HANA in SAP BW/4HANA im Kontext von systemübergreifenden Analysen und historischen Berichten zusammen. SAP BW/4HANA unterstützt den Direktzugriff oder eine Erstdatenübernahme und eine Delta-Extraktion. SAP BW/4HANA verwendet ABAP CDS als Quelle. Basierend auf der CDS-View wird die entsprechende *DataSource* Objekt im SAP BW/4HANA System angelegt. Durch die Verwendung der ODP-Quellvorlage (Operational Data Provisioning) wird die CDS-View verwendet, um die DataSource-Eingabefelder automatisch zu füllen. Nach dem Sichern und Aktivieren der DataSource wird ein *Datenfluss* Objekt angelegt. Der Datenfluss enthält das Quellsystemobjekt und die DataSource selbst. Nachdem ein neues persistentes Objekt mit allen Feldern der DataSource angelegt wurde, wird das Objekt in das *Advanced Data Store Object (aDSO)* kopiert. Nun kann das aDSO mithilfe der SAP BW/4HANA Techniken transformiert werden. Es gibt Optionen für die Extraktion von Delta und Erstdatenübernahme. Nachdem diese Optionen ausgewählt

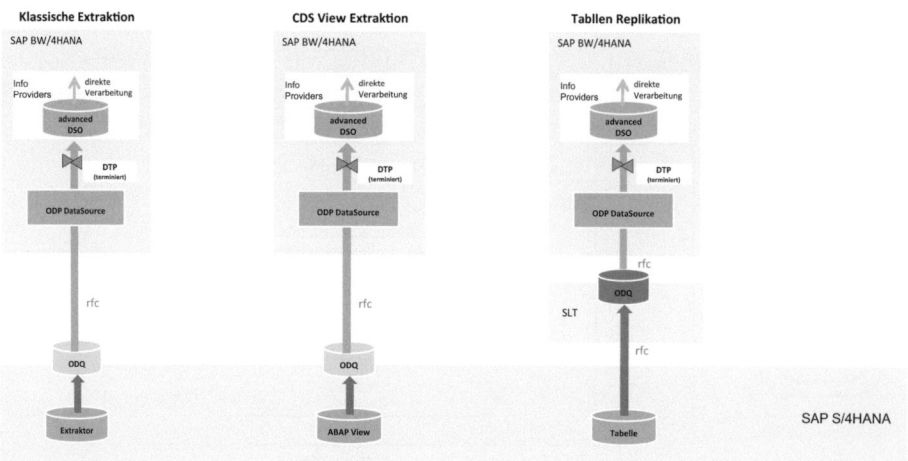

Abb. 27.6 Möglichkeiten der Datenextraktion für das Data Warehousing

wurden, kann das aDSO ausgeführt werden, um die Daten aus SAP S/4HANA in SAP BW/4HANA zu extrahieren.

In SAP ERP stehen Extraktoren für die Replikation von Anwendungsdaten in SAP BW zur Verfügung. Die meisten dieser klassischen Extraktoren können auch in SAP S/4HANA On-Premise verwendet werden. Aufgrund der Vereinfachung des Datenmodells in SAP S/4HANA wurden einige der klassischen Extraktoren abgekündigt. Eine zusätzliche Datenextraktionsmethode ist die Replikation basierend auf Datenbanktriggern mithilfe von SAP Landscape Transformation Replication Server (SLT). Ein Trigger kopiert modifizierte Zeilen in Schattentabellen oder entfernte Standorte (z. B. für das Delta-Laden). Die Materialisierung erfolgt unabhängig von der ursprünglichen Transaktion. Dadurch wird zwar der Mehraufwand reduziert, aber die Datenbanken können nicht mehr synchron sein, was zu Nachteilen für die Konsumenten führen kann. SAP Landscape Transformation Replication Server basiert auf dieser Technik. Im Gegensatz zu Datenbanktriggern ohne Transaktionen führen Trigger mit Transaktionen die Materialisierung innerhalb der Transaktion durch. Da Transaktionen eine bewährte Methode sind, um die Integrität von Datenänderungen zu gewährleisten, erhöht dieser Ansatz die Zuverlässigkeit der triggergesteuerten Datenbankreplikation. Natürlich spiegeln sich die Kosten dieser erhöhten Integrität in einer verringerten Anwendungsperformanz wider, die durch Mehraufwand im Rahmen der Transaktion verursacht wird.

SAP Master Data Governance

Die Lösung SAP Master Data Governance (MDG) ist Bestandteil von SAP S/4HANA und ermöglicht die Datenreplikation basierend auf dem bereits erläuterten Datenreplikations-Framework (DRF). SAP Master Data Governance unterstützt die Konsistenz von Stammdaten auch in komplexen Systemlandschaften, die über verschiedene Standorte verteilt sind. SAP Master Data Governance erleichtert die schnelle Anpassung von Stammdaten, um gesetzliche Änderungen widerzuspiegeln, Änderungen nachzuverfolgen und flexibel auf neue Anforderungen und Geschäftsvorgänge wie Übernahmen anderer Unternehmen zu reagieren. SAP Master Data Governance, zentrale Governance ermöglicht die zentrale Verantwortlichkeit für Stammdaten gemäß den Geschäftsregeln und -prozessen eines Unternehmens ab zu bilden. SAP Master Data Governance bietet domänenspezifische, sofort einsatzbereite Anwendungen sowie ein Framework für benutzerdefinierte Stammdaten. Darüber hinaus erlaubt SAP Master Data Governance die antragsbasierte Bearbeitung von Stammdatenänderungen mit integriertem Workflow, Staging, Genehmigung, Aktivierung und Verteilung. Die SAP Master Data Governance Lösung kann als ein eigenständiges Hub-System oder zusammen mit SAP S/4HANA implementiert wird. Unabhängig von dieser Bereitstellungsoption kann SAP Master Data Governance die SAP- und unternehmensspezifische Geschäftslogik verwenden, um Stammdaten für die Verwendung in den Geschäftsprozessen eines Unternehmens anzulegen. Weiterhin bietet die SAP Master

Data Governance Konsolidierung Funktionen zum Laden von Stammdaten aus verschiedenen Quellen, zum Standardisieren der Stammdaten und zum Ermitteln von Dubletten. Für jede Vergleichsgruppe ermittelt die Konsolidierung einen optimalen Datensatz aus den Dubletten in dieser Gruppe. Diese können in dedizierten Analyse- oder Geschäftsszenarien verwendet werden. SAP Master Data Governance kombiniert Konsolidierung und zentrale Governance, um verschiedene Szenarien der Stammdatenverwaltung zu unterstützen, z. B. Erstdatenübernahme von Stammdaten als Ausgangspunkt für zentrale Governance, Konsolidierung von Stammdaten nach Fusionen und Übernahmen. Mit der Massenverarbeitung ermöglicht SAP Master Data Governance die gleichzeitige Aktualisierung mehrerer Stammdatensätze. Um Datensätze zu aktualisieren, müssen die Felder und Datensätze ausgewählt werden, die geändert werden müssen. Das System bietet dann Statistiken zu den aktualisierten Feldern an und validiert die Daten für die Verwendung des Geschäftsvorgangs, bevor die Änderungen aktiviert werden. SAP Master Data Governance, Datenqualitätsmanagement wendet Regeln auf Stammdaten an, um Fehler zu ermitteln und Korrekturmaßnahmen auszulösen. Rule Mining ermöglicht die Verwendung von maschinellem Lernen für die Datenanalyse und das Anlegen von Datenqualitätsregeln aus gewonnenen Regeln.

SAP Master Data Integration Service

Der Service SAP Master Data Integration tauscht Stammdatenobjekte zwischen Business-Services aus und synchronisiert diese. Der Service basiert auf die SAP Business Technology Platform (SAP BTP). Er erzeugt und speichert die Daten in ihrer lokalen Persistenz und verteilt die Stammdatenobjekte und laufenden Aktualisierungen. Er validiert die eingehenden Daten auf Basisebene, schreibt alle akzeptierten Änderungen in ein Protokoll und verwendet CDS-View-spezifische Stammdatenmodelle. Wenn Stammdaten in einer Anwendung angelegt oder geändert werden, ruft diese Vermutung das asynchrone Änderungsantrags-API des Service SAP Master Data Integration auf. Der Kunde kann verschiedene Filter setzen, um zu beeinflussen, welche Stammdaten er erhalten möchte. Der Service SAP Master Data Integration unterstützt die tägliche Arbeit der Mitarbeiter- und Stammdatenobjekte der Kostenstelle.

27.3   Fazit

Die Datenintegration repliziert die SAP S/4HANA Anwendungsdaten in Zielsysteme basierend auf einem generischen Mechanismus, um verschiedene Anwendungsfälle zu ermöglichen, z. B. Berichtswesen, maschinelles Lernen oder die Implementierung transaktionaler Anwendungen. Für die Datenintegration gibt es verschiedene Muster, die häufig auch kombiniert werden. SAP S/4HANA unterstützt in diesem Kontext das Daten-Pull-Muster mit CDS-basierter Datenextraktion und das Daten-Push-Muster mit dem Datenreplikations-Framework (DRF). CDS-Views können für die Datenextraktion befähigt werden, indem ihnen bestimmte Annotationen hinzugefügt werden, z. B. dataExtraction.enabled = true für vollständigen Upload von Daten. DRF-Szenarien folgen einer standardisierten Implementierung basierend auf Klassenschnittstellen zum Sammeln und Senden der Anwendungsdaten. Durch diese Technologie für Datenextraktion wird in Erstdatenübernahme und Deltabehandlung in SAP S/4HANA bereitgestellt.

In-App-Erweiterbarkeit

28

28.1 Betriebswirtschaftliche Anforderung

Erweiterbarkeit bezieht sich auf die Anpassung der Standardsoftware durch Partner, Kunden oder SAP, einschließlich der zugehörigen Integration in Systemlandschaften, mit dem Ziel, Funktionen für individuelle oder branchenspezifische Anforderungen hinzuzufügen. Für Kunden sind die wichtigsten Anwendungsfälle: Anpassung von Inhalten (z. B. Benutzeroberflächen, Formulare, Analysen, Dokumentation, individuelle Terminologie), Strukturerweiterbarkeit (z. B. Felderweiterbarkeit, Knotenerweiterbarkeit), Geschäftslogikerweiterbarkeit (z. B. neue Objekte, Geschäftsregeln, Anwendungsskript, beliebige komplexe Erweiterungen durch Coding) und Prozesserweiterbarkeit (z. B. Workflows, Prozessschritte, Integration). Abb. 28.1 zeigt die wichtigsten Anwendungsfälle für die In-App-Erweiterbarkeit.

Erweiterbarkeit spielt im Kontext von Geschäftsanwendungen wie SAP S/4HANA oder ERP-Systemen im Allgemeinen eine wichtige Rolle. Die Software soll dynamisch an die aktuellen und zukünftigen Anforderungen angepasst werden können. Ein weiterer Vorteil der Erweiterbarkeit besteht darin, dass die Software um weitere Funktionen ergänzt werden kann, da sich Erweiterungskomponenten auf ein sehr spezifisches Problem konzentrieren können, ohne die Kern-Software zu verkomplizieren. Es ist wichtig, mindestens zwei Rollen innerhalb des Erweiterbarkeitsprozesses zu unterscheiden: der Geschäftsprozessexperte und der Entwickler (oder ausreichend qualifizierter IT-Experte). Erweiterungsprojekte werden von Geschäftsprozessexperten angestoßen und gesteuert. Daher ist es unerlässlich, sie einzubinden, indem geeignete, nicht technische Erweiterungswerkzeuge bereitgestellt werden. Dennoch erfordern bestimmte Aufgaben die Beteiligung des Entwicklers. Die wichtigsten Anforderungen an die Erweiterbarkeit sind:

© Der/die Autor(en), exklusiv lizenziert an Springer Fachmedien Wiesbaden GmbH, ein Teil von Springer Nature 2023
S. Sarferaz, *ERP-Software: Funktionalität und Konzepte*,
https://doi.org/10.1007/978-3-658-40499-4_28

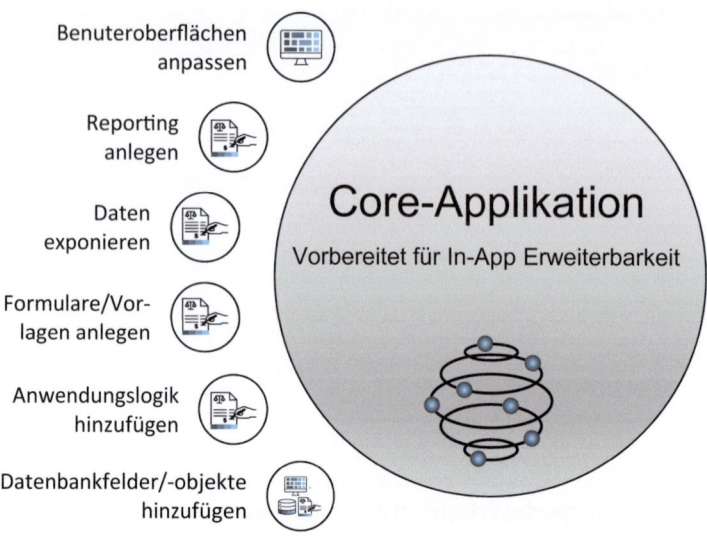

Abb. 28.1 Anwendungsfälle für In-App Erweiterbarkeit

- Stabilität nach Upgrades sicherstellen: Kunden und Partnererweiterungen müssen nach Patches und Upgrades ohne manuelle oder automatisierte Korrekturaktivitäten weiterhin funktionieren.
- Mehrschichtige Erweiterbarkeit ermöglichen: Mehrschichtige Erweiterungen müssen unterstützt werden, sodass Kundenerweiterungen zusätzlich um Branchen- und Partnererweiterungen ergänzt werden können.
- Änderungen an von SAP ausgelieferten Artefakten vermeiden: Modifikationen an SAP-Standardobjekten können nach Updates und Patches überschrieben werden. Darüber hinaus werden Kunden mit modifizierten Funktionen von neuen Innovationen abgeschnitten, die mit Updates und Upgrades bereitgestellt werden.

28.2   Technische Umsetzung

In-App-Erweiterbarkeit bezieht sich auf Erweiterungen, die über einen vordefinierten Erweiterungspunkt in der Kernanwendung implementiert werden. Der Kern und die Erweiterungen laufen auf derselben Infrastruktur, sodass sie dieselbe Datenbankinstanz gemeinsam nutzen können. Der Hauptunterschied besteht darin, dass die Erweiterung nicht intrusive ist, was bedeutet, dass die Kernsoftware nicht geändert werden muss. Erweiterungen, die auf der Kernanwendung aufsetzen, verhalten sich wie z. B. eine Virtual Machine auf einem Betriebssystem. Abb. 28.2 fasst die wesentlichen Erweiterungsmechanismen von SAP S/4HANA zusammen (Saueressig et al., 2021b).

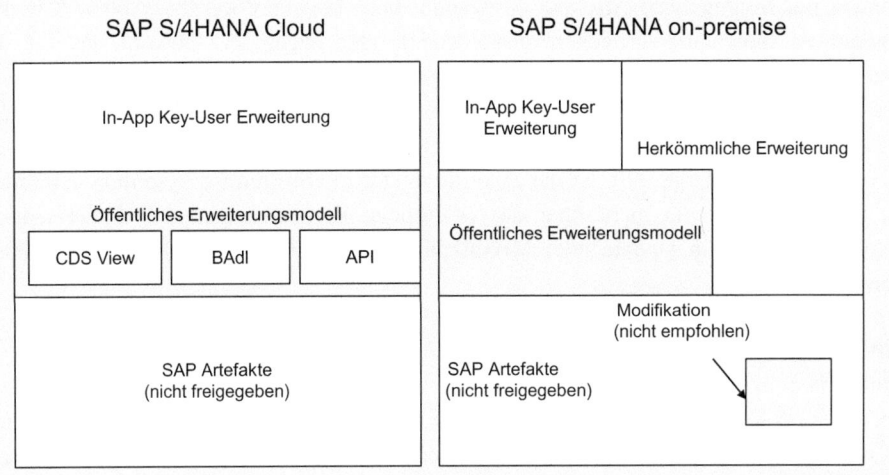

Abb. 28.2 Erweiterungsmechanismen

Stabilität

Obwohl die Erweiterbarkeit eine umfangreiche Funktionalität und Flexibilität bietet (auch für Nicht-Entwickler), muss sie auch bestimmte Stabilitätskriterien erfüllen. Erweiterungen müssen daher zukunftssicher, einfach zu pflegen und einfach zu betreiben sein. Noch wichtiger ist dieses für Software-as-a-Service Produkte, da die Benutzer nur über begrenzte technische Fähigkeiten und Möglichkeiten verfügen. Um diese Qualitäten zu erreichen, muss die Entwicklung auf verlässlichen Schnittstellen, Einfachheit und Entkopplung basieren. Damit Schnittstellen zuverlässig sind, müssen sie in allen ERP Versionen technisch und semantisch stabil sein. Einfachheit wird durch die Bereitstellung von Werkzeugen erreicht, die für den Konsumenten benutzerfreundlich sind. Lose gekoppelte Software muss ohne Änderung von benutzerdefiniertem Code aktualisiert werden können. Erweiterungen dürfen keine Upgrades der Software blockieren. Logisch und technisch gesehen werden Kernanwendungen und Erweiterungen von SAP S/4HANA getrennt, benutzerdefinierte Erweiterungen müssen über öffentlich freigegebene APIs auf SAP S/4HANA zugreifen, und Modifikationen des Kerncodes sind nicht nur nicht zulässig, sondern auch nicht möglich.

Zuverlässige Schnittstellen

Um die Zuverlässigkeit von Programmierschnittstellen wie APIs, Code-Erweiterungen oder VDM-Views sicherzustellen, müssen sie versions-übergreifend stabil gehalten werden. Um dies zu erreichen, werden nur wenige Software-Artefakte für die Erweiterung, den Aufruf oder die Referenzierung bereitgestellt. In SAP S/4HANA

können nur freigegebene Artefakte verwendet oder erweitert werden. Andere Objekte
werden zu Informationszwecken ausgeblendet oder angezeigt. Obwohl das für die
Stabilität nützlich ist, ist nur die neue Cloud-Version von SAP S/4HANA auf diese
Praxis umgestellt. Die klassische On-Premise Version erlaubt weitere Modifikationen,
die bei falscher Verwendung zu Kompatibilitätsproblemen in der Zukunft führen können.
Wie in Abb. 28.2 dargestellt, ist die Zuverlässigkeit in On-Premise Systemen gefährdet,
da Erweiterungen, die nicht über das öffentliche Erweiterungsmodell implementiert
werden, nach einem Update oder Modifikationen des SAP S/4HANA Kerns brechen
können.

Einfachheit

Einfachheit in SAP S/4HANA wird erreicht, indem technische Objekte wie OData-
Services, SAP Fiori UIs, benutzerdefinierter Code, View-Erweiterungen und
-Assoziationen sowie Datenbankänderungen durch Werkzeuge generiert werden,
anstatt weitere Interaktionen von Benutzern zu erfordern. Dies führt zu einer einfachen
Benutzererfahrung. Die Erweiterbarkeitswerkzeuge für die Anwendungsexperten folgen
einem *No-* oder *Low-Code-Ansatz.*

Lose Kopplung

In SAP S/4HANA wird eine lose Kopplung für benutzerdefinierte Artefakte bereitgestellt, die mit Key-User-Werkzeugen angelegt wurden. Um die oben genannten
Anforderungen zu erfüllen, sind SAP S/4HANA und die benutzerdefinierten
Erweiterungen gleichzeitig in einer stabilen Laufzeit vorhanden. Der Lebenszyklus hingegen ist getrennt, um die SAP-Objekte zu schützen und zukünftige kompatible Entwicklungen zu ermöglichen.

In den nächsten Abschnitten werden die verschiedenen Mechanismen der In-App-
Erweiterbarkeit von SAP S/4HANA erläutert.

Felderweiterbarkeit

Die Felderweiterbarkeit ermöglicht es Anwendungsdaten benutzerdefinierte Attribute
hinzuzufügen. Ein Beispiel wäre ein Entgeltnachweis mit hinzugefügten Zeilen für
Unternehmensspezifika. In SAP S/4HANA verwendet die In-App-Erweiterbarkeit
SAP-Objekte, um erweiterbare Anwendungen zu beschreiben. Diese Objekte werden
verwendet, um Strukturen von SAP S/4HANA Anwendungen um zu setzen. Um in
Erweiterbarkeitswerkzeugen erweiterbar und verfügbar zu sein, muss ein bestimmtes
Business-Objekt von einem SAP-Entwickler über einen Geschäftskontext als solches
gekennzeichnet werden, der auf diesen bestimmten Business-Objektknoten verweist. Der
Geschäftskontext wird auch verwendet, um zu beschreiben, was in diesen Knotentypen
erweitert werden darf.

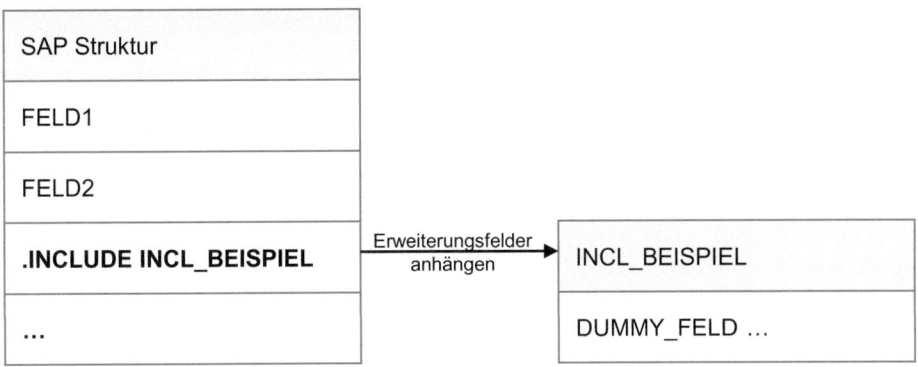

Abb. 28.3 Extension Includes

Benutzerdefinierte Felderweiterung bezieht sich auf die Möglichkeit, kundenspezifische Felder zu einem Geschäftskontext einer Anwendung in einer Eins-zu-eins-Beziehung hinzuzufügen oder SAP-Felder hinzuzufügen, die in Tabellen und Strukturen der Anwendung verfügbar sind. Dieser Ansatz basiert auf *Extension-Includes,* wie in Abb. 28.3 dargestellt. Ein Extension-Include ist im ABAP Data Dictionary (DDIC) ein Anker umgesetzt als einem Dummy-Feld. Er wird von SAP als Ankerpunkt für Erweiterungen ausgeliefert. Das Extension-Include ist Teil aller erforderlichen Strukturen, z. B. Datenbank, API-Strukturen oder Service-Implementierungen. Alle Erweiterungsfelder sind Teil von DDIC-Appends, bei denen es sich um einen modifikationsfreien DDIC-Erweiterbarkeitsansatz handelt. Die Extension-Includes bilden die Grundlage für die benutzerdefinierte Felderweiterung, die explizit von der Anwendung vorbereitet werden muss, wie in Abb. 28.4 dargestellt. In diesem Kontext müssen Datenbanktabellen und DDIC-Strukturen als Extension-Includes eingebunden werden, um

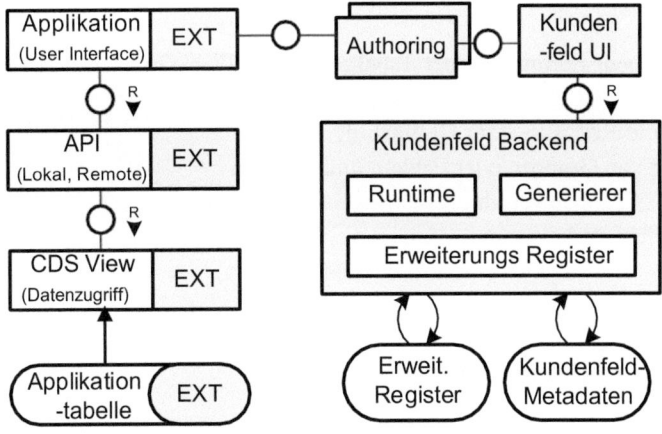

Abb. 28.4 Erweiterbarkeit mit Kundenfeldern

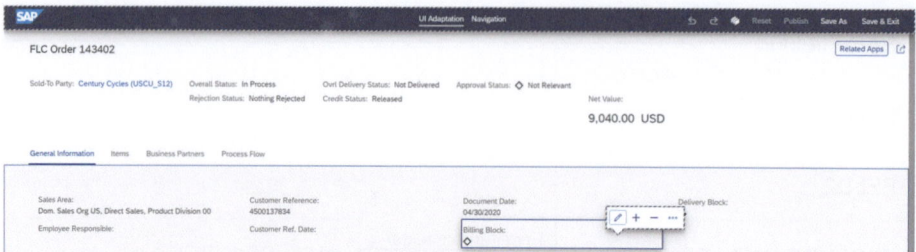

Abb. 28.5   UI-Anpassung basierend auf Felderweiterbarkeit

einen stabilen Ankerpunkt für DDIC-Appends bereitzustellen. Benutzerdefinierte Felder
werden dann über DDIC-Appends hinzugefügt. ABAP-Code in der Anwendung muss
Erweiterungsfelder generisch zwischen Strukturen/internen Tabellen mit dem ABAP-
Statement MOVE-CORRESPONDING übertragen.

Erweiterbare CDS-Views müssen als sogenannte Erweiterungs-Include-Assoziation
zu einer Erweiterungs-Include-View bereitstellen. Dies ist eine CDS-View in der Datenbanktabelle, die nur die Schlüsselfelder und später die benutzerdefinierten Felder
aus dem Erweiterungs-Include enthält. Die Erweiterungs-Include-View fungiert als
stabiler Ankerpunkt für CDS-View-Erweiterungen und macht die Erweiterungsfelder
in erweiterbaren CDS-Views über die Erweiterungs-Include-Assoziation zugänglich.
Benutzerdefinierte Felder werden der Erweiterungs-Include-View hinzugefügt, sobald
sie der Persistenz hinzugefügt werden. Die erweiterbaren CDS-Views werden erweitert,
wenn sie im Verwendungsnachweis-Dialog der Benutzeroberfläche für benutzerdefinierte
Felder ausgewählt werden, da nicht alle Konsumenten die Erweiterungs-Include-
Assoziation durchlaufen können, um auf die benutzerdefinierten Felder zuzugreifen. Das
Konzept der Felderweiterbarkeit ermöglicht es Benutzern, neue eigene Felder anzulegen
oder die Verwendung vorhandener Felder zu erweitern. Wie in Abb. 28.5 dargestellt, ist
der Benutzer beispielsweise für die folgenden Aktionen befähigt:

- Felder in einem Formular, einer Tabelle, einem Filter, Gruppen und Bereichen aus-
  blenden
- Feld aus Feld-Repository zur UI hinzufügen
- Bezeichner von Gruppen oder Feldern umbenennen
- Felder oder Gruppen verschieben, neue Gruppen anlegen
- Felder in einer Zeile zusammenfassen, kombinierte Felder aufteilen
- Neue Filter- und Tabellenvarianten definieren

Integration und Datenquelle

Die Integrationserweiterbarkeit ist wichtig, damit Kunden und Partner SAP S/4HANA
mit anderen SAP- oder Fremdsystemen wie E-Commerce-Lösungen verbinden können.

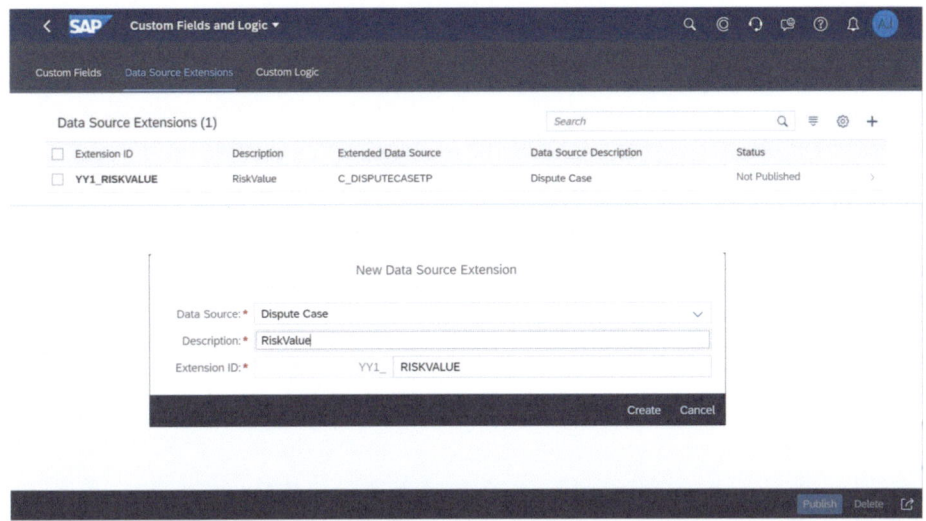

Abb. 28.6   Erweiterung der Datenquelle

Sie ist unerlässlich, um hochspezialisierte Systeme und kundenspezifische Lösungen zu erstellen. Die Integrationserweiterbarkeit von SAP S4/HANA ermöglicht das Hinzufügen benutzerdefinierter Felder zu Standard-APIs und das Exponieren von Anwendungsdaten über benutzerdefinierte APIs, wie im letzten Abschnitt beschrieben. Die Erweiterbarkeit der Datenquelle kann zum Anlegen, Bearbeiten und Löschen von Datenquellenerweiterungen genutzt werden, um die Verwendung vorhandener Felder in vordefinierten Datenquellen zu ermöglichen (Abb. 28.6 und 28.7). Mit der Funktionalität der Datenquellenerweiterung kann der Anwendungsexperte UIs, Formular-Datenprovider und Berichte um Standardfelder erweitern, die die Anwendung dort nicht bereitgestellt hat. Die zusätzlichen Felder sind schreibgeschützt. Der Schreibzugriff wird nicht unterstützt.

Benutzerdefinierte Geschäftslogik

Die benutzerdefinierte Geschäftslogik wird durch den zuvor genannten Erweiterbarkeitsmechanismus aktiviert und zielt darauf ab, das Softwareverhalten zu ändern. SAP S/4HANA bietet ein *Customer Business Logic* Tool, mit dem Benutzer ihre eigenen Berechnungen und Algorithmen anlegen und bestimmte SAP-Felder nach ihren eigenen Kriterien validieren können, in denen sie mehrere Attribute, Status und/oder externe Ressourcen verwenden können. Technisch gesehen wird die Erweiterung der Geschäftslogik über Business Add-Ins (BAdIs) ermöglicht, bei denen es sich um objektorientierte Erweiterungsoptionen handelt. Die Hauptfunktion von Business Add-Ins besteht darin, dass sie es Benutzern erlaubt, die Funktionen wohldefinierter *Business*

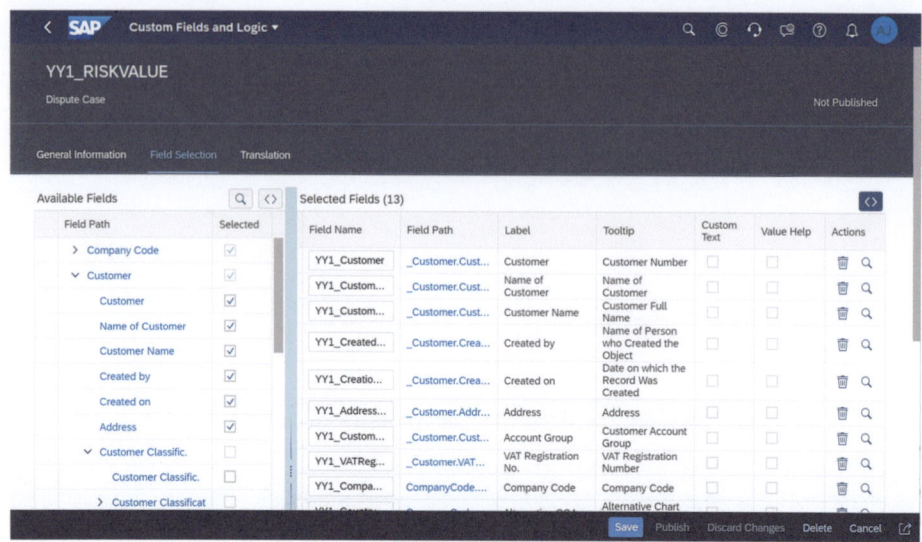

Abb. 28.7   Erweiterung der Datenquelle – Felderauswahl

Functions zu ändern, ohne Änderungen am Quelltext vorzunehmen. Business Add-Ins
sind nicht einmal auf die SAP S/4HANA Entwicklung beschränkt, wodurch sie viel-
seitig zu verwenden sind. Sie können auch in die Kundenanwendung integriert werden,
wodurch diese von anderen Kundenanwendungen angepasst werden können. Bei SAP
S/4HANA On-Premise können die ABAP-Werkzeuge wie ABAP Eclipse verwendet
werden, um Business Add-Ins zu implementieren. Auf diese Weise kann eine aus-
gereifte Entwicklungsumgebung in Bezug auf Business Add-Ins genutzt werden. Im Fall
von SAP S/4HANA Cloud ist die Implementierungsfähigkeit eingeschränkt, um eine
Destabilisierung der transaktionalen Prozesse aufgrund von falschem oder ineffizientem
Codes zu vermeiden. Daher sind nur ABAP-Anweisungen auf der Positivliste
zugelassen. Dennoch können Kunden eigene Erweiterungsimplementierungen anlegen,
indem sie ABAP für Key-User verwenden (Abb. 28.8). Sie können ihre benutzerdefinierte Logik implementieren, sie z. B. mit vordefinierten Testvarianten validieren und
Filterbedingungen anlegen, um zu definieren, wann eine Erweiterungsimplementierung
ausgeführt wird. Darüber hinaus können Kunden Erweiterungsimplementierungen in
ihrem Testsystem publizieren, bereits freigegebene Erweiterungsimplementierungen
bearbeiten und löschen.

Benutzerdefinierte Business-Objekte

Mit benutzerdefinierten Business-Objekten können Anwendungsexperten Daten verwalten, die in Erweiterungen oder Prozesslogik benötigt werden, die mit den von SAP
S/4HANA definierten Kontexten funktionieren sollen (Abb. 28.9). Diese Objekte

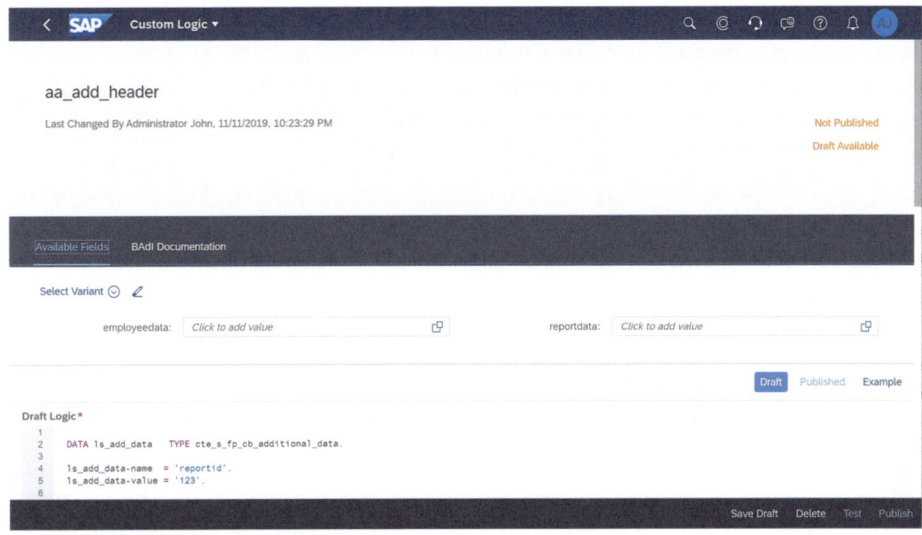

Abb. 28.8 Benutzerdefinierte Geschäftslogik implementieren

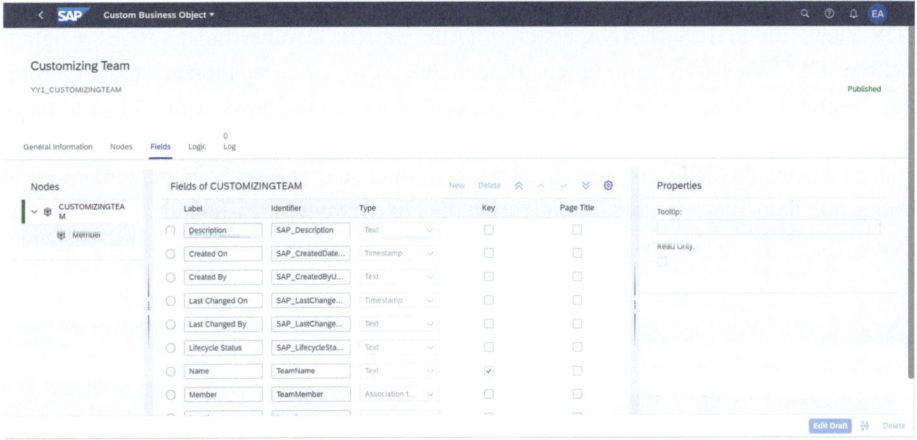

Abb. 28.9 Benutzerdefiniertes Business-Objekt

decken den Bedarf an neuen entsprechenden Tabellen in der Datenbank ab. Ähnlich wie in objektorientierten Programmiersprachen können benutzerdefinierte Business-Objekte eine Hierarchie mit übergeordneten und untergeordneten Knoten haben, z. B. werden für ein Marketingszenario eigene Datenbanktabellen verwendet. Darüber hinaus können benutzerdefinierte Business-Objekte vom Benutzer generierte, angelegte und aktualisierte OData-Services verwenden. Benutzer können auch bereits publizierte benutzerdefinierte Business-Objekte kopieren, UIs basierend auf benutzerdefinierten

Business-Objekten generieren, Business-Objekte veröffentlichen und freigegebene
Business-Objekte bearbeiten. Außerdem können sie Unterknoten für ein Business-Objekt
anlegen, benutzerdefinierte Logik auf Knotenebene anlegen, Business-Objekte auf ihre
letzte freigegebene Version zurücksetzen und sogar benutzerdefinierte Business-Objekte
löschen, die noch nicht produktiv sind. Für benutzerdefinierte Business-Objekte wird
keine instanzbasierte Berechtigung bereitgestellt und auch keine Protokollierung der
Lesezugriffe unterstützt. Weiterhin kann das benutzerdefinierte Business-Objekt nicht als
relevant für den Datenschutz gekennzeichnet werden. Daher können sie nicht gesperrt
oder gelöscht werden.

Benutzerdefinierte CDS-Views

Benutzerdefinierte Core Data Services Views (CDS-Views) bilden die Grundlage für
die Operationen zum Anlegen, Lesen, Aktualisieren und Löschen von Daten, OData-
Services und SAP Fiori Anwendungen. Sie werden verwendet, um Datenmodelle,
benutzerdefinierte Analysen und das Konsumieren von Daten in benutzerdefinierter
Geschäftslogik zu erweitern. Im entsprechenden Key-User-Tool für benutzerdefinierte
CDS-Views können Benutzer eigene CDS-Views basierend auf öffentlich verfügbaren
CDS-Views für SAP S/4HANA erstellen (Abb. 28.10). Darüber hinaus ist es möglich,
mehrere CDS-Views zu verknüpfen, Berechnungen und Aggregationen durchzuführen.
Das zugrunde liegende Konzept für erweiterbare CDS-Views sind Erweiterungs-
Include-Assoziationen zu einer Erweiterungs-Include-View. Dies ist eine CDS-View
in der Datenbanktabelle, die nur die Schlüsselfelder und später die benutzerdefinierten
Felder aus dem Erweiterungs-Include enthält. Die Erweiterungs-Include-View fungiert

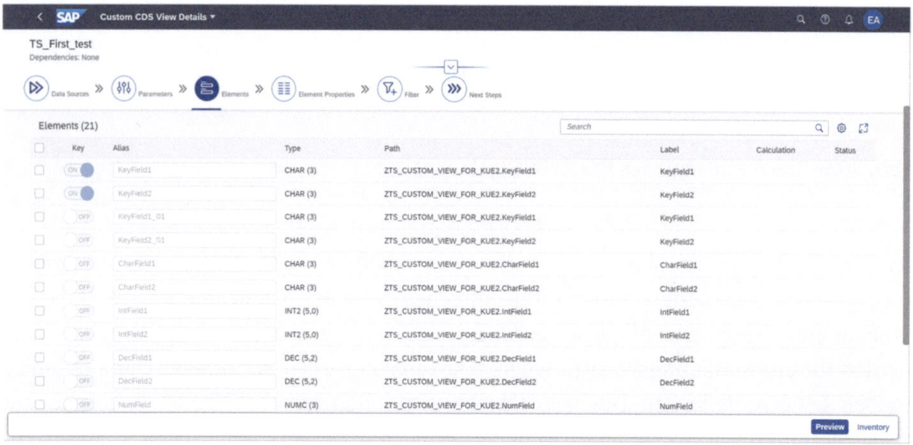

Abb. 28.10 Benutzerdefinierte CDS-Views

als stabiler Ankerpunkt für CDS-View-Erweiterungen und macht die Erweiterungsfelder in erweiterbaren CDS-Views über die Erweiterungs-Include-Assoziation zugänglich. Benutzerdefinierte Felder werden der Erweiterungs-Include-View hinzugefügt,
sobald sie der Persistenz hinzugefügt werden. Das folgende Beispiel veranschaulicht die
Erweiterung von CDS-Views:

```
// SAP-definierte View:
namespace sap.orgmgmt;

view EmployeesView as SELECT from Employee
{
  ID, name,
  salary,                  // gibt geschachtelte Struktur zurück
  address,                 // gibt die Assoziation als sich selbst zurück
  {                        // löst  :1-Assoziation  auf  und  legt  einen
strukturierten Typ an
        manager,
        name as orgunitName,
  } as orgunit
}

// Erweiterung der von SAP definierten View durch den Kunden „acme“:
namespace acme.orgmgmt;

@EndUserText.Label: 'Extended Employee View'
//Fügt der View einen neuen     Bezeichner hinzu
extend view sap.orgmgmt::EmployeesView
{
  // Ein neues kundeneigenes Feld wird hinzugefügt:
  acmeFlags,
   // das von SAP definierte Element „name“ wird um einen neuen
     Bezeichnertext erweitert:
  @EndUserText.Label: 'Name of Employee'
  extend name,
  // SAP-definierte Struktur „orgunit“ wird um das von SAP definierte
     Feld „costcenter“ erweitert:
  extend orgunit { costcenter }
}
```

Die **Extend View** Anweisung führt einerseits zur Anreicherung des Laufzeitobjekts des
Basis-Artefakts `sap.orgmgmt::EmployeesView` mit den Erweiterungselementen.
Andererseits führt dies zum Anlegen des Namens `acme.orgmgmt::EmployeesView`,
der sowohl als Name des Erweiterungsartefakts als auch als Alias für die erweiterte
View fungiert und den Zugriff auf das Basisartefakt zusammen mit allen Erweiterungen
ermöglicht. Dieser Alias entspricht der folgenden Anweisung: **view** `acme.`
`orgmgmt::EmployeesView` **as alias to** `sap.orgmgmt::EmployeesView`
Key-User-Tool unterstützt auch das Exponieren einer benutzerdefinierten CDS-View als
OData-Service für die externe Verwendung. Eine weitere Möglichkeit, benutzerdefinierte
CDS-Views zu verwenden, ist für benutzerdefinierte analytische Abfragen, mit denen

Benutzer suchen und neue Abfragen anlegen können. Das Key-User-Tool ermöglicht das Hinzufügen oder Entfernen benutzerdefinierter Felder in neuen Abfragen. Darüber hinaus unterstützt es das Anlegen eingeschränkter Kennzahlen, Hierarchien, berechneter Kennzahlen und Benutzereingabefilter. Benutzerdefinierte CDS-Views können zusätzlich zu vordefinierten Abfragen als Datenquelle genutzt werden. Mit der benutzerdefinierten CDS-View können Benutzer externe APIs implementieren, die mit dem OData-Protokoll exponiert werden. Die Analyseszenarien verwenden Cube- oder Dimensions-CDS-Views. Der View-Browser stellt eine Liste der verfügbaren CDS-Views bereit und ermöglicht es Benutzern, nach Views, View-Typen, Tabellen und Feldern zu suchen. Der View-Browser ist als Benutzerrolle SAP_BR_ANALYTICS_ SPECIALST zugänglich und in der Regel der Ausgangspunkt für benutzerdefinierte CDS-Views.

Benutzerdefinierte wiederverwendbare Elemente

Benutzerdefinierte wiederverwendbare Elemente werden für die Wiederverwendung von kundeneigenen Entwicklungen bereitgestellt (Abb. 28.11). Sie ermöglichen es Benutzern, benutzerdefinierten Code mithilfe von Methoden, die in benutzerdefinierten Bibliotheken organisiert sind, zu modularisieren und zu strukturieren. Die wichtigsten Funktionen von wiederverwendbare Elemente sind das Anlegen neuer benutzerdefinierter Bibliotheken und das Hinzufügen von Methoden zu Bibliotheken. Darüber hinaus werden das Hinzufügen von Details zu diesen Methoden, das Testen von kundeneigenen Entwicklungen und das Sichern/Veröffentlichen von kundeneigenen Entwicklungen und Methoden unterstützt. Weiterhin unterstützen wiederverwendbaren Elemente benutzerdefinierte Codelisten, die in mehreren benutzerdefinierten Business-Objekten wiederverwendet werden. Eine Codeliste besteht aus Codewerten und den

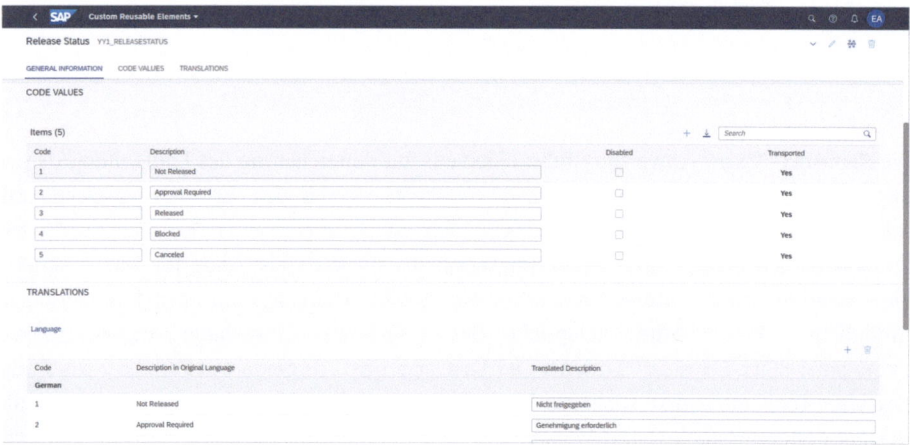

Abb. 28.11   Benutzerdefinierte wiederverwendbare Elemente

entsprechenden Wertbeschreibungen, z. B. [‚31.12.2020‘, ‚Datum‘]. Beim Transport einer Codeliste ist Vorsicht geboten, da diese anschließend nicht mehr geändert werden können. Die Beschreibungen der Codewerte können auch übersetzt werden. Ein weiterer wichtiger Aspekt bilden die Vorlagen, mit denen Benutzer die Paket- und Exporterweiterungen mit der *App Extensibility Template* exportieren und an anderer Stelle importieren können. Dieser Ansatz erhöht die Produktivität, mit der Benutzer bestimmte Erweiterungen entwickeln können.

Extensibility Cockpit & Inventory

Das *Extensibility Cockpit* ist vergleichbar mit einem zentralen Ansprechpartner. Sie zeigt Benutzern verfügbare In-App-Erweiterungsmöglichkeiten von SAP S/4HANA an einer zentralen Stelle an. Erweiterbare Objekte können für ausgewählte Geschäftskontexte angezeigt werden. Darüber hinaus können Anwendungsexperten implementierte Erweiterungen auflisten, die zu bestimmten Geschäftskontextobjekten gehören. Die Verbindungen zu Objekten und Erweiterungen wie benutzerdefinierten Feldern, APIs und Core-Data-Services-Views, können ebenfalls ermittelt werden. Das Extensibility Cockpit ermöglicht das Filtern nach Lösungen, *Scope-Items* oder Geschäftskontexten. Es erlaubt das Layout einer Ergebnisliste durch Sortieren, Gruppieren und Aufzeichnen von Daten an zu passen. Darüber hinaus können Benutzer die Suche auf erweiterbare Objekte ausdehnen und die erweiterbaren Objekte auswählen, die in eine Suche einbezogen werden sollen. Das *Extensibility Inventory* (Abb. 28.12) bietet einen Überblick über Erweiterbarkeitselemente und zeigt Assoziationen oder Abhängigkeiten zwischen ihnen an. Außerdem wird gezeigt, wie sich der Import oder Export von Erweiterbarkeitselementen auf andere Erweiterbarkeitselemente auswirkt. Durch Klicken auf ein Erweiterungselement können Benutzer zusätzliche Informationen dazu anzeigen: den *Kopf,* der den Namen, den Typ, das Datum der letzten Änderung einer Erweiterung und den Benutzer enthält, der sie ausgeführt hat, sowie Informationen darüber, ob das Element gelöscht, importiert und/oder exportiert wurde. *Verwendungen* umfasst Informationen über verwendete Erweiterungselemente eines bestimmten Erweiterungselements. Die *Verwendung von* funktioniert ähnlich, zeigt jedoch, welche Erweiterungselemente das betreffende Erweiterungselement verwenden. Die *Änderungshistorie* liefert eine Liste aller Änderungen, die an einem bestimmten Erweiterungselement vorgenommen wurden. Die *Aufgabenkategorie* zeigt Informationen darüber an, welcher Kategorie eine bestimmte Aufgabe zugeordnet ist. Sie kann zur Kategorie Deprekation, Sicherheit, Funktionalität, Performanz, Stabilität oder Fehler gehören. Schließlich zeigt die *Aufgabenpriorität* Informationen darüber an, ob ein Erweiterungselement eine niedrige, mittlere oder hohe Priorität hat, abhängig von der Dringlichkeit, mit der die Position nachbearbeitet werden muss. Darüber hinaus wird die Suche nach Namen und Beschreibungen zugehöriger erweiterbarer Objekte unterstützt. Es werden Informationen über die Verfügbarkeit einer Struktur- oder Logikerweiterung für einen Geschäftskontext

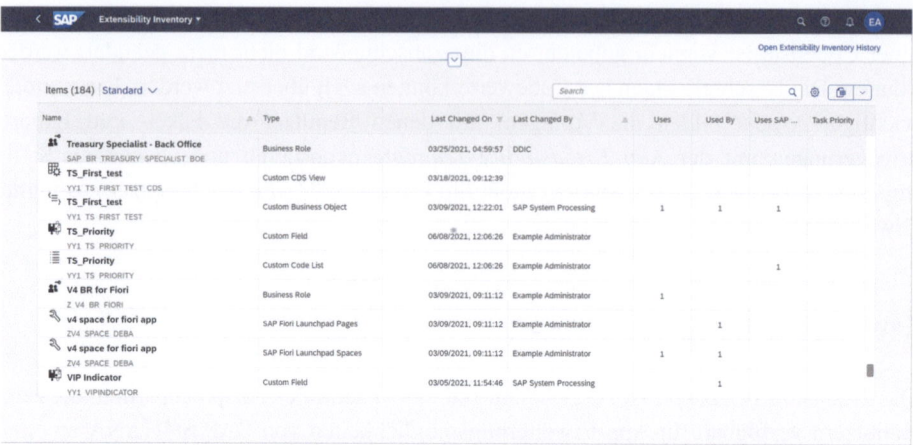

Abb. 28.12   Extensibility Inventory

bereitgestellt. Weiterhin ist die Navigation zum SAP Best Practices Explorer für Details
zu einem Scope-Item aktiviert.

Lebenszyklusmanagement

Ein Aspekt des Lebenszyklusmanagements besteht darin, Erweiterungen in verschiedene Systeme zu transportieren und dabei unter den genannten Kriterien stabil
zu bleiben, unabhängig davon, ob es sich um ein zu testendes Qualitätssystem oder
um das Produktivsystem handelt. In der Cloud-Variante von SAP S/4HANA legt der
Anwendungsexperte Erweiterungen im Test- und Konfigurations-Mandant an, die
anschließend in den Produktiv-Mandant transportiert werden. Der Adaption Transport
Organizer (ATO) kann diesen Prozess automatisch ausführen, ohne dass administrative
Eingaben erforderlich sind, während das System stabil bleibt. Ein weiterer Aspekt des
Lebenszyklusmanagements ist die Handhabung von SAP S/4HANA Updates. Es wird
gefordert, dass alle Erweiterungsfunktionen, die Kunden angeboten werden, nach einem
SAP-Software-Update ohne manuellen Aufwand weiterarbeiten müssen, wodurch
Updates unabhängig von Anpassungen durch den Kunden werden. Für die On-Premise
Variante von SAP S/4HANA müssen Benutzer Updates über klassische Transportwerk-
zeuge verwalten. Die Transportverwaltung kann verwendet werden, um Software-Pakete
zu exportieren, während sie unabhängig von System-Upgrades ist. Erweiterte Objekte
können einem Software-Paket im Qualitätssystem hinzugefügt werden. Um abhängige
Objekte zu einem Software-Paket hinzuzufügen, können diese entsprechend bereitgestellt werden. Nach dem Export über das Qualitätssystem wird das Software-Paket in

das Produktivsystem importiert. Darüber hinaus haben Benutzer die Möglichkeit, verschiedene Software-Pakete zusammenzuführen. Änderungen an Entwicklungsobjekte müssen nachvollziehbar sein, sodass die Reihenfolge der verarbeiteten Knoten und benutzerdefinierten Business-Objekte transparent ist. Darüber hinaus können Benutzer BAdI-Implementierungen oder Methoden rückverfolgen. Außerdem sind die Werte von Eingabe, Ausgabe, Änderungsparameter von Validierungen, Ermittlungen, Aktionen und Ausführungsdauer nachverfolgbar. Alle diese Aspekte werden durch das Tracing der benutzerdefinierten Logik abgedeckt. Um bestimmte Objekte oder Funktionen zu schützen, kann der Zugriff auf diese Objekte oder Funktionen eingeschränkt werden, indem sie über Rollen und Berechtigungen entsprechend Katalogen zugeordnet werden. Dies ist für benutzerdefinierte Business-Objekte, benutzerdefinierte UIs und benutzerdefinierte analytische Abfragen verfügbar. Zur Pflege von Rollen und Katalogen können Identitäts- und Zugriffsverwaltungsanwendungen verwendet werden.

28.3   Fazit

Bei der In-App-Erweiterbarkeit geht es, den Funktionsumfang von SAP S/4HANA durch vordefinierte Methoden und Werkzeuge zu erweitern. Im Gegensatz zu Modifikationen ist die Erweiterbarkeit des Kunden nach Updates und Upgrades gesichert und funktioniert weiterhin. SAP S/4HANA bietet eine Vielzahl von Techniken, um die Systemfunktionen von Datenbanktabellen bis auf Geschäftslogik und Benutzungsoberflächen zu erweitern. Alles bleibt unter den Kriterien zuverlässige Schnittstellen, Einfachheit und lose Kopplung stabil. Die wichtigsten Erweiterbarkeitsansätze wurden erläutert, z. B. die Erweiterbarkeit von Feldern, Geschäftslogik und CDS-Views. Darüber hinaus wurden die Anforderungen an das Lebenszyklusmanagement und die Lösungen für die Erweiterbarkeit dargestellt.

Side-by-Side Erweiterbarkeit

Das Kapitel erläutert die Side-by-Side Erweiterungskonzepte und -frameworks, mit denen Kunden und Partner entkoppelte Softwaremodule für SAP S/4HANA entwickeln können. Insbesondere werden die Entwicklung abhängiger Erweiterungen und die Implementierung eigener benutzerdefinierter/Partneranwendungen erklärt. Die allgemeine Struktur von Side-by-Side Erweiterungen basierend auf der SAP Business Technology Platform wird mit einer Beispielimplementierung veranschaulicht.

29.1 Betriebswirtschaftliche Anforderung

Jeder Kunde hat zusätzliche Anwendungsfälle, um die Funktionen seiner ERP-Implementierung zu erweitern. Mit der Erweiterbarkeit können spezifische Anwendungsfälle durch Experten aber auch Personen ohne technisches Know-how entwickelt werden. Die darunterliegenden Konzepte und Frameworks müssen für Cloud- und On-Premise ERP-Lösungen anwendbar sein. ERP-Systeme werden nach einem festen Zeitplan gepatcht und aktualisiert, um Sicherheitsschwachstellen zu beseitigen, Fehler zu beheben, neue Gesetze um zu setzen, die Benutzerfreundlichkeit zu verbessern und neue Funktionen hinzu zu fügen. Innovationen werden also auch mit Patches und Upgrades ausgeliefert. Es kann jedoch sein, dass die spezifischen Kundenanforderungen nie oder nach sehr lange Zeit vom Anbieter umgesetzt werden. Daher müssen Mechanismen für Erweiterbarkeit verfügbar sein muss, damit Kunden die Lücken zeitnahe selbst schließen können. Für SAP S/4HANA werden zwei Arten von Erweiterungen bereitgestellt. Die erste ist die In-App Erweiterbarkeit und die zweite ist die Side-by-Side Erweiterbarkeit. Die In-App-Erweiterbarkeit ermöglicht eine einfache Implementierung für Geschäftsanforderungen durch Anwendungsexperten. Die Key-User müssen keine technischen Experten sein, um einfache Erweiterungen im SAP S/4HANA System

© Der/die Autor(en), exklusiv lizenziert an Springer Fachmedien Wiesbaden GmbH, ein Teil von Springer Nature 2023
S. Sarferaz, *ERP-Software: Funktionalität und Konzepte*,
https://doi.org/10.1007/978-3-658-40499-4_29

zu implementieren. Die In-App Erweiterbarkeit wird mit webbasierten Erweiterungs-werkzeugen und einem vereinfachten Lebenszyklusmanagement ermöglicht. Die Side-by-Side Erweiterbarkeit richtet sich an technische Experten, die Funktionen der SAP Business Technology Platform (BTP) verwenden, um SAP S/4HANA zu erweitern. Durch die Nutzung von SAP Business Technology Platform können Anwendungen von skalierbaren Technologien wie maschinellem Lernen, Analysen oder dem Internet der Dinge profitieren. Auf diese Services kann in fast allen nativen Cloud-Programmier-sprachen zugegriffen und modular implementiert werden. Side-by-Side Erweiterungen sind von SAP S/4HANA entkoppelt und als *Sidecar* betrieben. Daher werden Anwendungsfälle, die nicht mithilfe der In-App Erweiterbarkeit implementiert werden können, basierend auf der Side-by-Side Erweiterbarkeit entwickelt. Große Software-komponenten, die neue Geschäftsprozesse darstellen, die nicht von SAP S/4HANA abgedeckt werden, sind ein Beispiel, bei dem der Side-by-Side Ansatz angewendet wird. Abb. 29.1 fasst die wichtigsten Anwendungsfälle für die Side-by-Side Erweiterbarkeit zusammen.

Entwickler können neue Benutzungsoberflächen oder mobile Anwendungen erstellen und testen. Sie können mithilfe von Cloud-Services externe Benutzer über soziale Medien oder andere Kanäle integrieren. Technische Experten können Unter-nehmensprozesse und Workflows einfach implementieren, indem sie über APIs auf Anwendungslogik zugreifen. Darüber hinaus können Entwickler ihre Software in SAP Business Technology Platform Lösungen von Drittanbietern integrieren. Anwendungen können vordefinierte Ereignisse auslösen, z. B. Prozesse, die automatisch gestartet

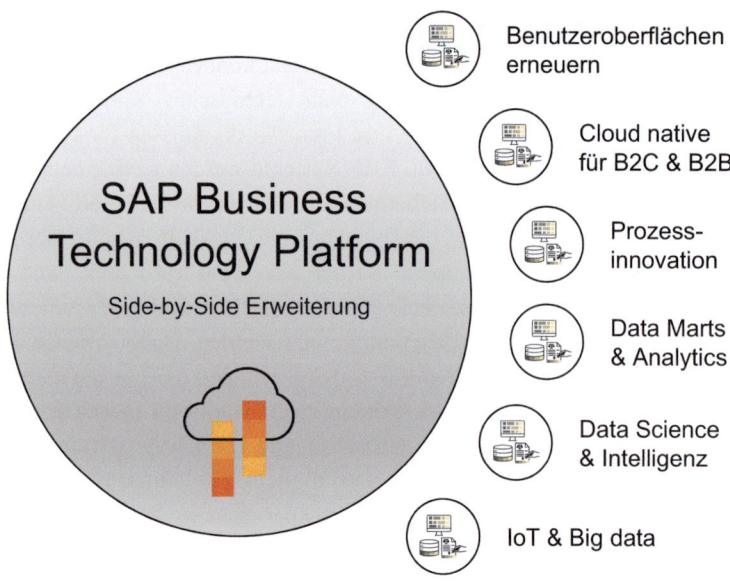

Abb. 29.1   Side-by-Side Erweiterbarkeit – Anwendungsfälle

werden, oder Reporting-Funktionen, wenn Sensordaten ein bestimmtes Limit erreichen. Kunden können auch neue eigenständige Anwendungen für ihr Internet der Dinge (IoT) Infrastruktur erstellen. Diese Art von Anwendung ist unabhängig und benötigt keine zusätzlichen Services von SAP S/4HANA. Ereignisse oder Services können über APIs ausgelöst werden. Die Modularität ermöglicht hochskalierbare Lösungen, die unabhängig vom Produktlebenszyklus von SAP S/4HANA sind. Services können gemäß den Kundenanforderungen aktiviert oder deaktiviert werden. Entwickler können ihre Anwendungen mit der SAP Web IDE, die auf SAP Business Technology Platform läuft, implementieren und testen. Side-by-Side Erweiterungen unterstützen auch hybride Szenarien in Bezug auf die Implementierung von Anwendungen in SAP S/4HANA On-Premise- und Cloud.

29.2 Technische Umsetzung

Die technische Grundlage für die Side-by-Side Erweiterbarkeit bildet die SAP Business Technology Platform, bei der es sich um eine Platform-as-a-Service (PaaS) handelt. Sie wird verwendet, um neue Anwendungen zu entwickeln und zu integrieren oder bestehende Anwendungen über Erweiterungen zu ergänzen. Anwendungen, die innerhalb der SAP Business Technology Platform erstellt wurden, sind in der genannten Cloud-Computing-Umgebung verfügbar, die von SAP verwaltet wird. Die Plattform enthält viele Funktionen, z. B. Services, die sich auf Sicherheit, Daten und Speicher oder Analysen konzentrieren. Mit Java-basierten Software Development Kits (SDKs) wird die Entwicklung nativer Cloud-Anwendungen ermöglicht. Kunden können SDKs verwenden, um ihre eigene Anwendung zu erstellen und ihre spezifischen Anforderungen abzudecken. Partner können Anwendungen entwickeln, um sie im SAP App Store zu verkaufen.

SAP Business Technology Platform

Die SAP Business Technology Platform (BTP) ist die Grundlage für die Side-by-Side Erweiterbarkeit. Entwickler von Anwendungen und Dienstleister bauen auf der SAP Business Technology Platform als zentrale, vereinheitlichende Plattform, die die Grundlage ihrer Cloud-Angebote ist. Im Laufe der Zeit werden alle Funktionen der intelligenten Suite über diese gemeinsame Plattform genutzt werden können, insbesondere diejenigen, die Vorteile für alle Produkte bieten. Um dies zu ermöglichen, besteht die SAP Business Technology Platform aus einer architektonischen Perspektive aus drei Hauptteilen, wie in Abb. 29.2 dargestellt: Anwendungsebene, Datenebene und Basisebene.

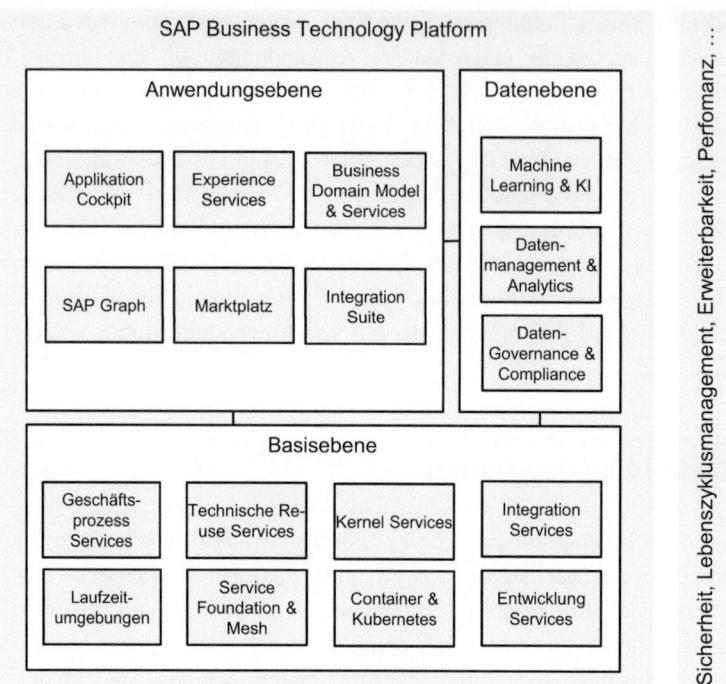

Abb. 29.2   SAP Business Technology Platform – Funktionale Architektur

Grundlagenservices

Aus architektonischer Sicht bietet die Anwendungsebene den Einstiegspunkt für den Kunden betreffend Erweiterungen. Der Schwerpunkt liegt hier auf einem harmonisierten Ansatz, um das Business Domain Model, Business Domain Services und flexible Geschäftsprozesse bereit zu stellen. Bausteine wie Benutzungsoberflächenkomponenten, Workflows, ein zentraler Einstiegspunkt, ein Marktplatz, SAP Graph und das zugrunde liegende SAP One Domain Model führen zu einer konsistenten Entwicklung und eine homogene Produktsuite. Die Anwendungsebene bietet einen standardisierten Ansatz für die Anpassung und Erweiterung. Aus architektonischer Sicht bietet die Daten-ebene semantischen und konsistenten Zugriff auf alle Unternehmensdaten über alle SAP-Systeme/-Services hinweg. Sie kombiniert das gesamte Portfolio datenbezogener Cloud-Services von SAP in einer einzigen logischen Ebene, um Daten bereitzustellen, zu integrieren, abzuleiten und zu analysieren, um den Wert für den Kunden zu steigern. Sie enthält Lösungen für das Datenmanagement wie z. B. SAP HANA Services, SAP Analytics, SAP Data Intelligence, SAP Master Data Integration. Technologien für das Datenmanagement werden hauptsächlich von Anwendungen als *Managed Services* genutzt, wodurch der Aufwand für die Entwickler reduziert wird. Im Umkehrschluss muss die Datenebene Cloud-Qualitäten wie Elastizität, Hochverfügbarkeit und Kosten-effizienz sicherstellen, um die erforderliche Akzeptanz durch Anwendungen zu erreichen. Aus architektonischer Sicht legt die Basisebene ein gemeinsames Fundament für wiederverwendbarer Services und ein Ökosystem für die Entwicklung von Services. Diese Ebene umfasst die Kernel-Services (z. B. Identitätsservice, Audit-Protokoll, Abonnementverwaltung, Datenschutz), aber auch technische Wiederverwendungs-services, die Synergien über die gesamte Plattform ausschöpfen. Kernstück der Basis-ebene ist die Infrastruktur für das Service-Management, kombiniert mit einem sicheren *Mesh* für eine serviceübergreifende vertrauenswürdige Kommunikation. Die Einheitlich-keit der Services mit API-basierte und ereignisbasierte Integration steht im Fokus. Von Dienstleistern wird erwartet, dass sie Cloud-native SLAs für ihren Service anbieten. Das bedeutet, dass sie sich sowohl auf messbare KPIs als auch auf eine kurze Amortisations-zeit und eine hohe Qualität verpflichten.

Entwicklungsservices

Entwicklungsservices unterstützen den Entwickler von SAP und seinem Partnernetz. Dazu gehören Programmierparadigmen (z. B. ABAP in der Cloud, Cloud Application Programming Model), SDKs und eine Vielzahl von Entwicklungswerkzeugen, die Lösungen für Entwickler bereitstellen, die von professionellen nativen Cloud-Ent-wicklern bis hin zu gelegentlichen Entwicklern reichen. Geschäftsanwendungen müssen z. B. Hochverfügbarkeit, Elastizität und Skalierbarkeit sicherstellen. Um Entwickler hierbei zu unterstützen, sind Best Practices und Muster in den Entwicklungsservices ent-halten, um eine höhere Entwicklungsproduktivität zu gewährleisten, gleichzeitig jedoch flexibel zu bleiben, um bei Bedarf auszubrechen. SAP Business Technology Platform bietet außerdem drei verschiedene, offene Programmiermodelle, die Werkzeugsätze für verschiedene Entwicklerrollen basierend auf verschiedenen Anforderungen und Fähig-keiten definieren: ein flexibles natives Cloud-Modell mit vollständiger Kontrolle, ein übergeordnetes Kodierungsmodell, das allgemeine Entwicklungsaufgaben für Geschäfts-anwendungen vereinfacht und ein Low-/No-Code-Modell für Gelegenheitsbenutzer mit grafischen Erweiterungs-, Konfigurations- und Anpassungsfunktionen bietet. Diese ergänzen sich und ermöglichen das Kombinieren der Werkzeuge. Für die Side-by-Side Erweiterbarkeit sind das SAP Business Technology Platform SDK, SAP Cloud SDK und SAP-S/4HANA APIs die wichtigsten Bausteine. Mit dem SAP Business Techno-logy Platform SDK können Entwickler generische Erweiterungen anlegen, indem sie die im SAP Business Technology Platform System gespeicherten Anwendungsdaten nutzen. Beispiele für solche Anwendungen sind Spesenabrechnung oder Genehmigungswork-flows. Das SAP Cloud SDK basiert auf dem SAP Business Technology Platform SDK und bietet zusätzliches Spezialisierung bezüglich der SAP S/4HANA Prozessen und Objekten, um schneller Side-by-Side Erweiterungen zu erstellen. Hierbei handelt es sich um ein Toolset für Entwickler, das die Interaktion und Integration mit SAP S/4HANA bei der Entwicklung nativer Cloud-Erweiterungen unterstützt. Es besteht aus ver-schiedenen Bibliotheken, um verschiedene Programmiersprachen (z. B. Java, JavaScript, ABAP) zu unterstützen. Das SAP Cloud SDK stellt vordefinierte Vorlagen für spezielle Projekte bereit, um die Entwicklung von Erweiterungen zu beschleunigen. Die SAP

S/4HANA APIs ermöglichen die Integration zwischen Softwareanwendungen. Sie sind sowohl für SAP S/4HANA Cloud als auch für On-Premise verfügbar.

Anwendungsentwicklung

Für die Side-by-Side Erweiterbarkeit können Kunden Anwendungen oder Erweiterungen für bestimmte Anwendungsfälle entwickeln. Diese Anwendungen sind technisch von SAP S/4HANA entkoppelt und mit APIs integriert. In diesem Kontext müssen verschiedene Fassetten der Integration berücksichtigt werden, z. B. die Integration von UIs, Benutzern, Prozessen, Ereignissen und Daten. Das Programmiermodell für die Side-by-Side-Erweiterung ist vergleichbar mit einem entkoppelten Microservice, der verschiedene Inhalte aus SAP S/4HANA verwendet. Eine kundenspezifische Anwendung besteht im Wesentlichen aus drei Ebenen: der UI-Schicht, der Anwendungsschicht und der Datenbankschicht. Die UI-Schicht zeigt dem Benutzer eine definierte Oberfläche zwecks Interaktion mit dem Geschäftsprozess. Die Anwendungsschicht deckt die Geschäftslogik ab und stellt über APIs eine Verbindung zu SAP S/4HANA her. Die Datenbankschicht enthält die Anwendungsdaten, die ausschließlich für die Erweiterung bestimmt sind. Abhängige Erweiterungen und individuelle Anwendungen können basierend auf diesem Ansatz implementiert werden, wie in Abb. 29.3 dargestellt.

Entwicklung abhängiger Erweiterungen

Technische Experten entwickeln abhängige Erweiterungen basierend auf der SAP Business Technology Platform, wenn bestimmte Geschäftsprozessschritte angepasst werden müssen. Diese Anpassung kann zu einer kundeneigenen Benutzeroberfläche oder zu abgeänderte Geschäftslogik führen. Eine abhängige Erweiterung verwendet bereits vorhandene Funktionalität von SAP S/4HANA sowie Artefakte, die basierend auf der In-App Erweiterbarkeit angelegt wurden, z. B. einen neuen OData-Service, eine neue Logik oder eine neue Datenpersistenz. Mit dem SAP Fiori Launchpad ist es möglich,

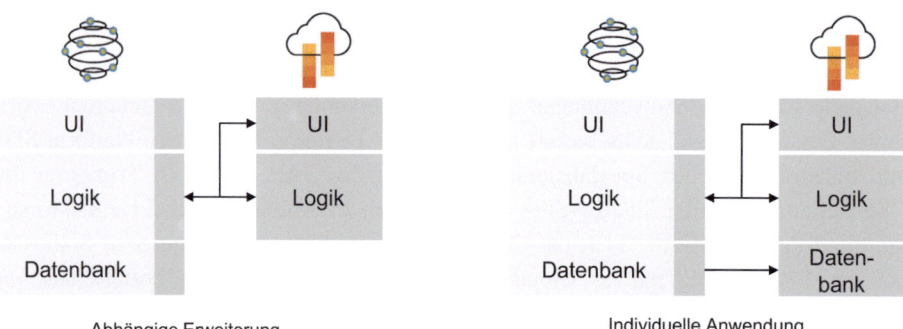

Abb. 29.3 Typen der Anwendungsentwicklung

die eigenentwickelte Side-by-Side Erweiterung als neue Kachel in das Launchpad zu integrieren. Das SAP Fiori Launchpad ist die Startseite für alle SAP Fiori Applikationen sowie für klassische UIs wie SAP GUI. Es gibt viele Anwendungsfälle für abhängige Erweiterungen. Kunden können beispielsweise Proxy-Anwendungen anlegen, um das SAP S/4HANA System über das Internet abzusichern. Es ist auch möglich, Vor- und Nachverarbeitungsschritte zu entwickeln. Diese können hilfreich sein, wenn Daten gesammelt werden müssen, bevor ein Geschäftsprozess im SAP S/4HANA System gestartet werden kann, oder wenn der Geschäftsprozess bestimmte Ereignisse basierend auf den Ausgaben abgeschlossener Prozessschritte auslösen muss.

Entwicklung individuelle Anwendungen

Individuelle Anwendungen werden auf der SAP Business Technology Platform ausgeführt und sind in der Regel in sich abgeschlossen. Sie werden verwendet, um komplett neue UIs für Geschäftsprozesse bereitzustellen, neue Geschäftslogiken zu implementieren, und können auch verwendet werden, um eine neue Datenpersistenz auf der SAP Business Technology Platform anzulegen. Mit Core Data Services Views (CDS-Views) können Anwendungsdaten aus SAP S/4HANA in SAP Business Technology Platform repliziert werden. Ereignisse aus SAP S/4HANA können über APIs konsumiert werden. Die individuelle Anwendung kann In-App Erweiterungen wie einen neuen OData-Service oder neue Logik und Daten erfordern. Genau wie die abhängige Erweiterung benötigt diese Anwendung das SAP Fiori Launchpad, um als neue Kachel in das SAP Fiori Launchpad integriert zu werden. Es gibt viele Anwendungsfälle für individuelle Anwendungen. Sie können völlig neu Module sein, um einen schwierigen Geschäftsprozess zu vereinfachen, oder sie können bereits vorhandene Geschäftsprozesse oder einzelne Schritte davon ersetzen. Darüber hinaus können Unternehmen Analyseanwendungen erstellen. Dies ist nützlich, wenn mehrere Datenquellen mit einer analytischen Datenbank verbunden werden. Wie bereits erwähnt sollten individuelle Anwendungen eigenständig und entkoppelt von SAP S/4HANA sein.

Entwicklungsbeispiel

Der Anwendungsfall des Entwicklungsbeispiels besteht darin, ein Ereignis auszulösen, wenn Kundenaufträge in SAP S/4HANA aktualisiert werden (Abb. 29.4), und die Änderungen in der SAP Business Technology Platform Erweiterungsanwendung anzuzeigen (Abb. 29.5).

Der Benutzer kann z. B. das Feld *Inco. Location1* eines Kundenauftrags von *San Jose* zu *San Francisco* ändern, sodass ein Änderungsereignis in SAP S/4HANA ausgelöst wird. Die Beispielerweiterung auf SAP Business Technology Platform soll das Änderungsereignis empfangen und alle zuständigen Mitarbeiter über die Aktualisierung des Kundenauftrags benachrichtigen. Die Erweiterungsanwendung soll die geänderten Elemente in einer sortierbaren Liste anzeigen. Der Anwendungsfall ist bewusst einfach

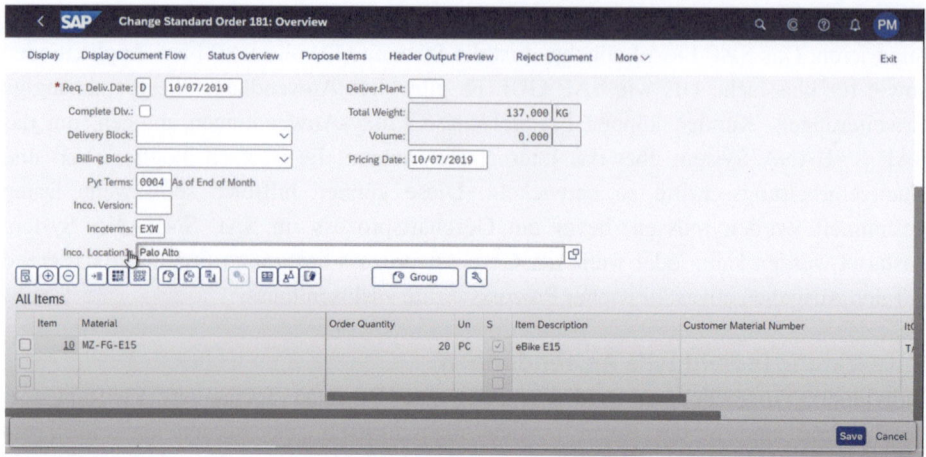

Abb. 29.4 Kundenauftrag in SAP S/4HANA ändern

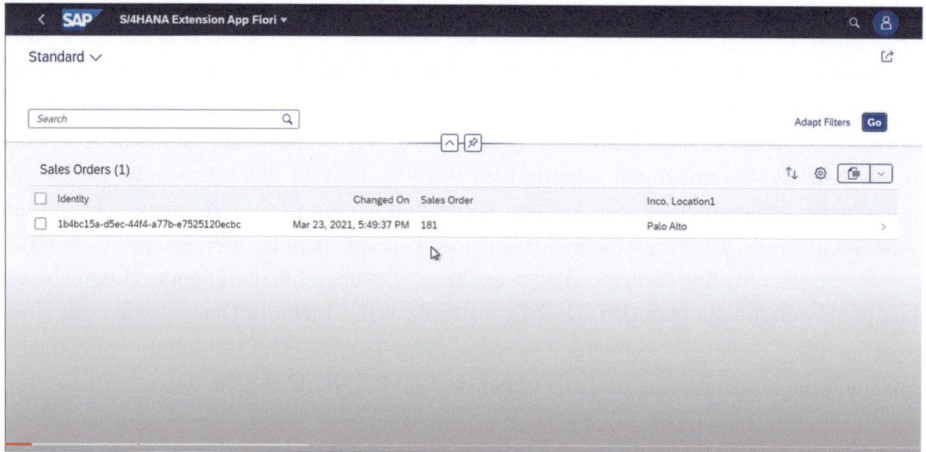

Abb. 29.5 Kundenauftrag in SAP BTP anzeigen

gehalten, da nicht die betriebswirtschaftlichen Aspekte gezeigt werden sollen, sondern die prinzipielle technische Umsetzung.

Projekteinrichtung und –struktur

Um die Objektdetails aus SAP S/4HANA Cloud abzurufen und in der SAP Business Technology Platform Anwendung anzuzeigen, wird der Ereignisauslöser verwendet. Das Ereignis kann über das API *Sales Order Changed* abgerufen werden, das auch umbenannt werden kann. Eine SAP Fiori Benutzungsoberfläche wird als Frontend verwendet. Die Anwendung kann mit dem SAP Business Application Studio entwickelt werden. Dieses Framework enthält Vorlagendateien für bestimmte Anwendungstypen. Das Business-System muss registriert sein, um die Beispielerweiterung mit den entsprechenden Konten zu verbinden. Die Erweiterungsanwendung benötigt Instanzen für die SAP S/4HANA Cloud Erweiterbarkeits- und Messaging-Ereignisservices. Für den Zugriff auf API-Endpunkte müssen Entwickler ihre eigenen API-Schlüssel im SAP API Business Hub anfordern. Um den richtigen API-Schlüssel für das Projekt zu finden, wird empfohlen, im SAP API Business Hub nach dem *Sales Order* API zu suchen. Dieses API muss mit der SAP S/4HANA Cloud Erweiterbarkeits-Serviceinstanz *Sales Order Integration* verbunden sein. Entwickler müssen eine geeignete Laufzeit für ihr Projekt auswählen. In diesem Beispiel ist dies SAP Cloud Foundry. Als Entwicklungs-Framework verwendet dieses Projekt das Modell SAP Cloud Application Programming (CAP), das Sprachen, Bibliotheken und Werkzeuge für die Entwicklung von Unternehmensanwendungen umfasst. Mit SAP Business Application Studio können Entwickler Anwendungen mithilfe von Anwendungsassistenten anlegen, die vordefinierte Vorlagen verwenden, um einfach ein neues Projekt anzulegen. Der Entwickler muss einige allgemeine Elemente wie den Namen der Anwendung, die Sprache, API-Schlüsselverbindungen oder Zielpfade für lokale Testzwecke konfigurieren. Standardmäßig wird die Verbindung zu einer sogenannten Sandbox eingerichtet, bei der es sich um einen Container für die Testumgebung handelt.

Jedes mit SAP Business Application Studio angelegte Projekt verfügt über eine vordefinierte Dateistruktur, die alle erforderlichen Dateien, Methoden und Einstellungen für die Ausführung der Anwendung enthält.

Abb. 29.6 zeigt die allgemeine Projektstruktur, wie sie im SAP Business Application Studio dargestellt ist. Die *Projektbeispiel-Erweiterungs-App* enthält mehrere Verzeichnisse und Dateien. Diese Dateien enthalten wichtige Informationen über Verbindungs- und Datenbankkonfigurationen, die installierten Pakete und deren Versionen. Darüber hinaus werden Sicherheitseinschränkungen, Dateipfade und Abhängigkeiten abgedeckt. Entwickler können dieser Projektstruktur anwenden, um einen allgemeinen Überblick über das Projekt selbst zu erhalten, und sie können Dateien hinzufügen, entfernen oder ändern. Die Projektstruktur hängt von der ausgewählten Vorlage ab, d. h. nicht jede in Abb. 29.6 gezeigte Datei wird in jeder Vorlage generiert, die SAP Business Application Studio anbietet. Die Datei *README.md* enthält einen Leitfaden für erste Schritte für eine schnelle Projektübersicht. Die wichtigsten Dateien und Verzeichnisse werden in den nächsten Abschnitten beschrieben.

Root-Verzeichnisse

Die folgenden Root-Verzeichnisse müssen berücksichtigt werden:

- app – Das App-Verzeichnis enthält Inhalte für UI-Frontends, hauptsächlich für die SAP Fiori UI. Dieses Verzeichnis enthält beispielsweise wichtige HTML-Dateien mit allgemeinen Frontend-Strukturen der Projekt-Website.

Abb. 29.6 Allgemeine
Projektstruktur

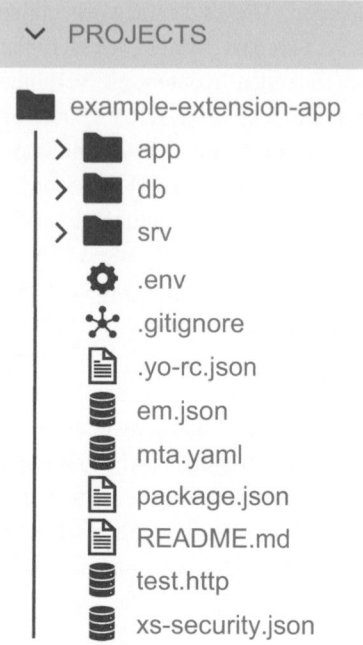

- db – Dieses Verzeichnis enthält Datenbankdefinitionen und Dateien zur Konfiguration des Datenmodells und anderer nativer Modelle für die SAP HANA Cloud.
- srv – Das Verzeichnis srv enthält Geschäftslogiken und Dateien für die Verbindung mit externen Services, sodass Anwendungen auf Daten aus diesen zugreifen können. Sie enthält auch die Datei service-catalog.cds mit ihren Entitäten. CDS-Dateien sind Design-Zeit-Quelldateien und enthalten Definitionen der Objekte, die die technischen Experten im SAP HANA Katalog anlegen müssen. Im Quelltext der Abb. 29.7 wird die Entität *Sales Order* gezeigt, auf die über ein API zugegriffen werden kann.
  Für den Zugriff auf Daten über APIs gibt es Skriptdateien. Die Datei *catalog-service.js* prozessiert Verbindungen, Aktionen und löst Ereignisse aus, z. B. wird eine Benachrichtigung ausgelöst, wenn ein Kundenauftragselement geändert wird (Abb. 29.8).

Root-Dateien

Die folgenden Root-Dateien müssen berücksichtigt werden:

- .env – Diese Datei ist für lokale Entwicklungszwecke wichtig. Entwickler können dort sinnvolle Daten wie API-Schlüssel hinterlegen. Wenn sie ihr Projekt veröffentlichen oder hochladen, wird diese Datei ausgeschlossen, da die Definitionen von Dateiausschlüssen in der *Datei.gitignore* gespeichert werden.

```
●●●                srv/catalog-service.cds

...
@readonly
entity SalesOrders
  @(restrict: [{ to: 'Viewer' }])
  as protection on
    API_SALES_ORDER_SRV.A_SalesOrder {
      SalesOrder,
      SalesOrganization,
      DistributionChannel,
      SoldToParty,
      IncotermsLocation1,
      TotalNetAmount,
      TransactionCurrency
    };

entity SalesOrdersLog
  @(restrict: [{ to: 'Viewer' }])
  as select * from db.SalesOrdersLog
;
...
```

Abb. 29.7 Quelltext für srv/catalog-service.cds

```
●●●                srv/catalog-service.js

...
this.on('READ', SalesOrders, async (req) => {
  try {
    const tx = s4hcso.transaction(req);
    return await tx.send({
      query: req.query,
      headers: {
        'Application-Interface-Key': process.env.ApplicationInterfaceKey,
        'APIKey': process.env.APIKey
      }
    })
  }
  catch (err) {
    req.reject(err);
  }
});

...
```

Abb. 29.8 Quellcode für srv/catalog-service.js

```
●●●                          mta.yaml

...

# HTML5 APP REPOSITORY APP HTML5 MODULE
  name: example-extension-app-html5
  type: html5
  path: app/resources/html5
  builder-parameters:
    builder: custom
    commands:
      - npm run build
    supported-platforms: []

...
```

Abb. 29.9 Quelltext für mta.yaml

- em.json – Die Datei em.json ist eine Enterprise-Messaging-Datei im JSON-Format. Er enthält die Konfiguration für die Einrichtung der Enterprise-Messaging-Instanz.
- mta.yaml – Diese Datei beschreibt die Projektstruktur und Beziehungen. Sie definiert die verschiedenen Services und Module, die verwendet werden, wie sie miteinander kommunizieren und wie sie zusammenarbeiten. Ein Beispiel für das HTML5-Modul ist in Abb. 29.9 dargestellt.
- package.json – Die package.json enthält Projektmetadaten und Konfigurations-elemente für verschiedene Module und Services, z. B. Authentifizierung oder Messaging-Services. Ein Ausschnitt ist im Coding der Abb. 29.10 zu sehen.
- test.http – Diese Datei enthält nützliche Anweisungen und Anforderungen für schnelle lokale Testzwecke. Wie das Beispiel in Abb. 29.11 zeigt, enthält die Datei vordefinierte *HTTP-Requests* für verschiedene Anwendungsfälle mit Standard-authentifizierung. Die Authentifizierung enthält mehrere Rollen und Regeln. Die Standardrolle (*Joe* genannt) hat Mindestberechtigungen, z. B. nur zum Lesen von Daten.
- xs-security.json – In Bezug auf die Benutzerauthentifizierung ist die Datei *xs-security. json* von entscheidender Bedeutung, da sie verschiedene Modelle der Benutzer-authentifizierung definiert, die deklariert und als Vorlagen verwendet werden können. Abb. 29.12 zeigt ein entsprechendes Beispiel.

Entscheidungsmatrix

Kunden, die SAP Business Technology Platform (SAP BTP) für die Side-by-Side Erweiterbarkeit verwenden, haben mehr Flexibilität bezüglich Updates, da die

```
● ● ●                    package.json

{
  "name": "example-extension-app",
  "version": "0.0.1",
  "description": "Example Application",
  "dependencies": {
    "@sap/cds": "^4",
    "@sap/audit-logging": "^3",
    "@sap/hana-client": "^2",
    "@sap/xb-msg-amqp-v100": "^0.9.48",
    "@sap/xsenv": "^3",
    "@sap/xssec": "^3",
    "passport": "^0.4.1",

    "cf-nodejs-logging-support": "^6",
    "express": "^4"
  },

  ...
```

Abb. 29.10 Quellcode für package.json

```
● ● ●                     test.http

...

Send Request
GET http://localhost:4004/catalog/Sales
Authorization: Basic joe:


#-----


Send Request
POST http://localhost:4004/catalog/Sales(1)/CatalogService.boost
Authorization: Basic joe:
Content-Type: application/json


...
```

Abb. 29.11 Quellcode für test.http

```
● ● ●                    xs-security.json

{
  "xsappname": "example-extension-app",
  "tenant-mode": "dedicated",
  "scopes": [
    ...
    {
      "name": "$XSAPPNAME.Admin",
      "description": "Administrator"
    }
  ],
  "role-templates": [
    ...
    {
      "name": "Admin",
      "description": "Administrator",
      "scope-references": [
        "$XSAPPNAME.Admin"
      ]
    }
  ],
  ...
```

Abb. 29.12 Quellcode für security.json

Erweiterungen vom SAP S/4HANA Kern mit APIs entkoppelt sind und technisch unabhängig aktualisiert werden können. Daher wird mehr Freiheit in Bezug auf das Lebenszyklusmanagement ermöglicht. Dieser Vorteil ist für eng gekoppelte Erweiterungen nicht gewährt, die in der Regel besser auf der SAP S/4HANA Plattform basierend auf der In-App Erweiterung implementiert werden sollten. SAP Business Technology Platform ist ein Platform-as-a-Service, das bedeutet, dass der Lebenszyklus und der Betrieb der Plattformen von SAP verwaltet werden. Auf diese Weise können Kunden die Technologie nutzen, ohne für Updates und Upgrade verantwortlich zu sein. In der Regel verfügt SAP Business Technology Platform nur über eine Version, die alle drei Monate aktualisiert wird, sodass alle erforderlichen Bibliotheken regelmäßig modernisiert werden. Dies ist möglich, da SAP für den Betrieb von SAP Business Technology Platform, aber auch für die kontinuierliche Verfügbarkeit verantwortlich ist. Solche Verpflichtungen sind in einem Service-Level-Agreement (SLA) vereinbart. Daher brauchen sich Kunden nicht um kritische Fehler kümmern, sondern das SAP-Support-Team muss diese Probleme lösen. Mit der Side-by-Side Erweiterbarkeit können Kunden eigene Anwendungen und Erweiterungen implementieren, testen und integrieren. Mithilfe von Vorlagen oder vordefinierten Codes können technische Experten

Geschäftsanwendungen auf der Grundlage von Best Practices effizient erstellen. GitHub kann als Software für die Versionsverwaltung herangezogen werden. Entwickler können ohne Einschränkungen an ihrem Projekt arbeiten, da jeder Entwickler, der die SAP Business Technology Platform verwendet, über eine eigene Instanz verfügt. Die Reduzierung von Einschränkungen vereinfacht die Erstellung von Erweiterungen, z. B. wenn ein Projekt mehrere Branches hat, können diese problemlos zusammengeführt werden. Die Gesamtkosten der Entwicklung (TCD) können durch die Nutzung der SAP Business Technology Platform und des zugehörigen SAP S/4HANA Cloud SDK reduziert werden. Entwickler und technische Experten können Aufwand sparen, indem sie Services von Drittanbietern verwenden, um ihre Anwendung zu entwickeln. Weniger Zeit in der Entwicklung bedeutet geringere Kosten. Die Entscheidung, die SAP Business Technology Platform zu verwenden, hat nicht nur Vorteile, sondern auch Nachteile. Der erste Nachteil ist die Preisgestaltung. Kunden müssen Lizenzgebühren bezahlen. Das Abonnement bezieht sich auf einen festen Zeitraum, der in der Regel ein bis drei Jahre lang ist. Code von On-Premise Systemen können nicht direkt in die SAP Business Technology Platform kopiert und ausgeführt werden. Der Code muss an die Plattform angepasst werden, andernfalls treten Syntaxfehler auf. Es ist für ABAP-Entwickler nicht einfach, ihren zuvor abwärtskompatiblen Code und ihre Projekte wiederzuverwenden. Dies kann jedoch in Zukunft mit *eingebettetem ABAP* überwunden werden. Wie in der Tabelle unten zusammengefasst, ist es wichtig zu unterstreichen, dass der Side-by-Side Ansatz für entkoppelte und in sich abgeschlossene große Lösungskomponenten verwendet werden sollte, andernfalls sollte die In-App-Erweiterbarkeit angewendet werden (Abb. 29.13).

Erweiterbarkeitsmuster	SAP S/4HANA (In-App)	SAP BTP (Side-by-Side)
Vorhandene Fiori-UI anpassen	■	☐
Individuelle Benutzungsoberfläche anlegen	■	☐
Formular/Vorlagen anlegen	■	☐
Benutzerdefinierte Abfrage anlegen	■	☐
Benutzerdefinierte Geschäftslogik hinzufügen	■	☐
Benutzerdefinierte Felder anlegen	■	☐
Benutzerdefinierte Business Objekte anlegen	■	☐
Abhängige Erweiterung entwickeln	☐	■
Entwicklung einer Individualanwendung	☐	■
Vorhandene 3rd party Applikation nutzen	☐	■
Integration der Benutzungsoberfläche	■	■
Benutzerintegration	■	■
Rules & Workflow	■	■
Events-Integration	■	■
Prozessintegration	■	■
Datenreplikation	■	■

Abb. 29.13 Entscheidungsmatrix

Die In-App Erweiterbarkeit hilft dabei, den SAP S/4HANA Kern mit Funktionen anzureichern und erlaubt Varianten der Standardprozesse und Geschäftslogik. Die Side-by-Side Erweiterbarkeit basiert sowohl auf SAP Business Technology Platform als auch auf Services von Drittanbietern. Technische Experten können ihre abhängigen/individuelle Anwendungen in SAP S/4HANA integrieren. Entwickler können Kerngeschäftsprozesse erweitern, indem sie Ereignisse vor und nach einem bestimmten Prozess auslösen. Es ist auch möglich, eigenständige Anwendungen zu entwickeln, die keine anderen Services benötigen. Diese können beispielsweise im Internet of Things (IoT) verwendet werden. Ein wichtiger Trend der Digitalisierung von Geschäftsabläufen ist deren Verlagerung in die Cloud. Kunden wünschen sich vor allem neue Lösungen für ihre spezifischen Anwendungsfälle, die sich schnell umsetzen lassen.

29.3   Fazit

Die Side-by-Side Erweiterbarkeit bietet Mehrwert für die Kunden, da sie die ERP-Geschäftsprozesse ergänzen können. Es vereinfacht die Erweiterung und Anwendungsentwicklung und senkt die Entwicklungskosten, indem es das SAP S/4HANA Cloud SDK breitstellt. Technische Experten können Services von SAP und Drittanbietern wiederverwenden, die von der SAP Business Technology Platform angeboten werden, bei der es sich um eine Platform-as-a-Service handelt. SAP Business Technology Platform besteht aus Anwendungs-, Daten- und Basisebene. Es ermöglicht die Implementierung abhängiger Erweiterungen und individuelle Anwendungen. Diese sind technisch von SAP S/4HANA entkoppelt. Kunden können von überall und von jedem Gerät aus auf ihre Anwendungen zugreifen, solange sie Internetzugriff haben, um sich sicher mit der SAP Business Technology Platform zu verbinden. Neben den Vorteilen sollten aber auch bestimmte Nachteile nicht vernachlässigt werden. Die Nutzung von Platform-as-a-Service kann für kleine Unternehmen kostspielig sein und erfordert auch zusätzliches Entwickler-Know-how. Die wichtigsten Entscheidungskriterien für die Anwendung der Side-by-Side Erweiterbarkeit sind die Implementierung einer umfangreichen, in sich geschlossenen Softwarelösung, die lose entkoppelt von SAP S/4HANA ist.

Benutzeroberflächen

30

Das Kapitel erläutert die Konzepte und Frameworks von SAP S/4HANA bezüglich der Benutzeroberflächen. Insbesondere wird das Oberflächendesignparadigma für konsistente, integrierte und intelligente Geschäftsanwendungen erklärt. Darüber hinaus werden die Architektur und die Entwicklungswerkzeuge für die Benutzeroberflächen dargestellt. Zunächst werden die theoretischen Grundlagen der Benutzerfreundlichkeit beschrieben. Daraus werden die wichtigsten Regeln abgeleitet, die bei der Entwicklung von Benutzungsoberflächen berücksichtigt werden sollten.

30.1 Betriebswirtschaftliche Anforderung

Oft wird die Benutzererfahrung (User Experience (UX)) eher als emotional als rational betrachtet, was es schwierig macht, einen Business Case für Investitionen in eine gute Benutzererfahrung zu erstellen. Aber eine gute Benutzererfahrung hat einen monetären Wert, zusätzlich zum klaren menschlichen Wert, nämlich Menschen glücklicher zu machen. Eine gute Benutzererfahrung trägt beispielsweise zur Steigerung der Produktivität bei, da Mitarbeiter mit dem System mehr erreichen können – idealerweise nicht nur, weil sie effizienter sind, sondern auch, weil sie effektiver sind, da das System sie mit Intelligenz an das führt, was sie am meisten beachten müssen. Ein weiterer wichtiger Aspekt ist die Datenqualität: Falsch erfasste Daten verursachen Kosten später im Prozess, sodass eine gute Datenqualität von Anfang an mit einer guten Benutzererfahrung gewährleistet wird, die all diese späteren Datenkorrekturen erspart. Einfach zu bedienende Software braucht kaum eine Schulung, sodass erhebliche Schulungskosten eingespart werden können und nachfolgende Supportkosten reduziert werden können. Wenn Endbenutzer in die Implementierung einbezogen werden und sichergestellt ist, dass die Benutzererfahrung ihren Anforderungen im Voraus entspricht, wird die Anzahl

© Der/die Autor(en), exklusiv lizenziert an Springer Fachmedien Wiesbaden GmbH, ein Teil von Springer Nature 2023
S. Sarferaz, *ERP-Software: Funktionalität und Konzepte*,
https://doi.org/10.1007/978-3-658-40499-4_30

der Änderungsanträge von Benutzern, die neue oder andere Funktionen anfordern, verringert –Änderungen an einer implementierten UI sind teurer als zuvor berücksichtigte
Anpassungen. Außerdem werden Benutzerfehler reduziert und die Datenqualität verbessert. Zusätzlich zu diesen quantifizierbaren Vorteilen bringt eine gute Benutzererfahrung auch klare Vorteile für den Menschen mit sich – die heutzutage besonders
wichtig sind, wenn Unternehmen versuchen, die besten Talente zu gewinnen, die mit
modernen Tools arbeiten möchten. Eine gute Benutzererfahrung führt zu einer höheren
Benutzerzufriedenheit, ermöglicht die Einbeziehung aller Mitarbeiter, auch von Mitarbeitern mit Behinderungen, indem die Barrierefreiheit unterstützt wird. Außerdem wird
sichergestellt, dass die Benutzer im Unternehmen die Software tatsächlich verwenden,
anstatt beispielsweise Daten so lange wie möglich auf ihren Desktops getrennt zu halten.
Wenn die ERP-Applikationen von Kunden verwendet werden, wird eine gute Benutzererfahrung dazu verhelfen, die Kundentreue aufzubauen und zu verbessern. Schließlich
wird als IT-Abteilung die Bereitstellung von Software für Geschäftseinheiten mit einer
guten Benutzererfahrung dazu beitragen, die Beziehung zu ihnen zu stärken, da die IT-
Abteilung Software bereitstellt, die ihre Teams gerne nutzen.

Begriffsdefinitionen

ISO 9241 ist die grundlegende Reihe von Standards der internationalen Organisation zur
Standardisierung, die sowohl die Begriffe als auch die Konzepte zur Benutzerfreundlichkeit (Usability) und Benutzererfahrung (User Experience) umfasst. Dieser Standard
wird verwendet, um das Konzept der menschenzentrierten Qualität herzuleiten, der eine
zentrale Rolle bei der Definition von Benutzerfreundlichkeit und Benutzererfahrung
spielt. Die Qualität eines Produkts oder einer Dienstleistung ist einer der wichtigsten
Verkaufsfaktoren und wird größtenteils in technische und menschliche zentrierte Qualität unterteilt. Die Mensch-zentrierte Qualität wird in der deutschen Fassung der Norm
ISO 9241 – DIN EN ISO 9241-220 als Erfüllungsgrad der folgenden Dimensionen
in einem interaktiven System definiert: Benutzerfreundlichkeit, Benutzererfahrung,
Barrierefreiheit und Vermeidung von Schäden beim Gebrauch. Viele Faktoren wirken
sich auf die menschliche Qualität aus, wie z. B. das Verständnis der beteiligten Zielgruppen oder die genaue Definition objektiver Kriterien für die Messung und Bewertung
der Benutzerfreundlichkeit. Benutzerfreundlichkeit ist ein Merkmal interaktiver Systeme
und beschreibt, inwieweit bestimmte Benutzer effektiv, effizient und zufriedenstellend
mit dem System interagieren können. Effektivität bezieht sich auf die Genauigkeit und
Vollständigkeit, mit der die Benutzergruppen ihre Ziele erreichen. Ein Beispiel für
die Effektivität in einem ERP-System ist, dass ein Benutzer die Waren korrekt in der
Lagerverwaltung pflegen kann. Effizienz hingegen basiert auf dem Kosten-Nutzen-
Prinzip und versucht, mit minimalem Aufwand ein maximales Ergebnis zu erreichen.
Betrachtet man das vorherige Beispiel, bedeutet dies, dass der Benutzer die Aufträge
mit dem ERP-System mit minimalem Aufwand, in kürzester Zeit und ohne zusätzliche

finanzielle oder materielle Ressourcen bearbeiten kann. Der letzte Aspekt der Benutzerfreundlichkeit ist die Zufriedenheit der Benutzergruppen. Sie befasst sich mit den physischen, kognitiven und emotionalen Reaktionen der Zielgruppen, die während oder infolge der Nutzung des Systems auftreten. Sie geht insbesondere auf die Bedürfnisse und Erwartungen der Nutzer ein und misst, inwieweit sie diese erfüllt haben. In diesem Beispiel wäre die Zufriedenheit des Benutzers hoch, wenn der Wartungsprozess ohne Fehlermeldungen, Verzögerungen oder andere Störfaktoren abgeschlossen wird. Die Aufgaben in Bezug auf die Benutzerfreundlichkeit und deren Verbesserung lassen sich aus den erläuterten Aspekten ableiten. Zum einen muss ein Usability-Ingenieur die Benutzer, seine Aufgaben und seinen Anwendungskontext kennen. Andererseits muss der Usability-Ingenieur dieses Wissen nutzen, um den Funktionsumfang des Systems an die Zielgruppe anzupassen und damit die Prozesse und Vorgehensweisen aus Anwendersicht zu entwickeln. Die Benutzererfahrung (User Experience (UX) umfasst die Wahrnehmung und Reaktionen eines Benutzers, die sich aus der Verwendung und/oder der erwarteten Verwendung eines interaktiven Systems ergeben. In diesem Sinne ist UX eine Erweiterung des objektiven Konzepts der Benutzerfreundlichkeit mit einer subjektiven Dimension, die die Sicht des Benutzers auf das Produkt widerspiegelt. Dazu gehören sowohl die Erwartungen der Benutzer als auch deren Erfahrungen nach der eigentlichen Interaktion mit dem System. Das CPUX-F-Curriculum, das auf dem ISO-Standard 9241 basiert, verdeutlichte den Unterschied zwischen Benutzerfreundlichkeit und Benutzererfahrung. Benutzererwartungen beschreiben alle persönlichen Wahrnehmungen vor der tatsächlichen Nutzung, während die Zufriedenheit aus Erfahrungen bei oder nach der Nutzung generiert wird. Andererseits ist die Benutzererfahrung eines interaktiven Systems in drei Bereiche unterteilt, die voneinander abhängig sind und einander ergänzen: Design, Forschung & Optimierung und Kommunikation, wie in Abb. 30.1 dargestellt (Robier, 2016).

Neben Benutzerfreundlichkeit und Benutzererfahrung gilt Barrierefreiheit als menschenzentrierte Qualität. Dieser Aspekt ist wichtig für die Entwicklung, da zusätzliche Anforderungen berücksichtigt werden müssen. Das ERP-System muss auch für Behinderte effektiv, effizient und zufriedenstellend arbeiten. Aufgrund einer oder mehrerer körperlicher Beeinträchtigungen (z. B. auditiv oder visuell) soll das ERP-System z. B. unterschiedliche Schriftgrößen oder Farbeinstellungen oder verschiedene Tonvolumen anbieten.

Relevanz der Benutzererfahrung

In den letzten Jahren ist die Benutzererfahrung für den Unternehmenserfolg immer wichtiger geworden, da sie viele interne und externe Faktoren beeinflusst. Diese können sowohl monetär als auch emotional sein. Die monetären Aspekte umfassen alle Dimensionen des magischen Dreiecks des Projektmanagements – sowohl die direkten

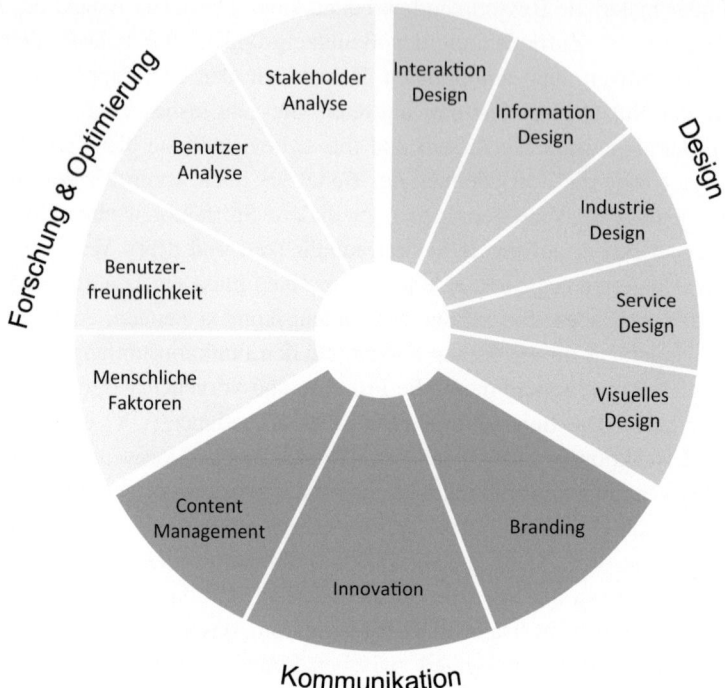

Abb. 30.1   Segmente der Benutzererfahrung

Kosten als auch die Zeit und Qualität, die sich unmittelbar auf die Kosten auswirken. Die nächste Tabelle fasst die Auswirkungen einer guten Benutzererfahrung zusammen.

Zeit	Kosten	Qualität	Emotional
• Produktivität ↑ • Einarbeitungszeit ↓ • Entwicklungszeit↓	• Design & Redesign/Entwicklungskosten ↓ • Änderungsanträge ↓ • Supportkosten ↓ • Wartungskosten ↓ • Lehraufwendungen ↓ • Dokumentationskosten↓	• Datenqualität ↑ • Datenverkehr ↑ • Bedienfehler ↓ • Erlernbarkeit ↑	• Bedienkomfort ↑ • Benutzer- und Kundenzufriedenheit ↑ • Inklusion ↑ • Kundenbindung ↑ • Widerstand gegen Software ↓ (Benutzerakzeptanz ↑) • Vertrauen im System ↑ • Kundenempfehlungen ↑

Eine gute Benutzererfahrung basiert auf menschenorientierter Qualität und ist daher vollständig auf die Workflows und Bedürfnisse der Benutzer abgestimmt, was zu einer sofortigen Steigerung der Produktivität führt, indem unnötige Klicks, Hinweise oder Fehlermeldungen vermieden werden. Bei der Definition der Anforderungen werden im besten Fall die möglichen Fehlerquellen identifiziert und per Design beseitigt, was direkt zur Reduzierung der Betriebsfehler führt. Darüber hinaus verbessern diese standardisierten Prozessabläufe die Datenqualität und den Datenverkehr, indem sie Daten schneller und genauer erfassen. Die begleitende Dokumentation bei der Anforderungsanalyse und bei der Entwicklung des UI kann Dokumentations- und Entwicklungskosten sowie die Wartungs- und Supportkosten sowie Änderungsanträge reduzieren. Ein konsistentes Design verkürzt den Zeitaufwand für das Erlernen der Software erheblich, erleichtert die Bedienung und spart dadurch die Schulungskosten (Ausbildung, Arbeitszeit, Dokumente) für Unternehmen, reduziert aber auch die Entwicklungszeit und spart Kosten für Design und Redesign, da bewährte Komponenten zum Einsatz kommen. Die emotionalen Auswirkungen einer guten Benutzererfahrung bauen auf den monetären auf. Wenn die Benutzerfreundlichkeit gut ist, verbessert sich die Benutzererfahrung, was sowohl die Benutzer- als auch die Kundenzufriedenheit erhöht und langfristig zu einer besseren Kundenbindung führt. Ein weiterer Aspekt ist, dass das Vertrauen in das System mit der Zeit zunimmt und den internen Widerstand des Unternehmens gegenüber der Software verringert, da keine größeren Änderungen stattfinden. Die Benutzererfahrung verbessert die Inklusion – dies führt dazu, dass Systembenutzer optimal arbeiten. All diese Faktoren führen zu positivem Feedback und steigenden Kundenempfehlungen, die für den Erfolg des Unternehmens unerlässlich sind. Es stehen Rechenformeln zur Verfügung, mit denen Unternehmen die Einsparungen und Gewinne durch Benutzererfahrung berechnen können. Im Allgemeinen bestehen die Einsparungen aus der Benutzererfahrung aus drei Dimensionen (Robier, 2016):

1. Fehlerbedingte   Kosten = (Anzahl   Fehler) * (Ø   Entwicklungszeit) * (Mitarbeiterkosten) * (Anzahl Mitarbeiter)
2. Entwicklungs- und Wartungskosten = (Anzahl der Änderungen) *(Ø Stunden/Änderung) *(Entwicklerlohn) *(4 falls zu spät)
3. Kosten durch Produktivitätssteigerung = (Zeitersparnis) * (Mitarbeiterkosten) * (Anzahl Mitarbeiter)

Dadurch hat die Benutzererfahrung ein hohes Einsparpotenzial, insbesondere in Anwendungen wie ERP-Systemen, da sie von vielen Benutzergruppen genutzt werden und aus Tausenden von Transaktionen mit entsprechenden Benutzungsoberflächen bestehen.

30.2   Technische Umsetzung

Das Konzept für die Benutzererfahrung von SAP heißt SAP Fiori und wird auf alle SAP-Softwareprodukte angewendet, um dem Benutzer ein einfaches und effizientes Arbeiten zu ermöglichen. SAP Fiori wurde 2013 als Sammlung von Anwendungen mit einem neuen Design gestartet und ist im Laufe der Zeit zu einem gesamten Designsystem

geworden, das nun eine Vielzahl rollenbasierter Funktionen auf mehreren und verschiedenen Benutzergeräten umfasst. Als Schnittstelle zu den Dimensionen – Menschen,
Wirtschaft und Technologie – zielt SAP Fiori darauf ab, unnötige Komplexität zu
reduzieren und setzt damit den modernen Standard für eine optimale Benutzererfahrung
in SAP S/4HANA. In den letzten zehn Jahren hat die Entwicklung von SAP S/4HANA
immer mehr Menschen, d. h. die Endbenutzer, die Vorzüge dieses Standards bereitgestellt. SAP hat einen benutzerorientierten, designgesteuerten Entwicklungsansatz
gewählt, bei dem sogenannte Design-Gates durchlaufen werden müssen, um sicherzustellen, dass die erforderlichen Endbenutzerrecherchen ausgeführt wurden und dass
das Anwendungsdesign den Design-Richtlinien von SAP Fiori entspricht. Benutzerorientierung bedeutet inklusiv zu sein und sich um alle Benutzer, auch um Menschen
mit Behinderungen, zu kümmern. SAP Fiori ist der zentrale Punkt, an dem Unternehmen
und Technologie zusammenkommen, um die Benutzer bestmöglich zu unterstützen,
damit sie ihre Arbeit einfacher erledigen können.

SAP Fiori Designsystem

Das Ziel von SAP Fiori ist es, eine einheitliche und qualitative Benutzererfahrung über
alle Systeme hinweg zu gewährleisten und so ihre Produkte vom Wettbewerb abzuheben. Um diese Kohärenz zu erreichen, basiert das Designsystem auf bestimmten
Grundprinzipien und Werten, die sich direkt aus den Zielen des Unternehmens sowie aus
Best Practices ergeben, die die Qualität der Entwicklungsprozesse sicherstellen. In der
Praxis werden Aspekte wie die Durchführung von Benutzerrecherchen, die Definition
von Personas und die Anwendung von Richtlinien berücksichtigt. Mit dem SAP Fiori
Designsystem können die SAP Fiori Benutzererfahrung für eine Vielzahl von Techno-
logien bereitgestellt werden, wie in Abb. 30.2 illustriert.

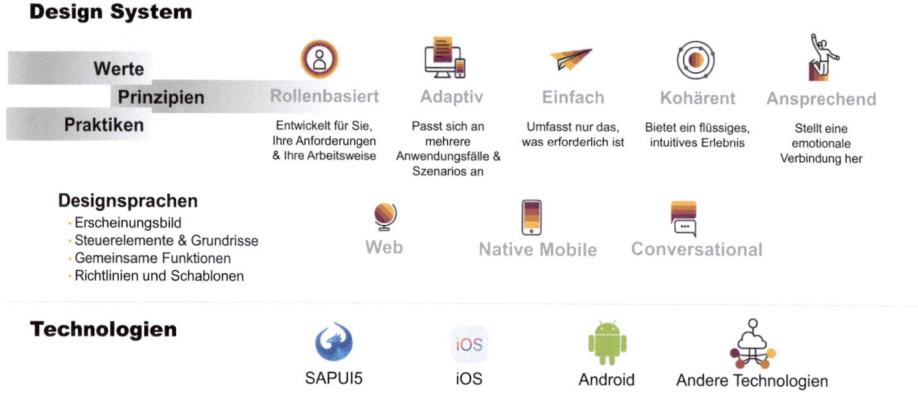

Abb. 30.2 SAP Fiori Designsystem

SAP Fiori zielt darauf ab, die Komplexität der Software auf der Grundlage von fünf Designprinzipien zu reduzieren:

1. **Rollenbasiert** – Das Design oder die Systementwicklung basiert auf bestimmten Rollen innerhalb des Unternehmens, z. B. Einkäufer oder Buchhalter. Dieses Prinzip kann als Vertiefung der oben beschriebenen menschenzentrierten Qualität angesehen werden, da das Design speziell für die Aktivitäten einer klar definierten Zielgruppe realisiert wird, die hier anhand der Verantwortlichkeit als Rolle definiert wird. Rollenbasiert bedeutet also, dass die Rollen berücksichtigt werden, die Anwendungsbenutzer haben, z. B. Debitorenbuchhalter oder Vertriebsmitarbeiter im Innendienst, und die Anwendungen sind für Personen in diesen Rollen konzipiert.

2. **Adaptiv** – Auf der Grundlage dieses Prinzips sollten die Anwendungen auf verschiedenen Geräten wie Notebook, Tablet oder Smartphone ausgeführt werden und dem Endbenutzer dieselbe Benutzererfahrung über mehrere Szenarien und Anwendungsfälle hinweg bieten. Dazu müssen sie nicht nur die Anforderung erfüllen, dass sie flexibel sind, sondern auch Teams die Möglichkeit geben, die Anwendungen für mobile Geräte zu vereinfachen. Adaptiv bedeutet also, dass Anwendungen auf verschiedenen Formfaktoren wie Desktop, Tablet oder Mobiltelefon verwendet werden können. Adaptiv geht jedoch über die rein technische Reaktionsfähigkeit hinaus, d. h. sicherzustellen, dass dieselbe UI sowohl auf Mobilgeräten als auch auf Desktops ausgeführt wird, indem Teams dedizierte Versionen von Desktop-Apps für mobile Anwendungsfälle erstellen können.

3. **Einfach** – Dieser Aspekt lässt sich am besten anhand des 2/20/200-s-Prinzips erklären, nach dem ein Benutzer den Status (Situation) innerhalb von zwei Sekunden erkennen kann, entweder gut oder schlecht. In ca. 20 s soll der Anwender die Ursachen für dieses Ergebnis erkennen können, in 200 s sollen die genauen Gründe dahinter in Form von Detailinformationen ersichtlich sein. Das Bild sollte daher immer minimalistisch sein, geordnet sein und nur die wichtigsten Informationen enthalten, aber auch als schneller Einstiegspunkt für detaillierte Informationen dienen. Einfach ist leicht gesagt, aber schwierig zu tun: Unordnung auf dem Bildschirm sollte vermieden werden, indem nur die wichtigen Informationen im Fokus behalten werden und schrittweise offengelegt werden, um Benutzern den Zugriff auf Details zu ermöglichen, wenn sie sie benötigen.

4. **Kohärent** – Es liegt in menschlicher Natur, sich schnell an Produkte und Verhaltensweisen zu gewöhnen. Aus diesem Grund müssen sich die Benutzer beim Betrieb des Systems immer mit dem System vertraut machen. Dies kann erreicht werden, indem Wiederholungen (konsistent) und unlogische (kohärenten) Sprünge bei der Verwendung verschiedener Applikationen vermieden werden. Kohärent bedeutet also, dass die Nutzer, die viele Anwendungen konsumieren, das Gefühl haben, dass sie alle derselben Familie angehören, d. h. sie verhalten sich konsistent und fühlen sich kohärent an.

5. **Ansprechend** – Der Einsatz der Software muss Spaß machen, damit der Nutzer eine positive emotionale Beziehung zu ihr aufbauen kann. Nicht funktionale Aspekte wie z. B. Animationen können hier helfen. Diese decken reine UI-Gesichtspunkte ab, die nichts mit Funktionen zur Unterstützung des Geschäftsprozesses zu tun haben. So wird erreicht, dass die Benutzer die Oberflächen gerne nutzen und sie eine positive emotionale Verbindung zur Software haben.

Das SAP Fiori Designsystem umfasst Designsprachen für dedizierte Technologien: Web, native mobile Geräte und Conversational. Jede Designsprache legt das optische Erscheinungsbild, Steuerelemente, Grundrisse und allgemeine Funktionen fest und enthält Richtlinien und Vorlagen für Designer und Entwickler. SAP Fiori kann mit vielen Technologien erstellt werden, wobei SAPUI5 die Referenz-HTML5-Web-Technologie von SAP ist. Es gibt zwei native mobile Designsprachen: eine für iOS und eine für Android. Vorhandene Produkte, die mit anderen Technologien entwickelt wurden, können ihre UI-Technologien nicht einfach wegwerfen und mit UI5 alles neu aufbauen. Daher werden auch andere Technologien bei der Bereitstellung einer SAP Fiori Benutzererfahrung unterstützt. Werkzeuge und wiederverwendbare Webkomponenten werden bereitgestellt, um Entwicklungsteams dabei zu unterstützen, eine einheitliche Benutzererfahrung in allen SAP S/4HANA Anwendungen zu ermöglichen.

SAP Fiori Design

SAP Fiori hat sich seit 2013 kontinuierlich weiterentwickelt und verbessert. Mit SAP Fiori 2.0 im Jahr 2016 wurde eine einfache webbasierte Anwendung für Supportfälle bereitgestellt. Im Folgenden wurde SAP Fiori für iOS und Android eingeführt. Seit 2019 bietet SAP Fiori 3.0 *das umfassende Ganze* und basiert auf drei Eigenschaften – Konsistenz, Intelligenz und Integration.

Konsistenz

Konsistenz bedeutet, dass die Benutzungsoberfläche über alle Produkte hinweg harmonisiert und durch bestimmte Regeln vereinheitlicht wird. Diese Regeln definieren das ganzheitliche Design der Produkte, z. B. Farben, Themen, Schriftarten, Symbole, Layout (Hell- und Dunkelmodus) sowie Begriffe und Einstellungen. Ziel ist es, dem Benutzer bei der Interaktion mit den verschiedenen SAP S/4HANA Anwendungen ein kontinuierlich identisches Erscheinungsbild zu bieten. SAP Fiori versucht, die unterschiedliche Semantik und das heterogene Design von früher zu lösen, z. B. in der Shell-Kopfleiste, indem die Shell vereinheitlicht und optimiert wird. Dies bietet eine umfassende Navigationsoption, die es dem Benutzer ermöglicht, über die Suchleiste überall zu navigieren und anwendungsübergreifend zu suchen. Hohe Konsistenz ist immer anstrebenswert, da sie Fehler reduziert, die Arbeitsgeschwindigkeit beschleunigt und damit die Motivation der Benutzer steigert. Die SAP Fiori Elements spielen hier eine wichtige Rolle, da sie es ermöglichen, wiederkehrende UI-Patterns wie Listen oder Auswertungen einheitlich zu gestalten, wie in Abb. 30.3 dargestellt. SAP Fiori komprimiert alles, was für eine bestimmte Rolle relevant ist, über die Bereiche und Übersichtsseiten, wobei die verschiedenen Abschnitte und Kacheln einen minimierten Überblick über die vielen Funktionen erlauben.

Intelligenz

Die Intelligenz eines Systems bedeutet, dass das System selbstständig Daten analysiert und auf der Grundlage von maschinellem Lernen (ML) und künstlicher Intelligenz (KI) Empfehlungen und Tipps für den Benutzer im Laufe der Zeit generiert und anzeigt. Ziel ist es, den Benutzer optimal zu führen und die Aufmerksamkeit beispielsweise durch Benachrichtigungen auf die Aufgaben mit der höchsten Priorität zu lenken. SAP Fiori bietet nicht nur diese Benachrichtigungen, sondern auch eine Vielzahl anderer KI-Designmuster wie Erklärungen, Übereinstimmungen, Rankings, Empfehlungen, Ideen und Aktionen für den Umgang mit der gegebenen Situation, aber auch Vorhersagen und Prognosen, die den Arbeitsablauf des Benutzers erleichtern. Abb. 30.4 zeigt, wie intelligente Funktionen bei SAP im Bereich Beschaffung funktionieren. Die Übersichten nach Hauptthemen und die in SAP Fiori eingerichteten vielfältigen Informationsblöcke sollen aktuelle und hilfreiche Informationen und Vorschläge zur Problemlösung liefern – die mit Hilfe von KI und Scoring-Modellen zusammengestellt werden. Hier ist in der Rolle eines Beschaffungsmanagers auf einen Blick ersichtlich, dass die kontraktunabhängigen Ausgaben recht hoch sind, dass es noch überfällige Bestellpositionen gibt und dass die Ausgabenabweichung in der Beschaffung recht hoch ist. Um diese Fakten zu verstehen, kann der Benutzer die ausgewählte Kachel wählen und dann die Detailinformationen zum jeweiligen Block anzeigen.

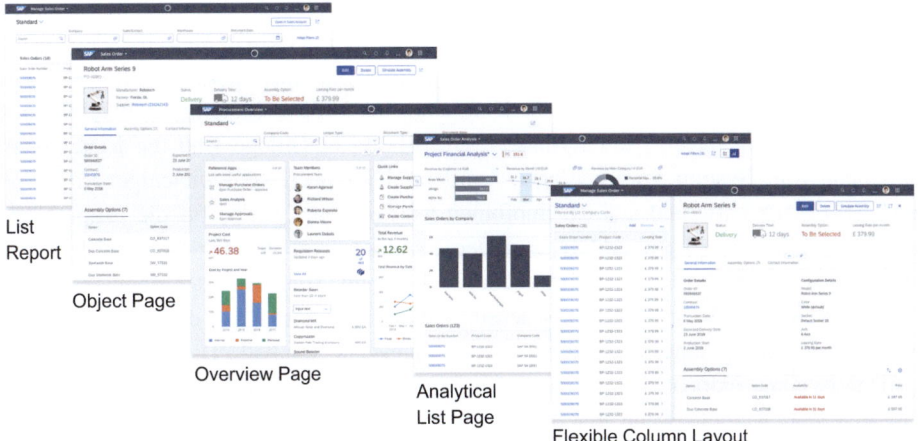

Abb. 30.3 SAP Fiori Elements

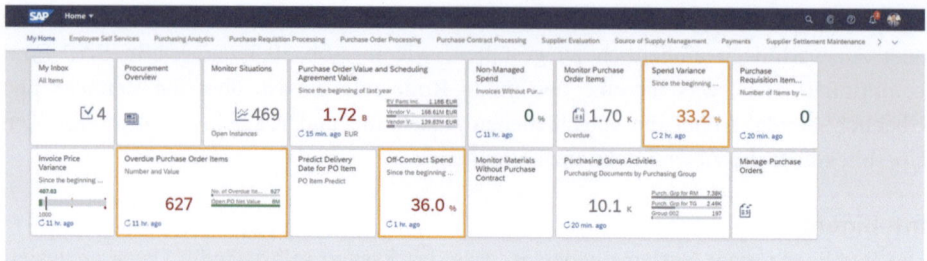

Abb. 30.4   Angewandte Intelligenz für den Beschaffungsmanager

Maschinelles
Lernen zur
Berechnung des
Rankings

Erklärungs-
Popover

SAP S/4HANA

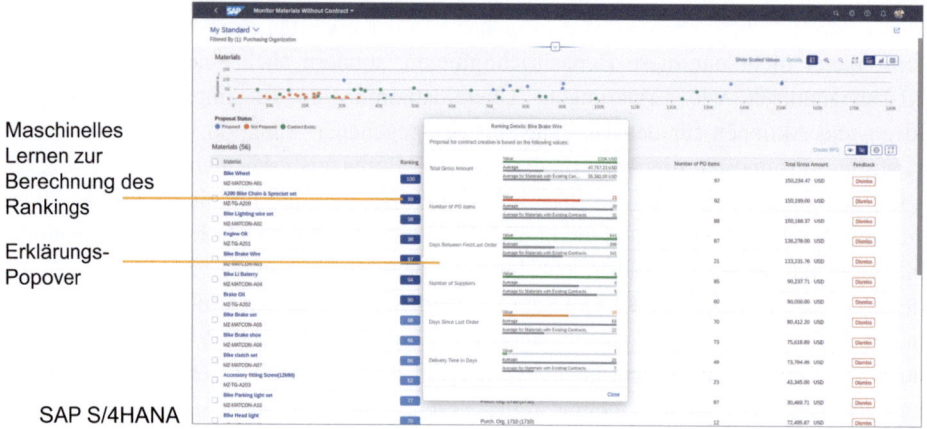

Abb. 30.5   KI-basierte Empfehlung für den Beschaffungsmanager

Wenn der Beschaffungsmanager wissen möchte, warum die kontraktunabhängigen
Ausgaben so hoch sind und welche Materialien dies verursachen, kann die Person zur
Sicht *Materialien ohne Einkaufskontrakte überwachen* navigieren, wie in Abb. 30.5 dar-
gestellt. Oben auf der Seite zeigt ein Diagramm an, welche Materialien bereits einen
Lieferantenvertrag haben (grüne Blasen). Die Blasen in Orange sind die Materialien,
die nicht vom System vorgeschlagen wurden, die blauen sind diejenigen, die von
SAP S/4HANA basierend auf KI empfohlen werden. Die Gründe für die Empfehlung
werden durch die Achsen erklärt. Auf der X-Achse wird der für die erforderlichen
Materialien ausgegebene Gesamtbruttobetrag angezeigt. Hier kann der Benutzer sehen,
dass die Relevanz als Bruttobetragswachstum zunimmt. Dies ist aus der Perspektive der
Kostenminimierung eines Bestellabwicklungsmanagers sinnvoll. Die SAP Fiori Vorschläge basieren jedoch nicht nur auf den Achsen, sondern auf zusätzlichen Faktoren,
die angezeigt werden, wenn ein bestimmter Artikel ausgewählt wird (siehe zentrales
Fenster in der Abbildung unten). Diese sind in den Ranglisten detailliert aufgeführt und

beschrieben, sodass der Benutzer erkennen kann, ob die Vorschläge tatsächlich passen oder nicht.

Es werden nicht nur Lösungsvorschläge angeboten, sondern auch Feedback zu ihnen, mit dem Ziel, die Vorhersage der Methoden automatisch bewerten und im nächsten Schritt im UI berücksichtigen und die Einflussfaktoren für die Empfehlungen anpassen und anschließend besser erklären zu können. Daher enthalten die Ranglisten die grundlegenden und wichtigsten Aktivitäten und erinnern daran, was der Benutzer als Nächstes tun sollte. Diese Ranglisten erhöhen nicht nur die Intelligenz und prognostische Leistungsfähigkeit der Oberfläche, sondern auch die Geschwindigkeit der Verarbeitung der Aufgaben des Benutzers, da der Benutzer die Vorschläge einfach übernehmen und weiter bearbeiten kann. Gleichzeitig werden alle Informationen für alle nachfolgenden Schritte gespeichert und eingegeben, sodass der Benutzer keine unnötigen Eingaben vornehmen sollte und die Aufgaben effizienter ohne Ablenkungen und Zeitverlust erledigen kann. All dies schafft eine intelligente Benutzeroberfläche, die es dem Benutzer erleichtert, zu arbeiten und so eine noch stärkere Vertrauensbeziehung zum System aufzubauen.

Integration

Das SAP Fiori Launchpad ist die zentrale Zugriffsstelle für alle SAP-Anwendungen. Sie ermöglicht den Zugriff auf die Daten mehrerer Anwendungen. Das Launchpad hängt von der Rolle des Benutzers ab und stellt Echtzeitinformationen über alle Geräte bereit, die mit seinem Arbeitsablauf in Zusammenhang stehen. Die Benutzer können sie personalisieren, indem sie Kacheln verschieben, löschen oder hinzufügen. Daher kann das SAP Fiori Launchpad als persönlicher Aufgabenbereich als Sammlung von To-Dos mit ihren Prioritäten und Zugriff auf alle relevanten Aktivitäten an einem Ort betrachtet werden. Abb. 30.6 zeigt das SAP Fiori Launchpad und seine Elemente.

Die Shell-Kopf- und Fußzeilenbereiche enthalten Symbole und Drucktasten, mit denen Benutzer verschiedene Aktionen ausführen können, z. B. Suche, Startseite, SAP Jam Interaktionen und App-Navigation. Es gibt zwei Layoutoptionen, um die Applikationen im Hauptarbeitsbereich des Benutzers darzustellen. Auf der klassischen Startseite werden Anwendungskacheln und Links angezeigt, die in Gruppen angeordnet sind. Bereiche werden verwendet, um zahlreiche verwandte Seiten zu integrieren. Auf den Seiten werden verwandte Anwendungen angezeigt. Seiten und Bereiche können vom Administrator angepasst und an die Anforderungen der Benutzer adaptiert werden. Es gibt ein Benutzeraktionsmenü, das den Zugriff auf benutzerbezogene Informationen und Aktionen sowie Personalisierung, Profileinstellungen, eine Kontakthistorie und die Möglichkeit bietet, den Support zu kontaktieren oder Endbenutzerfeedback zu geben. Das SAP Fiori Launchpad ist proaktiv und benachrichtigt Benutzer über wichtige Geschäftsaufgaben und -anforderungen, die ihre rechtzeitige Aktion oder ihr Wissen erfordern. Die Controls von SAPUI5 und das adaptive Design von Anwendungen erleichtern die Ausführung des Launchpads auf mehreren Geräten. Das Launchpad und seine Kacheln sorgen für die Auflösung, die Bildgröße und das dynamische Scripting,

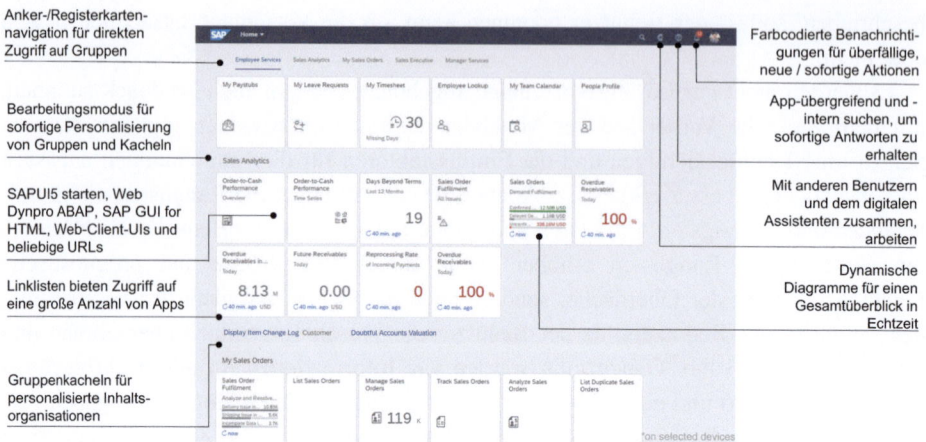

Anker-/Registerkarten-
navigation für direkten
Zugriff auf Gruppen

Bearbeitungsmodus für
sofortige Personalisierung
von Gruppen und Kacheln

SAPUI5 starten, Web
Dynpro ABAP, SAP GUI for
HTML, Web-Client-UIs und
beliebige URLs

Linklisten bieten Zugriff auf
eine große Anzahl von Apps

Gruppenkacheln für
personalisierte Inhalts-
organisationen

Farbcodierte Benachrichtigungen für überfällige,
neue / sofortige Aktionen

App-übergreifend und -
intern suchen, um
sofortige Antworten zu
erhalten

Mit anderen Benutzern
und dem digitalen
Assistenten zusammen-
arbeiten

Dynamische
Diagramme für einen
Gesamtüberblick in
Echtzeit

Abb. 30.6   SAP Fiori Launchpad

wenn Benutzer zwischen Geräten wechseln und daher arbeiten können, wie und wo sie
wollen. Benutzer können das optische Erscheinungsbild des Launchpads ändern, indem
sie Standard-Themes wie *SAP Quartz Light* und *Dark, SAP Belize, SAP Belize Deep,
SAP High-Contrast Black* und *High-Contrast White* auswählen. Es können jedoch
auch kundenspezifische Themes basierend auf den von SAP ausgelieferten Themes
angelegt werden. Das Launchpad bietet eine anwendungsübergreifende und In-App-
Navigation, erweiterte Suchfunktionen und UI-Anpassung durch den Anwendungsexperten, ohne dass Code erforderlich ist. Es ist möglich, das Launchpad mit anderen
UI-Clients zu integrieren, z. B. SAP Business Client, SAP Enterprise Portal, SAP Fiori
Client und Webbrowser. Beispielsweise kann das Launchpad eingebettet in den SAP
Business Client ausgeführt werden, was das Aufrufen von Transaktionen in SAP GUI for
Windows ermöglicht und dann im Vergleich zu den Funktionen von SAP GUI for HTML
zusätzliche Funktionen bietet. Der Funktionsumfang des SAP Fiori Launchpad kann mit-
hilfe von APIs um benutzerdefinierte Funktionen erweitert werden, z. B. das Hinzufügen
neuer Elemente zur Benutzungsoberfläche. Darüber hinaus können Launchpad-Services
in SAPUI5-Anwendungen verwendet werden, z. B. um eine anwendungsübergreifende
Navigation zu entwickeln.

Architektur und Entwicklung

In diesem Abschnitt wird die SAP Fiori Architektur ausführlicher erläutert. Wie in
Abb. 30.7 dargestellt, lässt sich die Architektur grob in 3 Schichten unterteilen –
Backend, Frontend und Web Browser. Der SAP Fiori Frontend-Server fungiert als Web-
Server für alle ABAP-basierten Systeme und enthält die UI-Komponenten (SAP Fiori
Launchpad, SAP Fiori Apps, SAP Fiori Elemente und SAPUI5), die UI-Daten (die

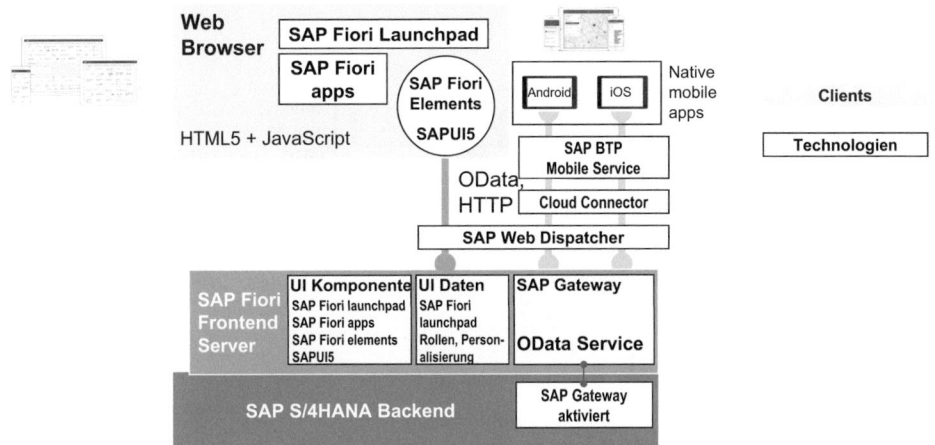

Abb. 30.7 Architektur von SAP Fiori

Rollen und persönlichen Einstellungen im SAP Fiori Launchpad) und das SAP Gateway (OData-Services). Daher wird hier die komplette UI-Logik mit dem Ziel definiert, eine bessere Skalierbarkeit zu erreichen.

Im Web-Browser werden die SAP Fiori Applikationen und das SAP Fiori Launchpad ausgeführt, die mit den HTML5- und JavaScript-basierten Frameworks SAP Fiori Elements und SAPUI5 erstellt wurden. Sobald der Benutzer das SAP Fiori Launchpad im Browser startet, werden alle erforderlichen Komponenten und Bibliotheken vom SAP Fiori Frontend Server geladen. Die Berechtigungen der Benutzer werden auch vom Frontend-Server berücksichtigt, und die korrekten Bilder sowie die rollenabhängige und personalisierte Funktion werden geladen. Aus Sicherheits- und skalierbarkeits-gründen wird bei der Kommunikation zwischen Web-Browser und Frontend-Server der SAP Web Dispatcher als Einstiegspunkt für den Zugriff eingesetzt. Die OData-Services sind die Schnittstelle zum SAP-Backend, die von SAP Gateway bereitgestellt werden. Der Frontend-Server wird in der Abb. 30.7 als Add-on zum Backend-System dargestellt. Dies ist die empfohlene Installationsoption für SAP S/4HANA. Er kann jedoch auch als eigenständiger Web-Server für SAP Fiori ausgeführt werden. In beiden Fällen verfügt das SAP Backend-System über eine kleine Komponente zur Verwaltung der Kommunikation mit SAP Gateway. Um die mobilen Geräte zu verwenden oder Anwendungen zu bedienen, wird diese Architektur um die Services der SAP Business Technology Platform (BTP) für die mobilen Geräte erweitert, die über den Cloud Connector sicher erreicht werden und sowohl für Android als auch für iOS funktionieren. Der nächste Schritt besteht darin, die Architektur aus der Sicht eines Entwicklers zu betrachten und insbesondere die Entwicklerwerkzeuge zu zeigen. Dieser Aspekt ist in Abb. 30.8 zusammengefasst.

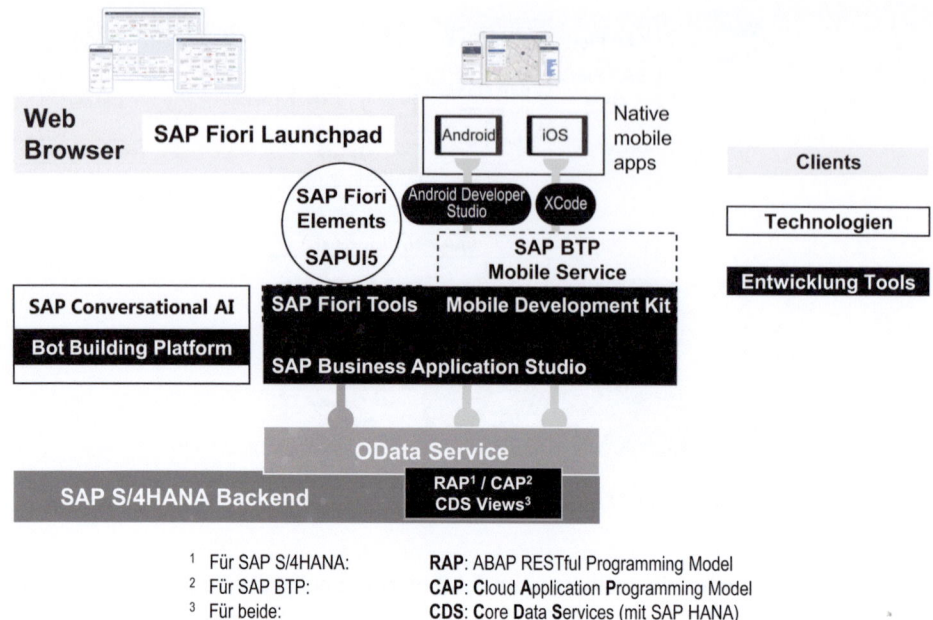

Abb. 30.8 SAP Fiori Entwicklungswerkzeuge

SAP Business Application Studio ist die neue Generation der SAP Web Integrated Development Environment (IDE). Es erleichtert den Entwicklungsprozess von SAP Fiori Anwendungen, indem er den gesamten Entwicklungslebenszyklus durch die integrierten SAP Fiori Elements unterstützt und auch auf der SAP Business Technology Platform (BTP) ausgeführt wird. Für die Entwicklung mobiler Applikationen wird eine zusätzliche Plug-In-Erweiterung für SAP Business Application Studio – SAP BTP Mobile Services angeboten. Der Vorteil von SAP BTP Mobile Services für Entwickler besteht darin, dass sie nur einmal programmieren müssen und gleichzeitig Apps für iOS- und Android-Betriebssysteme entwickeln können. Dennoch gibt es auch monolithische Lösungen für die mobile Entwicklung – die SAP Fiori SDKs für Android und Android Developer Studio und XCode für iOS. SAP stellt nicht nur Entwicklertools für den Frontend bereit, sondern auch für das Backend und unterstützt, den Programmierablauf für Aufgaben wie das Lesen oder Schreiben von Daten in das Backend. Dazu gehören RAP (RESTful Programming Model), CAP (Cloud Application Model) und CDS-Views. Die CDS-Views werden verwendet, um auf die in SAP HANA gespeicherten Anwendungsdaten zu zugreifen. RAP und CAP hingegen sind Programmiermodelle, die den Entwicklern helfen neue Services für OData anzulegen, die Businesslogik zu implementieren und so SAP Fiori Anwendungen schnell und einheitlich zu erstellen. Der letzte Schritt zu einer optimalen Benutzererfahrung ist die KI-Technologie von SAP Conversional AI, die das Bot-Building-Tool für Entwickler umfasst. Das erleichtert die

Entwicklung von Chatbots und anderen Funktionen mit Sprachsteuerung. Diese Technologie wird von SAP CoPilot Skills weiterentwickelt, wodurch die Benutzererfahrung über alle Bots und Verwendungsplattformen hinweg harmonisiert wird. Diese Tools sind wichtig bei der Integration moderner Unternehmensassistenten wie Apple Siri, Microsoft Cortana, Amazon Alexa und Google Assistant in Zukunft.

SAP Fiori in SAP S/4HANA

Für SAP S/4HANA wird auf alle verwendeten Anwendungen und Transaktionen über das SAP Fiori Launchpad zugegriffen. Die Innovationen von SAP S/4HANA werden über SAP Fiori Anwendungen bereitgestellt, sodass Kunden, die nur SAP GUI verwenden, einen Nachteil hätten. Auch die selektive Implementierung einzelner SAP Fiori Anwendungen beeinträchtigt die Benutzerfreundlichkeit und verursacht hohe Implementierungskosten. Durch die Nutzung des SAP Fiori Launchpad können alle Benutzer von SAP Fiori profitieren, einschließlich der Benutzer, die am Ende noch viel Arbeit in den klassischen UIs wie SAPGUI und WebDynpro erledigen. Für den Übergang zu SAP Fiori übernimmt SAP nicht einfach die alten Transaktionen und baut sie mit neuer Technologie auf. Stattdessen werden Benutzerrecherchen durchgeführt, um zu verstehen, wie Menschen heutzutage arbeiten, und die neuen Möglichkeiten von SAP Fiori zu nutzen, um innovative neue Benutzerinteraktionen zu entwickeln. SAP Fiori Anwendungen bieten eine neue Arbeitsweise und sind die einzige Möglichkeit, von vielen Innovationen in SAP S/4HANA zu profitieren. Natürlich kann SAP in ein oder zwei Jahren nicht die mehr als hunderttausend Transaktionen durch SAP Fiori ersetzen. Daher werden die neuen SAP Fiori Applikationen um klassische UIs ergänzt, wie in Abb. 30.9 illustriert. Dennoch nimmt die Anzahl der SAP Fiori Applikationen, die Kunden zur Verfügung stehen, im Laufe der Zeit stetig zu.

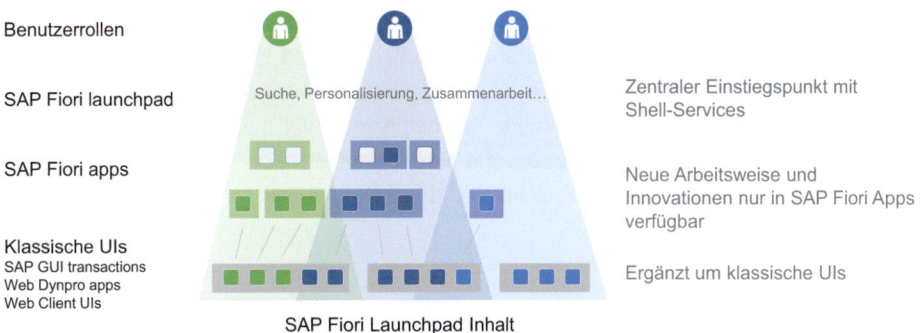

Abb. 30.9   SAP Fiori in SAP S/4HANA

Das SAP Fiori Launchpad stellt jedem Benutzer nur die Anwendungen zur Verfügung, die für die ihm zugeordneten Rollen relevant sind. Unterschiedlichen Rollen ist ein anderer Satz von Anwendungen zugeordnet – wobei einige Anwendungen mehrere Rollen verwenden. Das SAP Fiori Launchpad bietet jedem Benutzer einen zentralen Einstiegspunkt für den Zugriff auf alle seine Anwendungen sowie die Shell-Services wie Suche und Personalisierung. Schließlich definiert der SAP Fiori-Launchpad die rollenspezifischen Navigationsnetzwerke. Dies ist sehr hilfreich, und etwas, das SAP S/4HANA über den sogenannten SAP Fiori Launchpad Inhalte sofort einsatzbereit bereitstellt. Dem Benutzer werden domänenspezifische Informationen und Aktionen zur Verfügung gestellt. So erhalten Benutzer mit Übersichtsseiten, Listenberichten und Arbeitsvorräten schnell einen Überblick darüber, was sie beachten müssen, und können schnelle Aktionen auslösen oder einen Drilldown auf die nächste Detailebene durchführen. Wichtige und differenzierende Anwendungsfälle werden mit der SAP Fiori Benutzererfahrung neu gestaltet. Alle klassischen Anwendungen haben das visuelle Theme SAP Fiori. Wie bereits erwähnt, ist SAP Fiori die Art und Weise, wie Anwendungsbenutzer auf SAP S/4HANA Innovationen zugreifen. Das bedeutet, dass Kunden, die diese Innovationen optimal nutzen möchten, möglicherweise hunderte und in einigen Fällen tausende SAP Fiori Anwendungen und klassische UIs aktivieren müssen. Die empfohlene Herangehensweise an die SAP Fiori Aktivierung des SAP S/4HANA Systems besteht darin, die Benutzerrollen zu identifizieren, die für das Geschäft des Kunden in der Referenzbibliothek für SAP Fiori Applikationen (www. sap.com/fiori-apps-library) relevant sind. Dort finden Sie Informationen zu allen standardmäßigen SAP Fiori Launchpad Inhalten, die von SAP ausgeliefert werden. Im nächsten Schritt werden die relevanten SAP-Benutzerrollen aktiviert, die die SAP Fiori Aktivierungsaufgabenlisten verwenden. Dies ist der schnellste Einstieg, da sie es ermöglichen, alle zugehörigen Anwendungen zu aktivieren und eine Rolle und einen Testbenutzer pro Rolle in nur einem Schritt zu generieren. Daher können die Standardbenutzerrollen analysiert werden, indem Anwendungsbenutzer diese im Sandbox-Systemen ausprobieren. Auf diese Weise erhalten die Geschäftsexperten des Kunden ein gutes Verständnis dafür, wie diese Rollen funktionieren, z. B. welche Analysen bereitgestellt werden und wie ein Benutzer zwischen SAP Fiori Anwendungen und klassischen UIs navigiert, um ihre tägliche Arbeit abzuschließen. Sobald klar ist, welche Benutzerrollen, welche Anwendungen und welche App-zu-App-Navigationen im System ausgeführt werden müssen, kann der Kunde mit der Anpassung des SAP Fiori Launchpad Inhalts beginnen. Eine schnelle Option, die SAP-Benutzerrollen zu kopieren und anzupassen, ist das Content-Manager-Tool für SAP Fiori Launchpad.

30.3 Fazit

SAP Fiori ist nicht mehr nur ein Konzept, sondern ein Werkzeug, das den Anforderungen der Benutzer gewachsen ist. Mit seinen vielfältigen Elementen bietet sie eine optimale Benutzererfahrung für alle SAP-Produkte und damit auch für alle SAP S/4HANA Anwendungen. Die Benutzererfahrung ist in den letzten Jahren deutlich wichtiger geworden, weil Unternehmen sie nicht mehr als reine Designfunktion sehen, sondern auch als wirtschaftlichen Nutzen, der langfristige Wettbewerbsvorteile und eine hohe Mitarbeiter- und Kundenzufriedenheit verspricht. Aus diesem Grund ist die kontinuierliche Entwicklung und Verbesserung der Benutzererfahrung unverzichtbar. SAP Fiori ermöglicht dies durch seine innovativen Ansätze und seine Architektur, die den Arbeitsablauf sowohl des Entwicklers als auch des Benutzers optimiert und vereinfacht.

Identitäts- und Zugriffsverwaltung

31

Das Kapitel erläutert die Konzepte und Frameworks für die Identitäts- und Zugriffsverwaltung von SAP S/4HANA. Insbesondere werden der sichere Zugriff, die Verwaltung von Benutzern und Berechtigungen, die Identitätsbereitstellung und -authentifizierung, Benutzerrollen und Kataloge, Restriktionstypen und Berechtigungsobjekte erklärt.

31.1 Betriebswirtschaftliche Anforderung

Die Identitäts- und Zugriffsverwaltung (Identity and Access Management (IAM)) definiert die Identitäten von Benutzern, verwaltet, was sie tun dürfen, und stellt Compliance-Audits und -Berichte bereit, die auf diesen Informationen basieren. Eine IAM-Softwarelösung sollte in der Lage sein, Benutzerkonten, Rollen und Zugriffsrechte für einzelne Benutzer in einer Organisation anzulegen und zu verwalten, um diese Aufgaben zu unterstützen. Die Lösung umfasst in der Regel Benutzererstellung, Kennwortverwaltung, Richtlinienverwaltung und Identitäts-Repository. Da immer mehr Unternehmen in die Cloud wechseln, werden ihre IT-Landschaften heterogener und vielfältiger. Dies führt häufig zu Cloud und On-Premise Softwaresystemen, sogenannten hybriden Umgebungen. Doch unabhängig davon, ob es sich um eine reine Cloud- oder eine Hybridumgebungen handelt, bleiben die Anforderungen an die Identitäts- und Zugriffsverwaltung unverändert. Kunden möchten so wenig Zeit wie möglich mit der Integration von Systemen verbringen und gleichzeitig ihren Benutzern ein nahtloses, systemübergreifendes Single-Sign-On anbieten und sicherstellen, dass der System- und Datenzugriff sicher ist. IAM verwaltet die Interaktion zwischen verschiedenen Benutzern mit verschiedenen Rollen sowie die Systeme, aus denen die IT-Landschaft eines Unternehmens besteht. Die Systemintegration gilt als erfolgreich, wenn die Benutzerinteraktion reibungslos verläuft. Im Idealfall verhalten sich alle Systeme in der IT-Landschaft

© Der/die Autor(en), exklusiv lizenziert an Springer Fachmedien Wiesbaden GmbH, ein Teil von Springer Nature 2023
S. Sarferaz, *ERP-Software: Funktionalität und Konzepte,*
https://doi.org/10.1007/978-3-658-40499-4_31

aus Sicht des Benutzers wie eines, d. h. die Benutzer müssen sich nicht wiederholt authentifizieren, wenn Systemgrenzen überschritten werden. Sicherheit und Konformität sind auch kritische Aspekte von IAM. Eine solide IAM-Lösung muss sicherstellen, dass gesetzliche Anforderungen erfüllt und die Unternehmensrichtlinien eingehalten werden. Darüber hinaus muss IAM gewährleisten, dass Benutzerberechtigungen korrekt behandelt werden, sodass Benutzer mit bestimmten Rollen nur auf die Services zugreifen können, für die sie berechtigt sind. Dasselbe gilt für Daten: IAM muss sicherstellen, dass die richtigen Personen Zugriff auf die richtigen Daten haben. Abb. 31.1 zeigt den Identitylebenszyklus, der alle relevanten Verwaltungsprozesse umfasst. Angenommen, ein Unternehmen hat eine hybride Systemlandschaft mit Systemen sowohl On-Premise als auch in der Cloud. Wenn ein Benutzer und ein Unternehmen eine Beziehung eingehen, beginnt der Zyklus. Ein Benutzer kann ein Mitarbeiter, ein Partner oder ein Kunde (oder Konsument) sein. Zunächst wird ein Benutzerkonto in der zentralen Benutzerablage des Unternehmens angelegt. Die Benutzerdaten werden über die Rollendefinition und -zuordnung an alle Systeme verteilt, die für diesen Benutzer relevant sind. Die Rolle des Benutzers ist ein wichtiger Faktor bei der Bestimmung der anzuwendenden Folgeprozesse und Prüfungen. Das System bietet Benutzern nicht nur ein geeignetes Konto, sondern auch ein Framework, in dem sie Services personalisieren können. Spracheinstellungen und Datums- und Zeitformate sind zwei gängige Beispiele. Darüber hinaus kann das System Workflows initiieren, um vorgeschlagene Änderungen an Benutzerprofilen oder Zugriffsrechten zu prüfen und entweder zu genehmigen oder

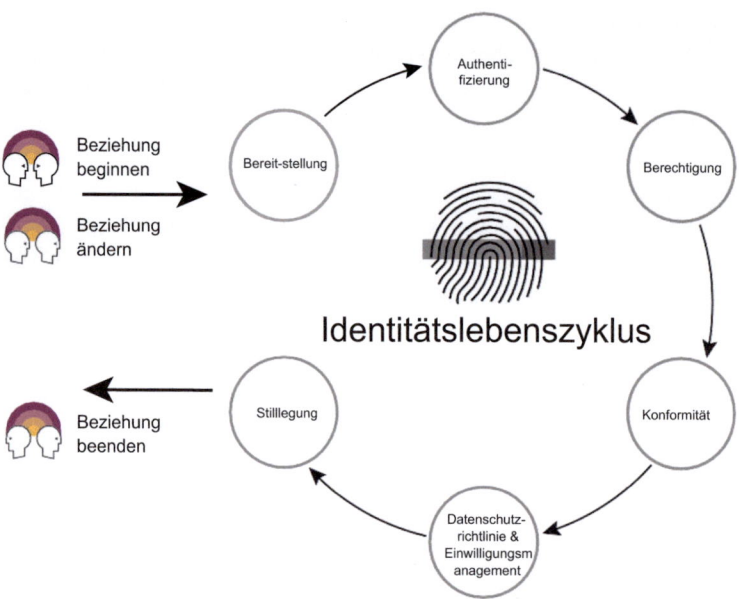

Abb. 31.1   Identitätslebenszyklus

abzulehnen. Während der Beziehung einer Person zum Unternehmen können sich ihre Rolle und ihre Aufgaben ändern, z. B. nach einer Beförderung oder wenn sich die Zuständigkeiten ändern. In diesem Fall müssen die Benutzerkonten der Person aktualisiert werden, um die Änderung widerzuspiegeln. So können beispielsweise neue Benutzerkonten erforderlich sein, vorhandene Benutzerkonten müssen deaktiviert oder Berechtigungen geändert werden.

Der Authentifizierungsschritt validiert die Identität des Benutzers und bestimmt seine Rolle. Das Anwendungssystem, in dem der Benutzer arbeiten muss, sendet zu diesem Zweck die Authentifizierungsanfrage an das Identity-Provider-System. Letzterer authentifiziert dann den Benutzer für die Anwendung unter der Annahme, dass der Benutzer dem Identity-Provider bekannt ist. In diesem Fall ist das Anwendungssystem in der Lage, die Anmeldung des Benutzers durchzuführen. Im Berechtigungsschritt werden die Zugriffsrechte festgelegt und ständig überwacht. Sobald ein Benutzer innerhalb eines Systems authentifiziert wurde, gibt die Berechtigung an, welche Anwendungen der Benutzer in diesem System starten und verwenden darf, sowie die spezifischen Daten, auf die der Benutzer innerhalb einer Anwendung zugreifen darf. Darüber hinaus behandelt das System in diesem Schritt Verfahren zur Behandlung, Verarbeitung und zum Zugriff auf private Informationen. Zu diesem Zeitpunkt führt das System Kontrollen durch, um versuchte Sicherheitsverletzungen aufzudecken und darauf zu reagieren. Um den Verwaltungsaufwand zu reduzieren, werden Self-Services bereitgestellt. Benutzer können beispielsweise ihre Kennwörter per Self-Service zurücksetzen. Governance, Risk und Compliance sind wichtige Komponenten des Identitätslebenszyklus. Compliance ist der Prozess der Einhaltung der durch Gesetze, Vorschriften und Richtlinien definierten Anforderungen. Die Funktionstrennung hingegen ist ein häufiger Fall in der Governance. Bestimmte Kombinationen von Aktivitäten innerhalb eines Systems dürfen nicht von derselben Person durchgeführt werden. Beispielsweise sollte dieselbe Person nicht in der Lage sein, selbst Rechnung zu erstellen und zu genehmigen. Die Verwendung personenbezogener Daten wird zu einem zunehmend wichtigen Aspekt des Identitätslebenszyklus. Die Vertraulichkeitsrichtlinie eines Unternehmens gibt an, wie mit privaten und persönlichen Informationen über seine Kunden umgegangen wird. Benutzer können den Zugriff auf persönlichen Informationen erlauben, die sie bereit sind, dem Unternehmen auf der Grundlage vordefinierter Bedingungen mithilfe des Einwilligungsmanagements zu gewähren. In diesem Zusammenhang sei darauf hingewiesen, dass die DSGVO im Mai 2018 in Kraft getreten ist. Die DSGVO, die die Datenschutzrichtlinie 95/46/EG ersetzt, zielt darauf ab, die Datenschutzgesetze in ganz Europa zu harmonisieren. Die Bürger werden mehr Kontrolle über ihre personenbezogenen Daten haben, da die Datenschutzvorschriften stärker und einheitlicher werden. Unternehmen auf der ganzen Welt werden von einem einheitlichen Regelwerk für die Tätigkeit in der EU profitieren. Diese Verordnung gilt für Parteien, die mit einem EU-Wohnsitz Geschäfte tätigen oder mit ihren personenbezogenen Daten umgehen, wenn ihnen Waren oder Dienstleistungen angeboten werden. Sie gilt auch für die Überwachung des Verhaltens des Einzelnen innerhalb der EU. Wie in Abb. 31.1 dargestellt, erfolgt beim Beenden der Benutzer-Unternehmensbeziehung die Stilllegung, bei dem das IAM-System den Benutzerzugriff auf Anwendungen und Systeme entfernt. Self-Services werden nicht als Teil des Identitätslebenszyklus in Abb. 31.1 dargestellt. Self-Services sind Aktionen, die Benutzer selbst ausführen können. Ein Benutzer kann sich beispielsweise für neue Benutzerkonten und Berechtigungszuordnungen bewerben; Administratoren und Anwendungsexperten können das Firmen-Branding ihres Unternehmens konfigurieren. Es gibt Self-Services für jede Anwendung und jedes zentrale System, die für Authentifizierung, Provisionierung und andere Phasen des Identitätslebenszyklus zuständig sind. Daher bietet IAM mit Identitätsverwaltung eine Lösung für die Provisionierung und Deprovisionierung von Identitäten. Nur mithilfe der Identität können andere Schichten wie die Authentifizierung ordnungsgemäß funktionieren. Die zweite Aufgabe von IAM ist die Zugriffsverwaltung, die als Abstraktion für die Bereitstellung von Authentifizierung, Berechtigung und Durchsetzung von Richtlinien fungiert.

31.2 Technische Umsetzung

Nach einer kurzen Einführung der IAM-Anwendungsfälle werden die technischen Aspekte von IAM näher betrachtet, wobei der Schwerpunkt auf den erforderlichen Services, Konzepten und Anwendungen im Kontext von SAP S/4HANA liegt.

IAM-Services

Die einfachste Implementierung von IAM erfordert drei Services für den Betrieb, die in diesem Abschnitt erläutert werden. Identitäts- und Zugriffsverwaltungsservices, auch IAM-Services genannt, umfassen SAP BTP Identity Authentication und SAP BTP Identity Provisioning. Dieses Label wird häufig verwendet, um auf die Kombination aus Identitätsauthentifizierung und Identity-Provisioning-Services zu verweisen.

Identitätsverwaltung

Eine weitere wichtige Aufgabe von IAM ist die Bereitstellung von Identität für Benutzer. Sie verwaltet den gesamten Lebenszyklus einer Identität in einem Unternehmen. Wenn jemand in einem Unternehmen beginnt zu arbeiten, wird eine Identität angelegt. Später wird sie möglicherweise aktualisiert, wenn sich die Rollen oder die Person ändern und wenn der Mitarbeiter das Unternehmen verlässt, wird die Rollendefinition und -zuordnung aufgehoben. Es sollte möglichst einfach sein, einen vollständigen Identitätszyklus abzuwickeln, da über die Identität einem Benutzer der Zugriff auf sensible Ressourcen ermöglicht wird. Der Service SAP BTP Identity Provisioning bietet ein sichere Verwaltung des kompletten Lebenszyklus, einschließlich Provisionierung und Deprovisionierung von Identität und Berechtigung. Folgende Funktionen werden unterstützt:

- Automatisches Anlegen und Verwalten von Benutzerkonten
- Verwaltung von policen-basierten Berechtigungen
- Funktion zum Arbeiten mit On-Premise Benutzerablagen als Quellen, z. B. SAP Application Server für ABAP
- Möglichkeit, mit Cloud-Benutzerablagen als Quellen wie SAP SuccessFactors zu arbeiten
- Kompatibilität mit SAP BTP Identity Authentication und dem SAP BTP Integrationsservice

Mit diesen Funktionen können Kunden das Onboarding und Offboarding von Benutzern schneller und effizienter einrichten. SAP BTP Identity Provisioning unterstützt die zentrale Verwaltung von Unternehmensidentitäten in der Cloud. Es kann auch die Bereitstellung vorhandener On-Premise Identitäten für Cloud-Anwendungen automatisieren.

Authentifizierungsverwaltung

Die Hauptaufgabe der Authentifizierung besteht darin, die Identität eines registrierten Benutzers zu überprüfen, bevor der Zugriff auf die geschützte Ressource erlaubt wird. IAM erzwingt keine bestimmte Methode zur Lösung dieses Problems. Es gibt viele Möglichkeiten, beginnend mit einer einfachen Authentifizierung über Benutzername und Kennwort oder mit einer Multifaktorauthentifizierung oder bis hin zur biometrischen Authentifizierung. Diese Methode wird vom Entwickler eines Authentifizierungsservice ausgewählt, z. B. basierend auf der Sensitivität der zugrunde liegenden Informationen. SAP BTP Identity Authentication ist ein Produkt, das Authentifizierung, Single-Sign-On (SSO), Benutzerverwaltung und On-Premise Integrationsservices bereitstellt. Außerdem bietet es Benutzer-Self-Services für Mitarbeiter und Partner, wie z. B. die Registrierung und das Zurücksetzen des Kennworts. SAP BTP Identity Authentication unterstützt Kundenszenarien. Der Service für die Identitätsauthentifizierung umfasst Sicherheitsfunktionen zum Schutz des Anwendungszugriffs, die Definition von risikobasierten Authentifizierungsregeln, Zwei-Faktor-Authentifizierung und delegierte Authentifizierung an On-Premise Benutzerspeicher und andere Identity-Provider. SAP BTP Identity Authentication ist ein zentraler Authentifizierungsservice, der eng mit SAP S/4HANA und Nicht-SAP-Lösungen integriert ist. Im Folgenden sind die wichtigsten Funktionen zusammengefasst:

- Authentifizierung für sichere Cloud und On-Premise Dienstleisteranwendungen (SAP und Drittanbieter)
- Single-Sign-On Zugriff von jedem Gerät aus, jederzeit (Web- und Desktop-SSO)
- Twitter, LinkedIn, Facebook und Google Social Login
- Zwei-Faktor-Authentifizierung mit Einmal-Passwörtern und Kennwortrichtlinien auf Ebene der Service-Provider Anwendung
- Anwendung der risikobasierten Authentifizierung auf Service-Provider Anwendungen, Benutzergruppenzuordnung und Internet-Protokollbereiche

- Self-Services wie Selbstregistrierung und Kennwortzurücksetzung sowie das Anlegen benutzerdefinierter Datenschutzrichtlinien und Servicebedingungen auf Anwendungsebene

Berechtigungsverwaltung

Bei der Berechtigung geht es um die Überprüfung, worauf ein Benutzer zugreifen darf. Mithilfe von Berechtigungsrichtlinien kann der Zugriff auf Ressourcen nur gewährt werden, wenn der Benutzer berechtigt ist, diese anzuzeigen. Aus Implementierungssicht besteht eine der größten Herausforderungen darin, ein dynamisches System bereitzustellen, das so erweiterbar ist, dass auch zukünftige Anwendungsfälle realisiert werden können. Darüber hinaus sollte die Komplexität des Systems gering genug sein, sodass auch benutzerdefinierte Richtlinien implementiert werden können. Richtlinien bilden also die Grundlage für die Gewährung des Zugriffs auf Ressourcen mit der IAM-Methode. Das ABAP-Berechtigungskonzept schützt vor unberechtigtem Zugriff auf Anwendungen und Services. Die Berechtigungen eines Anwendungsbenutzers legen fest, welche Aktionen er ausführen kann und auf welche Daten er zugreifen kann. Im ABAP-Berechtigungskonzept sind Berechtigungen Instanzen von Berechtigungsobjekten, die in einem Berechtigungsprofil zusammengefasst sind, das mit einer Rolle verknüpft ist. Die Berechtigungsprofile werden den Anwendungsbenutzern über die zugehörigen Rollen zugeordnet, die über die Rollenpflegetransaktion PFCG hinterlegt werden. Ein Berechtigungsobjekt ist eine Sammlung von bis zu zehn Berechtigungsfeldern. Ein Berechtigungsfeld kann Daten als Attribute eines Business-Objekts oder Aktivitäten wie Lesen oder Ändern darstellen. Während der Laufzeit ist eine Berechtigungsprüfung erfolgreich, wenn eine oder mehrere Berechtigungen für ein Berechtigungsobjekt, das dem Anwendungsbenutzer zugeordnet ist, mit der erforderlichen Kombination von Berechtigungsfeldwerten für dieses Berechtigungsobjekt übereinstimmen. Ein Berechtigungsobjekt hat z. B. ein Berechtigungsfeld für die Verkaufsorganisation und ein Berechtigungsfeld für die Vertriebsregion. Wenn ein Anwendungsbenutzer eine Berechtigung für dieses Berechtigungsobjekt für die Kombination aus Verkaufsorganisation 100 und Verkaufsregion 1000 und eine andere für die Kombination aus Verkaufsorganisation 200 und Verkaufsregion 2000 hat, hat dieser Anwendungsbenutzer zur Laufzeit Zugriff auf Einzelposten in Verkaufsorganisation 100 für Verkaufsregion 1000, jedoch nicht für andere Verkaufsorganisationen, z. B. 2000. Der Anwendungsbenutzer in Kostenstelle 200 hat nur Zugriff auf Einzelposten für Kostenart 2000 und nicht auf andere Kostenarten.

IAM-Implementierung

Die Implementierung in SAP S/4HANA erfolgt relativ einfach und wird in den folgenden Abschnitten beschrieben. Zunächst werden weitere Details zur Implementierung des Authentifizierungsservice für SAP S/4HANA erläutert. Dieser Service ist nicht direkt in den SAP S/4HANA Mandanten integriert, sondern wird vom Authentifizierungs-service der SAP BTP selbst bereitgestellt. Daher werden Anwendungsbenutzer, die um Authentifizierung bitten, angemeldet und mit dem SAP BTP Authentifizierungsservice abgeglichen und dann über Single Sign-On (SSO) mit der Security Assertion Markup Language (SAML) im SAP S/4HANA System angemeldet. SAML ist eine offene XML-basierte Markup-Sprache für den Austausch von Authentifizierungsdaten und Security-Assertions zwischen dem SAML Service-Provider oder der SAML Service-Anwendung (in diesem Fall dem SAP S/4HANA System) und dem SAML Identity-Provider (hier dem Identity-Authentication-Service). Wie bereits beschrieben, erzwingt IAM keine spezifische Implementierung für die Identitätsbereitstellung und lässt die konkrete Implementierung für jedes System offen, das IAM integrieren soll. Im Fall von SAP S/4HANA wird diese Flexibilität an den Endbenutzer weitergeleitet. Der Kunde erhält die Flexibilität, bestimmte Kennwortrichtlinien im Service für die Identitätsauthentifizierung zu konfigurieren. Ein Anwendungsbenutzer, der Zugriff auf das SAP S/4HANA System haben soll, muss in SAP S/4HANA angelegt und in der vom Service für die Identitäts-authentifizierung bereitgestellten Benutzerablage registriert werden. Um Kunden eine einfache Lösung zum Anlegen von Benutzern und zum Testen der richtigen Funktion bereitzustellen, gibt es mehrere Hilfsfunktionen. Zunächst gibt es zwei Services-Provider für die Identitätsauthentifizierung pro Kunden, einen für die produktive Verwendung und einen für Testzwecke. Dadurch kann der Kunde das gewünschte Verhalten weiter testen und integrieren, bevor die Funktionalität in der Produktivumgebung aktiviert wird. Außerdem stehen zahlreiche Werkzeuge zur Verfügung, um dem System mehrere (Erst-) Benutzer zur Verfügung zu stellen. Es gibt zahlreiche Kommunikationsszenarien, um Benutzer automatisch aus einem externen Identity-Management-System zu replizieren. Eine weitere erforderliche Funktionalität von IAM ist die Berechtigungsservice. Dieser Service implementiert eine der Kernfunktionen von IAM. Diese recht komplexe Funktionalität lässt sich in den folgenden Punkten gliedern:

1. Durchsetzung von Richtlinien über Anwendungskataloge
2. SAP Fiori Integration
3. Propagierung von Benutzerrollen

Um mit dem ersten Aufzählungspunkt zu beginnen, wird im nächsten Absatz erläutert, wie die Richtliniendurchsetzung in SAP S/4HANA implementiert ist.

Durchsetzung von Richtlinien

Um eine sichere Umgebung zu gewährleisten, stellt SAP *Anwendungskataloge* für seine Kunden bereit. Die Hauptaufgabe eines Anwendungskatalogs besteht darin, Anwendungen und Einschränkungstypen zu gruppieren, um instanzbasierte Ein-schränkungen zu definieren, die zu einem Geschäftsprozess bzw. ein Teilprozess gehören. Diese Anwendungskataloge werden regelmäßig von ISEA 3000 Audits über-prüft, um sicherzustellen, dass keine Funktionstrennungskonflikte vorliegen. Es werden im Folgenden die grundlegenden Bausteine eines Anwendungskatalogs besprochen. Anschließend wird aus diesen Blöcken ein Gesamtbild erzeugt.

In der Abb. 31.2 sind die Struktur und die Bausteine eines Anwendungskatalogs dargestellt. Zur Erläuterung der Beziehungen wird zunächst das Berechtigungsfeld beschrieben. Das Berechtigungsfeld stellt eine untergeordnete Position im ABAP-Berechtigungskonzept dar. Ein Berechtigungsfeld bestimmt, welche Aktionen ein Anwendungsbenutzer ausführen darf und auf welche Daten die Person zugreifen darf. Die Berechtigungsfelder sind intern zu Berechtigungsobjekten zusammengefasst. Diese Berechtigungsobjekte werden zur Laufzeit geprüft. Eine Prüfung ist erfolgreich, wenn eine Kombination aus einer oder mehreren Berechtigungen in einem Berechtigungsobjekt, das dem Anwendungsbenutzer zugeordnet ist, die erforderliche Kombination von Berechtigungsfeldwerten für dieses Berechtigungsobjekt erfüllt. Die genaue Propagierung wird in einem späteren Absatz besprochen. Einschränkungsfelder maskieren die untergeordneten Berechtigungsfelder als ein Berechtigungsobjekt, für das Einschränkungswerte vom Kunden definiert werden können. Da Einschränkungsfelder einen Kernbestandteil der Richtliniendurchsetzung darstellen, sind diese Felder von SAP vordefiniert und der Kunde kann keine eigenen Felder definieren. Einschränkungsfelder können anschließend in Einschränkungstypen kombiniert werden. Einschränkungstypen ermöglichen es dem Anwendungsbenutzer, *instanzbasierte Einschränkungen* zu definieren. Die Hauptaufgabe von instanzbasierten Einschränkungen besteht darin, festzulegen, welche Datensätze ein Benutzer mit einer bestimmten Rolle pflegen darf. Wie bei den Einschränkungsfeldern wird die Pflege kundenspezifischer Einschränkungstypen nicht unterstützt. Einem Anwendungskatalog können wie oben beschrieben ein oder mehrere Einschränkungstypen zugeordnet werden. Diese Konzepte bieten eine solide Grundlage für die Implementierung eines Berechtigungsservice, wie im IAM-Standard beschrieben. Um dem Kunden eine bessere Benutzererfahrung zu bieten, hat SAP zusätzliche Abstraktionen innerhalb des Berechtigungskonzepts von SAP S/4HANA entwickelt. Mit Benutzerrollenvorlagen hat SAP einen vordefinierten Satz allgemeiner Personas im Kundengeschäft erstellt. Diese Voreinstellungen ermöglichen es dem Kunden, schnell bearbeitbare Benutzerrollen für Kunden anzulegen, die vom Anwendungsbenutzer weiter angepasst werden können. Mit der Abstraktion der zugrunde liegenden Details kann sich der Kunde darauf konzentrieren,

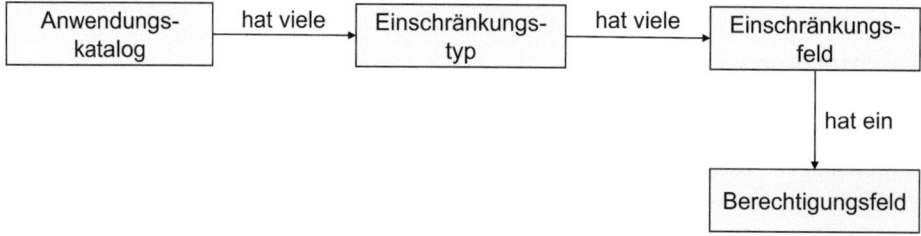

Abb. 31.2 Struktur von Anwendungskatalogen

Geschäftsbenutzern den richtigen Zugriff auf Ressourcen zu gewähren, abhängig von ihrer Rolle im Unternehmen. Benutzerrollen fungieren auch als Aggregation von einem oder mehreren Anwendungskatalogen. Die Benutzerrollen steuern nicht nur die Richtlinien für den Benutzer, die mithilfe von Einschränkungen erzwungen werden, sondern legen auch fest, welche Anwendung für den Benutzer auf dem SAP Fiori Launchpad sichtbar ist. Ein Kunde ist nicht gezwungen, die vordefinierten SAP Benutzerrollenvorlagen zum Anlegen von Benutzerrollen zu verwenden. Sie können auch angelegt werden, indem der Kunde einer neuen Benutzerrolle manuell einen oder mehrere Anwendungskataloge zuordnet oder mit dem Klonen einer vorhandenen Benutzerrolle beginnt. Wenn Kunden mehr als einen Anwendungskatalog verwenden, insbesondere mehr als eine Einschränkung, wird eine Zusammenführungsstrategie verwendet, um alle in den Anwendungskatalogen verfügbaren Einschränkungen zu kombinieren. Die konkreten Einschränkungswerte können auch innerhalb einer Benutzerrolle gepflegt werden. Zusammengefasst stellt eine Benutzerrolle die Hauptschnittstelle zwischen den Tools zur Richtliniendurchsetzung auf unterer Ebene und dem Kunden dar. Daher ist sie ein wichtiger Bestandteil des Autorisierungsservice von IAM, der auf einem *Zero-Trust-Prinzip* basiert. Die beschriebenen Beziehungen werden in Abb. 31.3 visualisiert.

Um die Verwendung weiter zu erleichtern, wird in SAP S/4HANA ein Konzept mit der Bezeichnung *Master-Benutzerrolle* bereitgestellt, wie in Abb. 31.4 illustriert. Eine vorhandene Benutzerrolle kann als Master-Benutzerrolle gekennzeichnet werden, wodurch der Kunde andere konkrete Benutzerrollen aus der Master-Benutzerrolle ableiten kann. Die abgeleiteten Rollen erben alle Anwendungskataloge und sperren die definierten Einschränkungswerte. Dem Kunden steht es jedoch frei, der abgeleiteten Rolle anschließend weitere Einschränkungen hinzuzufügen.

SAP Fiori Integration

Als Erweiterung auf die oben genannten Konzepte werden Richtlinien in SAP S/4HANA auch in SAP Fiori Seiten und Bereichen erzwungen. Benutzerrollen definieren also nicht nur Zugriffseinschränkungen, sondern legen auch fest, wie die Benutzungsoberfläche für den spezifischen Anwendungsbenutzer aufgebaut wird. Um diese Funktion zu aktivieren, hat jeder Anwendungskatalog seinen entsprechenden Launchpad-Anwendungskatalog.

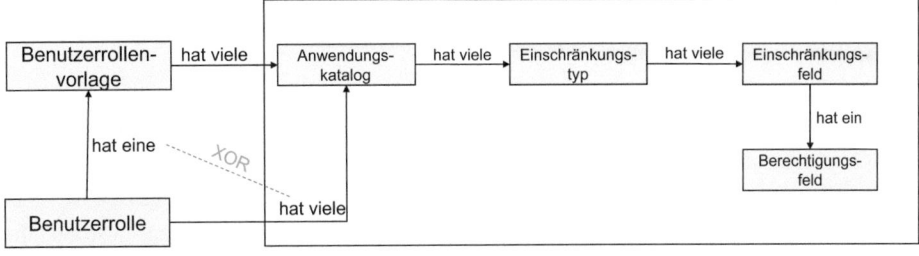

Abb. 31.3 Berechtigungsübersicht

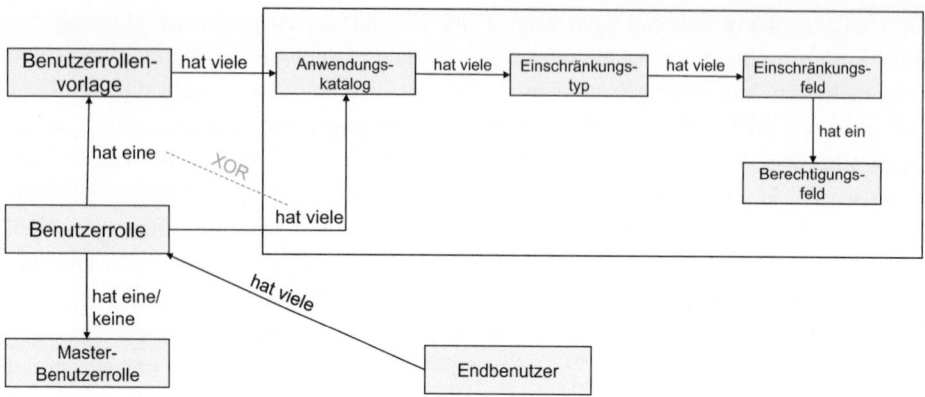

Abb. 31.4 Master-Benutzerrolle in Kombination mit Benutzerrollen

Dieser Katalog beschreibt, welche Anwendungen basierend auf den zugeordneten Anwendungskatalogen für den Anwendungsbenutzer sichtbar sind. Diese Funktion verbessert die Sicherheit noch weiter. Das bedeutet, dass selbst wenn ein Benutzer irgendwie Kenntnisse über das Vorhandensein einer anderen Anwendung erlangt hat, die Anfragen des Benutzers vom Server abgelehnt werden. Um die Interoperabilität zwischen Anwendungskatalogen und Launchpad-Anwendungskatalogen zu gewährleisten, können die Launchpad-Kataloge nicht vom Kunden angepasst werden und werden von SAP vordefiniert. Das SAP Fiori Launchpad besteht aus Seitenabschnitten und Launchpad-Kacheln. Launchpad-Kacheln sind in den oben genannten Launchpad-Anwendungskatalogen gruppiert. Kacheln gehören zu einem Seitenabschnitt auf dem Launchpad, der weiter zu einer vollständigen Launchpad-Seite kombiniert werden kann. Eine konstruierte Launchpad-Seite wird dann in einen Launchpad-Bereich abstrahiert. Jedem Bereich sind eine oder mehrere entsprechende Benutzerrollen zugeordnet. Das oben beschriebene Konzept stellt sicher, dass es für jede bestimmte Benutzerrolle genau einen Launchpad-Bereich gibt, der die Benutzungsoberfläche darstellt, die dem Anwendungsbenutzer angezeigt wird. Um den Aufwand für den Kunden zu minimieren, verfügt SAP über entsprechende Launchpad-Bereiche, die für jede Benutzerrollenvorlage vorkonfiguriert sind. Das beschriebene Sachverhalt ist in der Abb. 31.5 zusammengefasst.

Propagierung von Benutzerrollen

Der letzte Punkt zielt darauf ab, die Frage zu beantworten, wie Benutzerrollen propagiert und in die entsprechenden SAP PFCG-Rollen übersetzt werden. Wie bereits erläutert, stellt SAP im Hinblick auf die Vereinfachung Abstraktionsschichten bereit, die auf dem untergeordneten ABAP-Berechtigungskonzept aufsetzen. Zur effizienten und allgemeinen Anwendung der Richtliniendurchsetzung werden die ABAP-Berechtigungsmethoden im Hintergrund verwendet. Die Benutzerrollen vor der

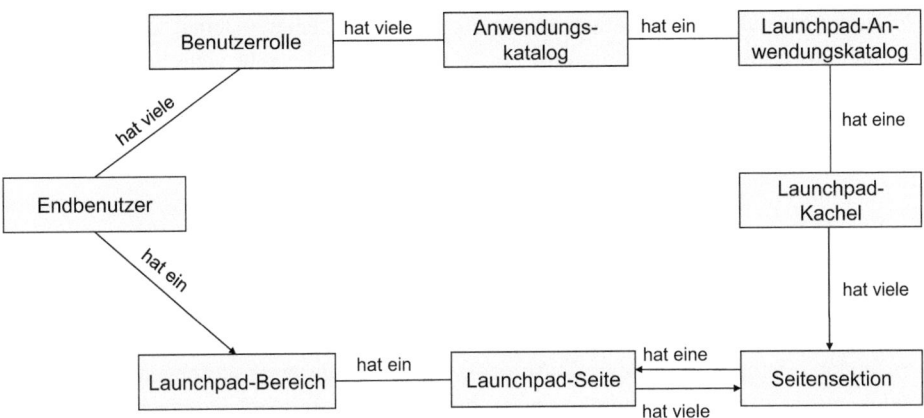

Abb. 31.5 Launchpad-Integration in Berechtigungskonzept

Auslieferung von SAP, die die Grundlage für die kundeneigenen Benutzerrollen bilden, sind mit ihren entsprechenden Anwendungskatalogen ausgestattet. Diese Anwendungskataloge haben von SAP definierte PFCG-Rollen für jede Benutzerrolle. PFCG-Rollen werden nicht direkt von einem Anwendungsbenutzer verwendet, sondern aus den übergeordneten Abstraktionen wie Benutzerrollen und ihren entsprechenden Katalogen generiert. Einige der Berechtigungen sind als Festwerte definiert. Daher können die Berechtigungswerte für das Berechtigungsobjekt nicht vom IAM-Administrator geändert werden. Aus Gründen der Einfachheit sind diese Festwerte für den Administrator überhaupt nicht sichtbar. Die Kernaktivitäten, die den Zugriff auf Ressourcen definieren, werden als Kategorien bezeichnet. SAP verwendet drei Hauptkategorien:

1. Lesezugriff gruppiert alle Aktivitäten, die das Objekt nicht ändern.
2. Schreibzugriff gruppiert alle Aktivitäten, die Änderungsvorgänge für ein Objekt ausführen. Dazu gehört z. B. das Anlegen, Ändern und Löschen.
3. Wertehilfe gruppiert alle Aktivitäten, die während der Wertehilfefunktionen geprüft werden.

Mit diesen detaillierten Berechtigungen kann jedes Business-Objekt über eine Zugriffssteuerung auf Feldebene verfügen, die eine große Funktionstrennung gewährleistet.

Der letzte wichtige Service, der im IAM-Standard definiert ist, ist der Identitätsservice. Ihre Hauptaufgabe besteht darin, den Benutzer zu identifizieren und den gesamten Lebenszyklus eines Subjekts in Bezug auf Änderungen zu verwalten. Für diese Aufgabe sind viele Services vorhanden, die die Verwaltung einzelner Benutzerrollen von Anwendungsbenutzern sowie die entsprechenden Anwendungskataloge ermöglichen. Es gibt auch einen zentralen Teil, der tief in SAP S/4HANA integriert ist. Wenn z. B. eine neue Funktion in der Anwendung implementiert wird, werden neue

Anwendungskataloge von Anfang an bereitgestellt, um sicherzustellen, dass die Richtliniendurchsetzung im Berechtigungsservice möglich ist. Es gibt viele weitere Lebens-
zyklusänderungen, die von SAP gesteuert werden:

- Änderungen an Einschränkungstypen
- Änderungen an Berechtigungsvorschlagswerten
- Hinzufügen neuer Anwendungen zu Anwendungskatalogen
- Entfernen von Anwendungen aus Anwendungskatalogen
- Aufteilung/Umstrukturierung von Anwendungskatalogen

Um einen reibungslosen Migrationsprozess für jede dieser Änderungen im Lebenszyklus zu gewährleisten, werden neue oder bearbeitete Anwendungskataloge ausgeliefert, aber vor der Aktivierung ein Release deaktiviert, sodass Anwendungsbenutzer
die aktualisierten Kataloge allen erforderlichen Benutzern zuordnen können, bevor die
Verwendung der neuen Kataloge erzwungen wird. Dieser Prozess wird durch die Verwendung von Benutzerrollenvorlagen, die oben beschrieben wurden, von SAP noch
vereinfacht. Diese werden bei Bedarf automatisch verwaltet und aktualisiert, sodass
die Anwendungsbenutzer immer über die richtigen Berechtigungen verfügen. Dies
deckt das Lebenszyklusmanagement in Bezug auf das dynamische Geschäftsumfeld ab.
Eine weitere Aufgabe besteht darin, eine Lösung für das Benutzerlebenszyklus bereitzustellen. Für diese Aufgabe steuert der IAM-Administrator, welche Benutzer auf
welche Ressourcen zugreifen können. Der IAM-Administrator kontrolliert die einem
Anwendungsbenutzer zugeordneten Rollen und kann neue Rollen zuordnen, wenn sich
der Lebenszyklus der Identität des Anwendungsbenutzers so ändert, dass dieser Benutzer
auf neue Prozesse oder Anwendungen zugreifen muss. In SAP S/4HANA sind auch
mehrere Benutzertypen vorhanden, die verschiedene Aufgaben ausführen können:

- Es gibt Anwendungsbenutzer, die den Kern der Benutzerverwaltung bilden. Sie
  können auch als echte Mitarbeiter des Kunden angesehen werden. Sie müssen
  expliziten Zugriff vom IAM-Administrator erhalten.
- Administrations- und Konfigurationsbenutzer sind kundenspezifische Benutzer im
  System. Sie werden im Rahmen des Mandanten-Bereitstellungsprozesses angelegt.
  Administrationsbenutzer besitzen die Berechtigung zum Anlegen von Anwendungsbenutzern. Der Konfigurationsbenutzer wird nur im Qualitäts-Mandant benötigt und
  für die Konfiguration der Geschäftsprozesse verwendet.
- Kommunikationsbenutzer werden nur für die eingehende Kommunikation in kunden-
  verwalteten Kommunikationsszenarien verwendet. Ein Kommunikationsbenutzer
  wird einem Kommunikationssystem zugeordnet.
- Druckbenutzer sind die letzte verfügbare Kategorie von Benutzern. Sie werden für die
  Verbindung zwischen dem SAP BTP Print Manager und dem Webzugriffsservice für
  die Druckwarteschlange benötigt.

IAM-Anwendungen

Um das Thema Identitäts- und Zugriffsverwaltung in SAP S/4HANA zusammenzufassen, werden einige der entsprechenden Anwendungen kurz beschrieben.

Wie in Abb. 31.6 dargestellt, gibt es zahlreiche Anwendungen, die speziell entwickelt wurden, um dem Kunden eine einfache Kontrolle über die Verwaltung seiner Benutzer und deren Wartung zu ermöglichen. Im folgenden Absatz wird kurz das Ziel der zentralen Anwendungen und deren Zusammenhang mit den zuvor erläuterten Konzepten beschrieben. Die Applikation *Anwendungsbenutzer pflegen* bietet eine Übersicht über alle Anwendungsbenutzer, die Zugriff auf das SAP S/4HANA System des Kunden haben. Zusätzlich werden die Anwendungskataloge angezeigt, die den Anwendungsbenutzern zugeordnet sind. Dies ermöglicht dem Administrator eine einfache Visualisierung, um zu ermitteln, welche Kataloge welchem Benutzer zugeordnet sind. Außerdem ist die allgemeine Pflege eines Anwendungsbenutzers möglich. Die Applikation *Benutzerrollen pflegen* bietet einen Überblick über alle im System vorhandenen Benutzerrollen. Hier kann der Administrator alle Benutzerrollen überwachen, filtern und verwalten. Der Administrator kann auch die zugeordneten Anwendungskataloge sehen. Darüber hinaus können neue Benutzerrollen von Grund auf neu oder unter Verwendung von Benutzerrollenvorlagen angelegt werden. Die Verwaltung von Einschränkungstypen kann auch in dieser Anwendung erfolgen. Die gleichen Funktionen, die Anwendungsbenutzern in Bezug auf die Applikation *Anwendungsbenutzer anzeigen* bereitgestellt werden, werden auch für die technischen Benutzer implementiert, die in SAP S/4HANA basierend auf der Applikation *Technische Benutzer anzeigen* vorhanden sind. Dazu gehören beispielsweise das Sperren und Entsperren von Druck- oder Kommunikationsbenutzern sowie das Ändern von Benutzername und Kennwort.

Das *IAM Informationssystem* (Abb. 31.7) soll Einblicke in die Verwendung und die Interkonnektivität zwischen allen Aspekten erhalten, die sich auf IAM in SAP S/4HANA

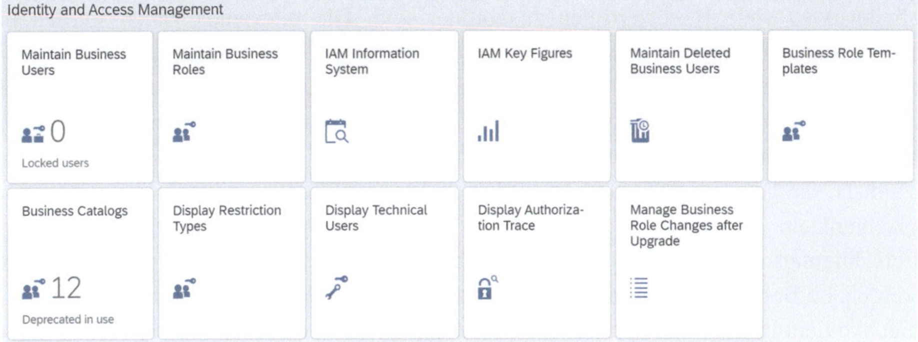

Abb. 31.6 IAM-Anwendungen in SAP S/4HANA

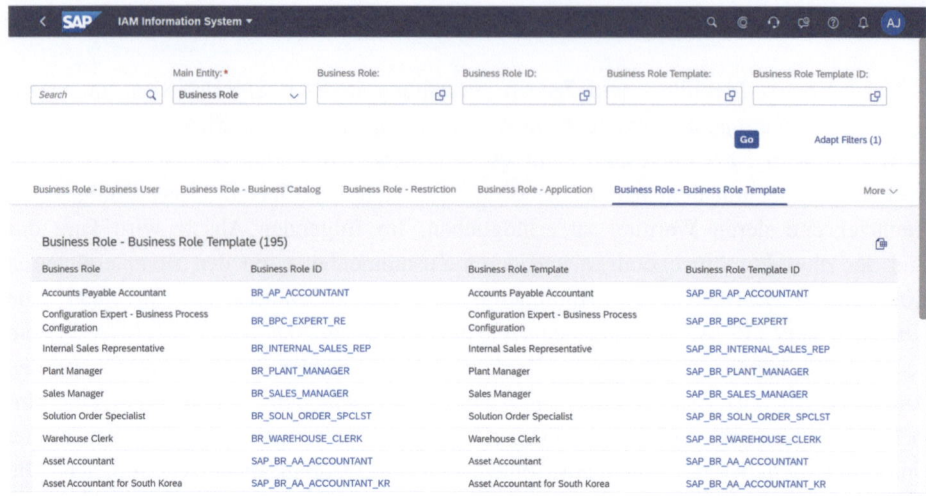

Abb. 31.7   IAM Informationssystem

beziehen. Durch das Anwenden von Filtern kann der Kunde sehen, welche Benutzer-rollen von welchem Benutzer verwendet werden, und noch weiter prüfen, welche konkreten Einschränkungen angewendet werden. Mithilfe dieser Anwendung kann jede Berechtigung für jeden Benutzer visualisiert und IAM-Probleme schnell identi-fiziert werden. Die Applikation *Anwendungskataloge* erweitert den Funktionsumfang um Verwaltungsfunktionen in Anwendungskatalogen. In dieser Anwendung können ver-altete Kataloge identifiziert und in ihre Nachfolger migriert werden. Außerdem gibt es informative Beschreibungen zu jedem Anwendungskatalog, um dessen Zweck näher zu erläutern. Die Applikation *Benutzerrollenvorlagen* ermöglicht die Verwaltung von Benutzerrollenvorlagen. Hier kann der Kunde seine eigenen Rollenvorlagen definieren und vorhandene Rollenvorlagen überprüfen. Diese Applikation bietet einen schnellen Überblick über kritische Probleme, die Anwendungsbenutzer und Benutzerrollen betreffen. Kunden können z. B. sehen, ob Anwendungsbenutzer gesperrt sind oder ob ihnen zu viele Benutzerrollen zugeordnet sind. Die relevanten Daten werden in detaillierten Diagrammen angezeigt, sodass die erforderlichen Zahlen auf einen Blick ersichtlich sind. Die Applikation *IAM Kennzahlen* (Abb. 31.8) zeigt Informationen wie die Anzahl der Anwendungsbenutzer an, die Benutzerrollen zugeordnet wurden, den Monat der letzten Anmeldung des Anwendungsbenutzers, die Anzahl der Anwendungs-benutzer, die gesperrt und entsperrt sind oder die Anzahl der Benutzerrollen mit unein-geschränktem Zugriff. Die Applikation *Berechtigungstrace anzeigen* erlaubt ein Berechtigungstrace für einen Anwendungsbenutzer. Auf diese Weise kann festgestellt werden, ob Berechtigungen fehlen oder nicht ausreichen. Wichtige Funktionen sind z. B. die Aktivierung oder Deaktivierung von Traces, die die Ergebnisse von Berechtigungs-prüfungen anzeigen, einschließlich zuvor zugeordneter Berechtigungen und fehl-geschlagener Prüfungen. Da maximal 10.000 Datensätze möglich sind, wird empfohlen,

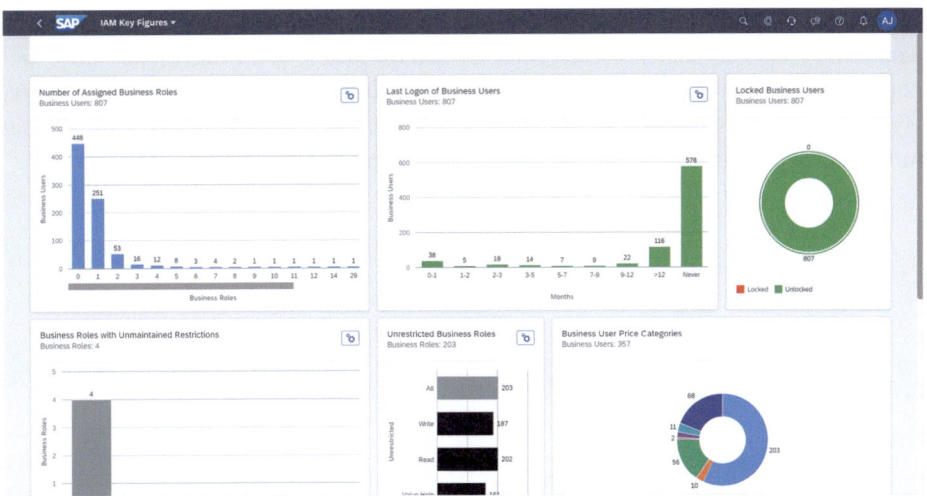

Abb. 31.8 IAM Kennzahlen

dies bei der Definition der Selektionskriterien, insbesondere des Datumsbereichs, zu berücksichtigen. Wenn eine Berechtigungsprüfung einen gefilterten Status ergeben hat, kann untersucht werden, welche Benutzerrollen den betroffenen Einschränkungstyp exponieren. Eine mögliche Lösung ist, dass der geprüfte Anwendungsbenutzer nicht der erforderlichen Benutzerrolle zugeordnet ist oder dass der angeforderte Wert noch nicht gepflegt wurde.

31.3 Fazit

Durch die stetig wachsende Nutzung cloud-basierter Services steigt die Notwendigkeit, eine sichere und kontrollierte Umgebung bereitzustellen. Die Vielzahl der verfügbaren On-Premise und Cloud Ressourcen erfordert eine hohe Flexibilität für ein Framework, das eine einheitliche Schicht der Zugriffskontrolle bieten soll. Mit Identity and Access Management (IAM) können nicht nur Ressourcen, die in der Cloud verfügbar sind, wie IaaS- oder PaaS-Produkte, detailliert gesteuert werden, sondern auch ihre Konzepte können übersetzt werden, um Sicherheit in SaaS-Lösungen zu gewährleisten. Insbesondere für hochflexible Produkte wie SAP S/4HANA mit einer Vielzahl von Anwendungsfällen ist es wichtig, über ein Sicherheits-Framework zu verfügen, das flexibel genug ist, um sicherzustellen, dass Benutzer nur Zugriff auf Ressourcen erhalten, zu deren Verwendung sie berechtigt sind. Außerdem arbeiten Produkte wie SAP S/4HANA mit sensiblen Informationen, sodass das obige Argument noch stärker wiegt. IAM kann als eine Technik betrachtet werden, die Ressourcen und Daten durch Regeln und Richtlinien, die Benutzern über verschiedene Methoden wie das Erzwingen eines Anmeldekennworts, das Zuweisen von Berechtigungen oder das Bereitstellen von Benutzerkonten, ein angemessenes Maß an Schutz bieten. IAM entscheidet also, wer Zugriff auf welche Ressourcen hat. Eine weitere Aufgabe, die sich aus dem Identity-Management heraus entwickelt, besteht in der Verwaltung des Identitätszyklus, der das Anlegen, Pflegen, Aktualisieren und Löschen von Identitäten umfasst.

Datenschutz

Datenschutz und Datensicherheit sind wichtige Faktoren, die beim Arbeiten mit personenbezogenen Daten berücksichtigt werden muss. Es gibt verschiedene Vorschriften, die grundlegenden Begriffe definieren und Regeln festlegen, die durchgesetzt werden müssen. Eine dieser Vorschriften ist die Datenschutz-Grundverordnung (DSGVO). SAP S/4HANA Cloud und On-Premise bieten Werkzeuge wie das Information Lifecycle Management (ILM), das Information Retrieval Framework (IRF), das Read Access Logging (RAL), das Change Management und das Consent Management, die dafür sorgen, dass die relevanten Anforderungen erfüllt werden, indem ein ganzheitlicher Ansatz verfolgt und der Datenschutz mithilfe einer zentralen Lösung gehandhabt wird. Das Kapitel konzentriert sich auf Datenschutzkonzepte und -frameworks von SAP S/4HANA. Insbesondere werden allgemeine Datenschutzbestimmungen (DSGVO), der Lebenszyklus personenbezogener Daten, das Framework für die Informationsfindung und die Lesezugriffsprotokollierung erläutert.

32.1 Betriebswirtschaftliche Anforderung

Die Normen für den Datenaustausch und der Schutz personenbezogener Daten haben sich in den letzten Jahren durch die Entwicklung der Informationstechnologie weiterentwickelt. Das erste Gesetz, das sich auf diese Themen behandelt, wurde erstmals 1970 im Bundesland Hessen eingeführt. Dieses Gesetz konzentrierte sich auf die Regulierung des Datenaustauschs innerhalb Deutschlands und berücksichtigte keine internationalen Datenübertragungen. Dies führte dazu, dass Daten an anderen geografischen Standorten und damit in Rechtsräumen verarbeitet und gespeichert wurden, in denen die Vorschriften nicht so streng waren. Die Regulierungsbehörden mussten eine Lösung für dieses Problem finden, und es mussten Beschränkungen für die

© Der/die Autor(en), exklusiv lizenziert an Springer Fachmedien Wiesbaden GmbH, ein Teil von Springer Nature 2023

S. Sarferaz, *ERP-Software: Funktionalität und Konzepte*, https://doi.org/10.1007/978-3-658-40499-4_32

internationale Datenübertragung eingeführt werden. Ein Ziel war es, den Datenschutz in allen Rechtsordnungen zu harmonisieren, um Beschränkungen über nationale Grenzen hinweg zu etablieren. Die ersten beiden Datenschutzrahmen waren 1980 die OECD (Organization for Economic Co-operation and Development Privacy Guidelines) und 1981 das Übereinkommen des Europarates zum Schutz natürlicher Personen bei der automatischen Verarbeitung personenbezogener Daten, das auch als Übereinkommen 108 bezeichnet wird. Diese Vorschriften ermöglichen die Übermittlung von Daten an andere Teilnehmerstaaten und verbieten sogar einige Beschränkungen der Übertragung aus Gründen der Privatsphäre zwischen den teilnehmenden Staaten. 1995 wurde mit der Datenschutzrichtlinie der Europäischen Union ein neuerer Ansatz zur Regulierung des Datenaustauschs und des Datenschutzes eingeführt, der 2016 zur Einführung ihres Nachfolgers führte: die Datenschutz-Grundverordnung, die am 25. Mai 2018 in Kraft trat.

Das Thema Datenschutz ist seit Jahrzehnten aktuell und gewinnt in den letzten Jahren an Bedeutung. Vorschriften wie die Datenschutz-Grundverordnung (DSGVO) und die Organisation für wirtschaftliche Zusammenarbeit und Entwicklung (OECD) haben große Auswirkungen darauf, wie personenbezogene Daten gehandhabt und gespeichert werden, und SAP als Softwareanbieter muss ihren Kunden helfen, alle gegebenen Anforderungen mit ihren Produkten zu erfüllen. Beim Arbeiten mit personenbezogenen Daten müssen zwei Aspekte berücksichtigt werden. Zunächst ist es wichtig, die Datensicherheit zu gewährleisten, und zweitens müssen Unternehmen alle Anforderungen in Bezug auf Datenschutz erfüllen. Bei der Datensicherheit geht es um den Schutz von Informationen vor unberechtigtem Zugriff. Es ist beispielsweise wichtig, sicherzustellen, dass nicht autorisierte Benutzer nicht die Möglichkeit haben, Daten zu lesen oder zu bearbeiten. Im schlimmsten Fall könnten Daten verloren gehen, gelöscht oder missbraucht werden, was zu weiteren Konsequenzen führen könnte. Der Datenschutzbeauftragte ist dafür verantwortlich, dass alle Anforderungen in diesem Bereich erfüllt werden. Beim Datenschutz geht es um den Schutz natürlicher Personen bei der Verarbeitung personenbezogener Daten. Eine Vernachlässigung dieses Themas könnte zu einer Verletzung der Persönlichkeitsrechte führen, was hohe Geldstrafen zur Folge hat. Der Datenschutzbeauftragte muss sicherstellen, dass alle Anforderungen diesbezüglich abgedeckt werden. Um die Anforderungen für Datenschutz und Datensicherheit zu erfüllen, müssen technische und organisatorische Maßnahmen (TOM) implementiert werden. Sie gewährleisten ein Sicherheitsniveau, das den beschriebenen Risiken angemessen ist.

Datenschutz-Grundverordnung (DSGVO)

Wie bereits erwähnt, wurde die DSGVO 2016 von der Europäischen Union als Nachfolger des ersten Ansatzes der Datenschutzrichtlinie der Europäischen Union im Jahr 1995 eingeführt. Die DSGVO trat am 25. Mai 2018 in Kraft. Technisch gesehen gab es keine wesentlichen Änderungen gegenüber dem Ansatz von 1995, aber die DSGVO hat die Geldbußen auf bis zu 4 % des Jahresumsatzes des Unternehmens erhöht, was dazu führte, dass Unternehmen sich viel mehr bemühen, um die geltenden Vorschriften sicher zu stellen. Die höchste Geldbuße lag im April 2020 bei fast 205 Mio. €. Die DSGVO schreibt vor, dass jede Datenübertragung in ein Land außerhalb der Europäischen Union in Übereinstimmung mit der DSGVO Rechtsordnung erfolgen muss. Diese Übertragungsberechtigung muss von der Europäischen Kommission im Voraus genehmigt werden.

Personenbezogene Daten

Die DSGVO führt verschiedene Definitionen und Grundsätze ein. Personenbezogene Daten sind beispielsweise definiert als Daten, die sich auf eine identifizierte oder identifizierbare natürliche Person (im Folgenden *betroffene Person*) beziehen, die direkt oder indirekt identifiziert werden kann, insbesondere durch Bezugnahme auf eine Kennung oder auf einen oder mehrere spezifische Faktoren, die sich auf die physische, physiologische, genetische, geistige, wirtschaftliche, kulturelle oder soziale Identität dieser natürlichen Person beziehen. Daher beschreiben personenbezogene Daten alle Daten, die eine Person direkt identifizieren oder dazu führen können, dass eine Person indirekt identifiziert wird. Beispiele für Informationen, die die Person direkt identifizieren, sind:

- Namen
- Postanschriften
- Telefonnummern
- E-Mail-Adressen

Beispiele für Informationen, die die Person indirekt identifizieren, sind:

- Bankkontonummern
- IP-Adressen
- MAC-Adressen
- Mitgliedsnummern
- Autokennzeichen

Ein Beispiel für personenbezogene Daten in SAP S/4HANA sind Daten, die sich auf SAP-Geschäftspartnerobjekte wie Name, ID oder Adresse beziehen. Darüber hinaus verwenden Verträge, die vom Geschäftspartner abgeschlossen werden, personenbezogene Daten wie Lieferadressen, Rechnungsadressen, Bankkontodetails oder Vertragsnummern. All diese personenbezogenen Daten müssen ordnungsgemäß geschützt werden.

Grundsätze

Um die Datenschutzstandards zu verbessern, definiert die DSGVO einige Grundsätze für die Verarbeitung von Daten in Übereinstimmung mit den spezifizierten Richtlinien. Dies sind:

- Rechtmäßigkeit, Fairness und Transparenz
- Zweckbindung
- Datenminimierung
- Genauigkeit
- Speicherbeschränkung
- Integrität und Vertraulichkeit

Daher ist es verboten, personenbezogene Daten zu verarbeiten, wenn es keinen nachgewiesenen und vertretbaren Grund dafür gibt. Der Zweck der Datenverarbeitung muss in jeder Phase der Verarbeitung dokumentiert werden. Dieser Grundsatz gilt für vollständige Datensätze zu personenbezogenen Daten und Geschäftspartnern, aber auch für einzelne Datensätze. Begründbare Anforderungen an die Verarbeitung personenbezogener Daten sind erfüllt, wenn:

- die betroffene Person ihre Einwilligung gegeben hat
- die Bearbeitung für die Durchführung eines Vertrags erforderlich ist
- die Verarbeitung zur Erfüllung gesetzlicher Verpflichtungen erforderlich ist
- die Verarbeitung im öffentlichen Interesse erforderlich ist
- die Verarbeitung ist erforderlich, um ein lebenswichtiges Interesse zu wahren
- die Verarbeitung auf einem berechtigten Interesse beruht

Einwilligung (Consent) bezeichnet jede frei gegebene, spezifische, informierte und eindeutige Angabe der Wünsche der betroffenen Person, mit der sie der Verarbeitung von personenbezogenen Daten in Bezug auf sie durch eine Erklärung oder eine eindeutige bestätigende Maßnahme zustimmt. Die Verarbeitung von personenbezogenen Daten ist für die Erfüllung eines Vertrags erforderlich, wenn die Absicht besteht, einen Vertrag abzuschließen. Beispiele für gesetzliche Verpflichtungen sind das Steuerberichtswesen, das Einkommensteuer-Reporting oder das Berichtswesen für die Sozialversicherung in ERP-Software. Ein öffentliches Interesse liegt vor, wenn die Verarbeitung für die Erfüllung einer Aufgabe im öffentlichen Interesse oder bei der Ausübung behördlicher Befugnisse erforderlich ist. Die Verarbeitung sollte eine Grundlage im Unionsrecht oder im Recht der Mitgliedstaaten haben. Vitalinteresse beschreibt Situationen, in denen die Datenverarbeitung für das Leben der betroffenen Person oder einer anderen natürlichen Person unerlässlich ist. Berechtigte Interessen sind die Grundrechte und Freiheiten der betroffenen Person.

Rechte der betroffenen Person

Die DSGVO definiert eine Reihe von Rechten, die von der natürlichen Person (betroffene Person) durchgesetzt werden können. Dazu gehören folgende Rechte:

Die betroffene Person muss vor dem Verarbeitungsprozess darüber informiert werden, welche Daten mit welchem Zweck und wie lange verarbeitet und gespeichert werden. Der Datenschutz ist bei SAP sehr lange für das Design von Produkten relevant. Daher gibt es, wie bereits in der Einführung erwähnt, verschiedene datenschutzrelevante Funktionen, die dem Kunden helfen, die DSGVO in SAP S/4HANA einzuhalten. Diese Funktionen bilden eine zentrale Lösung für Datenschutzanforderungen, die den Aufwand reduzieren, der für die Konzeption aller SAP S/4HANA Anwendungen erforderlich ist. Das vorherige Informationsrecht wird vom Information Retrieval Framework (IRF) in SAP S/4HANA behandelt, das in einem der folgenden Kapitel beschrieben wird. Darüber hinaus sieht die DSGVO vor, dass die betroffene Person das Recht hat, Informationen zu den Daten anzufordern, die verarbeitet werden, was auch vom IRF abgedeckt wird. Darüber hinaus hat die betroffene Person das Recht, die Löschung personenbezogener Daten zu beantragen. Daten müssen gelöscht werden, wenn alle Aufbewahrungsfristen verstrichen sind, der primäre Zweck nicht mehr gegeben ist und die Residenzzeit abgelaufen ist. Der Lebenszyklus personenbezogener Daten in SAP S/4HANA muss diese Anforderung erfüllen. Darüber hinaus müssen die personenbezogenen Daten korrekt sein, auf dem neuesten Stand gehalten und korrigiert werden (spätestens nach Aufforderung). Dies muss innerhalb der Anwendungen eingehalten werden. Die betroffene Person hat das Recht, die Verarbeitung in bestimmten Fällen einzuschränken, und dass automatisierte Entscheidungen manuellen Eingriffen unterliegen können, die auch innerhalb der Anwendungen sichergestellt werden müssen. Zu guter Letzt hat die betroffene Person das Recht, die gespeicherten, zugehörigen personenbezogenen Daten in einem strukturierten, allgemein verwendeten und maschinenlesbaren Format anzufordern. Dieser Prozess wird wieder vom IRF unterstützt.

California Consumer Privacy Act (CCPA)

Das CCPA ist ein Gesetz, das der DSGVO ähnelt, die 2018 vom Justizministerium des Bundesstaates Kalifornien verabschiedet wurde. Sie gibt den Verbrauchern mehr Kontrolle über die von Unternehmen über sie gesammelten personenbezogenen Informationen. Das Gesetz sichert kalifornischen Verbrauchern Datenschutzrechte. Zu diesen Rechten gehören u. a.:

- das Recht zu erfahren, welche personenbezogenen Daten ein Unternehmen über sie sammelt und wie es verwendet und weitergegeben wird
- das Recht, personenbezogene Informationen über sie zu löschen (mit Einschränkungen)

- das Recht auf Ablehnung des Verkaufs personenbezogener Daten
- und das Recht auf faire Behandlung (Nichtdiskriminierung) bei der Ausübung ihrer CCPA-Rechte.

32.2   Technische Umsetzung

Um sich an die zuvor beschriebenen Datenschutzbestimmungen (wie die DSGVO oder das CCPA) technisch umzusetzen, bietet SAP S/4HANA obligatorische Funktionen, die die Erfüllung dieser Anforderungen unterstützen. SAP S4/HANA stellt beispielsweise folgende Funktionen bereit:

- relevante Sicherheitsmaßnahmen (im Rahmen der technischen organisatorischen Maßnahmen)
- Unterstützung bei der Erfüllung von Anfragen betroffener Personen
- die Möglichkeit, personenbezogene Daten mithilfe von Organisationsattributen zu trennen
- Funktionen zum Löschen personenbezogener Daten
- integrierte Auditing-Funktionen
- erweiterte Berechtigungskonzepte

Darüber hinaus bietet SAP S/4HANA die nachfolgenden eingebetteten Datenschutz-werkzeuge, die den Kunden dabei unterstützen sollen, alle Anforderungen zu erfüllen. SAP verwendet einen ganzheitlichen Ansatz, indem es verschiedene generische Werk-zeuge wie das Information Retrieval Framework (IRF), das Information Lifecycle Management (ILM) und die Read Access Logging (RAL) in SAP S/4HANA anbietet, die den Kunden bei der Erfüllung aller Datenschutzanforderungen unterstützen. Diese Funktionen und Tools führen dazu, dass der Datenschutz tief in die Unter-nehmensprozesse integriert wird. Sie werden in den nächsten Abschnitten ausführlich beschrieben.

Information Lifecycle Management (ILM)

Unternehmen benötigen eine umfassende Strategie für das Information Lifecycle Management (ILM), um mit der Geschwindigkeit und Komplexität der Daten Schritt zu halten. Weiterhin haben die Bemühungen um den Schutz der Verbraucheridentität zu einer Zunahme der rechtlichen Anforderungen geführt. Verschiedene Vorschriften, darunter der Sarbanes-Oxley Act, der Health Insurance Portability and Accountability Act (HIPAA), der California Consumer Privacy Act (CCPA) und die Datenschutz-Grundverordnung (DSGVO), überwachen und regulieren Daten weltweit. Darüber hinaus besteht ein steigender Bedarf an veralteten Systemen, die laufende Speicher-,

Administrations- und Wartungskosten verbrauchen. Diese Systeme stellen ein rechtliches Risiko dar, da die darin enthaltenen Daten z. B. für Steuerprüfer zugänglich sein müssen. Die Zugänglichkeit von Daten wird unvorhersehbar, da das Wissen über alte Systeme verschwindet und alte Hardware entfernt wird. Das Informationsmanagement und die Aufbewahrung von Informationen sind so wichtig geworden, dass eine effektive ILM-Strategie nun ein wesentlicher Bestandteil der Gesamtstrategie eines Unternehmens zur Bewältigung der Herausforderungen Kosten, Compliance und Risiken ist. Personenbezogene Daten müssen beispielsweise gelöscht werden, wenn sie gemäß den Datenschutzbestimmungen keinen gültigen Geschäftszweck mehr erfüllen. SAP hat einen ILM-Ansatz entwickelt, der den komplexen Anforderungen von Unternehmen an das Informationsmanagement gerecht wird. Richtlinien, Prozesse, Verfahren und Tools werden entwickelt und verwendet, um den geschäftlichen Nutzen von Informationen mit der am besten geeigneten und kostengünstigsten IT-Infrastruktur in Einklang zu bringen – von der Erstellung bis zur Vernichtung von Informationen. SAP bietet einen umfassenden und automatisierten ILM-Ansatz, um die Anpassung an sich ständig ändernde Vorschriften zu unterstützen. Der ILM-Ansatz von SAP deckt verschiedene Geschäftsszenarios, Anwendungsfälle und Herausforderungen ab. In eigenständigen ILM Retention Warehouses verwaltet die Komponente SAP Information Lifecycle Management (SAP ILM) den Datenlebenszyklus sowohl produktiver Anwendungssysteme als auch von Altdaten:

- Retention Management – SAP ILM Werkzeuge und -Technologien unterstützen den gesamten Informationslebenszyklus von der Erstellung über die Aufbewahrung bis hin zur Vernichtung. Diese Funktionen ermöglichen die Eingabe verschiedener Regeln und Regelwerke, die verschiedene Kriterien widerspiegeln, z. B. wo Daten gespeichert werden, wie lange Daten aufbewahrt werden und wann Daten vernichtet werden können und müssen. Diese Richtlinien, die in der Regel auf externen gesetzlichen Anforderungen oder internen Service-Level-Vereinbarungen basieren, können sowohl für strukturierte als auch für unstrukturierte Daten gelten, die auf verschiedenen Medientypen gespeichert sind. Die Daten werden automatisch im entsprechenden Speicherbereich archiviert und erhalten ein Ablaufdatum basierend auf den Regeln, die der Kunde angelegt hat. ILM-fähige Integration der Ablage bedeutet, dass Ablagesysteme die abgelegten Daten anhand der vom Kunden definierten Regeln verstehen und darauf reagieren können. SAP ILM bietet automatisierte Erkennungsfunktionen sowie ein Informationsmanagement auf Rechts- und Compliance-Ebene. Wenn das Ablaufdatum am Ende des Lebenszyklus erreicht ist, vernichtet eine Löschfunktion die archivierten Daten dauerhaft (Abb. 32.1 und 32.2).
- Systemstilllegung: SAP ILM bietet einen umfassenden Ansatz zum Herunterfahren von Altsystemen und zum Übertragen von Daten aus SAP- und Fremdsoftware in ein zentrales ILM Retention Warehouse. Durch die Stilllegung nicht mehr verwendeter Anwendungen vereinfachen Kunden ihre gesamte Systemlandschaft und senken die langfristigen Verwaltungs- und Wartungskosten. SAP ILM bietet einen

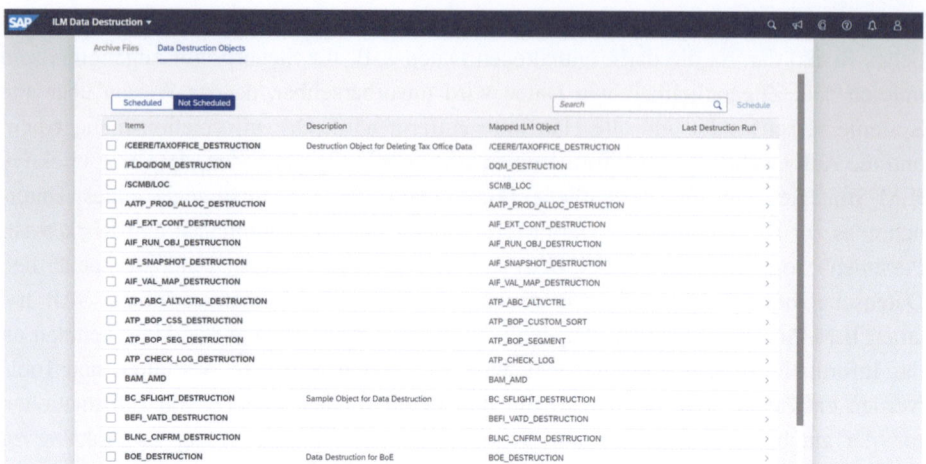

Abb. 32.1   SAP ILM Datenvernichtung

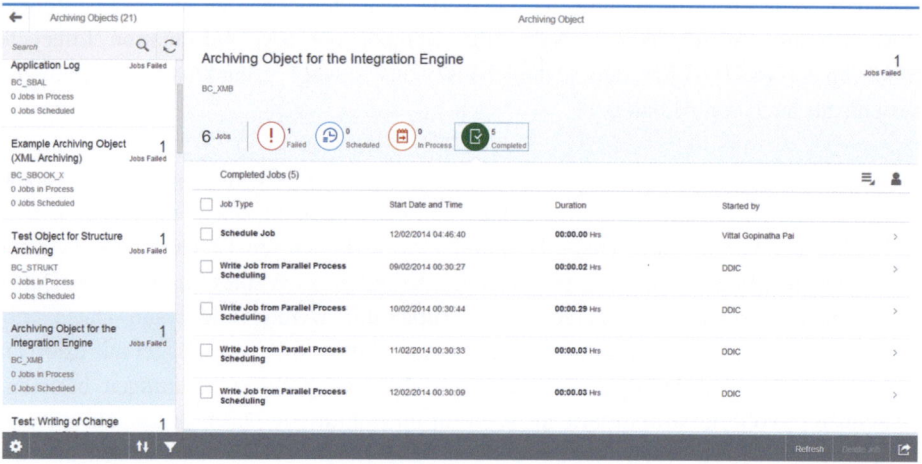

Abb. 32.2   SAP ILM Archivierungsobjekt

umfassenden Ansatz für die Stilllegung von Altsystemen und die Konsolidierung der Daten in einem komprimierten Retention Warehouse. Systemintegration mit nativer SAP-Software sowie Datenspeicherungs- und Ladefunktionen verkürzen die Implementierungszeit. Außerdem bietet SAP ILM On-Demand Datenzugriffs- und Reporting-Optionen, mit denen historische Daten auch nach dem Herunterfahren des Originalsystems angezeigt werden können.

Der Lebenszyklus personenbezogener Daten gemäß der DSGVO besteht aus drei Phasen: Verarbeitung, Sperrung und Löschung. In der ersten Phase werden personenbezogene

Daten basierend auf dem primären Zweck verarbeitet, z. B. solange ein Vertrag erfüllt werden muss. Sobald dieser Zweck nicht mehr zutrifft, können die Informationen noch während der sogenannten Sperrphase gespeichert werden. In dieser Phase müssen die Daten gesperrt werden, und der Zugriff wird nur autorisiertem Personal gewährt. Das bedeutet, dass Daten wiederhergestellt werden können, z. B. wenn Probleme mit dem zugrunde liegenden Vertrag oder Service auftreten. Nach einem begrenzten Aufbewahrungszeitraum müssen die Daten ohne Rückstand gelöscht werden. Der beschriebene Lebenszyklus personenbezogener Daten wird in der Abb. 32.3 dargestellt.

Das ILM-Tool verwaltet und automatisiert diese Aufbewahrungsprozesse und wird als komplexer Teil des Datenlebenszyklusmanagements betrachtet. Sie bietet SAP Fiori Apps, mit denen das Werkzeug konfiguriert werden kann, z. B. durch die Definition von Löschregeln.

Information Retrieval Framework (IRF)

Betroffene Personen haben das Recht, Informationen über die Verarbeitung ihrer personenbezogenen Daten zu erhalten, einschließlich des Grundes (Zwecks) für die Verarbeitung. Das Information Retrieval Framework (IRF) ist ein Werkzeug in SAP S/4HANA, mit dem der Benutzer automatisch nach allen personenbezogenen Daten einer angegebenen betroffenen Person suchen und diese abrufen kann. SAP IRF hat Kenntnis über die Relationen zwischen Daten aus verschiedenen Tabellen und Objekten und ruft alle Verbindungen und personenbezogenen Daten ab. Das Framework verfügt über eine SAP Fiori Applikation, die alle relevanten Daten für einen Geschäftspartner sammelt. Die Suchergebnisse werden in einer umfassenden, strukturierten und leicht lesbaren Liste angezeigt. Die folgenden Anwendungen sind über SAP IRF verfügbar:

- Datensammlung starten – Mit dieser Applikation kann der Abruf aller personenbezogenen Daten für einen bestimmten Geschäftspartner automatisieren. Mit dieser Applikation kann eine anwendungsübergreifende Suche nach allen personenbezogenen Daten initiieren werden, die mit einer bestimmten betroffenen Person verknüpft sind. Die Selektionskriterien, die zum Einschränken der Suche verwendet werden können, sind z. B. die Art der ID der betroffenen Person (Geschäftspartner), die ID der betroffenen Person (Geschäftspartnernummer), die Sprache der betroffenen

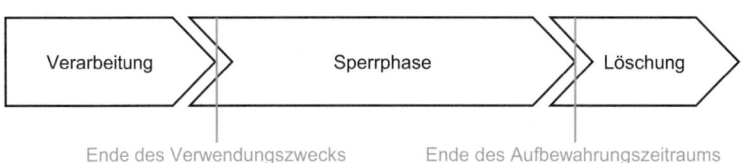

Ende des Verwendungszwecks   Ende des Aufbewahrungszeitraums

Abb. 32.3 Lebenszyklus personenbezogener Daten

Person, der Grund, aus dem die Daten gesammelt und verarbeitet wurden. Der Kunde kann auch aus einer Liste von zuvor definierten Profilen auswählen, um das Sammeln, Anzeigen und Herunterladen personenbezogener Daten zu konfigurieren.

- Ergebnis der Datenabfrage verwalten – Mit dieser Applikation kann die Suchergebnisse des Datenabfrageprozesses, der von der Applikation *Datensammlung starten* initiiert wurde, anzeigt und heruntergeladen werden. Die Anwendung zeigt eine strukturierte, leicht verständliche Liste aller personenbezogenen Daten an, die sich auf den angegebenen Geschäftspartner beziehen, unterteilt nach den Zwecken, für die die Daten verarbeitet wurden. Darüber hinaus können Kunden mithilfe personalisierter Profile die Datensammlung an ihre spezifischen Anforderungen anpassen, z. B. welche Daten in der Suchergebnissicht angezeigt werden. Die Daten können in verschiedenen Dateiformaten heruntergeladen werden, um sie betroffenen Personen zur Verfügung zu stellen. Mit dieser Applikation kann eine Liste aller Datenabfrageaufträge angezeigt werden, die mit der Anwendung *Datensammlung starten* angelegt wurden, um die Datenabfrageaufträge zu sortieren und/oder zu filtern, um alle personenbezogenen Daten (z. B. Name, Adresse, Geburtsdatum, Beschäftigungs- oder Bonitätsdaten) des angegebenen Geschäftspartners sortiert nach den Zwecken anzuzeigen, für die die Daten gesammelt und verarbeitet wurden. Außerdem können Personalisierungsprofile verwendet werden, um die Datensammlung an kundenspezifische Anforderungen anzupassen. Mit Profilen können Kunden benutzerdefinierte Einstellungen sichern, die sich auf das Sammeln, Anzeigen und Herunterladen personenbezogener Daten auswirken. Für jede Änderung in der Suchergebnisanzeige werden Änderungsbelege geschrieben.
- Anwendungsprotokoll für die Informationsabfrage – Mit dieser Applikation kann nach Anwendungsprotokollen gesucht und diese angezeigt werden (Abb. 32.4), die beim Anlegen des Datenmodells und/oder der Datensammlung angelegt wurden. Weiterhin ermöglicht die Anwendung die Analyse von Protokolleinträgen, indem sie mehr Informationen über die Protokolle und ihre Meldungen bereitstellt. Die Anwendung zeigt alle Protokolle an, die während eines Datenabfragelaufs mit dem Unterobjekt DTINF COLLECTION generiert wurden. Für Protokolleinträge werden zusätzliche Informationen bereitgestellt, z. B. das Start-/Enddatum des Sammelprozesses oder die Tabellen, aus denen Daten abgerufen wurden. Die Anwendung zeigt auch alle Protokolle an, die während der Datenmodellgenerierung vom Unterobjekt DTINF GENERATE generiert wurden.

Wie bereits erwähnt, stellt SAP IRF sicher, dass die Rechte der betroffenen Personen bezüglich Informationen gewahrt werden. Sie wird z. B. verwendet, um die betroffene Person mit Informationen zu personenbezogenen Daten, die verarbeitet werden, sowie den zugrunde liegenden Zweck- und Aufbewahrungsregeln zu bedienen. Darüber hinaus bietet SAP IRF Funktionen, die in anderen Kontexten wiederverwendet werden.

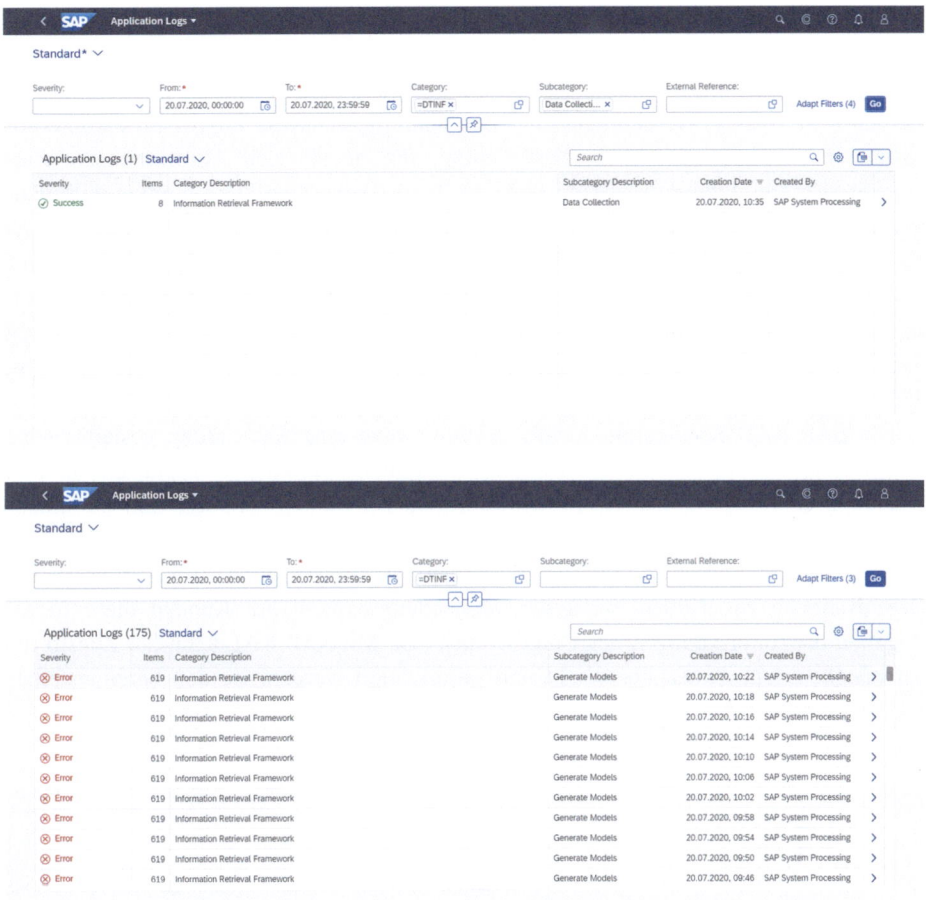

Abb. 32.4 SAP IRF Anwendungsprotokoll mit unterschiedlicher Filterung

Read Access Logging (RAL)

SAP RAL ist ein Werkzeug, das alle Lesevorgänge protokolliert, wenn auf personenbezogene Daten zugegriffen wird. Sie hilft, Situationen im Falle von Missbrauch zu
klären und stellt sicher, dass Akteure, die möglicherweise Zugriff auf Daten im System
haben, aber nicht auf diese Daten zugreifen sollten, für mögliche Konsequenzen verantwortlich gemacht werden können. SAP RAL ist häufig erforderlich, um gesetzliche
Vorschriften oder öffentliche Standards, wie Datenschutz, z. B. in Bank- oder Gesund-
heitsanwendungen einzuhalten. Der Datenschutz befasst sich mit der Absicherung und
Beschränkung des Zugriffs auf personenbezogene Daten. Datenschutzgesetze in einigen
Ländern verlangen sogar, dass der Zugriff auf bestimmte personenbezogene Daten
gemeldet wird. Unternehmen und Behörden möchten möglicherweise auch den Zugriff

auf klassifizierte oder sensible Daten aus eigenen Gründen überwachen. Wenn kein
Trace oder Protokoll darüber gespeichert wird, wer auf Daten zugreift, ist es schwierig,
den Verantwortlichen für Datenlecks nach außen zu identifizieren. Diese Informationen
werden von SAP RAL bereitgestellt. Die schreibgeschützte Zugriffsprotokollierung
basiert immer auf einer Zweckbestimmung, die gemäß den Anforderungen einer
Organisation frei definiert ist (Abb. 32.5 und 32.6). Diese Zweckbestimmung wird dann
jedem Protokolleintrag als Attribut zugeordnet, sodass Protokolldaten basierend auf der
Zweckbestimmung klassifiziert und organisiert werden können. Auf der Grundlage von
Protokollierungszwecken können z. B. verschiedene Archivierungsregeln oder Berichte
angelegt werden. So kann das SAP RAL Framework verwendet werden, um gesetzliche
oder andere Vorschriften einzuhalten, Betrug oder Datendiebstahl aufzudecken, Audits
durchzuführen oder für andere interne Zwecke.

Die SAP RAL Konfiguration wird gelesen, wenn eine Anwendung gestartet wird.
Sie gibt an, ob und in welchem Umfang der aktuelle Funktionsbaustein, die aktuelle
Operation oder das UI-Element protokollrelevant ist. Protokolleinträge können anhand
ihrer Semantik organisiert werden. In SAP-Anwendungen können vordefinierte
Konfigurationen vorhanden sein. Um jedoch die gesetzlichen Anforderungen von
Organisationen zu erfüllen, passt der Anwendungsexperte des Kunden diese in der
Regel an die Anforderungen des Unternehmens an. Mit SAP RAL kann der Zugriff auf
personenbezogene Daten überwacht und protokolliert werden. Zu den bereitgestellten

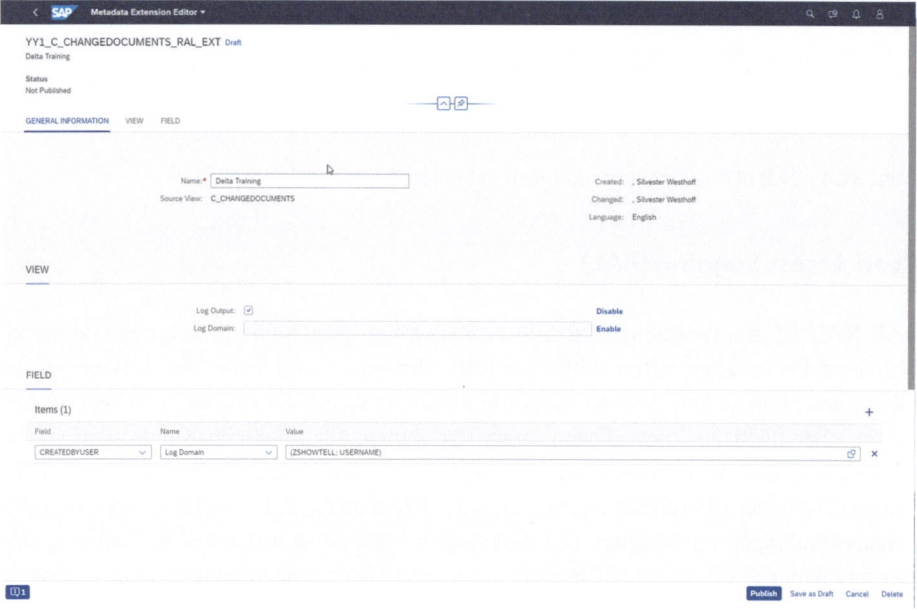

Abb. 32.5   SAP RAL Metadatenerweiterung

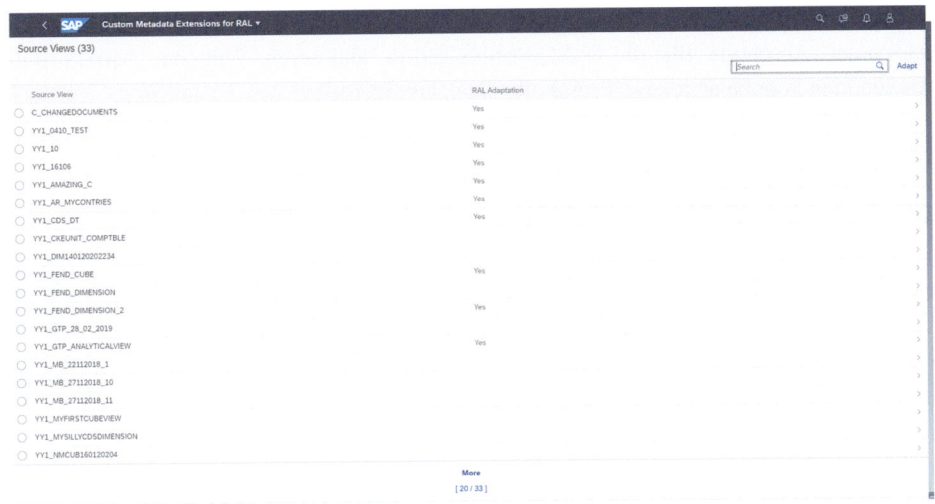

Abb. 32.6 SAP RAL benutzerdefinierte Metadatenerweiterung

Informationen gehören z. B., welche Anwendungsbenutzer wann auf personenbezogene Daten von Geschäftspartnern zugegriffen haben. SAP stellt Standardkonfigurationen bereit, die spezielle Felder für Protokolldomänen zuordnen. Eine Protokolldomäne ist eine Kategorie, die Datenfelder gruppiert, die semantisch identisch oder verwandt sind. Alle auf der Benutzungsoberfläche angezeigten Felder, die sich auf diese Domänen beziehen, werden protokolliert. Die Domäne wird im Protokoll angezeigt. In der Anwendung SAP RAL Konfiguration können Kunden die verfügbaren Konfigurationen aktivieren oder deaktivieren sowie Änderungen vornehmen. Kunden sollten sorgfältig überlegen, welche Informationen für die Protokollierung wichtig sind. Wenn ein breites Spektrum an Informationen protokolliert wird, erhalten Kunden eine große Datenmenge, die schwieriger zu verarbeiten ist, als wenn eine spezifischere Protokollierung konfiguriert ist. Da sie nur anhand dieser zusätzlichen personenbezogenen Daten identifiziert werden können, werden diese Protokolldomänen mit Feldern protokolliert, die sich auf Geschäftspartner (BUSINESS PARTNER), Kunde (CUSTOMER), Lieferant (VENDOR), juristische Einheit (LEGAL ENTITY), Mitarbeiter (EMPLOYEE) oder Student (STUDENT) beziehen. Bei Bedarf werden Protokollbedingungen verwendet, um die Datenprotokollierung einzuschränken (technisch gesehen werden diese Felder als Bedingungen betrachtet). Beispielsweise könnte SAP RAL so konfiguriert werden, dass ein mitarbeiterbezogenes Feld in einer bestimmten Transaktion nur dann protokolliert wird, wenn die Religion des Mitarbeiters angezeigt wird. Der Zugriff auf dieses Feld wird nicht protokolliert, wenn es nur auf einer Registerkarte sichtbar ist, auf der die Konfession des Mitarbeiters nicht angezeigt wird.

Standardmäßig ist SAP RAL deaktiviert. Der Kunde kann sie im anwendungs-relevanten Abschnitt für die RAL-Konfiguration aktivieren. Mit der Monitoring-Anwendung können angelegte Protokolle angezeigt werden.

Änderungsbelege

Änderungsbelege werden verwendet, um alle Attributänderungen an Objekten zu ver-folgen, für die diese Funktion aktiviert ist. Beispielsweise werden Datum, Uhrzeit, alter Wert, neuer Wert, Initiator und weitere Parameter protokolliert. Das Werkzeug bietet verschiedene SAP Fiori Applikation, mit denen Kunden Änderungen an verschiedenen Objekten anzeigen können. Die meisten Business-Objekte werden häufig geändert. Oft ist es sinnvoll, wenn nicht sogar erforderlich, die vorgenommenen Änderungen nachvoll-ziehen zu können. Wenn die Änderungen protokolliert werden, können Kunden jeder-zeit herausfinden, was geändert wurde, wann und wie sie geändert wurden. Dies kann bei der Fehleranalyse hilfreich sein. Änderungsbelege werden z. B. zur Revisionsunter-stützung in der Finanzbuchhaltung verwendet. Ein Änderungsbeleg zeichnet Änderungen an einem Business-Objekt auf. Der Beleg wird unabhängig von Datenbankänderungen angelegt.

Consent Management

SAP Consent Management ist ein Werkzeug in SAP S/4HANA, mit den Einwilligungen betroffener Personen verwaltet werden können (Abb. 32.7 und 32.8). Sie stellt eine SAP Fiori-Applikation bereit, mit der Benutzer Einwilligungen mithilfe einer JSON-

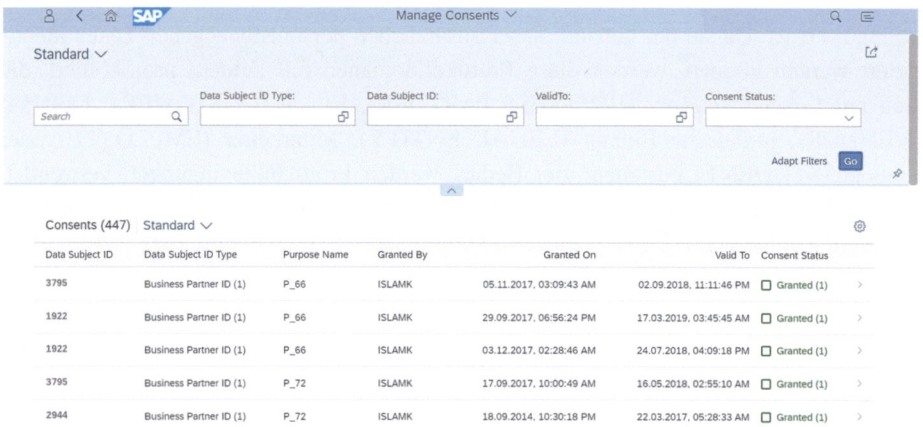

Abb. 32.7 SAP Consent Management – Einwilligung verwalten

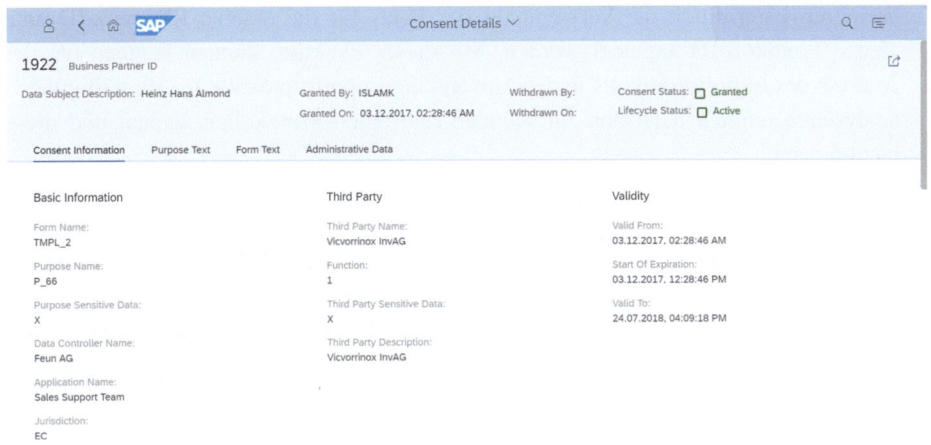

Abb. 32.8 SAP Consent Management – Einwilligungsdetails

Datei importieren, Einwilligungen suchen und anzeigen sowie Protokolle vorheriger Importjobs anzeigen können. Alle erhobenen oder verarbeiteten personenbezogenen Daten müssen mit einem bestimmten, vordefinierten Zweck verknüpft sein, z. B. mit der Erfüllung eines Vertrags oder der Erfüllung einer gesetzlichen Verpflichtung. Wenn Kunden eine Einwilligung von der betroffenen Person einholen müssen, bevor sie ihre personenbezogenen Daten verwenden können, können diese Einwilligungsdaten im SAP-System als Einwilligungsdatensätze gesichert werden. Darüber hinaus unterstützt die Lösung den Umgang mit Einwilligungsdaten gemäß den geltenden Datenschutzbestimmungen. Sie verwaltet die Aufbewahrung von Einwilligungsdaten, steuert den Zugriff auf Einwilligungsdaten und unterstützt das Sperren oder Löschen von Stammdaten. Mit der Einwilligungsverwaltung können Kunden nach gespeicherten Einwilligungsdatensätzen suchen und diese anzeigen sowie Einwilligungsdaten aus einer Datei oder über Web-Services importieren.

Die SAP Consent Management unterstützt die folgenden Funktionen:

- Einwilligungen verwalten – Mit dieser Anwendung können Kunden Einwilligungsdatensätze suchen und anzeigen, die zuvor aus einer Datei importiert wurden. Das System stellt eine detaillierte Liste der Einwilligungsinformationen bereit, z. B. den Zweck für die Verarbeitung personenbezogener Daten, die verantwortliche Stelle oder Dritte, die beteiligt sein können.
- Einwilligungen aus Datei importieren – Mit dieser Applikation können Kunden Einwilligungsdaten aus einer Datei importieren. Dazu müssen die Daten im JSON-Format vorliegen. Die Anwendung ermöglicht die Auswahl der entsprechenden Ebene aus der Dropdown-Liste für das Anwendungsprotokoll, um die Anzahl der Details anzugeben, die Kunden während des Importprozesses protokollieren möchten.

Weiterhin kann durch die Verwendung des Felds für die externe Referenz-ID eine eigene Protokoll-ID angelegt werden. Mit dieser Funktion können Kunden bei der Analyse des Importprotokolls in der Anwendung Importprotokolle für Einwilligungen analysieren einfach nach den für Kunden relevanten Protokollen suchen und diese identifizieren.

- Importprotokolle für Einwilligungen analysieren – Mit dieser Anwendung können Kunden nach Importprotokollen suchen und diese anzeigen, die während des Importprozesses von Einwilligungsdatensätzen generiert wurden. Außerdem ermöglicht die Anwendung die Analyse von Protokolleinträgen, indem sie mehr Informationen über die Protokolle und ihre Meldungen bereitstellt. Das Tool erlaubt das Anzeigen einer Liste aller Importprotokolle, die den von Kunden angegebenen Kriterien entsprechen, und das Einschränken auf die Liste der Importprotokolle.

Sicherheits- und Datenschutzmaßnahmen

Wie bereits erwähnt, müssen technische und organisatorische Maßnahmen (TOM) implementiert werden, um die Datenschutzanforderungen zu erfüllen. SAP S/4HANA stellt die in diesem Kapitel beschriebenen TOM bereit.

Authentifizierung beschreibt technische Funktionen, die den Systemzugriff basierend auf der persönlichen Authentifizierung ermöglichen. Beispielsweise verwendet SAP S/4HANA Cloud den Identity-Authentication-Service von SAP Business Technology Platform. *Berechtigungen* beschreiben Standardberechtigungskonzepte, die auf der Grundlage einer ordnungsgemäßen Datentrennung verfeinert werden. Sie legen fest, auf welche Daten mit welchen Berechtigungen zugegriffen werden kann. SAP S/4HANA verwendet das vorhandene ABAP-Berechtigungskonzept und verwendet rollenbasierte Berechtigungen. Die *Datentrennung* beschreibt, dass personenbezogene Daten, die für einen bestimmten Zweck erhoben wurden, von personenbezogenen Daten, die für andere Zwecke erhoben werden, getrennt werden müssen. *Änderungen* an personenbezogenen Daten müssen dokumentiert werden. SAP S/4HANA bietet für diese Anforderung Änderungsprotokollierung wie das zuvor eingeführte Änderungsbelegwerkzeug. *Verschlüsselungen* stellen sicher, dass unbefugte Parteien während des Transports und in der Datenbank nicht auf personenbezogene Daten zugreifen können. Die *Verfügbarkeitskontrolle* stellt sicher, dass personenbezogene Daten stets verfügbar sind. Dies wird durch die Implementierung von Verfahren wie Sicherung, Desaster-Recovery und Geschäftskontinuität erreicht. Beispiele für Verfügbarkeitskontrollmaßnahmen sind Sicherungen von SAP S/4HANA Cloud Tenants. Die Übertragung personenbezogener Daten muss sicher sein. Bei der *Übertragungskontrolle* handelt es sich um Richtlinien, wie personenbezogene Daten übermittelt werden sollten, um eine sichere Datenübertragung zu gewährleisten. In SAP S/4HANA gibt es Konzepte wie verschlüsselte

Kommunikation und die Verwendung des Unified Connectivity (UCON) Framework. Mit der Maßnahme *Jobkontrolle* wird sichergestellt, dass der Datenverarbeiter die Anweisungen und Richtlinien der verantwortlichen Stelle befolgt. Es besteht aus einigen technischen, aber auch organisatorischen und vertraglichen Aspekten. SAP S/4HANA Cloud erfüllt mehrere Zertifizierungen, und SAP S/4HANA On-Premise bietet eine Reihe von Auditfunktionen in Bezug auf diese Maßnahme. Wenn *Daten pseudonymisiert* werden, werden sie so geändert, dass die betroffene Person nicht ohne Verwendung von separat aufbewahrten Informationen identifiziert werden kann. SAP S/4HANA bietet Verfahren wie die Testdatenpseudonymisierung, um die Pseudonymisierung anzuwenden. Bei der *Offenlegungskontrolle* geht es um die Protokollierung aller Zugriffsvorgänge auf personenbezogene Daten. In SAP S/4HANA bietet die zuvor beschriebene Lesezugriffsprotokollierung (RAL) Funktionen zum Protokollieren aller Zugriffsvorgänge. Ziel der physischen Zutrittskontrolle ist es, unbefugte Personen daran zu hindern, Zugang zu Datenverarbeitungssystemen zu erhalten. In SAP S/4HANA On-Premise, der entsprechenden IT-Abteilung und für SAP S/4HANA Cloud, muss SAP als Operator die physische Zugriffskontrolle sicherstellen. Beispielsweise kann die Zutrittskontrolle für Physiker mithilfe von Zutrittskarten oder durch die Einstellung eines Wachmannes erzwungen werden.

32.3   Fazit

Datenschutz und Datensicherheit sind wichtige Faktoren, die berücksichtigt werden müssen, wenn mit personenbezogenen Daten gearbeitet wird, und es gibt unterschiedliche Vorschriften, die eingehalten werden müssen. SAP S/4HANA Cloud und On-Premise bieten verschiedene Werkzeuge wie SAP ILM, SAP IRF, SAP RAL, SAP Change Management und SAP Consent Management, die den Datenschutz als zentrale Komponente behandeln. Dadurch wird der Aufwand für die Konzeption neuer Anwendungen minimiert und Kunden sind in der Lage, Datenschutzgesetze einzuhalten. Das Kapitel gab auch einen Überblick über die Historie verschiedener Datenschutzbestimmungen, beschrieb aktuelle Gesetze zu Datenvorschriften und zeigte, wie SAP ihre Kunden bei der Erfüllung aller Anforderungen unterstützt.

Sichere Entwicklung und sicherer Betrieb

Das Kapitel erläutert die Konzepte und Frameworks von SAP S/4HANA für die sichere Entwicklung und den sicheren Betrieb. Insbesondere wird der sichere Softwareentwicklungslebenszyklus mit sicherer Programmierung, Bedrohungsmodellierung, Code-Scans und Schwachstellenanalysen erklärt. Darüber hinaus werden die sichere Landschaftsarchitektur und Betriebstechniken beschrieben.

33.1 Betriebswirtschaftliche Anforderung

Der Betrieb einer sicheren Systemlandschaft erfordert mehr als nur sichere Software – Systemeinrichtung und Systembetrieb sind kritische Komponenten einer sicheren Systemlandschaft, die einen hohen Schutz vor Angriffen bietet und die Erkennung solcher Angriffe ermöglicht, um Ausfallzeiten zu verhindern. Werkzeuge von IT Services and Operations Management (ITSOM) sind für die Sicherheit wichtig, da sie alle erforderlichen Informationen über eine Systemlandschaft sammeln, Alerting-Mechanismen bereitstellen und die Verteilung von Sicherheitspatches an alle erforderlichen Systeme unterstützen. Die Ausführung und Wartung sicherer Landschaften erfordert einen Plan. Und angesichts der wachsenden Notwendigkeit, jederzeit und von jedem Standort aus mit Kunden, Partnern und Mitarbeitern zusammenzuarbeiten, ist eine Strategie erforderlich, die die Bedienung und Verwaltung erleichtert. Eine Strategie erfordert einen Plan – einen Gesamtplan und damit eine zentrale Controlling-Instanz, die ausgeführt wird – oder zumindest den Plan auf dem neuesten Stand zu halten, auf den sich jeder beziehen kann. Wenn Kunden viele kleine Kämpfe gegen Schwachstellen ausfechten, werden sie vielleicht ein oder zwei gewinnen, am Ende aber verlieren. Das ist

© Der/die Autor(en), exklusiv lizenziert an Springer Fachmedien Wiesbaden GmbH, ein Teil von Springer Nature 2023
S. Sarferaz, *ERP-Software: Funktionalität und Konzepte*,
https://doi.org/10.1007/978-3-658-40499-4_33

ähnlich wie bei Feuerwehrleute, öffentliche Sicherheit oder sogar Flutszenarien: Alle
wohldurchdachten Einzelaktionen, die gesamte unkoordinierte Hilfe motivierter Bürger
mag vor Ort nützlich sein, aber sie wird nie in der Lage sein, eine gesamte Infrastruktur
oder ein soziales System im Laufe der Zeit sicher zu halten, geschweige denn sie neu
aufzubauen. Daher muss eine Zentrale alle Maßnahmen und Tätigkeiten koordinieren,
um sie so effizient wie möglich, zum richtigen Zeitpunkt und am richtigen Ort bereitzustellen. Daher ist ein solcher Hauptsitz in IT-Landschaften in Form einer zentralen
Lösung für IT Services and Operations Management (ITSOM) erforderlich – insbesondere in SAP-Landschaften, die in vielerlei Hinsicht analog zu den realen sozialen
Systemen und Infrastrukturen aus den vorangegangenen Beispielen sind. Neben dem
Vertrieb von Waren, Daten und Dienstleistungen ist in solchen komplexen Systemen
immer die Sicherheit des Systems ein Anliegen. Wie bei den realen Systemen sind Überwachung und Alarmierung, Softwarelebenszyklus und Softwarelogistik entscheidende
Sicherheitsaspekte. Daher geht es bei der Sicherheit häufig darum, die Landschaft
und ihre Prozesse zu verstehen, sodass es Kunden ermöglicht wird, Probleme schnell
und automatisiert zu erkennen und zu beheben. Es gibt zahlreiche Möglichkeiten, das
große Thema Software-, System- und Landschaftssicherheit anzugehen und zu unter-
gliedern. Zunächst muss sichere Software gebaut werden, dann sichere Systeme und
Systemlandschaften, in denen diese Software läuft, und schließlich müssen diese Landschaften im Betriebsmodus sicher unterhalten werden. In diesen drei Hauptphasen liegt
der Schwerpunkt auf den Aspekten, in denen ITSOM-Tools (IT Services and Operations
Management) einen wesentlichen Beitrag zur Sicherung von Systemlandschaften leisten
(Abb. 33.1).

Natürlich beginnt Sicherheit für Softwaresysteme mit dem, was Entwickler tun. Sie
sind diejenigen, die Code liefern, der mehr oder weniger sicher ist. Sie sind für die
Bereitstellung von Sicherheitskorrekturen sowie für die Vorbereitung von Schnittstellen
für sichere Kommunikation, Monitoring und Alerting zuständig. Entwickler müssen
Fragen beantworten wie: Ist der Code gut gegen Manipulationen und/oder Injections
geschützt? Sollen Schnittstellen sicher sein? Wo sind die Anmeldeinformationen fest
programmiert? Wurden die richtigen Monitoring-Schnittstellen und Alerting-Methoden
implementiert? Die ersten Schritte beim Betrieb einer sicheren Umgebung sind die
Einrichtung sicherer Systeme, Systeminteraktionen und damit Systemlandschaften.
Viele Aufgaben, die nur einmal während des Neuaufbaus, regelmäßig oder kontinuier-

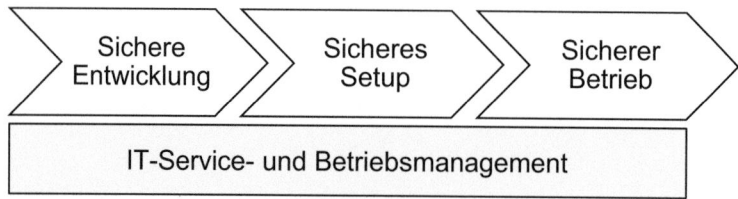

Abb. 33.1   Drei Phasen zur Gewährleistung der Sicherheit

lich, während der Betriebsphase ausgeführt werden müssen, um Sicherheit zu gewährleisten, sollten von einer ITSOM-Lösung verwaltet werden. Das Setup ist eine kritische
Phase, da fehlende Sicherheit häufig unsichtbar ist, insbesondere in einer neuen Systemlandschaft. Wenn die Konfiguration nicht aktiv geprüft wird, werden Sicherheitslücken
in der Regel während des Betriebs entdeckt – oft nachdem bereits einige Schäden vorgenommen wurden. Leistungsstarke ITSOM-Tools sind daher während der Betriebsphase geschäftskritisch. Dies gilt für viele Betriebsaufgaben, von denen viele bei der
Aufrechterhaltung der Sicherheit der betriebenen Landschaft eine entscheidende Rolle
spielen. Was ist eine sichere Konfiguration, wenn Änderungen an ihr nicht bemerkt
werden? Welchen Zweck hat es, Sicherheitskorrekturen zu erhalten, wenn die Kunden
nicht wissen, wie sie sie anwenden sollen oder wie sie ihre potenziellen Auswirkungen
einschätzen können? Hierbei handelt es sich um wiederkehrende Aufgaben für das
IT Services and Operations Management (ITSOM) – die zentrale Verwaltung von
Informationen, die auf potenzielle Schwachstellen und Angriffe hinweisen, sowie die
Koordination und Weiterleitung der entsprechenden Fixes und Defensivmaßnahmen. Der
Zeitablauf ist ein kritischer Sicherheitsfaktor, da die Zeit zwischen dem Auftreten einer
neuen Bedrohung oder Anfälligkeit und ihrer Lösung die Schadenswahrscheinlichkeit
definiert. Daher ist die Einfachheit und Geschwindigkeit, mit der Sicherheitsprobleme
behoben werden können, entscheidend, und die Sicherheit einer Systemlandschaft steigt
direkt proportional zur Geschwindigkeit, mit der Korrekturen in der gesamten Landschaft implementiert werden können. Die Geschwindigkeit der Problembehebung wird
durch eine Reihe von Faktoren beeinflusst, von denen einige im Folgenden aufgezählt
werden:

- Die Homogenität der Landschaft
- Vollständigkeit und Konsistenz der Landschaftsinformationen
- Konsistenz der Methoden zur Problembehebung
- Vollständigkeit und Qualität der Informationen über Landschaftsänderungen

Die Zeit ist natürlich ein kritischer Faktor auf der betriebswirtschaftlichen Seite der
Gleichung. Sicherheitsverletzungen und Serviceausfälle können Unternehmen einen
Umsatz in Millionenhöhe kosten. Durch ein vorbeugendes Netzwerk- und Systemsicher-
heitsmanagement und Desaster-Recovery können Unternehmen diese Verluste vermeiden
und sich zwischen Rentabilität und fehlende Profitabilität entscheiden. Diese Effekte
werden natürlich durch den heutigen Trend zur Cloud verstärkt, der Cloud- und On-
Premise-Landschaften kombiniert und immer mehr Lösungen für den Fernzugriff und
der mobilen Verwendung bietet. Da viele der Mechanismen auch in diesen Szenarien
anwendbar sind, wird nicht zwischen diesen Deployment-Optionen unterschieden.

33.2   Technische Umsetzung

SAP stellt eine *Secure Operations Map* bereit, die die drei oben genannten Phasen abdeckt und als Referenz dient, um die Funktionen der ITSOM-Werkzeuge den Anforderungen für ein sicheres System anzugleichen (Abb. 33.2).

Die Definition von IT Services and Operations Management (ITSOM) deckt die Aufgaben der drei Phasen ab: ITSOM-Tools sind alle Produkte oder Services, die bei der Überwachung einer IT-Landschaft und all ihrer Services sowie der Erkennung von anormalem Verhalten helfen. Alle Produkte, die die Kontrolle über die IT-Infrastruktur (Anlagenmanagement, Änderungsmanagement, Konfigurationsmanagement), Prozesse (Jobeinplanung, Workflow-Management) und Dienstleistungen (Service und Support Desk, Service Level Management, Business Service Management) verbessern, sind Bestandteil der ITSOM-Lösung. Werkzeugseitig sind SAP Solution Manager und SAP Application Lifecyle Management (ALM) im ITSOM-Segment bekannt. Im Hinblick auf die Sicherheit wird es von einer Reihe von Dienstleistungen begleitet, die von der Service- und Supportorganisation von SAP bereitgestellt werden und häufig kontrolliert werden.

Sichere Softwareentwicklung

SAP hat einen sicheren Softwareentwicklungslebenszyklus (Secure Software Development Lifecycle (SDL)) für Softwareentwicklungsprojekte etabliert, der ein Framework für Schulungen, Werkzeuge und Prozesse bereitstellt, die auch von Kunden und Partnern verwendet werden können. Denn Sicherheit ist wichtig für alle, die SAP S/4HANA verwenden, und Services für die Ausführung kritischer Geschäftsprozesse sowie für die

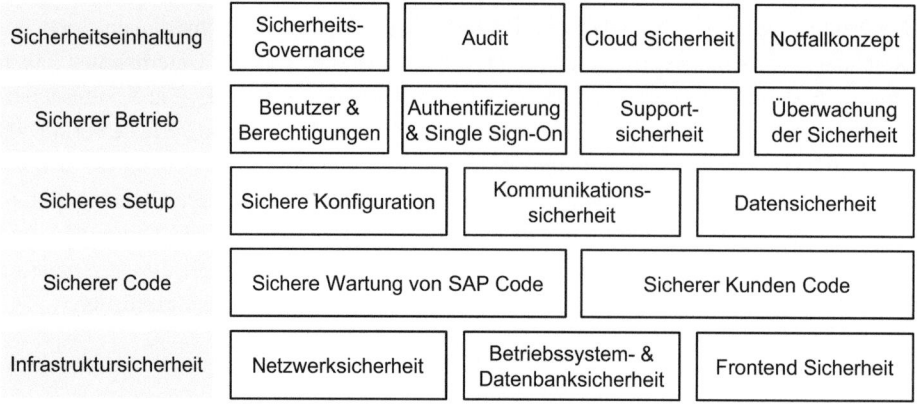

Abb. 33.2 Security Map für Entwicklung und Betrieb

Speicherung und Verarbeitung sensibler Daten nutzen. Sicher entwickelte Software ist eine Voraussetzung für einen sicheren Betrieb. Die Einhaltung des sicheren SDL-Frameworks ist eine Anforderung für alle SAP-S/4HANA-Produktteams, sowohl für On-Premise als auch für die Cloud. Dieser Abschnitt bietet einen Überblick über den sicheren SDL mit Schwerpunkt auf den Bereitstellungsphasen eines Softwareprodukts gemäß der Definition im Standard ISO/IEC 27034-1. Vorbereitung, Entwicklung, Outsourcing, Akquisition und Betriebsübergang werden von diesem Standard abgedeckt. In den Betriebsphasen, in denen die Software konfiguriert und verwendet wird, deckt der Standard auch Aktivitäten wie Softwarewartung, Erweiterungen und Sicherheitsreaktion ab. In diesem Sinne umfasst der sichere SDL die Prozesse, die beschreiben, wie Software entwickelt und gewartet wird. Sicherheit ist für jedes globale Unternehmen ein Hauptanliegen, und daher erwarten Unternehmen solide und sichere Produkte und Cloud-Angebote, auf die sie sich verlassen können. Daher berücksichtigt SAP S/4HANA die Sicherheit während des gesamten Softwareentwicklungslebenszyklus, wie in Abb. 33.3 dargestellt. Um dieses komplexe Thema zu meistern, besteht der sichere SDL aus einer gut gewählten Kombination von Methodiken, Richtlinien, Prozessen und Werkzeugen. Die SAP verbessert diese Richtlinien und Tools kontinuierlich, wenn sich die Technologie weiterentwickelt und sich die Umgebung und die Bedrohungslandschaft weiterentwickeln. Diese Aktivitäten sind stark in das Framework für Idea-to-Market-Prozesse sowie in andere Unternehmensprozesse wie Personalwesen, Produktsupport und Cloud-Betrieb eingebettet.

Sicherheitstraining
Sicherheit ist ein kulturelles und organisatorisches Thema, bei dem alle Mitarbeiter Sicherheitsanforderungen kennen und umsetzen müssen. Daher sind Sicherheitsbewusstsein und regelmäßige rollenspezifische Schulungen für alle Mitarbeiter erforderlich, die an der Entwicklung und Wartung der Softwareprodukte beteiligt sind. Dazu gehören Wissen und Bewusstsein für Bedrohungen, häufige Schwachstellen und Angriffsmuster für Produktmanager und Entwicklungssupport-Rollen. Das Wissen über die Anwendung von Methoden zur Modellierung von Schwellenwerten und Risikobewertungen unterstützt alle Rollen bei der Ableitung und Entscheidung über die Anforderungen an die Anwendungssicherheit sowie bei der Planung entsprechender Anforderungen und Sicherheitskontrollen. Sicherheitsschulungen für Architekten und Entwickler vermitteln ihnen, wie sie sichere Software entwerfen und sicheren Code schreiben. Sicherheitstestmethoden und -werkzeuge werden Entwicklern und Qualitätssicherungsingenieuren gelehrt. Darüber hinaus sind spezielle Schulungsprogramme sowie weitere Lernmöglichkeiten erforderlich, um die Rolle des Sicherheitsexperten zu entwickeln, wie z. B. lokale Sicherheitsbesprechungen. Die Teilnehmer an diesen Schulungen erwerben oder erweitern das Fachwissen und die Fähigkeiten, die erforderlich sind, um Sicherheitsexperten zu werden, und unterstützen ihre Teams bei der Produktplanung, -erstellung und dem -betrieb.

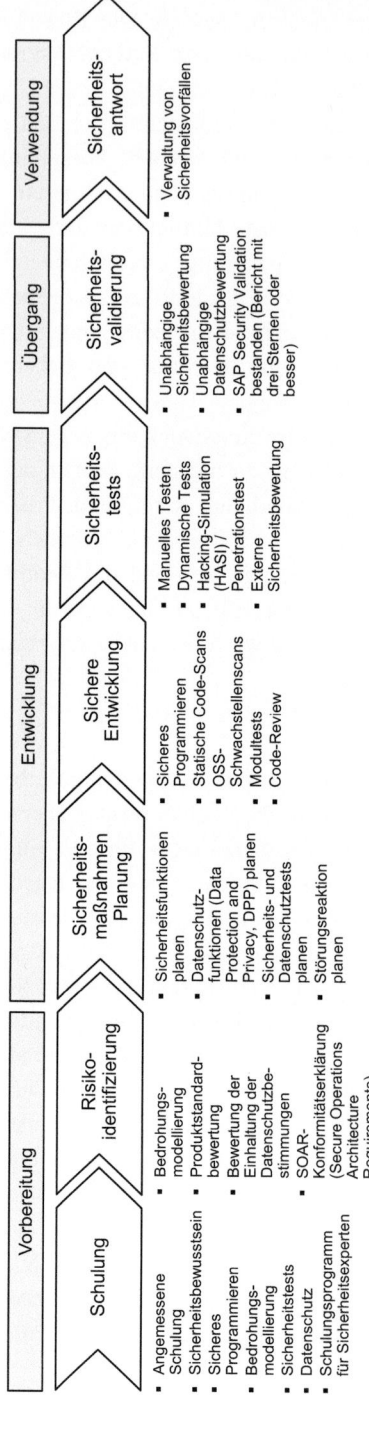

Abb. 33.3 Secure Software Development Lifecycle (SDL)

Gefährdungsidentifizierung

SAP verfolgt einen risikobasierten Ansatz, um Sicherheit innerhalb wirtschaftlicher Grenzen zu erreichen, wobei Zeit und Kosten der Produktbereitstellung und des Betriebs berücksichtigt werden. Dieser risikobasierte Ansatz ermöglicht gezielte Sicherheitsinvestitionen, die alle identifizierten Risiken im Kontext von SAP S/4HANA abdecken. Produktteams führen zu Beginn jedes neuen Softwareentwicklungszyklus eine Bewertung des Sicherheitsrisikos durch, um Risiken zu identifizieren, zu analysieren und ihre Kritikalität zu bewerten. Die geplanten und durchgeführten Sicherheitsmaßnahmen basieren auf den Ergebnissen und Entscheidungen der Risikobewertung. Produktteams müssen zunächst die durch das Produkt verwalteten Assets als Voraussetzung für die Bewertung des Sicherheitsrisikos identifizieren und klassifizieren. Bei diesen Assets kann es sich um verschiedene Arten von Daten handeln, aber auch um die Verfügbarkeit von Geschäftsprozessen, wie sie in den Anwendungsspezifikationen beschrieben werden. Es ist fundiertes Fachwissen erforderlich, um Sicherheitsrisiken aus potenziellen Bedrohungen zu erkennen, diese Risiken zu bewerten und Entscheidungen darüber zu treffen, wie die einzelnen Risiken zu behandeln sind. Produktteams von SAP S/4HANA profitieren von der Verwendung entsprechender Methoden, die sich im Laufe der Zeit im Unternehmen entwickelt haben, wobei die Bedrohungsmodellierung die effektivste ist. Drei Modellierungsvarianten von Risikobewertungsmethoden werden von Entwicklern verwendet. Die erste Variante ist die *Bedrohungsmodellierung auf Produktebene.* Es wendet Bedrohungsmodellierung auf eine breitere Produktpalette und Architektur an, die eine Vielzahl von Teilen und Komponenten umfasst, einschließlich selbstentwickelter, Open-Source-Modulen, ausgelagerter und erworbener Komponenten. Es handelt sich um einen systematischen Ansatz, der einen schnellen Überblick über die wichtigsten Bedrohungen des Produkts und die mit diesen Bedrohungen verbundenen Risiken bietet. Die *szenario-basierte Bedrohungsmodellierung* ist die zweite Art der Bedrohungsmodellierung. Er ähnelt eher dem bekannten Ansatz der Bedrohungsmodellierung, und Produktteams verwenden ihn für eine detaillierte Analyse der Komponenten und unterstützten Szenarien eines bestimmten Produkts. In Fällen, in denen neue geplante Funktionen eine eingehendere Untersuchung erfordern, kann diese detaillierte Bedrohungsmodellierung herangezogen werden, um ausgewählter kritischer Szenarien zu analysieren. Darüber hinaus kann es in der Entwicklung kleiner Anwendungen oder von Produkten mit eingeschränktem Umfang verwendet werden. Die dritte Variante, die als *schnelle Bedrohungsmodellierung* bezeichnet wird, kann als Delta-Bedrohungsmodellierungsansatz angewendet werden. Sie kann herangezogen werden, wenn Anwendungen eine klar definierte Architektur verwenden, die bereits als Bedrohung modelliert wurde, oder wenn eine neue Produktversion ausgewertet werden muss, um festzustellen, ob ein bestehendes Bedrohungsmodell aus einer früheren Version noch zutrifft. Die Modellierung von Schnellbedrohungen basiert auf einem Fragebogen, der bestimmt, ob die Annahmen und Abhängigkeiten von vergangenen Bedrohungsmodellen noch gültig sind. Nach Abschluss der Sicherheitsrisikobewertungen wird ein Produktteam beauftragt, zu ermitteln, welche Risiken eingedämmt und weiter verwaltet werden.

Dies geschieht in der Phase der Sicherheitsplanung. Sicherheitsrisikobewertungen sind eine obligatorische Aufgabe für SAP S/4HANA, die sich an den risikobasierten sicheren SDL halten, unabhängig von den unterstützten Deployment-Modellen.

Sicherheitsmaßnahmen planen

Zusätzlich zu Risikobewertungen müssen Produktteams eine Bewertung der Datenschutz-Compliance durchführen, um Funktionen und Kontrollen, die gesetzlichen Anforderungen wie der EU-Datenschutz-Grundverordnung entsprechen, ordnungsgemäß zu planen. Diese Datenschutz-Evaluierung hat im Gegensatz zum risikobasierten Ansatz für die sichere Softwareentwicklung einen speziellen Compliance-Fokus und erfordert die strikte Einhaltung gesetzlicher Anforderungen wie Datenlöschung oder Einwilligungsmanagement. Die Gewährleistung eines wirksamen Schutzes personen-bezogener Daten durch angemessene Anwendungssicherheitskontrollen ist jedoch ein Thema des Sicherheitsrisikomanagements. Das Produktteam wird gebeten, die für das Produkt geltenden Sicherheits- und Datenschutzanforderungen auf der Grund-lage der Ergebnisse der Risikobewertung und der Datenschutzerklärung abzuleiten. Das Team sollte für jede anwendbare Anforderung eine geeignete Sicherheitskontrolle definieren, die eine Sicherheitsaktivität, eine Verifikationsmessung und die Zeit für deren Anwendung umfasst (Abb. 33.4). Der Sicherheitsplan für das Produkt sollte alle anwendbaren Sicherheitskontrollen enthalten, die das Produktteam implementieren möchte.

Sicherheitskontrollen werden in zwei Typen unterteilt. Zu Beginn sind Sicherheits-funktionen diejenigen, die das Produktteam implementiert, um die Sicherheit innerhalb der Software zu erzwingen, oder die von einer zugrunde liegenden Anwendungsplatt-form verwendet werden. Hier einige Beispiele:

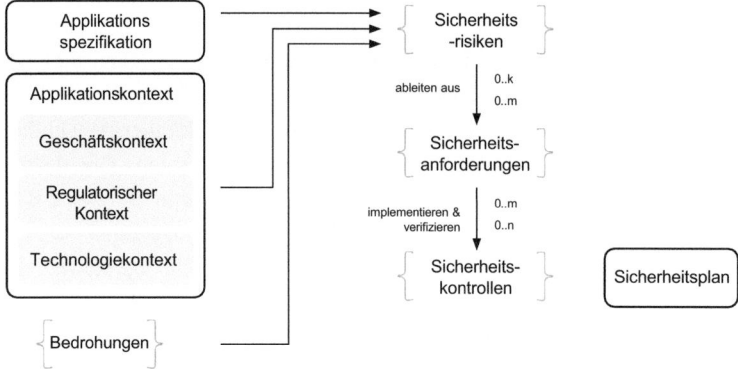

Abb. 33.4 Bedrohungen, Risiken, Anforderungen und Kontrollen

- Die Zugriffskontrolle wird durch Authentifizierungs- und Berechtigungsfunktionen erzwungen.
- Verschlüsselung von sensiblen Daten
- Nachrichtenauthentifizierung und Integritätsschutz
- Schutz vor Click-Jacking, Request-Forgery und sicherem Session-Management
- Protokollierung von Datenzugriffs- und Sicherheitsereignissen

Eine weitere Reihe potenzieller Sicherheitskontrollen wird dadurch definiert, wie ein Team Produktschwachstellen verhindert, um sichere Funktionen bereit zu stellen. Es ist beispielsweise wichtig, fehlerhafte Eingabevalidierungen, beschädigte Speicher, falsch kodierte Ausgaben und Lücken zu beheben. Jede Sicherheitskontrolle umfasst eine oder mehrere Überprüfungsmaßnahmen. Zu den Überprüfungsmaßnahmen gehören beispielsweise:

- Architektur- und Codeprüfungen, mit denen sichergestellt wird, dass das Produktteam Sicherheitskontrollen eingerichtet und korrekt implementiert hat.
- Static-Code-Analyse, die Pfade im Code identifizieren kann, in denen nicht validierte Eingaben ausgegeben werden können, in denen Code oder ungeeignete Datenbankabfragen eingefügt oder Speicherbeschädigungen verursacht werden können.
- Dynamische Sicherheitstests, die ungeschützte Zugriffspfade, indirekte Objektreferenzen oder unerwartete Fehlersituationen offenlegen können, die zu einer Berechtigungsproblemen führen
- Penetrationstests, die den erwarteten Sicherheitsstatus bestätigen oder neue Angriffsvektoren offenlegen können.

SAP's Product Standard Security enthält eine unterstützende Bibliothek mit Sicherheitsanforderungen und Sicherheitskontrollen, die Produktteams verwenden können. Diese Bibliothek enthält eine Reihe von Sicherheitsanforderungen, die von Produktteams verwendet werden können, um Sicherheitsrisiken zu beseitigen. Darüber hinaus bietet sie Orientierungshilfen für geeignete Lösungen und Überprüfungsmethoden. Die Bibliothek, die im Laufe der Zeit angesammelt und gewartet wurde, baut nicht nur auf den Erfahrungen von SAP als Anbieter von On-Premise- und Cloud-Unternehmensanwendungen auf, sondern umfasst auch Inhalte aus wertvollen Quellen von Drittanbietern wie OWASP, SANS und CWE. Die Entwicklung und Pflege eines Sicherheitsplans ist eine Voraussetzung für alle SAP-Standard-Softwareproduktteams. Darüber hinaus werden Prozesse und Pläne für den Umgang mit Sicherheitsschwachstellen, die von Dritten gemeldet werden, bereits nach der Freigabe einer Produktversion aktiviert.

Sichere Entwicklung

Produktteams entwerfen und implementieren die angegebenen Funktionen und nicht-funktionalen Eigenschaften eines Produkts während der Entwicklungsphase. Der SAP Product Standard Security umfasst sichere Designprinzipien wie sicheres

Fehlerbehandlung, eingebettete Sicherheit, nie Sicherheit voraussetzen, Berechtigungsprüfung bei Zugriff auf Daten. SAP S/4HANA Produktentwicklungsteams werden
ermutigt, sichere Programmiertechniken, Bibliotheken und Werkzeuge zu verwenden,
die bei der Vermeidung von Sicherheitsfehlern während der Implementierung helfen.
Ziel ist die Implementierung sicherer Funktionen im gesamten Produkt, einschließlich
Anwendungs- und Sicherheitsfunktionen. Es ist wichtig, dass Funktionen ihre vor-
gesehenen Verhalten entsprechen und keine Schwachstellen enthalten, die ausgenutzt
werden können. Während dieser Phase implementiert das Produktteam Sicherheitskontrollen, die im Sicherheitsplan des Produkts beschrieben sind, z. B. solche, die in die
Software integriert sind. Entwickler führen außerdem Designprüfungen, Code-Reviews,
zusätzliche Bedrohungsmodelle und Statik-Code-Analysen durch. Das Entwicklungs-
team muss sich an den Sicherheitsplan halten, der Pläne für Open-Source-, Outsourcing-
und erworbene Komponenten umfasst.

Sicherheitstests

Produktentwicklungsteams führen eine Reihe von Sicherheitsscans als Teil des sicheren
SDL durch:

- Static-Code-Scans – Die sichere SDL-Methodik erwartet, dass Produktteams zusätzliche Überprüfungen der implementierten Sicherheitskontrollen durch Sicherheitstests
  gemäß dem Sicherheitstestplan durchführen, der im Rahmen des Sicherheitsplans
  des Produkts entwickelt wurde. Das sichere SDL-Framework legt einen Testansatz
  für die Sicherheit fest, der statische und dynamische Testmethoden und -werkzeuge
  intelligent kombiniert. Werkzeuge für statische Anwendungssicherheitstests (SAST)
  sind verfügbar und für die Programmiersprachen von SAP optimiert. Die Entwicklung sollte diese Werkzeuge möglichst direkt in die Tool-Umgebung integrieren
  und täglich nutzen. Wenn dies nicht möglich ist, führt das Projektteam täglich oder
  wöchentlich Statik-Code-Analyzer aus und gibt die Ergebnisse zur sofortigen
  Prüfung und Analyse während der Entwicklungsphase an die Entwickler zurück.
  Mit den Scan-Läufen können geprüfte Ergebnisse automatisch in nachfolgende
  Quellcodescans übertragen werden. Statische Analysen werden in der Regel automatisch durchgeführt, sodass Entwickler große Mengen an Code verarbeiten lassen
  können und möglicherweise viele Probleme mit bestimmten Klassen feststellen
  können. Die Verwendung von Statistik-Code-Scan Tools in von SAP entwickeltem
  Code sowie Prüfungswerkzeuge ist eine erforderliche Kontrolle im sicheren SDL, die
  unabhängig von den identifizierten Risiken ist.
- Open-Source Known Vulnerability Scans – Als Teil des sicheren SDL müssen
  Produktentwicklungsteams ihre verwendeten Open-Source-Komponenten regelmäßig
  auf bekannte Schwachstellen untersuchen und die identifizierten Lücken mit Patches
  auf eine sichere Version zu schließen. Die Verwendung bekannter Open-Source-Tools
  für Schwachstellen-Scans auf Open-Source-Komponenten, die von SAP verwendet

werden, sowie die Prüfung der Ergebnisse sind erforderliche Kontrollen im sicheren SDL.

- Dynamic Static-Code Scans – Darüber hinaus können Projektteams im Rahmen ihres risikobasierten Sicherheitsplans dynamische Anwendungssicherheitstests (DAST) planen und ausführen. Entsprechende Tools unterstützen Entwickler und Qualitätsingenieure bei der dynamischen Traversierung einzelner Teile und Szenarien, die vom Produkt unterstützt werden, bei der Beobachtung des tatsächlichen Anwendungsverhaltens und bei der Ermittlung zusätzlicher Sicherheitslücken. Diese Werkzeuge sind besonders nützlich, um die Interaktion und Integration von Komponenten zu testen, die in verschiedenen Sprachen geschrieben sind, oder um Komponenten einzubinden, die nur als Binärdateien verfügbar sind.

Sicherheitsvalidierung

Die Produktsicherheitsvalidierung gewährleistet, dass SAP S/4HANA die Sicherheitsanforderungen einer realen Implementierung standhalten kann. Das Security Validation Team arbeitet unabhängig von den Entwicklungs- und Produktbereitstellungsteams und dient als Governance-Instanz für den sicheren SDL. Bei der Sicherheitsvalidierung wird überprüft, ob die Entwicklungsteams alle obligatorischen Aufgaben im sicheren SDL abgeschlossen haben und eigene Sicherheitstests durchführen. Anzahl und Umfang dieser Tests variieren je nach Bedeutung und möglichen Auswirkungen von Sicherheitslücken im Produkt auf die Kunden. Der Testumfang kann von einer einfachen Prozessüberprüfung bis hin zu mehreren Tagen aktiver Validierung und Penetrationstests variieren. Der sichere SDL erfordert, dass alle im Innovationszyklus von SAP entwickelten Produkte den Sicherheitsvalidierungsprozess als obligatorischen Schritt durchlaufen.

Sicherheitsantwort

Bei der Entwicklung sicherer Produkte hat die Vermeidung von Sicherheitsschwachstellen höchste Priorität. Selbst die besten Sicherheitsmaßnahmen während der Entwicklung können jedoch nicht das vollständige Fehlen von Fehlern oder Defekten garantieren, insbesondere wenn es um Bedrohungen oder Erkenntnisse geht, die nach der Freigabe eines Produkts entdeckt wurden. Infolgedessen verfügt SAP über einen kritischen Sicherheits-Antwortprozess. Nach der Freigabe eines Produkts oder Service oder einer Erweiterung oder Änderung eines Produkts oder Service muss das Produktteam darauf vorbereitet sein, während der Nutzung Schwachstellenberichte zu erhalten. In einem solchen Fall muss SAP unverzüglich über Kontakte und die erforderlichen technischen Fähigkeiten verfügen, um Schwachstellenberichte zu testen und zu untersuchen und die Schwachstelle entweder zu bestätigen oder abzulehnen. SAP wird aufgefordert, zeitnahe Sicherheitskorrekturen bereitzustellen, um das Problem basierend auf dem Schweregrad eine bestätigte Schwachstelle zu bereinigen. Das SAP Product Security Response Team trägt zur qualitativ hochwertigen Minderung von Sicherheitsschwachstellen in ausgelieferter SAP-Software bei. Dies umfasst Folgendes:

- Überwachung der verantwortlichen Offenlegung von Schwachstellen in SAP-Software, die von Drittanbieterquellen wie Sicherheitsforschern und Hackern gemeldet wurden
- Organisation des monatlichen Security Patch Days
- Krisenmanagement bei Problemen wie Verstößen gegen SAP-Software

Kunden, Partner, Forscher und andere können Schwachstellenberichte über die Online-Support-Tools von SAP oder eine PGP-verschlüsselte E-Mail senden.

33.3 Sicherer Betrieb

Es reicht nicht aus, über sicheren Code zu verfügen, um ein sicheres System auszuführen. Nach der Installation der Software ist die Systemkonfiguration von Anfang an wichtig, um ein sicheres System einzurichten. Während der Setup-Phase können Sicherheitsprobleme auftreten, wenn Systemkomponenten installiert, aber nicht verwendet und nicht geprüft werden. Die sichere Konfiguration umfasst auch die Definition von Sicherheitsstandards für Systeme, mit denen nachfolgende Änderungen validiert werden können. Das laufende operative Geschäft ist der Hauptfokus von SAP Solution Manager und SAP ALM und daher von entscheidender Bedeutung für die Sicherheit des Betriebs. Diese Lösungen bieten den Betreibern in allen ihren Hauptaufgabenbereichen Unterstützung. Sie ermöglichen einen Überblick über die Systemlandschaft und ihren Status, verwalten und überwachen Release- und Patch-Level und vergleichen Konfigurationsänderungen mit der konformen und sicheren Baseline-Konfiguration, die durch Konformitätsaktivitäten definiert und während der Einrichtung festgelegt wurde. Benutzer und Berechtigungen, Authentifizierung und Single Sign-On (SSO) werden in der Regel mit SAP Identity Management abgewickelt. SAP Solution Manager und SAP ALM unterstützen jedoch die Konfigurationsvalidierung, z. B. können Daten aus der Konfigurations- und Änderungsdatenbank verwendet werden, um Abfragen wie *Ermittlung von Benutzern mit Zugriff auf SAP ALL* regelmäßig auszuführen, um die Einhaltung von SAP-Empfehlungen und Unternehmensrichtlinien zu überwachen und zu überprüfen.

Sichere Konfiguration

Basierend auf den in SAP Solution Manager und SAP Application Lifecycle Management (ALM) gesammelten Informationen wird eine Reihe von Services bereitgestellt, um eine sichere Konfiguration bei der Erstkonfiguration des Systems sicherzustellen. Early Watch Alert (EWA) und der detailliertere Security Optimization Service (SOS) vergleichen die Kundeneinstellungen (Konfigurationen und Berechtigungen) mit den von SAP empfohlenen Standards. Basierend auf den Ergebnissen kann eine kundenspezifische Sicherheits-Baseline entwickelt werden, die kundenspezifische Bedingungen und Sicherheitsvorschriften berücksichtigt. Während des Betriebs vorgenommene Änderungen können dann mithilfe der Konfigurationsvalidierung überwacht werden, um sicherzustellen, dass keine unerwünschten Änderungen unbemerkt bleiben. Neben der regelmäßigen Überwachung sollten Kunden die vollständigen SOS- und/oder EWA-Berichte regelmäßig ausführen, um die Landschaftskonformität sicherzustellen, da sich nicht nur die Systeme, sondern auch die Bedrohungslandschaft um die Systeme weiterentwickelt und zusätzliche SAP-Empfehlungen im Laufe der Zeit bereitgestellt werden. SAP Solution Manager und SAP ALM können Änderungen und Konfigurationen für Schnittstellen auf die gleiche Weise überwachen wie für Konfigurationen, und sie können dabei helfen, die richtigen Konfigurationen für die Netzwerkkommunikation mit Konfigurationsvalidierung in Verbindung mit dem Support zu ermitteln. In herkömmlichen Fragen der Netzsicherheit spielt sie jedoch keine Rolle. SAP Cyber Defense & Response Center konzentriert sich auf SAP S/4HANA. Daher werden alle Sicherheitsereignisse und -vorfälle protokolliert und überwacht sowie sicherheitskritische Ereignisse und Vorfälle entsprechend eingedämmt. Dieses Monitoring ist rund um die Uhr an sieben Tagen in der Woche mit einem durchgängigen Service zur Bearbeitung von Sicherheitsvorfällen verfügbar. Es ist auch möglich, ausgefeilte Angriffe manuell zu identifizieren und zu analysieren. Dies wird meist bei komplexen Angriffen durchgeführt, um den Angreifer zu identifizieren und zukünftige Angriffe zu verhindern oder um ähnliche Angriffe schneller zu erkennen und geeignete Sicherheitsvorkehrungen zu treffen, um besser geschützt zu sein. Darüber hinaus stellt SAP einen Prozess bereit, mit dem Kunden Sicherheitsvorfälle melden können.

Monitoring und Support

Supportsicherheit definiert die Richtlinien für Support-Mitarbeiter, sichere Support-Verbindungen zu Kundensystemen und Support-Benutzerrollen, Konten und Berechtigungen. SAP ALM kann die Umsetzung dieser Richtlinien durch die in Benutzer und Berechtigungen, Authentifizierung und Single Sign-On (SSO) beschriebenen Mechanismen unterstützen. Angesichts der wachsenden Nachfrage nach Datenschutz erweitert diese Richtliniendurchsetzung die Systemlandschaft um eine zusätzliche Sicherheits- und Vertraulichkeitsschicht. Das Hauptaugenmerk der Kunden liegt auf dem laufenden Prozess der Überprüfung und Überwachung der Sicherheit. Es ist auch ein geschäftskritischer Bereich für SAP Solution Manager und SAP ALM, da sie die Zusammenarbeit zwischen dem Operations Control Center (OCC) und dem Innovation Control Center (ICC) auf Kundenseite und dem Mission Control Center (MCC) auf SAP-Seite erleichtern. Der SAP Solution Manager und SAP ALM können als zentrale Instanz für alle Monitoring- und Alerting-Informationen im OCC des Kunden verwendet werden. Im Idealfall sollten die Fälle spezifiziert werden, in denen eingehende Alerts direkt und automatisch das MCC bei SAP auslösen. Auch hier sind die

Informationen in der Konfigurations- und Änderungsdatenbank, die auf unerwartete Konfigurationsänderungen in der Landschaft hinweisen, meist sicherheitsrelevant. Diese Änderungen werden von der Erweiterung *Enterprise Threat Detection* von SAP Solution Manager erkannt und benachrichtigt. Periodische Prüfungen der Landschaft gegen die Konfigurationsvalidierungsdaten bestätigen, ob die Systeme noch der Baseline-Konfiguration entsprechen, die während der Setup-Phase definiert und implementiert wurde. Diese Funktion von SAP Solution Manager und SAP ALM unterstützt Kunden bei der Aufrechterhaltung eines hohen Sicherheitsniveaus während des Produktivbetriebs. Basierend auf einer kontinuierlichen Überwachung kann eine einzelne Indikation bereits einen potenziellen Eingriff andeuten und dem Administrator die Möglichkeit geben, Gegenmaßnahmen zu aktivieren. SAP Solution Manager und SAP ALM bearbeiten auch Probleme und Störungen und stellen kontextsensitive empfohlene Aktionen (Guided Procedures) für diese Fälle bereit. Damit spielen diese Lösungen eine wichtige Rolle im Sicherheitskonzept.

Landschaftsarchitektur

Um den sicheren Betrieb einer Plattform wie SAP S/4HANA zu gewährleisten, hat SAP eine technisch robuste Sicherheitsarchitektur in Betracht gezogen, die die Daten und Zuständigkeiten trennt. Andererseits nutzt SAP auch eine Trennung zwischen Netzwerk und Kunde und baut eine Schicht dazwischen auf, um Schwachstellen zu vermeiden. Darüber hinaus verwendet SAP viele Tests, Hacking-Simulationen und Scans, um Sicherheit zu gewährleisten. Weiterhin werden Sicherungs- und Wiederherstellungsmechanismen herangezogen. Die Mehrmandantenfähigkeit ermöglicht es Kunden, Hardware gemeinsam zu nutzen, ohne den Datenschutz zu verletzen. Die Kundenisolierung erfolgt auf Anwendungsebene mithilfe von Sicherheitsgruppen, wobei jeder Kunde nur Teil einer Sicherheitsgruppe sein kann. Die Mandantenisolation ist in SAP HANA auf Datenbankebene integriert. Mit diesen Sicherheitsgruppen ist es möglich, die Kommunikation zwischen dem Qualitätssicherungssystem (Q-Instanz) und dem Produktivsystem (P-Instanz) herzustellen. SAP kann nur über einen Administrator und eine Multifaktorauthentifizierung Zugriff auf Daten und das System erhalten. Dies verhindert die Verwendung von gehackten Administratorkonten und schützt die Daten und das System. Dies wird auch verwendet, um zentrale Lifecycle-Management-Tools zum Schutz und zur Wartung der Cloud auszuführen. Die Informationen aus der Überwachung, Vorfälle und Health Checks werden jedoch automatisch im SAP-Netzwerk berücksichtigt, um die Systeme zu schützen und bei Bedarf proaktiv zu pflegen. Der Zugriff der Kunden auf Cloud-Anwendungen über das Internet ist eine der wichtigsten Sicherheitsprobleme. SAP S/4HANA Cloud Anwendungen können von überall über HTTPS konsumiert werden, wobei Kunden Zugriff über einen zentralen Load Balancer und Web Dispatcher haben. Es gibt zwei Schnittstellen: die UI-Schnittstelle, auf der der Endbenutzer über eine Benutzungsoberfläche mit dem System arbeiten kann, und eine

API-Schnittstelle, die für die Kommunikation zwischen Systemen verwendet wird. Der Web Dispatcher steuert den Nachrichtenverkehr, um z. B. verteilte Denial-of-Service-Angriffe (DDoS) zu vermeiden. Um die Sicherheit von Anwendungen und Infrastruktur zu gewährleisten, müssen diese auch kontinuierlich überprüft werden. Dabei werden verschiedene Sicherheitstests wie Penetrationstests oder Hacking-Simulationen auf kritischen Komponenten durchgeführt.

Sicherheit von Rechenzentren

Da SAP S/4HANA auch ein Cloud-Produkt ist, muss die Sicherheit der Rechenzentren weltweit jederzeit gewährleistet werden. Es gibt fünf wichtige Bereiche, die in diesem Zusammenhang abgedeckt werden: physische Sicherheit, Netzwerksicherheit, Sicherung und Wiederherstellung, Compliance und Vertraulichkeit sowie Integrität. Physische Sicherheit bezeichnet den Schutz von Servern, Computern und Medien vor physischen Bedrohungen durch Dritte oder Naturkatastrophen. Dazu gehört unter anderem die Überwachung im und um das Rechenzentrum mittels Überwachungskameras, Bewegungssensoren und Infrarotsensoren. Diese Dienstprogramme sollten unzulässigen Zugriff auf Rechenzentren anzeigen und protokollieren, damit das Sicherheitspersonal geeignete Gegenmaßnahmen ergreifen kann. Darüber hinaus erfordert dies, dass das Rechenzentrum ständig von Sicherheitspersonal überwacht und geschützt wird. Um unbefugten Zugang zu verhindern, können auch biometrische Sensoren oder Zutrittskartenleser eingesetzt werden. Die Stromversorgung muss immer gewährleistet werden, damit die Anwendungsservices verfügbar sind und keine Daten verloren gehen. Wird die Stromversorgung unterbrochen, muss dies durch Generatoren kompensiert werden. Weitere physische Bedrohungen umfassen natürliche Gefahren wie Überschwemmungen, Feuer, extreme Hitze und Kälte. Gegenmaßnahmen sind beispielsweise die Verstärkung der Fassade des Rechenzentrums, die Installation von Lüftungs- und Wassersprinklern und die Überwachung der Temperatur im Rechenzentrum. Da die Computer von überall auf der Welt aus erreichbar sind, müssen auch die Verbindungen überwacht und verwaltet werden. SAP verwendet Datenverschlüsselung in der Transportschicht (256 Bit), um diese Sicherheit bereitzustellen, verwendet mehrere Firewalls, um das interne Netzwerk vor Angriffen zu schützen, setzt Reverse-Proxy-Farmen für verschleierte Netzwerktopologie ein, und Netzwerkvorgänge werden ständig überwacht. Wenn ein System ausfällt, sind Sicherungen erforderlich, um verlorene Daten wiederherzustellen. SAP führt eine tägliche Sicherung durch, in der alle Daten gesichert werden. Dazu gehören auch Protokolldateisicherungen, die alle zwei Stunden repliziert werden. Wenn ein Rechenzentrum beispielsweise durch einen Brand vollständig zusammenbricht, können Sicherungen von einem anderen Rechenzentrum bezogen werden, da SAP Sicherungen in mehreren geografisch getrennten Rechenzentren speichert. Es werden auch zeitpunktbezogene Wiederherstellungen bereitgestellt. Sicherungen hingegen haben eine Aufbewahrungszeit von vier Wochen für Produktivsysteme und von zwei Wochen für nicht produktive Systeme. SAP ermöglicht die Identifizierung von Geschäftsvorfällen und deren Verfolgung bis hin zu den zugrunde liegenden Ursprungs- belegen. In SAP S/4HANA ist es beispielsweise nicht möglich, buchungsrelevante Daten zu löschen, aber Finanzdaten können natürlich geändert werden. Alle Änderungen an diesen Daten werden jedoch protokolliert und die Historie wird gesichert. Benutzer haben oft Zugriff auf mehr Daten und Funktionen in Anwendungen, als sie benötigen. Dies ist ein wesentliches Sicherheitsproblem, da Benutzer so Zugriff auf sensible Daten und Funktionen haben können. SAP hat hierfür einen rollenbasierten Zugriff, d. h. ein Benutzer kann nur die Funktionen und Daten nutzen, die von der Rolle zugelassen sind. Daher ist der Zugriff der Benutzer auf Anwendungsfunktionen auf das beschränkt, was sie für ihre Aufgaben benötigen. Benutzeraktivitäten können auch überwacht werden, um ungewöhnliches Verhalten zu erkennen und in kritischen Fällen angemessen zu reagieren. Der Kunde ist der Eigentümer der Daten und kann beispielsweise seine Kundendaten extrahieren oder über schreibgeschützte Berechtigungen nach Ablauf des Vertrags darauf zugreifen. Kundendaten können nur mit Erlaubnis des Kunden gelöscht werden. Durch eine proaktive, automatisierte Systemüberwachung kann SAP S/4HANA die Datenintegrität und -verfügbarkeit sicherstellen.

33.4   Fazit

SAP ist bestrebt, Daten und Services mit dem SAP S/4HANA Sicherheitskonzept so weit wie möglich zu schützen. Einerseits schützt SAP Daten Dritter, Daten aus dem Unternehmen und Daten von SAP selbst. Das größte Risiko stellen jedoch die Mit- arbeiter und Endanwender selbst, und keine Software ist völlig sicher. SAP Solution Manager und SAP ALM bilden den Schwerpunkt für eine Vielzahl von Aufgaben und Aktivitäten, die im Mittelpunkt der Verwaltung einer hochkomplexen SAP S/4HANA Systemlandschaft stehen. Diese Lösungen sind die Werkzeuge, um eine sichere Systemlandschaft zu definieren, zu implementieren und zu warten. Die Sicherheit von Systemlandschaften ist einer der Aspekte, die solche zentralen Verwaltungswerkzeuge gewährleisten. Insgesamt handelt es sich bei diesen Betriebslösungen um ein leistungs- fähiges ITSOM-Tool.

Globalisierung und Lokalisierung

34

Das Kapitel erläutert die Konzepte und Frameworks für die Globalisierung und Lokalisierung in SAP S/4HANA, um länderspezifische Vorschriften, Sprachen, Währungen, Kalender und Zeitzonen zu ermöglichen. Insbesondere werden das erweiterte Compliance-Reporting, die Dokument-Compliance und das Lokalisierungs-Toolkit erklärt.

34.1 Betriebswirtschaftliche Anforderung

Globalisierung bezieht sich auf Aktivität, die die Menschen, Kulturen und Volkswirtschaften verschiedener Länder einander näherbringt. In der Geschäftswelt zielt die Globalisierung auf Praktiken ab, die es Unternehmen ermöglichen, sich weltweit besser mit ihren Kunden zu vernetzen. Dazu gehören alle Aspekte von der Produktgestaltung bis zur Vermarktung auf verschiedenen nationalen Märkten. Durch die zunehmende Globalisierung ergreifen immer mehr Firmen die Gelegenheit, ihr Unternehmen global aufzustellen. Unternehmen, die expandieren möchten, haben eine Vielzahl von Optionen zur Verfügung, die vom Zugriff auf einen globalen Talentpool bis hin zu einer größeren Menge an Informationen und Kunden reichen, die zur Positionierung eines Unternehmens herangezogen werden können. Globalisierung bezieht sich in erster Linie auf die Strategie des Ausbaus von Geschäften über nationale Grenzen hinaus. Sie umfasst die Prozesse, die über internationales Recht sowie lokale Vorschriften anleiten, wie ein multinationales Geschäftsumfeld geschaffen werden kann und wie man sich mit internationalen Partnern vernetzen kann, um die Erfolgschancen zu verbessern. In der Vergangenheit war die Globalisierung stärker mit großen, komplexen Unternehmen verbunden. Doch aufgrund neuer Märkte, ausländischer Investitionen, Möglichkeiten zur Einsparung von Steuern, Zugang zu Talenten und Wettbewerbsvorteilen werden immer

© Der/die Autor(en), exklusiv lizenziert an Springer Fachmedien Wiesbaden GmbH, ein Teil von Springer Nature 2023
S. Sarferaz, *ERP-Software: Funktionalität und Konzepte*,
https://doi.org/10.1007/978-3-658-40499-4_34

mehr Unternehmen jeder Größe weltweit tätig. Nicht zuletzt haben Fortschritte bei digitalen Technologien dazu geführt, dass sie globaler werden konnten. Da es leichter wird, neue Märkte zu erschließen, wird es mehr Produktnischen geben, die genutzt werden können – und neue Kunden, die sich für sie interessieren. Ein globaler Ansatz erfordert jedoch eine umfangreiche Planung. Die Lokalisierung des Produkts ist der wichtigste Schritt in diesem Prozess. Damit geht die Lokalisierung mit der Globalisierung einher. Der Prozess der Anpassung eines Produkts an einen bestimmten Zielmarkt wird Lokalisierung genannt. Es geht über das bloße Übersetzen der Inhalte hinaus. Um ein Produkt zu schaffen, das den Erwartungen der Einheimischen entspricht, müssen Faktoren wie Kultur, Religion und lokale Präferenzen berücksichtigt werden. Die Lokalisierung umfasst das Anpassen vieler Elemente wie Währung, Zeitformat, Farben, Symbole und alle anderen Aspekte von Produkten, die für die Zielgruppe fremd erscheinen können. Dies tritt in der Regel nach der Internationalisierung auf. Während die Internationalisierung ein Produkt schafft, das in vielen verschiedenen Ländern leicht an verschiedene Zielgruppen angepasst werden kann, nimmt die Lokalisierung dieses Produkt in Anspruch und macht es für einen Binnenmarkt äußerst relevant.

Unternehmen müssen gesetzliche Vorschriften rechtzeitig einhalten oder hohe Geldbußen zahlen oder sogar die Geschäftstätigkeit auf diesem Markt einstellen. Typischerweise muss regelmäßige Steueranmeldung bei den Finanzbehörden erfolgen oder in einigen Fällen das Generieren elektronischer Rechnungen, die mit den lokalen Behörden geteilt werden müssen. Viele der Kunden/Interessenten verfügen über eine heterogene Systemlandschaft, und es gibt keinen zentralen Datenpool, um solche komplexe Anforderungen umzusetzen, was umgekehrt einen enormen Abstimmungsaufwand mit sich bringt. Abb. 34.1 zeigt einige Beispiele für Globalisierung und Lokalisierung, mit denen Unternehmen zu kämpfen haben. Unternehmen müssen die Landessprache unterstützen – nicht nur in der Software, sondern auch im System

Abb. 34.1 Beispiele für Bereiche, die von der Globalisierung/Lokalisierung betroffen sind

generierte Dokumente, die mit verschiedenen Behörden und Partnern geteilt werden. Steuern sind ein weiteres Beispiel für Lokalisierung und Globalisierung, z. B. gibt es in den USA über 10.000 Steuergesetzgebungen, die für die verschiedenen Transaktionen berücksichtigt werden müssen. Das Meldewesen ist eine weitere Beispiel, da Unternehmen zeitnahe Abschlüsse und Steuererklärungen einreichen müssen. Globalisierung, Internationalisierung und Lokalisierung haben also alle unterschiedliche Merkmale. Bei der Expansion in aufstrebende Märkte ist jedoch jedes dieser Konzepte gleichermaßen wichtig. Das Ignorieren diese Aspekte könnte dazu führen, dass die Entwicklung einer starken globalen Marke hinausgezögert wird.

34.2 Technische Umsetzung

SAP S/4HANA unterstützt Unternehmen dabei, ihre Geschäftsprozesse weltweit zu skalieren. Die Fähigkeit von SAP S/4HANA, von multinationalen Unternehmen genutzt zu werden, wird als Globalisierung bezeichnet. Die Globalisierung umfasst sowohl die Sprachunterstützung als auch die Unterstützung lokaler Vorschriften wie der Steuerverwaltung. Letztere wird Lokalisierung genannt. SAP verfügt über mehr als 40 Jahre Erfahrung in der Entwicklung von ERP-Software, die in verschiedenen Branchen und Ländern eingesetzt wird. Im Rahmen der Internationalisierungsstandards von SAP I18N unterstützt SAP S/4HANA mehrere Sprachen, Währungen, Kalender und Zeitzonen, um den globalen Markt zu erreichen. Aufgrund der Entwicklung und häufigen Änderungen von Gesetzen und Vorschriften in verschiedenen Ländern sowie unterschiedlicher Geschäftspraktiken auf der ganzen Welt ist die Produktlokalisierung von entscheidender Bedeutung, wenn Unternehmen auf dem internationalen Markt erfolgreich sein möchten. SAP S/4HANA unterstützt 131 Länder, die über 1500 gesetzliche Änderungen bereitgestellt haben, bietet 64 lokale Versionen in 42 verschiedenen Sprachen mit spezifischen Lokalisierungs- und gesetzlichen Funktionen für Länder und Regionen in SAP S/4HANA On-Premise und 43 lokale Versionen in SAP S/4HANA Cloud, mit dem Ziel, eine Parität der Lokalisierung zwischen der Cloud- und On-Premise-Edition zu erreichen. Lokalisierte Geschäftslogik wie Steuerberechnungen und Berichtsfunktionen werden lokalisierten Versionen für Anwendungsbereiche wie Finanzbuchhaltung, Anlagenbuchhaltung, Besteuerung, Kunden-/Lieferantenrechnung, Beschaffung und Verkauf oder Stammdatenvalidierungen hinzugefügt. Lokalisierungsfunktionen werden in der Regel zu den Standardfunktionen hinzugefügt und sind tief in die Anwendungslogik integriert. SAP S/4HANA unterstützt die Globalisierung und Lokalisierung durch die drei in Abb. 34.2 dargestellten Bereiche.

Sprachen decken nicht nur das Produkt ab, sondern auch die Dokumentation, Begleitmaterialien und Kundenkommunikation werden in der lokalen Amtssprache angeboten. Die funktionale Lokalisierung bietet vorkonfigurierte lokale bewährte Geschäftsverfahren, die den gesetzlichen Anforderungen und dem gesetzlichen Meldewesen entsprechen. Somit ist der Informationsaustausch zwischen Unternehmen und Behörden

... die Grundlage für globalisierte, lokalisierte und funktionierende Lösungen.

Abb. 34.2   SAP S/4HANA – Bereiche Globalisierung und Lokalisierung

überall dort gewährleistet, wo sie benötigt werden. Die Internationalisierung ermöglicht die Unterstützung mehrerer Sprachen, mehrere Währungen und die Möglichkeit, verschiedene Kalender/Zeitzonen zu verarbeiten. Die wichtigsten Anwendungen und Frameworks für die Lokalisierung werden in den nächsten Abschnitten beispielhaft erläutert.

Globale Steuerverwaltung

Die Verwaltung indirekter Steuern wie Umsatzsteuer, GST, Verkaufssteuern und Verbrauchssteuern ist für viele Unternehmen zu einer große Herausforderung geworden, da Regierungen auf der ganzen Welt begonnen haben, immer komplexere Kontrollen einzuführen. Die Behörden haben dies nicht nur durch die Prüfung steuerlich relevanter Daten, sondern auch durch die Einführung immer mehr transaktionaler Verpflichtungen im Zusammenhang mit Liefernachweisen, durch Online-Registrierung der Steuerpflichtigen oder sogar durch Echtzeiteinreichung erreicht. Daher müssen Unternehmen sicherstellen, dass ihre Unternehmenssoftware steuerlich relevante Einheiten korrekt modelliert, präzise transaktionale Steuerentscheidungen trifft, Steuerinformationen in Echtzeit übermittelt und Daten für ein konsistentes Steuerberichtswesen revisionssicher aufzeichnet. Skalierbare Lösungen, die durch Automatisierung und Kontrollen maximale Effizienz bieten und es globalen Unternehmen erlauben, potenzielle Compliance-Risiken effektiv zu verwalten, sind erforderlich. SAP S/4HANA löst diese Herausforderungen, indem es eine globale Steuerverwaltung anbietet. Da Finanzorganisationen ihre Geschäftsabläufe im Blick haben und verfolgen Änderungen an der Rechnungsstellung, der Erhebung, der Zahlung und der Steuermeldung, begleiten diese Lösungen Unternehmen auf ihrem Weg zur Steuertransformation. Diese Funktionen sind auf die Bedürfnisse von Steuerfachleuten zugeschnitten, wobei der Schwerpunkt auf vier Schlüsselbereichen der indirekten

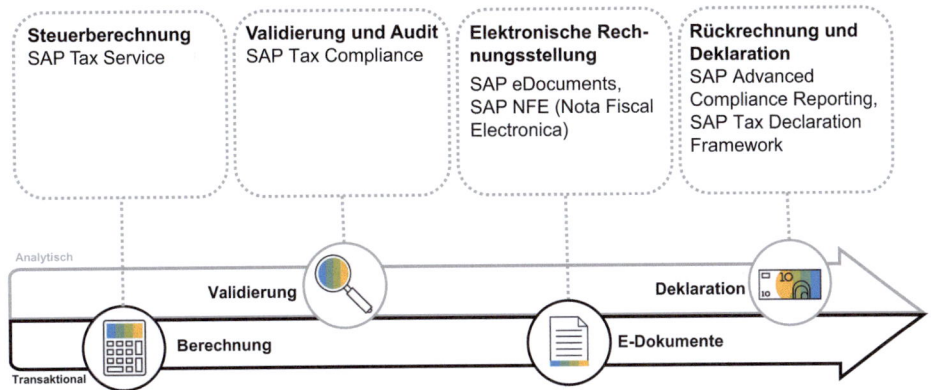

Abb. 34.3 SAP S/4HANA – Global Tax Management

Steuerverwaltung liegt: Steuerermittlung, Einhaltung elektronischer Dokumente, Reporting zur Compliance und Steuerverwaltung. SAP Global Tax Management ist eine umfassende Lösung zur Verwaltung indirekter Steuern. Dies dient als zentraler Datenpool, wie in Abb. 34.3 dargestellt. Es gibt viele Länder, die Vorschriften haben, um Systeme zur Steuerhinterziehung oder ungenaue Meldungen von Informationen zu identifizieren. Einige fordern sogar Auditdateien mit Originalbelegen auf Positionsebene und in einigen Fällen unterstützende Daten wie Kontoauszüge, Bestände oder sogar Produktionsaufträge an. Dadurch erhalten die Behörden nahezu volle Transparenz über die Steuerzahler.

Um Unternehmen dabei zu unterstützen, Prüfungen zu bestehen und alle gesetzlichen Vorschriften einzuhalten, verfügt SAP S/4HANA über eine vollständige Lösung, die die Steuerberechnung mit SAP Tax Service, die Validierung und Prüfung durch SAP Tax Compliance abdeckt, die Erstellung spezifischer elektronischer Rechnungen, z. B. SAP eDocuments, SAP Nota Fiscal Eletronica für Brasilien und Compliance-Reporting mit SAP Advanced Compliance Reporting und SAP Tax Declaration Framework. Kunden können viele dieser Services weiter anpassen, um ihre individuellen Anforderungen zu erfüllen.

Globale Zahlungen

In den letzten Jahren wurde versucht, bankspezifische Formate durch XML-Standard-formate zu ersetzen, die von ISO 20022 definiert wurden. Leider bestehen trotz der Tatsache, dass ISO 20022 die Standardisierung durch die Definition der Struktur dieser Formate erhöht hat, weiterhin Unterschiede. Einige Länder verwenden beispielsweise immer noch nur einen Teil der Struktur oder erwarten, dass dieselben Informationen in verschiedenen Teilen der Struktur gespeichert werden. Zahlungszweckcodes werden beispielsweise verwendet, um die Art der Zahlung (Gehaltszahlungen und Zahlungen für Dienstleistungen) zu kategorisieren. Diese Informationen können in einigen Ländern unter der Überschrift *Unstrukturierte Überweisungsinformationen RmtInf>Ustrd>* gespeichert werden, in anderen unter der Überschrift *Meldewesen RgltryRptg>* oder *Anweisung für Schuldneragent InstrForDbtrAgt>*. Basierend auf der Initiative *Common Global Implementation (CGI)* mit länderspezifischen Änderungen stellt SAP S/4HANA vordefinierte ISO-20022-Zahlungsformatvorlagen für jedes lokalisierte Land bereit. Überweisungen und Lastschriftformate sind verfügbar. Es stehen auch lokale Länderformate zur Verfügung, z. B. FEBRA-BAN in Brasilien oder Bacs im Vereinigten Königreich.

Manchmal muss das SAP-Vorlagenformat geändert oder ein neues Format angelegt werden. *Formatdaten zuordnen* ist eine erweiterte Anwendungsfunktion, mit der Struktur und Logik ohne Programmierung definiert oder neu erzeugt werden können. Abb. 34.4 zeigt das Übersichtsbild der Funktion Formatdaten zuordnen. Die Anwendung ermöglicht es, mit einer vorhandenen Vorlage zu beginnen und die Struktur und Logik des Formats neu zu strukturieren. Das Tool führt dann Konsistenzprüfungen durch, um Fehler zu vermeiden. Es erleichtert auch das Herunterladen der Formatdefinition und

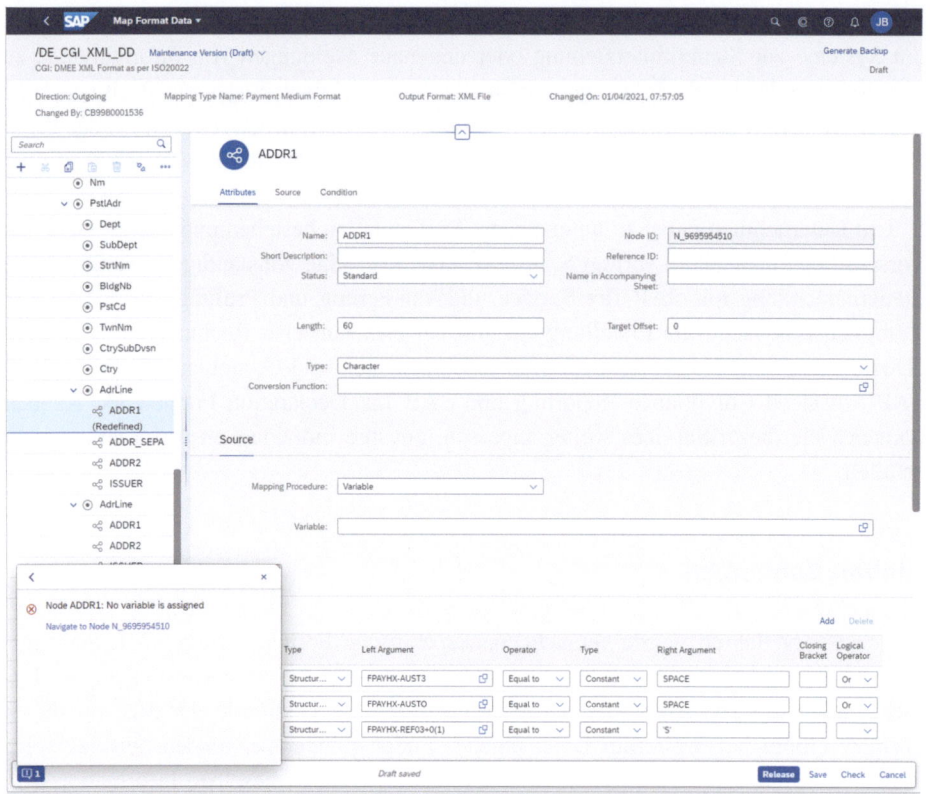

Abb. 34.4 SAP S/4HANA – Formatdaten für globale Zahlungszuordnung

deren Verwendung in einem anderen SAP S/4HANA System. Die Anwendung ermöglicht die Implementierung schnellerer und weniger komplizierter Zahlungsformate durch verbesserte Vorlagen und ein einfacheres Werkzeug zum Ändern oder Anlegen neuer Formate.

Compliance für Berichte

Globale Unternehmen müssen häufig zeitaufwendige Compliance-Prozesse analysieren und nachverfolgen. Aufgrund der Digitalisierung und einer sich rasch wandelnden Wirtschaft haben sich gesetzliche Vorschriften und Compliance-Anforderungen im Bereich des Reportings, wie Umsatzsteuer/GST, Zusammenfassende Meldung, SAF-T/Audit, Steuereinbehaltung und Hauptbuch-Berichte, länderübergreifend entwickelt. SAP Advanced Compliance Reporting ist eine globale Lösung für das gesetzliche Reporting, die länderspezifische Berichtsanforderungen erfüllt. SAP Advanced Compliance Reporting besteht aus zwei Anwendungen: Erweiterte gesetzliche Berichte ausführen und Gesetzliche Berichte definieren. SAP hat mehr als 240 Berichte ausgeliefert, die mit der Anwendung *Erweiterte gesetzliche Berichte ausführen* verwendet werden können, um Berichtsanforderungen auf der ganzen Welt zu erfüllen. Die Anwendung *Erweiterte gesetzliche Berichte ausführen* unterstützt nicht nur die Berichtsgenerierung, sondern ermöglicht auch manuelle Anpassungen an vorbereiteten Dateien, benachrichtigt über bevorstehende Fälligkeitstermine, hilft dabei, alle Aufgaben ganzheitlich anzuzeigen und stellt eine direkte Verbindung zu Behörden her, um gesetzliche Berichte online einzureichen. Die Anwendung *Gesetzliche Berichte definieren* erleichtert die Implementierung von Berichtsanforderungen in einem Land, die noch nicht in SAP S/4HANA lokalisiert wurden. Um sich ständig ändernden gesetzlichen Anforderungen zu entsprechen, können Kunden entweder einen eigenen Bericht anlegen oder einen Standardbericht erweitern. Abb. 34.5 zeigt das allgemeine Layout der Anwendung *Erweiterte gesetzliche Berichte ausführen*, die eine Liste der Berichte anzeigt, die zur Einreichung anstehen.

Wie in Abb. 34.6 dargestellt, basiert die Architektur von SAP Advanced Compliance Reporting auf drei Komponenten: Prozesskonfiguration, Berichtsdefinition und Berichtslauf. CDS-Views, ABAP-Klassenmethoden und analytische Abfragen werden verwendet, um Anwendungsdaten zu konsumieren. Der Knowledge Provider (KPro) dient der zentralen Ablage generierter Dokumente und ermöglicht die Integration eines kundenspezifischen Dokumentenverwaltungssystems. Für die Generierung von PDF-Dokumenten werden Adobe-Formulare verwendet. Der Bericht wird vorbereitet, generiert und mithilfe des Berichtslaufs elektronisch an eine Behörde gesendet. Embedded Analytics ist in das SAP Advanced Compliance Reporting Framework integriert, um einem Prüfer z. B. dabei zu helfen, die in den Berichten angezeigten Daten zu verstehen und zu erläutern. Hier können Benutzer einen Drilldown zu den Daten durchführen, die gelesen wurden, um den Bericht zu generieren, unabhängig davon, ob es sich um einen Einzelpostenbericht (z. B. eine Audit-datei) oder um einen

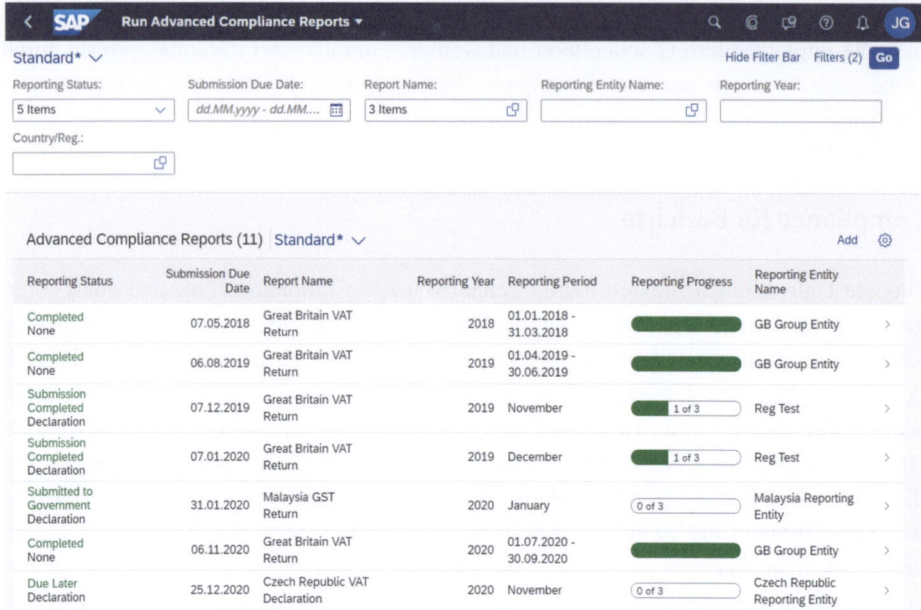

Abb. 34.5   SAP Advanced Compliance Reporting

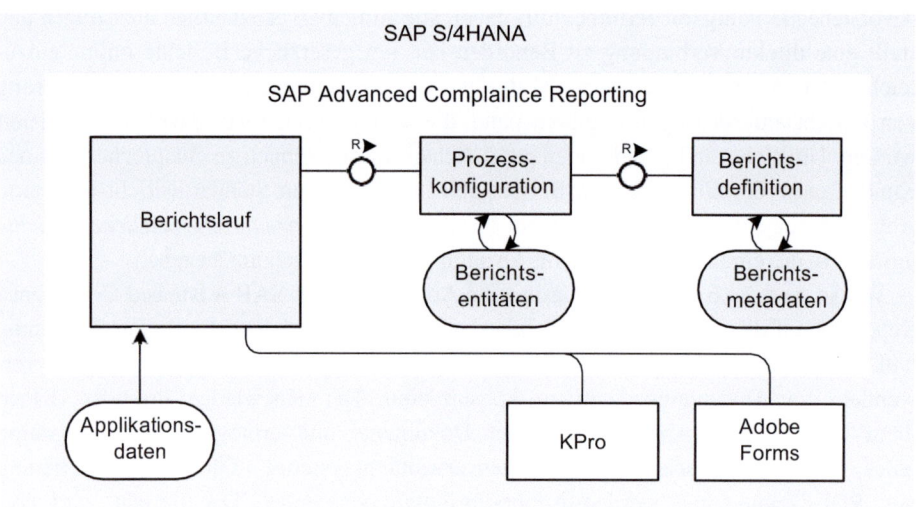

Abb. 34.6   SAP Advanced Compliance Reports – Architektur

Summenbericht handelt. SAP Advanced Compliance Reporting enthält eine Workflow-Funktion, die Berichte vereinfacht, die zur Genehmigung gesendet werden müssen, bevor sie an eine Behörde gesendet werden. Die Komponente zur Berichtsdefinition enthält die SAP Fiori App zum Erstellen von Berichten. Das Framework behandelt die meisten Aspekte, die sich auf Anwendungsbenutzer beziehen, sodass sich der Anwendungsentwickler auf die Reporting-Anforderungen konzentrieren kann. In der Prozesskonfiguration gibt ein Anwendungsexperte an, welche Berichte für welche meldende Einheit wann eingereicht werden sollen. Zur Laufzeit werden auf Basis dieser Konfiguration Meldeaufgaben generiert, die den Anwendungsbenutzer auffordern, einen Bericht zu generieren. Für jeden Bericht kann eine zusätzliche berichtsspezifische Datenklassifizierung und -aggregation erforderlich sein, z. B. die Aggregation von Steuereinzelposten mit kundenspezifischen Steuerkennzeichen in Steuerfelder für Umsatzsteuermeldungen.

Compliance für Dokumente

Viele Länder müssen Geschäftsbelege wie Rechnungen und Lieferscheine bei den Finanzbehörden registrieren, bevor sie diese ausstellen. In anderen Ländern treiben öffentliche Verwaltungen oder Digitalisierungsstellen den Einsatz der elektronischen Rechnungsstellung voran. SAP Document Compliance unterstützt länderspezifische Anforderungen für den Austausch elektronischer Belege, die Daten aus mehreren Anwendungen verwenden. Die Extraktion relevanter Daten, z. B. Rechnungsdaten, ist der erste Schritt im Prozess, der durch einer bestimmten Aktivität in einem Geschäftsprozess ausgelöst wird, z. B. die Buchung der Rechnung. Der Einreichungsprozess, der diese Daten in die länderspezifische Zielstruktur transformiert, wird durch integrierte Cloud-Services erweitert, die SAP S/4HANA mit Steuerbehörden oder anderen empfangenden Entitäten wie einer zentralen Rechnungsstellungsplattform oder einem Serviceanbieter verbinden. Abhängig vom Land wird entweder SAP Integration Suite oder der Peppol-Exchange-Service von SAP Document Compliance verwendet, um relevante Nachrichten gemäß den technischen Anforderungen zu senden, zu empfangen und zu verarbeiten, um die Vertraulichkeit, Authentizität und Integrität der Daten sicherzustellen. Die Formatierung der Datei wird durch Kriterien wie Dokumentart, Anbieter-/Käuferland, Steuerinformationen und andere Stammdaten bestimmt, die durch die Konfiguration einer länderspezifischen Variation der Lösung definiert werden. Der Cloud-Service empfängt eine entsprechende Antwort und gibt sie an SAP S/4HANA zurück. In vielen Fällen enthält die Antwort Informationen wie einen Genehmigungsstempel oder eine offizielle Belegnummer, die in Folgebelegen, z. B. Buchhaltungssätzen, gesichert werden müssen. Die zentrale Anwendung des SAP Document Compliance Frameworks ist das eDocument Cockpit, wie in Abb. 34.7 dargestellt. Dieses Werkzeug bietet eine einheitliche Benutzungsoberfläche für die Überwachung und Bearbeitung verschiedener Belege, unabhängig von Land oder Geschäftsprozess.

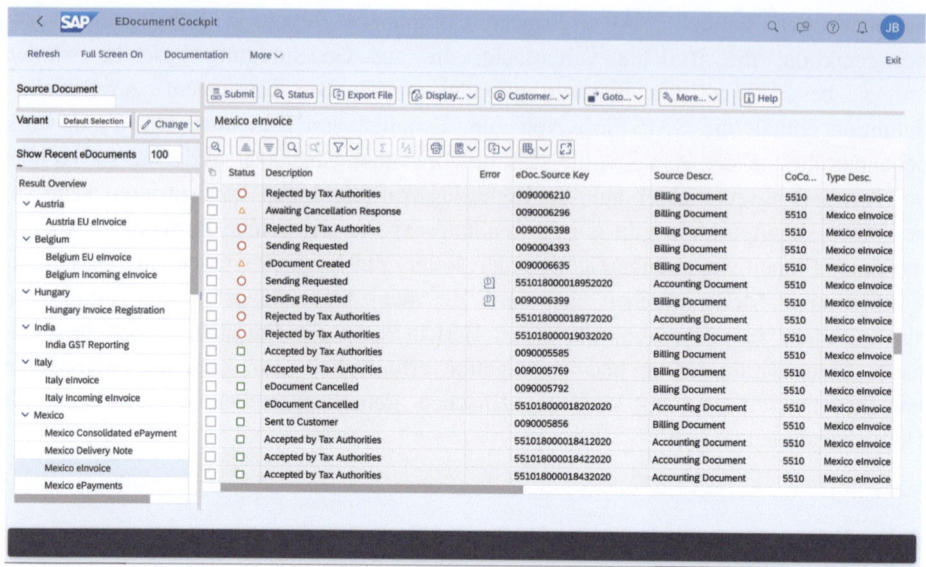

Abb. 34.7   SAP Document Compliance – eDocument Cockpit

SAP Document Compliance umfasst Funktionen im SAP S/4HANA Backend sowie Services auf SAP Business Technology (BTP). Die Backend-Funktionen lesen die angeforderten Geschäftsdaten, generieren eDocuments und verarbeiten empfangene eDocuments. SAP Document Compliance sendet und empfängt elektronische Belege entweder über Integration-Flows mit dem Service SAP BTP Integration oder über Services, die speziell für eine Belegart erstellt wurden. Die Architektur der Backend-Funktionen von SAP Document Compliance wird in Abb. 34.8 dargestellt.

Das SAP S/4HANA Backend enthält die gesamte Geschäftslogik. Der Prozess-manager organisiert die miteinander verbundenen und zugehörigen Schritte, die zum Anlegen des eDocuments erforderlich sind. Einige Schritte befassen sich mit der Kommunikation, andere mit der internen Verarbeitung, z. B. das Anlegen und Hinzu-fügen von Anlagen. Das eDocument Cockpit wird von Anwendungsbenutzern ver-wendet, um das eDocument zu senden. Ausgehende Nachrichten werden über den Interface Konnektor an die Kommunikationsplattform weitergeleitet. Im Eingangsnach-richtenbehandler wird Eingangsinhalt verarbeitet, um in ein neues eDocument oder einen Prozessschritt eines vorhandenen Belegs umgewandelt zu werden. Über den Partner Konnektor können E-Mails gesendet werden. Die Architektur ist flexibel, und diese Komponenten können verwendet werden, um eine Vielzahl von Prozessen zu erstellen. Dies wird durch Konfigurationen für jedes der Hauptobjekte wie Aktionen, Prozesse und Schnittstellen erreicht. Wenn die Quellbelege veröffentlicht werden, werden die ent-sprechenden eDocuments generiert und im Cockpit angezeigt. Für die Erzeugung von elektronischen Nachrichten in XML werden eigene Prozessschritte verwendet. Der Interface Konnektor ist für das Mapping der Quelldaten auf die Nachricht zuständig.

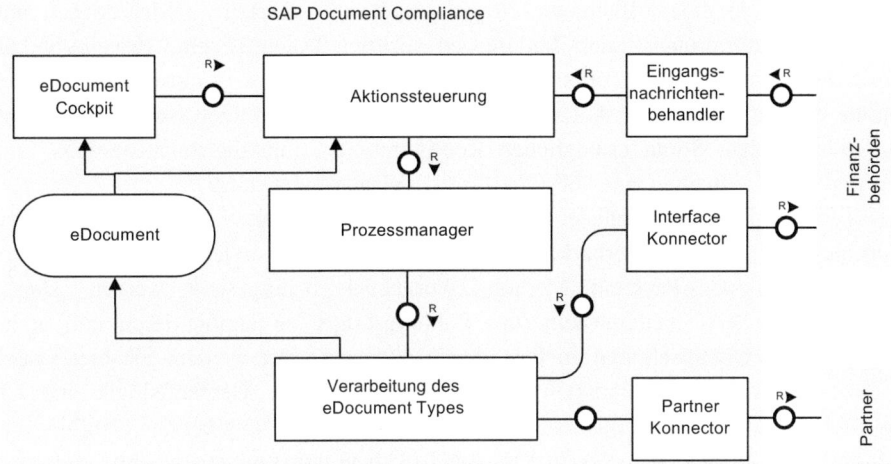

SAP Document Compliance

Abb. 34.8 SAP Document Compliance – Architektur

Das Cockpit zeigt eine länderspezifische Übersicht über die Prozesse an, zu deren Ausführung der Benutzer berechtigt ist. Ein Benutzer kann beispielsweise für die ungarische Rechnungsregistrierung und Rechnungsstellung für Italien berechtigt sein, jedoch nicht für die ungarische Transportregistrierung. Durch Auswahl des Prozesses werden die eDocuments für diesen Prozess im Detail angezeigt. Prozessspezifische Aktionen, wie z. B. Senden, werden bei Auswahl angezeigt. Mit BAdIs können bestimmte Änderungen am Inhalt von eDocuments, die in der Regel XML-Strukturen sind, vorgenommen werden. Da diese Änderungen in der Regel szenario-spezifisch sind, variieren die verfügbaren BAdIs und ihre Funktionen je nach Szenario. Es gibt auch APIs, mit denen Kunden auf eDocument-bezogene Daten zugreifen können, z. B. empfangene XML-Dateien für die externe Archivierung oder die Weiterverarbeitung in einer anderen Anwendung extrahieren. Die APIs sind im SAP API Business Hub verfügbar.

Lokalisierungs-Framework

Die geografischen Grenzen verschwimmen, wenn das globale Geschäft wächst, auch wenn regionale regulatorische Beschränkungen für Unternehmen stärker ausgeprägt sind. Diese Trends deuten auf die Notwendigkeit einer umfassenden Softwarelösung hin, die es Unternehmen ermöglicht, nahtlos global zu agieren. Die Konfiguration bildet die Grundlage für die Lokalisierung. Konfigurationsbeispiele umfassen Fabrikkalender, Währung, Steuerkennzeichen und -verfahren, Geschäftsjahr und Hauptbucheinstellungen, die alle die Ausführung von Basisprozessen in einem bestimmten Land/einer bestimmten Region ermöglichen. Es gibt jedoch zusätzliche gesetzliche

Anforderungen in einem Land/einer Region, z. B. das gesetzliche Meldewesen und spezifische Fakturierungs- oder Zahlungsvorschriften. Daher ist eine Erweiterbarkeit erforderlich, um die Konfiguration zu ergänzen. Erweiterbarkeit ist notwendig, wenn es sich um geschäftsspezifische Anforderungen handelt, die nicht durch eine Lokalisierung abgedeckt werden. Somit ermöglichen Konfigurations-, Funktionslokalisierungs- und Erweiterbarkeitsschichten eine 360-Grad-Lokalisierungsabdeckung.

Das SAP S/4HANA Lokalisierungs-Toolkit besteht aus spezifischen Lokalisierungs-Frameworks, z. B. Erweiterbarkeitsfunktionen, die vom erweiterten Compliance-Reporting und der Payment Medium Workbench bereitgestellt werden. Dieses Tool wird von SAP bereitgestellt, um Zahlungsträger zu konfigurieren und anzu-legen, die von Organisationen an ihre Hausbanken gesendet werden. Sie bietet auch generische Erweiterungsfunktionen wie CDS-View, OData, Geschäftslogik und UI. Das Toolkit deckt diese Komponenten ab und bietet Hilfestellung bei der Erfüllung der Anforderungen zusätzlich zu den verfügbaren Lokalisierungsfunktionen. Abb. 34.9 zeigt, wie sich die Anleitung über mehrere Bereiche des Lokalisierungsspektrums erstreckt. Die zugrunde liegenden Werkzeuge und Technologien, die zum Erstellen der Richt-linien für lokalisierungsrelevante Erweiterbarkeitsszenarien verwendet werden, ist eben-falls sichtbar. Die Leitfäden, die den Kern des Toolkits umfassen, decken Szenarien für verschiedene Lokalisierungsbereiche durchgängige ab. Ein Szenario beschreibt bei-spielsweise, wie eine Lösung für das Steuerberichtswesen erweitert wird, ein benutzer-definiertes Feld in einer übersetzten Sprache angezeigt oder ein Formular angepasst werden kann, um eine Lokalisierungsanforderung zu erfüllen. Das Toolkit stellt nützliche Links und Code-Snippets zentral zur Verfügung, was zu einer schnelleren Implementierung für Partner und SAP S/4HANA Kunden führt. SAP bietet einen inter-aktiven Community-Bereich für das Lokalisierungs-Toolkit, in dem Partner und Kunden

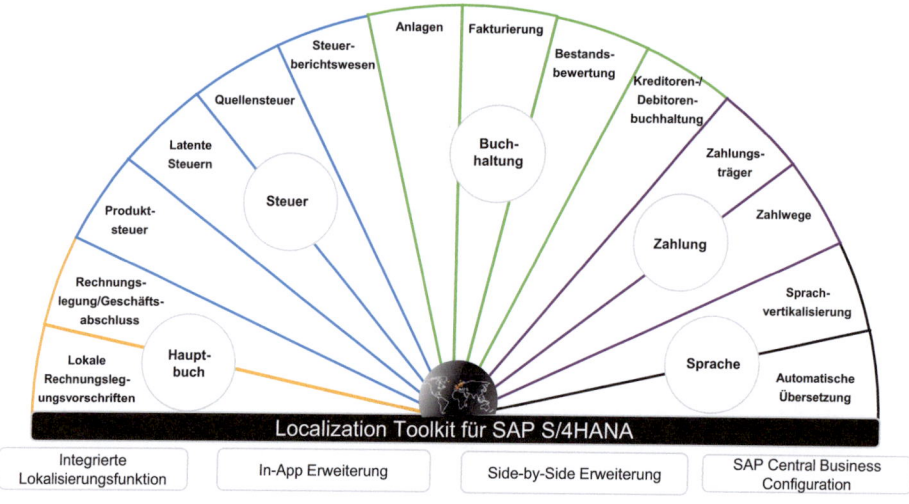

Abb. 34.9 Lokalisierungs-Toolkit für SAP S/4HANA

auf eine Vielzahl von Leitfäden zugreifen können, um relevante Szenarien zu prüfen und ihre Lokalisierungsanforderungen hervorzuheben, die durch Erweiterbarkeit abgedeckt werden können. Sie dient auch als Plattform für Experten der SAP-Lokalisierungsentwicklung, um ihre Best Practices weiterzugeben.

Die Unterstützung mehrerer Sprachen ist im Kontext der Lokalisierung und Internationalisierung ein prominentes Konzept, das in diesem Abschnitt kurz erläutert wird. Im Fokus der Unterstützung mehrerer Sprachen stehen hier Bezeichner, Kurz- und Langtexte, die auf der Benutzungsoberfläche in der entsprechenden Anmeldesprache des Benutzers angezeigt werden. Um dies zu ermöglichen, werden diese sprachabhängigen Texte basierend auf einem entsprechenden Datenmodell in der Datenbank gespeichert. Sprachabhängige Texte werden in dedizierten Tabellen gesichert, die eine ID des zugehörigen Artefakts, des Sprachenschlüssels und des Texts als Struktur haben. Für jeden Sprachenschlüssel (z. B. DE, EN) wird der Text in der entsprechenden Sprache abgelegt. Diese Texttabellen sind mit den Artefakttabellen mit entsprechenden Fremdassoziationen verbunden. Dies ist auch die Grundlage für die Modellierung von CDS-Views und die Definition von OData-Services, die die Sprachabhängigkeit abdecken. Abb. 34.10 zeigt eine CDS-View für Kundenauftragspositionen, die den Materialtext als sprachabhängiges Attribut bereitstellt. Der OData-Service spiegelt dies durch die Verwendung adäquater Eigenschaften entsprechend wider. In der SAPUI5-Anwendung wird die Mehrsprachigkeit durch die Pflege der i18n*.properties -Dateien realisiert. I18n steht für Internationalisierung. Für jede definierte Sprache muss eine separate i18n*.properties gepflegt werden. Es muss auch eine Standarddatei vorhanden sein, die automatisch verwendet wird, wenn keine explizite Übersetzung angegeben ist. Die Datei i18n*. properties ist nach dem Schlüssel/Wert-Paar-Prinzip aufgebaut. Das bedeutet, dass ein Wert durch die Angabe eines Schlüsselworts identifiziert werden kann. Das Schlüsselwort muss eindeutig sein. Die Struktur der Schlüssel ist in allen i18n*-Dateien gleich.

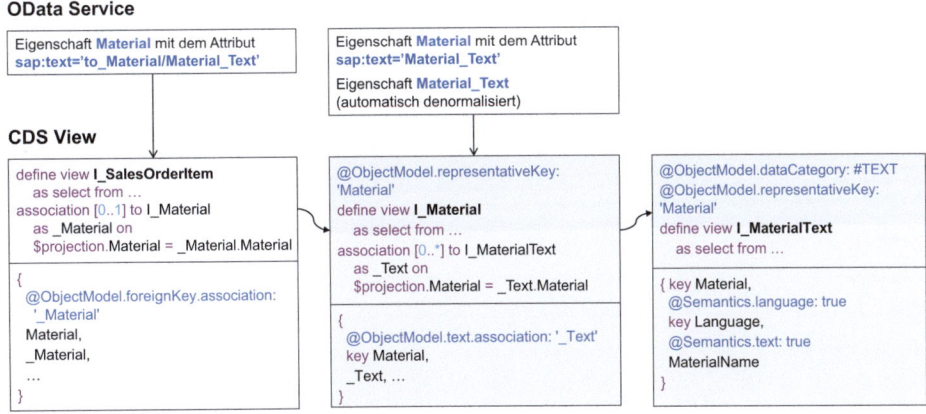

Abb. 34.10 Mehrsprachenunterstützung

34.3 Fazit

SAP S/4HANA, mit dem Unternehmen ihre Geschäftsprozesse weltweit skalieren können, bietet ein wichtiges Unterscheidungsmerkmal. Dieser Abschnitt gibt einen Überblick über ausgewählte Lokalisierungsfunktionen, die dazu beitragen, dass SAP S/4HANA ein globales ERP-System ist, das in fast jedem Land verwendet werden kann. Die Fähigkeit von SAP S/4HANA, von multinationalen Unternehmen genutzt zu werden, wird als Globalisierung bezeichnet. Die Sprachenunterstützung sowie die Unterstützung lokaler Vorschriften wie der Steuerverwaltung sind Teil der Globalisierung. Letztere wird als Lokalisierung bezeichnet. SAP Global Tax Management, SAP Global Payments, SAP Advanced Compliance Reporting und SAP Document Compliance wurden als Beispielanwendungen erläutert, die sich mit sehr länderspezifischen Problemen befassen. Es ist auch wichtig, SAP-Kunden und -Partnern die Entwicklung eigener Lokalisierungserweiterungen zu ermöglichen, um die Verwendung von SAP S/4HANA an anderen Standorten als den 64 lokalisierten Ländern und Regionen zu ermöglichen. Hierfür stehen mehrere Werkzeuge und Ansätze zur Verfügung, die unter dem Dach des Lokalisation-Toolkit zusammengefasst sind. Dieses Toolkit wurde auch in diesem Kapitel behandelt.

Skalierbarkeit und Performanz

35

Das Kapitel erläutert die Konzepte und Frameworks für die Skalierbarkeit und die Performanz von SAP S/4HANA, um den Betrieb des Systems mit angemessener Hardware und Reaktionszeit sicherzustellen. Insbesondere werden System-Sizing, Minimierung des Datenspeicherbedarfs, Scale-Up und -Out, Performanz optimierte Programmierung und Elastizität erklärt.

35.1 Betriebswirtschaftliche Anforderung

Für Unternehmen ist es wichtig, sich auf die in ihrem ERP-System abgebildeten Prozesse verlassen zu können. In Zeiten der Digitalisierung werden immer mehr Prozesse automatisiert oder zumindest teilweise automatisiert, indem sie in ERP-Systemen verschiedener Anbieter implementiert werden. Um die Dienstleistungen eines Unternehmens konsistent in gleicher Qualität anbieten zu können, sind Unternehmen auf die Verfügbarkeit und Performanz hochwertiger Prozesse angewiesen. Diese Anforderung betrifft auch die IT-Systeme, die diese Prozesse umsetzen und steuern. Das Hauptziel von ERP-Systemen muss neben der Bereitstellung der erforderlichen Funktionen darin bestehen, zu gewährleisten, dass Systeme jeder Größe die Prozesse in einer angemessenen Antwortzeit ausführen können. Um dieses Ziel zu erreichen, wurden die in Abb. 35.1 dargestellten vier Säulen identifiziert:

Unabhängig davon, ob ein ERP-Altsystem nach SAP S/4HANA migriert wird oder SAP S/4HANA das erste ERP-System eines Unternehmens ist und auf einem *Greenfield* aufbaut, muss SAP S/4HANA optimal geplant werden. Dazu gehören alle Ressourcen vom Speicher bis zur Rechenleistung und andere Themen wie Hosting und Tarifoptionen. Diese Aspekte werden unter dem Stichwort *Sizing* zusammengefasst. Zu wenige Ressourcen führen in der Regel zu einer schlechten Performanz des Systems.

© Der/die Autor(en), exklusiv lizenziert an Springer Fachmedien Wiesbaden GmbH, ein Teil von Springer Nature 2023
S. Sarferaz, *ERP-Software: Funktionalität und Konzepte,*
https://doi.org/10.1007/978-3-658-40499-4_35

System dimensionieren   System bereinigen   Netzwerkverkehr   Hardware skalieren
                                            minimieren

Abb. 35.1 Säulen der Skalierbarkeit und Performanz

Ein zu großes System verbraucht unnötig Geld und verschmutzt die Umwelt durch einen höheren Stromverbrauch, ohne einen Mehrwert für das Unternehmen oder die Gesellschaft zu generieren. Die *Bereinigung des Systems* umfasst verschiedene Aktivitäten im Zusammenhang mit dem Lebenszyklus von Daten und Speichermedien. Beispiele sind Jobs, die auch in Betriebssystemen wie Windows oder Linux zu finden sind. Hierbei handelt es sich um Routineaktivitäten, deren Ziel es ist, die Performanz eines IT-Systems aufrechtzuerhalten. Dazu gehören die Defragmentierung von Dateisystemen, das Löschen temporärer Daten und vieles mehr. Ein weiteres Beispiel ist die Archivierung von Daten, die nicht mehr benötigt werden. Ein anderes wichtiges Thema ist die *Minimierung des Netzwerkverkehrs.* Der Einsatz von Cloud-Systemen oder verteilten Systemen, die nicht innerhalb eines Intranets betrieben werden, erhöht das Datenvolumen, welches durch die öffentlichen LAN- oder WAN-Netze vom eigentlichen Server zum Benutzer transportiert werden muss. Da die öffentlichen Internetleitungen nicht in der Verantwortung einzelner Software-Dienstleister liegen, können hier keine Optimierungen vorgenommen werden. Um jedoch Probleme in diesem Bereich zu vermeiden, gibt es einige Methoden, um den Netzwerkverkehr eines Systems zu reduzieren. Dazu gehört, nicht benötigter Daten zu senden oder historische und aktuelle Daten zu trennen. Nicht zuletzt spielt auch die verwendete Hardware eine große Rolle. Es kann davon ausgegangen werden, dass sich die Performanz-Anforderungen eines Systems im Laufe der Zeit ändern. Da Rechenleistung relativ teuer ist, besteht ein berechtigtes Interesse daran, die Kosten der Hardware so gering wie möglich zu halten und wenig Ressourcen zu verschwenden. Dementsprechend ist es wichtig, ein System zu entwickeln, das dynamisch mit sich ändernden Lasten umgehen kann und neben dem *Hinzufügen und Entfernen von Hardwarekomponenten* wie CPUs oder RAM auch andere Skalierungsmaßnahmen zulässt. Auch bekannte Service-Management-Frameworks wie die von Axelos veröffentlichte und gepflegte ITIL beschäftigen sich mit diesen Themen. Beispielsweise ist die Praxis *Service Capacity and Performanz Management* in ITIL V4 dafür verantwortlich, sicherzustellen, dass die angebotenen Services mit ausreichender Kapazität verfügbar sind und dass ein Gleichgewicht zwischen einer Sicherheitsreserve und einer unwirtschaftlichen Überkapazität gefunden wird. Es werden die folgenden drei Disziplinen unterschieden (Axelos, 2019):

- Business Capacity Management (Bedarfe, Trends, Prognosen)
- Service Capacity Management (Workload-Management, Monitoring)
- Component Capacity Management (Ressourcen- und Performance Management)

35.2 Technische Umsetzung

Die Performanz von SAP S/4HANA hängt von Performanz optimierter Programmierung, angemessenem Hardware-Sizing und gerechter Ressourcenteilung ab. Es sei erwähnt, dass SAP S/4HANA Cloud dank der grünen Cloud klimaneutral ist. In diesem Abschnitt werden die Anwendungsfälle und Lösungsansätze für Sizing, Skalierbarkeit und Performanz erläutert.

System-Sizing

System-Sizing bedeutet im Wesentlichen die Übersetzung von Geschäftsanforderungen in Hardwarevorgaben. Er schließt sowohl den Geschäftsdurchsatz, die Anforderungen an die Parallelität der Benutzer als auch technologische Aspekte ein. Dies bedeutet, dass die Anzahl der Benutzer, die die verschiedenen Anwendungskomponenten verwenden, und die Datenlast, die sie in das Netzwerk erzeugen, berücksichtigt werden müssen. Theoretisch könnte SAP S/4HANA auf einem Smartphone installiert werden. Die Performanz würde so jedoch viel zu wünschen übrig lassen, vor allem für mehrere Benutzer. Das Ziel der Unternehmen besteht darin, die Investitionen in Betriebskosten zu minimieren und gleichzeitig den maximalen Durchsatz ihrer Produktionssysteme zu erreichen, der auch optimal auf die Kundenbedürfnisse abgestimmt ist. Das Sizing ist im Allgemeinen ein iterativer Prozess und wird in der Regel zu einem frühen Zeitpunkt im Projekt durchgeführt. Es gibt bereits Sizing-Modelle für die Produktfunktionen mit einer angemessenen Anzahl von Eingabeparametern und Annahmen. Hierbei handelt es sich um eine spezifische Größenleitlinie für jede SAP-Anwendung. Mit diesem Sizing-Verfahren erhalten Kunden Unterstützung bei der Ermittlung der Ressourcen, die von einer Anwendung in ihrem Geschäftskontext benötigt werden. Typischerweise sind die folgenden Ressourcen relevant:

- CPU
- Speicher
- Datenvolumen
- Festplatten-I/O
- Frontend-Netzwerk

Im Allgemeinen werden zwei Ansätze in Betracht gezogen. Hierbei handelt es sich *um das Sizing nach Benutzer* und *das Sizing nach Durchsatz*. Das Sizing nach Benutzer ist ein linearer Ansatz, der das Sizing im Grunde sehr einfach macht, da die Speicheranforderungen von SAP S/4HANA durch den Benutzerkontext gesteuert werden und die Benutzer im Allgemeinen relativ einfach zu ermitteln sind. Es wird jedoch schwieriger, wenn die Ermittlung von Lastmustern, die Definition eines Benutzers und die Tatsache, dass das Datenbankwachstum durch die Benutzer angepasst wird, in Betracht gezogen wird. Die grundlegenden Vorteile des Sizings nach Durchsatz sind die szenario- und transaktionsgesteuerte Sicht und die Tatsache, dass das Sizing auf tatsächlichen Business-Objekten und -Szenarien basiert. Sie unterscheidet zwischen Spitzen- und Durchschnitts-Sizing. Die Herausforderung besteht darin, die richtigen Zahlen zu erhalten.

Es gibt mehrere Techniken für das Sizing eines SAP-Systems. Grundsätzlich kann unterschieden werden zwischen solchen, in denen ein System von Grund auf neu aufgebaut wird *(Greenfield-Sizing),* und solchen Projekten, in denen bestehende Systeme um mehr Funktionalität oder für mehr Nutzer *(Brownfield-Sizing)* erweitert werden. Die zweite Kategorie umfasst auch Migrationen aus älteren ERP-Systemen nach SAP S/4HANA.

Greenfield-Sizing

Greenfield Sizing wird in der Regel im Zusammenhang mit neuen Projekten oder Implementierungen ohne oder mit kaum Erfahrung mit SAP-Software verwendet. Beim Greenfield-Sizing können die folgenden beiden Methoden herangezogen werden. Zum einen das Sizing-Verfahren für das Hardwarebudget und zum anderen das erweiterte Sizing-Verfahren. Im Folgenden werden die Grundkonzepte sowie Vor- und Nachteile kurz beschrieben:

- Hardware Budget Sizing: Diese Methode wird insbesondere für kleinere Unternehmen und Projekte empfohlen, da sie einfach an zu wenden ist. In dieser Methode wird die Auswahl geeigneter Hardwareressourcen durch einen Algorithmus abgebildet und unterstützt. Dieser Algorithmus enthält Annahmen und Wahrscheinlichkeiten für verschiedene Konstellationen und Szenarien unter Berücksichtigung identifizierter Risiken.
- Erweitere Sizing: Dies ist ein Verfahren für mittlere bis große Unternehmen. Hier werden die Größe und die benötigten Hardwareressourcen anhand des geschätzten Durchsatzes des neuen Systems ermittelt. Fragebögen und Formeln werden verwendet, um die erforderlichen Daten zu sammeln. Gleichzeitig werden Standardwerkzeuge und Richtlinien verwendet. Der Schwerpunkt dieser Methode liegt immer auf den Kerngeschäftsprozessen.

Brownfield-Sizing

Dieser Ansatz bezieht sich auf alle Projekte, die nicht mit einem Greenfield-Ansatz implementiert werden. Dazu gehören System-Upgrades für eine höhere Anzahl von

Benutzern oder kürzere Antwortzeiten, die Erweiterung des Systems mit zusätzlichen Funktionen oder die Migration in einen neueren ERP-System. Solche Projekte können für Unternehmen jeder Größe und Branche existieren. Neben den bereits bekannten Methoden wie Formeln und Fragebögen werden auch die Daten der Systemüberwachung und andere Statistiken bestehender SAP-Systeme berücksichtigt. Ziel ist es immer, die Auslastung oder Funktion eines bestehenden Systems zu erhöhen. Je nach Phase des Lebenszyklus einer Lösung gibt es verschiedene Ansätze. Dabei kann es sich um Folgendes handeln:

- Re-Sizing: Der Kunde möchte weitere Benutzer hinzufügen, die dieselben Schritte ausführen wie die aktuellen produktiven Benutzer.
- Delta Sizing: Der Kunde arbeitet mit SAP S/4HANA produktiv und möchte zusätzliche Funktionen wie Enterprise Warehouse Management hinzufügen.
- Upgrade Sizing: Der Kunde plant ein Upgrade auf das neueste SAP S/4HANA Release.
- Migration Sizing: Der Kunde möchte eine Migration von R/3 auf SAP S/4HANA durchführen.

Quick Sizer ist ein Werkzeug, das auf dem SAP Application Performance Standard (SAPS) basiert und das Sizing der Hardware von SAP-Systemen unterstützt. SAPS ist ein hardwareunabhängiges Messverfahren, das aus Benchmarks abgeleitet wird, wobei 100 SAPS als 2000 vollständig im Unternehmen verarbeitete Auftragspositionen pro Stunde definiert sind. Nach Abschluss dieser Phase des Projekts werden die Hardware-anforderungen definiert. Die Hardware selbst kann nun ausgewählt werden, um die etablierten Anforderungen zu erfüllen. Es gibt keine Bevorzugung von bestimmten Hersteller oder Technologien, da SAP S/4HANA plattformunabhängig ist und daher auf allen Systemen betrieben werden kann. Dies ermöglicht es Unternehmen, ihr neues SAP S/4HANA System in ihren vorhandenen Technologie-Stack einzubetten. Daher sind keine zusätzlichen Kenntnisse und Schulungen erforderlich, wenn es um Fragen zum Betrieb der Anwendung geht. Das Tool SAP Quick Sizer ist seit 1996 online verfügbar und kann kostenlos verwendet werden. Ab 2016 werden jährlich im Schnitt rund 35.000 neue Projekte mit dem Tool durchgeführt. Es ist auch ein spezieller SAP S/4HANA Cloud Sizer inkludiert. Im Umfang sind auch Sizing-Optionen für die folgenden Systeme enthalten, die basierend auf Benutzern und/oder Durchsatz berechnet werden können: SAP S/4HANA, SAP HANA Standalone, SAP BW/4HANA, SAP-Schlüsselanwendungen. Das Tool verwendet strukturierte Fragebögen und kann als Eingabe für Greenfield-Sizing-Projekte oder als Prüfung vor dem Produktivstart verwendet werden. Außerdem werden Kontaktlisten für Hardware-Distributoren und -Lieferanten bereitgestellt. Der Quick Sizer berechnet Speicher-, CPU-, Festplatten- und I/O-Ressourcen basierend auf den beschriebenen Framework-Bedingungen.

Experten-Sizing

Sehr große und komplexe Projekte, bei denen beispielsweise mehrere Produkte und Komponenten in einem Projekt berücksichtigt werden, erfordern die Verwendung weiterer Tools und Experten im Bereich Sizing. In diesem Fall werden zusätzlich zu den Ergebnissen eines toolgestützten Sizings tiefer gehende und weitreichendere Analysen in Betracht gezogen. Es gibt keine Standardwerkzeuge zur Durchführung von Experten-Sizing, aber es gibt eine Vielzahl von Möglichkeiten für solche zusätzlichen Analysen. Hierbei werden Handouts bereitgestellt, benutzerspezifische Berechnungen durchgeführt, kundeneigenes Coding analysiert und auf den Kunden zugeschnittene Sizing-Hinweise bereitgestellt.

35.3   Systemskalierbarkeit

Die Skalierbarkeit eines Systems gewinnt vor allem im laufenden Betrieb über einen längeren Zeitraum an Bedeutung. Bei den meisten Anwendungen ist davon auszugehen, dass sich die Anzahl der Benutzer und das Transaktionsvolumen im Laufe der Zeit ändern werden. Ein IT-System muss auch in der Lage sein, solche Parameter zu berücksichtigen und Lastschwankungen sowie Lastspitzen zu bewältigen. Innerhalb eines bestimmten Zeitrahmens kann der erhöhte Bedarf durch den Einsatz zusätzlicher Hardware leicht und schnell gepuffert werden. Zu wenige Hardwareressourcen sind in der Regel mit längeren Antwortzeiten verbunden und führen im Extremfall zu einer Überlastung oder sogar zu einem Systemausfall. Da Hardware teuer ist, ist es für Unternehmen nicht attraktiv, zu viele Hardwarekomponenten zu betreiben, wenn für sie kein ausreichender Bedarf besteht. Hardware allein macht eine Anwendung jedoch nicht skalierbar. Irgendwann ist ein Punkt erreicht, an dem keine neuen Hardwarekomponenten wie zusätzliche CPUs oder Festplatten installiert werden können. Selbst Methoden wie die Virtualisierung der CPU-Kerne bieten keine Performanzgewinne über einen bestimmten Punkt hinaus. Aus diesem Grund muss die Anwendung selbst auch einige Aspekte berücksichtigen, um effizient zu arbeiten und so gut wie möglich zu skalieren. Das folgende Beispiel zeigt, wie groß die Auswirkungen vermeintlich kleiner Änderungen sein können. Angenommen, durch Optimierungsmaßnahmen kann die Dauer einer Transaktion um eine Sekunde reduziert werden. Das bedeutet eine Einsparung von ca. 10 J pro Transaktion. Die absolute Zahl ist zunächst sehr klein und führt zu dem Schluss, dass diese Optimierung kaum Vorteile gebracht hat. Wenn man jedoch davon ausgeht, dass 1,5 Mio. Nutzer 20 Transaktionen pro Tag durchführen und dies an insgesamt 230 Arbeitstagen pro Jahr geschieht, dann bedeutet diese scheinbar kleine Optimierung am Jahresende eine Stromeinsparung von 19 Megawattstunden. Das ist so viel Energie wie 6000 Zweipersonenhaushalte in einem Jahr verbrauchen. Die folgenden vier KPIs wurden für SAP S/4HANA definiert, die sich auf die Skalierbarkeit auswirken:

- **Die CPU-Zeit** von Geschäftsvorgängen oder Aufgaben wird gemessen, um die Anzahl der erforderlichen Prozessoren zu ermitteln.
- **Festplattengröße und Festplatten-I/O-Vorgänge** werden gemessen, um die Wachstumsrate der Datenbanktabellen und den Speicherplatzbedarf des Dateisystems zu ermitteln. Dies umfasst die Anzahl der Einfügeoperationen für die Datenbank und Schreibvorgänge für Dateien.
- **Je nach Art der Anwendung wird der Speicher** unterschiedlich gemessen. Für einige Anwendungen reicht es aus, den Session Context zu messen, während für andere unter anderem anwendungsspezifische Puffer und Shared Spaces sowie temporäre Allokationen durch zustandslose Anfragen gemessen werden müssen.
- **Netzwerklastmessungen** beziehen sich auf die Anzahl der Roundtrips pro Dialogschritt und die Anzahl der pro Roundtrip gesendeten und empfangenen Bytes. Die Messungen werden verwendet, um die Anforderungen an die Netzwerkbandbreite zu ermitteln.

Einfach ausgedrückt kann man sagen, dass ein ERP-System speicherkritisch ist und der Schwerpunkt hier in erster Linie auf dem Speicher liegt. Mit Reporting hingegen ist es umgekehrt. Hier liegt der Schwerpunkt meist auf der Rechenleistung und damit auf der CPU. Da SAP S/4HANA analytische und transaktionale Verarbeitung kombiniert, sind sowohl die Speicher- als auch die Rechenkapazität für diese Systeme relevant.

Scale-Up

Dieser Ansatz bietet die einfachste Methode, die Auslastung eines Systems zu erhöhen. Bei erhöhtem Bedarf kann die Hardware im Rechenzentrum einfach aufgerüstet werden. Dies kann z. B. durch die Installation weiterer CPUs oder Festplatten erfolgen. Die so erhöhte Rechenleistung kann ausreichen, um die gestiegene Nachfrage zu befriedigen, ohne einen Leistungseinbruch hinnehmen zu müssen. Da Hardwarekomponenten in der Regel ohnehin in gewissem Umfang auf Lager gehalten werden, um defekte Hardware-Geräte austauschen zu können, kann die bereits vorrätige Hardware dazu verwendet werden, die Rechenleistung oder Speicherbedarf innerhalb sehr kurzer Zeit zu erweitern. Für SAP S/4HANA wird generell empfohlen, das Projekt mit einer SAP-HANA-Datenbank mit einem einzelnen Knoten zu starten (ein Knoten entspricht der Installation eines SAP HANA Indexservers, ein Host ist ein physischer Rechner mit einem oder mehreren installierten SAP HANA Indexservern). Dies ermöglicht ein besseres Verständnis der Arbeitslast und des Wachstums des Datenvolumens im Laufe der Zeit. Mit dieser Methode können derzeit 3500 CPU-Kerne und bis zu 96 TB Hauptspeicher für SAP HANA erreicht werden, da der SAP Application Server für ABAP keine Einschränkungen vorschreibt. Wenn das System die verfügbare Datenbankkapazität überschreitet, sollte das Projekt mit der Skalierung beginnen. Dieser Ansatz kann auch auf alle IT-Projekte im Allgemeinen angewendet werden: Scale-Up vor Scale-Out.

Scale-Out

Irgendwann erreicht die Scale-Up Taktik einen Punkt, an dem ein Server einfach nicht weiter aufgerüstet werden kann, da alle Slots bereits belegt sind und die beste Hardware auf dem Markt bereits installiert ist. Spätestens dann muss eine andere Strategie angewandt werden. Dann kann Skalierbarkeit nur durch eine geeignete IT-Architektur gewährleistet werden. Im Gegensatz zur vertikalen Skalierung (Scale-Up) gibt es aus Hardware-Sicht keine Grenzen für die horizontale Skalierung (Scale-Out). Das Anwendungsdesign muss jedoch Scale-Out-fähig sein. Das Erreichen der Hardware-kapazitätsgrenze mit diesem Muster kann eine der folgenden Optionen verursachen:

- Servergrößen erhöhen
  a) Anzahl der Knoten aufstocken
  b) Hardware skalieren
  c) Sizing-Extrapolationen während des Betriebs optimieren
- Neue Server hinzufügen
  a) Anzahl der Server erhöhen
  b) Tabellen auf Knoten verteilen

Die SAP HANA Datenbank ist derzeit in einer Vielzahl von Hostgrößen verfügbar, die von 64 GB bis mehr als 24 TB physischer RAM reichen. Sie unterstützt auch die Virtualisierung mit verschiedenen Hypervisoren, oder Infrastructure-as-a-Service (IaaS) von mehreren Cloud-Partnern kann verwendet werden. Im Allgemeinen ermöglicht SAP HANA die Verteilung einer Datenbank auf mehrere physische Hosts und bietet eine gemeinsame Architektur mit verteilter Datenbankverarbeitung. Dies bietet folgende Vorteile:

- Unterstützung für sehr große Datenbanken
- Behandlung großer Datenmengen über die Grenzen einzelner Hosts hinaus
- Optimierte Arbeitslastverteilung unter Verwendung der CPU aller Hosts
- Vorteile in Bezug auf Hardwarekosten und Skalierbarkeit

Abb. 35.2 zeigt ein Beispiel für den Aufbau einer Anwendung mit zwei Applikations-servern, die auf drei SAP HANA Datenbanken zugreifen.

Die gemeinsame Nutzung von Daten aus einer Anwendung über mehrere Daten-banken hinweg muss explizit von einer Anwendung unterstützt werden. Dies ist bei SAP S/4HANA der Fall. Da Cross-Joins über mehrere Datenbanken sehr zeit- und kostenintensiv sind, sollte die Verteilung von Tabellen und Daten innerhalb der Daten-banken geplant und optimiert werden. Dies geschieht unter anderem durch die SAP HANA Client Library und auf der anderen Seite durch die Entwickler, die neue Tabellen zu einem System hinzufügen. In der Praxis gibt es kaum Kunden, die mehr als 4 voll

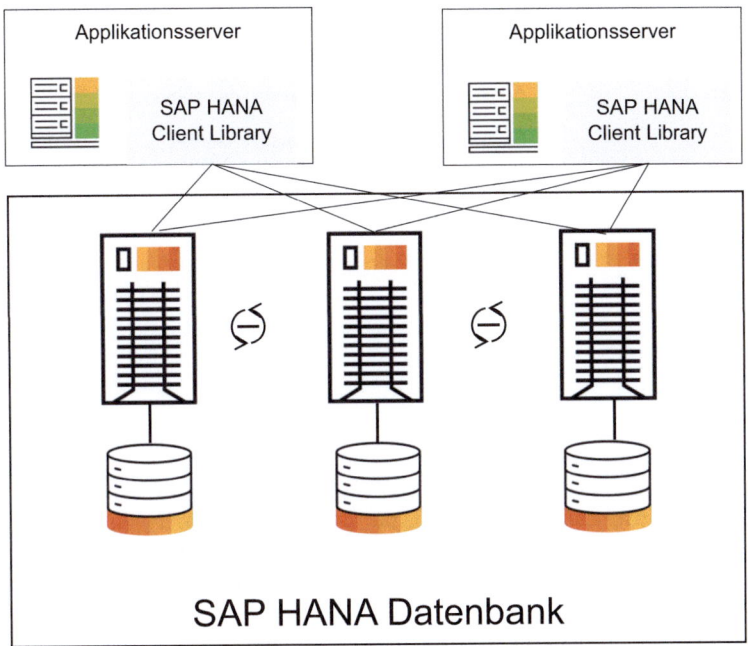

Abb. 35.2 Scale-Out für SAP HANA

ausgerüstete SAP HANA Datenbanken benötigen, um mit ihrem SAP-S/4HANA System optimal arbeiten zu können.

35.4 System-Performanz

Die Performanz eines Systems kann sowohl aus technischer als auch aus benutzerorientierter Sicht betrachtet werden. Per Definition ist die Antwortzeit die Zeit zwischen dem Start einer Interaktion durch den Benutzer und dem Zeitpunkt, an dem das Anwendungsbild für die nächste Interaktion bereit ist. Auf Benutzerseite kann das in Abb. 35.3 dargestellte Verhalten mit einer längeren Antwortzeit beobachtet werden. In der IT-Branche sind Antwortzeiten von Sekundenbruchteilen der Standard und entsprechen auch den wahrgenommenen Leistungsstudien von Usability-Teams. Neu könnte sein, dass die erwartete Antwortzeit von der wahrgenommenen Komplexität einer Aufgabe abweicht. Ebenso variiert das Benutzerverhalten, wenn die Antwortzeiterwartungen des Benutzers nicht erfüllt werden. Das ist einfacher, als es klingen mag, und lohnt einer genaueren Betrachtung. Zunächst treffen die Benutzer Annahmen über die Komplexität ihrer einzelnen Anfragen. Auf der Grundlage dieser Annahmen gewähren die Benutzer dem Computersystem eine entsprechende Zeit für die

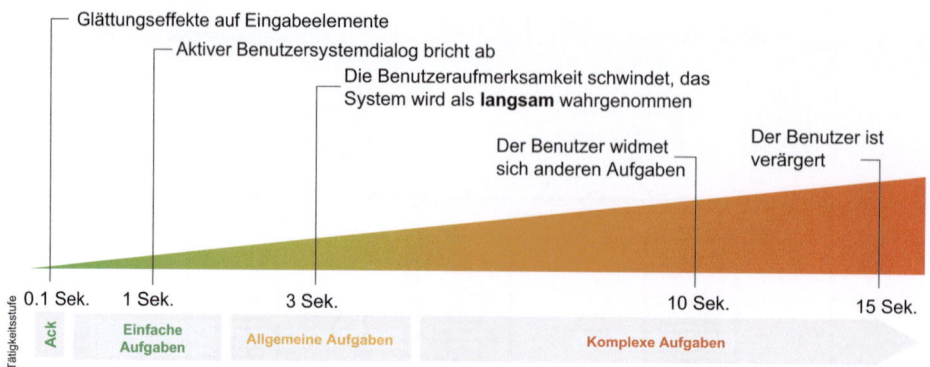

Abb. 35.3 Wahrgenommene Performanz

Bearbeitung ihrer Anforderung. Die Zeit, die Benutzer für das System benötigen, hängt stark von ihrer Wahrnehmung der Komplexität der Aufgabe ab. Wie kann also die Komplexität von Aufgaben beschrieben werden? Die Aufgaben, die am häufigsten von Business-Systemen ausgeführt werden, lassen sich grob in drei Kategorien unterteilen: Benutzereingaben bestätigen, die Ergebnisse einer einfachen Aufgabe darstellen und die Ergebnisse einer komplexen Aufgabe darstellen.

Eine Bestätigung der Benutzereingabe gibt dem Benutzer eine visuelle oder akustische Rückmeldung darüber, dass die Eingabe empfangen wurde. Nehmen wir ein numerisches Eingabefeld als Beispiel: Wenn der Benutzer den Fokus ändert oder die Eingabetaste drückt, nachdem er einen Wert eingegeben hat, prüft das System die Syntax des Eingabewerts und gibt entweder eine Fehleranzeige aus oder formatiert den Eingabewert in das Standardzahlenformat. Was ist dann eine einfache Aufgabe? Eine einfache Aufgabe ist z. B. das Hinzufügen einer neuen Position zu einem Kundenauftrag oder das Weiterschalten zum nächsten Schritt eines Geschäftsprozesses. Komplexe Aufgaben sind schließlich die Navigation zu einem anderen Work Center oder Simulationsläufe. Um die Performanz einer Anwendung zu verbessern, gibt es eine Reihe von Möglichkeiten. Zum einen lassen sich Performanz-Optimierungen durch bessere Hardware erreichen. Da dieser Punkt aber bereits ausreichend in vorherigen Abschnitten diskutiert wurde, wird er an dieser Stelle nicht wieder aufgegriffen.

Performanzoptimierte Programmierung

Ein wesentlicher Aspekt, um die Performanz eines Systems möglichst optimal zu gestalten, ist die Programmierung. Wenn nach dem Stichwort *performanzoptimierte Programmierung* recherchiert wird, lassen sich diverse Methoden und KPIs dazu finden. Im Kontext von *Netzwerk und Daten* werden die folgenden relevanten KPIs definiert:

- Anzahl der Netzwerk-Roundtrips pro Benutzerinteraktionsschritt: Die Roundtrip-Zeit hängt von der Anzahl der Netzwerk-Hops ab. Dabei handelt es sich im Wesentlichen um die Anzahl der Zwischengeräte, über die Daten zwischen Quelle und Ziel verlaufen müssen, und auf der anderen Seite die Latenz, d. h. die Zeit von der Quelle, die ein Paket an das empfangende Ziel sendet. Wenn Daten über Wide Area Networks (WAN) oder Global Area Networks (GAN) gesendet werden, macht Latenz den größten Anteil der Roundtrip-Zeit aus. Am Ende ist das Fazit recht einfach: Je mehr Roundtrips, desto schlechter ist die Antwortzeit der Anwendung.
- Übertragenes Datenvolumen pro Benutzerinteraktionsschritt: Die KPI misst im Wesentlichen die Daten, die zwischen dem Frontend der Benutzungsoberfläche und dem Anwendungsserver übertragen werden. Je weniger Daten über ein Netzwerk transportiert werden, desto schneller wird die Übertragung abgewickelt und desto schneller kann der Benutzer die nächste Interaktion mit der Benutzungsoberfläche ausführen.

Abb. 35.4 zeigt den entscheidenden Vorteil von Local Area Networks (LAN) gegenüber Wide Area Networks (WAN):

Daher werden für die SAP-Produktkonstruktion die folgenden Designprinzipien festgelegt:

- Eine Anwendung löst eine minimale Anzahl von aufeinanderfolgenden Roundtrips aus und überträgt nur die erforderlichen Daten an das Frontend. Das Fazit liegt auf der Hand: Je mehr Roundtrips, desto höher sind die Auswirkungen der Netzwerk-Performanz und desto schlechter ist die Gesamtantwortzeit der Anwendung.

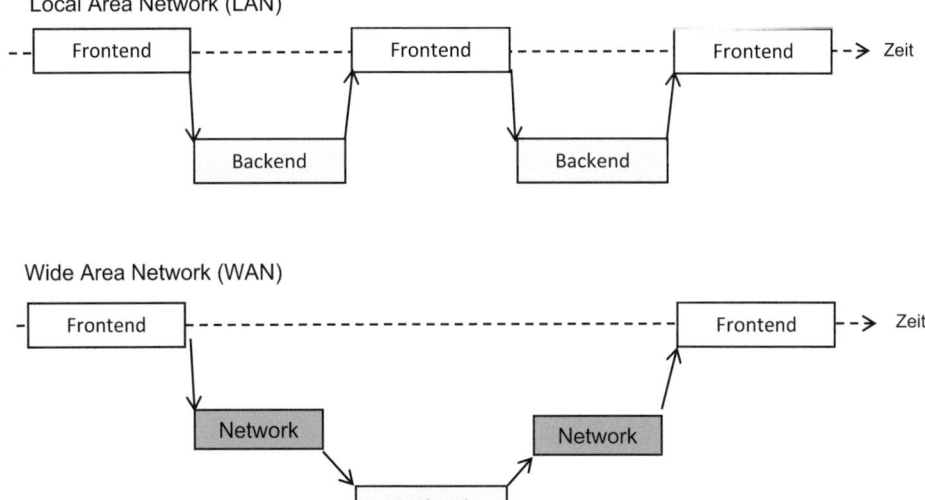

Abb. 35.4 LAN und WAN Roundtrip

- Eine Anwendung überträgt nicht mehr als 10 KB bis 20 KB Daten pro Benutzerinteraktionsschritt.
- Zu den wichtigsten Strategien zur Optimierung der Netzwerk-Performanz gehören
  Komprimierung und Frontend-Caching. Beide sind in SAP-Standardsoftware
  implementiert und Teil dieser.

Für *das Caching und die Pufferung* verwendet SAP S/4HANA entsprechende Content
Delivery Network (CDN). Die wichtigsten Bibliotheken des mit SAPUI5 erstellten
Frontends werden über ein Content Delivery Network ausgeliefert. Weitere statische
Ressourcen werden vom SAP S/4HANA Cloud-Rechenzentrum bereitgestellt. Beide
Informationen werden im Browser-Cache des Benutzers gespeichert, sind also lokal
und müssen nicht mit jedem Request versendet werden. Dies spart viel Datendurch-
satz, sodass die verfügbare Bandbreite ausschließlich für dynamische Ressourcen wie
Geschäftsdaten verwendet wird, die nie im Frontend zwischengespeichert werden.
Dieser Ansatz entkoppelt die Abhängigkeit der Verarbeitungszeit von der Datenmenge bis zu einem gewissen Grad. Das Designprinzip der nicht-fehlerhaften Performanz impliziert, dass es eine minimale Abhängigkeit von der Datenmenge oder
Datenkonstellation für die Antwortzeit einer Anwendung gibt. Wenn beispielsweise ein
Monatsabschluss durchgeführt wird, hängt die Verarbeitungszeit im Wesentlichen von
der Menge der verarbeiteten Daten ab. Wenn ein Monatsabschluss für Oktober durchgeführt wird, bei dem es sich um eine feste Menge an verarbeiteten Daten handelt, sollte
die Verarbeitungszeit konstant bleiben und unabhängig von der Menge der persistierten
Daten sein.

Ein weiterer sehr wichtiger Aspekt der performanzoptimierten Programmierung
ist die *Datenbank*. Sehr häufig wird die schlechte Performanz durch Datenbanken verursacht, die den größten Engpass darstellt. Um diese Situation zu beheben, müssen
neben der Auswahl der Datenbanktechnologie weitere Faktoren berücksichtigt werden.
Eine erste Kennzahl ist beispielsweise das Anlegen von Replikaten. Ein Replikat ist
eine Kopie einer Datenbank oder eines Dokuments, die in regelmäßigen Abständen
aktualisiert und somit synchron gehalten wird. Es gibt eine Datenbank für alle Schreibvorgänge, auch primär Datenbank genannt. Alle diese Aktionen werden dann an die
Replikate übertragen. Dies hat Vorteile für die Verfügbarkeit, denn wenn ein Primärknoten ausfällt, wird ein Replikat einfach zum neuen Primärknoten. Andererseits hat
es auch den Vorteil, dass Lese-Anfragen, die den größten Anteil in einem ERP-System
ausmachen, auf allen Knoten ausgeführt werden können, unabhängig davon, ob es sich
um Primär- oder Replikate handelt. Diese Verteilung der Last führt zu einer erheblichen
Steigerung der Performanz. Ein weiteres Maß ist der *Multi Temperature Storage*. Dabei
werden je nach Art der Daten unterschiedliche Speichertechnologien eingesetzt. Beispielsweise werden häufig verwendete Daten auf besonders schnellen Cachespeichern
gespeichert, sodass sie innerhalb kürzester Zeit verarbeitet und gesendet werden
können. Da diese Art von Speicher sehr teuer ist, können nicht alle Informationen darauf
gespeichert werden. Aus diesem Grund werden andere Arten der Speicherung verwendet,

und Entscheidungen werden beispielsweise anhand der Kritikalität und Zugriffshäufig-keit der Daten darüber getroffen, wo sie gespeichert werden.

Ein weiterer wichtiger Faktor, der im Zusammenhang mit der performanzoptimierten Programmierung berücksichtigt werden muss, ist die Frage des *Systemfußabdrucks,* ins-besondere des Speicherplatzbedarfs. Wie bereits erwähnt, besteht die Möglichkeit, dies zu reduzieren, indem Anwendungsdaten aus dem Cache in kostengünstigere, weniger leistungsfähige Speicher verschoben werden. Die effiziente Verteilung von Daten auf Datenbanken und Tabellen reduziert auch den Speicherbedarf einer Anwendung. Besonders relevant ist jedoch die Behandlung alter Daten. In einem ERP-System sammeln sich im Laufe der Zeit riesige Datenmengen an. Ein System müsste daher ohne weiteres Maßnahmen massiv skaliert werden. Dies geht jedoch mit enormen Kosten einher, die durch keinen Mehrwert ausgeglichen werden. Es wird zwischen den ver-schiedenen Arten und Zuständen von Daten unterschieden, wie in Abb. 35.5 illustriert.

Wie in Abb. 35.5 dargestellt, können die Daten in verschiedenen *Altersstufen* vor-liegen und einen Lebenszyklus durchlaufen. Die einzelnen Phasen des Lebenszyklus haben unterschiedliche Auswirkungen auf Relevanz und Verfügbarkeit. Beispielsweise wird selten auf Daten zugegriffen, die sich im Rechtsfallbedingte Sperre befinden. Dementsprechend müssen sie nicht in einem performanten Cache-Speicher abgelegt werden, sondern können auch komprimiert auf langlebigen, kostengünstigen und etwas langsameren Speicher archiviert werden, da die Zugriffsgeschwindigkeit hier-für kein wichtiger KPI ist. Andere KPIs und Kennzahlen können analog für andere Abschnitte des Lebenszyklus abgeleitet werden, um den Speicheraufwand und damit indirekt auch die Kosten und die Performanz zu verbessern, um den Speicherbedarf eines Systems zu reduzieren. In SAP S/4HANA wird sichergestellt, dass alte Daten

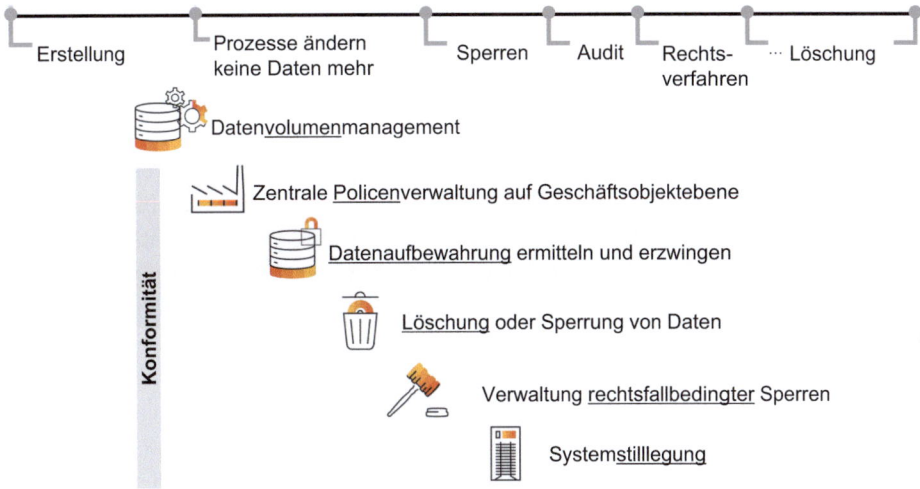

Abb. 35.5 Lebenszyklus von Anwendungsdaten

durch Tags/Altersspalten identifiziert und somit anders behandelt werden. Diese Tags sind für normale Datenbank-Benutzer nicht sichtbar, sondern werden von SAP HANA und ABAP-Implementierungen verwaltet. Darüber hinaus ermöglicht SAP HANA die Übertragung einzelner Spalten vom Hauptspeicher auf andere Medien. Dadurch wird die Menge der im Hauptspeicher zu haltenden Daten erheblich reduziert. Das Laden und die Auslagerung erfolgt teilweise automatisiert durch SAP HANA, kann aber auch vom Benutzer erzwungen werden. Die Daten in der Persistenzschicht auf der Festplatte werden nicht geändert.

Außerdem wird der *Code-Pushdown* für die performanzoptimierte Programmierung angewendet. Um Daten zu verarbeiten, müssen sie zwischen dem Anwendungsserver und der Datenbank über ein Netzwerk übertragen werden. Wie bereits im Abschnitt Netzwerk und Daten erläutert, ist diese Übertragung wesentlich langsamer als die server-interne Übertragung zwischen Hauptspeicher und den verschiedenen Caches. Besonders Festplattenzugriffe oder andere mechanische Schritte machen diesen Unterschied noch extremer. Mit SAP S/4HANA und seiner In-Memory Datenbanktechnologie entfällt insbesondere der letzte Punkt. Um die Auswirkungen der Netzwerkverbindung als Engpass zu minimieren, kann der Code-Pushdown des ABAP-Programmiermodells verwendet werden. Klassisch wird auf die Applikationsdaten in der Datenbank zugegriffen, die für die Verarbeitung und Berechnung benötigt werden. Diese werden dann an den Applikationsserver transferiert und dort verarbeitet. Dieses Prinzip wird auch als *Date to Code* bezeichnet. Dies bedeutet jedoch, dass die Datenanfragen zunächst an die Datenbank gesendet werden muss und die gesamten Daten von der Datenbank an den Anwendungsserver gesendet werden müssen, wo dann nur ein kleine Satz von relevanten Daten verarbeitet werden. Um Bandbreite zu sparen und damit eine bessere Performanz zu ermöglichen, wurde dieses Prinzip umgekehrt. Nach dem Motto *Code zu Daten* werden Berechnungen nur lokal im Datenbankmanagementsystem durchgeführt. Dadurch wird ein Teil der Last auf den Datenbankserver verschoben, aber SAP HANA ist dafür konzipiert. Dadurch kann eine performanzintensive Geschäftslogik, wie z. B. der Materialbedarfsplanung (MRP), fast vollständig auf der Datenbank und nicht auf dem Anwendungsserver ausgeführt werden. Für die Verarbeitung und Berechnungen werden hauptsächlich SQL-Views verwendet, die mit fast keinen Kosten verbunden sind. Darüber hinaus bringt der Zugriff auf modularisierten Datenbankcode mit SQLScript geschriebene Stored Procedures weitere Performanz-Vorteile. Die semantische Schicht Virtuelles Datenmodell (VDM) von SAP S/4HANA wendet das Pushdown-Prinzip systematisch an. Das VDM besteht aus Core-Data-Services-Views (CDS-Views), die auf ABAP-Ebene definiert sind. Wenn CDS-Views aktiviert werden, werden automatisch zugehörige SQL-Views in SAP HANA generiert. Wenn eine SQL-Anweisung auf einer CDS-View verarbeitet wird, wird sie an die SQL-View übergeben und auf der Datenbankschicht prozessiert. Im Vergleich zu einer herkömmlichen SAP ERP Anwendung, in der Anwendungsdaten in den Anwendungsserver geladen und dann aber nur die relevanten Datensätze prozessiert wurden, kann die Performanz verbessert werden. Schließlich kommt das vereinfachte Datenmodell ins Spiel. Die Datenstruktur von

SAP S/4HANA wurde im Vergleich zum klassischen SAP ERP vereinfacht, z. B. durch die Eliminierung von Aggregat- und Indextabellen aufgrund der Verwendung von In-Memory Techniken von SAP HANA, wodurch der Datenfußabdruck ebenfalls reduziert wird.

Elastizität und faire Ressourcenteilung

Wenn SAP S/4HANA vom Kunden betrieben wird, kann der Kunde die Kapazität der Anwendungen selbst oder über den beauftragten Rechenzentrumsbetreiber ermitteln und anpassen. Wenn ein Unternehmen SAP S/4HANA in der Public Cloud und Infrastructure-as-a-Service verwendet, muss die Handhabung der Elastizität durch den Betreiber berücksichtigt werden. Die zugrunde liegenden Techniken für die Elastizität können teilweise auch angewendet werden, wenn Kunden SAP S/4HANA selbst betreiben. Elastizität ist die Fähigkeit, die Ressourcen, die für die Bewältigung von Lasten erforderlich sind, dynamisch anzupassen. Dies geschieht in der Regel im Zusammenhang mit Scale-Out-Maßnahmen, sodass bei einer Erhöhung der Auslastung die Hardware durch das Hinzufügen weiterer Ressourcen skaliert wird und die Hardware reduziert wird und nicht benötigte Ressourcen freigegeben werden. Abb. 35.6 zeigt drei verschiedene Kapazitätsszenarien.

Aus den Grafiken in Abb. 35.6 lassen sich drei verschiedene Herausforderungen ablesen:

- Kapazitätsverschwendung – Erhöhung der Auslastung: Wenn die Auslastung steigt, müssen mehr Ressourcen hinzugefügt werden. Um die ungenutzte Kapazität so klein wie möglich zu halten, ist eine elastische Skalierung durch das Hinzufügen weiterer Ressourcen erforderlich.
- Kapazitätsverschwendung – Verminderung der Auslastung: Wenn der Bedarf abnimmt, müssen die Ressourcen entfernt werden. Um die verschwendete Kapazität so gering wie möglich zu halten, ist es erforderlich, die nicht benötigten Ressourcen elastisch zu reduzieren.

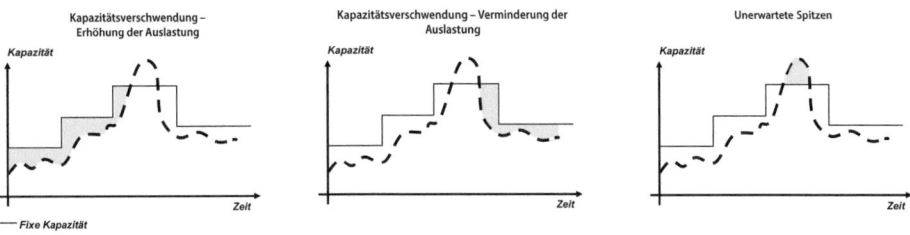

Abb. 35.6 Kapazitätsszenarien

- Unerwartete Spitzen: Mit festen Kapazitäten lassen sich unerwartete Spitzen nicht mit den vorhandenen Ressourcen decken. Um die negative Auswirkungen unerwarteter Spitzen zu vermeiden, ist es erforderlich, möglichst nahe am tatsächlichen Bedarf zu skalieren und gleichzeitig die verschwendete Kapazität so gering wie möglich zu halten.

SAP Operations verwendet ein eigenes entwickeltes Werkzeug für das dynamische Kapazitätsmanagement, um die Hardwarekapazität innerhalb eines SAP S/4HANA Multitenancy-Clusters flexibel anzupassen. Es werden zwei Arten der Kapazitätsplanung abgedeckt: *Planung der Mandantenkapazität* für die Erweiterung der Mandantengröße, die Reduzierung der Mandantengröße und das Verschieben des Mandanten. *Planung der Landschaftskapazität* für das Verschieben des Mandanten auf einen anderen Server und für die Ermittlung, welche Mandanten verschoben werden sollen, wenn der freie Speicher des Servers erschöpft ist. Das vollständig automatisierte Werkzeug für das dynamische Kapazitätsmanagement legt Grenzen für den Ressourcenverbrauch von Tenant-Datenbanken fest. Einerseits stellt er sicher, dass ein Mandant immer über ausreichende Ressourcen verfügt und verhindert gleichzeitig, dass ein Mandant zu viele Ressourcen verbraucht und somit das System für die anderen zu langsam wird. In einem SAP S/4HANA Cloud Produktivsystem werden alle Datenbankanweisungen in bestimmten Quoten für Antwortzeit, CPU-Zeit und Speicherverbrauch überwacht. Sobald diese verletzt werden, werden sie überarbeitet, um diese Anweisungen weiter zu optimieren. Nachhaltigkeit ist ein wichtiger Faktor für den Betrieb von IT-Infrastrukturen. Eine gerechte Aufteilung der Ressourcen darf daher nicht auf die gemeinsame Nutzung verfügbarer Hardware-Kapazitäten beschränkt sein, sondern sollte auch ökologische Aspekte berücksichtigen. Für SAP S/4HANA sind die relevanten Faktoren für eine hervorragende Performanz minimale Antwortzeit, minimaler Ressourcenverbrauch, maximaler Durchsatz, Skalierbarkeit und einfache Sizing-Algorithmen. Darüber hinaus sind eine konsistente Antwortzeit und ein konsistenter Ressourcenverbrauch von entscheidender Bedeutung. Die folgenden Eckpfeiler wurden spezifiziert, um diese definierten Ziele mit den festgelegten Nachhaltigkeitszielen in Einklang zu bringen:

- In-Memory-Computing statt Festplatten-I/O-Vorgänge
- Caches statt CPU-Zyklen
- Content Delivery Networks und Code-Pushdown anstelle einer hohen Datenübertragung und einer großen Anzahl von Roundtrips

35.5   Fazit

In Zeiten immer schneller wachsender Anforderungen und steigender Nutzerzahlen ist eine skalierbare Anwendung von enormer Bedeutung. Besonders für geschäftskritische Anwendungen wie ERP-Systeme stellen sich sehr hohe Anforderungen an die Performanz, Geschwindigkeit, Erweiterbarkeit und Skalierbarkeit. Ein System mit hohen Antwortzeiten schränkt nicht nur die Effektivität ein, sondern demotiviert auch die Benutzer. Aufgrund der enormen Anzahl potenzieller Anwendungsfälle und Branchen, die Geschäftsprozesse in ERP-Systemen wie SAP S/4HANA abbilden und integrieren können, ist der Umfang der Software sehr groß. Um den Erwartungen von Unternehmen und Anwendern gleichzeitig gerecht zu werden, müssen Maßnahmen ergriffen und intelligente Konzepte realisiert werden. Dieses Kapitel erläutert die Performanz und Skalierbarkeit von SAP S/4HANA und hebt allgemeine Probleme sowie die Konzepte und Architekturen hervor, die zur Lösung dieser Herausforderungen herangezogen wurden. Greenfield-, Brownfield- und Expert-Sizing-Ansätze wurden beschrieben. Es wurden Strategien für Scale-Up und Scale-Out dargestellt. Außerdem wurden Methoden zur performanzoptimierten Programmierung erklärt.

Lebenszyklusmanagement

36

Das Kapitel erläutert die Konzepte und Frameworks für das Lebenszyklusmanagement von SAP S/4HANA zur Unterstützung von Softwarebereitstellung, Upgrades, Korrekturen und Außerbetriebnahme. Insbesondere werden Zero Downtime Optionen, Mehrmandantenfähigkeit und Tools für das Lebenszyklusmanagement von Applikationen erklärt.

36.1 Betriebswirtschaftliche Anforderung

Der Software-Lebenszyklus umfasst alle Phasen der Planung, Entwicklung und Nutzung eines Softwareprodukts sowie dessen mögliche Obsoleszenz oder Deaktivierung. Dieser Prozess besteht aus vielen variablen Teilen, kann aber häufig in mehrere Hauptkomponenten unterteilt werden. Dies hilft zu verstehen, wie ein Produkt erstellt, implementiert und verwendet wird. Die Planungsphase ist häufig der initiale Phase des Software-Lebenszyklus, in der Anforderungen gesammelt und analysiert werden. Dabei handelt es sich um den Prozess, mit dem ein nicht entwickeltes Produkt anhand von gesammelten Kriterien definiert wird. Anschließend wird das Produkt analysiert und entworfen, gefolgt von der Entwicklung. Die letzten Entwicklungsphasen des Lebenszyklus umfassen ein fertiggestelltes Produkt, das für einen Kunden oder einen anderen Endbenutzer freigegeben wurde. Zu diesem Zeitpunkt ist der Produktanbieter häufig an Wartungs-, Problemlösungs-, Upgrade- und anderen Betriebsprozessen beteiligt.

Abb. 36.1 zeigt die Lebensphasen, welche in den Gruppen Entwicklung und Betrieb gegliedert werden. Es ist wichtig zu berücksichtigen, dass die Software nicht immer linear durch diese Phasen des Software-Lebenszyklus fortschreitet. Vielmehr können sich verschiedene Teile eines Produkts auf unterschiedliche Weise entwickeln, insbesondere werden viele Iterationen durchlaufen.

© Der/die Autor(en), exklusiv lizenziert an Springer Fachmedien Wiesbaden GmbH, ein Teil von Springer Nature 2023

S. Sarferaz, *ERP-Software: Funktionalität und Konzepte*,
https://doi.org/10.1007/978-3-658-40499-4_36

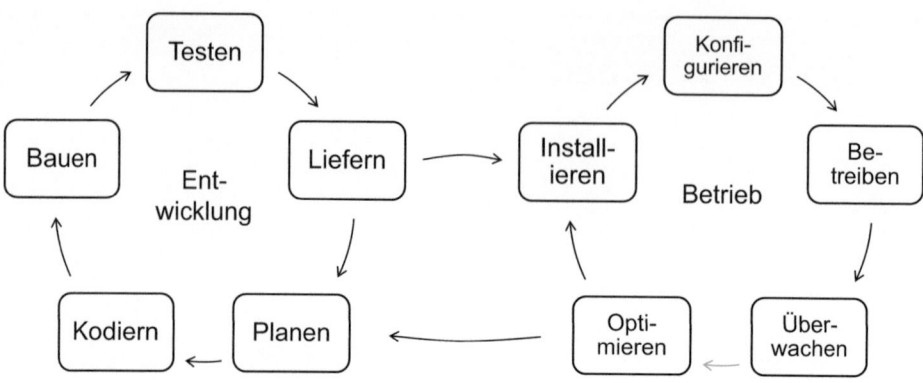

Abb. 36.1 Software-Lebenszyklus

Beim Software-Lebenszyklusmanagement in ERP-Systemen geht es darum, den gesamten Lebenszyklus eines ERP-Systems so reibungslos wie möglich zu gestalten. Besonders wichtig ist hier die Stabilität des Übergangs durch Updates und Upgrades. Unternehmen unterschätzen häufig die Herausforderungen im Lebenszyklus eines ERP-Systems, die zu Ausfällen oder Verzögerungen führen können. Das Lebenszyklusmanagement eines ERP-Systems ist ein fortlaufender Prozess, da sich die Lösung im Unternehmen weiterentwickelt. Im Vergleich zu anderen großen Softwareprojekten sind bei der Implementierung von ERP-Systemen häufig Iterationen erforderlich. Unternehmen betreiben in der Regel On-Premise ERP-Systeme in einer Landschaft mit drei miteinander verbundenen Systemen. Ein Entwicklungssystem zur Definition von Konfiguration und zum Erweitern der Anwendung mit kundeneigenen Entwicklungen. Ein Testsystem, um die Qualität neu gepflegter Konfigurationseinstellungen und neuer Eigenentwicklungen sicherzustellen. Ein Produktivsystem zur Ausführung der tatsächlichen Geschäftsprozesse des Unternehmens. Konfigurationseinstellungen und neue Entwicklungen werden mit Lebenszyklus-Tools durch die Systemlandschaft transportiert. Dies unterscheidet sich geringfügig bei Cloud ERP-Systemen, die vom Anbieter betrieben werden. Cloud ERP-Systeme müssen eine Mehrmandanten-Architektur (Multi-Tenancy-Architektur) unterstützen, die es dem Software-as-a-Service Anbieter ermöglicht, Speicher- und Rechenressourcen auf Mandanten (Tenants) gemeinsam zu nutzen. Die Daten des Mandanten müssen isoliert und für die anderen Mandanten unsichtbar sein. In der Regel erhält jeder Cloud ERP-Abonnent ein Mandant für Test- und Konfiguration, ein produktiver Mandant und in den meisten Fällen ein Mandant für die Entwicklung, ähnlich der Drei-Systemlandschaft für den Betrieb von On-Premise ERP-Systemen. Cloud-ERP Systeme werden in Rechenzentren auf der ganzen Welt gehostet. Im Allgemeinen gibt es zwei Selektionskriterien, die bei der Auswahl des richtigen Rechenzentrums berücksichtigt werden müssen. Erstens gibt es gesetzliche Anforderungen wie die chinesische Gesetzgebung zur Cybersicherheit oder die europäische DSGVO, die den Datenzugriff auf bestimmte Gebiete einschränken.

Zweitens liegen Latenzanforderungen vor, z. B. die Gewährleistung einer guten Performanz, die auch durch die Netzwerkkommunikation beeinträchtigt wird, um den Webbrowser des Kunden mit den ERP-Mandanten zu verbinden. Daher muss ein Rechenzentrum basierend auf intelligenten Algorithmen ausgewählt werden, um Latenzeffekte zu minimieren.

36.2 Technische Umsetzung

Die meisten Konzepte zur Lebenszyklusmanagement sind bekannt oder werden von anderen Kapiteln abgedeckt, z. B. Entwicklung in Kap. 21, Konfiguration in Kap. 37 oder Implementierung in Kap. 38. Daher erläutert dieses Kapitel die neuen Ansätze im Kontext von SAP S/4HANA und konzentriert sich auf Softwarewartung, Zero Downtime und Mehrmandantenfähigkeit. Darüber hinaus wird die neue verfügbare Lösung für das Application Lifecycle Management (ALM) erklärt, die als SAP Cloud ALM bezeichnet wird.

Softwarewartung

ERP-Software muss den neuesten Gesetzen und Vorschriften entsprechen, innovative Funktionen bereitstellen, vorhandene Funktionalität verbessern und bei Bedarf Fehler korrigieren. Dazu muss SAP S/4HANA regelmäßig gewartet werden, was technisch als Upgrade und Update bezeichnet wird. Kunden begrüßen zwar neue Funktionen und die Einhaltung gesetzlicher Vorschriften, möchten aber keine Unterbrechungen ihrer regulären Geschäftsabläufe. Beispiele für solche Störungen sind die spezifische Konfiguration des Kunden mit der aktualisierten Software zu testen oder eine geänderte Benutzungsoberfläche, die eine erneute Schulung von Benutzern und Systemausfallzeiten erfordert. Daher beabsichtigt SAP, den Softwarelebenszyklus so reibungslos wie möglich zu verwalten, um eine Unterbrechung der Benutzer zu vermeiden. Die einzige Ausnahme hiervon ist ein gewünschtes funktionales Upgrade durch den Kunden. Während eines Wartungsereignisses werden Software und/oder Konfiguration von SAP S/4HANA aktualisiert. Bei Bedarf wendet SAP Korrekturen für alle SAP S/4HANA Cloud Mandanten als Hotfix-Kollektion (HFC) alle zwei Wochen an. Wenn ein einzelner Mandant aufgrund eines Softwarefehlers vollständig ausfällt, kann SAP bei Bedarf einen Emergency Patch (EP) einspielen. SAP führt alle drei Monate ein Upgrade des ABAP-Service von SAP S/4HANA Cloud auf die nächste größere Softwareversion durch. Abonnenten von SAP S/4HANA Cloud müssen Wartungsfenster planen, in denen der Mandant nicht verfügbar ist. Um jedoch eine minimale Unterbrechung des Geschäftsbetriebs durch Wartung zu gewährleisten, wird ein Konzept bereitgestellt, das eine Wartung ohne Ausfallzeit ermöglicht *(Zero Downtime Maintenance)*. Dieser Ansatz folgt der standardmäßigen Best Practice für die Cloud-Architektur, die als *Blue-Green*

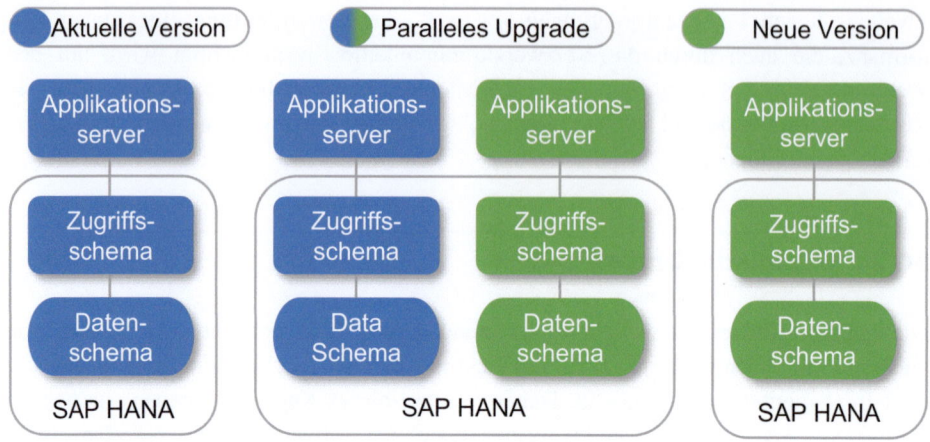

Abb. 36.2   Softwarewartung basierend auf Blue-Green Deployment

Deployment bezeichnet wird, wie in Abb. 36.2 dargestellt. Die Grundidee besteht darin, einen temporären grünen Mandanten für Softwareaktualisierungen anzulegen, während Benutzer weiterhin im blauen Mandanten arbeiten. Dies hat zur Folge, dass diese beiden Mandanten während der Wartungsphase zeitlich begrenzt nebeneinander bestehen. Wenn die Wartungsphase abgeschlossen ist, werden alle nachfolgenden Benutzeranmeldungen an den jetzt aktualisierten grünen Mandanten weitergeleitet, und der jetzt veraltete blaue Mandant wird außerbetrieb gesetzt, wenn keine Benutzer mehr dort angemeldet sind. Das Blue-Green Deployment muss mehrere Herausforderungen lösen, z. B. den grünen Mandanten mit denselben Konfigurationen wie der blaue Mandant zu versehen, während Anwendungsbenutzer weiterhin neue Daten anlegen. Sobald die Aktualisierung des grünen Mandanten abgeschlossen ist, werden alle Geschäftsvorgänge, die zwischen-zeitlich im blauen Mandanten stattgefunden haben, in den grünen Mandanten importiert. Somit können alle eingegebenen Daten beibehalten werden, während die transaktionale Prozesse im blauen Mandanten ausgeführt werden.

Um dies sicherzustellen, muss der blaue und grüne Mandant dieselbe Persistenz haben. Technisch gesehen verwenden die ABAP-Anwendungsserver der blauen und grünen Mandanten dieselbe SAP HANA Datenbank. Jeder Mandant hat eine eigene Mandantendatenbank, in der die Geschäftsdaten des Mandanten gespeichert sind. Alle Mandanten des Clusters haben Zugriff auf die gemeinsame Datenbank, die Informationen wie Software-Quellcode enthält. Der grüne Mandant ist der Mandant, in dem während der Wartung Software- und Konfigurationsänderungen vorgenommen werden. Da die blauen und grünen Mandanten dieselbe Persistenz haben, muss das ABAP Data Dictionary (DDIC) für den grünen Mandanten aktualisiert werden, während der blaue Mandant vor diesen Änderungen geschützt wird. Dies wird durch die Einführung eines neuen Datenbankschemas erreicht, dem *Zugriffsschema*. Dieses Zugriffsschema dient als Brücke zwischen dem Anwendungsserver und der Persistenz.

Er verbirgt Änderungen an Datenbanktabellen, die von Anwendungen vorgenommen wurden, die im blauen Mandanten ausgeführt werden. Wenn sich der Datentyp eines Tabellenfelds während des Upgrade-Prozesses ändert, gilt dies für das Datenschema der Datenbank. Wenn also eine Anwendung des blauen Mandanten auf die Tabelle zugreift, ordnet die Zugriffsschicht die Daten dieses Tabellenfelds dem alten, unveränderten Datentyp für Lese- und Schreibzugriff zu. Wenn dieselbe Anwendung aus dem grünen Mandanten auf die Tabelle zugreift, gibt die Zugriffsschicht Daten aus demselben Tabellenfeld mit dem neuen Datentyp zurück.

Keine Ausfallzeit

Für die Optimierung der Ausfallzeiten während der Softwarewartung entwickelt SAP verschiedene Ansätze. Bei den mit dem SAP Software Update Manager (SUM) ausgelieferten Ansätzen gibt es drei Hauptmethoden für das Einspielen von Support Packages in SAP S/4HANA, wie in Abb. 36.3 dargestellt.

Sowohl das Standardverfahren als auch das nZDM bieten bereits einige Vorteile im Hinblick auf die Ausfallzeitoptimierung. Allerdings kann nur ZDO eine technische Ausfallzeit vollständig vermeiden. Die technische Ausfallzeit beschreibt die Zeit, in der das System tatsächlich ausgefallen ist. Geschäftsausfallzeit (Business Downtime) steht dagegen für die Zeit, in der das System von den Benutzern nicht genutzt werden kann. Das Starten und Herunterfahren des Systems ist hierbei ebenfalls enthalten. Der Hauptvorteil von nZDM besteht darin, dass die Geschäftsausfallzeit im Vergleich zu früheren Aktualisierungsansätzen erheblich reduziert wird, da mehr der ausfallzeitrelevanten Aktualisierungsphasen ausgeführt werden, während das System noch für Anwendungsbenutzer einsatzbereit ist. Während der Produktivzeit erfolgt die Anpassung der Tabellenstruktur einschließlich Konvertierungen basierend auf der *Record and Replay Technik* in nZDM. Das bedeutet, dass Änderungen an der Datenbank während

| **Standardansatz** | **near-Zero Downtime Maintenance (nZDM)** | **Zero Downtime Option (ZDO)** |

- Mehrere Downtime-Optimierungen (z.B. Schattensystembetrieb)
- Allgemein für alle Kunden verfügbar

- Reduzierung der Ausfallzeit durch Verschieben von ausfallzeitrelevanten Phasen in Produktivzeiten
- Allgemein für alle Kunden verfügbar

- Alle Phasen laufen während der Produktivzeit
- Verfügbar auf Anfrage für Pilotkunden

AUFWAND

AUSFALLZEIT

Abb. 36.3 Ansätze zur Minimierung von Ausfallzeiten

der Produktivzeit des Wartungsprozesses Trigger generieren, die die Änderungen auf-zeichnen. Die Aufzeichnungen werden nur für Tabellen benötigt, die für das Schatten-Update/-Upgrade verwendet werden. Die Aktualisierung der Schattentabellen erfolgt über die Aufzeichnung nach den Upgrade-/Update-Phasen der Produktivzeit. Die Mehr-zahl der auf die Aufzeichnungen basierte Aktualisierungen wird während der Produktiv-zeit durchgeführt. Nur das Delta darf in der Ausfallzeit kurz vor dem Umschalten laufen. ZDO muss als Projekt angefordert werden und kann daher nicht ohne Einschränkungen verwendet werden. Bei der Auswahl der verschiedener Verfahren ist zu beachten, dass Verfahren mit einer geringeren Ausfallzeit automatisch einen höheren Aufwand erfordern. Abb. 36.4 zeigt, dass die technische Ausfallzeit mit der ZDO vollständig eliminiert wird und stattdessen eine *Produktivzeit auf Bridge* besteht.

Das vorhandene System läuft teilweise parallel zur aktualisierten Instanz. Im Falle einer normalen technischen Ausfallzeit werden die Benutzer zu einem bestimmten Zeit-punkt abgemeldet, während die Benutzer in der Produktivzeit auf eine andere Instanz, ein sogenanntes Bridge-Subsystem, verschoben werden. Dieser Übergang findet im Hintergrund ohne Unterbrechung der Benutzer statt. Diese Bridge ist eine Kopie des Hauptsystems, enthält aber nur die Tabellen, die auch vom Upgrade betroffen sind. Die ZDO-Prozedur ist in fünf verschiedene Schritte unterteilt, die nacheinander ausgeführt werden. Zunächst muss der Datenbankinhalt von SAP HANA migriert werden. Mit SAP HANA Transport for ABAP (HTA), der auf der SAP HANA Deployment Infrastructure (HDI) basiert, können Entwickler Inhalte für ABAP-Anwendungen auf Basis von SAP HANA implementieren und diese (sowohl HDI- als auch ABAP-Objekte) zusammen mit dem Change and Transport System (CTS) des ABAP-Applikationsservers trans-portieren. Dieser Schritt migriert die nativen Views von SAP HANA nach HTA für HDI. Im zweiten Schritt wird die Konformität mit den ZDO-Regeln geprüft und sichergestellt. Hierfür wurden Entwicklungsrichtlinien definiert, die von SAP-Anwendungsentwicklern einzuhalten sind. Darüber hinaus gibt es Support Packages, mit denen die neuesten

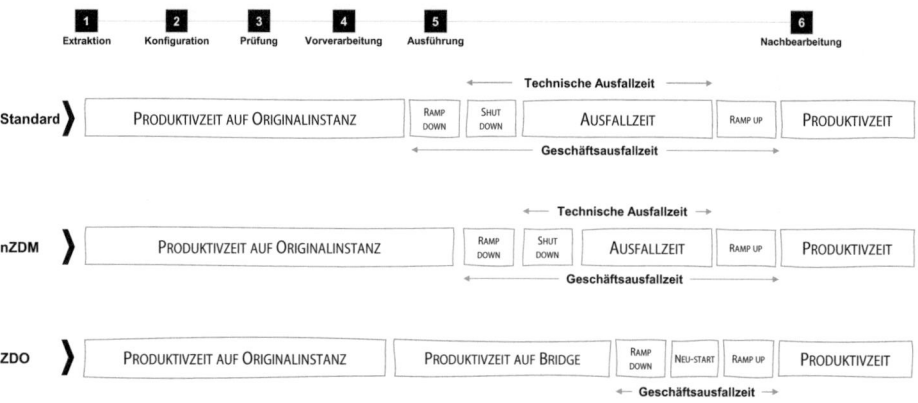

Abb. 36.4 Unterschiede der Ausfallzeitansätze

Inhalte für ZDO verteilt werden. Darüber hinaus werden bekannte Einschränkungen von Geschäftsanwendungen in bestimmten SAP-Dokumenten erfasst. Es sollte erwähnt werden, dass Erweiterungen von Drittanbietern standardmäßig nicht unterstützt werden. Drittanbieter müssen sich daher an SAP wenden. In der zweiten Phase kann das ABAP Test Cockpit (ATC) verwendet werden, um Konformitätsprüfungen zwischen ZDO-Richtlinien und Kundentransporten durchzuführen. Im dritten Schritt wird eine Tabellen-klassifizierung durchgeführt. Der Zugriff des Benutzers auf die verschiedenen Tabellen wird geprüft. Hier wird der oben genannte Bridge als Kopie des Hauptsystems verwendet. Dadurch ist es möglich, die Änderungen auf dem Upgrade-System für den Benutzer des Produktivsystems auszublenden. Daher werden die Tabellen geklont, sodass das System, für das das Upgrade durchgeführt wurde, Zugriff auf eine Instanz der Tabelle hat, während das Produktivsystem Zugriff auf eine andere Instanz hat. In einigen Fällen müssen die geklonten Tabellen auf schreibgeschützt gesetzt werden. Die Zugriffs-rechte von Anwendungsbenutzern während der Bridge-Phase müssen definiert werden. Die eigentliche Änderung der Tabellen wird durch den Upgrade-Prozess durchgeführt, während der Benutzer weiterhin über die Bridge auf eine Instanz des Systems zugreifen kann. Die Klassifizierung hängt davon ab, welcher Akteur Lese- und Schreiboperationen auf die Tabelle ausführt, ob Inhalte in die Tabelle importiert werden und ob die Tabellen-struktur geändert wird. Die Tabellen können in drei verschiedene Hauptklassen unterteilt werden. Die erste Klasse ist eine *gemeinsame* Tabelle. Diese Tabellen werden während eines Upgrades nicht geändert und dürfen daher nur während des Upgrade-Prozesses Zugriff auf das verbindende System gewähren. Dahinter verbirgt sich ein technischer Sicherheitsmechanismus, der den Zugriff der Upgrade-Instanz auf solche Tabellen regelt. Die zweite Klasse ist *das Klonen* von Tabellen. Diese Tabellen werden während eines Upgrades geändert und daher geklont, sodass sie Schreib- und Leseberechtigungen sowohl für die Bridge-Instanz als auch für die aktualisierte Instanz eines Systems haben. Die dritte Klasse von Tabellen ist *das Klonen schreibgeschützter* Tabellen. Diese werden ebenfalls geklont. Die Bridge-Instanz des Systems hat hier jedoch nur Leseberechtigung und keinen Schreibzugriff. Andernfalls kann es aufgrund dieser Art von Tabelle zu Problemen kommen, wenn die Bridge-Instanz während des Upgrades in die Tabelle geschrieben wird. Das *Auswirkungsanalysewerkzeug* kann dabei helfen, diese Arten von Tabellen zu identifizieren. Im vierten Schritt wird eine Auswirkungsanalyse mit dem SAP Software Upgrade Manager (SUM) durchgeführt. Ziel ist es, mögliche geschäft-liche Auswirkungen während der Bridge-Phase zu ermitteln. Es wird ein Sandbox-System verwendet, in das die neuen Tabellenklassifizierungen und die Tabellendaten aus der Produktivinstanz des Systems übertragen werden. Auf diese Weise werden Probleme in einem frühen Stadium identifiziert, die in der Zukunft auftreten können. Dazu werden die ersten aktuellen Tabellenstatistiken aus dem angeschlossenen System exportiert. Anschließend wird eine Auswirkungsanalyse mit allen Datensätzen durchgeführt. Abschließend müssen die Ergebnisse der verschiedenen Datensätze zusammengeführt, ausgewertet und interpretiert werden. Der fünfte und letzte Schritt im ZDO-Prozess ist die eigentliche Datenmigration. Hier ist die Vereinfachung des Datenmodells von den funktionalen Änderungen in den Geschäftsanwendungen entkoppelt. Außerdem stellt dieser Schritt die Kompatibilität sicher, indem berücksichtigt wird, dass die neue Version einer Anwendung mit dem alten Datenmodell und die alte Version einer Anwendung mit dem neuen Datenmodell arbeitet.

Mehrmandantenfähigkeit

Mehrmandantenfähigkeit (Multitenancy) ist eine Softwarearchitektur, in der mehrere Mandanten (Tenants) eines Cloud-Services Softwareressourcen gemeinsam nutzen, um die damit verbundenen Kosten und Aufwände auf diese Mandanten zu verteilen und dabei jeden Mandanten von den anderen zu isolieren. Alle in SAP S/4HANA Cloud enthaltenen Cloud-Services werden mit einer Mehrmandanten-Architektur erstellt. Die Mehrmandanten-Architektur des ABAP-Service von SAP S/4HANA Cloud reduziert die Mandant-spezifischen Infrastrukturkosten und den Betriebsaufwand und stellt die Mandanten-Isolierung auf der gleichen Ebene bereit, die von vollständig separaten Systemen sichergestellt wird. Jeder Mandant hat seine eigenen dedizierten ABAP-Anwendungsserver, die auf seiner eigenen SAP HANA Mandanten-Datenbank laufen, wie in Abb. 36.5 dargestellt. Mandanten-Datenbanken sind separate Datenbanken innerhalb eines einzelnen SAP HANA Datenbanksystems, die alle Mandanten-spezifischen Anwendungsdaten und -konfigurationen enthalten. Zusätzlich zu diesen Mandant-spezifischen Datenbanken verfügt jedes SAP HANA System über eine weitere Datenbank, die ABAP-Systemressourcen enthält, die per definitionem von allen Mandanten gemeinsam genutzt werden, z. B. der von SAP ausgelieferte ABAP-Quelltext. Das bedeutet, dass solche Ressourcen nicht in jeder der Mandanten-Datenbanken von SAP

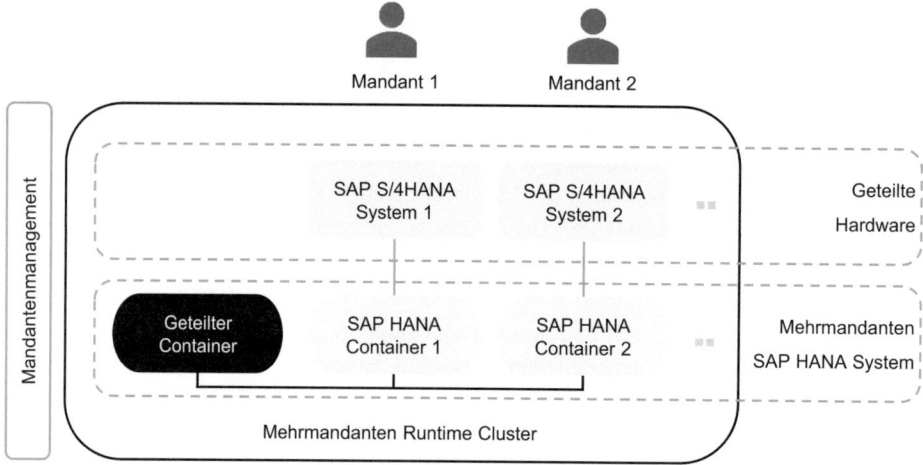

Abb. 36.5 Mehrmandanten-Architektur

HANA gespeichert werden, sondern nur einmal in der gemeinsam genutzten Datenbank. Dadurch werden die Hauptkomponenten eines ABAP-Anwendungsstacks gemeinsam genutzt, und die Komponenten eines SAP HANA Systems werden von mehreren Mandanten gemeinsam genutzt. Daher wird Software über alle Schichten hinweg gemeinsam genutzt – auf der Anwendungsschicht von SAP S/4HANA Cloud, dem SAP ABAP Anwendungsserver und der SAP HANA Datenbankschicht – und gemeinsame Softwareaktualisierungen werden für alle Mandanten auf demselben Mehr Mandanten SAP HANA System ausgeführt. Da jeder Mandant über eigene ABAP-Anwendungsserver und Mandanten-Datenbanken verfügt, ist er vollständig von den anderen isoliert. Jeder Mandant ist in sich abgeschlossen, sodass jeder Mandant z. B. einen eigenen Datenbankkatalog, eine eigene Persistenz und Sicherungen hat. Die technische Konfiguration von SAP HANA verhindert den mandanten-übergreifenden SQL-Datenbankzugriff und den Schreibzugriff der ABAP-Laufzeit auf die gemeinsame Mandanten-Datenbank. Nur Software-Updates und Nicht-ABAP-Werkzeuge haben Schreibzugriff auf die gemeinsam genutzte Datenbank. Durch die eine Code-Linie für SAP S/4HANA Cloud und SAP S/4HANA On-Premise muss die Mehrmandanten-Architektur so konzipiert und implementiert werden, dass keine vorhandene Installation unterbrochen wird und die Anzahl der erforderlichen Änderungen auf Anwendungsseite auf ein Minimum beschränkt wird. Dies ist wichtig, um das Risiko von Qualitätsregressionen zu minimieren. Jedes ABAP-System in der SAP S/4HANA On-Premise Systemarchitektur besteht aus einer Sammlung von ABAP-Anwendungsservern, die mit einem einzelnen SAP HANA Datenbanksystem verknüpft sind.

Die Systemarchitektur ist für alle Systemtypen gleich, egal ob Entwicklung, Qualität oder Produktion. Wenn mehrere ABAP-Systeme laufen, können sie sich Hardware teilen. Abhängig von der erforderlichen Größe der SAP HANA Datenbank können mehrere SAP HANA Systeme auf gemeinsam genutzter Hardware ausgeführt werden. Abgesehen von der gemeinsam genutzten Hardware teilen sich die SAP S/4HANA Systeme keine anderen Ressourcen. Aufgrund der *shared nothing* Softwarearchitektur benötigt jedes neue SAP S/4HANA System Ressourcen für ein vollständiges ABAP-System sowie eine vollständige SAP HANA Datenbank. Administratoren müssen jedes dieser Systeme einzeln installieren, verwalten und aktualisieren. Mit jedem neuen System steigen die Kosten und der Aufwand linear. Kostengünstig werden dadurch keine Skaleneffekte erzielt, und im Hinblick auf den Aufwand wird sie schnell unüberschaubar, wenn die Anzahl der Systeme auf Tausende oder mehr anwächst – was den geplanten Umfang für SAP S/4HANA Cloud widerspiegelt. Die gemeinsame Datenbank ermöglicht es, alle ABAP-Systemressourcen, die per Definition gleich und unveränderlich sind, von den Mandanten-Datenbanken in die gemeinsame Datenbank zu verschieben. Schließlich enthält die gemeinsame Datenbank alle ABAP-Systemressourcen, die in allen ABAP-Systemen identisch sind und nicht von Kunden in ihren Mandanten geändert werden können, wie ABAP-Programmquelltext, Systemdokumentation, Codepage-Informationen oder die standardisierten Texte von Fehler- und Erfolgsmeldungen, die in SAP-Programmen verwendet werden, um Endbenutzer über einen bestimmten

Verarbeitungsstatus zu informieren. Der Speicherverbrauch der Mandanten-Daten-banken wird entsprechend reduziert, indem diese Daten in der gemeinsamen Datenbank (geteilter Container) kollektiv genutzt werden. Ein weiterer Vorteil besteht darin, dass beim Upgrade auf ein neues SAP S/4HANA Cloud Release alle Ressourcen, die in der gemeinsam genutzten Datenbank gespeichert sind, nur einmal pro SAP HANA System aktualisiert werden müssen und nicht einzeln für jeden Mandanten. Dadurch entfallen mandanten-spezifische Upgrades. Es ist wichtig zu beachten, dass ein einzelner Mandant keine Tabellen oder Daten in der gemeinsamen Datenbank ändern oder aktualisieren kann, da sich diese Änderungen auf alle ABAP-Anwendungsserver auswirken würden, die auf Mandanten-Datenbanken im selben SAP HANA System laufen. Alle mandanten-spezifischen Daten, wie transaktionale Geschäftsdaten, Konfigurationseinstellungen oder Stammdaten, sowie alle Arten von mandanten-spezifischen Erweiterungen werden in einzelnen Mandanten-Datenbanken statt in der gemeinsam genutzten Datenbank gespeichert.

Lebenszyklus von Applikationen

Für die Handhabung des Application Lifecycle Management (ALM) bietet SAP unter anderem SAP Cloud ALM an. Mit diesem Werkzeug können Kunden die Implementierung und Anwendung von Cloud-basierten Lösungen vereinfachen. Das Angebot richtet sich an kleine, mittlere und größere Kunden, die eine standardisierte Cloud-basierte Lösung benötigen. Wie in Abb. 36.6 dargestellt, besteht SAP Cloud ALM aus zwei Teilbereichen, Implementierung und Betrieb.

Die Komponente Betrieb von SAP Cloud ALM bietet Monitoring für Anwendungen, Integration, Benutzer und Geschäftsprozesse. Die Komponente Implementierung konzentriert sich auf Implementierungsprojekte und unterstützt die Verwaltung von

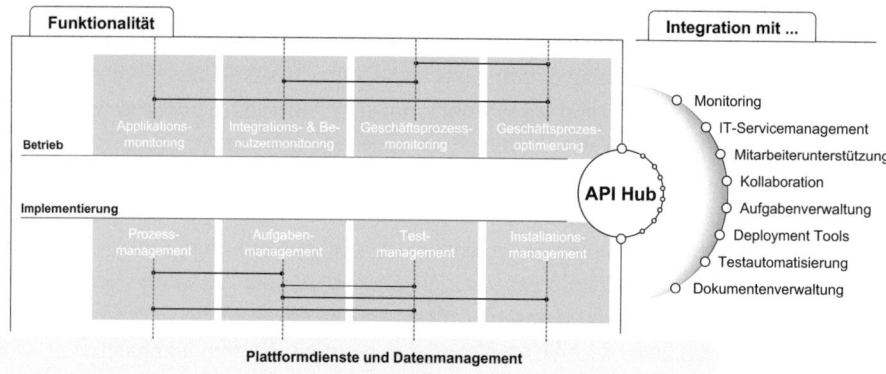

Abb. 36.6   SAP Cloud ALM – Funktionale Architektur

Prozessen, Aufgaben, Tests und Deployments. SAP Cloud ALM ist basierend auf dem SAP Business API Hub in vorhandene Frameworks integriert. Das *Geschäftsprozess-Monitoring* bietet Transparenz über durchgängige Geschäftsprozesse innerhalb einer verteilten und hybriden Lösungslandschaft. Sie stellt einen unterbrechungsfreien Geschäftsbetrieb sicher und verbessert die Qualität und Performanz der Geschäfts-prozessausführung. Darüber hinaus überwacht es den Zustand von Prozessen und erkennt Anomalien während der Prozessausführung, einschließlich eines Drilldowns in Geschäftsbelege. Bei Bedarf werden Benutzer direkt darauf hingewiesen, Unter-brechungen zu lösen, und es wird eine automatisierte Problemlösung über integrierte Operationsflüsse bereitgestellt. Das Geschäftsprozess-Monitoring liefert vordefinierten Prozessinhalt, einschließlich der automatischen Ermittlung relevanter Metriken, die aktiviert werden können. Das *Integrations- und Ausnahme-Monitoring* ermöglicht ein durchgängiges Monitoring von Cloud-Services und -Systemen, indem einzelne Nachrichten mit Nachrichtenflüssen korreliert werden. Die Anwendung hilft bei der Überwachung von Ausnahmen im Zusammenhang mit der Integration, der Peer-to-Peer-Schnittstellenunterstützung und der orchestrierten Integration. Die Lösung schließt die Lücke zwischen Fachabteilungen und IT während des Problemlösungsprozesses, indem sie die zuständigen Geschäfts- und IT-Mitarbeiter über entdeckte integrations-bezogene Probleme benachrichtigt, einzelne Meldungen mithilfe exponierter Geschäfts-kontextattribute wie Auftragsnummern und Automatisierung von Vorgängen sucht und verfolgt, um Operationsflüsse kontextsensitiv für die automatische Problemkorrektur auszulösen. Das *Job- und Automatisierungs-Monitoring* stellt sicher, dass der Geschäfts-betrieb reibungslos abläuft und die Qualität und Performanz von Geschäftsprozessen verbessert wird, indem der Zustand von Jobausführungen überwacht und Anomalien während der Jobausführung erkannt werden. Dabei werden sowohl Geschäfts- als auch IT-Benutzer über Störungen und Ausnahmen benachrichtigt, Informationen auf Jobaus-führungsebene bereitgestellt, um eine faktenbasierte Ursachenanalyse zu ermöglichen, und der Konfigurationsaufwand wird durch die Verwendung historischer Ausführungs-daten reduziert. Das Job- und Automatisierungs-Monitoring wird um Operationsflüsse erweitert, um Korrekturmaßnahmen wie Jobneustarts sowie Job- und Automatisierungs-analysen auszulösen, um Trendanalysen basierend auf historischen Daten zu ermög-lichen. Das *Benutzer- und Performanz-Monitoring* bietet Transparenz in Bezug auf die Endbenutzer sowie die Verwendung von Geschäftsfunktionen. Performanz-Daten werden auf Frontend- und Serverebene gesammelt, um die Grundursache von Performanz-Problemen zu ermitteln. Die Verwendung der SAP-Passport-Technologie ermöglicht die Korrelation von Performanz-Daten, die auf Frontend-, Cloud-Service- und/oder Systemebene gemessen werden. Das *Health-Monitoring* visualisiert den Zustand von Cloud-Services und -Systemen, um Störungen oder Beeinträchtigungen im Service zu erkennen. Es erlaubt das Ausführen von Anwendungs-Health-Checks für SAP-Cloud-Services, um den Status von Persistenz, Jobs und Konnektivität zu prüfen. Die Lösung unterstützt Health Checks für vom Kunden entwickelte Cloud-Services und On-Premise Systeme sowie Trends und Nutzungsmetriken. Eingebettete Analysefunktionen werden bereitgestellt, um die Grundursache eines festgestellten Problems zu identifizieren. Das *Business-Service-Management* unterstützt die Definition von kundenspezifischen Wartungsereignissen auf Geschäftsserviceebene. Der Business-Service ist als eine Gruppierung technischer Services definiert, die betriebswirtschaftliche Funktionen darstellen. Extern kommunizierte Wartungs-, Störungs- oder Beeinträchtigungsereignisse werden aufgrund von Geschäftsausfallzeiten von technischen Services an Business-Services propagiert. Die Lösung vereinfacht die Definition von Servicezeiten auf der Grundlage von Service-Level-Vereinbarungen und Serviceverträgen auf Geschäfts-Service-Ebene. Das *Problemmanagement* gliedert sich in drei Teilprozesse: Problemerkennung, Problemverteilung und Problemlösung. SAP Cloud ALM ist an allen drei Teilprozessen beteiligt. Die Problemerkennung wird in SAP Cloud ALM mithilfe der Optionen zur Überwachung der verschiedenen Komponenten des ERP-Systems implementiert. Die Verteilung von Problemen wird von SAP Cloud ALM durch integriertes Alert-Management und intelligente Ereignisverarbeitung implementiert. Geschäftsautomatisierung, Nachrichtenmanagement (z. B. Chats, E-Mails oder soziale Medien) und Ursachenanalyse auf technischer und operativer Ebene helfen bei der Lösung des Problems. Darüber hinaus unterstützt SAP Cloud ALM das *Performanz-Monitoring*. Dies bietet Transparenz darüber, wie der Endbenutzer die Reaktionszeit der Lösung tatsächlich wahrnimmt und wie die Geschäftsfunktionen verwendet werden. Die Performanz wird am Frontend, auf Netzwerkebene, im Cloud-Service und auf Serverebene gemessen, um die Grundursache von Performanz-Problemen zu identifizieren. Außerdem stellt SAP Cloud ALM Werkzeuge zur Überwachung von Aufgaben und automatisierten Geschäftsaktivitäten bereit. Diese verbessern die Qualität und Performanz der Ausführung von Geschäftsprozessen. Dies soll erreicht werden, indem die Ausführung von Aufgaben überwacht und sowohl Geschäfts- als auch IT-Benutzer bei Störungen direkt gewarnt werden. Weiterhin wird der Konfigurationsaufwand reduziert, indem historische Daten zur Ausführung von Aufgaben verwendet werden.

36.3 Fazit

Lebenszyklusmanagement bezieht sich auf alle Phasen eines ERP-Produkts während der Planung, Entwicklung, Installation, Nutzung, des Betriebs bis hin zu dessen späterer Obsoleszenz oder Stilllegung. In diesem Kapitel wurden die Ansätze für Softwarewartung, Zero-Downtime und Mehrmandantenfähigkeit erläutert. ERP-Software muss die aktuellen Gesetzen und Vorschriften genügen, neue innovative Funktionen bereitstellen, vorhandene Funktionen verbessern und bei Bedarf Fehler korrigieren. Daher muss SAP S/4HANA regelmäßig gewartet werden, was technisch als Upgrade und Update bezeichnet wird. Das Blue-Green Deployment Konzept wird für die Softwarewartung von SAP S/4HANA verwendet. Für die Optimierung der Ausfallzeiten während der Softwarewartung von SAP S/4HANA wurden die Konzepte für near-Zero Downtime Maintenance (nZDM) und Zero Downtime Option (ZDO) beschrieben. Der Hauptzweck dieser Ansätze besteht darin, Ausfallzeiten zu reduzieren, indem ausfallzeitrelevante Phasen in Produktivzeiten verschoben werden. Die Mehrmandanten-Architektur von SAP S/4HANA Cloud wurde erläutert, die es Mandanten ermöglicht, Ressourcen auf Datenbank-, Anwendungsserver- und Anwendungsebene gemeinsam zu nutzen. Mehrere Mandanten teilen sich ein einziges SAP HANA Datenbanksystem, das eine gemeinsame Datenbank umfasst, die Anwendungsserver- und Anwendungsdaten für alle Mandaten gleichmäßig und unveränderlich speichert. Jeder Mandant verfügt über eine eigene Mandanten-Datenbank im SAP HANA Datenbanksystem, um alle mandanten-spezifischen Daten vollständig von allen anderen Mandaten isoliert zu halten. Schließlich wurde SAP ALM erklärt, welches das Lebenszyklus von Anwendungen abdeckt. Die Lösung fokussiert auf die Aspekte Implementierung und Betrieb von betriebswirtschaftlichen Anwendungen.

Konfiguration

37

Das Kapitel erläutert die Konzepte und Frameworks für die Konfiguration von SAP S/4HANA, welche es Kunden und Partner ermöglichen, die Funktionen mithilfe vordefinierter Variabilität adaptieren zu können. Insbesondere wird die Erstellung von Konfigurationsinhalten und die Festlegung des Umfangs für die betriebswirtschaftliche Konfiguration erklärt.

37.1 Betriebswirtschaftliche Anforderung

Die Konfiguration ist der Prozess der Übernahme von ERP-Funktionen auf der Grundlage vordefinierter Variabilität durch Kunden und Partner. Es war schon immer eine entscheidende Stärke von ERP-Produkten, ein hohes Maß an Flexibilität und damit eine Vielzahl von Konfigurationsoptionen (Customizing) zu bieten. Auf diese Weise kann die Standardfunktionalität von Unternehmenssoftware angepasst und erweitert werden, um die Anforderungen jedes einzelnen Kunden zu erfüllen. SAP S/4HANA bietet Tausende von individuellen Einstellungen für die Optimierung der Software, um die Anforderungen eines bestimmten Unternehmens zu erfüllen. Welche Konfigurationskombinationen sind jedoch wirklich semantisch korrekt? Welche Einstellungen führen zu einem verlässlichen Geschäftsprozess? Welche Konstitution erzielt das beste Gleichgewicht zwischen Diversifizierung und Effizienz? SAP stellt seit mehr als einem Jahrzehnt Referenzinhalte bereit, mit denen SAP-Kunden ihre Lösung mit einer konsistenten und zuverlässigen Vorkonfiguration aller relevanten Geschäftsprozesse und unterstützenden Funktionen ausstatten können. Diese Vorkonfiguration erfüllt drei wichtige Kriterien:

© Der/die Autor(en), exklusiv lizenziert an Springer Fachmedien Wiesbaden GmbH, ein Teil von Springer Nature 2023
S. Sarferaz, *ERP-Software: Funktionalität und Konzepte*,
https://doi.org/10.1007/978-3-658-40499-4_37

- Schnelle Implementierung: Die Vorkonfiguration ermöglicht die Implementierung eines ERP-Systems mit einem grundlegenden, konsistenten Satz von Konfigurationen. In vielen Geschäftsbereichen können Kunden zunächst die Standardeinstellungen akzeptieren und dann benutzerdefinierte Einstellungen in Schwerpunktbereichen vornehmen. Mit dieser Kombination können Kunden schnell mit einer voll funktionsfähigen Lösung beginnen und die Anwendung später weiter anpassen. Dies senkt die anfänglichen Gesamtkosten der Implementierung und führt zu einer rapiden Implementierung und damit zu einem schnelleren Produktivstart.

- Auf Best Practices basierender Ansatz: ERP-Anbieter nutzen ihre jahrzehntelange Erfahrung, um eine erstklassige Lösung für die Kerngeschäftsprozesse eines Unternehmens zu präsentieren. Die Best Practices sorgen für ein Gleichgewicht zwischen hoher Leistung, solider Flexibilität und länderspezifischen Ausprägungen. Dieser Referenzinhalt ist nicht starr, er kann an verschiedenen Stellen angepasst und erweitert werden. Andererseits stellt der Referenzinhalt ein De-facto-Standard dar, der eine zuverlässige und schnelle Umsetzung ermöglicht.

- Kompatibilität über den gesamten Lebenszyklus: Die Geschäftswelt und damit der Referenzinhalt verändert sich ständig. Die Geschwindigkeit der Einführung von Innovationen in ERP-Software ist ein wichtiges Alleinstellungsmerkmal. Neue Innovationen müssen stets verfügbar sein, einfach zu konsumieren und in Bezug auf Qualität und Leistung äußerst zuverlässig sein. Dadurch werden diese Änderungen von ERP-Anbietern in die Referenzinhalt übernommen und die betroffenen Installationen regelmäßig aktualisiert. Diese Aktualisierungen dürfen jedoch nicht die Stabilität der produktiven Landschaften des Kunden gefährden. Daher wird der Referenzinhalt mit lebenszyklusrelevanten Metadaten angereichert, um zu steuern, wie Änderungen in vorhandenen Implementierungen während des Upgrades behandelt werden müssen. Dies ermöglicht einen sicheren, automatisierten Upgrade-Prozess, was eine kritische Qualität für Unternehmen ist. Änderungen, die mit der Software und dem Lebenszyklus ihrer Inhalte nicht kompatibel sind, werden vermieden.

Die Organisationsstruktur eines Unternehmens bestimmt einen großen Teil der erforderlichen Geschäftsfunktionen. Was ist der Zweck der Organisation? Handelt es sich um ein Verkaufsbüro? Liegt ein Rechtsträger oder ein Unternehmensbereich vor? Die Konfiguration muss mehrere Organisationseinheiten in einem einzelnen Mandanten unterstützen und sie mithilfe dedizierter Buchungskreise aufteilen. Daher müssen die Konfiguration und der entsprechende Inhalt den korrekten Buchungskreis für die Customizing-Einstellungen enthalten, um zwischen den Einheiten unterscheiden zu können. Darüber hinaus variiert der Umfang je nach Zweck der Organisationseinheit. Eine Organisationseinheit ist in der Regel mit einer physischen Installation und somit mit der Zuordnung zu einem Rechtsraum verknüpft. Der Rechtsraum wirkt sich auch auf die Auswahl der richtigen Konfigurationseinstellungen aus, da länderspezifische Einstellungen ausgewählt werden müssen, die entweder die Einhaltung gesetzlicher

Vorschriften unterstützen oder regionale Best Practices darstellen, und nicht globale oder allgemeine.

37.2 Technische Umsetzung

Wie bereits erwähnt, verfügen ERP-Systeme wie SAP S/4HANA über eine sehr umfangreiche Funktionalität, die entsprechend den Kundenanforderungen angepasst werden müssen. Aus diesem Grund hat SAP eine Anwendung namens SAP Central Business Configuration (CBC) erstellt, mit der die Kunden ein System mithilfe eines vorhandenen Funktionspools systematisch konfigurieren können. Dies wird mit unterschiedlichen Konzepten und den beiden Hauptkomponenten *Authoring* und *Konsumation* sichergestellt. Es wird eine schrittweise Anleitung bereitgestellt, um das gesamte System anzupassen und den größtmöglichen Nutzen für den Kunden zu erzielen. Im Gegensatz zum Erweiterungsmanagement, bei dem es um das Anlegen neuer Erweiterungsartefakte geht, ermöglicht SAP Central Business Configuration eine systematische Umsetzung der Konfiguration aus einem vorhandenen Pool von Funktionen und die Abwicklung der entsprechenden Projekte. Sie bietet Kunden und SAP-Experten einen konsistenten und vereinfachten Ansatz, um Geschäftsprozesse in den Lösungsumfang aufzunehmen und ihre Lösungskonfiguration auszuwählen und anzugeben. SAP Central Business Configuration eröffnet völlig neue Möglichkeiten für die Verwaltung von Szenarios mit mehreren Produkten, Prozessen und Self-Services für mehrere Benutzer in einer einheitliche intuitive Lösung. Das SAP S/4HANA System ist somit vorkonfiguriert und einsatzbereit. Natürlich müssen diese Voreinstellungen auf die eigenen Bedürfnisse des Unternehmens zugeschnitten sein, aber Kunden können so viel Zeit sparen. Es gibt Bereiche, in denen die Vorkonfiguration einfach nicht ausreicht, was bedeutet, dass Kunden sie erweitern müssen. Dies kann direkt durch den Kunden erfolgen. Es ist auch möglich, die Delta-Bereitstellung von Umfangserweiterungen zu aktivieren, z. B. wenn der Kunde das System für Asien konfiguriert hat und es nun auch in den Vereinigten Staaten von Amerika implementieren möchte. Aufgrund der immensen Erfahrung und der großen Anzahl von Kundenprojekten lassen sich ideale Prozesse ableiten, die wiederum in die Best Practices von SAP S/4HANA zusammengefasst werden. Dieses Wissen bildet die Grundlage für die Vorkonfiguration. Auf diese Weise können Kunden auf die Erfahrung und Erkenntnissen von Hunderttausenden von Projekten zugreifen.

37.3 Komponentenarchitektur

SAP Central Business Configuration ist ein eigenständiger Service, den registrierte Benutzer verwenden können, bevor sie ein bestimmtes Produkt oder Softwarepaket bereitstellen. Bereits vor der Produktauswahl können Kunden mit dem Konfigurationstool die verfügbaren Geschäftsprozesse und feingranularen Funktionen durchsuchen. Die zentrale Lösung für die Definition des Funktionsumfangs, der Adaptionskatalog, ist rein nach Geschäftsterminologie strukturiert und wird aktualisiert, wenn eines der verfügbaren Produkte neue Innovationen oder Änderungen an vorhandenen Angeboten einführt. Durch die Zuordnung von Inhalten zu Katalogeinträgen stehen verschiedene Produkte und Lösungen zur Verfügung, um die ausgewählten Geschäftsfunktionen zu realisieren. Kunden können nicht nur ein einzelnes Produkt wie SAP S/4HANA auswählen, sondern auch vollständig integrierte Enterprise Services von SAP und dem umfangreichen Produktportfolio seiner Partner. Die Kunden möchten sich auf die Auswahl der Geschäftsprozesse konzentrieren, die von ihrem Unternehmen betrieben werden, anstatt den erforderlichen Konfigurationsinhalte zu identifizieren. SAP Central Business Configuration identifiziert und implementiert die entsprechenden Inhalte in den erforderlichen Softwarepaketen basierend auf der Auswahl des Kunden – Randbedingungen, Organisationsstruktur, Länder und Branchenfokus. Dazu gehören auch die erforderlichen Integrationseinstellungen. Bei der Festlegung des Lösungsumfangs per Self-Service bietet SAP Central Business Configuration eine systematische Benutzerführung. Der Prozess der Festlegung des Lösungsumfangs (Scoping) ist wesentlich intuitiver, transparenter, einfach zu implementieren und personenorientiert im Design. Er berücksichtigt auch potenziell erforderliche Berechtigungsgrenzen, um sicherzustellen, dass nicht jeder Benutzer jederzeit die Möglichkeit hat, alles zu ändern. Verantwortungsbereiche werden jedoch auch in der Benutzerprofilerstellung widergespiegelt. Wie in Abb. 37.1 dargestellt, besteht SAP Central Business Configuration aus der Komponente Authoring und Konsumation.

Business Application Factory (BAF) stellt Frameworks und Services bereit, die von der zugrunde liegenden SAP Business Technology Platform abstrahieren und Sicherheits- und Technologierichtlinien bereitstellen. Die Verwendung der auf der SAP Business Technology Platform basierenden Abstraktionsschicht erlaubt es, dass die Business Application Factory auf jedem Hyperscaler wie, Google Cloud Platform,

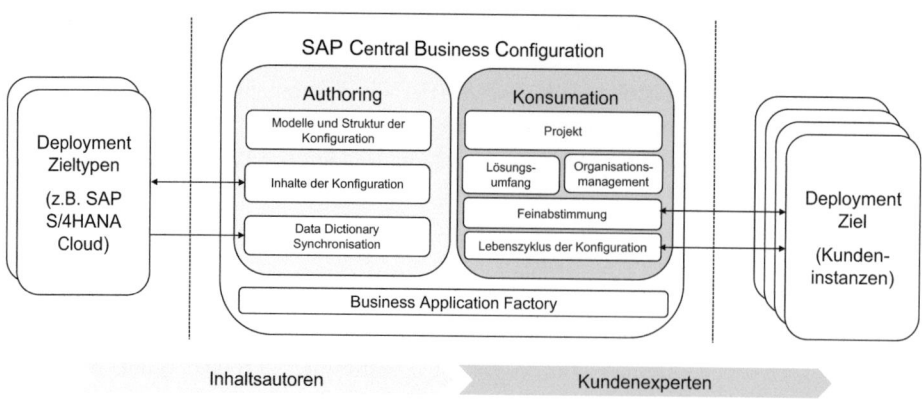

Abb. 37.1 SAP Central Business Configuration – Komponentenarchitektur

Microsoft Azure, Amazon Web Services, Alibaba Cloud und SAP implementiert werden kann. Für dieses Deployment wird Kubernetes verwendet. Das Business Configuration Lifecycle Management (BCLM) prozessiert das Lebenszyklus der zentralen Konfiguration und stellt sicher, dass die im zentralen Konfigurationssystem durchgeführte betriebswirtschaftliche Konfiguration immer in einem konsistenten Zustand ist.

Authoring

Die Komponente Authoring befasst sich mit der Erstellung des Konfigurationsinhalts. Wenn ein System nach Best Practices konfiguriert ist, wird der Konfigurationsinhalt in der Regel in separaten Tabellen gespeichert. Grundlage ist der *Business Adoption Catalog (BAC)*, eine hierarchische Darstellung aller geschäftsorientierten Konfigurationsentscheidungen, die für den Kunden relevant sind. Sie strukturiert den Geschäftsumfang des Kundenprojekts. Entscheidungen werden in einem Baum angezeigt, technische Komplexitäten werden ausgeblendet. Er fasst Funktionen als Bündel dokumentierter, auswählbarer Einheiten zusammen und führt den Kunden durch die erforderlichen Aktivitäten, die auf der Grundlage seiner Entscheidung erforderlich sind. Von SAP bereitgestellter Inhalt ist zentral organisiert, sodass er die Gesamtkonsistenz des gelieferten Inhalts erzwingt. Der Business Adoption Catalog besteht aus einer Hierarchie von Strukturierungselementen, die auf feingranulare Elemente enden. Es ist möglich, im Katalogbaum und im Umfang durch einige verfügbare Geschäftsfunktionen zu navigieren. Mithilfe von Einschränkungen sind Instrumente innerhalb der Definition des Katalogs, Ausdrücke von Abhängigkeiten und gegenseitige Ausschlüsse der Auswahloptionen des Lösungskatalogs zulässig. Wenn die Abhängigkeiten identifiziert werden, sollte der Kunde in der Lage sein, eine informierte und bewusste Entscheidung für alle erforderlichen Selektionen zu treffen. Der Business Adoption Catalog erzwingt dem Kunden keine Auswahl, sondern unterstützt und hilft ihn. Die Grundstruktur umfasst insgesamt fünf Schichten, die in die Definition der Struktur und Daten der Konfigurationsinhalte unterteilt werden, wie in Abb. 37.2 dargestellt.

Ein Geschäftsbereich ist eine Abteilung innerhalb eines Unternehmens, z. B. Verkauf, Einkauf oder Personalwesen. Sie wird nur zur Gruppierung von Fachthemen verwendet und ist für die Kundenentscheidungen nicht relevant. Die nächste Schicht bildet das Fachthema, das einen logisch definierbaren Teilbereich innerhalb des Unternehmens darstellt. Er besteht aus Funktionen, die in diesem Teilbereich erforderlich sind, z. B. umfasst der Geschäftsbereich Verkauf einen logischen Unterbereich für die Vertragsverwaltung. Somit enthält das Fachthema alle Funktionen für die Vertragsverwaltung. Die Funktion definiert ein logisch untergeordnetes Thema innerhalb eines Teilbereichs des Unternehmens des Kunden. Die Funktion umfasst alle Aufgaben, die in diesem Teilbereich erforderlich sind. Sie können semantisch gruppiert werden. Die Option ist die niedrigste Entscheidungsebene. Sie stellt eine Geschäftsvariante oder Funktion für eine bestimmte Funktion dar. Inhaltsobjekte und Business Configuration Sets (BC Sets)

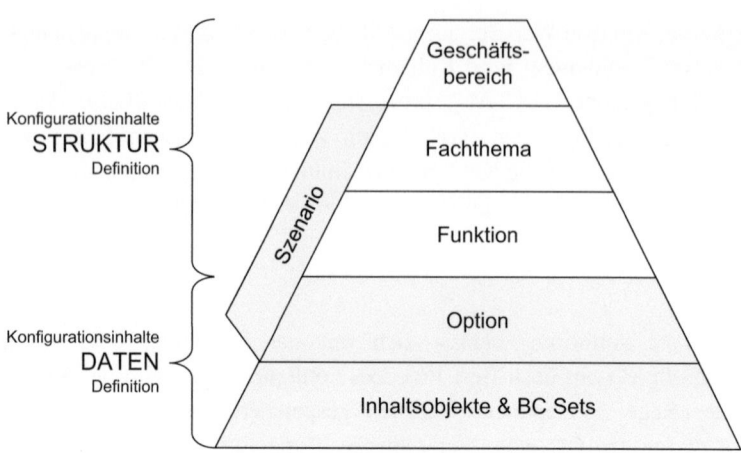

Abb. 37.2 Business Adoption Catalog (BAC) – Grundstruktur

enthalten produktspezifische Inhaltspakete. Der Business Adoption Catalog ermöglicht die Erstellung detaillierterer Konfigurationsinhalte, was zu einer viel höheren Flexibilität der Konfiguration führt. Auf der einen Seite kann die Effizienz der Inhaltsentwicklung leicht gesteigert werden, indem redundante Inhaltspflege abgeschafft wird, z. B. über Vorlagen und die erwähnte Schichtung. Andererseits ermöglichen vorlagenbasierte Docker-Instanzen eine schnelle, flexible und kostengünstige Einrichtung der SAP S/4HANA Testumgebung. Durch die Bereitstellung einer konsistenteren Autoren-umgebung mit der Erstellung des Business Adoption Catalog, z. B. über Verzweigungen, wird eine wesentlich höhere Qualität der Inhalte erreicht. Jeder Prozess der Inhalts-erstellung beginnt mit der Perspektive und der Festlegung des Lösungsumfangs der Kunden. Es ist wichtig, die Bedürfnisse des Kunden zu kennen. Außerdem wird ein umfangsabhängiger Ansatz verfolgt, bei dem der Lösungskatalog Änderungen berück-sichtigt. Partnern die Möglichkeit geben, eigene Inhalte für Kunden zu erstellen, erlaubt die Skalierung des Lösungskatalogs. All diese Vorteile sind durch den Back-Synchronisationsprozess möglich, der zum Anlegen von Inhalten für das Authoring ver-wendet wird. Dazu gehören folgende Schritte:

1. Bereite die Inhalte vor, und stelle die Konnektivität zum SAP S/4HANA System her.
2. Ermittle den Funktionsumfang im Authoring-Arbeitsbereich durch das Anlegen eines definierten Konfigurationsdatenkontexts in SAP S/4HANA.
3. Aktualisiere die Authoring-JSON-Datei mit der ID des Authering-Arbeitsbereichs und der Staging-ID.
4. Autorisiere den Inhalt, indem er über die Transaktion SPRO und die benutzerspezi-fische Erfassung der Customizing-Pflege (IMG) des Einführungsleitfadens auf-gezeichnet wird.

5. Übertrage den aufgezeichneten Inhalt mit mehreren Back-Synchronisationen von SAP S/4HANA in die SAP Central Business Configuration.

6. Identifiziere die fehlenden ABAP Data Dictionary (DDIC) Artefakte, und löse eine Delta-DDIC-Synchronisation aus.

7. Speichere die Datensätze im Authoring-Arbeitsbereich im Arbeitsvorrat, und lege zugrunde liegende temporäre BC Sets an.

8. Definiere zugehörige Authoring-Sichten, um ein noch nicht abstrahiertes BC Set mit der angegebenen Authoring-Sicht anzeigen zu können.

9. Führe eine Abstraktion durch, um ein zwischengeschaltetes BC Set nach dieser Abstraktion anzeigen zu können.

10. Vervollständige den Inhalt des BC Sets, z. B. durch Lösen von Schlüsselkonflikten, und ordne diese Optionen zu, einschließlich der Zuordnung von Land/Region und Branche.

11. Führe Tests über den Konsumation-Arbeitsbereich durch und stelle einen SAP S/4HANA Testmandanten bereit. Korrigiere Fehler entweder direkt über SAP Central Business Configuration, oder starte den Prozess neu.

12. Schließe das Authoring-Projekt bzw. den Authoring-Arbeitsbereich, und prüfe, ob der Inhalt bereit ist.

Die in SAP S/4HANA verfügbaren Prozesse werden durch *Geschäftsprozessvariantengruppen* und *Geschäftsprozessvarianten* beschrieben. Kunden können Elemente im Lösungskatalog basierend auf einer Geschäftsprozessvariante vorauswählen, sodass die detaillierten Entscheidungen in den Vordergrund gestellt werden. Ein Geschäftsprozess umfasst in der Regel mehrere Geschäftsbereiche. Wenn beispielsweise die Geschäftsprozessvariante Beschaffung indirekter Materialien gewählt ist, ist das Fachthema Beschaffung per Self-Service im Lösungsumfang enthalten. Dieses Fachthema enthält auch Finanzanforderungen für die Kreditorenabwicklung.

Konsumation

Beim Konsumation hingegen geht es um die Kernfunktionalität von SAP Central Business Configuration, d. h. Projekte werden gepflegt, die Festlegung des Lösungsumfangs durchgeführt und Organisationsstrukturen definiert. Diese Inhalte werden ebenfalls separat gespeichert und können durch die gesamte Systemlandschaft transportiert werden. Es werden keine Erweiterungen oder Konfigurationen direkt im Produktivsystem vorgenommen, um fehlerhafte Situationen zu vermeiden. Aus diesem Grund werden die Inhalte im Entwicklungssystem definiert, zum Testen in eine Qualitätsumgebung transportiert und bei erfolgreicher Validierung in das Produktivsystem übertragen. Mithilfe der wiederverwendbare Komponente Business Application Factory werden Standardfunktionen wie Authentifizierung oder Korrektur zur Verfügung gestellt. Die Konsumation basiert auf die folgenden fünf Schlüsselkomponenten:

- Projekt: Diese Komponente verwaltet Konfigurationsprojekte. Der aktuelle Schwerpunkt liegt hier auf Cloud-Anwendungen, die Konzepte sind aber auch für On-Premise Lösungen geeignet.
- Lösungsumfang: Dies ermöglicht die Definition des Ziels für Konfigurationsprojekte. Sie folgt einer Fit-to-Standard-Analyse und beginnt mit der Bereitstellung grundlegender Informationen über das Unternehmen. Hier können Länder und Regionen, Geschäftsprozesse und Funktionen ausgewählt und angegeben werden. Auf diese Weise können relevante Bündel und Szenarien mit vordefiniertem Inhalt automatisch vorgeschlagen werden. Jedes Unternehmen wird einzeln behandelt, sodass das System eine Reihe von Geschäftsentscheidungen treffen kann, um den Inhalt anzupassen und zu bestimmen, welche der verfügbaren Merkmale und Funktionen integriert werden sollen. Dieser gesamte Prozess wird durch integrierte Regeln gesteuert, um sicherzustellen, dass die ausgewählten Inhalte aus betriebswirtschaftlicher und technischer Sicht konsistent und logisch sind. Wenn dieser Prozess gestartet wird, wird der Business Adoption Catalog gestartet.
- Zentrale Konfiguration: Wenn der Kunde die Standardkonfiguration nicht verwenden möchte oder kann, können noch spezifischere Einstellungen vorgenommen werden. Sie ermöglicht auch die Konfiguration von Geschäftsprozessen basierend auf den Self-Service Konfigurations-UIs und umfangs- und länder-/regionsabhängigen Konfigurationsaktivitäten. Beispielsweise können zusätzliche Lokalisierungen hinzugefügt werden.
- Konsumation-Arbeitsbereich: Mithilfe von Konsumation-Arbeitsbereichen können mehrere Implementierungsprojekte gleichzeitig verwaltet werden. Darüber hinaus können Vorlagen für zukünftige Einführungen verwendet werden. Auf diese Weise können Kosten eingespart und eine Standardisierung erreicht werden. Aufgrund der Parallelisierung von Implementierungen und Vorlagen können Einführungen schnell durchgeführt werden.
- Inhalt: Die oben genannten Komponenten basieren auf dem SAP Best Practices Pre-Configuration Content und dem Business Catalog Adoption Catalog. Daher können Erfahrungen aus Hunderttausenden von Kundenprojekten genutzt werden. Darüber hinaus führt SAP Central Business Configuration eine völlig neue Inhaltsstruktur ein, von Umfangsbestandteilen über Geschäftsszenarien bis hin zu Geschäftsvorgängen. Außerdem kann der Konfigurationsaufwand für die vorkonfigurierten Arbeitsbereiche durch eine detaillierte Festlegung des Lösungsumfangs reduziert werden.

Funktionen und Konzepte

Aus funktionaler Sicht unterstützt SAP Central Business Configuration die Projekteinrichtung in Bezug auf die Zuordnung von Teammitgliedern zu Projekten, die Festlegung des Lösungsumfangs der erforderlichen Geschäftsszenarien und die Ausführung geführter Projektaktivitäten. Darüber hinaus wird das Organisationsstrukturmanagement

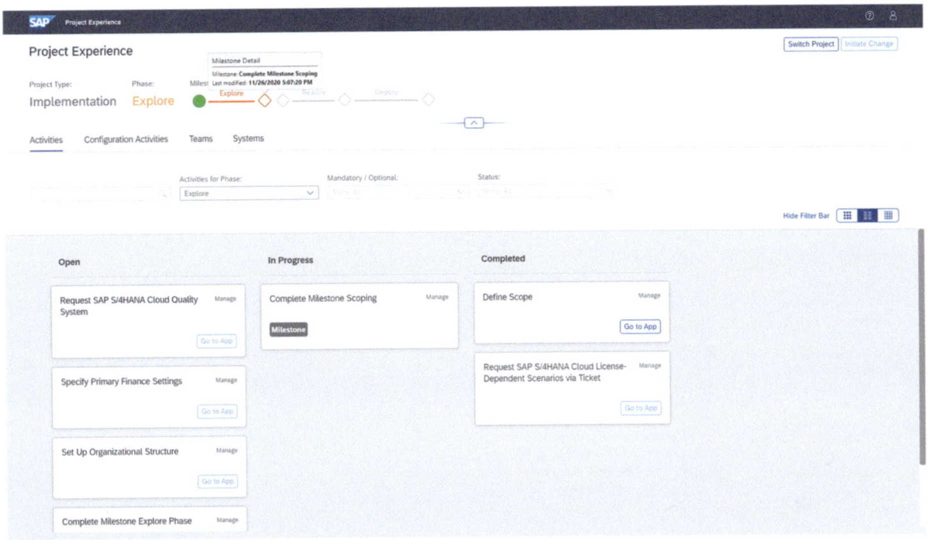

Abb. 37.3 Projekterfahrung – Erkundung

vereinfacht, die Ausführung von Konfigurationsaktivitäten durchgeführt und das Lebens-zyklusmanagement einschließlich Aktualisierungen aktiviert. Um diese Funktion bereit-zustellen, sind Konzepte erforderlich, die in diesem Abschnitt beschrieben werden.

Die *Projekterfahrung* ermöglicht es dem Kunden, alle SAP-Implementierungen zentral zu verwalten (Abb. 37.3 und 37.4). Das Dashboard zeigt den Status des gesamten Systems und der einzelnen Projekte an, unabhängig davon, ob sie noch ausstehend, in Bearbeitung oder bereits abgeschlossen sind. Der Benutzer hat einen geführten Zugriff auf weitere Anwendungen wie die Umfangsermittlung und einen zentralen Zugriff auf SAP-Installationen.

Die typischen Konfigurationsprozesse funktionieren mit Meilensteinen und werden in Abb. 37.5 dargestellt.

- Vorbereiten: Dieser Schritt konzentriert sich auf die angebotenen Produkte und was der Verbraucher wirklich braucht? Das Starterprojekt ist mit einem System verbunden und ermöglicht es, die Geschäftsprozesse des Kunden mit einem vorausgewählten Umfang und Beispieldaten vor Beginn des Implementierungsprojekts auszuprobieren.
- Erkunden: Ziel dieses Schritts ist es, den Umfang zu definieren (Abb. 37.6) und primäre Finanzeinstellungen anzugeben, lizenzabhängige oder nicht standardmäßige SAP S/4HANA Szenarien anzufordern, die Organisationsstruktur einzurichten und Einstellungen in einem Qualitätssystem bereitzustellen.
- Realisieren: In dieser Phase werden Konfigurationsaktivitäten für Detaileinstellungen des Lösungsprozesses ausgeführt, auch *Feinabstimmung* genannt. Sie müssen ausgeführt werden und werden nach Abschluss der Freigabe von einem Qualitäts- in ein Produktivsystem transportiert.

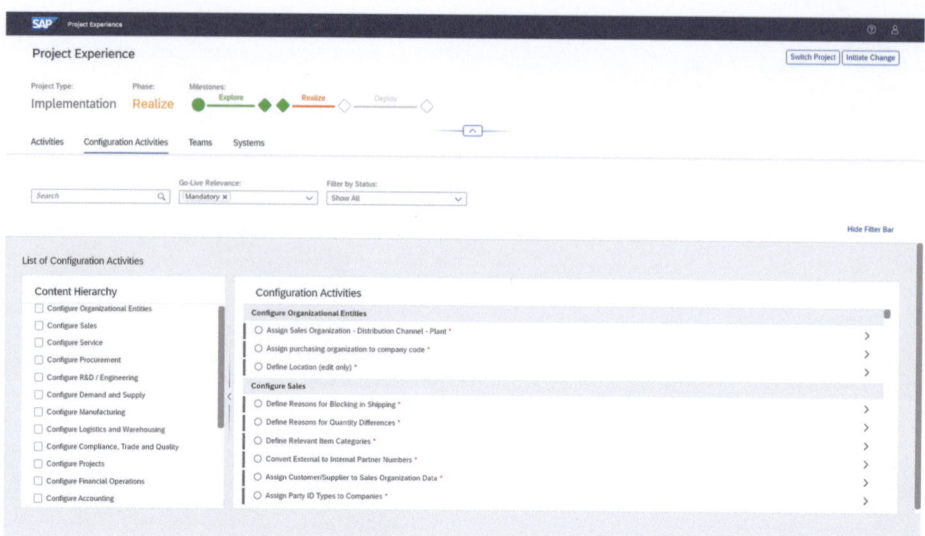

Abb. 37.4 Projekterfahrung – Realisierung

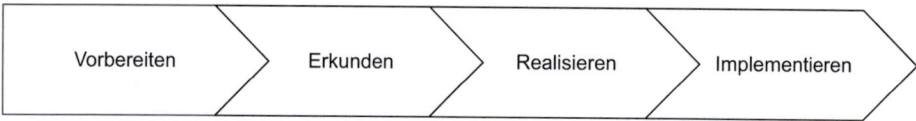

Abb. 37.5 Typischer Konfigurationsprozess

- Implementieren: In dieser Phase werden aktuelle Einstellungen betrachtet, die direkt im Produktivsystem gepflegt werden müssen. Darüber hinaus werden bei Bedarf manuelle Nacharbeiten an Konfigurationsaktivitäten durchgeführt und schließlich der Produktivstart eingeleitet.

Das *Organisationsmanagement* (Abb. 37.7) erleichtert die Anpassung und Verwaltung der Organisationsstruktur des Unternehmens und die Aktivierung der Inhalte. Sie erlaubt die Erweiterung der Organisationsstruktur, wenn der Kunde bereits eine aktivierte Lösung verwendet hat und die Organisationsstruktur erweitern möchte, z. B. um ein neues Werk hinzuzufügen. Hauptfunktionen sind die grafische Sicht, die ein umfangsabhängiges und geführtes Anlegen von Organisationseinheiten visualisiert, sowie eine Tabellensicht, die alle Organisationseinheiten in einer Tabelle auflistet. Solange nicht bestätigte Entitäten im Staging-Bereich sind, ist es möglich, sie zu ändern oder zu löschen, da es keine Instanziierung der organisationsbezogenen Business Configuration Sets (BC Sets) im Arbeitsbereich vorliegt. Alle diese Business Configuration Sets verfügen über einen Platzhalter für die Organisationsidentifikation (Organisations-ID),

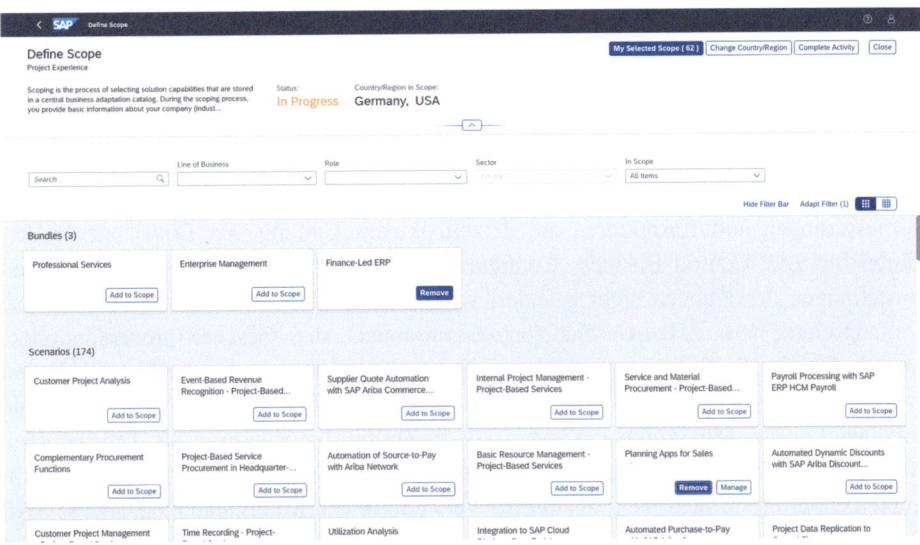

Abb. 37.6 Festlegung des Lösungsumfangs

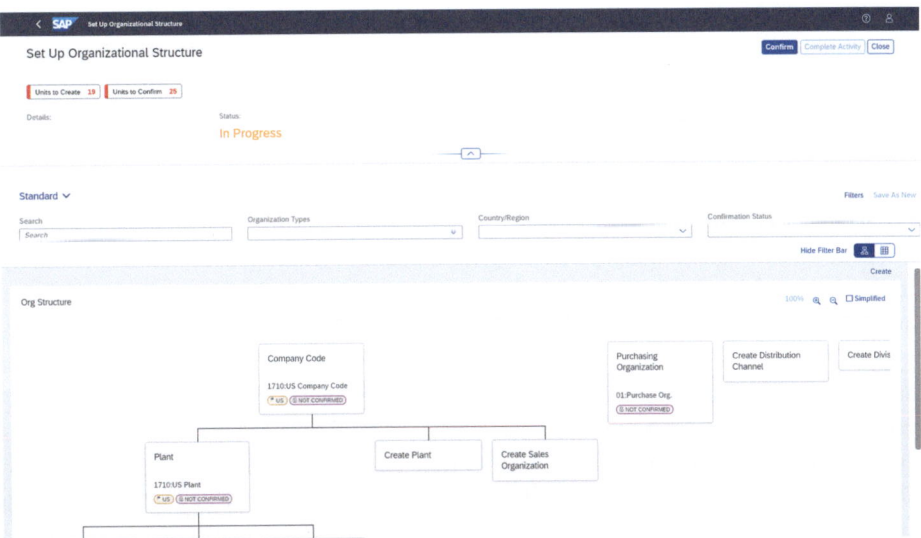

Abb. 37.7 Verwaltung der Organisationsstruktur

der mit dieser bestimmten Organisations-ID gefüllt wird, die bestätigt werden soll. Nach dem Deployment in das Backend-System sind diese Vorgänge nicht mehr möglich. Das *Business Configuration Lifecycle Management* unterstützt den zentralen Konfigurationslebenszyklus und stellt sicher, dass die im zentralen System durchgeführte betriebswirtschaftliche Konfiguration immer in einem konsistenten Zustand ist. Ziel ist es, dass die Inhalte nicht nur zunächst, sondern auch kontinuierlich funktionieren. Kunden können den SAP-Standardinhalt unverändert beibehalten oder an ihre Anforderungen anpassen. SAP Central Business Configuration berechnet, welcher Inhalt verwendet wird, was angepasst wurde und welcher neue Inhalte bei jeder SAP-Aktualisierung verfügbar sind. Während des gesamten Upgrade-Prozesses nimmt SAP Verbesserungen und Korrekturen am derzeit aktiven Umfang vor. Das Upgrade-Verfahren für SAP Central Business Configuration stellt sicher, dass die Konfigurationseinstellungen des Kunden nicht geändert werden. Neue Innovationen mit zusätzlichen Umfangselementen, z. B. Geschäftsprozessvarianten oder Geschäftsprozessoptionen, werden für die Festlegung des Lösungsumfangs zur Verfügung gestellt und können nach dem Upgrade über Umfangserweiterungen hinzugefügt werden. Ohne von vorne anfangen zu müssen, können Kunden die neuesten Innovationen als Ergänzungen zu den von ihnen angepassten Standardinhalten erhalten. Infolgedessen umfasst ein Implementierungsprojekt mehr als nur die Verwaltung von Konfigurationen, sodass SAP Central Business Configuration als Teil des Gesamtüberblicks mit SAP Cloud ALM integriert wird.

SAP Central Business Configuration und SAP Cloud ALM sind komplementäre Werkzeuge: SAP Central Business Configuration verwaltet Konfigurationen, während SAP Cloud ALM allgemeine Prozesse verwaltet. Entscheidungen bei der Festlegung des Lösungsumfangs und Aktivitätsstatus werden im Rahmen ihrer geplanten Integration zwischen den beiden Werkzeugen synchronisiert, sodass SAP Cloud ALM und SAP Central Business Configuration optimal genutzt werden können. SAP Central Business Configuration entspricht der SAP Activate-Implementierungsmethodik und umfasst alle konfigurationsbezogenen Projektphasen. Dieses Werkzeug konzentriert sich auf Aktivitäten des Anwendungsdesigns und der Konfiguration. Zunächst erhalten Kunden im Rahmen der Vorbereitungsphase Zugriff auf das Werkzeug SAP Central Business Configuration, in dem sie ihr Projekt konfigurieren, einschließlich der Benennung des Projektleiters und der Zusammenstellung des Projektteams. Im Rahmen des Starter-Projekts führen Kunden eine Fit-to-Standard-Analyse durch. Gleichzeitig legen Kunden ihr Implementierungsprojekt an, in dem sie die Ergebnisse der Fit-to-Standard-Analyse dokumentieren, einschließlich der folgenden Informationen: Auswählen des Umfangs und der Länder/Regionen, Konfigurieren von Parametern für weiteres Systemeinstellungen und Definieren der Organisationsstruktur des Unternehmens. Nach Abschluss dieser Phase werden die Einstellungen zunächst implementiert. Während der Realisierungsphase können Kunden die vorkonfigurierten Einstellungen an ihre Geschäftsanforderungen anpassen. Abhängig vom Projektansatz ermöglicht SAP Central Business Configuration die Verwendung von Transporten, um Konfigurationen in kleinen, iterativen Schritten oder in größeren Pakete freizugeben. Während der Implementierungsphase führt der Kunde Umstellungsaktivitäten durch, z. B. die Migration seiner Produktivdaten. SAP Central Business Configuration unterstützt sie bei der Ausführung wiederkehrender Aufgaben, die auch als aktuelle Einstellungen bezeichnet werden, um die Produktivstartphase des Projekts abzuschließen. Auch nach dem Produktivstart des Projekts können Kunden noch Änderungen vornehmen, z. B. den Lösungsumfang erweitern, Länder und Regionen hinzufügen, neue Organisationseinheiten einrichten oder die Geschäftsprozesse anpassen. Basierend auf einer integrierten Funktion zum Initiieren von Änderungen ist diese Erweiterung möglich. SAP Central Business Configuration unterstützt außerdem bei der Anpassung von Prozessen und Funktionen, die bei jedem Upgrade bereitgestellt werden. Daher funktionieren SAP Activate, SAP Central Business Configuration und SAP Cloud ALM zusammen.

37.4   Fazit

Bei der Konfiguration handelt es sich um den Prozess, mit dem Kunden und Partner ERP-Funktionen auf der Grundlage vordefinierter Variabilität übernehmen. Die Fähigkeit von ERP-Produkten, ein hohes Maß an Flexibilität und damit eine Vielzahl von Konfigurationsoptionen zu bieten, war immer eine Kernstärke. Auf diese Weise können Standardfunktionen für Unternehmen angepasst und erweitert werden, um die Anforderungen jedes einzelnen Kunden zu erfüllen. SAP S/4HANA bietet derzeit Tausende von individuellen Einstellungen für die Optimierung einer Installation, um die Anforderungen eines bestimmten Unternehmens abzudecken. Mit SAP Central Business Configuration können Kunden ein System mithilfe eines vorhandenen Funktionspools systematisch konfigurieren. Dies wird durch die Verwendung verschiedener Konzepte und der beiden wichtigsten Komponenten erreicht: Authoring und Konsumation. So wird eine Schritt-für-Schritt-Anleitung bereitgestellt, um das gesamte System anzupassen und es für den Kunden optimal zu konfigurieren.

Implementierung

Das Kapitel erläutert die Implementierungskonzepte und -frameworks von SAP S/4HANA, um erfolgreiche Einführungsprojekte zu gewährleisten. Insbesondere werden die SAP Activate Methode und die Werkzeuge für die Erkundung, Realisierung, Implementierung und Inbetriebnahme von SAP S/4HANA erklärt.

38.1 Betriebswirtschaftliche Anforderung

Herkömmliche ERP-Softwareimplementierungen basieren auf umfangreichen Anforderungen, die in Workshops gesammelt werden, gefolgt von detaillierten Designaktivitäten, um einen *Blueprint* für die Systemimplementierung zu erstellen. Dieser Ansatz hat zu Systemen geführt, die vollständig auf die Anforderungen des Unternehmens zugeschnitten sind, mit umfangreichen Anpassungen und benutzerdefiniertem Code, die jedoch nur schwer zu aktualisieren und zu warten sind. Unternehmen, die Software auf diese Weise implementieren, stellen häufig fest, dass die Implementierung neuer Funktionen aufgrund des Anpassungsgrades in ihrem System ein umständlicher und zeitaufwendiger Prozess sein kann, der die rechtzeitige Einführung dieser neuen Funktionen verhindert. Darüber hinaus besteht das Ziel solcher Implementierungsprojekte darin, die Organisation in die Produktivstartphase zu bringen, mit der Erwartung, dass der Softwarebetrieb von der IT durchgeführt oder an einen Anbieter von Applikation Management Services ausgelagert wird. Moderne Implementierungsmethoden verfolgen einen völlig anderen Ansatz, der auf der maximalen Wiederverwendung vorkonfigurierter Funktionen und Anwendungen mit einer Fit-to-Standard Denkweise bei der Lösungsimplementierung basiert. Die Implementierungsstrategie sollte auf dem Einsatz agiler Techniken basieren, um die Amortisationszeit zu verkürzen und Geschäftsbenutzern schneller eine funktionierende Lösung zur Verfügung zu stellen als bei

© Der/die Autor(en), exklusiv lizenziert an Springer Fachmedien Wiesbaden GmbH, ein Teil von Springer Nature 2023
S. Sarferaz, *ERP-Software: Funktionalität und Konzepte*,
https://doi.org/10.1007/978-3-658-40499-4_38

herkömmlichen Implementierungen. Die Implementierung von ERP-Systemen ist ein kontinuierlicher Einführungsprozess, der nicht mit dem ersten Produktivstart endet, sondern mit der fortlaufenden Einführung neuer Funktionen fortgeführt wird. In der Regel konzentrieren sich Unternehmen, die ERP-Lösungen verwenden, nach dem ersten Produktivstart auf die folgenden beiden Aufgaben:

- Aufrechterhaltung der Lösungsakzeptanz durch kontinuierliche Optimierung der Lösung, um die Geschäftsanforderungen zu erfüllen
- Hinzufügen neuer Funktionen oder Erweitern des geografischen Fußabdrucks der Lösung für mehr Benutzer im gesamten Unternehmen.

Die Bereitstellung von Best Practices Paketen, die vorkonfigurierten Inhalte für Geschäftsprozesse enthalten und einen schnellen Einstieg in die Implementierung der Lösung bieten, ist ein wichtiger Baustein für die Implementierung von ERP-Systemen. Diese vorkonfigurierten Prozesse werden im System mit einem vordefinierten Kontenplan und einem vordefinierten Stammdatensatz (Organisationseinheiten, Kunden, Lieferanten, Materialien usw.) ausgeliefert. Da Kunden die vordefinierten Funktionen selbst aktivieren können, beschleunigt diese die Projekte in frühen Phasen. Auf diese Weise können Kunden die Eignung der Standardlösung ermitteln und Delta-Anforderungen identifizieren. Die Implementierungsmethodik sollte den gesamten Lebenszyklus von der Erkundung bis zur Realisierung und Inbetriebnahme abdecken. Insbesondere muss das Projektteam in jeder Phase prüfen, ob die Lösung die Anforderungen von Anwendungsbenutzern erfüllt, und bei Bedarf erforderliche Konfigurationswerte und Deltaanforderungen wie Erweiterungen, Integrationen, Analysen oder Berechtigungen zu ermitteln. Diese Aktivität wird in der Regel vom Projektteam in Fit-to-Standard Workshops ausgeführt. Der Vorteil einer solchen Bereitstellung liegt in der Zeitersparnis durch die Wiederverwendung der vordefinierten Prozessunterstützung und die Vermeidung von Kosten und Aufwand für den Neuaufbau von Prozessen und Inhalten in einem leeren System. Unternehmen, die diesen Ansatz verfolgen und sich dem Prinzip *der Einhaltung des Standards* verschrieben haben, können nicht nur von Zeiteinsparungen bei der ersten Implementierung profitieren, sondern auch von einer im Einsatz befindlichen Lösung, die für die Aktivierung kontinuierlich neuer Funktionen bereit ist. Diese Weitsicht ist besonders wichtig in einer Cloud-Umgebung, in der neue Funktionen schneller als in einer herkömmlichen On-Premise Landschaft freigegeben werden.

38.2 Technische Umsetzung

Dieser Abschnitt behandelt verschiedene Aspekte, die im gesamten SAP S/4HANA Implementierungsprozess wichtig sind. Die SAP Activate Methodik wird in verschiedenen Implementierungskontexten verwendet. Viele Cloud-Lösungen basieren auf einen Greenfield-Ansatz, während neue On-Premise-Lösungen mit der Brownfield-Technik umgesetzt werden, da es sich bei vielen ERP-Systemen um bestehende Implementierungen handelt, die obsolet geworden sind. Daher ist die allgemeine SAP Activate Methodik in zwei Ausführungen unterteilt. Der erste Teil dieses Kapitels behandelt die SAP Activate Methodik für eine Greenfield-Implementierung von SAP S/4HANA Cloud. Der Schwerpunkt des zweiten Teils liegt auf der SAP Activate Methode, die bei der Umstellung auf SAP S/4HANA On-Premise verwendet wird. Beide Ansätze stehen vor unterschiedlichen Herausforderungen, die angegangen werden. Die SAP Activate Methodik in diesen verschiedenen Ausprägungen kann mit dem Werkzeug SAP Cloud ALM erweitert und umgesetzt werden, das speziell entwickelt wurde, um Kunden bei der Anpassung einer SAP-Lösung an ihr Unternehmen zu unterstützen.

SAP Activate Methodik

Unternehmen, die SAP S/4HANA einführen, können mithilfe der SAP Activate Methodik den Umstellungsprozess strukturieren. SAP Activate führt Kunden in Fit-to-Standard Workshops bei der Konfiguration, der Erweiterbarkeit, der Integration und den Tests sowie bei den Aktivitäten zur Bewertung der Übereinstimmung der Lösung mit den Anforderungen des. Nach diesem Prozess können Anwendungsbenutzer von der Verwendung von SAP S/4HANA in ihren täglichen Geschäftsaktivitäten profitieren, und das Unternehmen kann weiterhin neue SAP S/4HANA Funktionen einführen, um den Umfang der Lösung zu erweitern. SAP Activate besteht aus drei Komponenten, die zur Unterstützung der SAP S/4HANA Implementierung zusammenarbeiten: SAP Best Practices, die Methodik und die Werkzeuge. Die SAP Activate Methodik stellt ein Handbuch für die Implementierung von SAP-Lösungen bereit. Kunden haben möglicherweise unterschiedliche Anforderungen an die Einführung einer SAP-Lösung. Im Allgemeinen lassen sich die Kundenanforderungen in drei Felder unterteilen: Projekt-, Prozess- und Aufgabenverwaltung. Diese müssen für bestimmte Lösungsverfahren behandelt und spezifiziert werden.

Es macht einen großen Unterschied, wenn ein Unternehmen ein bestehendes SAP-ERP-System in SAP S/4HANA umstellt oder SAP SuccessFactors in seine ansonsten unabhängige Systemlandschaft implementiert. Daher muss die allgemeine SAP Activate Methodik hinsichtlich der verschiedenen Lösungen flexibel bleiben und dennoch die Spezifika der einzelnen SAP-Lösungen berücksichtigen. Mit dem Ziel, eine SAP-Standardlösung an die individuellen Anforderungen eines Kunden anzupassen, definiert SAP Activate die in Abb. 38.1 dargestellten Schritte für den Implementierungsprozess:

- Entdecken – In der ersten Phase eines SAP-Implementierungsprozesses ist es wichtig, dass Kunden ihre individuellen Anforderungen an eine Standardlösung verstehen. Sie müssen die Vorteile erkunden, die eine SAP-Lösung bietet. Daher müssen die wichtigsten Stakeholder identifiziert werden, die auch für einen erfolgreichen

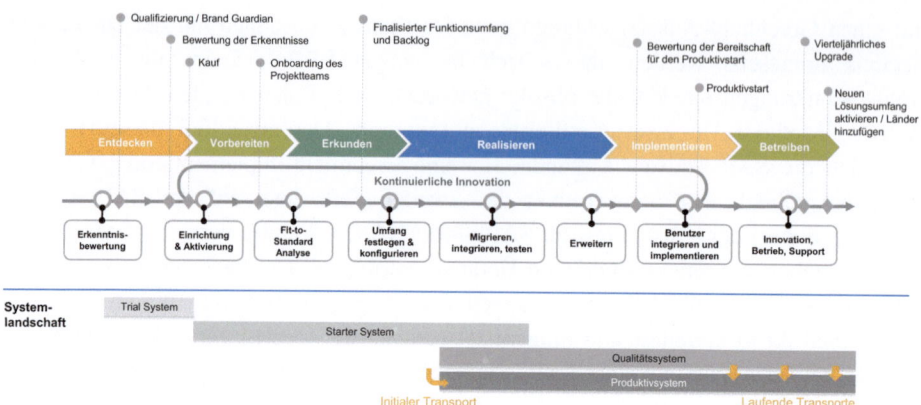

Abb. 38.1 SAP Activate Methodik

Projekt-Kickoff entscheidend sind. Der Mehrwert der potenziellen Lösung hängt von der Anerkennung einzelner Stakeholder-Anforderungen ab. Wenn sie nicht genügend Mehrwert für sich sehen, unterstützen sie möglicherweise die weitere Implementierung eines anstehenden Projekts nicht ausreichend. Daher sollte die Beteiligung jeder Stakeholder-Gruppe an dieser initialen Phase einer SAP-Lösung eine hohe Priorität haben.

- Vorbereiten – Nachdem die Kunden ihre individuellen Anforderungen genau verstanden und mit einem SAP-Vertriebsteam entsprechende Vereinbarungen getroffen haben, beginnt die Vorbereitungsphase der Implementierung. In dieser Phase wird jeder Aspekt des anstehenden Implementierungsprojekts geplant und vorbereitet. Zum Beispiel muss ein Projektteam zugeordnet, der Projektplan abgeschlossen und die Entwicklungssysteme eingerichtet werden.

- Erkunden – In dieser führt das Projektteam eine *Fit-Gap-Analyse* durch. Daher sind die individuellen Kundenbedürfnisse in Fits (Passung) und Gaps (Lücke) unterteilt. Fits sind Anforderungen, die durch die zugrunde liegende SAP-Standardlösung abgedeckt werden. Gaps hingegen sind Anforderungen, die nicht sofort durch die SAP-Standardlösung abgedeckt werden. Gaps müssen in der folgenden Realisierungsphase speziell behandelt werden. Jede Gap benötigt eine detaillierte Beschreibung und einen Eintrag im Projekt-Backlog. Daher müssen diese einzeln gelöst und möglicherweise sogar selbst implementiert werden.

- Realisieren – Die Realisierungsphase zeichnet sich durch verschiedene Umsetzungs- und Testaktivitäten aus, die eine individuelle Systemumgebung aus einer generischen SAP-Lösung aufbauen. Bekannte Fits und Gaps werden implementiert, um die Anforderungen der Kunden in angemessener Weise zu erfüllen. Gaps erfordern in dieser Phase mehr Aufmerksamkeit, während Fits bereits als Anforderungen identifiziert wurden, die standardmäßig in der implementierenden SAP-Lösung abgedeckt sind. Diese Fits und Gaps werden inkrementell über verschiedene Iterationen hinweg implementiert, um die Handhabung jeder Anforderung gründlich zu testen. Jede Iteration sollte neue Funktionen enthalten, um dem Projektfortschritt im Laufe der Zeit zu entsprechen. Das Ergebnis dieser Phase ist eine implementierte SAP-Lösung, die die Anforderungen des Kunden erfüllt und einsatzbereit ist.

- Implementieren – In dieser Projektphase wird das entwickelte Kundensystem finalisiert, bevor es für den produktiven Einsatz freigegeben wird. Es werden einige abschließende Aufgaben durchgeführt. Das Unternehmen des Kunden muss integriert und für die anstehende Migration vorbereitet sein. Daher ist die Planung von Support und Schulungen für Endbenutzer unerlässlich. Auch in dieser Phase sollten Unterstützungsprozesse für einen operativen Einsatz implementiert werden, um eine möglichst schnelle optimale Einführung eines neuen Systems zu erlauben. Auf der technischen Seite müssen abschließende Systemtests durchgeführt werden, während jedes anstehende Problem gut dokumentiert werden muss.

- Betreiben – In dieser letzten Projektphase wird das implementierte System produktiv verwendet. Die Hauptziele dieser Phase sind die Verbesserung der Verfügbarkeit und der Systemperformance. In dieser Phase wird der definierte Mehrwert der SAP-Lösung realisiert, hierbei ist die Kundenzufriedenheit entscheidend. Daher sollten Möglichkeiten für kontinuierliches Lernen und stetige Verbesserungen geprüft und bewertet werden. Wenn Potenzial für zusätzlichen Mehrwert entdeckt wird, sollten die entsprechenden Maßnahmen zur Optimierung umgesetzt werden.

Diese verschiedenen Phasen erhöhen die Konsistenz jeder Lösungsimplementierung und gewährleisten so die richtige Anpassung einer SAP-Standardlösung an die Kundenanforderungen. Darüber hinaus wird der Fit-to-Standard Ansatz ausgeführt, um die gegebenen Umstände auf technischer und betriebswirtschaftlicher Seite zu bewerten. Am Ende des Prozesses liegt eine konfigurierte SAP-Lösung vor, welche die individuellen Anforderungen des Kunden erfüllt. Daher ist es wichtig, dass einzelne Anwendungsfälle am Anfang des Prozesses identifiziert wurden. Es sei erwähnt, dass dieser Methodik zu Mehrwert für Kunden führt, da eine bestmögliche Digitalisierung ihrer Geschäftsprozesse erreicht wird. Die Inbetriebnahme sollte idealerweise auf keine unbekannten Probleme stoßen, die die Geschäftsprozesse behindern könnten. Die SAP Activate Methodik ist in Phasen, Arbeitsergebnisse und Aufgaben unterteilt, die hierarchisch organisiert sind. Jedes Arbeitsergebnis und jede Aufgabe ist auch einem Arbeitsbereich zugeordnet, das zugehörige Arbeitsergebnis und Aufgaben gruppiert. Die Hierarchie organisiert die Implementierung und wird durch Vorlagen, Dokumente, Weblinks und andere Ressourcen ergänzt, die den Kunden helfen, die Aufgabe schneller zu erledigen. Die Modularität von SAP Activate erlaubt es Organisationen und SAP-Partnern, bestimmte Bereiche von SAP Activate durch eigene Prozesse und Meilensteine zu ersetzen. SAP-Partner bieten beispielsweise häufig ihre eigene Ausprägung von Programmmanagement- oder OCM-Prozessen (Organizational Change-Management) an, die während der Implementierung verwendet werden können. SAP Activate kann zusammen mit solchen Prozeduren verwendet werden. Wenn Kunden in Branchen arbeiten, die zusätzliche Qualitäts- oder Validierungsanforderungen haben, können sie mit SAP Activate die erforderlichen Leistungen und Quality Gates (Q-Gates) berücksichtigen, um die in ihrer Branche erwarteten Prozesse und Qualitätsstandards einzuhalten. SAP empfiehlt, die SAP-Activate-Komponenten in Bezug auf Fit-to-Standard, Konfiguration, Erweiterbarkeit, Integration und Technologie in der daraus resultierenden Methodik beizubehalten, um von der mit SAP Activate ausgelieferten Werkzeuge und Inhalte zu profitieren. SAP Activate erlaubt die Skalierung des Ansatzes auf verschiedene Projekt- und Organisationsgrößen. Die Methode wurde erfolgreich in zahlreichen SAP S/4HANA Implementierungen in Unternehmen in einem Land sowie in SAP-Lösungsimplementierungen in multinationalen Firmen eingesetzt, die in einer Vielzahl von Unternehmen mit einem breiten geografischen Fußabdruck tätig sind. SAP Activate ist so konzipiert, dass es je nach den Anforderungen von Unternehmen und dem implementierten Produkt nach oben oder unten skaliert werden kann. Diese Skalierbarkeit unterstützt die Implementierung von SAP S/4HANA durch die strikte Einhaltung der Wiederverwendung der Standardvorkonfiguration für die Implementierung der Lösung innerhalb weniger Wochen und bietet Organisationen, die die Lösung schrittweise in einer Vielzahl von Unternehmen implementieren, eine Struktur.

SAP Activate berücksichtigt den Ausgangspunkt der Kunden und ermöglich den Greenfield-Ansatz für die Neuimplementierung und Brownfield für die Systemkonvertierung, wie in Abb. 38.2 dargestellt.

Greenfield-Implementierung

SAP S/4HANA Implementierungen folgen der allgemeinen SAP Activate Methode, berücksichtigt jedoch die Spezifika für die Cloud-Version von SAP S/4HANA. Bei der Cloud-Version handelt es sich typischerweise um einen Greenfield-Ansatz, sodass es nicht erforderlich ist, die Migration eines bereits vorhandenen SAP-ERP-Systems zu

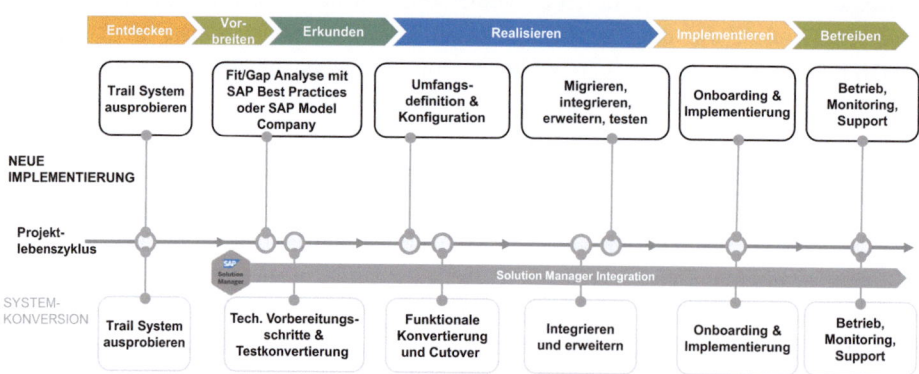

Abb. 38.2 SAP Activate für Neuimplementierung und Systemkonversion

betrachten. Daher kann der Greenfield-Ansatz auch auf eine Neuimplementierung einer On-Premise Version von SAP S/4HANA angewendet werden. Die zuvor beschriebenen allgemeinen Phasen der SAP Activate Methodik für den Greenfield-Ansatz werden um die folgenden Aspekte ergänzt:

- Entdecken – Die wichtigste Aufgabe in dieser Phase ist anhand eines SAP S/4HANA Testsystems ein grundlegendes Verständnis der Funktionalität zu erlangen. Ausgehend von diesen Funktionen muss der Kunde seinen individuellen Mehrwert und Anforderungen ableiten. Nach Abschluss dieser Phase sollte der Kunde wissen, welchen Mehrwert das SAP S/4HANA System bietet.
- Vorbereiten – Die Aktivitäten in der Vorbereitungsphase einer SAP S/4HANA Implementierung sind einfach und überschaubar. In dieser Phase muss ein Basissystem eingerichtet und für die spätere Konfiguration vorbereitet werden. Darüber hinaus müssen in dieser Phase einige Vorbereitungsarbeiten für die Definition der Fit-to-Standard Ziele durchgeführt werden, das hauptsächlich das Design und die Konfiguration der zu realisierenden Anwendung betrifft. Datenmanagement und Prozessintegration werden in dieser Phase nicht betrachtet. Das liegt an dem Greenfield-Ansatz, der kein ERP-Altsystem mit relevanten Daten- oder Integrationsanforderungen voraussetzt.
- Erkunden – Im Rahmen dieser Phase gilt es die Fit-to-Standard Ziele zu erreichen und die vorhandenen SAP S/4HANA Funktionen mit bereits identifizierten Mehrwert zu analysieren. Wie bei der allgemeinen Methodik lassen sich damit Fits und Gaps erkennen, wobei die Gaps nicht gewünscht sind. Im Allgemeinen müssen viele Geschäftsprozesse und Anforderungen auf die jeweiligen Lösungsfunktionen abgestimmt werden. Daher beginnen in dieser Phase viele Design- und Entwicklungsprozesse sowie der Aufbau eines Qualitätssystems (Q-System).
- Realisieren – Wie bei der allgemeinen SAP Activate Methodik geht es bei dieser Phase um die identifizierten Anpassungen, die konfiguriert werden müssen, und Lücken, die geschlossen werden müssen. Das Hauptziel dieser Phase ist ein deploybares Produktivsystem (P-System), das alle Kundenanforderungen erfüllt. Daher werden die Anwendungsdaten und Konfigurationen integriert und im vorbereiteten Q-System getestet. Diese Entwicklungen werden später in das P-System transportiert. Dieser Transport muss nicht in einer einzigen Aktion durchgeführt werden, sondern kann in einen initialen, instanziierenden Transport und nach laufenden Transporten unterteilt werden. Anwendungsbenutzer können frühzeitig auf ein bereits teilweise funktionsfähiges P-System zugreifen, sodass das Projektteam weitere Informationen und Feedback erhält, die zur Optimierung des noch entwickelnden P-Systems herangezogen werden können. Inkrementelle Funktionen können in das P-System weiterentwickelt werden, sodass ein einsetzbares, vollständig entwickeltes und konfiguriertes P-System als Endergebnis dieser Phase vorliegt.
- Implementieren – Diese Phase zeichnet sich durch den Produktivstart des P-Systems und somit der SAP S/4HANA Lösung aus. Um die abschließenden Systemtests durch-

zuführen, werden Benutzer geschult und ein Plan für die Übertragung von Daten im P-System erstellt. Nach dem Produktivstart werden Pläne für den Endbenutzer-Support umgesetzt und die daraus resultierenden Prozesse werden implementiert. Es ist wichtig, dass die vereinbarte Funktionalität umgesetzt wird, damit die kundenspezifische konfigurierte und implementierte SAP S/4HANA Lösung den proklamierten Mehrwert aufzeigen kann und somit den Kunden zufrieden stellt.

- Betreiben – Die Aktivitäten in diesem Kontext weichen nicht von der Phase der allgemeinen SAP Activate Methodik ab. Ein ERP-System digitalisiert alle Geschäftsprozesse, sodass die Performanz in der Betriebsphase entscheidend für den langfristigen Erfolg eines Unternehmens ist. Die Gewährleistung der Systemverfügbarkeit ist auch für die Wertschöpfung als ERP-System von entscheidender Bedeutung. Darüber hinaus sollte die kontinuierliche Verbesserung der Verfügbarkeit und der allgemeinen Systemleistung Gegenstand der Inbetriebnahme eines ERP-Systems sein.

Die beschriebenen inkrementellen Iterationen innerhalb der Realisierungsphase können auch auf die anderen Phasen von der Vorbereitung bis zur Inbetriebnahme angewendet werden. Daher ist es für Kunden möglich, iterativ neue Funktionen hinzuzufügen und den zuvor identifizierten Projektumfang zu erweitern. Nichtsdestotrotz führen solche Aktivitäten zu zusätzlichen Kosten und Zeitaufwand, die den resultierenden Mehrwert nicht übersteigen sollten. Dieses Prinzip kann ein gutes Entscheidungskriterium zum Hinzufügen von Funktionen sein, nachdem die Lösung in den Produktivbetrieb übergegangen ist.

Zusammenfassend lässt sich sagen, dass Kunden sich bei der erfolgreichen Implementierung eines SAP S/4HANA Systems auf die SAP Activate Methode verlassen können. Bei SAP S/4HANA Cloud wird ein Greenfield-Ansatz verfolgt, der iterativ erweitert werden kann. Daher beinhaltet dieses Verfahren keine Konvertierung bereits vorhandener Prozesse oder Daten. Dies ist bei Unternehmen mit bereits implementierten ERP-Systemen selten der Fall. Geschäftsprozesse sind auf langlebige ERP-Systeme abgestimmt, sodass entweder eine standardisierte Lösung ein großartiges Maß an Anpassungsfähigkeit erfordert oder Geschäftsprozesse neu ausgerichtet werden müssen. Beide Vorhaben sind nicht leicht umzusetzen, weshalb in einigen Anwendungsfällen ein Brownfield-Ansatz unvermeidlich ist. Der Schwerpunkt des folgenden Kapitels liegt auf diesem Thema.

Brownfield-Implementierung

Die Transition eines bestehenden ERP-Systems mit seinen entsprechenden Strukturen macht ein Greenfield-Ansatz praktisch unmöglich. Bei bereits etablierten ERP-Systemen wird die Wiederverwendung von erprobten technischen oder betriebswirtschaftlichen Errungenschaften gewünscht, sodass der Brownfield-Ansatz herangezogen wird

(Abb. 38.2). Dieser Ansatz basiert auch auf SAP Activate Methodik, ergänzt sie aber um die folgenden Aspekte:

- Entdecken – Diese Phase beinhaltet die bereits beschriebenen Aktivitäten einer SAP S/4HANA Implementierung. Im Rahmen dieser Phase entscheidet das Unternehmen das ERP-Altsystems zu SAP S/4HANA zu transformieren, was eine detaillierte Analyse und ein allgemeines Verständnis der Vorteile dieser Umstellung erfordert. Der Hauptzweck dieser Phase besteht darin, die identifizierten Vorteile in konkrete Wertversprechen und allgemeine Anforderungen umzuwandeln. Eine SAP S/4HANA Implementierung sollte in eine größere, unternehmensweite digitale Transformation passen, die einer einheitlichen Strategie für die Digitalisierung folgt. Wie und in welchem Umfang eine moderne ERP-Lösung zu dieser Strategie beitragen kann, sollte in dieser Phase geklärt werden.
- Vorbereiten – Umfang und Ziele der SAP S/4HANA Implementierung werden festgelegt, sodass ein Projektteam in der Vorbereitungsphase instanziiert werden kann. In dieser Phase werden alle Arten von Transformationsaktivitäten vorbereitet. Diese Aktivitäten beginnen mit Prototypprojekten, die jeweils verschiedene Teile des gesamten Transformationsprojekts abdecken, um seine technische und funktionale Realisierbarkeit sicherzustellen. Die Ergebnisse sollten als Grundlage für die Planung und Vorbereitung des allgemeinen Transformationsprojekts verwendet werden. Das Hauptziel dieser Phase sollte eine gründliche Vorbereitung der nächsten Projektphasen sein. Die bisher definierten Annahmen und Planungen sollten daher korrekt sein, da sie in den folgenden Projektphasen zu kostspieligen Fehlern führen würden.
- Erkunden – Ziel dieser Phasen ist es, technische und funktionale Details der SAP S/4HANA Lösung zu definieren und auszuarbeiten. Integration und Konfiguration spielen in dieser Phase eine große Rolle, da bis zu diesem Zeitpunkt nur mögliche Lösungen geprüft wurden und vorhandene Geschäftsprozesse und Funktionen nicht auf detaillierter Ebene im Projekt betrachtet wurden. In dieser Phase wird der Fit-to-Standard Ansatz angewendet, welcher im Vergleich zu Greenfield-Projekten deutlich aufwendiger und komplexer ist. Fits und Gaps werden identifiziert, wobei typischerweise mehr Gaps gefunden werden, als ursprünglich erwartet. Daher könnte eine On-Premise Implementierung von SAP S/4HANA mit einem erheblichen Anteil an kundenspezifischen Entwicklungen verknüpft sein, um die Gaps zu schließen. In dieser Phase sollte ein Kunde verstanden haben, wie die SAP S/4HANA Lösung implementiert werden muss, damit sie die definierten Aufgaben erfüllt und den erwarteten Nutzen erbringt.
- Realisieren – Die Realisierungsphase hängt in hohem Maße vom Ergebnis der vorherigen Phase ab. Eine hohe Anzahl von Anpassungen führt zu umfangreicheren Konfigurationsarbeiten, wohingegen ein hohes Maß an Gaps zu mehr kundenspezifischen Lösungen und damit zu mehr Code führt. Dieses Prinzip muss vor allem in der vorherigen Erkundungsphase berücksichtigt werden. Gaps könnten vermieden werden, indem bestehende Prozesse oder Anforderungen geändert werden. Gaps sind

teurer als Fits, da diese zusätzliche Arbeit und Aufmerksamkeit erfordern. Wenn diese Phase in einer SAP S/4HANA Implementierung beginnt, können viele Probleme sich aufhäufen, die eigentlich aus den vorherigen Phasen resultieren. Daher ist eine gründliche Durchführung der Erkundungsphase entscheidend, um die Wahrscheinlichkeit unbekannter Probleme zu minimieren, die zu einem späteren Zeitpunkt im Projekt aufkommen können. Die Realisierungsphase sollte zu einem produktiven P-System führen. Im Greenfield-Ansatz gibt es kein ERP-Altsystem, welches stillgelegt werden muss. Umkehrt muss beim Brownfield-Ansatz genau dieser Aspekt gelöst werden und zum Beispiel die Daten vom Altsystem übernommen werden.

- Implementieren – Diese Phase umfasst den Produktivstart und damit die Umstellung in den Produktivbetrieb. Das entwickelte P-System wird produktiv eingesetzt. Dieses Ereignis muss umfassend getestet werden, damit möglichst keine unvorhersehbaren Probleme auftreten. Wie bereits beschrieben, ist ein ERP-System von entscheidender Bedeutung für ein Unternehmen, da es all kritischen Geschäftsprozess abwickelt. Das bedeutet, dass nicht nur die Zeit unmittelbar nach dem Produktivstart ist, sondern auch die Wochen nach der produktiven Freigabe besonderer Aufmerksamkeit bedürfen. Die sogenannte *Hyper-Care-Phase* beginnt nach dem Produktivstart eines SAP S/4HANA Systems. Stabilität und Verfügbarkeit sind von entscheidender Bedeutung. Daher muss das System genau überwacht werden, um potenzielle Optimierungen aufzuzeigen. Diese Phase endet mit dem Abschluss der Hyper-Care-Phase.

- Betreiben – Alle operativen Aufgaben fallen in die Betriebsphase. Wie bereits beschrieben, liefert die SAP-Lösung ihren Mehrwert nach der Inbetriebnahme, wenn sie produktiv genutzt wird. Das Implementierungsprojekt endet, nachdem das Projektteam alle Anforderungen realisiert hat und keine weiteren Verbesserungen vornehmen muss, sodass die Inbetriebnahme erfolgen kann. Die Verantwortung für das Produktivsystem sollte an ein operatives Team übergeben werden, das die Lösung über ihre Lebensdauer betreut. In dieser Phase könnten weitere Verbesserungen und Innovationen implementiert werden, jedoch in kleinerem Umfang.

SAP Activate bietet Hilfestellung bei der Projektstruktur und stützt sich auf eine Vielzahl von Werkzeugen für Konfiguration, Applikations-Lebenszyklus-Management (ALM), Identitäts- und Zugriffsverwaltung, Datenmigration, Erweiterbarkeit, Integration, Tests und Tools für Benutzerschulungen und Benutzerhilfe. Alle diese Werkzeuge und Methoden werden in SAP Cloud ALM bereitgestellt, um eine tool-basierte Implementierung mit SAP Activate zu ermöglichen, was im nächsten Abschnitt kurz dargestellt wird.

SAP Cloud ALM

Mit dem SAP Cloud ALM Produkt wird der Applikations-Lebenszyklus-Management (ALM) tool-gestützt abgewickelt, welches mit der SAP Activate Methodik zusammenarbeitet. Mit SAP Cloud ALM werden Kunden bei ihrer Implementierung unterstützt.

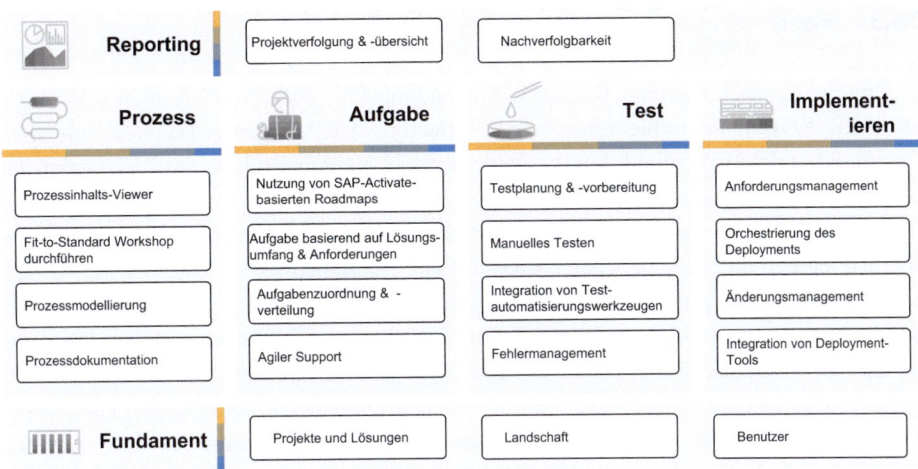

Abb. 38.3 SAP Cloud ALM – Funktionale Architektur

Dieses Werkzeug bildet die gesamte SAP Activate Methodik ab. Daher ist SAP Cloud ALM ein entscheidender Bestandteil bei der Ausführung eines SAP-Implementierungs-projekts, insbesondere, wenn Kunden noch nicht über fundierte Kenntnisse der zu implementierenden SAP-Lösung verfügen. Die enthaltenen SAP Cloud ALM Funktionen reichen von grundlegenden Prinzipien wie der Definition und Klassifizierung zukünftiger Benutzer, Projekt-Stakeholder oder Systemlandschaft auf der einen Seite bis hin zu Best Practices zum Ändern und Implementieren auf der anderen Seite. SAP Cloud ALM deckt die gesamte Implementierung einer SAP-Lösung ab, wobei Probleme schneller gelöst und Risiken minimiert werden können. Zum Beispiel ist Fit-to-Standard Analyse nicht mehr eine theoretische Methode, sondern ein praktischer Bestandteil der Implementierung. Solche Aspekte sind für eine erfolgreiche Implementierung von SAP S/4HANA Cloud entscheidend, helfen bei der Umsetzung von On-Premise System eben-falls. Durch den tool-basierten Ansatz mit SAP Cloud ALM werden die Kosten für die Projektimplementierung reduziert und die Qualität verbessert. Daher sollte SAP Cloud ALM eingesetzt werden, wenn SAP S/4HANA implementiert wird. Abb. 38.3 fasst die Funktionen von SAP Cloud ALM zusammen, die die Unterstützung von Prozessen und Aufgaben, die Fähigkeit zur Handhabung von Tests, Änderungen und Deployments abdecken. Darüber hinaus stehen Analysefunktionen für die Projektverfolgung zur Ver-fügung. Einige der dargestellten Funktionen sind in der aktuellen SAP Cloud ALM Version noch nicht verfügbar.

38.3   Fazit

In diesem Kapitel wurden konkrete Anwendungsfälle der SAP Activate Methode
für SAP S/4HANA Implementierungen erläutert. ERP-Systeme könnten mit dem
Greenfield- oder Brownfield-Ansatz implementiert werden, sodass zwei Varianten der
SAP Activate Methode beschrieben wurden, die beide mit dem Werkzeug SAP Cloud
ALM abgewickelt werden. Eine Greenfield-Lösung wird vorzugsweise in Unternehmen eingesetzt, die ihr erstes ERP-System implementieren. Dies ist für Unternehmen schwer möglich, die seit Jahrzehnten ein ERP-System verwenden und die
bestehenden Daten und Prozesse in das neue ERP-System überführen müssen. Für diese
ist eine Brownfield-Lösung besser geeignet. Brownfield erfordert eine Transition statt
nur eine Implementierung. Diese grundlegenden Kundenherausforderungen einer SAP-
S/4HANA-Implementierung wurden in den verschiedenen Phasen der SAP Activate
Methode behandelt.

Anhang

SAP S/4HANA System erkunden

In diesem Kapitel wird erläutert, wie ein SAP S/4HANA Trail-System zum Erkunden der Funktionen und Konzepte von SAP S/4HANA bereitgestellt wird. Insbesondere wird erklärt, wie ein vorkonfiguriertes Systemimage auf Cloud-Plattformen von Amazon, Microsoft oder Google eingerichtet wird. So befindet sich die zugrunde liegende Hardware in der Cloud, während das System für den persönlichen Gebrauch zur Verfügung steht. Darüber hinaus werden Schritt-für-Schritt-Anleitung zur Exploration von SAP S/4HANA bereitgestellt.

Einführung

Um das Verständnis der Funktionen und Konzepte zu vertiefen, die in den letzten Kapiteln beschrieben wurden, ist das Erkunden des SAP S/4HANA Systems hilfreich. Die Implementierung und Konfiguration einer ERP-Lösung ist jedoch schwierig und erfordert umfassendes Expertenwissen. Außerdem ist die Bereitstellung der geforderten Hardware teuer, und die Pflege von Anwendungsdaten ist eine anspruchsvolle Aufgabe. SAP Cloud Appliance Library (CAL) löst diese Herausforderungen und bietet eine Appliance, die ein vorkonfiguriertes SAP S/4HANA Systemimage mit Tutorials umfasst.

SAP Cloud Appliance Library

SAP Cloud Appliance Library (SAP CAL) bietet eine schnelle und einfache Möglichkeit, die neuesten SAP Cloud Lösungen wie SAP S/4HANA, SAP HANA Express Edition, Model Company oder Branchenlösungen zu nutzen. Es handelt sich um eine Online-Bibliothek der neuesten, vorkonfigurierten und einsatzbereiten SAP-Lösungen, die sofort in den eigenen Public-Cloud-Konten (z. B. Amazon Web Services, Microsoft Azure und Google Cloud Platform) implementiert werden kann, um SAP-Projekte in kurzer Zeit in Betrieb zu nehmen. Ein Deployment des vorkonfigurierten Systemimages auf On-Premise Hardware wird ebenfalls unterstützt.

© Der/die Herausgeber bzw. der/die Autor(en), exklusiv lizenziert an Springer Fachmedien Wiesbaden GmbH, ein Teil von Springer Nature 2023
S. Sarferaz, *ERP-Software: Funktionalität und Konzepte*,
https://doi.org/10.1007/978-3-658-40499-4

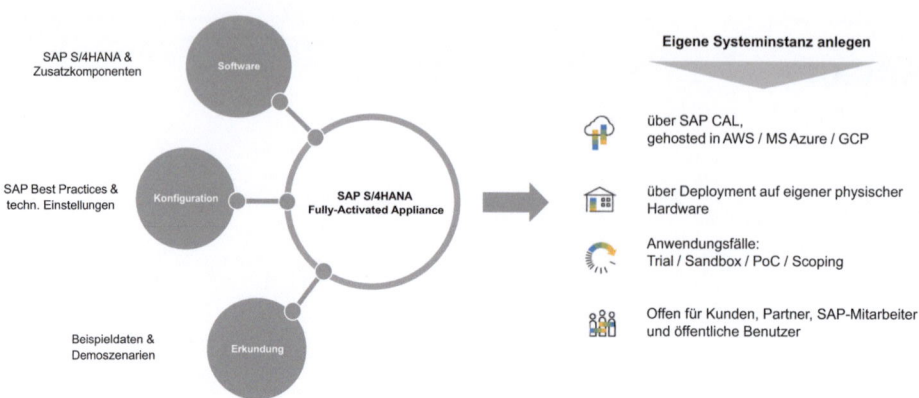

Abb. A.1   SAP S/4HANA Fully-Activated Appliance

Wie in Abb. A.1 dargestellt, stellt SAP CAL neben einem vorkonfigurierten SAP S/4HANA auch Beispieldaten und Demoszenarios in Form von Tutorials bereit. So können Geschäftsprozesse und Frameworks von SAP S/4HANA sofort erkundet werden. Das SAP S/4HANA Image besteht aus vier einzelnen Virtual Machines, die automatisch an eine Lösungsinstanz gekoppelt werden. Die Instanz kann stündlich pausiert und wieder aktiviert werden. Ein Rechner wird bereitgestellt, um die Hosting-Kosten für die verschiedenen Hyperscaler zu schätzen. Für die Bereitstellung einer SAP CAL Instanz für SAP S/4HANA müssen die folgenden Schritte ausgeführt werden:

- Voraussetzung: Ein Konto für Amazon AWS, Microsoft Azure oder Google Cloud Platform ist eingerichtet.
- Schritt 1: Anlegen der persönlichen Testinstanz starten
    - Rufen Sie die Seite http://go.sap.com/cmp/oth/crm-s4hana/s4hana-on-premise. html auf.
    - Wählen Sie *Testversion starten.*
- Schritt 2: Melden Sie sich an SAP Cloud Appliance Library https://cal.sap.com/an
    - Sie gelangen auf die Startseite von SAP Cloud Appliance Library.
    - Registrieren Sie sich als neuer Benutzer für SAP CAL, oder melden Sie sich mit einem vorhandenen SAP CAL Benutzernamen/-Kennwort an.
- Schritt 3: Akzeptieren Sie die Geschäftsbedingungen für den Testzeitraum von 30 Tagen
    - Nachdem Sie Ihre Anmeldeinformationen eingegeben und angemeldet haben, werden Ihnen die Geschäftsbedingungen angezeigt. Blättern Sie nach unten, um zu lesen.
    - Wählen Sie *Ich stimme zu.*
- Hinweis: Der Testzeitraum von 30 Tagen beginnt, wenn Sie die Geschäfts-bedingungen akzeptieren, und nicht, wenn Sie Ihre erste Instanz erstellen.

- Schritt 4: Geben Sie Ihr AWS/Azure/GCP-Konto ein, und legen Sie Ihr persönliches SAP S/4HANA System an.
  - Auf der Seite *Instanz von SAP Cloud Appliance Library anlegen* müssen Sie Ihr Cloud-Anbieterkonto angeben (siehe Schritt 1).
  - Klicken Sie auf *Neues Konto erstellen* (oder klicken Sie auf *Vorhandenes Konto,* wenn Sie bereits zuvor ein Cloud-Konto eingegeben haben).
  - Geben Sie die Instanzdetails ein (dies wird Ihr persönliches S/4HANA-System)
  - Definieren Sie das *Master-Kennwort* für Ihre Appliance (dieses wird verschiedenen Administratorbenutzern zugeordnet, z. B. SAP HANA Systembenutzer oder Remote Desktop Administrator)
  - Klicken Sie auf *Anlegen* (Hinweis: Wenn Sie statische IP-Adressen für Ihr System benötigen, wählen Sie Erweiterter Modus.)
- Schritt 5: Laden Sie den privaten Schlüssel für die Instanz herunter
  - Wenn Sie zur Eingabe des privaten Schlüssels aufgefordert werden, wählen Sie *Speichern.*
  - Hinweis: Der private Schlüssel ist eine kleine.PEM-Textdatei und wird nur benötigt, wenn Sie auf das Linux-Betriebssystem der Trial-Landschaft zugreifen möchten.
  - Das System wird nun in Ihrem AWS/Azure/GCP-Konto angelegt. Die Zeit hierfür kann je nach Anbieter, Region und aktueller Systemlast variieren (~1–2 h sollten in den meisten Fällen ausreichen).
  - Sie können früher auf den Remote-Desktop zugreifen, aber das Anlegen des SAP S/4HANA Systems dauert länger als das Anlegen des Remote-Desktops (auch wenn Sie den Remote-Desktop bereits nutzen können, reagiert das SAP S/4HANA System möglicherweise noch nicht).
  - Im Allgemeinen werden die ersten Klicks im System langsam sein (bis die Caches vorausgefüllt sind), wie bei allen neu aufgerufenen SAP-Systemen.
- Schritt 6: Instanz ist bereit auf der Registerkarte *Instanzen*
  - Nach Ablauf der Installation ist Ihr System für die Anmeldung bereit.
  - Durch Klicken auf den Instanznamen können Sie die Details der Instanz anzeigen.
  - Die Drucktaste *Connect* bietet direkten Anmeldezugriff auf
    Remote-Desktop
    SAP GUI
    BI-Launchpad
    SAP NetWeaver Administrator (JAVA)
- Der SAP Fiori Launchpad Zugriff funktioniert entweder über den Remote-Desktop oder über den lokalen Browser nach der Host-Dateizuordnung.

Wie bereits erwähnt, stellt SAP CAL Demoszenarios bereit, um den Benutzer durch eine geführte Tour zu den Funktionen von SAP S/4HANA zu führen. Dem Benutzer steht es frei, von diesen Touren abzuweichen. Wenn Benutzer jedoch zusätzliche Funktionen des SAP S/4HANA Systems erkunden, die über die in den Demo-Leitfäden bereit-gestellten hinausgehen, können sie Funktionen oder Prozesse entdecken, die nicht vor-konfiguriert sind und daher keine aussagekräftige Systemreaktion liefern. Damit diese Szenarien funktionieren, müssen Benutzer sie mit SAP-Standardverfahren konfigurieren. Die Demo-Szenarien finden Sie unter (Wolf, 2021). Der Umfang der Demoszenarios konzentriert sich auf den Inhalt von SAP Best Practices für SAP S/4HANA und wird durch zusätzliche Szenarios ergänzt, die je nach Release-Version der Appliance variieren. Um einen Eindruck von der Funktionsweise der Demo-Szenarien zu ver-mitteln, wird im nächsten Abschnitt ein Beispiel beschrieben (Wolf, 2021).

Beispieldemoszenario

Dieses Szenario beschreibt Vorgänge in der Finanzbuchhaltung und dient als zentralisierte, aktuelle Referenz für die Darstellung von Konten. Einzelne Istvorgänge können in Echtzeit geprüft werden, wobei die Originalbelege, Einzelposten und Ver-kehrszahlen auf verschiedenen Ebenen angezeigt werden. Untersuchen Sie die folgenden Transaktionen:

• Hauptbuchübersicht	• Inanspruchnahme von Skonti
• Zu prüfende Buchungsbelege	• Kreditorenlaufzeit indirekt
• Sachkontensaldo	• Verbindlichkeitslaufzeit direkt
• Quick-Links	• Debitorische Kreditoren
• Steuerliche Abstimmung der Kontensalden	• Übersicht der Debitorenbuchhaltung
• Änderungen an Hauptbuchpositionen	• Altersstrukturanalyse der Debitorenbuchhaltung
• Kreditorenlaufzeit indirekt	• Forderungslaufzeit
• Forderungslaufzeit	• Inkasso-Tracker
• Kreditorenübersicht	• Top 10 Debitoren
• Altersstruktur Verbindlichkeiten	

Allgemeines Rechnungswesen

Vorgehen	Was Sie sehen werden
Öffnen Sie das SAP Fiori Launchpad. *Benutzer*: `S4H_FIN`, *Kennwort*: `Welcome1` *Legen Sie denStandardwert* für die Benutzereinstellungen für das SAP Fiori Launchpad fest (optional). Navigieren Sie auf dem SAP Fiori Launchpad zu *Benutzer > Einstellungen> Standardwerte.*	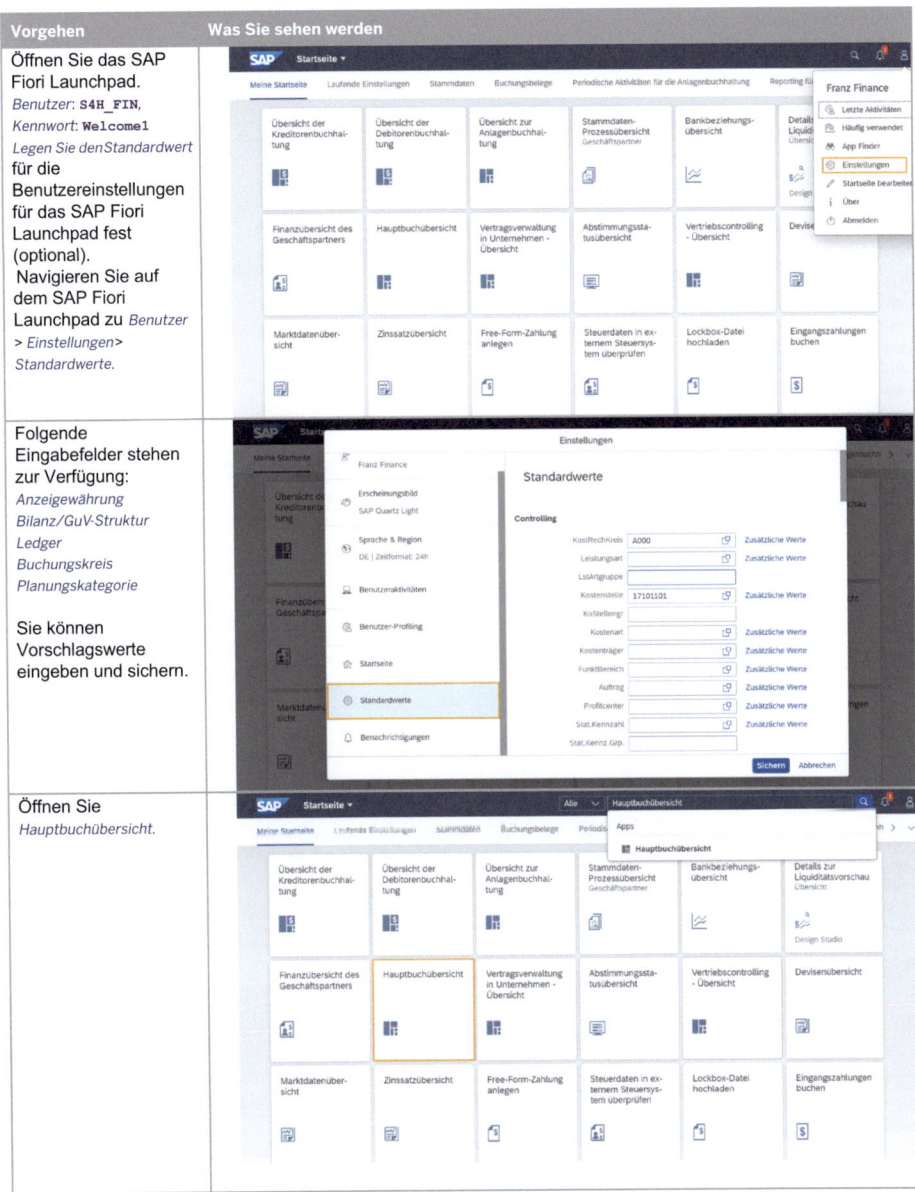
Folgende Eingabefelder stehen zur Verfügung: *Anzeigewährung* *Bilanz/GuV-Struktur* *Ledger* *Buchungskreis* *Planungskategorie* Sie können Vorschlagswerte eingeben und sichern.	
Öffnen Sie *Hauptbuchübersicht.*	

Vorgehen	Was Sie sehen werden
Geben Sie in der Filterleiste folgende Daten ein, und wählen Sie *Starten*: *Anzeigewährung*: USD *Stichtag*: <aktuelles Datum> *Planungskategorie*: <PLN> *Bilanz/GuV-Struktur*: <YCOA> *Ledger*: <0L> *Buchungskreis* <1710>	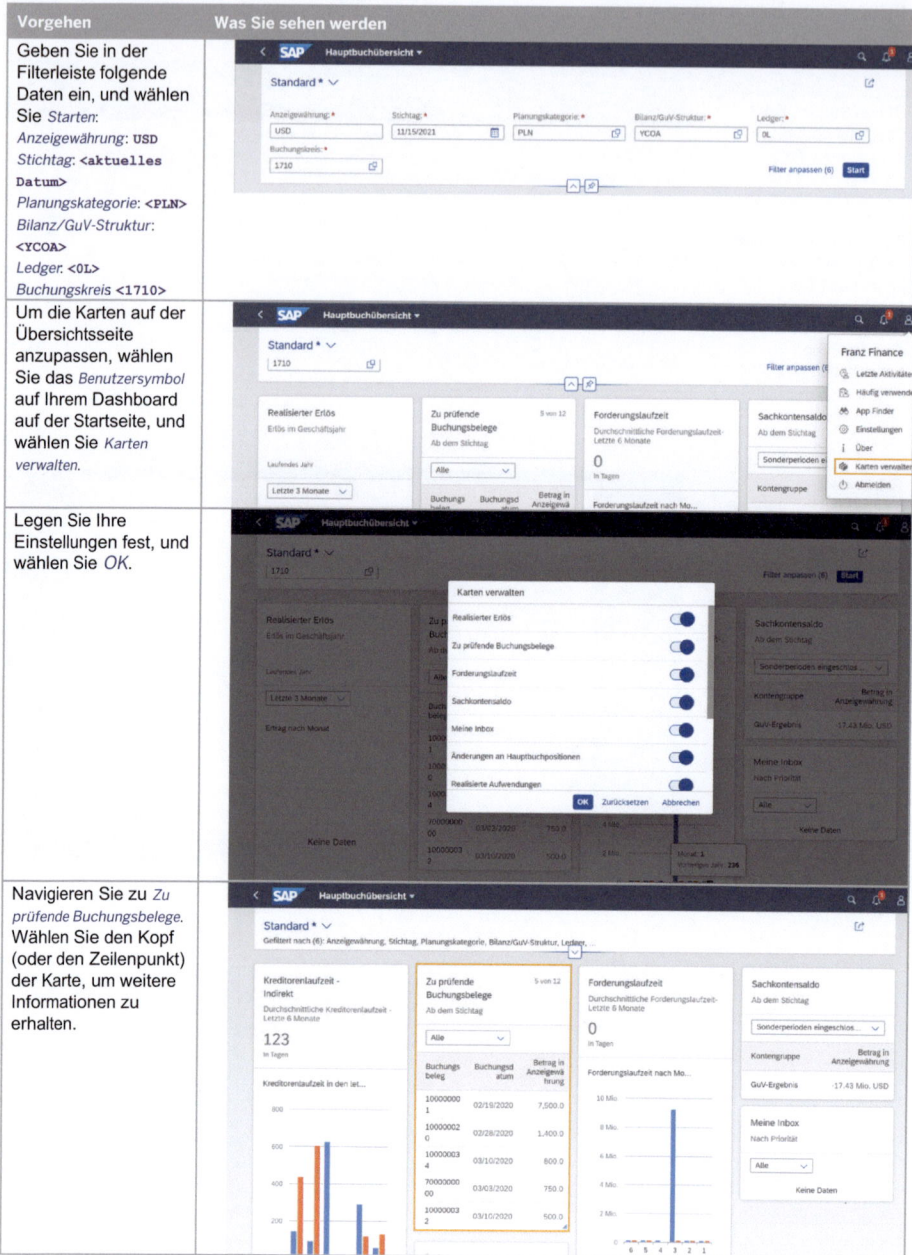
Um die Karten auf der Übersichtsseite anzupassen, wählen Sie das *Benutzersymbol* auf Ihrem Dashboard auf der Startseite, und wählen Sie *Karten verwalten*.	
Legen Sie Ihre Einstellungen fest, und wählen Sie *OK*.	
Navigieren Sie zu *Zu prüfende Buchungsbelege*. Wählen Sie den Kopf (oder den Zeilenpunkt) der Karte, um weitere Informationen zu erhalten.	

Vorgehen	Was Sie sehen werden
Navigieren Sie zu *Sachkontensaldo*. Wählen Sie den Kopf (oder den Zeilenpunkt) der Karte, um weitere Informationen zu erhalten.	
Sie können den Bericht ändern, indem Sie ihm per Drag&Drop zusätzliche Dimensionen hinzufügen.	
Navigieren Sie zu *Quick Links*. Wählen Sie die folgenden Links auf der Karte, um weitere Informationen zu erhalten: *Sachkonteneinzelposten anzeigen* *Buchungsbelege verwalten* *Hauptbuchbelege buchen* *Kassenbuchbelege buchen* *Sachkonten ausgleichen*	

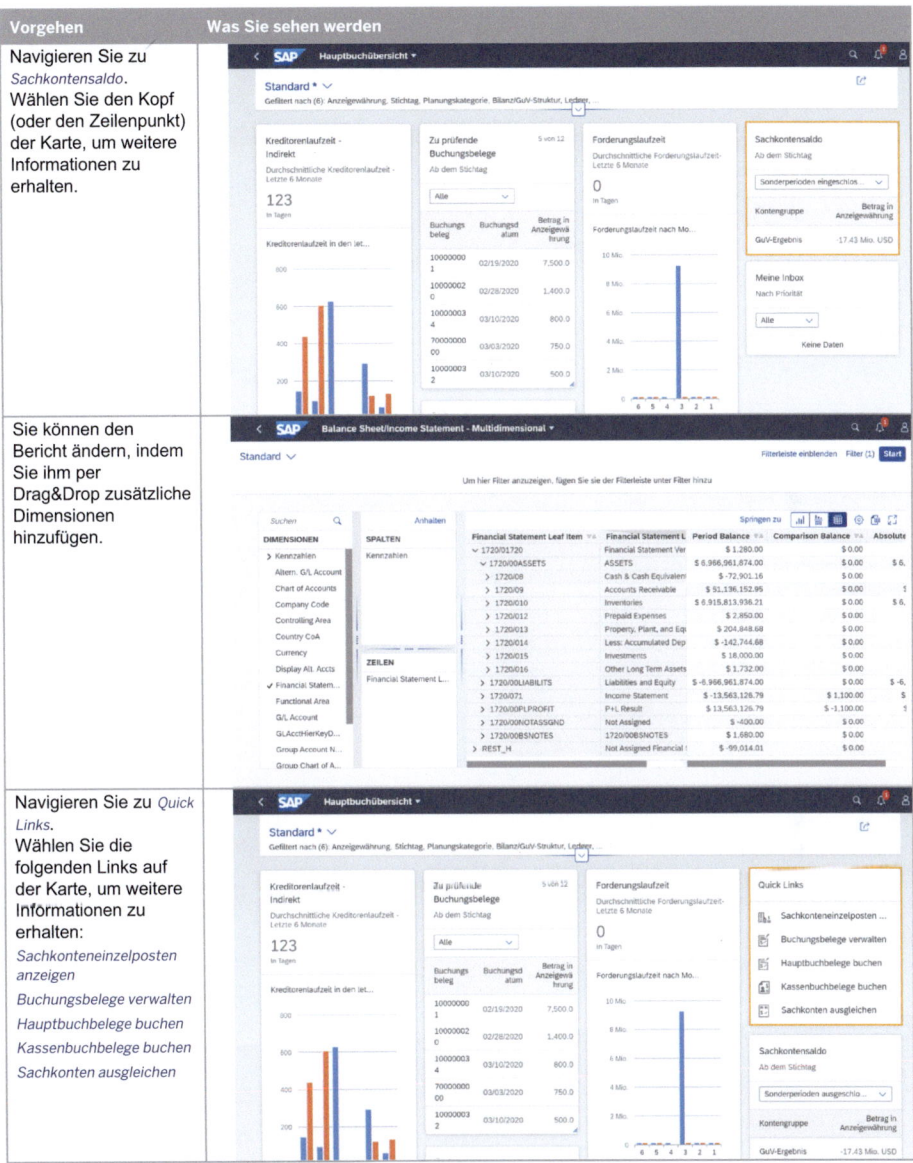

Vorgehen	Was Sie sehen werden
Navigieren Sie zu *Steuerabstimmung von Kontensalden.* Wählen Sie die Position der Karte, um weitere Informationen zu erhalten.	
Navigieren Sie zu *Änderungen Hauptbuchpositionen.* Wählen Sie den Kopf (oder den Zeilenpunkt) der Karte, um weitere Informationen zu erhalten.	
Navigieren Sie zu *Kreditorenlaufzeit Indirekt.* Wählen Sie den Kopf (oder jede Position) der Karte, um weitere Informationen zu erhalten.	

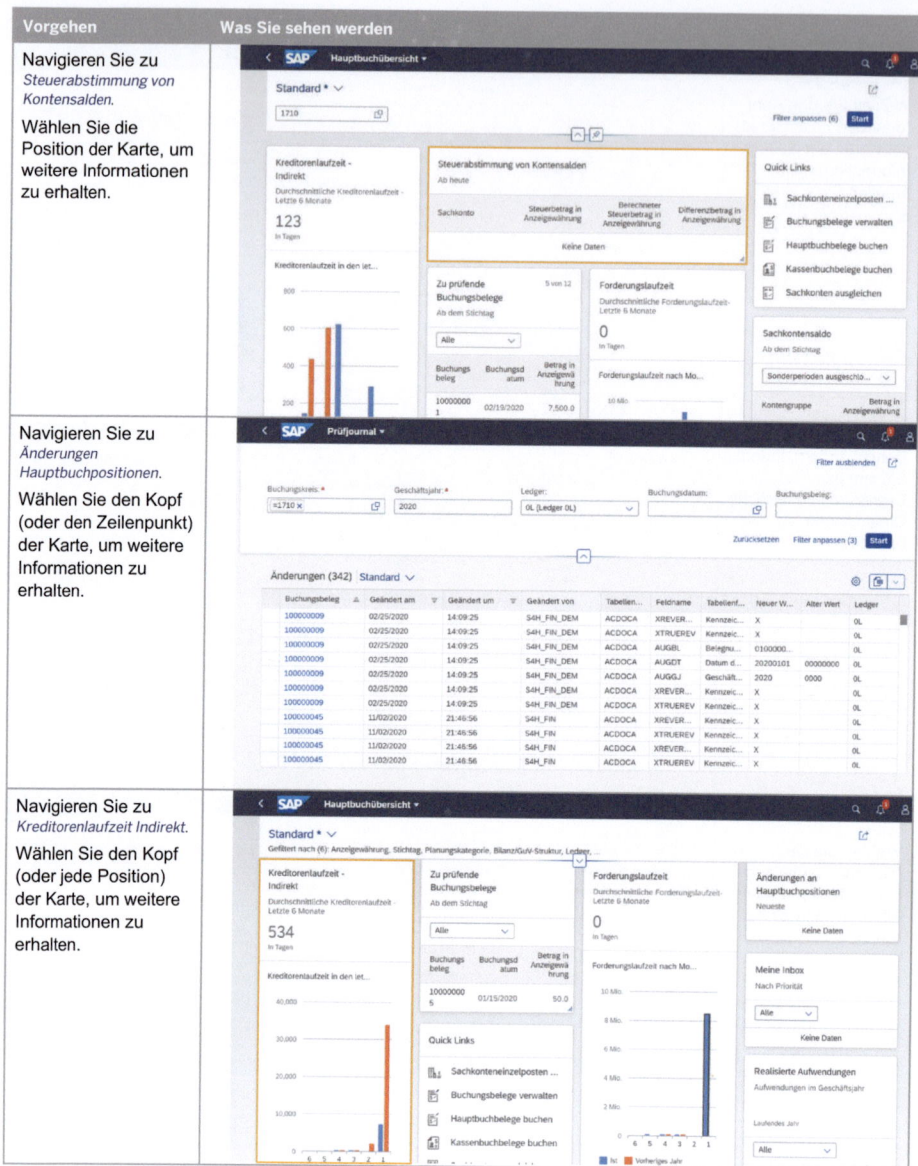

Vorgehen	Was Sie sehen werden
Navigieren Sie zu *Forderungslaufzeit.* Wählen Sie den Kopf (oder jede Position) der Karte, um weitere Informationen zu erhalten.	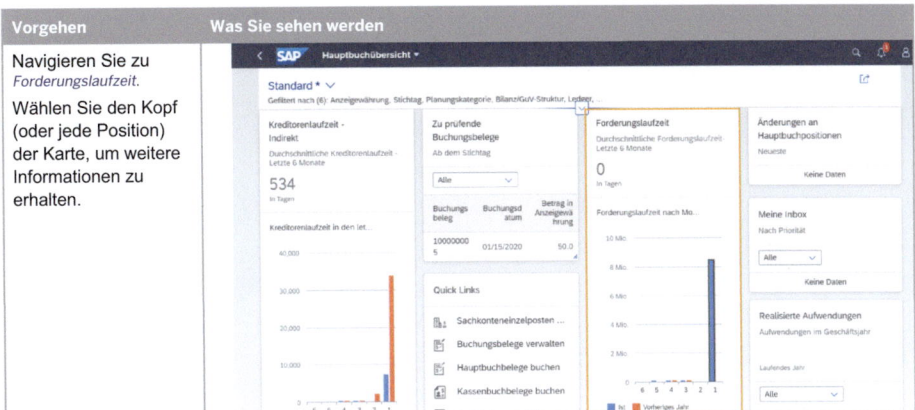

Kreditorenbuchhaltung

Vorgehen	Was Sie sehen werden
Öffnen Sie das SAP Fiori Launchpad. *Benutzer*: `S4H_FIN` *Kennwort*: `Welcome1` *Legen Sie den Standardwert* für die Benutzereinstellungen für das SAP Fiori Launchpad fest (optional). Navigieren Sie auf dem SAP Fiori Launchpad zu *Benutzer* > *Einstellungen*> *Standardwerte.* Folgende Eingabefelder stehen zur Verfügung: *Anzeigewährung* *Bilanz/GuV-Struktur* *Ledger* *Buchungskreis* *Planungskategorie* Sie können Vorschlagswerte eingeben und sichern.	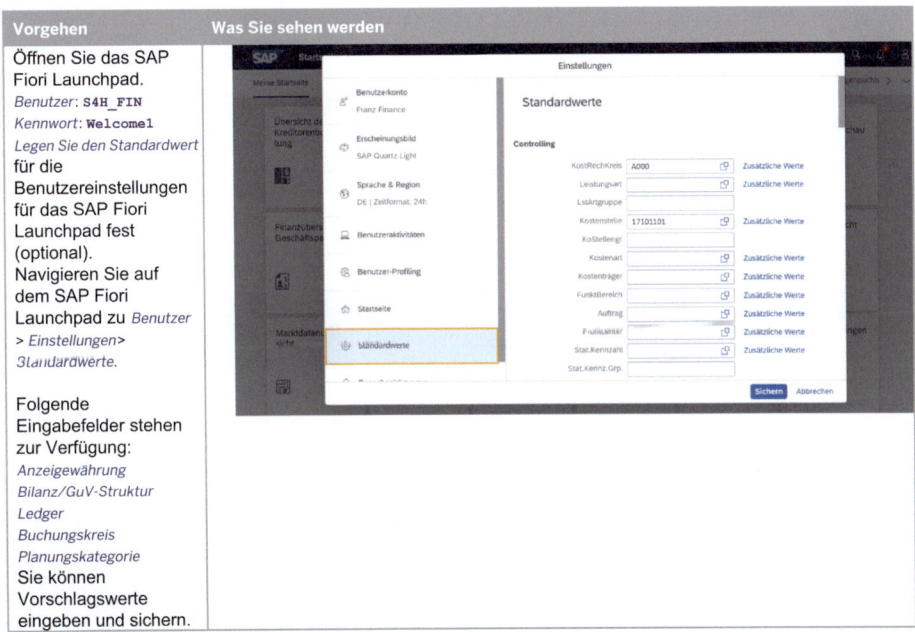

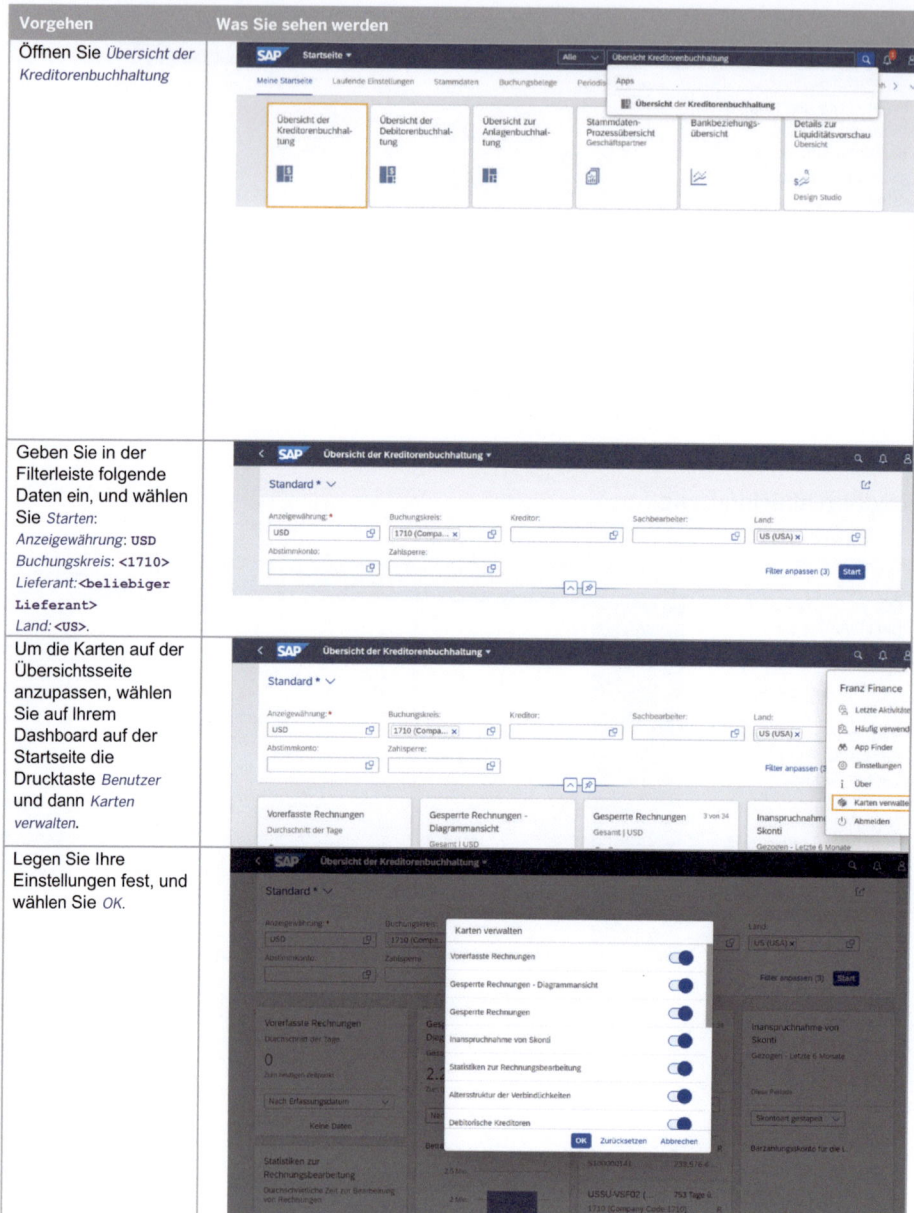

Vorgehen	Was Sie sehen werden
Öffnen Sie *Übersicht der Kreditorenbuchhaltung*	
Geben Sie in der Filterleiste folgende Daten ein, und wählen Sie *Starten*: *Anzeigewährung*: USD *Buchungskreis*: <1710> *Lieferant*:<beliebiger Lieferant> *Land*: <US>.	
Um die Karten auf der Übersichtsseite anzupassen, wählen Sie auf Ihrem Dashboard auf der Startseite die Drucktaste *Benutzer* und dann *Karten verwalten*.	
Legen Sie Ihre Einstellungen fest, und wählen Sie *OK*.	

Vorgehen	Was Sie sehen werden
Navigieren Sie zu *Altersstruktur der Verbindlichkeiten.* Wählen Sie den Kopf (oder den Zeilenpunkt) der Karte, um weitere Informationen zu erhalten. Von der Karte aus gelangen Sie zur SAP Fiori App *Altersstrukturanalyse.*	
Navigieren Sie zu *Inanspruchnahme von Skonti.* Wählen Sie den Kopf (oder den Zeilenpunkt) der Karte, um weitere Informationen zu erhalten. Von der Karte aus gelangen Sie zur SAP Fiori App *Inanspruchnahme von Skonti.*	
Navigieren Sie zu *Kreditorenlaufzeit Indirekt.* Wählen Sie den Kopf (oder den Zeilenpunkt) der Karte, um weitere Informationen zu erhalten. Von der Übersichtsseite aus gelangen Sie zu den Ziel-Apps. Die Informationen zum globalen Filter und zum Kopf werden übernommen. Von der Karte aus gelangen Sie zur SAP Fiori App *Kreditorenlaufzeit indirekt.*	

Vorgehen	Was Sie sehen werden
Navigieren Sie zu *Kreditorenlaufzeit Direkt*. Von der Übersichtsseite aus gelangen Sie zu den Ziel-Apps. Die Informationen zum globalen Filter und zum Kopf (und zum Linienpunkt) werden übernommen. Von der Karte aus gelangen Sie zur SAP Fiori App *Kreditorenlaufzeit*.	
Navigieren Sie zu *Debitorische Kreditoren*. Wählen Sie den Kopf (oder den Zeilenpunkt) der Karte, um weitere Informationen zu erhalten. Von der Übersichtsseite aus gelangen Sie zu den Ziel-Apps. Die Informationen zum globalen Filter und zum Kopf werden übernommen. Von der Karte aus gelangen Sie zur SAP Fiori App *Kreditorenposten bearbeiten*.	
Navigieren Sie zu *Quick Links*. Wählen Sie *Bankzahlungen genehmigen (oder Meine Inbox)* der Karte, um weitere Informationen zu erhalten. Von der Übersichtsseite aus gelangen Sie zu den Ziel-Apps. Wählen Sie *Bankzahlungen genehmigen*. Von der Karte aus gelangen Sie zur SAP Fiori App	

Vorgehen	Was Sie sehen werden
Bankzahlungen genehmigen.	
Navigieren Sie zu *Meine Inbox.* Wählen Sie jede Position der Karte aus, um weitere Informationen zu erhalten.	

Debitorenbuchhaltung

Vorgehen	Was Sie sehen werden
Öffnen Sie das SAP Fiori Launchpad. *Benutzer:* **S4H_FIN** *Kennwort:* **Welcome1** *Legen Sie den Standardwert* für die Benutzereinstellungen für das SAP Fiori Launchpad fest (optional). Navigieren Sie auf dem SAP Fiori Launchpad zu *Benutzer > Einstellungen > Standardwerte.* Folgende Eingabefelder stehen zur Verfügung: *Anzeigewährung Bilanz/GuV-Struktur Ledger Buchungskreis Planungskategorie* Sie können Vorschlagswerte eingeben und sichern.	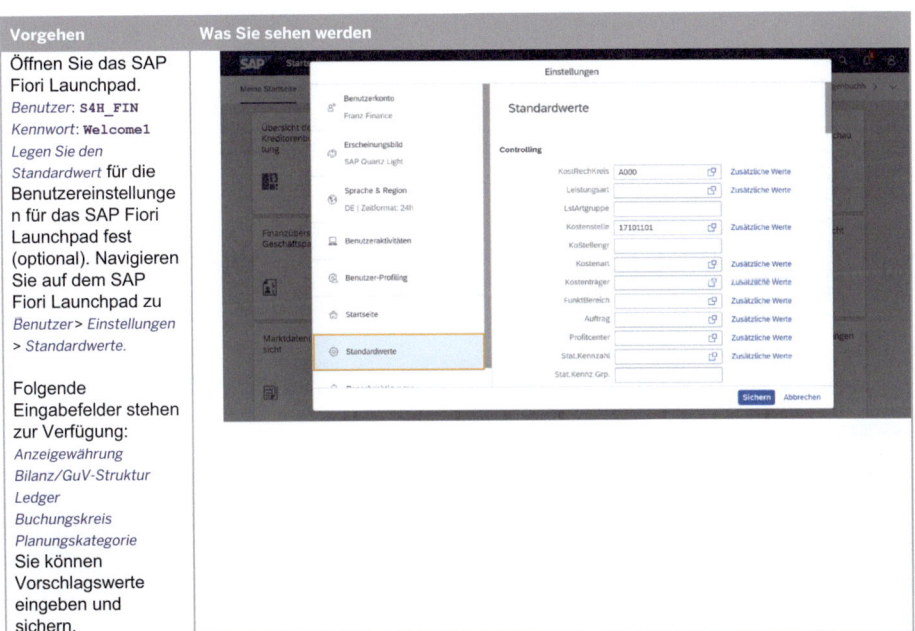

Vorgehen	Was Sie sehen werden
Öffnen Sie *Übersicht der Debitorenbuchhaltung*.	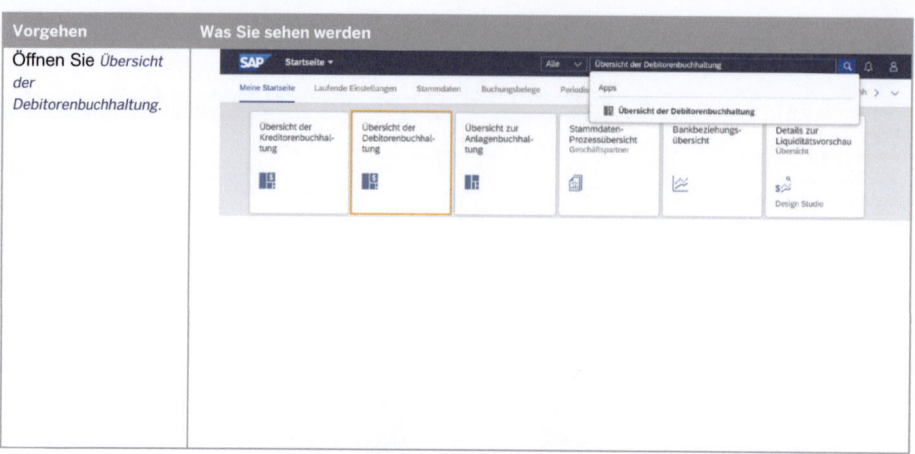
Geben Sie in der Filterleiste folgende Daten ein, und wählen Sie *Starten*: *Anzeigewährung*: USD *Nettofälligkeitsintervall 1*: <30> *Nettofälligkeitsintervall 2*: <60> *Nettofälligkeitsintervall 3*: <90> *Buchungskreis*: <1710> Wenn in den Benutzereinstellungen des SAP Fiori Launchpad ein Standardwert festgelegt ist, wurden die Filter bereits mit den Standardwerten gefüllt.	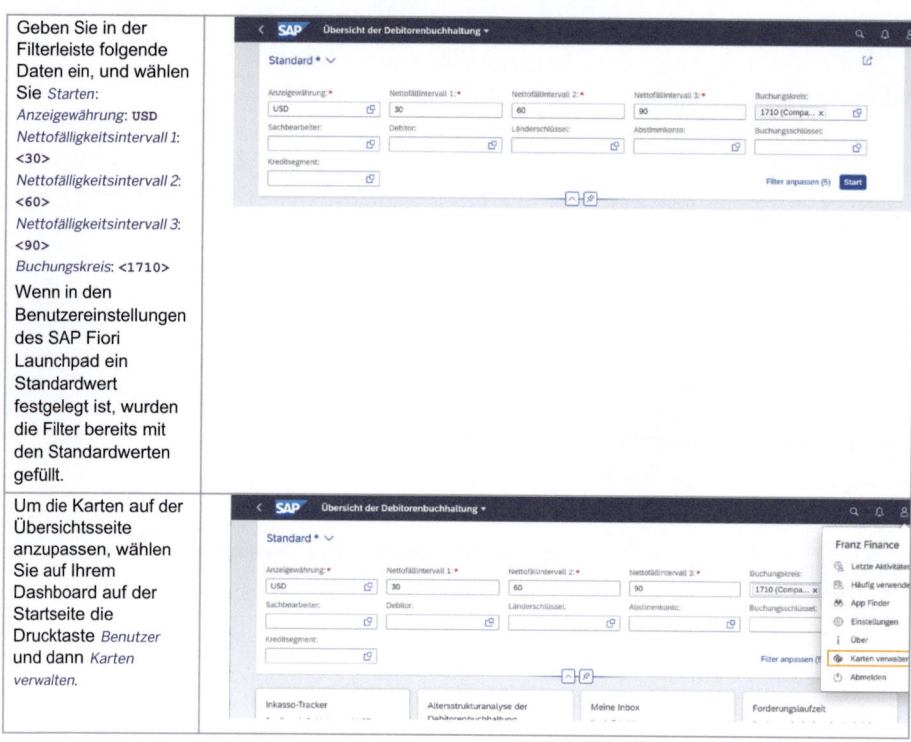
Um die Karten auf der Übersichtsseite anzupassen, wählen Sie auf Ihrem Dashboard auf der Startseite die Drucktaste *Benutzer* und dann *Karten verwalten*.	

Legen Sie Ihre Einstellungen fest, und wählen Sie *OK*.	
Navigieren Sie zu *Quick Links*. Wählen Sie *Forderungsliste überwachen* der Karte, um weitere Informationen zu erhalten. Von der Übersichtsseite aus gelangen Sie zu den Ziel-Apps. Wenn Sie *Forderungsliste überwachen* wählen, gelangen Sie zur SAP Fiori App *Forderungsliste überwachen*.	
Navigieren Sie zu *Altersstrukturanalyse der Debitorenbuchhaltung*. Wählen Sie den Kopf (oder jede Position) der Karte, um weitere Informationen zu erhalten. Von der Übersichtsseite aus gelangen Sie zu den Ziel-Apps. Die Informationen zum globalen Filter und zum Kopf (und zu jeder Position) werden übernommen. Von der Karte aus gelangen Sie zur SAP Fiori App *Gesamtforderungen*.	

Navigieren Sie zu *Forderungslaufzeit*. Wählen Sie den Kopf (oder jede Position) der Karte, um weitere Informationen zu erhalten. Von der Übersichtsseite aus gelangen Sie zu den Ziel-Apps. Die Informationen zum globalen Filter und zum Kopf (und zu jeder Position) werden übernommen. Von der Karte aus gelangen Sie zur SAP Fiori App *Forderungslaufzeit*.	
Navigieren Sie zu *Inkasso-Tracker*. Wählen Sie den Kopf (oder jede Position) der Karte, um weitere Informationen zu erhalten. Von der Übersichtsseite aus gelangen Sie zu den Ziel-Apps. Die Informationen zum globalen Filter und zum Kopf (und zu jeder Position) werden übernommen. Von der Karte aus gelangen Sie zur SAP Fiori App *Inkasso-Tracker*.	
Navigieren Sie zu *Top 10 Debitoren*. Wählen Sie den Kopf (oder jede Position) der Karte, um weitere Informationen zu erhalten. Von der Übersichtsseite aus gelangen Sie zu den Ziel-Apps. Die Informationen zum globalen Filter und zum Kopf (und zu jeder Position) werden übernommen. Von der Karte aus gelangen Sie zur SAP Fiori App *Gesamtforderungen*.	

Fazit

Die Erkundung des SAP S/4HANA Systems ist hilfreich, um das Verständnis der im vorherigen Kapiteln beschriebenen Funktionen und Konzepte zu vertiefen. Hierzu wurde in diesem Kapitel beschrieben, wie ein eigenes SAP S/4HANA Trail-System eingerichtet wird. Es wurde speziell erläutert, wie ein vorkonfiguriertes Systemimage auf Amazon-, Microsoft- oder Google-Cloud-Plattformen installiert wird. Dies wurde auf der Grundlage von SAP Cloud Appliance Library erreicht, die neben einem vorkonfigurierten System auch Schritt-für-Schritt-Anleitungen für die Erkundung von SAP S/4HANA Geschäftsprozessen und -Frameworks bereitstellt.

Compendium on Enterprise Resource Planning

Market, Functional and Conceptual View based on SAP S/4HANA

References

van der Aalst, W. (2016). Data science in action. In *Process mining: Data science in action* (S. 3–23). Springer.

AXELOS Limited. (2019). *ITIL® Foundation ITIL* (4 Aufl.). TSO.

Balaban, D. (2019). *The ERP market is quickly growing.* https://blogs.sap.com/2019/06/28/the-erp-market-is-quickly-growing/.

Bitkom-Arbeitskreis Enterprise Resource Planning. (2016). ERP im Kontext von Industrie 4.0. Bitkom e.V. https://www.bitkom.org/Bitkom/Publikationen/Die-Zukunft-von-ERP-im-Kontext-von-Industrie-40.html.

Bockstahler, M., Jurecic, M., & Rief, S. (2020). *Working from home experience. An empirical study from the user perspective during the corona pandemic.* http://publica.fraunhofer.de/dokumente/N-605596.html.

Davidson, R. (2020). *Top ERP software vendors in 2020 | company comparison list.* https://softwareconnect.com/erp/top-vendors/.

Essex, D., Diann, D., & O'Donnell, J. (2020). *ERP (enterprise resource planning).* https://searcherp.techtarget.com/definition/ERP-enterprise-resource-planning.

Gantz, J., & Reinsel, D. (2012). *The digital universe in 2020: Big data, bigger digital shadows and biggest growth in the far east.* IDC iView: IDC Analyze the Future.

Gartner, I. (2019). *Gartner says 5.8 billion enterprise and automotive IoT endpoints will be in use in 2020.* https://www.gartner.com/en/newsroom/press-releases/2019-08-29-gartner-says-5-8-billion-enterprise-and-automotive-io.

Gartner. (2021). *Presentation on enterprise resource planning software.* http://www.gartner.com.

Gaughan, D., Natis, Y., Alvarez, G., & O'Neill, M. (2020). *Future of applications: Delivering the composable enterprise.* Gartner. https://www.gartner.com/en/doc/465932-future-of-applications-delivering-the-composable-enterprise.

Gentner, A. (2020). *Smartphone-Konsum Am Limit? Studie Zur Smartphone-Nutzung: Der Deutsche Mobile Consumer Im Profil.* https://www2.deloitte.com/de/de/pages/technology-media-and-telecommunications/articles/smartphone-nutzung-2020.html.

© Der/die Herausgeber bzw. der/die Autor(en), exklusiv lizenziert an Springer Fachmedien Wiesbaden GmbH, ein Teil von Springer Nature 2023
S. Sarferaz, *ERP-Software: Funktionalität und Konzepte,*
https://doi.org/10.1007/978-3-658-40499-4

Hackmann, J. (2020). *A brief review of SAP's current strategy.* https://www.sitsi.com/brief-review-sap-s-current-strategy.

Iakimets, A. (2020). *What are packaged business capabilities?* Elastic Path Software Inc. https://www.elasticpath.com/blog/what-are-packaged-business-capablities.

Jim Gray, A. R. (1999, August 2–6). *Transaction processing – Concepts and techniques.* Microsoft Research. http://research.microsoft.com/~gray/WICS_99_TP/01_WhirlwindTour.ppt. Accessed 19. March 2021.

Lukic, J. (2015). Leadership challenges in the big data era. In R. Stankovic (Hrsg.), *Challenges to promoting entrepreneurship, leadership and competitiveness* (S. 293–309). Faculty of Business Economics and Entrepreneurship.

Marz, N., & Warren, J. (2015). *Big data.* Manning Publications.

McKinsey & Company. (2019). *Industry 4.0: Capturing value at scale in discrete manufacturing.* https://www.mckinsey.com/~/media/McKinsey/Industries/Advanced%20Electronics/Our%20Insights/Capturing%20value%20at%20scale%20in%20discrete%20manufacturing%20with%20Industry%204%200/Industry-4-0-Capturing-value-at-scale-in-discrete-manufacturing-vF.ashx.

Moore, G. E. (1965). Cramming more components onto integrated circuits. *Electronics, 38*(8), 114–117.

Pang, A., Markovski, M., & Micik, A. (2020). *Top 10 ERP software vendors, market size and market forecast 2019–2024.* https://www.appsruntheworld.com/top-10-erp-software-vendors-and-market-forecast/.

Reinbolt, M. (2021). *Madeline, ERP market share and buyer trends for 2021.* https://www.selecthub.com/enterprise-resource-planning/erp-market/.

Robier, J. (2016). *Das einfache und emotionale Kauferlebnis. Mit Usability, User Experience und Customer Experience anspruchsvolle Kunden gewinnen* (1. Aufl.). Springer Gabler. http://gbv.eblib.com/patron/FullRecord.aspx?p=4098016.

SAP Help Portal. (2021). *Product documentation for SAP S/4HANA.* http://www.sap.com.

SAP's Industry 4.0 Strategy. (2021). https://www.sap.com/documents/2019/12/7eb945d8-777d-0010-87a3-c30de2ffd8ff.html.

Sarferaz, S. (2022). *Compendium on enterprise resource planning.* Springer.

Sarferaz, S., & Banda, R. (2020). *Implementing machine learning with SAP S/4HANA.* SAP Press.

Saueressig, T., Stein, T., Boeder, J., & Kleis, W. (2021b). *SAP S/4HANA architecture.* SAP Press.

Shah, I. (2019). *Intro to data science: A step-by-step guide to learn data science.* https://towardsdatascience.com/intro-to-data-science-531079c38b22.

de Smet, A., Pacthod, D., Relyea, C., & Sternfels, B. (2020). *Ready, set, go: Reinventing the organization for speed in the post-COVID-19 era.* https://www.mckinsey.com/business-functions/organization/our-insights/ready-set-go-reinventing-the-organization-for-speed-in-the-post-covid-19-era.

Sridharan, V., & LaForge, R. L. (2000). Resource planning: MRP TO MRPII AND ERP. In P. M. Swamidass (ed.), *Encyclopedia of production and manufacturing management.* Springer. https://doi.org/10.1007/1-4020-0612-8_818.

Valutes Reports. (2020). *Enterprise resource planning (ERP) market size is projected to reach USD 60230 million by 2026* | Values reported. https://www.prnewswire.com/news-releases/enterprise-resource-planning-erp-market-size-is-projected-to-reach-usd-60230-million-by-2026%2D%2Dvaluates-reports-301127521.html.

Vesset, D., et al. (2020). *IDC FutureScape: Worldwide future of intelligence 2021 predictions.* IDC iView: IDC Analyze the Future.

Wight, O. W. (1984). *Manufacturing resource planning: MRP II – Unlocking America's productivity potential* (S. 53–54, Rev. ed.). Wiley. ISBN: 0-471-13274-8.

Wolf, J. (2021). *SAP S/4HANA fully-activated appliance: Demo guides.* https://blogs.sap.com/2019/04/23/sap-s4hana-fully-activated-appliance-demo-guides/.

Additional Bibliography

Abdelaziz, D. (2020). *SAP S/4HANA extended service parts planning 2020 development highlights.* https://blogs.sap.com/2020/10/05/sap-s-4hana-extended-service-parts-planning-2020-product-development-highlights.

Alisch, K., Arentzen, U., & Winter, E. (2004). *Gabler Wirtschaftslexikon.* Gabler Verlag. https://doi.org/10.1007/978-3-663-01439-3_16.

Antonova, R., & Georgiev, G. (2019). ERP security, audit and process improvement. In A. Al-Masri & K. Curran (Hrsg.), *Smart technologies and innovation for a sustainable future* (S. 103–110). Springer International Publishing.

Badgi, S. (2007). *Practical SAP U.S. Payroll.* SAP Press.

Baltes, L., Spieß, P., & Wörmann-Wiese, E. (2017). *SAP – Materialwirtschaft.* SAP- Press.

Bennicke, M., Hofmann, A., Lewerentz, C., & Wichert, K.-H. (2008). Software controlling. *Informatik Spektrum, 31*(6), 556–565. https://doi.org/10.1007/s00287-008-0285-6

Box, G. E., Jenkins, G. M., Reinsel, G. C., & Ljung, G. M. (2016). *Time series analysis, forecasting and control* (5th Aufl.). IDC iView: IDC Analyze the Future.

Bundesministerium für Wirtschaft und Energie. (2020). *GAIA-X: Die nächste Generation der digitalen Vernetzung in Europa.* https://www.bmwi.de/Redaktion/DE/Dossier/gaia-x.html.

Bytniewski, A., Matouk, K., Rot, A., Hernes, M., & Kozina, A. (2020). Towards industry 4.0: Functional and technological basis for ERP 4.0 systems. In M. Hernes, A. Rot, & D. Jelonek (Hrsg.), *Towards industry 4.0—Current challenges in information systems* (S. 3–19). Springer International Publishing.

CCPA. (2021). *State of California Department of Justice.* California Consumer Privacy Act (CCPA). https://oag.ca.gov/privacy/ccpa.

Chang, S.-I. (2004). *ERP life cycle implementation, management and support: Implications for practice and research* (National Chung Cheng University).

Chugh, R., Sharma, S. C., & Cabrera, A. (2017). Lessons learned from enterprise resource planning (ERP) implementations in an Australian Company. *International Journal of Enterprise Information Systems, 13*(3), 23–35.

Common Weakness Enumeration (CWE). (2021). https://cwe.mitre.org/

Compa Mind Square. (2021). https://compamind.de/knowhow/sap-master-data-governance/.

Computerweekly, Information Lifecycle Management (ILM). (2021). https://www.computerweekly.com/de/definition/Information-Lifecycle-Management-ILM.

Cyber Security Training. (2021). *Certifications, degrees and resources, SANS.* https://www.sans.org/.

Daehn, W. (2017). *The secret of SAP HANA – Pssst! Don't tell anyone!* https://blogs.sap.com/2017/12/01/secret-hana-pssst-dont-tell-anyone/.

Destradi, M., Kiesel, S., Lorey, C., & Stefano, S. (2019). *Logistik mit SAP S4/HANA* (2. Hrsg.). Rheinwerk Verlag.

Doshi, K. (2020). *Reinforcement learning explained visually.* https://towardsdatascience.com/reinforcement-learning-explained-visually-part-4-q-learning-step-by-step-b65efb731d3e.

Enterprise Resource Planning (ERP). (1999). In P. M. Swamidass (Hrsg.), *Encyclopedia of production and manufacturing management.* Springer. https://doi.org/10.1007/1-4020-0612-8_296.

Feldmann, A., Zitterbart, M., Crowcroft, J., & Wetherall, D. (Hrsg.). (2003). *Proceedings of the 2003 conference on applications, technologies, architectures, and protocols for computer communications – SIGCOMM '03*, 2003, New York, ACM Press.

Furlanetto, D. (2016). *SCM APO demand planning (DP)*. https://wiki.scn.sap.com/wiki/display/SCM/APO-DP.

Ganesh, K., Mohapatra, S., Anbuudayasankar, S. P., & Sivakumar, P. (2014). *Enterprise resource planning. Fundamentals of design and implementation*. Springer (Management for professionals).

Gazet, A. (2010). Comparative analysis of various ransomware virii. *Journal in Computer Virology, 6*(1), 77–90.

Geis, T. (2019) Guido Tesch: Basiswissen Usability und User Experience. Aus- und Weiterbildung zum UXQB Certified Professional for Usability and User Experience (CPUX) – Foundation Level (CPUX-F).

George Saadé, R., Nijher, H., & Chandra Sharma, M. (2017). Why ERP implementations fail – A grounded research study. In *Proceedings of the 2017 InSITE Conference* (S. 191–200), July 31, 2017. Informing Science Institute.

Greenbau, J. (2016). *From two-tier ERP to the N-tier enterprise*. https://www.eaconsult.com.

Hankel, M. (2015). *RAMI 4.0 – The reference architectural model industrie 4.0*. ZVEI: Die Elektroindustrie https://www.zvei.org/en/press-media/publications/the-reference-architectural-model-industrie-40-rami-40/.

Hassler, M. (2017). *Digital und Web Analytics. Metriken auswerten, Besucherverhalten verstehen, Website optimieren*. s.l.: Mitp Verlag (mitp Business).

History. (2019). *History.com: Industrial revolution*. https://www.history.com/topics/industrial-revolution/industrial-revolution.

IBM Cloud Education: Artificial Intelligence (AI) and Machine Learning. (2020). https://www.ibm.com/cloud/learn/.

Iliyasu, A. M., Bestak, R., & Baig, Z. A. (2020). *Innovative data communication technologies and application* (S. 121–126). Springer.

Investopedia, Make-or-Buy Decision. (2021). https://www.investopedia.com.

ISO IEC JTC 1 BD. (2015). *Big data, preliminary report 2014*. ISO. http://www.iso.org/iso/big_data_report-jtc1.pdf.

ISO IEC JTC 1 IoT. (2015). *Internet of Things (IoT), Preliminary Report 2014*. ISO. http://www.iso.org/iso/internet_of_things_report-jtc1.pdf.

ISO, ISO/IEC 9126. (1991). *Information technology—Software product quality – Part 1: Quality model*. http://www.cse.unsw.edu.au/*cs3710/PMmaterials/Resources/9126-1%20Standard.pdf.

ISO/IEC 27034-1. (2011). *Information technology – Security techniques – Application security – Part 1*. https://www.iso.org/standard/44378.html.

IT Jungle. (2018). *Marktanteile der führenden Anbieter am Umsatz mit Enterprise-Resource-Planning-Anwendungen (ERP) weltweit im Jahr 2017*. https://de.statista.com/statistik/daten/studie/262342/umfrage/marktanteile-der-anbieter-von-erp-software-weltweit/.

Jalan, S. (2020). *Applications of data science in ERP*. https://medium.com/swlh/applications-of-data-science-in-erp-5e98347d4d07.

Jax, B. (2018). *90 Jahre IBM Österreich – ein Grund zu feiern!* https://www.ibm.com/blogs/think/de-de/2018/05/90-jahre-ibm-osterreich/.

Johnson, J. (2021). *Amount of monetary damage caused by reported cyber crime to the IC3 from 2001 to 2020*. https://www.statista.com/statistics/267132/total-damage-caused-by-by-cyber-crime-in-the-us/.

KBMax. (2021). *KBMax – Lead to cash*. https://kbmax.com/cpq-term/lead-to-cash.

Khiani, T. K. (2013). *Supply chain performance management overview*. https://wiki.scn.sap.com/wiki/display/CPM/Supply+Chain+Performance+Management+Overview.

Kocian-Dirr, C. (2019). *Betriebswirtschaftslehre – Schnell erfasst*. Springer (Wirtschaft – Schnell erfasst). ISBN: 978-3-662-54290-3. https://doi.org/10.1007/978-3-662-54290-3.

Krämer, C. (2006). *Sven Ringling, Song Yang, mastering HR management with SAP*. SAP Press.

Krämer, C., & Lübke, C. (2004). *Sven ringling, HR personnel planning and development using SAP*. SAP Press.

Krishnan, V. (2016). *10 new requirements for modern data integration , database trends and applications*. https://www.dbta.com/Editorial/Trends-and-Applications/10-New-Requirements-for-Modern-Data-Integration-109146.aspx.

Kurbel, K. E. (2013). *MRP II: Manufacturing resource planning. Enterprise resource planning and supply chain management. Progress in IS*. Springer. ISBN: 978-3-642-31573-2. https://doi.org/10.1007/978-3-642-31573-2.

Lionbridge. (2021). *Localization, globalization, internationalization: What's the difference?* https://www.lionbridge.com/blog/translation-localization/localization-globalization-internationalization-whats-the-difference/.

Management Study Guide. (2021). https://www.managementstudyguide.com.

Managing Security with SAP Solution Manager. (2015). http://www.sap.com.

Meleegy, A. E. (2017). *Optimiertes order promising: Mit SAP S/4HANA Liefertermine effizienter planen und einhalten*. https://news.sap.com/germany/2017/03/s4hana-order-promising/. Zugegriffen: 28. März. 2017.

Menon, S. A., Muchnick, M., Butler, C., & Pizur, T. (2019). Critical challenges in enterprise resource planning (ERP) implementation. *International Journal of Business and Management, 14*(7), 54.

MRP II. (2000). In P. M. Swamidass (Hrsg.), *Encyclopedia of production and manufacturing management*. Springer. https://doi.org/10.1007/1-4020-0612-8_602

Mueller, S. (2011). *Insert-only*. https://blogs.saphana.com/2011/09/14/insert-only/.

Nebeling, N. (2020). *Seite an Seite mit ABAP in der cloud: Side-by-side extensions*. https://erlebe-software.de/abap-und-co/seite-an-seite-mit-abap-in-der-cloud-side-by-side-extensions/#:~:text=Wenn%20Sie%20in%20der%20SAP,by%2DSide%20Extension%E2%80%9C%20genannt.

Nicolai, C. (2018). *Basiswissen Aufbauorganisation*. UVK Verlag. ISBN: 978-3-86764-835-6. https://doi.org/10.24053/9783739803869-1.

Nissen, H. P. (2004). Von Wirtschaftssektoren zum Wirtschaftskreislauf. In *Das Europäische System Volkswirtschaftlicher Gesamtrechnungen, Physica-Lehrbuch*. Physica. https://doi.org/10.1007/978-3-7908-2659-3_2.

OData. (2021). https://www.odata.org/.

Oliver, R. L. (1980). A cognitive model of the antecedents and consequences of satisfaction decisions. *Journal of Marketing Research, 17*(4), 460. https://doi.org/10.2307/3150499

Open Web Application Security Project (OWASP). (2021). https://owasp.org/.

Openbom. (2021). *BOM types. What are BOM types?* https://help.openbom.com/get-started/bom-types/.

Padia, D. (2019). *Downtime optimization approach – Let's talk all about different ZERO's*. https://blogs.sap.com/2019/10/11/downtime-optimization-approach-lets-talk-all-about-different-zeros/.

Parasuraman, R., & Sheridan, T. B. (2000). A model for types and levels of human interaction with automation. *IEEE Transactions on Systems, Man, and Cybernetics – Part A: Systems and Humans, 30*(3), 286–297.

Parikh, T. (2018). The ERP of the future: Blockchain of things. *International Journal of Scientific Research in Science, Engineering and Technology, 4*(1), 1341–1348.

Parthasarathy, S., & Sharma, S. (2017). Impact of customization over software quality in ERP projects: An empirical study. *Software Quality Journal, 25*(2), 581–598. https://doi.org/10.1007/s11219-016-9314-x

Phillips, M. (2018). International data-sharing norms: From the OECD to the general data protection regulation (GDPR). *Human genetics, 137*, 575–582. https://doi.org/10.1007/s00439-018-1919-7

Phrase. (2021). *Globalization vs. localization: Building a cohesive global growth strategy.* https://phrase.com/blog/posts/globalization-vs-localization/.

Plattner, H. (2012). *In-memory data management. Technology and applications. With assistance of Alexander Zeier* (2 Aufl.). Springer.

Plattner, H. (2013). *Lehrbuch in-memory data management. Grundlagen der In-Memory-Technologie.* Springer Gabler.

Profisee. (2021). *Master data management – What, why, how & who.* https://profisee.com/master-data-management-what-why-how-who.

Rake, R., & Supradip, B. (2021). *ERP software market outlook-2026.* https://www.alliedmarket-research.com/ERP-market.

Richter, M., & Flückiger, M. D. (2013). *Usability engineering kompakt. Benutzbare Produkte gezielt entwickeln* (3. Aufl.). Springer (IT kompakt). http://site.ebrary.com/lib/alltitles/docDetail.action?docID=10691416.

Rumig, J. (2018). *Multitenancy architecture on SAP cloud platform, cloud foundry environment.* https://blogs.sap.com/2018/09/26/multitenancy-architecture-on-sap-cloud-platform-cloud-foundry-environment/.

Russell-Walling, E. (2011). *50 Schlüsselideen Management.* Spektrum Akademischer Verlag. ISBN: 978-3-8274-2636-9. https://doi.org/10.1007/978-3-8274-2637-6.

Salahdine, F., & Kaabouch, N. (2019). Social engineering attacks: A survey. *Future Internet, 11*(4), 89.

SAP Activate. (2021). https://www.sap.com/uk/products/activate-methodology.html.

SAP Cloud Appliance Library. (2021). https://sap.cal.

SAP Cloud Application Programming Model. (2021). https://cap.cloud.sap/.

SAP Cloud SDK. (2021). https://developers.sap.com/topics/cloud-sdk.html.

SAP Extensibility Explorer. (2019). *SAP S/4HANA cloud extensibility overview.* https://extensibilityexplorer.cfapps.eu10.hana.ondemand.com/ExtensibilityExplorer/#/.

SAP HANA Academy. (2021). *Building extensions for SAP S/4HANA cloud using APIs and events.* https://youtube.com/playlist?list=PLkzo92owKnVxiagp35AcwoxOlX0J4hLyY.

SAP Insights. (2021). *What is ERP?* https://insights.sap.com/what-is-erp/.

SAP Intelligent Asset Management Whitepaper. (2019). https://www.sap.com/swiss/products/supply-chain-management/asset-management-eam.html#pdf-asset=9e81308b-517d-0010-87a3-c30de2ffd8ff&page=1.

SAP Official Website, SAP History. (2021). https://www.sap.com/about/company/history.

Sarno, R., & Herdiyanti, A. (2010). A service portfolio for an enterprise resource planning. *IJCSNS International Journal of Computer Science and Network Security, 10.* https://www.researchgate.net/publication/267836036_A_Service_Portfolio_for_an_Enterprise_Resource_Planning.

Saueressig, T., Gilg, J., Betz, O., & Homann, M. (2021a). *SAP S/4HANA cloud – An introduction.* SAP Press.

Schawel, C., & Billing, F. (2014). *Top 100 management tools. Das wichtigste Buch eines Managers Von ABC-Analyse bis Zielvereinbarung* (5. Aufl.). Gabler Verlag. ISBN: 978-3-8349-4690-4. https://doi.org/10.1007/978-3-8349-4691-1.

Schewe, G. (2018). *Matrixorganisation. Definition: Was ist "Matrixorganisation"?* Gabler Verlag (Gabler Wirtschaftslexikon). https://wirtschaftslexikon.gabler.de/definition/matrix-organisation-39659/version-263061.

Schick, U. (2017). *Side-by-side: Einfacher ERP-Apps entwickeln.* https://news.sap.com/germany/2017/09/sap-s4hana-cloud-sdk/.

Schulte-Oversohl, H. (2019). Sales performance management. In M. Buttkus & R. Eberenz (Hg.), *Performance management in retail and the consumer goods industry. Best practices and case studies* (S. 385–403). Springer. ISBN: 978-3-030-12729-9. https://doi.org/10.1007/978-3-030-12730-5.

Schuster, R. (2018). *SAP global track and trace: A new era in tracking and tracing.* https://blogs.sap.com/2018/06/28/sap-global-track-and-trace-a-new-era-in-tracking-and-tracing/.

Searcherp. (2021). *Bill of materials.* https://searcherp.techtarget.com.

Sethia, V., & Saxena, K. (2021). Automated ERP system with Internet of Things. *Innovative Data Communication Technologies.*

Soham, R. (2016). *Organizational management in SAP ERP HCM.* Rheinwerk Publishing. ISBN: 978-1-4932-1327-6.

Sundaravaradan, S. (2020). *Supply chain & collaboration strategy.* https://blogs.sap.com/2020/01/28/supply-chain-collaboration-strategy/.

Techopedia Dictionary. (2021). https://www.techopedia.com.

Thompson, R. (2021). *Understanding data science and why it's so important.* https://blog.alexa.com/know-data-science-important/.

Trienekens, J. J. M., Kusters, R. J., & Brussel, D. C. (2010). Quality specification and metrication, results from a case-study in a mission-critical software domain. *Software Quality Journal, 18*(4), 469–490. https://doi.org/10.1007/s11219-010-9101-z

Vahrenkamp, R. (2021). *Enterprise-resource-planning-system.* https://wirtschaftslexikon.gabler.de/definition/enterprise-resource-planning-system-51587/version-274748.

Vahs, D. (2019). *Organisation. Ein Lehr- und Managementbuch* (10. Aufl.). Schäffer-Pöschel Verlag. ISBN: 978-3-7910-4281-7. https://doi.org/10.34156/9783791042831-141.

van der Aalst, W. (2014). Data scientist: The engineer of the future. In *Proceedings of the I-ESA conference* (Vol. 7). Springer.

Varga, E. (2019). Introduction to data science. In *Practical data science with python 3: Synthesizing actionable insights from data* (S. 1–27). Apress.

Vector Solutions. *What is environment, health, and safety (EHS) & why is it important?* https://www.vectorsolutions.com/resources/blogs/what-is-ehs-and-why-is-it-important/.

Weber, W., Kabst, R., & Baum, M. (2014). *Einführung in die Betriebswirtschaftslehre* (9. Aufl.). Gabler Verlag. ISBN: 978-3-8349-4676-8. https://doi.org/10.1007/978-3-8349-4677-5.

Wellers, D., & Koch, C. (2021). *Circular economy: The path to sustainable profitability.* n. d. https://insights.sap.com/circular-economy-sustainable-profitability/.

Werner, H. (2008). *Supply chain management. Grundlagen, Strategien, Instrumente und Controlling* (3. Aufl.). Gabler. ISBN: 978-3-8349-0504-8. https://doi.org/10.1007/978-3-8349-9549-0.

Wilson, K. (2019). *Understanding SAP global track and trace.* https://blogs.sap.com/2019/05/14/understanding-sap-global-track-and-trace/.

Wöhe, G., & Döring, U. (2000). *Einführung in die Allgemeine Betriebswirtschaftslehre* (20. Aufl.). Verlag Franz Vahlen (Vahlens Handbücher der Wirtschafts- und Sozialwissenschaften). ISBN: 3800625504.

Yuhanna, N., Owens, L., & Cullen, E. (2015). *The Forrester Wave™ enterprise data virtualization.* https://www.forrester.com/report/The+Forrester+Wave+Enterprise+Data+Virtualization+Q1+2015/-/E-RES117844, Forrester Research.

MIX
Papier aus verantwortungsvollen Quellen
Paper from responsible sources
FSC® C105338

If you have any concerns about our products,
you can contact us on
ProductSafety@springernature.com

In case Publisher is established outside the EU,
the EU authorized representative is:
**Springer Nature Customer Service Center GmbH
Europaplatz 3, 69115 Heidelberg, Germany**

Printed by Libri Plureos GmbH
in Hamburg, Germany